株洲年鉴

ZHUZHOU ALMANAC

2017

株洲市地方志编纂委员会办公室编

方志出版社
Publishing House of Local Records

图书在版编目（CIP）数据

株洲年鉴.2017 / 株洲市地方志编纂委员会办公室编.
—北京：方志出版社，2017.9
ISBN 978-7-5144-2546-8

Ⅰ. ①株… Ⅱ. ①株… Ⅲ. ①株洲—2017—年鉴
Ⅳ. ①Z526.43

中国版本图书馆CIP数据核字（2017）第234028号

株洲年鉴（2017）

编　　者：株洲市地方志编纂委员会办公室
责任编辑：齐　笑

出 版 人：冀祥德
出 版 者：方志出版社
地址　北京市朝阳区潘家园东里9号（国家方志馆4层）
邮编　100021
网址　http://www.fzph.org
发　　行：方志出版社图书经销中心
电话　（010）67110500
经　　销：各地新华书店
印　　刷：株洲美彩印务中心

开　　本：889×1194　1/16
印　　张：31
字　　数：1200千字
版　　次：2017年9月第1版　　2017年9月第1次印刷
印　　数：0001~3800册

ISBN 978-7-5144-2546-8　　定价：280.00元

株洲年鉴编辑委员会

章文才　　市环保局局长
何安国　　市住房和城乡建设局局长
李晓彤　　市城市管理和行政执法局局长
黄升阳　　市规划局局长
刘正平　　市交通运输局局长
陈艳娟　　市农业委员会主任
彭良平　　市水务局局长
陈　诚　　市林业局局长
袁生华　　市商务和粮食局局长
杨小幼　　市文体广电新闻出版局局长
张纯良　　市卫生和计划生育委员会主任
刘　方　　市审计局局长
吉振君　　市工商行政管理局局长
刘　伟　　市质量技术监督局局长
殷顺堂　　市安全生产监督管理局局长
李余粮　　市食品药品监督管理局局长
陈玉明　　市统计局局长
曹跃良　　市人民政府法制办公室主任
黄上峰　　市旅游外事侨务局局长
唐　琪　　市人民政府经济研究和金融工作办公室主任
谭智勇　　市人民防空办公室主任
吴晓光　　市人民政府国有资产监督管理委员会主任
莫大德　　市档案局局长
李一平　　市地方志编纂委员会办公室主任
金祖远　　市地方志编纂委员会办公室副主任
陈北宏　　市地方志编纂委员会办公室副主任
吴　娜　　市地方志编纂委员会办公室党组成员
傅森河　　市国税局局长
陈友谊　　市地税局局长
董　巍　　天元区人民政府区长
文专文　　炎陵县人民政府县长
江小忠　　茶陵县人民政府县长
苏　涛　　攸县人民政府县长
康月林　　醴陵市人民政府市长
刘克胤　　株洲县人民政府县长
杨晓江　　芦淞区人民政府区长
王利波　　荷塘区人民政府区长
邓元连　　石峰区人民政府区长
付访华　　云龙示范区管委会主任

株洲年鉴编辑部

主　　编　李一平

副 主 编　金祖远　陈北宏　吴　娜

编辑部主任　肖　玲

文字编辑　肖　玲　刘　艳　刘　辉

美术编辑　肖　玲　刘　艳　刘　辉

审　　稿　李一平　金祖远　陈北宏　吴　娜

版式设计　肖　玲

校　　对　郑德丽　肖旭升　周军伶　严卓著
吴　夏　温民胜　雷　菡　彭俭生
肖　玲　刘　艳　刘　辉

编　　务　郑　铁

编 辑 说 明

一、《株洲年鉴》是株洲市人民政府主办，株洲市地方志编纂委员会办公室承编，《株洲年鉴》编辑部编纂出版的年度资料性文献，所载资料全面、系统、翔实、准确，是国内外人士了解株洲的权威性工具书。

二、本卷为创刊以来的第29卷。它全面、系统、真实地记述了2016年株洲市政治、经济、文化、社会和生态建设等方面的新情况、新进展、新变化、新成绩、新经验以及存在的新问题。为增加年鉴的可读性、史料性、可视性，在卷首开辟了“荣耀株洲”“精彩株洲”“民生株洲”“动力株洲”“智慧株洲”“绿色株洲”“活力株洲”“实力株洲”“红色株洲”等图片专栏。

三、本卷采用条目式记事体，分类编纂，基本结构为类目、分目、条目三个层次。全书共设35个类目，主要设有特载、大事记、株洲概况、工业、园区建设、农业和农村工作、商贸服务、非公有制经济、教育等类目。

四、本卷资料由各单位负责提供，并经各单位领导审核。反映全市国民经济和社会发展总体情况的统计数据由市统计局提供，各行业中具体数字由各部门提供。因统计口径不同等原因，部分数据不尽一致，请读者在查阅时注意。

五、本卷的“组织机构及负责人名单”，以2016年12月31日任职为准；卷中所刊登的照片除极少数由《株洲年鉴》编辑部摄影外，其余均由各刊登单位和有关摄影爱好者提供，照片一律不署作者姓名。

六、本卷的编辑出版工作，得到全市各级党委、政府的高度重视，得到各有关单位和社会各界的大力支持，在此一并表示诚挚的谢意。由于编辑水平有限，书中难免存在疏漏之处，恳请读者批评指正。

目　录

特　载

大事记

株洲概况

中国共产党株洲市委员会

株洲市人民代表大会常务委员会

株洲市人民政府

中国人民政治协商会议株洲市委员会

民主党派·工商联

群众团体

综合经济与管理

工　业

园区建设

农业和农村工作

商贸服务

非公有制经济

旅游·外事侨务

交通・邮电

财政·税务

金 融

城乡建设

住宅与房地产

国土·环保

科学技术

教 育

文化·体育

出版·传媒

医疗卫生

县市区

示范区

人　物

市党、政、军及各部门、单位负责人

文件选登

附　录

索　引

Catalogues

Feature

Chronicle of Events

Summary of Zhuzhou

Zhuzhou Municipal Committee of the Communist Party of China

Standing Committee of the People's Congress of Zhuzhou Municipality

Zhuzhou Municipal People's Government

Zhuzhou Municipal Committee of the Chinese people's Political Consultative Conference

Democratic Parties · Association of Industry and Commerce

Mass Organizations

National Defense

Rule of Law

Integrated Economy and Management

Industry

Park Construction

Agriculture and Rural Work

Trade and Service Industry

Non-public Sectors of the Economy

Tourism · Foreign and Overseas Chinese Affairs

Transportation · Post and Telecommunications

Finance · Tax

Finance

Urban and Rural Construction

Residential and Real Estate Industry

Land • Environmental Protection

Science and Technology

Education

Culture • Sports

图片专辑

中共株洲市第十二届委员会常务委员会委员

2016 央媒

2016年2月24日

《光明日报》第10版整版刊发《株洲如何打造“中国动力谷”》文章，报道株洲打造中国动力谷的历程和取得的成果，阐述株洲创新驱动转型升级的探索和实践。

2016年2月24日

央视综合频道“焦点访谈”栏目报道株洲稳增长举措成效。该栏目组记者深入市发改委、湖南中车时代电动汽车股份有限公司、湖南山河科技股份有限公司等单位，采访客户、企业负责人、经济师等，详细了解株洲多项稳增长政策对产业发展影响情况。

2016年5月8日

央视“焦点访谈”播出《磁悬浮里有悬妙》，专题报道长沙磁悬浮列车试运营。节目组采访中国工程院院院士刘友梅、中车株机公司磁悬浮列车首席设计专家彭奇彪等人，揭秘长沙磁浮列车的特点、性能、意义，磁浮线路建设为何选在长沙，中车株机做的努力。

2016年5月29日

央视财经频道“对话”栏目播出《中国中车：向世界延伸》。节目中，中车株机公司海外市场营销中心副总监（南非电力机车）王攀述说中车株机在南非的开拓之旅，如何踌躇满志，拿下目前为止中国高端交通装备出口的最大订单。

2016年11月25日

中央电视台“新闻联播”以《株洲：中国动力谷领跑动力装备制造》为题，在2分30秒的时间里，向全国、全球展示株洲中国动力谷领跑轨道交通、小型航空发动机、新能源汽车3大动力产业的蓬勃之势。

2016年11月26日

中央电视台“新闻联播”用2分47秒的时间，推介株洲硬质合金领域的创新成就，播出《株洲：匠心创新，亮出中国制造新名片》。

2016年12月4日

《人民日报》聚集中车株洲电力机车研究所有限公司的“钢铁侠”，以《中车株洲所推进人与设备有机结合》为题进行大篇幅报道。报道称，4万平方米的车间，生产着全球30%、全国70%的轨道交通核心零部件。

2016年12月6日

《人民日报》以《从卖产品到卖服务，全生命周期服务助力中车株机“走出去”——“一锤子”变成“一辈子”》为题，以近半版的篇幅，详细记录中车株洲电力机车有限公司转型升级的生动故事。

看株洲

2016年3月9日

央视财经频道播出大型纪录片《五年规划》第二集——“工业强国”，节目组走进中车株机公司，拍摄生产场景，以3分38秒的时长推介株洲轨道交通产业发展。

2016年5月6日

央视“新闻联播”以《国内首条中低速磁浮快线投入试运营》为题，报道株洲造的中国首条自主知识产权中低速磁悬浮快线载客试运营。

2016年9月30日

央视聚焦“株洲IGBT芯片” 2016年9月30日起晚22：30、纪录频道10月1日起晚20：00，央视播出大型纪录片《超级工程Ⅱ》，报道中车株洲电力机车研究所研制的IGBT芯片。

2016年11月18日

新华社以《株洲蝶变：老工业基地在“加减同步”中优化供给侧》为题，报道株洲扎实推进供给侧改革、持续稳增长的经验。新华社从清水塘地区企业关停、搬迁、改造，转型布局发展现代服务业；推进行政审批制度改革，减轻企业负担并大力发展新兴产业两方面“加减同步”，介绍株洲的典型做法和成效。

2016年11月26日

新华社以《“火车头精神”驱动“中国动力谷”智造梦想》为题，通稿报道株洲以“火车头精神”加快推进实施“中国制造2025”，靠创新驱动由“先进制造”向“高端智造”跨越。

2016年11月27日

中央电视台“经济半小时”栏目以《中国制造如何变身“智造”》为题，展示中车时代电动汽车股份有限公司利用物联网，成功推动电动汽车进一步升级——利用“云智通”这个“最强大脑”管住电动汽车。

2016年12月15日

《经济日报》以“企业转型是如何实现的”为题，在头版大篇幅推介中车株洲电力机车研究所有限公司实现企业转型的经验。

2016年12月20日

中央电视台科教频道“探索发现”栏目播出《汽车百年》纪录片第二季第一集，用3分钟聚焦中车株洲电力机车研究所有限公司的IGBT产品。

中国共产党株洲市

第十二次代表大会

第十二届湘台经

The 12th Hunan-Taiwan Cooperatio

省委常委、统战部部长黄兰香致欢迎辞

市委副书记、市长阳卫国致辞

贸交流合作会

Conference on Economy & Trade

湘台会签约仪式

株洲台湾工业园授牌

2016 轨道交通

Rail Transit Industry

产业国际峰会

International Summit

株 洲 市 首

届 艺 术 节

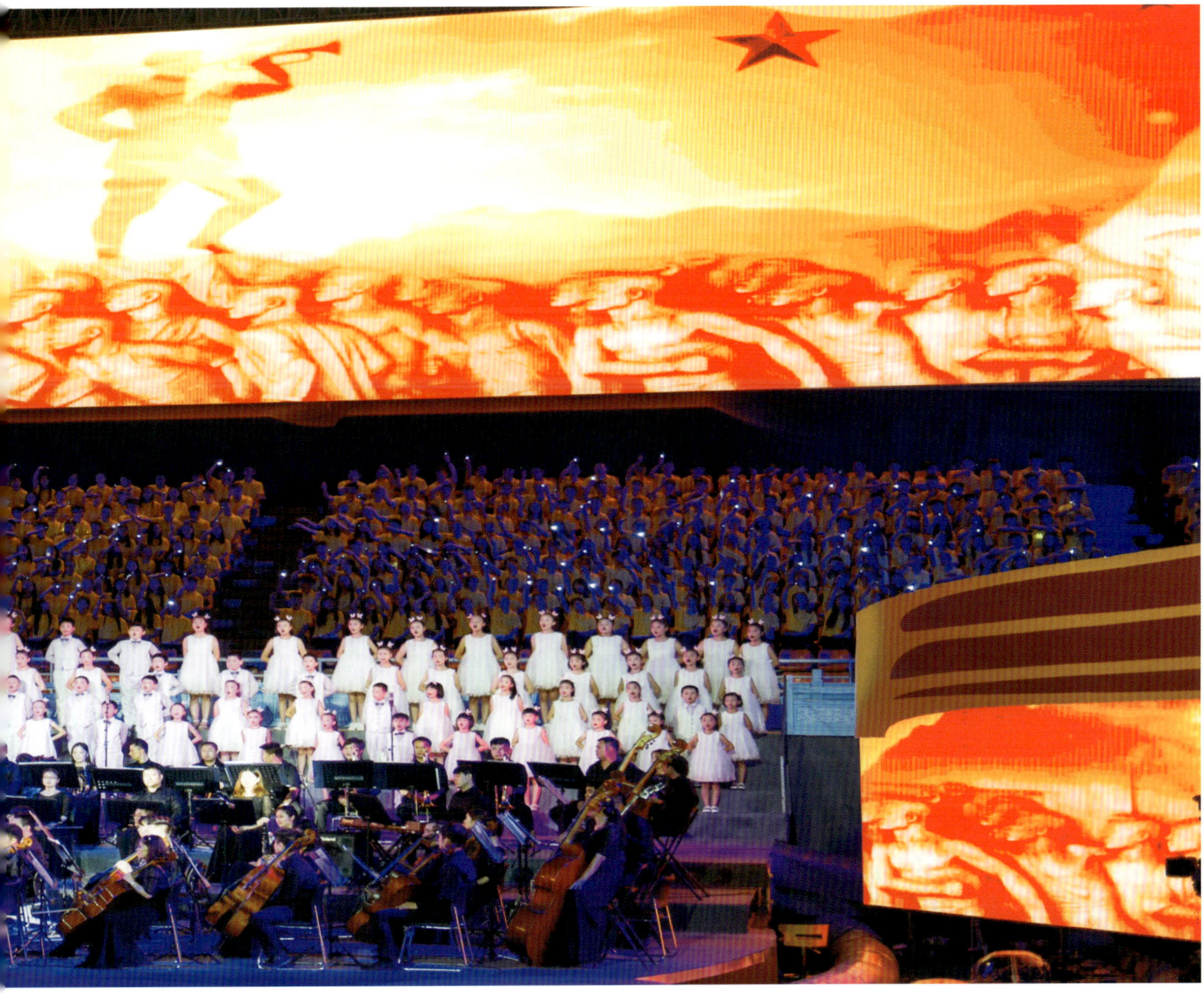

③ 市委副书记雷绍业到界首镇上联村视察指导脱贫攻坚工作

② 市委副书记、市长阳卫国到茶陵县指导扶贫工作

① 市委书记毛腾飞深入棚户区改造项目现场，走家串户看望棚户区居民

1

3

4

5

⑤市委常委、组织部部长彭爱华到茶陵县七地乡左江村调研走访

④市委常委、纪委书记赖馨正到茶陵县秩堂镇东首村，深入田间地头，帮助贫困户种植、整理罗汉果

▲ 2016年5月5-6日，时任副市长毛朝晖率队，赴湘西自治州泸溪县和凤凰县举行贫困劳动力转移专场招聘会

▼ 关爱女性健康，服务流动妇女

▼ 关爱孤残儿童

⑥ 开展文化、科技、卫生“三下乡”活动

⑤ 强力推进农村公路等交通扶贫工程，助力贫困地区群众脱贫致富

④ 2016年教育扶贫“大爱株洲众筹助学”活动

省委书记、省人大常委会主任杜家毫，省委副书记、省长许达哲在毛腾飞、阳卫国等领导陪同下视察重点项目建设

2016年3月1日，株洲市召开2016年“项目攻坚年”活动动员大会

①2016年11月13日，枫溪大桥建成通车

②2016年12月，河东风光带向市民开放

③2016年5月16日，万丰湖开园迎客

神农大剧院

云龙水上乐园工程

中国动力谷自主创新园

株洲职教城

醴陵瓷谷

2016年12月24日，湖南长城计算机系统有限公司自主可控计算机整机下线

中车株洲电力机车研究所有限公司投产的智能制造生产线

株洲硬质合金集团——钻石工业园现代化生产车间

株洲中车时代电气股份有限公司研发生产的8英寸IGBT产品封装线

北汽株洲分厂生产车间

2016年3月29日，株洲中车时代电气股份有限公司问鼎中国质量最高奖，这是迄今为止湖南省以及全国轨道交通行业唯一获此殊荣的企业。

湖南山河科技股份有限公司的成品库

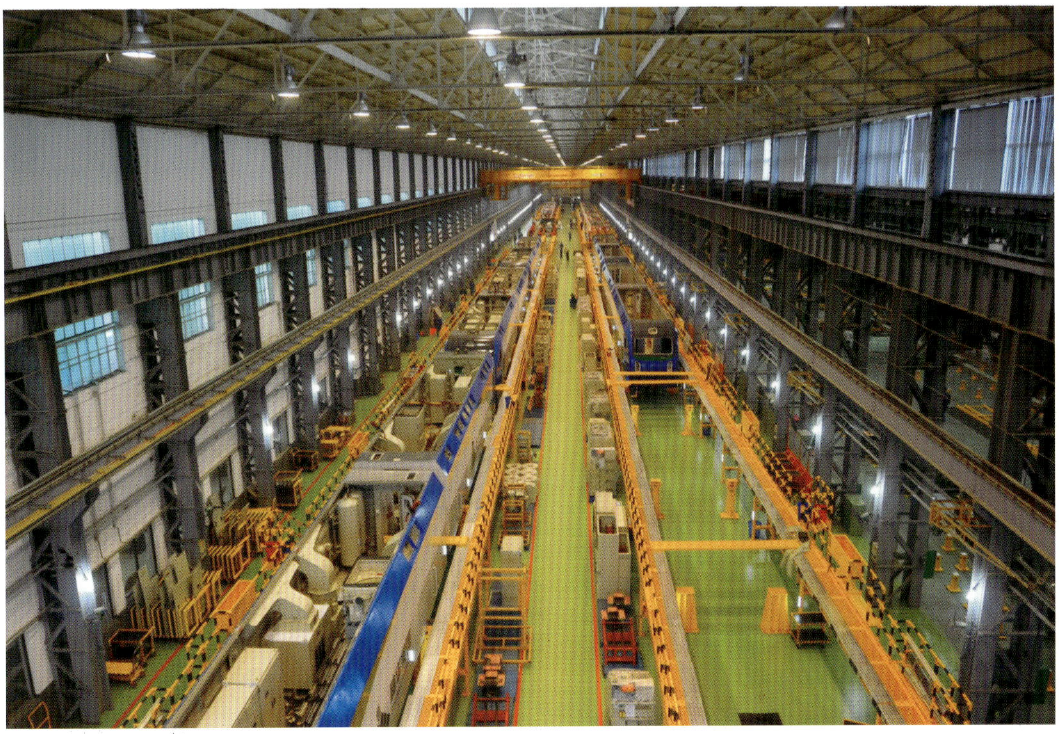

中车株洲电力机车有限公司提质改造后的机车总成现场

中车株机公司生产的中国首列自主化超级电容现代有轨电车

中车株机公司与奥地利Tecsol公司联合研制的世界首台超级电容与蓄电池混合动力调车机车

中车株洲电力机车研究所研发的深海机器人

中国化工株洲橡胶研究设计院有限公司研制的全球探测高度最高的探空气球

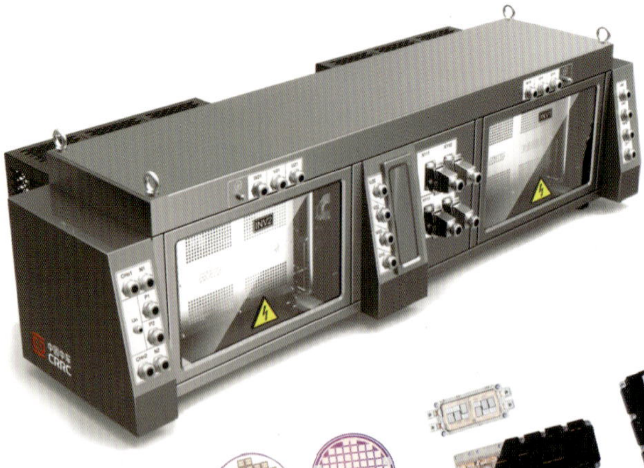

株洲中车时代电气研发的国内首次具有自主知识产权的永磁牵引系统

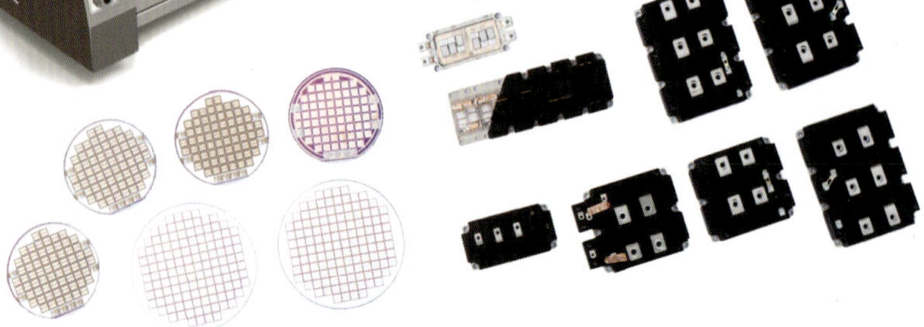

中车株洲电力机车研究所研发的IGBT产品

中车株洲电力机车研究所研发的高速动车

北汽株洲分公司生产的国内首款量产纯电动SUV——EX200

硬质合金集团生产的“钻石牌”硬质合金产品

中车株机公司出口欧洲首台18米超级电容储能式现代电车

湖南山河科技股份有限公司生产的国内首款全碳纤维复合材料结构的单翼飞机——山河SA160五座飞机

美丽乡村——株洲县松西子

美丽乡村——攸县上云桥

美丽乡村——醴陵市东岗村

美丽乡村——云龙示范区蛟龙村

① 美丽乡村——石峰区大冲村
② 美丽乡村——荷塘区仙庾
③ 美丽乡村——攸县鸾山镇桃源村
④ 美丽乡村——石峰区响水村

美丽乡村——茶陵县卧龙村

株洲云田花卉

退耕还林后种植的国外松

茶叶基地

葡萄庄园

高效益的笋竹两用林

杉木速生丰产林

株洲县凤凰山国有林场生态公益林

天然林保护工程

松西子蔬菜基地

①

②

③

④

⑭

⑤

⑥

⑦

⑧

⑨

⑩

⑪

⑫

⑬

⑮

① 攸县皇图岭辣椒
② 湘春食品蕨菜加工
③ 中江湘莲种植基地
④ 茶陵县省级油茶定点育苗基地
⑤ 炎陵黄桃
⑥ 炎陵奈李
⑦ 炎陵新世纪梨
⑧ 茶陵紫皮大蒜
⑨ 茶陵生姜
⑩ 茶陵白芷
⑪ 攸县麻鸭
⑫ 炎陵白鹅
⑬ 茶陵黄牛
⑭ 炎陵大院茶叶
⑮ 攸县豆腐

万人同跳广场舞

2016年6月21-23日，国际男子篮球四国赛在株洲市体育中心举行

第十届株洲读书月活动

株洲市首届“阳光娱乐”文化消费节

《我想对您说》获得第四届“荷花·少年”全国（中学）校园舞蹈展演金奖

2016年全国青少年“未来之星”阳光体育大会湖南分会场

天元区

1

2

① 2016年11月9日，政协第十二届全国委员会经济委员会主任周伯华考察北汽株洲分公司

② 2016年9月29日，湖南长城计算机系统有限公司首台电源下线

③ 2016年4月29日，北汽株洲分公司第60万辆整车下线

④ 2016年11月12日，北汽株洲基地技改扩能项目厂房主体结构封顶

3

4

2016年10月25日，海外专家走进中国动力谷

2016年4月27日，中国动力谷战略课题研究签约

2016年7月30日，株洲高新区与上海机动车检测认证技术研究中心签约，建设国家新能源机动力检测中心株洲分中心

2016年8月18日，沪洽周株洲中国动力谷产业对接暨市情推介会在上海举行

栗雨休闲谷

芦淞区

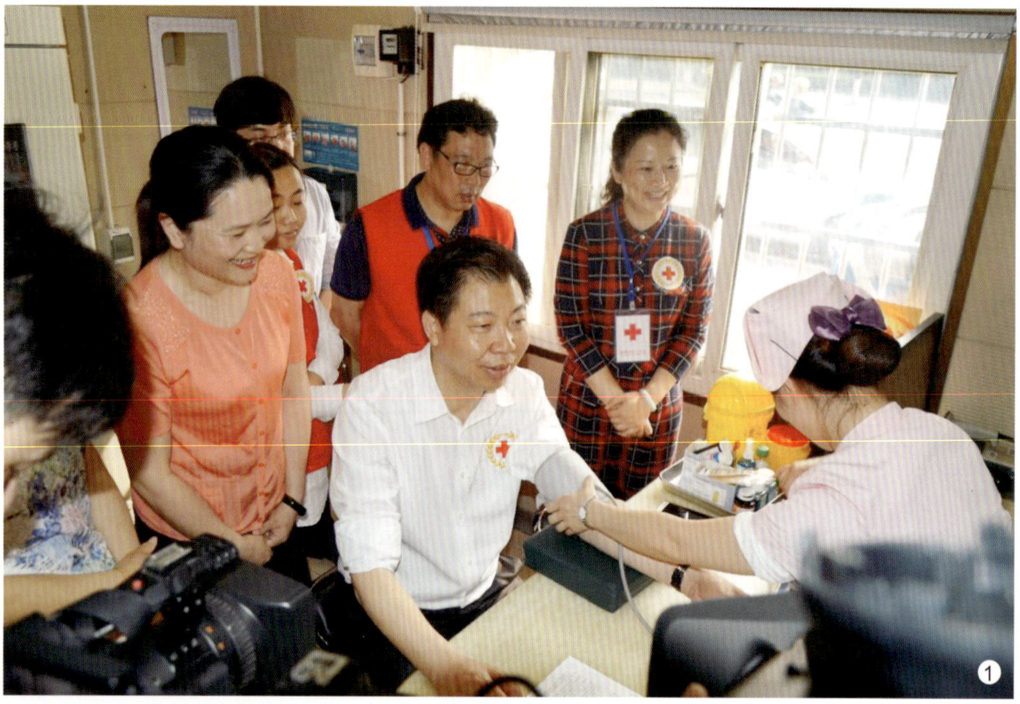

④ 2016年2月22日，株洲首条机场跑道开建

③ 区委书记王建勇考察特殊学校

② 市委副书记、市长阳卫国到芦淞区考察『生命通道』项目

① 2016年5月8日，市委书记毛腾飞带头无偿献血

⑧ 大京入选全省百家旅游特色小镇

⑦ 2016年3月30日，大京环湖道路开工建设

⑥ 建成后的机场大道

⑤ 2016年8月26日，举办株洲·芦淞消费节

荷塘区

③ 2016年12月，荷塘区企业服务平台投入运营

② 区委副书记、区长王利波调研征地拆迁工作

① 区委书记邬凌云督查全区教育工作

东部美的城

荷塘区政务服务中心工作人员为办事群众提供“一门式”服务

金山科技工业园

竣工的新塘路三期

建成的德政路小游园

石峰区

市委书记毛腾飞到石峰区考察重点项目建设

市委副书记、市长阳卫国督察株洲铜塘湾保税物流中心（B型）项目

2016年12月29日，株洲市石峰区第三次全国农业普查启动

2016年11月13日，石峰区举办第二十届中小学生体育节

2016年9月20—23日，中共株洲市石峰区第五次代表大会召开

2016年4月16日，市委理论学习中心组成员到石峰区棚改指挥部、轨道科技城现场调研

2016年3月2日，《人民日报》记者专题采访报道清水塘老工业区搬迁改造

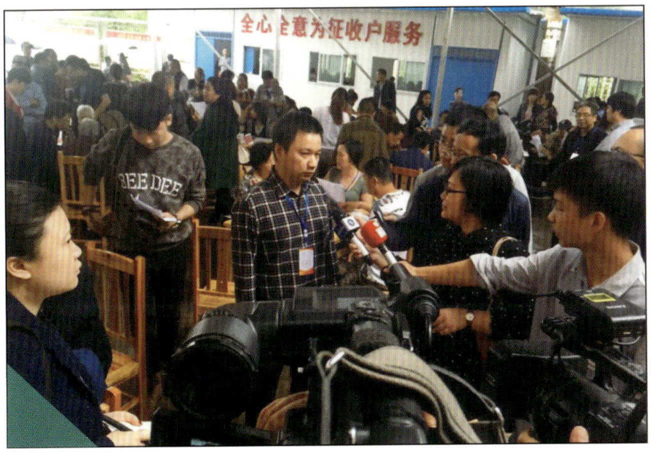

2016年5月25日，棚改一期A地块试水集中签约，各主流媒体争相报道

2016年11月8日，中央媒体采访团到石峰区专访“中国智造”

株洲县

2016年9月20日，中国共产党株洲县第十次代表大会召开

2016年1月5日，广州农商行与县农村信用联社签署战略合作协议

休闲、娱乐于一体的渌江风光带

株洲渌口大桥

县委书记罗绍昀实地调研渌枫大道项目建设现场

县委副书记、县长刘克胤调研渌枫大道项目

株洲县漉浦广场

美丽的渌口

醴陵市

2016年7月26日，时任省委副书记、省长杜家亳到醴陵考察

2016年11月24日，民政部副部长宫蒲光在醴陵市委书记胡湘之等领导的陪同下到醴陵考察

中国陶瓷谷

2016年11月14日，醴陵成功创建全国首个国家级出口日用陶瓷电瓷质量安全示范区

2016年5月11日，CCTV3“端午乐三天”活动走进醴陵

2016年9月22日，2016环中国国际公路自行车赛在醴陵举办

2016年10月，醴陵成功研发全国首条组合烟花自动化生产线

攸县

▲ 2016年5月19日，全国人大常委会副委员长吉炳轩率全国人大常委会水法执法检查组到攸县开展执法检查

▼ 2016年4月17日，市委书记毛腾飞率全市项目攻坚年重点项目流动现场会参会人员到攸县参观考察

攸县城郊新村

酒仙湖攸女仙境

2016年7月26日，大唐华银攸县能源公司1号发电机组正式投产发电

园区企业：益力盛电子生产车间

攸州公园一角

□江风光带

茶陵县

县委书记彭新军到腰潞镇潞理村调研脱贫攻坚工作

县委副书记、县长江小忠到龙华龙牧公司调研指导扶贫工作

2016年6月16日，“茶乡花海”生态健康产业项目开工

2016年12月23日，第78期全国健康发展暨首期湖南省健康扶贫论坛在茶陵县举行

2016年6月6日，茶陵县东环线公路竣工通车

2016年3月，茶陵举行秩堂镇油菜花海观赏月活动

2016年9月8日，S345茶陵和吕至攸县高和公路(严塘至县城段)开工建设

2016年10月4日，举办第五届茶陵祖庵美食文化节

炎陵县

① 2016年8月4日，湖南省罗霄山片区区域展与扶贫攻坚工作推进会在炎陵县召开

② 2016年5月21日，炎陵县在炎帝陵景区举“千人挑战艾米馃大世界基尼斯”暨炎陵生态民俗美食文化节活动

③ 2016年8月9日，炎陵县委书记黄诗燕到阳镇龙伏村实地督查易地扶贫搬迁工程

④ 2016年7月12日，炎陵县委副书记、县文专文到船形乡调研指导脱贫攻坚工作

⑤ 2016年11月21日，全国人大代表纪海泉、薛国强、王永生、王维俊，到炎陵县调研经济社会发展情况

⑥ 2016年12月23日，炎陵县人民政府与株洲市中心医院举行医疗合作签约

⑦ 2016月12月10日，炎陵县中医院整体搬迁建设项目开工

⑧ 2016年5月11日，炎陵县2016年十佳人才颁奖典礼在湘山艺术馆举行

云龙示范区

2016年4月17日，毛腾飞、阳卫国等领导考察云龙示范区市重点建设项目

2016年8月17日，中国科协党组书记、常务副主席尚勇视察云田花木

2016年12月30日，市属三所职校开工

2016年12月15日，长株潭城际轻轨大丰站投入试运行

2016年6月28日，示范区举办“七一”表彰暨庆祝建党95周年文艺晚会

2016年12月17日，株洲零创航模俱乐部航模广场正式运营暨首届零创航模飞行大会召开

2016年9月8日，诺亚方舟青少年消防教育活动基地挂牌

2016年8月18日，方特梦幻王国开园

红军标语博物馆

红军标语博物馆坐落于毛泽东率工农革命军召开千人群众大会旧址——炎陵县霞阳镇大操坪，是全国首家以红军标语为陈列内容的专题博物馆，是经省委、省政府批准并报中宣部备案的重点文化工程。景区总占地面积1.4万平方米，建筑总面积7205平方米。

博物馆的整个建筑设计以红色为基色，采用现代建筑理念、建筑材料与工艺，融入湘赣边界传统民居元素，建筑外观比例协调，优美大气，寓意深远。馆内设有“红色印记”6个基本陈列室、馆藏标语库房和临时展厅各1个，陈展面积1300平方米，展品数量112件，原件106件。客观真实地展示了井冈山革命根据地和湘赣革命根据地时期，工农红军、地方武装、苏维埃政权以及群团组织等，书写标语动员群众、组织群众、武装群众，分化打击敌人的斗争历史。馆内标语和文物的布展主要采用地台式、通柜式、壁龛式、镶嵌式、平板式等多种形式，以投影、多媒体、触摸屏等声、光、电现代手段作为补充，充分展示标语书写背景，渲染现场气氛，再现革命历史，给人以身临其境的感受。

2011年建成开馆以来，红军标语博物馆不断挖掘红色教育资源，唱响红色主旋律。截止2016年底，已免费接待6500余个单位和社会团体300万余人次参观。博物馆先后获得全国爱国主义教育示范基地、全国社会科学普及基地、湖南省思想政治教育基地等称号，入选国家AAA级旅游景区、第二批全国红色旅游经典景区、首批湖南省红色旅游点。

红军标语博物馆全景

红军标语博物馆序厅

茶陵县工农兵政府

茶陵县工农兵政府旧址是中国第一个县级红色政权诞生地，是国家AAA级景区、湖南省爱国主义教育基地、湖南省重点文物保护单位、井冈山干部学院现场教学点、全国红色旅游经典景区。

茶陵县工农兵政府旧址地处茶陵县城关镇前进村三角坪，原系南宋至民国州（县）衙，始建于南宋中叶之末。旧址占地面积18000余平方米，建筑面积4975平方米，青砖灰瓦，圆柱方檩，画栋飞檐，高耸马头墙，属于典型徽派建筑风格。其布局为：照壁、头门、仪门、牌坊、大堂、二堂、三堂、廨舍、内宅依次排列，两厢房舍一一对应。

1927年11月，工农革命军第二次攻克茶陵县城后，根据毛泽东的指示，在此创建了中国历史上第一个县级红色政权——茶陵县工农兵政府。1928年，毁于战火。2005年，茶陵县政府对旧址进行修复。2007年11月28日，茶陵县工农兵政府旧址正式对外开放。

李立三故居——芋园

李立三故居

李立三故居属于全国重点文物保护单位，是国家AAA级旅游景区、湖南省爱国主义教育基地。

故居始建于1883年，为晚清时期典型的江南民居，坐落在湖南省醴陵市渌江乡福建围村，占地面积2355平方米，建筑面积922平方米，坐东朝西，黄色围墙，八字柴门，有房屋32间，为土木结构的单层庭院式民居。原为他人产业，1891年由李立三祖父所购置。1899年11月18日李立三诞生在这里，并在此度过了青少年时代。

为纪念李立三的革命功勋，湖南省人民政府于1983年按原貌修复李立三故居，设陈列馆展览其生平事迹，并列为省级文物保护单位。1984年11月18日，对外开放。

会客室

前厅摆放着一面镜子

李立三卧室

李立三父母卧室的纺车

李立三半身雕像

故居正门

杨得志故居

杨得志故居为全国红军小学爱国主义教育基地、国家AAA级旅游景区、湖南省级文物保护单位、湖南省爱国主义教育基地，是博物馆与风景名胜为一体的旅游地，株洲对外宣传、接待的重要人文窗口。

杨得志故居坐落在株洲县南洲镇三望冲村坳上组，已有一百多年历史。为发展红色旅游事业，株洲县投入资金对杨得志故居进行全面修缮，并增设杨得志生平事迹陈列室、铜像广场、革命烈士纪念碑等场馆设施。2011年1月3日，杨得志故居免费对外开放。

特　载

践行新理念　培育新动能
为提前全面建成小康社会
加快推进基本现代化而努力奋斗

——2016 年 9 月 28 日在中国共产党株洲市第十二次代表大会上的报告

毛腾飞

同志们：

现在，我代表中国共产党株洲市第十一届委员会向大会作报告。

中国共产党株洲市第十二次代表大会，是我市走过六十五年辉煌历程、站在"十三五"发展新起点上召开的一次重要会议。大会的主要任务是：总结过去，谋划未来，选举产生新一届市委和市纪委领导班子，动员全市人民践行新理念，培育新动能，为提前全面建成小康社会、加快推进基本现代化而努力奋斗！

一、攻坚克难，过去五年工作取得重大成就

过去的五年，在党中央、省委的坚强领导下，市委团结带领全市人民，主动适应经济新常态，改革创新，开拓进取，经受了重大考验，取得了重大成就，圆满完成了市第十一次党代会确定的各项任务，谱写了株洲发展的崭新篇章。

五年来，面对经济持续下行的巨大压力，我们着力转型升级，综合实力明显增强。在经济增速换挡、结构调整阵痛、发展方式转变的大背景下，我们保持定力，以壮士断腕的意志淘汰污染产能，关停企业 473 家、生产线 195 条，影响产值近 500 亿元；为了弥补关停企业带来的巨大增长压力，我们精准发力，深入开展"项目攻坚年""企业帮扶年"活动，制定实施"稳增长 43 条"等系列政策措施，加速培育新的动能。我市减法做出了"加速度"，逆势实现了稳增长，成为国务院表彰的全国 20 个"稳增长"的先进地市之一。主要经济指标成倍增长。地区生产总值、一般公共预算收入、固定资产投资、社会消费品零售总额，2015 年分别达到 2335 亿元、290 亿元、2181 亿元、840 亿元，为 2010 年的 1.8 倍、2.2 倍、2.7 倍、2 倍，人均 GDP、人均财政收入等多项指标稳居全省前列。经济结构不断优化。加快建设"五城四基地"，全力打造株洲·中国动力谷，轨道交通产业圆了株洲千亿产业梦。规模工业增加值达到 1087 亿元，为 2010 年的 1.8 倍。县域经济、园区经济、非公经济加快发展，高新技术产业、现代服务业占比逐年提高。可持续发展能力明显增强。扎实推进国家自主创新示范区建设，大力实施"创新 10 条"等系列政策，催生了一大批创新创业新平台、新模式，高新区全国排名从第 46 位跃升至第 28 位。战略前沿领域创新取得突破性进展，世界首台储能式电力牵引轻轨车辆、国内首列中低速磁悬浮列车等一批高端产品在株问世，并实现产业化。加速科技与经济的融合，科技对经济增长贡献率由 48% 提高到 55%，连续 9 次荣膺全国科技进步先进市。推进节能减排，万元规模工业增加值能耗累计下降 62.9%，超额完成"十二五"节能减排任务。全面小康取得重要突破。2015 年全市全面建成小康社会实现程度达到 93.3%，居全省第二。天元区、石峰区已实现达标，荷塘区、芦淞区有望今年全面建成小康社会。

五年来，面对阻碍发展的体制机制障碍，我们着力改革开放，发展活力不断释放。蹄疾步稳推改革。围绕发展所需、基层所盼、民心所向，推动改革落准落细落实。以自我革命的勇气推进政府自身改革。在全省率先公布"三清单一目录"，市本级行政审批事项由 302 项减至 122 项。规范中介服务，全面取消非行政许可审批事项。推行"两集中、两到位"，建设投资项目审批时间由 200 多个工作日缩短到 70 个工作日以内。全面完成政府机构改革和乡镇区划调整。事业单位分类改革平稳有序推进。以敢啃硬骨头的决心推进市场主体和市场体系改革。推进市级政府投融资平台公司改革，正在全面建立现代企业制度。央企"三供一业”改革经验在全省推广。着力改革商事制度，实行注册资本认缴制，推行“三证合一、一照一码”，市场主体迅速增加。湖南股权交易所在株洲设立首家市州分所。成立株洲市农村集体土地流转市场，农村“三块地”确权颁证、不动产登记制度、公共资源交易管理体制等改革加快推进。推行城乡建设用地增减挂钩。国有林场改革通过省级验收。以攻坚克难的毅力推进财税投融资体制改革。加快财税体制改革，加大财力统筹和归集力度，发挥财政资金的撬动作用。严格执行国家结构性减税政策，全面实施“营改增”。按照“借得到、用得好、还得起”的思路，推行投融资体制改革，其经验在全国、全省大会上推介。坚定不移促开放。主动对接融入“一带一路”等国家战略，着力搭建开放平台，成功获批国家保税物流中心（B型）、铁路综合口岸。积极“引进来”，面向长三角、珠三角、京津冀等重点区域，深入实施园区“146”工程，开展招商引资，承接产业转移，累计引进内外资1400亿元，是“十一五”的2.4倍。北汽二工厂、长城电脑等一批重大项目落户株洲。加快“走出去”，大力开拓海外市场，推进国际产能和装备制造合作，一批有实力的企业走出国门，在欧美国家兼并企业13家，建立了多个研发生产基地。轨道交通装备、硬质合金、汽车、陶瓷等一大批株洲生产的产品源源不断地销往世界各地。

五年来，面对城乡发展不协调的现实状况，我们着力统筹协调，城乡面貌大为改观。以建设国家新型城镇化综合试点城市为契机，大力推进以人为本、城乡一体的新型城镇化。城镇发展空间不断拓展。市区、城镇建成区面积分别从112平方公里、255平方公里扩大到138平方公里、337平方公里，城镇化率由55.5%提高到62%。城乡基础设施明显改善。加快建设交通、能源、水利、信息、城镇配套基础设施“五张网”。沪昆高铁、衡茶吉铁路和平汝、垄茶等高速公路建成通车。公路总里程2.4万公里，比五年前增加2300公里，交通条件发生了格局性变化。湘江风光带、云龙大道、荷塘大道、湘江六桥、湘江七桥、湘江大道、东城大道、株洲垃圾发电厂等一大批城市重点基础设施已经建成或正在加快建设，拉开了城市框架，增强了城市功能，提高了城市品位。县域经济快速发展。大力推进县域崛起，醴陵全国百强县排名由第98位上升至第82位，攸县保持全省县域经济“十强”，株洲县、茶陵县、炎陵县跻身全省县域经济发展先进县行列。环境质量持续好转。两型社会综合配套改革第二阶段任务全面完成，湘江保护与治理省政府“一号重点工程”有力推进，清水塘老工业区搬迁改造进展顺利，“三个基本行动”成效显著。2015年市区空气质量优良天数比2013年增加了67天，湘江株洲段水质保持国家Ⅲ类水质标准。全面推行封山育林，森林覆盖率提高到61.9%，成功创建国家森林城市。城市管理水平不断提升。推进城市管理法治化、市场化、信息化、标准化，成功创建全国文明城市，顺利通过国家卫生城市复审、荣获“中国人居环境范例奖”，城市知名度和美誉度明显提升，市民的归属感和幸福感明显增强。

五年来，面对人民群众过上美好生活的热切期盼，我们着力改善民生，人民福祉持续提升。坚持以人民为中心，按照保基本、兜底线、促公平的工作思路，以“十大民生实事”“民生100工程”为抓手，集中力量办成了一大批好事实事。2015年，城镇居民人均可支配收入、农民人均纯收入分别达到33977元、15637元，是2010年的1.9倍、1.7倍。全面打响脱贫攻坚战。五年累计减少贫困人口18.6万人，城市五区建档立卡贫困人口全部脱贫。全力织牢基本民生保障网。城乡居民社会养老保险实现全覆盖，城乡医保、低保扩面提标，覆盖城乡的社会保障体系基本形成。建成湖南（株洲）创业就业指导中心，获评“全国创业先进城市”。城镇保障性住房覆盖率稳居全省领先水平。努力扩大公共服务普惠面。教育强市稳步推进，县市区全部通过义务教育基本均衡发展验收、教育强县（市、区）验收，在全省率先实现每个乡镇（街道）建成一所公办幼儿园，义务教育学校全部建成合格学校，市二中搬入新校办学，职教园建设进度明显加快，湖南工业大学新校区基本建成。持续深化医药卫生体制改革，公立医院率先在全省废除“以药补医”，新农合参保率稳定在97%以上，“看病难”“看病贵”问题有所缓解。积极兴办文体事业，国家公共文化服务体系示范区建设加快推进，大剧院、博物馆、方特梦幻王国等重大文化设施相继建成。合力构建和谐稳定大格局。全面建立市县乡村四级监管体系，安全生产形势平稳可控。深入推进法治株洲、平安株洲建设，社会大局保持稳定，获得全国综治工作优秀地市“五连冠”，连续三次捧回四年一届的“长安杯”。

五年来，面对全面从严治党的新要求，我们着力固本强基，党的建设切实加强。坚持党要管党、从严治党，注重思想建党与制度治党相结合，不断增强党的创造力、凝聚力、战斗力。加强思想政治建设。深入开展党的群众路线教育实践活动、“三严三实”专题教育和“两学一做”学习教育，保持党员干部先进性和纯洁性。切实履行意识形态工作主体责任，牢牢掌握了主导权。加强组织建设。认真贯彻好干部标准，重用了一批靠得住、有本事、作风实的优秀干部。提升基层党组织服务水平，圆满完成县乡党委换届、并乡合村，“在职党员进社区”荣获全国最佳案例奖。加强作风和反腐倡廉建设。认真落实全面从严治党主体责任，推进纪检监察机关“转职能、转方式、转作风”，深入开展“雁过拔毛”“纠‘四风’、治陋习”等专项整治行动，严肃查处了一批违法违纪案件，“四风”问题得到有效遏制，营造了干部清正、政府清廉、政治清明的良好氛围。

市委充分发挥领导核心作用，总揽全局、协调各方。支持人大依法行使权力，我市在全省首批被赋予地方立法权。支持政府转变职能、依法行政。支持政协开展政治协商、民主监督、参政议政。深入实施“同心工程”，切实加强统战工作。支持审判机关、检察机关依法独立公正行使审判权、检察权，推进公正司法。重视发挥工青妇等群团组织作用，统筹加强民族宗教、外事侨务、港澳台等工作，连续六次荣获“全国民族团结进步模范集体”称号。坚持党管武装，加强国防动员和后备力量建设，实现“全国双拥模范城市”六连冠。

过去的五年，是株洲历史长河中激流勇进的五年，是株洲发展画卷中浓墨重彩的五年，是株洲和谐乐章中凯歌高奏的五年。五年来，我们展现的面貌昂扬奋进，付出的努力俯仰无愧，取得的成就有目共睹。这归功于省委、省政府的正确领导，归功于历届市委班子打下的坚实基础，归功于全市人民的顽强拼搏。在此，我谨代表市委，向全市广大干部群众，向老领导、老同志，向各民主党派、各人民团体，向驻株单位、驻株部队和武警官兵，向一切关心支持株洲改革发展的社会各界人士、各方朋友，表示衷心的感谢和崇高的敬意！

奋斗充满艰辛，经验弥足珍贵。回顾过去五年的工作，我们深切体会到：必须坚持党的领导，把准方向。只有牢固树立政治意识、大局意识、核心意识和看齐意识，坚定不移把贯彻落实中央、省委各项决策部署与株洲实际紧密结合，才能更好地推动发展。必须坚持解放思想，改革创新。只有争当改革的实干家和促进派，大胆冲破阻碍发展的一切体制机制障碍，勇于破除思维定势、工作惯性和路径依赖，不断创新工作思路，才能持续为经济社会发展注入生机和活力。必须坚持抢抓机遇，厚植优势。只有善于在研判复杂多变的形势中发现和抢抓机遇，在主动对接国家重大战略中发现和抢抓机遇，在挖掘放大自身优势中发现和抢抓机遇，在不断扩大开放中发现和抢抓机遇，才能厚植发展优势，实现转型升级。必须坚持人民至上，执政为民。只有保持“万家灯火收眼底、百姓忧乐上心头”的民本情怀，更好地依靠群众、服务群众、增进民生福祉，才能凝聚起推动发展的强大合力。必须坚持真抓实干，敢于担当。只有以“功成不必在我、建功必须有我”的胸襟，以抓铁有痕、踏石留印的狠劲，以绵绵用力、久久为功的韧劲，才能干出既利当前、又利长远的工作实绩。

在前进的道路上，我们没有任何理由骄傲自满，必须清醒地看到，株洲发展还存在不少困难和问题。主要是：转型升级压力较大，既要稳增长，又要调结构，清水塘老工业区搬迁改造进入攻坚期，旧的动能持续衰退，新的动能接续不力。协调发展任务繁重，主要表现在非公经济比重不大、现代服务业水平不高、开放型经济发展不快，特别是县域经济实力不强。中心城区强、县域弱的局面没有根本改观，炎陵、茶陵脱贫攻坚任务艰巨。改革攻坚仍然较难，制约经济社会发展的体制机制障碍有待进一步破解，思想观念的禁锢和利益固化的藩篱还不同程度存在，改革的力度还须加大，改革的系统性、整体性、协同性还须增强。公共服务和社会治理存在薄弱环节，教育、医疗等公共服务优质资源供给不足，公共安全、安全生产、信访维稳等问题不容忽视，法治环境尚未完全形成。全面从严治党任重道远，一些党员干部精神不振、能力不足、作风不实，与发展要求仍然不相适应，市委常委会自身建设有待进一步加强。我们必须增强忧患意识，坚持问题导向，采取有力措施，切实加以解决。

二、勇于担当，肩负起“两个走在前列”的历史使命

一代人有一代人的使命，一代人有一代人的担当。在未来的五年里，“两个一百年”奋斗目标将在这里交汇，我们必须肩负起全面建成小康社会、迈向实现基本现代化新征程的历史使命。审视株洲所处的历史方位和阶段性特征，发展机遇更好、基础更实、动力更强，加快推进基本现代化的美好前景催人奋进。

从发展大势来看，我们已经步入全面转型、大有可为的关键时期。经济发展进入速度换挡、结构优化、动力转换的新常态，尽管面临持续下行的压力，但长期向好的基本面没有变，供给侧结构性改革红利逐步释放，科技创新孕育新突破，“稳”的态势在延续，“进”的力度在加大，“好”的因素在积累。要看到，全面转型的时候，正是优势再造的阶段。看清大背景，把握大方向，只要我们善于借势借力，变中求新，转中求进，在关键点上把住把牢，在紧要处抓紧抓实，完全可以大有作为。

从区域态势来看，我们正在迎来机遇叠加、加快升级的黄金时期。“一带一路”、长江经济带等国家战略深入实施，置身于长江中游城市群中的株洲，完全可以顺势而为，抢得更多先机；置身于全省发展长株潭城市群“核”的位置上的株洲，完全可以彰显“核”的担当、“核”的作为。随着国家自主创新示范区、国家新型城镇化综合试点城市、国家“两型”社会建设综合配套改革试验区等一系列政策叠加效应的发挥，我们将在更大空间、更广范围内集聚更多资源和要素，迎来大开放、大开发的崭新时代。

从比较优势来看，我们完全具备争先进位、再攀新高的坚实基础。株洲有明显的产业优势和技术人才优势，轨道交通产业具备了千亿级体量，航空、新能源汽车、新材料、电子信息等战略性新兴产业来势看好，新技术、新模式、新业态方兴未艾，现代产业体系的架构初步成形。加之城乡基础设施日益完善，交通区位优势不断巩固，全市干部群众人心思进的劲头更足、氛围更浓，为干事创业奠定了坚实基础。只要我们保持好势头、增创新优势，坚定必胜信心，就一定能够在新一轮城市竞争中走在前列。

按照新使命新任务，今后五年全市工作的指导思想是：高举中国特色社会主义伟大旗帜，以马克思列宁主义、毛泽东思想、邓小平理论、“三个代表”重要思想和科学发展观为指导，深入贯彻党的十八大以来的各项方针政策和习近平总书记系列重要讲话精神，按照“五位一体”总体布局和“四个全面”战略布局，以五大发展理念为引领，切实落实省委的各项决策部署，大力弘扬火车头精神，大力实施“创新驱动、转型升级”总战略，加快建成株洲·中国动力谷、“一带一部”开放发展先行区、老工业城市转型发展示范区、城乡统筹发展幸福区，在全面建成小康社会进程中走在全省前列，在加快推进基本现代化进程中走在全省前列。

实现“两个走在前列”的总目标，就是在未来五年，主要经济指标增速高于全省平均水平，GDP 力争达到 4000 亿元，一般公共财政预算收入力争达到 500 亿元，城乡居民收入增速高于 GDP 增速。按照“三年打基础、五年初见成效、十年左右实现基本现代化”的总体考虑，确保 2017 年完成整体脱贫攻坚任务、全面建成小康社会，继而全面开启基本现代化新征程，2020 年完成“十三五”规划目标任务，2021 年完成基本现代化的阶段性任务。

实现这个总目标，务必牢牢把握“创新驱动、转型升级”总战略。把“创新驱动、转型升级”作为总战略，顺应了株洲经济社会发展的内在要求，体现了适应引领经济新常态的大逻辑。创新是引领发展的第一动力，抓住创新驱动这一核心要义，就抓住了牵动经济社会发展全局的“牛鼻子”；转型是加快发展的根本出路，把握转型升级这一核心目标，就把握了发展的主动权。要把“创新驱动、转型升级”作为根本遵循，落实到各项工作、各个领域，引领株洲经济行稳致远。

实现这个总目标，务必全力聚焦“一谷三区”总任务。

——加快建成株洲·中国动力谷。人才是创新的动力，创新是产业的动力，产业是发展的动力。动力产业是株洲最大的产业优势，是推动转型升级的最大引擎。要站在落实“中国制造 2025”、加快建设制造强市的战略高度，始终坚持优势产业优先发展，激发产业振兴动力源，打造创新发展主阵地。通过凝聚自主创新力量，汇聚产业要素资源，充分发挥轨道交通、航空、汽车等三大动力产业优势，积极培育与之相关联的信息技术、新材料、新能源等产业，把株洲建设成为产业特色鲜明、发展动力强劲、享有国际盛誉的动力之城。

——加快建成“一带一部”开放发展先行区。“一带一部”是习近平总书记对湖南发展的新定位。株洲作为“一带一部”核心区，在国家实行“一带一路”战略的大背景下，应该在对接国家战略中主动出击、先行一步。要站在开放的制高点，以战略的眼光，借好用好开放的大势，最大限度集聚海内外一切要素，敞开门来抓发展。通过创新体制机制，加强产能合作，深化文化交流，着力引资引智，在“引进来”“走出去”中求突破，在开放合作中增优势，推动开放型经济大发展，提升城市现代化、国际化水平，打造更高层次、更高水平的内陆开放新高地。

——加快建成老工业城市转型发展示范区。株洲作为传统老工业城市，加速动能转换、实现转型发展，势在必行。必须坚持现代工业文明、城市文明、生态文明协调推进，突出绿色引领，以产业转型、发展方式转变为重点，推进清水塘老工业区搬迁改造和湘江保护治理大见成效，传统重化工业加速退出，战略性新兴产业、生产性服务业加快培育，在转型发展中闯出一条新路，将株洲打造成为全国老工业城市产业转型、创新引领、绿色发展的典范。

——加快建成城乡统筹发展幸福区。株洲地域呈长条形分布，经济发展水平自北向南呈梯度下降，仍有两个罗霄山片区贫困县，城乡统筹发展任务艰巨。必须坚持以城带乡、城乡互动发展，加快城乡规划一体化、基础设施一体化、产业发展一体化、公共服务一体化、环境治理一体化，全面提高城乡共建共享水平，让全市人民物质更加富裕、精神更加富有、生活更加幸福。

实现这个总目标，务必大力弘扬株洲火车头精神。火车头精神就是株洲的主旋律和精气神。株洲是一座“火车拖来的城市”，“奋勇争先、一往无前”的火车头精神，蕴含了株洲的历史内涵和文化传承，彰显了全市人民的使命担当和价值追求，作为株洲精神得到了全市人民最广泛的认同。正是依靠这种火车头精神，我们才战胜了前进道路上的各种艰难险阻，创造了今天的辉煌。新的时期，任务更加艰巨，责任更加重大，我们尤其需要大力弘扬火车头精神，以五大发展理念为引领，奋勇争先，一往无前，才能建成“一谷三区”，实现“两个走在前列”！

三、真抓实干，奋力开创株洲发展新局面

我们要围绕提前全面建成小康社会、加快推进基本现代化奋斗目标，崇尚创新、注重协调、倡导绿色、厚植开放、推进共享，加快培育新动能，推动经济社会持续健康发展。

（一）实施创新驱动，打造转型发展新引擎

坚持把创新作为推动发展的第一动力，推动经济保持中高速、产业迈向中高端，努力建设国家创新型城市。坚持把供给侧结构性改革作为主攻方向，更加注重从生产端发力，更加注重从激发经济增长内生动力上发力，努力扩大有效供给，实现经济更好更快增长。

大力推进科技创新。加快国家自主创新示范区建设，重点围绕产业链部署创新链、提升价值链。全面实行科技人才、创新平台、企业技术、成果转化、科技金融“五张需求清单”，集聚创新要素，推动以科技创新为核心的全面创新，为产业转型发展提供有力支撑。突出企业创新主体地位，培育创新型企业，让企业真正成为创新决策、创新投入、创新实施和创新收益的主体。全力打造“政产学研用”相结合的技术创新体系，精心打造高端技术研发平台，重点建设世界一流的轨道交通国家级创新中心，加快建设航空、汽车、新材料产业国家和省级创新中心，创新军民融合机制、科技与金融合作机制，加快科技成果转化，打通科技成果向现实生产力转化通道。加强科技人才队伍建设，启动院士培育工程，实施“万名人才计划”，集聚一批科技创新人才。完善鼓励科技创新的政策措施，实行严格的知识产权保护制度，打造人才集聚的创新之都。实施“双创”建设专项行动，发展“四众”新模式，建设一批具有代表性的市场化、专业化、集成化、网络化“众创空间”，培育更多“创客”“微客”，让大众创业、万众创新在株洲大地蔚然成风。

加快建设制造强市。深入贯彻“中国制造2025”和“互联网+”战略，全面推进工业“1093”行动，加快发展10大重点产业，大力实施9大专项行动，打造3大标志性工程，着力构建多点支撑、多极联动的产业发展新格局，努力建设“中国制造2025”示范城市。积极开展智能制造试点示范，推进动力产业高端发展。加快建设国际一流轨道交通装备制造基地、国内一流通用航空产业基地、国内领先的新能源汽车基地，推动动力产业集群迈上4000亿元台阶。推进新兴产业规模发展。紧盯新兴产业发展前沿，培育壮大电子信息、新材料、新能源、生物医药、节能环保等战略性新兴产业，打造一批具有核心竞争力的龙头企业和产业集群。推进传统产业升级发展。加快传统企业技术改造，推动传统产业向绿色、高端、集约、高效发展。深化信息技术在陶瓷、服饰、烟花等传统优势产业的应用，打造中国陶瓷名城、服饰名城和烟花之乡。

提升发展现代服务业。坚持先进制造业与现代服务业良性互动，不断催生新业态、新模式。重点发展总部经济、金融保险、现代物流、研发设计、会展经济等生产性服务业，建设一批国家级工业设计中心和工业产品设计示范企业，推进一批重点项目建设，加快建设中南地区商贸物流中心。加速服务业与消费升级的融合，发展旅游、文化、体育、健康、养老“五大幸福产业”等生活性服务业。以平汝高速为主轴，以祭祖旅游、生态旅游、红色旅游、工业旅游和文化创意旅游为重点，建设大湘东精品旅游带，努力打造国内知名旅游目的地。加快中心商务区等九大服务业集聚区建设，打造一批信息服务平台、电子商务平台和物流配送平台，为服务业延伸发展提供有力支撑。

突出园区发展升级。坚持把园区作为发展产业的主战场，推动园区管理层级升级、规模升级、功能升级。实施“223工程”，到2020年形成2个国家级开发区、2个千亿园区、3个500亿园区。按照集聚化、专业化、链条化方向，支持发展特色园区，形成一园一特色、一园一品牌的发展格局。选派一批懂经济、善管理、勇创新、敢担当的优秀干部到园区任职，提升园区管理水平。理顺园区管理体制，制定优惠政策，下放审批权限，优化发展环境，为园区加快发展创造有利条件。壮大一批园区投融资平台和担保平台，鼓励多种投资主体参与园区建设。

（二）推进城乡统筹，构建区域一体化发展新格局

协调是健康发展的内在要求，统筹是协调发展的前提条件。加快推进国家新型城镇化综合试点，以城带乡、以乡促城、产城融合、城乡一体，加快建成城乡统筹发展幸福区。

合理优化空间布局。构建“一核一圈一廊”空间布局。做大做强中心城区核心增长极，加快“北联、东拓、南进”步伐，优化“一体三极”空间形态；加快推进株醴都市圈建设，株洲县撤县设区，拓展长株潭城市群战略腹地；打造醴炎县域经济走廊，做强南部三县，推动攸县撤县建市，建设产业承接带、现代农业带、文化旅游带。完善现代城镇体系。依托国家、省、市示范试点镇，规划建设一批特色城镇，形成中心城市、县城、重点镇、一般镇协调发展、互促共进的现代城镇体系。加强新农村规划建设管理。实施美丽乡村提质升级五年行动、“一廊十片百村”新农村示范工程，建成10个美丽乡镇、200个美丽乡村。

加强基础设施建设。统筹推进交通、能源、水利、信息、城镇配套基础设施“五张网”建设，构建连接城镇、覆盖城乡、综合配套、安全高效的基础设施网络。加快长株潭城际铁路、莲株高速、东城大道、长株攸公路等一批重点项目建设，形成“四纵四横”铁路网、“四纵五横”高速公路网和“两纵五横”城际干线网，争取渝长厦铁路在株洲过境设站，加快株洲火车站扩容提质，建成株洲通用机场，加快农村公路提质改造升级，提升“一江两水”通航能力，形成外通内达、高效便捷的综合立体交通网络，进一步巩固提升交通枢纽地位。加快江河治理和供水供气、“三网融合”等建设，提升综合承载能力。

突出县域产业支撑。产业强，县域强。推动一体化布局。依托城区优势产业、龙头企业，延伸产业链条，促进优势产能向县域转移布局，促进中心城区产业与县域产业共同打造产业链和产业集群，增强县域产业发展后劲。推动特色化建设。立足县域资源优势，改造提升特色农产品加工等传统优势产业，大力培育“三品一标”产品，主攻现代物流、休闲旅游、健康养老等现代服务业，培育特色产业。推动协调化发展。以农业“十百千”等重大工程为抓手，加快农业现代化与新型工业化、城镇化、信息化融合发展，形成“一产接二连三”的互动型、融合型发展模式，打造“第六产业”，实现农业从生产向生态生活、从物质向精神文化功能拓展。

提升城镇功能品质。增强中心城区核心引领功能，辐射带动县城、小城镇发展。提高规划水平。做实做精做细城市规划设计，统筹旧城改造和新城建设，提倡有机更新，延续历史文脉，塑造城市特色风貌。提升建设品质。实施交通畅通行动，连通城市中环，畅通城市内环，打通“断头路”，提高交通微循环能力。发展轨道交通，启动地铁建设前期工作，创建“公交都市”，有效解决“出行难”“停

车难”等问题。实施旧城提质行动，大力推进棚户区、老旧小区、城中村改造，统筹地下综合管廊建设，加快建设海绵城市。实施“城市绿荫”行动，让市民开窗透绿、出门见景。创新管理服务。加快城市管理立法，推进城市综合管理执法体制改革，完善城市管理市场运营模式，实现城市管理的法治化、市场化、信息化、标准化。大力推进智慧株洲建设，实现基础设施更智能、公共服务更便捷、社会管理更精细，建设安居乐业的美好家园。

推进体制机制创新。以改革创新和强化保障为依托，加快以人为核心的新型城镇化进程。深化户籍制度改革，推行居住证制度，提高户籍人口城镇化率。完善公共服务均等化机制，让市民化的人口享受社保、住房、教育等核心公共服务。鼓励社会资本参与城镇化建设，建立多元化、可持续的投融资机制。推进农村土地所有权、承包权、经营权三权分置，做到归属明确、保护严格、流转顺畅。稳妥推进农村土地征收、农村宅基地制度和农村集体经营性建设用地入市等改革。

（三）突出绿色引领，建设生态宜居新家园

全面推进“两型”社会第三阶段综合配套改革，突出抓好“两保两治一示范”，大力实施“碧水蓝天净土”行动，到2020年基本建成“两型”社会，把株洲打造成“两型”试验的标兵、绿色发展的标杆、生态文明的标志，促进建成老工业城市转型发展示范区。

以“两保”为导向促进绿色发展。突出生态保护。按照优化开发、重点开发、限制开发和禁止开发四类主体功能区的定位要求，实施绿心保护提升示范工程、绿色生态屏障工程、旅游区保护与建设工程，加强山水林田湖的生态修复与保护，全面推进封山育林，全面提升森林、河湖、湿地等自然生态系统的稳定性和生态服务功能。突出制度保障。加快推进生态文明体制改革，实行最严格的水资源管理和土地管理制度，开展绿色发展评价，全面推行领导干部自然资源资产离任审计和责任终身追究制度，形成源头预防、过程控制、责任追究的生态文明制度体系。强化重点领域低碳发展和节能减排，加大环保执法力度，用执法如山保护绿水青山。

以“两治”为重点加强环境治理。按照“三年大见成效，五年完成综合治理”的目标，全面完成清水塘老工业区搬迁改造与环境综合治理，打造老工业区生态修复、工业遗址利用、绿色产业高地三张名片，还全市人民一弯真正的“清水塘”，将清水塘老工业区建成享誉国内外的生态地标！推进湘江保护与治理省政府“一号重点工程”，加强“一江两水四港”整治，确保湘江流域水质不断好转，还湘江母亲河“漫江碧透、鱼翔浅底”的本色。

以示范创建为抓手培育绿色文化。大力开展“两型”标准建设示范工程，整县连片推进“两型”对标创建，深入推进“两型”机关、学校、社区、园区等示范创建，实现由点到面的转变。积极倡导绿色建筑、绿色出行、绿色消费等绿色生产生活方式，让绿色发展成为全社会的行动自觉、价值追求和精神风尚。

（四）深化改革开放，构筑体制机制新优势

坚持以改革促开放、以开放带改革，为经济社会发展注入新动力，增添新活力。

全面深化各项改革。坚持问题导向和目标导向，更加注重改革的系统性、整体性、协同性，大胆探索，精准施策，放大制度优势，争当全省全面深化改革急先锋。深化行政管理体制改革，大力推进简政放权、放管结合、优化服务，重点深化行政审批制度、商事制度、中介机构等系列改革，使株洲成为审批效率最高、服务最好、环境最优的城市。统筹党政群机构改革，分类有序推进事业单位改革，提高行政效能。深化市场主体改革，完善国有资产监管体制，大力推动平台公司建立健全现代企业制度，促使其做大做强。拓宽融资渠道，推广PPP模式，引导更多社会资本进入政府投资领域，参与国企改革重组，不断激发非公有制经济发展活力。深化市场体系改革，促进人才、土地、资金、科研成果等要素有序流动、合理组合，加快形成多功能、多层次、全领域、全开放的现代市场体系。强化各类产权保护，规范产权交易行为。整合建立公开透明的公共资源交易平台。深化财税金融体制改革，建立全面公开透明的财政预算管理制度，建立事权和支出责任相适应的管理制度，进一步理顺市、区两级财政体制。落实中央、省税收制度改革任务，推进依法治税。支持发展地方性金融机构，发展普惠金融，创新金融产品，优化金融生态，强化财政金融对实体经济的撬动和支撑作用。统筹推进其他领域改革，不断释放改革红利。

更大力度扩大开放。顺应经济全球化和区域一体化发展趋势，坚持全域株洲开放，构建开放型经济新体制，培育全面开放竞争新优势，加快建成“一带一部”开放发展先行区。拓宽开放大通道。争取“湘欧快线”延伸至株洲，探索建立集铁路、公路、水运、空运为一体的综合性、立体化开放大通道，实现与“一带一路”互联互通，加快建设保税物流中心（B型）和铁路口岸，构建开放大平台。高水平“引进来”。大力实施引资引技引智升级行动，推动技术进步、管理创新、产业升级。瞄准产业链前端、价值链高端，大力引进企业和项目，打造在全国乃至全球有核心竞争力的产业集群。瞄准长三角、珠三角等目标市场，大力承接产业转移，补齐县域开放型经济短板。大跨步“走出去”。做大对外贸易总量，提高经济外向度，推动轨道交通、陶瓷、烟花等优势产品在国际市场占有更大份额。支持企业扩大对外投资、开展海外并购和承包工程项目，以产品走出去带动产能走出去。大力发展株洲在外商会组织和外地驻株商会组织。大力发展跨境电子商务，促进本地产品全球化流通。优化开放环境。打造效率高、服务优、成本低、口碑好的营商环境。加强城市设计、形象策划、品牌宣传，营造良好开放氛围和开放形象。

（五）坚持民生优先，增进人民群众新福祉

人民对美好生活的向往，就是我们的奋斗目标。牢固树立以人民为中心的发展思想，把百姓的小事当作我们的大事，以我们的辛苦指数换取百姓的幸福指数。

坚决打赢脱贫攻坚战。把脱贫攻坚作为头等大事和一号民生工程，充分发挥政府主导和群众主体作用，引导各类企业、社会组织、个人参与脱贫攻坚，构建专项扶贫、行业扶贫、社会扶贫“三位一体”的工作格局，走出一条脱贫新路。大力推进精准脱贫“七个一批”、基础设施扶贫“六大工程”、城市支持农村“四大基地”建设，统筹推进扶贫开发与区域发展、新型城镇化、美丽乡村建设，确保2017年底全面完成脱贫攻坚任务，在奔小康的道路上决不让一个贫困对象掉队！

切实完善社会保障体系。加强就业扶持，落实促进就业创业政策，做好对高校毕业生、外来务工人员、就业困难人员等群体的就业服务。健全低保标准增长机制，扩大社会保险覆盖面，确保应保尽保。完善社会救助体系，大力发展福利事业和慈善事业，开展精准及时有效的扶弱助残帮困，确保群众求助无障碍、受助无遗漏。切实抓好城市棚户区和农村危房改造，建立多层次住房保障体系。通过持续努力，让人民群众有更稳定的工作、更满意的收入、更可靠的社会保障、更舒适的居住条件。

加快建成教育强市。坚持教育优先发展，大力推进义务教育均衡优质发展、学前教育普惠发展、高中教育特色多样发展、高等教育升级发展、特殊教育和终身教育全面普及发展，全面提升教育发展水平。全力支持湖南工业大学建设高水平综合性大学。全面建成湖南（株洲）职教园，打造在全国有重要影响的职业教育城。加快推进教育领域综合改革，促进教育公平，提升教育质量，增强教育活力，率先在全省建成教育强市，让每个人都有公平受教育的机会，让每个人都有人生出彩的机会。

着力建设健康株洲。深化医药卫生体制改革，强化医疗、医保、医药联动，推行分级诊疗，建立更加完善的公共卫生、医疗服务、医疗保障和服务监管体系，实现基本医疗卫生服务的全覆盖。大力推进医养结合，加快建设多层次养老服务体系，改革完善计生服务管理，切实保障妇女和未成年人合法权益。加强食品药品监管，基本建成食品药品追溯体系，创建国家食品安全城市。广泛开展体育竞技运动，建设全民健身示范城市，以全民健身促进全民健康、以全民健康促进全面小康。

（六）加强社会治理，营造文明和谐新风气

加快建设法治株洲，创新社会治理，深化文明创建，努力营造更加安定、更加和谐、更加文明的社会环境。

全面推进依法治市。深入开展法制宣传教育，认真组织实施“七五”普法规划，弘扬法治精神，树立法治理念，增强全社会尊法学法守法用法意识。健全领导干部带头依法办事制度，提高领导干部运用法治思维和法治方式深化改革、推动发展、维护稳定的能力。深化司法体制改革，切实维护法院、检察院依法独立公正行使职权，提高司法公信力，发挥公正司法的最后一道防线作用。充分利用赋予株洲的地方立法权，围绕城乡建设和管理、环境保护、历史文化保护等领域，制定一批具有开创性、引领性的法规规章，充分发挥立法在推进社会治理和民主法治建设中的引领推动作用。

创新治理方式。全面实行社区网格化管理和服务，完善治安立体化防控体系，构建全民共建共享的社会治理格局。健全常态化群众工作机制，扎实推进法治信访、责任信访、阳光信访，切实把各类矛盾纠纷化解在基层、消除在萌芽状态。认真落实党政同责、一岗双责，切实抓好安全生产，维护人民群众生命财产安全。加强诚信制度建设，促进行业自律，加快构建政务、商务、社会“三位一体”的诚信体系。

建设更高水平的全国文明城市。大力弘扬社会主义核心价值观和火车头精神，巩固文明创建成果，不断提升文明城市建设水平，为经济社会发展提供强大的精神动力。以创建国家公共文化服务体系示范区为抓手，大力发展文化事业，实施文化惠民“六大工程”，实现文化设施、文化产品和文化服务全覆盖。以重大文化项目建设为抓手，大力发展文化产业，做响炎帝文化、红色文化、工业文化、生态文化等特色品牌，提升文化核心竞争力。以“文明提升十大行动”为抓手，突出以文化人，提升市民文明素养，增强市民自豪感、认同感、归属感，打造富有张力、充满活力、独具魅力的人文城市。

四、不忘初心，以全面从严治党保障株洲大发展

履行新使命，实现新目标，关键在党。要始终坚持全面从严治党，以地方党委工作条例为基本遵循，以改革创新精神全面推进党的建设新的伟大工程，全面提高党的建设科学化水平，推动株洲各项事业大发展。

（一）加强思想建党，永葆共产党人的政治本色。思想建党，是我们党的光荣传统和政治优势。加强思想建党，就是要教育引导党员干部始终保持理论上的清醒，思想上的成熟，政治上的坚定。坚定理想信念主心骨。深入学习贯彻习近平总书记系列重要讲话精神，加强中国特色社会主义理论体系教育，坚持用科学理论武装头脑，坚守共产党人的精神追求，补好精神之“钙”，筑牢思想之“魂”，让理想信念的明灯永远在心中闪亮，切实增强道路自信、理论自信、制度自信、文化自信。增强党性修养主动性。深入开展“两学一做”学习教育，加强党史国史教育，教育引导党员干部做“四讲四有”合格党员，不断增强政治意识、大局意识、核心意识、看齐意识，切实做到对党忠诚、为党分忧、为党担责、为党尽责。抓牢意识形态主导权。坚持党管宣传、党管意识形态不动摇，牢牢掌握意识形态领域的领导权、管理权、话语权。繁荣和发展哲学社会科学，加强宣传舆论阵地建设，提高宣传引导和舆情处置能力，讲好株洲故事，展示株洲形象，弘扬主旋律，凝聚正能量。

（二）树立正确导向，打造务实担当的干部队伍。路线方针确定后，干部就是决定因素。面对新形势新任务，要选贤用能，培养造就一支敢当敢为、善作善成的干部队伍。坚持正确用人导向。按照习总书记“二十字”好干部标准，坚持“六重六用”用人导向：重忠诚，用有信念的干部；重本领，用有能力的干部；重责任，用有担当的干部；重奉献，用有激情的干部；重实干，用有业绩的干部；重清廉，用有品行的干部。提升干部履职能力。坚持让干部在学习中长见识，加强干部教育培训，学好政治经济学这门“必修课”，练好群众工作这门“基础课”，用好战略思维、法治思维这门“拓展课”；让干部在历练中增才干，引导广大党员干部到项目建设、企业帮扶、招商引资、脱贫攻坚等经济建设主战场上去提升能力，到社会管理、信访维稳、基层一线等矛盾突出的地方去提升能力，使干部跟上时代节拍，适应发展要求，不断提升形势研判力、工作执行力、实践创造力。激发干部干事热情。鼓励干部大胆干事创业，落实“三个严格区分开来”，建立“鼓励干事、宽容失误”的容错机制，旗帜鲜明地为担当者担当、让有为者有位。充分发挥考评考核的“指挥棒”作用，抓实考核评价，抓好结果运用，严格奖优罚劣。建立健全干部能上能下的用人机制，让能者上、平者让、庸者下。广大党员干部是党的事业的重要骨干，是推动发展的重要力量，要政治上激励、工作上支持、待遇上保障、心理上关怀，让广大党员干部安心、安身、安业。

（三）着力固本强基，充分发挥党的基层组织战斗堡垒作用。必须站在巩固党的执政地位的高度，抓基层、强基础，切实强化基层党组织的整体功能，确保全面从严治党在基层落地生根。健全组织体系。积极探索管理整合、纵向融合、横向联合、动静结合、新老组合的党组织设置模式，加强基层党组织建设，完善非公有制经济组织和社会组织党建工作管理体制，扩大党的组织和党的工作有效覆盖，使每个党员都能融入党的组织，参加党的活动，得到党的关怀，投身党的事业，增强党组织的凝聚力和向心力。完善服务体系。加强服务能力建设，建优服务平台，丰富服务载体，突出服务重点，打通服务群众的“最后一公里”，把每一个基层党组织都打造成联系群众、服务群众、凝聚群众的坚强堡垒。强化保障体系。坚持人向基层走、钱向基层投、政策向基层倾斜，积极发展村级集体经济，着力破解村级经济难题，建立村（社区）干部成长激励机制。

（四）坚决正风肃纪，营造山清水秀的政治生态。持续改作风，深入反腐败，以正风肃纪的良好成效，赢得民心这个最大的政治，赢得正义这个最强的力量。严肃党的政治纪律和政治规矩。严格遵守党内政治生活和组织生活制度，做到心有所畏、言有所戒、行有所止。严守廉洁从政的防线。坚持纪在法前、纪严于法，坚持教育在先、警示在先、预防在先，深入开展思想教育、警示教育、法纪教育和先进典型教育，引导党员干部知敬畏、明底线、懂规矩，时刻绷紧廉洁自律这根弦。严格执纪监督的手段。严格落实“两个责任”，坚持把纪律和规矩挺在前面，坚决纠正和查处各种违纪违规行为。常态化开展巡察工作，综合运用监督执纪“四种形态”，注重抓早抓小，突出咬耳扯袖、红脸出汗，对党员干部苗头性、倾向性问题，及时棒喝、对症下药、精准治疗，既严厉惩处极极少数，又常态严管最大多数。反腐利剑要高高举起，惩治腐败要重拳出击，坚持无禁区、全覆盖、零容忍，做到有腐必反、除恶务尽。严明作风建设的要求。作风建设永远在路上。必须持续深入转作风，纠“四风”，树新风，以作风赢得作为。深入开展“马上就办、真抓实干”活动，大力推行“五问工作法”，大兴求真务实之风、激情奉献之风、勤政为民之风。

（五）严格落实责任，形成狠抓党建的工作合力。全面从严治党，关键在严，要害在治，重在责任落实。压实党建工作职责。牢固树立“抓好党建是本职，不抓党建是失职，抓不好党建是渎职”的理念，落实主体责任，自觉坚持把抓好党建作为最大的政绩。要全面落实党建工作责任制，研究制定党建责任清单，严格落实“第一责任人”职责，强化行业主管部门责任，确保每个领域、每个环节的党建工作都有人抓、有人管。落实党建工作机制。完善党建工作专项述职评议制度，落实党委（党组）向上级党组织年度述职并接受评议、党委（党组）书记向党代表大会（党员代表会议）述职并接受评议的机制。建立健全党建带群建工作机制，构建大党建格局。加快建立考核评价及追究问责机制，确保管党治党责任落到实处。推进党建工作创新。健全民主集中制，完善常委会、全委会工作和议事规则，进一步改进党员干部民主生活会制度，探索建立充分发挥党代表作用的工作机制。认真总结新时期从严治党的规律和特点，明确党建工作标准和要求，探索推行党员管理、组织生活、服务群众、工作职责等标准化。注重以改革精神、信息化手段推进党建创新，深入探索制度治党的新途径。

奋力夺取株洲未来五年“两个走在前列”的新胜利，必须充分发挥市委总揽全局、协调各方的领导核心作用，形成齐心协力、干事创业的良好局面。坚持和完善人民代表大会制度，支持人大及其常委会依法行使职权，充分保障人民群众的知情权、参与权、表达权和监督权，让人大工作更加有力。加强党对经济工作的领导，支持人民政府及其部门依法行政、切实履职，让政府工作更加有为。坚持和完善党领导的多党合作和政治协商制度，支持政协组织加强政治协商、民主监督、参政议政，大力推进协商民主广泛多层制度化发展，让政协工作更加有效。巩固和发展最广泛的爱国统一战线，加强同各民主党派、工商联、无党派人士合作共事，以最大公约数画出最美同心圆。坚持党管武装，支持军队改革，加强国防动员和后备力量建设，深入推动军民融合发展，增进军民鱼水情。加强党对群团工作的领导，重视发挥工会、共青团、妇联等群团组织和各类社会组织的桥梁纽带作用，统筹加强民族宗教、外事侨务、港澳台等工作。充分调动各行各业的积极性、主动性、创造性，汇聚成同频共振谋发展、同心同德干事业的强大力量。

同志们，历史启示我们，前进的道路上从来都不是一帆风顺的，但光明的未来永远属于心怀梦想、矢志奋斗的人。我们一路走来，历经风雨而信念弥坚，饱经沧桑又屡创辉煌。我们继续前行，更加需要坚定的信念，更加需要刚强的意志，更加需要务实的作风，干在实处、走在前列，让干事创业成为株洲大地的最强音！

同志们，株洲发展又一次站在了新的历史起点上，蓝图催人奋进，奋斗铸就辉煌。让我们紧密团结在以习近平同志为总书记的党中央周围，在中共湖南省委的坚强领导下，解放思想、真抓实干，践行新理念，培育新动能，为加快建成“一谷三区”，提前全面建成小康社会、加快推进基本现代化而努力奋斗！

政府工作报告

——2017年1月4日在株洲市第十五届人民代表大会第一次会议上

阳卫国

各位代表

现在，我代表市人民政府向大会报告工作，请予审查，并请各位政协委员和其他列席人员提出意见。

一、本届政府工作回顾

市十四届人大一次会议以来，在省委、省政府和市委的坚强领导下，我们主动适应引领新常态，战胜重重困难，真抓实干，团结拼搏，圆满完成了“十二五”目标任务。

综合实力跨上新台阶。始终保持定力，精准发力，制定实施“稳增长43条”等一系列政策措施，持续推进项目攻坚，深入开展“企业帮扶年”活动，逆势实现了稳增长，成为国务院表彰的全国20个“稳增长”先进地市之一。预计全市GDP跨上2500亿元台阶，是2012年的1.4倍；固定资产投资跨上2000亿元台阶，是2012年的2倍；一般公共预算收入突破300亿元大关，是2012年的1.5倍。人均GDP、人均一般公共预算收入等多项指标稳居全省前列。醴陵市在全国百强县排名上升至73位，攸县保持全省十强，株洲县、茶陵县、炎陵县跻身全省县域经济发展先进县行列。全面小康社会实现程度全省第二，天元区、石峰区、芦淞区、荷塘区提前达标。云龙示范区在全省两型建设示范片区中走在前列。

转型升级实现新突破。以壮士断腕的决心关停高能耗、高污染企业，突出清水塘搬迁改造，推动有色冶炼、化工、建材等一批传统企业焕发新的生机。着力打造株洲·中国动力谷，轨道交通城、航空城、汽车城加快建设，轨道交通产业圆了株洲千亿产业梦。全市新增过百亿工业企业4家。成功获批国家自主创新示范区、“中国制造2025”试点示范城市。中国动力谷自主创新园一期建成开园。株洲高新区获批长江经济带国家转型升级示范开发区，全国排名从46位跃升至28位。园区规模工业增加值占比由52.3%提高到68%。规模工业增加值突破千亿大关，总量由全省第六前进到第三。加快建设九大服务业集聚区，电子商务、金融服务、商贸物流、文化旅游等现代服务业发展迅速，服务业对经济的贡献率由32.9%提升到49%。成功列入国家信息消费示范城市、国家电子商务示范城市、国家智慧城市试点。农业发展保持稳定，粮食生产实现“十三连丰”，农产品加工业产值占规模工业总产值比重由7.3%提高到9.3%。

城乡建设呈现新气象。市区建成区从112平方公里扩大到138平方公里，城镇建成区从255平方公里扩大到337平方公里，城镇化率由59.1%提高到63%，顺利通过国家新型城镇化试点中期评估。湘江风光带、东城大道、万丰湖、湘江七桥、洞株路等一大批重点基础设施已经建成或正在加快建设。沪昆高铁、衡茶吉铁路和平汝、垄茶高速建成通车，公路总里程达2.4万公里，比2012年增加1800公里，实现了县县通铁路、县县通高速。两型社会建设第二阶段任务以及湘江保护和治理“一号重点工程”第一个三年行动计划全面完成，“三个基本行动”成效显著。空气质量持续改善，湘江株洲段水质优于国家Ⅲ类标准。森林覆盖率提高到61.85%，成功创建国家森林城市。建成30个省级美丽乡村示范村。成功创建全国文明城市，顺利通过国家卫生城市复审，荣获中国人居环境范例奖。

改革开放迈出新步伐。在全省率先公布“三清单一目录”，全面取消非行政许可审批事项。推行“两集中、两到位”，建设领域投资项目审批改革经验全国推广。政府机构改革和乡镇区划调整全面完成，全市合并乡镇33个、行政村541个。

事业单位分类改革平稳有序。实现财政供养人员只减不增。着力改革商事制度，市场主体迅速增加。市级政府平台公司改革积极推进。央企“三供一业”改革经验全省推广。构建全口径政府预算体系，全面公开财政预决算，全面实施“营改增”。深化农村信用社等金融领域改革，成功组建4家农商行和3家村镇银行。农林、司法、公共资源交易体制等改革取得重大进展。对外开放成效明显。引进内外资1382亿元，北汽二工厂、长城电脑等一批重大项目落户株洲。一批有实力的企业走出国门，在欧美国家建立了多个研发生产基地。

民生事业取得新进步。大力实施“民生100”工程，集中力量办成了一大批实事。着力推进精准扶贫，四年减贫11.21万人，城区农村贫困人口全部脱贫。城乡居民养老保险实现并轨，城乡医保、低保应保尽保，覆盖城乡的社会保障体系基本建成。坚持以创业带动就业，建成湖南（株洲）就业创业指导中心，获评全国创业先进城市。“两房两棚”“两供两治”有力推进，建成3.3万套保障性住房，解决3万多户房屋发证历史遗留问题，改造农村危房2.6万户，解决66.4万农村人口安全饮水问题。在全省率先全域通过教育强县（市区）评估验收，义务教育学校全部建成合格学校。职教园6所院校入园办学。在全省率先全域破除“以药补医”，公立医院改革被国务院誉为“医改株洲模式”。国家公共文化服务体系示范区创建扎实推进，神农大剧院建成使用。荣获全国综治工作优秀地市“五连冠”，第三次捧回“长安杯”，连续六次获评“全国民族团结进步模范集体”。严格落实安全生产责任，安全生产形势平稳可控。加强食品安全监管，建成全省一流的食品检测中心。深入开展军民共建，实现全国双拥模范城市“六连冠”。不断加强国防动员工作，驻株解放军、武警部队和民兵预备役为全市经济社会发展作出了积极贡献。同时，统计、外事侨务、人防、移民、国安、质检、供销、气象、水文、广电、新闻出版、体育、档案、地方志、住房公积金、对口支援、妇女儿童、老龄、残联、贸促等工作都有新进步。

政府治理能力得到新提升。大力推进“四型”政府建设，加快转变政府职能，建立健全“3+4”市政府决策体系，推动重大决策规范化、科学化、民主化。制定出台政府投资项目管理等制度性文件，政府权力配置和运行边界进一步规范。深入推进政务公开，监察、审计、法制等行政监督不断加强。大力推进依法行政，成为全省首批被赋予地方立法权的市州。自觉接受人大、政协和社会各界监督，人大代表建议、政协委员提案全部办复，满意度不断提升。深入开展党的群众路线教育实践活动和“三严三实”“两学一做”专题教育，严格落实全面从严治党“两个责任”，严格执行中央、省委和市委关于改进作风的各项规定，廉政建设和反腐败斗争取得积极成效，行政效能和服务水平明显提升。

各位代表，2016年是“十三五”的开局之年，我们按照年初部署，扎实推进各项工作，全市经济社会发展总体平稳、稳中有进。预计全市GDP同比增长8%，规模工业增加值增长7.2%，固定资产投资增长14%，社会消费品零售总额增长12%，一般公共预算收入增长7.7%，城乡居民收入增长8.5%。

（一）保持定力调结构，产业实力持续增强。三大动力产业增加值达190亿元。中车三大研究院、IGBT产业化项目加快建设，两个国家重点实验室成功获批。北汽株洲基地年产值预计突破百亿大关，北汽二工厂主体封顶。通用机场、千亿大道、机场大道、两机重大专项等项目加快建设。长城电脑竣工投产，攸县煤电一体化项目并网发电。大力推进国家自主创新示范区建设，出台“创新10条”“双创8条”，4个项目入选第二批制造强省重点项目。深入实施“146”工程，建成标准厂房302万平方米。建成创客空间20家，入驻创业团队213个。规模以上服务业营业收入增长23.5%。方特二期等一批项目建成运营。金融业增加值55亿元。第一产业增加值增长3.3%，农产品加工业总产值增长20%。完成65.3万亩重金属污染耕地修复治理和农作物种植结构调整。

（二）精准发力抓项目，有效投资持续扩大。积极参加“央企对接会”“沪洽周”，成功举办“湘台会”、轨道交通产业国际峰会，签约引资1760亿元，重点招商项目履约率达73.5%。开展“全市总动员、大干一百天、全力保投资”“看学议”和集中开竣工等活动，145个重点项目开工建设、59个竣工达效，投资突破千亿大关。开辟企业直接融资新渠道，开通全省首家市州股权交易分所。获批国家专项建设基金60.5亿元、企业债券66.1亿元。新增社会融资515.7亿元，其中直接融资占比76.5%，银行存贷款余额分别达2813亿元、1312亿元。完成集体土地征拆3.6万亩、国有土地房屋征收41万平方米，项目用地有效保障。

（三）齐心协力促统筹，城乡面貌持续改观。启动实施交通畅通、城市绿荫、旧城提质、碧水蓝天“四大行动”。湘江六桥、长株潭城际铁路、西站南路、东环北路、湘芸路等项目建成通车。株洲西客运枢纽站启动建设，湘江大道、环保大道、铁东路、湘江河东段综合治理等项目加快建设。建成街旁游园、社区游园10个。改造城市棚户区2万余户、农村危房近9000户。完成4个美丽乡村示范村建设，完成窄路加宽450公里、危桥改造30座、农村招呼站160个。104个村完成配电网改造。城市管理经验在全省推介。清水塘老工业区新关停企业15家，异地搬迁18家。湘江保护和治理“一号重点工程”第二个三年行动计划、两型社会建设第三阶段工作全面启动，城区洗水厂全部关停，霞湾港重金属污染治理等项目加速推进。

（四）凝聚合力推改革，发展活力持续释放。供给侧结构性改革扎实推进，“三去一降一补”取得实质性进展，71家烟花爆竹企业签订退出协议，5家煤矿企业关闭退出。城区商品住宅去化周期同比缩短2.8个月。大力开展

"企业帮扶年"活动，交办各类问题2800余个，办结率达93.4%，企业帮扶经验被国务院推介。"营改增"等减税清费政策为企业和社会减负20亿元以上。政府存量债务置换和化解力度加大，综合债务率明显下降。加大"放管服"改革力度，下放市级管理权限29项，完成首批16家行业协会与行政机关脱钩试点验收。在全省率先下放城区私营企业注册登记权限，新增企业8500余家，增长38%。投融资体制改革深入推进，重组4家政府投资公司。财政资金统筹使用力度加大，财政管理绩效综合评价获评AA级。公共资源交易中心挂牌成立。基本完成农村土地承包经营权确权登记颁证工作。不动产统一登记在全市全面实施。公务用车、国企国资等领域改革有序推进。开放发展迈出坚实步伐。对外投资2.6亿美元，增长30%。保税物流中心（B型）、铁路口岸成功获批并加快建设。

（五）倾尽全力办实事，民生民利持续改善。民生支出持续增加，占财政总支出的73%。大力实施"七个一批"和"六大工程"，全面完成省脱贫攻坚考核任务。"民生100"工程成效显著，新增企业养老保险参保3.6万人，新增养老服务床位1371张。新增城镇就业5.2万人，新增农村劳动力转移就业1.58万人，农村五保对象基本医疗费全额减免。市属三所职业学校新校区开工建设。成功举办丙申年炎帝陵祭典、世界华人名人围棋邀请赛、首届株洲艺术节等活动。妥善处理市长热线和市长信箱来电来信共6万余件。建成治安岗亭60个，新增社会治安视频监控摄像头4800个，综治民调考评排名全省前列。防范和处置非法集资工作考核全省第一。安全生产和计生工作获评全省优秀。

各位代表，发展历程充满艰辛，发展成就鼓舞人心。这些成绩的取得，是市委正确领导的结果，是市人大、市政协监督与支持的结果，饱含了各位代表、各位委员的智慧和力量，凝聚了全市人民的心血和汗水。在此，我代表市人民政府，向全市广大干部群众，向人大代表、政协委员，向各民主党派、工商联、无党派人士和人民团体，向驻株部队官兵以及中央、省驻株单位，向离退休老同志，向所有关心支持株洲发展的各界朋友，表示崇高的敬意和衷心的感谢！

各位代表，成绩来之不易，经验弥足珍贵。我们深切地体会到：唯有坚持发展第一要务，强化产业支撑，突出项目攻坚，才能稳定经济增长、厚植发展优势。唯有坚持改革创新，突破发展障碍，才能增强动力、迸发活力。唯有坚持转型升级，加快转变发展方式，才能增创发展优势、实现逆势突围。唯有坚持发展为民，心中始终装着群众，才能筑牢执政根基、凝聚发展合力。唯有坚持从严从实，转变工作作风，才能做到真抓实干、干出实效。

我们必须清醒认识到，前进道路上还面临不少困难和问题。一是新旧动能转换艰难。一批支撑株洲发展的重化、冶炼等企业陆续退出，新动能短期内难以有效对冲旧动能下行的影响。二是投资增长后劲乏力。工业投资和民间投资不足，产业项目偏少，投资大、带动强、前景好的重大项目不多。三是社会治理任务较重。烟花爆竹、煤炭、危化等行业安全生产基础还不牢固，征地拆迁、非法集资等领域稳定风险防控、应急处置能力还需加强。四是改革攻坚难度较大。有的地区和部门推动改革的主动性、创造性还不够，改革红利难以有效释放。五是发展环境有待优化。政务服务效能有待进一步提高，行政事权下放、规范权力运行和推进政务公开的力度还需进一步加大，干部适应把握引领新常态的能力有待进一步提升。对此，我们要高度重视，采取有力措施加以解决。

二、未来五年形势和任务

未来五年，是株洲全面建成小康社会，进而开启基本现代化新征程的关键时期。迈向新征程面临新挑战，宏观形势依然错综复杂，经济新常态特征更加明显，经济下行和转型升级双重压力仍然较大。迈向新征程拥有新机遇，经济长期向好的基本面没有改变，株洲·中国动力谷建设步伐加快，新兴动能加速形成。地处"一带一部"和中部崛起的重要地带，战略地位持续提升，资源要素加速集聚，政策叠加效应更加彰显。迈向新征程肩负新使命，株洲作为长株潭核心增长极的重要组成部分，省委省政府寄予厚望，人民群众充满期待，我们必须以"核"的担当，展现"核"的作为。尤其是面对千帆竞发、百舸争流的区域竞争态势，不进则退，慢进也是退。"一万年太久，只争朝夕"。市第十二次党代会描绘了未来发展的宏伟蓝图，从新起点再出发，我们必须以时不我待的紧迫感，寝食难安的责任感，夙夜在公的使命感，大力弘扬奋勇争先、一往无前的"火车头精神"，全面实施"创新驱动，转型升级"总战略，先人一步，快人一拍，干在实处，走在前列，奋力谱写株洲发展新篇章。

今后五年政府工作的指导思想是：高举中国特色社会主义伟大旗帜，以马克思列宁主义、毛泽东思想、邓小平理论、"三个代表"重要思想和科学发展观为指导，深入贯彻党的十八大以来的各项方针政策和习近平总书记系列重要讲话精神，

以五大发展理念为引领，认真落实省、市党代会精神，坚持创新引领、开放带动、两型发展、民生优先、文化提升，加快建成"一谷三区"，在全面建成小康社会和加快推进基本现代化进程中走在全省前列。

今后五年全市经济社会发展的主要奋斗目标是：主要经济指标增速高于全省平均水平，GDP力争达到4000亿元，一般公共预算收入力争达到500亿元，城乡居民收入增速高于GDP增速。按照"三年打基础、五年初见成效、十年左右实现基本现代化"的总体考虑，确保2017年完成整体

脱贫攻坚任务、全面建成小康社会，继而全面开启基本现代化新征程，2020年完成“十三五”规划目标任务，2021年完成基本现代化的阶段性任务。

围绕上述指导思想和奋斗目标，突出抓好五个方面：

（一）坚持创新引领，加快建成株洲·中国动力谷。以建设国家自主创新示范区为契机，全力推进以科技创新为核心的全面创新。建设一批高端创新平台，培养一批创新人才，突破一批前沿技术和关键技术，培育一批创新型企业。围绕产业链布局创新链、打造服务链，促进“三链融合”，提升产业核心竞争力，加快建设创新型城市。深入对接“中国制造2025”“互联网+”战略，全面推进工业“1093”行动，实施“223”园区工程，加快建设制造强市。大力推进“中国动力谷十年行动计划”，全力打造“3+3+1”产业新体系，做大做强轨道交通、航空、汽车三大动力产业，加快建设一流的轨道交通装备制造基地、通用航空产业基地、新能源汽车基地，推动动力产业集群迈上4000亿元台阶，将株洲建设成为产业特色鲜明、发展动力强劲、享有国际声誉的动力之都。推进传统产业升级发展，打造中国瓷谷、服饰名城和烟花之乡。推进金融集聚区建设，努力打造湖南金融次中心，加快发展现代物流业，推动生产性服务业与制造业融合发展。

（二）坚持开放带动，加快建成“一带一部”开放发展先行区。坚持全域开放，构建开放型经济新体制，培育全面开放竞争新优势。加快建立集铁路、公路、水运、空运为一体的综合性、立体化开放大通道，实现与“一带一路”互联互通，构建开放大平台，加快发展口岸经济。坚持“引进来”，实施引资引技引智升级行动，瞄准产业链前端、价值链高端引进企业和项目，大力承接产业转移，打造具有核心竞争力的产业集群。坚持“走出去”，支持企业扩大对外投资、开展海外并购和承包工程项目，以产品走出去带动产能走出去，增强轨道交通、航空、汽车、硬质合金、陶瓷、烟花等优势产业的国际竞争力。坚持以开放带改革、以改革促开放，重点推进行政管理体制、市场主体、财税金融体制等改革，努力打造效率高、服务优、成本低、口碑好的营商环境。

（三）坚持两型发展，加快建成老工业城市转型发展示范区。牢固树立“绿水青山就是金山银山”的理念，深入推进两型社会建设第三阶段工作，大力实施“碧水蓝天青山净土”行动，突出抓好“两保两治一示范”，到2020年基本建成两型社会。突出生态保护，实施绿心保护提升示范工程、绿色生态屏障工程、旅游区保护与建设工程、江河湖库水系连通工程，加强山水林田湖的生态修复与保护。突出制度保障，加快生态文明体制改革，形成源头预防、过程控制、责任追究的生态文明制度体系。按照“三年大见成效，五年完成综合治理”的目标，全面完成清水塘老工业区搬迁改造和综合治理，打造老工业区生态修复、工业遗址利用、绿色产业高地三张名片。大力推进湘江保护和治理“一号重点工程”，加强“一江两水四港”整治，确保湘江流域水质不断好转。大力开展两型标准建设示范工程，积极倡导绿色生产生活方式，让绿色发展成为全社会的行动自觉、价值追求和精神风尚。

（四）坚持民生优先，加快建成城乡统筹发展幸福区。全力打赢脱贫攻坚战，加强脱贫后续政策扶持，确保全市人民同步实现小康，决不让一个群众在小康路上掉队。加快推进以人为核心的新型城镇化，大力构建新型城镇空间体系，按照“一核一圈一廊”空间布局，加快“北联、东拓、南进”步伐，优化空间形态。深入实施交通畅通、旧城提质、城市绿荫、碧水蓝天“四大行动”，积极推进智慧城市、海绵城市建设，提升城镇品质，打造更高水平的生态宜居城市。加快构建新型城镇产业体系，推进优势产能向县域转移布局，共同打造产业链和产业集群。以农业产业升级“十百千”工程、农产品加工千亿产业培育工程等为抓手，走出“一产接二连三”的互动型、融合型发展新路。加快构建新型城镇公共服务体系，完善基本养老、基本医疗和失业、工伤、生育等保险制度，基本实现全覆盖。大力建设教育强市、健康株洲和平安株洲，让人民群众在共建共享中有更多的获得感。

（五）坚持文化提升，努力打造更具魅力和影响的株洲形象。以建设国家公共文化服务体系示范区为契机，大力发展文化事业，实施“六大文化惠民”工程，推进基本公共文化服务标准化均等化。以重大文化项目建设为抓手，加强文化与体育、旅游、科技深度融合，大力发展文化创意产业。推动工业文化遗产保护地方立法，深入挖掘炎帝文化、红色文化、书院文化等特色资源，形成“一带一轴”“一县一品”特色文化产业格局，提升文化核心竞争力，打造富有张力、充满活力、独具魅力的人文城市。以“文明提升十大行动”为重点，深入开展中国梦和社会主义核心价值观学习教育，推进公民思想道德建设工程，巩固文明创建成果，加大县乡文明创建力度，提升社会文明程度。促进对外文化交流，加大株洲形象的策划、宣传和推介力度，传播株洲声音，扩大株洲影响，展现“神农福地、动力之都”的独特魅力，进一步提升株洲的知名度和美誉度，增强全市人民的自豪感和归属感。

三、2017年工作安排

2017年是党的十九大召开之年，是贯彻落实市第十二次党代会精神的首战之年，是脱贫攻坚、全面建成小康社会的决胜之年，是供给侧结构性改革的深化之年。我们要全面贯彻中央、省委、市委经济工作会议精神，坚持稳中求进、进中争先工作总基调，以新发展理念为指引，以提高发展质量和效益为中心，以供给侧结构性改革为主线，持续开展“项目攻坚年”和“企业帮扶年”活动，全面做好稳增长、促改革、调结构、惠民生、防风险各项工作，推动经济平稳健康发展和社会和谐稳定，确保全市整体脱贫，奋力夺取全面小康社会新胜利，以优异成绩迎接党的十九大胜利召开。

全市经济社会发展的主要预期目标是：GDP 增长 8.5% 左右，固定资产投资增长 16%，规模工业增加值增长 8%，社会消费品零售总额增长 12.5%，一般公共预算收入增长 7%，城乡居民收入增长高于经济增长速度，万元 GDP 能耗完成省下达任务。完成今年的目标任务，重点抓好以下五个方面的工作：

（一）突出供给侧结构性改革，着力激活发展新动力。继续抓好“三去一降一补”。去产能，重点推进株冶等企业转移转型，完成 4 家中央省属企业和所有中小冶炼化工企业关停搬迁，腾退收储土地 2000 亩以上，确保清水塘老工业区搬迁改造取得标志性、突破性进展。关闭 50 家烟花爆竹企业和 5 家以上煤矿企业。加大“僵尸企业”处置力度，妥善做好企业债务化解和人员安置工作

去库存，重点深化以购租并举为方向的住房制度改革，合理调控土地供应，提高棚改货币化安置率，加大非住宅领域去库存力度，促进房地产市场健康平稳发展。去杠杆，重点降低政府平台公司负债水平。防范和打击非法集资，坚守金融安全底线。降成本，重点开展“企业帮扶年”活动，完善帮扶机制，落实正税清费政策措施，有效降低制度性交易成本，降低水电气、融资、物流等生产成本。补短板，聚焦第三产业、非公经济、开放型经济、县域经济等领域，实施一批补短板工程。

推进重点领域改革。深化“放管服”改革，继续推进项目建设审批制度改革，下放一批审批权限，清理规范行政审批中介服务，积极开展“减证便民”行动。探索市、区财政事权和支出责任划分改革，扩大和细化财政预决算公开，加强财政资金统筹整合和专项资金绩效评估。完善综合治税信息管理平台。推进国有企业混合所有制改革试点，完成市级政府平台公司改革重组。组建金融服务集团，全面完成农信社改革工作。完成农村土地承包经营权确权登记颁证工作，启动承包土地“三权分置”以及农村土地征收改革，争取进入集体经营性建设用地入市、宅基地制度改革试点。推进全国水生态文明建设及河湖管护体制机制创新试点，全面实行“河长制”。

加快发展非公经济。抓紧制定市场准入负面清单，出台民间投资引导目录，促进民营企业特别是中小微企业公平参与市场竞争。推广 PPP 模式，引导更多社会资本进入基础产业、基础设施、市政公用事业、保障性住房、金融服务等领域。积极探索“多证合一”，推进工商登记便利化，激发市场主体活力。依法平等保护非公有制经济产权，营造公平、公正、透明、稳定的发展环境，促进各类企业各展其长、共同发展。

提升开放发展水平。统筹规划建设水运港口、铁路口岸和保税于一体的进出口共享平台，建成保税物流中心（B 型）。深化关检合作“三个一”，加快推进通关一体化。争取渝长厦高铁过境株洲、“湘欧快线”延伸至株洲。完善外贸奖补激励政策，提高中小企业出口占比，全年进出口增长 10% 以上。着力推动优势产品出海，积极参与国际展会，提高株洲产品的知名度和国际议价能力。

（二）突出产业转型，着力发展实体经济

大力推进科技创新。增强创新供给能力，为实体产业发展提供源动力。加快国家自主创新示范区建设，全面落实“五张需求清单”，新认定高新技术企业 20 家以上。大力实施制造业创新能力建设专项行动，争取国家级轨道交通制造业创新中心落户株洲，力争 100 个以上项目进入国家省级科技计划。实施 100 项科技成果转化工程，加快科技成果转化基地建设，实现高新技术产业增加值增长 15% 以上。推进“双创”建设专项行动，新增众创空间 10 家以上，科技企业孵化器运营面积达 10 万平方米。实施院士培育工程和“万名人才计划”，积极与高校、科研院所、企业开展战略合作，建好湖南省协同创新研究院株洲分院，拓展创新空间，推动产业发展。

做大做强制造业。坚持把建设制造强市作为振兴实体经济的重要抓手，大力实施工业“1093”行动，全力打造株洲・中国动力谷，培育制造业新的增长点。加快全国质量强市示范城市创建，推进国家质量技术检验检测中心、国家出口日用陶瓷电瓷质量安全示范区建设。开展质量提升行动，弘扬“工匠精神”，扩大高质量产品和服务供给，推动株洲产品向株洲品牌转变。推进智能制造，重点在三大动力产业开展智能工厂和数字化车间建设，创建智能制造示范企业 2 个以上、示范车间 4 个以上、示范项目 5 个以上。按照建链、补链和强链思路，大力开展引进 100 家配套企业活动，发展壮大配套产业。持续实施工业“十百千”工程，新增规模工业企业 100 家以上。全面落实“一权两制一司”管理体制和“六个一”工作模式，推动要素向园区集聚、项目向园区集结、产业向园区集中。建成标准厂房 200 万平方米以上，确保园区新开工工业项目 100 个以上。推进国家级经济开发区创建，完成渌口、醴陵经济开发区扩区，提升园区承载能力。

持续提升现代服务业。积极申报国家服务业综合改革试点，加快推进九大服务业集聚区建设，力争全年服务业增加值达到 1000 亿元以上。继续实施“1511”工程，提升传统商贸业。大力发展现代物流、健康养老、信息消费、物联网等产业，培育新的消费热点。加快发展会展经济，打造轨道交通产业国际峰会、航空产业国际峰会、新能源汽车产业峰会、芦淞服饰文化节、醴陵陶瓷博览会等五张名片。迎接大众旅游时代，开发旅游黄金线路和特色商品，发展工业游、自驾游、生态休闲游等旅游业态，推动醴陵市、

炎陵县国家全域旅游示范区建设，加快酒埠江、云阳山、大京等旅游项目综合开发，创建炎帝陵国家5A级景区。

加快发展现代农业。深入推进农业供给侧结构性改革，培育农业发展新动能。加强高标准农田建设，实施粮食高产工程，确保粮食播种面积稳定在380万亩以上，蔬菜种植面积稳定在100万亩以上。加大云龙花卉、攸县麻鸭、茶陵黄牛、炎陵黄桃等品牌创建和产业发展力度。大力发展生态农业、休闲农业，启动出口食品农产品示范区建设，增加绿色农产品供给，着力建设优质农副产品基地。依法规范土地流转和托管，发展适度规模经营，培育新型农业经营主体，推进农业产业升级"十百千"工程，积极争取7个现代农业特色产业园列入省项目笼子。加快推进市农副产品批发交易中心建设。加大先进农机装备推广力度，重点推进水稻生产全程机械化。坚守农业农村工作底线，切实抓好防汛抗旱、森林防火、动植物防疫和农产品质量安全监管工作。

（三）突出项目攻坚，着力扩大有效投资

加大项目争引力度。盯紧国省投资重点、重大工程包、专项债券等政策，策划开发重点前期项目200个以上。依托"港洽周"等招商活动平台，对接"万商入湘"专项行动，围绕产业集群、总部经济、研发中心等重点，大力开展点对点、产业链、专业化招商，着重引进一批带动性强、成长性好、关联度高的大项目和大企业。力争全年国家级园区引进1个过20亿元的产业项目，省级园区引进1个过10亿元的产业项目。严格招商引资考核，确保重点招商签约项目履约率达70%以上。

加快项目建设进度。深入开展"项目攻坚年"活动，全年实施重点项目300个以上，完成投资1000亿元以上，新开工建设200个、竣工100个。制造业方面，启动608所及南方公司科研生产能力提升、IGBT产业化二期建设，加快轨道装备产业扩能与智能制造建设，建成北汽二工厂。现代服务业方面，启动铁路国际物流园建设，加快湖南移动数据中心、酒埠江综合开发、汽车博览园建设。现代农业方面，加快恒新林业农产品原料基地及深加工产业园项目进度，建成龙华龙牧二期。交通建设方面，启动长株攸快速通道、醴娄高速和S105旅游通道建设，加快东城大道、莲易高速、湘江大道建设。完成农村公路窄路加宽226公里、安保设施建设220公里，实施危桥改造、渡改桥建设17座，建成农村客运招呼站100个。园区建设方面，启动清水塘疏港大道、物流西路建设，加快航空城机场大道、千亿大道建设，基本建成轨道交通城中车大道、田心大道。城市建设方面，加快"一站一路"项目建设，启动株洲火车站改造，基本建成铁东路核心段并启动北段建设。推进中环贯通工程建设，加快北环线及石峰大桥、建宁大桥匝道建设。启动市区有轨公共交通示范线建设。推进湘江河东段综合治理工程，建成河东湘江风光带，启动枫溪段建设。启动龙母河片区综合开发项目建设。

加强要素保障强度。拓宽项目融资渠道，加大政策性、开发性、商业性金融资金争取力度，新增社会融资400亿元以上。加强产业专项建设基金申报，发起设立产业发展基金和城市发展基金。严格管理政府投资项目，提高投资效益。全力保障项目用地需求，大力推进城乡建设用地增减挂钩工作，深入开展"清零行动"和集中拆违控违攻坚大行动，确保全年完成集体土地征地拆迁3.2万亩、国有土地房屋征收42万平方米、城市拆违100万平方米。畅通项目审批"绿色通道"，从严打击强揽工程、恶意阻工等违法行为，优化项目建设环境。

（四）突出城镇提质，着力建设宜居家园

实施"四大行动"，提升中心城区品质。大力实施交通畅通行动。拉通神农大道、天池路等一批骨干道路，打通新塘路、黄山西路等一批城市"断头路"，疏通响石广场、珠江路与泰山路交叉口等一批交通堵点，修通及改造湘运路、劳动路等一批支路和小街小巷，优化城市路网，提高通行能力。加快"公交都市"创建，启动城乡公交试点，建设市区快速公交示范线，深化出租车行业改革，规范网约出租车监管，让市民出行更加方便。大力实施旧城提质行动。积极推进中心城区企业"退二进三""退城入园"，疏解中心城区功能。加快实施一批棚户区、老旧小区、城中村、历史老街区等改造项目，推动老城区有机更新。统筹开展海绵城市、地下综合管廊、"两供两治"建设，完善城市综合配套功能。大力实施城市绿荫行动。推进"六大工程"建设，基本建成神农绿轴、中环大道节点景观，开工建设枫溪山、新苗、凤凰山、雪峰岭、云峰森林植物园等城市公园，着力编织城市绿网、增加城市绿量。大力实施碧水蓝天行动。继续实施湘江保护和治理"一号重点工程"，重点推进清水塘综合治理，完成第三方治理试点任务，推进世行贷款项目实施，启动搬迁企业场地污染整治。全力整治城市黑臭水体，加快枫溪污水处理厂、河西污水处理厂、云龙水质净化中心以及配套管网建设改造。综合治理城市扬尘，加大黄标车淘汰力度，大力推广应用新能源汽车，改善大气质量。

推进全域统筹，促进城乡一体发展。加快株洲县撤县设区、攸县撤县设市和茶陵县省直管县改革。完成"一区一县九镇"试点地区"多规合一"工作，分层次有重点开展城市设计。实施城区"城市修补、生态修复"和农村"危房改造、环境改善"。提质改造县乡道路，完成全市贫困村主干道硬化。推进"五小"水利建设，抓好饮用水应急水源建设前期工作。加快城乡宽带、广播电视网络等信息基础设施建设，实现通讯信号全域覆盖，加快光纤入户步伐。启动安炎天然气管道建设。引导城区优势产业、骨干企业向县域延伸产业链、布局新项目，鼓励县域产业园区承接符合环保要求的清水塘老工业区企业绿色搬迁。重点打造20个特色功能镇。严格落实《株洲市农村村庄规划建设管理条例》，加快实施美丽乡村提质升级行动，抓好“一廊十片百村”示范工程，重点创建50个美丽乡村。

加强“四化”管理，推动城镇管理升级。运用市场化、标准化、信息化、法治化手段，推动城市管理向城市治理转变。深化城市管理和综合执法体制改革，整合部门职能，优化一线执法力量。加大政府购买服务力度，吸引社会力量和社会资本参与城市管理，启动城市垃圾分类试点工作。完善社区公共服务设施，推动城市管理向小区延伸，打造方便快捷生活圈。畅通公众有序参与城市管理渠道，倡导城市管理志愿服务，提升市民文明素养，巩固文明创建成果，确保蝉联全国文明城市。

（五）突出小康决胜，着力改善民生福祉

坚决打赢脱贫攻坚战。将脱贫攻坚作为头等大事和第一民生工程来抓，紧扣“两不愁、三保障”目标，落实扶贫政策，加大扶贫投入，强化金融支撑，严格督察考核，大力激发贫困地区、贫困群众脱贫攻坚的内生动力。全力推进精准脱贫“七个一批”、基础设施扶贫“六大工程”、城市支持农村“四大基地”建设，确保两个贫困县摘帽、贫困村退出、贫困人口脱贫。坚持推进脱贫与小康齐头并进，强化问题导向，严格对照全面小康考核指标体系，找出薄弱环节，逐项落实措施，确保五县市同步实现全面小康，奋力夺取全面小康社会新胜利。

深入实施“民生100”工程。坚持以人民为中心的发展思想，深入实施“民生100”工程，让发展的每一步都踏准人民的需求。在全面完成各项民生指标任务的同时，从解决好人民群众普遍关心的突出问题入手，重点办好以下实事：改造城市棚户区2.6万户、农村危房6300户，着力解决住房难题；改造城区60条支路和小街小巷，打通群众出行“最后一百米”；实施5处城市黑臭水体综合治理，促进城市水环境持续改善；解决12万农村人口安全饮水问题；建设农产品追溯系统追溯点5个，五县（市）全部建成病死畜禽无害化处理中心，保障农产品安全；建成公共停车场6个，疏通交通堵点4个，规范中小学周边交通秩序管理，缓解城市停车、行车难题；开展居民小区餐饮油烟、违法违规搭建、占道经营和夜间噪声污染综合治理，规范居民小区管理秩序；推进10个老旧小区、27个农贸市场综合整治改造升级；优化城乡学校布局，新增学位2万个，缓解就学难题。

不断提高社会保障水平。全面落实“六补贴两补助”等就业创业政策，着力完善零就业家庭、残疾人、低保对象等困难群体的就业援助制度，确保全年新增城镇就业4.8万人、农村劳动力转移就业1万人。推进社保扩面提标，完成全民参保登记计划，新增企业养老保险参保3万人。提高城乡低保标准，实现农村低保标准与贫困标准融合。开展“救急难”工作试点，健全社会救助体系。加快爱心大院三期建设。加快完善社会养老保障体系，深化机关事业单位养老保险制度改革。推进城乡居民医保政策整合和大病保险市级统筹。加快市民“一卡通”建设。完善住房保障体系和公积金制度，切实改善城乡居民居住条件。

全面推进社会事业发展。加快建设教育强市，加强普惠性民办幼儿园建设管理，完成200所义务教育学校和教学点的标准化建设，推进普通高中高品质学校建设，完成长郡云龙学校主体工程，实现市特殊教育学校秋季入学，加快铁道职院、中医高专和市属三所职业院校搬迁建设，支持湖南工业大学建设高水平综合性大学，共建醴陵陶瓷学院。大力推进健康株洲建设，深化市中心医院与湘雅医院的医疗合作，推进云龙医院建设和田心医院提质改造，加快区域医疗中心和远程会诊系统建设，实施分级诊疗制度，提升基层医疗服务水平。以公立医院改革为重点，深化医药卫生体制改革，理顺医药价格，鼓励社会办医。坚持计划生育基本国策，深化计生服务管理改革。建成市青少年活动中心、市妇女儿童活动中心、市老年活动中心，启动市图书馆建设，完成市博物馆、美术馆搬迁和市群艺馆、戏剧传承中心提质改造。确保创建国家公共文化服务体系示范区迎检达标。精心筹办第十九届中国老年合唱节、全球华人羽毛球比赛、市第十三届运动会、丁酉年炎帝陵祭祖典礼等重大活动。

全力维护社会和谐稳定。加强社会治安综合治理创新，全面推行网格化管理、社会化服务和信息化支撑，夯实社会治理基础。完善社会治安立体防控体系，巩固“平安株洲”创建成果。深入开展“七五”普法，全面推进法治株洲建设。加大信访积案化解力度，组织开展“信访维稳百日竞赛”活动，有效化解社会矛盾纠纷。依法管理民族宗教事务，确保民族宗教工作大局平稳有序。加快推进安全生产领域改革，严格落实安全生产责任制，严防重特大事故发生。开展食品药品安全专项整治，严格市场监测和准入，创建国家食品安全示范城市。加强国家安全、国防动员、国防教育、人民防空、双拥共建和优抚安置工作，支持驻株部队建设，推进军民融合发展。

四、切实加强政府自身建设

肩负历史使命、承担发展重任、顺应人民期待，我们必须加强自身建设，提高治理能力，着力建设“法治、诚信、创新、效能、廉洁”政府。

（一）依法行政，建设法治政府。严格落实《法治政府建设实施纲要》，把政府活动全面纳入法治化轨道。适时调整公布政府权力、责任、收费“三个清单”，依照法定权限、规则和程序行使权力，形成清晰的政府权责边界。不断健全市政府“3+4”决策体系，提高依法决策水平。主动接受人大及其常委会的法律监督、工作监督，自觉接受政协的民主监督，认真办理人大代表建议和政协委员提案，广泛听取各民主党派、工商联、无党派人士和人民团体的意见建议。

（二）守信重诺，建设诚信政府。建立政府守信践诺机制，健全政务诚信评价体系，强化对发展目标落实、招商履约落地、为民办实事工作的绩效考核，以“徙木立信”之态取信于民。加大政务公开力度，完善政府诚信约束和问责机制，进一步提高政府公信力。建立统一的信用信息征信平台，健全社会信用评估体系，建立守信奖惩机制，形成全社会的“信任共同体”，让诚实守信成为全民的共同价值追求。

（三）开拓进取，建设创新政府。坚决冲破妨碍发展的思想观念，革除束缚发展的体制弊端，大力推进方法创新、管理创新、政策创新。重视发挥智库作用，引入重大政策措施第三方评估。创新公共服务提供方式，完善政府购买服务清单，提高公共服务供给质量和效率。加快“智慧株洲”建设，打造网上无纸化行政审批服务平台，推行“互联网+”政务服务，整合大数据，构建全方位、全覆盖、全过程的政务服务体系，让信息多跑路、群众少跑腿。

（四）务实担当，建设效能政府。强化担当意识，面对困难不退缩、面对矛盾不回避、面对责任不推诿，全力以赴为发展解难、为群众纾困。强化绩效考核，加强政务督查，严格行政问责，打通政策措施执行的“最后一公里”，确保政令畅通。深入开展“马上就办、真抓实干”活动，大力推行“五问工作法”，推进政府工作项目化和责任化，提高执行力和落实力。贯彻落实“三个区分开来”的要求，健全激励机制和容错纠错机制，旗帜鲜明地为敢于担当者担当，为敢于负责者负责。

（五）从严从实，建设廉洁政府。自觉履行“两个责任”，严格落实党风廉洁建设各项规定，严惩各类不正之风。加强和规范党内政治生活，不断增强政府工作人员自我净化、自我完善、自我革新、自我提高能力。加强权力运行监督，做到有权必有责、用权必担责、滥权必追责。健全土地交易、招投标、政府采购等重点领域的反腐机制，加强对财政资金、重大项目的审计监察，从源头上遏制腐败，让暗箱操作没有空间，让腐败行为无处藏身。

各位代表，历史的画卷，总是在砥砺前行中展开；时代的鼓点，总是在克难奋进中擂响。站在全面建成小康社会、加快实现基本现代化的新起点、新方位，置身推动株洲改革发展的新时空、新坐标，我们要把发展的眼光放得更远，把奋斗的脚步踩得更实，不忘“为山九仞”的风险，保持“久久为功”的韧劲，拿出“舍我其谁”的气概，用担当点亮希望之光，以进取实现心中梦想。

各位代表，“雄关漫道真如铁，而今迈步从头越”。让我们更加紧密地团结在以习近平同志为核心的党中央周围，在省委、省政府和市委的坚强领导下，不忘初心，继续前进，为加快建成“一谷三区”、实现“两个走在前列”的宏伟目标而努力奋斗！

名词解释：

1. 稳增长43条：2015年6月，市政府出台《关于进一步稳增长促发展的若干措施》，明确了项目投资、产业发展、外贸招商、园区建设、房地产市场、创新创业、责任落实等7个方面43条稳增长措施

2. 三个基本行动：基本关停淘汰立窑水泥等6类行业的污染企业和土法炼焦窑；基本拆除城区烟囱；基本解决城区湘江污水直排问题。

3. 三清单一目录：权力清单、责任清单、涉企收费清单和外商投资准入管理目录。

4. “四型”政府：法治型、服务型、效能型和廉洁型政府。

5. “3+4”市政府决策体系：即政府全会、政府常务会、政府办公会和投融资决策委员会、土委会、规委会、编委会，推动重大决策规范化、科学化。

6. “146”工程：2015—2016年，重点建设10个创新创业园区，建成400万平方米标准厂房，引进600家企业入园。

7. 七个一批：发展特色产业脱贫一批、引导劳务输出脱贫一批、实施易地搬迁脱贫一批、结合生态保护脱贫一批、着力加强教育脱贫一批、开展医疗保险和救助脱贫一批、实施保障兜底脱贫一批。

8. 六大工程：交通扶贫、水利扶贫、电力光伏脱贫、农村危房改造与环境整治、文化扶贫、乡村旅游扶贫工程。

9. 市属三所职业院校：湖南汽车工程职业学院、株洲市职工大学（工业学校）、株洲市幼儿师范学校。

10. 工业“1093”行动：发展轨道交通、航空、汽车、陶瓷、服饰、电子信息、新材料、新能源、生物医药、节能环保等10大重点产业；实施智能制造示范、创新能力建设、人才队伍培育、质量品牌提升、健全服务体系、园区升级发展、绿色生产制造、产业跨界融合、“互联网+”应用等9大专项行动；打造标志性产业基地（轨道交通、航空、汽车）、标志性产业集群（陶瓷、服饰、电子信息、新材料）、标志性领军企业（10家百亿级行业龙头企业）等3大标志性工程。

11. “223”园区工程：到2020年形成2个国家级开发区、2个千亿园区、3个500亿园区。

12. “3+3+1”产业新体系：形成轨道交通、航空、汽车3大千亿产业集群；大力培育电子信息、新能源、新材料3大新兴产业；重点发展为动力产业提供支撑的现代服务业。

13. 一江两水四港：湘江，洣水、渌水，枫溪港、建宁港、白石港、霞湾港2017年株洲市人民政府工作报告（全文）2017年株洲市人民政府工作报告（全文）。

14. 一核一圈一廊：中心城区核心增长极、株醴都市圈、醴炎县域经济走廊。

15. 农业产业升级“十百千”工程：三年内，重点扶持10个市级以上农业龙头企业、100家农民合作社、1000户家庭农场。

16. “六大文化惠民”工程：文化精品带动、品牌活动培育、“一县一区一品”、文化进村入户、服务效能提升、文化服务畅通工程。

17. 文明提升十大行动：文明城管、交通、旅游、餐桌、网络、校园、家庭、乡村、社区、单位行动。

18. 关检合作“三个一”：海关和检验检疫部门“一次申报，一次查验，一次放行”通关作业模式。

19. 湘欧快线：中国开往欧洲的快速货物班列中的一条线路，自长沙出发经满洲里出境，途经俄罗斯、白俄罗斯、波兰，抵达德国杜伊斯堡。

20. 五张需求清单：科技人才、创新平台、企业技术、

成果转化、科技金融清单。

21. 万名人才计划：从2014年开始，用5年时间，主要在科技创新、重点产业、公共领域，引进、培养1万名促进经济转型、推动产业进步、带动行业发展的高层次人才

22. 工业企业“十百千”工程：到2020年，培育10家以上主营业务收入过100亿元企业，100家以上过10亿元企业，1000家以上过1亿元企业2017年株洲市人民政府工作报告（全文）两会专题。

23. 一权两制一司：授权园区行使同级行政经济管理权限，建立园区独立的行政体制和财政体制，组建平台公司。

24. 六个一工作模式：每个优势产业成立一个领导小组、制定一个发展规划、出台一套支持政策、提出一个行动计划、推进一批重点项目、解决一批突出问题。

25. “1511”工程：到2020年，培育1个年销售过1000亿元的城市商圈（中心广场商圈），5家年销售额过50亿元龙头企业，10家过10亿元的骨干企业，100家过亿元的重点流通企业。

26. 六大工程：城市林荫道路建设、公园和广场林荫景观建设、单位庭院小区绿化建设、林荫停车场建设、立体绿化建设、山体和水系生态修复工程。

27. 一区一县九镇：云龙示范区、炎陵县和高垅镇、网岭镇、白兔潭镇、朱亭镇、白关镇、三门镇、仙庾镇、东富镇、酒埠江镇。

28. 六补贴两补助：求职创业补贴、公益性岗位补贴、社会保险补贴、职业培训补贴、职业技能鉴定补贴、就业见习补贴，就业创业补助、高技能人才补助。

大　事　记

2016年株洲大事记

1月

5日　在2015中国新能源汽车企业领袖峰会上，时代电动汽车股份有限公司开发的8米纯电动城市客车荣获2015年中国新能源汽车最佳车型奖，公司董事长兼总经理申宇翔荣获2015年中国新能源车企领袖人物奖。

7日　中车株洲电力机车有限公司轨道交通装备工业设计中心正式获得工信部认定。这是国内轨道交通行业首家国家级工业设计中心。

8日　市委经济工作会议在市委礼堂召开。会议全面贯彻落实中央、省委经济工作会议精神，总结2015年经济工作，研究部署2016年经济工作，推动全市各项工作实现"十三五"良好开局。市委书记贺安杰发表讲话，市委副书记、市长毛腾飞主持会议并讲话。

△　在2015年度国家科学技术奖励大会上，由中车株洲所参与的"京沪高速铁路工程"项目获得国家科技进步奖特等奖；由中车株洲所主持的"高速、重载列车关键技术及应用"项目获得国家技术发明二等奖。

10日　市长毛腾飞主持召开市政府第六十七次常务会，审议并原则通过《株洲市国民经济和社会发展第十三个五年规划纲要（草案）》（征求意见稿）《政府工作报告》（征求意见稿）。

11日　市委书记贺安杰主持召开市委常委会2016年第一次会议。会议研究《政府工作报告》、"十三五"规划纲要起草、预算编制，及安全生产等工作。

△　市十四届人民政府第四次全体（扩大）会议召开，贯彻落实中央和省委、市委经济工作会议精神，讨论修改市政府提请市十四届人大五次会议审议的《政府工作报告》《株洲市国民经济和社会发展第十三个五年规划纲要（草案）》，部署市政府当前工作。市委副书记、市长毛腾飞出席会议并讲话。

16—18日　政协株洲市第八届委员会第四次会议在市委礼堂召开。市委书记贺安杰，市委副书记、市长毛腾飞出席开幕式。市政协主席黄曙光代表政协株洲市第八届委员会常务委员会，向大会作工作报告。大会通过政协株洲市第八届委员会第四次会议政治决议；通过政协株洲市第八届委员会第四次会议关于政协株洲市委员会常务委员会工作报告的决议。大会还书面报告政协株洲市第八届委员会第四次会议提案审查情况。

17—20日　市十四届人大五次会议在市政府礼堂召开。市委书记贺安杰出席会议。市长毛腾飞代表市人民政府向大会作《政府工作报告》。市人大常委会主任刘力量受市十四届人大常委会委托，向大会作市人大常委会工作报告。何剑作市中级人民法院工作报告。胡波作市人民检察院工作报告。大会表决通过市十四届人大五次会议《关于政府工作报告的决议》《关于株洲市国民经济和社会发展第十三个五年规划纲要的决议》《关于株洲市2015年国民经济和社会发展计划执行情况与2016年计划的决议》《关于株洲市2015年财政预算执行情况及2016年本级财政预算的决议》等《决议》和《条例》。

△　中车株洲电机公司研究院和工程研究中心在田心高科园奠基。

△　市新闻媒体中心正式挂牌成立。中心是株洲市唯一具有官方资质的新型权威信息发布平台。

△　株洲市第十四届人民代表大会第五次会议决定设立市人民代表大会法制委员会。这意味着市人大及其常委会有关行使地方立法权的机构已完全设置到位，株洲市可正式开始行使地方立法权。

△　"永磁高铁牵引系统通过首轮线路试验考核"荣获中国十大科技进展新闻。该牵引系统由中车株洲电力机车研究所有限公司和中车株洲电机有限公司研发，具有完全自主知识产权。

△　在市十四届人大五次会议上，《株洲市人民代表大会及其常务委员会立法条例》获表决通过。这是株洲市获批行使地方立法权后，通过的首部地方性法规。该法规报省人大常委会批准后，即可由市人大常委会公布实施。

△　市十四届人大常委会召开第41次主任会议。市人大常委会主任刘力量主持会议。会议宣布市十四届人大常委会副主任分工调整安排；讨论《2016年市人大常委会专项工作方案（草案）》；讨论决定市十四届人大常委会第二十五次会议有关事项。

23日　工信部公布2015年度"工

业企业知识产权运用标杆”名单，中车株洲电机有限公司上榜，成为株洲首个、此次湖南省唯一获此荣誉的企业。

25 日 株洲市召开 2016 年中小微企业创新成长大会。会上发布 2015 年度全市中小微企业 100 强名单，湖南太子奶集团生物科技有限责任公司、湖南光华荣昌汽车部件有限公司、株洲日望精工有限公司等入选。

26 日 株洲铁路口岸作业区获省政府批复。根据规划，该项目占地面积 89.33 公顷，总投资 15.39 亿元，预计在 2016 内启动建设，一期建设周期为 1 年左右。项目业主单位为长株潭国际物流公司。

29 日 株洲铜锣湾保税物流中心（B 型）成功获得海关总署、财政部等 4 部委联合审批。

31 日 在湖南省委扶贫开发暨全面建成小康社会推进工作会议上，攸县被授予“全省经济强县”称号。这是攸县连续十年获此殊荣。

2 月

1 日 市委书记贺安杰主持召开市委常委会 2016 年第 2 次会议，传达学习省两会等上级相关会议精神，并研究指标考核、专题民主生活会通报等工作。

2 日 中共株洲市第十一届纪律检查委员会第八次全体会议在市委礼堂召开。会议提出，要强化管党治党责任，把党风廉政建设和反腐败斗争不断引向深入。

3 日 市委、市政府举行 2016 年春节团拜会，市委书记贺安杰在讲话中向全市人民拜年，并强调践行五大发展理念，确保“十三五”良好开局。

△ 株洲县被省委、省政府授予“全省社会主义新农村建设工作先进县”称号，成为全市唯一获此殊荣的县。

5 日 国家旅游局官网公布首批创建“国家全域旅游示范区”名单，炎陵县成为全市唯一入选单位。

12 日 秋瑾故居重新开馆。

16 日 国家标准委办公室、工业和信息化部办公厅联合发文，同意全国 11 家单位开展国家高端装备制造业标准化试点项目，株洲高新区申报的国家轨道交通装备制造业标准化试点项目名列其中。

17 日 继登上 2015 年 12 月诚实守信类中国好人榜后，攸县老人刘发生又成为中国文明网“好人 365”栏目的封面人物。

24 日 中央电视台综合频道（CCTV-1）《焦点访谈》栏目播出国务院第二次大督查节目，株洲市作为“稳增长”表彰单位被推介；《光明日报》整版刊发《株洲如何打造“中国动力谷”》文章，详细阐述株洲市以创新驱动转型升级的探索和实践。

△ 全省机构编制工作会议在株洲召开。株洲市审批制度和机构改革工作受推介。

△ 继九郎山获批省级森林公园后，婆仙岭成功获批省级森林公园。至此，株洲市城区拥有两个省级森林公园。

25 日 市委书记贺安杰主持召开市委常委会 2016 年第 3 次会议。会议强调，要集中精力稳增长、促发展，确保一季度“开门红”。

26 日 2015 年度湖南省科技奖励大会召开。株洲市 15 个项目获省科技奖。其中，省技术发明和科技进步一等奖 3 项，中车株机公司和中车株洲所各牵头完成 1 项，中国航空动力机械研究所参与 1 项；二等奖 6 项，全部是株洲市企事业单位独立完成或牵头完成；三等奖 6 项。

29 日 省文明办公示全省 2015 年文明社区（小区）、文明窗口单位、文明风景旅游区、文明集市、文明餐饮示范店名单，株洲市 4 社区进入省文明社区阵营，神农城炎帝文化主题公园成为全市唯一列入 2015 年省文明风景旅游区名单的景点。

3 月

1 日 市全面建成小康社会推进工作领导小组召开第三次全体会议。市委书记、市全面建成小康社会推进工作领导小组组长贺安杰强调，要深化认识，提振精神，切实增强使命感和责任感，确保在 2017 年率先实现全面小康。市委副书记、市长毛腾飞出席会议并讲话。

△ 株洲市 2015 年“项目攻坚年”活动总结暨 2016 年“项目攻坚年”活动动员大会召开。市委书记贺安杰强调，紧紧扭住项目这个牛鼻子不动摇，以大项目带动大投入，以大投入带动大发展。市委副书记，市长毛腾飞作主题报告。

2 日 芦淞区交警大队民警袁宣日，登上 2 月敬业奉献类中国好人榜。至此，株洲市已有 35 人登上“中国好人榜”。

8—11 日 市委书记贺安杰，市委副书记、市长毛腾飞率相关市领导及市直相关部门负责人前往北京，走访中航工业、中国航发、中国五矿等央企，洽谈重大项目合作事宜，推动《中国制造 2025》在株洲落地生根；走访国家发改委、财政部、工信部等国家部委，以广泛争取政策支持。

9 日 央视财经频道六集大型电视纪录片《五年规划》第二集《五年规划——工业强国》播出，聚集中车株洲电力机车有限公司生产的超级电容、储能式无轨电车、转向架智能制造、中国出口欧洲动车组。

14 日 市委书记贺安杰率领株洲招商小分队到上海市走访上海城投集团等 4 家重点企业，完成炎帝生物工程二期项目等 3 个项目战略合作框架协议的签订工作。

15 日 由中车株洲所自主研发的“列车控制与信息服务网络系统（TCSN）”装车试验成功，此举标志着中国自主高铁动车组已装载世界“最强大脑”，处于世界领先水平。

20日 株洲市醴陵市白兔潭中心卫生院、天元区雷打石镇中心卫生院、茶陵县高陇中心卫生院3家卫生院获全国“2014—2015年度群众满意的乡镇卫生院”。

21日 全市“企业帮扶年”活动动员大会召开。市委书记贺安杰出席会议并讲话，市委副书记、市长毛腾飞作动员报告。

25日 株洲市召开创建国家公共文化服务体系示范区暨推进现代公共文化服务体系建设工作部署会。省文化厅厅长李晖，市委副书记、市长毛腾飞出席会议并讲话。

29日 东城大道全线开工。东城大道西起芦淞区铁东路，途经株洲县仙井、醴陵市新阳、仙霞，东接国瓷路，全长约35公里，投资估算约29亿元。

△ 在北京召开的第二届中国质量奖颁奖大会上，株洲中车时代电气股份有限公司荣膺中国质量奖。

30日 在北京举行的第五届中国信息化和工业化融合发展高峰论坛上，时代新材揽获两项大奖：信息化项目“MES实现株洲时代新材透明管控”获“2015年度中国两化融合杰出应用奖”；主任工程师周正文获“2015年度中国制造业优秀信息官”。

△ 北汽集团第一款量产的纯电动SUV——EX200，在株洲基地总装车间成功下线，这也是国内首款量产纯电动SUV。

3月31日—4月1日 中共中央政治局常委、国务院副总理张高丽在省委书记、省人大常委会主任徐守盛，省委副书记、省长杜家毫陪同下，实地考察株洲。市领导贺安杰、毛腾飞、阳卫国、刘力量、赵文彬、周晓理陪同调研。

4月

1日 株洲市委召开全市领导干部大会，宣布省委关于株洲市委、市政府主要领导职务调整的决定。省委组织部副部长胡奇宣布省委决定：贺安杰任省人力资源和社会保障厅党组书记，兼任省委组织部副部长，不再担任株洲市委书记职务；毛腾飞任株洲市委书记，提名免去其株洲市人民政府市长职务；阳卫国提名为株洲市人民政府市长候选人。

△ 湖南省举行“2015年湖南好青年”颁奖大会。株洲日报社旗下株洲网员工易娜、株洲市青年创业者协会会长刘钊获评“湖南好青年”。

8日 河东湘江风光带十大标志性景点之一——分袂亭景观工程开工建设，预计年底建成。该景观位于建宁港南侧，与建宁排渍站合二为一。

9日 中车株洲电力机车有限公司康明明、中车株洲电力机车研究所有限公司尚敬、中车长江车辆有限公司株洲分公司徐勇、中国株洲电机有限公司梁湘湘4人获“茅以升铁道工程师奖”。

11日 市委政法工作会议召开。市委常委、市委政法委书记作工作报告。会议表彰政法综治维稳先进集体和先进个人，及文同义等8个见义勇为先进个人；各县市区委书记递交综治维稳工作责任状。

13日 市十四届人大常委会召开第26次会议，决定任命阳卫国为株洲市人民政府副市长，决定阳卫国副市长为株洲市人民政府代理市长。

15日 代市长阳卫国主持召开市政府第七十三次常务会议，传达学习上级有关会议精神，研究科技创新、制造强市、“互联网+”、加强统计工作等事项。

18日《株洲市贯彻“中国制造2025”建设制造强市五年行动计划（2016—2020）》获市政府常务会议原则通过。该行动计划的总体目标是，到2020年，先进轨道交通装备等七大领域工业总产值要实现5600亿元，全力打造先进制造业集聚区，加快构建新型产业生态体系，将株洲市率先建成独具特色的“中国制造2025”试点示范城市。

20日 株洲军分区党委第一书记任职大会召开。省委常委、省军区司令员黄跃进宣读省军区党委任职批复，批复株洲市委书记毛腾飞为株洲军分区党委委员、常委、第一书记。

△ 省文化厅下发《关于公布第三批省级非物质文化遗产项目代表性传承人增补名单》文件，国家级“非遗”项目醴陵釉下五彩瓷烧制技艺的传承人陈利在列。至此，株洲市的省级“非遗”项目代表性传承人有茶陵客家火龙的曾龙祥、攸县槚山皮影的宁曾雄伟、醴陵釉下五彩烧制技艺的黄永平等4人。

21日 株洲市一季度经济形势分析暨项目攻坚年工作讲评会召开。市委书记毛腾飞强调，要确保上半年时间过半、任务过半，为全面完成今年各项目标任务、实现“十三五”良好开局奠定坚实基础。市委副书记、代市长阳卫国参加会议并讲话。

22日 由中车株洲电机公司研制的中国第二代新能源汽车轮边永磁驱动系统顺利下线，实现了中国新能源汽车动力系统由第一代动力集中型向第二代动力分散型的革命性转变，成功将高铁永磁技术运用于新能源汽车领域，助推新能源汽车“高铁化”。

23日 书香株洲·第九届全民阅读活动在株洲市政府礼堂启动。市委书记毛腾飞宣布活动启动。市委副书记、代市长阳卫国致辞，省新闻出版广电局副局长毛良长讲话，著名学者余秋雨作专题演讲。

25日 市委书记、市委全面深化改革领导小组组长毛腾飞主持召开市委全面深化改革领导小组第八次会议，研究部署市管国有企业负责人薪酬制度改革实施办法。

△ 株洲市正式获得由中华诗词学会授予的“中华诗词之市”牌匾。中华诗词学会副会长李树喜为株洲市授牌，市委副书记、代市长阳卫国出席授牌仪式。

26日 长株潭—岳阳—永州片区易地扶贫搬迁工作座谈会在株洲召开。省委常委、常务副省长陈向群出席会议。市委书记毛腾飞，市委副书记、代市长阳卫国参与座谈。

△ 株洲市2016年“庆祝五一国际劳动节暨劳模事迹训回报告活动”启动仪式在市委礼堂举行。

27日 株洲市召开科技奖励暨国家自主创新示范区、制造强市建设推进大会，表彰奖励科技成果，部署加快推进国家自主创新示范区建设、制造强市建设工作。市委副书记、代市长阳卫国作大会工作报告。

△ 株洲高新区与国务院发展研究中心学术委员会，签署战略合作协议及研究课题合同，将“中国动力谷”提升至国家战略层面课题研究。

△ 周志光、田颖、苏虎、高楠、湖湘文化志愿者协会、王志钢、孙友余、颜金仲、唐迪生、张少辉，当选为第五届“感动株洲十大人物”。

29日 株洲市委召开“学党章党规、学系列讲话、做合格党员”学习教育工作视频会议，对全市“两学一做”学习教育工作进行动员部署。

△ 株洲联诚集团有限责任公司气动不锈钢车间冷作钣金工高级技师邹宇锋，中国南方航空工业（集团）有限公司装配中心高级技师李湘宁，市中心医院乳腺外科主任王泽强3人获得全国五一劳动奖章；醴陵市醴泉窑艺陶瓷有限公司获得全国五一劳动奖状；株洲百货股份有限公司家电部、株洲公交发展股份有限公司T60路获授全国工人先锋号。

△ 株洲市第六届“教坛新秀”名单出炉，20名青年教师脱颖而出，其前10强被授予“株洲市五一劳动奖章”，其他则被授予“教学能手”称号。

30日 株洲市政府新闻办公室召开新闻发布会，市财政局、市国税局、市地税局联合发布：从5月1日起，建筑业、房地产业、金融业、生活服务业4个行业全面实施“营改增”。

5月

6日 中国首条具有完全知识产权的中低速磁悬浮商业运营示范线——长沙磁浮快线开通试运营。该线路是世界上最长的中低速磁悬浮运营线，使用的磁浮列车由中车株洲电力机车有限公司与国防科技大学、同济大学等高校自主研发生产。

12日 中国互联网行业最高规格的品牌大奖——第六届“中国互联网品牌大奖”揭晓，株洲新闻网荣获全国政务最具影响力发布品牌奖，株洲网荣获“全国媒体融合创新先锋品牌奖”。

15日 作为第十届全国五好文明家庭标兵代表，醴陵刘天健家庭在北京受奖。湖南省共3户家庭获此殊荣。

16—17日 株洲市第十四届人民代表大会第六次会议在市政府礼堂召开。经过大会选举，阳卫国当选市人民政府市长。

18日 由全国人大环资委调研室巡视员何嘉平带领的“中华环保世纪行”新闻采访组到株洲，开展以“节约资源、保护环境、绿色发展”为主题的专题采访活动。株洲市绿色产业发展等获好评。

19日 全国人大常委会副委员长吉炳轩率全国人大常委会水法执法检查组到株洲，开展执法检查。省人大常委会副主任陈君文，市委书记毛腾飞，市委副书记、市长阳卫国陪同检查。

22日 由住建部副部长倪虹任组长的国务院第七督查组到株洲，就株洲市贯彻落实党中央、国务院关于促进民间投资的系列政策措施和决策部署情况开展专项督查。副省长张剑飞陪同督查。市委书记毛腾飞，市委副书记、市长阳卫国汇报工作。株洲市促进民间投资健康发展工作获肯定。

△ 副省长张剑飞到株洲考察调研新型城镇化、新型工业化等工作。市委书记毛腾飞一同考察调研。

23日 “2016北京国际道路运输、城市公交车辆及零部件展览会”举行，中车时代电动汽车股份有限公司斩获2016年“中国道路运输杯”3项大奖。

25日 市委副书记、市长阳卫国会见中国航空发动机集团有限公司董事长、党组书记曹建国一行，共商国家航空发动机和燃气轮机重大专项在株洲落地事宜。

26日 市政府与清华启迪控股股份有限公司签订合作框架协议，围绕清水塘老工业区搬迁改造项目的资金、技术、建设、产业需求等开展战略合作。启迪控股总裁袁桅，市委书记毛腾飞，市委副书记、市长阳卫国出席签约仪式。

△ 市政府与中国冶金地质总局签订战略合作协议，推进“智慧株洲”建设等深度合作。中国冶金地质总局局长卢进，市委书记毛腾飞，市委副书记、市长阳卫国出席签约仪式。

27日 株洲市与中央企业项目对接专场签约会举行。中国能源建设集团党委书记丁焰章、中国五矿集团副总经理李福利、中国航空发动机集团副总经理陈少洋、中国中车集团副总经理魏岩等有关企业和单位负责人出席签约会；市委书记毛腾飞致辞，市委副书记、市长阳卫国主持。签约18个项目，涉及工业、基础设施、金融、教育、科技等领域。

△ 《诗刊》社第七届“青春回眸·株洲诗会”启动。《诗刊》社常务副主编商震，副主编李少君，省政协原副主席、省文联原主席唐仲池，省文联党组书记、副主席夏义生，省作协主席王跃文出席启动仪式，市委书记毛腾飞致欢迎辞，市委副书记、市长阳卫国主持仪式。

△ 《株洲市人民代表大会及其常务委员会立法条例》获省十二届人大常委会第二十二次会议表决通过。这是《立法法》修改实施后，全省7个首批获得地方立法权的设区的市中，正式获批的第一部地方性法规。

△ 醴陵·世界陶瓷艺术城和醴陵的釉下五彩花瓶入选《美丽中国——首届世界旅游发展大会纪念册》。湖南仅张家界景区和醴陵瓷器入选。

29日 国务院国资委主任、党委副书记肖亚庆一行到株洲市，对中车株洲所、株硬集团两家中央企业的生产科研、机制创新、市场销售及行业发展前景等情况进行考察调研。国资委副主任、党委委员黄丹华，副省长张剑飞一同调研。中国中车集团董事长崔殿国，中国五矿集团董事长何文波，市委书记毛腾飞，市委副书记、市长阳卫国陪同调研。

6月

1日 市委书记、市委全面深化改革领导小组组长毛腾飞主持召开市委全面深化改革领导小组第九次会议，研究部署近期改革工作。市委副书记、市长、市委全面深化改革领导小组副组长阳卫国出席会议。

△ 副省长、省公安厅厅长黄关春到株洲，考察株洲市防汛和公安工作。市委书记毛腾飞，市委副书记、市长阳卫国陪同考察。

2日 省政协副主席杨维刚率队到株洲，就“加快发展全省深海资源开发技术与装备产业”调研。市领导何剑波、朱庸靖陪同调研。

3日 株洲市加强湘江保护和治理暨全国水生态文明城市建设试点工作推进会召开。会上宣读市委书记毛腾飞的批示，市委副书记、市长阳卫国出席会议并讲话。

△ 株洲市不动产登记中心成立，这标志着株洲不动产统一登记工作迈出关键一步。6月27日颁发株洲第一本不动产登记证。

3—5日 市委书记毛腾飞分别主持召开县市区领导班子换届和学习贯彻《中国共产党地方委员会工作条例》座谈会。

△ 国家发改委发布《关于建设长江经济带国家级转型升级示范开发区的通知》，确定33个开发区作为长江经济带国家级转型升级示范开发区，株洲高新区入列，将在规划引导、改革试点、专项安排等方面获得更多国家层面的支持。

6—8日 省委统战部常务副部长谭平率省委调研检查组到株洲，就株洲市贯彻落实中央和省委关于统一战线工作重大决策部署情况进行调研检查。市委副书记、市长阳卫国出席情况反馈会。

7日 株洲市召开专题座谈会，研究部署进一步推进供给侧结构性改革工作。市委书记毛腾飞主持会议，市委副书记、市长阳卫国参加座谈。

△ 上海仪电（集团）有限公司总裁、党委副书记蔡小庆一行到株洲，就推进“智慧株洲”建设事宜开展考察交流。市委副书记、市长阳卫国出席沟通交流会。

13日 财政部农业司司长吴奇修一行到株洲，就农业现代化、深化农村改革等工作进行考察调研。市委书记毛腾飞，市委副书记、市长阳卫国参加调研活动。

△ 市委副书记、市长阳卫国会见佛山市委副书记、市长朱伟率领的考察团一行。

14日 市委书记毛腾飞，市委副书记、市长阳卫国会见苏商集团董事局主席严昕，共商合作发展事宜。

△ 湖南省2016年“精准服务进园区”活动（株洲专场）在株洲市中小微企业窗口服务平台举行。来自省内的28家知名服务机构，为株洲市高科汽配园、动力谷自主创新园、留学生创业园、金山工业园等园区的100多家中小微企业“传经”。

14—15日 省农委党组书记、主任刘宗林深入株洲城乡，就精准扶贫、农业现代化等工作进行调研。市委副书记、市长阳卫国陪同调研。

△ 第七次全国人民防空会议在北京举行。会上，株洲获评“全国人民防空先进城市”，这是株洲市第五次获此荣誉。市人防办主任朱剑波被评为全国人民防空先进工作者。

15—16日 省人大常委会党组书记、副主任韩永文率执法检查组深入株洲城乡，检查贯彻实施《食品安全法》及《湖南省食品生产加工小作坊和食品摊贩管理条例》情况。

16日 副省长蔡振红到株洲检查指导防汛救灾工作。市委副书记、市长阳卫国陪同检查。

△ 株洲市第三届“技能天下”职业技能大赛在湖南铁路科技职业技术学院开幕。

16—17日 工信部运行监测协调局副局长黄利斌率国务院第二督查组到株洲调研工业稳增长政策落实情况，对株洲市工业稳增长情况及“企业帮扶年”办结问题速度给予充分肯定。副市长何剑波参加座谈会并向督查组汇报情况。

17日 民政部救灾司副司长杨晓东率工作组到株洲，检查指导防汛救灾工作。省民政厅党组书记、厅长段林毅陪同检查。市委副书记、市长阳卫国汇报株洲市有关情况。市委常委、副市长杨玉芳陪同检查。

△ 省人大常委会党组书记、副主任韩永文一行到茶陵县虎踞镇水源村，慰问困难群众，指导扶贫工作。省人大常委会秘书长彭宪法，市领导刘力量、赵文彬陪同调研。

20—21日 省委常委、省委组织部部长郭开朗到株洲调研党的建设和人才工作。市委书记毛腾飞，市委副书记、市长阳卫国陪同调研。

21日 省政协副主席、省文联主席欧阳斌到株洲，调研株洲市文化场馆（所）建设情况。市委副书记、市长阳卫国陪同调研。

△ 省人民检察院检察长游劝荣到株洲市天元区人民检察院，调研未成年人刑事检察工作。市委副书记、市长阳卫国陪同调研。

22日 在2016年全国企业家活动日暨中国企业家年会上，中车株洲电力机车有限公司董事长、总经理周清和，株洲联诚集团有限责任公司董事长、总经理肖勇民，中国南方航空工业（集团）有限公司执行董事、总经理彭建武荣获“全国优秀企业家”称号。

23日 省科技厅厅长童旭东到株洲调研科技创新工作，并与有关人员座谈。市委副书记、市长阳卫国陪同调研。

23—24 日 省人大常委会副主任王柯敏率省人大环境执法检查组到株洲，就株洲市贯彻实施《环境保护法》情况开展检查，并就水污染防治执法检查报告的审议意见研究处理情况和交办问题整改落实情况开展跟踪检查，同时征求《湖南省大气污染防治条例（草案）》的意见和建议。市委书记毛腾飞参加座谈会。

24 日 省委常委、常务副省长陈向群到株洲调研航空产业发展。市委书记毛腾飞，市委副书记、市长阳卫国陪同调研。

25 日 市委副书记、市长阳卫国会见中华邵商联合会主席、曾氏铝业集团董事长曾小山一行，与 10 余位邵阳商人共商合作发展事宜。

27 日 中车株洲电力机车研究所有限公司“IGCT 大功率高性能电气传动关键技术研究及应用”项目，荣膺中国有色行业科学技术最高荣誉——中国有色金属工业协会 2015 年度科技进步一等奖。

28 日 市委书记毛腾飞宣布湖南股权交易所株洲分所交易系统正式开通，标志着株洲股交所正式揭牌运行。市委副书记、市长阳卫国出席揭牌仪式并讲话。

△ 市委副书记、市长阳卫国会见肯尼亚、坦桑尼亚、埃塞俄比亚、马达加斯加等非洲国家外宾，以及世界银行、中非发展基金等组织的客人。

29 日 株洲市图书馆联盟正式成立，全市 35 家不同系统的图书馆首次实现资源共享。

30 日 株洲市庆祝中国共产党成立 95 周年大会暨先进模范人物事迹报告会举行。市委书记毛腾飞作重要讲话。市委副书记、市长阳卫国主持大会。

7 月

1 日 “唱支山歌给党听”——庆祝中国共产党成立 95 周年文艺晚会暨首届株洲艺术节开幕式在市体育中心举行。省文化厅厅长李晖出席活动，市委书记毛腾飞致辞并宣布开幕，市委副书记、市长阳卫国主持开幕仪式。

△ 市政府与国家开发银行湖南省分行签署战略合作备忘录。国开行湖南省分行党委书记、行长梁庆凯，市委书记毛腾飞，市委副书记、市长阳卫国出席签约仪式并讲话。

5 日 国家工商总局党组副书记、副局长刘玉亭率国务院督查组到株洲，督查指导商事制度改革推进工作。省工商局党组书记、局长李金冬陪同督查，市委副书记、市长阳卫国主持调研座谈会。

8 日 市委十一届十一次全体会议召开，表决通过《中国共产党株洲市第十一届委员会第十一次全体会议关于召开中国共产党株洲市第十二次代表大会的决议》。会议决定：中国共产党株洲市第十二次代表大会于 2016 年 9 月召开。市委书记毛腾飞主持会议并作工作部署，市委副书记、市长阳卫国出席。

△ “2016 年台商湖南行”代表团一行 22 人到株洲市考察，并进行产业合作项目对接洽谈。市委副书记、市长阳卫国出席活动。

△ 湖南省第一批产镇融合示范镇名单出炉，全省共有 13 个镇入选，芦淞区白关镇、攸县酒埠江镇榜上有名。

12 日 市政府办下发《关于加快推进众创空间建设的若干意见》，出台 8 项扶持政策，大力支持众创空间发展。该意见自公布之日起实施，有效期至 2018 年 12 月 31 日。

△ 2015 年度湖南省创新创业带动就业示范基地(高校)入选名单出炉，全省共 25 家，株洲金山科技工业园创业孵化基地、醴陵世界陶瓷艺术城上榜。

17 日 市委书记、市规委会第一主任毛腾飞主持召开市规划委员会会议，研究汽车职院等三校新校区修建性详细规划方案等事项。市委副书记、市长、市规委会主任阳卫国，住建部城乡规划督察湖南组组长王智光参加会议。

18 日 市委书记、市扶贫开发领导小组第一组长毛腾飞主持召开市扶贫开发领导小组第二次全体会议。市委副书记、市长、市扶贫开发领导小组组长阳卫国参加会议并讲话。

△ 市公共资源交易中心正式挂牌。市委副书记、市长阳卫国出席挂牌仪式，并为中心揭牌。

20 日 株洲市委、市政府发布《中共株洲市委株洲市人民政府关于推进供给侧结构性改革的实施意见》，从化解过剩、降低成本等五个方面，提出 23 项重点任务，通过改革，努力构建产业发展高端化、资源配置市场化、社会治理现代化和公共服务便捷化的高层次供需关系。

26 日 省委副书记、省长杜家毫在醴陵主持召开全省烟花爆竹整顿治理工作约谈会。副省长、省政府秘书长向力力出席会议。市委书记毛腾飞陪同。市委副书记、市长阳卫国代表株洲市作表态发言。

28 日 副省长戴道晋到株洲督导安全生产工作。市委书记毛腾飞，市委副书记、市长阳卫国陪同调研。

29 日 市委十一届十二次全会暨市委经济工作会议举行。会议深入贯彻落实省经济工作会议精神，听取并讨论市委常委会工作报告，部署下半年经济工作。

8 月

1 日 中国首列超级电容储能＋完全自主化 100% 低地板技术现代有轨电车在中车株洲电力机车有限公司下线

2 日 市政协召开八届四十三次主席（扩大）会议。会议通报上半年工作情况及下半年工作打算。市政协主席黄曙光出席会议并讲话。

3 日 全市精神文明建设总结表彰暨深化文明城市建设大会召开。市委书记毛腾飞作重要讲话，市委副书记、市长阳卫国主持会议。

△ 省科技厅公示的2016年度科技计划立项名单中，株洲市2家重点实验室和2家企业工程技术研究中心“榜上有名”，他们分别是“电传动控制与智能装备湖南省重点实验室”“先进包装材料与技术湖南省重点实验室”和“湖南省发动机点火技术工程技术研究中心”“湖南省汽车齿轮传动工程技术研究中心”。

4日 全省罗霄山片区区域发展与脱贫攻坚推进会在炎陵县召开。副省长戴道晋作重要讲话，市委书记毛腾飞、市委副书记、市长阳卫国参加会议并讲话。

△ 第八届全国交通运输行业“中车株机·捷安杯”轨道列车司机职业技能竞赛暨首届中国地铁文化节，在中车株洲电力机车有限公司启动。

8日 省委组织部副部长蔡建和率省委督查组到株洲，督查“两学一做”学习教育和基层党建工作情况。市委书记毛腾飞，市委常委、组织部部长、统战部部长彭爱华出席会议并汇报全市有关情况。

△ 为减轻中小微企业发展初期负担，株洲市2016年在全省率先探索开展科技创新券补助政策试点，向符合条件的中小企业免费发放创新券，符合条件的中小微企业可申领，最高额度5万元。

9日 株洲斯凯航空科技有限公司获中国人民解放军南部战区空军批准，株洲有了全省唯一合法的无人机飞行训练空域。

△ 中宣部、司法部、全国普法办联合下发《关于表彰2011—2015年全国法治宣传教育先进集体和先进个人的决定》，株洲县榜上有名，是株洲市唯一获此殊荣的县。

10日 市委书记毛腾飞，市委副书记、市长阳卫国会见国家电气投资集团五凌电气有限公司董事长、党委书记邓志华一行，就加强新能源发电等项目合作进行洽谈交流。

11日 由中车株洲电力机车研究所有限公司制造的长沙市轨道交通1号线地铁列车永磁牵引系统已顺利通过载客前评审，成为国内首套具备载客运营资质的自主永磁牵引系统，开启中国城市轨道交通的“永磁时代”。

17日 中国科协党组书记、常务副主席尚勇到株洲考察，中国工程院院士、省科协主席黄伯云，市委书记毛腾飞，市委副书记、市长阳卫国陪同考察。

18日 方特梦幻王国正式开园。

19日 2016年“沪洽周”湖南株洲·中国动力谷产业对接暨市情推介会在上海举行。副省长何报翔出席会议。市委副书记、市长阳卫国致欢迎辞，中国工程院院士刘友梅、副市长何剑波、杨胜跃参加会议。

△ 中车株洲电力机车有限公司获签澳大利亚悉尼地铁西北线电力蓄电池工程车项目合同。这是中车株机公司产品首次进入澳大利亚市场，也是国内同类产品首次进入西方发达国家市场。

20日 株洲首个海洋公园项目签约落户云龙假日欢乐广场。该项目总投资2亿元，规划2016年11月开建，2017年12月前运营。

22日 市十四届人大常委会召开第48次主任会议。市人大常委会主任刘力量主持会议。

24日 由全国人大常委会委员、全国人大教科文卫委主任委员柳斌杰率领的全国人大科技成果转化法执法检查组到株洲，就株洲市贯彻实施《中华人民共和国促进科技成果转化法》情况开展执法检查，称赞株洲创造了可推广可复制的好经验。

26日 科技部公布首批17家国家专业化众创空间示范名单，中车株洲电力机车研究所有限公司的“轨道交通国家专业化众创空间”成功入选，成为全省唯一一家国家专业化众创空间示范单位。

27日 中车长江车辆有限公司株洲分公司成功为阿根廷贝尔格拉诺货运铁路改造项目生产一款标准轨距平车。这是株洲造铁路货车首次出口阿根廷。

△ 全国工商联发布2016年中国民营企业500强、2016年中国民营企业服务业100强榜单。唐人神集团以94.13亿元的营业收入总额位列该榜单第306名，成为株洲市唯一跻身榜单企业。

29日 市十四届人大常委会召开第29次会议。会上，市委副书记、市长阳卫国报告全市上半年经济社会发展情况。会议听取市中级人民法院上半年工作情况报告、市人民检察院上半年工作情况报告。市人大常委会主任刘力量主持会议。

31日 中国移动湖南公司董事长、总经理黄立伟一行到株洲，洽谈加快中国移动（湖南株洲）数据中心项目建设事宜。该项目位于云龙示范区，总投资40亿元，是湖南移动互联网和云计算的重大战略性和基础性项目。

9月

1日 市长阳卫国主持召开市十四届人民政府第81次常务会议，研究社会保障兜底脱贫、加快金融业发展、煤炭行业化解过剩产能实现脱困发展、加快淘汰黄标车、加快现代物流发展等工作。

△ 由中车新能源汽车株洲基地——湖南中车时代电动汽车股份有限公司自主研发的12米纯电动客车，抵达德国不莱梅港口，标志着中车新能源汽车征战欧洲之旅正式启动。

5日 市全面建成小康社会推进工作领导小组召开第四次全体会议。

△ “2016全国主流网络媒体看株洲两型社会建设成果活动”启动，来自人民网、新华网、凤凰网、光明网、中新网等全国40家中央、省主流网络媒体的负责人、记者、编辑等齐聚株洲，了解并推介株洲“两型社会”建设经验。

7日 省委副书记、代省长许达哲深入株洲调研经济社会发展情况。市委书记毛腾飞，市委副书记、市长阳卫国陪同调研。

△ 中车株洲电机有限公司“湖南省院士专家工作站”获得授牌。

△ 市委书记毛腾飞，市委副书记、市长阳卫国会见台湾电电公会参访团，深度洽谈株台合作事宜。

8日 S345茶陵县严塘镇湾里村至县城段公路建设工程正式开工。工程为二期工程，总投资1.5亿元，长19.7公里，建设工期为两年。

9日 全国政协副主席卢展工率调研组到株洲，就“加快食品安全监督体系建设”主题进行专题调研。

10日 中国八大菜系大师祭拜食祖炎帝大典暨株洲市第三届美食文化开幕式在神农城神农寺举行。省人大常委会原副主任周时昌，市委副书记、市长阳卫国出席仪式。

12日 全国政协委员、省政协主席李微微率住湘全国政协委员调研组到株洲，围绕“深化国有企业改革，促进混合所有制经济发展”展开深入调研。市委书记毛腾飞，市委副书记、市长阳卫国陪同调研。

13日 市委书记、市委全面深化改革领导小组组长毛腾飞主持召开市委全面深化改革领导小组第十二次会议，传达中央、省委近期深改组会议精神，研究有关改革工作。

19日 市委第十一届十三次全体会议召开，研究确定株洲市出席省第十一次党代会代表候选人预备人选。市委书记毛腾飞主持会议并讲话，市委副书记、市长阳卫国出席会议。

△ 市十四届人大常委会召开第49次主任会议。市人大常委会主任刘力量主持会议。

△ 株洲铜塘湾保税物流中心（B型）项目开工。株洲铜塘湾保税物流中心（B型）项目于2016年1月获海关总署等四部委批复建设，是2016年全市重点建设项目之一。

21日 株洲市与广州铁路（集团）公司签订合作框架协议。株洲市与广铁集团合作的项目分别是株洲火车站改建项目、铁路综合物流园项目以及车辆段二期合作项目。

△ “健坤教育”第十八届炎黄杯世界华人名人围棋邀请赛在株洲开幕。世界华人围棋联合会会长蔡绪峰、中国围棋协会主席王汝南出席开幕式并致辞。市委副书记、市长阳卫国宣布大赛开幕。

22日 2016环中国国际公路自行车赛第二阶段第三赛段在醴陵开赛。来自17个国家和地区的22支职业车队的130余名选手参赛。

22—24日 市委副书记、市长阳卫国率对台经贸交流团赴台湾，就2016年11月中旬在株洲市召开的第十二届湘台经贸交流洽谈烩进行前期对接。

26日 市委十一届十四次全体会议召开。市委书记毛腾飞出席会议并讲话，市委副书记、市长阳卫国主持会议。

△ 中国共产党株洲市第十一届纪律检查委员会第九次全体会议召开，审议市纪委向市第十二次党代会的工作报告。市委书记毛腾飞出席会议并讲话。

△ 株洲市工商业联全会（总商会）第十一次会员代表大会召开。会议审议通过了市工商联（总商会）第十届执委会工作报告，选举产生了市工商联（总商会）第十一届领导机构和领导班子，审议通过了市工商联（总商会）第十一次会员代表大会决议。

27日 中国共产党株洲市第十二次代表大会预备会议在市委礼堂举行。毛腾飞出席会议并作大会筹备工作报告，阳卫国主持会议。会议通过大会主席团成员和秘书处名单，通过大会代表资格审查委员会名单，通过大会议程。

△ 中国共产党株洲市第十二次代表大会主席团第一次会议举行。会议通过大会主席团常务委员会委员名单；通过大会副秘书长和秘书处各组正、副组长名单；通过邀请人员、列席人员名单；通过大会执行主席名单；通过代表资格审查委员会关于代表资格审查的报告；通过各代表团正、副团长名单；通过拟提交各代表团审议的大会选举办法（草案）；布置各代表团推荐监票人。

△ 国务院地名普查办副主任、民政部区划地名司副司长李伟率督查组到株洲督查第二次全国地名普查工作及株洲县撤县设区工作。

28—30日 中国共产党株洲市第十二次代表大会在市委礼堂召开。会议通过无记名投票的方式，正式选举株洲市出席省第十一次党代会代表45名，十二届市委委员55名，候补委员11名，市纪委委员35名。会议通过关于十一届市委工作报告的决议、关于市纪委工作报告的决议。

30日 中国共产党株洲市第十二届委员会举行第一次全体会议。毛腾飞、阳卫国、雷绍业、赖馨正、彭爱华、胡鹏飞、杨玉芳、何剑波、毛朝晖、聂方红、羊贵平当选为中共株洲市第十二届委员会常务委员会委员。毛腾飞当选为中共株洲市第十二届委员会书记，阳卫国、雷绍业当选为中共株洲市第十二届委员会副书记。

△ 中国共产党株洲市第十二届纪律检查委员会第一次全体会议召开。会议选举产生新一届市纪委常委、副书记、书记。

10月

7日 株洲市陈礼义、刘宗加、刘祖治、罗春珠入选湖南省“百名最美扶贫人物”。

△ 炎陵县获得“全国文化先进县”称号，这是炎陵县继1991年被文化部授予“全国文化先进地区”称号之后再获该荣誉，也是株洲市此次唯一获此殊荣的县市区。

10日 市政协召开八届45次主席会议，听取2016年度重点提案督办及八届市政协一次、二次、三次会议重点提案“回头看”情况汇报。

△ 北汽威旺M50F在北汽株洲工厂正式下线。市委副书记、市长阳卫国，

北汽集团党委常委、董事、北汽股份总裁李峰出席下线仪式。

△ 向阳北路云龙段建成通车，至此，向阳北路（新华东路至云龙大道）全段通车。

△ 市十四届人大常委会召开第50次主任会议。

11日 包括芦淞区百井村金轮侨心小学（剪刻纸）、攸县东北街小学（槚山皮影）、茶陵县桃坑学校（客家火龙）、炎陵县中村瑶族乡龙渣学校（瑶拳与瑶歌）在内的10所学校被授牌为株洲市首批非物质文化遗产项目传承基地。

14日 2016年国际节能与新能源汽车成果展在北京举行。中车时代电动汽车股份有限公司一举斩获“优秀零部件供应商”“人气车型”两项大奖，这也是新能源汽车行业的权威大奖。

17日 “全民电影、影动株洲”2016年和三届电影展映月活动在神农城中影国际影城启动。市委常委、市委秘书长、副市长毛朝晖出席启动仪式。

17—18日 全市经济形势分析暨项目工作点评会召开。市委书记毛腾飞主持会议并强调，要动员全市上下紧咬全年目标，以问题为导向，以行动为纲领，以实效为目标，全力冲刺四季度，确保实现“十三五”发展良好开局。

18日 来自德国、意大利、俄罗斯、马来西亚、新加坡等“一带一路”沿线9国的12家主流媒体，以及中新社湖南分社、湖南卫视、湖南经视等国内媒体的记者，在株洲集中采访，聚集株洲制造业及其对接“一带一路”发展成果。

△ 中车株洲电力机车有限公司副总工程师樊运新，成功入列第二批国家“万人计划”领军人才名单。

19日 来自国务院发展研究中心、中国社科院、中国航空研究院、中国经济时报社的众多专家齐聚株洲高新区，正式启动“株洲·中国动力谷”国家战略课题研究。

△ 全国大中城市社科联第27次工作会议在株洲召开。省社科联党组书记、副主席宋智富，市委书记毛腾飞出席开幕式。

△ 丙申年炎帝陵祭祖典礼在炎陵县炎帝陵举行。祭祖典礼由市人民政府主办，市委副书记、市长阳卫国担任主祭人。中国工程院院士刘友梅等社会各界人士近2000人参加祭祖典礼。

△ 株洲神农大剧院正式启用，中国国家交响乐团作首场演出。

19—20日 新华社党组副书记、总编辑何平一行深入株洲市调研简政放权、产业发展、脱贫攻坚等工作。市委书记毛腾飞陪同调研。

20日 市委副书记、市长阳卫国会见中车投资租赁有限公司董事长、株洲中车物流有限公司董事长王石山一行，共商物流基地项目建设等事宜。

△ 市委副书记、市长阳卫国会见中石化湖南分公司总经理潘桂妹一行，会商合作发展事宜。

△ 全市县（市）区人大换届选举工作座谈会召开，市委副书记雷绍业出席会议并讲话。

△ 湖南铁道科技职院20名品学兼优的学生每人获得“火车头”奖学金5000元。“火车头”奖学金系丁荣军院士倡导设立，是株洲市职业院校首次设立的院士奖学金。

22日 市委书记毛腾飞会见中国中车集团总经理刘化龙、中国中车股份总裁奚国华一行，共商合作发展事宜。

24日 株洲市首批48名退出领导岗位干部到村当村官，陆续奔赴各县市区委组织部报到，正式上岗。

25日 省政协主席李微微到株洲，督办“关于加大对株洲清水塘老工业区搬迁改造支持力度的建议”重点提案，助推清水塘老工业区加快搬迁改造。

△ 2015年度湖南省企业管理现代化创新成果奖揭晓，16项创新成果获一等奖，株洲市占其中8项。

△ 中车株洲电力机车研究所有限公司荣获2016年中国标准创新贡献奖组织奖，成为湖南省以及全国轨道交通行业迄今为止唯一获此殊荣的企业。

25—26日 省委常委、常务副省长陈向群到株洲调研重点项目建设情况。

27日 株洲首批2辆“移动ICU（重症监护室）”救护车落户省直中医院。

28日 湖南山河科技股份有限公司的五座飞机山河SA160下线，这是国内首款全碳纤维复合材料结构的五座活塞飞机、首架单发五座下单翼飞机。

△ 株洲火车站改建项目和株洲铁路综合物流园项目全面启动。

11月

1日 中车株洲投资控股有限公司在田心揭牌成立。中国中车集团副总经理徐宗祥，市委副书记、市长阳卫国出席揭牌仪式并为公司揭牌。

2日 中车株洲电力机车有限公司以一套“财务共享信息系统”，荣获中国管理最高奖项——“中国管理模式杰出奖。”

△ 株洲市首个戏曲表演班在市幼儿师范学校开班授课，33名中专生成为首批长沙花鼓戏（湘东路子）专业生。这是全省首个成建制戏曲表演班。

3日 株洲市人民政府与中国移动通信集团湖南有限公司签署“十三五”战略合作协议，合作推进智慧株洲建设，加快株洲信息化进程。

4日 由市委宣传部、市文明办等单位主办的株洲市第四届道德模范颁奖典礼举行。王诺、冯昶、赵海风等10人当选株洲市第四届道德模范。

△ 由省文化艺术基金会、市委宣传部主办，市文体广新局、省艺术研究院、神农大剧院承办的株洲市纪念红军胜利80周年大型交响合唱音乐会《长征组歌》在神农大剧院上演。

△ 中车株洲电力机车研究所有限公司发明的“一种永磁同步电机传

动系统的直轴电流保护方法及装置”和“一种太阳能变频空调系统”，分获第68届德国纽伦堡国际发明展金、银奖。

8日 湖南工大学生发明“智能”水桶夺得中国环保包装与安全设计创意大赛一等奖。

8—9日 全国政协常委、经济委员会主任周伯华率考察组到株洲，就“打造动力制造聚集区”开展专题考察。市委书记毛腾飞，市委副书记、市长阳卫国参加考察。

10日 全国人大常委会原副委员长路甬祥到株洲，考察调研轨道交通产业发展情况。省人大常委会副主任王柯敏，市委书记毛腾飞，市人大常委会主任刘力量参加考察。

△ 省政协副主席欧阳斌到株洲，通报省政协2016年有关重点工作情况，听取对省委政协工作会议和省政协2017年工作的意见建议。市政协主席黄曙光汇报工作。

11日 市委书记毛腾飞，市委副书记、市长阳卫国与到株洲调研的中国航空发动机集团有限公司董事长、党组书记曹建国交流座谈，协商解决国家航空发动机和燃气轮机重大科技专项相关项目推进中面临的困难和问题，助推“两机重大专项”项目加快建设，共商航空产业发展大计。

△ 株洲市“两学一做”电视知识竞赛总决赛举行，6支代表队伍经过比拼，市公安局代表队获得冠军。

12日 环线工程北段（北环路）开工建设。环线工程北段（北环路）分C、D两段建设。此次开工的北环路C段东起新华东路，西至云龙大道，全长3.1千米。

△ 民革株洲市委举行孙中山诞辰150周年暨民革市委成立30周年纪念大会。民革湖南省委副主委段桂生出席纪念大会。

13日 枫溪大桥正式建成通车。枫溪大桥建于建宁大桥与天元大桥之间，于2013年7月15日正式开工。

14日 株洲中车时代电气股份有限公司生产的8英寸IGBT产品，成功中标印度机车市场。这是中国铁路行业最核心器件首次获得海外批量订单。

16日 中国陶瓷行业最大的艺术建筑群——醴陵瓷谷景区正式对外开放。

18日 全国人大常委会副委员长、民革中央主席万鄂湘一行到株洲调研。省人大常委会副主任、民进湖南省主委谢勇陪同调研。

20日 第十二届湘台经贸交流合作会在株洲开幕。国台办主任助理周宁，省委常委、统战部部长黄兰香，中国国民党中常委刘大贝出席开幕式并致辞。副省长何报翔主持开幕式。市委副书记、市长阳卫国出席开幕式。

22日 丙申年海峡两岸炎帝陵祭祖典礼在炎陵县举行，第十二届湘台经贸交流合作会的与会嘉宾祭拜炎帝始祖。全国台企联创会会长张汉文担任主祭人，市委副书记、市长阳卫国，省台办副主任傅雷陪同祭祖。

△ 炎陵县红军标语博物馆获评“全国社会科学普及基地”。

23日 在中国技术市场协会主办的第八届“金桥奖”颁奖大会上，株洲市生产力促进中心荣获“中国技术市场金桥奖先进集体奖”，该中心易雄荣获先进个人奖。

24日 湖南省2016年“十行状元、百优工匠”竞赛活动——焊工、钳工、维修电工、计算机程序设计员四项决赛在株洲落幕，株洲赛手夺得3项冠军，并有20人获评“百优工匠”。

25日 民政部副部长宫蒲光到株洲，调研居家养老服务、城乡低保、社会救助等民政工作开展情况。市委副书记、市长阳卫国陪同调研。

△ 中央电视台“新闻联播”以《株洲：中国动力谷 领跑动力装备制造》为题，在2分30秒的时间里，向全国、全球展示株洲·中国动力谷领跑轨道交通、小型航空发动机、新能源汽车3大动力产业的蓬勃之势。

26日 2016轨道交通产业国际峰会在株洲市神农大剧院开幕。开幕式上，张剑飞代表省人民政府对峰会的举行表示热烈祝贺。阳卫国代表市委、市政府致辞，并简要介绍株洲市情与轨道交通产业发展态势。

△ 由中车株洲电力机车有限公司发明的“轻轨车辆及其铰接式转向架”和中车株洲电机有限公司申报的“一种电机端盖和一种电机”两项发明专利，获第十八届中国专利金奖。

△ 中央电视台“新闻联播”用2分47秒的时间，推介株洲硬质合金领域的创新成就，播出《株洲：匠心创新，亮出中国制造新名片》。

28日 新华社发通稿报道奋进中的株洲制造。报道称：11月上旬，记者走进“中国动力谷”，感受株洲以“火车头精神”加快推进实施“中国制造2025”，靠创新驱动由“先进制造”向“高端智造”跨越。

△ 国家旅游局公布22家首批工业旅游创新单位，并为其授牌。株洲市醴陵瓷谷成为全省唯一一家上榜单位。

29日 株洲市旅游发展大会召开。市委副书记、市长阳卫国出席会议并讲话。

12月

1日 株洲市召开城市交通畅通行动路网工程建设动员大会。市委副书记、市长阳卫国出席会议并讲话。

2日 召开的省十二届人大常委会第二十六次会议上，表决通过《株洲市农村村庄规划建设管理条例》。这标志着株洲市首部实体法正式诞生，也意味着全市农村村庄规划建设管理进入法制化的新阶段。

△ 在四川成都举办的第十九届中国国际铅锌年会上，株洲冶炼集团股份有限公司荣获2016年度铅锌行业供给侧结构性改革杰出贡献奖。

4日 《人民日报》聚集中车株洲电力机车研究所有限公司的“钢铁侠”，以《中车株洲所推进人与设备有机结合》为题进行大篇幅报道。

5日 株洲市召开轨道交通项目讨论会，研究全市轨道交通及快速公交建设规划，推动项目尽快启动建设。

6日 《人民日报》以《从卖产品到卖服务，全生命周期服务助力中车株机“走出去”——“一锤子”变成“一辈子”》为题，以近半版的篇幅，详细记录下中车株洲电力机车有限公司转型升级的生动故事。

8日 在第十三届全国高技能人才表彰大会上，株洲冶炼集团股份有限公司职工柳祥国被授予“中华技能大奖”。这也是株洲历史上首次获此殊荣的职工。

9日 市人民政府与武汉大学、中国科学院武汉分院、中铁第四勘察设计院集团有限公司在武汉分别签订战略合作协议，将在产学研等方面开展尝试合作，推进创新发展。市委副书记、市长阳卫国，武汉大学副校长谈广鸣，中科院武汉分院党组书记、副校长李海波，中铁第四勘察设计院集团有限公司董事长、院长蒋再秋出席签约仪式并致辞。

△ 株洲下发《株洲市整合城乡居民基本医疗保险制度实施方案》，将原城镇居民基本医疗保险制度和新型农村合作医疗制度进行整合，建立起全省统一的城乡居民基本医疗保险制度。该办法自2017年1月1日起施行。

12日 株洲市职业教育协会（产教融合联盟）成立大会暨第一次会员代表大会在湖南铁路科技职业技术学院召开。

13日 湖南工业大学醴陵陶瓷学院揭牌。

15日 株洲市创建“全国质量强市示范城市”动员大会召开。市委副书记、市长阳卫国作动员报告。国务院参事张纲应邀作专题辅导。省质监局党组书记、局长欧阳彪到会讲话。

△ 株洲市召开哲学社会科学奖励大会，集中表彰市第二届、第三届优秀社会科学专家和优秀青年社会科学专家，以及市第十二届哲学社会科学优秀成果作者。市委副书记雷绍业主持奖励大会并讲话。

△ 株洲冶炼集团股份有限公司材料物理性能检验工谢平根、株洲联诚集团有限责任公司焊工刘明当选全国技术能手。

16日 全省首家无人机就业实训基地，在株洲南方航空高级技工学校挂牌成立。

△ 刘天健家庭荣获“全国文明家庭”称号。

19日 市委召开经济工作务虚会，贯彻中央经济工作会议及省委有关会议精神，全面总结2016年工作，研究谋划2017年工作。市委书记毛腾飞主持会议。市委副书记、市长阳卫国到会讲话。

△ 中车株洲电力机车有限公司在布拉格与捷克私营铁路运营商里奥快铁公司（LEO EXPRESS）签订3列动车组的供货合同。这是中国动车组首次进入欧盟市场。

20日 湖南省加快航空制造业发展政策发布暨产业合作对接会在株洲市召开。省航空产业发展领导小组办公室主任、省经信委主任谢超英，市委书记毛腾飞出席会议，市委副书记、市长阳卫国到会致辞。

21日 株洲市十四届人大常委会召开第三十三次会议。市委书记毛腾飞出席会议并讲话。市人大常委会主任刘力量主持会议。

△ 株洲市政协召开八届十八次常委会议，审议通过市政协九届一次会议有关事项。市委书记毛腾飞出席会议并讲话。市政协主席黄曙光主持会议。

23日 2016年首届株洲艺术节闭幕。活动历时5个月。

24日 湖南长城计算机系统有限公司自主可控计算机整机下线暨中国电子与株洲市政府“智慧株洲”建设合作启动大会在株洲召开。省委副书记、省长许达哲，国防科技大学校长杨学军，副省长张剑飞，中国电子董事长、党组书记芮晓武，市委书记毛腾飞，市委副书记、市长阳卫国出席大会。

△ 株洲留美博士肖雅清勇救导师受重伤，引起中美两国众多主流媒体和社交媒体高度关注，社会各界纷纷点赞。

26日 长株潭城际铁路正式开通运营。该铁路于2010年9月30日开工，投资总额为240.5亿元。

△ 在第十八届中国专利奖颁奖大会上，中车株洲电力机车有限公司的“轻轨车辆及其铰接式转向架”和中车株洲电力机车有限公司“一种电机端盖和一种电机”均获中国专利金奖。

27日 株洲市召开2016年度“株洲最美乡村教师”暨“华晨创新之星”表彰大会。10名“株洲最美乡村教师”、11名“株洲最美乡村教师”提名奖获得者、获得“湖南最可爱的乡村教师”及提名奖的2位老师受到表彰。61名师生被授予首届“华晨创新之星”称号。

△ 由湖南省农业委员会组织评选的“2016年湖南十大农业品牌”出炉，“炎陵黄桃”榜上有名，为株洲地区唯一上榜品牌。

28日 全市“马上就办，真抓实干”活动全面铺开，已有101家单位设立“马上就办”办公室。即日，由市委“马上就办，真抓实干”活动领导小组办公室主办，株洲新闻网承办的株洲“马上就办”网络问政平台上线试运行。

29日 株洲市各县市区启动第三次全国农业普查。

30日 市委十二届二次全会暨市委经济工作会议举行。市委书记毛腾飞，市委副书记、市长阳卫国发表讲话。

△ 株洲首条旅游专线T63路正式开通。T63路从神农城北发车，终点站为云龙假日广场，线路长24.2公里，沿途经过神农城、湘江风光带、文化园等10个主要旅游景区景点。

株洲概况

自然理理

【区域位置】 株洲市位于湖南省东部、湘江下游。东经112°57′30″～114°07′15″，北纬26°03′05″～28°01′27″。东西最宽处88.75公里，南北最长处219.25公里。东邻江西省的萍乡市、莲花县、永新县、宁冈县、遂川县、井冈山市，南连郴州地区所辖的桂东县、永兴县、资兴市；西接郴州地区所辖的安仁县、衡阳市所辖的衡东县和湘潭市及所辖的湘潭县；北依长沙市所辖的长沙县、浏阳市。2016年年末，株洲市土地面积11247.6平方公里，其中建成面积138平方公里，全市城镇建成面积337平方公里。（朱　鉴）

【地形地貌】 株洲市境位于罗霄山脉西麓，南岭山脉至江汉平原的倾斜地段上，市域总体地势东南高、西北低。北中部地形岭谷相间，盆地呈带状展布；东南部均为山地，重峦叠嶂，地势雄伟。最高点位于炎陵县东南的酃峰，海拔2115米；最低点天元区马家河镇古桑洲，海拔34.6米。水域637.27平方公里，占市域总面积的5.66%；平原1843.25平方公里，占16.37%；低岗地1449.86平方公里，占12.87%；高岗地738.74平方公里，占6.56%；丘陵1916.61平方公里，占17.02%；山地4676.47平方公里，占41.52%。山地主要集中于市域东南部，岗地以市域中北部居多，平原沿湘江和渌水两岸成带状分布，而以湘江和渌水下游集中。（朱　鉴）

【地质地震】 株洲市地质构造复杂，地处长寿街－株洲－祁东－全州、茶陵－永兴、茶陵－临武、酃县－郴州－蓝山、朱田铺－五里墩断裂带、何家坝－石峰断裂带、龙头铺－南华断裂带和芦淞区董家塅三三一厂地质构造破碎断裂带。株洲地区的抗震设防烈度为6度。株洲市近期虽没有发生中强地震，但小震不断，自1971年有精确记录以来，已经发生20多次有感地震，市区内最大地震为白石港2.9级地震。（胡毅力）

【自然资源】 株洲境内矿产资源丰富，已探明的矿产有煤、铁、钨、铅、锌、锡、铀、铜、铌、钽、稀土、萤石、石膏、硅石土、高岭土，及石灰石等44种，矿床（点）360处，其中大型矿床3处，中型10处，小型103处。矿产资源赋存具共伴生矿产多、单一矿产少，资源和矿产地分布相对集中的特点。铌、氧化钽、高岭土、铸石用辉绿岩、冶金用石英岩5种矿产资源储量居全省之首，煤、铁、锡、氧化铌、细晶石、陶瓷土、普通萤石，及熔剂用灰岩8种矿产资源储量居全省2位—5位。株洲土壤种类多样，分9个土类、18个亚类、82个土属、304个土种，其中红壤、水稻土分别占土壤总面积47.42%和13.22%。境内溪河纵横，其中长度5公里以上的341条，长度30公里以上的19条，100公里以上的7条，均为湘江水系。湘江干流在株洲市域内全长89.6公里，占湘江总长的10.46%，自南向北，纵贯株洲县和株洲市区。市域内湘江一级支流较大的有洣水、渌水；湘江二级支流长度在100公里以上的有洮水、攸水、澄潭江、铁水等4条。株洲市域的植物种属古老，种类繁多，群落交错，分布混杂。自然分布和引种栽培的约有106科、296属、884种。其中珍稀乡土树种约有40余种。全市共有古树名木3万余株，其中500年以上的国家一级古树245株。有阔叶林、针叶林、灌丛（灌草丛）和草甸4个植被型组；有常绿阔叶林，常绿. 落叶阔叶混交林，低山针叶林，灌丛、中山草甸等9个植被型。有维管束植物219科、906属、2066种，天然分布的国家重点保护野生植物31种，其中国家一级保护野生植物10种；国家二级保护野生植物21种。全市天然分布的陆生野生动物224种。按类分，哺乳纲41种，鸟纲122种，两栖纲6种，爬行纲55种。其中属国家一级保护野生动物4种，如华南虎、云豹、金钱豹、黄腹角雉等；国家二级保护动物25种；湖南省地方重点保护野生动物195种。株洲属中亚热带季风性湿润气候。年平均气温17℃～18℃。年降水量平均在1348毫米～1490毫米之间，气候温暖，四季分明，雨量充沛，无霜期长，光热充足，冬寒期短，属宜于耕作的膏腴之地。受季风影响，雨季和旱季明显，旱涝频率较高。

（陈　岱　何　超）

【水资源】 2016年全市年平均降水量1699.8毫米，折合水量191.4亿立方米，比往年平均偏多12.6%；地表水资源量128.7亿立方米，折合年径流深1142.6毫米，比往年平均偏多25.8%；地下水资源量33.3亿立方米，扣除重复计算量33.3亿立方米，水资源总量（不包括入境流量）128.7亿立方米。全市范围属偏丰年份，辖区内降水较历年均值偏多，洣水河漠水、沔水、攸水上游地区降水量较多，渌水铁水流域降水量较少。

全市水利工程年末蓄水总量9.29亿立方米，比上年末减少3.22亿立方米；全市年供水总量和各部门实际用水总量均为22.02亿立方米（用水总量省考核目标值为23.90亿立方米），比上年减少0.21亿立方米；全市用水消耗量9.19亿立方米。全市人均综合用水量为548立方米，比上年减少8立方米；万元GDP和万元工业增加值（均为现价）用水量分别为88立方米和54立方米（含火电），分别比上年减少7立方米和4立方米［万元工业增加值省考核目标值为62立方米（2010年不变价）］。全市水资源开发利用率21.5%。

全市水质监测评价河长556.8千米，全市水功能区达标率86.4%。Ⅱ类、Ⅲ类水质河长，汛期495.9千米，占总评价河长的89%；非汛期551.8千米，占总评价河长的99%；全年556.8千米，占总评价河长的100%。Ⅳ类水质河长，汛期60.9千米，占总评价河长的11%；非汛期5千米，占总评价河长的1%。（吉惠质）

【水文状况】 2016年，株洲市范围内发生9次大的降雨过程，受降雨影响，湘江株洲站发生8次洪水过程，渌水大西滩站发生6次超警戒水位（其中2次超保证）洪水过程，洣水茶陵站发生5次洪水过程。洣水河漠水炎陵站4月16日出现年最高水位88.80米，年最大流量为343立方米/秒；洣水流域及渌水支流铁水5月20日同时出现年最高水位，洣水干流茶陵（二）站、龙家山站、攸县站年最高水位分别为99.53米、93.41米和72.97米，铁水泗汾站年最高水位55.59米；同日茶陵（二）站出现年最大流量1560立方米/秒，泗汾年最大流量856立方米/秒；6月16日渌水干流大西滩（二）站出现年最高水位52.82米，年最大流量1990立方米/秒；湘江株洲站6月16日也出现年最高水位39.07米，3月24日出现最大流量为12300立方米/秒；7月18日渌水支流南川水潼塘站出现本年最高水位为96.43米，同日出现年最大流量578立方米/秒。（吉惠质）

【气候特点】 2016年，株洲地区异常气候事件频发，入汛提前，气温偏高，日照阶段性偏少，降雨时空分布极其不均，汛期期间多轮暴雨轮番袭击，经历了3次寒潮、2次低温雨雪、19次暴雨、多段高温热害、五月低温、连阴雨、干旱等灾害性天气。

气温。2016年株洲地区年平均气温偏高，最高气温正常、最低气温异常偏高；空间分布呈中部高，南北低；四季中夏季气温偏高，春、秋、冬季均正常。年平均气温18.5℃，较历年偏高0.6℃；年平均最低气温为15.4℃，较历年异常偏高0.9℃；年平均最高气温为22.7℃，较历年偏高0.2℃；极端最高气温达40℃（攸县7月30日），极端最低达-6.5℃（炎陵1月25日）。

降水。全年株洲地区降水正常，年降水量为1709.4毫米，较历年偏多13.4%；其中株洲市区汛期降水较历年显著偏多68.3%；降水日数较常年偏多，呈北少南多的空间分布；1月、4月和9月份各县（市）均偏多；四季中冬季和秋季降水量较常年偏多，春季和夏季正常，降雨日数除夏季较历年偏少外其余县（市）均偏多。

日照。全年株洲地区日照正常，总时数为1505.6小时，较历年偏少41.9小时；呈北部中部多、南部少的空间分布；四季中冬季日照明显偏多、春季和秋季偏少，期间2月、3月和6月日照充足，10月和11月日照少。（廖莉芝　匡舒也）

【气象灾害】 冬酣。2015/2016年冬季株洲地区降水偏多，雨日偏多，五县（市）冬季平均雨日为48.6天，为历史第四高值，较历年偏多7.7天，达到轻度冬酣标准，这是自1971以来株洲地区发生的第7次冬酣。其中，醴陵、攸县和炎陵冬季雨日数分别为51天、52天和50天，较历年分别偏多9.6天、9.5天和7.6天，属于轻度冬酣。

寒潮。2016年株洲地区出现3次寒潮过程：2月12—14日各县市48小时气温下降幅度在22.6℃～26℃之间，日最低气温降至0.6℃～3.9℃之间；3月8—10日48小时内各县（市）气温降幅达15.5℃～20.4℃之间，日最低气温降至1℃～2.6℃之间；11月22—24日48小时内气温降幅达16℃～18.6℃，日最低气温降至0.7℃～1.5℃。

低温雨雪。2016年出现三次较强的低温雨雪天气过程：1月20—25日，1月31日—2月2日，2月12—14日。1月24日晚至25日凌晨的低温导致全市出现大范围的霜冻，对正处于拔节期的冬小麦和已现蕾抽薹的油菜产生一定影响；2月1—2日全市出现不同程度的降水，市区及醴陵出现纯雪，最大积雪深度市区和醴陵均为3厘米，对交通造成严重堵塞。

连阴雨。2016年4—7月株洲地区持续较长时间的阴雨寡照天气，各县（市）均出现连阴雨天气。株洲市出现3段连阴雨过程（4月3—10日、4月20—26日、6月29—7月），攸县和炎陵县分别出现2段连阴雨（攸县：4月6—12日、4月20—26日；炎陵：4月6—17日、5月18—25日），醴陵市和茶陵县各出现1段连阴雨（醴陵：4月19—26日；茶陵：4月6—17日）。其中茶陵县和炎陵县均出现长达12天的中度连阴雨过程。

五月低温。2016年5月，株洲地

区降雨频繁，气温较常年偏低，炎陵县在5月15—19日连续日平均气温在18℃～18.9℃之间，达到轻度五月低温标准。

干旱。醴陵市在7月19日—8月19日连续32天内基本无雨，总降水量为10毫米，其中前16天仅有0.5毫米，之后虽有断断续续降水发生，但是总降水量仍较少。

暴雨洪涝。2016年，株洲地区出现暴雨过程19次；引发28起地质灾害；导致湘江株洲站发生8次洪水过程，渌水大西滩站发生6次超警戒水位洪水过程（超保证水位2次），洣水茶陵站发生4次洪水过程；导致超过48万余人受灾，紧急转移安置人口近4万人，需紧急生活救助人口2万余人；倒塌房屋2699间，严重损坏房屋2081间，一般损坏房屋2632间；受灾农作物面积近6万公顷，绝收面积3875公顷；直接经济损失超过6亿元。

2016年株洲地区暴雨日数在2天（醴陵、茶陵）～7天（株洲）之间，暴雨日数的空间分布大致是北多南少，其中株洲市区2016年暴雨日数异常偏多，达7天，是1971年以来历史第二高值。全市出现局地暴雨过程19次，分别在是3月20—23日、4月9—10日、4月15—16日、4月25—26日、5月7日、5月18—20日、6月2—3日、6月10—11日、6月14—15日、6月27—29日、7月2—4日、7月10—11日、7月15—17日、8月21日、8月25—27日、9月9—11日、9月28—30日、11月7—9日，及11月19—20日。

6月14—15日出现历史最强降雨过程，6月15日株洲观测站单日降雨量257.6毫米，超过有记录以来的历史极值，达到轻度洪涝标准，造成了2起崩塌、2起滑坡、1起泥石流，受灾人口达20.5万人，紧急转移安置38233人，需紧急生活救助27112人，农田受灾15545公顷，其中，农作物绝收面积366.6公顷，倒塌房屋695间，严重损坏房屋3341间，一般损坏房屋19951间，河堤滑坡52处1610米，渠道滑坡60处800米，山塘损毁48口，公路塌方35处460米；直接经济损失达13114万元。

高温热害。2016年株洲地区高温日数偏多，有44.2天，较历年偏多8.9天，呈中部多南北少的空间分布，极端高温为40℃，五县（市）均出现了多段高温热害天气。株洲市区出现3段高温热害天气（7月7—12日、7月21日—8月2日、8月11—21日），醴陵出现3段高温热害天气（7月7—12日、7月19日—8月1日、8月15—21日），攸县出现4段高温热害天气（6月19—24日、7月6—11日、7月20—31日、8月15—21日），茶陵出现3段高温热害天气（6月19—24日、7月20日—8月1日、8月15—22日），炎陵出现2段高温热害天气（6月19—25日、7月19日—8月1日）。（廖莉芝　匡舒也）

行政区划

【建置沿革】　株洲，古称建宁，又名槠州。三国吴太平二年（257年）已有建宁县，属长沙郡。隋开皇九年（589年），隋灭陈，废建宁县。唐高祖武德四年（621年），复置建宁县，属南云州。唐太宗贞观元年（627年），将建宁县并入湘潭县。民国23年（1934年）12月，湘潭县辖10个区，1个直属乡。区以下分10个镇，40个乡。所设株洲镇隶属湘潭县第二区。民国36年（1947年）2月，株洲镇和白关乡、昭阳乡合并为株洲乡，直属湘潭县政府。同年8月，株洲乡辖33保，495甲，108783人。1949年8月，湘潭县下设株洲区，辖株洲、藕灵2个乡。1950年1月，株洲区改为第一区。1950年6月，湘潭县下设株洲镇（区级），辖一至四街居民委员会、田心塅乡、董家塅乡、石子头乡，株洲镇公所（后改为株洲镇人民政府）驻殷家祠堂。1951年6月6日，湘潭县辖株洲镇升格为株洲市（县级），隶属湖南省人民政府长沙区专员公署。1953年4月14日，株洲市改为省辖市（县级），由湖南省人民政府湘潭区专员公署领导。1956年3月23日，株洲市升格为省辖地级市，由湖南省省委、湖南省人民委员会直接领导。（朱　鉴）

【行政区划】　2016年年底，株洲市辖5县4区，5县即株洲县、醴陵市、攸县、茶陵县、炎陵县；4区即天元区、芦淞区、石峰区、荷塘区。各县（市）区共辖33个街道、7个乡、61个镇、359个居委会，及1020个村委会。

（朱　鉴）

人口·民族宗教

【概况】　2016年年底，全市户籍人口1187140户，比上年增加5276户；全市户籍总人口4042306人，比上年增加13130人，增长率为0.33%。户籍总人口中，男性为2054871人，女性为1987435人，性别比为103.39∶100；全市城镇户籍人口1730820人，户籍人口城镇化率42.82%，较上年增加4.81%。全市出生登记50115人，出生率为12.40‰，死亡注销32286人，死亡率为7.99‰。户籍人口自然增长17829人，人口自然增长率4.41‰。全市迁入数24786人，迁出数27785人，全市农业转移人口落户城镇人口220406人，其中城区6669人，县（市）213737人。

全市户籍总人口中，荷塘区212625人，芦淞区243015人，石峰区249523人，天元区267071人，株洲县352126人，攸县824946人，茶陵县650505人，炎陵县194193人、醴陵市1048302人。（文　利）

【民族】　株洲属少数民族散杂居地区，下辖1个民族乡（炎陵县中村瑶族乡）、1个民族村（炎陵县十都镇洋岐畲族村）。截至2016年年底，株洲市共有46个少数民族，人口总数为2.3万人，占全市总人口比例为0.57%。其中人口总数排名前八的少数民族分别为土家族5067人、苗族3992人、瑶族2723人、畲族1455人、侗族1238人、壮族1063人、回族977人、满族570人，人口数合计17085人，占全市少数民族总人口的比例为77.6%。流动少数民族人口近4万人。

（蒋　龙）

【宗教】 株洲宗教历史悠久，佛教、道教、天主教、基督教、伊斯兰教五大宗教俱全。株洲是全省宗教工作重点市州，现有正式登记的宗教活动场所534处、其中佛教172处，道教283处，基督教74处，天主教4处，伊斯兰教1处，宗教活动涉及全市90%以上的乡镇。株洲现有正式登记备案的宗教教职人员318人，其中佛教比丘、比丘尼133人，道教全真派道士61人、正一派道士60人，天主教神甫2人，基督教牧师4人、教师3人、传道员54个，伊斯兰教阿訇1人；民间信仰场所82处，省级重点宗教活动场所10处，市、县两级宗教团体14个，全市有宗教信徒约4万人，信教群众近40万人。（蒋　龙）

精神文明建设

【概况】 2016年，株洲市持续深化群众性精神文明创建活动，着力提升城市文明程度和市民文明素质，为建设富强美丽幸福新株洲提供了强大精神动力。

学习贯彻习近平总书记系列重要讲话精神和中央、省文明办主任会议精神。把学习贯彻习近平总书记系列重要讲话及其关于精神文明建设重要论述作为重点，在全市精心组织开展党中央治国理政新理念新思想新战略重大主题宣传，结合“两学一做”学习教育活动，着力抓好“四个全面”战略布局、“五位一体”总体布局、“十三五”奋斗目标、“五大发展理念”“供给侧改革”的学习宣传，引导广大干部群众增强政治意识、大局意识、核心意识、看齐意识，进一步坚定道路自信、理论自信、制度自信、文化自信和价值观自信，用讲话精神统一思想行动，指导实际工作，开创全市精神文明建设新局面。

推动社会主义核心价值观落地生根。坚持在引领、融入、涵养、践行上下工夫，持之以恒推进社会主义核心价值观建设。发挥公益广告的教化作用，在新闻媒体的重要版面、黄金时段加大公益广告刊登刊播力度，在城市广场、公园、公交站点等重点地段设置公益广告3万多块，免费向市民发放《图说我们的价值观》宣传手册50余万份，有效提高社会主义核心价值观的知晓度和认同感。在全市广泛开展纪念中国共产党成立95周年和中国工农红军长征胜利80周年系列主题宣传教育活动，着力唱响爱国主义主旋律。持续深化公民思想道德建设。精心组织株洲市第四届道德模范评选表彰活动，经县市区推荐、30余万市民投票、专家评选、媒体公示等环节，共评选出田颖等10名道德模范、陈自绪等10人提名奖。召开全市省以上文明单位、文明村镇道德讲堂建设工作推进会，突出抓好“我评议，我推荐身边好人”活动，全年共向中国文明网推荐好人线索6万余条，4人当选中国好人，19人当选湖南好人。突出抓好道德模范先进事迹宣传，组织开展向道德模范和身边好人学习交流活动100余场，在流芳园设立中国好人馆，制作道德模范挂历免费向市民发放，推动全市形成崇德向善、明德惟馨、厚德载物的浓厚氛围。广泛开展法制宣传教育。制定《株洲市法治宣传教育五年规划（2016—2020）》，开展“深化法治宣传教育，服务农村扶贫攻坚”“法治教育进社区”等主题教育活动，推动人人知法、人人遵法、人人守法的意识深入人心。扎实推进志愿服务工作。举办全市纪念第31个国际志愿者系列活动，发动10多万名志愿者深入基层，服务群众3万余人次。着力打造志愿服务品牌，株洲市儒学会获评全国最佳志愿服务组织，株洲大同社工服务中心“花季护航 雨润新芽”项目获评中国青年志愿服务大赛公益创投专项赛金奖。

开展群众性精神文明创建活动。坚持以人民为中心的工作理念，拓展创建领域、丰富创建内涵、提升创建成效，让人民群众有更多获得感。深化文明城市建设。以建设更高水平文明城市为目标，全市动员，全民参与，着力完善全国文明城市建设动态管理机制，委托国家统计局株洲调查队对十个专业组城市五区开展城市文明程度指数测评，在媒体公示成绩和第一责任人、直接责任人姓名，层层传导创建压力。严格落实约谈、问责制度，把创建文明城市工作纳入市委、市政府绩效考核内容，推动各专业组区、各责任单位抓好工作落实。持续开展全覆盖全天候督查督办，建立“督查工作每月一通报、发现问题随时交办、问题整改不到位就督办”的督查制度，聚焦问题整改，注重马上就办，真抓实干，全年共督查发现问题797个，发放《整改通知书》84份，《督办通知》23份，解决问题721个，问题整改率超过90%。2016年，在全国文明城市程度指数测评中，株洲市成绩位居全省第二，连续两年实现进位争先目标。深化文明村镇创建。广泛开展科学知识、实用技术、职业技能培训，加强农村综合环境治理，组织生态文明示范县、乡镇、村创建活动，评选表彰“星级文明农户”“最美农家”，推动移风易俗，树立文明乡风。深化文明家庭创建，醴陵刘天健家庭获评首届全国文明家庭，天元区童心家庭等22个家庭获评全国、省“五好文明家庭”“最美家庭”。启动文明校园创建活动，制定《市级文明校园考评细则》，评选出株洲市二中等33个市级文明校园。组织开展第二届株洲市美德少年评选表彰活动，共评选出刘佳俊等20位“美德少年”以及30位提名奖获得者。深入开展“我的中国梦”主题教育实践活动，“清明祭英烈”“童心向党”“向国旗敬礼”“做长征传人”系列活动覆盖面广，未成年人文明素养不断提升，爱国情怀日益浓厚。

加强精神文明建设基层基础工作。广泛开展基层群众性文化活动。深化“我们的节日”主题活动，春节、元宵节相继举办音乐会、灯谜会、送春联、送吉祥系列活动，清明在市流芳园组织祭祀抗战英烈活动，端午组队参加全省第三届群众性龙舟赛，包揽团体赛、个人赛3项金牌，重阳开展云阳山登高活动，引导人们在辞旧迎新、慎终追远、阖家团圆、孝老敬老中弘扬文明新风。扎实推进基层精神文明阵地建设。累计筹集资金150万元，加强乡村学校少年宫建设，为农村孩子快乐学习、健康成长搭建平台。在城区179个社区设立了志愿者工作站，实现了全覆盖，其中11个获评省级“雷锋号”志愿者工作站。全市新建、改扩建“乡村大舞台”1500多个，进一步夯实基层文化阵地。强化网络精神文明建设。做强株洲文明网，及时发布精神文明建设工作动态，全年组织开展“全城锋味”“亲子共读传家风”“我走你的长征路”等网传活动30余项，被中国文明网首页报道近30次，编辑转发微博13.7万余条，撰写转载博客2.8万余篇，传播数量和社会影响力位居全国前列，在全国230多个网络文明传播城市测评中稳居第一方阵。

（周武旺）

国民经济和社会发展

【概述】2016年，株洲地区完成生产总值2512.5亿元，比上年增长7.9%。其中，第一产业增加值197.2亿元，增长3.5%；第二产业增加值1363.5亿元，增长6.7%，其中，工业增加值1197.4亿元，增长6.7%；第三产业增加值951.8亿元，增长10.7%。

2016年株洲市国民经济整体情况

表1

指 标 名 称	绝对数（亿元）	增速（%）
地区生产总值	2512.5	7.9
#非公有制经济增加值	1415.6	7.8
#第一产业	197.2	3.5
第二产业	1363.5	6.7
#工业	1197.4	6.7
建筑业	167.7	6.4
第三产业	951.8	10.7
#交通运输、仓储和邮政业	84.5	5.2
批发和零售业	123.8	5.9
住宿和餐饮业	41.5	8.2
金融业	57.0	8.7
房地产业	99.5	6.0
营利性服务业	215.2	20.9
非营利性服务业	324.4	10.9

（谭 倩）

全市三次产业结构由2015年的7.6∶57.3∶35.1调整为7.8∶54.3∶37.9，第一产业和第三产业比重分别提升0.2个和2.8个百分点，第二产业比重回落3个百分点。第一、二、三产业对GDP的贡献率分别为3.4%、48.6%和48%。

全市城区生产总值1190.5亿元，比上年增长7.4%，占全市的比重为47.4%；县域1322亿元，增长8.3%，占比为52.6%。城区公共财政预算收入124亿元，增长9.3%；县域110.4亿元，增长5.6%。城区规模工业增加值463.1亿元，增长6.5%；县域641.9亿元，增长8%。城区固定资产投资1302.9亿元，增长13.6%；县域1042.9亿元，增长13.4%。城区社会消费品零售总额502.7亿元，增长11.3%；县域435.8亿元，增长12.3%。

市区商品零售价格比上年上涨0.8%，工业生产者出厂价格下跌1.1%，工业生产者购进价格下跌2.0%，固定资产投资价格上涨3.2%。居民消费价格上涨1.8%。（谭 倩）

2016年株洲市区居民消费价格指数比上年涨跌幅度

表2

指标名称	涨跌幅度（%）
居民消费价格指数（市区）	1.8
按类别分	
#食品烟酒	3.0
衣着	2.5
居住	0.2
生活用品及服务	0.5
交通和通信	0.4
教育文化和娱乐	2.7
医疗保健	3.0
其他用品和服务	1.0

（谭　倩）

【农业】　全市农林牧渔业增加值197.2亿元，比上年增长3.5%。其中，农业99.7亿元，增长3.3%；林业18.8亿元，增长4.1%；畜牧业70亿元，增长3.4%；渔业8.7亿元，增长3.4%。全市粮食播种面积266.8千公顷，比上年下降1.3%；棉花种植面积1.4千公顷，增长0.7%；油料种植面积39千公顷，下降1.3%；蔬菜种植面积67千公顷，增长1.5%。

全年粮食产量181.6万吨，比上年减产1.5%；蔬菜产量299.7万吨，增产4.8%；水产品产量9.2万吨，增产1.3%；油料产量6.2万吨，增产1.4%；水果产量21.1万吨，减产0.9%。猪、牛、羊肉总产量32.6万吨，减产3%；禽蛋产量4.8万吨，减产4.1%。

年末农业机械总动力348.4万千瓦，比上年增长5.3%。全年开工各类水利工程2.6万处，增长3.6%；水利工程投入资金12.8亿元，增长2.4%；休闲农业经营收入9.6亿元，增长9.1%，农产品加工企业2810家，其中，国家级及省级龙头企业36家。

（谭　倩）

【工业和建筑业】　全市工业增加值1197.4亿元，比上年增长6.7%。其中，规模工业增加值1084.9亿元，比上年增长7.1%。在规模工业中，非公有制企业增加值720.2亿元，增长6.5%。战略性新兴产业增加值399.2亿元，增长6.9%；高加工度工业增加值518.2亿元，增长9.5%；高新技术产业增加值623.6亿元，增长17.3%；园区规模工业增加值779.8亿元，增长9%。

规模工业企业主营业务收入3155.7亿元，增长4.3%；实现利润166.5亿元，增长14.9%。

全市建筑业增加值167.7亿元，比上年增长6.4%。具有建筑业资质等级的总承包和专业承包建筑业企业实现产值620.2亿元，增长12.1%。房屋建筑施工面积3738.5万平方米，增长12.4%；房屋建筑竣工面积1747.4万平方米，增长12.5%。　（谭　倩）

2016年株洲市规模工业增加值情况

表3

指标名称	总量（亿元）	增幅（%）
规模工业增加值	1084.9	7.1
1、按经济类型分		
#国有企业	39.2	4.2
集体企业	5.1	11.2
股份制企业	832.3	8.4
外商及港澳台投资企业	48.1	-4.0
2、按企业规模分		
#大型工业企业	308.2	5.2

续表 3

指 标 名 称	总量（亿元）	增幅（%）
中型工业企业	458.5	8.2
小微型工业企业	318.2	7.4
3、按主要行业分		
#非金属矿物制品业	218.6	11.4
化学原料及化学制品业	155.1	1.0
铁路、船舶、航空航天和其他运输设备制造业	144.7	-6.8
计算机、通信和其他电子设备制造业	89.8	12.4
汽车及零部件产业	54.4	61.0
有色金属冶炼及压延加工业	52.2	15.5
医药制造业	30.6	7.3
电力、热力生产和供应业	20.4	16.9

（谭　倩）

【固定资产投资】 全市固定资产投资（不含农户）2345.8亿元，比上年增长13.5%。分经济类型看，国有投资941.8亿元，增长50.1%；非国有投资1404亿元，下降2.5%，其中，民间投资1246.4亿元，下降6.8%。分产业类型看，第一产业投资72亿元，增长27.7%；第二产业投资932.8亿元，下降8%，其中，工业投资923.1亿元，下降8.5%；第三产业投资1341亿元，增长34.5%。全年施工项目3779个，增长10.7%，其中，本年度新开工项目3346个，增长11.6%。全市亿元以上项目443个，比上年增加286个；新开工亿元以上项目262个，比上年增加188个。

全市房地产开发投资269.2亿元，比上年增长19.2%。商品房销售面积746万平方米，增长13.3%。商品房销售额310.8亿元，增长7.8%。年末房屋待售面积151.4万平方米，增长9.2%。

（谭　倩）

2016年株洲市固定资产投资情况

表 4

指 标 名 称	总量（亿元）	增幅（%）
固定资产投资额（500万元以上）	2345.8	13.5
1、按投资方向分		
#工业投资	923.1	-8.5
产业投资	767.3	32.7
民生投资	199.0	82.6
生态投资	47.8	18.3
基础设施投资	752.1	40.9
技改投资	677.3	-25.5
战略性新兴产业投资	527.6	13.5
高技术产业投资	100.6	44.5
房地产开发投资	269.2	19.2
2、按资金来源分		
#国内贷款	240.1	64.4
自筹资金	1651.4	-1.0

（谭　倩）

【交通运输和邮政电信】 全市交通运输、仓储和邮政业增加值84.5亿元，比上年增长5.2%。全市客货运输换算周转量188.8亿吨公里，增长6.2%。货物周转量185.5亿吨公里，增长6.7%，其中，公路周转量164.7亿吨公里，增长7.8%，水运周转量20.8亿吨公里，下降1.4%。旅客周转量33.2亿人公里，下降15.4%。年末民用汽车保有量39.7万辆，增长15.1%。

全市邮政电信业务总量85.3亿元，比上年增长43.8%，其中，电信业务总量72.8亿元，增长45.6%；邮政业务总量12.5亿元，增长54.9%。年末互联网宽带用户数达58万户，增长7.5%，互联网普及率为69.4%，比上年提升4.9个百分点。（谭　倩）

【旅游】全市旅游总收入393.4亿元，比上年增长53.6%。其中，国内旅游收入392.3亿元，增长54.2%；国际旅游外汇收入0.2亿美元，下降39.2%。国内旅游人数4551.5万人次，增长21.7%；境外入境旅游人数5.9万人次，下降40.2%。（谭　倩）

【国内贸易和对外经济】 全市社会消费品零售总额938.5亿元，比上年增长11.8%。

2016年株洲市社会消费品零售总额情况

表5

指标名称	总量（亿元）	增幅（%）
社会消费品零售总额	938.5	11.8
1、按销售地区分		
#城镇零售额	874.2	11.6
乡村零售额	64.3	14.8
2、按消费形态分		
#商品零售额	832.4	11.2
餐饮消费额	106.1	16.8
3、按行业分		
#批发和零售业	818.2	11.1
住宿和餐饮业	120.3	16.6
4、按限额类别分		
#限额以上	343.7	11.2
限额以下	594.7	13.0

（谭　倩）

全年进出口总额17.6亿美元，比上年下降29.2%。其中，出口12.3亿美元，下降27.3%；进口5.2亿美元，下降33.4%。按产销地区分，出口亚洲5.5亿美元，增长0.5%；出口欧盟2.3亿美元，增长26.6%；出口中东1.1亿美元，增长181.5%；出口北美洲3.1亿美元，下降10.4%；出口东盟2.5亿美元，下降22.4%。按商品类别分，出口机电产品7.9亿美元，下降39.2%；出口家用陶瓷器皿2亿美元，增长21.1%。

新批外商投资项目105个，比上年增长19.3%，实际利用外资金额10.5亿美元，增长11.6%。新批境内省外项目330个，增长7.8%，实际利用内资金额350.3亿元，增长14.9%。（谭　倩）

【财政】 全市一般公共预算收入312.8亿元，比上年增长7.7%，占GDP的比重为12.4%。其中，地方收入218.2亿元，增长14%。全市各项税收总收入200亿元，下降1.2%，占财政总收入的比重为63.9%。

全市一般公共预算支出397.8亿元，增长12.9%。其中，财政用于民生支出289亿元，增长14.4%；财政八项支出301.5亿元，增长17.8%。（谭　倩）

2016 年株洲市一般公共预算收入和支出情况

表 6

指标名称	总量（亿元）	增幅（%）
1. 一般公共预算收入	312.8	7.7
地方收入	218.2	14.0
上划中央收入	75.5	-5.6
上划省级收入	19.1	0.3
2. 一般公共预算支出	397.8	12.9
民生支出	289.0	14.4
财政八项支出	301.5	17.8
# 一般公共服务	63.3	32.1
公共安全	18.5	26.9
教育	54.0	22.2
科学技术	6.9	-10.6
社会保障和就业	50.0	9.1
医疗卫生与计划生育	30.6	12.6
节能环保	10.1	-37.9
城乡社区事务	67.8	30.6

（谭　倩）

【金融和保险】　2016 年年末，全市金融机构本外币存款余额 2827.9 亿元，比上年增长 17.2%。其中，个人存款余额 1529.6 亿元，增长 13.5%；单位存款余额 893.8 亿元，下降 6.7%。金融机构本外币贷款余额 1335.4 亿元，增长 8.2%。余额存贷比为 47.2%。

全市共有证券公司营业部 31 家，上市公司 11 家。企业证券市场融资 356.1 亿元，证券交易额 3541.3 亿元，期货公司成交金额 693 亿元。

全市各项保费收入 66.5 亿元，比上年增长 34.2%，其中，财产保险收入 17.8 亿元，增长 9%；寿险收入 42.9 亿元，增长 48%。各项赔款和给付额 20 亿元，增长 39.3%，其中，财产保险赔付额 9.8 亿元，增长 18.4%；寿险赔付 9.2 亿元，增长 78.6%。（谭　倩）

2016 年株洲市金融机构本外币存贷款情况

表 7

指 标 名 称	总量（亿元）	增幅（%）
金融机构本外币各项存款余额（年末数）	2827.9	17.2
# 单位存款	893.8	-6.7
个人存款	1529.6	13.5
金融机构本外币各项贷款余额（年末数）	1335.4	8.2
1. 短期贷款	315.9	-9.3
# 个人消费贷款	21.9	-3.9
经营贷款	106.6	-43.5
固定资产贷款	0.2	-68.5
2. 中长期贷款	987.9	14.9
# 个人消费贷款	323.1	20.4
经营贷款	110.0	11.5
固定资产贷款	457.9	21.1

续表 7

指标名称	总量（亿元）	增幅（%）
3. 个人住房消费贷款	291.7	20.9
房地产开发贷款	96.8	4.9
保障性住房开发贷款	20.2	3269.7

（阙宏丹）

【教育和科技】 全市有普通高校13所。普通高等教育研究生毕业生453人，普通高等教育毕业生26798人，中等职业教育毕业生12527人，普通高中毕业生17447人，初中学校毕业生35505人，普通小学毕业生37751人，在园幼儿14.7万人。小学适龄儿童入学率100%，九年义务教育巩固率97.7%。各类民办学校990所，民办学校在校学生16.9万人。发放高校国家奖学金、助学金8146.5万元，落实义务教育保障资金2.7亿元。

全市高新技术产业增加值623.6亿元，增长17.3%，占全部工业增加值比重为52.1%。承担国家安排科技攻关计划项目11项，国家各类科技计划项目25项。拥有省级工程（技术）研究中心26个，国家级企业重点实验室4个，省级企业重点实验室10个。专利申请7595件，其中，发明专利2739件；授权专利3726件，其中，发明专利836件。

（谭　倩）

2016年株洲各级学校招生、在校及毕业生人数及其增幅

表 8

指标	招生人数		在校（学）人数		毕业人数	
	绝对数（人）	增幅（%）	绝对数（人）	增幅（%）	绝对数（人）	增幅（%）
研究生教育	529	30.3	1491	4.6	453	-7.9
普通高等教育	30873	16.2	92551	11.0	26798	1.8
中等职业教育	11103	-8.1	31641	-19.9	12527	-13.8
普通高中	20865	6.3	57498	3.7	17447	3.4
初中学校	37752	11.3	106098	1.7	35505	4.8
普通小学	49278	1.0	264580	4.5	37751	11.0
特殊教育	74	-40.3	523	4.0	38	100.0

（谭　倩）

【文化、卫生和体育】 全市文化和创意产业增加值178.4亿元，比上年增长7.6%。艺术表演团体9个，群众艺术馆、文化馆10个，公共图书馆7个，博物馆、纪念馆10个，放映农村公益电影1.9万场。广播电台6座，广播综合人口覆盖率100%；电视台6座，电视综合人口覆盖率99.96%，有线电视用户79.2万户。

全市卫生机构2940个。其中，医院和卫生院共189个，妇幼保健院（所、站）10个，社区卫生服务中心31个，专科疾病防治院2个。卫生技术人员2.5万人，其中，执业医师和执业助理医师9968人，注册护士10920人。防疫站10个，技术人员396人。卫生监督检验机构6个，技术人员110人。医院和卫生院拥有床位总数2.3万张。全年共有体育场地4878个，其中，体育馆18座，运动场446个，游泳池37个，各种训练房289个。全市开展全民健身项目149项次，经常参加体育锻炼人数40万人。（谭　倩）

【人口、人民生活和社会保障】 全市年末常住人口401.63万人，比上年增加1.58万人。按城乡分，城镇人口257.4万人，乡村人口144.23万人；按性别分，男性205.62万人，女性196.01万人。人口自然增长率为6.96‰。年末城镇化率为64.1%。

全市城镇居民人均可支配收入36828元，比上年增长8.4%。其中，工资性收入21321元；经营净收入4866元；财产性收入7261元；转移性收入3380元。农村居民人均可支配收入16919元，增长8.2%。其中，工资性收入8019元；家庭经营纯收入5573元；财产性收入2745元；转移性收入582元。城乡居民收入比为2.18:1。城镇居民和农村居民人均消费支出分别为24348元和12746元，其中，食品支出分别为6775元和3877元。城乡居民恩格尔系数为28.5%，比上年下降2.8个百分点。

全市从业人员250.2万人，新增城镇就业5.2万人，新增农村劳动力转移就业1.58万人，创业培训1.1万人。城镇基本医疗保险参保人数127.3万人，新型农村合作医疗参保人数261.3万人，参保率为96.7%。基本养老保险职工人数275.2万人，参加工伤保险职工人数54.4万人，参加生育保险职工人数33万人，参加失业保险职工人数36.9万人。获得政府最低生活保障的城镇和农村居民分别有6.2万人和13万人，发放居民最低生活保障经费4.2亿元，其中，城镇2.4亿元，农村1.8亿元。（谭　倩）

【资源和环境】 全市已发现矿种44种，探明资源储量矿种20种。其中，能源矿产5种，金属矿产16种，非金属矿产22种，水气矿产1种。实施地质勘查项目（含续作项目）31个。

全社会用电总量110.7亿千瓦时，增长5.9%，其中，工业用电量64.5亿千瓦时，增长2.8%。万元GDP能源消耗下降5.5%。规模工业综合能源消费量376万吨标准煤，增长8.1%，其中，六大高耗能行业综合能源消费量320.3万吨标准煤，增长12.3%。空气良好天数283天，空气质量优良率77.7%，细颗粒物（PM2.5）浓度下降35.7%。森林覆盖率62%，全年造林面积1.2万公顷，年末实有封山（沙）育林面积6万公顷，活立木蓄积2434.3万立方米。自然保护区14个，其中，国家级自然保护区1个，省级自然保护区1个。（谭　倩）

【安全生产】 全市发生各类生产安全事故234起，比上年减少152起，各类生产安全事故死亡85人；亿元GDP生产安全事故死亡人数0.034人。全市发生道路交通事故218起，比上年减少332起，工矿商贸企业生产事故死亡人数11人，比上年增加4人；煤矿百万吨死亡人数0人，比上年减少1人。（谭　倩）

注：

1、本公报数据均为初步统计数，部分数据因四舍五入的原因，存在与分项合计不等情况。正式数据以统计年鉴为准。

2、地区生产总值、各产业增加值绝对数按现价计算，增长速度按可比价计算；规模工业及其分行业数据不含部分军工数据。

3、根据《国民经济行业分类》（GB/T4754-2011），2013年国家统计局对三次产业划分进行了修订，将“农、林、牧、渔业”中的“农、林、牧、渔服务业”“采矿业”中的“开采辅助活动”“制造业”中的“金属制品、机械和设备修理业”等三个大类调入第三产业，2016年三次产业数据按照此标准进行统计。

4、数据来源：本公报中安全生产数据来自市安全生产监督管理局；交通运输数据来自交通局；邮政、电信数据来自邮管局和电信公司；对外经济数据来自商务局；旅游数据来自旅游局；财政数据来自财政局；金融数据来自人民银行；保险数据来自保险公司；教育、卫生、科技和文化体育数据分别来自教育局、卫生局、科技局和文体广新局；社会保障数据来自人社局。

中国共产党株洲市委员会

综　述

【概述】　2016年，中共株洲市委以党的十八大和十八届三中、四中、五中、六中全会精神为指导，以习近平总书记系列重要讲话精神为遵循，统筹推进“五位一体”总体布局和“四个全面”战略布局，深入践行发展新理念，坚持把方向、管大局、作决策、保落实，对经济社会发展加强全面领导，对党的建设全面负责，推动各项工作取得了新的进步。

全面加强自身建设。开展学习教育活动。认真学习贯彻习近平总书记系列讲话，党的十八届五中、六中全会和省第十一次党代会等重大会议精神，并制定出台株洲贯彻落实意见，把思想和行动统一到中央和省委的决策部署上。扎实开展“两学一做”学习教育，制定“1+X”内容清单，引导全市党员带着责任“学”、与时俱进“做”、针对问题“改”、立足岗位“干”，积极投身“立足岗位当先锋，奋力共建新株洲”主题实践活动，做到学习教育与中心工作两不误、两促进。认真落实民主集中制。严格按照议事规则和程序实行集体决策，落实集体领导下的个人分工负责制，班子内部坦诚相见、合作共事。以《中国共产党地方委员会工作条例》为遵循，制定完善市委工作规则、常委会议事规则、“三重一大”事项集体决策和领导干部重大事项请示报告等系列制度，形成了既有集中又有民主，既有纪律又有自由，既有统一意志又有个人心情舒畅、生动活泼的政治局面。注重发挥统揽全局、协调各方的政治核心作用。支持人大、政府、政协按照各自职能积极履行职责，在全省率先获批第一部地方性法规《立法条例》，出台第一部实体法规《农村村庄规划建设管理条例》；加强同各民主党派、工商联、无党派人士合作共事，协助和指导各民主党派市级组织、市工商联圆满完成换届；加强对工、青、妇等群团组织的领导，支持群团组织依法和按照各自章程开展工作；坚持党管武装，支持军队改革，军地共建、军民融合发展取得新成效，获评国家双拥模范城市“六连冠”。

全速推动经济快速发展。2016年，统筹改革发展稳定工作全局，主动适应引领新常态，深入践行发展新理念，大力推进供给侧结构性改革，开展项目攻坚年、企业帮扶年活动，着力推动改革开放创新，着力统筹城乡一体发展，着力保障和改善民生，保持经济社会发展总体平稳、稳中有进，实现“十三五”良好开局。全市地区生产总值同比增长8%，规模工业增加值增长7.2%，固定资产投资增长14%，社会消费品零售总额增长12%，一般公共预算收入增长7%，城乡居民收入增长8.5%。加强经济运行调度。坚持每个季度专题分析研究经济工作，开展“看学议”活动，强化经济形势预测和政策措施预研储备，掌握经济工作主动权。出台了工业发展12条、促进房地产发展14条、建筑业13条，及农业新型经营主体培育11条等一系列政策措施和轨道交通、航空、汽车、新材料等产业振兴行动计划，开展“全市总动员、大干一百天、全力保投资”活动。开展“两个年”活动。深入开展“项目攻坚年”活动，实施“3325”工程，推进“六个一批”，建设重点项目318个，完成投资1000亿元以上，超出年计划35%。完成集体土地征拆2400公顷、国有土地房屋拆迁41万平方米。深入开展“企业帮扶年”活动，精准帮扶200多家重点规模企业办理资金、市场、人才等各类问题2803个。帮扶企业的经验得到国务院减负办的肯定，并在全国推介。统筹城乡发展。以国家新型城镇化试点为契机，加快推进城乡规划、基础设施、产业和公共服务一体化进程，逐步形成城乡规划“一张图”、基础设施“五张网”、城镇管理“新四化”。城市基础设施投资增长44%，中心城区投资过100亿元，城际铁路和湘江大道等一大批重点项目已经建成。成功创建4个省级美丽乡村示范村，新增5个省级现代农业特色产业园。正式启动株洲县撤县设区申报，攸县撤县设市准备迎检验收。全市城镇化率达到63%，较上年提升1个百分点。深化改革开放。制定出台《推进供给侧结构性改革的实施意见》，新关停污染企业15家，异地搬迁企业18家，去库存成效明显，降成本力度加大，完成政府存量债务置换198亿元。全面推进9大类50个方面改革，财税、金融、投融资、商事制度等改革取得重大进展。积极构建全域开放新格局，湘赣开放合作试验区、铁路口岸和保税物流中心（B型）等一批开放型平台建设有力推进，实际利用外资、内资分别增长18.1%、21.4%，通过央企对接、沪洽周、湘台会，新签约引进项目118个，累计签约资金1760亿元。鼓励创新创业。加快推进制造强市建设，轨道交通城、北汽二工厂等4个项目成功入选第二批制造强省建设重点项目。成功获批成为创建“中国制造2025”试点示范城市群。出台“创新10条”，建立创新需求清单，布局建设中国动力谷自主创新园、云龙零创空间等12家众创空间。高新技术产业增加值增长17.3%，高加工度行业增加值增长9.3%，汽车、航空、电子信息产业同比分别增长61.8%、24%、26.3%。

扎实推进生态文明建设。全面启动“两型”社会第三阶段建设，严格执行党政领导干部生态环境损害责任追究办法，实行最严格的环境治理和生态保护制度，从源头、过程、结果三个层面重点推进自然资源产权、生态补偿、环保监管等10项改革，“河长制”等3项改革走在全省前列，形成了一批可复制、可推广的好经验好办法。清水塘搬迁改造稳步推进，节能环保装备制造产业园加快建设，洗水工业园区主体工程建设基本完成，市污泥处置中心投产运行，修复治理重金属污染耕地4.47万公顷，完成畜禽污染治理项目28个，城区洗水厂全部关停，霞湾港重金属污染治理等项目加速推进。紧扣绿色株洲建设主题，大力实施城市绿荫行动，城区绿化覆盖率达41.62%，全市森林覆盖率达61.9%。狠抓湘江治理“一号工程”、大气污染治理、农村环境综合整治等重点工作，加强自然生态系统和环境保护，加强节能减排和突出问题治理，单位GDP能耗下降4%，PM2.5下降30%，市区空气质量优良天数较上年同期增加11天。

全力办好民生实事。打好脱贫攻坚战。全市全面小康总体实现程度达到95%，稳居全省第二。严格落实脱贫攻坚三年行动计划，着力推进“七个一批”，实施“六大工程”，突出驻村扶贫、产业扶贫、民生保障扶贫、基础设施扶贫，市级领导带领后盾单位实施扶贫项目600多个、落实资金7亿元，70多个贫困村初步形成“一村一品”，全年帮助5.7万人脱贫。办好民生实事。民生支出持续增加，占一般公共预算支出的73%。实施“民生100工程”，就业、社保、教育、卫生、文化、科技、体育等事业协调发展，新增城镇就业5.2万人，新增农村劳动力转移就业1.58万人，农村“五保”对象基本医疗费用全额减免，市公立医院综合改革试点接受国家考核复评排名靠前，市特殊学校新校、市示范性综合实践基地和“三个中心”项目建设进展顺利。确保社会和谐稳定。守住防汛抗旱、安全生产、社会稳定、生态环保等底线，加快推进平安株洲建设。加强立体化社会治安防控体系建设，建成治安岗亭60个，新增社会治安视频监控摄像头4800个，社会治安防控水平得到不断提升，综治民调考评排名全省前列。加强对煤炭、矿山、危化品、食品药品等重点行业、重点领域的安全隐患排查和专项整治，确保了全市生产安全、生活安宁和社会安定，安全生产获评全省优秀。

纵深推进全面从严治党。精心组织集中换届。围绕“四好”目标，着力加强对集中换届的领导，推动层层落实责任，严格执行政策，严格依法依规操作，严明换届纪律，圆满完成市县乡三级党委、县乡人大、政府和县政协换届，市人大、市政府、市政换届筹备工作准备就绪。坚持“六重六用”的选人用人导向，加强全市干部统筹安排，一批让组织满意、群众放心、干部服气的干部得到合理重用，进一步激发了干部队伍活力。持续改进作风惩治腐败。着力推动正风肃纪，大力弘扬廉洁文化，持续加强执纪审查，开展“治陋习、纠四风”、“雁过拔毛”专项整治，全市各级纪检监察机关共立案902件，处分890人，移送司法机关17人，有效推进了党风廉政建设和反腐败斗争向纵深发展。深入开展“马上就办、真抓实干”活动，大力推行“五问工作法”，着力解决不办、慢办、乱办等突出问题，不断激发广大干部的干事创业激情，形成崇尚落实的良好风尚。不断加强基层组织和干部队伍建设。深入开展“基层党建提升年”活动，落实六个责任清单，出台“1+7”系列文件，围绕加强党员教育管理、整顿软弱涣散村、强化基层基础保障等12个方面逐项进行整改，取得明显成效。结合集中换届深入开展“三超两乱”治理，处级以上超配干部全部消化到位。大力实施“万名人才计划”，加大干部交流力度，切实增强干部队伍活力。

（欧阳建斌）

【召开中国共产党株洲市第十二次代表大会】 9月26—30日 召开中国共产党株洲市第十二次代表大会。会上毛腾飞作十一届市委工作报告；刘光跃作市纪委工作报告；书面报告党费收缴使用管理情况。会议通过大会选举办法；通过总监票人、监票人名单；宣布总计票人、计票人名单；正式选举了株洲市出席省第十一次党代会代表45名，十二届市委委员55名，市委候补委员11名，市纪委委员35名；通过了关于十一届市委工作报告的决议、关于市纪委工作报告的决议。

（市委办秘书二科）

【市委常委会议】 2016年，株洲市共召开市委常委会议49次。

1月11日，讨论十四届人大五次会议《政府工作报告》（讨论稿）、《株洲市国民经济和社会发展第十三个五年规划纲要（草案）》（征求意见稿）；听取《发放市直机关和事业单位人员医疗补助等待遇的情况汇报》和《调整机关事业单位工作人员基本工资标准和增加机关事业单位离退休人员离退休费工作情况汇报》、听取安全生产工作情况汇报，审议有关事项；2016年市本级预算编制情况及审议预算编制方案；审议有关事项。

2月1日，传达学习省人大、政协“两会”，省委扶贫开发暨全面建成小康社会推进工作会议，省纪委十届八次全会，全省党委（党组）意识形态工作责任制座谈会，全省繁荣发展社会主义文艺推进会和全省宣传部长会议精神，并研究贯彻落实意见；听取2015年主要指标完成情况及2016年主要任务分解情况汇报，审议有关事项；听取市委常委班子专题民主生活会情况通报，审议有关事项。研究其他事项。

2月25日，传达学习全省市厅级主要领导干部学习贯彻党的十八届五中全会精神专题研讨班和市厅级主要领导干部党建专题培训班精神，研究贯彻落实意见；听取全市“项目攻坚年”活动情况汇报，审议有关事项；听取2014—2015年度全市党建帮扶和乡镇党委换届工作情况汇报，审议有关事项；听取2015年度计划生育工作考核评估与奖惩情况汇报，审议有关事项；听取推报湖南省“三八”红旗手（集体）评选情况汇报，审议有关事项。

3月7日，审议《中共株洲市委常委会2016年工作要点（草案）》；听取市人大、政协换届有关情况汇报，审议有关事项；传达全省组织部长会议精神，研究贯彻落实意见；听取2016年党建工作汇报，审议有关事项；传达全省统战部长会议精神，研究贯彻落实意见；传达中央政法工作会议、省委政法工作会议、全省社会治安防控体系建设工作会议精神，研究贯彻落实意见；听取株洲市全国文明城市建设有关情况汇报，审议2015年度全市文明建设先进县市区、先进单位名单和2015年精神文明建设总结表彰暨深化文明城市建设大会方案；听取2015年安全生产目标考核情况汇报，审议有关事项；听取全市“企业帮扶年”行动情况汇报，审议有关事项。

4月1日，研究人事事项。

4月7日，传达学习习近平总书记在全国“两会”期间参加湖南代表团时的重要讲话精神和习近平总书记在全国政协民建、工商界别联组会上的重要讲话精神，并研究贯彻落实意见；传达中共中央政治局常委、国务院副总理张高丽视察株洲时的重要讲话精神，研究贯彻落实意见；听取市纪委关于“雁过拔毛”式腐败问题和“纠四风、治陋习”专项整治工作，加强换届风气监督工作情况汇报；审议《市委常委会2016年党风廉政建设主体责任分工和任务分解》。还研究了其他事项。

4月8日，研究人事事项。

4月25日，听取株洲市“两学一做”学习教育工作部署安排的汇报，研究有关事项；听取市十四届人大六次会议的情况汇报，审议有关事项；听取各民主党派、工商联换届情况汇报，研究有关事项；暨召开中共株洲市委全面深化改革领导小组第八次会议。

5月5日，研究人事事项。

5月10日，传达全省党委秘书长会议精神，研究贯彻落实意见；听取《市第十二次党代会文件起草工作方案》汇报，审议工作方案；听取2015年度绩效考核结果及2016年绩效考核实施方案制定有关情况汇报，研究有关事项；审议给予邓长久开除党籍处分事项。会议还研究了人事事项。

5月17—18日，17日，传达全省对台工作会议精神，研究贯彻落实意见，暨召开中共株洲市委对台工作领导小组会议；召开中共株洲市委统一战线工作领导小组第一次会议；传达全省宣传部长专题会议精神和全省网络宣传工作会议精神，研究贯彻落实意见；传达全国政法队伍建设工作会议、全省司法体制改革试点工作部署动员会议精神，研究贯彻落实意见；传达湖南省旅游发展大会精神，研究贯彻落实意见；研究县市区领导班子换届有关事项。18日，召开市委理论学习中心组“两学一做”学习教育第一次学习研讨暨市委常委（扩大）会议，学习贯彻习近平总书记关于毛泽东同志《党委会的工作方法》的重要批示精神，重温《党委会的工作方法》，讨论《市委常委会议事规则》等相关规定。

5月20日，研究人事事项。

6月1日，传达徐守盛在湖南省党政代表团赴重庆学习考察总结部署会上的讲话精神，研究贯彻落实意见；听取市委改革办前段工作情况汇报，研究审议《株洲市全面深化改革督察办法》；邀请省委改革办专职副主任秦国文讲课。

6月3日，研究人事事项。

6月20日，分析2016年1—5月经济形势，研究部署当前经济工作；传达省委深入推进供给侧结构性改革，加快长株潭核心增长极建设专题调研座谈会精神，研究贯彻落实意见。

6月22日，传达全省市县领导班子换届工作座谈会精神，研究贯彻落实意见；传达省委常委、省委组织部部长郭开朗到株洲调研重要讲话精神，研究贯彻落实意见；听取庆祝中国共产党成立95周年相关活动安排情况汇报，审议《建党95周年表彰名单》；研究人事事项。

6月29日，研究人事事项。

7月1日，研究人事事项。

7月5日，传达习近平总书记“七一”重要讲话精神，研究贯彻落实意见；传达省委常委、常务副省长陈向群来株调研重要讲话精神，研究贯彻落实意见；听取株洲县撤县设区的情况汇报，研究有关事项；传达全省党校工作会议精神，研究贯彻落实意见；听取《关于实施我市机关事业单位工作人员带薪年休假工作》的情况汇报，研究有关事项；听取市第十二次党代表大会筹备工作及代表选举工作情况汇报，审议有关事项；研究市县乡换届选举有关工作；审议关于李细平所犯错误处分意见的请示。

7月13日，研究人事事项。

7月15日，传达学习湖南省军区围绕强军目标抓建基层建设工作会议精神，研究贯彻落实意见；审议《株洲市促进工业企业发展十二条》；审议《2016年湖南（上海）投资贸易洽谈周株洲市工作方案》；审议《市委关于开展"马上就办、真抓实干"活动的实施方案》；审议《株洲市人民政府关于2016—2018年推进市本级财政资金统筹使用的实施意见》；研究部署下阶段防汛抗灾工作；研究2015年市管干部考核结果。

7月23日，听取市委十一届十二次全会暨市委经济工作会议筹备情况汇报，讨论全会报告；市委常委、人大常委会主任、政协主席、副市长结合全会报告讨论汇报分管工作上半年完成情况及下半年打算；审议《市委关于开展"马上就办、真抓实干"活动的实施方案》。

7月29日，研究人事事项。

8月2日，通报《省委关于同意召开中国共产党株洲市第十二次代表大会的批复》，研究部署下阶段工作；讨论文明城市建设工作；通报省纪委关于有关人员处分的决定；研究人事事项。

8月15日，传达全省学习贯彻习近平总书记在哲学社会科学工作座谈会上的重要讲话精神工作会议精神，研究贯彻落实意见；传达全省非公有制经济组织和社会组织党建工作座谈会暨园区党建工作推进会精神，研究贯彻落实意见；学习《中国共产党问责条例》，研究贯彻落实意见；审议《关于成立中共株洲市委巡查工作领导小组及办事机构的建议》；审议《市场化选聘国有企业经营管理人员和公开选拔县市区工业园区主任的方案》；研究人事事项。

8月30日，传达全省司法体制改革推进会精神，研究贯彻落实意见；审议《株洲市农村村庄规划建设管理条例》（草案）；讨论《市委关于进一步加强人大工作的意见》（草案）和《中共株洲人大常委会党组关于做好我市县乡两级人大换届选举工作的实施意见》（草案）；审议《2016届湖南省文明城市、文明村镇、文明单位和标兵单位推荐和复查名单》；听取关于开展红军长征胜利80周年纪念活动筹备情况的汇报，研究有关事项；研究人事事项。

9月5日，传达《中共中央关于辽宁拉票贿选案查处情况及其教训警示的通报》精神，研究贯彻落实意见；听取省绩效评估指标落实情况汇报。

9月6日，研究市级领导参加党代表选举的方案；研究人事事项。

9月7日，研究人事事项。

9月9日，传达省委副书记、代省长许达哲在株洲调研时的讲话精神，研究贯彻落实意见；传达全省"两学一做"学习教育工作暨落实基层党建重点任务推进会会议精神，研究贯彻落实意见；传达省第十一次党代会代表选举工作会议精神，研究贯彻落实意见；听取市第十一次党代会代表违纪违法未给予相应处理情况排查摸底情况汇报；审议《株洲市社区网格化服务管理实施方案》。

9月13日，通报省委对株洲领导班子有关人事调整情况；研究市第十二次党代会筹备工作。

9月18日，研究株洲市第十二次党代表大会日程安排；听取株洲市出席省第十一次党代会代表候选人初步人选推荐产生的情况，审议人选名单；审议市委委员、候补委员候选人预备人选建议名单；审议市纪委委员候选人预备人选建议名单。

9月21日，研究有关干部事项。

9月24日，传达全省贫困县党政正职谈心谈话会精神，研究贯彻落实意见；审议《中共株洲市委株洲市人民政府关于坚决打赢脱贫攻坚战的实施意见》；听取市第十二次党代会筹备工作情况汇报，审议十一届市委工作报告（讨论稿）、市纪委工作报告（讨论稿）；研究以市委的名义提交党代表大会预备会议通过的有关名单：大会主席团人员及主席团常务委员建议名单，大会秘书长、副秘书长建议名单，党代会资格审查委员会委员建议名单，大会执行主席建议名单（三次全体会议的执行主席）、开幕式邀请人员名单、列席人员建议名单，市第十二次党代会正式代表名单，市第十二次党代会代表分团建议方案，拟任大会秘书处各组正副组长，党费收缴使用和管理情况报告（送审稿）、大会选举办法（草案）。会议还研究有关人事事项。

9月30日，研究人事事项。

10月11日，研究人事事项。

10月14日，审议《关于落实发展新理念，开创农业现代化和全面小康社会建设新局面的实施意见》《株洲市关于进一步加强和改进城市规划建设管理工作的实施意见》《株洲市交通畅通行动三年计划（路网建设）实施方案》；传达学习《关于部分中管干部违反中央八项规定精神问题及其教训警示的通报》（中办发电〔2016〕25号）；传达省委议军会议精神；研究人事事项。

10月30日，传达学习党的十八届六中全会精神；传达《关于湘西自治州花垣县坡耕地水土流失综合治理工程朱朝项目有关问题调查处理情况的通报》；审议《关于方小林所犯错误处分意见的请示》《关于唐城魁所犯错误处分意见的请示》。

11月7日，传达学习省委十届二十次全体（扩大）会议精神；传达学习全省社会治安综合治理创新工作会议有关精神；研究人事工作。

11月11日，研究市人大代表考察对象；研究团职军转干部安置岗位；听取全市金融工作情况汇报，审议《株洲市"十三五"金融业发展规划》《中共株洲市委、株洲市人民政府关于加快金融业发展的实施意见》等事项。

11月23日，研究人事事项。

11月25日，研究人事事项。

11月29日，听取株洲市学习贯彻全国国有企业会议精神的情况汇报，研究贯彻落实意见；研究中共株洲市委非公有制经济组织和社会组织工作委员会人员事宜。

12月4日，听取市人大常委会关于株洲市第十五届人民代表大会第一次会议有关筹备情况的汇报、市政协关于政协株洲市第九届委员会第一次全体会议有关筹备情况的汇报；审议《市委党史办2016—2020年工作规划》；听取市妇联《关于评选全国“三八红旗”集体工作的情况汇报》；传达《湖南省部署出席党的十九大代表选举工作会议精神》，研究贯彻落实意见；审议市政协委员提名人选名单。

12月10日，审议《中共株洲市委关于学习贯彻省第十一次党代会精神奋力实现“两个走在前列”总目标的实施意见》；传达全省科技创新大会和省科协第十次全省代表大会精神，研究贯彻落实意见；传达全省宗教工作会议精神，研究贯彻落实意见；研究人事事项。

12月14日，传达全省厅级领导干部学习贯彻党的十八届六中全会精神第一期集中轮训班精神；审议并原则通过了《中共株洲市委关于推进全面从严治党向纵深发展的意见》。

12月17日，听取市人大常委会党组、市政府党组、市政协党组、市中级人民法院党组、市人民检察院党组工作情况汇报。

12月18日，传达学习全省“两学一做”学习教育暨抓党建促脱贫攻坚工作推进会精神；听取2016年度脱贫攻坚省验收考核情况汇报；审议政协株洲市第九届委员会委员提名人选名单；研究市人大、市政府、市政协领导班子换届有关人事安排。

12月25日，听取市委十二届二次全会暨市委经济工作会议筹备情况，审议《市委十二届二次全会暨市委经济工作会议报告（讨论稿）》；听取关于株洲市第十五届人民代表大会第一次会议、政协株洲市第九届委员会第一次全体会议筹备工作情况汇报；审议《市人大常委会工作报告（征求意见稿）》；审议《市政府工作报告（征求意见稿）》；审议《市政协工作报告（征求意见稿）》；听取2017年国民经济与社会发展计划（草案）编制情况、2017年市重点项目计划和市本级政府投资项目计划情况、2017年市本级财政预算报告编制情况汇报。

（市委办秘书二科）

【市委全会】 2016年，株洲市共召开市委全会6次。

7月8日，召开中共株洲市委十一届十一次全会。会议审议通过《市委关于召开中国共产党株洲市第十二次党代表大会的决议》。

7月29日，召开中共株洲市委十一届十二次全体会议暨市委经济工作会议。市发改委、市经信委、市商务和粮食局、市扶贫办、天元区、醴陵市作大会交流发言；毛腾飞代表市委常委会作工作报告，阳卫国作总结讲话。

9月19日，召开中共株洲市委十一届十三次全会。会议表决通过《株洲市出席省第十一次党代会代表候选人初步人选推荐名单》《市第十一次党代会代表违纪违法终止代表资格的决定》。

9月26日，召开中共株洲市委十一届十四次全会，讨论并通过十一届市委工作报告（讨论稿）、市纪委工作报告（讨论稿）。

9月30日，召开市委十二届一次全体会议。毛腾飞、阳卫国、雷绍业、赖馨正、彭爱华、胡鹏飞、杨玉芳、何剑波、毛朝晖、聂方红、羊贵平当选为中共株洲市第十二届委员会常务委员会委员。毛腾飞当选为中共株洲市第十二届委员会书记，阳卫国、雷绍业当选为中共株洲市第十二届委员会副书记。

12月30日，召开市委十二届二次全会暨市委经济工作会议。毛腾飞作工作报告；审议表决有关人员辞去、递补市委委员的决定；审议表决株洲县撤县设区、攸县撤县设市的有关决议；阳卫国作总结讲话。

（市委办秘书二科）

【2016年市委重要政事活动】 1月2—3日，台湾立法院“立法委员”陈镇湘一行到株洲考察。杨玉芳参加活动。1月10—11日，国务委员王勇一行到株洲考察。走访徐家冲军队离退休干部休养所、神农康复医院，慰问醴陵市困难群众兰国要、复员老军人史花楼，并考察醴陵市社会福利中心、醴陵·世界陶瓷艺术城。国务院副秘书长孟扬，民政部部长李立国，中国残联党组书记、理事长鲁勇随同考察。省委书记、省人大常委会主任徐守盛，省委副书记、省政府省长杜家毫，省委常委、省委秘书长许又声，省政府副省长蔡振红等领导陪同考察。贺安杰、毛腾飞、阳卫国、杨玉芳、周晓理参加活动。

3月23日，国务院法制办副主任胡可明一行到株洲调研《失业保险条例》修订工作。国家相关部门负责人李岳德、芮立新、宋汝冰随同调研。贺安杰、毛腾飞、赵文彬参加活动。3月23—25日，省政协副主席张大方率省政协“推进湖南省供给侧结构性改革的对策建议”重点课题调研组到株洲调研。贺安杰、毛腾飞、阳卫国、黄曙光、赵文彬、何剑波、余明刚、余群明参加活动。3月31日，中共中央政治局常委、国务院副总理张高丽到株洲考察。视察南岳岭、上月塘片区棚改项目，清水塘老工业基地、中车株洲电力机车有限公司、中车株洲电力机车研究所有限公司IGBT项目。环保部部长陈吉宁、国务院副秘书长丁向阳、国家发改委副主任林念修、工信部副部长陈肇雄、财政部副部长余蔚平、住建部副部长易军、国研室副主任韩文秀，以及国家相关部门负责人孙建功、农刚随同考察。省委书记、省人大常委会主任徐守盛，省委副书记、省长杜家毫，省委常委、省委秘书长许又声，省政府副省长、省公安厅厅长黄关春，省政府副省长张剑飞，省相关部门负责人向力力、罗海艳、曹炯芳、谢建辉、赵懿、宁艳芳陪同考察。贺安杰、毛腾飞、阳卫国、刘力量、赵文彬、周晓理参加活动。

4月26日，省委常委、常务副省长陈向群到株洲召开长株潭—岳阳—永州片区易地扶贫搬迁工作座谈会。省政府副秘书长陈仲伯及省相关部门负责人参加会议。毛腾飞、阳卫国、赵文彬、杨玉芳、周晓理参加活动。4月26—27日，举行“中国动力谷”战略研究课题签约活动。国务院发展研究中心党组成员、办公厅主任、研究员余斌出席活动。毛腾飞、阳卫国、周晓理、何剑波参加活动。4月28日，国家质检总局副局长吴清海一行到株洲考察。毛腾飞、阳卫国、杨胜跃参加活动。

5月9日，全国政协常委、民建中央副主席、上海市政协副主席周汉民率上海市政协调研组到株洲调研。何剑波、余明刚参加活动。5月18—19日，公安部咨询委员、省政协原副主席李贻衡到株洲调研青年民警状况。毛腾飞、阳卫国、蔡溪、李晓葵参加活动。5月18—20日，全国人大常委会副委员长吉炳轩率全国人大常委会水法执法检查组到株洲考察攸县苏洲水闸、攸县苏洲水轮泵站更新改造项目、神农城、湘江株洲城区段综合治理工程、万丰湖生态水系治理工程。全国人大农委副主任委员王金山、郭庚茂，全国人大常委会委员、全国人大农委副主任委员刘振伟，全国人大常委会委员、黑龙江省人大常委会副主任陈述涛随同考察。省人大常委会副主任陈君文陪同考察。毛腾飞、阳卫国、刘力量、杨玉芳、周晓理参加活动。20日，阳卫国到长沙参加汇报会，并代表株洲市作关于贯彻实施水法情况汇报。5月22日，住建部副部长倪虹率国务院促进民间投资专项督查第七组到株洲，就株洲市贯彻落实党中央、国务院关于促进民间投资的系列政策措施和决策部署情况开展专项督查。省政府副省长张剑飞、省政府副秘书长张值恒、省住建厅厅长蒋益民陪同督查。毛腾飞、阳卫国、赵文彬、周晓理、杨胜跃、谭可敏参加活动。同日，省政府副省长张剑飞到湘江株洲城区河东段综合治理工程、荷塘区嘉德工业园考察调研新型城镇化、新型工业化等工作。毛腾飞、何剑波参加活动。5月23日，省政协副主席、九三学社湖南省委主委张大方到株洲参加九三学社株洲市第七次代表大会。阳卫国、黄曙光、彭爱华、贺夏盛、张国浩参加会议。5月25—26日，举行株洲市人民政府与清华启迪控股、中国冶金地质总局战略合作签约仪式。清华启迪控股总裁袁桅、中国冶金地质总局局长卢进出席活动。毛腾飞、阳卫国、周晓理、王建敏、何剑波、杨胜跃、谭可敏参加活动。5月27日，举行株洲市与中央企业项目对接专场签约会。毛腾飞、阳卫国参加签约会。中国五矿集团董事长何文波、中国能源建设集团党委书记丁焰章、中国五矿集团副总经理李福利、中国航空发动机集团副总经理陈少洋、中国中车集团副总经理魏岩、中节能建筑有限公司投资总监童浚、中建一局集团副总经理郝小涛等有关企业和单位负责人出席签约会。黄曙光、赵文彬、周晓理、何剑波、谭可敏参加活动。5月29日，国务院国资委主任、党委副书记肖亚庆一行到株洲考察调研。考察中车株洲电力机车研究所有限公司、株硬集团钻石切削部。国资委黄丹华、王选文、邓志雄、李伟随同调研。中国中车集团董事长崔殿国，中国五矿集团董事长何文波、省政府副省长张剑飞陪同调研。毛腾飞、阳卫国、何剑波参加活动。

6月1日，省政府副省长、省公安厅厅长黄关春到株洲考察防汛和公安工作。省政府副秘书长张银桥随同考察。毛腾飞、阳卫国、蔡溪、杨玉芳、周晓理、冯建湘、李晓葵参加活动。6月2日，省政协副主席杨维刚率“加快发展湖南省深海矿产资源开发技术与装备产业”调研组到株洲调研。毛腾飞、阳卫国、黄曙光、何剑波、朱庸靖参加活动。6月6—8日，省委统一战线重大决策部署调研检查第四组到株洲调研检查。省委统战部谭平、龙建湘先后率队调研。毛腾飞、阳卫国、彭爱华、刘柏生、毛朝晖、邓尚文参加活动。6月8日，财政部政策研究室主任王卫星率财政部医改工作调研组到株洲调研。阳卫国、毛朝晖参加活动。6月13日，财政部农业司司长吴奇修一行到株洲调研农业现代化、深化农村改革等工作。省财政厅长欧阳煌陪同调研。毛腾飞、阳卫国、彭爱华、杨玉芳、周晓理参加活动。6月15—17日，省人大常委会党组书记、副主任韩永文率食品安全“一法一条例”执法检查组到株洲检查，并调研指导扶贫工作。阳卫国、刘力量、赵文彬、周晓理、鲁立彬、杨胜跃参加活动。6月16日，省政府副省长蔡振红到株洲视察灾情。阳卫国、杨玉芳参加活动。6月20—21日，省委常委、省委组织部部长郭开朗到株洲调研人才和党建工作。毛腾飞、阳卫国、刘力量、黄曙光、刘光跃、赵文彬、蔡溪、彭爱华、胡鹏飞、杨玉芳、周晓理、周恕、邓尚文参加活动。6月21—22日，省政协副主席、省文联主席欧阳斌到株洲调研株洲市文化场馆（所）建设情况。毛腾飞、阳卫国、黄曙光、毛朝晖参加活动。6月22—24日，省委常委、省军分区司令员黄跃进率工作组到株洲检查调研。毛腾飞、阳卫国、刘力量、黄曙光、刘光跃、赵文彬、彭爱华及株洲军分区领导参加活动。6月22—24日，省人大常委会副主任王柯敏，省人大常委会委员、环资委主任委员邹学明分期率省人大常委会检查组到株洲检查，就环境保护法贯彻实施情况开展执法检查。毛腾飞、阳卫国、刘力量、王建敏、何剑波参加活动。6月24日，省委常委、常务副省长陈向群到株洲调研及慰问。毛腾飞、阳卫国、赵文彬、彭爱华、周晓理、冯建湘参加活动。

7月5—6日，工商总局党组副书记、副局长刘玉亭到株洲督查商事制度改革工作，召开企业代表座谈会。省工商局李金冬陪同督查。毛腾飞、阳卫国、周晓理、杨胜跃参加活动。7月11日，省委常委、省纪委书记傅奎，中央纪委第八纪检监察室主任王荣军一行到株洲调研。毛腾飞、阳卫国、刘光跃参加活动。7月11—12日，国家体育总局青少年体育司司长刘扶民、省体育局局长李舜到株洲出席2016年全国青少年“未来之星”阳光体育大会湖南分会场活动。毛腾飞、阳卫国、鲁立彬、毛朝晖、张国浩参加活动。7月14—15日，省政协副主席、民盟省委主委杨维刚到株洲出席民盟株洲市第八次代表大会。毛腾飞、阳卫国、彭爱华、鲁立彬、杨胜跃、贺夏盛参加活动。7月19日，国家安监总局副局长孙华山一行到株洲，督导调研烟花爆竹企业安全生产。省安监局局长李大剑随同调研。阳卫国、杨玉芳、周晓理参加活动。7月22—24日，省人力资源管理学会举办第十八期企业家国学践行研修班。省人大常委会副主任陈叔红，省政协副主席、省文联主席欧阳斌，省委党校常务副校长、行政学院常务副院长、湖南践行国学公益基金会专家委员特聘教授张国骥等到株洲出席。毛腾飞、阳卫国、刘力量、黄曙光、赵文彬、彭爱华、聂方红参加活动。7月23—24日，教育部体卫艺司司长、全国红军小学建设工程理事会副理事长王登峰一行到株洲出席“全国少年足球新长征夏令营”活动。省教育厅厅长肖国安出席活动。毛腾飞、阳卫国、周晓理、雷鸣、毛朝晖、谭可敏参加活动。7月26日，省委副书记、省长杜家毫在醴陵市约谈烟花爆竹整顿治理重点市县主要负责人。考察醴陵中洲烟花组合烟花自动化生产线，召开了烟花爆竹整顿治理工作约谈会。省政府副省长、省政府秘书长向力力随同考察。毛腾飞、阳卫国、杨玉芳、周晓理参加活动。同日，省委书记徐守盛约谈道路安全重点县、重点监管部门、重点企业主要负责人。毛腾飞、周晓理参加活动。7月28日，省政府副省长戴道晋到株洲督导安全生产工作。省政府副秘书长曹英华、省安监局局长李大剑陪同调研。毛腾飞、阳卫国、杨玉芳、周晓理参加活动。7月28—30日，上海临港集团有限公司副总裁朱伟强一行到株洲考察，并参加新能源汽车检测中心签约仪式。毛腾飞、阳卫国、周晓理、何剑波、杨胜跃参加活动。

8月1日，举行中车株机公司企业创建80周年纪念庆祝活动。中国中车副总裁徐宗祥出席活动。毛腾飞、周晓理、何剑波出席企业创建80周年纪念大会；阳卫国、何剑波出席中国首列自主化超级电容现代有轨电车下线仪式。8月3—4日。省政府副省长戴道晋到株洲出席湖南省罗霄山片区区域发展与扶贫工作推进会。毛腾飞、阳卫国、杨玉芳参加活动。8月11—13日，中科院副院长谭铁牛到株洲调研。毛腾飞、阳卫国、周晓理参加活动。8月17日，中国科协党组书记、常务副主席尚勇到株洲调研。全国人大常委、中国工程院院士、湖南省科协主席黄伯云随同调研。毛腾飞、阳卫国、周晓理、王建敏、毛朝晖参加活动。8月24日，省十一届人大常委会党组副书记、副主任陈叔红一行到株洲，考察西迪技术股份有限公司并召开汇报座谈会。毛腾飞、刘力量、周晓理、王建敏参加活动。8月25日，省政府副省长张剑飞到株洲调研长株潭城际铁路建设。省政府副秘书长张值恒随同调研。阳卫国、王建敏、谭可敏参加活动。同日，第十二届全国人民代表大会教育科学文化卫生委员会主任委员柳斌杰率全国人大科技成果转化法执法检查组到株洲考察。省人大常委会副主任李友志，省人民政府副省长、秘书长向力力随同考察。毛腾飞、阳卫国、刘力量、鲁立彬、何剑波参加活动。

9月2—3日，中央纪委廉政账户调研工作组到株洲调研并召开调研座谈会。刘光跃参加。9月3—4日，十八届中央委员，十二届全国人大农业与农村委员会副主任委员王儒林率中组部干部考察组到株洲，对中车株洲电力机车研究所有限公司董事长、党委副书记丁荣军进行考察。省委组织部常务副部长胡伯俊陪同考察。毛腾飞、阳卫国、彭爱华、周晓理、邓尚文参加活动。9月3—5日，十一届全国人大常委、全国人大环境与资源保护委员会副主任委员曹伯纯到株洲调研。考察南方公司、608所，参加航校60周年纪念大会。毛腾飞、阳卫国、黄曙光、王建之参加活动。9月7日，省委副书记、省政府代省长许达哲到株洲调研，考察中车株机公司、北汽集团株洲分公司，并召开座谈会。毛腾飞、阳卫国、刘力量、黄曙光、赵文彬、周晓理、何剑波参加活动。同日，台湾电电公会参访团到株洲考察并召开交流洽谈会。台湾电电公会理事长、正崴精密工业股份有限公司董事长郭台强参加活动。毛腾飞、阳卫国、谭可敏参加活动。同日，工信部原材料司司长周长益一行到株洲调研。毛腾飞、阳卫国、何剑波参加活动。9月9日，中共十八届中央委员，十二届全国政协副主席卢展工率全国政协专题调研组到株洲开展“加快食品安全监管体系建设”专题调研。考察株洲市食品检测中心、红花树湘江一号店、唐人神集团，并进行访谈。全国政协常委、副秘书长、提案委员会副主任、民盟中央副主席徐辉，全国政协提案委员会副主任胡彪，全国政协提案委员会驻会副主任田杰参加调研。省政协主席李微微，省政协副秘书长汤浊，省食安办主任、省食品药品监督管理局局长肖策群陪同调研。阳卫国、刘力量、黄曙光、杨胜跃、邓尚文参加活动。9月12日，省政协主席李微微一行到株洲调研。省政协副主席兼秘书长袁新华陪同。住湘全国政协委员徐一天、朱建军、李赤群、张健、郭晋云、潘碧灵、戴晓凤、樊建军参加。毛腾飞、阳卫国、刘力量、黄曙光、彭爱华、何剑波、贺夏盛、张国浩、余明刚、朱庸靖、余群明、周恕、谢一明、邓尚文、刘春生参加活动。9月19—20日，省委常委、省军区司令员黄跃进到湖南工业大学调研和指导工作。毛腾飞、胡鹏飞、毛朝晖参加活动。9月21—23日，省政府对株洲市政府质量工作考核进行实地核查。考察五矿二十三冶建设集团第二工程有限公司、中车时代电气股份有限责任公司、株洲市城市排水有限公司、盛世芙蓉餐饮管理有限公司、湖南贵派电器股份有限公司、首创茶陵污水处理厂、茶陵工农兵政府旧址、人民医院住院大楼工程，并召开座谈会。毛腾飞、阳卫国、何剑波参加活动。9月22日，召开湘台信息产业经贸科技交流会。中华信息软件协会理事长邱月香率20多位台湾企业家到株洲考察交流。田卫军出席。9月22—23日，省人大常委会副主任李友志到株洲考察并出席多项活动；22日上午，在醴陵市出席2016年第七届环中国国际公路自行车赛（湖南站醴陵赛段）开幕式；22日下午，赴茶陵县调研；23日，出席湖南铁路科技职业技术学院“服务湖南经济发展、支撑轨道交通产业、争创高职院校‘双一流’”成果展示与项目推进会。毛腾飞、雷绍业、刘力量、毛朝晖、鲁立彬、贺夏盛参加活动。9月26日，国务院地名普查办副主任、民政部区划地名司副司长李伟率国务院地名普查办到株洲开展地名普查督查工作。省民政厅副巡视员余跃陪同督查。阳卫国、杨玉芳、杨胜跃参加。

10月17日，省政府副省长张剑飞到株洲调研，现场考察湘江六桥、万丰湖公园、中国动力谷自主创新园项目建设情况。毛腾飞、谭可敏参加活动。10月18—22日，全国大中城市社科联第27次工作会议在株洲召开。湖南省社科联党组书记、副主席宋智富出席。毛腾飞、刘力量、聂方红、羊贵平参加。10月19—20日，新华社总编辑何平一行到株洲调研。先后考察中车株洲研究所IGBT项目、中车株洲电力机车有限公司磁悬浮项目和建设领域行政审批制度改革，赴炎陵考察罗霄山脉贫困村扶贫工作和红军标语博物馆。毛腾飞、聂方红参加。10月24日，国家林业局速丰办主任丁立新一行到株洲调研。考察攸县黄丰桥林场、株洲县凤凰山林场。杨玉芳参加。10月24—25日，省委常委、省委统战部长黄兰香到株洲。24日在市委理论学习中心组（扩大）2016年第七次集中学习上作专题讲课；25日出席留学报国助力“十三五”海内外专家走进“中国动力谷”活动开幕式，省委统战部副部长胡东风随同出席。毛腾飞、何剑波、羊贵平参加活动。10月25日，省政协主席李微微一行到株洲督办《加大对株洲清水塘老工业区搬迁改造支持力度的建议》重点提案。考察智成化工、株洲京西祥隆化工有限公司、株洲冶炼集团股份有限公司、重金属污染治理项目、B型保税物流中心项目，并召开重点提案办理协商座谈会。毛腾飞、阳卫国、雷绍业、刘力量、黄曙光、赖馨正、何剑波、毛朝晖、羊贵平、王建敏、贺夏盛、余明刚、朱庸靖、周恕、谢一明、邓尚文参加活动。10月25—26日，省委常委、常务副省长陈向群到株洲调研。毛腾飞、何剑波、毛朝晖、谭可敏参加活动。同日，举行2016年湖南省“全民终身学习与社区教育活动周”总开幕式暨株洲市启动仪式。省政协副主席刘晓，省终身教育促进会会长唐之享，省政府副秘书长陈小春出席。雷绍业、刘春生参加。10月30日—11月1日，召开中组部党建研究所重点课题研讨会。中组部党建研究所巡视员、副所长彭立兵，中组部党建研究所副巡视员刘大秀出席。省委组织部副部长庄超出席。毛腾飞、阳卫国、雷绍业、彭爱华、邓尚文参加。10月31日—11月3日，开发性金融支持罗霄山片区脱贫攻坚地方干部研讨班在株洲开班。中央农办秘书二局局长张建军，国家开发银行扶贫金融事业部综合业务局局长梅世文，国家开发银行有关负责人朱慧钰、梁庆凯、田为华出席。阳卫国、田卫军参加。

11月4日，举办株洲市纪念红军长征胜利80周年专场大型交响合唱音乐会《长征组歌》。省人大常委会党组成员、原副主任肖雅瑜参加。毛腾飞、阳卫国、刘力量、黄曙光、毛朝晖、聂方红参加。11月7—9日，中央媒体“中国制造2025调研行”到株洲开展专题采访报道。毛腾飞出席调研座谈会，并接受媒体记者集中采访。毛朝晖、聂方红、何朝晖参加相关活动。11月8—9日，全国政协常委、经济委员会主任，国家工商行政管理总局原局长周伯华率全国政协经济委员会考察组到株洲，就“打造动力制造聚集区”开展专题考察。省政协副主席杨维刚、张大方、葛洪元随同考察。毛腾飞、阳卫国、雷绍业、刘力量、黄曙光、刘光跃、蔡溪、赖馨正、彭爱华、何剑波、田卫军、毛朝晖、羊贵平参加。11月9日，传化集团董事长、全国工商联副主席徐冠巨到株洲考察，与中车株洲所签署战略合作协议。毛腾飞、阳卫国、何剑波、毛朝晖、何朝晖参加活动。11月9—10日，全国人大常委会原副委员长路甬祥到株洲，考察中车株机公司、中车株洲电机有限公司。省人大常委会副主任王柯敏陪同考察。毛腾飞、阳卫国、刘力量、毛朝晖、王建敏参加活动。11月12日，省政府副省长何报翔到株洲出席重大项目开竣工及慰问活动。出席环线工程北段（北环路）开工仪式和北汽二工厂主体封顶仪式，慰问大功率交流传动电力机车系统集成实验室项目建设和管理单位及湘江六桥建设和管理单位。毛腾飞、阳卫国、何剑波、毛朝晖、谭可敏、何朝晖参加活动。11月18日，全国人大常委会副委员长、民革中央主席万鄂湘到株洲调研。民革中央调研部部长付悦余随同考察。省人大常委会副主任、民进湖南省主委谢勇参加活动。刘力量、刘光跃、何剑波、毛朝晖、汤少云、刘春生参加调研活动。11月18—22日，第十二届湘台经贸交流合作会在株洲举办。国台办主任助理周宁，中国国民党中常委刘大贝，省委常委、统战部部长黄兰香，省政府副省长何报翔出席。毛腾飞、阳卫国等参加相关活动。11月24—25日，民政部副部长宫蒲光一行到株洲醴陵进行调研、慰问。民政部刘喜堂、冯亚平随同调查。省民政厅党组书记、副厅长唐白玉参加活动。阳卫国、杨玉芳、毛朝晖参加活动。11月25—27日，举办2016中国（株洲）轨道交通产业国际峰会。原铁道部部长、中国工程院院士傅志寰，中国中车股份有限公司总裁奚国华，省人民政府副省长张剑飞，省人大常委会原副主任肖雅瑜，省政协原副主席王汀明出席。阳卫国、何剑波、王建敏、黄芳、何朝晖、贺夏盛参加。此次峰会，共有500位各级领导和业内嘉宾出席，其中包括来自19个国家和地区的代表，以及200多家轨道交通产业链配套企业代表。11月29日，土耳其交通部基础设施投资总局高层拜访株洲市人民政府。阳卫国、何朝晖参加活动。

12月2日，国家首席兽医师张仲秋率国务院食安办到株洲开展农村食品安全治理专项督查。省食安办主任、省食品药品监督局局长肖策群陪同督查。阳卫国、黄芳参加活动。12月21日，工信部副部长刘利华率国务院督查组到株洲督查国企改革工作。省政府副省长张剑飞陪同督查。毛腾飞、阳卫国、毛朝晖、何朝晖参加督查。12月24日，湖南长城计算机系统有限公司自主可控计算机下线暨中国电子与株洲市政府“智慧株洲”建设合作启动大会在湖南长城计算机系统有限公司召开。省委副书记、省长许达哲，省政府副省长张剑飞，省政府秘书长杨光荣，省政府副秘书长、研究室主任邓立佳，省经信委主任谢超英，国防科技大学校长杨学军，中国电子董事长、党组书记芮晓武参加活动。毛腾飞、阳卫国、何剑波、毛朝晖、羊贵平、何朝晖参加活动。　　（市委办秘书二科）

市委办公室工作

【概况】　2016年，中共株洲市委办公室围绕市委中心工作，积极开展科室工作“三提三新”竞赛活动，创新工作方法和服务理念，提升“三服务”水平，各项工作取得新成效。

立足全局，参政设谋。市委办着眼于全局，把参政设谋摆在第一位，政务服务成效显著。紧扣中心谋发展。围绕综合、调研、服务、宣传四大职能，按照工作提标、服务提质、素质提升的要求，着力提高参政设谋水平，创新文稿服务机制。全年撰写各类文稿260余篇，约150万字，编辑《市委通报》33期，把关新闻稿件等其他材料200篇，上报领导署名文章、综合材料12篇。畅通信息当前哨。及时做好紧急信息报送、领导活动采编、内刊改版和日常信息上报工作。共编辑信息刊物480期，搜集整理各类背景资料约8000页，合计约456万字，得到领导批示150次。向中办报送信息733条，省办报送信息1174条。强力督查抓落实。围绕市委重要会议和文件精神，紧扣市委中心工作，深入开展专项查办，精准施策，精准发力，精准落实，不断提高决策执行力。牵头开展督查活动26次，接待省委重大决策督查活动30余次；办理省委领导批示件9件、市委领导批示件436件，分别办结9件、395件；编发《株洲督查》58期。精拟公文勤辅政。严把发文审核关，制发主要文件167个，其中报省备案审查规范性文件38个，数量与上年同比精简6.8%。加强文件报备审查规范工作，做到应报尽报，报备率、及时率均达100%。备案审查下级规范性文件84个，做到有备必审、有错必纠。

统筹协调，服务大局。进行统筹兼顾，总揽全局，保障各项工作高效有序进行，不断提升事务服务水平。提高公务接待质量。共协调安排领导公务活动和会议840多起，比上年增加30%。牵头接待张高丽、吉炳轩、王勇、卢展工、路甬祥、万鄂湘等党和国家领导人来株的警卫任务6起，组织市委主要领导赴基层调研86次；组织重要会议260多次，其中包括市党代会，市委全会5次。处理省以上会议通知和部门、县市区来电来文125件。编撰《市委大事记》12期4万多字。开展绩效考核。科学制定指标体系，及时分解指标任务，密切跟踪落实情况，强化工作调度，精心组织年度考核，充分发挥“指挥棒”作用。加强常委服务和业务指导。为市委常委做好公务活动服务，撰写各类文稿90余篇，组织会务或领导活动150余场次。在全市党委办公室系统深入开展省“五比五做”和市“三提三新”竞赛活动，推动办公室系统业务整体上水平。搞好值班联络协调。紧扣“准确、及时、规范、高效”标准，促进值班工作全面提质。共发放会议、活动通知658个，拨打和接听电话26000余个，发送短信41000余条，协调处置突发和信访事件32次，编制值班专报147期，编印市委机关通讯录2期，较好发挥了“总协调、总调度、总联络”的作用。强化保密防范。深化保密工作分层次管理，推进“菜单式”保密教育，30多家单位开展全员培训，4000多人接受保密教育或培训。规范定密工作，加强网络监管，对76家机关单位、16家废旧回收店（点）开展保密检查，检测计算机258台次。指导企业开展军工保密资格申报，优化技术服务，提升各单位防范能力，确保万无一失。保障机要通信畅通。以制度规范管理，抓好密码通信、电报的传输、办理，加强全市党政机要系统监管指导。按照“时间适中，应用适当，资源共享，厉行节约”的总要求，稳步推进电子政务内网建设，不断提升网络安全管理水平，提高办公信息化水平。　　（刘荼生）

2016 年市委、市委办重要文件目录

表 9

序号	文　号	文 件 名 称
1	株发〔2016〕1 号	关于落实发展新理念开创农业现代化和全面小康社会建设新局面的实施意见
2	株发〔2016〕2 号	关于加强和改进党的群团工作的实施意见
3	株发〔2016〕5 号	印发《关于中共株洲市委常委会开展“两学一做” 学习教育的安排意见的》通知
4	株发〔2016〕7 号	关于推进供给侧结构性改革的实施意见
5	株发〔2016〕8 号	关于进一步加强和改进人大工作的意见
6	株发〔2016〕10 号	关于坚决打赢脱贫攻坚战的实施意见
7	株发〔2016〕11 号	关于深化供销合作社综合改革的实施意见
8	株发〔2016〕15 号	关于推进全面从严治党向纵深发展的意见
9	株发〔2016〕16 号	关于印发《法治政府建设实施方案》的通知
10	株办发〔2016〕1 号	关于印发《株洲市国资委监管企业专职国有产权代表管理办法》的通知
11	株办发〔2016〕2 号	关于印发《株洲市关爱农村留守家庭工作实施方案》的通知
12	株办发〔2016〕3 号	关于印发《县市区纪委书记、副书记提名考察办法（试行）》《市纪委派驻纪检组组长、副组长提名考察办法（试行）》《市管企业纪委书记、副书记提名考察办法（试行）》的通知
13	株办发〔2016〕4 号	印发《关于加强政党协商的实施意见》的通知
14	株办发〔2016〕5 号	关于加快构建现代公共文化服务体系的实施意见
15	株办发〔2016〕6 号	关于印发《株洲市全面深化改革督察办法》的通知
16	株办发〔2016〕12 号	印发《关于开展“马上就办、真抓实干”活动实施方案》的通知
17	株办发〔2016〕15 号	印发《株洲市两型社会建设综合配套改革第三阶段实施方案（2016-2020 年）》的通知
18	株办发〔2016〕16 号	关于深入推进农村社区建设工作的实施意见
19	株办发〔2016〕19 号	关于印发《中共株洲市委党史工作规划（2016-2020 年）》的通知
20	株办〔2016〕1 号	关于印发《株洲市云龙地区人民检察院主要职责内设机构和人员编制规定》的通知
21	株办〔2016〕3 号	关于 2015 年度全市落实党风廉政建设责任制检查考核情况的通报
22	株办〔2016〕4 号	关于印发《株洲市 2016 年“项目攻坚年”活动实施方案》的通知
23	株办〔2016〕5 号	关于印发《株洲市 2016 年“基层党建提升年”活动实施方案》的通知
24	株办〔2016〕6 号	关于印发《株洲市 2016 年两型社会建设综合配套改革工作计划》的通知
25	株办〔2016〕7 号	关于印发《株洲市 2016 年“企业帮扶年”行动实施方案》的通知
26	株办〔2016〕9 号	关于印发《中共株洲市委全面深化改革领导小组 2016 年工作要点》的通知
27	株办〔2016〕10 号	关于印发《中共株洲市委常委会 2016 年党风廉政建设主体责任分工》和《中共株洲市委常委会 2016 年党风廉政建设主体责任任务分解》的通知
28	株办〔2016〕11 号	关于印发《株洲市“雁过拔毛”式腐败问题专项整治实施方案》的通知
29	株办〔2016〕12 号	关于印发《株洲市 2016 年重点工作责任分解方案》的通知
30	株办〔2016〕13 号	关于印发《2016 年株洲市率先全面建成小康社会目标责任分解方案》和《2016 年株洲市率先全面建成小康社会绩效考核办法》的通知
31	株办〔2016〕15 号	印发《关于在全市党员中开展“学党章党规、学习系列讲话、做合格党员”学习教育实施方案》的通知
32	株办〔2016〕16 号	关于印发《2016 年“民生 100”工程实施意见》的通知

续表 9

序号	文　号	文件名称
33	株办〔2016〕17 号	关于成立市第十二次党代会筹备工作领导小组的通知
34	株办〔2016〕19 号	关于建立健全向市委报告工作制度的通知
35	株办〔2016〕20 号	关于进一步严格执行领导干部外出等重大事项请示报告制度的通知
36	株办〔2016〕21 号	关于印发《2016 年市级领导“五个一”活动实施方案》的通知
37	株办〔2016〕22 号	关于印发《株洲市 2016 年绩效考核实施方案》的通知
38	株办〔2016〕23 号	关于调整增补市委决咨委员会组成人员的通知
39	株办〔2016〕24 号	关于印发《“喜迎党代会 共谋新发展”献智献策活动方案》的通知
40	株办〔2016〕25 号	关于印发《市委书记批示件办理工作规定》的通知
41	株办〔2016〕26 号	关于进一步加强网络舆情办理工作的通知
42	株办〔2016〕27 号	关于成立株洲市深化供销社综合改革领导小组的通知
43	株办〔2016〕28 号	转发共青团株洲市委《关于召开共青团株洲市第十六次代表大会的请示》的通知
44	株办〔2016〕29 号	关于成立株洲市株洲县撤县建区工作领导小组的通知
45	株办〔2016〕30 号	关于中国共产党株洲市第十二次代表大会选举工作的通知
46	株办〔2016〕31 号	关于印发《争当“项目攻坚先锋”专题活动方案》等五个专题活动方案的通知
47	株办〔2016〕32 号	印发《株洲市关于支持省直管县经济体制改革试点工作方案》的通知
48	株办〔2016〕33 号	关于设立株洲市县乡人大换届选举工作联席会的通知
49	株办〔2016〕34 号	转发中共株洲市妇联党组《关于召开株洲市第十二次代表大会的请示》的通知
50	株办〔2016〕36 号	关于设立中共市委巡察工作领导小组及其机构的通知
51	株办〔2016〕37 号	关于成立株洲市推进新型城镇化综合试点工作领导小组的通知
52	株办〔2016〕39 号	关于印发《株洲市 2017 年度〈中办通讯〉征订计划》的通知
53	株办〔2016〕40 号	关于印发《株洲市脱贫攻坚督查巡查实施办法》的通知
54	株办〔2016〕41 号	关于印发《株洲市县级党委和政府脱贫攻坚工作成效考核办法》和《株洲市市直单位扶贫开发责任制考核办法》的通知
55	株办〔2016〕42 号	印发《关于中国共产党株洲市第十二次代表大会会议精神贯彻落实的工作责任分解方案》的通知
56	株办〔2016〕43 号	关于组建株洲市妇幼健康计划生育服务合体的指导意见
57	株办〔2016〕45 号	关于印发《株洲市城乡社区网格化服务管理实施方案（第一期）》的通知
58	株办〔2016〕46 号	关于印发《株洲党史人物大典》编纂方案》的通知
59	株办〔2016〕48 号	关于成立株洲市市场化选聘国有企业经营管理人员工作领导小组的通知
60	株办〔2016〕49 号	关于印发《全市脱贫攻坚市级领导包县到村和驻村帮扶单位到县联村工作安排》的通知

（刘茶生）

组织工作

【概况】 中共株洲市委组织部机关设 14 个职能科室，下设两个副县级二级机构，分别为党员教育中心和专家管理服务中心。在岗在编人员 45 人。市委组织部负责研究和指导全市党组织建设以及党员队伍建设；负责全市干部队伍建设的宏观管理，制定或参与制定全市组织、干部、人事工作的重要政策和制度；负责市委管理干部的考察、任免、调配、工资、待遇、出国（境），及离（退）休审批手续的办理；负责全市干部人事档案、党内统计和干部统计工作的宏观指导；负责干部监督工作的指导和实施；负责制定全市干部教育培训规划，指导、协调、检查全市干部教育工作；负责市级专家的管理与服务工作，制订或参与制订有关人才工作的政策，指导、协调、检查人才工作；负责指导全市组织（政工、人事）部门的自身建设，加强业务指导和培训。领导和管理市委老干部局，指导、管理和协调党校、人事、机构编制工作。

2016年，全市各级组织部门紧扣全面从严治党主线，锐意改革，重抓落实，为株洲建设提供坚实组织保证。年内，中组部、省委组织部领导到株洲调研指导13次，其中，中组部到株洲调研指导4次，对株洲市“退二线”干部到村任职、国企党建、人才、干部信息等工作予以高度肯定。中组部党建研究所组织的全国“十八大以来党建研究”重点课题研讨会在株洲召开，人才工作“五统五化”模式被评为全国基层人才工作创新优秀案例，醴陵市孙家湾镇“三会一课”案例入选中组部教材。

市县乡同步换届稳步推进。做细思想工作。换届选举前，市委书记、组织部部长带队到各县市区进行换届调研，换届选举后及时与240名新一届县市区领导班子成员和法检“两长”进行集中谈话，确保上下思想高度统一。坚持标准选人，按照“六重六用”导向和人岗相适原则，严格考察选人。优化班子配备，注重以开阔的视野选拔领导干部、推选代表委员，受到社会广泛好评。首次从国有企业中选拔2名优秀干部到县市区任职；公开择优选拔68名“三类人员”进入乡镇党政班子；开辟县市区人大、政协主要负责人跨区域交叉交流模式；推选刘友梅院士等8名专家教授为市人大代表，从项目攻坚、企业帮扶、脱贫帮扶等一线推选17名优秀干部为市人大代表；特邀国家发改委宏观经济研究院副院长吴晓华等6名株洲籍知名人士为市政协委员。严抓风气监督。首次向社会公布市委书记、市纪委书记、市委组织部部长的换届监督举报电话。成立10个换届风气巡查组，驻点蹲守对应县市区开展督查。

干部教育管理监督全面规范。突出党性教育和能力培养，出台加强和改进党性教育意见等纲领文件。全年完成上级调训101人次，市、县两级举办主体班82期，培训学员7109人次。做好消化干部超配工作，超配的183名处职干部全部消化到位，科级干部消超完成91.04%。严格日常监督管理，落实干部选拔预审制，共受理干部选拔任用有关事项报告6237人。核查领导干部个人有关事项报告967人。落实“凡提四必”要求，换届中，39人因不符合要求被取消提拔重用资格。加强干部信息管理，完成干部档案升级改版和大组工网分级保护。

基层党建工作有效提升。系统谋划抓整体提升，出台“1+6+1”系列文件，推行每季督查通报制度，实施乡镇“五小”及周转房、村级集体经济、村级组织活动场所建设3个“三年行动计划”，全面加强农村和社区基层党建工作。制定县市区委书记、市直单位党委（党组）书记、县市区委组织部长、乡镇（街道）党（工）委书记和专职副书记及组织委员、村（社区）抓基层党建工作的6个责任清单，推动工作严在平时、抓在日常。强化规范抓基层管理，制定村主干离任工作交接办法、村（社区）党员档案管理办法、村级“三资”管理实施意见等系列文件。重视国有企业党的建设，出台《关于在市管企业中坚持党的领导加强党的建设的实施办法》。聚焦问题抓全面整改，开展“基层党建提升年”活动，整顿软弱涣散党组织，选派48名退出领导岗位干部到村担任书记。在全市乡镇（街道）开展“三联三促”活动，推动“人向基层走、事在基层办”。将中组部部署的7项重点任务实行“项目化管理”，推行“日汇总、周审核、月调度”制度。全市找到失联党员2171名，处理310名违纪违法市党代表和党员，完成换届党组织406个，新建非公和社会组织党组织283个。党建引领抓脱贫攻坚，着力构建四级书记抓扶贫、市“五大家”领导包县市、城市五区对口帮扶炎陵县、茶陵县的“4+5+5”的工作格局，组织实施脱贫攻坚行动，对166个贫困村、7.15万贫困户驻村帮扶全覆盖，整合资金19.03亿元，实施项目600多个。

人才工作取得新的成效。遴选领军人才23名，引进高层次人才87名，实施人才项目25个。实施蓝领精英计划，培训高技能人才1276人。举办第三届职业技能竞赛活动，共31760人参与。举办“技能大师基层行”活动，弘扬工匠精神，倡导技能光荣。承办全省“十行状元、百优工匠”竞赛活动，株洲市3名选手获得冠军。打造“株洲·中国动力谷”人才洼地，在第14届中国·深圳国际人才交流大会上，召开“株洲·中国动力谷”园区项目对接推介会，中组部副部长、人社部长尹蔚民给予高度评价。已有69家企业签约入园，清华大学等国内15个高校、科研院所在园区设立成果转化基地，谭铁牛等10位院士在园区设立院士工作站，继续开展科技创业行动，选派省市县三级科技特派员112名，扶持科技特派员项目20个。加强对人才的政治引领，成功举办市第二期优秀中青年专家理论研修班，组织30名在株外国专家到井冈山开展“红色之旅”活动。

组工队伍建设持续加强。带头开展“两学一做”学习教育，选派2名干部参加全省“两学一做”电视知识竞赛并进入决赛。加强组工干部队伍建设，将市直单位人事教育科长和乡镇组织委员分别纳入市、县（区）两级部务会管理。举办第二期组工干部业务示范培训班，提升组工干部专业化能力。深入开展“三联三问”活动，为基层排忧解难。（李石德　刘　刚）

【“两学一做”学习教育】 按照中央和省委部署，2016年4月29日召开全市视频工作会议，正式启动并全面铺开“两学一做”学习教育，全市9528个基层党组织、23.95万名党员全部参加。示范带动树标杆。制定《市委常委会开展“两学一做”学习教育的安排意见》，明确全年学习计划，市委常委会先后邀请6名中央党校教授和省内外专家进行集中辅导。市委书记毛腾飞等市委领导带头参加学习研讨，到基层调研和讲党课。市委常委到支部或基层单位讲授党课19堂。实行党员领导干部联系指导机制，党员市级领导带头分别联系指导1个县市区或1个市直单位。创新形式活载体。制定“1+X”学习内容清单，分类编印党章党规知识读本，开展知识竞赛、演讲比赛、“时代先锋”系列报道、“时代风采”图片展、“时代抒怀”主题征文、“七一”重温入党誓词、党员活动日经典案例选编等七大主题活动，建立“红色讲堂”制度，打造“师资共享库”“课程教案库”“示范基地库”，2016年共讲授党课103堂，受众1.8万多人次。统筹结合促推进。把学习教育与中心工作、改进作风、换届工作等结合，引导广大党员干部争当项目攻坚先锋、企业帮扶先锋、改革创新先锋、扶贫帮困先锋、服务群众先锋，着力解决“不作为、慢作为、乱作为”等突出问题，推动124个重点项目建设，帮助企业解决问题2502个。聚焦重点抓整改。对照省委巡视组交办的信访件、省委省政府督导组提出的8项任务和“纠‘四风’、治陋习”专项整治中发现的具体问题，坚持边学边改、立行立改。全年共发布有关整治工作的信息和稿件200余篇次，通报典型案例312人次。

（李石德　刘　刚）

【市县乡集中换届】 2016年4月，株洲全面启动市县乡领导班子换届工作，共选举产生市本级领导班子和法检“两长”38名领导干部（含交叉任职3人）、9个县市区领导班子和法检“两长”295名领导干部（含交叉任职18人）、68个乡镇领导班子719名领导干部。代表委员结构全面优化。市县党代表中的领导干部所占比例比政策规定分别低1.5和3.8个百分点；市人大代表中，来自一线的基层代表较上届提高18个百分点，非党代表占35%，较上届提高16.5个百分点；市政协委员党外人士占61.6%。班子功能整体增强。市级班子中，45岁左右党政班子成员5人，有中高级职称的12人，全日制本科学历及以上的占60%，党政班子中有县市区党政正职经历的8人，县市区班子中40岁左右的党政班子成员48人，有乡镇党政正职经历的70人。（李石德　刘　刚）

【推进“万名人才计划”】 面向社会发布《株洲市2016年高层次人才需求》，涉及先进设备制造、新能源、新材料、生物医药、电子信息、金融、教育、医疗等10多个行业，200多个岗位。从103名申报对象中，遴选确定2016年领军人才人选23名，其中创业类10名，创新类13名，发放扶持资金260多万元。认定新引进高层次人才资助对象87名，发放安家补贴近90万元。实施蓝领精英计划，选送1000多名技能人才到市内职业院校培训。举办“成就梦想，点亮人生”第三届职业技能竞赛活动，31760人参与焊接、汽车维修、数控机床等12个工种竞技比赛。认定“技能大师工作室”5个，每个给予资助5万元。实施人才项目25个，拨付资金200多万元，先后在浙大、复旦、上海交大等高校举办“中国制造2025”、公共文化人才等培训班，有效提升人才队伍素质。成功举办株洲市第二期优秀中青年专家理论研修班，来自60个企事业单位的65名科研、管理一线中青年专业技术人才参加培训。组织30多名在株外国专家到井冈山开展“红色之旅”活动，组织200多名株洲市核心专家进行健康体检，发放核心专家发明专利资助27.7万元，激发了核心专家干事创业的热情。选派科技特派员112名，对口联系基层一线，进行技术指导服务。确定资助项目20个，共资助60万元。年内，科技特派员共开展培训6000余人次，实现产值10443万元，税收836万元，形成了科技特派员充分发挥作用、农民群众得实惠的良好工作局面。（李石德　刘　刚）

【选派退出领导岗位干部到村任职】 2016年初，株洲市委着眼于株洲农村工作的新形势新变化，为加强农村基层组织建设、破解农村人才匮乏现实问题、激发退出领导岗位干部活力，综合全市机构改革、脱贫攻坚的主要任务，决定选派退出领导岗位干部到村（社区）任职。在深入调研的基础上，制定《关于鼓励改任非领导职务干部和退休干部到村担任党组织书记的实施意见（试行）》。通过单位推荐、自愿报名、组织审查，及实地考察等程序，从166人中选定48人到村担任党组织书记。为帮助选派干部尽快适应农村工作、转换岗位角色、有效开展工作，组织部门对新上任的退出领导岗位到村任职干部进行集中岗前培训，市委常委、组织部部长彭爱华主持开班仪式并授课。同时，出台《株洲市选派退出领导岗位干部到村任职管理办法（试行）》，明确新任职干部的日常管理、年度考核及任期考核分别由所在乡镇（街道）党（工）委、县市区组织部和市委组织部负责，实行试用期制、任期制和“召回制”。全市选派退出领导岗位干部到村（社区）任职工作得到基层群众好评，中组部派出调研组到株洲开展实地调研，并给予肯定。（李石德　刘　刚）

宣传工作

【概况】 2016年，株洲市宣传思想文化战线，紧跟市委市政府重点工作，围绕中心、服务大局，凝聚株洲力量，各项工作取得较好成绩。

党的创新理论学习引导有力。把十八届六中全会精神和习近平总书记系列重要讲话精神的学习宣传作为重点工作，以党委中心组学习为引领，坚持理论联系实践，着力学深学透。

党委中心组学习进一步制度化规范化。健全完善理论学习制度，市委中心组全年集中学习8次14天，参学率达98%。市委中心组30多年如一日扎实有恒抓学习的做法，列为全国重大学习典型，《求是》杂志第3期以《抓学习突出“严”“真”“实”》为题，专题宣传推介株洲市委中心组学习经验。面向大众进行理论普及。组织十八届六中全会、省十一次党代会、市十二次党代会精神的集中宣讲，开展《习近平总书记系列重要讲话读本（2016版）》《习近平谈治国理政》等的学习宣传。结合“两学一做”学习教育，“学讲话用讲话”系列主题活动蓬勃开展，百姓微宣讲、知识竞赛、演讲比赛等在基层如火如荼，遴选了6个优秀宣讲视频参加全省微宣讲竞赛。理论研究和社科智库建设注重资源整合和力量集纳，确立首批智库联盟单位16家，专家79人，社科课题106项，《中国动力谷建设研究》入选全省十大金策，社科理论工作在为经济社会发展献计献策中展现独有魅力。

意识形态工作责任牢牢上肩。落实意识形态责任制，形成对制度、督查、阵地管理齐抓共管的工作格局。一是完善制度。市委常委会专题学习中央《党委（党组）意识形态工作责任制实施办法》和省委《实施细则》，调整宣传思想工作领导小组，制定《意识形态工作责任制实施方案》和《加强意识形态领域情况分析研判方案》。二是强化督查，联合市委督查室，成立3个督查组开展了意识形态工作专项督查，印发督查通报。健全了意识形态分析研判机制，召开6次舆情形势分析会，对舆情进行综合分析和预警研判。三是严格阵地管理。强化新闻媒体导向把关责任，传统媒体和新媒体标准要求一致，实行总编辑负责制、内容“三审制”“差错管理”等制度。严把各类论坛、讲座、研讨会的导向，坚持关口前移，对外请报告人和报告内容实行前置审查。多管齐下，党委统一领导、党政齐抓共管、宣传部门组织协调，有关部门分工负责的意识形态工作格局基本形成。

重大主题宣传效果显著。贯彻落实习近平总书记在党的新闻舆论工作座谈会重要讲话精神，铭记新闻舆论工作“48字”职责使命，坚持正确舆论导向，坚持正面宣传为主，增强主流舆论引力波。在全市开展习近平总书记为核心的党中央治国理政新理念新思想新战略重大主题宣传。根据中央和省委统一安排，印发宣传阐释方案，及时刊发中央媒体重要稿件，宣传总结新理念新思想新战略的株洲实践经验，株洲市供给侧改革引起新华社关注，刊发一组通稿全国推介。紧跟中心加强主题宣传策划，组织“打好开局战 实现开门红”、项目攻坚年、企业帮扶年、稳增长获国务院督查表扬等专题宣传20多个，上级媒体来株集中采访6次，在省以上主流媒体发稿2800多篇，新华社聚焦株洲市项目攻坚采写了长篇深度报道，《人民日报》整版报道株洲市清水塘搬迁改造工作，专题“中国制造2025采访调研行”到株洲市采访，引发《人民日报》《经济日报》中央电视台、中央人民广播电台等中央主流媒体密集报道株洲，共发稿30多篇。11月25—26日中央电视台的《新闻联播》连续两天报道株洲制造业发展，在全国打响了“中国动力谷”品牌，为株洲发展注入了强心剂。精心组织了决胜全面小康和转型升级的集中宣传。市直媒体都开辟专栏专版，推出一批重点报道、重大典型和系列述评，立足株洲实践生动解读五大发展理念和“四个全面”战略布局。加强党的建设宣传。开展“两学一做”学习教育宣传，赴基层宣讲《准则》和《条例》20场，宣传党委政府关于党风廉政建设和反腐败斗争的决策部署。做好市十二次党代会的宣传，会前，专门组织“喜迎党代会 共谋新发展”献智献策活动，收到建言献策2000多条，召开的献智献策网友座谈会围绕“1142”的奋斗目标，组织系列文章解读阐释，会后围绕建设“一谷三区”和实现“两个走在前列”开展深度报道。

文化小康建设共建共享。深化文化体制改革，发展文化生产力，不断提升全面小康的文化内涵和文化品质。加速构筑文艺创作的高原和高峰。设立“炎帝文艺奖”，每两年评选一次优秀文艺作品，激发了文艺工作者创作热情。原创音乐剧《天使合唱团》入选国家艺术基金资助项目，获田汉奖，参加“雅韵三湘”全省巡演60余场，作为湘戏晋京演出。全力创建国家公共文化服务体系示范区。以创建为契机，加大投入，整合资源，着力在公共文化的设施建设、基本供给、数字化建设、人才队伍，及创新管理等5个方面形成示范。文化民生工程取得突破性进展。神农大剧院开演以来，已演出43场，成为株洲文化一张响亮名片。“四馆一中心”（市博物馆、市图书馆、市群众艺术馆、市美术馆和市戏剧传承中心）等一批综合性文化设施加速提档升级。文化信息资源共享工程全部建成，基层服务点和公共电子阅览室实现乡镇全覆盖，地面无线数字电视公益覆盖工程在全省率先实现试播。建成乡镇综合文化站115个，农家书屋1922个，社区文化活动室206个。城乡公益电影放映1.8万余场，演艺惠民·送戏下乡708场，第四届“欢乐潇湘欢乐株洲”群众文艺会演，各类海选、专场演出达106场，参演团队2600队次，参演人数53000多人，观众人数83万余人，大大丰富基层群众文化生活。

对外宣传和文化交流呈现新气象。做好重大涉外经贸活动的对外宣传。组织了“沪洽周”、湘台经贸洽谈会、株洲轨道交通产业国际峰会的宣传，开展第十三届两岸媒体湖南行（株洲站）、“一带一路”国家主流媒体株洲行等主题外宣活动，通过各种平台和场合讲好株洲故事，传播株洲声音。重拍对外宣传片《蓝海之海》，出版外宣画册《神农福地 动力株洲》。加大对外文化交流，开展法国摄影家走进株洲、参与湖南文化走进法国等活动，举办第18届炎黄杯世界华人名人围棋邀请赛，与省侨联组建侨心艺术团赴韩国、加拿大慰问演出。新闻发布工作着力在主题策划、形式创新、机制规范等方面提质提效，围绕全市重大改革事项、民生实事、社会热点等，组织新闻发布会47场。

基层基础思想文化建设切实加强。年内，出台《加强基层宣传思想文化工作实施意见》，开展“基层工作加强年”活动，在干部队伍、基础设施、工作保障等方面进一步得到充实和加强。抓乡村基层文化建设。以创建全国第三批国家公共文化服务体系示范区为契机，加强基层宣传文化设施建设，在基层文化建设中，注重与美丽乡村、精准扶贫等结合起来，不断增强群众文化获得感。管好干部队伍。按照“讲政治、管队伍、守纪律”的要求，开展群众路线教育活动和“三严三实”“两学一做”学习教育，加强宣传文化系统领导班子和干部队伍建设，在县市区党委换届中，强化基层宣传部长拟任人选的审核把关。改良工作作风。先后组织3批骨干编辑记者赴基层乡镇挂职锻炼，组织了由60多名艺术家组成的知行讲习会，深入基层开展文艺支教、文艺辅导、艺术扶贫等公共文化服务，组织文艺家们赴广西、湘西等地采风，加强宣传文化战线的党风廉政建设。（罗　峰）

【网络宣传】 2016年，全市网络宣传工作围绕市委市政府工作大局，加强正面宣传，积极引导网上舆论，全面净化网络环境，推进体制机制创新，为株洲市加快建成“一谷三区”，实现“两个走在前列”总目标，营造良好网络舆论氛围。

网络正面宣传。聚焦经济建设主战场，组织网站开设项目建设、企业帮扶、马上就办、转型升级、文明城市建设、打造中国动力谷、学习贯彻市第十二次党代会精神、“两学一做”专题教育、学习习总书记系列重要讲话精神，及学习贯彻十八届六中全会精神等20多个专题，及时跟进党委政府重要决策、重要工作和重大活动，充分展示全市经济社会发展新形势和改革开放新成就。发挥网络媒体优势，加强新闻策划，通过灵活多样的形式，强化网上形势宣传、主题宣传、成就宣传，及典型宣传。增强同上级网络媒体联动，积极向上对外推稿，组织策划一大批稿件在人民网、新华网、红网等重要媒体上刊载转发，充分展示株洲良好形象。新媒体建设成效显著，株洲发布头条号6次荣登今日头条全国榜单地市级发布榜首，并在全国“政务头条号”总榜单中排名第6，累计阅读量达3229万次，用户数超过1500万户，株洲发布新浪微博位居湖南十大党政新闻发布微博第一名。

网络舆论引导。加强网军建设，召开全市网军建设大会，印发《关于建设强大网军提高网上舆论引导能力的意见》，将网军建设情况纳入绩效考核，申请专项财政资金，保障网军工作经费。对1200人网军队伍重新整编、分层管理，着力培育核心网评员，评选出50名优秀网评员。积极培育网络社会组织，支持网友自发成立株洲网友沙龙、株洲市互联网协会和株洲自媒体联盟。开展“网友项目现场行”系列活动，组织40多名网友先后到汽车博览园、中国动力谷自主创新园、万丰湖和湘江河东风光带建设现场采风考察，用网民教育和宣传网民。

网络舆情处置。按照“舆情监测无遗漏、舆情研判不马虎、舆情报送不耽误”要求，把网络舆情监控作为第一任务，坚持24小时值班，依托网络舆情监控技术平台，实行舆情登记备案，建立联席会议制度，加强舆情会商研判和处置应对，形成横向到边、纵向到底的舆情处置工作格局。全年处置较大网络舆情102起。提高舆情简报编写质量，参政议谋，促进发展。年内，编写《涉株舆情》和《舆情快报》171期，主要领导批示近50次，为做好网络舆情应对提供具体指导。

网络问政工作卓有成效。着眼于构建网络舆情办理工作长效机制，下发《关于进一步加强网络舆情办理工作的通知》，加强顶层设计，从舆情搜看、研判、交办、处置、督办、备案，及奖惩等多方面，形成一系列行之有效的制度规范，确保网络舆情办理常态化开展。全年，交办网络舆情256件，督促各地各单位回复处置252件，回复处置率超过98%，做到件件有处置或回复。围绕党委政府重点工作和网民关心的热点难点问题，精心组织好网友座谈会，市委书记毛腾飞参加“喜迎党代会 共谋新发展”献智献策网友座谈会，率多位市领导与13名网民代表交流，当面听取网民对株洲发展的意见建议。在全省率先尝试推荐网民代表为人大代表和政协委员的做法，得到省委网信办重视。积极探索网络扶贫新途径，开展“网民e家亲”网络扶贫活动，组织40多名网民深入茶陵县高陇镇石冲村，通过购买贫困户农产品、自发捐助慰问金、走访困难户等方式，帮助当地贫困农户解决实际困难。积极发动网民参加“喜迎党代会 共谋新发展”献智献策活动，网民提出意见建议1986条，占总数的96.4%，成效显著。

网络生态治理。加强网站管理，对在株洲登记备案的230多家网站进行分类管理，新闻网站普遍建立“十项管理制度”。落实属地管理原则，对本地的媒体微博和从业人员微博、网站从业人员、网站论坛版主进行登记备案，对具有新闻舆论和社会动员功能的新媒体进行摸底调查。株洲市互联网违法和不良信息举报中心作用显现，全年收到投诉举报50多个，处置各类不良信息十余条，向上级转交举报线索累计30余条。先后约谈中国名人网、点滴记录网、“微丢丢”等网站或微信公众号。强化依法治网，开展“清朗”“净网”等8项专项整治行动，持续打击网络谣言、网络诽谤、虚拟违法广告、网络敲诈和有偿删帖、网上传播歪曲党史国史信息、招聘网站严重违规失信、旅游网站严重违规失信等违法违规行为，市内各类非法信息和低俗信息蔓延之风得到遏制。组织开展全市关键信息基础设施与党政机关网络安全检查，涉及全市146家重点党政机关和企事业单位。

网信工作体制日渐完善。市网宣办正式更名为市委网络安全和信息化领导小组办公室（株洲市互联网信息办公室）。进一步健全工作机制。拟定《株洲市委网络安全和信息化领导小组工作规则》和《株洲市委网络安全和信息化领导小组办公室细则》。加强网信力量。组建网络宣传联系人、网站管理员、网络文明传播志愿者、网评员四支网络队伍，合计近2000人，在清朗网络空间中发挥重要作用。

（刘国良）

纪律检查工作

【概况】 2016年，株洲市各级纪检监察机关聚焦主责主业、严格监督执纪问责，全市上下纪律规矩意识逐步增强，党风政风持续好转，政治生态呈现新的气象。

增强责任意识。层层“定责”。市纪委协助市委出台《关于推进全面从严治党向纵深发展的意见》，市委领导以身作则、以上率下，推动责任落实；协助市委制定出台《市委常委会2016年党风廉政建设主体责任分工》《市委常委会2016年党风廉政建设主体责任任务分解》等文件，以列“责任清单”的方式，细化、量化市委常委会班子成员的工作职责和任务，督促责任主体对标履责。要求各基层党组织对照市级标准，逐条逐项、到事到人进行分解，确保将主体责任刻在心上、扛在肩上、抓在手上。跟踪“督责”。制定《市纪委领导班子成员联系协助市委常委会班子成员、市政府党员副市长落实全面从严治党主体责任工作制度》，定期向责任领导汇报党风廉政建设有关精神，并积极协助其主动履责、扎实履责。制定2016年全市党风廉政建设监督责任分解表，将全年任务细化为6大类40项主要工作，分解至市纪委内设各牵头部室，并明确时间表、路线图。5月份，由市纪委牵头组织各县市区开展落实“两个责任”交叉督查，对督查中发现的问题，及时交办、通报，并提出限期整改意见。严肃“问责”。认真执行《湖南省党风廉政建设主体责任和监督责任追究办法》《党风廉政建设履责约谈制度》等制度，对履行“两个责任”不力单位相关负责人，按照“一案三查”要求问责。在纠治“四风”中，追究直接责任人责任的同时，追究主体责任73人，监督责任15人。

加强监督检查。广泛开展宣传教育。深入开展“党内法规学习教育年”活动。市委常委会带头学习《党章》《廉洁自律准则》《纪律处分条例》《问责条例》，各级党组织将学习要求列入党委理论中心组学习计划。创新学习教育载体，在市级主流新闻媒体开设专栏、举办电视抢答赛、开设专题讲座、组织板报展及征文、书法大赛、实施微信“五进”等活动，扎实开展党章党纪党规教育，有关做法被《中国纪检监察报》刊发推介。结合“两学一做”学习教育，全市各级党组织负责人带头讲廉政党课，牵头组织开展“讲规矩、有纪律”专题讨论。向各基层单位发放警示教育片《不可触碰的底线》1800本，受教育党员干部达10万余人次。严格实施执纪监督。切实加强对党员干部的监督管理，对省纪委交办的谢清纯、王建平案中涉及红包礼金问题的256名党员干部逐一进行调查，对7人予以党纪立案，对9人进行诫勉谈话，对151人给予批评教育。认真做好干部廉洁审查工作。全年共对878名领导干部进行了廉洁审查；在乡镇党委换届中，取消了113名不符合标准的党代表候选人资格，在市委换届中，取消10名不符合标准的党代表候选人资格。坚持把严明政治纪律和政治规矩摆在首位。加强对习近平总书记提出的“五个必须”要求和“七个有之”现象的监督检查；加强对落实十八届五中全会精神以及市委、市政府“十三五”规划、稳增长、项目建设等重大决策部署执行情况的监督检查；围绕落实“三个全会”精神和脱贫攻坚、意识形态工作责任制情况加强监督检查，纠正和查处一批不作为和乱作为的行为。加强换届纪律督查。市委书记、市纪委书记、市委组织部部长分别向全市公布了举报受理电话，市纪委会同组织部门联合下发《关于加强换届风气监督的工作方案》《关于组建“株洲市加强换届风气监督巡回督查组”的通知》等文件，通过专题会议部署强调、派出专门队伍巡回督查，加强换届风气监督，营造了风清气正的换届环境。年度内市、县、乡三级党委、人大、政府、政协换届全部完成，未出现一起违反换届纪律的案件。

开展专项整治工作。紧盯关键节点纠“四风”。建立提醒、问责、曝光“三位一体”的常态化监督机制，采取下发文件重申纪律、发送廉政短信、个别提醒谈话等方式，及时提醒党员干部贯彻落实中央、省、市改进作风有关规定精神。开展作风建设“回头看”活动，派出12个督察组，对全市所有县市区、部分市直单位进行作风建设全面督查。紧盯重点领域促整治。全面开展“雁过拔毛”式腐败问题和“纠‘四风’、治陋习”专项整治。5月份，市纪委派出5个督查组30名纪检监察人员，以交叉检查的方式，对各县市区“两个专项整治”工作进行督查和暗访，共发现问题线索309条，通过甄别筛选确定133条问题线索进行集中交办，要求限时给予处理回复。紧盯突出问题抓问责。对违规公款吃喝、发放津补贴、操办婚丧喜庆事宜、参赌涉赌和违规办企业等突出“四风”问题和“雁过拔毛”式问题，发现一起，查处一起，问责一起，采取直接通报。继续开展党员干部违规收送红包礼金问题整治行动，和“纠‘四风’、治陋习”专项整治，对查处的问题进行谴责，并给予纪律处分。

加大惩治腐败力度。拓展线索渠道。完善市县两级纪检监察机关举报平台，健全来信、来访、来电、网络“四位一体”信访举报系统，拓宽和畅通信访投诉渠道。规范信访处理程序，对信访件实施统一归口管理，严格按“五类标准”处置问题线索，办访水平和质量明显提升。全市各级纪检监察机关共接受群众信访举报1512件（次），同比增长22.63%。开展执纪审查。把握运用监督执纪“四种形态”，坚持抓早抓小、动辄得咎，致力把纪律立起来、严起来。处置问题线索1738件，立案902件，其中涉及县处级干部24件，结案912件，处分890人，移送司法机关17人。健全反腐败协调机制，全市检察机关立案侦查职务犯罪案件61件87人；人民法院审结职务犯罪案件82件147人。抓好巡视整改。配合省委巡视组在株洲市开展巡视，认真办理巡视交办的问题和线索。对集中交办的732件信访投诉件，已全部办结并回复到位；对移交的54个问题线索，经调查核实，给予党纪政纪处分32人。

加强纪检监察队伍建设。加强队伍建设。强化班子配备，把握主动，积极调研和协调，配齐配强市、县两级纪委领导班子，市直部门纪检组长（纪委书记）调整到位。深化“三转”，开展纪委书记（纪检组长）兼职清理工作，所有纪委书记（纪检组长）都回归到主业主责；对新进纪委（纪检组）人选严格审核把关，否决4名不符合条件的候选人，杜绝“带病提名”“带病提拔”。乡镇纪委换届圆满完成，乡镇纪委足额配备纪委委员，纪委书记实现专岗专职。提升履职能力。每月集中学习，年内，邀请省纪委专家授课4次，选送11名纪检监察干部到中央和省市纪委参加业务培训。加强对基层纪检监察组织的督促和指导，制定出台《市纪委联系督导市直机关纪检监察工作制度》，分片组织有关负责人进行业务培训，增强基层纪检监察组织履责意识和能力。强化内部管理。以“零容忍”的态度严肃查处纪检监察干部违纪违规问题，给予纪律处分4人，诫勉谈话8人。

（王　聪）

【中共株洲市第十一届纪委第八次全会】 2月3日，中共株洲市第十一届纪委第八次全会召开。会议传达贯彻中央纪委六次全会、省纪委八次全会精神和市委要求，回顾总结2015年党风廉政建设和反腐败工作，明确2016年的工作任务与要求。（王　聪）

【市纪委十二届一次全会】 9月28日，中国共产党株洲市第十二次代表大会选举产生新一届纪律检查委员会。9月30日，中国共产党株洲市第十二届纪律检查委员会第一次全体会议选举产生新一届市纪委常委、副书记、书记。赖馨正、朱胜辉、黄亮文、金勇、蒋羽翔、罗显明、言罗根、颜文明、黄慧等9人当选为新一届市纪委常委；其中赖馨正当选为书记，朱胜辉、黄亮文、金勇当选为副书记。（王　聪）

【开展换届风气巡查】 10月25日，市委派出10个督查督导组，对部分乡镇人大、政府换届选举风气开展巡回督查并对县、乡镇党委换届风气进行“回头看”。督查督导组由市纪委监察局领导或市委组织部领导带队，从市纪委、市委组织部抽调干部60人参加，每组负责督查1个县市区，每个县市区随机抽查3个乡镇，每个县市区督查时间4天左右。（王　聪）

【规范会议纪律】 12月7日，经市委同意，市纪委下发《关于严明会议纪律的通知》（株纪发〔2016〕12号），严格会议请假制度和签到制度。纪律要求凡是开会迟到的领导干部，一律罚坐“迟到席”，并作书面说明；会议主办单位要设立会风督查组，对不遵守会议纪律的个人及其所在单位将通报批评，并责令参会人员到会议组织单位学习会议精神；情节严重的进行追责，并纳入个人和单位年度绩效考核内容。（王　聪）

【两个专项整治】 自2016年3月始，株洲市纪委开展“雁过拔毛”式腐败问题和“纠四风 治陋习”专项整治，通过抓节点、抓重点、抓问责等多种方式，发现并解决一批发生在群众身边的作风或腐败问题。查处“四风”问题428起，给予纪律处分698人；查处“雁过拔毛”式腐败问题243起，给予纪律处分265人，追缴违纪资金5094.35万元，清退资金1918.82万元。继续开展党员干部违规收送红包礼金问题整治行动，党员干部主动上交红包礼金410.76万元。（王　聪）

统战工作

【概况】 2016年，株洲市统战工作稳步推进，进行各民主党派市委与市工商联换届工作，逐步形成“党委重视、机制完善、作用增强”的统战工作新局面，民族工作获得“六连冠”。在4月的全国统战部长培训班上，株洲作经验介绍。6月1日，中央统战部“统战新语”全文刊发《湖南株洲·以“五有”建设推进多党合作事业发展》的专门报道。

强化组织领导，坚持市委常委会定期研究统战工作制度。年内，市委常委会先后8次专题研究部署统战工作，落实会议精神。推动和落实书记带头抓统战格局，把统战工作列入党建目标管理考核和党委书记年度党建工作述职的重要内容。健全领导机构。市委、各县市区委均成立统一战线工作领导小组，由书记任组长。精心组织部署。3月18日召开的市委统战工作会议，明确统战工作主要任务，为构建统战工作大格局打下坚实基础；市县两级通过工作调度会、部门协调会、现场推进会、座谈交流会等形式进行沟通反馈、跟踪部署，确保各项工作任务落实落细。

注重学习宣传。省委统战部常务副部长谭平为市委中心学习组作专题辅导报告；在湖南卫视、湖南广播电台、《湖南日报》《新湘评论》等省级主流媒体刊播市委书记谈统战访谈和理论文章；以研讨班、座谈会、同心讲堂，及专题培训班等各种方式，向各级干部宣传中央和省委统战工作会议精神；以“掌握统战法宝，服务‘四个全面’”为主题，开展《株洲统战》微信平台统战知识有奖答题和电视抢答赛活动，30支队伍15000余人次参加竞赛，掀起“学知识、比能力、促统战”的热潮；炎陵县编印《统一战线知识小读本》。《株洲日报》、株洲电视台分别推出6期系列报道，宣传统战理论政策和统战成果；开通株洲统战公众微信号，每个工作日发布一期（4条）信息；市委统战部和天元区委统战部联合编制《童童的同心之旅——我们的统战故事》图书，并广泛开展“统战文化进校园”活动。系列学习宣形成全市上下关心统战、重视统战、支持参与统战的浓厚氛围。

健全机制。健全牵头协调机制。建立并完善6个方面的联席会议制度，即市委统战部与市委台办、市政府办（民宗局）等单位建立统战系统各单位联席会议制度；与市委组织部建立党外干部和人物工作联席会议制度；与市委宣传部建立统战宣传工作联席会议制度；与市政府办（民宗局）、市公安局等部门建立宗教工作和抵渗工作联席会议制度；与市委办、市委台办等部门建立对台工作联席会议制度；与市经信委、银行等部门和单位建立新的社会阶层人士统战工作联席会议制度。落实联系指导机制。建立“一个常委对三个党外代表人士”联谊交友机制（简称“1+3”）和“一个市政府领导带领三个政府部门与一个民主党派市委组织”（简称“1+3+1”）对口联系机制，落实统战工作例会、基层调研、定期走访、情况通报、信息反馈等制度，确保各项政策贯彻落实到广大统战成员。推进留学人员组织、党外知识分子联谊会、海联会等统战团体的设置，做到信息畅通、运转有序。

全面贯彻落实决策部署，开创统战工作新局面

各领域统战工作有序推进，取得良好成效。“四同创建”凝聚人心。组建的80余支社区同心志愿服务队，开展各类志愿服务活动300余次，在全市建立起“点、片、面”相结合的创建工作体系。全市64个创建点，验收合格市级创建示范点25个，省级“同心乡村”“同心项目”3个，每个示范点获得10万元资金支持。6月，省委统战部常务副部长谭平调研参观秋瑾故居和市级同心乡村——石峰区大冲村，对其“四同创建”工作给予高度评价。开展献计活动，汇集各界智慧。建立各民主党派向市委建言献策“直通车”制度和年度参政议政成果汇报会制度。“献计富强美丽幸福新株洲”和“喜迎党代会，共谋新发展”献智献策活动中，共收集意见建议200余条。同时，广泛动员党外人士深入调研，撰写高质量调研报告，为市委科学决策提供有效参考。发挥统战优势，积极参与项目引进，取得良好成效。年内，通过组织参加2016两岸经营者俱乐部（上海）年度论坛暨两岸企业合作大会、举办醴陵台湾美食节、加强与加拿大华人社团联络等，加大项目招商力度，并重点跟踪、帮助台资项目落地。9月7日，书记毛腾飞和市长阳卫国会见台湾电电公会参访团，深度洽谈株台合作事宜。10月25日，在省委统战部及欧美同学会（中国留学人员联谊会）的指导下，开展以“动力·创新·梦想”为主题的“湖南留学报国助力‘十三五’——海内外专家走进中国动力谷”活动。活动当天向23名海内外专家和5名投资机构负责人分别颁发中国动力谷专家顾问委员会聘书和创新创业导师聘书，现场签约2个项目。11月19—22日，以“动力引领，合作共赢”为主题的第十二届“湘台会”，共签约项目26个。

推进多党合作事业。在教育培训中凝聚共识。支持各民主党派开展“坚持和发展中国特色社会主义学习实践活动”，增强“三个自信”。以“同心大讲堂”“同心·彩虹”教育活动、“海归青年论坛”等多种方式，强化同心思想引领。加强教育培训，在市县两级党校、市社会主义学院共培训党外人士1000余人次。在履职中彰显作为。制定完善《中共株洲市委办公室印发〈关于加强政党协商的实施意见〉的通知》《2016年度政党协商计划》等10个文件，逐步形成开展政党协商的长效机制。举荐380余名党外特邀监察员、监督员、督导员、行风评议员，开展民主监督。天元区首创“同心之声”民情网络化信息平台，拓展民主党派知情议事和建言献策的途径。在强化自身建设中提升能力。着力支持民主党派做好换届工作。年内，7个民主党派市委完成换届工作。各民主党派基层组织“五有”（有经费、有场地、有培训、有平台、有评价）建设得到继续加强，全市176个民主党派基层组织全部实现工作经费行政化、活动场地专用化、学习培训制度化、履职平台多样化、综合评价科学化，及组织活动正常化。

党外知识分子工作扎实推进。健全工作机构。积极筹备成立“欧美同学会·株洲留学人员联谊会”。完善工作制度。形成由统战部牵头，组织、宣传、民政、工商联、工青妇等部门和团体共同参与的党外知识分子工作协调机制。建立市县两级统战部门联动运行机制，实现在考察调研、社会服务、联络联谊上合作互动。探索与党建共融发展工作机制，同“两新”组织党建工作、行业协会党组织工作有机结合，吸纳优秀人才。大力推荐优秀党外知识分子参政。至2016年年

底，市知联会有7名理事担任副处及以上领导职务，4名理事担任市级社会团体领导职务。有1名理事当选为省政协委员，16名理事分别当选为市人大代表、市政协委员。

民族宗教领域和顺和睦。民族方面，做到“三有”：一是民族地区发展有新成效。从2013年起，连续四年对唯一少数民族乡炎陵县中村瑶族乡投入项目发展资金1000余万元，完成九个项目工程建设。加大少数民族乡村经济社会事业发展力度，成功推荐炎陵瑶拳入选第四批省级非物质文化遗产名录；全力组织龙渣瑶族村、洋岐畲族村申报“中国少数民族特色村寨”；举行第二届“三月三”畲族文化节等。继续加大援藏力度，1994年以来，株洲市共派出8批52名援藏干部对口支援扎囊县，累计投入援藏资金约1.5亿元，使扎囊县基础设施和人居环境明显改善，城镇化水平明显提高。二是城区少数民族人员管理服务水平有新提高。继续推行“五统一”“两进两建两提升”管理模式，成效更加明显。如加强清真“三食”供应管理，帮助株洲市民族饭店顺利开业。芦淞区打造贺家土少数民族餐饮一条街。同时，加大影响民族团结和社会稳定的隐患排查力度；健全公安、城管、民宗、卫生、民政以及伊斯兰教协会、少数民族联谊会等部门单位联动快速处置机制及民族网络管理系统，有效化解各类少数民族矛盾纠纷。年内，共成功调处5起涉少数民族流动人口矛盾纠纷。示范点建设有新亮点。全市有国家级民族团结示范点1个，省级2个，市级20个。国家级示范点荷塘区桂花街道办事处探索出一套“三建五进一提升”的城市民族工作新方法。省级示范点湖南工业大学积极开展“同心同行·民族梦圆”主题教育活动。继续落实中高考优惠等民族政策，维护少数民族权益。宗教方面，深入法治教育。年内，以“规范年”为主题继续开展和谐寺观教堂创建活动，组织召开全市五大宗教团体主要负责人学习贯彻全国宗教工作会议精神座谈会等学习培训，利用内刊、宣传栏、网络等媒体进行广泛宣传。推荐市天主教堂、市龙山寺、市仙庾道观3个场所和基督教刘迪君牧师为全国和谐寺观教堂创建活动表彰对象。明确管理责任。加强县乡村三级宗教管理网络建设，落实两级责任制。加强宗教工作执法，依法处置一起台湾真耶稣教人员入境非法传教事件。妥善处置3起宗教渗透事件。规范宗教团体。指导市伊协、醴陵市佛教协会完成换届工作。组织宗教界开展“大爱株洲”等公益慈善活动，为黄獭嘴敬老院、暴雨受灾群众及宗教教职人员捐款（物）18万余元。加强宗教场所管理，为全市307处佛、道教寺观发放全国统一规格、编号铜牌；对全市宗教场所进行了房屋普查、危房动态管理与维修；稳妥解决金轮古寺无教职人员主持等遗留问题，帮助其消除债务400多万元；帮助醴陵市基督教堂新堂顺利落成。

非公领域保持“两个健康”。加大非公经济服务力度。积极开展“企业帮扶年”活动，动员统一战线“一对一”解决非公企业发展难、融资难、用工难等，增强企业实力与市场活力，为全市经济发展贡献力量。积极组织开展“访民企、办实事、强信心”活动，深入调研1500余家企业，帮助解决500余个困难问题，如帮助株洲湘铁锻业有限公司成功入选省联中小企业发展扶持重点企业。市工商联组织企业参与中日中小企业跨境投资与贸易合作洽谈会、“第14届哈萨克斯坦－中国商品展”等，助推民营企业开放发展；充分利用民企人才网开展综合招聘会72场；编印下发《惠民企政策》（共2期），并广泛宣传，这一经验做法在全省得以推介。大力加强异地商会建设，截至2016年年底，全市成立异地商会14家，年贡献税收近50亿元，提供就业岗位逾30万个。加大非公人士思想政治引导力度。积极开展以“守法诚信，坚定信心”为重点的理想信念教育实践活动，开展社会主义、爱国主义、法律法规和职业道德的宣传教育，引导构建“亲”“清”新型政商关系。动员和组织广大非公经济人士，特别是青年企业家，投身“同心工程”“万企联村共同发展”“大爱株洲·为特困群众送年货”“一家一”助学活动，增进其社会责任意识。加强先进典型宣传，在《株洲日报》开辟“扬四信之旗，聚发展之力”专栏宣传非公经济人士先进典型事迹。加大非公代表人士培养力度。完善党政主要领导、统战部与非公代表人士经常联系机制。组织对非公经济代表人士进行综合评价。将非公代表人士教育培训纳入株洲市“万名人才培训计划”体系，通过统战骨干培训、专题论坛、公益培训、公益讲座等形式培训非公经济代表人士600余人次。组织非公代表人士围绕“众创空间”“农业产品品牌建设”“发展株洲外向型经济”等多个课题深入调研，积极建言献策。加大工商联自身建设，做好非公经济人士综合评价工作。积极推进“五好”县级工商联创建工作，推动县级工商联改善工作条件、健全班子和机构，天元区、荷塘区、株洲县、醴陵市工商联被确认为全国“五好”县级工商联。

港澳台海外统战态势强劲。挖掘资源优势，深化交流交往。依托炎帝神农文化优质统战资源，持续深入开展对港澳台海外民间文化交流。9月24日，举办中国侨联“海外侨胞故乡行——湖南参访”炎帝陵祭祖大典，来自20多个国家70余位湘籍海外侨胞参加祭典。年内，接待台湾瑞芳八仙宫等6批400余人次神农信众到炎帝陵谒陵祭祀，炎帝陵在两岸信众中的影响力持续扩大。圆满完成“亲情中华—魅力湖南—动力株洲”赴韩国、加拿大慰问演出文化交流活动，促进株洲市与海外侨胞之间的文化交流。增进归属认同，做好促统工作。成立醴陵、攸县、茶陵旅台同乡会，支持炎陵、株洲县旅台同乡会筹建，指导各旅台同乡会开展工作，广泛团结岛内同胞。全市累计接待株籍后裔回乡团7批90余人次，加深新生代台胞后裔同根同祖的血脉亲情。加大涉台宣传力度，促进两岸了解交流，《株洲晚报》和台办官微共同推出《株洲与台湾民间交流30年回顾》八个专题报道，台湾中天电视台、联合报社报道了《魅力东方—走进醴陵》。加大涉台教育力度，着力打造外国语石峰学校等涉台教育基地，加强两岸学生的互动交流。加强权益保护。成立涉侨案件工作机制领导小组，加大对港澳台同胞、海外侨胞、归侨、侨眷、黄埔同学等人士的权益保护。市侨联与市司法局法律援助中心签订协议，为困难归侨侨眷提供免费法律服务。在株洲市职工维权帮扶中心专门设立“为侨服务窗口”。积极筹备建立“老侨联谊会”，强化对老侨的关心关爱。

加强党外代表人士队伍建设。注重发现与培养党外代表人士。将党外代表人士的教育培训纳入株洲市2012—2017年全市干部教育培训规划，完善了县处级党外后备干部人才库、民主党派市委领导班子后备人才库、非公经济人士后备人才库，进行分类指导和重点培养。注重做好党外代表人士参政工作。积极推荐党外代表人士参政。市级人大代表、人大常委、政协委员、政协常委中的党外人士占比分别达35.04%、31.03%、61.6%、66.07%；县市区党外人士在人大代表、人大常委政协委员、政协常委中的占比均有不同程度提升。注重做好党外干部配备工作。截至2016年年底，市县两级政府除炎陵县、石峰区外均按要求配备了党外领导干部。2015年机构改革后，市直部门配备党外班子成员20人，其中政府部门正职1人、副职5人。县市区直部门党外领导干部117人。两级法院、检察院（除芦淞区外）及总工会、市工商联、市文联等单位领导班子均按要求配备党外干部。市级人大、政府、政协领导班子中有党外领导干部5人，其中市人大副主任1人、市政府副市长1人、市政协党外副主席3人。

开展统一战线“组织建设年”活动，全面增强统战队伍力量

2016年是“统一战线组织建设年”，市委统战部不断夯实基层基础，统战队伍力量明显增强。县市区统战工作“大部制”初具雏形。年内，各县市区根据自身实际探索实施“大部制”，即按照有利于工作的原则，将民族、宗教、台办、侨联等部门、机构与县市区委统战部进行综合设置或合署办公，增强整体实力。截至2016年年底，攸县、炎陵等县市区实施“大部制”。基层统战工作力量得到增强。各级统战部门以换届为契机，优化班子结构，充实干部队伍，强化教育培训，综合实力不断增强。市县两级均由常委专职担任统战部部长，领导力量得到加强。（李朝晖）

【市委统一战线工作领导小组第一次会议】 5月17日，市委统一战线工作领导小组召开第一次会议，通过《领导小组工作规则》《领导小组办公室工作细则》和《贯彻落实〈条例〉和〈实施意见〉行动规划（2015–2017）》等文件。（李朝晖）

【推进党外代表人士参政议政】 自市县两级人大、政协换届工作启动以来，严格按照中央和省委的部署要求，积极推进党外代表人士政治安排工作，取得突破性进展。市本级中，人大代表、人大常委、政协委员、政协常委中的党外人士占比分别达到35.04%、31.03%、61.6%、66.07%；县市区，党外人士在人大代表中的占比由上届的14%提升到32.6%、在人大常委中的占比由15.1%提升到33%、在政协委员中的占比由57.4%提升到60.7%、在政协常委中的占比由61%提升到69%。（李朝晖）

【民族宗教工作】 2016年，株洲市民族宗教工作紧扣“民族团结、宗教和睦”主题，大力推进民族乡村经济社会事业发展，进一步规范城市少数民族流动人口管理。宗教工作以“和谐寺观教堂”创建活动为抓手，依法加强宗教事务管理，指导宗教界发挥积极作用，民族宗教工作水平不断提升。

开展民族团结进步创建活动。根据民族团结进步示范点各自的特点，开展多项活动，宣传党的民族政策，凝聚各民族同胞之间的感情。年内，组织了长株潭三市少数民族联谊会活动、“四月八”少数民族联谊活动，借助古尔邦节、开斋节等活动，抓好重点宣传，促进少数民族同胞之间的联系、联络和友谊，营造民族团结进步的良好氛围。荷塘区桂花街道办事处西子社区被湖南省民族宗教事务委员会评为“全省民族团结进步创建活动示范单位”。

维护少数民族同胞的合法权益。认真做好清真肉食补贴票的发放和核算工作，对清真肉食供应点定期进行督查。经市民宗局协调，株洲市清真肉食供应点于10月底顺利搬迁至芦淞区贺家土。湖南工业大学开设清真食堂，并从甘肃请来3名厨师专门为学生服务，学院对清真食堂的清真肉食政策性补贴达到10万元。2016年共审核享受民族优惠政策高考考生191人，中考考生47人，更改民族成份10人，准确率为100%。

实施“和谐寺观教堂”创建活动。2016年，市民宗局开展和谐寺观教堂创建活动。各县市区宗教工作部门结合各自实际指导所辖区域内宗教团体、宗教活动场所开展“规范年”创建活动。利用内部刊物、宣传栏、黑板报、网络等多种形式大力宣传加强规范管理的意义、活动内容和成果，为活动营造良好的舆论氛围；出台的《关于做好民间信仰工作实施意见》，规范全市民间信仰场所的管理工作；根据国家宗教局的统一部署，为全市307处佛、道教寺观统一发放全国统一规格、编号的铜牌。

组织宗教界开展公益慈善活动。组织宗教界积极响应市委统战部组织的"大爱株洲"慈善活动并捐款2万元;争取省佛慈基金会为醴陵黄獭嘴敬老院捐款5万元,为荷塘区、石峰区"6.15"暴雨造成的200户泥石流受灾户捐款(物)10万元。对全市40多名宗教教职人员进行慰问并发放慰问金3万余元。为全市宗教场所发放维修费29万元。

炎陵·瑶拳成功入选第四批省级非物质文化遗产名录。2016年,炎陵·瑶拳成功入选第四批省级非物质文化遗产名录。中村瑶族乡龙渣学校成为非物质文化遗产项目瑶拳、瑶歌传承基地,瑶拳、瑶歌已成为龙渣学校传统教学课程。（蒋　龙）

政策研究工作

【概况】 2016年,市委政策研究室围绕市委的决策部署和全市中心工作,以打造市委智库为目标,稳步推进政策研究、全面深化改革、全面建成小康社会和决策咨询等工作。

积极参政设谋。准确把握株洲经济社会发展的"形"与"势",着眼谋大、谋远、谋深、谋实,开展调研,提出了一系列具有科学性、指导性、前瞻性的战略举措,质量、数量为近年之冠。年内,完成供给侧结构性改革、小康和现代化、气化株洲、城市发展转型升级等10余个调研课题和《关于加快推进"气化株洲"工作的建议》等调研报告;邀请《求是》调研组到株洲调研,形成调研报告27篇20余万字;撰写领导报告、讲话等文稿42篇20余万字;参与研究、修改各类文稿40余万字。

起草市第十二次党代会报告。在市级领导牵头调研、市委决咨委专家调研情况汇总的基础上,重点围绕未来五年主题、工作目标、工作思路和重大战略举措等10个课题开展调研,分批邀请县(市)区委书记和市发改委、市经信委、市财政局等13个综合经济部门主要负责人进行专题座谈,专程赴各县(市)区、市直部门以及8个市州开展专题调研。全力做好报告起草工作。（陈　欢）

【深化改革】 全省片区改革讲评会在株洲市召开,建设领域审批制度改革等多项改革在全省推介。年内,协调召开7次市委深改组会议,审议通过改革方案14个,建立健全"三个机制",进一步扩大宣传培训效果。建立改革工作动态监测机制,通过改革动态监测平台,初步实现改革信息动态上传下达,改革任务实时监测、实时提醒。建立"改革月""双函制"的常态化督察机制,对进度滞后的改革项目下发督办函。在文化体制、科技创新、开放型经济的专题督察中,得到省委第一督察组的肯定。在全省率先开展第三方评估。委托湖南工业大学对建设项目投资行政审批制度改革开展第三方评估。该项改革在省委深改组第二十一次会议上,被作为十大改革试点和探索经验之一向全省推广。加强改革宣传培训工作。通过《株洲日报》专栏、户外广告等多形式宣传改革工作,着重加强与中央、省级媒体进行衔接,省级以上媒体宣传推介株洲市改革工作10余次。长株潭国家自主创新示范区建设成效得到中央《新闻联播》连续2次报道,新华社、《经济日报》等中央主流媒体也同步推介;株洲市建设投资项目改革得到新华社、人民网等媒体宣传,"两型社会建设综合配套改革"全国40家主流网络媒体到株洲市进行专题采访报道。在中国(海南)改革发展研究院举办改革专题培训班,培训人员150余人次。（陈　欢）

【全面小康建设】 2016年,市全面小康领导小组明确"达标夺奖"的目标。即市本级2016年要在全省率先达标,并力争奖项;县市区除天元区、石峰区2015年达标外,株洲县、芦淞区、荷塘区2016年也要实现小康达标认定,醴陵市、攸县、茶陵县和炎陵县则在2017年实现全面小康。围绕目标,年初即将小康多项指标进行目标分解,责任到位,与各县市区签订任务书、责任状。通过对指标责任落实和县市区的小康进展情况进行全面督查,对一些短板指标和重点指标进行调度。年内组织全市小康业务培训,编辑整理30余万字的小康资料汇编、小康指标分析资料和小康社会蓝皮书。加强上下衔接沟通,与省小康办、省统计局紧密联系,聘请省里专家把脉问诊。召开全市小康指标责任单位分管领导和业务负责人工作碰头会,组织全市小康指标模拟测评和全市小康工作专题培训班。（陈　欢）

【决策咨询】 决策咨询工作围绕市第十二次党代会报告的主题、总目标、总任务及报告内容等研究重点,对事关株洲未来经济社会发展全局性、前瞻性、战略性和现实性的重大问题,确定"未来五年株洲发展目标、发展定位、发展战略、发展思路、重点举措研究""株洲先进制造业与现代服务业融合集聚发展建设制造强市的战略研究""全力打造"中国动力谷",加快株洲创新发展研究"等10个年度重大研究课题,研究成果实现"三个转化",即转化为全市性政策文件,转化为服务经济社会发展的具体工作举措,转化为权威媒体的重要署名文章。9月底,市委决咨委邀请一批国内知名专家召开"基本现代化"研究和党代会报告征询专家意见两场座谈会,为市第十二次党代会报告提供了理论支撑。（陈　欢）

【编发特色刊物】 "全国优秀城市党刊"——《株洲工作》为突出参政议政辅政作用,进行内容和形式创新,全年出刊8期,发稿200余篇60余万字。为迎接市第十二次党代会召开,《株洲工作》编辑部专题组织编辑了宣传画册《风展红旗如画——市第十一次党代会以来株洲发展巡礼》，取得较好的宣传效果。《参阅资料》每月定期收集整理各战线政策信息、外地经验和株洲市进展，研究跟踪外地城市发展动态和经验做法。《关于在全市推广荷塘区“一门式”政务服务改革的建议》等获得市领导肯定。《政策与动态》做到每个工作日一期，自2015年创刊以来已编发近400期，为市领导及时提供动态信息。市委书记毛腾飞多次就刊物相关信息和调研报告作出批示，有力推进了城市管理执法体制改革、政府债务置换、企业帮扶、科研成果转换等工作。（陈　欢）

机关党建工作

【概况】 2016年，全市各级机关党组织紧扣全面从严治党主线，坚持服务中心、建设队伍，积极开展“机关党建提升年”活动，全市机关党建工作迈上新台阶。

从严从实推进“两学一做”教育。市直机关各单位突出问题导向，以“四讲四有”为标准，组织各个专题的学习教育和讨论。党员领导干部带头学党章、学系列讲话、讲党课，落实双重组织生活制度，党组（党委）书记讲党课率达100%。市直机关工委先后2次对市直机关各单位进行全覆盖集中督查并通报情况，指导各机关基层党组织整改不足，创新党课教育、党员活动日形式，广泛开展“七一”活动、知识竞赛、演讲比赛，组织650名基层党务干部参加市直机关基层党支部书记轮训班培训。

围绕中心服务发展大局。组织党员干部职工参加“企业帮扶年”“项目攻坚年”和抓党建促脱贫等重点工作，宣传推荐市经信委开展“企业服务专线22212345”“千家企业帮扶行动”“百日惠企政策推送活动”等工作和活动。市直机关基层党组织以“我是一名共产党员”实践活动为载体，带领党员干部在各自岗位“争创一流、建功立业”，为全市改革发展稳定做贡献。深入开展在职党员进社区活动。各机关党组织和机关党员按照“八个一”的要求，组织“结对帮扶”“党员志愿服务月”“圆梦微心愿”等活动，为社区群众办实事、解难题。组织召开首次中国共产党株洲市直属机关代表会议，选出市第十二次党代会市直机关代表89名，完成市直机关单位党的十九大代表的推荐提名工作。各机关单位积极开展文明建设创先争优活动。在全国文明城市复检迎检工作中，各机关党组织和党员干部开展创文宣传和文明劝导等工作。全市共获得全国文明单位7个、省标兵单位5个、省文明单位15个、市标兵单位3个，及市文明单位13个。

抓思想教育提升政治素质。2016年，市直各机关党组织认真贯彻落实省市党代会精神，广泛宣传市委加快建成“一谷三区”，实现“两个走在前列”决策部署。市直机关工委指导和督促各机关基层党组织落实党课、党日活动等经常性党员教育制度，组织承办全市“红色讲堂”启动仪式暨授课；在市交通局、公安局等单位打造首批示范型“红色讲堂”。做好党建业务培训。2016年，共培训基层党务干部和党员发展对象1500余人次。加强党建研究和调研工作，组织开展“全面从严治党新形势下激发机关党员干部内生动力”的调研并参与省里的讨论交流，完成“十八大以来党的建设实践探索研究”重点课题调研方案的内容，起草并上报“市直机关党的建设的具体方式方法、工作亮点”子课题调研报告。利用《株洲机关党建》平台，加强机关党建的宣传报道。

基层组织建设日益加强。市直各机关党组织开展基层党建基础性工作集中整改月活动，落实党建经费、活动场地、人员配备等刚性要求，开展并完成党员组织关系集中排查等七项基层党建工作重点任务。市直机关工委针对检查中发现的问题进行了公开通报。全年共指导26个市直机关党组织完成换届工作，指导6个机构改革单位成立机关党组织，审批发展230名新党员，指导所有机关基层党组织按照要求完成换届工作。从严落实党建责任制，组织10个机关党组织书记进行集中述职评议，80余个市直机关党组织书记对机关工委进行书面述职。加强党内关怀，体现党组织的温暖。市直机关各级党组织认真开展“两节”慰问工作，共计慰问困难党员、老党员近1600名，发放慰问金、慰问物资百万余元。其中，市直机关工委走访慰问困难党员、老党员294名，发放慰问金34.3万元。充分发挥典型示范和“党建品牌”的引领作用，命名市财政局机关第一党支部、市地税局机关党总支等10个基层党组织为市直机关基层党建示范点。组织召开市直机关庆祝建党95周年大会，推荐省市委表彰和工委表彰的先进个人119名、先进党组织47个。在云龙示范区召开县市区机关党建工作座谈交流会，交流党建工作经验，推动市委《实施意见》的落实。

机关作风建设取得新成效。市直机关各单位认真落实党风廉政建设责任制，将工作责任落实到领导班子和具体人员，加强对党员干部的教育监督管理和党纪政纪处分执行情况的监督检查，机关党组织纪委的职能作用得到进一步发挥。扎实开展“纠‘四风’、治陋习”专项整治和“雁过拔毛”式腐败问题专项整治。市直机关工委先后两次组成督查组，对所有市直机关单位的专项整治工作开展集中性督查。严肃查处违法违纪案件。2016年，仅市直纪工委审理和协审的市直机关违纪党员案件共19起，处分违纪党员干部29人。

发挥群团工作的桥梁纽带作用。2016年，23个机关单位完成了工会换届选举工作，6个市直机构改革单位成立了工会组织。市直机关各单位积极开展在职职工医疗互助保障和对女职工的关爱工作，“天天慈善一元捐”活动募集善款近100万元，争取“慈爱助医”救助资金13万余元救助市直机关大病对象13人。开展“模范职工之家”创建活动。市交通运输局、国税局、环保局等3家单位获得市级“模范职工之家”示范基地授牌。组织开展健步行、太极拳、职工篮球赛等形式多样的文体活动。（袁大为）

【县区党建】 2016年，各县市区直工委坚持服务中心、建设队伍，紧紧围绕地方党委、政府的工作，按照全面从严治党的要求，扎实有效地推进机关党建，做了大量富有成效的工作，创造了很多好的经验。炎陵县扎实开展“三进三促”活动，较好地融洽了党群、干群关系。茶陵县开展“牢记身份使命，共建小康茶陵”主题实践活动，在城区岗亭打造多个党员示范岗。攸县下发《县直机关党建工作清单》，有效地推动党建基础工作的规范提升。醴陵市理顺了层级管理机制，完善机关党建考评和评议机制。株洲县开展机关党员干部进县重点工作一线活动，为全县重点工作的推进提供强劲动力。天元区推出区直机关党建专属形象“元元”，获得广大机关党员的好评。芦淞区组织党员志愿者开展关爱失独家庭活动，推动传递社会正能量。荷塘区不断强化党建主业责任，将书记抓党建工作压力传导到“组织末梢”。石峰区区直机关工委书记每年向区委常委会进行党建述职，并进行现场打分和提问。云龙示范区积极推进“立足岗位做贡献”活动，促进了党员领导干部干事创业热情。（袁大为）

【示范型“红色讲堂”正式启动】 6月13日，株洲市示范型“红色讲堂”在市委礼堂正式启动。“红色讲堂”坚持以党的十八大精神和习近平总书记系列重要讲话为指针，以党性素养、家国情怀为主题，结合“两学一做”，围绕党章党规、习总书记系列讲话、五大发展理念、法律法规、人文素养、创新创业等方面，采取课堂传授、沙龙互动、实践体验、新媒体交流等多种形式开展集中学习教育，让党员在鲜活的讲堂中坚定信念、增强党性、提升素养、收获知识、颐养情怀。（袁大为）

【基层党建示范点】 11月30日，株洲市直机关工委召开市直机关基层党建示范点创建工作交流会，命名市地税局机关党总支、市社会劳动保险事业处党总支、市中级人民法院刑一庭党支部、市财政局机关第一党支部、市公安局收容教育所党支部、市广播电视台交通频道党支部、市城市管理监督指挥中心党支部、市国土资源局芦淞分局党支部、市司法局公证处党支部、市文物局党总支为“市直机关基层党建示范点”，并进行授牌。（袁大为）

信访工作

【概况】 2016年，全市信访形势平稳可控，无重大群体性事件、大规模进京集体上访和极端恶性上访事件。全市信访总量14895件（人）次，同比下降7%。其中，进京非访135人次，下降3%；到省集访61批1026人次，分别下降6%、7%；到市上访1025批7991人次，分别上升15%、33%；网上信访2032件次，占比从4%跃升至36%。年内，信访系统强化队伍建设，涌现出一批先进集体和先进个人。市信访局荣获省“驻京维稳劝返工作先进单位”，市信访局1名信访干部被评为“全省最美信访干部”；炎陵县信访局、荷塘区仙庾镇信访办被评为2010—2015年度全省“信访工作先进集体”，全市有4名信访干部被评为2010—2015年度全省“信访工作先进个人”。（王 坤）

【夯实信访基层基础】 2016年，市委常委会议、政府常务会议定期研究信访工作，市委、市政府主要领导亲自交办并带头包案信访问题；市委、市人大、市政府、市政协分管领导坐镇指挥调度信访维稳工作。各地各部门协同配合，做到改革发展、和谐稳定齐头并进，关注民生、化解矛盾同步强化。全市上下深入开展“基层基础强化年”活动，坚持用群众工作统揽信访工作，坚持领导定期接待群众，推行社区网格化管理，创建“微信+信访”模式，推动广大干部进村入户，第一时间解决问题。全市信访系统从保障经费到位、改善工作条件、加强市直涉访部门的队伍建设等多方面着手，确保信访工作的正常开展。（王 坤）

【处理信访积案】 全市结合“两学一做”学习教育，多措并举开展“百案攻坚”行动。市委书记、市长以信函方式向市级领导、各县市区委书记交办信访积案，做到了领导到位、责任上肩，推动了问题处理工作的落地落实，积案处理工作得到了省委督查组的高度肯定。经统计，“省长信箱”交办2件已按期办结；省信访联席办交办的43件信访积案已全部处理；市“百案攻坚”行动交办信访积案100件，按期办结率100%，营造了“化积案、去库存、保稳定、促和谐”的良好氛围。同时，积极开展“百案曝光”工作，筛选典型案例上报省局，市、县两级电视台《法制频道》栏目定期播放典型案例，树立依法治访的工作导向。（王 坤）

【推动信访改革】 推进网上信访。对市直机关及企事业单位信访业务人员、县市区系统管理员进行系统培训。全市联网信访信息系统在市直单位、县市区中全部联通，覆盖了370个单位、805名个人，应用率、录入率均达100%。市、县两级信访局全面开通微信公众号和入驻《今日头条》，市信访局网站正式开通。全市集中开展网上信访系列宣传活动，利用电视、广播等载体，通过发放工作手册、制作小扇子、动漫宣传等群众、通俗易懂的方式引导网上信访、逐级走访。建立了网上信访代理制、越级上访陪访制、律师参与接访制，及实地督查督办制，畅通信访渠道，促进问题解决，提升了工作公信力。（王　坤）

【落实信访责任】 采取签订责任状、重点交办、点对点通报、挂牌督办、一票否决、责任倒查、依法打击等措施，遏制进京非访，维护正常秩序。圆满完成全国“两会”、十八届六中全会、省市党代会等10个重要特护期100余天的接访劝返工作。对9名包案县级领导、31名乡镇（街道）责任领导及责任人进行问责。（王　坤）

老干部工作

【概况】 截至2016年12月31日，株洲市共有离休干部1385人，其中行政单位289人，事业单位302人，企业794人；市直319人，县市区538人，中央和省属528人；厅级100人，县级727人，科级558人；抗日战争时期参加革命工作的99人，解放战争时期参加革命工作的1286人；80岁以上1381人。市级离退休老干部107人，其中曾担任正厅领导职务7人，正厅非领导职务12人，副厅实职49人，享受副厅级待遇16人，市属高职院校3人，机构改革中批准享受副厅级非领导职务三项待遇9人，机构改革中批准享受副厅非领导职务医疗待遇11人。

2016年，全市各级老干部工作部门全面落实离退休干部政治待遇和生活待遇，尽力为老干部办实事、做好事，老干部工作取得新的成绩。

加强思想政治引领。全面落实株组〔2015〕81号文件精神，创新党组织设置方式和活动形式，在离退休干部集中居住地、活动学习场所等，建立基层党组织或者临时党组织。组织引导老干部学习习近平总书记系列重要讲话精神及各类相关会议精神。组织2000多名老干部现场聆听宣讲团的党代会精神巡回宣讲。举办“学党章、谈经历、葆本色”党性教育报告会，邀请4位老干部作党性报告。

发挥老干部优势，服务于株洲建设。组织全市老干部积极参与“喜迎党代会、共谋新发展”献智献策活动，收集意见建议119条，市委原书记程兴汉等5位老干部所提建议，分别荣获一等奖、二等奖。开展“助力‘十三五’，添彩新株洲”百名优秀离退休干部先进典型评选活动，112名老干部分别获得“两学一做”“投身公益”等五种类型的先进个人。组织广大老干部开展“游株洲、看变化、赞家乡”活动，编写《株洲市参观考察重点项目情况简介》。株洲市正能量活动开展情况和经验被省委老干部局网站、微信公众平台推介。

扎扎实实为老干部做好事、办实事。协调落实中央省属单位年终一次性生活补助政策。编印离休干部政策知识宣传手册。协调财政、人社部门解决离休医保资金短缺造成的欠费问题。在市中心医院、省直中医院建立保健办，协调全院医疗专家为市级老干部提供医疗服务、重病大病会诊等。加强社区、乡镇老干联络员队伍建设，开展联络员服务督查和考核，推动服务提质，探索为居住在社区日间照料中心养老人员提供服务的新模式。开展老干部慰问。元旦春节期间，对生活困难和生病住院的老干部进行走访慰问；纪念建党95周年和长征胜利80周年前夕，市主要领导专门慰问老干部。全面走访易地安置（居住）离休干部，及时协调解决易地安置老干部的难题。集中走访居住农村的离休干部。（董立雄）

【一批老干部工作者获全国全省表彰】 2016年，通过民主推荐、综合考评、网络公示等环节，醴陵市委老干部局全小云被评为全国“老干部工作先进者”，茶陵县委老干部局、天元区委老干部局被评为全省“老干部工作先进集体”，杨长兴、王自力、方蒙、肖文政4名干部被评为全省“老干部工作先进个人”。（董立雄）

【关心下一代】 2016年，全市各级关工委组织“五老宣讲团”进校园、进社区开展“三爱”和党史国史宣讲教育活动687场次，受教育青少年学生达12万余人次。扎实推进青少年法治教育，向青少年学生订赠“读本”3.2万余册，编印辅导资料、宣传资料达21万余份，组织开展以“关爱明天·普法先行”为主题的书画和征文评比活动。开展助学和帮困活动。通过“金秋助学”等形式，募集助学资金520多万元，资助3700余名贫困学子圆梦，捐赠款物410多万元，帮扶2400多名“五失”青少年。市关工委从基金产生的收益中，直接资助186人计29.5万元。（史宏熙）

【老年教育】 紧扣“美好株洲、阳光生活”的主题，利用重要时间节点，组织引导广大老干部增添正能量。市老年大学合唱团在“夕阳秀”2016“唱游世界、歌者无疆”国家大剧院合唱展演中荣获金奖，组织参加第五届全国老年书画展，23人作品入编《第五届全国老年书画展作品集》，获得优秀组织奖，1人荣获兰花奖。组织参加第五届全国老年大学文艺会演分别获得菊花奖、杜鹃花奖、荷花奖，及优秀组织奖。组织老年学员开展送文化、送科技、送健康等活动，引导学员做助力精准扶贫的有力实践者和示范带动者。举办“展现成就显特色、凝聚人心促发展”为主题的纪念市老

年大学建校30周年座谈会、书画展、文艺汇报演出等一系列活动。（张　力）

【老年保健】 加强与省、市各级医疗机构沟通联络，建立老年保健协会专家库，开辟老干部就医、咨询绿色通道。大力开展老年保健、疾病防治宣传教育。做好送医送药下乡工作。市老年保健协会联合市中心医院、省直中医院等医疗专家开展送医送药、义诊活动4次，发放卫生保健手册7000份，为1200多名村民进行义诊，免费发放药物6万余元。大力推动基层协会组织建设。株洲县、芦淞区、荷塘区、攸县相继成立了老年保健协会。

（董立雄）

【老年（老干部）书画工作】 10月17—26日，株洲市老年（老干部）书画协会在株洲市规划展览馆举办了纪念红军长征胜利80周年书画展。同期，将会员选送的作品进行收集、整理、评选，编印《纪念红军长征胜利80周年书画作品集——红军不怕远征难》画册。（张　力）

对台工作

【概况】 2016年，株洲市对台工作全面推进“三联三为”，扎实做好安商服务。

经贸合作蓬勃开展。2016年，市台办多次组织招商小分队赴上海、东莞等地参加招商活动，对接和邀请台商20多批500多人次到株洲考察，台商全年实际到位投资近3亿元人民币。成功承办了第12届湘台经贸交流合作会（以下简称“湘台会”），签约项目26个，签约资金103.5亿元人民币。省委常委、统战部部长黄兰香，副省长何报翔，国台办主任助理周宁，省政府副秘书长熊方平，省台办主任冯波；中国国民党中常委刘大贝，台湾工业总会理事长许胜雄，电电公会理事长郭台强，全国台企联创会会长张汉文等600多位两岸嘉宾共同出席大会。

交流交往持续热络。全年，接待台湾神农大帝协进会、三重市先啬宫等10多个批次1000多人赴炎帝陵祭祖。接待7批90余人次株籍后裔回乡。其中，市长阳卫国接见台胞颜元叔后裔团回乡祭祀，接待台湾国民党副主席陈镇湘回乡祭祖。办理株洲企业赴台开展经贸交流合作10批次，公务赴台团组6批82人次。

涉台宣传教育影响广泛。邀请台湾中天电视台、联合报系到醴陵开展《魅力东方——走进醴陵》专题拍摄和报道活动。编辑出版《神农赐福 两岸共沐》宣传画册。拍摄《台商在株洲》系列纪录片在株洲电视台展播，在《株洲日报》《株洲晚报》刊发《台商在株洲》系列报道。第13届两岸记者到湘采访活动于“湘台会”期间，在两岸各大媒体刊发新闻报道300余篇。官网、官微等网络媒体建设力度加大，实时展示株洲市对台工作情况，新媒体宣传工作走在全省各市州前列。全市新增涉台教育基地1家，省台办主任冯波到涉台教育基地进行视察指导，湘潭市台办、娄底市台办相继到涉台教育基地考察交流。

涉台安商和谐有序。春节前夕，市台办对在株台商进行全面走访，召开了株洲市2016年台商迎春团拜会；对部分在株台胞台属进行上门慰问，向岛内台胞邮寄贺年卡，送上节日祝福。主动协调处理15起台商求助，为台商台胞台属争取合法权益。全年没有涉台涉稳事件发生。（李　超）

【第十二届湘台经贸交流合作会在株洲举行】 11月20—24日，第十二届“湘台会”在株洲举行。湖南省委常委、统战部部长黄兰香出席并讲话，湖南省政府副省长何报翔主持会议，国务院台办主任助理周宁等领导出席会议。“湘台会”是湖南省重要的涉台经贸交流活动，自2005年举办以来，已先后在长沙、湘潭、益阳、衡阳、郴州、台湾等地成功举办了11届，是两岸经贸合作的重要平台。第12届“湘台会”由国台办支持，“湘台会”组委会主办，湖南省人民政府台湾事务办公室和株洲市人民政府承办，湖南省经信委、湖南省商务厅、台湾工业总会、台湾电电公会、两岸经营者俱乐部、台湾中华国际美馔交流协会共同协办。此届“湘台会”立足株洲产业优势，集中围绕高端装备产业及健康服务业创新发展开展交流合作。会上，湘台双方进行项目签约，涉及农业、工业制造业、医疗产业、现代服务业等领域，共签约26个合作项目，签约额达103.5亿元人民币，是“湘台会”举办以来会议规模最大、台商规格最高、合作成效最好的一次盛会。（李　超）

【台湾国民党副主席陈镇湘到株洲祭祖】 陈镇湘，1942年10月10日出生，台湾地区退役上将，中国国民党籍。现任中国国民党副主席。2016年1月陈镇湘一行应邀回乡认祖，参拜位于株洲市三门镇的外祖父母祖坟，并参观了市规划展览馆和沿江风光带。

（李　超）

保密工作

【概况】 2016年，株洲市保密工作科学化、保密管理法制化、保密技术现代化和保密队伍专业化水平得到全面提升，各项工作都上一个新台阶。

提升保密水平。坚持抓领导、领导抓的方法。落实保密工作目标管理考核。将保密工作纳入全市党办系统“三提三新”竞赛活动考核和全市社会综治管理考核。解决保密检查装备和保密监管平台建设经费，县市区和市直机关保密经费保障、保密设施设备配备和保密工作纳入目标考核，全市保密水平有进一步提升。

开展保密教育。保密宣传教育工

作以启动“七五”保密普法规划为契机，精心部署，在全市营造学保密、懂保密、善保密的浓厚氛围。突出重点抓教育。2016年，株洲市保密委以领导干部和涉密人员为重点，全面抓好保密工作的贯彻落实。攸县、株洲县保密教育列入常委会中心学习组学习内容；石峰区选派保密局长参加全国保密业务培训。注重形式抓教育。发挥党校保密教育培训主阵地作用，市委组织部、市委党校对一个月以上的各类期班均安排了保密教育内容；醴陵市、炎陵县、株洲县、茶陵县党校分别对科局长进行保密集中培训。继续推进“菜单式”保密教育。从局长到科室人员都走上讲台，开展保密知识讲授。全市30多家党政机关、涉密单位邀请市国家保密局进行专题保密知识全员培训，1000多党政领导干部和涉密人员接受保密教育。拓展各类教育渠道。人社系统将保密教育列入全市在职人员职称评定考核的必修课；受训人员近2000人，200多名新任公务员参加了岗前保密教育培训；涉密考试单位200多名考务人员接受保密教育；电力系统将保密工作列入行业达标考核的必要内容，湘能电通过视频会议形式对全系统包括海外项目部进行保密常识学习培训，300多人参训；石峰区和荷塘区开展全区办公室主任保密教育培训，醴陵市和茶陵县组织开展保密“宣传月”活动。利用载体抓教育。充分发挥《保密工作》《湖南保密》等业务书刊、音像制品的宣传教育作用。扩大《保密工作》的覆盖面。全市征订《保密工作》1200余份，报送工作信息30余篇，《保密工作》采用3篇，《湖南保密》采用4篇。20多家单位播放了相关保密警示教育片，天元区、石峰区、炎陵县、608所等党政机关、涉密企事业单位利用宣传栏、电子公告牌等载体广泛宣传保密法律法规。

推进保密管理。坚持高标准谋划，高质量推进，高要求考核，定密管理、网络保密管理和涉密人员管理取得明显成效。规范定密工作。全面落实定密责任人和定密授权制度，年内对全市具有原始定密权限的6家单位开展定密工作督查。指导市委政法委、市委防范和处理邪教问题办公室、市审计局、人民银行株洲支行等被授权定密的单位，开展保密事项范围制定及密级确定工作。指导中车株机研究所公司、千金药业公司等企业开展商业秘密的确定和标注工作。督促指导和教育培训，全市定密工作进一步规范。加强涉密网络保密管理。强化涉密网络密级确定、规划建设、运维保障、信息管控等全过程管理，市纪委、市委组织部、全市检察系统共12家单位涉密网络通过了保密科技测评。通过保密检查、专项督查等形式，对各涉密单位涉密计算机、涉密网络、涉密网络终端进行“户籍”登记，建立“户籍化”管理数据库。规范非涉密网络管理。组织开展对“12金”重点骨干网络的专项保密检查。坚持定期对全市128家党政机关门户网站和互联网信息进行搜查，发现海南省质监局违规上传内部文件，及时上报省国家保密局。开展“清池子”行动，共对87个门户网站、38个微信公众号、15个政务微博发布的信息进行集中清查，确保涉密信息和内部红头文件不在非涉密信息系统中散布。推进涉密人员管理。开展涉密人员分类确定和审查工作，全市共确定涉密人员1519人（不含军工涉密人员）。根据涉密人员的工作性质、岗位特点和涉密等级，有针对性地开展“菜单式”保密教育，提升涉密人员保密意识。同时，建立涉密人员动态管理台账，与公安出入境管理部门建立涉密人员报备协调机制。

加强保密监管。加强内部管理，规范工作程序。按照“规范、简洁、高效”的原则，对保密行政审批、行政检查、泄密查处、技术监管和载体销毁等工作进行流程优化再造，让行政执法人员做到必知必会，从制度层面将保密监管的职责、方法规范化，保密检查的范围、步骤模板化，提升了工作效能。市县两级保密行政执法人员参加全省统一行政执法岗位资格考试，做到持证执法。突出保密检查，注重以查促防。年内开展了5类保密检查，共检查76家机关单位、16家废旧回收点店，检测计算机258台次，对存在问题的单位当场提出整改意见，对存在严重泄密隐患的，依法封存计算机1台、U盘2个，有关责任人受到诫勉谈话和通报批评处理，对4家单位开展保密检查“回头看”，确保整改到位。攸县、茶陵县、醴陵市认真开展分层次日常保密检查，株洲县、石峰区、攸县联合公安部门对废旧回收站开展了保密检查。对自查自评的14类59项内容逐一进行分类筛选，规范市直机关、涉密企事业单位、军工单位等各类单位的自查实有项目，让各单位“查有规范、评有依据”，逐渐由以往的“被动接受检查”向“主动开展自查”转变。强化监管审查，维护秘密安全。取消涉密载体定点印制单位审批权限，涉密设备定点维修单位审批权限，取消全市8家涉密设备定点维修单位的资格。组织对市教育考试院、市人社局、市司法局、市卫生局、市住建局等单位19项国考进行保密监管；对市卫计委、湖南化工职业技术学院等单位的2个保密室安防建设进行检查验收；联合公安、教育部门对全市教育考试保密室进行检查验收，全年没有发生失泄密事件，确保了各项考务工作顺利进行。年内对近60吨纸介质涉密载体、245块硬盘和移动存储介质进行统一销毁处理，把好涉密载体管理“最后一道关口”。优化技术服务，提升防范能力。落实“企业帮扶年”活动要求，指导企业开展军工保密资格申报和迎审工作，对株洲天微技术有限公司、株洲普林特增材制造有限公司等5家企业申请军工保密资格进行现场指导。年内，新增4家军工科研生产单位一次性通过现场审查认证，6家军工单位顺利通过现场复查或重审。做好保密技术保障服务工作，为市委、市政府重要涉密会议活动和市编办选调工作人员考试提供安全保密技术服务，防范4G、WIFI等无线通信泄密。

（罗岳新）

讲师团工作

【概况】 2016年，株洲市委讲师团围绕市委市政府中心工作，扎实开展干部理论教育、理论宣传和理论研究工作，荣获全省讲师团系统先进集体一等奖。

市委中心组理论学习服务工作。制定《2016年株洲市委中心组理论学习安排意见》，精心确立学习主题，严格遴选授课专家，按照理论学习的自学、专家辅导、中心发言、特邀发言、学习小结，及新闻报道6个环节要求，做好市委中心组学习服务工作。全年市委中心组分别围绕“互联网+”五年行动计划、“项目攻坚年”活动、“两学一做”学习专题、用改革思维推进改革、做好新形势下意识形态领域工作、新型城镇化建设，及学习贯彻党的十八届五中、六中全会精神等主题，集中学习8次，完成学时16天。其中，在市委和市政府礼堂举办集中（扩大）学习报告会15场。在第8次集中学习中，省委讲师团巡视员陈志强教授对株洲市委中心组学习进行指导和督学，给予高度评价。

全市干部理论学习辅导工作。围绕中央和省委理论工作要点确定的6大学习主题，全团4名教员认真准备30多个专题课及相关课件，向全市基层单位下发《2016年度党员干部理论学习专题课目录》300多份，主动为市直机关和基层党委中心组理论学习提供辅导。全年全团教员围绕五中全会精神、“四个全面”发展战略、《党章》《准则》《条例》、“两学一做”学习教育，及六中全会精神等相关专题，在基层单位授课200场（次），受众逾5万人（次）。衔接邀请省委“学习贯彻《准则》《条例》”宣讲团成员郑昌华和省委“学习贯彻党的十八届六中全会精神”宣讲团成员肖君华到株举办大型宣讲报告会4场，深受基层广大干部群众欢迎。

理论研究及管理工作。贯彻落实宣传思想意识形态工作责任制，会同市委宣传部对全市10个县（市）区和40多个市直机关及企事业单位党委（党组）进行“关于开展意识形态工作和中心组学习”的专项督查；组织举办了一期“全市县以上单位党委（党组）理论学习中心组学习秘书培训班”，全市120多个机关事业单位中心组学习秘书参加了学习。结合教学组织教员开展理论研究工作。年内，省团立项科研课题——株洲市委中心组学习“学贯有恒、常学常新”专题集体成果得以发表；教员还撰写3篇理论文章参加全省“学习贯彻党的十八届六中全会精神暨全面从严治党重大问题”专题理论研讨会，1篇获三等奖；1名教员在全省讲师团系统“学习贯彻以习近平同志为核心的党中央治国理政新理念新思想新战略”教学比赛中获三等奖。

（陈　湘）

【创新中心组学习形式】 2016年4月16—20日，在市政府礼堂举办的市委理论学习中心组第2次集中学习中，株洲市委讲师团采取现场观摩重点项目交流与外请专家学者授课相结合的学习方式，把中心组集中学习与全市项目工作专题培训结合，集重点项目现场观摩会、“项目攻坚年”讲评会、项目建设工作培训会、“两学一做”学习教育视频会、一季度经济形势分析会、《中国共产党廉洁自律准则》《中国共产党纪律处分条例》巡回宣讲报告会六会合一，全市机关及企事业单位主要负责人、各县市区党政主要负责人及分管领导、各融资平台和园区负责人等760多人参加学习。

（陈　湘）

【总结推介市委理论学习中心组学习经验】 30年前，中央核心理论期刊《红旗》杂志（后更名《求是》）1986年第5期曾以《从调查测试结果看加强干部理论学习的必要性》为题刊登文章，指出：“株洲市委已明确提出，要把马克思主义基本理论的学习作为精神文明建设的核心，思想政治工作的根本，端正党风的保证这样的大事来抓。”株洲市委理论学习中心组用30年如一日坚持抓学习、学以致用的实际行动回答和诠释了这个问题，其做法和经验曾多次受到上级相关部门领导的充分肯定和表扬。为深入推进“理论武装工程”建设，市委讲师团与省团联合成立课题组，对市委理论学习中心组的学习经验进行调研总结，并加以宣传推介。2016年《求是》杂志第3期，以《抓学习重在“严真实”》为题发表了该项课题成果；3月13日，湖南日报理论版《理论学习》专栏作为开篇之作整版推介了株洲的做法和经验。

（陈　湘）

【组建市委宣讲团】 为深入学习领会党的十八届六中全会精神，贯彻落实好《关于新形势下党内政治生活的若干准则》和《中国共产党党内监督条例》，全会召开后，市委讲师团迅速行动，牵头组建12人“株洲市委六中全会精神宣讲团”，并组织成员4次集中备课。11月28日开始，分赴全市10个县（市）区及部分机关单位开展集中宣讲，直接参训的领导干部达20000多人。讲师团3名骨干教员集中宣讲30多场。

（陈　湘）

【开展微宣讲活动】 2016年，市委讲师团积极开展理论微宣讲和微宣传活动。全团4名教员分两组深入城市五区街道社区开展“五中全会精神进基层”理论微宣讲30多场，与2000多名基层党员群众面对面进行理论问答，释疑解惑；与《株洲晚报》合作组织“让五中全会精神走进千家万户”活动，在周六走进10个人口密集的社区广场，发放宣传资料20000份，用移动版报、有奖竞答、理论咨询等丰富多彩的形式开展宣讲，受到基层群众欢迎；充分利用党教中心“红色讲坛”这个网络平台，开展宣讲30多场，将党的声音传递到千家万户。

（陈 湘）

接待工作

【概况】 2016年，市委市政府接待处高质量完成各项接待任务485批次。其中：接待党和国家领导人6批次，国家部委领导25批次，省委、省人大、省政府、省政协、省军区领导87批次，山东省、江西省政协、广西柳州市、南宁市、湖北鄂州市、广东佛山市、西藏山南市、张家界市党政代表团11批次，知名企业47批次。承担市第十二次党代会、省委换届考察组后勤保障。“沪洽周”活动（上海）、全国文明城市复检、市委理论学习中心组“讲奉献，有作为”专题学习研讨（韶山）、市十四届人大六次会议会务等任务的后勤服务工作，顺利迎接省委、省政府党风廉政建设工作督查调研。

（王 霞）

【提供优质服务】 为全力以赴服务好“换届选举年”，接待处提前谋划，精心组织，6—10月份共计完成换届选举考察、督查接待任务7批次。用心用情服务好市第十二次党代会。接待处调动各县市接待办资源，精心安排了醴陵、茶陵、攸县、株洲县地方特色菜品专场展示，确保代表吃出浓浓的家乡味。通过主动、周到、热情的服务，有效弥补了客房硬件上的不足，为会议提供了优质的接待服务。

（王 霞）

【接待工作提质规范化】 按照“提高标准、严格要求、优化流程、强化执行、鼓励创新、务求实效”24字要求，重点开展餐饮、客房、会务“接待工作提质年”活动。5月13—14日，接待处组织部分市直机关、县市区接待部门工作人员开展全市公务接待工作首次集中业务培训暨公务接待地方菜展示交流活动。9月在全国接待系统开启了“接待大数据”建设先河。开展接待规范化建设，先后建立接待清单制、内部控制管理体系。为确保接待干部懂政策、知历史、会技能、多礼仪、有激情，接待处组织内部讲师每周一课、双月案例分析会、接待大讲堂、轨道科技城参观学习，参加天台开元大酒店业务培训、观摩开元集团技术大比武、全国接待与交际年会、赴韶山管理局接待办警卫任务接待工作现场观摩，委派两名接待干部参加省委接待办跟班学习。

（王 霞）

党校教育工作

【概况】 2016年，株洲市委党校（行政学院）积极适应对干部教育培训新情况新变化新要求，按照“服务、创新、质量、和谐”的工作方针，深化教研创新，开创党校事业发展的新局面。被评为湖南省全民国防教育工作“先进单位”等。

坚持党校姓党，坚定办学方向。当好党委政府助手。把教学布局、科研咨政、培训办学等工作放到市委、市政府工作大局中去思考、定位和部署，开设《习近平总书记系列重要讲话精神解读》《株洲2017率先脱贫的困难与对策》等教学专题。增强看齐意识。教学布局上，围绕地方党委、政府的中心工作，进行专题设计，开设《坚持创新发展，加快株洲工业升级》《坚持绿色发展，建设富强美丽新株洲》等系列教学专题。科研方面，围绕株洲市政府工作报告、市第十二次党代会报告提出的目标任务，组织力量开展研究，撰写了一批高质量理论文章和调研报告，在《株洲日报》理论专版刊发了近30篇理论研读文章。报送的贯彻落实市十二次党代会精神的信息，市委书记毛腾飞作了专门批示。发挥主渠道作用。2016年共举办主体班20期，培训学员1553人，同比增长16%；举办基层党务工作者培训班5期，培训842人；联合市委讲师团举办“五大发展理念”专题研讨班1期，培训601人。

聚集主业主课，深化教学改革。理论教育坚持问题导向，注重解开学员思想疙瘩。在教学中突出党的理论教育和党性教育的主课地位，打造了“红色经典导读”“习近平总书记系列重要讲话精神解读”等系列精品课程；采用了互动式、结构化研讨等多种形式创新教学方式方法。党性锻炼注重体验教育，突出“强筋壮骨补钙”功能。紧抓党课教育、警示教育、体验教育、革命传统教育和党性分析，提高学员党性素养。通过严把入学教育关、签订作风建设承诺书、加强对学员到课率的检查等措施，学员学风更加纯正，主体班到课率始终保持在98%以上，全年无一例学员违纪事件。

坚持服务大局，教研效果明显。围绕市委、市政府中心工作，开设《“互联网+”与株洲产业升级》《突出共享理念，建设幸福株洲》《坚持创新发展，加快株洲工业升级》等教学专题。2016年，新建成的心理调适实训室投入使用。全年共设置81个专题，其中新专题60个，专题更新率达到74.1%；在共计265堂课中，测评94分以上有262堂，优良率（满意率）为98.8%。围绕市委、市政府重点项目提供咨政服务。校《内部研究交流》第19期刊发的调研报告《启动株萍对接先行区，打造湘赣合作桥头堡》得到市委书记毛腾飞的批示；校级课题“株洲供给侧结构性改革的主要障碍和实施途径研究”研究成果为市相关部门出台政策提供了重要参考；在“喜迎党代会·共谋新发展”献智献策活上，党校提交的对策建议被《献智献策专报》刊发。积极组织教师参与党委政府的重大课题研究，参与课题“株洲建设‘中国动力谷’对策研究”研究成果得到市委市政府主要领导的高度赞扬，部分对策建议写入了市第十二次党代会工作报告。全年，在市级以上刊物发表各类文章87篇，其中国家级6篇；省级社科课题和省委党校立项课题22个，结项9个；市社科课题立项5个，结项6个，出版学术专著2部，译著1部（《从达•芬奇到互联网》）。市第十二次党代会召开后，围绕贯彻落实党代会精神，组织教研人员展开课题研究，撰写专题解读文章，在《株洲日报》刊发两期专版。中共中央党校《工作通讯》10月第20期推介党校科研咨政工作经验。在全市“两学一做”学习教育中，党校有10名教师21门课程纳入市委组织部红色课堂师资库、课程库，占全市总课程量的40%以上；组织教师到市直机关、企事业单位、村（社区）宣讲200余场次，受到党员干部的欢迎；《株洲日报》等媒体对党校教师讲党课方式方法作了经验推介；组织12名教师开发微党课，将微党课落实到支部“三会一课”活动和进社区活动。

坚持人才强校，队伍素质增强。抓好党员队伍建设。完成专业技术人员岗位设置首次聘任工作。按照专业技术人员岗位设置工作的要求，聘任了36名符合条件的专技人员。加强科级干部队伍建设。把一批德能勤绩较为突出的干部充实到科级领导岗位上来，有效调动了干部的积极性。提升党务干部素质。举办为期5天37人参加的机关党务干部培训班，集中学习党章党规、习近平总书记关于全面从严治党的重要论述，以及基层党务工作实务，并到井冈山进行现场教学，接受革命传统教育；选派支部书记、党务干部8人次参加市直机关组织的党务干部培训。加强师资队伍建设。通过全省公务员考试公开招考了2名行政工作人员，面向社会公开选调了2名优秀青年教师，从政府部门、著名高校、研究机构和知名企业里选聘了50名政治素质好、理论水平高、业务能力强的领导、学者、专家和管理人员担任校客座教授，组织其不定期到校为主体班学员讲课，拓宽学员的知识面。选送一批优秀教师和骨干到国内著名院校、发达地区学习进修和考察；组织全体专兼职教师到河南大学进行集中培训。（刘　伟）

【中央党校推介株洲党校科研经验】 近年来，市委党校紧扣市委、市政府重大决策部署和社会热点难点问题，开展咨政研究。包括及时跟进党委政府中心工作搞好对策性研究、经济社会发展实际搞好政策性研究、基层群众利益诉求搞好运用性研究。至2016年年底，党校有10名专家入选市委智库核心专家，有17人入选政府、人大、政协及相关部门的行业智库专家。在全省干部教育培训首批名师名课评选中，党校两位教授入选首批名师名单；7堂专题课入选首批名课名单。党校专门组织科研团队开展的“新常态下的株洲应对策略”“株洲市高素质人才队伍现状研究”等20多个研究课题，得到市委、市政府主要领导充分肯定。中共中央《党校工作通讯》（2016年10月第20期）以“强队伍建机制搭平台，充分发挥新型智库作用”为专题，专刊向全国党校推介株洲党校科研经验，这是继2004年、2010年之后，中共中央《党校工作通讯》第3次推介株洲党校工作经验。（刘　伟）

【退岗干部培训班】 10月20日上午，2016年全市选派退出领导岗位干部到村任职培训班开班式在党校举行。市委常委、市委组织部部长彭爱华出席开班式并作动员讲话。

鼓励退出领导岗位干部到村担任党组织书记或第一书记，是株洲市委创新推进基层组织建设作出的重要决策部署。市委党校采取短班特训的培训方式，邀请农委、扶贫办、纪委、组织部的专家和领导前来授课，重点结合最新政策与各地实例，深入浅出地解读新形势下的农村工作、如何做好农村工作、精准扶贫的政策落实、党风廉政建设和基层党务公开、基层党建的实务与创新、党的基层组织建设等内容。通过学习，提高学员的政治觉悟与自律意识，使其熟悉农村政策与基层工作，尽快转换角色。党校还特邀优秀村书记与学员互动，介绍工作经验方法，交流山村致富的新思路新理念，为其解惑释疑，使离岗干部能融会贯通、结合自身工作经验更好地服务群众。（刘　伟）

【全省党校系统科研工作会议暨理论研讨会】 12月5—7日，全省党校行政学院系统科研工作会议暨理论研讨会在株洲市委党校召开。省委党校、行政学院常务副校（院）长严华，市委常委、市委宣传部部长、市委党校、行政学院常务副校（院）长聂方红等出席会议。

会议回顾和总结全省党校行政学院系统科研工作情况，表彰优秀科研成果和优秀论文，研究部署下阶段工作任务。会上，市委党校“株洲转型发展的生动实践和再升级重心研究”的科研成果及其论文分别获一等奖；优秀论文二等奖10篇；“启动株萍对接先行区、打造湘赣合作桥头堡”“湖南科技型中小企业协同创新模式研究”等课题获第十一届优秀科研成果二等奖。（刘　伟）

株洲市人民代表大会常务委员会

综　述

【概述】　2016年，市人大常委会认真履行宪法和法律赋予的职权，全年共召开常委会会议8次，主任会议14次，听取和审查专项工作报告21项，作出决议决定5项，发出常委会会议审议意见1份，主任会议交办代表专题调研意见2份，为推进株洲经济社会又好又快发展发挥了积极作用。

紧扣中心工作，依法作出决定。围绕全市经济社会改革发展大局，依法作出决议决定，支持和推动全市经济社会发展。加强全口径预算监督，依法批准了2015年度市级财政决算的决议，审查批准了2016年市级预算调整方案。坚持党管干部和人大依法任免干部相结合的原则，认真做好人事任免工作。严格实行任前了解、闭卷法律考试、任前发言、审议表决等制度，全年共任免和批准任免国家机关工作人员41人次。

围绕服务大局，全力助推发展。主任会议组成人员积极参加“项目攻坚年”“全市总动员，大干一百天，全力保投资”等重大会议和活动，积极参与清水塘老工业区搬迁改造和新区建设、长株潭城际铁路、株洲市第二工人文化宫改造等重点项目的联系、协调和服务工作，及时解决工程建设中存在的问题和困难。围绕扶贫攻坚、重点工程项目建设等方面认真开展专题调研，提出意见和建议，推进重点工作。

坚持民生优先，务实开展监督。组织执法检查。围绕全市食品安全工作，开展贯彻落实《食品安全法》及相关法律法规的综合执法检查。常委会综合执法检查分7个检查组，邀请部分省、市人大代表参加，采取听取汇报、座谈、暗访等方式，先后对9个县（市）区和11个行政执法部门进行检查，形成了执法检查报告和7个专题审议发言材料提交市人大常委会审议。针对执法检查中发现的问题，提出了意见和建议，形成审议意见，依法交市人民政府办理。针对株洲市食品安全工作依法开展了专题询问，11名市人大常委会组成人员向市人民政府各工作部门共提问16次，8位市人民政府工作部门负责人认真应询，诚恳作答，取得良好效果。同时，常委会还检查了《中华人民共和国水法》《中华人民共和国社会保险法》等法律法规的贯彻实施情况，督促有关部门认真整改，有力推动了相关国家法律法规在全市的贯彻实施。关注重点项目。积极服务全市“项目攻坚年”活动，对全市重点工程建设工作开展专项工作评议。围绕全市301个重点建设项目分别对服务全市重点工程建设的24个市直单位、7个重点工程建设单位（七家市级平台公司）和10个重点工程所在地的县（市）区人民政府和管委会进行广泛深入全面的调查了解，形成重点工程建设评议调查报告和专题片，针对调查中存在的问题，提出建议和意见，评议调查成果在市委项目建设“看、学、议”活动中运用，有效地助推了全市重点项目建设工作。把市人大常委会放在市委召开，这种形式得到了省人大和全国人大的赞誉。审议专项报告。围绕推进依法理财，听取和审议2015年度市级财政决算情况和审计工作报告，督促政府及相关部门进一步强化预算管理，提高资金使用效率。围绕推进依法行政，听取和审议市人民政府办理市人大常委会审议意见书情况的汇报，督促政府及职能部门强化措施，落实责任，推动工作。围绕推进经济社会协调发展，听取2015年度政府性债务管理情况和2016年度政府性债务管理总体安排情况报告、贯彻执行《市人大常委会关于加强农村村庄规划建设管理的决定》情况报告等工作汇报，提出了针对性强的意见和建议得到有关部门及时落实。认真组织开展“环保世纪行”“农产品质量安全行”“农民健康行”“民族团结进步行”“司法公正行”等活动，督促解决了一批群众普遍关心的实际问题。强化司法监督。组织人大代表听审评议法院庭审案件活动，组织部分省、市人大代表到市中级人民法院旁听典型重大刑事案件38人次。依法听取和审议市中级人民法院和市人民检察院相关副职履职情况汇报，切实加强司法监督，促进公正司法和阳光司法。做好群众来访来信来电工作，共受理群众来信来访1600余人次，群众的合理诉求得到切实维护，解决一大批群众普遍关心关注的热点难点问题。

突出地方特色，推进地方立法。依法设立法制委和法工委，成为立法法修改后全省第一批行使地方立法权的设区的市，成功开创株洲人大由“三权”变“四权”的历史新局面。年内共制定地方性法规2部。一是制定了全省新获地方立法权设区的市“第一部法规”——《株洲市人民代表大会及其常务委员会立法条例》，为全省设区的市立法树立了标杆；二是制定了株洲建市以来的首部实体法规——《株洲市农村村庄规划建设管理条例》，着力破解17个问题、扭转“有新房、无新村”局面，推进村庄规划建设管理的全面法治进程，省人大常委会认为株洲选题精准，为全省作了表率，要求全省推广株洲经验。

创新工作方式，发挥代表作用。依法组织、联系、指导市县乡人大换届选举。年内，市人大常委会认真谋划、积极作为、周密部署、稳妥推进，实现县乡人大代表换届选举工作的圆满成功。切实督促代表建议办理。对392件人大代表建议向“一府两院”进行交办，继续开展代表建议巡回集中督办，由主任会议成员带队，市政府有关副市长及相关职能部门主要负责人参加，以现场办公的形式，对34件人大代表建议进行重点督办，各承办单位面对面地向代表报告办理工作进展，解决落实具体问题，取得良好效果。如驻荷塘区市人大代表提出的《关于启动北环路(新华路—云龙大道)建设的建议》，通过市人民政府的认真办理，北环路现正在建设中，预计2019年竣工通车。倾心服务代表履职。认真组织驻株国、省代表调研，帮助撰写议案和建议，为助推株洲发展建言献策、争取机遇。进一步巩固代表联系群众工作室平台建设成果，规范代表联系群众工作室接待选民制度，密切代表与群众的联系，全市138个代表联系群众工作室共开展接待人民群众来访活动1212日次，接待人民群众来访11034人次。（王玉军）

【市十四届人大五次会议】 1月17—20日，株洲市第十四届人民代表大会第五次会议在株洲市会议中心（天台山庄）举行。会议听取和审查市人民政府工作报告、市人大常委会工作报告、市中级人民法院工作报告、市人民检察院工作报告；审查、批准株洲市2015年国民经济和社会发展计划执行情况的报告及2016年国民经济和社会发展计划，审查、批准株洲市2015年财政预算执行情况的报告和2016年市本级财政预算；通过《株洲市人民代表大会及其常务委员会立法条例》；通过有关决议；选举冯建湘为株洲市第十四届人民代表大会常务委员会副主任；补选邓尚文、李向军、吴国根、周琦（女）、贺涛、贺映娥（女）、傅依全、谭益民为株洲市第十四届人民代表大会常务委员会委员；通过李向军为株洲市第十四届人民代表大会教科文卫（民侨外）委员会主任委员，李文波为株洲市第十四届人民代表大会法制委员会主任委员，赵卫民为株洲市第十四届人民代表大会法制委员会副主任委员。（王玉军）

【市十四届人大六次会议】 5月16—18日，株洲市第十四届人民代表大会第六次会议在株洲市会议中心举行。会议选举阳卫国为株洲市人民政府市长。（王玉军）

【市十四届人大常委会第二十五次会议】 2月29日，市十四届人大常委会第25次会议在市人大机关举行。会议审议并通过市十四届人大五次会议代表建议、批评和意见的交办、督办意见，集中交办市十四届人大五次会议期间代表建议。会议听取市人民政府办理《市人大常委会关于科技、司法、国土、住建、交通、水务、安监工作的审议意见》的情况报告、市人民政府办理《市人大常委会关于〈大气污染防治法〉综合执法检查的审议意见》的情况报告、市人民政府办理《市人大常委会关于加强农村村庄规划建设管理的审议意见》的情况报告。会议审议通过《关于调整株洲市第十四届人民代表大会换届时间的决定》，并通过相关人事事项。（王玉军）

【市十四届人大常委会第二十六次会议】 4月13日，市十四届人大常委会第26次会议在市人大机关举行，会议表决通过有关人事任免议案，决定接受毛腾飞辞去株洲市人民政府市长职务，决定任命阳卫国为株洲市人民政府副市长，决定阳卫国副市长为株洲市人民政府代理市长。会议审议通过《株洲市人民政府关于提请审议将太阳村等7个土地储备项目委托开发资金纳入市财政预算的议案》和《株洲市人民政府关于提请审议市属三所职院异地建设工程项目政府购买服务有关事项的议案》。（王玉军）

【市十四届人大常委会第二十七次会议】 4月29日，市十四届人大常委会第27次会议在市人大机关举行。会议听取市人民政府关于株洲市2015年度政府性债务管理情况和2016年度政府性债务管理总体安排情况的报告；审议通过《株洲市人民政府关于提请审议将东环北路二期政府购买服务费用纳入市财政预算的议案》。会议对《株洲市农村村庄规划建设管理条例（草案）》进行一审。会议书面报告株洲市2006版城市总体规划2015年执行情况；审议通过《关于召开株洲市第十四届人民代表大会第六次会议的决定》；审议决定市十四届人大六次会议议程等有关事项，通过有关人事事项。（王玉军）

【市十四届人大常委会第二十八次会议】 6月28—29日，市十四届人大常委会第28次会议举行。会议听取和审议株洲市《中华人民共和国食品安全法》综合执法检查情况报告，并开展专题询问。会议表决通过有关人事事项，决定任命田卫军为市人民政府副市长。会议听取和审议2015年度市级财政决算情况报告，听取和审议审计工作报告，审查和批准2015年度市级财政决算。会议听取和审议株洲市《中华人民共和国社会保险法》及相关法律法规贯彻执行情况报告、市人民政府关于株洲市环境情况及环境保护目标的情况汇报。

（王玉军）

【市十四届人大常委会第二十九次会议】 8月29日，市十四届人大常委会第29次会议在市人大机关举行。会议听取市人民政府上半年经济和社会发展情况报告、市中级人民法院上半年工作情况报告、市人民检察院上半年工作情况报告。会议向市人民政府交办《关于对我市贯彻实施〈中华人民共和国食品安全法〉等法律法规情况的审议意见》。会议听取株洲市农业产业化发展情况报告，听取和审议市人民政府有关融资事项的情况报告，听取株洲市贯彻实施《消费者权益保护法》情况报告，并二审《株洲市农村村庄规划建设管理条例（草案）》，表决通过有关人事事项。（王玉军）

【市十四届人大常委会第三十次会议】 10月24日，市十四届人大常委会第30次会议在市人大机关举行。会议书面报告重点工程建设专项评议工作。会议审议市人民政府有关融资事项。审查批准《2016年市级预算调整方案（草案）》。听取和审议市人民政府及有关部门财政同级审反映问题整改落实情况报告。会议三审《株洲市农村村庄规划建设管理条例（草案）》。会议书面报告市人民政府贯彻执行《市人大常委会关于加强农村村庄规划建设管理的决定》情况报告。会议审议《株洲市第十四届人民代表大会常务委员会关于株洲市第十五届人民代表大会代表名额分配和选举问题的决定（草案）》和《关于召开株洲市第十五届人民代表大会第一次会议的决定（草案）》，表决通过有关人事事项。

（王玉军）

【市十四届人大常委会第三十一次会议】 11月24日，市十四届人大常委会第31次会议在市人大机关举行。会议通过有关人事事项，任命周凯军为株洲市中级人民法院副院长、代理院长。会议听取和审议市中级人民法院、市人民检察院有关副职专项工作报告。

（王玉军）

【市十四届人大常委会第三十二次会议】 11月29日，市十四届人大常委会第32次会议在市人大机关举行。会议补选省十二届人大代表，表决通过有关人事事项。（王玉军）

【市十四届人大常委会第三十三次会议】 12月21日，市十四届人大常委会第33次会议在市人大机关举行。会议听取关于《市人大常委会工作报告》和《政府工作报告》（征求意见稿）的意见。会议听取株洲市2017年预选草案编制情况报告，听取和审议市人民政府有关融资情况汇报。会议听取办理和督办市十四届人大五次会议及闭会期间代表建议、批评和意见情况的报告。会议听取市十五届人大一次会议筹备工作情况汇报，审议决定有关名单及事项。会议听取和审议株洲市贯彻实施《文物保护法》情况报告，听取和审议株洲市落实市人大常委会《关于对株洲市贯彻实施〈中华人民共和国食品安全法〉等法律法规情况的审议意见》（株常审〔2016〕1号）办理情况的报告。会议审议市十五届人大代表资格审查报告，补选省十二届人大代表，表决通过有关人事事项，审议有关省十二届人大代表辞职事项。

（王玉军）

【开展食品安全法综合执法检查】 2016年，为推动株洲市创建“全国食品安全城市”工作，市人大常委会在全市开展《中华人民共和国食品安全法》及其相关法律法规的综合执法检查。执法检查实行上下联动、协调进行。市人大常委会成立7个检查组，共听取11个部门，9个县（市）区人民政府和云龙示范区管委会工作汇报，召开座谈会24次，实地检查食品生产企业15家、小作坊32家、小摊点店铺58家、农贸市场24家、生猪屠宰点3家。为进一步做好市人大常委会会议审议工作，执法检查领导小组办公室制作电视专题片《舌尖上的安全忧思录》。6月28日，市十四届人大常委会第二十八次会议听取和审议市人大常委会副主任鲁立彬代表执法检查领导小组所作的检查情况报告和市人民政府副市长杨胜跃所作的株洲市贯彻实施《中华人民共和国食品安全法》工作情况汇报。会后，执法检查办公室根据审议意见，形成市人大常委会审议意见书，提出三个方面15条整改意见，并向市人民政府交付审议意见书。市人民政府高度重视、对照审议意见书要求，采取一系列整改措施，15条整改意见均得到不同程度的落实，督促和支持了市、县两级人民政府及有关部门依法行政，切实加强和改进了全市食品安全工作，进一步提高了株洲食品安全保障水平和人民群众对食品安全的满意度。

（刘娅娟）

【开展“两院”副职履职情况调查和跟踪问效】 市人大常委会对市中级人民法院副院长吴秋林、刘君瑜、蔡怡、戴晓辉，市人民检察院副检察长湛晓丹、陈自力、袁满玖等7人的履职情况进行调查了解，市人大常委会会议听取和审议这7人的履职情况汇报和调查报告。同时对2015年市人大常委会审议的市中级人民法院副院长黄文、市人民检察院副检察长陈忠2人的履职整改情况进行跟踪监督，主任会议听取这2人的履职整改情况汇报。通过开展“两院”副职履职情况调查和跟踪问效，进一步加强任后监督，提升监督实效，增强“两院”被任命干部的国家意识、法制意识、责任意识和公仆意识，进而推动“两院”工作的全面发展和进步。（瞿怿珊）

【审查株洲市国民经济和社会发展第十三个五年规划纲要】 市人大常委会认真审查株洲市国民经济和社会发展第十三个五年规划，深入市发改委、市统计局等部门调研，召开相关部门、企业和人大代表座谈会，分析株洲市“十二五”规划实施情况，研判国际国内形势，查找存在的问题和不足，提出了充分利用国家赋予株洲市改革创新试点示范等重大政策机遇，集聚能量，乘势而上，开创发展新局面；切实加强发展战略规划研究；突出强基础、优结构、补短板、提质量、增效益实现全市经济社会平衡、协调、可持续发展等审查建议，得到市人民政府的高度重视，并有效吸收采纳。

（张　辉）

【调研农业产业化发展】 2016年，市人大常委会深入市直有关相关部门和部分县市区，对全市农业产业化发展情况进行调研，实地走访农业产业化龙头企业、农民专业合作社、农业特色产业、家庭农场，广泛听取各方对农业产业化发展的意见和建议。市人大常委会第二十九次会议专题听取和审议株洲市农业产业化发展情况，针对株洲市农业产业化存在的扶持和引导力度不够、企业规模集约化程度不高、企业贷款难等实际问题，提出要加大政策扶持、科学谋划布局、拓宽企业融资渠道、推进产业化融合发展的意见和建议，得到市人民政府的认真办理，有效地推动了株洲市农业产业化的发展和进步。（彭艺超）

【制定《株洲市农村村庄规划建设管理条例》】 经市委同意，市第十四届人民代表大会第五次会议通过，《株洲市农村村庄规划建设管理条例》列为2016年市人大常委会立法计划。4月13日，市人民政府向人大常委会提交相关议案。4月29日市十四届人大常委会第二十七次会议对条例草案进行一审审议，市人大城环委作专门审议意见报告；8月29日，市十四届人大常委会第二十九次会议对条例草案进行二审，法制委作草案修改情况汇报；10月24日，市十四届人大常委会第三十次会议对条例草案进行三审，法制委作统一审议报告，会议通过条例表决稿。12月2日，省十二届人大常委会第二十六次会议对条例予以审查批准通过。12月9日公布，2017年3月1日起施行。（陈伟华）

【市县乡人大换届选举】 2016年是市县乡人大同步换届之年。株洲市人大常委会出台《关于做好我市县乡两级人大换届选举工作的实施意见》等文件和相关工作方案，举办全市县乡人大换届选举工作学习班；指导开展选民登记、选区划分、代表资源摸底和提名推荐、代表选举等工作；建立完善“分口推荐、分级把关、联合审查、集体审核、党委决策”工作机制，严把代表入口关；组织常委会领导分头深入各县市区，进行有针对性的对口联系指导，确保县乡人大换届选举的各项工作依法依规依程序进行。在市人大常委会及其工作机构做了大量基础性、协调性、指导性工作的前提下，全市县乡人大换届选举工作依法、有序、圆满完成。（龙　迪）

【编辑《不忘初心——株洲市第十四届人大代表履职纪实》】 2016年，市人大常委会编辑出版《不忘初心——株洲市第十四届人大代表履职纪实》画册。画册以市十四届人大常委会工作为主线，市十四届人大代表为主体，精心采编800张图片，组织撰写了15000多文字，图文并茂、脉络清楚。从代表名录、党的领导、为民履职、县市区篇四个方面，多角度、多层面、多方位展示株洲市第十四届人大及其常委会围绕核心同心同向、依法履职有力有为、代表工作常抓常新、自身建设从严从实、县乡人大亮点纷呈的辉煌业绩。（陈定纯）

【《关于预算审查前听取市人大代表和社会各界意见建议的办法》】 为拓展预算审查视野、广泛吸收社会各界意见建议，督促政府完善预算编制、强化预算约束、严格预算执行，不断推进预算民主、公开、透明，市人大财经委、市人大常委会预工委根据《中华人民共和国预算法》《市人大常委会关于市本级政府预算审查监督办法》，按照《中共株洲市委全面深化改革领导小组2016年工作要点》（株办〔2016〕9号）文件要求，出台《预算审查前广泛听取人大代表和社会各界意见的办法》，搭建人大代表和社会各界参与预算审查监督的平台，畅通人大代表参政议政和群众表达诉求的渠道。《办法》主要内容包含预算审查监督联络员制度、专家咨询制度和预算审查听证会制度等3个制度，并绘制预算审查流程图，方便了人大代表审查监督预算工作，提高了社会各界参与预算审查监督。（张　辉）

株洲市人民政府

综　述

【概述】 2016年，面对错综复杂的国内外形势和持续加大的经济下行压力，株洲市人民政府坚持以供给侧结构性改革为主线，以“项目攻坚年”和“企业帮扶年”活动为抓手，统筹稳增长、调结构、促改革、惠民生各项工作，制定出台制造强市、“互联网+”五年行动计划和促进房地产发展“14条”、工业发展“12条”等政策措施，及时加强经济运行调度，经济社会发展保持了总体良好的态势。全年GDP达到2512.5亿元，增长7.9%；规模工业增加值为1084.9亿元，增长7.1%；完成一般公共预算收入312.8亿元，增长7.7%；完成固定资产投资2345.8亿元，增长13.5%；实现社会消费品零售总额938.5亿元，增长11.8%；居民人均可支配收入达28762元，增长8.7%。 （周中秋）

【市十四届人民政府全体（扩大）会议】 1月11日，市十四届人民政府第四次全体（扩大）会议召开。市委副书记、市长毛腾飞讲话；市委常委、常务副市长赵文彬主持；市政府秘书长陈旌作《政府工作报告（征求意见稿）》说明；市发改委主任周建光作《株洲市国民经济和社会发展“十三五”规划纲要（草案）》说明。

12月31日，市十四届人民政府第五次全体（扩大）会议召开。市委副书记、市长阳卫国讲话；市委常委、常务副市长何剑波主持；市政府党组成员、市政府秘书长龙志华作《政府工作报告（征求意见稿）》说明。

（周中秋）

【市政府常务会议】 2016年，株洲市政府召开常务会议21次，主要研究事项如下：

1月10日，审议并原则通过《株洲市国民经济和社会发展第十三个五年规划纲要（草案）》（征求意见稿）、《政府工作报告》（征求意见稿）。

1月21日，听取关于近期市政府布置的重要工作落实情况和春节前后即将开展的重要工作情况的汇报，传达学习中央与湖南省发展和改革工作会议、财政工作会议、住房和城乡建设工作会议精神及贯彻落实方案，听取市“两会”上人大代表、政协委员对《政府工作报告》意见与建议的采纳情况和《政府工作报告》工作任务分解有关情况的汇报以及关于驻株省人大代表、省政协委员2015年建议提案提交暨2016年建议提案线索征集情况的汇报。

2月3日，传达相关会议精神，听取市政府重要会议准备情况，布置相关工作。

2月22日，听取关于《株洲市集体土地征收及房屋拆迁补偿安置办法》起草工作情况汇报，关于改进市政府公务活动和会议组织的相关建议的情况汇报，关于株洲市2016年重点项目计划、2016年市本级政府投资项目计划、2016年市本级政府投资项目资金计划、债务偿还计划、土地征拆征收计划的情况汇报。

3月2日，听取市政府重点工作月度情况，相关会议精神及贯彻落实意见，株洲市社会信用体系建设实施起草情况，关于《株洲市人民政府关于开展城乡建设用地增减挂钩助推新型城镇化建设的意见》起草情况，关于制定株洲市房地产市场调结构扩需求稳增长实施意见。

3月15日，听取市人社局关于株洲市国有企业负责人薪酬制度改革实施办法的情况汇报，市政府法制办关于《株洲市人民政府起草地方性法规草案和制定政府规章程序规定（送审稿）》《株洲市人民政府2016年立法计划（送审稿）》相关情况汇报，以及市住建局关于株洲市2016年市政基础设施建设项目计划编制情况汇报。

4月14日，传达学习省政府工作会议精神，听取市科技局关于株洲市科技奖励暨国家自主创新示范区、制造强市建设推进大会有关事项，市经信委关于《株洲市贯彻“中国制造2025”建设制造强市五年行动计划（2016—2020）》编制情况，《株洲市“互联网+”五年行动计划》编制有关情况的汇报，市统计局关于全国、全省统计工作会议精神及制定《株洲市统计工作规范》的情况汇报。

4月26日，听取市政府法制办关于《株洲市村庄规划建设管理条例（草案）》起草情况汇报；市财政局关于起草《株洲市人民政府关于2016—2018年推进市级财政资金统筹使用的实施意见》有关情况汇报；市司法局关于市强制隔离戒毒所改扩建情况汇报；市城管局关于市南郊垃圾填埋场封场和新建固体废物填埋场项目相关情况汇报；市科技局关于《株洲市发展众创空间推进大众创新创业的实施方案》有关情况汇报。

5月31日，听取市卫计委关于以市政府名义出台《株洲市出生缺陷防治实施办法》的请示、市两型办关于起草《株洲市两型社会建设综合配套改革第三阶段工作实施方案（2016—2020年）》相关情况、市财政局关于起草《株洲市人民政府关于2016—2018年推进市本级财政资金统筹使用的实施意见》有关情况、市经金办《关于加快发展现代保险服务业的实施意见》起草情况、市人社局关于实施株洲市机关事业单位工作人员带薪年休假工作的相关情况、市人社局关于提请决定给予潘才良等人记功有关情况、市人社局关于株洲市推荐享受国务院政府特殊津贴人选的相关情况等议题。

6月14日，听取《株洲市推进供给侧结构性改革的实施意见》有关情况，关于制定《株洲市促进工业企业发展十二条》有关情况，关于制定《株洲市关于促进和扶持建筑业发展的实施意见》的相关情况，关于起草《关于划定市区禁止使用高污染燃料范围的通知》有关情况，关于起草《株洲市生态绿心环境损害行政过错责任追究办法（实行）》的相关情况汇报，关于审议《株洲市停车设施建设管理实施方案》的相关情况。

6月30日，听取市发改委关于《市投融资决策委员会工作规则》有关情况的汇报、市财政局关于株洲市公务用车改革有关情况的汇报、市创建办关于株洲市“公交都市”创建工作的相关汇报、市商务粮食局关于制定《株洲市促进商贸流通业发展若干政策措施》的汇报。

7月22日，听取市住建局关于落实省委城市工作会议精神的相关情况汇报，市财政局关于2016年株洲市现代服务业资金安排的相关情况汇报，关于制定“十三五” 四个专项规划纲要（服务业发展规划、教育事业发展规划、综合交通运输发展规划、旅游业发展规划）的相关情况汇报，市安监局关于落后烟花爆竹生产企业整顿治理和关闭退出工作相关情况的汇报，市地产集团关于龙母河片区综合开发项目有关情况的汇报，市监察局关于王衡鄗、李细平撤职处分请示的情况汇报。

8月5日，听取市商务粮食局关于制定《关于全面落实粮食安全省长责任制的实施意见》的相关情况汇报，市优化办关于制定《株洲市推进行业协会商会与行政机关脱钩工作方案》的相关情况汇报，市卫计委关于市深化医药卫生体制改革工作有关情况的汇报，市国土局关于制定《株洲市商住用地供给侧改革的实施意见》和《关于成立株洲市土地开发基金方案》的相关情况汇报，市供销社关于制定《中共株洲市委株洲市人民政府关于深化供销合作社综合改革的实施意见（代拟稿）》的相关情况汇报。

8月21日，听取《株洲市2016年下半年项目攻坚促投资“百日会战”行动实施方案》有关情况、全市易地扶贫搬迁工作相关情况、《株洲市校车安全管理实施细则》有关情况。

9月1日，听取市民政局关于社会保障兜底脱贫工作的相关情况汇报，市环保局关于株洲市黄标车淘汰工作情况汇报，市安监局关于做好株洲市煤炭行业化解过剩产能实现脱困发展工作的相关情况汇报，市发改委关于起草《关于加快现代物流发展若干政策的意见》的相关情况汇报，市经金办关于全市金融工作的情况汇报。

9月13日，听取市民政局关于株洲市退役士兵安置工作情况的汇报，市扶贫开发领导小组办公室关于起草《中共株洲市委株洲市人民政府关于坚决打赢脱贫攻坚战的实施意见》的相关情况汇报，市农委关于起草《关于加快农业现代化建设确保实施全面小康目标的实施意见》的相关情况汇报，市住建局关于株洲市交通畅通三年行动计划（路网建设）实施方案编制情况的汇报，市城管局关于《株洲市拆违控违专项整治工作方案》的相关工作情况汇报。

9月28日，听取市住建局关于起草《株洲市进一步加强和改进城市规划建设管理工作实施意见》的相关情况汇报，炎帝陵基金会办公室关于丙申年炎帝陵祭祖典礼有关工作情况的汇报。

10月21日，听取市清水塘指挥部办公室关于制定《清水塘老工业企业关停搬迁奖补办法》的相关情况汇报，市发改委关于起草《株洲市公共资源交易监督管理暂行办法》的相关情况汇报，市气象局关于株洲市突发事件预警信息发布系统建设情况的汇报，市食品药品监管局关于落实《株洲市人大常委会关于我市贯彻实施＜中华人民共和国食品安全法＞等法律法规情况的审议意见》的相关情况汇报，市两型办关于起草《株洲市碧水蓝天三年行动实施方案（2016—2018）》的相关情况汇报，市消防支队关于全市消防工作情况的汇报。

11月10日，听取市政府法制办关于《中共株洲市委、株洲市人民政府关于法治政府建设实施方案(草案)》起草情况和政府法制工作情况的汇报；市人社局关于株洲市整合城乡居民基本医疗保险制度实施方案有关情况的汇报；市房产局关于制定株洲市公共租赁住房保障管理办法的情况汇报；市环保局关于株洲市生态保护红线划定工作情况的汇报；市质监局关于质量工作有关情况汇报。

12月7日，邀请省法制办主任陈雪楚讲授《法治政府建设实施纲要（2015—2020年）》。会议还听取市国资委关于继续深化政府投资公司改革重组有关方案编制情况的汇报；市水务局关于《株洲市“河长制”实施方案》相关情况的汇报。

12月20日，听取市经金办关于2017年《政府工作报告（征求意见稿）起草情况的汇报》；市发改委关于2016年国民经济与社会发展计划执行情况和2017年国民经济和社会发展计划（草案）编制情况的汇报；市发改委关于株洲市2017年市重点项目计划和市本级政府投资项目计划编制情况的汇报；市人社局关于2017年民生实事工作情况的汇报；市财政局关于2017年市本级预算报告编制情况的汇报。（周中秋）

【民生工程】 2016年，株洲市委、市政府围绕省重点民生实事目标任务，全力实施市本级“民生100”工程，八大类114个省、市考核指标基本完成任务，其中20个省重点民生实事指标全部完成任务。办结群众给市长来信279件。深化认识，强化领导。市委常委会议、市政府常务会议多次专题研究和安排部署相关工作，市本级“民生100”工程114个项目在市“两会”期间全部面向社会公示。明确目标，落实责任。市委、市政府下发《2016年“民生100”工程实施意见》，并及时将省、市各项指标任务分解到市直各部门和各县市区，确定指标验收标准，制定考核评分办法。保障资金，优化服务。市县两级财政坚持“两个优先”“两个确保”原则，做到优先安排，优先拨付，确保财政配套的资金安排到位。全市民生支出持续增加，占财政总支出的75%。及时调度，狠抓督查。市长阳卫国和市政府各分管副市长均赴省里对接项目、协调工作，深入基层对实事项目建设开展调研和现场办公。组织召开关于民生实事全市性会议5次，认真实行“一月一分析、一月一通报”制度，组织实施半年自查和三季度督查。“民生100”工程全部纳入市绩效考核内容。（周中秋）

2016年株洲市“民生100”工程完成项目

表10

工程	项目名称	指标任务	主要责任单位	累计完成	完成年度目标%
就业增收工程	▲新增城镇就业	50000人	市人社局	51632人	103.30%
	实现“零就业家庭”动态援助	100%		100%	100%
	新增农村劳动力转移就业	15000人		15821人	105.50%
	创业培训	5000人		10630人	212.60%
	扶持高校毕业生微创业	200名		220名	110%
	新型职业农民培育	2340人	市农委	2340人	100%
	创业扶持城乡残疾人	100名	市残联	125名	125%
	残疾人职业技能和实用技术免费培训	1000名		1884名	188.40%
	扶持农机专业合作组织	50家	市农机局	50家	100%
社会保障工程	提质升级就业创业保障平台	100个	市人社局	100个	100%
	新增企业养老保险参保人数	30000人		35674人	119%
	▲新增养老服务床位	1371张	市民政局	1379张	100%
	新建和改扩建农村敬老院	10所		10所	100%
	推进居家养老示范点建设	10个		10个	100%
	确保农村五保户年分散供养标准	不低于 3600元/年		达标	100%
	确保城区城镇人均最低生活保障线标准	不低于450元/月		达标	100%
	确保全市城镇低保人均救助水平	不低于299元/月		达标	100%
	确保农村低保人均救助水平	不低于112元/月		达标	100%
	百岁老人生活补助标准	提高至每人每月500元		达标	100%
	支持社会组织参与社会管理和服务项目	13个		13个	100%
	新建退役军人之家	10个		10个	100%
素质提升工程	向民办幼儿园购买普惠服务工程	公办园和普惠性民办园在园幼儿数占在园幼儿总数的比例达到65%	市教育局	达到68%	105%

续表 10

工程	项目名称	指标任务	主要责任单位	累计完成	完成年度目标 %
素质提升工程	村小资源普惠工程	系统制作、遴选和购买覆盖村小学学情的各年级各学科的系统资源 1000 条；村小资源应用能力培训教师 300 名；利用资源开课率达 30%，教师应用资源进行教学达 50%	市教育局	完成 100%	100%
	全面改善农村贫困地区义务教育薄弱学校基本办学条件	新建改造校舍 8 万平米，添置图书 7 万册，计算机 1000 台，课桌椅 2000 套，学生用床 1000 套，教学仪器设备 1000 万元		完成 102%	102%
	资助家庭经济困难学生	32000 人		99636 人	311%
	市特殊教育学校搬迁扩建项目建设	完成投资 2500 万；完成项目部分建筑主体工程和部分室外工程	市教育局 市发改委	完成投资 3080 万元；部分主体完成验收	123%
	株洲市示范性综合实践基地建设	完成投资 2600 万，完成现址剩余 50% 的土建工程量，现址全部完工；新增地块土地调规完成后启动建设；完成现址室外工程（道路、绿化、管网、景观）	市教育局	完成投资 3140 万元；现址已完工	121%
	创建市级示范“妇女之家”	10 个	市妇联	10 个	100%
	建设职工之家示范基地	10 个	市总工会	10 个	100%
	▲建设基层综合文化服务中心	18 个	市委宣传部	18 个	100%
	市、县两级完成公益演出	672 场	市文体广新局	828 场	123%
	城市免费放映公益电影	500 场		500 场	100%
	农村免费放映公益电影	18900 场		18900 场	100%
	公共体育场馆免费开放	接待 20 万人次		316754 人次	158.40%
	市图书馆神农大讲坛举办讲座	40 场		42 场	105%
	神农大剧院正式开放	10 月份前开放		已正式开放	100%
	举办市民艺术大课堂	免费培训 5000 人次		7832 人次	156.60%
	地面无线数字电视公益覆盖工程	市区基本覆盖		城区已完成建设任务	100%
	▲直播卫星户户通	41660 户		41660 户	100%
	建设“三个中心”（青少年活动中心、妇女儿童活动中心、老年活动中心）	完成投资 1.5 亿元；完成老年活动中心建设	市湘江集团	完成投资 1.9 亿元，老年中心主体完工，青少年中心、妇女儿童中心正在加快建设	100%

续表 10

工程	项目名称	指标任务	主要责任单位	累计完成	完成年度目标 %
素质提升工程	开展临床医学重点专科建设三年行动计划	完成第三阶段任务	市卫计委	5 家重点专科的指标全部达标	100%
	启动株洲市居民健康疾病谱调查，绘制全市居民疾病病谱基线图	汇总分析各地收集数据，绘制全市居民疾病病谱基线图		已完成	100%
	建设全民健身路径工程	40 个	市文体广新局	45 个	112.50%
	举办体育免费培训班	8000 人次以上		12622 人次	157.80%
安居宜居工程	▲农村危房改造	5700 户	市住建局	6500 户	114%
	▲城市棚户区改造	17056 户	市房产局	20490 户	120%
	发放低收入住房困难家庭租赁补贴	5000 户		9500 户	190%
	房屋维修资金使用	根据实际选择维修 10 个符合维修资金使用条件必须维修的商品住宅小区	市房产局	12 个	120%
	解决房屋登记办证遗留问题	3000 户	市房产局	5286 户	176%
	新增住房公积金建制人数	14000 人	市住房公积金中心	17760 人	126%
	新建改造市政燃气管网	80 公里	市住建局	145.04 公里	181%
	▲新增管输天然气用户	35000 户		48264 户	138%
	市本级污水处理率	达到 94.5% 处理污水 12750 万吨		达到 96%	101%
	各县污水处理率	达到 90% 处理污水 3500 万吨		达到 91.7%	100%
	完成枫溪污水处理厂主体建设			完成	100%
	新建改造城区供水管网	28 公里		49.7 公里	177.5%
	▲县以上城镇市政管网水水质达到《生活饮用水卫生标准》（GB5749-2006）要求	5 县市		达标	100%
	建设街旁游园、社区游园	10 个（完成投资 1775 万元）	市园林绿化局	10 个	100.00%
	完成迎宾大道绿化景观建设	完成投资 2400 万元		完成	100%
	提质石峰公园景观、设施建设	1、完成投资额 1700 万元；2、完成红叶枫香林建设；3、完成樱花园建设		完成	100%
	启动南郊垃圾填埋场封场和备用垃圾填埋场建设	启动建设	市城管局	已编制项目建议书，规划、国土、可研、环评等手续正在办理	100%
	县以上城镇生活垃圾无害化处理率	达到 100%		达到 100%	100%
	城区新建移动公共厕所	10 个		10 个	100%
	小型病险水库除险加固	18 座	市水务局	18 座	100%
	解决农村人口饮水安全问题	166600 人		166600 人	100%
	▲农村自来水建设普及率	达到 76%		达到 80.8%	106%

续表 10

工程	项目名称	指标任务	主要责任单位	累计完成	完成年度目标 %
安居宜居工程	▲建设美丽乡村示范村	8 个村　（76 个项目）	市农委	8 个村 81 个项目	106.60%
	淘汰黄标车	3680 辆	市公安局	3746 辆	101.80%
	▲行政村配电网改造	30 个	国网株洲供电公司	30 个	100%
畅通出行工程	▲农村公路提质改造	430 公里	市交通局	430 公里	100.00%
	▲完成普通公路安保设施建设	市任务 450 公里		450 公里	100%
	完成危桥改造	30 座		30 座	100%
	实施渡改桥建设	4 座		4 座	100%
	建成农村客运招呼站	160 个		160 个	100%
	启动株洲西客运枢纽站建设	启动建设		完成三通一平、立项备案、项目设计等，准备开工建设	100%
	新增公交线路 1 条，优化调整公交线路 4 条，新增公交站点 10 个			新增、优化线路 6 条，新增站点 30 个	100%
	建成公交充电桩	20 个		109 个	545%
	新增新能源电动出租车	100 台		100 台	100%
	完成金山基地加油站、修理厂建设			完成投资 1800 万元，完成主体施工	100%
	建设机动车登记服务站	4 个	市公安局	4 个	100%
安全保障工程	▲新增社会治安视频监控摄像头	900 个	市公安局	900 个	100%
	建设治安岗亭（警银亭）	33 个		33 个	100%
	▲建设社区矫正中心	5 个	市司法局	5 个	100%
	农产品标准化基地建设	累计达到 70 个	市农委	70 个	100%
	年抽检农产品	11 万批次以上		118830 批次	108%
	蔬菜等主要农产品检测合格率	达到 97% 以上		达到 99.8%	102.90%
	“三品一标”农产品总数	达到 330 个以上		346 个	105%
	蔬菜基地提质增效	5000 亩		5610 亩	112.20%
	建设农产品追溯系统	5 个		5 个	100%
	新增放心粮油示范网点	50 个	市商务和粮食局	57 个	114%
	深入开展食品药品专项整治活动，确保食品药品安全		市食药局	各项整治工作定期开展	100%
	建成食品检验检测中心，构建快速检验检测体系			检测中心已建成，定期开展快速巡检活动	100%

续表 10

工程	项目名称	指标任务	主要责任单位	累计完成	完成年度目标 %
安全保障工程	完成农村中、小学校舍防雷工程	71 所	市气象局	71 个	100%
	建设病死畜禽无害化处理中心(点)	5 个县开工建设	市畜牧局	全部开工建设	100%
扶贫解困工程	劳动模范和先进工作者低收入补助和特困救助项目	发放补助、救助资金 398.1 万元	市总工会	398.1 万元	100%
	职工医疗互助项目	155000 人	市总工会	208218 人	134.30%
	帮扶救助困难职工	1 万人次		13645 人	135.80%
	▲帮助残疾儿童实施抢救性康复	235 名	市残联	347 名	147.70%
	政府城区范围内购买残疾人居家托养服务	600 名		600 名	100%
	完成智力、精神及重度肢体和视力残疾人的托养服务	1070 名		1102 名	103%
	为残疾人提供辅助器具	900 件		1242 件	138%
	完成贫困残疾人家庭无障碍设施改造	80 户		99 户	123.80%
	▲救治救助贫困重性精神疾病患者	660 人	市卫计委	696 人	105.50%
	▲改扩建精神卫生服务机构	1 家　投资 290 万元		基本工程已完成，完成投资 290 万元	100%
	▲农村适龄妇女（35—64 岁）“两癌”免费检查	76120 人	市妇联	94736 人	124.50%
	▲实现贫困人口脱贫	49800 人	市农委 市扶贫办	56805 人	114%
	驻村帮扶贫困村	44 个		44 个	100%
	为贫困户发放小额信贷	5000 万元		23406.8 万元	468%
	为困难群众实施法律援助	2000 件	市司法局	2496 件	124.80%

（颜小波）

市政府办公室工作

【综合调研】 2016 年度，撰写《政府工作报告》、市政府全会报告、经济形势分析、调研报告等重要文稿 400 余篇。针对供给侧结构性改革、中国制造 2025、中国动力谷、清水塘老工业区搬迁改造、新型城镇化综合试点、扶贫攻坚、“四大行动”等重大课题，进行调查研究，为市领导科学决策提供良好支撑。其中题为《科技支撑发展 创新引领未来》经验文章在全省科技创新大会上作典型发言。《转型“赶考”的株洲答卷》《全力推进脱贫攻坚 不让贫困群众掉队》等文稿在《湖南日报》《株洲日报》等报刊上刊发。（周中秋）

【政务督查】 2016 年，市政府督查室围绕市委、市政府的重大决策部署和重点工作积极开展督查活动，有效确保了政府各项工作的落实。重点对《政府工作报告》确定的目标任务，以及市政府常务会议议定事项进行跟踪督查。圆满完成了国务院督查组对株洲市民间投资情况的督查等重大督查活动迎检工作。组织开展全市稳增长大督查、全市经济运行情况督查、市长联系企业有关问题督查、进展缓慢项目督查，及“百日攻坚”活动督查、航空产业发展督查、交通运输安全督查、房地产发展督查、禁毒工作督查、公共服务体系督查、春节氛围营造督查等重点督查活动。积极协调重点基础设施建设、重点工业项目建设、“民生 100”工程落实、棚户区改造、交通重点工程等重点项目方面的困难和问题，有力推动了各项工作落实。全年共开展督查活动 100 余次，编发《政务督查》通报和专报 10 期，撰写督查专题汇报10余篇。共办理反馈中央、省、市领导批示件558件。开展市绩效考核对市直部门重点工作（工程）指标设定和作风相关指标设定工作。（周中秋）

【信息工作】 2016年，围绕全市中心工作，着力提高信息工作的质量和服务水平，共编发《政务要情》264期。加强对株洲市重点工作有关背景资料的收集整理工作，编发《学习贯彻党的十八五中全会精神》《十八大以来习近平李克强同志重要言论摘要》等资料3本。定期收集整理《人民日报》、新华社的系列评论，全年共编发有关评论25篇。加强网络舆情的搜集研判，全年共编发《舆情专报》63期，内容涵盖涉株报道、论坛热帖、微博热点等，广泛反映群众的呼声和要求。加强信息上报工作，全年共向省政府办公厅信息处报送信息1986条，其中被国办采用18条，省办采用81条，超额完成省里下达的全年目标任务。市政府办获得2016年度全省政务信息工作先进单位表彰，多名信息员获得全省政务信息工作先进个人表彰。（周中秋）

【建议提案】 2016年，市政府系统各部门把办好建议提案作为推动政府工作落实的手段，努力提高问题解决率和结果满意率。全年共组织办理市人大代表建议372件，政协提案302件，实现了见面率、办结率、满意率三个100%。组织办理市政协主席会议建议案2件、专题会议建议案1件、双月协商意见3件、大会发言25件。组织承办了省建议提案5件，其中省人大代表建议3件、省政协提案2件，办结率和满意率均为100%，2016年株洲市被评为湖南省建议提案办理工作先进单位。（周中秋）

【文件办理】 市政府办公室按照办文程序，通过各种方式规范公文办理，在确保公文处理工作科学化、制度化、规范化的同时，大力精简文件。截至2016年12月30日，市政府办公室共印发各类文件845件（其中规范性文件54件），发文较上年同期精简3.4%。处理各类上级来文来电1569件，各类下级来文797件，收文较上年同期增加13.2%。（周中秋）

【智慧株洲】 2016年，市政府系统认真贯彻落实中央、省关于新型智慧城市建设和电子政务工作的各项决策部署，加快推进“智慧株洲”及电子政务建设，大力深化政府信息化资源整合和共享，不断提升民生信息化服务水平，取得了较好的工作成效。完善“智慧株洲”顶层设计。为适应国家新型智慧城市建设的新要求，在市政府的统一部署下，市政府办牵头组织对《“智慧株洲”建设总体规划》的重点建设项目进行了优化和完善，明确未来三年“智慧株洲”建设计划投资项目21个，总投资11亿元，为市委市政府有序推进“智慧株洲”及电子政务建设提供了决策参考。“智慧株洲”市场化运作模式取得重要进展。通过合理开放“智慧株洲”的投资领域，推动市国投集团分别与中国电子信息产业集团、上海仪电集团合资成立智慧城市本地化投资运营公司，开展全市大数据平台、电子眼平台等智慧城市基础设施项目的投资运营合作，加快推动“智慧株洲”投资运营模式落地。政府信息化资源整合深入推进。依托现有的市政府IDC数据中心，全市已有株洲市城市建设公共信息平台、综合治税、国资监管系统、出租车服务、数字城管、地下管网、公共自行车等22个部门应用系统集中部署在IDC中心进行集约化建设及运维管理。2016年，直接节约项目建设投入813万元，减少运维资金1500万元，株洲市信息资源整合共享率稳居全省前列。优化政府门户网站群。市政府门户网站现有11个一级栏目、54个二级栏目、1100个三级栏目、250多个专题、2500多个页面。其中，信息公开平台实现了全市所有市级单位公开内容汇聚，信息总量达25万条；办事服务整合50家党政机关、企事业单位的800余项服务职能；嘉宾访谈栏目组织访谈节目30多期，参与互动的网民人数近万人次，打通了市民网络问政的渠道。利用新兴媒介，形成了桌面版、微信版、微博版三位一体的信息展示平台，微博、微信累计发布信息1800多条。加大政府网站集约化建设力度，参照省政府网站群建设模式，推动市直部门和县市区政府网站向市级政府网站群平台迁移推进，整合市本级24家单位和芦淞区、荷塘区、株洲县政府网站，醴陵市、天元区、石峰区等县区政府网站集约化有序推进。全市电子政务应用项目建设稳步推进。株洲市住房公积金系统升级改造项目全面完成；株洲市不动产统一登记平台建成投入使用，实现全市国土证和房产证合二为一；智慧城市电子眼项目、智能交通卡口升级改造项目启动建设；株洲市公共文化综合服务平台、株洲市电商物流公共信息服务平台、黄标车提前淘汰补贴信息管理系统等一批重点民生应用系统上线运行，推动了全市信息惠民工程建设，为加快全市“智慧株洲”建设打下坚实基础。（周中秋）

【市长热线】 2016年，市长热线共接通来电139142个，各渠道共受理市民反映有效事项66903件，其中12345市长热线63320件，市长信箱2737件，政务微博397件，政务微信296件，短信平台75件，人民网和红网网帖78件；来电来信当场答复28739件，占43%；办结率98.7%，按期办结率82.6%。其中依照规定对外公开497件。2016年，市长热线共督办市民重复投诉和不满意事项345件，组织有关单位现场督办51次，回访交办事项31262件，市民对事件办理情况的满意度为：“非常满意”占9.8%，“满意”占7.8%，“一般”占81.6%，“不满意”

占0.8%。共编发市长热线工作简报17期，上报政务要情信息250条，发布市长热线工作动态47条，收到市民感谢电话（信件）217个。2016年，“听民意，解民忧”领导接听热线活动共开展26期，阳卫国、赵文彬、杨玉芳、何剑波、李晓葵、毛朝晖、杨胜跃、谭可敏等市政府领导，天元、石峰、芦淞、荷塘、云龙、炎陵、茶陵、醴陵、株洲县、攸县等10位县市区政府主要负责人，以及市环保、房产、教育、工商、自来水、交警、交通、供电等8位有关部门单位主要负责人先后接听市长热线，共受理市民诉求351件，办结率100%。3月份，市长热线短信平台“106392312345”开通试运行。10月21日，“12385”残疾人服务热线并入12345市长热线开通试运行。2016年，市长热线办联合株洲电视台公共民生频道继续推出《直播“12345”》专栏节目，全年共播出313期，有力地推动了市长热线工作落实。自9月份起，为切实推进市委市政府开展的“马上就办、真抓实干”主题活动，市长热线办每天选取2件~3件办理速度快、办理效果好的案例在“马上就办”专栏进行报道宣传。（周中秋）

2016年株洲市人民政府、政府办公室文件目录

表11

序号	文　号	文 件 标 题
1	株政发（2016）1号	关于印发《株洲市政府投资项目审计监督办法》的通知
2	株政发（2016）2号	关于做好第三次全国农业普查工作的通知
3	株政发（2016）3号	关于印发2016年《政府工作报告》工作目标和任务分解表的通知
4	株政发（2016）4号	关于印发《株洲市行政执法监督办法》的通 知
5	株政发（2016）5号	关于房地产市场调结构扩需求稳增长的实施意见
6	株政发（2016）6号	关于加快社会信用体系建设的实施意见
7	株政发（2016）7号	关于印发《株洲市贯彻“中国制造2025”建设制造强市五年行动计划（2016-2020）》的通知
8	株政发（2016）8号	关于印发《株洲市“互联网+”五年行动计划（2016-2020）》的通知
9	株政发（2016）9号	关于印发《株洲市湘江保护和治理第二个“三年行动计划”实施方案（2016-2018年）》的通知
10	株政发（2016）10号	关于开展城乡建设用地增减挂钩助推新型城镇化建设的实施意见
11	株政发（2016）11号	关于印发《株洲市统计工作规范》的通知
12	株政发（2016）12号	关于调整一批行政审批事项的通知
13	株政发（2016）13号	关于加快发展现代保险服务业的实施意见
14	株政发（2016）14号	关于推进建筑业发展和改革的若干意见
15	株政发（2016）15号	关于全面落实粮食安全省长责任制的实施意见
16	株政发（2016）16号	关于印发《株洲市校车安全管理实施细则》的通知
17	株政发（2016）17号	关于加快推进残疾人小康进程的实施意见
18	株政发（2016）18号	关于印发《株洲市促进流通业发展若干政策措施》的通知
19	株政发（2016）19号	关于印发《株洲市绿色建筑行动实施方案》的通知
20	株政发（2016）20号	关于进一步加强和改进消防工作的实施意见
21	株政发（2016）21号	关于印发《株洲市整合城乡居民基本医疗保险制度实施方案》的通知
22	株政发（2016）22号	关于印发《株洲市质量发展实施规划（2016-2020年）》的通知
23	株政办发（2016）1号	关于印发《株洲市发展众创空间推进大众创新创业实施方案》的通知
24	株政办发（2016）2号	关于进一步加强和完善服务业统计工作的通知
25	株政办发（2016）3号	关于印发《株洲市粮食应急预案》的通知
26	株政办发（2016）4号	关于印发《株洲市落实粮食安全省长责任制的考核办法》的通知
27	株政办发（2016）5号	关于加强安全生产监管执法的实施意见
28	株政办发（2016）6号	关于印发《株洲市政府购买棚改服务管理暂行办法》的通知
29	株政办发（2016）7号	印发《关于推进清水塘老工业区企业关停搬迁工作若干政策措施》的通知
30	株政办发（2016）8号	关于印发《株洲市乡村教师支持计划（2015-2020年）实施细则》的通知
31	株政办发（2016）9号	关于清理整治环保违规建设项目的通知

续表 11

序号	文　号	文件标题
32	株政办发（2016）10 号	关于印发《株洲市出让年限届满土地续期管理暂行办法》的通知
33	株政办发（2016）11 号	关于在湘江流域（株洲段）推行水环境保护行政执法责任制的通知
34	株政办发（2016）12 号	关于印发《株洲市出生缺陷防治实施方案》的通知
35	株政办发（2016）13 号	关于印发《株洲市水污染防治实施方案（2016–2020）》的通知
36	株政办发（2016）14 号	关于加快推进众创空间建设的若干意见
37	株政办发（2016）15 号	关于培育壮大新型农业经营主体的意见
38	株政办发（2016）16 号	关于印发《株洲市互联网金融风险专项整治工作实施方案》的通知
39	株政办发（2016）17 号	关于印发《株洲市促进工业企业发展十二条》的通知
40	株政办发（2016）18 号	印发《关于促进旅游业发展十条办法》的通知
41	株政办发（2016）19 号	关于印发《株洲市公路管理体制改革实施方案》的通知
42	株政办发（2016）20 号	关于划定市区禁止使用高污染燃料范围的通知
43	株政办发（2016）21 号	关于株洲市商住用地供给侧改革的实施意见
44	株政办发（2016）22 号	关于印发《株洲市落后烟花爆竹生产企业整顿治理和关闭退出工作总体方案》的通知
45	株政办发（2016）23 号	关于印发《株洲市煤炭行业化解过剩产能实现脱困发展的实施方案》的通知
46	株政办发（2016）24 号	关于印发《株洲市社会保障兜底脱贫对象认定工作方案》的通知
47	株政办发（2016）25 号	关于印发《株洲市退役士兵安置工作暂行办法》的通知
48	株政办发（2016）26 号	关于加快现代物流业发展若干政策的意见
49	株政办发（2016）27 号	关于印发《株洲市预拌砂浆和预拌混凝土管理办法》的通知
50	株政办发（2016）28 号	关于印发《株洲市化解钢铁行业过剩产能实施方案》的通知
51	株政办发（2016）29 号	关于印发《株洲市黄标车提前淘汰财政补贴实施办法》的通知
52	株政办发（2016）30 号	关于印发《株洲市“两型社会”建设综合配套改革办公室主要职责内设机构和人员编制规定》的通知
53	株政办发（2016）31 号	关于印发《株洲市食品安全事故应急预案》的通知
54	株政办发（2016）32 号	关于印发《株洲市公共租赁住房保障管理办法》的通知
55	株政办发（2016）33 号	关于转发市住房城乡建设局《株洲市城区破占道管理办法》的通知
56	株政办发（2016）34 号	关于印发《株洲市实施知识产权战略行动计划（2016–2020 年）》的通知
57	株政办发（2016）35 号	关于印发《株洲市“十三五”金融服务业发展规划》的通知
58	株政办发（2016）36 号	关于印发《株洲市突发事件预警信息发布管理办法（试行）》的通知
59	株政办发（2016）37 号	关于加快信息通信基础设施建设工作的通知
60	株政办发（2016）38 号	关于印发《株洲市推进基层综合性文化服务中心建设实施方案》的通知
61	株政办发（2016）39 号	关于印发《株洲市碧水蓝天三年行动实施方案（2016–2018 年）》的通知

（周中秋）

政务服务

【概况】 2016 年，市政务服务中心采取简化审批程序、减少办事环节、规范审批行为、主动服务项目建设等措施，着力打造“便民、高效、快捷、公开”的政务服务环境。全年共受理各类办理事项 8.5 万件，办结率达 100%，配合财政局缴存各项规费 3.6 亿元。

建设审批改革成效显著，制度红利全面释放。市政务服务中心广泛调研省内外先进改革经验，开展建设审批改革。改革从审批阶段设置、防空地下室建设审批、建设项目水土保持方案、规划部门审查建设项目范围、测绘中介机构改革、简化咨询评估环节等方面作突破口，召集相关审批部门召开各级协商会议78次，优化和梳理审批流程、精简受理资料、压缩办理时限、确保授权到位，并出台《株洲市建设投资项目审批改革五阶段实施》（株政办发函〔2016〕74号），将株洲市建设投资项目全程联合审批优化为立项工可、规划用地、设计审批、施工许可和合并验收5个阶段，简化审批程序、缩短审批时限。建设项目报建联合收费，改为当场办理。初步设计联合审查缩短到11个工作日；项目竣工验收缩短到10个工作日（合并验收）；农民工工资保障金手续办理，实现即到即办。改革取得显著的成果，更让企业得到真正的实惠，建设投资项目审批缩短到企业投资项目65个～69个工作日，政府投资项目118个工作日，投资企业项目报建成本减少20%，约每平方米60元～70元。株洲市改革思路、措施、效果得中央、省政府主要领导的高度肯定，时任省长杜家毫及副省长张剑飞在省政府2016年第1期《调查与研究》上，作出“向全省推广株洲市的好做法”的批示，新华社、《人民日报》《湖南日报》等中央、省级媒体多次报道。8月19日，《湖南日报》要闻版以《‘跑项目’不再难不再累》为题报道株洲市的改革成效。10月17日，新华社党组副书记、总编辑何平到中心专题调研。2016年，中心先后接待省内外15批次考察学习团。

窗口管理水平全面提升，服务能力持续优化。市政务中心将中心窗口管理、审批改革、优化服务等工作融合，面向全体窗口工作人员发起争当服务模范标兵、争创市级文明窗口等创建活动，窗口面貌焕然一新。完善紧抓制度，做到事无巨细皆有规矩。从各方面进行整章建制，制定包括《中心窗口工作人员绩效考核办法》《中心财务管理制度》《首席代表制》等在内25项规章制度，在制度上保障中心规范运行，压缩审批服务的随意性，提升中心管理水平。改造大厅，做到软件硬件全面升级。中心先后投入近200万元着力打造优质办事环境，增设咨询导办台、信息查询台、自助查询机、电子显示屏等设施设备，提升智能化办事能力。紧抓窗口进驻，做到集成办公服务市民。结合“三集中三到位”的要求，以解决群众办事难为突破口，中心积极寻求市纪委、市编办、市法制办助力，通过召开座谈会、发督办函、集中会商等形式督促部门的审批服务事项和工作人员进驻中心。发改、住建、规划、交通、工商、财政等部门都实现整体进驻，并对窗口完全授权，实现了由“群众跑腿”向“政府跑腿”的转变，在中心好办事、能办事、办事快成为广大市民的一致共识。

部门窗口积极改革创新，群众办事更加便捷。鼓励中心和各服务窗口广泛调研、大胆创新、攻坚克难、干出成效。市工商局商事制度改革成效显著，通过分级审批、服务前移、优化流程等方式，方便群众，提高效率，共注册登记2.02万件，收到锦旗4面表扬信4封；市住建局实行集中审批，将全局行政许可、公共服务、技术审查和行政征收等29个事项全部归集到中心窗口，进驻工作人员14人，办理1205件同比增长406%；市发改委出台《关于进一步规范行政审批工作的实施意见》，实施“审、批分离”运行模式，授权窗口对项目实施统一受理、统一办理、统一出文，“一站式”办结；市财政局全面推进会计人员继续教育培训网络化，2016年网上报名人数46451人，完成网络继续教育19853人；市人社局多举并措提高建筑企业参加工伤保险的积极性，共办理建筑企业工伤保险185件，征缴基金1958万元，同比增长281%，从源头上保障了建筑企业和建筑工人的根本利益；市食药监局依法对省局下放的14大类38项食品生产许可项目全部进厅入网运行，将食品流通领域的普通食品、保健食品及酒类、终端消费的餐饮服务三证合一为“食品经营许可”。（赵晓旭）

“两型社会”建设

【概况】2016年，株洲深入实施“创新驱动、转型升级”的总战略，加快推进“两型社会”建设综合配套改革工作，取得了较大成效，呈现出“产业绿、资源节、城乡靓、生活潮”的特点，“两型社会”建设已成为株洲发展升级的强大引擎。

实行改革总揽，释放“两型”建设活力。

坚持“一县一主题，一部门一专项”的改革预安销号责任制和改革“方案策划、评审批复、组织实施”的推进机制，充分发挥改革的先导性，先行先试、敢闯敢试，“两型”与生态文明体制的“四梁八柱”基本搭建。

注重总体谋划。率先出台实施全省首个市级“两型社会”建设改革第三阶段实施方案和生态文明体制改革“1+6”方案，形成了全市“两型社会”建设和生态文明体制改革的路线图、任务书、时间表和责任制。

注重改革实效。重点推进自然资源产权、空间管控、生态补偿、环保监管等10项改革，其中绿心地区生态补偿、“河长”制、绿色信贷等3项改革走在全省前列。生态补偿制度改革，在全省率先建立生态绿心生态补偿机制。开展了第一轮生态红线划定，形成全市范围的生态红线。“河长”制在全市314条河流全面推行，市、县、乡全覆盖。绿色金融制度改革，制定了《株洲市绿色信贷管理办法》，在全省首创将环境信息纳入企业征信系统。空间规划体制改革，出台了“多规合一”试点工作实施方案、工作规则、技术标准，在株洲市“一区一县九镇”启动试点。市公共资源交易中心正式揭牌，整合了7家公共资源交易服务机构。“两型”技术产品发展应用机制改革，评审认证了第三批两型技术及产品12个（项）。

注重总结提升。撰写、上报省级生态文明体制改革创新案例8个，有5个生态文明体制创新案例入选全省第二批生态文明改革创新案例，数量和质量位于全省第一。

突出两型产业发展，增强经济发展动力。

大力实施项目攻坚年、企业帮扶年活动，深入实施产业振兴工程，加快推进制造强市建设，三次产业结构由上年的7.6 ：57.3 ：35.1调整为7.8 ：54.3 ：37.9。

让“老”产业焕发新活力。着力改造提升有色、化工、建材等传统产业，投资3亿元，实施大唐华银、兴隆新材、海利化工、中成化工等10个节能技改项目，完成华新水泥、中材水泥、远大水泥3个脱硝治理工程。大力推进国家自主创新示范区建设，加快科技创新步伐，出台“创新10条”“双创8条”。“新动力众创空间”获批国家级众创空间，省级工程（技术）研究中心达26个，国家级企业重点实验室4个，省级企业重点实验室10个。农业集约化、绿色化步伐加快，农产品加工总产值增长20%，休闲农业经营收入9.6亿元，增长9.1%，国家级及省级龙头企业达到36家。

发展壮大战略性新型产业。立足“五城四基地”，培育壮大电子信息、新材料、新能源、生物医药、节能环保等战略性新兴产业，湖南长城自主可控计算机整机下线；株洲市电子商务占比在全省排名第二，阿里巴巴株洲产业带年成交额超过10亿元；启动节能环保装备制造产业园一期建设，7家企业入园；新增株洲中航动力精密铸造有限公司等57家省战略性新兴产业企业；株洲高新区入选长江经济带国家级转型升级示范开发区；全市高新技术产业增加值623.6亿元，增长17.3%，战略新兴产业企业累计达到361家。

做优做强优势产业。突出优势产业优先发展，立足打造“中国动力谷”，加快建设轨道交通科技城、航空城和汽车城，中车株机在欧洲成立首家子公司，成功打入欧盟市场，株洲造中国首条自主知识产权中低速磁悬浮快线正式运营；通用机场的主体工程基本完工；北汽整车产量突破70万台，北汽二工厂主体封顶，汽车产业主营业务收入突破200亿元；三大动力产业增加值达197.5亿元，获批“中国制造2020”试点示范城市，4个项目入选第二批制造强省重点项目。全市新增过百亿元工业企业4家，园区规模工业增加值占比由62.8%提高到68%，总量进至全省第三。

坚决淘汰关停落后产能。关闭洗水、小水泥等企业50余家，5家煤矿企业关闭退出，71家烟花爆竹企业签订退出协议。大力推进清水塘老工业区搬迁改造，株冶、海利、昊华、柳化株洲基地明确了转移转型路径，139家中小企业中，关停并通过验收22家、启动搬迁6家、完成土地收储调查评估15家。

开展资源节约集约利用，缓解要素保障压力。

大力实施节能减排全覆盖工程，以清洁技术推广为抓手，推进社会各领域的节能降耗，获批国家第三批低碳试点城市，万元GDP能源消耗下降5.5%。

大力推广应用清洁低碳技术。全面推广城市矿产再利用、重金属污染治理、工业锅（窑）炉节能等10大清洁低碳技术，建设互联网+废旧物资资源化利用、硬质合金产业钨资源循环利用等4个服务体系，其中，互联网+废旧物资资源化利用服务创新体系已开发互联网系统、手机APP微信平台，投放100台废旧物资分类回收箱；陶瓷产业绿色转型发展服务体系，制定绿色陶瓷地方标准，建立陶瓷废弃物规范处置与再利用平台。建成攸县农村污水处理、芦淞区洗水工业园绿色建筑和综合节能等3个示范项目。

突出抓好重点领域节能降耗。开展百家企业节能行动，启动第二批电机能效提升试点，共淘汰低效电机599台，改造功率7350千瓦，年节电87万千瓦时。大力推广新能源汽车，全年推广新能源汽车127辆，累计完成7座充电站的建设，建成并投用充电桩109台。大力发展绿色建筑，制定出台《株洲市绿色建筑行动实施方案》，完成5个公共建设节能改造和40栋大型公共建设能耗监测系统建设，大汉希尔顿等13个项目获得绿色建筑设计标识，绿色建筑达133.25万平方米，数量与规模均排在全省前列。着力创建水生态文明城市，建立最严格的水节约制度，单位GDP用水量下降至95立方米/万元，同比下降4%。

大力发展新能源。加大清洁能源推广力度，天元区政府办公大楼300KM分布式光伏发电项目并网发电；茶陵枣市、八团2个风场完成测风工作；建造完成大型沼气工程3处，全市规模化沼气工程达35个，农村清洁能源用户达10万余户；非化石能源占一次能源消费比重达到11.5%。

加强环境治理和保护，彰显城乡魅力。

坚持“严治、严管、严罚”，以省政府湘江保护与治理“一号重点工程”、碧水蓝天行动、“三个基本”行动、城乡环境同治为抓手，精准治污，深入推进环境生态化。

合力治水。全面启动湘江保护和治理“第二个三年行动计划”，建宁港、枫溪港、西湖等5个黑臭水体治理项目全面推进，全市9个省级工业园区集中式污水处理厂大部分启动建设，河西、枫溪污水处理厂建设全面推进，新建水质检测中心4处，完成水污染防治项目42个；在全省率先完成1万人以上集中饮用水源保护区划定工作；全面完成畜禽养殖禁养区划定工作，4家畜禽养殖场实现标准化改造，28家畜禽养殖企业完成污染治理项目；株洲湘江风光带成功获批省级水利风景区，湘江水质持续保持Ⅲ类标准，其中湘江株洲霞湾段水质首次达到国家Ⅱ类标准。

科学治霾。实施大气污染防治工程，淘汰20蒸吨/小时以下燃煤锅炉11台，完成株洲市二医院、太子奶及各县城燃煤锅炉煤改气工程；加快挥发性有机物治理，完成北汽、时代新材等13家企业的治理任务；完成市区100余家大中型餐饮店的油烟治理；淘汰黄标车12281辆，超额完成黄标车淘汰年度任务，市区56.3%的出租车实现燃气化改造，城际铁路正式开通运营。5县市空气质量监测站完成升级改造，2016年空气优良天数283天，比上年同期增加6天，细颗粒物（PM2.5）浓度下降35.7%。

大力治土。完成清水塘工业废渣、老霞湾港重金属污染治理、醴陵金矿尾砂坝治理等项目7个，清水塘老工业区环境综合整治成为全国环境污染第三方治理试点；开展重金属污染耕地修复和种植结构调整试点4.36万公顷，累计减少重点污染区耕地面积37.43平方公里，成功申报土壤污染防治项目2个，争取项目资金5000余万元；开展废弃矿山治理，关闭退出煤矿49处，全面停止在城区范围内露天开采的采矿权。

编织绿网。实施城市绿荫行动，大力植树造林种草，全年完成造林1.14万公顷，村庄绿化140公顷，“五边”造林4466.67公顷，“裸露山地”造林1233.33公顷，城区10个小游园全面完工向市民开放，省级以上森林公园达到8个。生态绿心保护进一步加强，整治违法违规行为情况7宗，责成复绿4.67公顷，协调退出工业企业2家，停止开采4家砖厂。

进行文化培育，提高全民参与吸引力

始终坚持“全员参与、共建共享”，注重“两型”文化创新与培育，全力推动“两型”理念内化于心、外化于行，创建绿色生活方式和消费模式。

开展“两型”对标创建。严格对照标准实施创建，做到标准实施全覆盖。进一步完善“两型”机关、学校等14类创建验收参数和分值。1个机关、2个社区、3个村庄获评省级“两型”示范创建单位。评选10个市级“两型”示范单位和5个市级“两型”示范基地。神农城、炎帝陵认证成为省级“两型”景区，仙庾岭村、樟霞村认证成为省级“两型”村庄。全面启动生态绿心地区“两型”综合示范片（带）建设，全年创建7个“两型”村庄、7个“两型”农民专业合作社、70户“两型”家庭。巩固提升天元和职教园2个省级“两型”综合示范片区，印发创建经验模式集，制作创建工作纪实VCR，形成株洲职教科技园“两型”综合示范片区案例。

积极创新宣传载体。由传统媒体拓宽到新媒体，在株洲新闻网首页创建“两型社会建设——株洲发展升级的强大引擎”专题；在《株洲日报》创建“两型观察”半月刊专栏；印刷出版“两型株洲”画册，制定印发新版“两型”知识宣传手册，在大型影院、学校、商场等公共场所播放两型公益宣传片。

用心组织主题活动。开展“全国网络媒体看株洲两型社会建设成果”的专题活动，邀请全国40多家新媒体聚焦株洲“两型”发展，共发表网络报道70余篇。组织开展“节能领跑绿色发展”节能宣传周、节能技术产品展览、“两型诗文、书画、摄影大赛”“两型生活进社区”志愿者服务等主题宣传活动，老百姓参与“两型社会”建设的积极性持续高涨。

（张　旭　王琳芝）

机构编制工作

【概况】 2016年，株洲市机构编制委员会办公室围绕中心，服务大局，全面深化改革，大力简政放权，加快推进政府职能转变，积极推进事业单位分类改革和重点领域改革，优化配置编制资源，着力破解影响株洲市经济社会发展的体制机制障碍，圆满完成工作任务。

开展行政审批制度改革。持续深化简政放权。出台《推进县市区建设投资项目审批改革实施方案》，改革经验全域推广。出台《提升建设领域测绘工作效率试行办法》和《建设投资项目审批改革五个阶段实施细则》，提升审批效能。改革后，企业报建成本降低20%以上，制度性交易成本进一步降低。改革经验由省深改组向全省推广，《湖南日报》专版推介，省内外20多个市州及县市区到株洲学习调研。推进“园内事园内办”，将62项市级行政审批权限下放园区，审批时间缩短三分之二以上，株洲高新区全国排名由46位跃升至28位，规模工业增加值突破千亿元大关，园区综合评价排名位居全省第二。向县市区下放市级经济社会管理权限29项，向省直管县试点地区茶陵县定向放权406项。简政放权成效广受关注，中央电视台《焦点访谈》栏目报道株洲市稳增长实施情况时，将其作为亮点之一呈现，工作经验在全省推进放管服电视电话会议上获得时任省长杜家毫和到株洲调研的新华社党组副书记、总编辑何平的肯定。不断加强事后监管。出台《株洲市人民政府工作部门权责清单管理暂行办法》，动态调整清单事项，与市政府12345热线以及市委“马上就办”活动联合，将清单内容作为部门日常考核标准、督查督办依据、群众办事指南；监管力量下沉，重点在食品药品流通领域推行“双随机”检查制度，在环保领域启动污染源日常环境监管随机抽查，切实保障人民群众健康安全。继续升级优化服务。围绕“企业帮扶年”，出台涉企收费清单、涉企检查部门清单、涉企检查项目清单及检查对象清单，规范涉企检查及收费，落实政策减轻企业税负超过10亿元，企业发展环境更为宽松，帮扶企业经验得到国务院减负办肯定并全国推荐。醴陵市政务服务改革经验在《湖南日报》推介，茶陵县、炎陵县和攸县开展“五个一”政务服务模式，建设项目报建费用较以前减少60%，企业改革获得感明显。通过“互联网+政务”，在全省率先探索“一门式”政务服务，在荷塘区区直、街道、社区三级建立40个政务（便民）服务中心，改革做法得到各界好评，受邀参加在广东佛山禅城召开的全国“互联网+政务服务”交流会，现场介绍经验，吸引中编办三司、省委改革办、广东省江门市等40余批次的考察调研。

推进重点领域专项改革。乡镇区划调整实现“三规范”。重新测算人口、收入、面积指标，明确乡镇（街道）类别，实现乡镇（街道）职数、职务名称和职务级别的“三规范”，为区划调整后乡镇机构顺利运转及时提供体制机制保障。县级纪检体制改革实现“三统一”。率先在县市区实行纪委派驻机构全覆盖，在内设机构、行政编制、领导职数“三不增”前提下，实现县级纪委机关内设机构个数、名称和派驻纪检组数量的“三统一”。不动产登记改革实现“三到位”。将不动产登记相关事务性工作全部整合到市不动产登记中心，实现机构整合、职能调整、服务群众的“三到位”。中心6月初挂牌，6月底第一批证书顺利发放。城乡医保管理体制改革实现“三合一”。按照“同一件事情由一个部门负责”的原则，整合市县两级城镇职工医保、居民医保、新型农村合作医疗的行政管理职能和经办机构，实现机构、职能的“三合一”，覆盖城乡的医疗保障体系基本建成。

推进事业单位分类改革。根据中央和湖南省委省政府省编委有关文件精神，按照“依法依规、精简效能、公平公正、稳妥有序”的原则，加强和规范事业单位机构编制管理。单位分类实现双匹配。通过分类改革，事业单位实现“分类类别与编制性质相匹配，财政预算与分类类别相匹配”，全年调剂481名编制置换不匹配人员编制，并按原核定编制的30%核减编制，减少核定编制226名。公益类单位备案放活。创新事业单位管理，率先对5家学校的教学教辅机构、7家医院的临床医技科室实行备案制，为创新公益类机构编制管理方式作出有益探索。行政类单位全面瘦身。推进房产、公路、畜牧等承担行政职能的事业单位机构改革，减少所属事业单位11家，收回事业编制231名，下放编制722名。通过改革，行政职能全面回归，人员编制逐步下沉，部门工作平稳有序。

完成控编减编工作。控编减编工作在国务院落实稳增长调结构工作督查中受到肯定，三年免检。制度执行严。严格执行《编制使用年度核准审批制》和《机关事业单位人员流动调配办法》，全年新招录（聘）、公开选调人员570名，安置军转干部、家属和“四类退役人员”71名，新增人员均控制在年度退休减员总量之内。存量管理活。推行三不增原则，即：“增职能不增机构、增机构不增编制、增编制不增人员”，做好存量文章，保障好重点工作、重点领域用编需求，全年共调剂人员编制152名，消化超编人数374人，消超成效明显。人员管控紧。从用编源头、职数审核、财政供养及人员调配等方面规范人员编制管理。2016年末，全市财政供养在编人数比2012年减少1648人，每年可为财政节约资金1.32亿元。

服务经济社会发展。服务重点领域，积极争取省编办支持，批复设立株洲经开区党工委、管委会，市委巡察工作领导小组办公室，市机关事务服务中心，市专用通信局等机构；挂牌设非公有制经济组织和社会组织党工委、知识产权局、政协委员联络工作委员会。全年，省编办共审批全市处级机构、核定处级领导职数的机构编制事项11件。其中：设立正处级机构2个，副处级机构4个，共核定正处级领导职数4名，副处级领导职数10名，为株洲市经济社会发展提供了有力保障。服务民生实事。在年度用编总量内调剂编制700余名，积极回应教育医疗、环境保护、食品安全等民生领域的用编需求，株洲市在全省率先全域通过教育强县（市区）评估验收。及时核准公安用编计划近200名，缓解公安警力不足，推动“平安株洲”建设，实现全国综治工作优秀地市“五连冠”。服务人才需求。落实“万名人才计划”，在市直自然退休减员总量内、用编计划总量中，按25%的比例优先用于公开招录（聘）研究生以上高学历和高级专技人才，全年市直机关事业单位通过公开选调、公开招录（聘）等途径储备专业和亟须人才142名。

做好事业单位登记管理。通过构建理事会决策、监事会监督、管理层执行的法人治理结构，规范试点单位权力运行，明确事业单位与举办单位、相关部门之间的关系，为推进事业单位“政事分开、管办分离”奠定基础。稳妥推进社会统一信用代码制度改革，规范党政机关网站管理，登记工作迈上新台阶。截至12月初，已提交年度报告的事业单位297家，合格率达100%。换发新版事业单位法人证书297家（新登记6家），换证工作全面完成；全市（含县市区）554家党政群机关已全部赋码完毕，在全省率先完成统一社会信用代码赋码工作；全市应注册中文域名2938个，实际已注册2938个，注册率为100%，实现了中文域名的全覆盖。（腾　玲）

民政工作

【社会救助】贯彻落实《社会救助暂行办法》，城乡最低生活保障做到了规范操作、动态管理、应保尽保，市区城乡低保在全省率先进行城乡统筹，市区城乡居民低保标准从420元/月提高到470元/月，要求5县市城镇低保标准按不低于420元/月执行，农村低保标准按不低于240元/月执行。全市共有城镇低保对象3.9万户，6.2万人，城镇低保月人均补差水平达304元，其中市区人均补差水平达339元；全市农村低保对象7.6万户，12.9万人，月人均补差水平为120.9元。全市共有五保对象18409人，其中集中供养对象5964人，集中供养率32.4%，集中供养“五保”对象供养标准为5944元/人·年，“五保”对象分散供养标准为3660元/人·年。加大精准识贫力度，进行社会救助家庭经济状况比对11.9万户次，审核认定11.5万户，否决2640户，排除率达1.9%。完善城乡医疗救助“一站式”服务系统，实现困难群众住院救助即时结算，住院救助比例提高到70%。全市共支出城乡医疗救助资金6294.4多万元，资助参加农村新型合作医疗、城镇居民医疗保险和大病保险25多万人次，累计医疗救助18.9万多人次。开展“救急难”工作试点，及时给予困难家庭临时救助，发放临时救助资金1849.2万元，救助困难对象1.9万多户次。11月25日，民政部副部长宫蒲光带领民政部调研组来株洲市调研，对株洲社会救助、养老服务等民政工作给予高度肯定。（吕俊杰）

【兜底脱贫】发挥职能优势，采取“解剖麻雀、以点带面”的方式，以44个市级领导帮扶点为样本，重点围绕如何精准认定社会保障兜底对象、实现最低生活保障标准和扶贫线“两线融合”等工作进行调研和论证。制定和完善了《株洲市民政局扶贫攻坚三年行动计划（2015-2017年）》《株洲市社会保障兜底脱贫对象认定工作方案》。8月24日，市民政局、市扶贫办组织两个督查组，采取听取汇报、查阅资料、实地走访等方式，对株洲县、醴陵市、攸县、茶陵县、炎陵县的社会保障兜底脱贫对象认定工作进行专项督查。全市共认定社会保障兜底脱贫对象9290户，21146人，占全市农业人口的0.75%，农村低保对象的17.15%，其中已纳入建档立卡对象的比例为64.21%。截至12月5日，全市所有兜底脱贫对象均已纳入扶贫部门建档立卡系统。（吕俊杰）

【落实民生实事】扎实推进重点民生实事项目建设，各个民生实事项目进度如期完成。市区城乡居民最低生活保障线标准从420元/月提高到470元/月，农村低保月人均补差水平为120.9元，五保对象分散供养标准为3660元/人·年，新增养老床位1379张，新增10个居家养老服务示范站点，新建、改扩建敬老院13所，开展“双促双带”活动，创建了10个退役军人之家。百岁老人生活补助标准提高至每人每月500元。支持社会组织参与社会管理和服务项目13个，至2016年年底已完成100%。（吕俊杰）

【留守儿童摸底】全市有留守儿童30974人，年龄普遍偏低，入学率为99.3%，户口登记率为99.5%，健康率为97.4%。建立农村留守儿童信息库，为细化完善关爱保护政策措施，加强关爱服务力量调配和资源整合提供基础数据支持，提高农村留守儿童关爱保护工作实效。（吕俊杰）

【残疾人“两项补贴”全面实施】严格把好残疾人口识别、残疾类别等级评定的关口，探索残疾人证的动态识别和管理问题，从源头上确保两项补贴制度公平、公正、公开。具有株洲市户籍的城乡低保和低保边缘家庭中无经济收入的一级和二级残疾人，每人每月享受60元的困难残疾人生活补贴；具有株洲市户籍的一级残疾人，每人每月享受50元的重度残疾人护理补贴。全市“两项补贴”按要求通过“一卡通”平台发放。（吕俊杰）

【提升涉军保障能力】6月22日，株洲成功创建全国双拥模范城“六连冠”。共投入资金近600万元开展“蛋奶果工程”，全年为驻株部队送鸡蛋、牛奶、水果共100多万份。完成株洲市烈士陵园建设并投入使用。9月30日，牵头组织在株洲市烈士陵园举行烈士公祭活动。实施重点优抚对象抚恤补助标准年增长2%增长机制，继续开展“四帮”活动，为困难优抚对象排忧解难。做好“四类对象”岗位安置工作，重新修订全市符合政府安排工作条件退役士兵表现量化评分办法，加大职业技能培训力度，组织培训退役士兵798人。接待处理来访、来信、来电答复2000多人次，妥善处理多起79参战人员上访事件，有力地维护社会大局稳定。（吕俊杰）

【慈善事业】9月8日，召开贯彻落实《慈善法》新闻发布会，介绍株洲市慈善事业的发展现状及贯彻落实慈善法的措施等社会各界关注的热点问题。开展金秋助学、慈行助医、善举帮困等品牌项目，全年发放慈善救助款物1100多万元，救助困难群众1.2万多人次。（吕俊杰）

【救灾救济】应对“6·15”强降雨灾情，及时启动二级响应，派出5个督察指导组分赴抗灾救灾第一线查看灾情、指导转移安置受灾群众、慰问受灾群众。副省长蔡振红、国家民政部救灾司副司长杨晓东、省政厅段林毅、唐白玉等到株洲指导防汛救灾工作。市县两级财政共下拨民政救灾资金2220万元，发放帐篷56顶、棉被618床，毛毯500床，雨衣45000件，雨伞2400把，手电筒3200只，并及时为受灾群众提供矿泉水、方便面等基本生活物资1600多箱。（吕俊杰）

【区划调整】株洲县撤县设区如期推进。9月26日，株洲县撤县设区工作方案获省政府常务会议通过。10月21日，省政府正式行文，将《关于撤销株洲县设立渌口区的请示》呈报国务院。建制村合并工作圆满收官。截至6月6日，株洲市全面完成建制村合并

任务，合并建制村541个。（吕俊杰）

【协会商会脱钩】作为全市行业协会商会登记管理机关，市民政局联合市优化办重点对113家市级行业协会商会进行排查，遴选出16家市级行业协会商会作为第一批试点单位；出台《关于做好全市性行业协会商会与行政机关脱钩试点工作的通知》；指导16个试点单位制定实施方案，并督促业务主管单位成立脱钩领导小组；截至9月底，16家试点行业协会商会已全部按时按质完成脱钩任务。（吕俊杰）

【殡葬改革】统筹推进城乡殡葬改革，着力破解中心城区城中村殡改难题，引导失地农民文明殡葬。组织开展"清明节宣传月"活动。严格落实省、市两型社会"绿心"保护要求，会同林业、国土、环保等部门，对不符合要求的殡葬现象，进行专项整治，取得初步的成效。继续会同财政、物价等部门免除城乡困难群众的基本殡葬费用。（吕俊杰）

【创新养老服务模式】推动城乡养老服务示范点建设，新建省级养老服务示范点46个。健全基本养老服务补贴制度，共投入财政资金545.3万元，对1.06万人进行补贴，覆盖率达到85.4%。积极推动"医养结合"养老服务模式，将市331医院和市人民医院纳入政府民生实事。创新农村留守老人养老服务模式，经验在全省养老服务业推进会上推广，并被《中国社会报》向全国典型介绍。将福彩资金中的600万元用于扶持养老服务业发展，引导社会资本参与养老服务建设。推进养老机构责任保险工作，参保率达到100%。5月20日，召开《株洲市关于大力发展养老服务业的实施意见》新闻发布会，对株洲养老服务业进行全方位立体宣传。（吕俊杰）

【城乡社区建设】2016年，55个社区服务场所开展提质改造工作，大力推进农村社区建设工作，出台《株洲市关于深入推进农村社区建设试点工作的实施意见》。出台《株洲市社区规范化建设标准》，对全市社区建设标准进行统一规范。开展全市"十大最美社区"评选活动，倡导全社会共建自然和谐的美好家园。（吕俊杰）

【扶持社会组织发展】全市注册登记社会组织2557个，将支持社会组织参与社会管理和服务项目列入市民生实事，使用福彩公益金进行专项安排，在全市购买13个社会组织开展公益服务。5月，牵头举办了株洲市首届公益博览会暨公益众筹项目活动，吸引全国近百个公益慈善项目和公益机构参展。市委书记毛腾飞，市委副书记、市长阳卫国分别参观了公益博览会，对市民政局加大培育扶持公益社会组织的工作给予充分肯定。加强社会组织党组织规范化建设，社会组织党组织做到应建必建；指导社会组织党组织开展"两学一做"专题学习教育。（吕俊杰）

【民政专项资金清查】8月8—19日，市民政局对10个县市区的城乡低保、救灾救济、优抚安置、福利事务、老区建设等领域项目资金申报分配使用过程中存在的以权谋私、优亲厚友、盘剥克扣、虚报冒领、强占掠夺、贪污挪用、收受贿赂等问题进行重点清理核查；9月7—25日，对2016年省厅下达的社会救助、孤儿保障、优待抚恤、流浪乞讨、地名普查、福彩公益金等资金进行专项检查，严查冒领、私分补贴补助资金和贪污、受贿或谋取其他不正当利益等行为，进一步规范民政专项资金检查。（吕俊杰）

中国人民政治协商会议株洲市委员会

综述

【概述】2016年，株洲市政协及其常委会践行“忠实履职、奉献株洲”的工作理念，认真履行政治协商、民主监督和参政议政职能，为助推全市经济社会持续稳定健康发展做出积极贡献。

深入开展课题调研。根据“市委出题、政府点题、社会征题、主席会议定题”的调研选题机制，年初确定5个重点调研课题，建立由主席会议成员牵头、委室承办、各界别和委员广泛参与、县市区政协联动的调研工作机制。采取委员调查与专家论证相结合、本地调研与外地考察相结合、专题调查与跟踪视察相结合以及座谈讨论、问卷调查等调研方式，开展调查研究。年内，完成清水塘工业区绿色搬迁改造、服饰产业发展、金融IC卡在公共服务领域应用、电梯使用安全监管和公共自行车租赁系统管护等重点课题调研，形成专题调研报告，进行协商。

有序进行协商议政。开展全会协商、主席会议协商、双月协商、专委会协商、界别协商、提案办理协商等多种形式的协商。广大政协委员充分借助政协全会平台，利用大会发言、联组协商等形式，就城市建设与管理、产业发展、全民创业、加大民生事业投入等方面，与市领导开展面对面协商，共有90多名委员作协商发言。市委书记、市长对委员的发言一一作批示，要求相关部门研究落实。动员广大政协委员积极参加“喜迎党代会、共谋新发展”献智献策活动。继续坚持“双月协商”制度，年内召开4次“双月协商”座谈会。其中，关于清水塘工业区绿色搬迁改造的“双月协商”，市长阳卫国出席并与委员协商互动。主席会议和双月协商座谈会形成的4件主席会议建议案和“双月协商”意见，移送给市委、市政府，市委书记均给予充分肯定并作出重要批示，要求市政府及有关部门积极吸收采纳。加强“互联网+政协”云平台建设，开通上接省政协、下连县市区政协的“远程协商”系统。

有效实施民主监督。注重发挥政协民主监督职能作用，继续推行民主监督员“聘”改“派”。向市科技局、市司法局、市林业局、市卫计委、市旅游外事侨务局5个单位委派民主监督小组，着重在提案办理、扶贫攻坚、民生实事、干部作风等方面开展民主监督。主席会议定期研究民主监督工作，加强工作领导和指导，建立健全“一机制、两评议、三反馈、五统一”工作制度，民主监督组织化程度不断提高。针对基础教育工作、在建重点项目等关乎民生和基础设施建设问题，组织政协委员开展视察活动。

增强提案办理力度。年内，共收到提案337件，立案203件。完善提案办理机制，形成市领导重点提案专题督办、市政协各专委会对口督办、各界别集体督办、委派民主监督小组专项督办、提案工作机构联合督办“五位一体”的督办形式。督办重点提案，从立案提案中遴选《抓“众创空间”建设，促进大众创新创业》等10件提案，作为主席会议成员重点督办提案，分别由主席会议成员领衔督办。协商提案办理，就重点提案的办理邀请市委、市政府领导和有关部门负责人，与政协委员开展面对面协商。抓提案办理“回头看”，政协近四年的提案进行梳理，对没有落实的重点提案进行再办理。

参与助力脱贫攻坚。5月初，市政协下发《关于开展“助力脱贫攻坚，全面建成小康社会”活动的通知》，6月初，制定《政协委员参与“三个一”（即一名政协委员帮助一个贫困孩子完成学业、结对一个贫困家庭增加收入、有条件的委员帮助贫困家庭一名成员解决就业）扶贫行动方案》，向全市2000多名驻株省政协委员、市政协委员、县市区政协委员发出开展“助力脱贫攻坚、全面建成小康社会”活动倡议书，并召开助力脱贫攻坚工作动员会进行安排部署。市政协主席会议专题协商株洲市扶贫攻坚工作，向市政府提交《关于加快推进我市扶贫攻坚工作的主席会议建议案》。主席会议成员分别召开“三个一”扶贫行动工作对接会，带领政协委员到驻村帮扶点开展帮扶活动。各界别、专委会和广大委员，充分发挥各自优势，开展产业扶贫、帮助就业、结对助学、送医下乡、技能培训、困难慰问等形式多样的扶贫活动。省政协充分肯定株洲的作法，《湘声报》刊发专版推介。

强化自身建设。积极筹建市政协文史馆。在全省市州政协率先建设文史馆，将株洲政协文史馆打造成为宣传人民政协光辉历程的窗口、学习政协理论知识的基地、展示株洲经济社会发展成果的平台。强化制度建设。起草《株洲市政协协商民主建设实施办法（草案）》、制订《大会发言工作规则》《专委会通则》《提案工作条例》等制度，加强“三化”建设。做好换届前期工作。贯彻省市委和省政协要求，分别召开界别会议、主席会议、常委会议做好委员提前换届思想工作，征求委员对提前换届的意见，对委员任期、履职表现情况进行摸底，确保换届各项工作的顺利进行。推进学习培训。在复旦大学举办了3期委员培训班，对全体市政协委员进行轮训，提高委员的素质，委员反响良好。加强宣传工作。在中央、省、市媒体发稿200多篇，刊登“双月协商”“委员建言”等专版、专题、专栏10多个，与省级主要媒体合作，报道株洲市的省政协委员履职和提案工作报道20多篇，专访6个，积极运用微信、微博等网络新媒体讲好政协故事。（易　湛）

【政协株洲市委员会八届四次全体会议】 2016年1月16—18日，中国人民政治协商会议株洲市第八届委员会第四次会议召开。会议听取并审议政协株洲市第八届委员会常务委员会工作报告、政协株洲市第八届委员会第三次会议以来提案工作情况的报告；提案委员会书面报告政协株洲市第八届委员会第四次会议提案审查情况；听取并协商市人民政府工作报告和市计划、市财政、市中级人民法院、市人民检察院工作报告。会议号召，全市各级政协组织、市政协各参加单位和全体政协委员，要在中共株洲市委的坚强领导下，以更加饱满的热情、更加务实的作风、更加优异的业绩，为谱写株洲市“十三五”新篇章，建设富强美丽幸福新株洲做出新的更大贡献。（易　湛）

【政协株洲市委员会八届十六次常委会议】 8月3日，市政协召开八届十六次常委会议。市委副书记、市长阳卫国出席会议，市政协主席黄曙光主持会议。会上，阳卫国通报全市上半年经济社会发展情况。会议审议通过《政协株洲市委员会提案工作条例》《政协株洲市委员会专门委员会通则》。会议还审议通过有关人事事项，免去3名市政协委员资格，撤销3名市政协委员资格。（易　湛）

【政协株洲市委员会八届十七次常委会议】 11月2日，市政协召开八届十七次常委会。市领导雷绍业、彭爱华、羊贵平出席会议并讲话，市政协主席黄曙光主持会议。会议传达学习省委、市委关于换届工作有关精神。会议还审议通过有关人事事项。（易　湛）

【政协株洲市委员会八届十八次常委会议】 12月21日，市政协召开八届十八次常委会议。市委书记毛腾飞出席会议并讲话。市政协主席黄曙光主持会议。毛腾飞充分肯定市政协第八届委员会的工作，并指出，要以高度的政治责任感精心组织筹备好新一届政协大会。市委常委、常务副市长何剑波在会上通报市政协八届四次会议以来建议案和提案办理情况。会议审议通过《株洲市第九届政协委员提名人选名单》《关于召开政协株洲市第九届委员会第一次会议的决定（草案）》；协商通过《政协株洲市第九届委员会第一次会议议程（草案）、日程（草案）》；审议通过政协株洲市第九届委员会第一次会议秘书处（筹）机构设置和负责人名单（草案）、《政协株洲市第九届委员会第一次会议拟邀请人员名单（草案）》《政协株洲市第九届委员会第一次会议分组召集人名单（草案）》《政协株洲市第九届委员会第一次会议联组协商召集人名单（草案）》；协商讨论《政协株洲市第八届委员会常务委员会工作报告（草案）》《政协株洲市第八届委员会常务委员会关于八届政协期间提案工作情况的报告（草案）》。（易　湛）

民主党派·工商联

中国国民党革命委员会株洲市委员会

【概况】 中国国民党革命委员会株洲市委员会下设参政议政、经济、祖统、文宣、妇女、青年、社会和法制7个工作委员会，有1个县级市委会—民革醴陵市委会，有基层支部26个，小组1个。2016年发展新党员33人。截至2016年12月31日，党员574人，任湖南省人大代表1人，刘春生任株洲市人大常委会副主任，株洲市人大代表3人，县(市)区级人大代表15人，其中常委2人；湖南省政协委员1人，市政协委员18人，其中常委4人，县(市)区级政协委员50人，其中区政协副主席1人，常委8人。担任政府等行政、事业单位处级干部4人。

2016年民革株洲市委机关建设被评为民革湖南省先进集体，市委专职副主委汪迎伟被评为民革全国“祖统工作先进个人”。

扩大宣传影响。市委会在更新民革市委网站的基础上，开通株洲民革公众微信号，大力推广“民革e家”。通过各种信息平台营造积极、和谐的文化氛围，增强党员的归属感、凝聚力和责任感。年内，在《团结报》《湖南民革》《三湘统战网》、株洲各新闻媒体，以及株洲政协网、株洲统战网发表各类专文和报道100多篇。

积极参政议政。在株洲市政协第八届四次全体会议上，民革党员共递交提案30多件，立案20件。市委会《为农村种粮销路开辟绿色通道》被评为优秀集体提案，王辉平、陈群的提案被评为优秀个人提案。民革界别的市政协委员共提交社情民意23件，市政协采纳8件，株洲统一战线网采纳6件，三湘统战网采纳1件，组织参加全市“喜迎党代会，共谋发展献智献策活动”建议15件。

调研成果丰硕。2016年，民革市委会调研报告《株洲市异味污染源调查报告》被市政协评为优秀调研成果二等奖。刘奇叶撰写的《如何进一步发挥政协民主监督工作的职能和作用之管见》、陈群撰写的《动力谷发展资源现状调研报告》获得全市统战系统优秀调研成果二等奖；王辉平撰写的《浅谈微信在民主党派组织活动工作中的应用》获得全市统战系统优秀调研成果三等奖。

积极服务民生。在市政协举办的“株洲市综合交通体系规划”“株洲市自行车租赁系统公益属性”的双月协商中，民革界别委员提出的协商意见，受到市政协和相关单位的肯定；组织民革界别8位市政协委员向攸县黄平桥富头村捐赠扶贫资金12000元；民革株洲市委联合株洲交通频道《讲点别的》栏目、株洲市家园义工协会共同举办一场“土鸡蛋爱心义卖”公益活动，帮助患尿毒症的养殖户谭湘东自救；民革株洲市委青工委、民革天元二支部、株洲市鑫城健康有限公司60余名志愿者赴攸县皇图岭敬老院走访、慰问86名老人，鑫城公司为敬老院捐赠1.9万元的生活物资，民革湖南省委青工委副主任胡赞村代表民革株洲市青工委为敬老院捐赠爱心款5000元；民革株洲市委原专职副主委，“谭嗣同爱国公益基金会”理事长谭志宏向“湖南省郑洞国教育基金会”义捐20万。

（常　虹）

【民革株洲市第七次代表大会】 5月29—30日，民革株洲市第七次代表大会在株洲市华天大酒店召开，民革湖南省委专职副主委雷震宇、中共株洲市委常委、市纪委书记刘光跃、株洲市人大常委会副主任刘柏生、株洲市政协副主席贺夏盛、株洲市政协副主席、致公党市委主委余群明、中共株洲市委统战部常务副部长段晓茅等出席会议。

株洲市政协副主席、民革市委主委刘春生作《开创株洲民革工作新局面，为建设富强美丽幸福新株洲而奋斗》工作报告。出席大会的代表共有100名，大会选举产生民革株洲市第七届委员会和出席民革湖南省第十五次代表大会的11名代表。刘春生当选为民革株洲市委主委，汪迎伟、李忆湘、娄健、文新宇当选为民革株洲市委副主委，汪迎伟任民革株洲市委秘书长。

（常　虹）

【孙中山诞辰150周年暨株洲民革成立30周年纪念大会】 11月12日，民革株洲市委在市广电中心演播厅隆重举行孙中山诞辰150周年暨民革市委成立30周年纪念大会。会议由市委专职副主委汪迎伟主持，市政协副主席、民革市委主委刘春生作《风雨同舟三十载，创先争优促发展》讲话。民革湖南省委副主委段桂生、中共市委统战部常务副部长段晓茅、民革市委原主委罗维根、各民主党派、工商联、侨联、台办、湖南工业大学以及城市四区统战部、醴陵、株洲县统战部、市公共资源管理中心、市广播电台交通频道等单位负责人、新闻媒体记者及民革党员380余人参加会议。

纪念大会上，播放专题片《光辉历程——株洲民革30年回眸》，为30年党龄的老党员颁发荣誉证书和奖杯，表彰一批红旗基层组织和优秀基层组织，以及优秀党员、优秀党务工作者和在参政议政、社会服务、祖统联谊工作中涌现出来的先进个人。

（常　虹）

中国民主同盟株洲市委员会

【概况】 截至2016年年底，民盟株洲市委下辖1个委员会（民盟湖南工业大学委员会），2个总支（株洲县总支、醴陵市总支），43个支部，盟员714人，平均年龄54.04岁，在职盟员488人，其中：具有中高级以上职称582人，担任县处级以上职务30人。年内，成立民盟天元区工委和云龙支部，发展新盟员26名。

（罗卫云）

【第八次盟员代表大会】 2016年，民盟市委召开第八次盟员代表大会，会议共有代表115名，全市400多位盟员参加大会开幕式。盟省委、中共市委、市人大、市政府、市政协以及相关部门领导出席会议，收到了省内外18个兄弟市州的贺信、贺电。

大会工作报告《同心共筑中国梦，合力铺陈发展篇》对第七届委员会工作进行了总结，对未来5年工作提出了建议。第八次代表大会选举产生第八届民盟市委会委员23名，其中博士5人，教授和教授级高工5人，担任副处级以上行政职务的11人。

（罗卫云）

【参政履职】 参政议政工作有亮点。全年完成盟省委立项课题3个，湖南省十三五教育科学规划课题1个，社会性课题4个。参与盟省委“非公经济政策落实”民主监督活动。在省政协会议上，主委柳怀德为“建设富饶美丽幸福新湖南”积极建言，建议加快打造湘菜文化产业园，扩大内需；在株洲市“十三五”规划、中共株洲市第十二次代表大会报告征求意见等座谈协商会上的建议，得到省、市领导的高度重视。2016年，柳怀德荣获省政协“优秀政协委员”称号。主委班子其他成员在省、市各级有关协商、评议、监督活动中积极建言，彰显了民盟的履职实力。市政协八届四次全体会议上，盟市委的《着力打造“中国制造2025”株洲版》被评为优秀大会发言第一名。70多位各级盟员人大代表、政协委员利用“两会”舞台切实履职，共提交建议提案80余件。湖南汽车工程职业学院支部主委沈言锦承担的课题《关于发展我省职业教育，打造大国工匠的建议》，被盟省委作为集体提案提交湖南省政协十一届五次会议，获副省长向力力批示。

民盟湖南工大委员会盟员共承担科研课题15项、发表论文21篇，民盟株洲电力机车研究所支部蒋时军、李广汉等承担的《基于双电机直联式混合动力城市客车研制》项目获湖南省科技进步二等奖，《插电式混合动力客车产业化技术攻关》项目获株洲市科技进步一等奖，盟员齐晓武承担的《装备制造工业园区动能集约管理体系构建》管理创新成果，获湖南省企业管理现代化创新成果二等奖。

（罗卫云）

【“两学一助”学习教育活动】 盟市委制定《“两学一助”学习教育活动工作方案》。主委会集中学习习近平总书记系列重要讲话和《中国共产党统一战线工作条例（试行）》。购买盟内书籍发放给市委委员进行自学。机关开展了中共十八届六中全会精神的专题学习。组织盟员参加市委统战部举办的“两学一助”学习教育、统战知识竞赛活动。主委柳怀德参加中共湖南省委组织的民主党派市级组织主委培训班；主委班子成员和部分市委委员5人参加市统战部在重庆大学举办的株洲民主党派凝心聚力“十三五”综合能力提升培训班；组织市委委员、基层组织负责人和骨干盟员35人到重庆大学举办“两学一助”暨骨干盟员培训班，参观民主党派陈列馆和特园等传统教育基地；市委机关干部参加盟省委组织的盟务工作培训学习；组织新任领导岗位盟员和骨干盟员9人参加中共市委党校、市社会主义学院的培训学习。　（罗卫云）

【服务社会】 民盟株洲市委积极开展“烛光行动”。为炎陵县35位中小学教师开展为期3天的心理健康教育培训；为炎陵县水口中学20位学生开展团体辅导；为天元区栗雨学校学生开展心理健康“调查评估”；先后到张家界黄家铺九校、官坪学校和杨家溪小学开展烛光行动。“四同创建”工作得到拓展。连续4年组织开展“大爱株洲送年货”活动，筹集慰问资金3万元，对50户特困户走访慰问送年货；组织爱心盟员到同心社区松西子等社区开展慰问活动，陪五保老人过节；为泰山路街道大岭社区17户特困家庭送去慰问物资及300元慰问金；组织基层参加同心工程开展活动30多场次，参加人数100余人；连续8年组织盟员参与爱心送考，第7次获得株洲市文明办颁发的“爱心集体”称号。持续8年联合株洲市强制隔离戒毒所开展“黄丝带”司法帮教和心理健康辅导活动，为戒毒学员送去59件新毛衣；参与天元区检察院组织的社工帮扶、心理辅导工作，确定12名未成年人为帮教对象。为网岭监狱7位有严重心理或精神疾病的犯人做精神状况鉴定及个别干警做心理咨询。盟员蔡炳秋被民盟中央评为“民盟社会服务工作先进个人”称号；盟市委被盟省委评为“2016年度社会服务先进单

位”，社会服务科科长帅银花被评为省“社会服务先进个人”“市双文明先进个人”。（罗卫云）

中国民主建国会株洲市委员会

【概况】 截至2016年12月31日，全市共有民建会员397名，4个总支，18个基层支部。2016年，中国民主建国会株洲市委员会发展新会员17名，平均年龄为32.8岁，其中研究生学历1人，新会员中有非公经济代表人士、政府部门人员等。（詹 昱）

【中国民主建国会株洲市第七次代表大会】 中国民主建国会株洲市第七次代表大会于5月27日隆重召开，民建湖南省委副主委刘长庚，中共株洲市委常委、组织部部长、统战部部长彭爱华分别代表民建湖南省委和中共株洲市委向大会致贺词，周煦惠代表民建株洲市第六届委员会作题为《立足新常态把握新机遇为建设高素质的中国特色社会主义参政党而努力奋斗》的工作报告。会议全面总结民建株洲市第六届委员会的工作成绩，提出新一届市委会今后的主要工作思路。大会选举产生民建株洲市第七届委员会，选举周煦惠为主委，李昱、李跃纲、周石旺、肖云华为副主委的新一届领导班子。（詹 昱）

【民建株洲市委成立30周年纪念座谈会】 12月14日，民建株洲市委成立三十周年纪念座谈会隆重举行。会上，周煦惠主委作《不忘初心，继续前行，为民主建设事业竭诚奋斗》的工作报告，全面回顾总结民建株洲市委三十年来的发展历程。总结表彰一批为株洲民建各项事业做出突出贡献的优秀会员和先进集体。民建省委专职副主委罗亚军出席纪念大会并致词。（詹 昱）

【开展四同创建】 以市委会为主体，继续推进“四同创建”活动的深入开展。4月1日，民建株洲市委专职副主委李昱带队赴石峰区大冲村，就“同心乡村”建设情况进行调研，现场重点查看大冲村的基础设施建设情况，参观了“同心书屋”“同心超市”“村民活动室”等。明确要求尽快成立同心工作领导小组，可吸纳各方优秀人士参与进来，组建强有力的领导班子；把同心工作做实做细做规范，增加“同心书屋”的书籍储存量、丰富“同心超市”的商品种类等；切实发挥“同心工程”效应，给老百姓带来物质利益的同时，也要送去精神上的愉悦。民建市委连续第三年参加“大爱株洲·为特困群众送年货”大型公益活动，积极动员各级组织和广大会员为特困群众献爱心、筹善款。民建市委机关捐款2万元，会员企业——株洲蝶依斓布艺有限公司捐款1万元，同为家庭贫困的群众在新年里送去暖暖春意。（詹 昱）

【“法泽校园”获社会赞誉】 12月15日，由民建株洲市委与株洲市法建办、市司法局、市教育局共同主办的“法泽校园”青少年法治主题教育活动在建宁试验中学举行启动仪式。民建株洲市委主委、市文联主席周煦惠出席活动并致辞。（詹 昱）

【履行参政议政职能】 政协全会积极建言献策。在年初召开的市政协八届四次全会上，民建17名市政协委员积极履职，围绕株洲市经济发展和社会民生的热点难点问题积极建言献策。会上，专职副主委李昱代表民建界别作题为《高标准建设国家商务电子示范城》的大会发言，得到时任市委副书记、市长毛腾飞的高度肯定和亲笔批示：“发展电子商务助推经济发展是大趋势。要高度重视，认真研究采纳委员建议，尽快制订实施方案，提出政策建议。”周石旺代表民建界别作题为《大力发展“智慧农业”，促推我市农业生产转型升级》的联组发言，也得到市委、市政府主要领导的高度关注，引起强烈的社会反响。反映社情民意和宣传信息工作取得佳绩。卞武宗被民建湖南省委评为反映社情民意工作先进个人二等奖、参政议政工作先进个人二等奖，詹昱被民建湖南省委评为新闻宣传工作先进个人三等奖。（詹 昱）

中国民主促进会株洲市委员会

【概况】 截至2016年12月，中国民主促进会株洲市委员会有会员430人。全市共设21个基层支部，包括2个总支，19个支部，以及5个活动小组。2016年，发展新会员20人，平均年龄40.4岁。会市委先后荣获“民进全国参政议政工作先进集体”、市“统战调研工作先进单位”“统战信息先进单位”，在全省会务工作年度综合考评中，荣获特等奖。在会省委“三项征文”活动中，荣获一等奖1篇，二等奖1篇，三等奖2篇。在市政协的理论征文评比中，会市委获得一等奖1篇，二等奖1篇，三等奖3篇；获全市统战调研优秀成果特等奖1篇，一等奖1篇，二等奖1篇，三等奖2篇。会员邹艳君、王响亮、宋鸥被授予“株洲市文明公民”称号，邹艳君获湖南省“最美基层文化人”提名奖及首届株洲艺术节艺术领域突出贡献奖。

夯实基础工程。会市委全力配合县区人大、政协换届工作，多次走访城市四区和株洲县、醴陵统战部，加强与各级人大、政协和政府部门的联系，做好相关联络、协调和举荐工作，全会共当选市政协委员20人，其中常委5人；市人大代表3人，其中常委1人，专委会委员2人；各区县人大代表9人、政协委员30人。

积极参政履职。开展“凝心聚力‘十三五’”“我为扶贫攻坚建一言”

等建言献策活动，其中《整合我市艺术类数字资源库》被《株洲日报》全文采用；在全市“喜迎党代会，共谋新发展”献智献策活动中，邹艳君的《打造数字文化馆，助推“文化强市”》获二等奖；社情民意《关于进一步规范护工市场的建议》得到市委书记毛腾飞批示；《建立市遗体器官捐献者缅怀纪念园林》建议被相关部门采纳并见报。在年初的“两会”上，民进界别被评为优秀界别，提交优秀集体提案2篇、优秀市人大代表建议1篇、优秀调研报告二、三等奖各1篇，界别推出的大会发言《利用“友城”资源助推株洲经济发展》获市委书记毛腾飞批示，《充分利用‘友城’资源，助推株洲经济发展》被列为主席会议成员重点督办提案。

努力服务社会。响应民进中央的号召，联合株洲县支部、株洲县书协开展春联进万家活动，送出春联两百多幅。积极引导基层组织和广大会员开展“微公益”。如职防所支部到儿童福利院开展慰问；利用微信平台组织献血活动；购买和募捐了247册图书送往湘西永顺县郎溪乡中心完小；免费组织全市200多名中小学音乐老师学习手鼓等等，彰显了全会的无私奉献和社会担当。会员黄金多年来热心公益事业，前后共资助了20多名贫困学生，被评为石峰区“道德模范”。会市委还对同心社区——松西子社区20户特困家庭进行慰问，并送去慰问物资1万余元。（杨　清）

【践行“两学一助”学教工作】 7月，会市委发动全体会员积极参加中共市委统战部组织的统战知识竞赛活动，在全会掀起了统战知识以及会章会史的学习热潮；8月，会市委召开“两学一助”动员大会，传达习近平总书记系列重要讲话及中央统战工作会议精神；8月24日，近20名基层负责人、骨干会员赴张家界参加民进中央常务副主席罗富和的专题讲座；9月，省人大常委会副主任、民进湖南省委主委谢勇带队到株洲开展“坚持‘两学一助’，当好身边先进”宣讲，全会共110余人参加活动；10月，会市委邀请部分离任老主委、老委员召开“两学一助”恳谈会；12月，赴茶陵开展“两学一助”培训活动。通过学习教育，全会进一步增强“四个意识”，坚定“四个自信”。（杨　清）

【完成换届】 按照会章的要求，坚持组织原则，遵循换届程序，积极主动、周密筹备换届各项工作。2015年12月份成立会市委换届领导小组和换届筹备工作班子，开始换届筹备工作，2015年12月—2016年5月先后多次召开换届领导小组会议和市委全会，专题研究换届工作思路、方案和具体要求。2016年5月30—31日，民进株洲市委第七次代表大会顺利召开，来自全市26个基层组织的95名代表参加会议，选举产生由18名委员组成的民进株洲市第七届委员会。在第七届委员会第一次全体会议上，选举郝建东为民进株洲市第七届委员会主任委员，刘朝晖、邹艳君、卞华为副主任委员，并任命刘朝晖为秘书长。（杨　清）

【助力“精准扶贫”】 会市委认真贯彻落实《湖南统一战线凝心聚力“十三五”行动实施方案（2016—2020年）》和全省统一战线开展精准扶贫的总体目标，多渠道多层次的开展各类扶贫帮困社会服务活动。连续5年开展“大爱株洲”献爱心活动；民进界别市政协委员每人拿出1000元前往攸县鸾山镇江冲村走访和慰问贫困村民；花费近万元在茶陵县、株洲县开展“送医下乡”精准扶贫行动；赴株洲县古岳峰栗树小学开展“送教下乡”活动，送去优质的示范课以及4台电脑和万余元体育教学设备；花费4万元承办民进省委举办的“走进湘桂黔边·关注老少山穷”全国摄影大赛等。（杨　清）

中国农工民主党株洲市委员会

【概况】 至2016年年底，中国农工民主党株洲市委员会有基层组织13个，党员358名，基层总支、支部13个。2016年，株洲市农工党党员担任省政协委员2人，其中常委1人；市人大代表5人，其中常委1人；市政协委员17人，其中市政协副主席1人，市政协常委3人；区人大代表6人，其中常委1人；区政协委员18人，其中常委1人。担任副处以上实职的党员有15人，有61人出任全市各大医疗机构的科室主任或学科带头人。（王雨青）

【参政议政】 农工党株洲市委围绕党和政府关注、人民群众关心的突出问题，认真调研议政，积极建言献策。2016年向株洲市政协共提交提案9件，提交社情民意18条，向农工党省委和中共株洲市委提交社情民意10条。2016年市委会相继就株洲市精神卫生工作、民营医院发展、长株潭企业自主创新、县乡公共卫生服务等领域进行了调研。市委会撰写的《株洲市民营医院发展调研报告》荣获市政协2016年度优秀调研报告一等奖。《株洲市企业自主创新发展调研报告》和《加快株洲公共卫生服务转型升级的调查与思考》获得市政协2016年度优秀调研报告三等奖。集体提案《把握“一带一路”契机，提升城市文化软实力》被评为市政协八届四次会议优秀提案，李文灿的个人提案《加快传染病专科医院建设的几点建议》荣获优秀提案。党员何海军的建议案《中国动力谷发展战略提升与创新策略》在中共株洲市委召开的“喜迎党代会共谋新发展”献智献策活动中获得优秀建言一等奖。（王雨青）

【社会服务】 2016年，农工党株洲市委围绕市委市政府中心任务，响应

“医疗下沉”“健康扶贫”政策，多次开展送医疗下乡，送健康下乡，对口支援等社会服务活动。市委主委周恕多次率市委委员、机关干部、农工党界别市政协委员、二医院支部党员赴攸县谭桥街道万美村，醴陵明月镇、均楚镇、茶山镇、官庄镇等地开展助力脱贫攻坚帮扶活动，为当地群众免费体检、义诊，对当地贫困人口进行疾病筛查，对因病致贫、因病返贫群众给予帮扶救治。对贫困镇、贫困村进行调研，整合多方资源，为其脱贫致富出谋划策。农工党株洲市委积极参与市委统战部举办的“大爱株洲”活动，连续五年为困难群众送年货。2016年底，农工党市委会与农工党邵阳市委结为对口扶贫友好市委，市委会捐助4万元，对口邵阳市委参与邵阳市脱贫攻坚民主监督和帮扶工作。多个基层支部开展义诊。3月份中医院支部在株洲县雷打石南岸村开展义诊，8月份二医院支部赴醴陵市在官庄镇、沩山镇等地开展义诊，10月份天元支部和机关支部在株洲县渌口镇敬老院和株洲市石峰区敬老院开展义诊。（王雨青）

【中国农工民主党株洲市第六次代表大会】 2016年5月25日，中国农工民主党株洲市第六次代表大会在西苑宾馆隆重召开，农工党省委、中共市委、市人大、市政府、市政协和其他界别党派、市工商联及相关单位领导应邀出席开幕式暨庆祝大会，来自全市13个基层组织的85名代表参加会议。大会通过周恕主委作的工作报告，选举产生新一届市委领导班子。周恕当选为农工党株洲市委第六届委员会主委，肖长海、蔡安烈、袁仕炜、李秋平当选为副主委，同时选出17名市委委员。（王雨青）

【开展党史教育】 2016年10月9日，农工党株洲市委开展“走进基层、贴近党员，培育和践行社会主义核心价值观百场宣讲”活动，邀请原农工党省委专职副主委戴军惕教授和省委宣传处处长钱俊清为全市近百名农工党党员授课。10月21日，市委会组织市委委员、市政协委员、支部主委赴惠州邓演达纪念园缅怀先烈并参加现场教学。10月27日，市委会机关干部赴上海社院进行为期4天的学习，并参观农工党一干会址。年内，市委会继续开展读书周活动，以读“好书”和尊重党员偏好为原则发放了国学类、科普类、管理类书籍，融学习于组织生活，营造了良好的读书氛围。（王雨青）

中国致公党株洲市委员会

【概况】 截至2016年年底，中国致公党株洲市委员会有成建制的基层组织23个，其中总支1个，支部22个。有市直工委1个，区工委4个。有党员408名，其中男党员224人，女党员184人，平均年龄49.8岁，归侨、侨眷、归国留学生及其他有海外关系的代表性人士占69%，具有中、高级职称285人，在各级政府和职能部门担任副处级以上领导干部18人，在编机关干部5人。

年内，发展新党员22名，本科以上学历达到100%，其中硕士研究生以上学历8人，占比36%，留学归国工作人员7名，占比32%。在市区人大代表、政协委员换届后，致公党党员中共有24人任区级政协委员、8人任区级人大代表，6人任市人大代表、22人任市政协委员。在致公党湖南省委2015年度对市级组织考核中荣获优异成绩，综合考核中获得优秀奖；思想宣传工作评为优秀奖；侨海联络工作被评为一等奖。（皮贻茂）

【中国致公党湖南省株洲市第六次代表大会】 2016年5月26日，中国致公党湖南省株洲市第六次代表大会在株洲天台山庄举行。来自全市基层组织的100名代表参加会议。致公党湖南省委专职副主委向佐谊出席闭幕式。致公党湖南省委副主委、湖南省侨联主席朱道弘出席会议并发表讲话；中共株洲市委常委、组织部部长、统战部部长彭爱华代表市委、市人大、市政府、市政协向大会的召开表示热烈祝贺；致公党湖南省委副巡视员、组织处长余海峰、株洲市政府副市长杨胜跃、株洲市政协常务副主席贺夏盛，以及基层支部所在单位中共党委、对口联系单位、各涉侨单位、市区统战部等部门领导出席会议。株洲市政协副主席、民革株洲市委主委刘春生代表各民主党派市委、市工商联、市侨联，湖南工业大学党委统战部部长陶景霞代表基层组织所在单位中共党委向大会发表热情洋溢的贺辞。株洲市政协副主席、致公党株洲市委主委余群明代表五届市委会向大会作作题为《着眼人才兴党，立足社会和谐，为全面建成“小康株洲”贡献力量》工作报告。

与会代表审议大会工作报告和《大会决议》。大会选举产生致公党株洲市第六届委员会，王斯一等18人当选为新一届市委委员。会议还选举产生了于兰英等出席中国致公党湖南省第六次代表大会的17名代表；在六届第一次全委会上，选举产生新一届市委领导班子，余群明当选为六届市委主委，罗立宇当选为专职副主委，罗曼、张季宝、郑刚当选为兼职副主委。任命皮贻茂为市委秘书长。（皮贻茂）

【思想宣传】 “两学一助”学习教育活动扎实开展。制定并下发《全市基层组织和党员开展“两学一助”学习教育工作实施方案》，集中采购习近平《谈治国理政》等5本200余套系列书籍发放到党员手中。全市22个支部相继开展“学习系列讲话”“打造书香支部”“重走致公路”“爱株洲助发展”“重走长征路”等内容丰富、形式多样的“两学一助”学习教育活动。对外宣传凸显成效。市委会在中国致公网站刊登新闻稿26篇，湖南致公网站刊登新闻稿146篇，三湘统战网站发表新闻稿10篇，株洲政协网站刊登新闻稿63篇，株洲统战网站刊登新闻稿8篇，湖南统战信息电子专网采纳信息5条。编辑《中国致公党株洲市参政议政资料选编（2011—2016）》《同心·思辨—致公党株洲市委理论研究成果选编（2011—2016）》《中国致公党株洲市第六次代表大会资料专辑》和《株洲致公》刊物2期，制作5年来市委工作的PPT和VCR。2016年全市统战工作会议上，致公党株洲市委被评为2015年度全市统战信息工作先进单位。 （皮贻茂）

【参政议政】 深入开展专题调研。市委组织课题组完成《株洲茶叶一、二、三产业融合发展》等3篇调研报告。22个基层支部中有15个支部申报调研课题18个，完成《株洲民间投资的调查与思考》等18篇调研报告。“两会”建言成果丰硕。市政协八届四次全会上，市委的大会发言《发展株洲高铁经济的几点建议》得到时任市委书记贺安杰和市长毛腾飞的批示。市委提交的《新常态下株洲实施创新驱动发展战略的调查与思考》《高铁对株洲经济社会发展的影响分析及对策建议》《大力推进株洲制造业发展》3篇调研报告分别荣获市政协优秀调研报告一、二、三等奖；《升级改造我市网上审批与电子监察系统》《促进株洲新生代海归就业创业的对策》两件提案被评为优秀集体提案；致公党界别荣获先进工作界别。《建议重视中小学生在校饮水问题》被列为市政协主席会议成员重点督办提案。民主监督稳步推进。市委选点民主监督株洲市生活垃圾焚烧发电项目，围绕湘江流域重点污染源开展“同心系湘江 共护母亲河”民主监督活动，并向致公党湖南省委报送观测报告。成立市委党内监督委员会，围绕基层组织换届纪律、基层支部经费使用等进行监督。 （皮贻茂）

【联络联谊】 联谊活动有声有色。年内走访慰问党内归侨、侨眷，送上组织的温暖和祝福；邀请基层组织的老归侨、侨眷，归国留学人员、支部党员、特邀人士代表等参加中秋联谊座谈会，市直工委、天元区工委、荷塘区工委、芦淞区工委、石峰区工委分别开展了2016年年终工作总结会以及“活力致公、健康株洲”等形式多样的趣味运动会；各支部相继开展迎新春茶话会、“送知识下乡”、校园安全法制讲座等活动。“侨”“海”工作形成品牌。制定《青年海归发展论坛工作规划（2015—2019）》，举办致公党株洲市委第二届青年海归发展论坛，全面推动全市侨海工作。按照“对内聚焦、对外开放、运作规范、发展可持续”四项原则，成功打造“青年海归发展论坛”工作品牌，获得致公党湖南省委领导高度评价，并以株洲模式在全省推广。 （皮贻茂）

【社会服务】 “致公·宝利班”成功开班。2016年11月16日，在株洲工业中等专业学校举办“株洲致公·宝利班”开班仪式。来自全省各贫困县的50名品学兼优、家庭贫困的学生，得到致公党党员、上海善藏文化传播有限公司董事长蒋文忠20万元资助。致公助学活动持续开展。年内，市委开展致公助学活动5次，共发放致公助学款14万余元，物资2万余元。建立“关爱留守儿童爱心服务基地”。市委联合广东狮子会在桃坑学校设立关爱留守儿童服务基地，为山区80名留守儿童捐赠10万元建立心理活动室、心理咨询室、剪纸艺术室、美术室、经典书屋，及书画屋等活动室；为桃坑学校争取教育扶贫资金15万元。“同心工程”积极有为。在四同创建联系点开展“大爱株洲·为特困群众送年货”公益活动，为田心社区、西岭村、桃坑乡59户困难群众送去过年物资；开展送讲座进田心社区活动；与茶陵县枣市镇东岭村签订“同心致福村”的协议，为该村争取基础设施建设资金10万元和水蜜桃基地专项资金100万元，帮助东岭村新增高山水蜜桃种植面积13.33公顷。服务民生内容丰富。组织党员捐赠致助金14100元；为患重病的党员凌醒狮筹款11800余元，组织党员为重病杨伟松捐款2万余元；开展医疗义诊活动；支持和参与省委组织的爱心筹款活动，组织党内书画艺术家捐赠13幅作品参与省委慈善拍卖会。 （皮贻茂）

九三学社株洲市委员会

【概况】 截至2016年年底，九三学社株洲市委下辖1个基层委员会、5个工作委员会、21个支社、1个直属小组，有社员407人。年内，新成立渌口支社和云龙支社。全市社员中，高级职称189人，占46.4%，中级职称193人，占47%，女社员148人，占36%。全年社市委共发展新社员26人，其中硕士以上学历14人，高级职称9人。社员中担任省政协委员4人；市政协副主席1人，市政协委员21人，其中常委4人；市人大代表4人，区人大代表7人，其中常委1人，县（区）政协副主席3人，县（区）政协委员43人，其中常委10人。年内，被社省委授予“组织工作先进集体”称号。 （宋道燕）

【参政议政】 2016年，九三学社市委换届后，以参政议政工作委员会为主体，重新制定了《参政议政工作奖励方案》，支社、工委联动，社市委与兄弟市委联合，形式多样地深入基层，开展调查研究。社市委中标社省委3个课题，同时确定5个重点课题组，由社市委班子成员分别领衔参与，形成专题调研报告5篇。其中《如何使精准扶贫更“精准”》被确定为市政协九届一次全会的联组发言材料，《加快推进美丽乡村建设的调研报告》《株洲市分级诊疗制度调研报告》分别被市政协评为2016年全市优秀调研报告二等奖和三等奖。社市委共评选出优秀调研报告22篇、社情民意5件、理论文章7篇。积极开展联合协同调研。9月份协同社益阳市委调研组，就“加强城市公共自行车服务与管理”课题开展联合调研；11月份，联合社江西九江市委，就“产业转型升级”课题开展调研；12月份，配合社广东韶关市委就“城市管理提质与升级”课题深入座谈与现场考察。（宋道燕）

【政治协商和民主监督】 2016年，社市委主要领导应邀参加中共株洲市委、市人大、市政府、市政协召开的市委全会、政府工作会、民主协商会、政情通报会和其他部门工作的协商座谈会20余次，就株洲“十三五”规划、国民经济和社会发展战略、市政府工作报告、市委重要人事安排、贯彻中共中央和国务院不同时期的重要方针政策等重大问题，认真负责地提出合理化建议和建设性意见，得到中共株洲市委、市政府的高度重视和采纳。

全市社员中被各级各部门聘为特约监督员、检察员、陪审员和政风行风会风监督员、评议员的社员，坚持“监督不越位，帮忙不添乱”的原则，准确定位，把握适度，寓监督评议于支持中，对一些行业和部门提出许多有价值的整改措施、意见和建议，得到相关行业和部门的虚心采纳和高度重视，较好地发挥了民主监督作用。（宋道燕）

【参与社会服务】 2016年，社市委根据自身优势和社员结构特点，积极响应中共株洲市委号召，努力投身“四同创建”“同心项目”社会实践和“大爱株洲”活动，组织社员扶贫帮困献爱心。2月份，社市委筹措5万余元，在市委统战部的协同下，分别为茶陵腰陂镇布庄村50多户特困户和社内贫特困社员送年货；4月，天元区支社组织15名社员前往湘西凤凰县老洞村，为该村小学捐款、捐物、捐书，价值6000余元；7月，九三界别政协委员积极参与市政协提出“三个一”帮扶活动，深入攸县桃水镇小集村，走访、探视、慰问贫特户，捐助爱心款7000余元；南华支社长期坚持帮扶南方中学两位贫困学子，社员黄建国每年资助炎陵20多位贫困学生完成学业，社员颜湘雯、何美玲长期地资助寒门学子。（宋道燕）

【九三学社株洲市第七次代表大会】 九三学社株洲市第七次代表大会于5月23日在天台山庄召开，会议听取并审议九三学社株洲市第六届委员会工作报告，选举产生新一届社市委委员，并确定未来5年社市委的工作方向。

会议肯定在过去的5年，九三学社株洲市委团结和带领广大社员，弘扬民主与科学的精神，发扬九三学社的光荣传统，围绕中心、服务大局、突出重点、务实创新，积极发挥参政党的作用，为推进株洲市的经济社会发展做出了积极贡献。会议明确，社市委未来的5年动员全市社员力量，贯彻创新、协调、绿色、开放、共享发展新理念，着力推进观念、载体、方法和制度创新，力争参政议政有新作为，民主监督有新实效，协商能力有新提高，社会服务有新举措，思想建设有新手段，组织建设有新机制，机关建设有新加强，努力开创社的各项工作新局面。会上，金继承当选为九三学社株洲市第七届委员会主委。（宋道燕）

株洲市工商业联合会（总商会）

【概况】 株洲市工商业联合会机关设有办公室、会员部、经联部、宣教部、党建工作部、维权服务部6个部（室），有正式职工21人。2016年，全市有工商联会员10726人，团体会员154家（其中，商会35家）。（黄 尊）

【非公经济平稳发展】 2016年，市委、市政府始终把发展非公经济作为稳增长、调结构、促改革、惠民生的重要举措，通过放宽放活，促进做大做强，全市非公经济保持平稳健康发展。1—9月，全市非公经济实现增加值927.08亿元，同比增长6.9%，占全市GDP的57%；非公经济实现税收106.75亿元，占全市税收总额的73.85%；全市二、三产业非公经济从业人员达140.08万人，占全部比重79.2%。株洲市连续4年被评为全省促进非公有制经济发展一等奖。（黄 尊）

【组织建设全面加强】 9月26日，成功召开市工商联（总商会）第十一次会员代表大会，顺利选举产生新一届工商联常执委。同时，荷塘区、天元区、株洲县、攸县工商联圆满完成换届选举工作，一批综合素质高、企业实力强、热心工商联事业的非公企业家进入各级工商联领导班子，极大地增强了工商联和商会的战斗力。截至2016年年底，全市工商联会员达10726人，团体会员达154家（其中，商会35家），会员队伍进一步优化壮大，组织基础进一步巩固夯实。

（黄 尊）

【参政议政】 2016年，全市工商联积极组织开展农业产业化、外向型经济、房地产去库存、商协会建设、创新创业等多个课题调研，形成《发展株洲对外经济贸易的调研报告》《株洲市众创空间调研报告》等6篇调研成果，引起省、市领导高度重视。年内，工商联界别政协委员共提交提案22件，社情民意52件，其中，《发挥异地商会促进区域经济发展独特作用》《把钟鼓岭步行街打造成株洲的名片》《加强农产品品牌创建与检测检疫科技平台网络化建设》《打造婚庆文化产业园》4篇提案被市政协评为优秀提案。政协工商联界别被评为优秀界别，方正、张能武、蒋国卿、曾勇建被评为优秀委员。49名工商联会员当选为新一届市政协委员。

（黄　尊）

【拓宽经济服务领域】 加强与发改委、经信委、商务部门的联络对接，形成服务非公企业创新发展工作合力，推荐79个重点培育企业进入全市“十百千”工程笼子，帮助株洲湘铁锻业等企业成功入选省中小企业发展扶持重点企业。编印惠企政策“干货”集锦（156条）和《近期惠企政策汇编》，推动政策落实、落地。指导“株洲民企人才网”开展服务工作，帮助非公企业引进各类人才，全年举办招聘会100多场，为9000余家企业提供工作岗位13万余个，求职人数达11万人。积极组织企业参与在日本东京举行的中日中小企业跨境投资与贸易合作洽谈会、第14届哈萨克斯坦—中国商品展”、湖南·非洲国际产能合作暨工商企业跨境撮合对接会等跨境投资和贸易合作洽谈活动。配合市政府组织100余家会员企业参加钦州市来株洲举办的专题推介活动，组织6家会员企业参加甘肃省工商联及有关市政府负责人来湘举办“中国光彩事业庆阳行暨民企陇上行”活动湖南省推介会。与湖北省咸宁市、吉林省吉林市、广西南宁市和钦州市等地级市签订友好商会协议，加强往来交流。进一步加强法律维权服务，为红舞依服饰文化、日盛房产、易达酒庄、天泽置业、亿达实业等企业解决矛盾纠纷，提供法律维权服务。

（黄　尊）

【强化宣传引导】 2016年，与株洲主流媒体合作，制作《扬旗飞歌满目春》电视宣传片、开辟《株洲日报》“扬四信之旗，聚发展之力”专栏，重点宣传本市非公代表人士在创业创新、转型升级、诚信守法、热心公益等方面的典型事迹。与央媒和省媒联系，向全国、全省全方位推介联诚集团和江山置业等企业风采。建立总商会微信平台，完善“株洲市工商业联合会”门户网站栏目设置和日常管理，巩固完善省、市、县（团体会员、执常委单位）三级宣传信息网络平台，形成信息报送常态化。年内，共向全国《工商时报》《省工商大观》《株洲日报》发布，株洲在线等媒体杂志报送刊登信息254条。将非公人士教育培训纳入全市“万名人才培训计划”体系，在浙江大学举办以培养创二代为主题的“创业接力”培训班。先后与富妃特商学院、深圳福慧顺信息咨询有限公司等机构合作，举办37场次专题论坛及公益培训讲座，1700多名非公经济人士参加学习培训。先后选送13名企业家参加省委统战部、省工商联、市委统战部组织的培训学习。深入推进光彩事业，与市慈善总会、《株洲晚报》合作，携手开展2016“大爱株洲·为特困群众送年货”大型公益活动、“大爱株洲·金秋助学”牵手贫困生助学活动，执委以上会员为活动共筹善款48.76万元。

（黄　尊）

【推进非公党建】 以“六有”为目标，加强党组织规范化建设，湘运等7家基层党组织被评为全省“规范化建设示范点”。通过“七一”表彰，树立省委、市委和市非公党工委三级10家21名先进基层党组织和优秀共产党员典型。探索非公党建工作有效途径，确保非公党建工作不削弱、非公党建标准不降低，《构建“亲”“清”政商关系，推动非公经济发展》等在省市刊物发表，《非公有制经济组织党建工作实践与探索》调研报告被纳入市委组织部重点调研成果。（黄　尊）

群众团体

株洲市总工会

【概况】 株洲市总工会直管9个县市区总工会、15个系统工会、89家大中型企业工会和2个派出机构工会。市总工会机关内设11个部室，干部职工42名，下辖2个工人文化宫。截至2016年年底，全市有基层工会组织1.2万个，工会会员达107.1万人。

2016年市总工会坚持“两个信赖”“三个贴近”，着力强基础、促发展、优服务、树形象，圆满完成了各项工作任务，在全省市州、省直工会考核中荣获优秀单位。（高东帅）

【“职工之家”建设】 以建筑项目、物流行业等为重点，深化农民工入会集中行动。全年新增工会组织1987家，新增会员6.9万人。在全省率先实行工会会员实名制信息管理。攸县联星街道工会等4家工会被评为“省六好乡镇工会联合会”。主动将“职工之家”建设等4件实事纳入全市民生100工程，中车株机、井墈社区等13个“职工之家”示范基地通过验收，北汽株洲分公司工会等5家基层工会获评“省模范职工之家”。第二工人文化宫提质改造工程正式开工。（高东帅）

【职工文化建设】 新成立2个职工文化协会，协会总数达6个。成功举办职工健步行、职工篮球赛、地税专场文艺演出、新年音乐会等大型文体活动，参加全省“欢乐潇湘”企业专场并获得一等奖。开展“送文化·惠职工”系列活动，向一线职工免费赠送演出门票4万张、电影票1.2万张。

（高东帅）

【开展劳动竞赛】 坚持重点工程、重大项目、重要产业全覆盖，重点指导电力、餐饮、卫生等12个行业开展行业性劳动竞赛。推进“1、2、3、百千万”职工素质提升工程，全年新建4家“市劳模创新工作室”。中国职工焊接技术协会株洲焊接培训基地正式挂牌。积极参加全省“十行状元、百优工匠”竞赛活动并承办4个项目，株洲获得3个状元、20名工匠。启动第八轮“芙蓉杯”女职工“建功十三五，创新我先行”竞赛，获评省“芙蓉标兵岗”7个、“芙蓉百岗明星”7人。

（高东帅）

【维权帮扶】 务实有效地开展“双联”帮扶活动，大力实施“十百千万”职工帮扶服务工程。全年筹集帮扶资金860万元，救助因病因灾困难职工13617人。筹集45万元为高温作业职工送去5000份“清凉包”，首次实现城区公交司机全覆盖慰问。联合12个部门开展“大爱株洲·金秋助学”活动，筹集446万元资助贫困大一新生892名。推动职工医疗互助扩面提质，1805个单位、14.5万名职工参加第三期职工医疗互助住院项目，全年向8969名住院职工发放补助金890万元。积极推进“一户一产业工人”培养工程，株洲县在全省“一户一产业工人”培养工程现场推进会上作典型发言。初步建立“咨询、协调、援助、仲裁”四位一体的职工维权联动机制。积极推进实施法律援助项目。全年受理法律援助案件89件，帮助受援助人挽回损失444.7万元。首次组织60位中小企业负责人举办工资集体协商暨创建和谐劳动关系培训班。全市已开展集体协商企业5959家，签订区域、行业协议118份，建制率达94.3%。规模以上非公企业厂务公开和职代会建制率达到88%。市总工会作为全省唯一城市工会代表在全国全面深化集体协商工作座谈会上作典型发言。开展“女职工维权行动月”活动，推进“母婴关爱室”建设，开展“芙蓉情缘”系列活动，提供各类心理健康服务。全年举办牵手“520”“浪漫七夕·冰爽情缘”泳池派对等多种形式交友派对活动45场，促成450对正式交往，48对喜结连理。举办心理健康讲座、心理关爱沙龙、心理咨询师成长培训等各类心理健康活动88场。（高东帅）

【工会信息化建设】 加快建设“工会云”，打造“云工会”，综合应用平台和职工服务平台顺利上线。株洲“云工会”建设的做法被《全总工会要情》《工人日报》等刊物推介。“株洲工会”微信稳居清博指数全国工会系统30强，获评“株洲市十佳政务媒体”，被推荐为“全国最有影响力工会新媒体”。（高东帅）

【职工争先创优】 株洲冶炼集团有限责任公司锌电解厂柳祥国获第十三届中华技能大奖；联诚集团株洲电力机车气动设备有限公司邹宇锋、中国南方航空工业（集团）有限公司李湘宁、株洲市中心医院乳腺外科王泽强3人获2016年“全国五一劳动奖章”；醴陵市醴陵空艺陶瓷有限公司获2016年“全国五一劳动奖状”；株洲百货股份有限公司家电部、株洲公交发展有限公司T60路获2016年“全国工人先锋号”。（高东帅）

2016年全国五一劳动奖状

醴陵市醴泉窑艺陶瓷有限公司 公司是一家集釉下五彩瓷研发、设计、生产、贸易于一体的民营科技先导型单位。主营业务有高档礼品瓷、陈设艺术瓷、名人名家作品、收藏品。公司拥有一支涵盖泥釉、绘画、制坯、色料运用、器型创新、成型工艺、彩绘技艺、施釉工艺，及烧成工艺等釉下五彩工艺陶瓷各工序的专业人才队伍和技术开发管理制度。其生产的釉下五彩工艺陶瓷作品多次参加国内外陶瓷工艺品盛会,《虞美人》瓶、《牡丹》瓶、《紫藤花》瓶、《绣球花》瓶、《满园春色》《云满溪山》《春到武陵源》《十八罗汉》等作品荣获国内、国际大奖，产品多次被国家有关部门选作礼品馈赠国际友人,大量作品被国内、国外多家艺术馆、博物馆收藏。2010年6月，被湖南省文化厅评为“十大魅力的非物质文化遗产项目”，2013年5月，全国妇女“巾帼建功活动小组“在公司设立全国”女大学生创业实践基地”，2015年4月，被评为“湖南省著名商标”，2016年获全国五一劳动奖。（高东帅）

2016年全国工人先锋号

株洲百货股份有限公司家电部 家电部始终秉承“一切从顾客出发”的宗旨，以“危机、竞争、业绩”三个意识为指导，把好每个品牌、每一件商品的品质关，热心地做好每件商品的售前、售中、售后的服务工作。他们积极分析竞争对手、顾客消费变化、厂方主推动向、市场舆论导向，并采用“短平快”的促销活动节奏，促销活动层出不穷。他们把增强员工凝聚力、提高员工归属感作为部门的工作重点，制定并开展了一系列培训、拓展活动的计划，帮助员工适应公司理念，将员工的心与公司联系起来，紧跟部门营销步伐。2015年实现销售3.54亿元，实现利润3343.56元。先后荣获“全国模范职工小家”“湖南省模范职工小家”“湖南省经贸建设系统模范职工小家”“湖南省工人先锋号”“全国安康杯竞赛优胜班组”等称号，部门先后涌现出全国劳模彭永健，省级劳模邓善春，连续10年被评为公司先进集体，2016年，获“全国工人先锋号”称号。（高东帅）

株洲公交发展股份有限公司T60路 T60路是株洲公交唯一一条末班车时间不固定的公交线路，是连接株洲火车站和高铁株洲西站两个中心火车站的重要纽带，也是株洲市公交客流量最为集中，影响力和关注率最高的线路之一。自2009年开通运营以来，该线驾驶员秉承“团结、求实、创新、争先”的企业精神，倡导“关爱生命，安全第一”的安全工作理念和“公交发展，有情服务”的服务质量理念，以爱岗敬业、勤勤恳恳的饱满热情，努力争创先进团队，全面实现“四零”目标，即：零违章、零违法、零投诉、零事故，树立了公交窗口行业的新形象。因输送客流的特殊性，该线路自开通以来，仅固定首班车时间，末班车时间随高铁到达株洲西站运营时间而调整。每当高铁晚点，该线路驾驶员总是耐心等候，直至输送完最后一班高铁乘客。2009年始，共安全行驶780.18万公里，安全运载2459.69万人次。该线路驾驶员35人，获高级工等级证8人，获中级工等级证15人，获初级工等级证5人，获等级人员为全线人员的82.35%。2014年5月，被湖南省总工会授予“省级工人先锋号”荣誉称号；2012年，被评为“株洲市文明窗口单位”；2013年，被评为“株洲市学习型职工小家”；2010—2015年每年荣获株洲公交系统年度“安全生产先进线路”、“先进线路”荣誉称号；2016年，获“全国工人先锋号”称号。（高东帅）

共青团株洲市委员会

【概况】 共青团株洲市委员会内设办公室、团务部、组织部、联络部、宣传部、纪检监察室6个部室，专职团干17人。截至2016年年底，全市共青团系统有团委333个，团支部（总支）4150个，覆盖团员16.6万名。

2016年，全市各级团组织紧扣“强基础、强服务、强队伍”工作目标，构建“凝聚青年、服务大局、当好桥梁、从严治团”四维工作格局，着力推进共青团改革发展、强化青少年政治引领，激励青少年创新创业创优，服务青少年成长成才，各项工作取得了新成绩。

创新思路，建强网媒，加强思想引领。建设网评员队伍，组建由专职团干、青年网络意见领袖和网络志愿者组成的网上舆情引导队伍，整合利用“株洲青年在线”网站、“株洲共青团”新浪微博、官方微信平台和共青团QQ群等网络交流平台，旗帜鲜明地开展网络正面宣传和评论，引导青少年正确、理性地观察社会，汇聚强大网络正能量。开展专业性培训。在团干培训中，将“共青团新媒体和舆情素养”列为重点课程，培训专家队伍实行“理论学习＋实践练习”授课模式，让学员做到学以致用。建立网络思想动态跟踪监测机制。开展网上涉株信息搜集跟踪工作，对涉株敏感信息及时上报，并发动各行业专家对在网帖中产生的不实评论进行有理、有据的引导和纠正，对网上负面评论进行正面回复。打造应对舆情舆论阵地。积极与各媒体合作，形成应对网络舆情的信息发布主阵地，将网宣工作时间延伸至8小时之外。年内，《把

准方向 抓好带头人》《培育青年社会组织 参与社会治理创新》两篇文章在《中国共青团》杂志全文刊登。

找准需求，服务大局，发挥生力军作用，开展青年创业工作。以“青春创业季”第三季活动为契机，组织青年创业天使导师团进校园、进社区、进农村，开展“青年创业大讲堂”16场。依托阿里巴巴株洲产业带、利坤学校、动力谷企业成长学院，开展以电商、互联网+、众筹、众创空间为主题的创业培训，共培训1400人。新增市县两级青年就业创业见习基地70家，接收青年上岗实习1580人。加强创业平台建设，举办株洲市首届“创客文化节”，完善青年创业园区5家，吸引入园孵化青年410名。宣传推介“青创贷”项目，打造全市首个青年创业绿色通道，贷款180余笔，金额2000余万元。培育青年社会组织。建立株洲市青年社会组织孵化培育中心，孵化16家青年社会组织。举办株洲首届青年社会组织公益项目展示会暨公益项目众筹活动，共吸引70余家社会组织的43个项目参展，为共青团参与政府购买服务和社会治理创新拓展了空间。引导青少年有序参与政治。以“推动社会组织发展，促进青年创业就业”为主题，开展“共青团与人大代表、政协委员面对面”活动，提出有效的建议和提案，引起了社会广泛关注。抓好市八届政协共青团、青联界别工作，充分发挥召集人作用，引导委员有序参政议政，被评为优秀界别。着力打造青少年群众文体活动品牌。开展株洲“首届青年公益乐跑”，2000多名团员青年参赛，活动整合健身、健康、公益、效益等元素，打造了团市委青年文化领域的创新品牌。持续开展各类相亲、球赛及文体活动，解决青少年实际需求。

主动下沉，积极维权，凸显桥梁纽带作用。开展“走近青年、转变作风、改进工作”大宣传、大调研活动。团市委党组带头下基层，倾听青年心声，解决实际问题。机关干部累计下基层135次，撰写调研报告22篇，直接联系服务青年1700余名。维护青少年合法权益。开展“心手相牵，快乐成长”关爱农民工子女系列活动，组织观看儿童剧《木偶奇遇记》，开展“轻松备考‘12355’·与你同行”阳光行动，邀请心理专家赴各县市区中小学开展考前心理辅导讲座59场次，服务考生及家长5157人。深入推进“合适成年人”工作，参与办理未成年人案件25件，开展监督考察、社区矫正活动50余次，预防青少年犯罪和未成年人保护工作排名全省第一。深化青年志愿服务活动。开展“青春快线到株洲、我们一起过大年”春运志愿服务、“3·5学雷锋志愿服务月”“同心同力 保护地球”等志愿服务活动，组织优秀项目参加第三届中国青年志愿服务项目大赛，获得1金1银，参加省志愿服务项目大赛，荣获银奖5个。打造赛会志愿服务品牌，组织志愿者“小青橘”参加省“第十二届湘台经贸交流会”“2016轨道交通国际峰会”，得到中外嘉宾一致好评。深化希望工程品牌工作。开展“大爱株洲·金秋助学”活动，筹资善款30万元，资助60名贫困生。开展“希望工程一元捐”活动，募集善款近40万元，资助贫困学生318人。

加强整合，完善体系，紧密联系青年。推动“青年之声”线上线下全面融合。构建起“中心+网站+微邦+微博+线下”五位一体工作模式，县市区全部开通“青年之声”线上平台，成立创业就业、公益志愿、健康成长等5个专家委员会，涵盖不同领域专家1200人。联合部分青年社会组织开展助学助困、就业创业、法律援助、心理咨询等活动98次，惠及青少年4.6万人。高标准建设“青年之家”。整合全市各级的青年中心、“12355”青少年服务台、雷锋号志愿者工作站等各类服务平台，纳入“青年之家”品牌体系，形成统一名称、统一标示、统一服务体系，服务青年更有影响力。创建省级青年之家14家，市级青年之家17家。其中留学生创业园建立的全市示范性青年之家，打造了全市青年活动的新平台。加强人才工作队伍建设。充分发挥团组织凝聚举荐青年人才的职能，开展青年人才调查摸底，建立株洲的“青年人才资源池”，联合组织部门举行青年人才座谈会，积极向党政部门举荐人才。联合市委人才办和市农委开展第五届“株洲农村青年致富带头人”评选活动，激励全市广大青年扎根农村、创业成才。

加强统揽，延伸手臂，团的外围组织更加活跃。增强代表的广泛性和群众性。围绕增强青年代表性，增补了来自乡镇、街道、企业、学校基层一线11名团干部为团市委委员，2名团干部为常委，委员和常委中基层一线代表比例分别达63%、27%。推动青联、学联、青企协全面发展。完成了青联、学联换届工作，市青联增设了青年社会组织界别，全面加强了对新阶层、新组织、新群体优秀青年的联系和吸纳。举办了“品味国瓷”“扶贫攻坚”“青联委员看新农村建设”等专题青联小组调研活动，开办财经领导力研修班，全年共举行青联小组活动12次，参与青联委员400余人次。强化少先队工作。坚持以团带队，以“6•1”儿童节“10•13”建队日等重要节点为契机，深入开展“红领巾相约中国梦”“雏鹰争章”等少先队主题队日活动，全面加强未成年人思想道德建设，培养他们对党和社会主义祖国的朴素感情。主办“‘六一’红领巾相约中国梦”少先队文艺会演，“驻校蹲班”、少先队辅导员说课大赛等活动，全面提升少先队工作规范化水平。加强驻外团工委工作。组织五县（市）团委负责人赴深圳开展调研，深入了解株洲籍在深圳务工青年工作生活学习情况，加强对市、县两级驻深团工委工作指导。

深化改革，从严治团，提升团干部队伍战斗力。推进共青团改革。提高思想认识，结合“团干部如何健康成长”大讨论、“两学一做”活动，学习团中央、团省委改革方案，引导全市团干部做改革的促进派。改进干部作风，推行团干部“1+100”直接联系青年工作制度。举办“学讲话、话改革、谋发展”团市委机关专题开放日活动，邀请基层团员青年代表到机关学习团史、参观办公场所并与机关干部互动交流，密切了机关干部与团员青年的联系。加强基层组织建设。督促指导直属单位团组织按时换届，加强团干部协管，推动配齐配强县级及以下团委班子。狠抓青年干部教育培训，做到下跨一级，应训尽训，全年共开展和参加各级团干培训班85场次，培训团干部1897名。基层组织建设成果丰硕，其中中车株洲电力机车研究所团委荣获“全国五四红旗团委”；中国航发南方公司航空发动机试车中心团支部荣获“全国五四红旗团支部”；时代新材弹性元件事业本部获得“全国青年安全生产示范岗”，攸县广播电视台获评“全国青少年维权岗”。突出团员先进性建设。严格团员标准和入团程序，做好全市逐级发展团员调控工作。开展团员意识教育，举办示范性入团仪式4场。把握党团衔接关，做好“推优入党”工作，全年推荐1124名团员入党。落实“三会两制一课”制度，严肃团的组织生活，推动2.8万名团员成为注册志愿者和网络文明志愿者，在全市推行“团干部+社工+志愿者”工作模式。扎实开展党建工作。树立“党建带团建、团建促党建”理念，落实市委党建工作要求，加强机关党员干部的规范化建设，组织支部书记培训。（李怡娴）

株洲市妇女联合会

【概况】 2016年，全市各级妇联组织以关爱农村留守家庭为重点，实施创新创业、依法维权、素质提升、美丽家园和强基固本等五项工程。先后获得省婚姻家庭纠纷调解工作创新单位、省妇联系统信息工作先进单位等荣誉，株洲市卫生和计划生育委员会荣获2016年度全国“三八红旗集体”（杨 媛）

【促进妇女创业就业】 举办全市家政技能竞赛、参加省家政技能比赛，组织SYB、家政服务、新型女农民工职业等各类培训班183期，5377名妇女参加，提高妇女创业就业能力。组织“春风行动”、招聘会44场，提供63100个就业岗位，5800名妇女实现就近就业。联合人社等部门创建湖南金帆建筑装饰工程有限公司等6家市级女大学生见习基地，有效缓解女大学生就业难问题。6月，召开巾帼精准扶贫暨妇女创业担保贷款推进会，总结工作经验，表彰创业典型。全年，帮助577名妇女争取贷款4932万元，带动2425名妇女创业。（杨 媛）

【“巾帼建功”活动】 全市新增湖南水仙生态农庄全国巾帼科技示范基地1个，市级巾帼科技示范基地10个，实现城乡妇女发展资源的有效对接，发挥女经纪人带动农村妇女脱贫致富的倍增效应。发挥妇女在知识、科技等行业创新中的骨干带动作用，涌现了株洲神农城文化旅游发展有限公司神农塔管理部等6个省级巾帼文明岗、20个市级巾帼文明岗，省级“巾帼建功标兵”2个以及1个“十佳巾帼建功先进单位”，助推株洲“十三五”发展。（杨 媛）

【助推女干部成长成才】 加强女干部教育体系建设，分层实施具体培训计划，促进干部的成长和交流。6月，联合市委组织部、市委党校开办优秀女干部培训班；9月，联合市人才办在中山大学开设优秀女性高级研修班。全年推荐12批次、36名各级女干部参加全国、省和市调训。配合组织部门协调推动女性人才的培养、推荐工作。至2016年年底，全市女干部5107名，其中副处级以上女干部占同级干部总数的25.2%，本科以上文化程度女干部占女干部总人数的76.4%。抓住人大、政协换届的契机，配合市人大、市政协搞好人大女代表、政协女委员的推荐，其中市妇女儿童心理健康服务中心专家团队成员易露当选市人大常委。全市党代表、人大代表、政协委员中女性比例分别为25.36%、30.43%和31.58%。（杨 媛）

【参与社会管理和服务创新】 加大宣传。组建家庭律师宣讲团，举办“三八”妇女维权周活动，深入社区、企业、党校等地开展《妇女权益保障法》《新婚姻法》《反家庭暴力法》等普法讲座27场，1500名妇女参加。加大妇联官方网站、官微信、官微博的建设。承办《株洲晚报》女性专版，全年刊发36期，宣传展示文明新风、教子有方、孝老爱亲等先进典型84个，发挥网络及新媒体平台作用，营造关注妇女发展，推动两性平等、和谐发展的良好氛围。加强协调。推动政府出台《株洲市出生缺陷防治实施方案》。市妇儿工委召开全体委员会议，推动新一轮“两个规划”尽早出台，促进全市妇女儿童事业实现新发展。加大调研。向省、市相关部门报送《新形势下妇联婚调工作机制建设的实践与思考》等专题调研。健全婚调服务网络，继续推广“等等吧”模式，推动全市、县（市）区、乡镇、村四级“婚调委”全覆盖。加强综治维稳。全年接待来访案件218件次，婚姻调解纠纷193起，提供心理咨询62件次、法律援助84起。举办婚姻家庭、亲子教育、遭受家暴妇女等“回娘家”专题心理沙龙和讲座15次，390人受益。推进“平安家庭”创建工作，配合禁毒委结对帮扶女性涉毒人员及其家庭，发挥协会组织和心理专家团队优势，开展禁毒、防艾等宣传活动，维护社会和谐稳定。（杨 媛）

【服务妇女儿童民生】 帮助特殊妇女群体。广泛收集和听取妇女群众的意见和建议，精心设计具有妇联特色、贴近妇女群众和党政需求的实事项目，使工作更加接地气，群众满意度进一步提升。7月，市妇联执委牵头实施“日积月累”项目，帮助天元区贫困母亲分销千余斤滞留的葡萄；争取株洲市旗袍协会等组织爱心善款，帮助茶陵腰潞镇“姐妹花”渡过难关。全面推进农村适龄妇女“两癌”免费普查，争取全国、省妇联“两癌”救助专项基金和社会善款402.25万元，启动“感恩慈母行动”，对全市“两癌”妇女进行大走访，救助2223人，鼓励和帮助她们走出困境。

关爱儿童成长。准确把握儿童发展需求，打造特色工作品牌。关注流动儿童。在城区建立10家春蕾爱心屋，开设4点半课堂和寒（暑）期体验营活动，每周定期为进城务工家庭子女提供免费特长培训。该项目先后获评湖南省“最佳志愿服务项目”“全国优秀巾帼志愿服务队”等称号。关爱留守儿童。争取湖南省第二批心理健康辅导中心项目落户炎陵县和株洲县。实施儿童国医启蒙教育，联合北京清新国医启蒙促进中心、树德公益事业发展中心开展师资培训，赴炎陵县、茶陵县等贫困村送课53场，以亲子共读“3+X”为平台，源头参与未成年人身心健康管理。六一期间，主办“书香飘万家”暨童年“摄”彩——留守儿童作品展，在全市建立23家“稻花香”读书会，引导广大农村留守家庭重建耕读家风。关心困境儿童。实施“有爱不孤单”陪伴计划，300名成长爸妈与困境儿童结对、共度两天两晚的体验营生活。省、市领导亲临现场，鼓励孩子们自强自立自信，努力学习回报社会。

开展精准帮扶。精准对接党委政府关心扶持妇女儿童的政策举措，牵头负责全市关爱农村留守家庭工作，推动市委出台《株洲市关爱农村留守家庭工作实施方案》，联合发改、农业、民政等部门开展专项督查，推动涉及妇女儿童发展的难点问题得以改善。精准对接妇女需求，建立和完善全市农村留守妇女、留守儿童、“两癌”妇女、女性人才等相关工作台账和数据库，加强精细化管理，争取形成更多特色项目和社会资源惠及广大妇女。

（杨　媛）

【家庭文明建设】 启动“三个最美”（最美家庭、最美女性、最美创业）活动，全市各级“妇女之家”举办家风家训评议会、故事会732次，4152户家庭、103205名群众参与其中。举办全市“最美家庭”表彰会，组织“文明株洲•身边最美”主题巡讲、“最美家庭•幸福瞬间”摄影展，开展全市“十佳军嫂”“十佳拥军家庭”评选等活动。全年推荐表彰市级以上“三八”红旗手（集体）、各类家庭典型245个，其中童心家庭和醴陵刘天建家庭分别作为全国第二届“书香家庭”、第十届全国五好文明家庭标兵代表进京接受荣誉，大力弘扬社会正能量，营造崇德向善的社会氛围。加强未成年人思想道德建设，依托“爱家大讲坛”、少年讲坛等项目平台提供专业化、需求化的现代家庭教育公益讲座628场，3万多人次受益。鼓励妇女组建团体协会，自我管理，自我服务，奉献社会。指导成立了株洲市母乳喂养促进会、株洲市花木兰防癌抗癌公益联合会，举办了第二届感恩慈母“向生活微笑”帮扶联欢会。至2016年年底，全市实名注册的巾帼志愿者2.7万人，各级组建了220支巾帼志愿服务队伍，参与各类志愿服务活动累积10万人次。

（杨　媛）

株洲市归国华侨联合会

【概况】 2016年，株洲市归国华侨联合会着重服务于海外侨胞、归侨侨眷和侨商，主动维护侨益，获得侨胞的肯定和赞扬。

积极开展联谊活动。年内，组织侨胞开展春节联谊活动，对归侨侨眷开展走访慰问；完成“亲情中华—魅力湖南—动力株洲”赴韩国、加拿大慰问演出文化交流活动，积极协助省侨联做好“海外侨胞故乡行——走进湖南”庆祝中国侨联成立60周年系列活动。系列活动均取得良好的社会反响，获得省侨联和海外侨胞的肯定和赞扬。

维护侨益。市侨联和株洲县委统战部主动作为，妥善调解了泰国侨胞的家庭纠纷案，促成其家庭和解。当在株洲投资的澳门侨胞陈某，遇到财产遭受损失的棘手问题，市侨联积极协调各方，帮助其依法维护合法权益，挽回了财产损失。

做好“株洲市第六次归侨侨眷代表大会”的前期筹备工作，同时做好老侨工作，完成全市所有老侨100人的建档工作，做到底子清楚、情况熟悉、联系紧密。而新侨侨情不清，县市区侨联组织没有建立健全，侨联干部队伍结构老化等问题，均制约了全市侨联工作的发展。

（王　衎）

【慰侨演出】 为庆祝中韩建交24周年、中加建交46周年，受中国侨联委派，由省侨联和株洲市人民政府联合组建的侨心艺术团于2016年5月19—26日赴加拿大、韩国进行为期一周的慰问演出对外文化交流活动。

此次出访的艺术团成员一行25人，主要由株洲市戏剧传承中心演员担纲，另有部分来自湖南省杂技团、歌舞剧院和花鼓戏保护传承中心等文艺团体的知名艺术家。当地时间5月19日、5月22日、5月24日，演出分别在韩国首尔、加拿大温哥华及多伦多进行。

此次“走进加拿大”亲情中华演出给韩国及加拿大的侨胞和国际友人送上了湖南人民的真情与祝福，帮助大家更好地了解中国、湖南和株洲，增强了海外侨胞和国际友人对中华文化和湖湘文化的认识，增强了中韩和中加人民的友谊。

在韩、加期间，毛朝晖副市长分别拜访中国驻韩大使馆、中国驻济州岛总领事馆、中国在韩侨民协会总会、中国驻温哥华总领事馆、加拿大华人联席会议总会、温哥华湖南商会、多伦多湖南商会。利用慰问演出，以文化为桥梁，宣传介绍株洲，并就文化交流、城际铁路建设等与相关人士进行深入探讨。

加拿大总理贾斯汀·特鲁多专程致信演出团队表示感谢和祝福。（王　衎）

株洲社会科学界联合会（株洲市社会科学院）

【概况】 2016年，株洲市社会科学界联合会（株洲市社会科学院）着眼于“出成果、出人才、出经验”的社科工作要求，着力加强新型智库建设，充分履行社科工作基本职能，为建设富强美丽幸福新株洲提供了坚强有力的理论支撑和智力支持。市社科联报送的《株洲建设“中国动力谷”对策研究》荣获湖湘智库研究“十大金策”第二名，获得省委宣传部的表彰和大力宣传推介。10月18—21日，全国大中城市社科联第27次工作会议在株洲召开，大会和活动的成功举办得到了与会代表的高度赞誉，充分展示了株洲社科界的良好形象。（张秋华）

【理论宣传】 积极参加主题理论宣讲活动，市社科联主动参与市委“红色讲堂”、党的十八届六中全会精神宣讲团等理论宣讲活动，深入市直机关、高校、县市区、乡镇，宣讲党章党规、习近平总书记系列重要讲话精神和党的十八届六中全会精神，为深入做好全市干部群众的理论武装工作发挥了示范引领作用。精心组织召开专题理论座谈会。先后于6月28日、7月15日、10月28日、11月17日、11月22日组织召开学习贯彻“热点话题谈心录”“习近平总书记在哲学社会科学工作座谈会上的重要讲话精神”“习近平总书记在纪念中国工农红军长征胜利80周年座谈会上的重要讲话精神”、党的十八届六中全会精神、省第十一次党代会精神等专题理论座谈会，有力地推动了党的创新理论进一步入脑入心，营造了良好的理论宣传氛围。（张秋华）

【开展社科评奖活动】 2016年12月，完成第三届株洲市优秀社会科学专家和优秀青年社会科学专家评审工作，共评出优秀专家4名，优秀青年社科专家4名。12月15日，召开株洲市哲学社会科学奖励大会，集中表彰了株洲市第二届、第三届优秀社会科学专家和优秀青年社会科学专家，以及市十二届哲学社会科学优秀成果工作者，近160名社科工作者参加表彰大会。市委副书记雷绍业主持会议并讲话，市委常委、宣传部部长聂方红，市人大常委会副主任冯建湘，市政府副市长杨胜跃，市政协副主席周恕参加会议并为获奖者颁奖。（张秋华）

【省级社科课题研究】 与市委宣传部共同完成的2015年度湖南省社科基金重点委托项目——《扎实推进两型改革 打造株洲产业发展“升级版”》的研究任务，课题成果在5月20日《湖南日报》理论版整版刊登。牵头组织省社科评审委2016年度十大重点课题之一——《老龄社会环境下的老年经济研究》的研究工作，株洲市连续3年成功申报省社科评审委十大重点课题。同时，组织申报立项2016年省社科联智库课题1项，2016年省社会科学成果评审委员会创新课题1项、一般课题4项，在全省市州社科联保持连续六年省社科评审委课题立项排名第一。（张秋华）

【智库建设主题学术研讨会】 3月30日，新型智库建设与湖南改革发展学术研讨会在株洲市召开。该次会议由湖南省省情研究会、省青年社会科学工作委员会、株洲市社科联（社科院）联合主办，来自省情研究会、省青年社科委、株洲市智库联盟单位及智库研究领域近百位专家学者与会，7位专家学者作主题学术演讲，多位智库专家各抒己见。会议成果以《湘江时论》为名，于7月由湘潭大学出版社结集公开出版发行。（张秋华）

【新增社会科学普及基地】 2016年，株洲攸县石山书院成功入选第四批湖南省社会科学普及基地名单，至此全市共有5个省级科普基地。在全国第十八次社会科学普及工作经验交流会上，炎陵县红军标语博物馆被授予“全国社会科学普及基地”荣誉称号。12月2日，省社科联、市社科联在炎陵县联合举办“传承红色文化·践行社会主义核心价值观”社科普及宣传进基层活动暨“全国社会科学普及基地”授牌仪式。（张秋华）

【全国大中城市社科联工作会议】 10月18—21日，全国大中城市社科联第27次工作会议在株洲召开，来自全国26个省（市、自治区）166个市、州、盟社科联及社科组织代表近900人汇聚一堂，交流社科工作新收获、新体会，探讨智库建设、平台建设、科普宣传、课题研究等方面的新思路、新做法。会上，市委书记毛腾飞致欢迎辞，省社科联党组书记、副主席宋智富作讲话。市人大常委会主任刘力量宣读展示了原中央政治局委员、国务委员、全国人大常委会副委员长、中国社会科学院院长李铁映给大会的题词，市委常委、宣传部部长聂方红向全国社科工作者发布《哲学社会科学工作者守则》。市委常委、统战部部长羊贵平主持开幕式，省社科联党组成员、副主席、湖湘大学堂组委会副主任黄建华出席开幕式。会议以“建设新型智库与繁荣发展哲学社会科学”为主题组织召开专题研讨和经验交流会。省委宣传部原副部长、湖南省社科联原主席郑佳明，中华炎黄文化研究会常务理事，湖南省炎帝陵基金会办公室党组书记、主任朱建军分别受邀作专题讲座。同时，会议以“始祖文化与当代社会主义核心价值观”为主题，举行全国社科工作者共祭始祖炎帝活动。大会主席团对此次会议给予充分肯定。 （张秋华）

株洲市残疾人联合会

【概况】株洲市残疾人联合会是全市残疾人联合性群众团体组织。机关下设办公室、教育就业部、康复部、组织宣传文体基金部，二级机构3个，即残疾人劳动就业管理中心、残疾人权益维护中心和残疾人康复中心，有在编在岗干部职工24人。全市有各类残疾人24.5万人，占总人口的6.44%。按残疾情况分类，肢体残疾7.12万人，视力残疾3.64万人，听力残疾5.92万人，言语残疾0.38万人，智力残疾1.64万人，精神残疾1.81万人，多重残疾3.99万人；按地域分布情况，城区5.57万人，农村18.93万人。

2016年，株洲市残疾人工作以残疾人“保障体系和服务体系”建设为重点，办实事，求实效，多项重点工作任务圆满完成。 （陈翘楚）

【残疾人社会保障】 推进残疾人托养服务工作。开展购买残疾人居家服务试点工作，要求购买方制定统一明确、操作性强、便于考核的基本服务标准，按照“方式灵活、程序简便、竞争有序、结果评价”的原则，采用招标、购买、委托、承包、雇佣等方式确定服务承接主体，依据省托养服务规范标准和《株洲市残疾人居家托养服务项目实施办法》做好相关人员培训。2016年，完成城区政府购买残疾人居家托养服务600名，全市开展残疾人托养服务1070名。配合民政部门做好残疾人“两项补贴”实施工作。年内，株洲市残疾人联合会配合民政部门，出台株洲市“两项补贴”(即贫困残疾人生活补贴和重度残疾人护理补贴)实施方案，完成基础数据及资料移交，形成“民政牵头，残联配合，财政协作”的工作格局，全市“两项补贴”发放有序。完成全市残疾人社会救助和辅助性就业开展情况的调研工作。 （陈翘楚）

【残疾人康复服务】 重点保障民生100工程顺利完成。2016年，“贫困残疾儿童抢救性康复”和“为残疾人免费提供辅助器具服务”纳入株洲市“民生100”工程，其中残疾儿童抢救性康复同时被纳入2016年省为民办实事康复救助工程。全年，株洲地区完成抢救性康复贫困残疾儿童347名，完成全年目标的147%；为残疾人免费提供辅助器具1242件/例，完成全年目标的138%。扎根基层，为残疾人送服务。共开展三期辅具流动车“走近残疾人，服务千万家”活动，组建康复专家服务队，奔赴10个县市区上门为广大残疾人开展辅具适配服务。为残疾人士提供服务1200多人次，为180人安装假肢、矫形器，筛查脑瘫、智力、自闭症儿童、低视力、听力等康复对象500人，发放宣传资料近3000份。实施省残联“万人复明”计划，为426名白内障患者实施复明手术。创新服务模式。每个月定期举办残疾儿童家长培训班，为来自全市各县市区的在训儿童家长进行培训，举办残疾人儿童家长康复技能比赛，改变原有的“以教师为主导”的康复模式，让“家长参与式教学”向“家长深入参与式教学”发展。同时，提升基层残联和社区康复协调员的服务能力，通过7期康复协调员培训班，共培训全市康复工作人员及社区康复协调员448人。打造服务亮点。加强石峰区省盲人定向行走示范区建设，市区两级残联共投入20余万元进行相关软硬件设施改造，对辖区内一、二级盲人进行培训，开展集中、分散训练48次，训练视力残疾人151人。针对盲人的不同要求，提供生活技能、职业技能、就业指导、扶贫救助等个性化康复服务。10月15日国际盲人节石峰区区级盲人定向行走训练基地的汇报表演，得到省残联领导的好评。 （陈翘楚）

【残疾人就业创业】 以人为本抓好残疾人培训。全市全年免费培训残疾人1872人，其中在市级举办28期的培训班中开展了6个定岗定向培训班，6个技能提升班，10个就业培训进社区班，5个创业培训班，1个社区指导员业务培训班，共培训人数813人。重视自主创业，实施项目扶持。投入经费45万元，对经筛选的125名残疾人开展创业培训和创业指导，以资源整合促进残疾人就业。开展就业援助月盲人按摩公益讲座，组织专业盲人按摩专家为盲按工作者免费提供技术、经营、管理等方面的帮扶；召开2016年残疾人专场招聘会，近400名残疾人参加，34家招聘单位参与，提供岗位394个，165名残疾人与用人单位达成就业意向。各县市区举办9场残疾人专场招聘会，为百余名残疾人解决就业难题。做实盲按帮扶，提升工作质量。省盲人按摩进社区工作新申报18家门店，对13家门店进行年检，组织3名盲按工作者参加省盲人按摩医考。依法履行职责，做好残保金征收工作。全市税务代征残疾人保障金1600多万，财政代扣残疾人保障金600多万元，鼓励各单位积极安排残疾人就业，奖励超比率安排残疾人单位8家。（陈翘楚）

【扶持农村贫困残疾人脱贫】 实施“连千村帮万户”扶贫工程。制定“连千村帮万户”项目方案，将任务分配到各县市区，计划到2020年，全市各级残联帮扶80个村、扶持1000户贫困残疾人家庭收入达到或接近当地平均收入水平。市残疾人联合会对攸县鸾山镇江冲村12户贫困残疾人家庭进行入户帮扶，为其解决生活中的困难。做好创业小额贴息贷款和财政专项扶贫资金项目申报工作。向省残联申报醴陵市、茶陵县残疾人创业小额贴息贷款 1870 万元项目，发放省贴息资金 31 万元。省残联 2016 年财政专项扶贫资金项目申报工作，为茶陵、炎陵县共申报 5 个扶贫村，申报扶贫资金 20 万元。完成农村贫困残疾人精准识别建档立卡工作。（陈翘楚）

【促进无障碍设施改造】 完成省 2016 年“贫困残疾人家庭无障碍设施改造”项目指标 135 户，完成残疾人家庭无障碍设施改造项目指标 99 户，在天元区泰西社区、石峰区亿都社区进行无障碍示范社区（村）创建试点工作。为 8965 名残疾人向中残联申报 2017 年度残疾人机动轮椅车燃油补贴。（陈翘楚）

【增强全社会扶残助残意识】 发挥新闻媒体舆论引领作用，创造良好的宣传氛围。市级报纸刊登与残疾人事业相关的新闻、专访等 130 余条，电视新闻 100 余条；广播专栏、新闻 80 余篇；网络宣传 200 余条。开展各类助残活动，引起社会的普遍关注。5 月 14 日第 26 次全国助残日“关爱孤残儿童，让爱洒满人间”主题活动在炎帝广场举行，市儿童福利院的孩子和老师们、爱心单位、爱心人士以及志愿者等近 200 人参加。5 月，市残疾人联合会结合助残日，举办一系列扶残助残活动，掀起了全社会扶残助残的热潮。开展以“温暖 2016”为主题、以“精准帮扶”为标准的大规模春节走访慰问困难残疾人活动，市委、市人大、市政府、市政协等领导实地走访慰问各县市区困难残疾人家庭，市残联、各县市区残联、各爱心单位集中进行走访慰问，共慰问困难残疾人近 4000 余户，慰问资金 160 余万元。深入挖掘宣传，培育典型模范。2016 年，在中残联开展的“全国残疾人工作先进单位和先进个人”的评选活动中，株洲市荷塘区人民政府残疾人工作委员会和天元区专职委员易铁奇分别被授予“全国残疾人工作先进单位”“全国残疾人工作先进个人”荣誉称号；在株洲市开展的“第五届感动株洲十大人物评选”活动中，残疾人张少辉（肢残）成功入选“十大感动人物”。（陈翘楚）

【残疾人信访和维权工作】 全年，市残联共接待来信来访 150 余人次，救助资金近 4 万元，处理市长信箱来电来信 30 件，回复来电来信 100 余次，提供法律救助 2 次。畅通残疾人信访渠道，开通残疾人 12385 服务热线，且将该热线并入到市热线。在热线开通前期，对热线办的话务员进行残疾人相关业务培训，确保能够专业地回答残疾人咨询事项，为残疾人提供反映问题和交流沟通的渠道，认真解决好残疾人热点、难点问题。（陈翘楚）

【株洲市残联第五届主席团第四次会议】 3 月，市残联组织召开“株洲市残联第五届主席团第四次会议”。会议按照程序，增补株洲市残联第五届主席团委员以及副主席人选。会议明确“以残疾人‘保障体系和服务体系’建设为中心，以‘特惠’向‘普惠’延伸、‘质量’与‘数量’同行、‘精神’与‘物质’并重为重点”，建设一流队伍、培育一流作风、创建一流业绩，全面完成省、市交办的各项工作任务，为“十三五”残疾人工作开好局。（陈翘楚）

【完善残疾人组织体系】 2016 年，全市基层残疾人组织做到机构、队伍全覆盖，基层残疾人组织的服务能力和水平得到大幅提升。市、县、乡、村 4 级残疾人工作机构建设齐全。142 个乡镇（街道）残联理事长和 1925 个社区（村）残协主席以及 1975 名残疾人专职委员各司其职、各负其责。加强 166 名残疾人专职委员公益性岗位的管理工作。2016 年年初，市残联对公益性岗位开展专项督查，着重规范残疾人公益性岗位使用程序，加强岗位的监督管理，切实发挥公益性岗位的作用。同时，全市 10 个志愿助残服务队和 1700 多名在册志愿者为全市 24.5 万残疾人朋友奉献爱心、提供服务。（陈翘楚）

株洲市红十字会

【概况】 株洲市红十字会是从事人道主义工作的社会救助团体，成立于 1957 年。2004 年株洲市红十字会机构体制理顺，确定为由市政府直接联系的独立正处级单位，内设办公室、赈济服务部、救护培训部、事业发展部，备灾救护培训中心。全市有 9 个县级红十字会。截至 2016 年年底，株洲市有红十字志愿者 700 余人。全市遗体器官捐献志愿申请登记达 300 人，共完成 44 例公民逝世后的器官捐献、捐献遗体 16 例、捐献角膜 21 例；无偿献血达 30000 人，献血量达 13 吨，11 月，株洲市第五例造血干细胞捐献成功争取湖南省红十字人道救助资金对参与无偿献血、捐献造血干细胞、人体器官遗体的特困群体给予救助，捐献人道救助 22 例，共计 62 万元。

2016 年，株洲市红十字会以改善最易受损害群体环境为目标，积极依法开展救灾、救护、救济工作。

（刘 静）

【红十字人道救助】 截至 2016 年年底，对 95 人次大病及临时救助发放救助金 12.8 万余元；帮助 29 例白血病患儿成功申请到红十字小天使基金 99 万元；争取湖南省人道救助金 37.5 万元救助 39 名贫困人员。到炎陵开展“情系麻风村，博爱送温暖”活动。这是红十字会连续 22 年入户走访慰问麻风病人；连续 8 年开展“金秋助学”，为近 60 名同学提供了助学资助；联合爱尔眼科医院举办第四届市红十字“光明行动在株洲”活动，免费手术治疗 100 例贫困白内障患者；自行筹措 10 万元开展第二届关爱贫困留守儿童救助行动，对株洲县 100 名贫困留守儿童予以爱心救助；“12•1”世界艾滋病日，慰问艾滋病人，送去御寒物资和慰问金，鼓励树立信心，积极生活；开展“关爱失能老人送温暖”活动，营造社会关注、关爱这一特殊困难群体的氛围。开展“向日葵助学”助力贫困学子圆梦大学，积极引导热心公益事业的社会各界支持助学，通过“微信捐步”和“闯关答题”募集爱心善款 20 万元；连续 4 年资助 10 位寒门学子，在全社会形成奉献、互助、友爱的新风尚。（刘　静）

【普及应急救护技能】 2016 年，继续推进红十字救护培训进社区、进学校、进企业、进机关，进农村，在易发生意外伤害的行业和领域，探索应急救护社会服务的新方式，争取有关部门支持配合，加大救护培训的力度。发放《株洲市红十字会公共应急手册》2 万余份；完成湖南省红十字应急救护培训项目 2 期，完成 4110 人的救护员培训、1200 人的群众性应急演练、安全教育及亲子讲座 74 场，普及 20000 人次；举办预防老年跌倒知识讲座 1 期；举办“株洲市第二届普及应急救护知识嘉年华”活动，近 8000 名孩子及家长共同参与，其中来自 30 个学校代表队包括衡阳小记者代表团共计 90 人参与竞技闯关比赛；组织全市 10000 名校园记者开展防灾避险知识竞赛活动，为中小学生发放《全国红十字防灾避险知识竞赛试题》和防灾减灾避险知识资料，普及应急避险知识。（刘　静）

【红十字志愿者服务】 2016 年，株洲新组建市红十字天使志愿者团队。至此，全市共有 5 支专业化志愿服务团队。把志愿服务工作纳入全市文明办志愿服务工作整体规划和创建文明城市考核体系。志愿者团队参与“5·8”世界红十字日主题宣传活动，向广大市民发出《无偿捐献、生命接力》倡议书，引发共鸣，传递正能量。积极开展“红十字平安社区——应急救护防灾减灾培训”项目；株洲市红十字蓝天救援队发挥专业技能，为社区居民和工作人员开展应急救护培训、为九方小学防灾减灾应急疏散演练提供专业指导；受邀参加郴州东江湖水上应急演练，完成搜救和运送伤员演练任务；心理志愿者团队为县市区 15 所中学开展巡回中高考考前减压讲座，为 4000 余名学生做考前心理疏导，缓解考生及家长的心理压力和焦虑情绪。“关爱生命大学堂”公益项目被中国“关爱生命协会”评为全国十大优秀志愿服务项目。（刘　静）

株洲市老龄工作委员会

【概况】 截至 2016 年年底，全市有 60 周岁以上的老年人口 69.17 万人，占全市总人口 17.2%，其中 65 周岁以上老年人口 51.96 万人，80 周岁以上 9.67 万人，100 周岁以上 93 人，人口老龄化趋势逐渐加大。

2016 年，株洲市老龄系统加大工作力度，完善社会养老服务体系，完成了新增养老服务床位建设、居家养老服务设施工程推动、百岁老人长寿保健补助提标、基本养老服务补贴扩面、养老服务信息平台建设、关爱农村留守老人等省市重点老龄工作；开展福彩公益金使用情况专项督查、老龄政策主题调研、涉老议案答复和意见征询、机构内部建设等工作，推动了全市老龄事业全面协调可持续发展。（唐　珂）

【完成省市重点民生实事项目】 2016 年，城乡养老服务示范点、基层老年协会和老年人意外伤害保险等老龄工作项目纳入省市重点民生实事、民政重点工作和市“民生 100”工程方案。结合上级工作要求，市老龄办细化各项任务指标，制定具体的实施办法，与县市区老龄办签订责任承诺书，并建立工作进度月报制度，大力推动工作落实。2016 年，全市新建和改扩建省级城乡养老服务示范点 46 个（城市社区 15 个，农村村级 31 个），完成“民生 100”居家养老示范建设工程 10 个，新增养老服务床位 198 张，继续完善了基层养老服务设施建设；全市建立城市社区老年协会 313 个，农村老年协会 1041 个，城乡基层老年协会建会率达到 100%，调动发挥老年群众的管理自治作用；贯彻落实《2016 年株洲市老年人保险工作推动实施方案》（株民发〔2016〕2 号），实现政府为低保、五保、三无、重点优抚和失独等五类特殊困难老年群体购买老年人意外伤害保险，全年政府投保人数约 4.54 万人，财政出资 208.55 万元，覆盖率达到 100%。（唐　珂）

【惠老补贴】 2016 年，全市百岁老人长寿保健补助标准统一提高至每人每月 500 元（天元区为 700 元，攸县为 600 元），全年补贴 86 人，发放补贴资金 65.4 万元，平均补贴标准走在全省前列；继续发放 90 岁 ~ 99 岁高龄老人生活补贴，每人每月 60 元（天元区为 100 元），天元区、芦淞区和茶陵县陆续将高龄补贴人群扩大至 80 周岁 ~ 89 周岁，每人每月 30 元 ~ 50 元，全年补贴人数 1.3 万人，发放补贴资金 830.5 万元，政策覆盖面进一步扩大；进一步完善基本养老服务补贴制度，由政府出资为 65 周岁以上的失能半失能的低保老人提供基本养老服务补贴，全年补贴人数 107 人，补贴标准 20 元 ~ 100 元不等，投入财政资金 547.1 万元，覆盖率 85.4%，超出完成省小康办和省民政厅要求覆盖率 55% 的考核目标。（唐　珂）

【启动关爱留守老人社工支持项目】 2016 年，株洲市老龄办为进一步贯彻落实《株洲市关爱农村留守家庭工作实施方案》（株办发〔2016〕2 号），引进大同社会服务工作中心，以城乡养老服务示范点为平台，依托基层老年协会，借助专业社工力量，建立和完善留守老人关爱体系。12月28日，株洲市关爱留守老人社工支持项目启动仪式暨基层老年协会骨干培训活动在株洲县顺利举办，从芦淞区和株洲县选取了10个村（社区）开展示范创建，探索适合株洲本土的关爱留守老人工作模式。（唐　珂）

【敬老爱老活动】 2016年，全市积极开展第二届“敬老文明号”创建活动，挖掘树立敬老爱老典型，天元区敬老院、醴陵市民政局等4个单位参选全国“敬老文明号”单位，陈头娇、刘春艳等7人参选全国“敬老爱老助老模范”人物。“敬老月”期间，市老龄办制定下发《关于开展2016年全市“敬老月”活动的通知》（株老龄发〔2016〕2号），在全市集中开展敬老爱老主题活动。10月9日重阳节，株洲市民政局、株洲市广播电视台主办，株洲市老龄委办公室、株洲电视台新闻综合频道承办了“幸福株洲 金婚大典”活动，为全市33对金婚夫妇举办了一场意义深刻的婚礼庆典。10月14日，由株洲市老龄办、芦淞区民政局主办，株洲市女企业家联合会、中国人寿株洲分公司和满堂芳女社承办的“浓情助老，温暖金秋”慰问活动在芦淞区社会福利中心开展，省人大代表、市女企业联合会会长陈菊香等人参加活动并致辞，为老人们送上生活物资，让老人们感受到政府和社会各界的关怀和温暖。（唐　珂）

株洲市消费者委员会

【概况】 2016年，株洲市消费者委员会围绕“新消费我做主”年主题，通过分领域、分行业开展宣传活动，在全社会营造主动聆听消费者意见、满足消费者需求、让消费者满意的社会氛围；针对新消费领域的商品和服务开展比较试验，发现、展示真正适应消费需求的优质品牌，促进商品和服务的消费需求；强化消费领域监督，针对消费新热点、新领域、新问题，综合运用投诉、体察、评议等监督手段广泛听取消费者的意见和呼声，推动重点领域消费者权益保护机制的进一步完善；开展绿色消费、品质生活为重点的消费教育引导，引导和鼓励消费者树立正确的消费观念，有序引导消费升级，发挥新消费的引领作用；探索建立跨境、跨地区消费纠纷解决机制，针对消费市场国际化带来的维权新难题，推动搭建区域性消费纠纷合作平台，为消费者反映诉求主张权益提供便利；针对新消费研究建立多元化消费维权和监督模式，搭建消费者可直接参与的监督平台，完善经营者和消费者纠纷解决的协商机制。

2016年，全市消委系统共受理消费者投诉2603件，为消费者解决2597件，到期办结率为99.77%，为消费者挽回经济损失169.53万元，接待来访来电咨询10055人次；发布消费警（提）示8件次。（刘漫江）

【“3•15”系列宣传活动】 3月9—11日、14日，市消委会、市工商局与《株洲晚报》、红网株洲站联合举办“3•15”维权直通车栏目，工商、房产等40余家单位参加该档节目，现场接听消费者来电和网民在线咨询、投诉并通过媒体连续4天进行转载刊登。3月14日，市消委会、市工商局通过电视台、报纸、电台、网络等多家媒体通报2015年株洲市十大消费维权案例、2015年十大（申）投诉热点。3月15日，围绕“新消费 我做主”的年主题，株洲市消委会携手各行政职能部门、公用企事业单位、金融保险、三大通信运营商、媒体等46家单位和湖南铁路工程学院学生维权社团500余人在株洲市中心广场开展“3•15”咨询活动。市人大副主任王建之、市政协副主席余明刚到中心广场活动现场进行视察并作讲话。市消委会会长、市工商局局长吉振君，副局长李俊和李学明对城区几个“3•15”活动现场进行巡察，并现场接受媒体采访，为消费者答疑解惑。全市各活动现场共受理投诉210件次，接受消费咨询10150人次，发放宣传册11980本，宣传资料39700余份。针对近几年在装饰装修方面成为消费者投诉热点的情况，株洲市消委会、株洲市工商局与株洲电视台联合举办“3•15”访谈节目：“说说装修那些事”，并于3月15日晚8：00在株洲电视台新闻综合节目播出。在访谈中，市工商局副局长李学明就投诉的情况、存在的问题，如何进行监管、规范进行说明；装饰装修行业协会会长就如何搞好服务，加强行业自律进行承诺；万博珑建材市场副总就如何保证材料的质量等作必要的介绍。同时通过这次访谈还发布装饰装修消费提示。（刘漫江）

【金融消费教育“进学校”“进社区”“进农村”系列活动】 2016年10月18—21日，株洲市消委会与湖南工业大学、湖南汽车工程学院、湖南省商业技师学院、湖南工贸技师学院、湖南有色金属职业学院等本科、大专院校对接，以开展现场宣传、学生班委会、学校网站、海报张贴等多种形式发放中消协开展金融消费教育知识竞赛的宣传资料，4000多名学生踊跃参加了答题。此次金融消费教育大奖赛，全国大学生共220人获奖，株洲有4名大学生获奖，其中一等奖1名，三等奖1名，纪念奖2名。10月21日，市消委会、天元区消委、湖南工业大学、天桥律师事务所及株洲电视台、《株洲日报》、株洲广播交通频道联合在湖南工业大学举行全市“金融消费教育‘进学校’‘进社区’‘进农村’”活动启动仪式。株洲电视台当天通过《晚间报道》播出，《株洲传媒网》、微信公众号《新闻株洲》同步直播。10月26日，市消委会、荷塘区工商分局、区消委会联合在嘉盛华府开展金融消费教育“进社区”活动。11月8日，市消委会、石峰区消委会在市城郊接合部白马龙市场进行金融消费教育“进农村”活动。（刘漫江）

【参与中消协公益诉讼实务】 2016年7月，中消协就雷沃重工股份有限公司违法、违规生产销售正三轮摩托车案向法院正式提起消费民事公益诉讼。根据中国消协和省消委的通知要求，市消委下发《关于配合开展消费民事公益诉讼工作的通知》（株消委字〔2016〕第04号），要求全市各级消委组织全力参与公益诉讼调查并做好宣传工作，同时在日常工作中注意收集相关情况，以推动消费公益诉讼实务开展。 （刘漫江）

株洲市慈善总会

【概况】 2016年，株洲市慈善总会共募集慈善资金899.1万元。主要用于慈善赈灾、金秋助学、慈行助医、善举帮困、精准扶贫等项目。

（刘兴泉　吴海洪）

【大爱株洲·金秋助学】 2016年，市慈善总会协同市委宣传部、市总工会、市教育局、市财政局、市民政局等13家单位开展“大爱株洲·金秋助学”牵手贫困生助学活动。全年共募集助学资金446万元，受助学生892人。12年来“大爱株洲·金秋助学”牵手贫困生助学活动累计筹集助学善款6500余万元，帮助3万多名困难学子圆了大学梦。 （刘兴泉　吴海洪）

【大病慈善医疗援助】 2016年，市慈善总会共投入100万元，救助因患重大疾病致贫家庭124户，并协调部分家庭进入市民政局救助体系，争取相应的困难补助。同期投入100万元，与市妇联联合开展对1100余名“两癌”女性贫困患者进行医疗救助。

（刘兴泉　吴海洪）

【开启精准扶贫】 2016年，市慈善总会积极响应精准扶贫工作号召，在全市党建帮扶村中，开展对特困群体中的特困户进行“助贫”活动。

市慈善总会光伏发电“精准扶贫”项目全面实施，通过一次性投入100余万元，帮助茶陵县石冲、花木两个村遴选的64户贫困户在未来的若干年内，每年增加家庭收入3000元以上，间接为社会提供劳动岗位和电力资源。 （刘兴泉　吴海洪）

国　防

株洲军分区

【概况】 2016年，株洲军分区扎实开展“抓首位固根本，抓主官带队伍，抓训练强素质，抓基层打基础，抓整改正风气，抓管理保稳定”，各项工作落到实处，军分区部队和全市国防动员建设水平稳步提升。

思想政治建设持续加强。围绕改革强军战略和政治建军要求，狠抓部队思想政治建设，坚持改革每推进一步思想政治工作就紧跟一步。针对改革调整期间两级党委班子不健全和干部缺编的实际，着重在团级党委班子建设上聚力，确保总体发展平衡。严密组织改革强军主题教育和“两学一做”学习教育，使全体党员接受了一次严格的党性洗礼。重视抓好经常性思想教育，引导官兵理性看待改革，注重能力素质提升，树立正确的进步观。开展国防教育，组织“情系国防、聚力强军”国防教育宣讲活动，新建大型国防教育户外广告牌10块，开展国防教育“微电影”“微动漫”创作活动，军分区政治部创作的微动漫《民兵排长和他的救火分队》荣获军委国防动员部一等奖、全军二等奖。严格落实新政新规，认真抓好《条例》《准则》的贯彻落实，加强对经费开支、民兵训练及工程建设的审计监督，全年没有官兵因违规违纪问题受到党纪政纪处理。

战备训练质量有效提升。深化湘江系列演习成果，加强大规模作战背景下防卫作战研究，细化力量编成、任务区分、行动组织和各项保障。规范战备值班秩序，编实战备值班分队，不定期检查战备值班情况，军分区部队全年共接受省军区以上抽查检查50余次，战备秩序规范良好。狠抓军事训练落实，严密组织首长机关在职训练，全年安排战备方案修订、学生军训“四会”教练员等各类集训4期，参加整组备案研究作业考核成绩优良，军分区本级和荷塘区、芦淞区人武部接受省军区年终军事训练考核争得佳绩，军分区连续5年被省军区表彰为军事训练先进师级单位；认真抓好专武干部和民兵训练，选派新任职专武干部参加省军区集训，各县市区人武部组织基层武装部长（干事）、村级民兵营长进行轮训，完成年度民兵的训练任务，累计出动民兵2600余人次遂行森林扑火、抗洪抢险、安保执勤，特别是抗击“6·15”特大城市内涝，解救被困群众500余人，处理险情30余处，转移物资80余吨，赢得了赞誉。圆满完成“神十一”备勤任务，接受省军区随机性检查，在规定时间内完成了出动准备，受到通报表彰。

国防动员建设稳步发展。坚持“编为战、编为用”原则，着眼编实管用，优化力量布局，抓实民兵整组。应急队伍、支援队伍退伍军人比例超过38%，医疗救护、交通运输等专业性强的队伍，专业对口率超过90%；预编预征信息指挥车、大型工程机械和专业器材；积极向行业系统和经济功能区拓展编兵，新增编兵单位18家。落实省军区基层工作会议精神，下发《关于进一步加强全市民兵预备役基层建设的意见》，统一建设标准，推动民兵预备役基层建设全面进步。组织国防动员信息系统操作培训，开展潜力调查，更新完善数据，全面实行信息化管理。着眼形势任务变化抓好兵役登记，严密组织体检政考培训，全面推行体检信息化管理，圆满完成年度征兵任务，退兵率创历年最低。

综合保障水平逐步提高。抓好队伍建设，集中组织后勤干部开展业务培训，提高后勤干部业务素质。采取培训辅导、单位自查、交叉检查、重点核查等方式，开展财经秩序专项整治。从严从紧加强经费管理，落实经费开支联审会签制度，对离任团级单位主官进行财务监交和初步审计。严控行政消耗性开支，全年行政消耗性开支同比下降15%。解决历史遗留问题，对外有偿服务项目全部关停或移交。与中石化株洲分公司签订油料保障协议，规范油料管理。

党管武装氛围更加浓厚。武装工作全面纳入地方党委政府议事范畴，市委常委会两次安排议题研究武装工作，株洲市贯彻省委议军会议精神情况，得到了省委、省政府和省军区的充分肯定。依法抓建武装工作成为常态，双重领导、现场办公、汇报工作、绩效考评、“十个纳人”等制度有效落实。结合县市区委换届，专题召开宣布县市区人武部党委第一书记任职大会，强化各级党管武装意识。市本级和株洲县、醴陵市将军事机关纳入“五大家”保障范畴，攸县、天元区启动人武部新营院建设。干休所后山进出道路建成通车，老干部休养条件得到改善。双拥工作跃上新台阶，首次评选表彰了“十佳军嫂”和“十佳拥军家庭”；历年积压的“四类”退役士兵全部安置到位，全年接收军转干部75人、随军随调家属12人，协调30多名军人子女入学，株洲市第六次获得“全国双拥模范城”称号。积极参与精准扶贫，为醴陵市沩山镇沩山村等5个贫困村筹集资金600多万元，引进和资助扶贫项目29个，帮助160多户贫困户成功脱贫，为全市如期实现全面脱贫目标做出了贡献。

安全稳定基础不断夯实。学习贯彻军委国防动员部6部安全法规，制定“领导机关安全管理责任分工表”，签订安全管理工作“责任书”，组织“条令月”和“百日安全”活动，强化安全意识。定期开展形势分析，每季度组织一次综合检查，现场组织讲评，随机进行“回头看”，消除安全隐患。投入100余万元对市民兵武器装备仓库硬件建设、安防设施进行升级改造，安全防范能力显著增强。接受军委国防动员部民兵武器装备仓库专项检查，军分区被省军区表彰为“安全稳定工作先进单位”。（胡喜林）

【高校征兵】 4月8日，常务副市长赵文彬主持召开全市征兵工作领导小组会议。5月12日，召开株洲市2016年高校征兵工作会议。市征兵办主任、军分区参谋长张龙慧，市征兵办副主任、市政府副秘书长李必农，辖区高校分管领导以及市征兵办工作人员与会。张龙慧参谋长回顾和总结2015年高校大学生征集工作，对2016年度高校征兵工作进行部署。5月14日，举办全市高校大学生预征启动仪式，7所高校同步启动，万名学生踊跃参加。（胡喜林）

【全民国防教育工作会议】4月15日，2016年株洲市全民国防教育工作会议在军分区召开。市全民国防教育委员会全体成员出席会议，各县（市、区）国教委主任、国教办主任和国教专干、市国教办列席会议。会议由市委常委、株洲军分区政委胡鹏飞主持。会议充分肯定了2015年全市国防教育工作，研究部署了2016年的工作任务。表彰通报了2015年度国防教育工作先进单位和个人，审议通过了《2015年株洲市全民国防教育工作报告》《2016年株洲市全民国防教育工作要点》。（胡喜林）

【组织“情系国防，聚力强军”国防教育宣讲活动】 4月29日，军分区在市委礼堂组织全市党政机关400余名领导干部开展“情系国防，聚力强军”国防教育主题宣讲活动。现役军人、民兵、退伍军人、党政干部、军嫂代表作了宣讲发言。（胡喜林）

【军民抗击“6·15”内涝灾害】 6月15日，全市遭受特大暴雨袭击，部分地区降雨达到200毫米，城区多处发生较严重内涝，个别地段出现塌方、山体滑坡险情，人民群众的生命财产安全受到严重威胁。军分区响应市防汛抗旱指挥部统一安排部署，迅速指挥荷塘、芦淞、天元、石峰区人武部及醴陵市、株洲县人武部出动现役官兵40余名、民兵500余名、携带冲锋舟、橡皮艇、救生衣等器材，在渌江、龙母河、向阳广场、红旗广场、金沟山村、太阳村、湘华社区、五里墩乡、汇金广场、田心立交桥、杉木塘社区、李家冲、湘湾小区、化工厂、金盆岭等20多处地段执行救灾抢险任务。抢险救灾过程中，官兵利用冲锋舟、橡皮艇等工具器材解救被困群众和运送物资，清除威胁电站安全的大型水面漂浮物，完成部分堤坝加固任务。累计转移被困群众500余人，转移物资80余吨，拦截打捞大型漂浮物60余件，受到地方政府和人民群众高度赞扬。（胡喜林）

【纪念红军长征胜利80周年】 2016年，军分区开展多种形式活动纪念红军长征胜利80周年。组织官兵认真收听收看10月21日中共中央、中央军委举行的纪念红军长征胜利80周年大会实况转播。认真学习习主席在纪念大会上的重要讲话，教育引导官兵大力弘扬长征精神，自觉投身改革强军实践。积极参加市委宣传部组织的“纪念中国工农红军长征80周年”座谈会。积极参加“传承红色文化，弘扬长征精神”创作活动。开展专题征文、征诗、征曲和美术、摄影、书法创作，对官兵进行革命传统教育。根据中央统一部署安排，为健在的老红军颁发“中国工农红军长征胜利80周年”纪念章，以“弘扬长征精神，投身改革强军”为主题，广泛开展“学传统、爱传统、讲传统”群众性学习教育活动。组织对军分区健在的老干部及故去老干部的配偶进行走访慰问。组织官兵和民兵预备役人员开展为驻地老红军送温暖、做好事活动。组织宣传报道。株洲国防教育网开展纪念红军长征胜利80周年主题宣传活动，及时刊（播）发中央主要媒体报道和有关纪念文章、回忆录、社论评论，及时报道军分区部队和广大民兵预备役人员弘扬长征精神、践行强军目标的精神风貌。（胡喜林）

【组织军训“四会”教练员集训】 根据省军区司令部、省教育厅关于《湖南省学生军训军事技能“四会”教练员管理暂行办法》，为进一步提升株洲高等学校和高级中学学生军训质量，2016年9月2—8日，军分区在湖南汽车工程职业学院组织一期学生军训军事技能“四会”教练员集训，参训人员共计45人。通过集训，培养了一批综合素质过硬、胜任军事技能教学组训要求的“四会”教练员，推动全市学生军训质量的整体提升。（胡喜林）

【株洲微课作品获奖】 2016年11月18日，中央军委政治工作部下发通报表彰“改革强军”军营微课创作展示活动优秀作品。株洲军分区政治部创作的《民兵排长和他的救火分队》（作者：梅先清、胡喜林）获评微动漫类作品全军二等奖，国防动员部一等奖。该作品以辖区内民兵森林灭火分队的建立、训练、执行任务为故事背景，以民兵分队的真实人物为原型，讲述了在强军大背景下，株洲民兵爱军精武、勇于担当、忠于职责的动人故事。

（胡喜林）

预备役步兵师炮兵团

【概况】 2016年，湖南陆军预备役步兵师炮兵团按照“围绕改革主线，聚焦强军目标，接续整风整改，夯实融合基础”的总体思路，出色地完成了年度各项工作任务。

加强思想政治建设。抓好机关、基层理论学习，引导官兵看齐追随，维护核心，引导官兵读懂改革、投身改革。注重典型引领，树起“我是党员我承诺、两学一做见行动”的导向，用摸得着、看得见的先进典型，鼓励全团官兵积极学习实践。开展正风整改，抓好肃清工作，认真学习上级文件精神，剖析问题原因，研究决策措施，通过讨论辨析和个人对照检查，把郭伯雄、徐才厚影响下形成的潜规陋习进行查摆、整改。着眼革除积弊、正风肃纪、正本清源、凝魂聚气、激发动力，推动各相关业务部门进行深入彻底的清理整治，营造了风清气正的良好氛围。抓好创先争优活动，落实股连挂钩帮带和常委集中下基层蹲点指导。9月份选派预建党支部书记共15人参加师组织的预建党委（支部）书记集训，规范基层党委（支部）议事规程，增强了基层预建党委（支部）书记能力素质。开展文化建设。历时1个月先后对团4个营部营院文化设施进行安装改造，投入近6万元，对营区主干道、室内体能训练场进行文化设施改造。成立15人新闻报道骨干队伍，建立骨干培训和定期讲评制度，结合重大军事活动进行跟踪报道，先后在省市两级地方电视媒体上稿10篇，在《中国国防报》、原《战士报》上稿等军内报刊上稿6篇。部队改革调整。2016年，部队改革调整，转业名额加倍，高标准完成了转业干部档案移交工作。结合干部调整做好干部压消超工作。

推进应急战备训练。积极适应部队改革转隶新形势、新要求，准确把握职能定位，聚焦打赢真抓实备，瞄准任务真训实练，部队应急应战能力得到进一步提高。战备秩序严格正规。制定炮兵团本级战备工作具体措施，组织团本级战备方案修订和营连方案对接，抓好相关战备值班分队人员、装备、器材落实；组织战备拉动演练，沿途设置战术情况，模拟战场环境，有效检验了团非战争军事训练成果；修改完善团防恐应急预案，补充防恐器材，并组织针对性演练；组织机关及分队相关人员对团担负的重要目标进行勘察，合理编配人员进行重要目标防卫。军事训练成效明显。2016年，炮兵团结合实际，完善各项软件资料。全年共组织（参加）各类训练21期，参训13326人·天。官兵军事素质和部队整体作战能力得到了明显提高。帮训工作富有成效。创新发展预备役部队承担军训任务方法路子，9月份组织了一期学生军训骨干教学法集训，提高了帮训教官的组训任教能力；10月份安排现役和预备役官兵，组织湖南工业大学新生进行军训。

加强部队安全管理。坚持把部队安全管理作为经常性基础工作紧抓不放，紧盯重点不放松，为部队安全发展打牢基础，提高部队正规化管理水平。突出抓重点。先后组织相关人员进行政治审查，确保部队内部纯洁巩固；坚持每季度走访地方国安局、公安局、防范和处理邪教问题办公室等单位，及时掌握团驻地社民情和易燃易爆危险品情况，并有针对性地开展安全保密教育，增强官兵反间保密意识；结合节日防护期、重大演训等敏感时期，抓人员、车辆、武器装备、营院和安全保密五项重点，确保重点时期、重要部位的安全。落实制度。把部队安全管理作为经常性基础工作紧抓不放，强化安全意识，先后5次召开常委会，45次安全形势分析会，4次安全保密教育，营院及保密等安全检查21次，先后制定和完善了《炮兵团正规化管理规定》等20多项规章制度，通过建章立制和狠抓制度落实，确保了部队安全稳定。

提升后装保障能力。坚持军民融合深度发展，发挥“双重保障”体制优势，对照新政新规强化后装管理，持续整风整改，把后装资源和保障活动向战斗力聚焦。财务整改有成效。加强经费使用管理，压缩行政消耗性开支，把经费物资向“能打仗、保障打胜仗”倾斜。针对财务检查发现的经费问题，对表新政新规，严查实改，做到问题归零。营院建设有变化。高标准完成营房维修和营区环境的美化、绿化工作，修建了假山水池、室内体能训练场和家属区停车棚等，加强营院的维护和监管力度，为官兵提供了更加舒适的工作生活环境。关停了泗汾基地等地的对外有偿服务项目。装备管理有秩序。严格落实车炮场日和武器弹药擦拭保养制度，开展武器弹药清查活动，加强了装备场所的建设，对兵器室、车库、器材室和分区装备仓库进行了规范改造。综合保障有力度。建立集中采购制度，通过招投标方式集中采购了营连给养单元和野战帐篷等，并集中组织炊事人员对给养单元使用进行培训和规范。组织车辆年检和驾驶员审验检查工作，深入开展私家车专项整治，建立健全团私家车和地方驾驶证人员信息资料，开展安全行车及职业道德教育。积极组织开展“健康营院”“爱国卫生月”等活动，建立应急预案，加强营院、食堂和合作经营场所的卫生管理。

夯实基层建设根基。按照“四个坚持扭住”要求，围绕打牢党管武装、应急应战、国防动员、融合发展、依法抓建、安全稳定“六个基础”，以贯彻落实新《纲要》为抓手，基层建设水平进步明显。扎实推进基层建设。推进求益性编组扶持性抓建工作，协助预编单位和编组地域建强基层班子、帮找致富路子、注重解难帮困，推动军地协调发展、互促共赢。抓好组织调整。组织机关人员到各营进行指导，深入125个乡镇、企（事）业单位进行调研，调阅档案1200余份，召开座谈会25场次，走访245名退伍军人家庭，为合理调整编组布局提供了大量的第一手资料。硬件配套设施更加完善，编组布局得到进一步优化。深入开展检查维护。组织各营对所属营院进行深入细致的检查维护，对部分营院办公设备老旧、屋顶漏雨、线路老化等问题进行及时的清理整治，对与部队无关、影响军队形象的设施设备、违规建筑进行整改拆除。　（朱继威）

武警株洲市支队

【概况】 2016年，中国人民武装警察部队株洲市支队（简称武警株洲市支队）深入推进政治建军、改革强军、依法治军，从严治警保稳定，部队全面建设取得新的发展和进步。

紧盯“看齐追随”，举旗铸魂工程富有成效。开展“强军风采”系列文化活动，做好经常性思想工作和预防犯罪工作，有序推进政治环境建设，“三个绝对”要求融入思想、铸入灵魂。新闻宣传工作“喉舌”功能发挥显著，开展精读三本书，倡导三种精神，筹备三个盛会，开办“国学进警营”课堂；认真抓好炎陵县中队“创标”典型培养，发挥典型引导激励作用，中队先进事迹在《湖南日报》《人民武警报》《中国武警》《军队党的建设》等报刊杂志显要位置进行大幅报道，在《解放军报》和《人民武警报》头版头条刊发稿件各1篇，中央级媒体刊稿31篇（条），省级以上媒体刊稿28篇（条），被总队指挥自动化信息网采用网络新闻稿件1426篇。支队被总队表彰为新闻宣传工作先进单位。

聚焦“练兵备战”，遂行任务能力持续增强。开展“抓规范、打基础、治隐患、保平安”执勤安全教育整顿，常态落实日拉“三人应急小组”、周练“三员一兵一组一班”联动、月演执勤方案，及季与目标单位联合演练；按照“集约高效、确保安全”要求，采取撤减并改、合并编组、夜上昼收，及弹性部署等方式，抓好支队执勤方式优化改革工作；推进“两看”目标前置应急小组上勤，投入12万余元完善AB门升级和5个基层中队“4+1+4”屏幕改造，采购助勤犬36条，严密组织助勤犬训导员集训，有效提高执勤目标安全系数。加大临时勤务指导力度，将机关干部和大队主官派到临时勤务现场，夯实一线执勤力量。全年支队共出动6600余人次，圆满完成“N227”警卫勤务，春运执勤，抢险救援，城市武装巡逻，2016环中国国际自行车比赛醴陵赛段安保等勤务150余起。特别是2016年6月16日，支队出动300人，圆满完成株洲云龙示范区响塘社区水库抢险救灾任务，中央电视台、湖南省电视台等新闻媒体作了现场直播。贯彻落实“广西会议”精神，完善支队、中队两级战备计划，科学制定预案和兵力抽组方案。采取集中训练、战法研讨、室内推演，及实兵拉动等方法，先后3次组织首长机关带部（分）队以处置群体性事件、劫持人质事件、火车站暴力恐怖事件为背景的紧急拉动演练，2次组织与地方公安部门联动演练，推动战备演练向实战化聚拢。严格贯彻军事训练“八落实”要求，先后组织各类集训14批1260人次，投入105万元，制作三人协作攀登架、战术训练低姿网、防暴弹投掷靶，完善四百米障碍场、模拟勤务训练场建设，补充训练装备器材，助推了军事训练水平稳步提升。支队在总队建制班比武获得团体第三名，2名干部被总部表彰为优秀教练员，1名战士被总队表彰为“十佳士官”，10余名官兵比武成绩名列前茅。

注重“依法从严”，部队管理层次持续提升。组织“学法规、用法规、守法规”教育，开展条令学习、知识竞赛、队列会操、内务评比等活动，大力整治管理不依法、秩序不正规、军容不严整等问题，有效提升部队正规化建设水平。把“小散远直”作为管控重点，将在外人员纳入视线范围，建立家庭、社会、部队“三位一体”全方位管理模式；坚持归口管、经常查、定期治，认真落实安全工作“八个规范”，开展“百日安全竞赛”、保密专项清理、“三库”清理整治，及武器弹药管理专项整治活动，印发使用手机“十二个禁止”和微信“十不准”卡片1200张，有效破解教育难落实、人员难管控、制度难保持等问题。搞好强军文化建设，支队累计投入百万元为基层单位制作了双争标语和评比栏，高标准完成支队机关、一中队、三中队、荷塘区中队、芦淞区中队、醴陵市中队、茶陵县中队，及炎陵县中队营区政治环境和荣誉室建设，为基层配发点唱系统、篮球架12套，购置电脑92台，维修台球桌等文体设施21套，极大丰富了官兵文化生活。

突出“精准帮建”，基层全面建设稳中有进。组织2期《纲要》集训，开展“大练基本功、争当实干家”“正能量微讲台”活动，印发《应知应会常识汇编》，采取以会带训、实践促训等方式，提升“三支队伍”能力素质。建立经常性工作“周检查、月通报、季考评”制度，提升基层经常性基础性工作落实质量。制定《党委机关考察帮建基层党支部实施办法》和《党委机关精准帮建基层单位实施方案》，建立党委成员“一对一”挂钩帮建机制，采取“常委包片、股室包队、全年包干”措施，打牢基层建设基础。年内，支队先后下派4批工作组96人次到基层蹲点、代职、帮建，7名常委分别对11名新任基层主官进行手把手帮带，帮助理思路、明目标、定举措，眼睛向下看、身子往下沉成为抓建基层的新常态，有力促进了基层建设全面进步和官兵全面发展。二大队，一中队、二中队、醴陵市中队、茶陵县中队，及勤务中队被总队表彰为基层建设先进单位，炎陵县中队被表彰为武警部队基层建设先进单位、总队标兵中队，并荣立三等功。

抓实“服务保障”，现代后勤建设推进有力。修订完善后勤应急预案，组织军需、车辆、卫勤保障分队进行岗位练兵活动，抓好“一组五队”训练。在总队后勤专业兵“一专多能”比武竞赛中，荣获团体第一名。与驻地超市、批发市场、军供粮站及医院等签订应急保障协议，后勤应急保障能力进一步增强。规范财务、营产管理和公用物资交接登记，提高经费物资使用效益。全年，4次深入基层巡诊，发放28类16万余元的药品，确保官兵身体健康。先后投入260余万元，对一中队进行三库改造和门窗维修，对二中队营房翻新改造。大力推进营房新建工程建设，10月份，驻网岭监狱分队已完成搬迁，株洲县中队新建营房主体施工完成，攸县中队营房新建初步设计已报总队通过。积极协调地方政府，全力推进支队公寓房建设任务，支队48套公寓房置换协议初步达成。支队后勤处被总队表彰为先进后勤机关。（刘　毅）

【周四洋到支队检查指导】 2月5日，总队副司令员周四洋专程到株洲支队看望慰问基层官兵，向在一线执勤的官兵们送上节日的祝福，受到广大官兵热烈欢迎。支队支队长张忠、政治委员谢交军陪同慰问。（刘　毅）

【李德安蹲点调研帮建】 4月19—28日，总队副司令员李德安一行4人，到支队检查调研；工作组采取座谈了解、查阅资料、实地查看、走访调查等方式，围绕人员在位、执勤设施、部队管理、保密工作、伙食保障，及季节性事故灾害预防等方面重点检查。期间，工作组到教导队、一大队一、三中队、二大队四、五中队、三大队七、八中队、株洲县中队、醴陵市中队、攸县中队、茶陵县中队，及炎陵县中队检查指导。（刘　毅）

【谭礼和考察帮建】 11月23日—12月3日，总队政治部主任谭礼和一行4人，到支队考察帮建；工作组采取听取汇报、座谈了解、测评考核、查阅登记统计、实地查看、理论测试，及实兵实装拉动演练等方法，重点考察支队党委班子和营职以上干部、检查年度按纲建队落实情况、开展第四季度当兵蹲连工作并指导开展选退工作。期间，工作组到新训大队，一大队一、二、三中队，二大队四、五中队，醴陵市中队，三大队七、八中队，炎陵县中队以及芦淞区、勤务中队检查指导；派出人员到中队蹲连住班。（刘　毅）

【扑救白马垄山火】 2月11日，株洲市石峰区清水塘白马垄镇白马垄村发生山林火灾，一中队出动36名兵力，经过5个多小时的奋战，砍伐隔离带近1000米，扑灭大小火点20余处，挽回经济损失30余万元。（刘　毅）

【抗洪抢险】 6月14—15日，株洲地区狂降暴雨，日降雨量达到214毫米，突破历史极值，株洲市云龙示范区响塘社区一座水库出现险情，大坝随时可能垮塌，危急人民群众生命财产安全。根据株洲市委、市政府要求，报请总队批准，6月15—16日，支队先后出动226名兵力，车辆39台次，携带各类救援器材700余件，担负三批次抢险救援任务，经过与地方单位的密切配合，在全体参战官兵连续奋战下，圆满完成任务。（刘　毅）

【执勤安保】 1月15—20日，“株洲市第十四届人民代表大会第五次会议”和“株洲市政协第八届四次会议”先后召开，株洲支队出动26名兵力，分别担负会议期间住地、会场警卫及机动备勤任务。9月22日，支队出动126名兵力圆满完成了2016年第七届环中国国际公路自行车赛醴陵赛段赛事安保任务。（刘　毅）

【联勤武装巡逻】 为维护株洲市社会稳定，支队每日派出28名官兵，分7个小组，对株洲市6个区域重点目标、主要路段、繁华商区开展武装巡逻。（刘　毅）

【革命传统教育基地揭牌】 12月8日，支队与炎陵县水口镇叶家祠连队建党旧址隆重举行武警株洲支队“革命传统教育基地”揭牌仪式。（刘　毅）

【公祭活动】 9月30日，支队组织部分官兵参加由株洲市委、市政府组织的烈士公祭活动，缅怀革命先烈们的丰功伟绩，市公安局局长、支队第一政委李晓葵参加公祭仪式，仪式由市领导主持。（刘　毅）

【法律服务走进基层】 6月2—30日，支队组织开展第十二个“法律服务到基层活动月”活动。支队派出法律、心理、医疗服务小组到支队所属15个基层中队，采取法律宣讲、图片宣传、心理咨询、医疗巡诊等方法，为基层官兵解决实际问题，受到基层官兵热烈欢迎。（周　湘）

人民防空

【株洲人防工作获表彰】 2016年5月13日召开的第七次全国人民防空会议上，株洲市连续第6次被国家国防动员委员会表彰为“全国人民防空先进城市”，党组书记、主任朱剑波被国家人民防空办公室评为“全国人民防空先进个人”。在12月30日召开的全省人民防空会议上，株洲市被表彰为“全省人民防空先进城市”，株洲市人防办被评为“全省人民防空先进单位”。（曾　伟）

【人民防空防护工程体系建设】 中心城区人防工程完成项目环境评估、可行性报告，对新的施工方法“管棚式”施工方案进行可行性评审论证；疏散基地项目通过一期主体工程竣工验收，进入外墙装饰和园林绿化施工阶段；指挥所配套物资库工程建设完成项目立项审批、地质勘查、项目可行性报告编制、专家评审和工程初步设计，及施工图设计和审查工作；“结建”（结合民用建筑修建防空地下室）管理，落实人防前置审批机制，从严控制易地建设。2016年，全市共受理审批建设项目177个，其中“结建”项目33个，完成竣工验收项目24个；投入资金对荷塘区地下指挥所等部分早期人防工程设施进行维修改造，推动湘江航电枢纽株洲段受影响的人防工程加固回填项目建设，加强与航电枢纽办的联系，已完成项目前期设计、预算及相关前期准备工作。（曾　伟）

【人民防空指挥通信体系建设】 组织人防实战化演练。5月下旬，组织10个县（市）人防办赴江西省鹰潭市进行人防机动指挥通信系统跨区联合演练；10月中旬组织株洲市、湘潭市及娄底市部分县市区进行“湘防—2016株洲片区机动指挥通信系统训练”联合演练；2016年，组织全市人防系统人员进行林地穿越训练、实弹射击及实战化条件下的负重越野和野营训练。完成人防短波通信系统升级改造，采购并安装了最先进的第四代自主选频军用短波电台。完成市本级军网建设工作，通过与株洲军分区协调，调配固定军用号码、军用传真机。

（曾　伟）

【人民防空行政执法体系建设】 规范审批流程，便民利民，服务经济社会建设大局。创新人防审批制度，审批时限由原来5天提速至3天。对市里的重点工程项目开辟绿色通道，即时完成审批工作，落实市政府提出的容缺办理项目的审批工作。重新梳理明确市、区人防工作职责，进一步明确市、区县（市）两级的责、权、利，对城市四区的“园区”项目行政审批权全部下放到区人防办，1万平方米以下县（市）范围建设的单建式人防工程的审批权下放到县（市）人防办，并做好职责履行的监督。加强人防执法监督，办理行政处罚案件2起，及时追缴易地建设费；对县（市）区人防办开展了行政执法稽查，进一步规范各县（市）行政审批工作，五个县市全部按照全省统一标准征收易建费。

（曾　伟）

【人民防空宣传教育】 联合芦淞区政府举办“翰墨颂人防”书法比赛，面向社会征集书法作品，并在株洲市规划展览馆举办了优秀作品展，进一步扩大人防影响力。为全市小学生配发3万册《人防小博士》，推动人民防空法规政策和防空防灾知识的进一步普及。在黄河南路、黄河北路等市区主要路段15个公共自行车租赁点设立人防宣传橱窗，打造人防宣传教育一条街。在株洲市芦淞区服装大市场的步行街设置了24块人防知识灯箱宣传栏。与株洲电视台、株洲新闻网（红网株洲站）《株洲日报》《株洲晚报》、株洲广播台等媒体积极协作，开展人防工作的宣传报道，做好全市人防舆情管理。（曾　伟）

法 治

政法及综治

【概述】 2016年，全市政法机关坚持以法治为引领、以改革为抓手、以公正为使命、以平安为目标，全力推进平安株洲、法治株洲、过硬队伍建设，取得了“三无、五降、两升”的新进步。全年无政治破坏事件、非法集聚事件、暴力恐怖事件，刑事案件、治安案件、信访总量、到省上访，及进京非访分别下降14.6%、19.2%、7.5%、6.6%，及3.2%，群众安全感满意度、政法队伍形象民调分上升3.4分和5.7分，各项工作取得了新成效。

维护大局稳定。坚决把维护政治安全摆在首位，破获一批危害国安安全和社会政治稳定案件。加大邪教防范处理力度，连续12年实现“零进京、零聚集、零插播”目标，荣获“全国防范处理邪教工作先进单位”。全面加强反恐怖工作，快速侦破涉恐专案，有效防范和制止一批恐怖威胁。推动矛盾纠纷多元化解，深入开展“三调联动解纠纷、防控风险促发展”专项调解活动，成功调处矛盾纠纷13937起。认真履行维稳责任，扎实开展“集中化解信访积案专项行动”，有效协调各类矛盾纠纷，圆满完成全国“两会”、G20杭州峰会、十八届六中全会、省市党代会，及“湘商会”等重大活动安保任务。

服务经济发展。围绕市委中心工作和重大决策部署，立足自身职能，全力保驾护航。公安机关深入开展打击非法集资、金融诈骗等涉众型经济犯罪专项行动，积极推行服务经济举措30条和便民利民举措30条。审判机关组织开展“服务项目建设年”活动，执结非诉行政执行案件2644件，保障城际铁路等重点项目的顺利推进。检察机关建立服务创新“依法容错”机制，部署开展优化经济发展环境专项侦查监督活动，依法处理侵犯知识产权、制假售假、商业贿赂等犯罪嫌疑人388人。司法行政机关加快推进公共法律服务体系建设，为353家中小微企业提供法律体检服务，帮助企业防范风险隐患，营造良好的法治化市场环境。

创新社会治理。加强基层基础建设，将社区矫正中心、监管中心建设等共需4.68亿元投资的11个项目纳入“十三五”规划中。全面推进网格化管理，社区网格化建设在47个乡镇（街道）迅速铺开。深化警务机制改革，不断提升实战效能，全市刑事案件破案率提升29.5%，现行案件破案率居全省先进行列。强化重点地区、重点行业的排查整治，严格落实实名制和寄递行业“三个100%”制度，深入开展缉枪治爆专项行动，针对芦淞市场群消防隐患、醴陵烟花危爆物品管理等突出问题进行专项整治。加强社会治安防控体系建设，推进“智慧株洲”电子眼及联网项目建设。连续破获部督毒品目标案件，禁毒工作获得公安部高度肯定。

司法体制改革。全面推进以司法责任制为核心的司法体制改革，通过择优遴选产生全市首批员额法官340名、检察官271名。积极做好刑事速裁改革试点工作，在芦淞区探索“轻微刑事案件快速办理机制”，通过繁简分流提高办案效率。深入推动律师参与化解和代理涉法涉诉信访案件，全面落实警务机制、执法权力运行机制等改革举措。健全“阳光司法平台”“阳光警务系统”，进一步推进警务、检务、审务公开。抓好重点领域、重点问题的专项整治，深入开展“集中清理判处实刑罪犯未执行刑罚”“集中执行·秋季攻势”等系列专项行动，切实维护司法权威性。加强执法监督，组织开展“千百案件评查”活动，严肃查处执法办案中的违法违纪行为。深入推进法治创建工作，开展“法律六进”活动，不断推动法治株洲建设向纵深发展。

队伍建设。突出思想政治建设，扎实开展“两学一做”学习教育，加强政治纪律和政治规矩教育，政法干警“四个意识”“四个自信”进一步增强。突出业务能力建设，组织反恐实战大演练、公诉业务大竞赛、司法警察大练兵等实训活动，提升干警的执法能力和业务水平，全市涌现出一大批执法标兵和办案能手。突出纪律作风建设，研究制定《株洲市政法机关工作责任追究办法》，严格执行全面从严治党“两个责任”“一岗双责”，坚决治理政法系统发生的违法违纪问题，全年共查处违法违纪干警35人，有效推动党风廉政和机关作风建设好转。政法队伍建设评价民调得分较上年同比提升7%。 （陈凯敏）

【评选2016年度见义勇为先进个人】 2016年，在创新社会治理、深化平安株洲建设中，涌现出一批先进典型。

他们面对违法犯罪行为、灾害事故等，临危不惧，挺身而出，有效保护了人民群众生命财产安全。为表彰先进，弘扬正气，市社会管理综合治理委员会决定，追授陈相丛、向发乃2人“株洲市见义勇为先进个人”称号，授予殷术高等6人“株洲市见义勇为先进个人”称号。

株洲市2016年度见义勇为先进个人

陈相丛　男，1965年5月出生，生前住攸县黄丰桥镇湖厂村茅坪组。

2016年3月27日，攸县黄丰桥镇湖厂村茅坪组村民在自留山上烧山，引发森林火灾，随即呼喊附近组民扑火。陈相丛听到呼喊后，想到周边连接上万亩林地，火如果不扑灭，后果将非常严重。陈相丛不顾同行的女婿再三劝阻，毅然迅速跑到山上扑火。乡亲们陆续赶来，加入救火行列。他在积极组织其他人开展火灾扑救工作的同时，不顾个人安危，勇往直前，哪里火势猛，他就往哪里冲；哪里火势失控，他就出现在哪里。火越烧越旺，陈相丛就地折断树枝，不停地拍打窜腾的火焰。浓烟弥漫，火大风急，火苗四处乱窜，来不及躲闪的陈相丛，不幸被困在大火里……大火虽被成功扑灭，但陈相丛烧伤面积达80%，因医治无效，于5月18日去世。

向发乃　男，1955年3月出生，生前住茶陵县虎踞镇五峰村。

2016年5月7日中午，正在家里准备吃午餐的向发乃听到外面有人喊救命，急忙循着呼救声直奔到水塘边。只见一小孩在水中拼命挣扎，情势危急。他来不及脱衣服，直接跳入约4米深的水塘中。由于水深和年纪大等原因，向发乃一直托着小孩在水中挣扎。这时回家路过水塘的一个小伙子看到这一幕，他也直接跳入水中参加救人。小伙子的水性不好，三人在水中苦苦挣扎都不能游到岸边来。危急时刻，村民左小良经过此地，他急中生智拿了一根竹竿伸入水中，向发乃立马将小孩举起，小孩抓住竹竿，被顺利救上岸。接着他又将小伙子托出水面使其顺利得救。当左小良第三次将竹竿伸向他时，他已筋疲力尽，再也没有力气抓竹竿，沉入了水中。

殷术高　男，1956年1月出生，住天元区莲花管理一队。

仇小毛，男，1990年6月出生，住天元区湘银社区莲花宿舍

2016年4月18日下午6时许，家住天元区嵩山路街道湘银社区莲花宿舍的王小干回家，开门后发现两名陌生男子正四处翻箱倒柜。两名男子发现有人进屋，立马冲过来把她推开，撒腿就跑。王小干随即追了过去，房门却被两名男子死死顶住，她急忙对着窗外大喊抓贼。听到呼喊，楼下年过60岁的殷术高立马冲到单元楼出口，将仓皇出逃的两名男子堵住。面对两名身高体壮的男子，他毫不畏缩，直接冲上去将一名男子按倒在地上。随后闻声赶来的仇小毛看到另一名男子转身意欲逃跑，他大喊一声：“站住！”趁着男子愣神的功夫，冲过去一把将其拖住。由于殷术高年纪较大，在僵持过程中，体力不支，被男子挣脱站起，自己也受了伤，但他不顾伤痛，继续同男子搏斗。仇小毛见情势危急，就松开手中的男子，跑过去与殷术高二人合力将这名男子制伏。在和小偷搏斗的过程中，殷术高的右拇指粉碎性骨折。

朱洪波　男，1975年6月出生，住荷塘区麻园二村106号。

2016年12月27日下午4时许，朱洪波在湖南省直中医院完成电话装机工作，准备离开时，发现一名中年男子鬼鬼祟祟在非机动车停车处四处乱踢乱碰电动车，形迹非常可疑，遂躲到中医院住院部玻璃墙后留心观察。后该男子在踢碰车辆时，发现一台电动车无大锁片没有报警声，来来回回几趟后戴上帽子口罩将此电动车拖离现场。这时，朱洪波正巧碰上中学同学，两人商量后随即报警并尾随跟踪。该男子将电动车拖至金鹰华府小区旁制药厂宿舍巷子内。朱洪波与同学在巷口装作聊天等候公安民警到来。几分钟后，盗车嫌疑人骑着所盗车辆从宿舍出来，准备逃离。因到现场的民警还未下车，为防止嫌疑人逃跑，朱洪波立即堵住巷口。面对急速驶来的电动车，他毫无惧色，大声喝道：“别跑！”电动车加速往巷口冲过来，在即将撞上的瞬间，朱洪波奋力扑向电动车，死死抓住嫌疑人，双方扭打在一起，嫌疑人拼命挣扎，朱洪波不顾伤痛紧紧箍住嫌疑人，和随即赶到的民警、同学一起将嫌疑人制伏扭送到警车内。后经诊断，朱洪波在与嫌疑人搏斗过程中右肩关节脱臼。

刘伯葵　男，1963年5月出生，住醴陵市仙岳山街道办事处南门社区。

2016年9月7日7时许，刘伯葵外出买早餐，经过白云庵时，突然河边传来急促的呼救声：“救命啊，救命啊！我姐落水了……”刘伯葵闻声后立即循声飞奔过去。只见渌江河中有个人一上一下随波晃动，而此时岸上的女人正在大声呼救。刘伯葵见状丝毫没有犹豫，来不及脱下衣裤，立刻跳入河中。浑浊、湍急的河水冲击着他，几经折腾，才从背后环抱住落水者，将其救上岸，并和落水者的妹妹一道将其送回家。

向清　男，2001年3月出生，学生，住荷塘区亚泰时代广场。

2016年1月24日晚10时许，向清和哥哥路过荷塘区东湖公园附近时，突然听到女性的求救声。兄弟俩立即跑过去，发现一名中年男子压在一名年轻女孩身上，年轻女孩大声呼喊并极力挣扎，他们感觉不对劲，大声呵斥男子，叫他赶快放开这个女孩。男子见状，威胁道：“想活命的话，别在这里多管闲事，否则有你们好看的。”

向清的哥哥拿出手机拨打了110报警。男子见状迅速逃窜，向清立即追了出去，边追边喊道："站住！抓坏人"。他一路猛追千余米，男子因体力不支倒在路旁，向清迅即扑上去，控制住男子，并在一名过路群众的协助下，将嫌疑人扭送至公安机关。该男子因涉嫌强奸罪被刑拘。

唐祥宁　男，2001年8月出生，学生，住荷塘区东风村7栋。

2016年11月4日晚7时许，74岁的罗跃陆老人走过荷塘区电焊条厂附近的人行横道时，被一辆摩托车撞倒在地。摩托车驾驶员不但没有停车，反而加速驶离了现场。就读湖南商业技师学院的唐祥宁当时正在路口等同学，他不假思索立即骑着摩托车追赶。追出400余米将肇事者拦下。面对这名30岁左右、身高也比自己高出一个头的男子，唐祥宁毫不畏惧，大声呵斥道："撞了人还想跑，站住！"唐祥宁的气势和一身正气震慑住了肇事男子，他停了车，答应回到事发现场处理。但在返回的路上，该男子突然拐弯又想逃跑，唐祥宁继续追上去，结果被男子踢了一脚，双方一起摔倒在地。唐祥宁倒地后顺势抓住男子的衣服，该男子极力想挣脱，双方纠缠在一起时，男子竟一口咬向唐祥宁，趁唐祥宁松手的一瞬间，男子伺机骑上摩托车准备再次逃离，唐祥宁扑了上去，紧紧扭住对方，同时将肇事摩托车的钥匙拔了下来。在唐祥宁掏出手机打电话报警时，男子弃车逃离。12月1日，荷塘区交警大队根据肇事逃逸者丢下的无牌摩托车抓获了肇事者。（陈凯敏）

法治政府建设

【概况】 市人民政府法制办公室为市人民政府工作部门，设综合科、规范性文件管理科、行政执法监督科、行政复议应诉科、合同审查管理科（法律顾问室）和立法科6个内设机构。行政编制18名，后勤服务全额拨款事业编制2名。2016年，共有在职人员17名。归口管理的二级机构株洲仲裁委员会秘书处，为正科级公益二类事业单位，核定编制7名。

2016年，市人民政府法制办公室围绕"到2020年基本建成职能科学、权责法定、执法严明、公开公正、廉洁高效、守法诚信的法治政府"总体目标，充分发挥在政府依法行政方面的参谋、助手和顾问作用，加强组织协调、督促指导和考核评价，为株洲建设"一谷三区"、实现"两个走在前列"提供有力的法治保障。

调整公布行政权力清单。6—7月，对全市21家市直行政执法部门共244项行政权力事项进行调整，其中新增95项，取消68项，因法律法规颁布、修订、废止导致依据变化的81项，调整后的权力清单在市政府门户网站进行公布。调整后，市级保留行政权力事项2937项，其中行政许可138项、行政处罚1995项、行政强制144项、行政征收36项、行政给付12项、行政确认58项、行政奖励26项、行政检查61项、行政监督142项，及其他行政权力325项。此外，实行县市属地管理55项，审核转报类106项。

举行重大行政决策听证会。2016年，全市各地各部门共召开重大行政决策听证会20余次，其中县市区政府及部门13次，市政府及部门近10次。如道路临时停车泊位停车收费、烟草制品零售点合理布局方案等都召开了听证会。

开展地方立法工作。制定出台株洲市首部地方政府规章《株洲市人民政府起草地方性法规草案和制定政府规章程序规定》。编制《株洲市2016年地方立法计划》，确定2016年2部地方性法规草案和3部政府规章的立法计划。出台《株洲市村庄规划建设管理条例》和《株洲市人民政府起草地方性法规草案和制定政府规章程序规定》，基本完成《株洲市城市综合管理条例（草案）》《株洲市房屋交易管理办法（草案）》《株洲市城市户外广告管理办法（草案）》的起草工作。

加强规范性文件管理。2016年，市、县政府法制机构共审查规范性文件195件，其中，市政府法制办审查市政府、市政府办规范性文件72件，市委（办）、市政府（办）联合发文11件，其他文件18件，提出合法性审查意见200余条。市政府法制办全年共受理市直部门提请的"三统一"规范性文件27件，经审查予以登记的26件。实现了制发主体资格、制定权限及文件内容合法。针对2011—2016年制发的307件规范性文件进行清理，确认失效的82件。

开展行政执法案卷评查。2016年，全年各地各部门法制机构共评查行政执法案卷2510卷。其中市、县政府法制办评查行政执法许可案卷438卷、行政处罚案卷537卷、行政确认案卷100卷，市直行政执法部门法制机构评查行政执法案卷1435卷。修订了案卷评查计分标准，将县直行政执法部门的案卷纳入评查范围。9月中旬，采取分组评查、集中讨论复核等方式，对各行政执法部门报送的59卷行政处罚案卷、36卷行政许可案卷以及7卷行政确认案卷进行集中评查，评选出优秀案卷22卷。同时，推行行政处罚决定书网上公开，要求行政执法单位在本单位网站开辟"行政处罚决定书公开"专栏。全年全市共公布行政处罚决定书7938件，其中30家市直行政执法部门公布6158件，县市区公布1780件。

完成行政执法证的换发。2016年11—12月，市、县政府法制办先后分3批次，组织10487人次参加行政执法资格电子化考试，全市共有7503人成绩合格。其中第一批次通过率为76.9%，高于全省平均70%的通过率，市本级通过率达到83.7%。

严格审查合同协议。督促全市各

地各部门建立合同审查管理制度，明确了法制机构的合法性审查职责。全年共审查行政合同662份，其中市法制办审查政府合同49份，出具合法性审查意见232条。

认真办理复议案件，积极履行应诉工作职责。2016年，全市行政复议机关收到行政复议申请321件，受理292件，其中，市政府法制办收到向市政府提起的行政复议申请140件，较上年增长50.54%，受理127件，较上年增长41.11%。对已审结的行政复议案件决定书全部在网上公开，接受社会监督。全市行政机关共应诉行政诉讼案件1109件，其中，市法制办应诉114件，比上年增长185%。

受理民商事仲裁。2016年，共受理仲裁案件378件，比上年增长7.1%，涉案标的2.97亿，结案326件，结案率86.2%，其中调解和解196件，占结案数的60.1%。

组织法治教育培训。4月15日，市政府法制办组织80余人参加领导干部立法知识培训班，提升各级领导参与地方立法工作的意识和能力。10月25—26日，组织举办220人参加的行政执法人员培训班，邀请省政府法制办专家授课。10月30日—11月5日，市政府法制办联合娄底市政府法制办在武汉大学举办法治政府建设培训班，两地共80余名政府法制干部参加培训。

制定贯彻落实《法治政府建设实施纲要(2015—2020年)》的实施方案。通过广泛征求意见和多次修改完善，经市十四届政府第85次常务会议和市委深改组第13次会议审定，以市委、市政府文件的形式，印发《法治政府建设实施方案》。（傅 南）

【国务院法制办调研组到株洲调研】 3月23日，国务院法制办副主任胡可明一行到株洲市开展调研，了解株洲市失业保险工作情况，并听取有关部门、企业和领取失业保险金代表对《失业保险条例》修订工作的意见、建议。市委副书记、市长毛腾飞参加调研，省政府法制办党组书记、主任陈雪楚，省人社厅领导胡绍恒、吕志纲等陪同调研。市委常委、常务副市长赵文彬主持座谈会。（傅 南）

【株洲仲裁委员会换届】 2月18日，株洲仲裁工作会议暨仲裁委员会换届大会召开。会议确定新一届仲裁委员会组成成员名单，聘任市委常委、常务副市长赵文彬担任第五届仲裁委员会主任。省政府法制办纪检组长龚大鸣到会指导并宣读国务院法制办和省政府法制办关于株洲仲裁委员会申请换届的复核意见。会议审议通过新修订的《株洲仲裁委员会章程》和《株洲仲裁委员会仲裁规则》，并对株洲市金融仲裁院的筹备进展情况做说明。（傅 南）

【株洲仲裁委成立20周年暨《仲裁法》大型宣传活动】 3月29日是株洲仲裁委成立二十周年，株洲仲裁委秘书处组织全市十佳仲裁员、优秀律师以及部分湖南工业大学法学院教授在市中心广场、红旗广场、响石广场设立仲裁法律知识咨询点，宣传《仲裁法》，解答市民法律疑点问题。（傅 南）

【立法知识专题培训】 4月15日，市政府法制办举办全市领导干部立法知识培训班，已申报立法项目的单位、部分县市区法制办的相关人员和各局委办法制科科长等80余人参加培训。此次培训主要从立法基本常识、怎样开展政府立法工作、如何推进精细化政府立法等方面进行讲授，内容富有针对性，实用性较强。（傅 南）

【《法治政府建设实施方案》出台】 12月14日，《法治政府建设实施方案》以株发〔2016〕16号文公布。此方案是为贯彻落实《法治政府建设实施纲要(2015—2020年)》和《湖南省贯彻落实〈法治政府建设实施纲要(2015—2020年)〉实施方案》，实现到2020年基本建成职能科学、权责法定、执法严明、公开公正、廉洁高效，及守法诚信的法治政府目标，结合《株洲市国民经济和社会发展第十三个五年规划纲要》《中共株洲市委关于全面推进依法治市的实施意见》和株洲市实际制定的。方案共分4个部分124条，明确法治政府建设的主要任务、具体措施和责任分工。（傅 南）

公 安

【概况】 2016年，株洲市公安局有内设机构21个，（未含消防支队、警卫处），派出机构6个，下属机构6个，领导和管理的事业单位5个。共有城区分局6个，县（市）局5个；派出所共93个。

2016年，株洲市公安机关围绕公安部“四项建设”、省厅“两加强两提升”“五标准五工程”警务战略部署，全力推进“压发案、破小案、强基础、重科技、抓管理、保稳定”六项重点工作，全市公安工作和队伍建设取得新的发展进步。2016年，全市公众安全感及公安机关工作民意调查排名全省第三。“执法档案管理”入选全国公安机关优秀执法制度，暖警工程、警务督察工作等经验被公安部推介，市局创新防控发案机制被评为全省公安机关优秀改革项目。在首届“平安湖南杯”微改革微创新大赛上获团体奖和单项一金两银一铜，在全国公安机关改革创新大赛上一项目获铜奖。在省厅“四项建设”示范单位创建中，醴陵市局获评全省公安机关“四项建设”综合示范单位，荷塘分局、石峰分局分别获评警务实战化、执法规范化建设示范单位。

创建“平安株洲”“压发案”有新举措。创新防控发案机制。坚持目标倒逼，将“2016年全市刑事发案警情数较前三年平均值下降10%以上、通过三年努力使刑事发案总量下降

30%以上”作为硬指标，综合推进“三巡四防工程”。“夜巡”社会化。通过购买保安公司巡防服务的方式，在主城区和醴陵、攸县城区新增夜间巡逻力量455人，有效解放了警力，提高了防控效能。“昼巡”专业化。由派出所民警带领的巡防队员在案件高发区域实行网格化着装巡逻。在综合管理支队和城区4个分局、醴陵市局分别成立反扒大队、中队，全力做好公交及市场群等人群聚集区域、部位的反扒工作。“联巡”武装化。整合特警、武警和分局警力，在主城区设立多个联勤武装巡逻任务区和多条武装巡逻线路，每天由巡逻警力和武警进行联勤武装巡逻，成功处置“1•19”持刀械斗事件。“物防”无缝化。推进“智慧株洲”电子眼及联网项目建设，已完成监理服务、安防系统集成及运维服务、网络链路及机房租赁服务招标工作，成立政企联合工作组。“民防”立体化。推动开展平安创建活动，督促各社会单位“看好自己的门、管好自己的人”，用“小平安”推动“大平安”。整合社会防范力量，组建义务巡防队425支，义务巡防人员1611人，由社区民警组织开展社区治安防范。“预防”密集化组建全市打击治理电信网络新型违法犯罪中心，印制《防范打击非法集资、电信诈骗违法犯罪宣传手册》30万册，发放至全市居民。组织全市1480个快递物流点工作人员分批次培训，制作发放《物流及寄递行业禁毒手册》，全力堵塞寄递业毒品通道，“点防”治安岗亭，在全市主城区建成治安岗亭和公安检查站60个，实行24小时全天候执勤值守，将其打造成围捕重大犯罪嫌疑人的卡点、城区巡逻防控工作的驻点、接处警与交通秩序维护的支点、接受群众报警求助的站点。2016年，全年刑事警情同比下降15.6%，其中抢夺、抢劫、入室盗窃、盗窃机动车警情分别同比下降20.6%、19.3%、17.9%、8.6%，全市未发生一起影响恶劣的重特大刑事案件和治安案（事）件。

打击违法行为，“破小案”有新亮点。力推“四必”机制，力推“现场必勘、信息必录、检材必用、案件必研”工作机制，市局刑事科学研究所顺利通过省级资质认定现场评审，成为全省首家通过省级资质认定的地市级刑事技术鉴定机构。力抓合成作战。出台《全市公安机关侦查实战中心工作规范》，建立刑侦牵头、相关警种参与的合成作战工作机制。加快市县所三级合成作战中心场所建设，市局投资500余万元，建成场地面积590平方米、配备民警辅警40余人、涵盖“一区十室”的侦查实战中心，县级公安机关基本建成合成作战室，建成19个派出所综合警务指挥室。2016年，运用合成作战机制成功破获部督特大制造毒品案等一批大案要案。开展专项行动。针对治安热点问题，开展“打击盗抢骗犯罪”“合成作战破小案”“百日扫毒攻坚”“打击和处置非法集资”“收缴整治枪爆物品”等专项行动，侦破打击效能全面提升。

拓展社区阵地，“强基础”有新进展。将加强社区警务工作作为夯实基层基础工作的关键突破点，大力实施社区警务战略。落实社区警务工作规范。做好警务区划分和警务室建设，确保标准规范、便民利民；全面部署推进“三实”信息采集专项行动，全市社区民警共采集“三实”信息数据1000余万条，准确率达95%以上，通过信息采集发现线索共抓获犯罪嫌疑人53人，其中网上逃犯5人，有效达到了社区警务为实战服务的目的；组织开展守楼护栋、义务巡防，做好治安宣传、消防检查和社区戒毒、社区康复人员吸毒检测工作，全年共发放治安消防宣传材料4万余份，帮教社区戒毒康复人员926人。优先保障社区民警工作经费和警务装备，对优秀社区民警予以记功评奖，对在降压发案、信息采集、群众工作，及反恐维稳等方面做出特别贡献的，实行专项奖励，调动社区民警积极性。强化社区警务配套保障。强力推动警力下沉，全年共计压缩200余名机关编制到基层分局，通过推动满编运行、加强协辅警配备，不断充实基层警力，尽量缩减社区民警值班备勤时间，确保社区民警真正姓“社”。

服务公安实战，“重科技”有新突破，加大科技信息化建设投入，全力服务公安实战。信息资源共建共享。开展实有人口、实有房屋、实有单位信息，及重点行业场所等基础信息采集工作，共采集实有人口信息416万条，实有房屋信息184万条，实有单位信息5万条；充分运用“公安网安全边界接入平台”和“公民信息管理平台”功能，打破政府部门信息“壁垒”，归集更新人社、计生、司法等30余个部门各类社会信息270余类、6亿余条，向各级党政部门提供数据服务200万条次。加强基础设施建设。主城区及5县（市）警用通信数字集群系统（PDT）建设，完成系统交换中心及配套设备、固定基站、移动基站建设，配发终端614部，主城区的信号覆盖率超过95%；全力推进公安网安全边界二期建设，实现公安内网与相关链路间信息汇集、视屏接入等资源的安全交互，强化警务指挥调度、音视频会议网络支撑。开展信息通信三、四级网升级改造，市局到5县（市）三级网升级至1000兆；科学规划全市视频专网建设，专网建成后将率先在全省实现1000兆以上传输标准；建成安全审计平台、身份认证系统等安全设施。

落实为民服务，“抓管理”有新提升。围绕提升群众安全感和满意度，不断改进管理服务，加强队伍建设。创新社会管理。开通株洲公安市县微信、微博平台，累计向社会发布为民服务信息4376条；向主城区延伸人口与出入境办证窗口，推行“5+2”弹性工作制，提供24小时自助取证服务和港澳加签，自助服务大厅共接待群众135611人次；在市局办证大厅、月塘派出所设置2个跨省身份证异地受理点，与全国21个省市区建立了跨省异地受理工作机制，在全市9个县市区设置13个身份证省内跨市县异地换证服务网点，延伸服务触角、压缩办证时限、缩短服务半径、拉近警民关系；推进网上公安局应用，对接株洲公安微信便民服务板块，开通交通违法网上缴纳罚款、车辆上户网上预约等便民服务项目128项，网上办结各类事项11.8万余件，网络问警、局长信箱共受理并答复群众信件1312件，真正做到"让数据多流传，让群众少跑腿"。强化安全管理。加大对酒驾、超速、超载、等交通违法行为查处力度，全年全市共查处道路交通违法122.15万起，酒驾1804起，刑事案件631起，吊销驾驶证255本；强化消防安全管理，开展火灾隐患排查，全市火灾死亡人数、受伤人数、直接财产损失分别同比下降60%、100%、52%，连续18年未发生重大以上火灾事故；强化监所安全管理，完成医疗专业化建设，有效提升监所安全防范能力和管理水平，实现连续10年没有发生非正常死亡案件。改革执法管理。建立"执法档案""执法管理委员会""主办侦查员""派驻法制员""执法过错责任追究"五位一体的执法管理体系。2016年，市局执法档案管理制度被公安部法制局评选为全国公安机关第三批优秀执法制度之一。全面完成单警装备和执法记录仪配备补发工作，一线执勤执法民警单警装备和执法记录仪配备率达100%。健全队伍管理。开展警务督察，全年下发督查通报65期；推进队伍建设十项重点工作，出台加强队伍正规化建设"18条"措施，压缩232名机关编制到基层，鼓励没有2年基层经历的机关民警下基层锻炼。推进"暖警工程"，落实《全省公安机关从优待警十件实事》。暖警工程、警务督察工作的经验被公安部在全国推介。（文　利）

【户籍制度改革】　根据《湖南省常住户口登记管理办法》（湘政办发〔2016〕12号），2016年11月9日出台《株洲市常住户口登记管理操作细则（试行）》，株洲在公安部门率先推进户口登记"一元化"，还原户籍登记"单纯化"，并争取各项配套政策落地，努力实现城乡"均等化"的改革目标。（文　利）

【窗口"放管服"改革】　2016年，全市9个出国境窗口，115个户籍窗口，全面落实"简政放权、放管结合、优化服务"。将户籍迁移审批权限下放至县级公安机关；授权醴陵市、攸县、茶陵县、炎陵县公安出入境部门港澳签注制证权限；加强窗口规范化建设，简化办事办证手续，优化办事办证流程，规范派出所出具各类证明等，开通手机短信提示，实施一次告知二次办结等制度。（文　利）

【禁毒工作】　2016年2月5日，市禁毒办组织民警、禁毒志愿者在长途汽车站和株洲高铁西站交通枢纽开展"禁毒流动课堂"宣传活动。活动中共发放《禁毒法》《六进宣传手册》5000余份，接受咨询2000余人次。9月23日，株洲市在醴陵市公安局和株洲市公安局开展全市乡镇、街道办事处吸毒人员社会化管理与服务工作专题培训。各乡镇、街道办事处及禁毒大队共133人参加了培训。（文　利）

交通警察

［概况］　株洲市公安局交通警察支队下设21个正科级二级机构，其中：9个内设机构，即办公室（加挂道路交通指挥中心牌子）、政工科（含团总支）、警务保障科、纪检（监察）组织、安全宣传科、警务督察大队、执法监督大队、交通秩序管理大队（行政审批科）、交通事故预防与处理大队；6个下属机构，即车辆管理所、驾驶人管理所、机动车安全技术检测监督管理所、交通管理科技所、客运车辆交通安全管理所、直属大队；6个派出机构，即荷塘大队、芦淞大队、天元大队、石峰大队、云龙大队、快速环道管理大队。6个下属机构和6个派出机构中又下设61个内设单位，均为副科级机构，其中44个中队、17个室。担负着全市74.78万辆机动车，93.67万名驾驶人，13000多公里城乡道路的交通安全管理任务。

2016年，全市公安交警部门依法履职，改革创新，推进公安交警基础信息化、警务实战化、执法规范化、队伍正规化建设，确保新常态下全市道路交通安全、有序、畅通。截至2016年12月31日，全市累计保有机动车74.78万辆，机动车驾驶人93.67万人。道路交通安全形势始终保持平稳，2016年全市共发生统计上报道路交通事故401起，死亡59人，受伤524人，直接财产损失95.67万元，同比分别下降43.9%、31.4%、46.9%，及51.6%；全市共查纠道路交通违法132.61万起，吊销驾驶证300本，行政拘留273人次，共立刑事案件686起，破案661起，移送起诉689人。涌现了一批先进集体和模范人物，其中省级先进集体2个、市级先进集体1个、市局先进集体2个，荣获省级先进个人15人次、31人次荣立三等功、145人次受到上级嘉奖。（夏　乐）

【交通管理综合治理】　2016年，全市共排查道路交通安全隐患点段1686处，对隐患点段进行分类、流转，向政府报告1239起、下发督办函78份、治理到位560处，较好地改善了道路通行环境。全市大中型客车、重中型货车综合检验率达90.69%，全省排名第3，五类重点车辆违法清零率居全省第3。全市共受理道路交通事故报警7.87万起，其中简易程序事故6.47万起，快处快赔事故1.25万起。全年发生交通肇事逃逸案件27起，侦破26起，侦破率96.3%，有力地打击了肇事逃逸违法行为。（夏　乐）

【道路交通安全整治行动】　6月28日—12月31日，全市组织开展道路交通安全大排查大管控大整治行动。其间，全市共排查治理隐患145处，清查21家危化品运输企业，检查1045台危险品运输车辆和2220名驾驶人。集中开展违法“清零行动”，约谈5家企业法人代表。加大路面违法查处力度，共查获违法43.19万起(同比上升46.79%)，现场查纠违法5.14万起(同比上升105.93%)，集中公布严重违法重点车辆驾驶人100余名，公告终身禁驾名单14名，曝光主体责任不落实的运输企业5家。（夏　乐）

【警务效能增强】《交通秩序勤务管理考核办法》全面实施改革，对讲机派警、点名及主干道摩托车巡逻等工作机制的出台，提升了路面勤务管控效能。支队以危险品运输车辆、校车、大中型客货运输车辆，及工程运输车辆为重点，对全市交通乱源进行集中整治，年内，先后开展“保秩序、压事故”“春雷行动”“平安护航”“大排查大管控大整治”“合成作战破小案”等整治行动。全面排查新华西路等主干道的交通问题，细化市区交通组织，完善城区152所大、中、小学校及204所幼儿园周边的交通设施，在4所毗邻主干道的学校前设立行人横道自控信号灯，为2所学校定制了专门的交通组织方案，为城区中小学校设置护学岗32个。重新施划建设南路、新华西路、铁东路等21条道路的交通标线，施划标线面积达8.39万平方米，新增交通标志282处、补划交通标线109处、修复交通信号灯316处，全市道路通行环境得到有效改善。（夏　乐）

【完善为民服务网络】支队设立互联网业务办理中心和业务受理窗口，在全省率先启动互联网综合服务平台建设、应用试点工作，平台注册用户达10.08万名。积极开展自主约考，科目一、二、三自主预约2.95万人，业务占比值居全省第一。全面完成机动车驾驶人考场建设及各项配套工作，驾考中心启用开考，日均可约考900人次。推进驾驶人考试自主报考，优化考试流程，放宽上肢残疾、单眼视障人员驾车条件以及驾考预约外地人数名额限制，全年共受理异地机动车驾驶人注册2.1万人。推进车、驾管业务下放，在城区宏骏、兰天、湘奥、蓝马等4S店设立4个机动车登记服务站，授权办理注册登记等相关车管业务，所有办牌办证手续在半小时内完成，真正实现了服务群众“零距离”。推进“文明交通行动计划”，开展文明交通“五进”宣传活动，利用“双微平台”开展“抵制不良交通恶习”等微话题讨论，“马路特拍员”“讲道路礼仪，树文明新风”文明创建以及“最美驾驶人”评选等系列活动取得良好成效，交通安全宣传效果不断提升。（夏　乐）

【交通科技和基础建设】2016年，完成视频专网升级和350兆警用数字集群系统建设，配发对讲机终端384台，更新移动警务终端490台。依托全国公安交管缉查布控平台，发挥全市85个电子卡口功能作用，开展缉查布控工作，启动智能交通管理系统的升级改造。对全市客运站场、车辆班次、停车场停车信息等完成数据采集上传，实时向全省推送数据，实现信息自动同步更新。对全市安检机构实行DLP管理，群众对车检机构评价满意度达92.7%，远程监管审验中心审验车检数据一次性通过率达84.45%。

（夏　乐）

【交警队伍建设】全市各级交警部门以加强“三项基本功”训练为主线，对全体民警、协管员进行轮训，按照“问题主导训练”的模式，开展形式多样的专业警务技能和素质提升培训，年内举办各类培训班18期，培训民警、协管员293人次；依托6个随岗培训基地，骨干民警开展传帮带，155名民警完成随岗培训；积极组织参与“全国交警网校”培训，1300余人次完成相关科目学习，115人参加基本级、中级执法资格考试，66人参加了高级执法资格考试。完善执法监督考核制度，全面实行执法过错责任追究制和执法责任终身负责制，推进执法档案建设，实施办案积分考核，全市公安交警的整体素质得到进一步提升。

（夏　乐）

【机动车驾驶人考试中心启用】9月22日，株洲市机动车驾驶人考试中心正式启用。考试中心位于株洲县南阳桥，距株洲县城6公里，距市区26公里，占地面积16.79公顷，总建筑面积11635.45平方米，按国家二类考场标准进行建设，投资近2亿元。驾考中心环境优美、功能设备完善，日接待考生可达3000人次，年最大接待考生量约60万人次。（夏　乐）

【“最美驾驶员”颁奖典礼暨“全国交通安全日”主题宣传活动】12月2日，株洲市“最美驾驶员”大型公益评选颁奖典礼暨122“全国交通安全日”主题宣传活动隆重举行。活动评选出10名2016年株洲“最美驾驶员”。“最美驾驶员”大型公益评选活动正逐渐成为株洲交通文明建设的品牌，逐步显现出累积、叠加的示范宣传与带动效应，号召广大交通参与者向“最美驾驶员”学习，共同抵制交通违法行为，安全文明出行。（夏　乐）

公安消防

【概况】2016年，株洲市公安消防支队主动服务于经济社会发展大局，忠实履行防火、灭火和应急救援工作职责，圆满完成各项消防安全保卫任务，为建设富强美丽幸福新株洲营造了优质的消防安全环境。支队党委连续6年被总队评为先进党委班子，三个部门被评为全省先进部门，在总队政治教员比武竞赛中荣获团体一等奖，支队法制宣传科被部局评为优秀消防法制部门，涌现出“CCTV中国（湖南）

法治人物”、湖南省“最美青年卫士”等一大批先进典型，全市部队1个集体、249人次先后立功受奖。（李　杰）

【实战化训练及灭火救援工作】 积极开展“冬春练兵”“百日大练兵”等专项活动，突出抓好技能培训和比武竞赛，不断完善全员考核机制，支队在全省普通中队训练达标考核中夺得第三名。常态化组织战术研讨和无预案演练，在全省率先开展车辆破拆和危化品事故处置现场教学，将全市825个微型站和59个治安岗亭纳入“119”联勤联动调派体系，增强了“灭早、灭小、灭初期”的效能。全市部队全年共接警出动2412次，营救疏散被困人员1712人，抢救财产价值2.2亿元，圆满完成了“6·15”抗汛救灾等急难险重任务，赢得了社会广泛赞誉。（李　杰）

【社会消防管理创新】 不断优化消防管理服务工作，集中精力破解重点单位“难管理”、非法违法建筑“难转正”及标准化厂房“难验收”等问题，推动株洲成为全国解决房屋发证历史遗留问题首个发证的城市；深度挖掘全市825个微型消防站和59个治安岗亭在应急联动等方面的效能作用，购置9辆消防摩托车配发微型消防站，部署开展“株洲十佳微型消防站”“株洲最美微型消防站队员”评选及全市首届微型站业务技能比武竞赛，制订联勤联动工作制度，将微型站和治安岗亭纳入“119”联勤联动调派体系，有效充实部队灭火救援力量。（李　杰）

【火灾隐患整治】 着力在健全责任体系、实施综合治理、创新管理服务上狠下功夫，积极推行行业系统消防安全标准化管理，强势推进夏防、冬防和G20峰会消防安保等专项行动，全面开展易燃易爆场所、社会福利机构、文物古建筑等领域的集中整治。全年共检查单位17130家，整改火灾隐患12318处，特别是提请市县两级政府对9处重大火灾隐患进行挂牌督办，全市消防安全环境得到持续改善，全年未发生较大以上火灾事故，连续18年未发生重大以上火灾事故，支队被部局评为全国夏季消防检查先进单位。（李　杰）

【消防宣传教育】 办好《平安119》等五大栏目，依托支、大队两级10个官方微信、1个官方微博，每日面向受众人群推送火灾警示和消防新闻。与市民政局、市广播电视台联合举办“119消防宣传月”活动。采取“请进来，走出去”方式，普及宣传培训，联合人保、安监、教育等部门将消防知识纳入中青班培训、企事业单位和中小学安全教育日活动，先后培训行业部门、街道乡镇消防工作责任人、重点单位消防安全责任人，及管理人员6000余人；全市14个消防站每周定期面向社会公众开放，全市学校、幼儿园以及辖区群众8万余人进行参观体验，有效增强全民消防安全意识。（李　杰）

【基层基础建设】 着力解决供需矛盾，继续推进以“五站一基地”（新马工业园消防站、职教城消防站、武广新城消防站、白关消防站、攸县第二消防站、培训基地）为代表的队站工程，启动“一队一站一库一中心”（装备器材维修队、机关卫生服务站、临时被装仓库、南四县战勤保障中心）建设。（李　杰）

检　察

【概况】 2016年，全市检察机关认真履行职责，维护司法公正，为全市实施“转型升级”总战略，实现“三个率先”总目标提供有力的司法保障。

严格履职强化监督，捍卫社会公平正义。

维护社会稳定，推进平安株洲建设。全年共批准逮捕各类刑事犯罪案件1400件1905人，提起公诉2810件3910人。坚决打击故意杀人、强奸、抢劫等恶性暴力犯罪和盗窃、抢夺、电信诈骗、合同诈骗等多发性侵财犯罪，共批捕814人，起诉1244人。加大对毒品犯罪惩治力度，共批捕474人，起诉587人。市检察院建立杀人、强奸、盗抢骗等严重侵犯公民人身、财产权益类犯罪的常态化打击整治机制，定期通报情况，定期召开疑难案件研讨会，统一证据标准，确保重大刑事犯罪打得准、打得狠。醴陵市院针对贩卖毒品罪、危险驾驶罪等如何适用法律和采信证据等问题，与公安机关召开案件分析会，提高侦查办案质效，退回补充侦查率明显降低。

促进社会和谐，落实宽缓刑事政策。对不构成犯罪以及主观恶性较轻、社会危害不大的初犯、偶犯、未成年人犯等，依法决定不批捕45人，不起诉49人。探索试行检察环节“认罪认罚协商”机制，积极增加社会和谐因素。改进信访工作方式，积极推进律师代理涉法涉诉信访案件和参与矛盾化解，增强执法透明度和公信力，共对17起涉法涉诉信访案件引入律师代理，均实现息诉息访。强化对涉罪未成年人的司法保护，完善分案审查、法律援助、犯罪记录封存、心理疏导，及案后帮教等诉讼模式。天元区院选派优秀业务骨干担任区法制副校长，向全区中小学生家长发送公开信两万封；醴陵市院在留守少年较多的乡镇中小学开展法制教育讲座，守护校园安全。株洲未成年人检察工作受到最高检通报表扬以及省人大代表的高度评价。

深化反腐倡廉，构建风清气正政治生态。共查办各类职务犯罪案件61件87人。其中立案查办贪污贿赂案件44件56人、渎职侵权案件17件31人，大案47件，要案3人。重点查处原湖南省科协党组书记、副主席毕华（正厅级），原张家界市委常委、副市长程丹峰（副厅级），原常德市委常委、副市长卢武福（副厅级）等人的贪腐案件。强化对重点行业和领域的职务犯罪预防，完成预防调查报告20件，犯罪分析报告27件，发出检察建议6件，开展警示宣传教育65次，提供行贿犯罪档案查询6037次。对全市基本公共卫生服务项目及经费使用情况开展预防调查，对存在的问题提出预防建议。荷塘区院在渎职犯罪高发的税收行业和征地拆迁领域相关单位开展专项警示教育活动，警示一线的工作人员“权力不可任性，用权还须谨慎”。

强化诉讼监督，保障法律统一正确实施。加强对公安机关侦查活动的监督，全年共办理立案监督案件9件，追捕42人、追诉漏犯58人、漏罪117人，纠正收集证据不规范、采取强制措施不合法等侦查活动违法行为121件次。加强审判监督，提出刑事抗诉41人，书面监督法院审判活动违法12件。加强民事行政监督，对民事行政案件审判活动违法情形提出检察建议6件，办理督促行政机关履行职责被采纳45件。加强刑罚执行和监管活动监督，纠正减刑、假释、暂予监外执行不当情形200件。

服务发展保障民生，营造良好法治环境。

平等保护企业产权和合法权益。认真贯彻落实省检察院《关于在查办渎职犯罪案件中服务和保障改革创新的意见》和《查办涉企案件经济影响评估制度》，尽量将司法办案对企业发展的负面影响降至最低，精准有力地呵护企业、提振发展信心、助推经济发展。准确把握法律政策，严格区分经济纠纷与经济犯罪的界限、改革探索出现偏差与钻改革空子实施犯罪的界限、合法经营收入与违法犯罪所得的界限、单位犯罪与个人犯罪的界限，及不正当经济活动与违法犯罪的界限。引进“依法容错”机制，对于改革发展当中因为政策界限不清、操作不当、情况变化而导致的一些问题，不轻易、不轻率、不简单地以犯罪处理。

着力促进经济平衡健康发展。围绕重大产业和基础设施建设、县域经济发展等重大项目，立案查办项目审批、招标投标、征地拆迁等环节职务犯罪案件19件。如荷塘区院严厉查办长株潭城际铁路、东环北路二期建设征地拆迁过程中的行贿、受贿、滥用职权等案件，共立案4件6人，挽回国家征收补偿款600余万元，保障重点工程建设。围绕促进形成统一开放、竞争有序的市场体系，起诉金融诈骗、非法经营、制售假冒伪劣商品，及非法集资等破坏市场经济秩序的犯罪嫌疑人188人。与有关部门密切配合，集中打击虚开增值税发票犯罪，批捕9人，起诉100人。开展食品药品和环境保护领域的专项督查行动。办理李某等13人制售死因不明猪肉加工食品案等；对湘江流域内违法捕捞、违法排污等生态环境问题开展专项督查，督促环保部门严格依法履职。

依法保障脱贫攻坚工作。开展扶贫惠农惠民领域政策性资金“雁过拔毛”式腐败问题专项整治，依法查处涉农、民生领域，特别是扶贫开发、救灾、抢险过程中的贪污贿赂、失职渎职犯罪。共查办挤占挪用、层层截留、虚报冒领等典型“雁过拔毛”式腐败案件9件。如茶陵县检察院查办的该县原林业局党委委员、总工程师彭某某涉嫌受贿案，引起较大反响，该案被茶陵县纪委列入“雁过拔毛”式腐败典型案件，在全县干部廉政教育警示会上进行宣讲。

积极服务“非公经济”发展。贯彻落实高检院《关于充分发挥检察职能依法保障和促进非公有制经济健康发展的意见》，主动与工商联对接，制定与非公企业的联系制度和服务非公企业发展的实施方案，加强对非公企业的法制宣传教育，积极提供法律服务。如醴陵市院与辖区陶瓷、烟花鞭炮、服饰、防水，及汽车配件等10家具有代表性的企业建立“检企共建”机制。石峰区院多次调研走访株冶集团、大唐华银发电有限公司、株洲电力机车等企业，了解企业诉求，听取企业建议，量身定做检企共建方案。芦淞区院定期到芦淞市场群等地开展法制讲座、法律咨询活动。

坚持锻造过硬检察队伍，提升队伍整体素能。

强化专业素能培养。在全市检察干警中开展“公正执法标兵”评选活动，鼓励干警做先锋、当模范、立标杆。大力加强教育培训，选送140名干警参加高检院、省检察院、市委组织的各类培训，组织开展岗位练兵18期197人次，鼓励干警参加学历教育，共有9人考取法律硕士研究生，有4人被评为全省检察机关业务标兵和业务能手。

抓实工作作风。严肃换届工作纪律，组织学习关于加强换届纪律工作的相关文件精神，要求干警自省自律。开展“纠‘四风’、治陋习”专项整治工作，紧盯司法办案，紧盯八小时外，持续整治“四风”突出问题。加强执法办案流程监控和重点案件个案督察，对年内办理的撤案、捕后作存疑或者绝对不诉、诉后撤回或判无罪的16件案件进行了个案督察，纠正问题10处。

推进司法改革。加大改革推进力度，重点开展检察人员分类管理改革。配合省检察院开展办案工作量测算和员额检察官配比的各项调研，完成首批员额检察官遴选的报名审查和考试考核工作。在芦淞区院开展“轻刑快办”工作试点，对轻微刑事犯罪案件简化办案程序，精简法律文书，审查起诉时间由7～8天缩短为3～4天，有效提高办案效率。

接受各方监督，确保执法公信力。主动接受人大监督、政协民主监督和社会监督。通过走访座谈、寄送联络专刊、邀请视察等多种方式向代表委员通报检察工作情况。开展“司法公正株洲行”活动，邀请人大代表、政协委员、人民监督员、特约检察员参与职务犯罪案件讯问、刑事申诉案件公开审查、疑难复杂案件公开听证、纪律作风明察暗访等各类活动200余人次。

（刘　杨）

【开展扶贫惠农惠民领域政策性资金“雁过拔毛”式腐败问题专项整治】开展扶贫惠农惠民领域政策性资金“雁过拔毛”式腐败问题专项整治，依法查处涉农、民生领域，特别是扶贫开发、救灾、抢险过程中的贪污贿赂、失职渎职犯罪。重点对“万村千乡市场工程”“畜禽鱼标准化养殖扶持项目”“职业教育助学金补助”“新农村现代流通服务网络工程”“林业贴息贷款”“关闭小企业补助资金”6项财政补贴资金进行专项检查。共查办挤占挪用、层层截留、虚报冒领等典型“雁过拔毛”式腐败案件9件。（刘　杨）

【开展律师代理申诉制度】贯彻落实党的十八届四中全会关于“对不服司法机关生效裁判、决定的申诉，逐步实行由律师代理制度”的精神和上级检察机关关于推进检察工作机制改革的部署要求，株洲市检察院积极推进律师代理申诉制度改革试点工作，取得阶段性成效。该院与市司法局、市律师协会等部门联合出台规范性文件，明确律师代理申诉的受案范围、代理途径、律师权利、听取律师意见方式等内容。经过几年的实践探索，增强了防冤纠错能力，改善了信访申诉秩序，提高了人民群众满意度。2015年1月至2016年12月，全市检察机关共受理各类申诉案件232件，对控申部门办理的88件刑事申诉案件中的45件实行律师代理，其中有42件实现息诉罢访。（刘　杨）

【查办张家界市委原常委、副市长程丹峰利用影响力受贿案】经湖南省检察院指定，株洲市检察院对张家界市原市委常委、副市长程丹峰利用影响力受贿案进行侦查并提起公诉。经查，2008—2012年期间，程丹峰利用其岳父苏荣担任中共江西省委书记（2007年12月—2013年3月）的职权或者地位形成的便利条件，通过其他国家工作人员职务上的行为，为廖慈祥、范小清、上官建国（均另案处理）谋取不正当利益，收受3人财物共计折合人民币947.6万元、港币10万元。经法院审理，程丹峰犯利用影响力受贿罪，判处有期徒刑8年，并处罚金人民币150万元。（邱凤颖）

法　院

【概况】2016年，株洲两级法院围绕“努力让人民群众在每一个司法案件中感受到公平正义”目标，践行司法为民公正司法工作主题，为全面深化改革、实现“三个率先”总目标、推进富强美丽幸福新株洲建设提供了有力的司法保障与服务。全市法院共受理各类案件50259件，审执结41095件；其中中院受理各类案件6020件，审执结5027件。

强化审判管理，推行高效司法。通过加强办案司法公信指标的考核，制定并完善考核办法，推行法官个人绩效通报制度。通过发布典型案例、开展业务讲评和疑难案件研讨、推行“院长督办令”等方式，提升全市法院司法质效。应用数字法院系统，对审判各流程、各节点进行实时监控，加强案件流程管理。狠抓审限管理，开展积案清理专项活动，严防人为拖延和超审限办案。强化对改判、发回重审案件的重点评查与跟踪，健全预防和纠正错案机制，严格瑕疵案件和错案责任追究。加强信息化建设和应用，推进案件信息数据库、数字法庭等建设，提高全市法院信息化工作水平。推进司法查控信息系统和执行指挥中心建设，全市法院执行指挥中心基本建成，有效提高了执行工作质效。

注重干警队伍建设，推进司法改革。落实法官任前培训、在职培训和晋级培训，选送干警参加上级机关的调训培训；通过组织两级法院班子成员和中层骨干分批赴北京大学集中培训，举办“株洲法院大讲堂”，开展司法警察业务技能、体能集训，提升干警的综合素质和业务能力。推进以审判为中心的诉讼制度改革，推进司法人员分类管理改革，启动法官员额制改革工作，完成法官员额制改革首批入额遴选的资格审查、考试考核、推荐申报，全市法院418名法官参加全省首批法官入额遴选考试，324人入额。

自觉接受监督，确保司法权在阳光下运行。主动接受人大及其常委会、人大代表的监督，把法院的审判工作和队伍建设始终置于人大的监督之下，认真执行人大常委会的决定和决议，积极办理和落实人大代表的建议，并主动汇报工作。接受检察机关的法律监督及社会各界的监督。（李　琰）

【司法公开】借助“阳光司法平台”等信息化手段，及时公布审判执行活动信息，共发送各类案件信息3800余条。举办新闻发布会、庭审视频直播46场次，发布原创微博1253条。继续严格执行“五个一律”要求，大力推进减刑、假释案件审理公开透明化。积极落实裁判文书上网要求，中院裁判文书上网率达100%。（李　琰）

【刑事审判】准确理解和把握宽严相济刑事政策，通过依法审理各类案件，推进平安株洲建设。进一步落实宽严相济刑事政策，全市法院审结一、二审刑事案件2960件。依法打击杀人、爆炸、抢劫、涉黑涉毒等严重影响群众生命财产安全的犯罪，增强公众安全感；一审审理生产销售伪劣商品、非法吸收公众存款、集资诈骗等破坏市场经济秩序案件33件，营造公平竞争的市场环境；依法审理贪污、贿赂等职务犯罪案件53件，公开开庭审理湖南省张家界市委原常委、副市长程丹峰利用影响力受贿案。积极参与社会治安综合治理，开展专题法制宣传，探索创新少年审判和犯罪预防工作机制，推动非监禁刑适用与社区矫正的有效对接。（李　琰）

【民商事审判】 全市法院共审结民事案件23045件。加大民事及刑事附带民事案件调解力度，维护社会和谐，全市法院共调解民事案件6050件，经做工作当事人撤诉5037件，调撤48.11%。稳妥处理教育医疗、劳动争议、住房保障、交通事故、人身损害等关系人民群众切身利益的案件，保障涉诉民生权益。认真审理民间借贷、买卖、担保、建设工程施工等合同纠纷，保障市场经济秩序。平等保护非公有制企业合法权益，妥善化解民营企业各类投资经营纠纷。加强知识产权保护，促进企业创新发展，为大众创业万众创新营造良好氛围。（李 琰）

【司法执行】 围绕“用两到三年时间基本解决执行难问题”目标，完善执行机制，整合执行资源，进一步维护胜诉当事人权益，全年全市法院执结执行案件12233件，执结标的11.61亿元。开展“集中执行·株洲法院秋季攻势”专项活动，召开专项活动执行兑现大会，当场兑现执行款2亿余元。发挥最高院、省高院及中院查控系统的查控功能，推行失信被执行人名单制度，对1008名失信被执行人发布限制高消费令，并对这些“老赖”的行踪及财产线索实行悬赏。深入推进“一打三反”专项行动，进一步强化执行威慑力，提高执行质效。（李 琰）

【服务项目建设】 3月开展“调查研究月”活动，院领导深入重点工程、重点企业走访调研，主动服务项目建设。坚持保护与监督并重，审结行政诉讼案件1109件，执结非诉行政执行案件466件。全面实施新行政诉讼法，加强诉权保护；依法支持行政机关发挥市场监管、公共服务和社会管理等职能；稳妥处理城乡规划、土地征用、房屋拆迁等案件，注重征地拆迁和房屋征收非诉行政执行案件审查，指导和监督基层法院协调结案40件，司法强拆9件。（李 琰）

【涉诉信访】严格执行立案登记制度，加强诉讼指导和提示，依法保障诉权。开通“12368”司法服务热线，完成审判法庭、诉讼服务大厅改造，拓展诉讼服务网功能，完善“一站式”服务。稳步推进涉法涉诉信访工作，加强源头治理，落实院长接访、院长交督办案件、驻京接劝访、判后释疑等制度，共接待处理来信来访757人次，引导人民群众理性表达诉求。（李 琰）

【便民诉讼】 注重便民利民。加强诉讼指导和提示，严格工作流程、司法礼仪和服务规范，为群众参与诉讼提供优质服务。开展巡回审判，满足交通不便地区群众的司法需求。关注弱势群体，主动开辟诉讼绿色通道，对劳动争议及追索抚育费、抚养费和赡养费等涉民生案件优先立案并免收诉讼费，为经济困难的其他案件当事人依法缓、减、免诉讼费共计519.44万元。落实刑事被害人救助基金制度，加大对经济确有困难当事人的救助力度，体现司法的人文关怀。保障民生民利。妥善审理执行与群众生产生活密切相关的案件，严厉打击影响人民群众安全感和危害食品安全的犯罪，依法妥善审理房屋买卖、劳动争议、婚姻家庭、人身财产等案件，依法审理好各类涉农案件。继续开展“涉民生案件专项审判执行”活动，集中力量审执结群众反映强烈和与百姓利益息息相关的劳动就业、社会保障、教育、医疗、婚姻家庭，及人身损害赔偿等涉民生案件，维护人民群众的合法权益。（李 琰）

司法行政

【概况】 株洲市司法局下辖直属副处级二级机构2个，即：市强制隔离戒毒所、市国信公证处。机关内设科级机构11个，行政编制58名，事业编制16名，有在岗人员68人；市强戒所行政编制115名，有在岗干警职工101人；市公证处事业编制25名，有在岗人员23人；全市县市区司法局9个；律师事务所38个，执业律师599人；司法鉴定所19个，司法鉴定人员225人；基层法律服务所35个，基层法律服务工作者248人；人民调解组织2207个，人民调解员7922人。

2016年，全市司法行政系统突出防控风险、服务发展，破解难题、补齐短板，推进创新、深化改革，为构建法治株洲、平安株洲做出积极贡献。市司法局被省司法厅推评为全省第八届司法行政工作先进集体。

加强风险防控。规范特殊人群监管。开展“防脱管”专项活动，加强工作衔接，及时抓捕网上追逃脱管人员，提升社区矫正质量，促进监管规范化。2016年，全市累计接收社区矫正人员9102人，解除矫正6744人，在册2358人。落实安置帮教，开展就业帮扶。全市在册刑释解矫人员10211人，重新犯罪率2.84%以下。市强制隔离戒毒所推出“荷美戒治文化”，戒毒成效显著提升。维护公共安全，健全人民调解体系。强化“三调联动”工作机制，市医调中心、“和事佬”调委会、婚姻家庭调委会等专业性、行业性调解组织发展态势良好。加大矛盾纠纷化解力度，开展“三调联动解纠纷、防控风险促发展”专项活动。石峰区聚焦清水塘拆迁改造，攸县矛调中心帮助矽肺群体落实医疗救助1500余万元。茶陵县彭保元、天元区王亚惠被推评为全国模范人民调解员。全市全年共调处矛盾纠纷14057起，成功13937件，调解成功率99.14%。

延伸法律服务领域。对接中心工作，发挥多领域的职能优势。积极服务茶陵高度戒备监狱项目，做好东城大道、南洲新区骨干路网、航电枢纽二线船闸等项目公证服务，为转型升级保驾护航。探索建立公司律师、公职律师制度，全市律师事务所达38家，律师达792人。服务经济建设，营造法治化的发展环境。开展中小微企业免费法律体检、公证服务进企业、律师服务“一带一路”和“律师乡村（社区）行”等活动，打造6个涉外法律事务咨询律师团，为353家企业进行免费法律体检，帮助企业排查风险隐患。关注民生民利，建设全覆盖的服务体系。降低援助门槛、规范指派程序，法律援助维权，实现社会效果和法律效果的有效统一。2016年，全市共受理法律援助案件2594件，为群众争取利益4269.4万元。全市律师共担任法律顾问1156家，代理各类案件4167件，办理非诉讼事务1121件。公证探索快捷为民服务，市国信公证处推行假日预约办证、代为调查取证、免费办理遗嘱公证等延伸服务。全市共办理各类公证事项21370件。理顺司法鉴定管理体制，优化发展环境，培育“湘江中心”等品牌。全市共办理司法鉴定业务8074件，同比增长12.7%。基层法律服务管理更加规范化，全市基层法律服务工作者共担任各类法律顾问196家，代理诉讼和非诉讼案件1929件。

积极开展法治宣传。法治株洲建设有声有色。优化“七五”普法顶层设计。总结回顾“六五”普法，组织专题调研，以市“两办”名义出台具有株洲特色的《关于加强社会主义法治文化建设的实施意见》，起草“十三五”法治株洲建设规划、纲要。多方式开展法治宣传。全市共开展各类法治宣传活动240余场次，解答法律咨询4000余人次，发放宣传资料6.2万余份。干部学法适应新变化，全市国家工作人员统一在如法网上进行；青少年普法开创新形式，法律进校园系列活动成效显著；市民宣法打造新平台，攸县将法治文化园纳入攸州公园二期建设，茶陵县组织法治文艺巡回演出，荷塘区编排“法治荷塘”节目，醴陵市制作普法宣传微电影《清官来断家务事》，宣传阵地遍地开花，法治文化精品不断涌现。圆满完成人民监督员制度改革试点工作、改革经验在全省推介。

突出重点夯实基层基础。加强“两个中心”建设。统筹资源、整体布局，建成省重点民生实事项目5个社矫中心和省司法厅重点项目6个公共法律服务中心并投入使用。全市实现社区矫正中心县市区全覆盖，累计建成8个公共法律服务中心，为群众提供“综合性、窗口化、一站式”的公共法律服务。株洲县、炎陵县完成公共法律服务工作站点试点建设。醴陵市借中心建设契机，解决业务用房历史遗留问题，获省厅高度肯定。提质改造市强戒所。投入400多万元加强强戒所物防技防基础，改善场所面貌，提升安全等级。同时，积极推进改扩建立项，改扩建方案经市政府第十四届第74次常务会议审定通过。规范司法所建设。配备工作人员，全市撤乡并镇后，共有105个司法所工作人员150多人，其中政法专项编制114人。年内，全市2个司法所被评为省级模范司法所，4个司法所被评为省级规范化司法所，石峰区响石岭司法所被评为全国先进司法所。落实人民调解“以奖代补”，推行人民调解和社区矫正公益岗位政府购买服务，加强工作保障。实现系统信息网络化。推动县市区司法局接入电子政务外网，市强戒所完成电子安防与信息系统建设。将法治宣传、司法鉴定、法律援助、律所律师等原始数据录入如法网，实现公共法律服务资源O2O一键连接。（喻心仪）

【株洲市2016年度司法行政工作会议】 4月12日，株洲市召开2016年度司法行政工作会议，总结2015年工作，部署2016年任务。市政府副市长李晓葵出席会议并做重要讲话，市政府副秘书长郑剑主持会议。会议要求全市司法行政系统要认清形势、发挥优势、凝聚合力，切实增强工作责任感，全力服务经济社会转型升级，推动司法行政事业跨越发展。（喻心仪）

【优化司法鉴定行业发展环境】 4月24日，株洲市司法局协调停止市公安局法医检验所对外服务。至此，全市无一家政法机关设立鉴定机构对外提供服务。司法鉴定管理体制进一步理顺，行业发展环境进一步优化，司法鉴定社会公信力进一步提升。

（喻心仪）

【强戒所安全隐患排查整治】 6月20日，株洲市强制隔离戒毒所召开动员大会，全面部署为期三个月的安全隐患排查整治专项活动。专项整治活动从人防、物防、技防、联防4个方面开展，重点排查安全监管体系是否正常运行，民警履职履责是否到位，戒毒人员合法权益是否得到保障。通过严格整治场所各类安全隐患，开展突发事件应急处置预案演练，市强戒所已连续15年实现“六无”目标。

（喻心仪）

【构建婚姻家庭纠纷调解网络】 10月22日，天元区婚姻家庭纠纷调解委员王亚惠和她的“等等吧”被《湖南日报》报道。这是株洲市扩大婚姻家庭矛盾纠纷调解工作覆盖面的一个缩影。2016年，市司法局与妇联联合下发《关于在全市乡镇（街道）和村（社区）普遍建立婚姻家庭纠纷人民调解委员会的通知》，积极构建县、乡、村三级婚姻家庭纠纷调解网络，有效预防和化解婚姻家庭纠纷。（喻心仪）

【社区矫正中心县市区全覆盖】 11月29日，攸县社区矫正中心和公共法律服务中心正式投入使用，这标志着全市重点民生实事项目社矫中心全部完成建设。社区矫正中心设有宣告室、检查警务室、心理矫治室、监控室等，具体承担社区服刑人员的事项审批、电子定位、学习教育和心理疏导等职能，将更好地强化社区服刑人员监管。

（喻心仪）

【《反家庭暴力法》普法宣传活动】 3月1日，株洲市《反家庭暴力法》普法宣传活动在天元区湘银社区启动，市民们纷纷在“反对家庭暴力，创建平安家庭”的庆祝墙上签名，庆祝《反家庭暴力法》的正式实施。随后，市司法局联合多家单位开展“家庭律师社区行”活动，在社区开设《反家庭暴力法》知识讲座，发放《中华人民共和国反家庭暴力法》等资料，开展婚姻家庭普法宣传、法律咨询和心理咨询，帮助妇女儿童等弱势群体维护合法权益。（喻心仪）

【“农村法治宣传教育月”活动】 6月27日，全市“农村法治宣传教育月”活动在茶陵县界首镇上联村启动。此次活动以“深化法治宣传教育，服务推进脱贫攻坚”为主题，联合多家涉农执法单位“送法下乡”，面对面地为群众提供现场法律咨询，提升农民整体法律素养。各县市区均按要求开展法治宣传教育活动。（喻心仪）

【“千家中小微企业免费法律体检”活动】 2016年8月，株洲市司法局组织律师及法律工作者开展为期两年的“千家中小微企业免费法律体检”活动。截至2016年年底，全市共打造6个涉外法律事务咨询律师团队，搭建对接平台11个，开展培训5次，为432家企业实施免费法律体检，帮助中小微企业排查安全漏洞、防范金融风险。（喻心仪）

【2016年“12•4”国家宪法日系列宣传活动】 12月4日，株洲市在神农广场隆重举行2016年“12•4”国家宪法日暨全市法治宣传日系列活动、“法润三湘”公共法律志愿者活动、法律进校园活动，市委政法委书记杨玉芳、市人民政府副市长李晓葵等出席活动。宣传活动以“弘扬宪法精神，树立宪法权威”为主题，组织全市52个“谁执法谁普法”责任单位和相关职能部门开展宣传，组织律师、公证员、法律工作者和志愿者提供服务，实现多个活动并举、多方力量参与、多种方式展示，让群众与法律零距离接触。（喻心仪）

【公证工作】 7月12日，株洲市司法局召开“强化公证服务 促进社会和谐”公证工作新闻发布会，介绍全市公证工作相关情况，回答市民们关心的公证问题。2016年，株洲市以“公证进高校暨庆祝《公证法》实施十周年”法律宣传活动为契机，积极开展公证宣传，主动延伸服务范围，着力破解公证难题，扎实服务全市经济建设和民生需求，为老百姓解决纠纷提供便利。（喻心仪）

【法律援助】 2016年4月份开始，全市法律援助工作正式上网运行。o2o模式法律援助办案量占全年法律援助办案总量的比例超过40%。截至12月底，全市共完成法律援助案件2594件，完成年度“民生100”任务的129.7%，为群众争取利益4269.4万元，女性和农民工成为最大受益群体。其中，醴陵市司法局提质增速，法律援助完成率达200%。（喻心仪）

综合经济与管理

发展和改革

【概述】 2016年，株洲市发展改革委员会共有21个内设机构：办公室(市援藏和对口支援办公室)、人事教育科、财务科、发展规划科、法规科(市公共资源交易管理委员会办公室)、国民经济综合和运行调节科、经济体制综合改革科、固定资产投资科(利用外资和境外投资科)、行政审批科、农村经济科、工业与高技术产业科、园区发展科(地区经济科)、财政金融贸易与服务业科、资源环境科、社会发展科、能源与基础产业科、重大项目稽察特派员办公室、价格调控科、收费管理科、服务价格管理科、商品价格管理科；8个二级机构：市国民经济动员办公室(市国防动员委员会装备动员办公室)、市价格监督检查局、市价格成本调查队(市价格监测中心)、市重点建设项目办公室、市经济研究信息中心、市政府投资项目代建管理办公室、市价格认证中心，及市价格调节基金征管办公室。其中市重点建设项目办公室和市经济研究信息中心为副处级事业单位，有在编人员136人。

2016年，株洲市经济社会发展呈现稳中有进、进中向好的良好态势。

深入调查研究，提高参谋能力。围绕“创新驱动、转型升级”总战略，开展“谋在人先，助推发展”活动。精准谋划研判。坚持问题导向，围绕发展难题和走向趋势形成报告40多篇，采取“面向社会征题、领导精准点题、发改牵头答题、合力实现破题”的方式收集的69个课题上升为市委决策层面重大问题研究，供给侧结构性改革、光伏扶贫、城市有轨电车等方面多条建议被市委、市政府采纳。科学调控引导。完成“十三五”规划纲要并发布实施，牵头组织或负责完成47个专项规划编制，获评全省“规划编制工作先进单位”；开展经济形势月度、季度分析，形成报告十余篇，提出意见建议40余条；牵头出台了投融资决策委员会工作规则、加快现代物流业发展等政策性文件。完善共享平台。微信公众号正式上线，OA系统正式启动，新刊印《决策参考》《经济信息动态》《株洲发改·重点数据》《重要经济政策汇编》，为全系统参政设谋提供了支撑平台。

推进项目建设，扩大有效投资，围绕“一谷三区”总任务，凝心聚力推项目。支撑能力加强。扎实推进“3325”工程，完成固定资产投资2346亿元，总量居全省第二；争取国、省预算内资金10.7亿元、专项建设基金60.5亿元、企业债券66.1亿元，总量、占比居全省前列，成功获批全省第一支项目收益债券；稳增长工作受国务院表彰，获得国家专项建设基金专项奖励4亿元。项目推进有力。牵头开展“项目攻坚年”活动，以“五问工作法”督促责任落实，350个重点项目完成投资958亿元，超出年计划26.8个百分点；18个省重点项目投资超出年计划54.9个百分点，全市重点项目投资创历年新高，省重点项目全省考核位列第二；两机重大专项等一批项目落户株洲，湘江六桥、攸县煤电一体化等一批项目相继建成，保税物流中心(B型)等一批项目加快推进。机制不断创新。以“看、学、议”和“百日会战”活动为核心，健全完善重点项目市领导高位推动机制，全年市领导深入一线办公200多次，解决实际问题400多个。以“两集中、两到位”为重点，审批全面提速，项目单位满意率100%，获评全市“政务服务优秀窗口单位”。以优化环境为主线，开展“雁过拔毛”式腐败问题专项整治，推进项目稽察全过程、全覆盖，全年开展专项稽察13次，发现问题59个，督促未开工项目开工27个。

促进产业发展，加快转型升级。坚持“创新、协调、绿色、开放、共享”五大发展理念，培育发展新产业新业态，发展壮大产业集群，不断优化产业结构。产业发展动能积聚。推进国家自主创新示范区建设，“中国动力谷”得到国家支持，获批国家级企业技术中心2家、省级“双创”基地3家，株洲入选全国首批通用航空产业综合示范城市。牵头推动与武汉高校院所等签订战略框架协议，国家发改委“军工+”座谈会在株召开。清水塘老工业区企业新关停15家，搬迁18家。清水塘老工业区区域性环境综合整治第三方治理纳入全国试点，获批第三批全国低碳城市。作为全国8个地市级城市之一，株洲市轨道产业集聚试点受国务院表彰。推进农业现代化，完成高标准农田建设1.17万公顷，培育了一批新型农业经营主体和科技示范户。园区基础支撑加强。实施创新创业园区“146”工程，建成标准化厂房307万平方米，引进企业

591家；园区规模工业增加值占全部规模工业增加值比重达71.9%，提高3.6个百分点；云龙示范区、轨道交通城核心区域纳入经开区核准范围，完成扩区调规和更名，成功获批省级经开区，取得重大突破。园区综合排名保持全省第2，醴陵经开区排名全省第8，高新区获批长江经济带国家级转型升级示范开发区。服务业发展加速。城区九大服务业集聚区加快推进，云龙文化旅游集聚区获批省服务业示范集聚区；第三产业增加值增长10.7%，占GDP比重较上年提高2.8个百分点，对GDP贡献率提高1.6个百分点。三次产业占比由7.6 ∶ 57.3 ∶ 35.1调整为7.8 ∶ 54.3 ∶ 37.9。

实行改革创新，释放发展活力。围绕改革实践和制度创新，注重精雕细琢，做到持之以恒。供给侧结构性改革成效初显。出台供给侧结构性改革实施意见，五大类27个专项任务协调推进。煤炭企业退出5家，签订退出协议的烟花爆竹企业71家，城区商品房去化周期同比缩短1.9个月，为企业和社会减负20亿元以上，供给侧结构性改革工作经验在《中国改革报》推介。新型城镇化综合试点稳步实施。统筹推进户籍制度、多规合一、产镇融合等试点和酒埠江、白关、白兔潭等一批特色镇建设，顺利通过国家中期评估，户籍制度改革经验受到国家发改委推介。城乡一体化进程加快，城镇化率达到64.1%，提高近2个百分点。经济体制领域改革纵深推进。牵头协调统筹推进经济体制领域8大类40项重点改革，出台《关于进一步规范行政审批工作的实施意见》，建设投资项目审批改革经验在全省推介；基本完成市级公共资源交易平台整合；出台加快信息体系建设实施意见，建立联席会议制度，炎陵县试点农户信用建档率达96%，信用信息应用范围扩大；财税、金融、价格和国企等改革稳步推进。

做好优化服务，夯实民生底线。深入开展“干在实处，服务一线”活动，打通服务基层“最后一公里”。办好民生实事。争取的国、省预算内资金80%以上用于农业农村、公共服务和社会保障；全省易地扶贫搬迁工作推进会在株召开，完成省计划内易地扶贫搬迁安置3976人，项目竣工率100%；在炎陵鹿原镇金花村办点扶贫，74户贫困户中有32户实现脱贫。减轻价费负担。落实降价减费政策，清理行政事业性收费项目，停征价格调节基金，开展各类收费专项检查，共为企业和居民减负5亿多元。维护市场稳定。健全价格监测、预警预报系统，进一步完善重要商品和服务成本监审制度；成立“12358”志愿服务队，价格投诉、咨询件办结率100%，获评“全省依法治省示范窗口单位”；价格认证工作未发生一起复核案件和错案，被评为“2015—2016年度全国价格认定工作先进单位”。（丁志永）

【重点项目建设】 2016年，继续开展“项目攻坚年”活动，实施重点项目3325工程（30大工程、项目300个左右、带动完成固定资产投资2500亿元）。全市重点项目完成投资958.25亿元，占固定资产投资总额的40.85%。其中汽车展示交易综合平台、铜塘湾港保税物流中心（B型）项目一期、中航工业南方智能制造项目、轨道交通装备制造配套二期、东城大道、醴陵·世界陶瓷艺术城（二期）、炎帝陵国家级风景名胜区保护与旅游开发工程等145个项目开工建设；长城电脑、轨道交通电气设备产业化、煤电一体化、长株潭城际铁路、湘江六桥、东环北路二期等68个项目竣工投产。省重点项目中，株洲市单独调度的18个项目完成投资122.7亿元，为年计划的154.9%，居全省前列。落实要素保障，全年全市共完成集体土地征地拆迁面积2713.33公顷，国有土地房屋拆迁面积66.68万平方米，各级平台公司共融资1023.39亿元，为年计划的126.6%。落实招商引资成果，实际履约重点项目105个，项目履约率77.2%，其中90个项目实现开工。（文欢欢）

【市级政府投资项目建设】 2016年，市政府投资计划共安排项目51个，其中新开工项目26个、续建项目20个、前期推进项目5个；总投资751.76亿元，全年完成投资166.2亿元，其中中央及省级补助4.5亿元，市本级当期财力投入5.3亿元，市本级预期财力投入45.4亿元，融资及其它111亿元。从投资主体来看，市级平台公司20个，市直相关部门22个，区政府及其他单位9个。共完成土地报批指标504.67公顷，土地征收664.87公顷（其中国有土地81.20公顷）。（文欢欢）

2016年株洲市重点新开工项目完成情况

表12

序号	项目名称	总投资（万元）	2016年度计划投资（万元）	2016年完成情况	
				完成投资（万元）	占年计划比例（%）
	合计（349个项目）	12257981	3260757	3544021	108.7
	（一）产业类	6373904	888600	1131354	127.3
	第一产业	285600	45000	27025	60.1
	1. 农业产业化工程	45000	10000	11213	112.1

续表 12

序号	项目名称	总投资（万元）	2016 年度计划投资（万元）	2016 年完成情况	
				完成投资（万元）	占年计划比例（%）
1	湘东现代农业园（一期）	22000	6000	6200	103.3
2	华亿生态农耕基地建设	23000	4000	5013	125.3
	2. 特色林业工程	240600	35000	15812	45.2
3	恒新林业农产品原料基地及深加工产业园建设项目	120600	20000	4566	22.8
4	国家木材战略储备湖南万亩珍贵树种培育示范基地	20000	5000	2746	54.9
5	茶乡花海	100000	10000	8500	85.0
	第二产业	3480404	268000	614915	229.4
	3. 轨道交通产业工程	151304	42400	64576	152.3
6	轨道交通装备制造配套二期	20400	13400	4900	36.6
7	株洲车辆段二期	28000	8000	9200	115.0
8	涂装作业自动化及环境改善（一期）	40000	3000	0	0.0
9	中车电气技术与材料工程研究院	27904	8000	29302	366.3
10	轨道交通牵引装备部件生产基地改扩建项目（二期）	35000	10000	21174	211.7
	4. 航空产业工程	2148700	22600	201500	
11	国家航空发动机和燃气轮机专项	2000000	——	195500	
12	中航工业南方智能制造项目	20000	1600	0	0.0
13	株洲航空文化研学旅行基地建设项目	108700	15000	0	0.0
14	格斯特航空发动机生产及配套零部件生产	20000	6000	6000	100.0
	5. 汽车产业工程	84000	25000	0	0.0
15	海纳川零部件产业园第二园区	84000	25000	0	0.0
	6. 陶瓷产业工程	94600	26000	94625	363.9
16	传承创新釉下五彩打造湘瓷文化与科技融合工程	20000	6000	20000	333.3
17	湖南华联日用陶瓷智能制造升级改造项目	37900	10000	37913	379.1
18	华鑫电瓷科技股份有限公司特高压输变电设备用绝缘电瓷产业化	36700	10000	36712	367.1
	7. 服饰产业工程	42000	9000	18980	210.9
19	华瑞兴邦服装研发生产基地	20000	6000	18980	316.3
20	港盛针织	22000	3000	0	0.0
	8. 新能源、新材料产业工程	196500	42000	62036	147.7
21	渌鸿风电三期（太湖风电场）	44000	8000	100	1.3
22	炎陵县金紫仙风电场	44500	4000	0	0.0
23	高品位石英矿精加工硅材料综合项目	63000	10000	40355	403.6
24	时代绝缘芳伦生产项目	25000	5000	14780	295.6
25	株洲兆能电磁线项目	20000	15000	6801	45.3
	9. 电子信息产业工程	450000	20000	4900	24.5
26	亿杰电子科技产业园	50000	10000	4900	49.0

续表 12

序号	项目名称	总投资（万元）	2016 年度计划投资（万元）	2016 年完成情况	
				完成投资（万元）	占年计划比例（%）
27	湖南移动数据中心	400000	10000	0	0.0
	10. 节能环保工程	29800	5000	9190	183.8
28	冶金节能环保装备及产业化基地	29800	5000	9190	183.8
	11. 生物医药及其它	250500	43000	110608	257.2
29	全自动禽类脱毛工作间生产线项目	62000	25000	11608	46.4
30	枫溪谷生命科学园	166500	13000	77000	592.3
31	三网融合光纤设备制造项目	22000	5000	22000	440.0
	12. 创新创业园区“146”工程	33000	33000	48500	147.0
32	仙霞中小企业园食品加工区	20000	20000	20000	100.0
33	攸州园标准化厂房建设（三期）	13000	13000	28500	219.2
	第三产业	2607900	575600	489414	85.0
	13. 服务业集聚区工程	391000	126600	103500	81.8
34	创业广场	65000	41000	0	0.0
35	三中心建设	44000	21000	27000	128.6
36	湘水湾片区二期工程项目	78000	38000	73900	194.5
37	三湘财富中心	24000	5000	0	0.0
38	株百天元城	110000	9000	0	0.0
39	云智慧职教园	20000	2600	2600	100.0
40	株洲铜塘湾港保税物流中心（B 型）项目一期	50000	10000	0	0.0
	14. 现代商贸工程	518900	120000	158115	131.8
41	醴陵·世界陶瓷艺术城（二期）	275000	30000	26200	87.3
42	陶瓷会展馆	50000	10000	52332	523.3
43	醴陵旺亿·居然之家（二期）	20000	20000	16780	83.9
44	“1915”醴陵国际陶瓷文化特色街区（一期）	32900	10000	46494	464.9
45	茶陵县朝阳商业购物广场	50000	20000	10704	53.5
46	茶陵县东锦商城	70000	25000	0	0.0
47	城北农贸市场	21000	5000	5605	112.1
	15. 物流壮大工程	20000	20000	20000	100.0
48	仓储物流建设项目	20000	20000	20000	100.0
	16. 住宅产业化工程	1210000	180000	81694	45.4
49	华晨金水湾	160000	20000	0	0.0
50	北大资源理想城	250000	30000	23329	77.8
51	东部美的城	500000	100000	38425	38.4
52	东城新区综合开发	300000	30000	19940	66.5
	17. 旅游产业提质工程	468000	129000	126105	97.8

续表 12

序号	项目名称	总投资（万元）	2016 年度计划投资（万元）	2016 年完成情况	
				完成投资（万元）	占年计划比例（%）
53	九郎山景观大道（一期）	12000	4000	5983	149.6
54	渌江古城之瓷城古韵文化休闲带	400000	100000	106590	106.6
55	炎帝陵国家级风景名胜区保护与旅游开发工程	56000	25000	13532	54.1
	（二）基础设施类	3055593	745992	655813	87.9
	18. 城市公共交通网工程	982693	350204	405401	115.8
56	S105 道路建设	81231	20000	0	0.0
57	S333 城市环线道路	65000	24000	60070	250.3
58	S345（高和公路）	58000	10000	4080	40.8
59	东城大道	288000	95000	90002	94.7
	天元区路网建设项目				
60	规划 150 路	752	752	752	100.0
61	规划 151 路	752	752	752	100.0
62	规划 152 路	1500	1500	1500	100.0
63	建宁港路	8250	5000	22000	440.0
64	金桥路（替换新塘路延伸段）	12000	4000	12000	300.0
65	新塘西路	20000	5000	4500	90.0
66	大京风景区环湖道路建设	28000	1000	2000	200.0
67	千亿大道二期（服饰大道 – 机场大道）	32000	5000	16470	329.4
68	千亿大道三期（千亿大道 – 服瑞大道）	25000	3000	14950	498.3
69	日新路	14100	12000	14973	124.8
70	云海大道西段（盘龙路 – 云龙大道）	11898	5000	6551	131.0
71	云水路（云峰大道 – 华强路）	15160	12000	2591	21.6
72	菖塘路（云龙大道 – 荷叶坝路）	12000	8900	0	0.0
73	盘龙路（云龙大道 – 向阳路）	107000	36000	22617	62.8
74	云峰大道东 B 段（华强路 – 创元路）	23400	8000	32933	411.7
75	炎陵县东城区市政路网建设	27850	6500	6454	99.3
76	株洲县渌湘大桥（渌水二桥）	24000	10000	19150	191.5
77	南洲新区一、三号道路建设	23000	10000	21706	217.1
78	S 339 旅游环线建设（酒埠江至网岭改建工程）	7800	7800		0.0
79	攸州工业园基础设施建设	50000	50000	40000	80.0
80	城市道路交通畅通工程、基础设施大中修及专项维修项目	6000	6000	6350	105.8
81	天元区公共停车场项目	40000	3000	3000	100.0
	19. 市政设施网工程	166500	37000	72950	197.2
82	日月湖蓄洪生态公园综合开发项目	100000	15000	45000	300.0
83	白关服饰城—垃圾、污水处理设施及管网项目	15100	1000	1350	135.0

续表 12

序号	项目名称	总投资（万元）	2016 年度计划投资（万元）	2016 年完成情况	
				完成投资（万元）	占年计划比例（%）
84	姚家坝新型城镇化建设—垃圾、污水处理设施及管网建设项目	11400	1000	950	95.0
85	网岭循环经济园基础设施建设	40000	20000	25650	128.3
	20. 水利设施网工程	82200	23000	35861	155.9
86	白关服饰城供排水等管网工程项目	20000	2000	2000	100.0
87	醴陵市城区供水管网改扩建工程	34000	16000	33700	210.6
88	狮子坡水厂提质扩容改造	28200	5000	161	3.2
	21. 能源保障网工程	105000	45000	6199	13.8
89	安炎天燃气输送管道工程	100000	40000	0	0.0
90	株洲市配电自动化改造工程	5000	5000	6199	124.0
	22. 信息网工程	44900	27000	16000	59.3
91	株洲市电子眼工程	22900	5000	0	0.0
92	宽带中国	22000	22000	16000	72.7
	23. 特色城镇建设工程	320000	28000	27017	96.5
93	朱亭新镇建设项目	300000	20000	27017	135.1
94	小城镇建设项目	20000	8000	0	0.0
	24. 片区综合开发工程	1354300	235788	92385	39.2
95	长株潭会展中心	432800	25788	0	0.0
96	龙母河片区综合开发项目 – 云湖		80000		0.0
97	龙母河片区综合开发项目 – 龙湖	571500	10000	0	0.0
98	罗霄山炎陵片区扶贫攻坚综合开发	350000	120000	92385	77.0
	（三）社会民生类	2828484	1626165	1756854	108.0
	25. 就业及社会保障工程	1524883	1438183	1408444	97.9
99	株洲市棚户区改造工程	1391183	1391183	1344626	96.7
100	公安系统“三所合一”项目	32000	5000	4500	90.0
101	醴陵市创新创业服务中心	52000	20000	52575	262.9
102	茶陵高度戒备监狱	36700	12000	2713	22.6
103	盛康 · 国际老年颐养院	13000	10000	4030	40.3
	26. 扶贫工程	108000	29000	23856	82.3
104	全市易地扶贫搬迁	108000	29000	23856	82.3
	27. 医疗卫生提质工程	20000	1500	0	0.0
105	株洲市中心医院田心院区住院大楼改扩建项目	20000	1500	0	0.0
	28. 教育提质均衡工程	388633	106600	44902	42.1
106	株洲市职工大学（工业学校）新校区建设	54165	15000	0	0.0
107	新马学校	29000	13000	25646	197.3
108	湖南铁道职业技术学院新校区建设项目（二期）	127000	35600	0	0.0

续表 12

序号	项目名称	总投资（万元）	2016 年度计划投资（万元）	2016 年完成情况	
				完成投资（万元）	占年计划比例（%）
109	湖南汽车工程职业学院新校区建设	102693	20000	0	0.0
110	株洲市幼儿师范学校新校区建设	50975	15000	0	0.0
111	湖南陶瓷技师学院新校区建设项目（醴陵陶瓷产业人才公共技术培训平台建设）	24800	8000	19256	240.7
	29. 文体工程	5500	3000	2780	92.7
112	天池湖	5500	3000	2780	92.7
	30. 生态环境建设工程	781468	47882	276872	578.2
113	绿荫行动三年计划	740484	40882	257049	628.8
114	铜霞片区土壤治理工程	29311	4000	9727	243.2
115	清水片区土壤治理工程	11673	3000	10096	336.5

（文欢欢）

统　计

【概况】 2016 年，全市统计系统积极作为，创新机制，提升统计服务能力，加强统计基层建设，有序开展第三次农业普查，深化统计改革，依法治统，为经济社会发展提供了优质高效的统计服务。年内，市局机关通过文明创建复查，保持省级文明单位荣誉；综合考核蝉联全省统计工作先进单位；荣获全市“项目攻坚年”活动服务先进单位；《中国信息报》以《科学统计 精准服务》为题，向全国推广株洲市创新统计方法、服务地方发展的经验做法。

创新体制机制，提升统计服务能力。积极创新方式方法，完善体制机制，稳步提升服务能力和服务效果。建立预警预判机制。组建行业经济运行专家库，定期举办专家经济形势分析会，把脉行业经济运行情况；按月开展百家重点工业企业监测，及时进行统计预警；推进建立“1+3”经济运行预判机制，定期召开综合经济形势及工业、服务业、投资三个专业研判分析会；形成《月度经济形势分析汇编》，为领导科学决策提供可靠依据。芦淞局、醴陵局等都分别建立有针对性的部门会商、业务点评工作机制。推进民意调查和考核评价，提升监测水平。全年围绕中心工作和社会公众关注的热点问题，组织开展社会管理综合治理等 10 项民意调查；做好全面小康、民生实事和绩效考核等统计监测工作；优质完成妇女儿童“两纲”发展监测等 10 余项常规监测、评价；圆满完成 2017 年全国投入产出调查试点任务。加强统计分析研究，做好参谋服务。年初紧扣市委市政府决策部署，立足工作实际，拟定全年重点调研分析清单及责任单位。市县联动加强经济形势分析及课题研究，全年申报 3 个省级课题并按期结题，多篇分析获得各级党委、政府领导的充分肯定。组织开展“株洲率先建成全面小康社会研究”，编印《株洲市全面建成小康社会蓝皮书》《株洲工业支柱产业研究》被湖南省情要报采用。醴陵局、天元局分别就陶瓷花炮行业和动力谷创新发展开展调查研究，形成了有深度和价值的研究报告。健全数据发布机制，扩大社会影响。按季召开统计新闻发布会，正确引导社会舆论和预期；继续开展年度行业经济“十强十大”企业评选发布，宣传经济社会发展成果；借助各类媒体及株洲统计信息网、领导微信群，及时对外发布统计数据、工作信息及分析报告；精心办好月报、公报、年鉴等传统统计产品，首次编印《株洲市社会统计年鉴》。

加强统计基层基础建设。完善统计工作规范。制订《株洲市统计工作规范》和《关于建立社会联动综合治统工作的通知》，专题召开县市区及部门双基建设工作座谈会。茶陵县、炎陵县政府专门下发加强统计基层基础的文件，荷塘、芦淞、醴陵局等都采取措施强化基层统计站双基建设考核评比。统计管理重心实行下移。妥善应对区划调整对统计基层基础的影响，乡镇（街道）及重点社区统计窗口建设的力度加大、步伐加快。芦淞区、攸县的社区统计窗口建设进一步加强。加大基层统计信息化建设水平，推进基本单位名录管理和统计网络 VPN 向乡镇（街道）延伸，在醴陵市召开了名录管理延伸现场会。加强统计工作保障。市局全年先后通过选调、招聘、招考等方式引进高素质、高学历人才 3 批共 12 人，充实专业统计力量；云龙区增设统计科明确工作职责；攸县局率先探索以政府购买服务的形式，统一招考20名专业人员派驻乡镇（街道）从事统计工作，着力解决基层统计队伍不稳定问题；醴陵局、炎陵局争取资金改造办公用房和更新设施设备；芦淞、天元、株洲县、攸县、炎陵局等县市区局不同程度加大和落实对联网直报企业统计员的补贴。部门联动合力增强。建立部门协作机制，实行局长、分管副局长、科长、专业人员四级联动，主动争取省局业务支持和指导，全市统计工作合力得到加强。市局和各县市区局注重发挥各相关部门的作用，协调帮助做好部门统计及汇报争取等工作。加强业务培训指导。建立联合培训机制，会同市发改、经信、商务、房产、科技，及人社等部门及各县市区局集中对2100多名基层统计员和联网直报单位统计人员进行业务培训；组织县市区统计局长和相关统计专业负责人赴外地交流学习，组织市县两级统计人员到复旦大学开展了创新培训；集中人员成立统计业务指导组，分别到各县市区开展业务指导，多措并举提升队伍素质和业务水平。

全面统筹协调，有序推进第三次农业普查。工作保障有力。对照农普工作“六到位”要求。市县乡三级组建普查领导机构和普查办公室，召开农普动员大会，组织集中办公。全市共选聘“两员”5334人，茶陵县专门招聘一批农普PDA技术操作员开展普查工作。各地财政等部门积极支持，确保专项经费足额预算，PDA等普查物资及时发放到位。培训试点扎实。市县乡三级农普办共组织业务培训130余次，培训各级普查人员6000余人次。先后在攸县网岭镇、茶陵县虎踞镇举办普查方案培训、综合试点、数据处理培训及PDA试点。工作管控有效。市农普办3次进行专题调研，召开涉农部门座谈会征集意见，优化普查方案。建立岗位责任制、预安销号制、进度通报制和定期督查制，确保各项工作有条不紊开展。普查宣传广泛。联合市委宣传部出台三农普工作宣传方案，开展“农普宣传月”活动和三农普知识抢答赛，编印农普简报，举办入户登记启动仪式，营造浓厚的舆论氛围。三农普整体工作获得省农普办和省局的充分认可，在全省三农普视频会上，株洲市作典型发言和经验介绍。

抓数据质量，推进依法治统工作。开展专项治理。组织“数据造假、以数谋私”专项治理和提高统计数据质量月活动，及时清理和纠正部分单位统计违规行为。加强数据质量管控。修订下发《关于明确提高统计数据质量有关措施的通知》和《专业数据质量评估办法》，加大对数据的全程监控和评估。全年各项常规统计调查和专项调查任务均高质量完成，GDP“下算一级”和工业、能源、农业、贸易、投资等下管一级的统计数据，全部顺利通过省统计局审核。强化统计执法巡查。继续加强市县两级执法队伍建设，新增统计执法持证人员24人。加强统计执法检查和巡查，全年共检查307家统计调查单位，处理统计违法案件28起，对10个县市区进行统计巡查。加大普法宣传力度，先后举办5期统计法律法规培训班，利用统计开放日、宪法宣传日和农普启动日强化普法宣传举措。

创新工作思路，深化统计改革。规范GDP核算，开展绿色GDP评价体系试点，研究和推进建立资源和环境统计制度，开展月度劳动力调查。创新试行规下服务业抽样调查，建立相关数据上报、分析、监测和发布制度，完成服务业聚集区调查。组织开展涉农行业产值调查，形成省级重大课题报告《株洲市涉农行业调查研究》。积极应对投资统计改革，服务好“项目攻坚年”和“全市总动员，大干一百天，全力保投资”活动，全面开展项目清查、入库管理，化解大项目偏少、数据质量不够高的难题，全市固定资产投资数据逐月回升。启动“三新”统计调查，召开“三新”统计调查动员部署会议和业务人员集中培训会议，围绕电子商务、新服务企业和城市综合体等内容开展调查。（刘　星）

【第七届统计开放日暨行风建设监督座谈会】 9月20日，市统计局举行“中国统计开放日暨株洲市行风特约监督员座谈会”。涵盖人大代表、政协委员、各企业和各单位的30名行风特约监督员，株洲新闻网记者，以及市统计局相关工作人员参加会议。会上，副局长姚应龙代表市统计局作中心发言。行风监督员踊跃发言，就如何做好新形势下的统计工作献计献策。为突出株洲市今年统计开放日“诚信统计、开放统计”的主题，市统计局邀请特约行风监督员和相关的媒体朋友参观了市统计局联网直报指挥中心，并对统计数据报送流程进行介绍解说，让参观人员能够零距离接触统计工作，进一步增进公众对统计调查工作的认识、理解、信任与支持。（刘　星）

【规范统计依法行政】 株洲市统计局严格统计执法办案标准，规范办案程序，扎实推进依法行政、依法治统工作。强化依法管理依法决策意识。坚持统计重大行政事项做到依法科学民主决策。认真落实规范性文件“三统一”和有效期制度，严格依法规范统计资料管理和公布，规范统计行政处罚。着力规范统计行政执法行为。严格按照《中华人民共和国行政处罚法》《统计执法检查规定》《湖南省统计违法案件查处办法》等法律法规规定的程序进行统计行政执法。严格落实行政执法文书网上公布制度，按照规定时间在本单位门户网上公布。认真开展统计行政处罚案卷评审评查，切实提高统计行政执法案卷整理质量。扎实推进统计政务公开制度。不断完善《政府信息公开指南》和《政府信息公开目录》，加大主动公开力度，提高统计透明度。高标准完成政府部门责任清单和权力清单的推行。加强依法行政教育培训。积极组织全市各级统计执法人员参加统计执法培训和普法培训，着力解决统计执法业务上的薄弱问题，强化统计执法人员的职业道德，提升统计执法人员的业务技能、创新能力和综合素质，有效促进统计执法规范化、专业化。健全统计法制考核机制。建立健全依法行政、依法统计工作机制，严格工作制度，规范工作流程。进一步完善统计数据质量和统计法制工作考核方案，健全统计行政执法责任追究制度。对“只检查不办案”“行政不作为、乱作为”等现象列入统计法制考核重要内容，对普法工作盲区和执法工作空白的县市区，年度考核实行一票否决。（刘　星）

【开展劳动力调查督查】 1月11—13日，市统计局工作人员深入国家月度劳动力调查抽中的8个县市区，开展督查调研工作。督查组一行到每个县市区选择1个～2个调查小区，全程跟踪、督查调查员的入户调查登记工作。通过3天深入调查村/社区督查、调研，督查组发现各个区县对月度劳动力调查高度重视、组织实施比较到位、数据质量良好，大部分调查员业务熟练、注重与住户的互动；同时也存在入户难、部分调查员素养有待提高、调查数据质量有待提高等方面的问题。针对督查调研中发现的问题，市局要求各县市区要从强化调查保障，业务培训和调查管理三个方面着手，进一步做好月度劳动力调查工作。

（刘　星）

【完成农普综合试点工作】 10月13日，株洲市第三次全国农业普查综合试点工作在攸县网岭镇宏大村进行。

试点前，市统计局相关工作人员到网岭镇宏大村检查试点筹备工作，在详细了解各项工作进展情况下，多次深入现场进行技术指导。试点期间，参加试点人员共分为5组，深入宏大村进行入户登记，省农普办相关人员全程指导了试点工作，并与试点人员一起进行现场登记。各县市区农普业务骨干、攸县网岭镇有关负责人、试点村普查工作人员、市农普办工作人员共90余人参加此次综合试点。此次综合试点工作做到理论与实践相结合试点方法成效明显，为正式普查打下坚实的基础。（刘　星）

【启动全国投入产出调查试点工作】 投入产出调查是国务院部署的五年一次大型国情国力周期性调查工作。其调查结果是国民经济核算的基础资料，是宏观经济管理和决策的有力工具之一，也是掌握当前经济需求结构、产业结构和分析经济发展态势的重要渠道。年初国家统计局选定辽宁、江苏、湖南、广西和陕西5个省区开展2017年全国投入产出调查试点，株洲市被指定为湖南省唯一试点城市，承担试点具体工作。整体工作已全面启动和铺开。6月1日，省核算处林德勇处长一行到株洲就投入产出试点工作进行专题部署，市局党组成员、总统计师庄云庭就试点前期筹备工作作全面汇报。省核算处就试点工作进行详细具体的业务培训，并专程到醴陵、石峰和天元三个县市区的部分调查试点企业开展实地走访调研和现场指导。

（刘　星）

【启动第三次全国农业普查工作】 12月1日，株洲市召开第三次全国农业普查工作推进会。市农业普查领导小组组长、市政府副市长候选人提名人选顾峰到会作重要讲话，并代表市政府与各县市区已签定第三次全国农业普查目标责任书，以“军令状”的形式把农普组织、保障、责任、质量等要求落实到各县市区、各单位和个人。市政府副秘书长李余粮主持会议。全市第三次全国农业普查领导小组组长、各成员单位分管领导及联络员、各县市区统计局局长、农普办主任、市农普办全体成员共计70余人参加本次会议。

（刘　星）

统计调查

【概况】 2016年，国家统计局株洲调查队围绕经济社会发展大局，不断夯实基础建设，提高统计数据质量，打造调查品牌，提升服务水平，建设现代化服务型统计调查。

开展专项调查测评。坚持直接调查、独立调查的第三方机构特色，以严谨规范、务实求真的工作作风，提供客观公正、真实可信的调查结果服务党政决策。按照省总队的统一部署，积极选派业务骨干参加湖南省绩效评估民意调查、湖南省城市文明程度指数测评等，并按规定要求做好株洲地区接待配合工作；根据市委、市政府的安排，完成2016年株洲市绩效考核社会公认评估年中、年末2次民意调查工作，搜集数万公众对121个被考核单位的民意评价，为株洲市开展年度绩效考核提供重要依据；根据市委、市政府的部署，组织实施株洲市文明城市模拟测评，及时反映并有效推动全市创建工作，为株洲市在全国文明城市复查测评中保牌进位做出积极努力；完成国有企业反腐倡廉和党风廉政建设民意调查和党员干部内生动力专题调研。

发挥参谋服务作用。高度重视居民可支配收入、消费价格指数等重点数据的动态监测，及时开展专题分析，充分发挥统计调查数据的预警功能。严格执行信息分析例会制度，认真编发《株洲调查》和《调查快讯》两个统计调查分析研究产品。全年共完成3项重点课题，完成《株洲调查》46篇，《调查快讯》25篇，《重要信息》21篇，大部分被省总队和两办采用。经省总队、国家局采编后有6篇信息被中央领导批示，8篇被中办、国办采用，5篇被市委、市政府领导批示。积极参加全市经济形势分析会议等，提交汇报材料或作会议发言。市委、市政府主要领导多次专题听取调查队工作汇报或对株洲调查队各项工作做出批示，对株洲队工作给予充分肯定。

推进省级文明单位创建。2016年，株洲调查队积极组织干部参加各级培训10余人次。结合统计调查工作实际，利用数据回访、专题调研、民意调查、党建帮扶等形式，开展党员干部“四进”活动，（即“进企业、进市场、进社区（村）、进住户”），积极走访基层，服务基层；积极开展道德讲堂、厨艺比拼、传统节日游艺竞赛等系列省级文明单位创建活动；以“传承创新跨越”为主题开展建队十周年系列活动，编印《十年足迹精彩回眸——建队十周年暨文明创建纪实》与宣传片配套出版，反映建队十年的历史征程和单位文明创建工作。年内，成功荣获“省级文明单位”荣誉称号。

（何　秀）

【住户调查】认真执行省总队《关于进一步规范居民收支和生活状况调查工作的意见》，采取“现场工作制”，即现场培训释疑，现场反馈改进，现场“刨根问底”，保证源头数据质量；加强数据质量自查评估，开展分市县住户调查基础工作和数据质量自查；制定并执行《株洲市居民收支调查数据评估操作规程》，提高数据评估科学性和透明度；加大数据回访力度，组织市县两级开展业务培训5次，走访调研10余次，电话回访记账户1350户次，最高电话访问次数达到6次/户·月。（何　秀）

【创新价格调查工作】CPI调查在继续完善制度、加强采价队伍管理基础上，实行创新变革。一是“微管理”采价工作，建立采价微信群，运用微信的及时通讯功能，通过共享实时位置、发送语音和图片、共享规格品图库等方式，增强专业人员对采价工作的监督检查、审核查询和业务指导，开创CPI调查工作的新形式。二是实现部门共享。与市发改委联合发文，确定5家价格联合监测调查点，并进行授牌挂牌，提高调查权威性，实现部门数据互换和资源共享。6月18日，国家统计局城市司流通消费价格处沈赟副处长一行到株洲调查队调研时，对株洲调查队消费价格调查工作给予充分肯定。（何　秀）

【三农普农作物播种面积调查】国家统计局株洲调查队克服时间紧、任务重的困难，通过周密安排、全队动员、创新方法，确保三农普农作物播种面积调查工作宣传发动到位、组织实施到位、责任落实到位。年内，株洲市政府召开专题会议对调查工作进行动员和专题部署，并多次召开有关县市统计局长会议，布署实施方案、任务安排、工作流程、调查要求等事项，确保了人员、经费、设备、技术四个到位，明确工作部署、现场培训工作指导、实割实测调查、数据审核等各个环节责任分工。全年分管领导和专业人员下县市现场指导达20余人次。9月20日，在株洲茶陵成功实现无人机首次航测。年内，株洲地区两次接受省总队检查组的检查指导，并获得高度肯定。（何　秀）

【2016年主要经济指标】居民收入方面，2016年全市城乡居民人均可支配收入28762元，同比增长8.7%，其中城镇居民人均可支配收入达36828元，同比增长8.4%；农村居民人均可支配收入16919元，同比增长8.2%。消费价格方面，2016年全市CPI（居民消费价格总水平）上涨1.8%。其中，食品价格上涨4%，服务项目价格上涨2.1%。规模以下工业方面，2016年株洲市规模以下工业增加值同比增长2.8%。粮食生产方面，2016年粮食生产稳中略降，全市粮食总产量为177.5万吨，同比下降0.5%。生猪生产方面，2016年年末株洲市生猪存栏211.5万头，同比略增0.2%；能繁母猪19万头，同比增加2.3%；全年生猪出栏305.2万头，同比略降1.2%。（何　秀）

审　计

【概况】2016年，株洲市审计局人员编制83人，在编64人。设有办公室、人事教育科、审计技术科、内部审计管理科、法制审理科、财政审计科、金融与社会保障审计科、行政事业审计科、固定资产投资审计科、外资运用审计科、农业与环保审计科、经贸审计科、经济责任审计一科、经济责任审计二科、政府平台公司审计科15个职能科（室），及株洲市国家投资审计处1个二级机构，并按规定和章程设立机关党委、纪检监察室。

2016年，全市审计机关共完成审计项目345个，查出主要问题金额262.68亿元，其中违规金额52.75亿元、损失浪费金额4980万元、管理不规范金额209.42亿元；损益（收支）不实金额10.46亿元；审计处理处罚金额149.18亿元，其中应上缴财政51.57亿元（罚没219万元）、应减少财政拨款或补贴1276万元、应归还原渠道资金11.56亿元、应调账处理金额84.92亿元；审计发现非金额计量问题432个；审计促进整改落实有关问题金额52.34亿元，其中增收节支39.03亿元、已调账处理金额12.59亿元；审计促进拨付资金到位1.53亿元；审计后挽回（避免）损失1278万元。移送司法机关、纪检监察机关和有关部门处理事项30件，涉及11人，金额20.58亿元；出具审计报告及专项调查报告407篇；提交审计信息115篇，被批示、采用47篇。提出审计建议731条，被采纳708条。向社会公告审计结果7篇。

2016年度，株洲市审计局被评为全省“依法行政工作先进集体”，并成功通过“湖南省文明标兵单位”评选验收。株洲中心医院项目建设情况专项审计调查项目等4个审计项目获得湖南省审计厅表彰项目表彰。

（冯　立）

【政策落实跟踪审计】 着重构建了"落实省厅部署审计、开展专项审计、结合其他项目审计、定期汇总专报"的政策审计新格局。为规范全市的涉企收费行为，突出为企业减负，推动重点政策和项目落地，组织对全市涉企行政事业性收费情况，2016年对市区的65个重点建设新建项目、20个前提推进项目的落地情况进行了专项审计调查。（冯 立）

【财政审计】 对全市59个财税部门和行政事业单位开展审计，审计工作报告和整改报告得到各级人大常委会的高度评价。市审计局针对专项资金"小、散、乱"的问题提出的专项资金实行"三个一批"管理模式建议得到采纳，推动出台《关于2016—2018年推进市本级财政资金统筹使用的实施意见》，强化了财政专项资金的统筹管理和使用。（冯 立）

【经济责任审计】 对全市104名单位主要负责人实施经济责任审计，查出各类问题金额42.49亿元，处理上缴财政资金606.09万元、向税务部门清缴税费376.63万元；向纪检监察、主管部门等移送案件线索25件。市审计局提出经济责任审计模块化、标准化理念，出台相关操作办法，简化领导干部离任经济事项交接制度，有效推动经济责任审计全覆盖进程；按照省厅统一安排，组织实施浏阳市委书记、市长的任期经济责任审计，审计工作得到省厅通报表扬。（冯 立）

【政府投资审计】 2016年，政府投资审计全年完成结算审计项目222个，送审金额15.65亿元，审定金额15.17亿元，核减金额4800万元。其中，通过城市五区征拆办、湘江大道（一期）等征拆资金审计，促进规范了征拆管理；针对水竹湖安置房等项目预算执行审计，推动完善了投资管理；市北环路新建工程概算审计，建安工程概算审减率达到26.88%。同时，市政府多次召开常务会议听取政府投资项目审计情况汇报，布置审计整改工作；并出台《株洲市政府投资项目审计监督办法》，强化审计监督，杜绝损失浪费和利益输送。（冯 立）

【政府平台公司审计】 通过开展试点、自我教育、全面铺开、总结提高，形成了一整套有株洲特色的平台公司审计方法和评价指标，重点完成了市城发集团、市湘江集团、市教投集团的审计，对推动政府规范平台公司管理、有效防控和化解政府债务风险起到了积极作用。（冯 立）

【民生资金审计】 全市保障性安居工程跟踪审计将农村危房改造补助资金纳入审计范围，推动株洲市出台《农村危房改造补助资金管理暂行规定》；重点实施了全市医保基金以及20多家公立医院、社区卫生服务中心以及部分定点药店、诊所和民营医院医保相关情况的审计，针对审计发现的问题，向市卫计委、发改委等部门制发督促整改通知书3个，督促整改医药违规采购、违规加价等问题。（冯 立）

人力资源和社会保障

【概况】 2016年，株洲市人社系统紧扣"民生为本、人才优先"工作主线，坚持抓改革、补短板、惠民生，重点工作扎实推进、难点工作有效突破、常规工作创新发展，各项目标任务全面完成。年内，市社会劳动保险事业处获评全国人社系统优质服务窗口单位，市人社局荣获第六届湖南省"人民满意的公务员集体"、被人社部办公厅评为2016年度"新闻宣传工作先进单位"。

全市城镇新增就业5.2万人，城镇登记失业率3.36%。人才队伍建设进一步加强，"万名人才计划"稳步推进，全市培养公共服务领域高层次人才1000人、引进35人，培训蓝领精英人才1279名，完成职业技能鉴定6.8万人次，获批省级引智项目27个。社会保障覆盖面进一步扩大，基本养老和基本医疗保险参保人数分别达到287.9万人、387.3万人，基本医疗保险实现全民覆盖，工伤、生育和失业保险实现职业人群全覆盖，社会保障卡发放突破250万张。人事管理进一步规范，全市共考录公务员224人，公开招聘事业单位工作人员1011人，事业单位公开招聘、聘用制度、岗位管理制度实现全覆盖，评定中高级职称1952人，完成军转干部安置75人，安全有序组织人事考试5.2万人次。工资收入分配进一步理顺，机关事业单位工资调标及时到位，企业职工收入持续增长。劳动关系保持和谐稳定，全市已建工会组织企业工资集体协商建制率达94.3%。

就业创业取得新作为。全市共安排使用专项就业资金3.3亿元，实现失业人员再就业2.2万人、就业困难人员就业0.6万人，新增贫困劳动力转移就业1.6万人，纯农户离校未就业高校毕业生和"零就业家庭"就业保持"动态清零"，困难人员就业帮扶到位。坚持将鼓励创业与促进就业有机结合，助力大众创业。将返乡农民工纳入创业担保贷款扶持范围，贷款额度由5万～10万元统一提高到10万元。全市发放创业担保贷款1.46亿元，扶持228名大学生微创业，开展创业培训1.1万人，促进新增创业主体3万户，带动城乡就业7.1万人。大力促进农村劳动力转移就业，株洲市与湘西州的劳务输出脱贫试点工作取得良好成效，为全省、全国劳务输出脱贫积累了经验。

深化改革实现新进展。坚持把改革创新作为推动发展、破解难题的重要抓手，牵头负责的改革任务，除国家、省里另有部署安排外，全部按预期完成。机关事业单位养老保险制度改革基础工作全面完成，11.3万人纳入新制度参保，解决了社会反映强烈的"双轨制”问题。稳步推进医保付费方式改革、门诊统筹和市级统筹，全面实施城乡居民大病保险。五险统一征缴为株洲市社会保险基金征缴翻开崭新一页。机关事业单位人员流动调配进一步规范，公开考试、竞争择优成为干部流动的主渠道。县以下公务员职务与职级并行制度、乡镇工作补贴制度全面实施到位，待遇全部兑现。国有企业负责人薪酬制度改革实施办法获得省里审批，工作进展走在全省前列。

服务发展做出新贡献。充分发挥人社部门的职能作用，推进供给侧结构性改革。积极投入“企业帮扶年”活动，主动服务“三去一降一补”任务，实施两轮社保降费，先后降低了失业、工伤保险费率，阶段性降低企业养老保险单位缴费费率，仅市本级就每月为参保企业减少社保费用支出1000万元。制定实施企业稳定岗位政策，失业保险基金发放稳岗补贴5480万元，惠及286家企业、12.3万职工。落实和争取国企改革社保欠费挂账或缓缴政策，办理中盐株化挂账9.57亿元。围绕市委市政府加快建设制造强市的战略部署，着力加强高技能人才培养，技能月、技能天下电视大赛、技能大师基层行、蓝领精英人才培养、技能大师工作室创建等活动，影响广泛，效果显著。积极搭建人才供需桥梁，举办各类人才招聘会264场，帮助企业招聘各类人才4.7万人。

民生改善彰显新成效。连续12年调整提高企业退休人员养老金，月人均养老金达1933.5元；机关事业单位退休人员养老金首次与企业同步调整；城乡居保基础养老金最低标准由75元提高到80元；工伤保险伤残津贴标准平均提高159元；居民医保补助标准提高到420元，职工和居民医保政策范围内统筹基金报销比例分别达86%和75%以上，医保年度累计最高支付限额达40万元。全面实施城乡居民大病保险制度，大病患者政策范围内住院费用报销比例在基本医疗保险的基础上普遍提高约10个~15个百分点。面对社保、就业资金缺口，争取上级补助资金27.1亿元，其中市本级23.2亿元，同比增长48.7%，确保了各项待遇按时足额发放。履行“民生100”工程督查考核职能，促进全市114项民生实事项目的完成。

和谐稳定开创新局面。防范结构性失业风险，协助推进清水塘核心地区5家中央、省属国企的破产、搬迁改制职工安置工作。完成中盐株化破产关闭、湖南昊华改制过程中的职工安置工作。加强劳动用工备案管理，完成网上备案企业2063家，涉及职工17万多人。积极应对劳动关系矛盾风险，处理劳动人事争议1778件、举报投诉1600多件。坚持治欠与防范并举，推进劳动保障监察“两网化”建设，加大拖欠农民工工资举报、投诉查处力度，为4700名农民工追回工资4200万元；新开设建设项目农民工工资保障金账户82个，为6800多名农民工发放工资4500多万元。加强社保基金监督管理，保障基金安全完整。推进法定途径分类处理信访投诉请求，做好信访维稳。（颜小波）

【创业带动就业实现“倍增效应”】在全省首设“青年创业引导基金”。由省市两级财政和社会资本等共同出资设立“青年创业引导基金”，规模暂定3亿元，首期2亿元，其中政府出资5000万元。基金立足株洲、面向全省，主要用于引导扶持青年、大学生、归国留学生创业，重点投资领域瞄准轨道交通、通用航空和现代服务业等战略性新兴产业先进技术的孵化与产业升级，为株洲加快培育、壮大催生战略性新兴产业提供动力。开展第三届“吴运铎创业奖”评选，表彰创业奖10人、提名奖10人。举办创业培训讲师比武。成立首批市级创业服务专家咨询团和创业培训讲师团，在全省首次举办创业培训讲师教学比武，全市共有40多名创业培训讲师参加比赛。（颜小波）

【“2016春风行动·百企万岗人才招聘暨就业创业新政策宣传月活动”】从3月份开始，历时1个月时间，市人社局将人才招聘、就业创业新政策宣讲、创业大讲堂、职业技能培训等活动结合起来，在全市开展“2016春风行动·百企万岗人才招聘暨就业创业新政策宣传月活动”。活动月期间，共举办各类专场招聘会36场，1577家企业提供招聘岗位6.17万个，入场求职5.5万人次，达成就业意向1.05万人，发放宣传资料2.8万份，较好地满足了2016年春节后企业用工和求职人员就业需求。同时，举办了四期市民创业大讲堂，吸引1000余名学生和市民参加，并为企业培训各类初中高级技术工人423人。（颜小波）

【社会保险诚信等级评定纳入征信系统】株洲市社会保险诚信等级评定结果被纳入中国人民银行征信管理系统，作为企业信贷融资的重要参考依据。社会保险诚信等级已经成为企业的“金字招牌”，被评为C、D级的单位在项目审批、招投标、推荐上市以及其法人代表等负责人在评先评模、出国考察、推荐为人大代表或政协委员候选人等方面将受到限制。2016年，全市共有4772家企业参评，被评为A级的1248家、B级的1764家、C级的1760家。评定结果成功运用到“两代表一委员”的审核把关，50名企业负责人因为欠费、等级低被否决，其中38家进行整改。（颜小波）

【城乡居民医保整合】株洲市城镇居民基本医疗保险制度与新型农村合作医疗制度，统一整合为城乡居民基本医疗保险制度。市县两级新农合经办机构成建制划转至同级人社部门，各县市区新农合机构、人员编制、信息系统、基金等实现全面整合。整合后，职工医保参保范围以外的人员，全部纳入城乡居民医保制度保障范围，并通过参保范围、筹资政策、保障待遇、医保目录、协议管理和基金管理“六

统一”，实现城乡居民公平享有基本医疗权益。（颜小波）

【公务员队伍管理】 实行党政群机关公务员、法院工作人员、检察院工作人员、选调生“四考合一”，共录用公务员224人，其中党政群机关162人，选调生40人，法院系统21人，检察院系统1人。着力优化公务员队伍结构，提升选任用人公信度，严格按照《湖南省公务员公开遴选实施办法(试行)》(湘人社发〔2016〕14号)文件精神，指导和组织市直机关单位政府部门遴选公务员(参公人员)67人。做好机关事业单位工作人员2015年度考核，全市(政府部门)参加考核人数22502人，其中优秀等次4085人，称职等次18044人，基本称职等次20人，不称职等次56人，不定等次297人。（颜小波）

【技能人才培养】 3月15日—7月18日，举办以“成就梦想，点亮人生”为主题的株洲市第三届“技能天下”职业技能电视大赛，共吸引276家企业(行业)约3.2万人参加。举办“技能大师基层行”活动，选派9名国家、省、市级技能大师，先后到5所高校和3家企业进行宣讲23场次，听众2500余人。开展市级技能大师工作室创建等活动，新设市级技能大师工作室5家，分布在全市各行各业的19家技能大师工作室，已成为株洲市企业技术攻关的阵地、高技能人才成长的沃土。株冶集团的柳祥国，成为株洲第一个荣获“中华技能大奖”的技能人才。（颜小波）

国有资产监督与管理

【概况】 株洲市人民政府国有资产监督管理委员会(以下简称市国资委)，设国有资本经营预算、产权管理与规划发展、改革改组等9个科室。管理企事业单位26家，其中市政府明确的直接监管企业11家。截至2016年年底，其11家直接监管企业资产总额1514.51亿元，较年初增长17.7%；负债总额867.76亿元，较年初增长24.2%；所有者权益646.75亿元，较年初增长9.9%；资产负债率57.3%；完成收入110.18亿元，同比增长15.4%；实现利润11.71亿元，同比增长46%。

调整优化业绩考核。在全省率先实行以任期考核为主、年度考核为辅、年度考核与任期考核相结合的考核机制，调整完善考核指标体系，重点引导企业提升发展质量和效益、优化国有资本功能定位、维护国有资本安全。制定下发《株洲市市属国有企业负责人履职待遇、业务支出管理办法》。

开展投融资和产权管理。规范企业投融资事项的管理，对6家政府投资公司的投资计划进行审核。组织企业编制《“十三五”发展规划和三年行动计划》。抓好规范审批，共受理投资项目备案共119项，其中事前备案项目32项、事后备案项目共87项；审核直接融资项目共15项、资产评估立项11项、评估报告备案7项。

加强财务监督。转变融资监管思路和方式，由事事审核转为总量管理。按照《关于完善政府性投资公司投融资事项管理的通知》和公司章程规定，对企业年度融资实行总额控制，禁止企业超计划融资。开展国际化融资试点，市城发集团大胆进军海外市场，在全省率先发行首支海外债券3亿美元。有序推进国资经营预算，出台《株洲市人民政府关于推行国有资本经营预算的实施意见》，核定并组织上缴监管企业2016年度国有资本经营收益5264.91万元。

开展投融资工作。2016年，市国资委监管的6家政府投资公司完成投资260.6亿元，其中：完成政府性投资150.44亿元，完成经营性投资110.16亿元；完成融资337.2亿元，其中：直接融资222.59亿元，间接融资114.61亿元。

推进政府投资公司资产重组。落实《株洲市政府投资公司改革重组方案》要求，修订市水务集团组建方案，分别制定整合湘江集团和交发集团组建为交通文化旅游集团、重组地产集团、组建金融服务集团、组建新城投资集团的改革重组方案。

修订完善公司章程。对市城发集团等7家公司改革重组实施方案进行修订，重新对公司功能定位、主营业务进行界定，明确党组织在公司法人治理结构中的法定地位，明确专职国有产权代表相关规定，完善法人治理结构，扩大对企业董事会的授权。

建立专职国有产权代表制度。市委在全省率先出台《株洲市企业专职国有产权代表管理办法》，专职国有产权代表实行任期制契约化管理，由国资监管机构和专职国有产权代表签订任期聘用合同，每届任期三年；要求在监管企业实行专职外部董事制度和专职外派监事制度。

开展混合所有制改革试点。按照“政府引导，市场运作；完善制度，保护产权；严格程序，规范操作；宜改则改，稳妥推进”的原则，在市城发集团、市国投集团开展混合所有制改革试点。

开展职业经理人市场化选聘工作。由市委组织部牵头，市国资委参与，在全省率先实行较大规模开展职业经理人市场化选聘工作，涉及20个职业经理人岗位。

“三供一业”分离移交工作走在前列。抓好中央、省属“三供一业”分离移交工作，在列入计划的19家央企中：供水完成92%，供电完成71%，物业签订3家分离移交协议。列入计划的9家省中：供水完成90%，供电完成96%。该项工作进度在全省排名第一，并在《省国资简报》进行专刊推介。

央企对接取得较好成果。参与组织央企对接株洲专场签约活动。会上，中国能建、中国五矿、中国航发等13

家央企与株洲市签署18个项目协议，涉及工业、基础设施、金融、教育、科技等领域。其中：市教投集团中科院云计算中心职业教育分中心、湖南智谷焊接技术培训有限公司股权投资合作、城区集中供能项目、开发性金融合作意向协议共4个项目落地建设。牵头服务株硬精密工具产业园、株洲电商产业园、湖南华联日用陶瓷智能制造升级改造和华晨世纪中心共4个“项目攻坚年”重点项目。（宋　斌）

安全生产监督管理

【概况】 株洲市安全生产监督管理局是株洲市政府组成部门，共有9个内设科室，2个下属事业单位，在职人员38人。对株洲行政区域内安全生产工作实施综合监督管理，负责非煤矿山、危险化学品、烟花爆竹、煤炭行业以及作业场所职业健康的安全生产行政许可和监督管理工作。

2016年，株洲市有危险化学品生产企业45家，烟花爆竹生产企业350家，煤矿60家（含3家省管煤矿），非煤矿山企业121家，尾矿库67座。辖区有三级以上客运站11家，客运企业9家，拥有营运客车805台（旅游客车约90台）、货车13000台（危货运输车辆约950台）、出租车2827台、公交车1349台。年内，全市共发生各类事故234起，死亡85人（其中工贸企业死亡5人，烟花鞭炮企业死亡3人，建筑企业死亡1人，道路交通死亡72人，其他死亡4人），同比分别下降57.8%、下降10.5%。安全生产形势总体稳定。2016年株洲市被评为全省“安全生产工作先进单位”。（肖　琼）

【完善目标责任考核体系】 强化目标考核管理。2016年年初，市政府与各县市区、市安委会成员单位签订年度安全生产目标责任状，每个季度进行考核排名，并加大考核结果的运用，严格实行安全生产“一票否决”制度。强化安全生产责任落实。落实市级领导责任。市领导毛腾飞、阳卫国、何剑波等多次就安全生产工作作出指示批示，所有市委常委、副市长及各级各部门主要负责人围绕所分管、所联系的工作领域，多次带队深入基层开展安全生产检查。落实部门监管责任。明确各行业主管单位必须严格履行“一岗双责”，管行业必须管安全，管业务必须管安全，管生产经营必须管安全。落实县市区属地责任。所有县市区由常务或常委副县市区长分管安全生产工作，并将安全监管工作延伸到乡镇（街道）、村（社区）。落实企业主体责任。在全市企业推行安全生产不良记录黑名单制度，2016年警示约谈了16家拟列入“黑名单”的企业，形成了很好的威慑作用。（肖　琼）

【隐患排查治理】 开展安全生产大排查、大管控、大整治行动、“安全生产监管执法年”活动。建立政府监管部门严格执法的长效机制。开展计划执法。各县市区、市安委会成员单位根据分管行业、领域特点，制定年度执法检查计划，并严格开展执法检查行动。市安委会对各部门、县市区计划执法开展情况进行一月一调度，一季一考评，确保执法工作取得实效。开展监管执法年活动以来，全市责令改正（限期整改）违法行为4898起，责令停产、停业、停止建设167家，暂扣或者吊销有关许可证、职业资格16个，处罚罚款500多万元。加强联合执法。由市、县安委办或主管部门牵头，建立联合集中执法机制，不定期开展联合集中执法行动，查办大案要案。年内，全市共组织执法活动5875次，出动执法人员23806人次，检查生产经营单位15147家，提请关闭企业14家，抓捕涉嫌犯罪人员50人。加强网格化监管执法。重点突出打击非法生产网格化监管执法，以村（社区）行政区域为基本网格，建立起全面覆盖、分级管理、责任包干、实名负责、群众参与、舆论监督、打击到位的安全生产打非网络。共取缔非法生产经营建设单位230处，问责领导干部3人。建立企业责任主体排查治理安全隐患的常态机制。在全市高危企业全面推行隐患自查自改月报工作，从源头上消除安全隐患。同时各级负有安全监管职责的部门每月要准时对企业的月报情况进行随机抽查和执法检查，从而形成“分工明确、人人有责、层层负责、环环相扣”的安全隐患治理常态机制。省安委会将这一做法作为先进经验在全省推广。《中华人民共和国安全生产法》和《中共中央国务院关于推进安全生产领域改革发展的意见》借鉴此项工作的先进理念。2016年，全市四大高危企业自查隐患14510项，整改完成14335项，整改完成率98.79%。（肖　琼）

【安全生产打非治违】 道路交通方面：全市交通系统组织开展安全生产“大排查、大管控、大整治”三大专项行动，针对全市55家“两客一危”企业，开展重点清查，做到一个企业一张表，列出隐患和问题清单。以客运和危货运输为重点开展道路运输大检查，开展客运车辆大排查，共排查客运车辆1502台，下达隐患整改通知书7份，对14台违章违规驾驶车辆、48台GPS不在线又营运车辆进行处理。开展道路危险货物运输专项整治，共查处违规车辆293台，罚款95.3万元。共约谈道路客运、货运企业3次37家，督促企业整改安全隐患100余处。以网格化巡航为主要方式开展水上交通安全监管，开展巡航521次，巡航人员2169人次，检查渡口1572次、船舶2931艘次，排查隐患159处。公安方面：共检查涉爆单位280余家次，下发限期整改通知书51份，整改期间暂停爆破作业9家，依法查处7家。消防方面：市委市政府高度重视消防工作，市委书记毛腾飞专题组织召开消防安全约谈会，市长阳卫国6次开展消防安全现场督导、听取消防工作汇报，《株洲市消防工作“十三五”发展规划》编制出台，《关于进一步加强和改进消防工作的实施意见》制定下发，“四站一基地”建设全面启动；消防应急指挥中心于2016年10月正式投入使用，部队基础建设面貌焕然一新。年内开展易燃易爆场所、社会福利机构、文物古建筑等10余个专项治理，全年共检查单位17000余家，整改火灾隐患12000余处。连续18年未发生重大以上火灾事故。教育方面：市校车办协调交警、市交通等部门对校车行驶路线安全隐患进行排查，剔除不安全线路11处（条），新设置校车停靠站点标牌4387处。水务方面：多次进行防汛专项检查和工程安全检查，年内对全市964座小（2）型以上水库进行安全检查，确保水库度汛安全。油气管道方面：全力推进油气输送管道安全隐患整治攻坚战，全力抓好西气东输西二线、湘潭—醴陵支线、株洲中油燃气，及株洲新奥燃气等企业安全隐患整治工作。年内全市油气输送管道排查发现安全隐患67处，累计整改47处，20处正在整改当中。同时特种设备、电力、铁路运输、涉氨涉氯等安全生产专项整治扎实推进。（肖　琼）

【安全生产保障】 抓整顿关闭，淘汰落后产能，促企业转型。抓紧实施煤矿、非煤矿山、烟花爆竹生产企业整顿关闭计划，坚决淘汰不具备安全生产条件的落后产能，提升企业整体安全保障能力。年内，株洲市下发《株洲市落后烟花爆竹生产企业整顿治理和关闭退出工作总体方案》，要求株洲市2016年计划退出70家烟花爆竹企业，2017年计划退出50家企业。至2016年年底，已有71家企业签订退出协议。做好全市煤炭行业化解过剩产能实现脱困发展工作，株洲市从2016年开始，利用3～5年时间，化解过剩产能150万吨，煤矿总数控制在40处左右，拟再关闭20个左右。年内，全市拟引导退出的5个煤矿企业已全部关闭。抓科技兴安，提高本质安全促企业升级。年内，全市爆竹生产企业全部完成涉药工序机械化改造，其中醴陵市金利来出口礼花弹厂已进入全自动组合烟花生产线生产阶段。醴陵、攸县实施烟花爆竹生产24小时不间断视频监控。煤炭行业大力推行煤矿掘进和开采机械化，所有煤矿机械化装岩率达90%以上，机装工作面达112个，有创建三级安全质量标准化煤矿企业50个。全市规模以上危险化学品生产企业全部完成关键生产部位的自动化控制及安全连锁技术改造，全市二级、三级标准化危化企业分别有15家、30家。非煤矿山行业大力推行企业开采水平正规化，全市完成二级标准化非煤矿山企业2家、三级标准化非煤矿山企业123家。通过推动“机械化换人、自动化减人”、监管信息化，及企业标准化等一系列工作，大幅提高企业安全生产科技保障水平。（肖　琼）

【增强安全生产意识】 加大普法力度，让企业懂法，以便更好地守法。2016年，全市共培训生产经营单位主要负责人1455人，安全生产管理人员3409人，特种作业人员9374人。下发《安全生产法》单行本20000册，《安全生产法》释义500册。6月16日开展“株洲市安全生产咨询日”活动。6月21日组织开展株洲市城市供气安全事故应急演练，通过多层次、多渠道、多方位的普法教育培训，大力提升执法人员依法行政能力和全民知法守法素质。（肖　琼）

工商行政管理

【概况】 截至2016年年底，株洲市处于开业状态的市场主体总数达200171户，其中各类企业44263户，个体工商户155908户。

促进市场主体发展。深化商事制度改革。全面实施“五证合一、一照一码”改革，出台《注册登记六项便民措施》，进一步推进工商注册登记便利化。2016年，全市新增各类市场主体39635户，与上年同比增长41.98%。其中，各类企业新增9516户，同比增长36.33%；个体工商户新增30119户，同比增长43.87%。促进企业规范发展。通过“全国企业信用信息公示系统”向社会公示行政处罚案件200件，列入经营异常名录企业8823户，这些被列入经营异常名录或受到行政处罚的企业，在获得荣誉、贷款、人大代表和政协委员推荐、国有土地拍卖、招投标，及政府采购等方面都不同程度受到了限制或禁入，有效促进企业规范发展。开展“企业帮扶年”活动。充分发挥职能作用，竭诚帮助株洲本土知名企业“打假护牌”。全年共开展专项执法行动20余次，涉及加油站、建材、食品等领域，累计查处“傍名牌”非法经营者30余户，为中石化株洲分公司、中石油株洲分公司，及中材株洲虹波有限公司等大型企业挽回经济损失近千万元。实施商标战略。共指导企业成功注册国内商标1955件、地理标志证明商标1件（炎陵黄桃）、马德里国际商标1件，推荐84件商标申请省著名商标认定，推荐1件商标申请中国驰名商标认定。截至2016年年底，全市企业拥有注册商标15026件，其中中国驰名商标41件、湖南省著名商标178件、地理标志证明商标13件，及马德里国际商标33件，注册商标总数和各项商标数量均居全省第3位。搭建个私企业融资平台。发挥个私协会作用，向相关金融机构推荐个体工商户和私营企业授信户共806户，授信金额2亿余元。

维护市场经济秩序。整治公用企业限制竞争和垄断行为。对15家公用企业和具有独占地位企业强制交易、滥收费用等行为进行立案查处，对其中6家公用企业事业单位作出行政处罚，责令退还违规收费合计3600万元，撤销其合同中限制竞争条款。强化流通领域商品质量监管。开展红盾质量维权行动，共立案查处各类商标侵权案件84起、销售不合格商品案件79起。整治虚假违法广告。共办结各类虚假违法广告案件46起，罚没入库103.86万元。打击传销。捣毁传销窝点55个，教育劝返遣散传销人员329人次，查获传销头目骨干53人，解救误入传销人员48人。同时，加强对直销的监管，及时建立直销企业台账，规范其经营行为。查处取缔无照经营。共清查无照经营12688户，引导办理执照11035户，取缔415户，查处无照经营案件188起。开展红盾护农专项行动。检查农资企业和个体工商户1479户次，抽检肥料样品30个，立案查处农资违法经营案件26起。加强网络交易市场监管。着力开展网络商品质量抽检、非法主体网站核查和网上广告巡查，共办结网络违法经营案件12起，罚没入库25.6万元。整治烟草市场。检查烟草经营户5729户，下发整改通知书514份，取缔无证无照经营户106户，立案查处违法经营卷烟案件74起。

营造放心消费环境。精心组织"3·15"国际消费者权益日活动。围绕"新消费我做主"的年主题，全市各级消费者委员会组织当地相关职能部门和企业，在人流汇聚地段举行现场接受投诉、咨询活动。当日，全市现场受理投诉210件次，接受消费咨询10150人次，发放宣传册11980本、宣传资料39700份。同时，市工商局与电视台合办访谈节目，在《株洲日报》《株洲晚报》开设消费维权专栏，举办"12315"指挥中心开放日活动等方式，引导和帮助广大消费者提高依法维权意识和能力。加强消费教育引导。加强与各类主流媒体的互动合作，及时披露大型消费侵权事件，揭露各类消费陷阱，全年刊发报道27篇，发布消费提示8期、消费警示6期。组织开展金融消费教育"进学校、进社区、进农村"活动，得到消费者广泛好评。处置消费者投诉举报。全市"12315"机构共接到电话37115个。其中，受理投诉3001件，办结率99.77%，为消费者挽回经济损失868.61万元；受理举报872件，办结率98.82%。共处理"12315"市长热线（信箱）转办件734件，办结率100%。（江广念）

质量技术监督

【概况】2016年，株洲市质量技术监督局从原省垂直管理全面实现属地管理，年末共有在编人员120人，内设13个科（室），下辖高新产业技术开发区分局、株洲市质量技术监督稽查支队、株洲市计量测试检定所、株洲市产商品质量监督检验所和株洲市质量技术监督信息管理所5个单位。

着力提升质量。推进质量强市建设工作，市政府成立质量强市工作领导小组，申报创建"全国质量强市示范城市"，在省政府对株洲市质量工作的考核中获得好评，同期启动对县市政府的质量工作考核。坚持实施品牌战略，围绕全市的优势产业集群，采取引导争创、重点帮扶、分级推进的办法，鼓励支持优势企业积极争创各类名牌，中车时代电气股份有限公司荣获第二届中国质量奖，这是国内质量领域的最高奖项，也是中西部地区唯一一家获奖企业。组织4家企业申报湖南省省长质量奖，完成第二届株洲市市长质量奖和2016年度株洲名牌评定工作，4家企业和2名个人获得第二届市长质量奖，18家企业18个产品获得2016年度株洲名牌。开展质量提升专项行动。先后组织了两节两会、消防产品、黑心棉、农资产品、日用消费品、建材及烟花爆竹共计8项专项整治行动。加快构建质量共治格局，加强与主流媒体、新媒体的合作，积极开展"3•15""5•20世界计量日""6•9世界认证认可日"等活动，营造崇尚质量、公平公正的舆论环境。

着力保障安全。维护特种设备安全。组织大排查大管控大整治活动，全年共出动监察人员1500多人次，检查特种设备制造、使用、管理、维保单位300多家，排查安全隐患170多个，查处特种设备违法案件10余起。构建电梯使用安全应急救援平台（96366），覆盖全市1824台电梯。维护消费品安全。围绕建立执法检查、专项整治和区域整治相结合的执法打假长效机制，突出农资、建材等重点产品、计量少量等热点问题，及特种设备运行等重大隐患，开展产品质量专项整治和质监利剑等专项行动，先后组织开展农资、车用油品、烟花爆竹，及安检机构专项执法检查。特别是对醴陵烟花企业进行全面摸排检查，针对醴陵烟花生产企业中存在的突出问题，约谈醴陵市市场和质量监督管理局。组织开展消费品质量安全"进社区、进乡镇、进学校"活动，提高全体市民的质量意识。维护危化品安全。先后3次对全市所有危化品获证企业进行全覆盖检查，配合国家质检总局、省质监局组织对危化品企业的监督检查，督促企业对存在的问题进行整改到位。维护食品相关产品生产安全。全面摸清食品相关产品生产企业底数，并建立档案，组织对食品相关产品生产企业的监督检查，对监督检查中发现的问题全部督促整改到位。全年完成食品相关产品监督抽查146批次，其中8批次不合格，对不合格产品依法进行后处理。建立健全食品相关产品突发事故应急处置机制。

服务经济发展。积极参与"两型"建设，主动服务节能减排，强化锅炉、电梯等特种设备节能监管，加大节能产品监督抽查与执法力度。正式启动湖南省"法人库"株洲分库建设，为"智慧城市"建设提供法人单位信息基础支撑。保障民生利益。通过12365、政务大厅、门户网站等窗口和平台，了解利益诉求，解决群众关心的质量问题，全年共处理各类投诉500余起。"6•9世界认可日""5•20世界计量日"。9月质量月期间，举办各种现场免费检测和咨询服务活动，现场为市民排忧解难。推进简政放权。严格执行“三证合一”改革，做好改革后续工作。按照权责一致原则，在完善部门权力清单的基础上，制定部门责任清单，对相关的审批事项和服务事项进行全面梳理。改革车检机构管理体制，取消车检机构的资质管理证书，实行单一的计量认证模式。取消计量检定员资格许可。

夯实计量基础。强化计量的基础作用。完善计量技术规范，增强计量保障能力，投入300余万元，完善长度、力学、电学及热工计量的标准设备。启动恒温室建设，改造出租车计价器和衡器实验室，并启动大型长度计量标准设备及实验室建设。指导市县法定计量技术机构变更计量授权证书。加强企业计量体系建设，组织对7家单位30项计量标准进行考核，检定强检计量器具10000余台，依法管理的计量器具20000余台，为企业的正常生产提供计量保障。加强计量监管体系建设和安全计量监管力度，针对性开展春节期间计量专项治理、早稻收购、水电热气“四表”、定量包装商品等行业性、阶段性、区域性计量专项治理行动。开展诚信计量示范创建活动，指导3家单位创建诚信计量示范单位。加大民生计量服务力度，组织开展乡镇和社区医疗卫生机构医用计量器具免费检定工作，对全市110多家乡镇和社区医疗卫生机构2000多台在用医用计量器具实施周期免费检定。主动与省计量院联系，帮助普天新能源有限责任公司完成充电桩检测，确保了新能源汽车充电桩如期对外营业。强化标准的引领作用。株洲高新技术产业开发区管理委员会被国家标准化管理委员会办公室、工业和信息化部办公厅批准开展国家高端装备制造业标准化试点项目（轨道交通装备制造业标准化试点），中车株洲所荣获了中国标准创新贡献奖组织奖，成为湖南和轨道交通装备制造行业唯一获奖企业。组织了对第八批3家国家级和升级农业标准化示范区项目进行验收，2个项目申报第九批国家级和升级农业标准化示范区项目，3家企业申报农产品冷链流通标准化示范试点企业。强化认证认可的桥梁作用。共巡查现场认证活动45次，证后监管涉及各类企业38家。引导和督促企业推进认证工作。共督促企业管理体系认证证书换发33张，对自愿性管理体系认证获证企业更新档案10份，新建档案4份，动态更新200余份证书档案。组织技术专家对14家机构资质进行了认定评审。暂停强制性产品认证证书72张，撤销203张，注销111张。

（肖利花）

食品药品监督管理

【概况】 2016年，株洲市共有“四品一械”（食品、药品、化妆品、保健食品、医疗器械）市场主体45562家。其中食品生产企业1083家，食品流通企业28530家，餐饮服务企业12143家，药品生产企业13家，药品经营企业1281家，保健食品、化妆品生产企业8家，保健食品、化妆品经营企业1539家，医疗器械生产企业16家，医疗器械经营企业949家。

株洲市食品药品监督管理局加挂市食品药品安全委员会办公室牌子。市本级有各类编制286名，在职234人，局机关设立13个内设机构，下设天元、芦淞、石峰、荷塘4个分局和12个乡镇（街道）监管中心所，设立食品药品检验所、稽查支队、药品不良反应监测中心、培训中心，及投诉举报中心5个直属事业机构；5个县市均成立食品药品工商质量监督管理局，设42个乡镇（街道）监管所，各村（社区）基本配备食品药品协管员。2016年，市食品药品监督管理局被人社部和国家食药总局评为五年表彰一次的“全国食品药品监督管理系统先进集体”。

筑造支撑有力的监管基础。健全监管体制。截至2016年4月30日，市县两级政府均成立食品药品安全委员会及办公室，全市市县乡三级食药监管机构全部建立。健全责任机制。出台《株洲市食品安全工作责任追究办法（试行）》，市、县、乡层层签订责任状，逐级开展年度责任目标考核。健全保障机制。确保办公条件及资金到位，其中安排2000万元检验检测专项经费；投入1200多万为城区基层监管机构改善办公和执法条件，新增办公面积4000多平方米，总面积达到2.4万平方米，公车改革后，保留了5台机要通信车辆和21台执法执勤车辆；全市乡镇监管所按照“有牌子、有场所、有车辆、有经费、有人员、有职责”的“六有标准”建设到位，所有乡镇监管所配齐车辆。

锻造精准高效的监管手段。建设监管数据平台。年内，开展了主体大普查、风险大排查、执法大检查、问题大清查的“四查行动”，普查生产经营主体3.9万余户。以“四查”数据为基础，建设市级食品药品监管基础数据库。建设检验检测平台。以落实“株洲市民生100工程”为契机，加快推进食品药品检验检测体系建设。市食品检验检测中心投入3000多万元购置设施设备及改造实验室，检测参数达到1500多个，年检测能力达3000批次。推动检验检测能力向基层延伸，全面完成区分局和监管中心所的快检室建设并配齐快检设备；投资1500余万元，对攸县进行覆盖湘东地区的区域性食品安全检验检测资源整合试点。积极探索政府引导、部门监管、市场主导，及第三方参与的市场快检体系，投资60多万元建成天元区祥云农贸市场和株洲中南蔬菜农副产品批发大市场食品快检室，免费向市民开放。率先在全省启动食品免费快速检测车，为市民提供免费检测服务，全年完成食品快检1679批次，筛查出阳性样品101批次。建设投诉举报平台。累计投入60万元完善“12315”食品药品投诉举报平台，实行有奖举报，全年共受理来电来访2699件，同期相比增加494件，增长22.4%。其中投诉举报受理的689件，办结率100%。建设信息公示平台。完善信息公示制度，在市级主流媒体设定公示窗口，全年依法及时公开许可、处罚、抽检等信息620条，包括行政许可4286件，行政处罚252件，监督抽检2476批。建设风险监测平台。建立健全不良反应监测四级监测体系，实现消除零报目标，全省的ADR报告质量评估排名第三。加大监督抽检力度。年内，全市共制定抽检计划4525批次，其中食品抽检省抽计划577批次，市抽计划1548批次，食用农产品抽检计划2400批次。加强不合格（问题）食品核查处置，出台《株洲市食品安全抽检监测工作实施细则（试行）》，制定并完善相关工作机制，全年发现不合格食品174批次，督促指导不合格食品核查处置251件。

创造有为有效的监管成果。突出审批许可。承接省局下放的14大类25小类38项食品生产许可事项，推行新版“SC”证，实施食品经营许可两证合一，推进药械两证合一。优化31项行政许可的办事流程及办理时限，行政许可办理时限提速50%。全年市本级共受理各类许可4280件，办结4280件，其中不予许可26件。突出重点整治。推进农村食品安全“扫雷”行动和“查无证、清死角、端窝点”食品安全专项整治，共检查生产经营单位24061家（次），取缔黑工厂、黑窝点、黑作坊22个，规范引导办理许可证2394户，取缔无证经营137户，查办案件97件。在药品流通领域推行“双随机”检查制度，收回药品零售企业GSP认证证书27张，立案查处17家。针对保健食品、学校食堂、医疗器械等焦点难点问题，组织开展了一系列综合整治行动，取得良好的社会反响。突出稽查办案。2016年，全市查办食品药品一般程序案件突破997件，同比增长60%，涉案金额超2000万元，涉刑案件39起，抓捕犯罪嫌疑人48人，列入省食药监局督办案件5起，省公安厅督办案件3起，公安部督办案件1起。突出应急处置。编制《食品安全事故应急预案》，制定《食品药品安全突发事件信息报送办法》，建立24小时值班报告制度，组织在荷塘区、醴陵市开展食品安全事故应急演练。

营造科学发展的监管态势。创新监管方式。探索“互联网+网格化”监管模式，实现网格化、信息化监管。开展村民自治试点工作，试点辖区内食品经营户索票索证率达95%，购销台账建立率达95%，有效规范了食品经营秩序。创新农村集体聚餐食品安全管理工作机制，完成集体聚餐从业人员免费体检2153人次，备案登记各类集体聚餐8358场次。注重示范引领。积极创建“国家食品安全示范城市”，组织考察组到长沙市和福建省厦门市、莆田市考察学习。醴陵市成功申报创建省级食品安全城市首批试点城市。开展“食品安全示范街”和“明厨亮灶”工程，全市“明厨亮灶”达1952家。推动产业发展。采取技术引导、政策支持、资金扶持等方式，推动全市食品产业转型升级。规范食品生产加工小作坊，组织修订《株洲市食品生产加工小作坊允许生产加工食品目录》。推进食品工业园建设，招商引资5000多万元，建筑面积近6000平方米的豆制品小作坊工业园动工开建。

打造共建共享的监管格局。配合人大执法检查。2016年，市人大常委会把《中华人民共和国食品安全法》综合执法检查作为执法检查内容，全市食品药品监管部门密切配合，对审议意见逐一整改，及时落实4件人大代表建议。广泛开展宣传教育。建立与媒体的沟通协作机制，省级媒体集中宣传报道2次，成功举办“12331主题日”“食品安全宣传周”“安全用药月”等宣传活动，全市各级召开新闻发布会5场次，开通了“株洲食事药闻”微信公众号，深入农村、社区、学校等开展宣讲活动46场次，营造了全社会关心关注食品药品安全的良好氛围。深化联动执法机制。食品药品监管与公安、农业、教育等部门建立联动执法机制，通过定期召开联席会议，形成案源线索共享、办理进度互通、疑难问题互商的合作机制，凝聚打击食品药品违法犯罪行为的合力。落实企业主体责任。出台《株洲市食品药品安全信用体系建设实施方案》《株洲市食品药品安全信用分类管理办法》（试行）和《株洲市食品药品安全信用等级评价标准（试行）》，建立健全企业失信“黑名单”制度，积极推行学校保险责任制。

塑造有为过硬的监管队伍。强化选优训强。建立食品药品安全师资库，组织师资库老师外出参加师资培训，并依托师资库力量，开展100余场次各类培训，提高监管执法人员的理论素质和业务水平；建立执法检查人员名录库，通过教育培训、考试考核等方式，择优选拔80余名检查人员，提升检查员队伍的专业水准。强化行为规范。坚持依法行政，加强干部职工法制教育，组织干部参加执法证考试，连续6年荣获“株洲市依法行政先进单位”称号，干部队伍形象显著提升。

（向章琳）

海关缉私

【概况】 中华人民共和国株洲海关业务管辖范围为株洲全境，现有关员23名。内设机构3个：办公室、综合业务科、监管科；驻外机构1个：驻醴陵办事处，业务管辖范围为醴陵市、茶陵县、炎陵县，及攸县。

2016年，株洲海关共受理进出口报关单2314份；监管货运量16.65万吨，货物进出口总值6.75亿美元；审批减免税354批次，减免税货物货值1.05亿美元，减免税款6700万元；税收入库5.33亿元。

落实“放管服”新要求，全力推进业务改革。推进全国通关一体化、深化区域通关一体化等海关业务改革，全面推广“企业信用信息公示”“企业协调员”等自贸区优惠政策，在加工贸易重点企业推广“加工贸易工单式核销”制度；推广集中汇总纳税、税收总担保制度和关区税收担保一体化，简化担保手续，减轻了企业资金周转压力；优化出口退税服务，加快出口通关速度；推广“企业信用认证”改革，年内新办理1家企业认证，关区认证企业数达50家，其中高级认证企业5家。

推动株洲B型保税物流中心建设。铜塘湾保税物流中心（B型）2016年1月获批后，株洲海关认真落实《长沙海关推进株洲铜塘湾保税物流中心（B型）建设工作方案》，邀请总署加贸司领导现场开展指导；积极当好总关和市领导的联络员，商务局、国投保税物流有限公司等单位的协调员，全力推动保税物流中心的设计、建设、招商引资等工作。

配合招商引资工作。引导本地重点企业入驻保税物流中心；协助引进长城电脑公司落户株洲；牵线客商投资设立国际快件中心的商务谈判和旅游投资发展的项目的考察等工作。

开展不同层面的政策宣讲及培训。针对政府部门和多数企业对海关政策和业务不熟悉，培训需求强烈的情况，株洲海关会同株洲市商务部门，为株洲市政府部门及外贸企业制定了培训方案，将培训主体分为市级领导、政府职能部门和外贸企业主管、政府及外贸企业具体经办人员三大层面，开展“点菜式”服务，培训内容涉及到通关业务、保税物流中心业务、自贸区政策复制等。全年共举办政策宣讲、业务培训7场次，受训企业110多家、受训商务和企业人员近500人次。

服务企业发展。全力支持轨道交通、航空等优势产业做大做强，审批减免税354批次，货值1.05亿美元，减免税款6686万元。实事求是地妥善处理重点企业涉税涉费等违规问题，支持企业发展；促成海关总署加贸司、关税司等职能部门到株洲现场办公或下企业进行税政调研，为保税物流中心开关运行后的功能拓展打下了较好基础；认真学习研究国家精准扶贫政策和炎陵实际情况，推进炎陵工作站建设，把炎陵工作做精做细，让企业有获得感。

提升辅助决策水平。切实发挥海关统计职能的监测、分析、预警作用，着重在“转方式、调结构、稳增长”、“一带一路”战略、供给侧改革等国家重大战略决策方面加强统计分析，2016年，共上报16篇统计分析文章，其中4篇被中办国办采编。向株洲市委市政府以及相关部门报送海关要情7期，海关工作呈报3期，获得了株洲市委主要领导的批示肯定。（张卓贤）

【举办“海关开放日”活动】 10月31日，株洲海关举办“海关开放日”活动。邀请铁路科技职业技术学院物流管理专业100余名学生实地参观海关通关作业现场、关史荣誉室等场所，讲解海关基本职能和通关业务基本流程；关员与学生互动交流，分享学习和工作经历。（张卓贤）

出入境检验检疫

【概况】 2016年，株洲出入境检验检疫局共受理出入境货物报检5741批、37313万美元，同比批次下降0.91%、货值下降2.74%。其中：出境货物报检5181批、30299万美元，同比批次上升2.95%、货值上升5.13%；入境货物报检613批、8066万美元，同比批次下降33.61%、货值下降32.31%。包装鉴定4659批、920万件，同比批次上升12.42%，件数上升10.67%。签发各类检验检疫证单6913份，电子通关2656份。签发各类原产地证书共计7061份，签证金额1.41亿美元，同比签证份数下降0.97%，签证金额下降0.67%。其中各类优惠原产地证书2849份、8538万美元。（李东芝）

【进出口商品检验检疫】 2016年，株洲出入境检验检疫局加强对重点领域进出口商品的检验监管力度。严格监管。对出口危化品、打火机实施逐批检验，检出不合格商品3批，确保617批、4636万美元输非（中东）商品未发生质量问题。开展拉网式排查。对供港活猪实施批批监装，销毁一批不合格肉制品；重点监管进口医疗器械、旧机电等敏感产品，及时受理并转交两起进口医疗设备投诉，对近7年来受理报检的进口彩超进行核查。（李东芝）

【新系统下通关业务一体化】 2016年，株洲出入境检验检疫局全力推进E-CIQ主干系统上线工作，率先在湖南局系统签发E-CIQ系统通关单，顺利实现新系统下全国检验检疫通关一体化。（李东芝）

【帮扶企业出口】 2016年，株洲出入境检验检疫局积极帮扶辖区企业出口。针对北汽集团“威旺”生产线从株洲调整到河北黄骅的情况，积极与河北黄骅局沟通联动，创新采用“黄骅局实施检验、株洲局凭检验结果出证”模式，帮助北汽集团解决400台出口苏丹“威旺”汽车的报检和退税难题；在省局支持下，促成上海局同意采信株洲局对进口设备木质包装的后续监管结果，中车株机再无需将木质包装返运上海实施检疫处理；与霞港办联动，对进口饲料原料实行“口岸查验、到厂监管”，实现口岸无滞留转运，为唐人神公司节约码头仓储费10万元。（李东芝）

【探索质量建设】 2016年，株洲出入境检验检疫局大力推进质量建设。贯彻落实《湖南省质量发展纲要》，配合株洲市政府制定《株洲市质量发展实施规划（2016-2020年）》，将检验检疫工作融入株洲质量强市战略；协助市政府起草申报材料，启动“全国质量强市示范城市”申创工作；经湖南局指导、政检企联动，中车株机成为我省首批“中国出口质量安全示范企业”，株洲兴隆新材料公司被评为“全国检验检疫信用管理AA级企业”，助推株洲中车时代电气公司荣获第二届“中国质量奖”。（李东芝）

资产经营企业选介

株洲高科集团有限公司

【概况】 株洲高科集团有限公司（简称“高科集团”）是高新区管委会1999年出资成立的国有独资企业，主要负责河西示范园的开发建设，拥有土地一级开发权、经营权和收益权。公司有员工108人，设综合管理部等9个职能部室，下辖株洲高科发展有限公司、株洲高科汽车园投资发展有限公司、湖南高科园创企业管理服务有限公司等全资公司8家，株洲高科企业孵化器有限公司、株洲汽车园经营管理有限公司等控股公司13家，株洲中车时代高新投资有限责任公司、湖南弘高高技术服务创业投资有限公司等参股公司20家。公司业务涉及土地开发、工程建设、商住房产、工业房产、创业孵化、企业投资、金融服务，及物业管理等领域，形成土地一级开发、土地二级配套建设以及创新创业服务三大平台。

截至2016年年底，公司注册资本20亿元，总资产374亿元，净资产159亿元，信用等级AA+，2016年实现营业收入18.2亿元，净利润3.1亿元。先后荣获“国家级科技企业孵化器”“国家级示范众创空间”“湖南省2016届文明标兵单位”等荣誉称号。

（沈　强）

【融资工作】 全年融资到位80.13亿元，其中间接融资12.63亿元、直接融资67.5亿元，有息负债本金162亿元；取得中诚信国际评级公司AA+主体信用评级，获批20亿元银行间永续票据，发行11.3亿元双创企业孵化债，筹备规模不超过1.5亿美元境外债券。

（沈　强）

【土地开发】 完成投资25.6亿元，批回用地指标69.78公顷，完成征地拆迁161.13公顷，平整土地133.33公顷，新建道路2公里，续建道路13公里；土地挂牌92.40公顷，其中工业地67.60公顷，商业地24.80公顷；对欧格瑞二期、五矿、高远二期进行闲置地及低效用地清理，完成松和设备企业的交地。（沈　强）

【项目建设】 万丰湖生态水系景观公园开园；省重点项目S330高科段全线通车；新马学校主体封顶；中国动力谷研发中心、加速器、人才公寓竣工验收，运动区、公租房、6期创意独栋主体封顶，4.1期荣获“全国安全文明标准化示范工地”；新马金谷1.2期与2.1期竣工验收，3.1期主体封顶；北汽大道下穿工程正式开工，汽车交易中心完成主体封顶，汽车城市展厅交付使用，4S店4家建成营业、5家在建；慧谷阳光三期交房；万丰上院·湖韵一期封顶。（沈　强）

【创新创业金融服务】 引进上海豪生酒店集团合作开展豪宜酒店运营；与株洲县渌口南洲工业园签订合作协议提供管理咨询服务，实现园区服务业务输出和拓展；线下动力谷、汽配园一站式服务中心、汽博园O2O平台完成建设并试运行；火炬资产管理资产规模8.7亿元，科技银行累计授信余额8.18亿，贷款余额3.5亿元；出资参股科创基金、青创基金、园区产业发展基金、天使基金以及土地开发基金；完成长河科技、锦轩化工项目投资。

（沈　强）

【获批国家级科技企业孵化器】 2016年12月30日，科技部火炬中心公布认定株洲高科企业孵化器有限公司为国家级科技企业孵化器（国科发火〔2016〕418号）。2016年初，公司启动创建筹备工作，以中小企业促进园和汽配园智尚科技大厦两个孵化基地为申报基地，总孵化面积6.8万平方米，旨在完善“创业苗圃＋孵化器＋加速器”三位一体的科技创新孵化链条，打造政务、中介、投融资、培训四大服务平台。2016年11月，公司以湖南省排名第一的成绩通过湖南省科技厅组织的专家评审，并经科技部二次评审、公示后，株洲高科企业孵化器有限公司申报国家级科技孵化器成功获批。（沈　强）

【万丰湖生态景观公园开园】 2016年5月16日，万丰湖生态景观公园正式开园。公园位于新马创新城中心地带的万丰港流域，南起京港澳高速，北至湘江，东、西分别为万丰路、新丰路所夹，总占地面积约133.33公顷，其中水体约66.67公顷、山体公园10公顷，全长约5公里，总投资约12亿元。项目的设计定位是依托河湖自然资源优势，结合周边地区规划，将河道治理、防洪工程与园林工程有机结合，形成具有滨水特色的自然景观，与湘江风光带、武广绿带一起构建环形的株洲大河西生态绿色走廊，带动新马EBD和中国动力谷自主创新园的开发建设，提升新马创新城生态环境、土地价值与生活品质。（沈　强）

【株洲·汽车展示交易综合平台启动开工仪式】 2016年6月29日，举行汽车展示交易综合平台启动开工仪式。项目占地面积10.47公顷，总投资约7.4亿元，包括汽车交易中心、汽车信息大楼、汽车员工公寓、汽车主题酒店和商业配套等业态。旨在打造“中南地区功能最全、消费者最放心的‘一站式’汽车展示交易平台”，为长株潭的汽车经销商、汽车电商、汽车金融、

汽车物流等汽贸企业提供一个集群化办公及生活服务空间。（沈　强）

【北汽大道下穿工程开工】 2016年11月11日，北汽大道下穿及京珠高速互通工程正式开工。项目总投资约1亿，主要包括北汽大道下穿株洲大道桥梁、南北辅道改造、P匝道、A匝道跨线桥加宽，及A、B匝道桥梁及路基工程建设。旨在彻底解决汽车博览园与周边道路交通对接的瓶颈问题，提升进出园区的便捷性，实现园区与京珠高速的互通，形成汽博园南北片区的大融合。（沈　强）

【新马学校完成主体封顶】 2016年11月24日，新马学校完成主体工程。项目位于株洲大道北侧，东临新马大道，西接万丰路，南靠万水路，总用地面积5.60公顷，总投资约2.3亿元，包括教学楼、科学楼、宿舍楼、活动中心、塑胶运动场等附属设施，设计规模为60个教学班，可提供2700个学位。项目于2016年5月开工，预计2017年秋季投入使用。（沈　强）

【获批20亿元中期票据】 2016年12月21日，株洲高科集团20亿元中期票据通过中国银行间市场交易商协会审批，由中国建设银行股份有限公司主承销。（沈　强）

国有资产投资控股集团有限公司

【概况】 株洲市国有资产投资控股集团有限公司成立于2010年，注册资本10亿元，为株洲市属国有投资类企业集团，主要经营范围为：国有资产投资与经营；金融投资与服务；其他与主营业务相关的配套产业经营与管理。公司设董事会办公室、党群工作部、监事会办公室（审计部）、综合管理部、纪检监察室、财务部、人力资源部、资产经营部、投资管理部、工程管理部、法律事务部，及战略发展部等12个部室。2016年，集团本部在职员工149人，实现营业收入56.54亿元，利润总额4.37亿元。出资企业75家，其中全资子公司10家，上市公司8家，投资涉及工业、农业、金融、地产、旅游，及园区等领域。年末，集团合并资产总额（含千金药业、天桥起重）377.32亿元，负债总额251.78亿元，净资产总额125.54亿元，资产负债率66.73%。

2016年，公司围绕“产业发展和金融服务商”的战略定位，积极开展项目运作，完善业务版块布局，推进改革重组，拓展投融资工作，不断做大资产规模，引领产业升级，为株洲经济发展提供了有力支撑。

加快重点项目建设，优化招商环境。继续加大重点项目投资，推进轨道交通城、铜塘湾保税物流园、创业广场、洗水工业园，及白关服饰产业园等项目建设，已建成的项目积极开展招商引资，提升园区服务质量，为株洲市产业引进打造良好环境。推动业务版块重组，优化公司结构。制定公司“十三五”发展规划，明确公司战略定位和发展目标。按照公司四大业务版块划分，有序推进公司改革重组，加速构建金融服务体系，推进金融服务集团的组建。持续做大公司资产，拓展融资渠道。2016年，公司资产（不含千金药业和天桥起重）达到243亿元，与上年相比，资产规模增长107%。公司通过发行永续债、私募债、股权融资等方式实现融资87.28亿元，融资综合资金成本下降至5.97%。稳步推进投资工作，强化资本运作。全年完成股权投资8.71亿元，出资企业较年初增加9家。围绕千金药业、天桥起重、潍柴动力、株冶集团等参控股上市公司，强化市值管理，做到资本市场有序进退。积极推动地产开发，开展土地招商。加强水竹湖片区土地征拆、报批和土地管理，有序做好武广片区土地转让工作，创新土地招商模式。

年内，公司在全省重点建设项目单位考核中获评优秀单位，获得株洲市征地拆迁和房屋征收工作先进单位等荣誉。（刘守军）

【助力株洲轨道交通产业发展】 2016年，公司加快推进轨道交通城重点项目建设，全年完成投资25亿元，征拆土地210.80公顷，批回土地45.40公顷，出让土地13.60公顷；田林路二期B标于6月底通车，田心大道、中车大道、云霞大道、卧龙路、PPP路网工程一期，及标准厂房加快推进；完成总投资5.5亿元轨道科技城路网二期招标预审工作；服务中心、中央公园完成勘察设计和招标挂网。（谢婷婷）

【产业园区建设】 公司强化产业引领作用，加快产业园区建设，提升园区综合服务水平。2016年，洗水工业园累计完成投资3.26亿元，一期项目基本完工，具备洗水企业入园条件，并启动园区招商工作。保税物流园建设有序开展，预计2017年7月可建成验收并试运营。金城·国投新材料示范园一期项目竣工验收并交付使用，签订意向入园协议企业10余家，租售厂房1.5万平方米，二期、三期项目加快推进。白关服饰产业园项目一期工程全面竣工，被中纺协授予“全国纺织产业转移试点园区”，成为湖南独家全国纺织产业试点园区，入园生产、生活等配套企业达47家，租售面积5万多平方米，租赁公寓72套，项目二期工程全面启动。中南机电创业孵化园、白关服饰产业园被认定为“湖南省中小微企业创业创新基地”“湖南省科技企业孵化器”。（谢婷婷）

【拓展旅游版块全国布局】 积极推进出资企业湖南奥悦冰雪旅游有限公司的全国战略布局，加快黑龙江齐齐哈尔、江苏如东、重庆等地奥悦冰雪项目的实施。2016年，齐齐哈尔奥悦水世界、奥悦碾子山国际滑雪场相继开业运营，取得了良好的经济效益和社会效益，为公司旅游版块发展打响了品牌。（谢婷婷）

【参与组建湖南神农洞天旅游开发有限公司】 2016年，公司出资7000万元与炎陵县政府共同组建湖南神农洞天旅游开发有限公司，开发“炎陵神农洞天美丽乡村建设项目”，项目获得炎陵神农谷景区35年开发经营权。2016年年底，神农洞天公司全面接管景区，对炎陵神农谷景区进行开发运营和提质升级，着力打造公司旅游版块的增长极。（谢婷婷）

【产交中心成为全市网络司法拍卖唯一线下服务商】 2016年，株洲市中级人民法院正式授权将全市法院系统网络司法拍卖辅助工作全部委托给株洲市产权交易中心承担。产交中心将与阿里巴巴淘宝网开展深度合作，通过司法辅助服务将拍卖信息发布至淘宝网司法拍卖网络平台，实现网络司法拍卖的操作流程透明化，文件规范化，竞买公平化。（谢婷婷）

【助力市保安公司现代化转型】 2016年3月，公司顺利完成市保安公司的脱钩接收，将市保安公司更名为株洲国投保安服务有限公司，并按现代企业管理要求建立法人治理机构，完善内部管理制度，编制发展规划，拓宽业务领域。2016年，国投保安先后荣获“第四届全国先进保安服务公司”“省先进保安公司”“2016湖南省诚信百强品牌”“2016湖南省诚信企业”“2016湖南省诚信建设示范单位”等荣誉称号。（谢婷婷）

【推动公司重组和转型升级】 2016年，公司纵深推进业务版块整合和转型。参与组建农商行，获得银监会批复筹建；接收市保安公司，完成相关工商变更手续；推进丰叶担保公司重组和增资，拓展业务范围；出资收购兆富集团部分股权，拟向世富投资和银丰小贷公司增资，加快构建金融服务体系，夯实金融服务集团组建基础。全面收缩农业版块，整合物业版块，将株洲市三三一护理医院有限公司重组为株洲市国投国盛实业发展有限公司，推进众普森科技（株洲）有限公司重组，着力推动企业上市。（谢婷婷）

【开展产业投资对接资本市场】 2016年，公司通过股权投资在银行、文化、新材料、城市数字化平台等行业实现投资项目6个，投资金额4.58亿元；通过参与企业并购重组，出资2400万元收购株洲兆富集团20%股权，助力中小企业发展；围绕现有参控股上市公司，适时通过二级市场增持千金药业、天桥起重、潍柴动力、株冶集团股票，强化上市公司市值管理；出资5亿元参与湖南黄金定向增发；参与认购国信证券“国阜8号定向资产管理计划”“16友阿02公司债”。（谢婷婷）

【基金运作和管理】 2016年，公司合计出资5600万元，参与设立株洲科技创新创业投资企业（有限合伙）、株洲时代创新投资企业（有限合伙）、株洲市湘信发展土地开发企业（有限合伙）三只基金；策划并拟合计出资6.19亿元参与组建规模8亿元智能停车产业并购基金（有限合伙）、规模50亿元株洲国投中融产业并购基金（有限合伙）、10亿元株洲中车区域产业发展基金、90亿元株洲中车基础设施建设基金，发挥基金作用，助力产业发展。（谢婷婷）

【开拓融资新局面】 2016年，公司充分利用各类非金融企业债务融资工具，积极开拓多种融资渠道，实现融资87.28亿元。其中，在中证机构报价服务系统发行的20亿元债券，创该系统全国单笔最大发行金额记录；在中国银行间市场交易商协会注册的30亿元永续债券，为株洲市首支注册并批准发行的永续债券；发行的5亿元短期融资券，票面利率3%，创同信用级别主体债券发行利率新低；在深圳证券交易所发行10亿元小公募债券，认购倍数达220倍，创债券市场近年来认购倍数新高。（谢婷婷）

株洲市城市建设发展集团有限公司

【概况】 2016年，株洲市城市建设发展集团有限公司承担了13个大项、63个项目的建设任务，共完成项目投资103.2亿元，较上年增加投资50.2亿元，同比增长95%，其中完成基础设施投资70.5亿元。机场大道、天池路一期、北环路C段、建宁大桥西匝道、航空大道、疏港大道均顺利开工建设。S330武广连接线于5月份竣工通车，湘江六桥、湘江七桥、东环北路二期、江湾路、衡山路，及城铁配套三个站前广场及联络线等项目均如期完工；铁东路核心段、东城大道（芦淞区段）等项目征地拆迁问题已逐步得到解决。

为全力保障项目建设资金，公司采取多渠道多方式融资。完成融资153.9亿元同比增长20.4%，其中政府债务置换25.7亿元。直接融资渠道继续拓展，年内成功发行中期票据11亿元、超短融15亿元、短融8亿元（利率2.89%，创历史新低）、永续票据5亿元（湖南省政府投资类企业首单）、高资贷款3.5亿元、非公开公司债8亿元，及理财直融5亿元；棚改项目融资成绩喜人，完成国开行棚改项目贷款11.92亿元、光大银行棚改项目贷款5亿元、发改委棚改专项基金4.58亿元；启动40亿城市发展建设基金，借助基金灵活性和公司信用吸引投资人的新型表外融资方式，可有效的缓解公司短期的资金压力；进军境外债券市场，开展国际化融资试点，在香港交易所申请发行3年期3亿美元境外债券。大力推进PPP和政府购买服务，东环北路二期、北环线C段等16个项目已纳入政府购买服务，搭建基础设施融资新渠道，有效化解公司长期以来基础设施建设的资金难题；积极对接市财政，争取政策支持，取得

25.6亿元政府置换债券额度，极大地降低公司存量债务到期还本付息的压力。

不断完善公司管理机制，实行管理创新激发企业活力。集团管控体系创新。公司继续推进以市场化转型为核心、实施集团化运作、建立集团“1+4”的组织体系和“市场导向”的母子公司管控机制。完成集团市场化管控体系设计，明确集团与各子公司分层管理、权限划分、配套修订完善集团工程建设项目管理、经营性项目投资管理、融资管理、资金管理，及土地拆迁管理等管理办法。围绕财务管理和资金筹措，全面实施会计集中核算，提高财政资金使用效益，同时积极应对全面营改增，推动税务筹划工作有序开展。人力资源管理创新。推进集团人力资源管理的市场化变革，建立健全人才引进、人才培养、薪酬，及考核等创新管理机制。2016年3月份开展全员竞聘上岗，建立干部员工能上能下的用人机制。43人通过竞聘获得提拔，激发了干部员工干事创业的激情。同时通过社会招聘专业技术人员超过60人，为公司快速发展提供充实的人才支撑。完善公司考核机制，建立“以绩效为导向”的绩效考评体系。制定下发集团各部门和12家分子公司的年度考核指标，将员工绩效与公司的业绩考核挂钩，最大限度的调动了全体员工的积极性、主动性、创造性。建设体制创新。积极推进PPP+EPC模式，北环路C段、D段、铁东路北段等积极采取PPP，建宁大桥西匝道也已完成EPC招标，各工程项目在新型建设模式下顺利开展。

全面推进公司市场化转型发展。推进资产重组，增强国有经济整体功能和效率。公司通过资产重组构建国有资本投资、运营平台，增强国有经济整体功能和效率。积极配合市财政局整合市直机关单位行政资产进入市行资公司，并最终通过对市行资公司的整合实现行政资产的市场化经营。对集团下属的二级子公司及参股企业按照整合归并的原则进行改革，处置低效相关资产。推进业务重组，优化国有资本布局。公司通过业务重组，积极拓展四大产业板块，走产融结合的道路，实现城市建设商向城市资源综合开发运营商的升级。城乡建设板块方面，通过多种方式进行国有资本的优化：按照整合归并的原则，对城发建设公司和城投控股公司进行整合。以构建基于EPC+PPP模式的一体化经营能力为目标，有计划的开展市政公司上下游资源整合；片区开发板块方面，以武广公司、凤溪公司为主体，以项目为载体，积极开展以混合所有制经济为核心的合作开发，通过引入央企中节能公司、上市企业河马动漫公司，开展区域节能、VR项目，及教育综合体等带项目的战略投资者进行股权释放，提升片区开发的效率和效益，构建片区资源综合投资平台的运营平台；城市资源板块方面，大力推进公司停车设施、全市户外广告资源、市民一卡通等城市资源经营项目，通过产业整合，形成基于资源控制的多点布局和多元化经营格局，打造专业的城市资源运行商；类金融板块方面完成担保公司7亿元的增资扩股，提升了担保公司的抗风险能力和综合实力，完成融资租赁公司的组建挂牌。

2016年，公司实现营业收入23.6亿元，同比增长18.5%；资产规模560亿元，同比增长6.%；资产负债率56%。（张　剑）

【发行湖南省首单政府投资类企业境外债券】 2016年10月12日，集团于香港成功发行3年期3亿美元债券，该债券为高级无抵押美元券，票面利率2.98%，创同期同等条件债券发行新低。此次境外债券的成功发行系湖南省内政府投资类企业首次在境外发行债券。同时，集团也成为省内第一家获得国际信用评级的政府投资类企业，是穆迪国际评级公司出具的第一家境内地级市投资稳定评级的公司。（张　剑）

【多项省市重点项目开竣工】 2016年，城发集团的项目建设成果丰硕。6月30日，武广连接线通车；11月上旬，城铁三个站配套工程投入使用；11月12日，北环路开工建设；11月13日，枫溪大桥飞架湘江；东环北路开放交通；江湾路通车；12月31日，湘江七桥具备通车条件。（张　剑）

湖南天易集团有限公司

【概况】 湖南天易集团有限公司（简称“天易集团”）是株洲高新区管委会出资成立的大型国有独资企业，主要负责株洲天易示范区范围内的城市片区和产业园区开发及经营管理，业务范围涉及城市片区开发运营、科技园区开发运营、产业服务及对外投资管理等。

截止2016年年底，天易集团资产总额320亿元，净资产达149亿元。公司下设10个部门，下辖全资或控股、参股子公司11家，有员工300人。

公司开发建设的神农城项目已基本完成，湘水湾、月塘生态新城、株洲市新一代信息技术产业园、五云峰健康生态城等项目建设正在积极推进中。（覃　莺）

【设立“株洲市先进装备制造创业投资基金”】 5月10日，株洲市“企业帮扶年”重点项目举行签约仪式。在签约仪式上，集团公司与株洲联诚集团、高新创投集团签订战略合作框架协议，三方作为首期出资人共同设立“株洲市先进装备制造创业投资基金”。这是株洲市首家混合所有制创投基金，总规模10亿元，同时申请国家配套引导基金支持，将主要投资株洲先进装备制造产业领域的中小微企业，通过投资区域内处于初创期和早中期的创新型企业，促进自主创新成果产业化，培育新兴产业。（覃　莺）

【第一个智能立体停车场项目正式开工建设】 神农城区域立体停车场项目

总投资4.2亿元，新增车位约5400个，计划分3期建设，要求4年内全部完成。其中，一期水心楼北侧地块立体停车场项目，投资5000万元，占地面积3000平方米，新增车位400个，于2016年12月交付使用；二期主要完成广电北侧地块、大剧院北侧地块和艺术中心南侧地块立体停车场建设，拟建1500个停车位，于2017年3月启动，2018年3月完成建设并交付使用；三期完成艺术中心北侧、大剧院南侧道路对面附属绿地地下停车场建设，泰山办事处安置房生产配套用地立体停车场建设，拟建停车位3500个，项目于2018年3月启动，2019年12月交付使用。（章 莺）

【天易科技城自主创业园项目签约】 10月21日，天易科技城自主创业园项目入园签约仪式在株洲市天元区政府常委会议室隆重举行，区委书记周建光出席仪式并致辞。此次签约入园的企业共4家，均为株洲本土企业。其中湖南立方新能源科技有限公司是一家集研发、生产和销售高技术绿色电池为一体的新兴技术型企业，为特斯拉汽车公司在其官方网站上公布的旗下动力电池的新一轮供应商；株洲艾美新材料有限公司，从事精密加工，为中国的国防军工、航空航天和通信电子做出突出贡献。（章 莺）

【2016年株洲市房博会在神农艺术中心开幕】 11月23日，2016株洲房地产博览会（简称房博会），在神农艺术中心隆重开幕。此届房地产交易博览会为期5天，由株洲市人民政府主办，以“创新·协调·绿色·开放·共享”为主题，共56家企业参展，参展楼盘达73个，面积近220万平方米，涵盖了株洲楼市全部板块区域和产品序列。置业者在此届房博会上购买新建商品房，可享受每平方米50元的财政补贴优惠。（章 莺）

【湖南长城自主可控计算机整机在株洲天易科技城下线】 12月24日，湖南长城计算机系统有限公司自主可控计算机整机下线暨中国电子与株洲市政府“智慧株洲”建设合作启动大会在株洲天易科技城召开。省委副书记、省长许达哲，国防科技大学校长杨学军，副省长张剑飞，中国电子董事长、党组书记芮晓武，市委书记毛腾飞，市委副书记、市长阳卫国出席大会。（章 莺）

天易集团下辖全资或控股、参股子公司

表13

公司名称	注册资本（万元）	经营项目	投资性质
株洲神农城文化旅游发展有限公司	1000	神农城文化旅游产业开发、投资及经营管理	全资
株洲天易物业管理有限公司	3000	物业管理、设施管理、房地产资产管理	全资
株洲天易房地产开发有限责任公司	15000	房地产开发、销售、租赁和自建商品房及配套设施的管理	全资
株洲天易建设发展有限公司	52000	市政道路建设、房建、园林绿化、房地产开发	全资
湖南天易众创孵化器有限公司	2000	园区经营管理、企业孵化服务、园区产业招商以及创新创业投资	全资
株洲天元区保障房有限公司	20000	天元区保障性住房及公共配套设施开发建设	全资
株洲神农城开发建设有限公司	50000	神农城项目开发建设及项目的后期管理	控股
株洲湘水湾生态公园经营管理有限公司	100	湘水湾项目的基础设施建设及项目后期的经营管理	全资
株洲天易开元发展投资有限责任公司	43000	城市基础和公用设施的投资和运营，开展相关的土地平整，技术咨询，技术服务，技术转让，房屋租赁	控股
株洲新奥神农城能源服务有限公司	3000	神农太阳城分布式能源匹配系统项目的投资、建设和运营	控股
湖南天易阳光私募股权基金管理有限公司	1000	受托管理股权投资企业资产、从事投资管理及相关资讯服务	控股

（章 莺）

株洲市地产发展中心（地产集团）

【概况】 2016年，株洲市地产发展中心（地产集团）累计批回新增储备土地55.6公顷；收购国有存量土地9宗，面积22.67公顷，同比增长17.5%；开征续征储备土地92.35公顷，同比增加13.5%；实现融资16.4亿元；移交土地市场储备净地18宗，面积约66.67公顷，预计成交价款约13亿元，预计可形成土地收益约5亿元。

（姚　芳）

【保障发展资金安全可控】 2016年2月，落实到位银行贷款资金11.4亿元，确保了中心资金链安全可控。创新发行土地储备基金。受四部委《关于规范土地储备和资金管理等相关问题的通知》（财综【2016】4号）文件影响，储备土地抵押贷款停止。中心为解决发展资金问题，以储备中心为主体参与设立规模为37.5亿元、期限为5年的土地储备基金，并于6月30日首次投入7.5亿元。该项目不仅是全国首单政府引导基金，同时也是“土储4号文”新政施行后首单土地储备基金业务，为未来土地储备资金筹措探索了一条新路子。推动政府债务置换。通过向市政府的积极争取，并与多家银行沟通，2016年置换债务15.36亿元，顺利将纳入政府一类的债务全部置换完成，以时间换空间，既节省了财务成本也缓解了偿债压力。截至2016年年底，中心资产负债率约42%，处于安全可控状态。（姚　芳）

【提升土地储备管理】 健全土地储备管理体系。研究制定了《储备土地出入库管理制度》等相关文件，强化全市土地储备统一集中管理，各项业务工作得到规范，建立了职责明确、行为规范、运转协调的工作机制和管理体系。强化储备土地清理查底。开展市本级批而未供土地的清查工作，掌握各平台公司土地控规、开发、出让和融资等情况，共清理出批而未供土地总面积3746.73公顷。强化土地收储管理。规范储备土地招商管理，确保储备土地“应储尽储，应收尽收”，严格落实“八统一”文件要求，解决以地招商中的违规操作问题，实现由形式上的管理到实质上的管理，避免土地资源以各种名义隐性流失。

（姚　芳）

【工程建设】 2016年共投资近7亿元用于全市重点项目或基础设施建设。投资2亿元用于江渌路、建宁港路建设。江渌路于2016年年底前道路主车道完成沥青砼铺设，具备通车条件，2017年6月份可全线通车；建宁港路已完成道路沿线的征地拆迁工作，以及道路由东至西500米范围内的路基土方工程，预计2017年8月竣工通车。投资2亿元用于水竹湖公租房、金山保障房建设。水竹湖公租房总投资5.3亿元，建设公租房2070套，项目已全面竣工并完成验收，即将投入使用，可解决2000多户低收入家庭的住房困难问题；金山保障房总投资约3亿元，建设公租房1500套，年内全面投入使用。投资近亿元用于芦淞区天池湖建设。项目已完成约20万立方米的环湖道路土石方工程，预计2017年年底工程全面完工。投资6000万元用于政和大厦、泰山商业中心项目。政和大厦项目室外玻璃幕墙工程、室内二次装饰装修基本完成，预计2017年年下半年工程全面完工；泰山商业中心项目完成前期准备工作。（姚　芳）

【社会服务】 地方发展中心积极配合市高科集团、湘江集团、市交发集团等公司申报经营性用地，全年办结报批项目申请规划用地蓝线48宗322.46公顷，规划预审申请39宗，面积171.746公顷，确保了全市的经营性用地报批工作正常运转。对出让项目申请规划蓝线及指标业务实行限时办结制度，及时给全市各平台公司办理申请规划蓝线与指标函的业务，全年共受理出让项目申请办理蓝线45次、申请办理出让业务24次。（姚　芳）

株洲市湘江建设发展集团有限公司

【概况】 株洲市湘江建设发展集团有限公司（以下简称“湘江集团”），于2011年10月18日成立，是市政府批准组建的国有独资企业，公司资产总额160亿元。公司集团本部设6个部门，下属全资子公司9家，控股公司3家，参股公司2家。

公司是湘江流域株洲段沿线资源综合开发运营商，主要业务包括湘江沿线资源综合开发、湘江流域治理、商业地产、旅游开发，及粮食收储与经营等。通过开放经营性项目股权，引入战略合作伙伴，构建务实争先的赛马机制等措施，实现滚动式发展，在完成公益性项目同时，实现战略转型升级。

其中公益性项目建设是以提升城市品质、完善城市功能为目标完成好市委市政府交办的公益性项目建设，打造精品工程、“两型”示范工程。主要有湘江株洲城区河东段综合治理工程、建宁闸扩建工程、“三个中心”等项目正在建设中。

商业地产业注重以株洲市旧城改造与城市提质任务为基础，引入商业战略合作伙伴，充分整合公司控规土地资源，深度挖掘现有土地价值，实现资源有效深度开发，在旧城黄金码头开发建设城市商业综合体，打造一批经营性资产，为企业转型升级与城市公益建设提供强大资金支持。金融服务业将以公司项目融资与基金为载体，创新运用混合所有制模式，与国内知名基金管理公司合作，集聚社会资源，投入到拟上市或商业潜在价值较大的项目，实现社会资本与商业资本的有效融合，开拓金融服务业新板块。文化旅游业以现有湘江风光带旅游资源为载体，立足株洲地域特色，在充分发掘湘江风光带旅游资源的基础上结合株洲市的其他旅游资源，开发岛屿资源，发展水上旅游、工业旅游。粮食收储与经营是以湖南神农米业有限责任公司、株洲军粮发展有限公司等为主体，做好国家粮食收储与经营工作。（贺 舒）

株洲市云龙发展投资控股集团有限公司

【概况】 株洲市云龙发展投资控股集团有限公司于2010年2月4日正式挂牌，前身为2009年6月11日成立的株洲云龙新城投资有限公司，是株洲市人民政府为支持株洲云龙示范区“两型”社会建设而组建的国有独资企业。主要承担株洲云龙示范区基础设施的投融资和开发建设、国有资源（资产）运营管理、土地一级开发、发展“两型”产业的任务。公司注册资本5亿元，截至2016年年底，公司总资产210亿元，净资产达85亿元，外部信用评级AA级。有员工170余名，其中各类专业技术和经营管理人才117名。公司设立了董事会、监事会、党委、纪委，及工会及团委；下设党群工作部、董事会办公室、综合管理部、法律事务部，及投融资财务部等9个职能部室，辖10家全资子公司，控股2家子公司，参股10家子公司。（胡芝群）

【融资工作】 公司不断创新融资方式，拓展融资渠道。2016年实施融资项目17个，融资总额209.3亿元，到位资金83.3亿元，融资平均成本为5.4%，较上年降低280BP。其中：发行非公开发行公司债券10亿元；获批磐龙世纪生态城项目收益债券20亿元，一期发行到位4.5亿元，为湖南省第一支项目收益债；实现基金类股权融资8亿元；农发行贷款7.5亿元进行城中村改造。成功签约60亿元基础设施路网及磐龙湖项目PPP合作协议，实现了政府性项目融资路径新突破。（胡芝群）

【政府性项目建设】 大力开展“项目攻坚年”“大干一百天，全力保投资”活动。2016年公司承担了政府性建设项目30个（含市、区重点项目8个），完成投资11.32亿元。云海大道西段、规划四路等11条道路项目，云田安置房（二批）等6个安置房项目以及升龙路杆线迁移改造工程和绿荫工程2个项目按计划顺利开工。云水路、玉龙路一期、烟竹路、龙溪路（二期）、规划四路，及云海大道西段等6条道路实现竣工通车。启动了湖南云龙大数据产业园、磐龙世纪城商业综合体、云龙文化旅游服务业聚集区等10个重大项目前期工作。为“实施一批、储备一批、培育一批”优质的战略性经营项目打下坚实的基础。（胡芝群）

【经营项目】 加强经营性项目的管理，加快产业转型，突出经营成效。2016年共实施经营性项目8个，完成投资10.68亿元，实现经营收入5.16亿元。重点推进华强片区、盘龙湖片区、湖南云龙大数据产业园及磐龙世纪城综合体的建设。（胡芝群）

【土地经营】 对公司所有的配套及储备土地进行统一经营和管理，2016年公司共投入征拆、报批资金9.6亿元，启动征拆358公顷，完成交地132公顷；完成8条道路29.8公顷和配套地25.53公顷土地报批；完成龙头社区等5个共计1074户的城中村改造项目工作；完成5个加油站用地出让，实现出让收入1.95亿元。（胡芝群）

【子公司获2016年度“潇湘房地产风云榜—标杆企业”称号】 公司全资子公司株洲市云龙发展投资控股集团置业有限公司主要承担磐龙世纪城项目的开发工作，该项目占地面积60.53公顷（净用地为46.6公顷），总建筑面积150万平方米。截至2016年12月底，已完成房地产开发投资18.7亿元。在湖南省房地产业协会举办的2016年度“潇湘房地产风云榜”颁奖典礼上置业公司以优质的服务和良好的口碑荣获湖南省2016年度“潇湘房地产风云榜——标杆企业”，其开发的磐龙世纪城项目被授予“优秀品质楼盘”荣誉称号。（胡芝群）

【文化产业项目】 2016年公司完成了对湖南华强文化科技有限公司的增资入股2.15亿元，累计完成增资入股3.5亿元；华强方特二期梦幻王国盛大开园；原中南林业科技大学株洲校区综合开发项目有序推进，与长郡中学正式签订联合办学协议。（胡芝群）

【云水路获评株洲市优质工程】 1月20日，株洲市建筑业协会官网发布2015—2016年度株洲市优质工程暨“神农奖”评选结果。由公司全资子公司株洲市华强云峰湖片区建设开发有限公司负责建设的云水路新建工程榜上有名。

云水路位于云龙示范区云田镇，北起云峰大道，南接华强路，是贯穿云龙示范区华强片区的一条城市次干道。全长2460米，路幅宽30米，是株洲市2016年重点建设项目之一。该项目于2016年年底顺利通过竣工验收。（胡芝群）

【全省首只项目收益债获准发行】 2016年3月，公司申报的株洲磐龙生态城项目收益债券20亿元获国家发改委审批发行。项目收益债券，是国家发改委新近推出的创新品种债券之一。该债券以独立的项目公司为发行主体，以项目未来产生的现金流为偿债来源，债券期限与项目建设运营周期相匹配。这是《项目收益债券管理暂行办法》出台后，湖南省获批发行的第一只项目收益债券。（胡芝群）

【云龙示范区盘龙北路C段工程开工】 2016年6月30日，云龙示范区第一批基础设施路网PPP项目盘龙北路C段工程开工建设。盘龙北路C段工程位于云龙示范区云田镇，南起云海大道，北至云龙大道，全长1.2公里，路幅宽度30米，道路等级为城市主干道，建设内容包括道路工程、排水工程、交通设施、电力管道、路灯照明、景观绿化等，项目总投资约1.4亿元。盘龙北路C段新建工程建成后与盘龙北路A、B段及盘龙南路相连接，形成云龙示范区贯通南北的主要交通干道，更进一步完善和优化云龙示范区路网结构，大力提升城市发展承载力。（胡芝群）

【云龙示范区云峰大道东B段工程开工】 云龙示范区第一批基础设施路网PPP项目云峰大道东B段新建工程位于云龙示范区云田镇，西起华强路，东至创元路，全长2.5公里。道路为上下分幅设计，中央分隔带宽度不固定，路幅宽度42.5米～55.5米，项目总投资约2.6亿元。云峰大道东B段工程按照“两型”要求，根据云龙示范区整体用地规划，结合地形、地貌调整道路纵坡，尽可能避免对自然生态的破坏；通过道路绿化景观、自然排水、节能路灯等建设，充分体现城市建设与自然生态环境共生的城市发展理念。工程于2016年6月30日开工建设，建成后与云峰大道一、二期工程相连接，形成云龙示范区北部区域的东西向主要交通干道。东连荷塘区，西接洞株公路，进一步提升了云龙示范区的区位优势。（胡芝群）

株洲新芦淞产业发展集团有限公司

【概况】 2016年，株洲新芦淞产业发展集团有限公司以“调结构、强经营、防风险、稳发展”为目标，各项工作均取得较好成效。全年实现资产总额89亿元，比年初增加33.44亿元，增长率60.17%。

拓融资，突破资金瓶颈。2016年，公司在做稳银行等传统融资基础上，以市场化理念进行融资模式创新，首次尝试公司债、企业债、基金等融资模式，全年融资到位42.352亿元。其中公司债到位20亿元。同期公司顺利完成AA信用评级，打破公司融资过度依赖抵押物的被动局面，降低融资成本，突破融资瓶颈。

推项目，开展新城建设。公司在项目多、任务重、工期紧等情况下，全年累计完成项目投资17亿元，千亿大道、东城大道芦淞段、服瑞大道二期等9条15.1公里城市主次干道建设加快，预计2017年全面竣工通车；通用机场整体进度完成90%，预计2017年上半年建成并投入试运营；沙堤安置房一期、罗塘安置房1.1期竣工并分房到位，沙堤安置房二期、道田安置房一期主体封顶，龙泉安置房启动开工建设。

抓报批，保障土地供应。科学编制计划、积极争取指标、强化沟通协调，土地报批工作有序推进。公司全年批回土地112.80公顷。大力承接“两机重大专项”落户航空城，其中南方公司一期用地53.4公顷，仅用23天就完成104栋房屋的征拆工作，协助政府创造了芦淞征拆新速度。

强招商，促进产业推广。强化项目策划、包装和运营，依托优势资源，强化产业推广。开展厂房招商，白关标准厂房1.1期共计签约企业16家，完成厂房招商约4.2万平方米，占厂房面积的75.6%；完善园区配套服务。园区服务中心、金色沙堤幼儿园、园区食堂、公交专线，及超市等生活配套正式运营；“智慧园区”建设全面启动，完成政务服务、物业服务、第三方中介服务，及供应链服务四大平台建设；探索招商策划新模式。策划龙泉核心片区PPP项目及航空城基础设施PPP项目，探索出对龙泉核心区及航空城核心区实施“片区开发+PPP”的新模式。

重规范，创新内部管理。注重挖潜增效，管理能力不断提升。建立健全制度。新出台《出资企业管理办法》《法律风险防控管理暂行办法》等8项制度，梳理修订32项制度，规范公司内部管理。用好用活政策。协助市、区政府争取省级层面出台《加快航空制造业发展的若干政策措施》，组织编写《政策研究简报》，推动公司员工了解政策、用好政策、落实政策。做强做优培训。不断完善公司内部培训体系，开展法律、产业等专题全员培训4次，派出培训9次，内部培训16次，营造良好学习氛围，促进员工素质提升。（刘　斌）

【首条机场跑道开建】 2月22日，株洲首条机场跑道开建。株洲通用机场选址芦淞区董家塅街道办事处，其中一期工程按运-12飞机使用要求进行设计，跑道长800米，宽30米，配套建有停机坪、升降带、油库区、气象观测站，消防站、航站航管楼、机库等，可起降运-12等各型通用飞机、直升机。此次开建的机场跑道，主要是为株洲通用航空产业园研发和生产提供试飞服务，同时兼顾其他通用航空业务。（刘　斌）

【“16新芦淞”公司债成功发行】 新芦淞集团非公开发行公司债券融资项目自2016年1月启动，2016年3月25日获上海证券交易所审批通过。3月31日，“16新芦淞”公司债成功发行，募集资金全部放款到位。该债券发行总额10亿元，5年期，利率5.8%，为航空城、服饰城的开发建设提供强有力的资金支持。（刘　斌）

【株洲新芦淞资源有限公司挂牌】 5月6日，新芦淞集团又一全资子公司——株洲新芦淞资源有限公司正式挂牌成立。新成立的株洲新芦淞资源有限公司注册资本1000万元，主要承担芦淞市场群国有资源经营管理与服饰城、航空城资源开发和运营，具体包括投资管理、企业形象策划、大型活动组织与策划等。（刘　斌）

【“千亿大道二期”开工】 6月29日，由新芦淞集团担任业务单位的“千亿大道二期”项目正式开工建设。市领导黄曙光、蔡溪、冯建湘、李晓葵、朱振湘等参加开工仪式。千亿大道是航空城内一条贯穿南北的城市主干道，是航空产业集聚的中轴线，道路总长6.3千米，宽42米，总投资7.9亿元，分三期建设，此次开工的二期工程大多位于芦淞区董家塅街道办事处（原五里墩乡）白井村与白关镇的成家坝村地段，北起千亿大道三期，南至机场大道，长约1.7千米，双向六车道，总投资3.2亿元。千亿大道建成后，将进一步完善航空城的配套基础设施建设，极大提升航空城的项目承载能力，加快产、城融合步伐，助推产业快速发展。（刘　斌）

株洲市教育投资集团有限公司

【概况】 株洲市教育投资集团有限公司是湖南（株洲）职教科技园建设经营服务商，属于市级功能类企业，注册资本20亿元，信用评级AA，总资产90亿元。2016年，职教科技园建设开发成效显著，影响力持续增强，核心片区基本建成，其他片区建设开发全面铺开。年内，园区已有湖南有色金属职业技术学院、湖南工贸技师学院、湖南铁路科技职业技术学院、湖南省商业技师学院、湖南化工职业技术学院、湖南中医药高等专科学校6所院校入园办学，湖南铁道职业技术学院、湖南汽车工程职业学院、株洲市职工大学、株洲市幼师学校4所院校正在建设中。由市教育投资集团有限公司代建市属三校（湖南汽车工程职业学院、株洲市职工大学、株洲市幼儿师范学校）新校区建设进展顺利，预计2017年9月可实现搬迁办学。

要素瓶颈有效破解。土地工作成效显著。全年批回10个项目共70.2公顷土地，满足园区用地需求，完成征拆土地278.27公顷，实现交地204公顷。融资工作进展顺利。探索融资新渠道。公司债、市属三校政府购买服务融资项目、国家发改委项目专项建设基金先后到位，实现集团信用评级AA，保障了园区建设和产业发展，2016年筹融资到位34亿元。

项目建设有力推进。提速院校建设。全年共完成院校建设投资29.2亿元。完善基础设施。城际铁路大丰站正式运营，站前广场和配套道路完成建设。智慧路、崇德路、向阳北路等7条道路相应路段竣工通车，园区路网进一步完善。明礼路、新塘路、学林路和云龙大道提质绿化工程正在建设中。提质产业配套。中科院云计算职教中心投入运营，“数字经济”和“智慧教育”峰会圆满举办。承办了湖南省“十行状元、百优工匠”技能竞赛，反响良好。与央企中智集团、中能建集团等优质企业达成战略合作。园区房产项目持续火爆，10万平方米的教师公寓二期年内售罄。湘菜文化园、电气实训中心等项目积极推进。

企业转型升级有序开展。加速产业发展。2016年，园区产业发展规划初步形成。年内新组建了控股子公司智谷制造公司，出资参股了斯凯智谷公司。截至2016年底，教投集团出资的下属企业有10家（全资5家、控股2家、参股3家），产业覆盖培训认证、创新创业、研发孵化、信息化、新能源、无人机，及服务配套等。加大项目申报。2016年，教投集团共申报项目17个（国家级1个，省级16个），争取到上级资金6200万元。通过与省发改委和省经信委积极衔接，成功申报湖南省双创示范基地、湖南省中小微企业核心服务机构、湖南省移动互联网产业园。挂牌株洲市培训与技术成果孵化集聚区。加强内控管理。积极发挥集团党委政治核心作用，员工队伍向心力不断增强，出台投资、风控等44项制度，实现制度管理“全覆盖”，廉政建设和安全生产圆满完成年度目标任务，综合管理、人力资源、审计合约等职能工作，在新形势下迈上新台阶。

（宋　钰　黄　寿）

工　业

综　述

【概述】 2016年，全市工业战线坚持新型工业化第一推动力不动摇，认真贯彻落实制造强市战略，积极克服全国工业经济持续下行和清水塘老工业区企业搬迁改造的双重压力，全力稳增长、调结构、增效益，实现了“十三五”良好开局。

工业运行稳中向好。2016年，全市实现规模工业总产值3534.6亿元，增长7%；实现规模工业增加值1085亿元，增长7.1%，分别高于全国1.1个和全省0.2个百分点。实现利润总额166.5亿元，增长14.9%，高于全国、全省平均水平6.4和10.4个百分点。全年新增主营业务收入过300亿元企业1家、过100亿元企业1家、过亿元企业8家，新增规模工业企业146家，超额完成年初设定的目标任务。

制造强市成效显著。出台实施制造强市、“互联网+”五年行动计划，中车集团株洲电力机车厂轨道交通用动力型超级电容器、株洲中车时代电气股份有限公司新能源汽车用IGBT2个项目入选2016年国家强基工程，南方阀门获批国家绿色制造集成项目试点，轨道科技城项目建设等4个项目入选制造强省建设重点项目，株洲电机等3家企业获批2016年省级智能制造示范。先后组织20多名企业家赴德国开展“工业4.0”培训，举办上海交大、南京理工等智能制造培训班。中央电视台新闻联播、焦点访谈、《人民日报》等中央媒体栏目，大篇幅密集报道株洲贯彻落实“中国制造2025”工作情况。大力推进制造业创新中心建设，湖南省联合轨道交通装备制造创新中心正式成立，国家新能源汽车检测中心株洲分中心正在加紧筹建。成功获批创建“中国制造2025”试点示范城市。

项目建设稳步推进。积极开展“项目攻坚年”活动，全市产业投资增长32.7%，高于全省平均水平。一批重大产业项目推进顺利。转向架智能制造车间、IGBT产业化项目加快建设，“两机重大专项”陆续交付土地，北汽二工厂项目四大车间封顶，攸县煤电一体化项目1、2号机组并网发电，长城电脑自主可控整机项目、麦格米特二期竣工投产；株洲汽车博览园项目27家4S店签订入园，6家已建成营业。

企业帮扶亮点纷呈。大力开展“企业帮扶年”活动，往实处、宽处、深处和高处帮扶企业，全年解决企业各类问题近2800个。制定出台《株洲市促进工业企业发展十二条》等政策，切实减轻企业负担。创新开展“惠企政策推送”活动，运用“互联网+”手段，向6900多家企业负责人发送手机短信700万余条次，得到国务院减负办发文肯定。开办省内第一家市州股交分所，成立株洲首支先进制造领域创投基金，创新金融服务破解企业融资难的做法，获工信部刊文全国推介。成功获评全国首批产融合作试点城市。创新人才管理培训，积极组织开展“走进标杆企业”等培训交流活动。中车株机董事长、总经理周清和等3位企业家获评2015年全国优秀企业家（湖南仅4名）。

产业招商硕果累累。依托2016德国汉诺威博览会、珠海航展、沪洽周等展会活动，大力开展产业链招商。普天新能源、江苏永成、中电绿途、北京菲斯洛克、安徽易威斯等15个项目正式落户，项目达产后预计新增产值45亿元左右。启动“引进百家配套企业”专项行动。承办工信部部属高校科技成果对接会、湘台高端装备产业合作对接会、2016株洲国际轨道交通峰会、第二届长株潭（株洲）互联网大会，及湖南省加快航空制造业发展政策发布暨产业合作对接会等一系列有影响力的特色活动，推动一批企业开展合作，一批产业项目签约落地，为产业发展积蓄新动能。（邱　彬）

轨道交通产业

【概况】 2016年，株洲轨道交通装备产业相关企业200多家，其中规模以上企业62家，株洲轨道交通产业继续保持千亿规模。中车株所实现产值358亿元，中车株机实现产值250亿元，中车株洲电机实现产值82.8亿元。新成立中车株洲投资控股公司，成功举办“2016轨道交通产业国际峰会”，株洲轨道交通城建设加速推进。

（唐巧虬）

【2016轨道交通产业国际峰会在株洲召开】 2016年11月25—27日，由中国中车集团公司、株洲市人民政府联合主办，株洲市轨道交通行业协会、株洲国投集团承办，中车株机、中车株所、中车电机、中车株控、联

诚集团、九方装备、中车长江车辆有限公司株洲分公司、湖南工业大学、湖南铁路科技职院，及湖南铁道职院等单位协办，以“融合、创新、共赢”为主题的“2016轨道交通产业国际峰会”在株洲隆重举行，这是国内举办的首次以轨道交通产业为主题的大型国际峰会。

峰会邀请4位中国工程院院士、“一带一路”沿线国家10余位驻华使节，西门子、阿尔斯通、卡巴斯基等多家跨国企业以及国内50多个城市代表、10余家国内著名高校院所等近1000人参会。这是中国轨道交通行业举办的规格最高、规模最大一次的国际峰会。

来自产业各界各层的领导、专家、学者和嘉宾共同为中国轨道交通产业把脉献策。共同探讨轨道交通产业融合发展、创新发展、共赢发展的核心命题，共同推动轨道交通产业做大做强，向全球全面推介中国轨道交通产业，进一步提升株洲在全球轨道交通产业中的知名度、影响力和竞争力。

（唐巧虬）

【全球首套盾构机永磁同步电机成功研制】 8月15日，中车株洲电机有限公司研制成功的全球首套盾构机永磁同步电机顺利交付客户，实现装载试运行。这是该公司继永磁动力技术成功应用于高铁、风电、空调、新能源汽车等领域后，又一次将永磁技术运用于大型机械重工领域，在全球尚属首次。标志着该公司在盾构机永磁驱动技术领域已经处于国际领先地位。通过运用该项技术，在实现大幅节能的同时，还将有效提升盾构机整体效能。

盾构机全称盾构隧道掘进机，它像一只不知疲倦的“穿山甲”，可一边加固隧道墙壁一边深挖，在地铁、铁路、公路、市政、水电等隧道工程中得到广泛使用。中车株洲电机研制的盾构机永磁驱动装备，在打破原来动力驱动模式的同时，也是对该机械领域“动力驱动”形式的一次重大技术变革与突破。（唐巧虬）

【中车时代电气“双高双效”高速牵引管理模式获“第二届中国质量奖”】 2016年3月29日，“第二届中国质量奖”颁奖大会在北京人民大会堂举行，9家企业荣膺中国质量奖，中车株洲所旗下企业——株洲中车时代电气股份有限公司成功入选。这是湖南省唯一、也是全国轨道交通行业唯一获此殊荣的企业。中国质量奖由国家质检总局负责组织实施，是国家质量领域最高的政府性荣誉，设质量奖和提名奖，每两年评选一次。中车时代电气公司荣获中国质量奖主要基于“追求双高双效的高速牵引管理模式”在时代电气的实践应用，推动了产品质量的全面提升。中国质量奖评审委员会认为，中车时代电气独创的“追求双高双效的高速牵引管理模式”有完整的理论体系，并体现了轨道交通装备制造业的特点，树立了标杆，具有极强的推广意义。（唐巧虬）

【株洲市获批创建“中国制造2025”试点示范城市】 11月30日，国家工信部正式批复同意长株潭创建“中国制造2025”试点示范城市群。根据工信部批复要求，开展“中国制造2025”试点示范城市群创建，要立足长沙、株洲、湘潭三市产业基础和优势，分业施策，有序推进。大力发展先进轨道交通装备、工程机械、新材料等12大重点产业，构筑长株潭城市群高端、智能、高效、绿色的新型制造业体系。

工信部在批复中，对长株潭三市产业分工进行了明晰，要求株洲大力推进“中国动力谷”建设，大力实施制造业创新能力建设工程，围绕制造业创新发展的重大共性需求，建设以国家级创新中心为代表的重大创新平台，开展行业基础和共性技术研发、成果产业化、专利转化、人才培训等。突破先进轨道交通装备行业关键共性技术，促进轨道交通装备产业升级，优化产业空间布局，以龙头企业为牵引加快打造世界领先的现代化轨道交通装备制造产业体系。大力推进军民融合，积极构建中小航空发动机自主发展工业体系，重点发展航空装备、中小型航空发动机等零部件，推进通用飞机、直升机以及无人机的研发与产业化，提升服务型制造水平，建成全国重要的中小航空发动机产业基地和航空关键零部件生产基地。（唐巧虬）

汽车产业

【概况】 2016年全市规模以上汽车整车及零部件企业完成工业总产值217.3亿元，同比增长67.1%。全市规模以上汽车整车及零部件企业累计完成增加值54.4亿元，与上年同期相比增长61.0%。汽车产业呈现高速发展的良好态势。北汽全年生产汽车发动机29093台、生产整车（含车身）20.4万台，实现工业总产值98.4亿元，同比增加98.03%，实现销售收入突破100亿元；中车时代电动汽车销售各类大中型新能源客车近5000辆，实现销售收入38亿元，销售收入增长率超过50%，约占全国新能源客车市场5%以上。2016年，全市新能源汽车产销突破11000台，总产值达52亿元。株洲汽车博览园项目总面积376公顷，总投资约200亿元，27家4S店签订入园，6家已建成营业。总投资4亿元的汽车交易中心一期主馆主体已封顶。总投资3亿元的株洲国际赛车场一期综合试驾广场已建成。新能源汽车检测中心株洲分中心已签约进区。

（王　军）

【国内首款量产纯电动SUV汽车株洲基地下线】 3月30日，国内首款量产的纯电动SUV—EX200在北汽株洲基地成功下线。EX200基于北京汽车传统SUV北汽绅宝X25同平台开发。北汽绅宝X25自2015年年底上市不到半年，即迅速获得市场认可。作为它的同平台车，EX200的下线。它标志着北京汽车在新能源市场再次开拓全新的细分领域，同时也是北京汽车在技术、生产、品质上的一次重大提升，是北京汽车全面创新转型的标志。北京汽车将EX200安排在株洲生产基地投产，充分发挥共平台车共线生产的平台化开发、生产优势。 （王 军）

【第二代新能源汽车轮边永磁驱动系统在中车株洲电机下线】 4月22日，国内第二代新能源汽车轮边永磁驱动系统在中车株洲电机公司研制成功并顺利下线，该驱动系统将改变新能源汽车过去所采用的中央电机集中驱动方式，直接由2台安装在电动汽车车桥两侧的永磁轮边电机进行驱动，实现了中国新能源汽车动力系统由第一代动力集中型向第二代动力分散型的革命性转变，成功将高铁永磁技术运用于新能源汽车领域，助推新能源汽车“高铁化”。 （王 军）

【株洲电动汽车亮相德国汉诺威车展】 9月22日，中车株洲所旗下中车时代电动研制的首款欧盟标准的纯电动汽车，正式亮相德国汉诺威国际商用车展。在电动汽车领域，中国中车正奋力打造高铁之外的第二张“金名片”。

此款欧盟标准的纯电动车为12米长的C12型城市客车，已获得整车出口欧盟的资质。该车移植了中国高铁列车的多项技术优势，被称为“高铁级”城市电动客车，其核心动力系统为T-Power技术，较普通汽车的动力系统重量轻30%，能耗降低50%，安全防护等级仅次于军工标准，采用直流双枪快充技术，充电1小时，可运营260公里，其车身采用多种新型铝合金材料，在相同电池电量的条件下，比普通钢车身节能10%。 （王 军）

【株洲开启新能源汽车分时租赁服务】 10月15日，湖南庞大贝宁新能源汽车销售服务有限公司举行分时租赁启动仪式。该公司是株洲首家集新能源汽车的销售、租赁、以租代售、充电桩的建设及运营于一体的综合性新能源系列服务商。新能源汽车分时租赁每小时价格为40元~80元不等，根据车型不同价格不等，目前该站有30多台多型号新能源汽车提供对外租赁服务。 （王 军）

【株洲纯电动环卫车生产线竣工投产】 12月16日，湖南亿华新能源车辆有限公司电动环卫车生产线，在株洲高新区天台工业园内竣工投产。公司生产的环卫清扫车采用纯电动能源，绿色、环保、低噪音运行、零排放标准，纯真空系统吸扫，吸力强劲，结合四级降尘系统，抑制二次扬尘，确保路面清洁，同时对关键零部件进行100%国产化。充电一次可以工作8小时，每车可以替代10名到15名环卫工人。 （王 军）

航空产业

【概况】 株洲航空工业起步于上世纪50年代初期，是中国“一五”期间重点建设的六大航空工业基地之一。经过60多年的发展，株洲成为了全国唯一的中小航空发动机特色产业基地，基本形成了较为完备的航空产业链。

2008年以来，株洲相继被授予国家高技术产业基地国家火炬计划中小型航空发动机特色产业基地新型工业化（军民结合）产业示范基地、通用航空产业综合示范区。株洲拥有国家级航空产业技术中心、博士后工作站和近20个各类技术研究机构；拥有以中国工程院院士尹泽勇为代表的航空动力工程领军人物和6000多名航空产业技术人员。“十二五”期间，株洲引进山河科技轻型飞机项目、罗特威直升机公司、南方宇航高精传动产业项目、中航湖南通用航空发动机公司、中航动力零部件公司、中航动力株洲精密铸造有限公司、山河华翔通航，及湖南翔为通航等多家企业。其中，山河科技开发的“阿若拉”（SA60）是国内首个获得中国民航局适航认证的民族自主品牌轻型运动飞机，自主研发的SA160五座飞机在十一届珠海航展备受瞩目。省、市国有资本参股航空发动机相关企业达6家，投入股权资金总额达5亿元，向中小航空发动机产业项目建设供地达120公顷。株洲航空产业连续五年实现较快增长，现有各类航空企业25家。2016年航空产业产值超过100亿元，其中中小航空发动机市场占有率达90%以上。

（尹利文）

【省市大力扶持株洲航空产业】 2016年12月，湖南省人民政府办公厅印发《加快航空制造业发展的若干政策措施》，从设立航空产业发展子基金、支持航空产业园区建设、支持航空产业重点项目建设、推进航空产业军民深度融合、加强航空产业人才队伍建设、优先保障航空产业发展用地指标、配合推进航空企事业单位改革改制工作，及成立湖南省航空产业发展领导小组等16个方面推进航空供给侧结构性改革，建设制造强省，打造国内领先的航空装备制造基地。 （尹利文）

【“两机重大专项”正式启动实施】 市领导高度重视航空产业发展及“两机重大专项”落地，成立由市长阳卫国任组长，21个市直相关部门和芦淞区主要负责人为小组成员的领导小组，专门负责“两机重大专项”落地工作。芦淞区完成了南方公司一期53.4公顷用地的往拆往收和清表腾地工作，完成了608所29.47公顷用地调规，积极推进了太子奶地块收储与出让的前期工作。南方公司、608所积极做好了“两机重大专项”前期启动工作。

（尹利文）

【湖南省加快航空制造业发展政策发布暨产业合作对接会在株洲召开】 湖南省加快航空制造业发展政策发布暨产业合作对接会于2016年12月20日

在天台山庄举行。来自全省涉航企事业单位、园区、高校及各地州市相关嘉宾200余名集聚株洲，共商湖南航空产业发展大计。会上，中国工程院院士尹泽勇就中小航空发动机产业、“两机重大专项”做形势报告，省经信委主任谢超英发布并解读《湖南省加快航空制造业发展若干政策措施》，副市长何朝晖介绍株洲通用航空产业发展规划。（尹利文）

【航翔燃气轮机有限公司荣获首届中国军民两用技术创新应用大赛铜奖】 2016年12月8日，首届中国军民两用技术创新应用大赛在江苏省泰兴市圆满结束。株洲市航翔燃气轮机有限公司经过层层角逐，荣获大赛铜奖，是湖南参赛企业获得的最高奖项。（尹利文）

【工信部部属高校科技成果对接大会召开】 2016年10月26日，工信部部属高校科技成果对接大会在株洲市天台山庄和谐厅成功举办。此次大会由工信部电子一所和株洲市人民政府主办，由市经信委承办。工信部部属7所高校带来了航空航天、节能环保、新材料、智能装备、信息技术、光机电技术等1500余项科研成果参会。涉及航空、汽车、轨道交通、新材料，及电子信息等领域的200多家企业及行业协会参加，企业向高校表达初步合作意向近300项。（尹利文）

陶瓷产业

【概况】 醴陵是全国八大陶瓷主产区之一，是世界釉下五彩瓷原产地，被评为“中国陶瓷历史文化名城”。作为醴陵市地标性支柱产业，通过近年来的不断提升发展，陶瓷产业已被列入湖南省“四千工程”范畴，成为全省规划优先发展的产业集群、第一轮特色县域经济强县重点县。2016年，陶瓷产业规模以上企业213个，完成工业总产值达468.03亿元，同比增长15.9%，完成规模工业增加值168.57亿元，同比增长11.1%。（王思思）

【打造陶瓷博览园“百亿工程”建设项目】 中国（醴陵）陶瓷博览园是醴陵市委、市政府为加快打造以现代陶瓷产业文明为主特征的历史文化名城而确立的重大战略性产业项目。项目概算总投资120亿元，总用地面积266.67公顷。项目坚持“产城融合”理念，突出“陶瓷文化”主题，主打“釉下五彩”品牌，按照“政府引导、市场运作、总体规划、分步实施”的方式推进建设。主要依托已建的醴陵·世界陶瓷艺术城（瓷谷）并以其为核心；依托一批在建在谈项目并以其为支撑，发挥展示交易、旅游休闲、创新创业、现代商业四大功能：以瓷谷、陶瓷会展馆、1915陶瓷文化特色街区、陶瓷商贸城，及陶瓷电商产业园等项目主导展示交易功能；以陶子湖、陶瓷生态花卉主题公园、五彩广场等项目主导旅游休闲功能；以釉下五彩生产基地、创新创业园等项目主导创新创业功能；以益福垵培智工业街区、慧心园等项目主导商业配套功能。该项目计划在“十三五”期间全面实施并全面见效。项目建成后，将充分展现和传承中国陶瓷文化、有效示范陶瓷产业转型升级，及大幅提升醴陵陶瓷的品牌影响力。（王思思）

【出口创汇体量不断扩大】 陶瓷产品出口全世界150多个国家和地区，出口创汇近2.6亿美元。尤其是电瓷出口创汇近1亿美金，稳居全国第一。2016年，醴陵日用瓷出口33.2亿件，电瓷出口39.5万吨。（王思思）

【醴陵陶瓷列为全国产业集群区域品牌建设试点地区】 2016年5月，醴陵陶瓷又被列为全国产业集群区域品牌建设试点地区。醴陵陶瓷目前还拥有“醴陵陶瓷”“醴陵釉下五彩瓷”“醴陵红瓷”3个国家地理标志证明商标；拥有14个国家级商标或名牌；拥有44个湖南省著名商标或名牌产品。陶瓷产品畅销美国、欧洲、日本、中东，及南美等150多个国家和地区。（王思思）

【湖南工业大学醴陵陶瓷学院揭牌】 12月13日，湖南工业大学与醴陵市人民政府战略合作框架协议签约，湖南工业大学醴陵陶瓷学院正式揭牌。陶瓷学院以湖南轻工高级技工学校（湖南陶瓷技师学院（筹））为依托，新校区选址于长庆示范区渌江新城核心区，占地面积20.33公顷，总建筑面积10.6万平方米，总投资2.55亿元，将形成陶瓷文化广场区、教学中心区、工学一体化实训区、职业培训区、体育运动区，及生活服务区等6大功能区域，是一所现代化、智能化、园林式、生态型，及陶瓷文化气息浓郁的新型校园。项目于2016年8月开工，计划2017年主体封顶，2018年9月正式投入使用，形成在校全日制学生规模5000人、培训人数8000人以上。（王思思）

新材料产业

【概况】 2016年，株洲有规模以上新材料企业76家，其中，通过省里认定49家。以株洲时代新材为代表的先进复合材料，以株硬集团为代表的先进硬质材料优势突出，拥有国际知名的品牌，集约化程度较高，装备、技术、管理水平国内名列前茅。2016年，株洲新材料产业实现规模工业总产值316.5亿元，同比增长12%；实现规模工业增加值95.6亿元，同比增长15.5%。（王思思）

【株硬集团与6家海外企业达成合作意向】 株洲硬质合金集团有限公司在第29届国际钨协年会上与6家海外企业达成了合作意向，获得29吨硬质合金产品订单。国际钨协年会是世界钨工业领域具有高度权威的会议，参会企业多为当代影响力较强的硬质合金企业。此次年会共有来自25个国家的109家企业参加，其中中国企业16家。会上，株硬公司相关负责人作为中国的唯一代表，就硬质合金在机械加工业中的应用、矿用合金发展和硬质合金在中国钢铁工业中的应用等作专题技术报告。（王思思）

【株硬集团新产品形势喜人】 株硬集团2016年收到来自东南亚4个国家的硬质合金棒材新产品订单，其产品在3C领域（计算机、通讯和消费电子）应用取得突破。依托科技创新，研发高新产品，成为株硬集团的核心竞争力。新产品的年贡献率达到公司当年销售收入的30%以上。（王思思）

【时代新材斩获伦敦地铁千万美元订单】 1月12日，时代新材海外子公司代尔克与伦敦交通运输局正式签订伦敦地铁长期供货合同，与全球排名前三的扣件系统供应商同台竞技，最终成功斩获逾1000万美元的市场订单，成为代尔克获取的单笔最大市场订单。（王思思）

【时代新材晋升2016年全球非轮胎橡胶制品20强】 8月2日，美国《橡胶与塑料新闻》周刊公布了2016年全球非轮胎橡胶制品50强排行榜，时代新材位列第16位，较上年的第28位上升12位，成功晋升全球非轮胎橡胶制品20强，继续刷新中国企业在该榜单的最好排名。（王思思）

医药食品产业

【概况】 2016年，株洲医药食品产业总体经济形势平稳，生产销售保持增长，但食品产业增长乏力，企业普遍感到经营困难增大。全年，医药食品产业完成工业总产值229.49亿元，同比增长4.8%；完成工业增加值71.15亿元，同比增长2.7%，其中医药制造业完成工业增加值30.55亿元，同比增长7.3%，食品制造业完成增加值6.43亿元，同比下降16.1%，农副食品加工业完成工业增加值34.16亿元，同比增长3.5%。（王思思）

【诚信体系建设】 全市食品工业企业诚信体系建设稳步推进，形成以保障食品质量安全和促进行业健康发展为目标，通过政府指导推动，协会加强行业自律，企业履行主体责任，社会各界参与并监督的建设体系。通过推进诚信建设，企业诚信意识明显增强，企业诚信管理制度正在加快建立，企业诚信管理体系逐步完善，诚信建设取得了初步成效，已完成锦波实业、唐人神、和生祥的国家诚信管理体系的认证授牌。（王思思）

【“千金”品牌价值14.22亿元】 2016年，公司销售规模一举突破33.5亿元，8月22日，医药行业年度盛事西普会发布2016“健康中国·品牌榜”系列榜单。千金药业从众多品牌中脱颖而出，荣获“健康中国·品牌榜”妇科用药第一品牌，继上年之后，再次蝉联该类别品牌榜桂冠，并获得店员推荐率最高品牌奖、医药行业工业百强、药店最具魅力品牌榜，及最具互联网影响力药品品牌等殊荣。千金品牌在此次价值榜中排行第37名，价值14.22亿元。成为备受赞誉的全国女性健康产业第一品牌。（王思思）

【千金女性酒饮上市】 依托千金女性健康工程技术研究中心，千金药业联合华南理工大学、江南大学、中国科学院西双版纳植物园和湖南中医药大学等十多家知名大学及科研院所，推出了一款深受女性喜爱的第三类酒饮——“千金饮”，产品以热带奇珍异果及具有女性健康功能的“千金食疗方”为原料，采用“千金果果础”混酿技术，凭借“千金精酿造”工艺的品质保障，成功推出多款重磅作品。2016年9月，株洲千金瑰秘酒业股份有限公司成立，公司致力于打造中国女性酒饮第一品牌、成为女性酒饮标杆企业。在2016年中国糖酒行业的盛宴——全国糖酒会颁奖礼上，千金饮诺丽酒以独特魅力在众多新品中脱颖而出，喜获“优秀新产品奖”。（王思思）

【净雅销售过2亿元】 具有独特“千金棉”药护成分的千金净雅系列产品，自2013年推向市场，以“无菌、纯棉、药护”的产品特性，大大提升女性经期的护卫层级，使女性在月经敏感期，感染妇科炎症的风险下降2/3以上。产品一上市就引起强烈反响，销售逐年翻番，2016年一举突破2亿元，成为国内卫生巾行业的一匹黑马，并荣登医学级卫生巾第一品牌。（王思思）

【唐人神入围中国民企制造业500强】 全国工商联发布2016年中国民营企业500强、2016年中国民营企业制造业500强和民营企业服务业100强榜单。湖南10家企业入围“民企制造业500强”，其中唐人神集团以94.13亿元的营业收入总额位列该榜单第306名，成为株洲市唯一跻身榜单企业。世界品牌实验室发布了2016年（第十三届）《中国500最具价值品牌》分析报告，唐人神成为此届株洲地区唯一入围品牌。（王思思）

【唐人神加快兼并步伐】 9月29日，集团股东大会审议通过公司以1.63亿元收购深圳比利美英伟51%股权的议案，构建了完整的饲料产品体系。12月30日，成功发行4.9亿元并购养殖规模达到20万头的龙华农牧，为养猪产业的快速发展奠定了良好的基础。（王思思）

服饰产业

【概况】 服饰产业是芦淞区的两大主打产业之一，被列为全省重点培育产业以及市重点壮大的千亿元产业集群之一，经过近几年快速发展，目前已初步形成集研发设计、生产加工、仓储物流、品牌推广、展示销售，及电子商务于一体的全产业链，2016年规模以上服饰纺织业完成工业总产值69.04亿元，同比增长12.1%，完成工业增加值21.67亿元，同比增长9.7%。（王思思）

【搭建产业布局大框架】在生产加工方面，布局新芦淞（白关）国际服饰产业园（含洗水工业园），总投资200亿元，白关产业园1.1期7.8万平方米标准厂房全部竣工，勿用男装、纯美年华、华鑫辅料等多个品牌已签约入驻，年内实现投产达效；1.2期17万平方米标准厂房即将竣工；1.3期17万平方米的标准厂房计划年内启动建设。洗水工业园项目总用地20.73公顷，一期11.40公顷已启动建设，计划2016年内完成主体工程。

展示销售方面，布局芦淞服饰国际博览交易中心，总投资100亿元，正在加快与美国湖南商会、中建五局等企业合作洽谈，一期16.67公顷征拆已经基本完成。

仓储物流方面，布局芦淞服饰物流配送中心（汇通金港）和大美新芦淞商贸物流园两大项目。芦淞服饰物流配送中心（汇通金港）已有近300家品牌服饰企业入驻。大美新芦淞商贸物流园一期工程3.33公顷仓储物流项目已封顶，招商完成80%；二期项目征拆签约率达90%；研发设计、品牌推广方面，布局中国品牌服饰发布中心株洲"小巨蛋"，总投资7亿元，一期12万平米现已投入运营，二期10万平米年底启动建设，预计两年内完工；电商方面，打造株洲服饰电商城，前期审批工作已完成，征地拆迁也在推进中。（王思思）

【拓展电子商务】截至11月，阿里巴巴株洲产业带累计完成线上交易额19.2亿元，入驻企业2557家，平台日均访客数突破65万次，在线商品超过75万件；服饰购累计完成线上交易2.85亿元，平台共有上游商户300余家并建立了客户档案，完善客户信息。举办2016年中国服饰产业集群—天猫（湖南站）招商会、2016年中国湖南（株洲）第三届电商峰会、创业90电商人才交流会，及株洲制造·全球E行—eBay跨境电商株洲对接会等一系列展会，与行业一起交流经验，共同谋求发展方向。（王思思）

行业离退休干部管理

【概况】2016年，株洲市行业办公室设生活待遇科、综合管理协调科等8个职能科室，在职干部27名，离退休干部313名。年内，先后获"全国文明单位""省文明标兵单位""省老干工作先进单位""市文明先进单位""市老干工作先进单位"等荣誉称号。

提升服务水平。组织开展"两学一做"和政治学习，进行教育引导，加强思想建设。全年共组织理论学习17场。省党建研究会副会长李志民5月在行业办调研时，赞扬"这里是一个实实在在的标杆，不愧为离退休支部建设的示范点"。6月15日，省委老干部局副局长梅元喜，市人大、政府、政协部分老领导，市委老干部局的领导以及株洲37个党支部代表现场观摩行业办老干党支部举行的"讲政治，有信念"主题研讨会，对行业办的离退休党员学习教育工作给予高度评价。

注重服务保障。开展"零距离"个性化服务，坚持县级领导每月一天集中上门走访。年内，机关干部下基层零距离服务28982人次，医院探视慰问148人，上门祝寿259人，协助家属为13名去世老干部办理丧事。开展特困帮扶，全年慰问困难家庭40户、困难党员43名。加大投入推进活动阵地标准化建设，相继召开迎春座谈会、"三八"妇女节庆祝活动、庆"七一"大会、复（转）退军人座谈会，及政情通报会。组织参观荷塘区新农村建设。

突出传播正能量。积极组织老干部参加形式多样的活动并取得优异成绩。年内，3人获"喜迎党代会、共谋新发展"活动奖；4人获"清风相伴"廉政书画摄影奖；6人获"党旗飘扬、时代抒怀"征文活动奖；3人应邀参加行办的"道德讲堂"。组织老干部积极参加"关心下一代"工作，通过捐钱捐物、担任网吧巡视员等方式，关爱困境儿童，优化青少年成长环境。谭敬炎荣获省"关心下一代"工作先进个人。60多名老干部加入环境保护、社区巡逻值班、担任小区栋长，及关心空巢老人等公益活动的队伍。创新老干活动平台，成立书画写作、摄影网宣、歌舞文艺3个兴趣小组。成功举办老干摄影网宣培训班，组织知识讲座9堂，全年发帖300多个，点击量200多万次。建立的"老干网宣工作室"，得到《人民日报》等媒体记者现场专题采访。（彭丽梅）

工业企业选介

中车株洲电力机车有限公司

【概况】2016年年末，中车株洲电力机车有限公司设有3个分公司、5大生产事业部、2个研究所、10大营销、研发、运营中心，及20个职能管理部门；全资、合资控股子公司共24家，参股企业有9家。资产总额246.5亿元；固定资产原值49.86亿元，净值32.67亿元。主营业务有电力机车、城轨车辆、城际动车组及磁浮车、双源制机车、轨道工程车，及有（无）轨电车等产业。全年累计执行项目86个，同比上年增加11个，其中国际项目16个、国内城轨项目43个、国内机车项目3个、工程车项目24个，涉及异地分包项目17个。完成机车落车228节，交付

176 节；城轨车辆落车 1288 辆，交付 1571 辆；转向架新造 2514 架、两年检 658 台。全年实现销售收入 170.25 亿元、净利润 10 亿元。截至 12 月 31 日，实现连续安全生产 6023 天，连续安全生产达 16 年。

各类专项研究课题如期完成。“制造强国”“工业强基”战略研究轨道交通领域专项研究结题；完成湖南省轨道交通创新中心产业联盟组建及湖南省智能制造聚居区发展研究、株洲市动力谷建设方案等专项课题；完成工信部“智能制造”“工业强基”、国家发改委“专项建设基金”“制造业核心领域关键技术产业化”“产业振兴和技术改造”及湖南省新型工业化与战略性新兴产业专项、国资委 2017 年国有资本经营预算，及湖南省预算内“双创”建设等十多个政府专项资金项目申报，累计到账金额 1.5 亿元。

合理规划、调整园区资源，提升产品制造能力和水平。调整线缆下线、转向架构架焊接、机车牵引梁焊接，及司机室焊接等制造场地，优化产业布局、工艺流程和路线。实施转向架数字化制造项目，使“绿色智造”再迈进一步；以 4K Powerwall 研发验证平台、CAVE 沉浸式体验平台、3D 技术工业设计平台组成的虚拟仿真系统建设项目成功立项，开辟虚拟现实技术全面应用到轨道交通装备制造业的先河。开展国家级、省级创新平台建设。大功率交流传动电力机车系统集成国家重点实验室建设与运行实施方案提交国家科技部，并完成实验室组织架构搭建、运行管理机制编制等工作；轨道交通车辆系统集成国家工程实验室获得国家发改委批复，项目建设正式启动；轨道交通系统集成和关键技术研发产业基地顺利通过国家科技部组织的年度评估；轨道车辆制动技术湖南省工程实验室成功获得湖南省发改委批复。实施国家工程实验室、转向架智能制造等 10 项重点项目建设。全年固定资产投资约 8.04 亿元、股权投资 2 亿元。

加强国际合作。与南非 Transnet 集团合资注册成立中车 Transnet 轨道交通有限公司与南非中车株洲联合有限公司，挖掘新的维保市场。推进并完成马来西亚东盟制造中心架修功能建设，使其同时具备维保、新造及维修的全业务能力。组建成立奥地利子公司，同时合理规划在东南亚、北美、中欧等区域的战略布局，先后完成在印度尼西亚、泰国、美国、墨西哥，及格鲁吉亚等国家设立子公司可行性研究报告并上报中车公司。先后与捷克 DAKO 制动公司、奥地利铁路公司签署战略合作协议，开展技术合作。与奥地利铁路集团、Tecsol 合作完成 1063 调车机改造并参加柏林展，与丹麦 Serenergy 燃料电池公司签署合作备忘录，共同研制出燃料电池大巴样车。

2016 年，公司收获各种荣誉，其中获国家级荣誉称号的有：“全国先进基层党组织”“2016 年度中国企业文化建设典范企业”“中国管理模式杰出奖”“中国出口质量安全示范企业”，技术中心工业设计室荣获“全国三八红旗集体”，机车事业部工会荣获“全国模范职工小家”，财务管理创新成果“大型装备制造企业财务共享平台建设”获第二届全国国有企业财务管理创新成果一等奖，发明专利“轻轨车辆及其铰接式转向架”获第十八届中国专利金奖，第八届全国交通运输行业“中车株机 • 捷安杯”地铁司机大赛“特别贡献奖”，全员绩效管理模式荣获第二十三届全国管理创新成果一等奖，管理创新成果《向轨道交通装备系统解决方案供应商变革升级的管理创新》《大型装备制造企业业务驱动型财务共享服务平台建设》分别获得中国交通企业管理现代化创新成果一等奖、二等奖。省部级荣誉有：“第二届湖南省十大知识产权领军企业”“湖南省十大创新企业文化示范基地”“湖南省企业文化建设示范单位”“省级文明卫生单位”，工会女工委荣获 2016 年湖南省“三八”红旗集体奖，“高粘着重载货运机车 Co 转向架”项目获湖南专利奖特别奖，申报的“120km/h 速度等级米轨城际动车组”项目荣获湖南省科技进步奖一等奖，公司申报的“80k 公里 / 小时轻轨车辆 ZLA080 型铰接式转向架”项目荣获湖南省科技进步奖三等奖。先进个人奖项有：董事长周清和荣获 2015—2016 年度“全国优秀企业家”，傅成骏荣获中央企业优秀党务工作者，女工王岚家庭荣获全国“最美家庭”，樊运新入选第二批国家“万人计划”领军人才，陈裕军荣获湖南省五一劳动奖章，刘伟当选湖南省“百优工匠”，陈喜红被评为湖南省优秀科技工作者。

（俞鸣霞）

【科技创新】 2016 年，公司共实施科研项目 393 项，完成结题验收 79 项。牵头国家科技重点项目中速磁浮课题，构建了 200 公里 / 时中速磁浮车平台。成功获得国家重点研发计划——先进轨道交通装备专项 3 个项目（课题）批复及中国铁路总公司（以下简称“铁总”）重大科研项目 1 项、重点科研项目 16 项。承担的国家 863 计划、“十二五”国家科技支撑计划、国家创新方法工作专项及铁总 4 项课题全部一次性通过验收。完成 11 个项目的科技成果鉴定，其中 160 公里 / 时速度等级米轨动车组、南非 1065 毫米轨距双流制 26 吨轴重电力机车、广州市轨道交通三号线增购车辆研制等 9 个项目被鉴定为国际领先水平，城市轨道交通蓄电池电力工程车 14 吨轴重两轴转向架被鉴定为国际先进水平，80 公里 / 时速度等级 A 型地铁齿轮驱动系统自主化的研究被鉴定为国内领先水平。获得工信部首台（套）重大技术装备保费补贴资金 2312 万元、湖南省首台套奖励认定资金 100 万元、中国铁道学会铁道科技奖一等奖 1 项、湖南省科学技术进步二等奖 1 项等奖励。完成专利申请 304 项（其中 PCT 申请 15 项），其中发明专利申请 190 项。取得授权专利 194 件，其中发明专利109件，发明专利授权量同比增长73%。获中国专利金奖1项、湖南省专利特等奖1项，共获各类专利资助57.6万余元。（喻鸣霞）

【中低速磁浮列车的运营倍受关注】 5月6日，中国首条具有完全自主知识产权的磁浮商业运营示范线——长沙磁浮快线开通运营，其运行的磁浮列车由公司牵头自主研发。截至2016年年底，长沙磁浮安全载客运营超过240天，“十一”黄金周期间日均载客10827人次，经受了复杂的“实战”运营考验，各项运行数据良好。自运行以来，此项目倍受国内外相关领导和专家的关注，他们到湖南后大都借机到磁浮快线体验磁浮列车。12月22日，国务院副总理、国家制造强国建设领导小组组长马凯一行在湖南省委书记杜家毫，湖南省委常委、长沙市委书记易炼红，湖南省副省长张剑飞等陪同下，到长沙磁浮快线调研，并添乘公司研制的磁浮列车。（俞鸣霞）

【公司开拓欧洲市场】 公司出口马其顿动车组运行后，受到马其顿人民和业主的广泛好评。年内，该动车组图片被设计成马其顿国家邮票，成为马其顿“国家名片”。9月，在2016年柏林国际轨道交通技术展览会上，公司联合奥地利Tecsol公司将奥地利联邦铁路1063型电力调车机车改造而成的世界首台超级电容+蓄电池混合动力调车机车在展会上全球发布，受到国际客户广泛关注；旗下子公司浙江中车电车有限公司研制的新一代超级电容储能式现代电车成为第66届德国汉诺威商用车展的焦点，随后该电车在奥地利格拉兹市34E路示范运营，这是中国首次向欧洲出口超级电容储能式现代电车。9月26日，公司在欧洲设立的首家全资子公司中车株机（欧洲）公司在奥地利维也纳揭牌成立。通过此子公司，公司拟构建欧洲本地化采购、制造和销售，向欧洲市场提供产品与服务。同时，公司与格拉兹工业大学、波鸿大学分别签署合作框架协议，拟在项目研究、技术发展和人才交流方面开展进一步合作；与捷克里奥快铁公司（英文名称LEO Express）签署全新动车组采购框架合作协议。12月19日，公司获签捷克私营铁路运营商里奥快铁公司（LEO EXPRESS）3列动车组及其相关备品备件订单，中国动车组首次进入欧盟市场。（俞鸣霞）

【中国首列储能式100%低地板有轨电车诞生】 8月1日，中国首列具有完全自主知识产权的储能式100%低地板现代有轨电车在公司竣工下线。该电车是全线无接触网超级电容现代有轨电车，其动力源自9500法拉超级电容储能供电，能在站台区30秒内完成快速充电，充电一次可运行3～5公里。同时，能将85%以上的制动能量回收至超级电容形成电能储存，实现能量的循环利用。它的诞生，填补了国内同类产品的空白，被列为湖南省科技重大专项。（俞鸣霞）

【国内首个轨道交通国家级工业设计中心落户株机】 1月7日，工业和信息化部发文，正式批准中车株机公司组建轨道交通装备国家级工业设计中心。该中心是继国家认定的企业技术中心、大功率交流传动电力机车系统集成国家重点实验室后，中车株机公司获得的第三个国家级科技创新平台。凭借该中心批复组建的契机，中车株机公司将建设一支具有国内领先、达到国际先进水平的工业设计科研队伍，搭建中国首个轨道交通装备工业设计实验室，形成电力机车、城轨车辆、城际动车组和新型交通等4个工业设计平台，建成适应中国轨道交通发展需求、与国际市场接轨的国家级工业设计中心该中心将为中国研发更多引领未来发展潮流和方向的轨道交通创新产品，对推动中国乃至世界轨道交通装备向安全、舒适、美观、个性化和休闲化的方向发展，助推中国轨道交通装备更好地“走出去”起到积极作用。（俞鸣霞）

【中国轨道交通行业首个公益基金会成立】 6月底，经省民政厅批准，湖南中车株机公益基金会正式成立，这是中国轨道交通行业首个公益基金。近年来，中车株机先后在国内外开展金秋助学，资助广西靖西那坡贫困区，为福利院儿童送爱心，走进南非黑人社区送爱心，为马来西亚水灾受灾群众捐款等公益活动，有效地推动了轨道交通行业公益事业发展。此次由中车株机公司发起，由公司爱心人士及部分爱心企业捐资设立公益基金会，旨在弘扬慈善爱心，搭建互助桥梁，开展济贫帮困，促进社会和谐。基金会将开展帮扶弱势群体，关爱青少年成长，积极参与救灾、教育、环保等公益项目，推动中国轨道交通装备行业公益文化建设，并且资助符合基金会宗旨的其他公益活动等业务。（俞鸣霞）

【中车株机与格鲁吉亚共建SKD中心】当地时间10月4日下午，在格鲁吉亚首都第比利斯，中车株洲电力机车有限公司与格鲁吉亚铁路股份公司签署电力机车更新项目采购框架协议，并共同举行发布会，推介格鲁吉亚电力机车更新项目框架下的格鲁吉亚机车车辆SKD组装厂项目。格鲁吉亚总理、副总理兼经济部部长、相关部委部长、格鲁吉亚伙伴基金高层以及格铁高层、中车株机公司高管等，应邀出席项目发布会。（俞鸣霞）

【隆重纪念和庆祝企业创建80周年】 8月1日，是企业创建80周年纪念日。7月31日—8月1日，公司组织企业历任领导参观田心社区建设成果、园区制造现场、企业老照片展及80周年纪念画册《见证》，举办升国旗、孝刚文体中心和幼儿园揭牌仪式及员工书画、摄影、巧手作品展等系列庆祝、纪念活动。8月1日晚，公司在大广场隆重举行企业创建80周年纪念大会和精彩的文艺表演，中国中车、株洲市及公司国内外客户领导、企业老领导、周边企事业单位负责人、员工，及家属等近5000人与会。（俞鸣霞）

【2016•中国中车员工运动会】10月22—23日，由公司承办，株洲所、株洲电机公司协办的2016•中国中车员工运动会的开幕式、闭幕式及13个田径、大众体育项目比赛在公司隆重举行，来自中国中车集团所属40家企业(38支代表队)的600余名员工参赛。此次运动会以“和谐中车，为中国梦提速”为主题，实行赛区与赛会相结合的混合赛制，共设置7个比赛项目，先后在常州、大连、青岛、长春、株洲5个赛区举行。全国铁路总工会主席余卓民、中国火车头体协秘书长张长河，中国中车集团、中国中车股份党委书记郑昌泓，中国中车集团总经理刘化龙，中国中车股份总裁奚国华，株洲市党政领导，中国中车所属各单位的董事长、党委书记或总经理、工会主席及运动会组委会领导等应邀出席开幕式、闭幕式。（俞鸣霞）

【外国元首关注株机产品】6月22日，国家主席习近平和乌兹别克斯坦总统卡里莫夫在塔什干通过视频见证公司研制的电力机车成功穿过中亚第一隧道——卡姆奇克隧道。6月30日，马来西亚首相纳吉布出席马来西亚安邦线延伸线与Kelana Jaya延伸线2条线路开通仪式，并为此两线开通作出突出贡献的中国中车等企业颁奖。此两线运行的轻轨列车由公司生产。8月31日，土耳其总理毕纳利•耶尔德勒姆到安卡拉新建的地铁线路视察，并亲驾公司研制的地铁列车。（俞鸣霞）

中车株洲电机有限公司

【概况】中车株洲电机有限公司（原南车株洲电机有限公司，以下简称公司）是中国中车旗下一级子公司。公司主要从事牵引电机、牵引变压器、风力发电电机、高效电机和特种变压器的研制，是国内电力机车、高速动车组、城轨车辆电机和变压器专业化科研、生产基地，风力发电电机最大规模生产企业之一，电力、冶金、石油、造纸，及新能源汽车等高效电机产品专业化研制基地，国内油浸式和干式高端变压器一流企业。2016年年末，公司在册员工3927人(含各子公司员工)，其中本部员工2537人。各类专业技术人员共1405人，其中工程技术人员689人，高级技术职称人员123人，其中教授级高工26人。公司组织架构由职能平台、业务平台、技术平台、物流平台、轨道平台、新产业平台和子公司构成。本部（不含子公司）占地面积25.36万平米，建筑面积约14万平方米。公司注册资本10.43亿元，净资产19.4亿元，总资产近63亿元。全年销售收入70.28亿元，利润4.48亿元。

2016年，公司克服机车市场“断崖式”下滑带来的不利影响，保证订单的持续稳定。轨道交通市场，推进以“大客户为主，辐射周边区域”的营销模式和客服服务工作一体化进行，获得160公里客运机车、肯尼亚内燃机车、350公里标准动车组、大连金普线等项目，并依靠良好的产品品质和快速响应的服务赢得客户的认可。风电市场，加快新市场开拓，获评质量信用AAAAA级供应商，双馈及半直驱风电新增多家批量客户；探索产业链延伸，获批哈密十三间房5万千瓦风场项目。高效电机市场，在船舶、盾构机、新能源汽车等高端市场获得小批量订单，为后续市场拓展打下坚实基础。特种变压器市场，长沙磁悬浮地面供电变压器运行良好；以工程承包方式拓展风电、光伏等新能源市场，获得哈密景峡风电场、金风智慧能效和胶州光伏发电等项目。海外市场，自主出口与配套出口结合，中标菲律宾和加尔各答地铁项目。年内，在全国企业文化建设峰会上，公司获评“2016年度全国企业文化建设典范企业”荣誉称号。（周　娜）

【科技创新】公司科研项目共立项277项，其中2016年新立项193项、结转74项，追加10项，国家级项目3项，中车重点项目39项。持续完善科研项目管理机制，有效利用《信息周报》、科研项目管理系统、项目工资等多种管理方式，加强项目进程的全过程管控，确保公司重大科研项目的计划完成率100%。成功将“中高速磁浮交通系统关键技术研究”“时速400公里高速动车组牵引电机与牵引变压器研制”“国家质量基础的共性技术研究与应用”等多个项目申报为国家重点研发计划，同时成功申报湖南省2016年度重点科研项目计划2项，湖南省地方科技创新项目示范1项，株洲市重点研发计划1项，获得国家财政资金合同金额约1100万元。全年共4个项目参与中车科技成果鉴定，其中3项国际领先，1项国内领先。全年获湖南省科技进步三等奖1项，铁道学会科技进步一等奖1项。公司拥有国家级平台4个，拥有省级科技平台6个。年内共完成专利申请170件，其中发明专利71件，PCT（国际专利）申请4件。公司专利“一种电机端盖和一种电机”荣获中国专利金奖。

轨道交通领域，完成时速350公里中国标准动车组（唐山）、时速160公里动力集中型动车组、滇南有轨电车、宁波纵向耦合100%低地板车、多种规格城轨地铁，开展时速200公里动力集中型动车组、出口巴基斯坦拉合尔线、4400HP交流内燃客运机车等20余种配套牵引电机和牵引变压器的研制工作；开展智能电机及装备技术、基于高阻抗的非金属夹件牵引变压器、基于下一代牵引系统的高频变压器、自通风型地铁牵引电机振动噪声等10余项技术储备项目研究工作。

风电领域，重点开展6兆瓦半直驱永磁风力发电机、6兆瓦直驱永磁风力发电机、2.5兆瓦双馈风力发电机，及2MW双馈系列风力发电机等20余项产品研制工作。

高效节能领域，完成商用空调压缩机用非晶永磁同步电动机、船舶电力推进系统825千瓦主推进电机、90吨绞卡（高原型）用无刷励磁同步电机等10余项驱动电机研制工作。（周　娜）

【公司牵引动力为中国标准动车组刷新“世界新速度”】 7月15日，中国自主研制设计的两列标准动车组，以420公里时速在郑徐高铁交会而过，相对时速840公里，而助力中标动跑出“世界新速度”的动力心脏均由公司提供。（周　娜）

中车长江车辆有限公司株洲分公司

【概况】 中车长江车辆有限公司株洲分公司在册员工2400人，占地面积60万平方米，固定资产原值6.32亿元。生产能力为新造铁路货车6500辆/年，大批量主导产品为敞车、平车、矿石漏斗车、罐车，及棚车，同时具备多品种和小批量生产能力，是唯一拥有铺架设备三种车型修理过轨资格的企业。2016年，新造铁路货车3049辆，实现主营业务收入14.34亿元。

调整产品生产。针对多品种、大批量、短交货期的生产组织特点，分公司结合模拟生产线建设，做好各车型生产技术准备，通盘谋划多品种生产时的工艺布局，缩短转产铺线时间，阿根廷米轨平车实现当月铺线当月生产，NX70A型平车比计划提前2天完成铺线。实现短线配件动态反馈，规范新产业特殊和专用物料的采购流程，提前做好协作件的产能平衡和过程监控，提高物料供给的及时性和准确性。在Royhill侧翻车、DK36型落下孔车、贵阳地铁车等项目上，创新实施小批量生产承包制完成生产订单。将新产业生产项目纳入分公司ERP生产管理系统，理顺长大货车及铺架设备的检修规程和技术标准，完成CPG500型长轨条铺机、PJ165型架桥机、D2，及D15A凹底平车等7个品种的修理任务。NX70A型平车生产班产从10台车提高到13台，全年累计完成新造货车13个品种2957辆车，协调解决600多辆完工车辆的委外存车。

提升技术水平。DK36型落下孔车，创新开展工艺成本研究，形成工艺成本分析模板，通过优化原材料排版、调整机加工方案等措施，每台车工艺成本下降12万元。开展工艺技术研究，解决工程车薄板焊接变形、凸轮轴箱平面度超差等问题。创新工艺方法，运用激光检测仪对车辆进行水平检测，采用电磁校平解决薄板侧墙平面度超差问题。优化工艺方案，实现动力焊接转向架的试制生产和工程车辆主动车轴的加工。强化装备保障能力，开展预防性检修和设备故障分析，确保在高强度生产下的设备状态。实施鱼腹梁压装胎、起重机大车防撞限位改造、天车主钩防脱装置改进和台车天车改地操等项目，提升装备保障能力，全年设备自主保全实施达标率89%。

推进质量安全管理。创新开展多纬度立体管控的安全绩效评价，将安全履责工作具体化，提升隐患整改的实效性。以危险源动态管控为重点，对危险源进行层级分类并制定相对应的管控措施，增强安全风险预警能力。在BPM系统中现实安全事故整改工作信息化管控。全年进行安全检查27项142次，形成安全包保检查、专项检查、综合性检查等长效机制。坚持开展精益安全工位建设，总达标率100%。投入530万元用于各类设施的隐患整改和安全性能提升，全年轻伤率控制在0.42‰，顺利完成“新三零”目标。以生产现场为重点，抓好质量管理体系的监督检查，每季度开展内审评价，顺利通过IRIS年度监督审核和CRCC复评审核。推进车间自检，提升一线员工质量意识。开展质量降损专项整治，对质量损失率指标进行了分解落实，全年质量损失率0.029%，全年锅铁车一次拒收率仅0.59%，无批量返厂修和险性、重大行车责任事故。

产业实现突破式发展。株洲分公司规范新产业核心业务的工作流程，形成短、中、长期相结合的项目构架。启动轨道工程机械制造基地的建设和铁路专用线改造，5台贵阳地铁车的生产，铁路养护设备全面进入城轨地铁领域。加大与襄阳金庸的合作，主导设计并试制完成WY70–Ⅱ型物料车，向工程车整机生产迈出坚实的一步。完成4台DK36落下孔车生产，在长大货车新造市场占有率100%。率先进入空间集成模块化建筑领域，与政府签订示范工程合作协议，并向中车提交项目立项报告。全年新产业实现产值2亿元。（张　程）

北京汽车股份有限公司株洲分公司

【概况】 2016年，北汽集团株洲分公司坚持以“文化领航、以快质胜、创新转型”为年度经营工作思路，凝心聚力、协同创新。二工厂项目从正式开工建设到厂房主体结构封顶完成仅用158天；一工厂全年产量突破20万台；年度单车制造费用为3235元/台，超额完成“军令状”指标；威旺M50F仅用4个月就完成生产导入；同时，党建品牌持续创新引领，团队文化的驱动作用进一步增强。年度重伤事故为零，轻伤事故0.273‰，安全指标达标。整车Audit、CS1000、QIS、新车QIC等指标全面达成。年度总产量20.4万台（含新能源车身），超设计产能，创历史新高；BTO达92.6%，远高于年度88%的目标值；整车劳动生产率52.8台/人，同比提升23%。（朱祺君）

【许达哲到公司调研】 9月7日，湖南省委副书记、省政府代省长许达哲到北京汽车株洲分公司总装车间现场调研企业生产运营情况和重点项目建设情况。时任株洲分公司党委书记、总经理黄文炳就一工厂整体布局、项目建设和生产运营、二工厂项目整体规划和建设进展情况进行详细汇报。许达哲指出，要把创新作为转型升级的第一要务，并希望北汽集团进一步发挥产业龙头示范带动作用，加大在湘产业布局、产业链配套，并祝愿北汽集团发展越来越好，株洲分公司越做越强、越做越大。省政府秘书长、办公厅主任石谋军，省委组织部副部长、省人社厅厅长贺安杰，市委书记毛腾飞，市委副书记、市长阳卫国，市委常委、秘书长周晓理等陪同调研。

（朱祺君）

【北汽威旺 M50F 下线】 10月10日，北汽威旺 M50F 在株洲分公司总装车间正式下线。M50F 的项目开发及生产试制工作均创造北京汽车新品推进速度和推进质量的新纪录，再次打造了北京汽车自主品牌在 QCD 等各个维度的新标杆， M50F 正式下线标志着北京汽车自主品牌产品结构的进一步丰富，并将对北汽威旺品牌实现向上转型产生重要意义。北汽集团党委常委、董事、北京汽车党委副书记、总裁李峰等相关领导和职工代表 300 余人参加下线仪式。 （朱祺君）

【北京汽车株洲基地技改扩能项目厂房主体结构封顶】 11月12日，北京汽车株洲基地技改扩能项目厂房主体结构封顶。副省长何报翔，省政府副秘书长熊方平，市委书记毛腾飞，市委常委、常务副市长何剑波，北汽集团党委常委、董事、北京汽车党委副书记、总裁李峰，北京汽车党委委员、常务副总经理陈桂祥，北京汽车株洲分公司党委书记、总经理高建军等出席封顶仪式。市领导毛朝晖、谭可敏，北京汽车领导黄文炳、岳晓莉参加活动。

北京汽车株洲基地技改扩能项目是湖南省重点项目，整体投资超过 50 亿元。根据规划，该项目占地面积 114.2 公顷，布局冲压、焊装、涂装、总装4大车间，可生产4大平台的车型。株洲基地技改扩能项目作为“中国制造 2025”战略提出后按智能制造标准全新规划建设的汽车工厂。全面采用自动化柔性生产线（以工艺设计为先导，以数控技术为核心，是自动化地完成企业多品种、多批量的加工、制造、装配、检测等过程的先进生产技术）；大量采用机器人生产，机器人 300 台以上，焊接自动化率 90% 以上。

（朱祺君）

株洲硬质合金集团有限公司

【概况】 株洲硬质合金集团有限公司是国家“一五”期间建设的 156 项重点工程之一，被湖南省认定为“十大标志性工程”企业，2009 年 12 月成为世界 500 强中国五矿集团公司旗下企业。公司主要生产金属切削工具、矿山及油田钻探采掘工具、硬质材料、钨钼制品、钽铌制品，及稀有金属粉末制品 6 大系列产品，广泛应用于冶金、机械、地质、煤炭、石油、化工、电子、轻纺，及国防军工等领域。公司拥有硬质合金国家重点实验室、国家级企业技术中心，建有国际先进水平的硬质材料研发中心、切削刀具研发中心、微型钻头研发中心，是工信部、财政部认定的“国家技术创新示范企业”，湖南省第一家博士后科研工作站挂牌单位。公司通过了质量、职业健康安全和环境管理、军工产品体系认证，具有武器装备科研生产单位保密资格。

2016 年，公司完成硬质合金产量 4844.8 吨，产品结构进一步朝主导优势产品、精深加工产品、高技术高附加值及深加配套产品方向发展，棒材、球齿、顶锤、异型深加、钽铌制件等产品均实现不同程度的增长。同时，产品出口结构不断优化，全年完成硬质合金及钨钼钽铌钴制成品出口 1405 吨。

2016 年，公司固定资产投资 2.39 亿元，研发费用投入 6000 多万元，科研技改持续发力，企业发展后劲持续增强，支撑作用不断显现。公司创新科研管理模式，进一步建立和完善以生产单位主要负责人为核心的高效科研管理体系。完善科技创新平台，通过了硬质合金质量控制与技术评价实验室复核评价；国家技术创新示范企业全国排名第一，满分通过复核；完成首批国家优势企业建设工程，以湖南省第一的成绩通过国家复核评价。其中取得一批科研成果，公司获中国专利优秀奖 2 项，湖南省专利奖一等奖 1 项、二等奖 1 项，湖南省科技进步二等奖 1 项、省国防科技进步二等奖 1 项，中国有色金属工业协会科技二等奖 1 项、株洲市科技进步二等奖 1 项；全年获得授权专利 129 项。同时加大公司优势产品在国外专利布局的力度，申报 PCT 专利 1 项，获得授权 1 项。

年内，公司先后收获各类荣誉嘉奖：2016 年 1 月 8 日召开的国家科学技术奖励大会上，公司与中南大学合作完成的科技成果“高性能钨基复合材料及其应用”获得国家技术发明奖二等奖。3 月，公司科技部部长徐涛被评为全国“三八”红旗手。7 月，公司子公司株洲钻石切削刀具股份有限公司员工江爱胜获得国家第九届“发明创业奖·人物奖”。12 月，国家知识产权局公告，公司圆满通过国家“知识产权优势企业”复核，发明专利“网状结构硬质合金及其制备方法”和“组合式液压预紧锁紧装置及硬质合金复合轧辊”获得“中国专利奖优秀奖”，知识产权管理主办谢英成为公司首个获评全国企业知识产权工作的先进个人。 （孔 娟）

【获得《武器装备质量体系认证证书》】 2016 年 4 月，公司武器装备质量管理体系顺利通过中国新时代认证中心认证审核。这标志着公司在积极参与武器装备研制和支持国防建设方面，通过建立和保持有效的质量管理体系，

能够为客户提供稳定可靠的产品质量保障。（孔 娟）

株洲冶炼集团股份有限公司

【概况】 2016年，株洲冶炼集团股份有限公司贯彻中国五矿关于“坚决打好打赢提质增效攻坚战”的要求，以“扭亏持平争盈”为总目标，依照“强基固本，持续改进增效；转移转型，发展升级谋新篇”的工作思路，积极应对原料供应紧张、加工费下滑等困难，生产规模总体稳定，经营业绩扭亏盈利，转移转型持续推进。全年公司完成铅锌总产量58.99万吨（本部），实现营业收入132.41亿元。

规模生产平稳运行。生产系统围绕原料市场变化，及时调整生产组织，强化生产过程控制，提升经济技术指标，加强设备基础管理，确保了规模生产平稳运行。铅系统新机制焕发新活力。铅系统通过实施模拟利润承包新机制，生产管理绩效得到改善，产品质量、技术指标、经济效益均不同程度提升。全年直铅系统累计实现模拟利润3768万元，完成电铅产量10.34万吨，累计处理各类渣料9.5万吨。通过全流程的技术管控，阳极泥降铅攻关突破18%的目标。锌系统稳运行实现降本增效。锌系统总体实现稳定运行，全年完成电锌48万吨，为年度目标的102.1%；完成析出锌39.6万吨，创历史新高。全年共开发了12种合金新产品，锌合金产品比例达82%以上。沸腾炉积极应对原料低库存，加强配料管理，平均作业率达到98%。挥发窑3月份实行运营承包，窑渣加工成本同比下降22%。直浸实现稳定投入锌精矿18.6万吨，系统锌粉单耗同比下降2.9千克。析出锌降电耗攻关持续推进。全年锌系统析出锌回收率略有提高，加工成本实现同比下降，盈利能力进一步提升。综合生产部分产品攀新高。稀贵系统重点抓设备管理，使生产逐步实现稳定运行。全年粗铜、精铟产出均创历史最好水平。其中，粗铜产出首次超越5000吨，精铟产出为年目标137%，粗铜模拟法人实现了销售率、资金回笼率、合同履行率三个100%。金、银在制品库存明显降低。

安全环保形势平稳。公司推行安全环保网格化，通过以点带面，强力示范，实现安全环保工作的全员参与。安全方面，开展安全网格化、反违章记分、重点部位安全隐患百日专项整治等活动，强化安全生产责任落实，公司违章行为发生率同比下降。加强外包队伍危险作业的安全监管，对动火、用电、高空作业、受限空间作业等，实施严格的作业前审批，实现安全零事故。环保方面，全年投入3500万元用于废水处理，实现了外排水达标排放。全年投入3000万元保障脱硫设施运行，实现了挥发窑及制酸尾气等脱硫设施的稳定运行和达标排放。同时，公司辅助系统强化对生产单位的服务与协同，提供优质保障，成功应对历史特大暴雨和长达近15个小时的停水等应急情况，确保了全系统安全环保稳定运行。

改善经营业绩。2016年，公司在铅锌行情一路走高市场加工费却节节下滑的形势下，超额完成预算目标。货款回笼率、产品产销率实现两个百分之百，经营业绩同比明显改善。采购拓源抢货增总量。物采部门针对铅锌精矿市场竞争加剧的形势，通过提前锁定货源、加强对客户服务、加大高加工费区域的采购力度和资源倾斜等措施，全年共采购国内锌精矿33.4万吨金属、铅精矿8.2万吨金属，同比增长28%和26.58%，在进口窗口关闭的不利条件下，基本满足了生产所需。同时，辅助材料全年采购资金同比节约2400余万元，月平均储备资金同比降低410余万元。物流降本增效同比实现480万元。营销创新提质拓渠道。公司营销团队以低库存为导向，积极引导产品结构调整，在保证重要大客户供给的同时，不断开拓新用户，新增和恢复客户11家。全年实现铅锌产品销量55.37万吨，其中，合金销量占内贸资源投放量的80%；铸造锌合金跃上5万吨大关，同比增销7%；高端汽车板合金市场占有率达到55%。锌铝镁合金成功实现销售，Z20、Z18细分牌号成功投放，“火炬”合金家族不断壮大。此外，“火炬”牌铸造锌荣获中国最大的压铸行业网站“全锌网”评出的“2016年中国压铸锌合金品牌10强”之首。全年共销售硫酸56.92万吨。

加强风险管控。2016年，公司经营部门动态编制主要产品风险库存表和库存管理实时图，进行相应的保本测算；根据市场形势，利用国内外两个市场进行套期保值和原料（产品）点价操作，有效控制了风险。全年共发出市场、资金、信用、操作运营、安全环保等13个风险预警。建立原料督查网格化管理体系，实现原料检验的全过程监督管理。利用多种平台，调整债务结构，严控三项资金占用，抓好资金平衡，保证了资金链安全。

推进转移转型。公司充分争取国家、省市政府部门及中国五矿专项工作组的支持，在政策争取、转移选址、工艺方案论证、环保审批、投资优化、项目审批以及转型项目推进实施等方面开展了大量工作。优化调整相关方案。2016年，按照省市政府根据国务院办公厅文件精神明确提出五年内搬迁完老工业区内重化工企业的要求，公司在原株冶绿色改造升级方案基础上，结合实际情况，制定打造铜铅锌产业集群的新方案，同时公司转型项目着重在环保产业升级、水务运营、ITO靶材等方面做更为详细的规划与实施方案。拓展环保产业市场。公司新组建环保研究所与环保产业部，开展相关环保产业的实施工作。公司成功开发重金属废水处理及深度回用、含铊重金属废水治理、含COD废水处理等环保治理技术；通过不断对外开拓，开辟湖南省内部分市州县市场及有色金属重点区域，省外则初步完成了云南、广西、湖北部分地区的市场营销和拓展。相继签约6个相关合作项目，累计实现合同额350余万元，销售环保药剂近1000吨、实现销售收入300多万元；与北京矿冶研究总院、湖南有色金属设计研究院等搭建合作平台，与中南大学等科研高校形成技术互通和信息资源共享，实现了良好的校企合作。加快研发重点项目。公司充分利用技术中心、博士后工作站等平台，加大新材料产业的研发力度，寻求价值链的延伸。ITO靶材在晶粒均匀性以及第二相形态结构上得到较大的改进。电积节能极板项目与相关单位签订了合作协议。新型耐腐蚀锌阴极铝板的制备优化项目有新进展。

提升运营管理水平。公司以降低运营成本、提高效率、强化追责为核心，管理提升活动更加细致深入铺开。倒逼成本费用全面下降。公司通过实施目标分解和战略解码，制定年度扭亏项目31项，提出并实施市场加工费倒逼成本费用的方法，进一步推广模拟利润承包考核机制，降本增效成效明显。全年电铅和析出锌加工成本同比分别下降7.53%和4.88%。生产费用同比下降7003万元，期间费用同比下降9589元。专项审核提升管理绩效。针对贵重物料、产品质量等17个专业管理开展专项审核，认真分析问题原因，制定整改措施，并督促措施整改，最终达到闭环管理的良性循环效果。阳光购销推进降本节支。全年共组织材料、设备等招议标246项，共计节约采购资金1062万元（不含挥发窑煤焦采购）；通过实施阳光购销平台等措施，实现所有辅材公开竞价采购和办公用品网上采购，节约采购成本500余万元。　（肖建成）

株洲钻石切削刀具股份有限公司

【概况】 株洲钻石切削刀具股份有限公司成立于2002年6月，位于株洲市国家级高新技术产业开发区内，注册资本74193.57万元，是国内领先的硬质合金切削刀具综合供应商。作为湖南省高新技术企业、国家创新型企业、国家火炬计划重点高新技术企业、全国刀具标准化技术委员会数控刀具组组长单位，公司引领和推进了国内硬质合金切削行业的发展。

2016年，公司坚持以营销创新作为长远、可持续发展的强支撑，积极主动适应市场变化，不断创新市场的发展空间。国内市场，形成了以点带面、点面结合、多层次、多渠道的立体营销网络，树立了公司卓越的服务营销市场形象。立足国内市场，持续加强品牌建设和推广，稳步拓展国际市场。已树立具有竞争力的国际品牌形象，国际业务的市场覆盖面越来越广，产品远销60多个国家和地区。

开拓市场。突出重点终端客户发展。完善区域营销模式，调整工作重心，抓住大型国企“集中采购”“阳光采购”的机遇，利用国家重大专项及创新平台优势资源，先后与航天、军工、汽车、船舶等行业一批重点终端客户达成战略合作。突出重点产品的销售。加大数控刀片营销力度，积极开展不同牌号、不同系列的促销，稳定产品销量。突出重点市场的开发，围绕刹车盘、轴承、不锈钢、压缩机、阀门、汽配等重点市场，积极组织市场调研与开发，取得了较好的效果。突出海外市场发展。加强海外市场人才队伍建设，不断推进业务员本地化，与一批国际化大公司建立合作关系，海外市场实现逆势增长。举办汽车刀具技术研讨及客户体验开放日活动，通过大型展会、微信专题、网站专栏、EDM电子刊物等形式，全方位开展宣传推广，有效提升了公司的品牌影响力及市场渗透力。

开展科研。研发体系进一步完善。重大专项平台建设稳步推进，汽车课题通过任务预验收进一步加强了与航空航天和军工企业的科技合作；先后获评机械工业优秀科技成果项目奖、优秀工程技术研究中心和优秀实验室，进一步完善材质牌号构架体系；整体刀具标准化钻头推广成效显著。数控刀片生产工艺进一步优化。开展尺寸稳定性提升和混合料系统性研究，取得明显成效，技术服务体系进一步健全。围绕重点经销商、重点客户和重点市场，建立新的技术服务体系。新产品开发进一步加强。新产品推广效率日益显现。全年申请专利41项，获得专利授权35项；公司员工江爱胜获得中国发明协会中国发明创新人物奖。

生产增效。生产组织管理系统健全完善，运行高效有序。各生产单位结合实际，围绕降本增效、标准化生产、工艺改进、质量提升等重点积极开展工作，取得较好成效，各大生产厂的劳动生产率均有提升。启动设备保全活动。部分设备实现主动维修保养，设备状态进一步改善，生产保障能力稳步提升。

加强管理。公司管理体制发生重大变化，公司成为中钨高新直管企业，带来新的发展机遇，注入新的发展动力。CTPM活动继续深化。6S管理在园区实现了全覆盖，CTPM改善活动全面开展，降本增效效果明显，全年完成精细化项目15个，完成改善提案7267条，其中重点提案557条。人力资源管理继续加强。根据生产和工作实际需要，推进员工在内部的合理流动。继续完善以重点工作和劳动生产率为重点内容的考核模式，降低人工成本、提高工作效率的意识进一步增强。质量管理持续加强。四大类产品合格率保持较高水平。职业健康安全环保工作扎实有效，全年实现健康安全生产和达标排放。　（汤　蓉）

【肖亚庆到公司调研】 2016年5月29日，国务院国资委主任、党委副书记肖亚庆一行到公司调研。国资委副主任、党委委员黄丹华，湖南省副省长张剑飞一同调研。肖亚庆一行先后考察了刀片一厂、研发中心产品展示厅、研发中心切削实验室。考察中，肖亚庆希望公司要进一步做好企业间的优势对接，产品技术研发要不断创新领先，多开发有市场前景的产品，以巩固行业地位；要做好产品的配套服务，提高智能化的生产水平，加强智能化的创新；要充分发挥管理团队作用，不断加强企业体制机制的创新，符合市场经济体制和发展的需要。要调动科研人员和员工的积极性，为他们提供有力支持和保障，更好地推动企业创新发展。中国五矿董事长、党组书记何文波，株洲市委书记毛腾飞，市委副书记、市长阳卫国等陪同调研。

（汤　蓉）

【参展“十二五”科技创新成就展】 2016年6月1—7日，由科技部主办的以“创新驱动发展，科技引领未来”为主题的国家“十二五”科技创新成就展在北京展览馆隆重举行。公司作为“高档数控机床与基础制造装备”科技重大专项（16个国家科技重大专项中的第4项，因此又被称为04专项）七个代表单位之一应邀参加了此次展览。主要展出了“十二五”期间公司承担的“汽车发动机配套精密高效刀具开发”和“航空发动机盘环轴零件国产化成套刀具产品开发及应用”两个课题所开发的部分代表性刀具。受到了参观者的好评和各级领导的极大肯定。（汤　蓉）

【汽车工具技术研讨会】 2016年11月10日，公司开展“汽车工具技术研讨会暨客户体验日”活动，汽车制造业领域工作的知名专家、学者、行业精英等齐聚株洲，一起体验切削加工应用方案，探讨国内汽车刀具技术发展。在汽车工具技术研讨会上，来自公司、上海大众、神龙汽车、奇瑞汽车、广西玉柴、沈阳机床、华东理工大学等企业和院校的多名专家，对汽车刀具技术及其应用进行了深入研讨；就汽车刀具研发与应用、刀具国产化、汽车发动机复合加工刀具设计、刀具应用中的微量润滑、汽车发动机制造业发展、智能工厂等专业技术领域发表了专题报告。参加汽车工具技术研讨会的人员参观了数控刀片生产线和整体刀具生产厂，并观看株洲钻石先进汽车刀具的模拟实际应用演示。

（汤　蓉）

湖南千金湘江药业股份有限公司

【概况】 湖南千金湘江药业股份有限公司是集化药研发、生产、销售为一体的现代制药企业。1998年由株洲千金药业股份有限公司控股，公司固定资产原值2.28亿元，净值1.83亿元，有员工846人。2016年，公司销售发货及回款均突破8.2亿元，利润突破6600万元，规模连续6年增长超过1亿元，位居湖南省化药生产企业规模第一名，是湖南省高新技术企业和小巨人计划企业。

公司有生产批文54个，其中原料14个，制剂40个。主导产品拉米夫定片、缬沙坦胶囊、马来酸依那普利片、阿魏酸哌嗪片、蒙脱石散、罗红霉素胶囊等均在国内占有较大的市场份额。有17项发明专利申请，5项实用新型专利，38项外观设计专利和31项商标；其中，“湘江”“健甘灵”两件商标列为湖南省著名商标。拥有吉非罗齐胶囊、盐酸地芬尼多片、曲匹布通片、酒石酸唑吡坦片、盐酸奥昔布宁、复方益肝灵胶囊、非那雄胺片、拉米夫定片8个国家级新药，2项国家火炬计划项目，3项高新技术产品，5项主持制定的国家药品标准。2016年，公司再次进入中国化学制药工业企业百强、优秀成长型企业品牌称号。国产首仿拉米夫定片——健甘灵荣获2016年度中国制药品牌榜零售终端品牌金牌产品。

公司经历多年发展，逐步形成以抗感染药、消化系统药、心血管系统用药、内分泌系统药及专科用药为主的五大产品群，先后组建株洲市缓控释制剂工程研究中心、湖南省抗病毒药物工程研究中心、湖南省认定企业技术中心、湖南省转化医学与创新药物工程技术研究中心等平台。截至2016年年底，公司共获得省级、国家级资金支持共计4仟余万元，共获得21个品种的临床批件，抗丙肝药物索非布韦关键技术攻关项目被列为湖南省战略性新兴科技攻关与重大科技成果转化项目。生产方面，公司拥有8条通过GMP认证的生产线，生产原料药、片剂、硬胶囊剂、颗粒剂、散剂、溶液剂（外用）6种剂型，2016年，公司共计完成9亿元的实物产量。市场方面，公司组建专业的营销团队，形成以第三终端营销为主体，连锁药店及医院销售并进的立体营销体系。

（毛文祥）

【湘江药业高端制剂车间顺利通过新版GMP认证现场检查】 8月12—14日，湘江药业化学原料药及高端药物制剂研发产业基地开展了新版GMP现场认证。来自湖南省药品审评认证与不良反应监测中心选派的认证专家对公司生产质量管理体系进行了现场动态检查。在经过3天检查，高端制剂车间片剂、硬胶囊剂、颗粒剂顺利通过了GMP认证专家组的检查评估。

（毛文祥）

【湘江药业高端药物制剂研发产业基地正式启用】 9月28日，湘江药业高端药物制剂研发产业基地启动典礼在荷塘区金龙东路1号隆重举行。食药监局、国资委，荷塘区委、区政府相关领导及嘉宾出席典礼。新基地2014年9月开始动工，工程占地面积15.6公顷，共包含三期工程。此次开工建设的为一期工程，共耗资2.2亿元，年产能将达10亿元规模。（毛文祥）

【湘江药业“湖南省抗病毒药物工程技术研究中心”通过验收评审】 10月18日，湘江药业“湖南省抗病毒药物工程技术研究中心”全面通过省科技厅、市科技局专家验收评审。2013年，经湖南省科技厅批准，湖南省抗病毒工程技术研究中心组建，3年间，顺利完成了各项指标工作，并取得突出成绩。其中抗乙肝、艾滋病药物拉米夫定技术项目获得湖南省科技进步一等奖，并被列为湖南省产业技术创新十大标志性成果；抗乙肝、艾滋病药物替诺福韦的研究开发被列为国家级重大项目，并获资金4100余万元；抗丙肝药物索氟布韦项目被列为湖南省战略性新兴产业科技攻关类项目。抗病毒工程中心的组建，推动企业发展创新作用显著。（毛文祥）

【湘江药业荣获“2016中国化学制药行业工业企业综合实力百强”】 11月15日，在武汉举行的“2016中国化学制药行业年度峰会”上，湘江药业再次跻身“中国化学制药行业工业企业百强”。这是湘江药业自2014年以来连续三年荣获“百强”称号（毛文祥）

【“健甘灵”牌拉米夫定片入选2016“中国制药品牌榜”】 11月24日，2016“中国制药品牌榜”名单正式揭晓，凭借高质量及优异的市场表现，湘江药业“健甘灵”牌拉米夫定片从零售终端159个候选品牌中脱颖而出，成功入选肝胆疾病用药榜单。湘江药业“健甘灵”牌拉米夫定片为国内首仿，从2011年上市以来，销售额持续稳定增长，单品年销售突额已突破2亿元大关。（毛文祥）

株洲中铁电气物资有限公司

【概况】 株洲中铁电气物资有限公司组建于1958年8月，前身是中国人民解放军铁道兵后勤部第一基地，1984年单位名称更改为“中国铁道建筑总公司株洲战备材料总厂”。2000年划归中铁十七局集团公司管辖，2007年由中铁十七局划归中铁重工集团公司管理，更名为“株洲中铁轨道物资有限公司”。2008年12月与“中铁轨道系统集团电气化制品有限公司”合并为“株洲中铁电气物资有限公司”。

截至2016年年底，公司拥有固定资产3339多万元，占地面积26万多平方米，其中厂房面积2.6万多平方米，仓储面积10多万平方米，铁路专用线1.17千米，年物资吞吐能力7万吨。有“电气化制品、钢结构产品和物流仓储”三大专业板块，公司有11个职能部门，3个生产经营单位。职工人数202人，在岗职工134人。生产设备549台（套），原值9957404元，净值3168265元，设备完好率约为90%，利用率约为90%。国有资产保值增值率达106.34%，净资产收益率达5.79%，产值利润率达3.11%，资产负债率达64.45%。全年公司新签合同额1.98亿元，较上年同比增加76.79%；实现营业收入1.51亿元，较上年同比增长24.79%；实现净利润326.06万元；完成产值1.3亿元，较上年同比增长4%。（其中：砼支柱车间完成产值1609.38万元；钢结构车间完成产值3667.43万元；物流车间完成产值228.27万元；战备办完成产值21.45万元；外协项目完成产值7500.4万元。（顾　箐）

【开发电气市场】 2016年，公司以市场为导向，加强西北部市场、中东部市场的砼支柱、钢支柱的销售，取得较好成绩。根据电气化支柱市场的形势，进行分类销售，规避四电集成的新建项目，重点发力资金回笼效果好的甲供物资投标。开展二次营销，通过合同外物资调价增加承揽567万元；开展竞合营销，完成京广蒲白段的项目投标，中标额2480万元。截至12月底，公司累计中标12个铁路建设项目，中标金额合计11066万元，参与二级市场承揽，完成承揽1202万元。（顾　箐）

南方新材料科技有限公司株洲运营中心

【概况】 南方新材料科技有限公司株洲运营中心成立于2012年，隶属于中国建材旗下南方水泥有限公司。中心集研发、生产、销售于一体，有专业技术人员60人，其中工程师以上职称25人；拥有17条180型混凝土生产线，商品混凝土产能765万立方米/年，生产强度C10～C60、C80～C100的各种强度混凝土和特种混凝土，亦可根据施工要求生产轻骨料混凝土、重骨料混凝土、多孔混凝土、轻骨料多孔混凝土、干硬性混凝土、塑性混凝土、流动性混凝土、自密实混凝土、高性能混凝土、大体积混凝土、引气混凝土、膨胀混凝土、耐酸、碱混凝土、耐热混凝土、透水性混凝土、水下浇筑混凝土，及各种纤维混凝土，并能满足各种泵送和非泵送要求达到所需要的抗渗、抗折、抗冻等级要求。下辖株洲大禹兆丰新材料有限公司、株洲梓农混凝土有限公司等8家企业。

株洲运营中心先后参与大汉·希尔顿国际、神农太阳城、神农大剧院、职教城，及银天广场等株洲市重点工程项目的建设；参与京珠高速改造、株洲城市道路与京港澳高速相交工程、荷塘大道扩建工程等重点道路新建改造项目的建设；参与晋合·湘水湾、泰山公馆、金域天下、新桂广场、湘江名都、金质颐园、香博堡、磐龙生态社区，及维多利亚别墅区等知名住宅小区的建设。

2016年，中心实现销售收入4.24亿元，同比增加0.47亿元；贡献税收2248.41万元，同比增加460.25万元。中心被评为2016年度南方水泥有限公司最佳绩效单位。（宋文斌）

【预拌混凝土获评2016年度“株洲名牌”】 株洲运营中心全面强化质量管理，健全各种原材料技术指标要求，加强对原材料进厂验收的监督管理，每月定期对水泥、粉煤灰、外加剂等大宗重要原材料进行抽检，严把原材料质量关。生产中严格执行各项技术指标，遵守各项操作规程，确保产品质量。在12月15日召开的株洲市创建全国质量强市示范城市动员大会上，中心所属株洲创世混凝土公司生产的预拌混凝土以其优良质量受到广大客户的高度认可，荣获2016年度“株洲名牌”产品荣誉称号。这是迄今为止株洲地区唯一一家获此殊荣的商品混凝土企业。（宋文斌）

中材株洲虹波有限公司

【概况】 2016年中材株洲虹波有限公司完成营业总收入4409.5万元，同比减亏328.1万元。

开展压减增设。适应市场，做好波瓦压减工作。年内，注销了江西分公司，对销售不畅的保温砂浆生产线进行停产，及时分流人员。实行安全创效。全年共消除安全隐患161个，各类安全教育培训达700余人次，未发生重伤以上事故。

开展打假维权服务销售。配合政府工商部门查处造假售假厂家十余家，查封假冒产品近5万张，涉案价值近百万元。

加大调整转型力度。波瓦销售以巩固核心利润区、继承传统优势与汲取新型应用相结合为重点，完善与发展农村乡镇市场，鼓励各级经销商实施虹波产品专卖，广告投入和品牌宣传层层跟进。平板、截瓦等新品销售取得突破。高附加值产品销售持续稳定。彩瓦、夹丝瓦占销量的比重继续保持高位。新开展的网络销售和管理平台运行良好，电商物流基本理顺。全年开展形式多样网上促销、秒杀、买十送一、一口价、送优惠券等活动，平台交易实现从零到有，微信和网站访问量较上年增加了一倍。

科技创新。新产品研发和技术储备方面向集屋面、防漏、保温、节能、环保于一体发展而努力，积极推进磨浆系统建设、干湿废渣处理利用等课题的研究。无石棉纤维水泥板（瓦）关键技术研究及产业化被列入株洲市科技计划项目。公司与挪威埃肯（北京）材料实验室、湖南工业大学、武汉建筑材料院等相关单位积极开展项目合作。年内，3个实用新型专利和2个发明专利通过国家审核。（钟春秀）

【公司进军光伏新能源领域】 2016年1月21日，公司与中国南玻集团股份有限公司签订《投资光伏电站整体合作协议》，双方同意在福建省东山县、湖南省醴陵、浙江省绍兴、浙江省长兴，及广东省河源等地分别共同出资建设新能源公司，利用旗滨集团厂房屋顶、地面于两年内共同投资建设光伏电站，从事光伏电站的建设及运营业务。项目规模约140兆瓦，投资总额约10亿元。其中，醴陵于8月11日完成醴陵南玻旗滨光伏新能源有限公司注册工作；年内先后与南玻联手成立郴州旗滨光伏玻璃、深圳市新旗滨科技、浙江旗滨节能3家深加工公司。（张　婷）

大唐华银株洲发电有限公司

【概况】 2016年，大唐华银株洲发电有限公司坚持价值思维和效益导向的核心理念，践行“务实、奉献、创新、奋进”的大唐精神，通过提质增效全力应对计划电量减少、电价下调，煤炭市场价涨量紧，发电成本急剧增加等困难，坚定扎实做好各项工作。截至2016年年底，公司总装机容量为68万千瓦，在职员工1118人。安全生产持续稳定，安全生产纪录再创历史新高；全年机组利用小时3317小时，连续8年蝉联省统调火电首位；全年实现利润322万元。（邹京艳　王　颖）

【保安全增效益】 推进“强化安全生产行动”，提升班组基础安全管理水平，实现人人讲安全，人人要安全。2016年公司实现机组全年零非停，获评“湖南省电力安全生产工作先进集体”。将电量目标细化到每个值，强化度电必争意识。保供控价，抓实配煤掺烧工作。在煤炭市场急剧恶化的情况下，公司全力跑煤调煤，力保铁运煤量、扩大水运煤量，与株洲洁净煤股份有限公司签订取送业务中长期合同，确保了电煤供应。加强煤价趋势研判及煤炭市场调研，坚持煤炭采购网上竞价机制，在满足发电需要的前提下，降低采购价格，同时做好配煤掺烧，以降低燃单成本。（邹京艳　王　颖）

【激活人力资源潜能】 规范薪酬发放，建立健全激励机制。公司实行薪酬统一管控、统筹调控。启动修订公司绩效管理办法及专项奖励办法，梳理“三大专项奖励”分配办法，加大了对生产倾斜的力度。加强教育培训，有效提升员工素质。实施全员培训，全年完成各类培训357项，参培人员达35261人次，467人进入大唐集团专家库，1人获评大唐集团“技术能手”，1人获评大唐集团“优秀技能选手”。（邹京艳　王　颖）

【节能减排】 稳步推进机组“达设计值”活动，强化设备整治，完成4号机组A级检修和通流改造，修后指标达到预期效果。年内顺利完成两台机组超低排放“双改双投”和环保验收，机组排放指标达到燃气机组标准。强化基础管理，环保设施通过了各级环保部门的检查，在湘江环保志愿者的突击暗访和调研等检验中，赢得了良好的口碑。加装上马的MGGH干燥系统，基本消除烟囱冒“白烟”现象。（邹京艳　王　颖）

【创新发展新项目】 开发能源综合利用项目（供热项目）。2016年完成前期市场调研，开展项目合资开发模式的尝试和摸索，项目获得株洲市政府高度关注和大力支持，被列入2017年株洲市重点项目，并被纳入株洲市能源发展“十三五”规划。株洲市政府牵头组织实施集中供能规划研究，为争取确定优先以公司热力资源为基础能源的城市区域集中供能开发模式，以及开展下一步项目招商合作打下良好基础。推进光伏项目。与中车集团签订合作框架协议，株洲动力谷等3个光伏项目2016年内获得政府正式项目备案，其他工业园区屋顶光伏项目和地面光伏项目开发前期工作快速推进。（邹京艳　王　颖）

园区建设

综述

【概况】 2016年，株洲市各园区完成固定资产投资1230.51亿元，较上年增长20.22%，其中完成工业投资640.48亿元，较上年增加13.09%；新批外商直接投资项目43个，实际到位外商直接投资46944.32万美元，较上年增长14.34%；实施省外境内合作项目183个，实际到位省外境内资金230.37亿元，较上年增长21.7%；年内施工项目1598个，其中新开工项目1451个；竣工项目998个。全年实现投资收入3064.45亿元，较上年增长11.67%，其中工业企业主营业务收入2444.66亿元，较上年增长9.14%。实现工业总产值2634.16亿元，较上年增长10.12%。其中规模工业产值2571.48亿元，较上年增长9.65%；实现工业增加值800.48亿元，较上年增长10.24%，其中规模工业增加值782.13亿元，较上年增长9.94%；实现利润157.65亿元，较上年增长16.23%；上交税金112.16亿元；科技活动经费支出57.36亿元，较上年增长21.19%；高新技术产品产值1778.56亿元，较上年增长8.42%；出口交货106.56亿元，较上年下降25.61%。

（文欢欢）

【园区建设与发展】 2016年，株洲市各园区继续实施创新创业"146"工程，园区"五个一批"加快推进，全年争取省预算内建设奖补资金6840万元，累计完成标准厂房投资103.27亿元，建成标准厂房307.26万平方米，入驻标准厂房企业591个，新引进重点项目18个，新开工工业项目106个，完成工业用地拆迁625.25公顷，园区开发公司新增资产254.52亿元，均超额完成年计划任务。年内，园区顺利通过全国开发区第二轮清理整顿工作，"十三五"发展规划编制顺利完成。

2016年，株洲园区发展综合评价排名居全省第2名，株洲高新区在国家级高新区综合排名中列第28位，醴陵经开区居全省园区第8。"中国动力谷"得到国家层面支持；株洲经济开发区扩区、更名、机构设立获得批复，取得重大突破；株洲成功获批全国通用航空产业综合示范区和2家国家级企业技术中心；株洲高新区获批长江经济带国家级转型升级示范开发区和省级台湾工业园。（文欢欢）

株洲市各园区主要经济指标（一）

表14

单位名称	技工贸收入（万元）		固定资产投资总额（万元）		工业投资额（万元）	
	累计	增幅（%）	累计	增幅（%）	累计	增幅(%)
总计	30644524.8	11.7	12305067	20.2	6404752	13.1
荷塘工业集中区	1971003	15.5	781427	20	518533	12
芦淞园区	1684299	14.7	1520927	20.5	1069977	14.5
石峰区田心高科园	7956773	0.4	1919711	13.6	1081204	3.1
高新区河西示范园	7864516	16	4271757	20.6	941500	13.6
株洲渌口经济开发区	1346049.2	18.1	531539	23.1	271890	25
攸县工业集中区	2064981	14.9	483500	23.3	425600	21.3
茶陵经济开发区	1486995.6	13.6	440891	22	312520	26
炎陵工业集中区	1081456	18.3	532650	22	532650	22
醴陵经济开发区	5188452	17.9	1822665	24.2	1250878	10.2

（文欢欢）

株洲市各园区主要经济指标（二）

表 15

单位名称	2016 年施工项目（个）		新开工项目（个）		竣工项目（个）	
	累计	增减个数	累计	增减个数	累计	增减个数
总计	1598	192	1451	216	998	61
荷塘工业集中区	135	6	128	6	111	9
芦淞园区	319	58	309	69	280	33
石峰区田心高科园	343	37	319	47	51	0
高新区河西示范园	347	85	328	82	283	35
株洲渌口经济开发区	81	-13	67	-10	42	-29
攸县工业集中区	51	3	13	3	6	2
茶陵经济开发区	56	3	41	3	21	1
炎陵工业集中区	69	4	60	8	52	4
醴陵经济开发区	197	9	186	8	152	6

（文欢欢）

株洲市各园区主要经济指标（三）

表 16

单位名称	工业增加值（万元）		规模工业增加值（万元）		科技活动经费支出总额（万元）	
	累计	增幅 (%)	累计	增幅 (%)	累计	增幅 (%)
总计	8004795	10.2	7821255	9.9	573617	21.2
荷塘工业集中区	736646	13.9	718990	12.5	25056	-0.2
芦淞园区	366125	11.3	364998	11.3	3810	
石峰区田心高科园	2079640	-2.5	2079640	-2.5	281071	9.5
高新区河西示范园	1289771	20.2	1264000	20.3	102583	-6
株洲渌口经济开发区	314428	14.6	295125	13.5	18394	357.6
攸县工业集中区	667878	16	664312	15.6	18453	240
茶陵经济开发区	411339	8.4	352235	4.5	1129	110.2
炎陵工业集中区	286968	16.4	256736	10.2	14483	42.9
醴陵经济开发区	1852000	15.5	1825219	17.1	108638	74.4

（文欢欢）

株洲市各园区主要经济指标（四）

表 17

单位名称	高新技术产业产值（万元）		利润总额（万元）		上交税金总额（万元）	
	累计	增幅 (%)	累计	增幅 (%)	累计	增幅 (%)
总计	17785586	8.4	1576490	16.2	1121569	-10.2
荷塘工业集中区	1988839	10	14177	上年为 -2.7 亿元	77933	18
芦淞园区	667443	10.8	112771	13.1	63315	18.4
石峰区田心高科园	7324589	-1.1	577255	2	407325	9.8
高新区河西示范园	3775949	20.4	374549	26.9	249511	18.3

续表 17

单位名称	高新技术产业产值（万元）		利润总额（万元）		上交税金总额（万元）	
	累计	增幅（%）	累计	增幅（%）	累计	增幅（%）
株洲渌口经济开发区	490442	18	14635	-43.9	27735	18.6
攸县工业集中区	1012979	17.5	79896	17.8	52146	-37.3
茶陵经济开发区	151697	14	41650	21	58776	20.3
炎陵工业集中区	263886	11.6	17449	26.6	53004	19.2
醴陵经济开发区	2109762	17	344108	22.7	131824	-62.1

（文欢欢）

园区选介

株洲高新区

【概况】 株洲高新区成立于1992年5月，1992年11月经国务院批准为国家级高新技术产业开发区。2000年与株洲市天元区进行职能合并，构筑株洲新区，辖河西示范园、田心高科园、董家塅高科园，及金山科技工业园。总面积328平方公里，人口31万人。2016年，高新区实现地区生产总值722亿元，增长8.5%；公共财政预算总收入突破70亿元，增长9.6%。

高新区内占地2.36平方公里的天台工业园全面建成，园区内有时代新材、钻石切削、时菱交通、时代电子、南方阀门等70余家工业企业。规划面积14.17平方公里的栗雨工业园基本建成，中小企业促进园、硬质合金园、汽车零部件产业园等专业园区分布其中，北汽集团、唐人神、南车风电、炎帝生物，及太子奶等各类企业260余家，与之配套的中央商务区引进香港佳兆业、美的房产、万豪酒店等一批知名配套项目，实现由纯工业园向综合性产业园区的转型。规划面积27平方公里的新马创新城正在开发建设，湘煤立达矿山装备制造基地、中建五局光伏幕墙、株硬精密工具产业园、新马EBD，及汽车博览园等一批重大项目正在建设。北汽二工厂、汽车交易中心完成主体封顶，首鹏汇隆汽车板材加工配送及车身制造项目全面开工，长城电脑整机下线。基础配套不断完善，万丰湖生态公园建成开园，武广高铁连接线、湘芸路等道路竣工通车。237平方公里的天易科技城作为未来产业承载的主阵地，已经启动自主创业园建设，长城电脑株洲基地入驻开工。

2013年，为贯彻落实国家创新驱动发展战略，株洲高新区基于轨道交通、航空、汽车等特色动力产业优势，提出打造中国动力谷的战略构想，得到科技部，湖南省委、省政府，株洲市委、市政府的大力支持。2016年5月，“中国动力谷上升国家战略”课题研究得到国务院发展研究中心审批立项，并于同年10月正式开题启动。

株洲高新区轨道交通产业实力雄厚。株洲是国内最大的轨道交通装备生产基地和出口基地。中车株机及研究所生产的电力机车、城轨车辆、铁路货车，及城市轨道交通产品，已出口北美、南美等70多个国家和地区，其中电力机车的市场份额全球第一。通用航空产业全面提升。山河科技阿若拉、北航小蜜蜂等一批整机制造项目的相继落户，以及通用机场的全面建成，将形成较为完备的“航空发动机+通用飞机整机制造+通航运营+配套产业+衍生产业”的航空产业链。新能源汽车产业不断壮大。2016年，北汽一工厂年产能达20万辆，全年汽车产业主营业务收入突破200亿元，以北京汽车株洲分公司、中车时代电动、南方宇航等企业为核心的新能源汽车产业集群加速形成。同时，电子信息、生物医药、健康食品，及新材料能源等产业不断发展壮大。

高精尖科技成果不断涌现。2016年，高新区成为国家首批高端装备（轨道交通装备）制造业标准化试点和第二批科技服务业区域试点，新增7个国家级科技创新平台，湖南省轨道交通自动化技术与装备协同创新中心等三大协同创新研究院建设稳步推进，有4个项目入围国家首批93个智能制造专项。高端科技人才不断聚集。至2016年底，全区拥有各类专业人才12万余人，突出贡献专家39名，10位院士设立常驻工作室。全区建立各类创新基地86个，其中国家级研发平台15个。产业发展政策日臻完善。为加快中国动力谷建设，2016年，株洲高新区制定《瞪羚企业扶持办法》，出台《企业管理创新奖励办法》《鼓励和扶持企业上市的若干政策的补充规定》，设立中国动力谷发展专项资金等。全年财政对科技直接投入经费超过4亿元，一个涵盖科技创新、产业扶持、人才引进的创新创业政策体系逐步建立。（周高林）

株洲金山科技工业园

【概况】 2016年，株洲金山科技工业园紧紧围绕园区提质升级各项目标任务，加快推进“五个一批”等重点工作，完成固定资产投资78.14亿元，同比增长20%；完成技工贸收入197亿元，同比增长15.48%；完成规模工业增加值71.89亿元，同比增长11.8%；完成高新技术产值198.89亿元，同比增长10%；上缴税金7.79亿元，同比增长18%。

全力加快项目建设。基础设施项目中，金塘大道一期、金精路、枫丹路，及污水处理站4个项目竣工；完成金城东路二期、丽舍路、香榭路等3个项目的招投标手续；日月湖及配套路网PPP项目、金塘大道二期、罗湾路、悦舍路，及荷塘大道延伸段道路等7个项目有序推进。产业项目建设上，千金湘药、亿和医药等5个项目竣工；株洲市农副产品批发交易物流中心、时代电气与株洲车辆厂合作项目建设等19个项目进展顺利；企业家“半山半湖”住宅、中美医院等5个项目正在进行征地拆迁。

加速开展“企业帮扶年”工作建设。以企业服务中心为枢纽，建设服务全区法人的企业服务平台，重点打造“一站式”网上服务大厅和实体服务大厅，为全区各类企业提供全方位、系统化的精准服务。全年共梳理出75项服务产品；完成10余家企业项目代理服务；完成300人次企业家高管游学、500人次企业人才培训；完成8期惠企政策信息推送，成功送达2万余人次；与株洲股交分所合作，有3家企业达成股改意愿。通过走访企业、举办企业家座谈会和企业直接来访来电等形式，收集并协调解决企业问题70余条。

着力加快标厂建设。园区全年共建成铁达轨道交通装备制造配套项目、嘉德工业园一期（二批）等标准厂房面积24.4万平方米。

大力推进策划招商。全年引进企业7家，到位资金26.47亿元。完成了株洲公益养老城（怡养园），中医药种植观赏基地（留香园），新材料产业研发、检测平台及中试孵化基地项目，轨道交通产业孵化器（华亿标厂）项目，金山新城规划招商（模型）展示中心施工设计一体化工程等5个规划策划项目。成功签约投资8.47亿元的金山新城天然气利用项目和投资7.18亿元的金城华亿标厂项目。

不断强化土地保障。全年批回土地44.85公顷；完成土地出让28.73公顷。全年完成征地拆迁59.33公顷。

强力推动公司发展。充分整合园区资源，金城集团总资产达79.93亿元。强力拓宽公司融资渠道，通过利用并创新银行融资、项目引资、投资代建，及股权合作等有效渠道。全年累计融资15.75亿元。（陈春贵　陈　静）

【赫崇成调研企业发展和项目投资情况】 5月22日，水利部财务司副司长赫崇成带领国务院督导组，在省政府督查室主任毛健刚，市委书记毛腾飞及市直相关部门负责人陪同下，一行人先后深入到嘉德工业园、东都美的城等企业和项目建设现场，调查了解荷塘区政府促进民间投资工作、企业发展和项目投资等各方面情况，并与区民营企业家代表进行座谈。赫崇成对政府促进民间投资工作给予肯定。同时要求通过进一步加强和改善政府服务，发挥政府投资的引导带动作用，促进创业创新投资发展等措施，不断激发民间投资潜力和创新活力，促进民间投资回稳向好。

（陈春贵　陈　静）

湖南醴陵经济开发区

【概况】 湖南醴陵经济开发区由“一区（城北核心区）一城（渌江新城）一园（东富工业园）”三部分组成，总规划面积100平方公里，是醴陵与株洲融城的对接区域。机关内设党政办公室、产业发展局、招商合作局、规划建设局，及社会事务管理局5个正科级机构，财政所1个副科级机构；受市委、政府委托管理醴陵市陶瓷研究中心、醴陵市高新技术产业发展中心2个正科级机构；醴陵市高新技术产业发展有限公司全面承担园区建设和开发任务；国土、公安在经开区设派驻机构。经开区先后被评为“国家新型工业化产业示范基地”“省新型陶瓷材料特色产业园”“省高新技术产业示范基地”“省科技成果转化示范基地”“陶瓷出口转型示范基地”“省新型工业化产业示范基地”。

2016年，全区完成技工贸总收入510亿元，同比增长16%；规模工业增加值200亿元，同比增长14%；固定资产投资175亿元，同比增长28%；高新技术产值196亿元，同比增长17%；实现税收13亿元。在2016年湖南省公布的园区综合评价排名中，居全省第8位。（余　里）

【项目推进】 积极推进新建项目尽快落地建设，在建项目尽快投产达效。全年，经开区启动项目建设30个，总投资47.6亿元。其中，陶瓷会展馆项目从启动建设到项目封顶，耗时8个月；醴陵电商产业园从开工建设到正式投入运营，耗时2个月时间；旗滨·公园里10千伏电力线路项目提前35天完成；标厂三期公租房项目压缩工期，提前30天封顶；东富大道责任段60天完成了道路平基和全线拉通。“146工程”中的标厂一期、二期续建项目已建成并投入使用，入驻企业40家。旗滨玻璃五条生产线、时代金属轨道交通部件生产基地、华城铁建铁路特种建筑材料生产基地，及正阳精密扩产等一批项目建成投产，图兰朵酒店开业运营，凤凰山城市中心公园启动景观大道工程施工，瓷器口文化古街项目正在进行古建筑结构安装，三三橡胶、金利坩埚等项目有序推进。同时，积极对接省发改委，做好中国陶瓷谷特色小镇项目申报工作。

（余　里）

【产业发展】 截至2016年年底，经开区有企业278家，其中规模企业248家、高新技术企业30家；拥有211项国家专利、10个中国驰名商标、31个中国名牌产品以及1家国家级企业技术中心，产业工人约6万人，形成以陶瓷、玻璃和新材料、交通装备制造为主导的“3+X”产业格局。

2016年，醴陵经开区以推进供给侧结构性改革为动力，拟定了招商引资十条政策，设立产业发展专项基金以及技改、节能降耗专项奖励资金。全年共争取产业发展专项资金1700万元。通过不断地转型升级，培育出一批核心竞争力强、带动作用明显的陶瓷骨干企业，陶瓷产业得到稳步发展，全年陶瓷产业总产值突破350亿元。华联瓷业实现年销售收入8.2亿元，同比增长15%。新兴产业不断培育壮大。旗滨玻璃实现年销售收入14亿元，同比增长46.5%；升华科技二期12条生产线已投入使用，年销售收入达7.2亿元，同比增长212%；恒茂高科持续开拓海外市场，年销售收入达3.2亿元，同比增长32%；时代金属不断扩展产品市场，实现年销售收入近3亿元。

（余　里）

【招商引资】 园区结合自身优势，坚持“大小项目并举、存量升级与增量引进并举”的方针，以延伸产业链条、打造产业集群为目标，开展精准招商。全年共完成招商引资资金82.3亿元，签约项目42个。积极对接广东省湖南醴陵商会、深圳市醴陵商会，为醴籍在外人士回乡创业建立良好的沟通渠道。大力引进电商企业，建设电商产业园，已与阿里巴巴、京东、苏宁易购等交易平台以及宝尊、商派等一流电商配套服务商达成了合作协议，已有29家电商企业、6家摄影机构入驻。

（余　里）

茶陵经济开发区

【概况】 2016年，茶陵经济开发区坚持“基础提质、项目提速、服务提效、管理提升”四提举措，全力推进“五个一批”和“146”工程，开拓了园区发展新局面。“一区五园”163家企业完成技工贸收入147亿元，同比增长19%；完成固定资产投资47亿元，同比增长23%；完成规模工业增加值37亿元，同比增长13%；完成高新技术产值7.1亿元，同比增长11%；完成税收5.9亿元，同比增长18%。

项目建设全面推开。全年新开工项目10个，引进过5亿元的重点项目2个。港盛针织、晶辉电子等重点工业项目以及金星铝业、东成床具、卓帝工艺品、中田大山楂深加工、南马电子、伟仕达电子，及九方石业等10个产业项目全面实施。46个基础设施项目总投资2.56亿元，其中道路设施建设1.85亿元，一园区茶水南路已基本拉通，二园区二号、五号支道已建成通车，三园区工业二路、株洲东路、耒阳东路路基基本成型，南站新区茶陵大道延伸段、心桥路延伸段等正在加紧实施，预计到年底可将“四园一区”的两大外环和三个内环道路连成一体，实现园区20余平方公里土地的网格化。

要素保障成效显著。土地保障方面，全年园区批回土地67.47公顷，占全县总批回用地的61%，完成征地拆迁50.69公顷，占考核任务的152%。资金要素方面，向政策性银行、商业银行、土地融资共计6.1亿元，融资额创历史新高，公司新增资产10.9亿元，占考核任务的109%。同时，包装策划茶陵南站新区基础设施项目、茶陵经济开发区污水处理及配套管网建设项目和茶陵洣水两岸新型城镇化建设项目对接政策性申报专项建设基金8亿元，为园区建设提供充足的现金流。

“146”工程全面完成。根据省“135”、市“146”工程安排，开发区在三园区规划选址33.33公顷打造创新创业园，二园区13.33公顷打造建筑建材园，力争两年建成标厂25万平方米，引进企业20家以上。截至2016年底，建成创新创业园一期新建项目5万平方米、创新创业园二期6.6万平方米、建材产业园强强陶瓷标准厂房二期新建项目6万平方米，及湘东现代农业园标准厂房项目2.8万平方米，引进标厂企业20家。

安全生产“零”事故。园区深入贯彻落实中央、省、市、县安全生产工作有关文件和会议精神，制订安全生产工作计划，每个月召开安全生产工作例会，建立安全生产台账，并与企业签订了安全生产责任状。2016年，开发区联合县安监局、消防大队、下东派出所等单位对园区企业开展了80余次安全检查工作，发现安全生产隐患问题90余处。及时消除县安委提出的兴龙气体有限公司旁垃圾回收站焚烧垃圾对兴龙公司形成安全隐患的问题。

（彭　锋　龙谭通）

【园区项目简介】 深圳生态电子科技园。2016年，为承接深圳电子产业转移项目，开发区按照“工业新城，城市新区”的发展定位，在马江三园区规划选址建设一个集会展、办公、研发、生产于一体的深圳生态电子科技园，主要对接引进深圳等生态电子产业，着力打造一个科技含量高、生态环境好的电子产业园区，占地40公顷，净用地面积为28万平方米，建筑面积30万平方米。已签约引进了晶辉电子、南马电子、伟士达电子、文善电子等企业，对接9家电子企业意向入园。晶辉电子一期主体建设基本完成，其他入园电子企业正筹备建设。

三园区创新创业园。根据省“135”、市“146”工程建设安排，开发区投资5亿元在三园区打造占地23.97公顷，总建筑面积279548平方米，集标准厂房、配套办公、科研、休闲为一体的创新创业园。项目分二期进行，一期项目规划用地12.72公顷，建筑占地面积56051平方米，道路及广场面积53154.5平方米，绿化面积18370.5平方米。项目总建筑面积157832平方米，含15栋标准厂房、1栋办公楼、1栋综合楼，及1栋食堂。二期项目规划用地11.25公顷，建筑占地面积46154.68平方米，道路及广场面积50319.86平方米，绿化面积16097.85平方米。项目总建筑面积121716.8平方米，含15栋标准厂房、3栋仓库、7栋宿舍、2栋办公楼，及2栋食堂。项目一期于2015年9月初启动建设，项目二期2016年初启动建设，已建成8栋厂房，5栋砖混标准厂房，建成标准厂房面积共4.36万平米。

贵派电器。贵派电器股份有限公司成立于1995年，是一家集制造、科研、投资、贸易于一体的多元化、高科技终端电器企业集团，10多年来专注于家居电气领域，不断为客户定制日臻完美的家居电气整体解决方案。在广东和湖南分别设立两大生产基地，有电工、照明、终端电器、集成吊顶等四大支柱产业，产品包括电工开关插座、家居照明、浴霸、集成吊顶、换气扇、排插及电器附件等。公司成立10多年来，已在全中国各个省拥有强大的销售能力和经销商网络，产品畅销全国各地。公司在全国同行中率先通过ISO9001质量管理体系认证、ISO14001环境管理体系认证，有30多项专利证书，并获得“中国电工十大品牌”“中国驰名商标”等诸多荣誉。公司总部目前拥有100多台先进的机械设备，两大生产基地拥有超过4000名员工，年产值达2.4亿元。

晶彩电子公司。株洲晶彩电子科技有限公司成立于2008年，是一家专业生产液晶显示器的高新民营企业。公司注册资金2000余万、占地面积2.33公顷，其中净化车间面积10000多平方米，绿化设施20000多平方米，拥有职工500多人。公司下设湖南事业部（株洲晶彩电子科技有限公司）、北海事业部（北海永全光电科技有限公司）、深圳事业部（深圳永业成光电有限公司）及深圳办事处等四大办事机构。形成立足湖南、幅射全国、拓展海外的战略格局。公司产品主要用于计算器、电话机、万年历、电子称、计步器、电表、医疗、设备，及仪器仪表等行业。在积极开拓国内市场的同时部分产品远销日本、中东、欧美等国家和地区。　（彭　锋　龙谭通）

农业和农村工作

综述

【概述】 2016年，株洲地区全年实现农林牧渔总产值292.95亿元，同比增长3.6%；农林牧渔增加值197.2亿元，同比增长3.5%；农村居民人均可支配收入16919元，同比增长8.2%；县域GDP1322亿元，增长8.3%，县域GDP占全市GDP总值54.3%。市获评2016年度“全省脱贫攻坚先进市（州）”，市渔政监督管理站获“全国农业先进集体”，醴陵市被评为“全省脱贫攻坚先进县（市、区）”。

农业产业结构逐步优化。全年粮食产量保持基本稳定，粮食总产181.6万吨，优质稻种植面积进一步扩大。出栏生猪478.28万头，生猪价格持续上涨且高位运行，生猪规模养殖比重达73%。出栏牛7.69万头、羊58.9万头，牛羊规模养殖户达111家，草食动物在养殖业中的比重进一步提高。完成蔬菜基地提质增效335.73公顷，主要蔬菜自给率达到76%。完成经济作物种植面积4.85万公顷，总产值18.9亿元。

农业经营水平稳步提高。规模以上农产品加工企业243家，农产品加工业总产值402.51亿元，增长20%。新增8个省级现代农业特色产业园，总数达到23个。新增农业产业化省级龙头企业12家，新增家庭农场464个，新增农民合作社42家。2个村镇获批“全国一村一品示范村镇”，52家农民合作社被评为省级示范社。成功创建超级稻万亩辐射片16个、千亩示范片89个、百亩核心片210个，培育科技示范户3500户，农业科技贡献率达65%。插秧机、烘干机、植保机械等机具加快推广，水稻生产全程机械化水平达73.37%。休闲农业蓬勃发展。有休闲农业企业398家，实现经营总收入9.6亿元。农产品质量安全监管体系不断健全，农业标准化建设、品牌战略加快推进。

农业生产基础不断夯实。建成规模化大型沼气工程9个，28个生猪规模养殖场粪污综合利用设施改造全面完成。耕地质量进一步改善，建成高标准农田1.17万公顷，累计达5.72万公顷。水利建设加快步伐，共完成水利建设投入13.56亿元，除险加固病险水库242座，消除了水库防汛安全隐患；兴建“五小”水利工程986处，有效破解农田灌溉“最后一公里”难题。林业生态建设成效显著，完成造林1.15万公顷，森林覆盖率61.95%，森林蓄积量达2434.1万立方米。农业环境突出问题治理效果明显，大力实施农村面源污染防治工作，深入推进了4.35万公顷重金属污染耕地修复治理和农作物种植结构调整试点。气象、水文等部门服务农业生产水平大幅提升。

农村人居环境大幅改善。以“一廊十镇百村”示范工程为载体，重点推动三门镇响水村、龙头铺街道蛟龙村、枣市镇洞头村等近80个美丽乡村建设，新增4个省级美丽乡村示范村，总数达到30个。兴建饮水工程70处，解决农村16.66万人安全饮水问题。加宽窄路450公里，改造危桥30座，建成农村招呼站160个。农村危房改造7200户，农村居住条件进一步提升。同时，农网改造、农村电商平台建设、裸露山地和湘江流域治理等一批惠民工程加速推进。

农业发展后劲持续增强。强力推动农村土地确权登记颁证工作，农村土地流转率42.5%，同比提高3.84个百分点。全市10个国有林场完成了定性定编，国有林场职工统一办理养老保险和医疗保险。全国第二批水生态文明城市建设、全国第一批河湖管护体制机制创新两个试点有序推进。茶陵县、攸县农业水价综合改革试点加快推进。乡镇区划调整全面完成，共合并乡镇33个、行政村541个。

脱贫攻坚成效显著。制定出台《关于坚决打赢脱贫攻坚战的实施意见》和《精准脱贫“七个一批”“六大工程”实施方案》等一系列政策文件。市级领导带领370支驻村帮扶队、1064家帮扶单位、2.2万名机关干部结对帮扶贫困农户，形成“结对帮扶全覆盖、整体脱贫大包干、村村都有工作队、户户都有干部帮”的精准帮扶格局。2016年，全市共投入各类扶贫资金19.4亿元，为脱贫攻坚顺利开展提供了财力保障。通过一系列扶贫举措和考核奖惩措施，全市脱贫攻坚工作取得阶段性成果。全市建档立卡贫困人口由2015年末的11.36万人减少到2016年末的8.18万人，贫困发生率由4.31%下降为3.17%，贫困村由166个下降到126个。 （刘　锋）

【机构改革】 株洲市农业委员会为市人民政府工作部门，挂市委农村工作办公室牌子。2015年11月6日启动机构改革，将市农业局（市乡镇企业局）、市委农村工作部（市政府农村工作办公室）的职责划入市农业委员会。将市畜牧兽医水产局、市动物卫生监督所（市动物疫病预防控制中心、市畜禽水产品质量检测中心）、市农业机械化管理局、市农村经济管理处，及市牲畜屠宰管理办公室承担的行政职能划入市农业委员会。将市畜牧兽医水产局改为市农业委员会所属正处级事业单位。将原市委农村工作部（市政府农村工作办公室）、原市农业局（市乡镇企业局）领导和管理的事业单位调整为市农业委员会所属事业单位。将市农村经济管理处更名为市农村经济管理服务站。将市农业机械化管理局改由市农业委员会管理。将市农机监理总所改由市农业委员会管理。2016年4月全面完成机构改革工作。

（周　玹）

【农村能源】 2016年株洲市共完成户用沼气池建设630户；推广新建太阳能路灯277盏；补助资金70万元；推广农村太阳能热水器146台，高效生物质化炉灶525台；完成中央预算内固定资产投资大型工程9处，补助资金1200万元，截至2016年年底，全市共完成国债户用沼气建设4.5万口，小区联户沼气工程468处，全市户用沼气池拥有量达到8.65万个，沼气池拥有量100个以上的沼气专业村达到120个。全市拥有容积500立方米以上的大中型沼气工程35处，其中建成25处，在建6处，进入施工企业招标阶段项目4处，为企业生产大量的沼气能源、有机肥源，局部解决大型养殖企业对水源、地表土层及大气的污染，为企业创造较好的社会、经济效益。全市有持证专业技术人员639人，其中在岗598人，85名沼气生产服务人员，4名太阳能利用服务人员。拥有服务车8辆，摩托车65辆，运渣液车61台，挖掘机4台，污泥泵134台。

（欧阳义）

【保障农产品质量安全】 农业部督查株洲市农产品质量安全专项整治工作。1月6—7日，农业部种植业司陈友权副巡视员一行在省农委副主任兰定国、农产品质量安全监管处处长严德荣等陪同下，到株洲市督查农产品质量安全专项整治工作。督查组实地查看了醴陵市古城葡萄基地、醴陵市城郊佳昇农资店、醴陵市农业局农产品质量检测中心等地。与种养殖业大户、农民专业合作社、基层监管人员、农产品生产企业负责人，及消费者代表等进行座谈，深入了解基层专项整治存在的突出问题，听取基层代表意见和建议。督查组对株洲市农产品质量安全专项整治工作给予充分肯定。同时也指出农产品质量安全监管工作责任重、任务大，督促株洲市要加强监管机制创新，继续加大监管力度，把好源头关键，强化全程控制，确保人民群众舌尖上的安全。

5月5日，全国绿色食品（湖南）检查员暨标志监督管理员培训班在株洲顺利开班。全省各市州、县市绿色食品办公室相关人员200余人参加培训。开班仪式上，湖南省绿色食品办公室主任朱建湘介绍了湖南绿色食品产业发展成效，并殷切希望参加培训的学员落实好“两员”（检查员监管员）职责责任，学好理论知识，提高管理能力，提升工作水平，把好认证准入关和证后监管关，进一步提升湖南绿色食品品牌的社会公信力和权威性。近年来，株洲大力发展绿色食品来提升市场竞争力和带动农民致富，出台《株洲市农产品“三品一标”品牌提升工作方案》，对获得绿色食品的企业和基地给予奖励，截至2016年底，株洲“三品一标”认证的农产品达到320个，炎陵黄桃、攸县麻鸭、茶陵紫皮大蒜等农产品畅销全国各地。

国务院食安办到株洲县开展农村食品安全专项治理工作督查。根据国务院食品安全办开展农村食品安全专项整治工作督查的统一部署，12月2日，由农业部国务院首席兽医师张仲秋带队，农业部、国家工商总局、国家食品药品监管总局领导和专家组成的督查组一行人来到株洲县南洲镇农产品质量安全监管站，查看该县南洲镇农产品质量安全监管站的建设情况，参观该镇监管站的农资展示厅、培训室、农产品检测室以及办公室，查询监管站的工作开展情况及监管人员的待遇落实情况，现场查阅该站的各项监督管理制度及农产品检测记录、基地巡查记录台账，并现场观看检测人员开展蔬菜农残快速检测，对该县乡镇农产品质量安全监管站规范化建设给予高度评价。

（周　玹）

【农业生态与资源保护】 农业部调研株洲县重金属治理。5月4日，农业部农业生态与资源保护总站高尚宾站长一行13人到株洲县调研重金属治理工作。高尚宾站长深入该县重金属重点治理乡镇，先后视察南洲镇马州村桑蚕育苗基地，五架桥村新产品、新技术集中展示基地，渌口镇黄霞村VIP技术模式千亩示范片，详细了解实际情况。随后在该县农业局召开座谈会。会上高尚宾听取湖南省和株洲县重金属污染治理的情况汇报。省农委农业资源与环境保护站副站长刘钦云和株洲县农业局局长李光泉分别就本区域的重金属污染治理工作提出意见和建议。高尚宾充分肯定前段时间株洲县重金属污染所做的各项工作。调研组专家专题对重金属治理区进行问卷调查，通过获取的数据和了解的情况，提出有针对性的措施，以改进和支持株洲县的重金属污染治理工作。

开展休耕试点督导。年内，农业部、中农办等部门联合，以国家林业局退耕还林办公室总工程师刘再发为组长的一行5人，对株洲市重金属污染耕地休耕试点工作，开展为期2天的督导。国家督导组一行，直接抽查了醴陵市，通过听取醴陵市政府的工作汇报，查阅台账资料，现场察看，召集农民专业合作社、种粮大户、农民及新型经营主体代表开座谈会、现场询问等多形式，对株洲市的休耕工作，进行全面的检查督导。经过2天的深入检查，督导组对株洲市的休耕工作给予高度评价。同时寄语：“休耕作为全国试点开展时间不长，针对未来可能会出现的情况和问题，我们要做到及时了解处理，及时收集向上反映。希望醴陵能够通过试点，出好的经验。” （周　琰）

【“互联网＋农业”示范点创建取得实效】 2016年，市农委为加快推进一、二、三产业融合发展，初步拟定《2016—2020年株洲市“互联网＋农业”整体推进项目工作规划》。大力开展“互联网＋农业”应用物联网示范园建设，以株洲市现代农业示范园区为依托，打造10个“互联网＋农业”示范园区，重点扶持园区内农业生产企业开展“互联网＋农业”技术集成应用示范，重点扶持农业产业化企业、专业合作社、家庭农场，及专业大户等新型经营主体，建设50个蔬菜、花卉、水产等农业物联网技术应用示范点，实现农产品生产、经营、管理、销售的智能化。株洲农业企业“互联网＋农业”示范点创建逐步加快，走上一条智能化、多样化的发展道路，促进农产品的产、供、销体系紧密结合，农产品加工行业的生产效率、品质、效益等都得到明显提升。6月29日，市农业产业化龙头企业沙坡里农土特产有限公司微商城正式上线，主要经营株洲五县五区的特色农产品、生鲜食品以及沙坡里的腊制品、休闲食品、干蔬菜。

（周　琰）

【农产品推广】 23个特色农产品知名品牌入选《湖南省特色农产品品牌名录》。年内，省县域经济工作领导小组办公室、省农业委员会组织编写了《湖南省特色农产品品牌名录》。入选《名录》的特色品牌均获得省级以上著名商标或国家地理标志产品，具有丰厚的文化内涵，承载一定历史并能讲出一些“故事”，在当地农民致富奔小康方面有明显带头作用。经各县市区推荐，市县域办组织初审，省县域办和省农业委员会审定后，株洲市唐人神、好棒美、茶陵黄牛等23个特色农产品知名品牌入选《湖南省特色农产品品牌名录》，有力地推动粮油、果蔬、畜禽、竹木、饲料等主导产业的发展。

3家农产品加工企业走进香港市场。株洲为拓展农产品销售渠道，打响农产品品牌，积极参加2016“情满香江”——湖南（香港）优质农产品推介会，充分利用湖南在香港设立的“湖南农产品香港展示展销中心”，搭乘农产品出口贸易平台快车，不断提升出口贸易份额。8月中旬，株洲市农委组织湖南利达茶业有限公司、湖南红星盛康油脂有限公司、湖南福来喜鹅业有限公司3家农产品加工企业参加第27届香港美食博览会。福来喜的酃县白鹅系列熟食产品引爆博览会市场，近千斤主打熟食产品销售一空。湖南利达茶业有限公司的手筑茯砖茶、绿茶和湖南红星盛康油脂有限公司的山茶油深受香港及海内外客商青睐，成功吸引4家客商对接，初步达成农产品销售合作协议。

参加2016年第十九届全国农产品加工业投资贸易洽谈会。9月6—8日，株洲县等4个县市区、3家企业作为代表参加在河南省举行的第十九届中国农产品加工业投资贸易洽谈会，3家参展企业均取得丰硕的成果：唐人神集团作为株洲市国家级龙头企业参加现场特装展示，丰富的系列产品、优秀的产品质量得到参会代表的一致好评；株洲白龙腊焙食品有限公司作为企业代表参加农产品加工业与农村一、二、三产业融合发展论坛，交流其他省市农产品加工企业产业融合的成功经验；株洲县天宇米业有限公司参加重点项目签约活动，获得近500万元的投资意向。

中国中部（湖南）农博会茶陵农产品传捷报。12月5日，为期7天的第十八届中国中部（湖南）农业博览会圆满结束，茶陵县的企业代表茶陵县众康乡村土特产开发有限公司生产的“湘福土”牌手工红薯粉，经过组委会产品评审委员会评审，在众多产品中脱颖而出，荣获2016中国中部（湖南）农业博览会农产品“金奖”荣誉称号。茶陵“三宝”加工产品、脐橙、红薯粉等为代表的绿色、生态、优质的农产品在此次农博会上深受消费者的喜爱，进一步展示茶陵农业的特色。

（周　琰）

【“万名工程”省级专家深入炎陵对接开展院县共建】 8月31日，湖南省2016年“万名农业科技人员服务现代农业工程”省级专家团团长彭亮率省林业厅、林科院、省森林植物园等单位专家一行6人，深入炎陵开展“院县共建”对接工作。专家组一行认真听取了炎陵县农业局、林业局项目负责人关于开展实施“万名工程”的前期准备工作和存在困难，以及炎陵县当前农业、林业产业对科技需求的情况汇报。针对在竹木种植、生产、加工等方面存在的困难和问题。专家组一行提出农、林发展要转变加工、生产模式，引进外面先进技术，加强科技对产业的支撑，促进农、林产业发展的机械化、智能化、规模化等合理化建议。 （周　琰）

【茶陵县农业局获省“农业政府网站工作先进单位”称号】 12月7—9日，茶陵县农业局获2016年度湖南省“农业政府网站工作先进单位”荣誉称号，信息员谭凤娥获2016年度湖南省“农业政府网站工作先进个人”荣誉称号。2016年，茶陵县农业局强化信息工作，深入开展调查研究，多层次、多角度宣传该县农业工作、农技服务和先进典型。1—11月，在各级政府网站发表各类稿件近200篇，其中93篇被湖南农业信息网（省农委官网）采纳发表。

（周　琰）

株洲市农业产业化省级以上龙头企业名单

表18

序号	地区	企业名称	等级
1	天元区	唐人神	国家级
2	天元区	千金药业	国家级
3	茶陵县	湖南龙华农牧发展有限公司	省级
4	茶陵县	茶陵县林丰农业开发有限公司	省级
5	茶陵县	茶陵县湘南皮革有限公司	省级
6	茶陵县	富盛针织	省级
7	茶陵县	红星盛康油脂	省级
8	茶陵县	湖南虎源生态园林有限公司	省级
9	醴陵市	湖南湘洲食品有限公司	省级
10	醴陵市	湖南省吉泰农牧有限公司	省级
11	醴陵市	湖南泽域美景生态农业股份有限公司	省级
12	醴陵市	湖南指上美食品有限公司	省级
13	云龙区	湖南云田园林市政建设集团有限公司	省级
14	云龙区	株洲松本林化有限公司	省级
15	攸县	株洲市湘泰粮油有限公司	省级
16	攸县	株洲市湘东仙竹米业有限公司	省级
17	攸县	湖南万安达集团铭德实业有限公司	省级
18	攸县	攸县金湘米业有限责任公司	省级
19	攸县	攸县鸿华麻鸭业有限公司	省级
20	攸县	株洲市炎洣神糙科研有限公司	省级
21	攸县	攸县城关国家粮食储备库	省级
22	攸县	攸县奇瑞实木家私有限公司	省级
23	株洲县	株洲湘渌米业有限公司	省级
24	株洲县	株洲市明扬农牧综合开发有限公司	省级
25	株洲县	湖南湘春农业科技开发有限公司	省级
26	炎陵县	湖南福来喜鹅业有限责任公司	省级
27	炎陵县	湖南绿达新材料有限公司	省级
28	炎陵县	炎陵县耕夫子农产品开发有限公司	省级
29	天元区	株洲市悠移农业科技发展有限公司	省级
30	芦淞区	湖南神农米业有限责任公司	省级
31	芦淞区	株洲市好棒美食品有限公司	省级
32	芦淞区	株洲江山生物科技有限公司	省级
33	芦淞区	株洲市林之鹰竹胶板厂	省级
34	芦淞区	株洲金禾舜农业科技发展有限公司	省级
35	芦淞区	株洲市大顺包装有限公司	省级
36	芦淞区	湖南汉唐农业有限责任公司	省级

（周　琰）

种植业

【概况】 2016年，全市粮食播种总面积为26.68万公顷，其中水稻24.87万公顷，全年粮食总产181.6万吨，基本保持稳定。完成蔬菜播种面积6.53万公顷，实现总产量167.2万吨、总产值35.4亿元，同比增长1.33%、5.67%和5.67%，主要蔬菜自给率达到76%。完成蔬菜基地提质增效335.73公顷。设施蔬菜栽培面积1.53万公顷。完成经济作物种植面积4.85万公顷，比上年增长1400公顷，同比增长3%；经作总产值18.9亿元，比上年增长2.9亿元，同比增长18%。经济作物设施栽培面积发展到2.47万公顷。（刘 锋）

【刘宗林调研农业现代化工作】 6月14—15日，省农委党组书记、主任刘宗林深入株洲茶陵县、株洲县、天元区等地，就农业现代化、耕地种植结构调整等工作开展了调研。刘宗林主任一行先后到茶陵秩堂乡小田百合种球繁育基地、芦淞区燎原村百合科研基地、天元区群丰镇香水百合种植基地，实地了解百合品种研发、组培种苗、种球繁育、鲜花产销，及香料深精加工等产业化发展链条，对株洲市百合产业化发展给予高度肯定，并寄语株洲加快发展步伐，争取向全省推介产业发展模式和经验。刘宗林还先后走访万樟园林和龙华农牧公司，鼓励企业完善产业发展模式，发挥好企业帮扶作用，带动更多的农民致富。在株洲县渌口镇棉花产业调整基地，刘宗林要求基地加快完善基础设施建设，打造高产、高效、优质的棉花产业。

（刘 锋）

【炎陵茶叶品牌获奖】 近年来，炎陵县把发展茶叶生产作为生态特色产业来抓，出台了一系列扶持措施和激励政策，采取"企业+基地+农户"的模式，扩大生产规模，并组织农技专家进村入户，全方位普及茶叶种植技术，致力打造"绿色、安全、优质"的茶叶产业。全县已形成大院、中村、龙渣、龙溪，及船形等茶叶产业基地，发展10家茶叶龙头加工企业，建成5个标准化加工厂，年加工能力1100吨以上。全县茶叶种植面积达到733.33公顷，茶叶总产230吨，其中名优茶136吨，茶叶综合产值过亿元。炎陵县大院龟龙窝高山乌龙茶园的龟龙窝红茶获2016年第二届亚太茶茗大奖银奖。炎陵县洣溪茗峰茶业的"神农白茶""炎陵红茶"，湘炎春茶业的"湘炎春绿茶"，神农峰茶业的"鄢峰牌炎陵红茶"，神农峰茶业的"鄢峰牌乌龙茶"5个茶叶品牌，荣获2016第八届湖南茶业博览会"茶祖神农杯"名优茶评比金奖。（刘 锋）

养殖业

【概况】 2016年，株洲市养殖业呈现出持续、健康、快速发展的好势头。全市畜禽标准化养殖、动物防疫、畜禽水产品质量安全监管，及畜禽良种繁育等工作走在全省前列。

生产指标稳中有升。株洲市积极培养新兴养殖主体，不断推进产业化进程，大力发展现代养殖，有力地促进了产业发展。2016年，全市出栏（笼）生猪456.23万头、牛7.66万头、羊58.83万头、家禽2157万羽，同比分别增长2.12%、4.08%、1.29%、1.36%；肉类总产量38.15万吨、禽蛋总产量5.12万吨、水产总产量9.35万吨，及饲料总产量92万吨，分别增长2.19%、1.99%、2.41%、2.22%。养殖业总产值106.99亿元（其中牧业总产值96.04亿元、渔业总产值10.95亿元），增长4.1%，饲料工业总产值48亿元。畜牧业投资达21亿元，增速37%。生猪规模养殖比重达到73%。在养殖效益上，生猪处于养殖效益最好、持续时间最长的黄金时段。全市养殖业全面实现增产增收。

转型升级步伐加快。标准化示范创建进一步深入。全市共建成5个养殖示范县、26个无公害畜禽水产品认证养殖场、53家畜禽标准化养殖示范场（其中国家级13家）、25家省部级水产健康养殖示范场点，及200个规模养殖动物防疫示范场，场点占比数居全省之冠。龙头带动效应显著。唐人神、福来喜鹅业、龙华牧业、林丰农业、鸿华鸭业，及吉泰禽业等养殖龙头企业继续做大做强，采取"公司+农户"的养殖合作模式不断推广，大型养殖企业和小型养殖户的合作越来越紧密，带动生产的能力明显加强。跨入全国制造业500强的唐人神和"全省领先、全国一流"的龙华牧业实现强强联合，唐人神将产业链延伸至养殖端，其生猪养殖本土化的步伐加快，在全市已建立生猪联营养殖场53家。畜禽良种体系建设进一步加强。有全省最完善的良种繁育体系，原种场、原种扩繁场、种畜禽场，及种公畜供精站一应俱全，良种场达47家，生猪良种覆盖率达98%，名列全省前茅。投资2.2亿元的湖南畜牧育种产业园项目在攸县落地，产业园将成为湖南省及周边区域的畜禽良种繁育中心。名特优水产品的养殖比重达70%以上。污染治理力度进一步加大。"建设病死畜禽无害化处理中心"列入2016年的"民生100"工程，茶陵、攸县、醴陵、株洲县等四个养殖大县完成选址工作，均已动工建设，其他县区将建设6-8个收集点，正在选址或启动建设。扎实推进株洲市湘江保护和治理"第二个三年行动计划"，在关停湘江沿岸1公里272家、城区湘江主要支流沿岸500米260家养殖场的基础上，28个生猪规模养殖场粪污综合利用设施改造建设全面完成。国家投资1000万元的养殖业废弃物综合利用试点项目在攸县落地，项目的实施将积极推进畜禽粪污综合利用的进程，为改善农村环境、解决农业面源污染起到积极作用。

养殖扶贫全面铺开。养殖扶贫是落实株洲市“产业扶持一批”的重要内容。各县市区全面贯彻“株洲市千户万人养殖扶贫方案”,开展调查摸底，明确了帮扶对象和帮扶措施，大力实施结对帮扶和送温暖活动。采用“公司+农户”联营、专项资金入股养殖企业返利10%给贫困户、项目支持带动以及技术培训服务等方式进行精准帮扶。全市共投入各种养殖扶贫资金1975万元，养殖脱贫28个村、6000人，分别占全市产业脱贫总数的68.8%和26.6%，为贫困户户均增加收入12245元，人均增加收入3875元。茶陵县拿出385万元实施黄牛扶贫开发；攸县25户贫困户、株洲县23户贫困户与唐人神联营养猪；醴陵市、炎陵县开展技术扶贫，组织养殖技术培训，共培训人员800多人次。扶贫工作初见成效。

动物防疫有保证。采取综合防控措施继续加强动物防疫工作，各地按照“政府保密度、部门保质量”和“村组干部带路、防疫人员免疫、养殖大户自免”的要求，全面开展“双责地毯式”免疫，重大动物疫病免疫密度达100%。产地、屠宰分别检疫生猪360万头、150万头，检疫率达90%和100%。疫情监测采样化验1.6万份。执法立案92起，查处不合格和病害产品3.9吨。开展养殖环节监管、动物检疫、水产禁用药、饲料、兽药等5个专项整治行动，重点整治兽用抗菌药、假兽药、“三鱼两药”、违规饲料和饲料添加剂。全市共出动执法人员680人次，检查养殖户、兽药饲料经营户、屠宰场等2300多家次，下达整改通知书64份，立案查处销售假劣兽药13起、销售问题饲料案2起、销售病害猪肉案5起。加大质量安全抽检工作，共抽检畜禽水产品样品770批次，其中畜禽样548批次，水产品22批次，猪尿样200批次，检测合格率均达到100%；抽检饲料样品270批次，合格率98.3%；抽检兽药样品22批次，合格率100%。9月份接受省局对株洲市的“瘦肉精”排查工作，一共抽检了猪、牛、羊养殖场120个，抽检样品360个，“瘦肉精”检出率为零。实现“不发生区域性重大动物疫情”和“不发生重大质量安全事件”的“两个确保”。

屠宰管理不断规范。全面规范屠宰场管理。全市城区共有生猪定点屠宰场5个。其中，由市政府批准发证授牌的3个(即唐人神、金马、湘峰)；由芦淞区政府批准设立的1个（即天旺屠宰场)；由市牲畜屠宰管理领导小组确定的临时过渡屠宰点1个（即添丰屠宰场)。针对屠宰场之间在生产条件、生产环境、生产管理等方面存在的巨大差距，市民反映大，屠宰办开展专项整治行动，督促企业投资360多万元改造了生产车间、无害化处理等设施。培训屠场检验人员12人。与屠宰场签订质量安全目标管理责任状和“不收购、不宰杀病死生猪”“不注水、不添加有害物质”两份承诺书。督促企业开展瘦肉精自检。指导企业制定完善了各项规章制度。开展整合缩点。根据株洲市的实际情况，制定生猪定点屠宰场的缩点方案。通过走访各屠宰场、召开座谈会、个别约谈，目前已关停添丰、天旺两家屠宰场，屠宰业务全部整合到湘天桥、金马两家屠宰场实施，屠场缩点工作基本完成。

渔政监管力度加大。实施春季禁渔。开展为期3个月的湘江干流春季禁渔工作，对沿岸专业渔民按每船每月600元的标准进行补偿。组织人工放流。6月份，市局举办“株洲市2016年放鱼2000万尾启动仪式”，市本级和各县市区先后在湘江、渌江和米江等天然水域开展鱼类人工放流活动，共放鱼2200万尾，完成了放流任务。开展综合整治。全面开展以打击电鱼、炸鱼等非法捕捞行为为主的综合整治行动，全市共执法720多人次，查获电渔船35艘，收缴背包式电鱼器等违法器材1500多套，没收网具34幅，收缴地笼网4000余米，捣毁电鱼设施12套，有效保护了渔业生态环境。市渔政站执法管理和鱼类人工放流，多次受到上级主管部门的肯定。特别是对湘江流域株洲城区段的非法捕鱼行为的整治，取得良好的效果。

项目管理彰显成效。积极申报上级项目资金。完成养殖业专项资金、畜禽渔标准化养殖扶持、现代农业特色产业园省级示范园，及南方草地畜牧业推进行动项目等四大类项目的申报工作，共申报项目43个，申请中央投资2.6亿元。开展专项整治。在全市畜牧系统广泛开展“纠四风、治陋习”“雁过拔毛”式腐败问题等专项整治工作，出台整治方案。市局及局直单位就惠农补贴、强农项目、作风建设等认真开展自查自纠，派出专门督查组赴各县市区进行专项督查，共清理核查5县市各类涉养项目资金1.5亿元，没有出现违法违纪问题。

（丁尹浩）

【株洲市渔政站获全国“农业先进集体”称号】株洲市渔政站执法管理力度和鱼类人工放流数量达到历年之最，多次受到上级主管部门的肯定。特别是对湘江流域株洲城区段的非法捕鱼行为的整治，取得良好的效果，得到广大市民高度好评和赞扬。2016年株洲市渔政站获得“全国农业先进集体”光荣称号。（丁尹浩）

【非生猪产品产值持续增长】株洲市养殖结构进一步优化，在做大做强生猪传统产业的同时，加快发展草食动物和禽类养殖。非生猪产品产值比重由2010年的15.8%提高到29.2%，其中草食动物的比重占8%，比2010年提高3个百分点。全市有牛羊规模养殖户111家，禽类规模养殖户166家，炎陵白鹅、攸县麻鸭、茶陵黄牛，及醴陵黑山羊等地方特色畜禽得到保护和发展。（丁尹浩）

【病死畜禽无害化处理】市政府将病死畜禽无害化处理中心建设列入2016

年的“民生100”工程，并拨出专项工作经费100万元，用于建设5个无害化处理中心和相配套数量的收集点，5县与专业公司均签订PPP模式合作协议，按“民生100”考核要求均在2016年底前开工，2017年全面建成。并且以无害化处理中心建设为契机，切实强化企业的主体责任和政府的属地管理责任，逐步建立病死动物无害化长效机制，确保病死畜禽处理无害化、规范化、常态化。

（丁尹浩）

【标准化规模养殖】 畜禽养殖标准化示范创建活动成效显著，2016年全市有12家养殖场成功创建为省级畜禽养殖标准化示范场，攸县联合、株洲县明扬升级为国家级标准化示范场。至此，全市国家级畜禽标准化养殖示范场达13家，省级畜禽标准化养殖示范场达到40家。年出栏生猪500头以上的规模场建档备案率达100%，其他畜禽规模场完成了建档备案工作，畜禽品种标准化规模养殖比重较上年提高3.2个百分点。（丁尹浩）

【草食动物发展】 组织实施基础母牛扩群。株洲市茶陵县在全省基础母牛扩群增量项目考核评分中连续两年全省排名第一，是株洲市的基础母牛扩群项目实施县。2015年7月—2016年6月，茶陵县存栏牛8.78万头，其中存栏黄牛7.8万头，出栏牛3.16万头，分别比上年同期增长7.4%，7.6%和6.8%。项目建设内容完成率105%，其中采购青粗料365吨，精料645吨，扩建栏舍1030平方米，改造栏舍4265平方米，青贮窖740立方米，人工草地151公顷，牧草机械91台。推动南方草地畜牧业试点。项目实施地点为醴陵汇泉牧业科技有限公司。公司有羊舍2200平方米，存栏湘东黑山羊1500只，其中能繁母羊近500只，有贮草棚库1200平方米，青贮池400立方，实施天然草地改良33.33公顷，发展人工种草80公顷，牧草种植、加工设备7套。（丁尹浩）

【推进良种繁育体系建设】 加强种畜禽生产经营管理，出台《株洲市种畜禽场分级与现场检查标准》和《株洲市种畜禽场检查评分细则》。对全市13家一级扩繁场、6家种公猪站、4家原种场，及4家二级扩繁场共计27家种畜禽场开展种畜禽生产质量监督检查。全市生猪良种率达100%，外三元、宁乡花猪、沙子岭猪、香猪品类齐全，肉牛养殖由本地小黄牛为主向杂交黄牛逐步发展，部分山羊品质得到改良，禽类品质呈现多元化、优质化趋势。攸县麻鸭、炎陵白鹅、茶陵黄牛、湘东黑山羊等种质资源得到有效保护，开发力度不断增强。攸县、茶陵两县全年引进良种公猪112头，生猪人工授精11.25万胎次，全面完成良种补贴项目建设任务。投资2.2亿元湖南畜牧育种产业园项目在攸县落地，产业园被打造成湖南省及周边区域的畜禽良种繁育中心。（丁尹浩）

林 业

【概况】 2016年，全市林业用地面积72.98万公顷，占国土面积64.8%；有林地面积62.92万公顷；森林蓄积量达2434.1万立方米；森林覆盖率61.95%；国家级林业龙头企业2家，省级龙头企业22家，林业总产值227.4亿元，同比增长15.4%。全年林业国家和省投入2.75亿元。（何　超）

【造林绿化】 全市全年完成造林1.15万公顷，其中，林业重点工程造林2100公顷；完成面上造林9500公顷。无林地和疏林地封山育林6800公顷；低产林改造9700公顷；中幼林抚育管理1.87万公顷。加快裸露山地和村庄绿化。全市共完成村庄绿化140公顷；完成“五边”造林4500公顷；完成“裸露山地”造林任务1233公顷。大力倡导义务植树，全年完成义务植树820万株。（何　超）

【林业资源管护宣传】 开展形式多样的宣传活动。利用“爱鸟周”“植树节”“森林防火特护期”等特殊时段，先后开展《森林法》《森林法实施条例》《野生动物保护法》《林产品质量安全条例》《森林防火条例》等法律法规的学习宣传活动30余次，发放《禁火令》《义务植树倡议书》《鸟类保护倡议书》等宣传资料50余万份。联合各类媒体拍摄大型林业专题纪录片《解读株洲国有林场改革》《株洲人物—胡小雄最美护林员的故事》《株洲人物－谢勇建防火“铁人”是怎样练成的》。纪录片在电视媒体播放后获得极大的反响，有效提高了人们保护生态的意识。（何　超）

【森林防火】 贯彻落实“预防为主，积极消灭”的森林防火方针，坚持24小时值班和领导带班制度。推进全市森林防火应急指挥体系建设，重点规划和建设集视频监控、地理信息系统和护林员GPS定位管理系统于一体的防火指挥中心平台。防火重点时段实现森林防火形势平稳可控，全年没有发生大的森林火灾，森林火灾发生率和受害率均为零。（何　超）

【林业执法】 严厉打击涉林违法行为。开展打击破坏野生动物资源违法犯罪专项行动、“8.01”专项行动、“净网行动”和非法占用林地专项行动。全年共受理各类涉林案件959起，查处925起，打击处理违法犯罪人员938人，清理违法占用的林地11.89公顷，为国家和集体挽回经济损失1600余万元。贯彻落实“三年森林禁伐减伐”政策。全年采伐蓄积占实际下达采伐限额的52.5%，占年采伐限额的31.7%，确保2016年森林禁伐减伐行动执行率100%。（何　超）

【生态公益林保护】 株洲市委、市政府出台《株洲市城区生态公益林保护补偿方案》。从 2016 年 1 月开始，区划界定市级公益林 8500 公顷，市财政都将按照 495 元 / 公顷 • 年的标准进行补偿。全市每年对市级公益林的补偿达到 422.4 万元。生态公益林保护和建设跃上一个台阶。（何 超）

【林业经济】 油茶产业稳步增长。2016 年，株洲市现有油茶林面积 14.67 万公顷，新造油茶林面积 2600 公顷，改造低产油茶林 4200 公顷，加工生产茶油 1.8 万吨，实现产值 18 亿元，较上年增长 13.5%。严格按照市政府《加快油茶产业发展的决定》，合理安排利用 500 万元油茶产业发展专项资金，激发本土油茶产业活力。

家具产业方兴未艾。全市有家具企业（含作坊加工）52 家，年加工家具 10 万件套，实现产值 14.5 亿元，较上期增长 16%。家具企业发展快，规模企业呈现迅速增长态势。

楠竹产业持续突破。全市有楠竹林面积 6 万公顷，年采伐楠竹 960 万根以上，年生产竹家具、集装箱竹底板、竹制品及竹工艺品（服饰、竹碳）13 余万件，2016 年全市竹产业加工值 14.8 亿元，较上年增加 1.5 亿元，同比增长 20%。

生态旅游欣欣向荣。全市有国家级森林公园 3 个，省级森林公园 4 个，生态旅游产业得到长足发展，全市实现森林生态旅游综合收入 28.3 亿元，较上年增加 4.3 亿元，同比增长 20%。

种苗花卉产业蒸蒸日上。全市苗木花卉产业不断优化结构，创新技术，拓展市场。全市花卉苗木产业规模化、专业化、特色化、集约化水平不断提升。以株洲云田花木公司、茶陵万樟园林、茶陵虎踞林场开发公司及攸县丹陵花木公司为龙头，带动全市苗木花卉产业发展，形成了花卉苗木产业带。全市苗木花卉产值 21.4 亿元左右。

林下经济异军突起。充分利用森林和林地优势，大力培育林业专业合作社和专业大户，林下经济逐渐成为林农增收的主要渠道。2016 年全市实现林下经济产值 20.1 亿元，与上年相比增长率达到 20.7%。（何 超）

株洲森林公园

表 19

公园名称	批复时间	批复面积（公顷）	实际规划面积（公顷）		
			总面积	其中	
				国有	集体
炎陵神农谷国家森林公园	1992	10000	10000	8578	1422
茶陵云阳国家森林公园	2002.11	8941.4	8941.4	8941.4	0
湖南攸洲国家森林公园	2013.1.25	6304.2	6304.2	1491.2	4885
炎陵湘山省级森林公园	1997.7	753.3	753.3	153.3	600
醴陵仙岳山省级森林公园	2001	1049.2	1049.2	532.3	516.9
石峰九郎山省级森林公园	2013.8.2	745	745	0	745
荷塘婆仙岭省级森林公园	2016.1.26	1136.12	1136.12	0	1136.12

（何 超）

水利

【水利建设】 2016 年，全市共完成水利建设投资 14.34 亿元，其中省级以上资金 5.15 亿元，兴建各类水利工程 1.2 万处。投资 1010 万元兴建农村饮水安全工程 51 处，解决 2 万余名农村贫困人口饮水安全问题。有序实施天元区、攸县、茶陵县、炎陵县 4 个“小农水”重点县和株洲县、醴陵市 2 个“小农水”项目县建设任务，完成项目总投资 11458.96 万元。通过建设，共新增恢复灌溉面积 2387 公顷，改善灌溉面积 9433 公顷，新增节水量 1903.5 万立方米，新增粮食产量 1740 万千克。推进酒埠江和官庄醴陵片区 2 个大型灌区续建配套与节水改造工程，其中酒埠江灌区改造工程总投资 8268 万元，共实施干渠防渗衬砌 41.6 公里，支渠衬砌 92.2 公里，拆除重建大型渡槽 4 座，加固改造干渠隧洞 18 个，改造附属建筑物 440 多处。有序开展洣水、渌水等 5 个“四水”治理和昭陵港、盘陂江等 4 个中小河流治理项目，分别完成项目投资 6305 万元和 4817 万元，累计综合治理河长 47.37 公里，新建加固堤防 20.7 公里。其中攸县中小河流综合整治试点县作为全省 8 个试点县之一，积极采用格宾、雷诺等新技术、新材料治理农村河道，实现经济、社会与生态效益相统一。高效完成醴陵市、炎陵县和茶陵县水土保持项目，共治理小流域5条、水土流失面积30.13平方公里，项目总投资1453.87万元，其中中央投资1020万元，地方配套433.87万元。投资1899万元推进苏洲坝水闸除险加固二期工程建设。投资3575万元对27座农村水电站实施增效扩容改造，改造后总装机37205千瓦，增幅达27%。

（言求实）

【防汛抗旱】 2016年，株洲市积极做好防汛备汛工作。按照“一库一案，一点一策”的原则，修订完善各类防汛预案994个。严格执行领导带班制和24小时防汛值班制，成功组建3200人的专业防汛抢险队伍和1.2万人的群众抢险队伍，购置储备总价值达1938万元的防汛物资，防汛备汛工作扎实有效。及时开展应急抢险。派出63个督查组开展8次防汛安全大检查，登记整改安全隐患193处；市县防指共发送预警预报信息4万多条，特别是在“6•15”特大暴雨防御中，在全省率先启动防汛Ⅲ级应急响应，抓住抗灾救灾主动权；累计排除攸县苏洲坝水闸围堰漫顶、炎陵县大风垅山体滑坡、云龙示范区五间塘管涌，及醴陵市浮箱码头脱锚等40余处重大险情，避免国家损失近亿元；紧急驰援岳阳和益阳抢排渍水2次。建设防汛抗旱工程。年内投资244万元，完成醴陵市2016年度山洪灾害防治项目；投资1600万元，完成攸县和茶陵县2016年度抗旱应急引调提水项目；筹资1000万元，开展水毁工程应急修复。年内，在全市先后遭遇17次强降雨和5次台风过程中，确保未溃一堤、未垮一库、未死一人，实现“大雨之年无大灾”，受到省防指的通报表扬，被省委、省政府评为“2016年全省防汛抗灾先进单位”。（言求实）

【涉河审批】 2016年，株洲市水务局加强水域保护，实行涉河审批全过程监管，从严治理擅自占用水域、临时占用水域期满后未恢复水域原状、未按规定兴建替代水域工程或者采取功能补救措施等违规行为，规范建设项目占用水域行为。全年全市共依法审批涉河建设项目防洪评价17项，综合整治、渠系连通等水利工程5项。

（言求实）

【水政执法】 2016年，株洲市水务局联合公安部门组建了河道巡逻队，对湘江株洲城区段实行24小时巡逻值班，并在河道两岸聘请28名监督员，专门举报违法行为，共受理群众电话、来信、来访等涉河举报120余起，其中依法办结水事违法案件26件，成功协调水事纠纷10起。以“建立全覆盖执法网络、执法快速反应机制、与司法对接联运机制和建立执法人员奖惩机制”为内容，推进株洲县、天元区水行政执法责任制建设试点，为全市水行政执法先行先试创造经验。采用政府购买服务的方式，全力推进“一江两水”河道保洁行动，共组建了6支垃圾打捞队伍，在重要水库、拦河坝以及县市交界处建立20处河道保洁实时监控系统，实现确保河道保洁及时、专业、长效管理。全速推进天元、芦淞、石峰3个湘江株洲城区段规范化、规模化、集约化新砂场建设。

（言求实）

【水利安全生产】 2016年，株洲市水务局以安全执法监管年和“两月一行动”活动为契机，派出83个督查组，组织开展安全生产督查、汛前安全大检查、全市水利系统大检查大管控大整治专项行动等5次专项督查和10余次重点隐患督查，共发现登记风险隐患193处，下发整改通知书6份，切实履行行业监督管理职责。对近两年来参加全市水利工程建设的市场主体进行摸底调查建立台账，共约谈参建单位负责人23人次，有针对性地指导帮助企业解决安全生产问题40余个。制定完善《株洲市水利安全生产工作考核办法》，进一步加大对水利行业安全生产监督管理力度，确保全年全市安全生产形势稳定好转。市局和官庄水库管理局顺利通过水利部的年中安全生产考核，市局、天元区、株洲县、醴陵市、茶陵县先后通过省水利厅安全生产考核。（言求实）

【水利质量监督】 2016年，株洲市水务局制定《株洲市水务局关于贯彻质量发展纲要提升水利工程质量的实施意见》《株洲市水利工程质量监督管理办法》《株洲市水务局关于贯彻质量发展纲要提升水利工程质量的实施意见》，为各县市区水行政主管部门积极推进水利建设质量提供了规章制度保障和专业技术指导。不定期对全市各类水利工程进行巡回抽检，对已完工程及时进行验收，共验收项目32处，现场督查187批次，发出各类整改通知270余份，有效地确保了工程质量。在全市范围内深入开展了水利工程建设质量大检查大管控大整治专项行动，对全市337处开工建设项目进行全面体检排查，及时解决安全生产中遇到的问题，切实履行了行业质量监督管理职责。大力推进水利建设市场诚信体系建设，形成“一处失信，处处受制”的信用监管体系。

（言求实）

【水资源管理】 2016年，株洲市严格遵守市、县两级“三条红线”用水控制指标体系管理，实现主要考核指标的“两升两降”，顺利通过最严格水资源管理制度的“国考＋省考”。加强水功能区管理和饮用水水源地保护，共核查登记全市入河排污口197处，完成7个省级重要饮用水水源地安全保障达标建设方案的编制和审查工作，新增14个大中型水库水质监测断面，全市省管水功能区水质达标率达90%。（言求实）

【水生态文明建设】 2016年，株洲市统筹建设万丰湖、神龙湖、栗雨湖等10个城市内湖，实现湘江与城市内湖的连通。积极开展2017—2020年江河湖库水系连通项目申报工作，新马片区水系治理工程等7个项目成功入围。科学编制《株洲市水利风景区建设发展规划（2016—2025年）》，市湘江风光带获批省级水利风景区。精心创建《株洲市水生态》专刊，水生态文明理念得到进一步宣传。

（言求实）

【河湖管护机制】 2016年，株洲完成《株洲市河长制实施方案》的起草、合法性审查及相关部门意见征求工作，主要包含指导思想、总体目标、工作内容、河长设置、职责分工，及考核管理等6部分内容。启动湘江保护和治理第二个“三年行动计划”，计划实施10大类423个项目，总投资约176.27亿元。在全国河湖管护体制机制创新试点工作座谈会上，株洲市作典型发言。

（言求实）

【水利风景区管理】 2016年，株洲市把水利风景区创建作为水生态文明建设的重点工作，出台《株洲市水务局关于加快推进全市水利风景区创建工作的意见》等系列文件，加大水利风景区申报及维护运行资金补助，其中成功申报国家水利风景区的补助资金20万元，省级水利风景区的补助资金10万元，确保水利风景区建设长效推进。11月3日，全省水利风景区建设与管理工作会议在株洲市召开，对株洲市水利风景区建设管理工作进行充分肯定。（言求实）

【移民帮扶行动】 2016年，全市累计发放移民后扶直补资金4251.12万元，完成移民培训2000人，接待移民来访164批次640人，来信58件。按照水利资金和项目优先向贫困地区倾斜的原则，精心谋划、精准发力，扎实推进水利扶贫各项工作。其中为醴陵市沩山镇沩山村争取落实帮扶资金40万元。（言求实）

水文

【概况】 株洲市水文局实行省水利厅和株洲市人民政府双重领导，担负着株洲市境内湘江干流下游及主要支流洣水、渌水等水系的水文监测、水资源分析评价、水环境监测，及水文情报预报等工作。管理8个基本水文（位）站（包括湘江干流株洲站、渌水大西滩站、洣水龙家山站3个国家重要水文站，攸县、潼塘、泗汾、茶陵、炎陵4个省级重要水文站），5个固定墒情监测站，5个移动墒情监测站，25个水质监测站，其中：2个省界水质监测断面，1个水质在线自动监测站，113个雨水自动测报站点。其中：基本水文站9个，中小河流水位站7个，中小河流在线测流水文站9个，自动测报雨量站88个，135个山洪预警监测站。

2016年，市水文局开展水文资料收集、复审工作。完成水位15站年、流量6站年、悬移质泥沙1站年、降水84站处、水温3站年，及蒸发2站年（其中中小河流站点水位7站年、降水41站处）的资料审查验收。

准确做好雨水情报预测预报。2016年，全市累计平均降雨量1657.4毫米，比上年偏少8.6%。2016年人工拍发水情电报2000余份，30分钟到报率100%，无迟报、错报、缺报现象。共发布洪水黄色预警4站次，洪水橙色预警2站次；编制水情分析与预报30期；发布水情短信4000余条；作洪水预报8站次，预报合格率100%。针对短时局部出现的汛情，如3月中旬“桃花汛”、“5·20”洪水、“6·15”特大暴雨洪水等特殊水情时，水文局认真监测每一次洪水过程，及时发布洪水预报及预警，为各级防汛部门提供准确及时的数据服务。

理论成果丰硕。年内，单位职工技术论文：《农村生活与农田灌溉混合污水人工湿地处理模式与效果分析》《大西滩站激光粒度仪测沙方法比测分析》《GPS技术在水文水资源监测方面的应用分析》《HEC-RAS模型在河流治理工程方案论证中的应用》《炎陵水文站巡测方案再精简精度影响分析》分别在《工程技术》《工程建设》《低碳世界》《湖南水利水电》刊发。单位组织编制《株洲市2016水资源公报》。

（吉惠质）

【两个中心建设完成并投入使用】 2016年4月，湖南省水环境监测中心株洲分中心、株洲市农村饮水安全水质检测中心建设完成并投入使用。中心承担市辖区12处农村饮水安全工程原水、出厂水、末梢水的常规检测任务；每年对全市规模以上的76处农村饮水工程进行巡检、抽检。同时，对辖区内日供水规模200吨及以上的农村集中供水工程，进行每年不少于两次的定期水质检测，抽检比例不少于20%；对市城区内日供水规模20吨及以上的农村集中供水工程，进行每年不少于两次的定期水质检测。（章 彤）

农机农具

【概况】 2016年，全市农机总动力达348.39万千瓦、65.96万台套。水稻生产全程机械化水平达到73.4%。市农机局获评省农机系统“先进单位”称号。

创新农机购置补贴工作。规范实施农机购置补贴政策，效果显著。2016年，完成各类补贴机具6618台（套），受益农户5110户，补贴资金4861.4万元。在全省创先启动农机报废更新补贴工作，支持扶持有资质的农机维修点或报废汽车回收拆解企业申请《湖南省报废农机回收企业》资质，加快农机报废更新补贴的硬件建设。注重宣传推广，开展农机报废更新补贴的专题培训班，针对全市乡镇农机员、购置补贴专员进行专门业务指导。加强调研走访，通过实地考察、座谈交流，发现问题、逐一破解，为进一步完善工作机制指明方向。全市已在天元区、株洲县、醴陵市、攸县、茶陵县五地成立报废农机回收点，并按程序按标准开展农机报废更新工作。农机报废更新补贴工作实现“从无到有、从零到多”的历史性突破，全年完成报废更新补贴177.3万元。

扶持建设现代农机合作社。着力抓好农机合作组织的催生、培育和扶持工作。出台《2016年株洲市“民生100”扶持建设50家现代农机合作社实施方案》，明确了扶持要求及目标考核方法，并将目标任务分解到各县（市）区，各县（市）区全部完成了年初制定的扶持合作社工作任务。积极争取市、县政府的资金支持，市、县两级对省级示范合作社的扶持资金全额配套到位，全力加速了现代农机合作社的建设。2016年，成功创建省级示范合作社32家，全市省级示范现代农机合作社已发展到108家。

扎实开展农机推广和培训工作。扎实推进新进补贴机具实行现场演示评价制度工作，分别在株洲县、炎陵县、攸县、醴陵市组织开展了旋耕机、轮式拖拉机、喷雾式植保机等19种新进机具演示评价会37次。坚持教育培训与提高技能相结合，形成农民、农机培训师资、农机管理“三位一体”的培训体系，全面提升农机从业人员的素质水平。举办了第一期现代农机合作社理事长培训班，邀请农机专家、优秀农机合作社理事长授课，从理论、经营管理、交流多维度提高理事长的能力素质。创新性地在芦淞区开展新型职业农民农机技能培训，让愿意学技术的农民享受国家免费培训政策，给农民既增能又减负。承办了湖南省第二期拖拉机驾驶培训教员人员培训班，提升了全市对农机管理、科技、技能人才进行教育培训的实力。加强基层农机管理人员的思想政治、业务知识、农机化法律法规、农机化发展新趋势新方向等方面的培训，提高服务理念，筑牢基层根基。全市共培训农机管理人员359人，培训农机技术人员1670人，培训农机监理人员80人，培训农机操作人员3313人。

农机安全生产局面保持稳定。农机系统坚持把安全监理寓于农机化发展全局之中，重视从思想源头、安全机制和工作措施上掌握监理工作的主动权。年初市局与各县市农机部门签订安全生产责任状，县与乡、乡与村、监理站与机手层层签订责任状，落实安全生产责任制。积极开展“平安农机”创建活动，攸县成功创建“全国平安农机示范县”，茶陵县“为民服务创先争优”示范窗口创建工作稳步实施。严格按照上户目录办理农业机械登记，严禁违规异地上户、发牌。2016年全市新注册登记拖拉机1364台（其中大中拖441台，小型方向盘式拖拉机72台，手拖844台），联合收割机858台，农业工程机械426台。全面推行驾驶员考试制度改革，实施异地考官加市所监考制度，严格驾驶员培训、考试程序。全年共进行驾驶员考试36期，新考并合格的拖拉机驾驶员482人，联合收割机、工程机械驾驶员152人。严格拖拉机检验标准，严禁带病上路行驶。做好农机互助保险的宣传发动工作，通过快速、公正和优质的服务，维护好参保会员的合法权益，全年共发展会员4610台，筹集互保会费152.7万元，在全省继续位居前列。

着手实施机耕道建设。农村机耕道路建设的滞后成为农业机械使用和普及最大制约因素之一。湖南省“十三五规划”中安排株洲市完成新建和维修农村机耕道路2万公里。株洲市的“十三五规划”也将农业机械化工程列入了农业重点工程，规划在“十三五”期内，新建和维修农村机耕道路2万公里，以满足农业机械的安全通行要求。株洲自2016年起全面启动实施农村机耕道建设项目，出台的《株洲市农村机耕道建设项目实施方案》，明确了机耕道的建设标准、项目实施及责任主体、任务计划、验收标准等内容，为机耕道项目的规划把好关。整合项目资源，借国家建设高标准农田建设的东风，建设好农村机耕道，推动农业机械化更好更快发展。

逐步完善农机考核体系。市政府与各县（市）区政府签订株洲市水稻生产全程机械化建设目标管理责任状，明细水稻生产全程机械化任务、扶持合作社、农机安全生产等目标要求，落实县（市）区政府责任。出台的《2016年株洲市农业机械化工作目标管理考核办法》，共设水稻生产全程机械化技术推广、农机专业合作组织建设、农机购置补贴、农机安全生产，及农机社会化服务体系建设工作5个主要考核项目，对各县（市）区农机部门采取评分制进行考核，并根据考核结果设立奖项予以表彰。建立健全以购置补贴工作、农机合作组织建设、农机安全生产为主要内容的乡镇农机员考核机制，加强对乡镇农机员的考核工作，增强乡镇农机员干好农机的工作责任心和工作积极性。（章　彤）

气象服务

【概况】　气象服务保障能力切实增强。2016年，受超强厄尔尼诺现象等因素影响，株洲市天气气候形势复杂，寒潮、低温雨雪、雷雨大风、高温热害等多种灾害均有发生，汛期内遭遇17次强降雨天气过程。全市气象部门认真履行气象防灾减灾和公共气象服务职能，严密监测、科学分析、及时预警、主动服务，为党政领导和有关部门组织防灾抗灾提供有力气象保障。全年启动应急响应9次，发布《气象专题报告》62期，《重大气象信息专报》5期，《每月天气专报》12期，专项服务材料13期，发送气象决策短信341期1.2万人次。特别是6月14—15日，株洲市遭遇特大暴雨，日雨量突破历史极值，全市气象部门加强监测预报预警服务，第一时间向市委、市政府及相关部门呈报《重大气象信息专报》，同时通过气象短信、96121电话等渠道向公众发布预报预警信息，为防汛抢险赢得先机，最大限度减轻了灾害损失。全力做好炎帝陵祭祖、市党代会、“两会”、高考等重大活动及节假日气象服务工作，发送手机短信6000多万条，“96121”主叫服务700多万人次，召开气象新闻发布会3次，接受媒体采访200余次。加强与农业、交通、旅游等多部门的合作，通过召开联席会议、联合会商、技术分析会等多种形式，强化部门信息共享与应急联动。共发布地质灾害气象风险等级预警20期、森林火险气象等级预警8期、空气质量预报预警信息305期，及农业决策预警信息92期，为经济社会平稳运行提供优质气象保障。

气象现代化建设扎实推进。突发事件预警系统建设获市政府常务会议审定通过。《株洲市突发事件预警信息发布管理办法》由市政府正式下发。双重计划财务体制进一步落实，地方财政支持力度加大，气象事业发展有了支撑保障。《株洲气象事业“十三五”规划》纳入市重点专项规划。顺利完成“民生100”工程71所农村中小学校舍防雷工程建设任务。现代气象业务有进展，全年地面观测、农气测报保持零错情，预报质量进一步提高，自动站数据传输及时率99%以上，年度气候影响评价被省气象局评为一等。“县级综合气象业务平台”集约化和信息化不断加强，天气预报（MICAPS4.0）和灾情直报（3.0）系统全面投入试用。创建了“株洲微气象”公众号。完成城市四区暴雨洪涝灾害风险普查和山洪地质灾害防治气象保障工程项目验收，联合市统计局开展气象现代化进展评估。攸县国家基本气象站新站顺利搬迁，投入业务运行。推进科技创新，3个课题结题，新申报科研课题6个，在核心期刊发表论文5篇，多篇论文参加省级和国家级交流。

气象改革与法制建设不断深化。贯彻落实气象行政审批制度改革和防雷减灾体制改革，严格落实简政放权的要求，优化防雷行政审批方式，规范防雷装置检测工作，提高办事效率和服务质量。深化防雷减灾体制改革工作获全省气象部门创新工作奖。强化防雷安全监管，市政府出台《关于进一步加强防雷安全工作的通知》，细化落实防雷减灾安全管理中政府的领导责任，部门的监管责任和企业的主体责任。建立危化行业、烟花爆竹、加油站等企业和监管执法人员名录库，落实“双随机”抽查机制，联合安监等部门加强对重点单位的防雷安全专项检查执法，年内检查重点单位72家，排查防雷安全隐患113处，下发整改通知65份，2016年全市未出现防雷安全责任事故。加强气象行政执法培训，17人取得执法证。加强探测环境保护，对醴陵银山房地产公司危害气象探测环境案件结案处理。 （廖莉芝）

农业科学研究

【概况】 市农科所建制于1962年，1995年加挂株洲市蔬菜研究所，2010年升格为正处级，2015年被确定为承当基础性科研与“三农”服务的公益一类事业单位，是集科研、推广、示范、服务为一体的公益性科研单位。2016年，有干部职工62人，其中，研究员3名，副高职称12人、中级职称17人。内设6个管理科室，2个党群管理部门，8个科研室。主要从事水稻、蔬菜、旱作果茶、花卉等农作物的科学研究工作；承担农作物新品种的原原种、原种、亲本种子、优质种苗的良种繁育；开展公益性农业技术培训与农业科技服务。

2016年，市农科所共获各级科研成果奖58项，其中：国家级2项，省部级14项，市科技进步一等奖12项；通过各级农作物新品种审定共计69个，其中国家级审定5个，省级审定25个。 （杨文福）

【东方百合育种技术及抗茎腐病新品种培育荣获湖南省技术发明三等奖】 市农科所针对东方百合育种及培育抗茎腐病新品种的关键技术问题，在国家自然科学基金和省市联合基金等项目资助下，历时15年技术攻关，取得创新成果，有3项成果经专家鉴定达国际先进水平，培育新品种18个，获得国际新品种登记证书。近3年，在株洲、湘潭、昆明、北京，及缅甸进行大面积推广，获2016年湖南省技术发明三等奖。 （杨文福）

农村经济管理

【概况】 2016年，株洲市农村经济管理工作积极主动，扎实努力，系统内涌现出了一批好典型，在全省年终考核中，全市获评15个省先进单位、15个先进个人。全市连续28年未发生一起涉农恶性案件和涉农群体性事件。坚持质量至上，确权颁证有力推进。农村土地确权登记颁证涉及全市81万户农户、20.89万公顷耕地（国土二调面积）。截至2016年12月底，全市9个县市区，96个乡镇，25667个村民小组，72.68万户农户，完成调查摸底的组数占99.2%，实际指界的组数97.6%。一轮公示的组数为94.7%。二轮公示的组数为77.2%。已有35%的农户签字确认。

规模适度，农村土地有序流转。坚持依法、自愿、有偿原则，积极引导农村土地流转工作。截至2016年年底，全市农村耕地流转6.55万公顷，占耕地总面积20.89万公顷的31.36%。土地流转有效地解决了现代农业发展中“统”与“分”的问题，对培育新型农业经营主体，发展农业适度规模经营发挥积极作用。

扶优扶强，经营主体日益壮大。年内，通过出台扶持政策，加强业务指导，做好项目引导，新型经营主体建设取得了良好效果。全市共有农民合作社3583家，其中国家级、省级以上示范合作社67家。家庭农场1919家，其中登入家庭农场名录的有456家。

防查并举，减负惠农落实到位。建立健全12项管理制度，同时进一步明确“四个严禁”和“六个不准”工作纪律，强化全市各级干部，特别是农村基层干部的高压线意识。结合“雁过拔毛”式腐败问题专项整治行动，全市先后3次组织对各县市区的惠农政策落实情况开展专题督查、专项整治，对728个村的“三资”情况、660个村的财务情况进行专题督查。

典型带动，集体经济不断发展。2016年，全市1020个村，实现经营收入14.07亿元。其中经营性收入100万元以上的行政村有36个，占3.2%；50万～100万元的行政村有51个，占4.6%；10万～50万元的行政村有127个，占11.6%；5万～10万元的行政村有167个，占15%；5万元以下的村571个，占52%。（杨　鼎）

【农业部调研组到株洲市开展农业农村经济形势调研】 9月27日，由农业部种植业副司长潘文博带队的农业部调研组在省农委副主任刘益平的陪同下，到株洲市开展农业农村经济形势及对策调研，调研组先后到株洲县重金属污染耕地修复治理与种植结构调整示范点及耕地休耕示范点，实地了解农业产业结构调整与农业发展方式转变过程中取得的实效，详细调查农业农村经济发展中存在的问题。通过实地调研和召开座谈会，调研组认为株洲市农业产业结构逐步调优，名优特品种竞争优势明显，粮经饲三元种植结构不断优化，农村一、二、三产业有效融合，农业生产经营转变向适度规模、集约化、专业化转变，有效带动农民收入不断增加。（杨　鼎）

美丽乡村建设

【概况】 美丽乡村作为美丽中国的重要组成内容，其建设是中央、省委关于“三农”工作的重要部署，近几年，株洲市通过“规划引领、分类指导、示范带动”等有效手段，加快推进美丽乡村建设。截至2016年底，全市有105个村开展以“村庄美、田园美、家园美”为目标任务的美丽乡村创建工作，500余个村开展以治理农村垃圾、推进农村环境长效管护等为主要内容的农村人居环境整治。有30个村获得省级新农村示范村（美丽乡村示范村）荣誉称号。全市初步形成市有廊、县有片、村有点的美丽乡村建设格局。106国道沿线示范长廊行动计划开始启动；三门镇、渌口镇、网岭镇、“醴北人家”（枫林镇），及“荷塘月色”等10个示范片区雏形初显；响水村、蛟龙村、仙庾村、卧龙村等成为全省有影响的美丽乡村，产生较好的示范带动效应。

2016年，株洲市以重点建设“一廊十片百村”为载体，加快推进美丽乡村建设，即全市加快推进“106”国道沿线美丽乡村示范长廊建设；着力培植10个美丽乡村示范片区；重点打造100个左右美丽乡村示范村。通过办点示范，辐射带动，为全市新农村建设探索好经验，摸索好路子。

开展106国道沿线示范长廊建设。106国道沿线示范长廊途经霞阳镇、虎踞镇、皇图岭镇、菜花坪镇、王仙镇，及李畋镇等25个乡镇123个村。各县市区以高效特色农业和休闲产业建设为支撑，加强村庄整治和基础设施建设，推进土地流转和资源开发利用。

以10个中心镇为核心的示范片建设初具雏形。先后组织10个重点镇（片区）开展美丽乡村示范片建设，加强整体规划，突出连片开发，培植主导产业，着力打造一批以休闲产业为核心，以项目建设为载体，辐射带动面较大的示范片。示范片涉及乡镇17个，行政村102个，共实施项目251个，投入建设资金逾10亿元，较好地发挥了示范引导、辐射推动的作用，实现美丽乡村建设由点到片的提升。

100个美丽乡村示范村创建成效显著。通过整合资源，加大投入，以点带面，示范引导，培育形成一大批具有一定规模和特色的示范村。市级层面有105行政村开展美丽乡村创建，各县市区启动创建的近40个。2016年，各级各部门共投入财政资金3000余万元，整合项目资金2.5亿元，吸收民间资本5亿元，全市所有纳入创建的美丽乡村均达到“村庄秀美、设施完善、产业发达、乡风文明”目标要求。

同期，以治理农村垃圾和污水、规范管理农民建房、发展农业清洁生产、治理农村水环境、推进农村环境长效管护等为主要内容，在全市大面积推进农村人居环境整治，实现农村面貌大改观，农民生活大改善。（熊英杰）

【新增2家省级休闲农业示范园】 2016年，株洲市休闲农业企业发展到398家，建成产业基地面积5400公顷，至2016年上半年实现经营总收入3.74亿元、接待游客173万人次，同比分别增长10%、11%。湖南省将在“十三五”期间评选出100家省级休闲农业示范园，2016年，省里首次启动省级休闲农业园评选，株洲市芦淞区的百园嘴生态农业发展有限公司和茶陵县虎源生态园林有限公司入选。（熊英杰）

【湖南省2016年星级休闲农庄名单出炉】 2016年12月4日，湖南省2016年星级休闲农业庄园授牌仪式在长沙举行。根据《湖南省休闲农庄星级评定办法》，经农庄申报、市州推荐、专家实地考察，最后经湖南省星级休闲农业庄园评审委员会评定，株洲市百园嘴生态农业发展有限公司等12家休闲农业庄园被评为湖南省第六批星级休闲农业庄园。其中，株洲市农家壹号生态农业发展有限公司等5家获评五星级休闲农业庄园，炎陵恬园生态农业开发有限责任公司等6家获评四星级休闲农业庄园，株洲银发现代生态农庄有限公司获评三星级休闲农业庄园。（熊英杰）

株洲市现代农业特色产业园省级示范园

表 20

园区名称	特色产业	园区面积（公顷）	注册商标或三品一标	创建主体	认定年份
茶陵县中华茶祖文化产业园	茶叶	400	商标：三湘红	茶陵县茶祖印象茶业有限公司	2014
炎陵特色水果（炎陵黄桃）产业园	炎陵黄桃	334.2	商标：耕夫子 绿色食品：炎陵黄桃	炎陵县耕夫子农产品开发有限责任公司	2014
炎陵星火标准化白鹅养殖示范园	白鹅养殖	14.73	商标：鹅行天下	湖南福来喜鹅业有限责任公司	2014
株洲县乔西水产养殖产业园	水产养殖	122.8	商标：乔西	株洲县乔西庄园生态种养殖专业合作社	2015
醴陵市蛋鸡产业园	蛋鸡	9.67	商标：好吉泰 无公害农产品：鸡蛋	湖南省吉泰农牧有限公司	2015
茶陵县万樟园林特色产业园	观光休闲	6666.67		株洲市万樟园林绿化工程有限责任公司	2015
炎陵高山红茶产业园	茶叶	73.33	商标：万阳红 无公害农产品：红茶 绿色食品：红茶	炎陵县神农生态茶叶有限责任公司	2015
炎陵县鑫玉农业生态园	生猪	12		炎陵县鑫玉农业有限公司	2015
醴陵市浦缘特色蔬菜产业园	蔬菜	76.67	商标：浦缘 无公害农产品：丝瓜、黄瓜、茄子、辣椒、瓠瓜、苦瓜豇豆 绿色食品：丝瓜、黄瓜	醴陵市浦缘蔬菜种植农民专业合作社	2016
攸水桑草种养加特色养殖产业园	特色养殖	40	商标：攸水桑草、攸水皇	株洲市枫水湾生态农业开发有限公司	2016
株洲百园嘴生态农业园	餐饮养殖	92.13		株洲市百园嘴生态农业发展有限公司	2016
天元区悠移农业园	休闲观光	120	商标：悠移 无公害农产品：番茄、大蒜、葡萄 绿色食品：大蒜、葡萄	株洲市悠移农业科技发展有限公司	2016
株洲县南洲特色蔬菜（香料菜）产业园	特色蔬菜	120	商标：绿湘 绿色食品：芹菜、大蒜、香葱、苋菜、蕹菜	株洲县南洲绿色蔬菜种植农民专业合作社	2016
茶陵三和杨梅产业园	杨梅	76.67	商标：西岭山 绿色食品：高山杨梅	茶陵三和生态农业发展有限公司	2016
株洲县明扬生猪产业园	生猪	32	商标：五朱	株洲市明扬农牧综合开发有限公司	2016
攸县广安生猪产业园	生猪	55.33	商标：鑫广安华多种猪 无公害农产品：湘安生猪	广安农牧有限责任公司	2016

（熊英杰）

株洲市获批农业部“一村一品”示范村

表 21

示范村名称	品种	批次	时间
湖南省株洲市荷塘区仙庾镇蝶屏村	花卉苗木	第一批	2011.8.22

续表 21

示范村名称	品种	批次	时间
湖南省株洲县朱亭镇塘改村	湘春蕨菜	第四批	2014.9.25
湖南省茶陵县湖口镇小潭村	红薯	第六批	2016.7.29
湖南省株洲县龙门镇李家村	蔬菜	第六批	2016.7.29

（熊英杰）

扶贫开发

【概况】 截至 2016 年年底，全市建档立卡贫困人口由 18.01 万人减少到 8.34 万人，减少贫困人口 9.67 万人，贫困发生率由 6.19% 下降到 3.18%，贫困村由 166 个（并村前为 194 个）减少到 126 个。（谭雪平）

【产业扶贫】 坚持“四跟四走”产业扶贫路子，大力开展“百企帮百村扶万户”活动，全市新增农村专业合作社 206 家，带动 4300 多户 1.37 万贫困人口发展产业，166 个贫困村农业产业初步形成“一村一品”。炎陵县重点打造特色水果、高山茶叶、笋竹林、炎陵白鹅、高山蔬菜、中药材等 8 大产业。截至 2016 年年底，全县拥有规模农民专业合作社 260 家，特别是县黄桃协会所属 15 家合作社直接带动整乡整村脱贫。茶陵县大力发展烟叶、茶叶、油茶、黄牛、生猪等重点产业，全县烤烟种植面积已达 1866.67 公顷，新造油茶 800 公顷，新增存栏黄牛 1 万余头，新建茶叶基地 200 公顷、脐橙 200 公顷，有力地带动贫困农民增收脱贫。攸县大力实施“一村一品牌”“一户一产业”工程，建立了桑草猪养殖、蔬菜种植、黑山羊养殖、油茶楠竹等 34 个扶贫产业示范基地。全市大力开展电商扶贫，重点打造“德源善购”“阿里巴巴株洲产业带”“苏宁易购株洲特色馆”三家电商平台，“德源善购”电商平台已为 313 家贫困地区龙头企业和合作社销售农副产品 1 亿元以上。（谭雪平）

【引导劳务输出】 发挥城市就业岗位多的资源优势，组织巡回招聘会、开设就业专线电话，为贫困农户劳动力提供就业信息，实现新增贫困劳动力转移就业 4280 人，全面完成全年目标任务。加强贫困劳动力技能培训，全年开展贫困地区劳动力培训及贫困家庭“两后生”技能培训 2980 人，完成创业培训 4956 人次。积极开展劳务输出脱贫试点，为湘西泸溪县和凤凰县 56 名贫困劳动力提供了就业岗位。（谭雪平）

【生态保护脱贫】 为 5 县（市）发放生态效益补偿基金 6198 万元。对贫困户降低补助门槛，新造用材林连片 5 亩以上实行免费供苗，新造油茶林 1 亩以上补助 400 元 / 亩。聘用 890 名贫困劳动力为生态护林员。（谭雪平）

【易地搬迁和危房改造】 2016 年省下达的 21 个易地扶贫搬迁集中安置项目任务全部开工建设，开工率 100%，累计完成投资 2.22 亿元，截至年底所有项目均竣工并达到交付使用标准。茶陵县幸福安居工程得到省里高度肯定。全市农村危房改造工程计划改造 6500 户，大部分县（市）已竣工。（谭雪平）

【兜底扶贫】 认定社会保障兜底脱贫对象 21146 人，占全市农业人口的 0.75%，农村低保对象的 17.15%。将农村低保提高到 240 元 / 月，实现低保线与扶贫线“两线融合”。（谭雪平）

【基础设施和公共服务扶贫工程】 交通扶贫工程：贫困村干线公路建设项目 S347 炎陵石潮至垄下已建成通车，S345 茶陵和吕至攸县高和公路茶陵段等 5 个项目开工建设。窄路加宽完成 155.25 公里，占年度任务的 95.2%。8 座危桥改造完成年度计划的 95%。

水利扶贫工程：全市有 11.19 万人（含非贫困人口）的饮水安全列入省“十三五”专项实施规划。解决饮水不安全贫困人口 2.1 万人。完成 17 座水库除险加固工程。

电力、通信扶贫工程：投入 2544.7 万元完成对 35 个贫困村电网的升级改造，另外为 2016 年增补项目及 2017 年提前实施项目共安排投资约 8000 万元。移动、联通、电信三家运营公司已投资 1.22 亿元对贫困村的无线宽带和光网实现全覆盖，占年度计划的 85%。

文化扶贫工程：已建设 18 个村综合文化服务中心示范点，成功通过省督查组验收。筹资 239 万元为贫困地区 119 个村购置音响和乐器等文化服务设备。完成 27500 套户户通安装、650 个村广播室建设。

教育脱贫：资助贫困学生 6.62 万人，没有一个学生因贫失学；农村县镇户籍学生 100% 享受国家免学费；促成贫困地区 152 所弱校与市内强校结对子，提高了贫困区的教学水平；义务教育年巩固率、学前三年教育毛入园率、高中阶段毛入学率达到省定标准。

医疗保险和救助扶贫：全面落实新农合补偿政策，贫困人口参合率达 99.57%。对参合的贫困人口在县乡住院，实行先诊疗后付费。将贫困人口住院报销比例提高 10%，对贫困人口实行大病保险制度。为贫困人口新建档案77853人，完成健康体检64723人次，对因病致贫人员实行分类评估。投入419万余元对72所贫困村卫生室进行新建、改建。

旅游扶贫工程：年内确定10个旅游资源较好、具备开发条件的贫困村作为全市第一批乡村旅游扶贫示范点，争取70个贫困村进入国家旅游扶贫重点村名录，组织开展2期100人村干部、乡村旅游发展带头人培训。

科技扶贫方面：市、县两级均制定科技人员联系贫困村实施方案，建立科技人员服务台账，多次组织科技人员深入贫困村开展科技服务活动。

（谭雪平）

商贸服务

商务和粮食

【概况】 株洲市商务和粮食局于2015年由原株洲市商务局与原株洲市粮食局合并成立，原市商务局下属二级机构株洲市酒类产销管理办公室和株洲市牲畜屠宰管理办公室撤销，职能分别移交至株洲市食品药品监督局和株洲市畜牧兽医水产局，原市粮食局下属企业划入湘江集团。市商务和粮食局下设19个科室、2个事业单位（粮食质量监测站和株洲市投资事务促进局），在编干部职工共79人。主要职责包括：原市商务局除生猪定点屠宰监督管理以外的职责、原粮食局企业国有资产监管以外的职责、市军粮供应管理办公室职责，及协调管理全市口岸工作职责。

2016年，全市实际利用外资10.5亿美元，同比增长11.6%；内联引资350.3亿元，同比增长14.9%；进出口总额17.58亿美元，同比回落29.2%；对外投资中方合同投资额2.45亿美元，同比增长22%；对外经济合作2.82亿美元，同比增长40.9%；社会消费品零售总额938.4亿元，同比增长11.8%；粮食收购70.03万吨。

（罗桥勇）

【招商引资】 瞄准目标精准访商。全年共组织小分队赴京津冀、珠三角等重点领域开展招商活动279次，共有在谈项目158个，涉及投资额1298.06亿元。突出重点有效招商。围绕轨道交通、汽车、新能源、新材料，及电子信息等重点产业不断加大招商力度，积极组织“沪洽”“湘台会”等招商活动。截至12月，全市新签约项目共132个，合同引资额556.09亿元，其中：亿元以上项目101个，占比76.52%，总投资551.45亿元。湖南新九方总部、龙创汽车设计、亿华电动车辆、国家新能源机动车检测中心株洲分中心、IGBT产业化项目二期，及醴陵陶瓷文化产权大数据交易平台等一批好项目成功落户株洲。多措并举促进安商。截至12月，全市136个重点招商履约项目中有102个项目实现履约，项目履约率75%，有83个项目开工，项目开工率61.03%，云龙冰雪世界、长城电脑等重点项目均已开工建设或投产运营。

（罗桥勇）

【外经外贸】 发展环境向好。贯彻落实中央、省、市外贸稳增长文件精神，出台《加快建成“一带一部”发展先行区实施方案》等一系列促进外经贸发展的文件，对9—12月出口同比增量100万美元的企业实施1美元补贴2分人民币的奖励政策；保税物流中心(B型)已经开工建设，平台带动作用逐步增强。产品结构趋优。出口贸易中，全年高新技术产品出口占比20.7%，较上年同期增长11.4个百分点；轨道交通、有色金属材料等产品出口呈上升趋势；国际市场中在保持欧美日为传统优势目标国的基础上，非洲、东南亚、西亚等新兴市场份额不断扩大。发展后劲增强。2016年，全市备案外贸企业1050家，比上年增加187家，有进出口实绩的企业达420家，比上年增加16家；新增业绩企业78家，业绩实现倍增的63家；对30多家业绩外流企业逐一对接和协调，促进业绩逐步实现回归；中车株机、时代新材等央企继续保持海外扩张强劲势头；格兰德芯、中政数码、松本林业、大地集团，及旗滨玻璃等民营企业在对外投资领域崭露头角；湖南工业设备安装有限公司成功获得蒙古乌兰巴托热电厂扩容改造二期项目工程承包合同，工程金额超过3亿美元。

（罗桥勇）

【内贸流通】 2016年度“项目攻坚年”活动中有13个商贸流通行业重点项目完成投资26.93亿元，完成年计划的106.12%；长株汽车消费服务业集聚区累计完成投资超过13亿元，沃尔沃、福特、雪佛兰3家4S店建成试运营；上海大众、北京汽车等6家4S店正在施工建设。举办一批重点活动。举办家政服务职业技能大赛，促进家政服务行业职业化发展；组织企业参加“迪拜五大行业展”等大型国际展会，成功举办轨道交通国际高峰论坛，培育会展经济发展壮大；举办“沪洽周”名优特商品展、芦淞消费节、神农福地消费节等促消费活动，拉动居民消费逐步回暖；举办“互联网+美食·生活季”“第三届株洲美食文化节”等活动，全市餐饮业1—12月销售额107.6亿元。打造一批优势产业。实现电子商务、文化旅游、商贸物流，及电子信息消费等优势产业快速发展，株洲电商城、方特等项目建设步伐日益加快；千金物流、株百物流等项目功能不断完善；电子商务蓬勃发展。截至2016年12月底，全市有50多家企业获得省电子商务企业认定，株洲产业带平台在阿里巴巴产业带运营中排名前10，入驻商家2557家，平台总交易额超过20亿元，平台日均浏览量突破65万次，在售商品超过75多万件，苏宁易购株洲特色馆9月正式上线，线上合作特色农副食品达48个品种。（罗桥勇）

【粮食流通】截至2016年12月31日，全市收购粮食70.03万吨，销售完成粮食（大米折谷）72.4万吨，其中外销23.7万吨，较上年分别上涨9%和30%。扶持产业转型升级。全年争取资金4022万元，其中：5个仓储建设项目获中央补助1290万元，省粮食“四专一封闭”收储专项资金1596万元，5个粮油项目获2016省粮油千亿产业专项资金支持350万元，争取农业产业化贴息、放心粮油网点建设、棚改、粮食移库等其他资金786万元。全力打造放心粮油。“民生100”工程“新增放心粮油示范网点”完成57家，完成率114%；开展粮食监督检查工作，宜存率达100%，粮食仓储企业“四无一符”率连续5年达到“100%”，军粮供应保障连续6年实现5个100%。（罗桥勇）

【组织参会“沪洽周”招商】“沪洽周”至今已举办多届，成为湖南和长三角地区经贸交流与合作的一个重要平台，极大地推动了湖南开放型经济发展。2016年8月16—20日，湖南（上海）投资贸易洽谈周（以下简称“沪洽周”）活动在上海举行，株洲市政府市长阳卫国率领株洲市党政代表团和经贸活动团参会，期间，共签约43个招商项目，其中省级主题活动签约项目7个，涉及投资额37.9亿元；市主题活动签约项目36个，合同投资额429.3亿元。

此次“沪洽周”是2016年株洲市最重要的经贸活动，实现了4个第一的突破：第一次将市级活动上升为省级活动。株洲负责举办的“湖南·株洲中国动力谷产业对接暨市情推介会”专场归属于省级6个专场之一，也是全省14个地市（州）除长沙外唯一举办省级专场的地市；第一次以动力产业为专题进行产业推介。着力推介了株洲轨道交通、航空航天、汽车装备制造等动力产业；第一次邀请院士推介株洲动力产业。刘友梅院士的推介彰显了株洲产业发展的权威性；第一次邀请当地行业协会作为协办单位参会。通过各协会邀请了一批当地有影响力的相关企业参加活动，使活动更有针对性和影响力。（罗桥勇）

【铜塘湾保税物流中心（B型）】株洲铜塘湾保税物流中心（B型）位于湘江北岸，紧靠铜塘湾港，近邻株洲北站，与株洲国家高新技术产业开发区仅一江之隔，与国内最大的轨道交通装备制造产业基地有铁路专用线相通。区域内铜塘湾港是优质的2千吨级内河航运码头，码头已建成2个区。待湘江航电枢纽蓄水后，铜塘湾港可停泊2000吨级船舶，码头设计集装箱年吞吐量达12万TEU；周边有京港澳、沪昆高速、长株高速、机场高速等贯穿而过；距黄花国际机场仅40公里，距株洲通用机场仅20公里，交通十分便利，交通区位优势非常明显。该项目总投资7.66亿元，规划用地159348.25平方米，将建设保税仓库，堆场及检查场所，办公楼及配套用房，出入卡口，隔离围网等设施，项目总建筑面积86220平方米。计划建设周期2年，2015年完成申报工作，2016年开工建设，预计2017年年初完成竣工验收，2017年下半年正式通关运行。（罗桥勇）

【承办“湘台会”】“湘台会”是湖南省重要的涉台经贸交流活动，自2005年首次举办以来，已先后在长沙、湘潭、益阳、衡阳、郴州，及台湾等地成功举办了十一届，为推动海峡两岸经济发展，尤其是湖南的经济发展提供了强大动能，成为两岸经贸合作的重要平台。第十二届“湘台会”由国台办支持，“湘台会”组委会主办，湖南省人民政府台湾事务办公室和株洲市人民政府承办，湖南省经信委、湖南省商务厅、台湾工业总会、台湾电电公会、两岸经营者俱乐部，及台湾中华国际美馔交流协会共同协办，会期为11月19—22日，为期4天。此届湘台经贸交流合作会的主题是“动力引领，合作共赢”，致力于为两岸先进制造、电子信息、健康服务业等企业搭建交流合作的平台。重点邀请台湾行业公会及轨道交通、汽车制造、航空动力，及医疗健康产业等领域企业家，围绕两岸高端装备产业交流与合作、健康服务业创新发展等进行积极探讨，促进湘台产业交流与合作，促进湖南经济发展。“湘台会”期间，湘台双方共签约合作20个项目，涉及农业、工业制造业、医疗产业，及现代服务业等领域，签约额103.5亿元人民币。（罗桥勇）

株洲市获省电子商务企业认定企业

表22

序号	企业名称	所在地区	企业类型
1	湖南经天纬地网络科技有限责任公司	芦淞区	电子商务支撑服务企业
2	湖南亿嘉致远家居用品有限公司	醴陵市	电子商务应用

续表 22

序号	企业名称	所在地区	企业类型
3	醴陵市天鑫瓷业有限公司	醴陵市	电子商务应用
4	醴陵陶润实业发展有限公司	醴陵市	电子商务应用
5	醴陵彩天陶艺术文化传播有限公司	醴陵市	电子商务应用
6	炎陵县神龙竹木制品有限公司	炎陵县	电子商务应用
7	炎陵县耕夫子农产品开发有限责任公司	炎陵县	电子商务应用
8	炎陵县神农绿康生态农业发展有限责任公司	炎陵县	电子商务应用
9	湖南利坤科技有限公司	芦淞区	第三方平台电子商务企业
10	七十二变服饰有限公司	芦淞区	电子商务应用
11	贵派电器股份有限公司	茶陵县	电子商务应用
12	百事通电子商务有限公司	茶陵县	第三方平台电子商务企业
13	株洲每天惠电子商务有限公司	天元区	第三方平台电子商务企业
14	湖南康琪壹佰生物科技有限公司	天元区	电子商务应用
15	株洲赛洋服饰有限公司	荷塘区	电子商务应用
16	湖南省悦家网络科技有限公司	茶陵县	第三方平台电子商务企业
17	湖南唐人神肉制品有限公司	芦淞区	电子商务应用
18	湖南千金医药股份有限公司	天元区	电子商务应用
19	湖南网赢电商科技有限公司	攸县	第三方平台电子商务企业
20	株洲湘东情食品有限公司	攸县	电子商务应用
21	株洲市攸州在线传媒有限责任公司	攸县	电子商务支撑服务
22	醴陵市精陶瓷业有限公司	醴陵市	电子商务应用
23	湖南华联瓷业股份有限公司	醴陵市	电子商务应用
24	醴陵新世纪艺术馆有限公司	醴陵市	电子商务应用
25	湖南省至正电子科技有限公司	醴陵市	电子商务应用
26	湖南港鹏实业有限公司	醴陵市	电子商务应用
27	湖南泰鑫瓷业有限公司	醴陵市	电子商务应用
28	湖南振企信息技术有限公司	天元区	电子商务支撑服务
29	株洲搜易电子商务咨询管理责任有限公司	芦淞区	电子商务支撑服务
30	炎帝圣泉旅游发展有限公司	炎陵县	电子商务应用
31	湖南众邦电子商务有限公司	芦淞区	电子商务支撑服务
32	株洲市庄禹网络贸易有限公司	攸县	平台型
33	株洲卫兵网络科技有限责任公司	攸县	平台型
34	攸县丁点儿文化传播有限公司	攸县	支撑服务
35	株洲一二影视文化传媒有限公司	攸县	支撑服务
36	湖南省商居无忧网络科技有限公司	攸县	支撑服务
37	湖南酒易购商业连锁管理有限公司	芦淞区	应用型
38	株洲易楚恋花电子商务有限公司	芦淞区	支撑服务
39	株洲市百易电子商务有限公司	茶陵	应用型
40	株洲市飞米科技有限公司	茶陵	支撑服务

续表 22

序号	企业名称	所在地区	企业类型
41	炎陵集云生态电子商务有限责任公司	炎陵	应用型
42	炎陵搜农电子商务有限公司	炎陵	应用型
43	醴陵佳盈贸易有限公司	醴陵市	平台型
44	醴陵市瑞禄园土特产开发销售有限公司	醴陵市	应用型
45	湖南创翼 90 网络科技公司	芦淞区	支撑服务
46	株洲奇迹连锁超市管理咨询有限责任公司	芦淞区	平台型
47	湖南中慧广告传媒网络信息有限公司	芦淞区	平台型
48	株洲通达合金材料有限公司	荷塘区	应用型
49	株洲金信硬质合金有限公司	荷塘区	应用型
50	湖南新世纪陶瓷有限公司	醴陵市	应用型
51	醴陵市凯维陶瓷有限公司	醴陵市	应用型
52	株洲市沙坡里农土产品深加工有限公司	石峰区	应用型
53	株洲恒丰进出口贸易有限公司	天元区	应用型
54	湖南一品松禽蛋制品有限公司	炎陵县	应用型
55	醴陵经天纬地网络科技有限责任公司	醴陵市	支撑服务
56	株洲数字星河信息技术有限责任公司	芦淞区	支撑服务
57	株洲大汉信息产业园发展有限公司	天元区	支撑服务

（罗桥勇）

贸易促进

【概况】 2016年，中国国际贸易促进委员会株洲市支会（中国国际商会株洲商会）围绕全市开放型经济发展工作重点，履行贸易投资促进和商事法律服务两大职能，在促进株洲市外经贸发展、扩大对外开放方面发挥积极作用。

服务各类会议展览。围绕株洲市轨道交通产业发展，邀请省贸促会、上海贸促会等到株洲进行考察指导，联合石峰区政府、市国投轨道公司、轨道交通科技城等单位，就株洲市举办轨道交通论坛的可行性进行论证，参与撰写《轨道交通产业与"一带一路"国际论坛报告（初稿）》，成功举办"2016轨道交通产业国际峰会"。深入调研，完成《2015年度株洲市会展业发展报告》。加大组展力度，帮助企业开拓国内外市场。先后组织15家企业（园区）40多人次参加第19届中国（北京）国际科技产业博览会、上海国际轨道交通展、2016中国（青海）国际清真食品及用品展览会、2016年德国汉诺威工业博览会、德国柏林轨道交通展，及英国伯明翰博览会等7个展会。做好展后跟踪服务，帮助企业落实2015年度展览补贴67.7万元。

拓展对外联络。年内，组织30余家企业（园区）参加"美国—华中地区商务峰会"、2016年"印度制造"活动周湖南专场投资推介会、2016台湾展览产业巡回推广"两岸展览产业说明会""2016哈萨克斯坦（湖南）投资推介暨项目对接洽谈会"等9个经贸交流活动，为企业开拓国际市场牵线搭桥。组织株洲市经贸团（组）赴巴西、智利、阿根廷考察农业机械化，赴澳大利亚、新西兰考察生态环境保护和综合治理、规划与设计、智慧城市建设等5批次，与美国上海商会、中美国际文化交流协会、德国中小企业联合会等8家境外商（协）会组织建立联系，并就加强双方经贸交流合作达成一致意见。通过欧中友好协会、斯洛伐克贸易投资发展署，促成株洲8家汽配企业与斯洛伐克汽车生产企业对接洽谈。积极拜访香港贸发局驻武汉办事处、法国驻武汉总领事馆等机构；接待法国埃塔集团、杰沃森公司高层、澳大利亚斯帕特公司总裁、德国梅前州经济大使伯恩根、瑞士HLT公司董事长等6批次国外客商及中国创业投资有限公司、深圳光启高等理工研究院等国内投资商到株洲考察洽谈。

加强法律服务。不断简化办证手续，提高办证速度，设计开发"网络申请、代理办件、邮寄送达"工作模式，深受企业好评。全年签发一般原产地证明书1240份，签发率100%且零投诉，涉及货物出口金额6065万美元。代办申请领事认证28份，新增注册企业7家，完成CA数字证书注册企业106家，启用电子原产地证书签证企业106家，主要出口国为阿联酋、沙特、越南、印度、苏丹、伊朗，及瑞典等，主要出口商品有箱包、化工、电瓷、自行车整车及配件。稳步开展优惠原产地证业务，累计签发中国—韩国自由贸易区协定、中国—澳大利亚自由贸易区协定等项下商品的优惠原产地证56份，减免进口国关税累计6.16万美元。围绕企业"走出去"法律实务、跨国并购、跨国知识产权保护等主题，先后组织相关企业参加"'一带一路'背景下湘企'走出去'法律服务对接论坛"、2016年中国仲裁周"国际商事仲裁及其司法审查实践"主题报告会等涉外商事法律培训。9月9日，成功举办"企业国际经贸规则及国际贸易法律风险防控实务培训班"。加强涉外法律风险预警。先后发布预警信息11期89条，11次上门为新注册企业进行涉外商事活动培训，向企业宣讲出口贸易中应注意的事项，帮助规避贸易风险。同时，主动抓好网上、电话、"两群"法律投诉咨询，构筑全天候、多方位法律服务网，积极帮助企业应对各类贸易纠纷，解答企业法律咨询60余件。

摸索商会建设。全年发展6家外贸企业入会，其中理事单位1家，一般会员企业5家。截至2016年12月31日，株洲国际商会共有会员企业312家，其中副会长单位9家，理事单位10家，一般会员单位292家，个人会员1人。发挥商会代言工商作用。走访企业28家60余次，收集意见建议60余条。依托贸促网络平台，做好国内外经贸信息的收集与发布工作。加强对株洲国际商会产品目录等实用板块的管理，进一步完善和充实各模块内容。加强国内外经贸信息搜集，筛选最新经贸信息和投资项目，供会员企业及对口行业企业对接。全年回复企业及境内外机构咨询函件129份，为企业提供各类外经贸信息358条，带来间接贸易订单1000余万元。

（吴玉云）

【参加第19届北京科博会】 5月19—22日，株洲市贸促会成功组织参加第19届中国（北京）国际科技产业博览会，重点参与了2016湖南省政府和社会资本合作（PPP）示范项目推介会、湖南PPP项目对口洽谈会以及参观科博会展览等主题活动，并在会上发布了4个与株洲相关的PPP重点项目。其中，天易集团、渌江集团分别发布的两个PPP重点招商项目——"株洲市天易科技城自主创业园工程"和"渌江古城文化休闲带"项目，吸引了中国电建、中国核建、宏大建设等70多家单位关注，并在对接洽谈会上分别与之进行了深入洽谈。（吴玉云）

【参加2016湖南·非洲国际产能合作暨工商企业跨境撮合对接会】 6月27日，由湖南省人民政府、中国银行联合主办的"2016湖南·非洲国际产能合作暨工商企业跨境撮合对接会"在长沙举行，株洲市贸促会组织相关企业参加，湖南天鹰科技集团股份有限公司与来自肯尼亚的源头建筑公司、南非中央能耗基金以及莱索托矿业部的3家企业和机构成功配对洽谈，并与其中2家就钻具出口签订了合作备忘录。（吴玉云）

【举办国际经贸规则及国际贸易法律风险防控实务培训会】 9月9日，市贸促会举办国际经贸规则及国际贸易法律风险防控实务培训会，会议邀请湖南师范大学法学院副院长、博士生导师欧福永教授和中国贸促会（长沙）商事法律咨询与投诉中心副主任张伟华专员等出席会议并授课，112家企业130余人参加培训，并就如何提高涉外法律服务工作质量与参培企业代表进行交流探讨。（吴玉云）

供销合作贸易

【概况】 2016年，株洲市供销系统实现销售额77.65亿元，同比增长21.3%，利润8786.3万元，同比增长13.5%。建设农村现代流通服务网点135个，实现农副产品市场交易额23.65亿元，同比增长6.3%；化肥淡季储备5.87万吨，开展土地托管服务3946.67公顷。成功申报农村电子商务惠农工程项目和农业综合开发土地托管项目，争取资金420万元。恢复重建了20家基层供销社，领办的农民专业合作社达141家，其中国家级示范社12家，省级示范社20家。全市网点达3003家，构建起了株洲市县、乡、村三级流通网络。（杨　永）

【土地托管】 积极拓展经营服务领域，创新农业生产方式。开展大田托管业务，为农民提供农资供应、测土施肥、农机作业、统防统治、收储加工等系列化服务。全年全市开展土地托管服务3946.67公顷，通过土地托管，实现了土地规模经营，破解了外出经商弃耕抛荒的难题，实现农民增收和提高土地经营效益双赢局面。（杨　永）

【农资供应】 2016年1—11月，全市供销社系统共销售化肥25.09万吨，其中尿素77894吨、复合肥105598吨、钾肥16557吨、其它肥料50863吨；销售农药1021吨、农地膜707吨，市场占有率达到60%。农资连锁配送网点达到1290个，确保了农资市场供应。在农业部门和工商部门联合检查中，供销系统供应的农资商品未发现不合格产品。积极开展农资科技服务，指导农民科学种田，安全使用农药化肥，共建有庄稼医院15个。（杨　永）

烟草专卖

【概况】 株洲市烟草专卖局（公司）成立于1984年10月。下辖株洲县、醴陵市、攸县、茶陵县，及炎陵县等5个县（市）局（分公司）。2016年，全市烟草系统销售卷烟17.25万箱，销售烟叶5.92万担，“两烟”销售收入47.16亿元，实现利税15.05亿元，增幅为1.78%；查办各类涉烟违法案件951起，查获各类违法卷烟1263.42万支，总案值1285.42万元。精神文明建设稳步推进，物流中心荣获全国总工会和国家安监总局举办的“安康杯优胜班组”称号。（陈文潭）

【物流改革稳步推进】 把握“现代、经济、适用、效率”原则，继续扩大“甩箱式配送模式”应用范围。在原有基础上于茶陵中转站新增两条甩箱式配送线路。通过线路优化，茶陵中转站配送线路由5条减至4条，使用箱式干线运输车一趟能完成整个茶陵中转站的干线运输任务。推进以精益物流为主题的QC课题小组活动，上报《降低高价值易损件损耗率》QC课题，全年车辆更换电瓶8个，轮胎46条，费用合计4.52万元，比上年降低20.5%。通过集中授课、在线学习、现场实操等形式，开展仓储、分拣、配送及管理人员的全覆盖培训，关注工作流程，严守规范，制定基于可交换集装单元的烟草物流配送模式应用技术标准，完善卷烟配送服务标准。（陈文潭）

【创建行业标准化示范企业】 以“262-535+N”为建设思路，通过形成5类“精品企标”，建立1234宣贯培训机制和“两监督、一内审、一自评、一评审”标准化实施运行模式。共建立企业标准460项，其中技术标准45项，管理标准263项，工作标准147项，同时采用国家、行业、地方标准163项，开展“标准主题月”活动，编印《标准化应知应会600问》，制作岗位标准化工作指导卡151个，在营销、专卖、物流、烟叶等领域进行标准可视化形象展示。建立“标准专题信息网”，实现标准在线学习，同时与在线考试系统对接，累计标准在线学习下载量超过3万次，开展各类标准化知识培训30余场，23人获省质量评审中心颁发的标准化知识培训合格证书。梳理标准配套记录清单300余份，优化流程节点300余个，持续改进，标准执行率达99.17%。（陈文潭）

【科技创新结硕果】 全市系统登记备案以精益改善为主题的QC课题13个，涵盖需求预测、客户服务、品牌培育、降本增效、烟叶投入、车辆运行、能源消耗等内容，其中《降低三员联动超时处理完结率》获省烟草局QC成果一等奖。茶陵、炎陵县局（分公司）分获省局二、三等奖，物流配送中心《烟草二级配送精益物流模式》获全省系统“精益十佳”课题，经济运行科陈磊获全省系统“精益十佳”个人、“科技十佳”个人，全国烟草行业年度“精益改善达人”称号。张红兵等人编著的《烤烟生产现代化探索与实践》由湖南科学技术出版社出版，罗民军论文获省烟草学会一等奖，罗真华、李建明、陈磊论文分获市科协第14届自然科学论文二、三等奖。（陈文潭）

【破获株洲市规模最大的非法经营烟丝案】 7月27日，市烟草专卖局联合市公安局在炎陵县策源乡长兴村捣毁一个非法加工伪劣卷烟烟丝工厂。共刑拘14人，逮捕2人，网上追逃1人；查获加工烟丝烟草专用机械5台（套），成品烟丝及原料烟叶、烟梗90252.7公斤（其中，成品烟丝39637公斤、烟梗38580公斤、烟叶8918.2公斤、片烟3117.5公斤），熏制烟叶用工业回收酒精15桶，扣押涉案车1辆，涉案烟草专卖品价值358万元。（陈文潭 吴亦伟）

【开展营销活动】 围绕消费者需求主题，组织开展“走基层、访终端、进农村”市场调研活动。5个小组分别对5县（市）4区卷烟市场采取现场走访、随机访谈、上门座谈等形式进行调研，历时1个月，主要了解社会库存、卷烟动销、价格行情、市场状态、客户盈利、卷烟消费变化趋势、客户服务，及市场假私非烟等情况，掌握真实消费需求变化趋势，分析卷烟销售困境成因，预测未来市场形势，以更好地部署应对措施，稳定卷烟销量和市场状态。（陈文潭）

盐业专营

【概况】 2016年，湖南省轻工盐业集团有限公司株洲分公司（株洲市盐务管理局）以改革创新为动力，转观念、调结构、换方式，统筹推进各项工作。全系统销售各类盐22313.64吨。其中：销售各类小包盐12731.48吨；销售新品盐4003.59吨。全系统实现销售收入6944.7万元，实现利润总额1022万元。（谭 伟）

【市场监管与盐改执法】 2016年，株洲市盐务管理局加大市场监管力度，确保株洲市食盐安全。针对国家盐业体制改革方案的发布和盐业市场越来越复杂的新情况，市盐务管理局借助“3•15”“5•15”宣传日活动，把媒体宣传、日常宣传和走访宣传有机结合，多层次、全方位向社会传递食盐安全知识、正确解读盐改方案，大力宣传推广“雪天”品牌。年内盐务管理局积极与公安、食安委等部门协调，联合执法、联手出击，依法查处多起涉盐违法案件，其中适用简易程序13起，移送公安、司法机关办理的2起。“2015.11.6非法经营案”，于2016年6月6日在天元区人民法院开庭审理，当庭宣判。判处非法经营者有期徒刑3年，缓期5年执行，没收违法涉案盐64吨，没收违法所得6000元，并处罚金3万元。茶陵县局2015年查获并通过法院宣判的涉盐违法案件，涉案在逃犯于2016年11月投案自首，10月17日成功破获涉嫌疑似工业盐非法加工“雪天牌”小包盐案，当场收缴并封存加工机两台、疑似工业盐及精制盐50余吨，拘留羁押3名犯罪嫌疑人。涉案假冒“雪天牌”小包盐无一粒流入市场。（谭 伟）

【网点建设考核】 2016年，株洲盐业分公司（株洲市盐务管理局）调整网络布局，因地制宜，根据网点店面条件和年度销量，合理规划网点数量，设置等级分类网点和形象点、批发点及零售点，地规避凑数型网点充斥其中。紧抓食盐安全这根“红线”，相继出台《网点考核办法》《网点考核细则》《严肃内部经营行为》等相关文件，严防经营行为内乱，并制定相配套的服务规范和措施。提出“以客户为中心，全方位服务，全天候送货，全过程负责”的质量承诺，采取定点、定员、定任务、定职责“四定”工作方针，形成了“配送、访销、宣传、稽查”为一体的营销格局和安全防范体系。（谭 伟）

石油经销

【概况】 2016年，中国石化销售有限公司湖南株洲石油分公司下辖醴陵市、攸县、茶陵县、炎陵县，及株洲县5个县（市）公司；有在营加油站150座，在营油库2座，员工1628人。全年销售成品油51.7万吨，完成销售收入30.4亿元，上缴税费2657万元。年内，公司先后荣获中国石化销售企业“油非双增长”销售竞赛活动先进地市公司、重点商品全国“五十强”地市公司，2016年度株洲市职业卫生工作目标管理先进单位、株洲市消费维权先进单位等荣誉称号。（欧阳旭航）

【中国石化加油卡营销宣传】 公司通过成立加油卡专职客户经理队伍、开展加油卡线上线下营销活动和利用站内宣传栏、电台、进社区、进单位等途径对中国石化加油卡进行广泛宣传。全年共组织加油卡进社区、进单位营销活动13次。在攸县政务中心、株洲百货大楼开设店外充值网点，积极推广加油卡和开展网厅营销，树立企业形象，加强私家车客户对中国石化加油卡的认知。（欧阳旭航）

【开展维权行动】 2016年，株洲石油分公司借助“企业帮扶年”活动契机，对区域内假冒仿冒中国石化品牌标识的社会加油站进行调查取证、依法举报。在市企业帮扶办和市工商局等职能部门的支持和多次执法打击下，成功清理整顿了20座假冒仿冒中国石化品牌标识的站点，维护国有企业和广大消费者的合法权益，净化株洲地区的成品油市场环境。同时，按照国家要求在全面推广国V标准车用汽柴油上，公司成为株洲地区最先完成国V油品升级置换和挂牌工作的油品供应商，为客户提供更为环保的国V标准油品。（欧阳旭航）

【加气站建设】 公司关注辖区内加气站网络发展动态，通过锁定关键位置站点，掌握发展主动权，完善加气站网络布点。2016年3月，公司第一座CNG加气子站云龙07加油加气站正式开业，实现了车用天然气业务“零”的突破；同年10月，公司第二座、全省首座CNG常规加气站石峰桥加气站也顺利投营；二座加气站全年累计销售天然气43万立方米。（欧阳旭航）

非公有制经济

综 述

【概况】 2016年，株洲市把发展非公有制经济作为稳增长、调结构、促改革、惠民生的重要举措，以“企业帮扶年”和“项目攻坚年”活动为主线，通过放宽放活，促进做大做强，全市非公经济保持平稳健康发展。株洲市连续4年被评为湖南省“促进非公有制经济发展”一等奖，2016年获批为创建“中国制造2025”试点示范城市、国家首批产融合作试点城市和国家信息消费示范城市。

经济主体不断壮大。2016年，株洲市非公有制企业35523户，比上年同期增长14.06%。其中第一产业2181户，同比增长30.83%；第二产业8222户，同比增长17.36%；第三产业25120户，同比增长11.78%。非公有制企业注册资金1639亿元，较上年同期增长32.18%。完成投资额1366.17亿元，占投资总额59%。

总量规模不断提升。2016年，全市非公有制经济实现增加值1415.58亿元，增长7.8%，占GDP比重56.3%；全市规模以上工业企业实现增加值1084.9亿元，增长7.1%；中小微型工业企业实现增加值776.77亿元，增长7.9%，高于全市增幅0.8个百分点，对规模工业增长的贡献率为78.7%，拉动规模工业增长6.2个百分点。

产业结构不断优化。从产业结构来看，第三产业占比提高。2016年，全市三次产业结构为7.8 ∶ 54.3 ∶ 37.9，第二产业占比较上年回落3个百分点，第一产业和第三产业占比分别提高0.2个和2.8个百分点。涌现了唐人神、华联瓷业、旗滨玻璃等一批全省行业龙头企业，培育了南方阀门、维格磁流体等一批制定行业标准的标杆中小企业。

社会贡献不断增强。2016年，全市非公有制经济税收贡献率达70.6%，税收贡献率居全省第二。全市二、三产业非公有制经济从业人员达140.08万人，占全部比重的79.2%。其中工业非公有制经济从业人员为47.67万人，占全部工业人员的76.3%。非公经济对财政贡献逐年加大，吸纳社会就业能力不断增强，为促进经济社会平稳发展提供重要支撑。 （杨 帆）

【扶持措施】 创新政策引导，激发发展活力。通过制订规划、出台支持政策、推动政策落地等一系列举措，增强非公有制经济发展活力。做好顶层规划。结合株洲实际，按照产城融合的思路，制定《株洲市产业振兴实施纲要》《株洲市产业振兴行动计划》《制造强市五年行动计划》《“互联网+”五年行动计划》，加快建设株洲·中国动力谷，重点发展轨道交通、航空、汽车三大动力产业，突出培育电子信息、新材料、新能源，及生产性服务业等与动力产业相关的新兴产业，着力引导企业抱团发展，打造错位发展、特色鲜明的产业集群。出台政策措施。先后制定出台《关于鼓励和支持民间资本参与公共领域投资的实施意见》《关于加快非公有制经济发展的若干意见》、稳增长“43条”、房地产发展“14条”、工业发展“12条”，及清水塘搬迁“帮十条”等硬性措施，在放宽市场准入、引导创新创业，及加强金融支持等方面促进非公经济发展。推送惠企政策。开展“惠企政策推送”活动，打通政策落地“最后一公里”。从2015年7月份起，对国家、省、市出台的近500个政策文件进行提炼，精选200余条“干货”政策，采取“手机短信+微信公众号+网站”相结合的形式，及时发布惠企政策及工作动态。向8000多家企业精准推送惠企政策信息800多万条次。

创新活动载体，优化发展环境。以“项目攻坚年”和“企业帮扶年”两大活动为抓手，创新活动载体，改进政府服务，营造良好发展氛围。发挥项目带动。连续3年开展“项目攻坚年”活动，大力实施“3627”工程。一大批总投资过十亿、百亿的重大项目进展顺利。国家两机重大专项、铜塘湾保税物流(B)型、创业广场，及醴陵陶瓷会展馆等一大批项目相继开工；轨道科技城、中国陶瓷谷，及株洲县航电枢纽（二期）等一大批项目快速推进；北汽二工厂、中国动力谷核心区、攸县煤电一体化、长城电脑、通用航空机场、醴陵陶瓷艺术城，及方特梦幻世界等一大批项目相继竣工。积极参加2016德国汉诺威工业博览会及系列经贸活动，举办汽车产业零部件配套企业招商对接会和长城电脑株洲基地深圳招商对接会等活动，麦格米特、江苏永成汽车内饰件等一大批非公项目落户株洲。大力推行PPP模式，吸引非公投资，建立PPP前期项目库，总投资达1000余亿元。突出企业帮扶。推出“24小时见面”机制。以“企业服务专线”为载体，首次推出“24小时见面”机制，并建立监测系统，按照系统生成——通知双方——企业反馈等程序，及时了解限时见面情况和问题办结进展，提高问题对接率和办结率，打开解决企业诉求的快速通道。2016年，“企业帮扶年”活动共收集交办企业困难问题2802个，其中已办结2793个，办结率达99.68%。开展各类帮扶主题活动。以问题为导向，以活动为载体，围绕市场开拓、管理提升、创新能力、企业减负和要素保障等方面策划多种主题活动，提高企业帮扶的针对性和实效性。株洲高新区动力谷企业成长学院公益大讲堂累计培训39期，累计服务1000余家企业，线上线下5万余人次参与，活动平均满意度达95%，为企业节省经费超过1000万元。深化减负改革。严格落实国家及省有关取消、停征、减免的各项政策，从2016年2月1日起，全面停征价格调节基金，减轻企业用水成本0.03元/吨，及土地出让金1%，总减负约1500万元/年；全面下调工商业用电价格，直接为工商用户减轻用气、用电负担。适当调整基本电费政策，增加工业企业申请暂停次数，由原来每年2次增加到4次、减容期满后继续减容或暂停的，减少或暂停部分容量的基本电费，由原按50%收取减为按25%收取，新投产的大工业用户，在达产前基本电费按实际运行容量收取。适时开展价费检查，防止明放暗不放或政策截留，确保价格市场化改革落到实处。推进简政放权。实行涉企行政事业性收费项目清单动态管理，进一步完善涉企收费清单和各收费单位收费目录清单，先后编制并公示2016年版株洲市政府定价的行政审批前置服务收费和涉企经营服务收费目录清单，取消、暂停和降低32个行政事业性收费项目标准。市本级行政审批事项由302项减至122项，向园区下放权力62项，全面取消非行政许可审批事项。着力改革商事制度，放宽市场准入，实行注册资本认缴制和“五证合一、一照一码”，市场主体成倍增长，投资意愿不断增强，2016年，全市新增非公企业4379家。

创新服务平台，拓展发展空间。积极搭建发展和服务平台，对接企业需求，优化投资服务，助推非公经济快速发展。打造产业园区平台。大力实施园区“146”工程，先后建成留学人员创业园、中小企业促进园、中国动力谷自主创新园，建成标准厂房500余万平方米，鼓励和引导民营企业向园区集中。同时，加快中心商务区等9个服务业集聚区建设，打造一批信息服务平台、电子商务平台和物流配送平台，为民营资本向服务业延伸发展提供发展机遇。打造创新创业平台。实施创业“百千万”工程，组织开展“创业计划大赛”等主题活动。大力建设创业基地，建成中国动力谷自主创新园、炎帝创客中心、云龙零创空间等18家众创空间。实施创业苗圃工程，设立天使投资基金，为初创期的中小企业提供“种子资金”，建成各类孵化场地100万平方米，孵化毕业的企业200余家，在孵企业600余家，形成颇具特色的创新创业孵化基地体系。加强创业培训服务，组织开展企业上市辅导、中小微企业税收筹划管理、企业“营改增”涉税风险管控等专题培训活动60余场次，参训企业达2400余家。打造服务保障平台。市政府与全市9个县市区和云龙示范区签订责任状，明确要求建设由政府主导的中小微企业公共服务平台，依托专业机构和专职人员开展企业帮扶，落实优质服务。荷塘区“一门式”服务平台，评为全省管理创新奖。市企业家协会牵头，成立轨道交通、汽车、陶瓷，及服饰等一批行业协会。注重发挥政务服务中心、企业服务中心，及公共资源交易中心的服务优势，大力发展中小企业服务公司、企业服务专线，及民间金融中心等服务机构，为非公有制经济提供融资、创新创业、技术研发、信息服务等方面的服务，增强企业投资发展信心。其中，市中小微企业成长服务平台公司采取“政府引导、市场运作、购买服务”的经营模式，集聚核心服务机构30余家和合作服务机构100余家，2016年服务中小企业数量在3000户次以上，受理中小企业各类服务诉求6000多次，被认定为“湖南省中小企业核心服务机构”，并获评“中国中小企业创新服务机构”。建设动力谷产业创新服务中心。围绕为动力谷6大产业提供生产性服务和为全市中小企业转板上市提供全体系服务两大任务，启动中国动力谷创新中心建设，引进深圳的服务理念和服务模式，集聚全国一流的创新资源、金融资源和服务资源，打造中部标杆、全国一流高端服务平台。截至2016年年底，已完成创新中心前期设计，专门成立创新中心营运机构，与拟引进的优质服务机构进行了初步对接，场地建设和服务招商工作正在推进中。

创新融资方式，强化发展保障。坚持财政资金撬动与金融支持相结合，不断创新融资方式，拓宽融资渠道，有力推动非公经济发展。拓宽融资渠道。一方面，全省第一家区域股交分所在株洲设立，仁仁洁集团，及中车轨道等300多家企业挂牌，涉及移动互联网、装备制造、信息设备，及农业现代化等行业；累计为企业实现股权及债券等融资1.13亿元，初步形成株洲区域股权市场服务体系。另一方面，积极对接资本市场。市政府先后与19家省级金融机构签订全面战略合作协议，签约金额达2573亿，有效保障株洲市重点产业、重点项目和中小实体经济的融资需求。市财政每年安排500万元“发展资本市场引导”资金，用于支持全市资本市场发展。按照分类引导、分阶段辅导、重点推进的原则，2016年筛选100家拟上市及拟挂牌后备企业进行重点培育，实施动态管理。其中，34 家企业入选省重点上市后备企业资源库，27 家企业入选省新三板挂牌企业资源库。加大金融支持。建立“信贷风险四方分担机制”，择优筛定贵派电器、日望精工等 186 家企业入库“株洲市 2016 年风险补偿基金扶持名录”和“株洲市 2016 年重点扶持小微企业”，并与长沙银行和华融湘江银行签订战略合作协议，为16家企业发放贷款6462万元；创新推出“供应链金融”融资模式，全市8家商业银行贷款通过发放贷款、票据融资、贸易融资，及建立专项基金等模式，共为中车、北汽、中航发，及硬质合金等高端制造产业集群供应链融资 75 亿元以及唐人神产业链融资 7 亿元；发起设立株洲市轨道交通产业投资基金、株洲高新天诚先进装备制造创业投资基金、株洲科创创业投资基金等 20 支产业基金，基金总规模 83.59 亿元，向轨道交通、新能源、新材料、生物医药、陶瓷，及服饰等产业投资近 50 亿元；出台《“续力贷”项目管理办法》，发放“过桥贷款”777 笔共计 29.95 亿元人民币，为 693 家中小微企业节约利息 9800 余万元人民币。（杨　帆）

非公有制企业选介

湖南华联瓷业股份有限公司

【概况】 湖南华联瓷业股份有限公司是一家从事日用陶瓷、艺术陶瓷、新材料陶瓷，及电瓷研发与生产的集团公司，拥有“华联”“红官窑”和“火炬”三大驰名商标，年出口 6000 万美元，是中国出口名牌、国家认定企业技术中心、中国陶瓷工业协会副理事长单位、轻工商会陶瓷分会副理事长单位，及湖南省陶瓷协会会长单位。公司参与编著《中国出口日用陶瓷技术指南》《日用陶瓷质量安全手册》《陶瓷食具容器卫生标准》等多部行业标准，牵头制定《湖南炻瓷地方标准》。

公司注册资金 1.889 亿元，总资产 7.6 亿元，拥有 39 件商标，74 件专利，其中发明专利 16 项，实用新型 7 项。2016 年公司实现销售收入 59517 万元，上缴税金 8340 万元，实现净利润 4053 万元，资产负债率 51.82%。（赖玉姣）

【日用陶瓷智能制造项目】 智能制造项目是华联瓷业转型升级的主要项目，截至 2016 年年底完成了材料诚制、工艺路线、设备选型以及厂房规划设计等工作，预计于 2018 年 3 月份实现投产。（赖玉姣）

【电商入园】 2016 年围绕打造陶瓷电商生态圈目标，华联亿嘉 7 月搬迁到经开区电商产业园，实现了仓储物流办公一体化，拥有经营场地 3.8 万平方米。（赖玉姣）

株洲醴陵旗滨玻璃有限公司

【概况】 株洲醴陵旗滨玻璃有限公司于 2012 年 5 月注册成立，是株洲旗滨集团股份有限公司株洲玻璃生产基地响应株洲市建设清水湖生态新城整体规划号召的整体搬迁项目。项目建设始于 2013 年 4 月 30 日，2016 年 3 月 18 日，生产五线点火，4 月 10 日顺利投产，至此，规划建设中的五条生产线全部建成投产。项目建设共完成土石方工程 576.52 万立方米，房屋建筑面积 55.70 万平方米，安装设备 16790 多台套。

2016 年，株洲醴陵旗滨玻璃有限公司生产规模达 3100 吨 / 天；全年实际产量达 2411.5 万重量箱，比上年同期增加 27.79%；全年完成工业总产值 14.02 亿元，比上年同期增加 46.01%；全年醴陵公司销售玻璃 2547.77 万重箱，产销率 105.65%；实现主营业务收入 14.86 亿元，比上年同期增加 6.28 亿元。全年实现税收 3370 万元。（张　婷）

【节能降耗】 公司积极响应国家建立“两型”社会的号召，大量使用新型的、先进的设备与装备，优化工艺流程，使得工人劳动强度大大下降，单位能耗大幅下降。通过采用设计先进的熔窑、锡槽、退火炉等设备，有效降低能源消耗约 20% ~ 30%。工艺冷却用水采用循环水，不但提高了循环水水质，还避免了循环水用市政水置换产生的水浪费。同时也提升了脱硫效率，降低生石灰用量。每个冷水池每日置换用水 60 吨左右，五条线加氮氢站 6 个水池每日置换用水 360 吨，总计一年可节约用水 13.14 万吨。节约水费 40.3 万元。采用余热发电技术，充分回收烟气余热。公司每条生产线都配套完善的余热发电锅炉系统，每月产生电量为 420 万千瓦左右，占公司生产总用电量 30%，此举不但回收热能转换综合利用，降低了热能损耗，而且极大程度地提高公司清洁生产程度，实现企业内部能源高效综合利用。采用全氧燃烧熔窑技术，可降低天然气用量 15.5%。

2016 年，环保各项指标均达到并优于国家排放标准，在国家淘汰落后产能的检查评估中被评为先进企业，并顺利通过各类检查。（张　婷）

株洲飞鹿高新材料技术股份有限公司

【概况】 株洲飞鹿高新材料技术股份有限公司是由原中国南车株洲车辆厂 1998 年投资创办，2004 年主辅分离改制成民营企业，2012 年改造为股份有限公司。公司是高新技术企业，省级企业技术中心、湖南省工程研究中心，通过国家认可委员会实验室认可，为湖南省涂料工业协会会长单位，株洲市优秀企业。

公司专注于金属表面防腐和混凝土防护，是国内轨道交通装备防腐涂料、轨道交通建设工程防水地坪涂料、新能源装备防护涂料、重防腐，及其他特种涂料的主要供应商和涂装防护整体解决方案的服务商。公司围绕客户的需求持续创新，在金属表面防护和混凝土防护等领域构筑专业为客户提供系统全面和有竞争力的新材料防护整体解决方案和服务，特别关注环保节能新材料的开发和运用，持续提升客户体验，为客户创造最大价值。

公司拥有专业的技术研发及强大的技术转化能力，具有大规模低成本的现代化生产能力。公司轨道装备防腐涂料广泛应用于铁路动车及城轨车辆、铁路客车、铁路货车、铁路机车、及铁路特种车辆，获得铁道部（现铁路总公司）运输局批准的各类铁路货车涂料及铁路客车涂料的生产资质。7 项产品通过中铁铁路产品认证中心（CRCC）的认证，公司自主研发的高端涂料产品在中车长客股份和青岛四方的动车和城轨上成功批量试用，成为国内动车与城轨涂料国产化首批厂商。公司参与武广客运专线、京沪高铁、沪宁城际，及沪昆高铁等国家重点高铁建设工程防水项目，参与南京地铁、武汉地铁、福州地铁，及苏州地铁等建设工程防水防渗项目，有丰富的国家重点建设项目经营业绩和运营经验。公司风电叶片涂料通过德国 GL 认证，并承接时代新材风电涂装业务。公司目前拥有发明专利 17 项，核心技术 10 项，参与起草行业相关技术标准 9 项。

公司以全面保护和装饰美化人们工作生活环境为愿景，运用金属表面以及混凝土防护专业经验，提供安全、节能、环保的防护产品和解决方案，帮助客户提升价值以及降低能源消耗和二氧化碳排放，创造最佳的社会、经济和环境效益。2016 年 3 月，公司当选为中国涂料工业协会第八届理事会理事单位。荣获 2016 中国防腐涂料名牌奖、2016 中国涂料行业最具发展潜力奖。（董　凯）

【成立两家子公司】 4 月 12 日，公司为进一步做大做强涂装产业，成立株洲飞鹿涂装技术工程有限责任公司。6 月 15 日，公司通过资源整合，与广州铁道车辆厂合资成立广州飞鹿铁路涂料与涂装有限公司。（董　凯）

株洲火炬工业炉有限责任公司

【概况】 株洲火炬工业炉有限责任公司成立于 1992 年，2002 年改制为股份制民营企业，2011 年 5 月经过资产重组，成为北京矿冶研究总院的二级子公司。公司是专业从事有色冶金装备制造及节能环保产业的国家火炬计划重点高新技术企业、湖南省高新技术企业。是国家工信部、国家发改委备案的国家级首批节能服务公司，湖南省首批创新方法工作试点单位及战略性新兴产业领域企业知识产权试点单位，拥有有色金属熔炼设备工程技术研究中心等创新平台，具备燃气燃烧器具安装维修企业资质。先后完成国家科技部 863 课题、工信部重大成果转化项目、科技部重点创新基金项目等多个国家项目及多项省级科技项目，获得科技奖项 30 余项，拥有专利 40 余项。公司“锌清洁冶炼与综合利用关键技术和装备”“熔锌工频感应电炉（有芯和无芯）用新型干式料和耐火浇注料”获得中国有色金属工业科学技术奖一等奖。产品遍布全国 20 多个省、市、自治区，出口到俄罗斯、伊朗、秘鲁、越南、缅甸，及韩国等国家。

2016 年，公司有员工 124 人，其中硕士 1 人，本科 33 人；高级职称 5 人（含教授级高工 2 名），中级职称 14 人，初级职称 11 人。全年完成产品主营销售收入 7708 万元，实现利税 635 万元。公司“锌清洁冶炼与综合利用关键技术和装备”项目被中国有色金属工业协会和中国有色金属学会联合授予“中国有色金属工业科学技术奖”一等奖。（刘　军）

【两项目达国际领先水平】 2016 年 1 月，公司“智能化大型锌熔铸关键技术及装备”项目通过由中国有色金属工业协会组织的科技成果鉴定。项目针对国内湿法炼锌过程对锌阴极片熔铸装备大型化、自动化、节能环保的需要而开发，首次研制 2000kW 工频有芯熔锌感应电炉及全自动加料装置，单台设备产能达 10 万吨 / 年。首次研制 1000kW 世界最大喷流型溶锌感应体及工频逆变电源。采用全息仿真优化设计，锌液流速合理、温差小；感应体采用低温烧结耐火材料及强化水冷，使用寿命长。电源抗干扰能力强，实现感应体的无级调功、炉温的自动调节和精确控制。首次采用双列水冷铸键及机器人自动码垛，实现锌冶炼熔铸过程从加料、熔化、铸锭、堆码、输送、打捆、称重到喷码的自动化、智能化生产。

同月，公司“高活性锌粉生产关键技术与装备”项目通过由中国有色金属工业协会组织的科技成果鉴定。项目首次开发出水雾化高活性锌粉制备新工艺及装备，实现从锌液制备、水力雾化、锌粉造浆与输送到锌粉置换的连续高效工业化生产，有效解决锌粉生产使用过程中易燃易爆及环境污染问题。装备产能达 6000t/a~10000t/a，较空气雾化法提高一倍以上。首次研制“U”形稳态供液装置。采用全流道加热、恒温恒流供液技术，实现锌粉粒度可控，保证生产过程及产品质量的稳定。自主研发双层双旋流环形雾化喷嘴。流道采用新型内外双层旋流结构，射流孔采用低阻力流线形设计，具有能量转换效率高、雾化效果好等特点。产出锌粉表面氧化少、比表面积大、活性高。该技术成果属国内首创，整体技术达到国际先进水平。（刘　军）

旅游·外事侨务

旅 游

【概况】 2016年，株洲市接待旅游总人数4557.4万人次，同比增长21.56%，其中国内旅游人数4551.5万人次，境外入境旅游人数5.9万人次实现旅游总收入393.36亿元，同比增长53.58%。

截至年底，全市共有等级旅游景区18家，其中AAAA级景区5家，AAA级景区12家,AA级景区1家。有星级饭店34家，其中五星级1家，四星级4家，三星级17家，二星级12家。有旅行社55家。 （陈 冰）

株洲市A级景区名录

表23

序号	景区名称	A级	地址
1	炎帝陵	AAAA	炎陵县城西19公里处的鹿原陂
2	云阳山风景区	AAAA	茶陵城关镇十八丘
3	神农谷国家森林公园	AAAA	炎陵县十都镇神农谷国家森林公园管理局
4	株洲方特欢乐世界	AAAA	株洲市云龙新区
5	神农城	AAAA	株洲市天元区
6	芦淞服饰群	AAA	株洲市芦淞区芦淞路三交叉巷28号
7	大京风景区	AAA	芦淞区大京管委会
8	李立三同志故居	AAA	醴陵市立三路7号
9	先农坛	AA	醴陵市东正街30号
10	茶陵县工农兵政府	AAA	城关镇前进村三角坪
11	仙人桥风景区	AAA	湖南省株洲市攸县漕泊乡七里村
12	红军标语博物馆	AAA	炎陵县文体广新局
13	新世纪陶瓷艺术馆	AAA	湖南醴陵市左权南路198号
14	洣江书院	AAA	茶陵县一中校内
15	株洲白龙洞景区	AAA	攸县鸾山镇
16	株洲市悠移生态景区	AAA	株洲市天元区群丰镇
17	株洲市杨得志故居	AAA	株洲县南阳桥三望冲村
18	水上乐园	AAA	云龙示范区华强路

（陈 冰）

旅游产业发展

【概况】 2016年，株洲市委、市政府重视旅游产业对株洲经济发展的推动，先后多次研究部署旅游工作。市领导参与调度、督办重点旅游事项10多次，并重新调整成立新的市旅游业领导小组。市政府出台的《株洲市关于促进旅游业发展的十条办法》，成为全市旅游业发展的强大政策支撑。《株洲市旅游业发展“十三五”规划纲要》经市人民政府第十四届第78次常务会议审议通过，正式颁布实施。
（陈　冰）

【株洲“旅游名片”入选《美丽中国——首届世界旅游发展大会纪念册》】5月19日，首届世界旅游发展大会在北京人民大会堂召开，大会由中国政府和联合国世界旅游组织共同主办、国家旅游局和北京市政府共同承办，全球100多个国家和地区参会。为全方位、多视角向各国嘉宾介绍中国丰富多彩的旅游资源和极具地方特色的旅游产品，首届世界旅游发展大会组委会精心策划出版了《美丽中国——首届世界旅游发展大会纪念册》。纪念册分为中国魂、中国韵、中国缘、中国梦四部分，多角度、多层次、多视角向世界友人呈现了美丽多彩的中国形象和浓郁的民族风情。醴陵・世界陶瓷艺术城外型独特、创意新颖，被称为世界陶瓷文化艺术的“好莱坞”；醴陵釉下五彩瓷“白如玉，明如镜，薄如纸，声如磬”，以其精湛的工艺，绝美的画面效果在1915年太平洋万国博览会上荣获金奖，被西方媒体称为“东方陶瓷的最高峰”。两者与张家界景区一同作为湖南省特色产品的代表编入《纪念册》第一章“中国魂”。
（陈　冰）

【炎陵入选“中国深呼吸小城”】“深呼吸小城”是指空气新鲜、适于“避霾旅游”的县域、县级市，也包括部分大中城市城区、郊区及重视生态环境建设的功能与产业片区。2014年始，中国国土经济学会依据森林覆盖率、空气质量、负氧离子含量、生态文明建设等指标严格评选，连续三年推出“百佳深呼吸小城”。株洲市炎陵县以“物种仓廪鄢峰桃源”连续三次入选。

炎陵县境内海拔1000米以上的山峰有549座，全县生态公益林面积达8.7万公顷，森林覆盖率居湖南之首，达83.55%。县内还有海拔2115.2米的湖南第一高峰鄢峰，桃源洞国家级自然保护区保存有华南地区面积最大的原始森林。全县16个乡镇（场）全部获得省级生态乡镇命名。（陈　冰）

旅游项目建设

【概况】2016年，株洲被列入“十三五”规划期间省级重点旅游项目9个，市级重点旅游项目39个，48个项目计划投资1369.19亿元，争取补助资金近5000万元。年内，全市在建重点旅游项目37个，新建项目15个，续建完成项目2个，实现总投资107.5亿元。云龙示范区梦幻王国如期开园、方特东厢酒店对外营业、醴陵市渌江书院改造等重点旅游项目完工；攸县酒埠江旅游综合开发、炎陵县神农谷景区南流游客服务中心、醴陵陶瓷谷1915陶瓷文化特色街区、云龙示范区奥悦冰雪世界、云龙假日欢乐广场，及天元区万丰湖综合开发等重点项目有序高质推进；株洲自驾游黄金线路项目、大京国投半岛、工业博物馆、房车营地规划布局等重点旅游项目前期工作已经开展。旅游厕所建设上新台阶。株洲市在建旅游厕所42座，130个厕位纳入省旅游厕所专项资金补贴范围，共争取资金65万元；市旅游外事侨务局下发旅游厕所引导奖励资金90余万元。神农谷景区自驾车房车营地列入2016年国家重点建设和督查项目；湖南中医药高等专科学校附属第一医院（株洲市中医院）申创国家中医药健康旅游示范基地入围国家申报名单；湖南翔为通用航空有限公司经省旅游发展委员会审查合格推荐为国家通用航空低空游览试点项目。（陈　冰）

【方特梦幻王国开业】8月18日，株洲方特二期——梦幻王国正式开门迎客。株洲市委书记毛腾飞致辞并宣布开园，深圳华强集团执行总裁李明出席仪式，市领导刘力量、黄曙光、刘光跃及深圳华强方特文化科技集团总裁刘道强出席开幕式。

株洲方特梦幻王国属于株洲方特旅游度假区二期乐园，项目总投资30亿元，占地约66.67公顷，主要由魔法城堡、水漫金山等36个主题项目区组成。项目将国际时尚娱乐元素和中国传统文化符号精妙结合，融合数字图像、影视特技、虚拟现实等多项高科技技术，倾力打造文化与科技结合的旅游体验新形式。方特东厢酒店亦同步开业。（陈　冰）

【首个具有旅游集散中心功能的综合体挂牌】4月18日，株洲市首个具有旅游集散中心功能的旅游综合体在云龙假日欢乐广场正式挂牌，预计2017年上半年投入使用。同时，株洲市旅游外事侨务局和云龙管委会招商部，联合授予云龙假日欢乐广场“企业服务年联络处”牌匾。

该综合体将与株洲境内交通、客运、景区、酒店、餐饮等多方联合，为游客提供团队游、自驾游向导、乡村旅游接待、票务预定、酒店预订、车辆租赁等“一站式”服务。综合体的成立将有助于更加合理舒适地制定出游线路，大大增强了游客集散的便利。投入使用后，将实现株洲地区景点线路全覆盖。综合体位于长株潭三城交接地、华强路与云峰大道的交汇处，东西连接沪昆高速，南北直通长株、长浏高速，毗邻方特欢乐世界、水上乐园、诺亚方舟、梦幻王国四大景区，交通便利。中心将配备100余个旅游大巴停车位及400个小车停车位，突出接待服务功能。综合体除具有旅游集散中心功能外，还设有销售土特产品、农副产品和手工艺品的旅游产品展销中心以及株洲美食一条街。同时，项目将引进千人大剧场、花鼓戏剧院、琴岛等文化场所，旨在以方特为大背景，把“一日游”变成“过夜游”，发挥旅游业综合效应，做活“夜经济”，留住旅客心。（陈　冰）

旅游市场开发

【概况】创新营销方式，丰富节会内容。举办“千人挑战艾米餜大世界吉尼斯”暨炎陵县生态民俗美食文化节，首次与电商合作，加入新媒体，借助湖南都市频道《都市大直播》栏目媒体优势宣传炎陵；打造“湖南炎陵桃花节”，首次构建了以“互联网+农业生态旅游”为核心的产业链，将“炎陵黄桃”的品牌效益与旅游紧密结合。相继举办“5·19”中国旅游日大型宣传活动、“魅力攸州，千人同游”赏水上钢铁侠大赛、第五届祖庵美食文化节、世界旅游小姐大赛株洲直选赛，及旅游摄影大赛等一批大型活动。利用株洲旅游官方微信平台及时更新发布旅游资讯，先后开展6次“株洲旅游发福利，万元门票免费送”活动，共吸引旅游爱好者3.5万余人，发布信息628条，阅读量达140多万人次。联合湖南高速公路株洲管理处，在醴陵、攸县、茶陵、炎陵等6对12个服务区各设置2个旅游宣传橱窗。开机拍摄株洲旅游形象宣传片。与《株洲晚报》合办《株洲旅游周刊》，每周四刊出一个整版，推介与株洲旅游密切相关的内容。区域合作进一步深化。先后到萍乡、宜春、广州等多个城市开展宣传促销，与省内外200余家旅行社及旅行社联盟签订协议，开拓长沙至酒埠江、炎陵的旅游专线，保证每周发班。（陈　冰）

【“千人挑战做艾米馃大世界基尼斯”暨炎陵县生态民俗美食文化节】 5月21日，炎陵县在炎帝陵景区举办“千人挑战做艾米馃大世界基尼斯”暨炎陵县生态民俗美食文化节活动，来自炎陵县各地的1000余名师傅同“台”献艺，挑战大世界基尼斯纪录。上海大世界基尼斯认证官和该县公证人员通过现场核实，致公证词，宣布千人挑战做艾米馃大世界基尼斯成功，并向活动主办方颁发了奖牌和证书。

艾叶米馃，是炎陵县客家人最有特色的一种小吃，已有数百年历史。它以艾叶的嫩心配以糯米粉，经充分揉搓后制成皮子，将冬笋、腊肉、油豆腐等剁成馅心，然后包成饺子状。蒸熟后，其皮子光亮透绿，咬一口清香扑鼻，入口嫩滑而不腻，软中兼韧，惹人喜爱。每逢新米产出或家人团聚之时，客家人一般会全家动手制作艾叶米馃。（陈　冰）

【打造炎陵特色互联网+农业生态旅游】 由于海拔高，昼夜温差大，水资源丰富，炎陵当地种出的黄桃口感香、脆、甜，获得国家农业部肯定，2011年被评为“中国优质黄桃之乡”，也是全国唯一获此殊荣的县。

2016年，炎陵利用互联网的优势，将农业生态旅游与农产品销售紧密结合。同湖南农业电商搜农坊进行“互联网+基地”合作，将农业电商和生态旅游结合起来。一场以“三月桃花朵朵开，踏春祈福炎陵来”为主题的炎陵桃花节在炎陵举行。黄桃种植基地就被转化为旅游产品，让游客进行体验。游客可以线上承包专属桃树，待到黄桃成熟季节的“采摘游”，还可以一边采桃、品桃，一边感受炎陵生态文化的独特魅力。（陈　冰）

【“水上钢铁侠”激战攸县酒埠江】 “水上钢铁侠”源自法国。由法国人发明的一个名为Flyboard的喷水背包，具有《钢铁侠》电影里飞天钢衣类似功能，让佩戴者可潜入水中，然后像海豚一样钻出水面并跃向半空。近几年，这种水上飞行器传入国内，但主要是靠一根水管连接在摩托艇喷射口，通过摩托艇的喷射动力把人从水下冲向空中，最高能达到20米，并在空中完成各种特技动作。6月18日上午，10位国内顶尖的“水上钢铁侠”集结攸县酒埠江旅游风景区酒仙湖攸女仙境，展开水上特技竞技大赛，挑战人类“入水上天”极限，吸引国内10余家电视媒体联袂进行现场直播。经两小时激战，来自广西柳州的6号选手何晓桥获得冠军。

活动主办方攸县森林管理局负责人介绍，攸县酒埠江旅游风景区是国家级地质公园、森林公园，正投入20亿元进行酒埠江生态新镇综合开发。将以此次大赛为契机，推出系列水上狂欢活动，打造“醉美酒仙湖、心中桃花源”全域旅游生态品牌。（陈　冰）

旅游行业管理

【概况】 全年，共开展日常、集中及专项旅游行业安全大检查26次，全市未发生旅游公共安全责任事故。开展“两打击、一整治”专项督查检查工作和两次异地交叉执法检查，对城区旅行社及其分支机构进行抽检，对省旅游发展委员会督办的3起案件进行了立案调查；开展联合执法5次，查处违法经营2起，1起移送省旅游发展委员会，立案调查4起，调解旅游投诉13起，结案率100%。举办旅游行业管理人员、星级饭店主管领班及星级农家乐管理人员培训班一期，与醴陵市陶瓷职业技术学校联手，建立了醴陵旅游人才培训基地。（陈　冰）

【开展乡村旅游扶贫创业培训】 3月份，由株洲市旅游外事侨务局、炎陵县旅游和文体广电新闻出版局和大院农场共同举办的乡村旅游农家乐培训在大院农场小学举行，来自大院农场的乡村旅游接待的创业人及从业人员60多名村民参加培训。

培训的主要内容包括：湖南省乡村旅游发展前景、株洲市乡村旅游概况、服务人员的礼仪规范、餐饮服务实用技能，及发展乡村旅游应如何利用并保护客家民俗文化等针对乡村旅游所需要的主要知识。此次培训旨在加强学员对乡村旅游发展政策、发展现状以及发展前景的整体认识，充分发挥炎陵地方特色优势，增强自主就业能力，扩大农村就业率，推动地方旅游经济发展。（陈　冰）

外事侨务

外事管理

【概况】 2016年，株洲市共办理因公事临时出国57批196人次，接待

来访外国团组20个，为全市50多家企业单位办理外国人来株备注邀请函166份313人次。（陈 冰）

【规范因公出国（境）管理】 提前制定计划。经市委外事工作领导小组审核通过，制定2016年度株洲市厅级党政干部因公出国计划表。截至2016年12月31日，株洲市共办理因公临时出国57批、196人次。严格审核经费。根据《关于进一步规范因公临时出国（境）经费集中支付管理的通知》，要求株洲市市直机关所有人员因公临时出国必须事先由市旅游外事侨务局和市财政局分别进行任务和经费的并联审批，使因公出国经费得到控制。务实安排任务。为扩大“株洲制造”在海外的知名度，吸引国外知名城市及企业代表前来株洲考察交流，年内，市领导杨玉芳、杨胜跃和贺夏盛等分别率团赴印度、尼泊尔、柬埔寨、孟加拉，及巴基斯坦等国家进行经贸商务考察，为株洲市推进“一带一路”建设构建平台。简化出国手续。年内，多次通过召开因公出国组团单位及承办单位专办员会议和当面讲解的方式，对专办员进行政策解释和办理流程介绍，方便因公临时出国人员的手续办理。（陈 冰）

【涉外管理】 团组礼宾接待工作规范。2016年，株洲市共接待了英国贸易投资总署风电专家访问团、美国北卡州德拉姆市奥尼尔中学访问团、比利时王国埃诺省长访问团、泰国前上议员林绍英代表团、德国巴伐利亚州弗朗茨·冯·伦巴赫实验中学师生代表团等20个来访外国团组，通过周密组织、细心安排，访问均取得预期效果。涉外管理服务工作周密。先后多次到株洲市景弘中学、株洲精特硬质合金有限公司等单位进行专题调研，确保了2016年中韩青少年国际文化体验活动有序展开，企业开展进出口经贸活动更为方便快捷。为推动株洲市国际教育交流与合作，培养具有国际视野、具备国际交往能力的综合型人才，市旅游外事侨务局与市教育局等单位联合举办了第4届“外教送课下乡下区校”活动，在5所学校开展了一系列中外教育文化交流活动，深受师生们的欢迎。邀请外国人来株签证工作灵活。年内，市旅游外事侨务局共为全市50多家企事业单位办理外国人来株签证邀请函166份、313人次，同比增长21%和26%。所邀客商分别来自30个国家和地区，来株客商最多的国家依次为巴基斯坦、荷兰、英国、伊朗，及土耳其等国。（陈 冰）

侨务工作

【概况】 株洲市旅游外事侨务局以服务侨资企业为抓手，着力夯实基础、拓展职能、延伸服务。落实“一法两办法”，全面维护归侨侨眷权益。热情接待华侨华人、归侨侨眷来访来电；为城区35名困难老年归侨发放生活补助10万余元；联合市侨联开展贫困归侨侨眷摸底工作，确定湖南斯迈尔特、湖南帅科节能等为重点帮扶的涉侨企业；协调市住房保障处，为困难归侨落实保障房居住；为“三侨”考生登记高考升学情况，协调解决学生的株洲入学手续；关心支持加拿大华人社团等侨团发展。（陈 冰）

国际交流与合作

【概况】 2016年，市旅游外事侨务局围绕全市中心工作，依托政府及民间外交资源、国际友好城市等渠道，开展丰富多彩的国际交流活动。不断拓展对外交往渠道，促进务实合作，株洲市的国际交流与合作迈上新台阶。

中美交流。2月和4月，市南方中学和美国奥尼尔中学互派师生代表团进行友好访问；美国北卡州创新科技代表团到湖南省访问期间，株洲市科技局及相关企业派人参加了座谈会，进行商洽对接。

中德交流。 6月5日，株洲市与德国下萨克森州汉莎城市斯达德市就关于建立友好城市关系等事宜进行商谈，株洲力推中车株洲电力机车研究所时代新材公司与德国斯达德高级材料产业园在碳纤维材料领域进行合作，以促进中国在高科技新材料领域迈上新台阶。同时，推动两市在经贸、环保、教育、文化等领域的交流合作，实现互利共赢。7月23日，株洲市派遣以九方中学为主的22人师生团访问德国爱尔兰根市，进行教育文化交流。交流活动对开拓学生国际视野、推动株洲市教育国际化发展，以及为两市缔结为友好城市打下良好基础。10月27日，德国空客CTC复合材料中心CEO赫曼教授到株洲访问。副市长何剑波与客人就株洲与德国斯达德市建立国际友好城市关系及在株洲市成立复合材料联合创新中心等事宜进行会谈。双方就加强轨道交通、航空、汽车生产制造、新型材料等方面的进一步合作进行讨论。

中韩交流。2016年7月和8月，株洲与韩国抱川市共同举办第7届中韩青少年国际文化体验与交流活动。参与此次国际文化教育交流。7月23—30日，韩国抱川市师生一行12人到株洲市参加中韩青少年国际文化体验活动，株洲市景弘学校作为承办单位陪同参观和体验生活。7月29日，“景弘之夜”中韩文化交流文艺晚会在钢琴广场举行，中韩师生展示各自的精神风貌和个性风采，增进友城交流和民间友谊。8月6—12日，景弘中学师生一行12人前往韩国抱川市进行中韩青少年交流活动。（陈 冰）

交通·邮电

交　通

【概况】 株洲市交通运输局系市人民政府负责交通运输行政管理的组成部门。局机关内设12个科室，下辖市公路管理局1个正处级全额拨款事业单位；市道路运输管理处、市地方海事局（加挂船舶检验局、航务管理局牌子）、市交通行政执法监督处（加挂市交通建设质量安全监督处牌子）3个副处级事业单位和交通战备办、局资金管理中心、直属局（加挂市交通运输稽查大队牌子）、局信息中心、机动车综合性能检测站，及交通运输规划勘测设计院等6个正科行政事业单位；对各县市交通运输局，市交发集团、市公交公司等进行行业管理和业务指导。

2016年，全市交通运输工作平稳有序。全市公路水路客运量、货运量、旅客周转量、货物周转量分别完成6572万人次、1.62亿吨、33.17亿人公里和185.49亿吨公里。运输总周转量、邮政业务总量分别增长7.22%、54.9%。成功创建7个群众满意客运站，建制村客运班车通车率提升至97.5%，重要节假日期间公路水路运行顺畅。“公交都市”创建33项考核指标完成25项，公共交通出行分担率达42%。新增更新公交车100辆、新增站点70个，更新公共自行车2000台。新开通公交线路9条、优化调整5条。开通株洲首条旅游公交专线，开通、调整、延伸6条长株潭城际铁路接驳公交，实现市区公交与长株潭城际铁路无缝对接。全年完成城市公交、出租车客运量2.65亿人次、1.03亿人次，群众对公交满意度达92%。“四好农村路”建设全力推进，实施干线公路大中修和绿化工程，国省干线公路优良率达90%以上，农村公路优良率稳定在86%左右，公路养护综合排名位居全省前列。全市航道畅通安全，航标维护正常率达90%。（彭　真）

【交通行业改革】 行政审批制度改革不断深入，审批事项全部实现网上办理、“一站式服务”。行政管理体制改革全面展开，完成全市公路体制改革，市县管理职能进一步理顺，运管、海事、执法新“三定”方案已上报待批。出租汽车行业改革稳步推进，规范性文件即将正式出台。投融资机制改革取得可喜成绩，PPP、PSL（抵押补充贷款）等融资模式大力推广。全年共吸引社会资本90多亿元进入交通建设市场，其中湘江大道等项目融资达67.4亿元。同时，轮船运输总公司、港务总公司等交通企业破产改制工作稳步推进。（彭　真）

【交通扶贫】 强力推进扶贫工作。全年全市共完成交通扶贫投资2.8亿元，建设普通干线公路项目6个，其中经过炎陵县鹿原镇红星村、湖田村等贫困村的省道S347炎陵石垄公路建成通车；完成窄路加宽等农村公路建设518公里，建设安保工程340公里，实施危桥改造8座。同时，在省级扶贫开发推进村株洲县淦田镇南塘村，投入400余万元完善交通基础设施，并实行“一户一法”的脱贫策略，指导、促进贫困户就业创业，帮助全村25户贫困家庭66人实现脱贫，南塘村被湖南省扶贫办评为“脱贫攻坚示范村”。（彭　真）

【“我的公交我的城”主题宣传活动走进株洲】 7月1日，“我的公交我的城”重大主题宣传活动走进株洲，新华社、财经周刊、中国国际广播电台、中国交通报社等10余家中央媒体到株洲，采访株洲市公共交通发展情况。此次活动由交通运输部组织，中国交通报社承办，在全国选择10个城市（群）开展采访活动。媒体团一行先后到株洲公交基地、公交智能调度中心、电动公交车充电桩、公共自行车租赁点、T2路杨莉专线、全国巾帼文明岗T33路等地实地采访，详细了解株洲市推进公共交通优先发展战略和低碳交通体系建设方面的情况，感受株洲的“绿色公交”。（彭　真）

【第八届全国交通运输行业轨道列车司机职业技能竞赛暨首届中国地铁文化节在株洲启动】 8月4日，由交通运输部、人力资源社会保障部、中华全国总工会共同举办的第八届全国交通运输行业“中车株机·捷安杯”轨道列车司机职业技能竞赛暨首届中国地铁文化节，在中车株洲电力机车有限公司启动，来自全国的参赛选手在株洲轨道交通城同场竞技。全国交通运输行业职业技能大赛是6项国家级一类大赛赛项之一，而轨道列车司机职业技能竞赛也是首次进入国家职业竞赛项目大典。竞赛第一名选手将按程序向全国总工会申报“全国五一劳动奖章”，前5名选手将由人力资源社会保障部授予“全国技术能手”称号，前20名选手将由交通运输部授予“全国交通技术能手”称号。（彭　真）

【宣贯《国防交通法》】《中华人民共和国国防交通法》（以下简称《国防交通法》）于2016年9月3日十二届全国人民代表大会常务委员会第二十二次会议通过。《国防交通法》正式颁布后，市交通运输局迅速组织全市交通系统学习，在全市两级交通系统机关、企事业单位悬挂宣传标语，并利用电子显示屏连续滚动播放；在全市（县）国省道上的大型电子情报宣传板、各大汽车站、公交及出租车等开展专题宣传；在《株洲日报》刊登《就深入贯彻〈中华人民共和国国防交通法〉答记者问》的专题报道，并在政府门户网站全文刊登《国防交通法》。（彭　真）

交通建设

【概况】全年累计完成交通建设投资123.8亿元，同比增长2.3%，约占全市固定资产投资总额的6%，对全市GDP的贡献2.2%。莲株高速改建工程完成投资8.92亿元，完成桥涵和路基工程的90%。醴娄高速公路已按新线扩容方案纳入国家高速公路网规划，完成项目工可和相关专项报告。S333株洲县渌口至黑家冲段、S210王家坪至朱亭公路（湘江大道）一期工程等68公里公路基本建成通车；S345茶陵和吕至攸县高和公路茶陵段等316公里开工建设，东城大道全线开工建设，完成投资12.75亿元。617公里国省干线纳入省干线公路规划，G356炎陵绕城、G106醴陵绕城等重点项目纳入国家交通规划。农村公路窄路加宽工程完成450公里，续建、新开工和完成危桥改造103座，推进建设渡改桥4座，完成安保设施隐患治理877公里。航电枢纽二线船闸闸室混凝土浇筑基本达到39.65米高程。铜塘湾港区二期、渌江梯级开发等项目前期工作取得突破。神农城公交首末站、栗雨公交基地、株浏公交基地金山油气站投入使用。农产品交易市场建设有序推进，株洲西综合客运枢纽完成三通一平，农村招呼站建成220个。（彭　真）

【绿色智能交通建设】“智慧海事”系统不断完善，16个AIS基站全部建成，船舶动态监控平台投入运行，水运数字管理网络框架基本形成。湖南省道路运输三级协同管理与服务信息系统二期项目建设有序推进，实现省、市、县三级信息资源互联互通。长途联网售票服务拓展到县。“两客一危”车辆联网联控入网率和上线率均达100%。市县两级治超信息平台成功搭建。全省交通运输信息网络、智能公交平台建设正在加快推进。新能源汽车应用、加气站建设工程、LED照明技术应用等项目有力推进，城市公交、出租汽车新能源和清洁能源车型占比分别达90%、85%。湘江保护和治理第二个“三年行动计划”扎实开展，完成126艘客货运输船舶加装生活污水处置装置，船舶污染物回收长效机制有效建立，污染物收集船、岸上收集转运和港口防污设施建设全面推进。（彭　真）

【东城大道开工建设】3月29日，全长34公里、总投资29亿元的株洲东城大道全线开工建设。东城大道项目东起醴陵市国瓷路，经仙霞、新阳，株洲县仙井，西至市区东环线，对接铁东路。其中醴陵至龙凤冲段24公里，采用双向六车道一级公路技术标准，路基宽度32米；龙凤冲至迎新路段10公里，采用城市主干路技术标准，路幅宽度34米~40米。项目建设期为3年，预计2019年3月全线完工。东城大道项目是贯穿芦淞区、株洲县、醴陵市的一条交通大动脉，是连接中心城区与东部新城的一条经济快速道。该路串起芦淞航空城、服饰城、醴陵经开区3个千亿元产业聚集区，将有效带动航空服饰城、醴陵陶瓷工业园和株醴新城发展，加速株洲市和醴陵市、株洲县融城发展。（彭　真）

【开通“微型公交”】2016年，市公交公司新投运40辆纯电动微型公交，服务群众出行。相比老的大型公交，微型公交采用低地板、无障碍设计，更加人性化，可一步入内，老人也能轻松上下车；能源驱动是电能，排量小，更具绿色、节能、环保等特点；体型小，车长6米，只有普通公交车的一半左右，宽度为2.2米，行驶起来更灵活，可有效缓解道路拥堵状况，并作为补充运力，填补城区外围部分路段的公交空白，解决偏僻地区居民出行问题。（彭　真）

【湖南省首批城市新能源充电站在株洲运营】6月15日，株洲首批新能源汽车充电站运营启动仪式在市体育中心举行，株洲市体育中心、芦淞大桥充电站，共计60个直流充电桩投入运营。株洲充电站由中国普天与株洲市公共交通有限责任公司合资成立的普天株洲公司负责建设和运营。充电站24小时全天候运营服务，能有效缓解株洲包含纯电动大巴、混合动力大巴、新能源出租车在内的500台新能源汽车充电运行压力。其他普通新能源车主只需下载普天充电助手APP，即可在普天全国充电网络中找到就近充电站充电，以1台北汽EV200新能源汽车为例，充电站快充40分钟，可充满80%的电量，续航达到110公里左右。（彭　真）

【枫溪大桥建成通车】11月13日，枫溪大桥建成通车。枫溪大桥位于建宁大桥与天元大桥之间，于2013年7月15日正式开工。大桥北起天元区黄河南路与科瑞路交叉口，向南上跨滨江路，越湘江，终于芦淞区江湾路与曲尺大道交叉口。全线长1729.4米，主桥采用主跨300米双塔单跨自锚式悬索桥型，桥宽32米，双向六车道，设计车速50公里/小时。项目总投资7.9亿元。枫溪大桥是株洲市首座双塔自锚式悬索桥，也是湖南第二座自锚式悬索桥。（彭 真）

【汽车南站过渡站投入运营】 为建设城际铁路枢纽站，为芦淞市场群服务了20年的汽车南站于6月8日正式拆除。经过半年时间的建设，汽车南站过渡站于11月29日投入试运营。汽车南站过渡站选址石宋路高架桥北边、原西湖公园规划地块，离原汽车南站仅700米。过渡站总建筑面积26000余平方米。该站硬件设施基本齐全，共有近50条发往省内外的客运班线。因紧邻芦淞服饰市场群，车站货运车辆也较多，有60余个物流公司在此运营。（彭 真）

【株洲汽车西站开工建设】 12月24日，株洲汽车西站正式开工建设。株洲汽车西站是株洲西综合客运枢纽的重要组成部分，位于天元区群丰镇响塘村，即株洲武广火车站站前广场北侧。该站规划净用地6公顷，总投资1.5亿元左右，分两期建设，一期建设为：主站房、地下车库、停车坪及综合楼、仓储用房及配套设施等，总建筑面积为50000平方米，其中主站房13550平方米。一期建设竣工后，地上客运车辆候车位有403个，发车位22个，地下停车位（小车）369个。二期建设总建筑为面积为23500平方米，含有待班区，快运中心、员工公寓等设施。株洲汽车西站将按照交通部颁布的一级客运站场的标准、规模建设。建成后，将实现高铁、城市公交、城市轻轨、出租车等各种交通方式的无缝对接，方便广大旅客及周边居民出行。

（彭 真）

交通监管与治理

【概况】 全面落实依法行政要求，交通行政执法工作实现“五无”目标，被评为“株洲市依法行政示范单位”和“法治株洲”建设工作先进集体。深入开展安全生产隐患排查与整治，创新实施安全生产行政效能监察，出台《株洲市交通运输局安全生产行政效能监察工作方案》，加强安全生产监管执法，在全省交通运输系统中率先编制《株洲市交通运输安全生产执法文书》，出台《交通运输安全生产执法20条》，对湘江七桥项目、湘运集团的安全违法行为实施行政处罚。全市安全形势稳定向好，水上交通，工程建设施工，消防、铁路专用线领域实现零事故、零死亡，被省政府挂牌督办十多年的官庄水库安全隐患问题得到解决。超限超载治理、运输市场营运秩序整治、质安监管力度加大。全市站点货运车辆超限超载率控制在0.1%以内，违法违规营运行为得到有效遏制，工程质量合格率大幅提升。同时积极有效应对出租汽车行业新旧业态交替引发的信访问题，全力做好交通防汛抗旱工作，妥善处置G106炎陵水口镇大风垅路段严重山体滑坡事件，救助船舶16艘。（彭 真）

【株洲西站客运秩序专项整治】 为维护春运期间株洲西站客运市场正常有序，保障广大市民安全、顺畅出行，从2016年12月23日开始，市交通运输局组织市运管处、执法处在株洲西站开展客运秩序专项整治，严厉查处、打击客运车辆非法营运、违规违章现象。整治期间，每天安排执法人员与交警联合执法，维护西站客运秩序，专项整治持续到春运结束。（彭 真）

【官庄水库安全隐患全面解决】 官庄水库位于长沙、株洲、萍乡三地交汇处，属国家大Ⅱ型水库，总面积20平方公里，蓄水量1.069亿立方米。多年来，库区内村民本着“靠山吃山，靠水吃水”的传统观念，自建船舶，自购摩托艇、冲锋舟，凭经验驾驶船艇在水面载客运营。最盛时，库区水面游弋着80余艘“三无”船艇（无船名号、无船港、无船舶证书），存在重大安全隐患，是全省水上交通安全重点整治单位之一。2016年，醴陵市投入2026万元，对官庄水库所有非法旅游船舶、快艇和摩托艇进行收购和集中处理，库区46名船员重新进行培训与考试发证，成立官庄山水建设投资有限责任公司，实现库区游船公司化经营。（彭 真）

交通行政执法与建设质量安全监督

【概况】 株洲市交通行政执法监督处（交通建设质量安全监督处）是株洲市交通运输局下属二级机构，负责全市交通运输建设工程质量施工安全监督管理，全市交通建设造价管理，以及道路旅客运输站场外行政执法等工作。全处有人员102人，下设株洲市城市客运行政执法一大队、株洲市城市客运行政执法二大队、处罚受理中心、株洲市交通建设造价管理站、株洲市交通建设质量安全监督处直属局、株洲县交通建设质量安全监督局、醴陵市交通建设质量安全监督局、攸县交通建设质量安全监督局、茶陵县交通建设质量安全监督局、炎陵县交通建设质量安全监督局，均为正科级。

2016年，全处加强客运执法，保障正常秩序。在春运等重要时间节点和火车站、株洲西站等重点区域，联系协调公安、交警、城管开展联合执法。全年开展客运市场“打非治违”专项整治、火车站武广西站客运秩序整治等一系列集中整治行动10余次，加大对运力集中区域的巡查、值守和打击非法营运力度，维护合法客运权益，遏制了非法、违规营运势头。全处出动客运执法人员3890人次，出动执法车辆1016台次，查处非法营运的客运车辆225台次，违章客车119台次，下达46份责令整改通知书，结案率90%以上，无一起行政复议、行政诉讼案件。

加大质安监督力度，保障工程质

量。宣传贯彻《湖南省交通建设工程质量与安全生产条例》，对违规建设项目行政处罚20万元。推进行业规范管理，对工程建设施工、监理、检测人员履约、工作状况，及工作程序等加大检查力度，规范在建项目质监、监理和检测工作，提高全市在建交通建设项目整体管理水平。全年全市公路工程建设受监大中型项目49个，质量安全监督覆盖率100%，组织232次施工现场监督检查，实施各类工程实体及材料检测132次、数据1755组；出具整改意见书89份，发现质量安全隐患657项，督促相关单位对问题进行整改。全市交通建设项目主体工程质量处于受控稳定状态。强化造价监督审查，节约资金。全年完成各阶段工程造价审核11项，审查总金额184248万元，核减总金额5789.19万元。

强化安全监管，保障安全生产。在市区开展2016年客运市场安全大排查大管控大整治行动、道路旅客运输“百日行动”专项整治，对市区主要客运企业，下达责令整改通知书，建立检查台账。依法对S333株洲湘江七桥项目安全生产违法责任人处以罚款2万元。针对在检查中发现S345茶陵和吕至攸县高和公路(严塘至茶陵县城段)监理单位存在质保、安保体系不健全，关键人员不到位等问题，立即启动问责机制。（刘　颖）

铁　路

株洲车站

【概况】 株洲车站始建于1905年12月12日，地处京广、沪昆两大主要铁路干线的交汇点，站中心里程为京广线K1618＋678，沪昆线K1103＋313，属广铁集团直管的特等客运站。管辖湘潭车站及长株潭城际铁路芙蓉南、暮云等11个中间站（其中株洲城际站还未竣工）。自2016年12月26日长株潭城际铁路正式运营以来，日均开行25趟城际列车，车站所辖段日均发送旅客4700人，运输收入8.1万元。株洲火车站现设有7个站台，5个候车室（3个普通候车室，1个VIP商务候车室，1个软席候车室，候车室总面积3520平方米），5条正线、6条到发线，5个方向接发列车，车站日均接发列车448列，平均每3.21分钟办理一趟列车接发；普铁株洲站（含湘潭站）日均客流量1.7万余人，运输收入159万元。2016年，株洲火车站共发送旅客642.4万人，完成运输收入58046.3万元。车站现设人劳科、技术科、安全科等10个职能科室，辖运转、客运、行包、城际4个车间及湘潭站。全站有干部职工1034人，其中管理及专业技术人员101人。（胡　鑫）

【运输安全持续稳定】 2016年，车站坚持安全风险管理，全面推进安全管理规范化、现场作业标准化、检查整治常态化。强化安全基础建设。完善安全管理制度，狠抓过程控制，狠抓问题整改。通过建立基本规章动态修订机制、开展标准化车间班组创建等工作，夯实安全基础。强化安全责任落实。针对安全问题倒查管理人员安全管理、监控分析、盯控把关等管理行为的真实性和完整性，加大管理过程和履职质量的考核力度，及时通报表扬职工防止安全问题的情况，做到奖惩分明。强化监控回放分析。严格现场检查、包保管理和监控回放分析，强化日常安全管理；突出安全问题深入分析制度，全面分析掌握作业和管理情况。提升员工队伍素质。完善车站、车间、班组三级教育网，全年完成全站职工培训、考试7428人次。加大科技保安全的投入力度，进一步完善原有各项安全系统，开发车站办公综合平台、管理人员值班、调度命令管理等系统，依托科技设备和信息化手段实现管理模式由“人控”向“机控”转变。完善的安全管理体系，促进了管理规范化、作业标准化的形成，有效保证车站运输安全持续稳定。截至2016年12月31日，车站已连续实现安全生产4383天，安全成绩稳居车务站段前列。（胡　鑫）

【确保城际铁路开通运营】 2016年，车站了解兄弟单位高铁、城际车站的管理模式，并结合自身实际，采用以暮云为中心、“大站带小站”的车间管理方式，明确株洲南、株洲、暮云、湘潭城际站4个主控车站，大丰、田心东、九郎山、芙蓉南、荷塘、昭山、板塘7个受控车站的综合控制室设置及功能。组织做好各阶段的联调联试和试运行工作，确保行车和施工安全。建立健全城际安全管理文件、规章制度及作业办法，编制“三书一卡”和应急预案。分四批组织21名普铁车站值班员、15名客运值班员、8名管理人员参加高铁相关业务培训。组织城际车间管理人员、各站站长分别到佛肇城际、广州南站等地进行实地参观、跟班作业学习，明确管理工作重点、难点，为城际铁路开通运营做好准备。完善生产生活设备设施配置等基础工作。开展城际安全管理和客运生产组织工作，开展城际标准化车站建设，确保长株潭城际铁路于12月26日开通运营。（胡　鑫）

【服务质量提升】 2016年，车站加强客运标准化建设，结合城际铁路开通运营，展示株洲站整体新形象：全面推进“冷暖、保洁、供水、照明、除臭”五项工程，提高服务人员素质；改变服务理念，积极推行各项便民利民措施，打造“智慧彩虹线上服务”，完善“彩虹之窗”公众号功能，突出党员服务队、旅客温馨驿站、无忧中转换乘站等示范典型效应，有序组织春运、暑运及节假日旅客运输。2016年车站共救助重点旅客35人次，帮助旅客找回遗失物品百余件，收到旅客表扬信247件。（胡　鑫）

株洲北站

【概况】 株洲北站位于湖南省株洲市东北郊，为双向纵列式三级七场布局，成立于1964年，前身是田心车站，是长江以南最大的路网性编组站。管辖范围为株洲北站、湘潭东站以及田心、白马垅和十里冲3个卫星站，主要办理京广、沪昆两大铁路干线四个方向货物列车的到发、解编作业。同时担负株洲、湘潭两市58条铁路专用线、140多家厂矿企业的货物到发和取送作业以及各方向旅客列车的通过作业，是沟通华东、华南、西南和北方的交通要道。株洲北站设行政办公室、党委办公室、人劳科、财务科、技术统计科、安全科、车站值班室、科技教育科、信息技术科、保卫科。下设7个车间：上行车间、下行一车间、下行二车间、设备检修车间、货检车间、湘潭东站，及调度车间；3个中间站：田心站、白马垅站、十里冲站。截至2016年12月31日，全站在册职工1375人，其中女职工114人，干部156人，高级职称人员3人，中级职称人员44，初级职称人员78人。

全年车站发送货物534万吨，同比增加16.9%；完成运输收入58495万元，同比增加13%；日均办理车17118车，同比增加3%；中时7.8小时，线前线后停留时间21.1小时，累计正点率98.9%。全年运输支出21574.17万元。

（陈　祥）

【安全管理】 2016年，车站以安优线建设理念指导现场安全生产，丰富管控手段，强化现场安全控制，组建覆盖全站范围的音视频监控设备，形成传统现场巡视检查与音视频监控检查相结合的现实安全管控体系。扎实开展各项安全大检查、大整改活动；完善标准化体系建设，作业标准化和管理规范化的程度不断提高；全面推进安全优质标准线建设，开展湘潭东站站场改造、十里冲站环境整治等一大批旨在改善职工生产生活条件的项目，全年用于安优线建设资金331万元。确保车站全年运输安全基本稳定。

（陈　祥）

【设备科技改造】 2016年，车站综合自动化系统集中人工控制正式投入使用，更新改造工作陆续完成，从而大幅度优化车站运输生产结构，提高了车站运输生产效率，保障了运输安全稳定。

（陈　祥）

株洲机务段

【概况】 株洲机务段位于株洲市石峰区清水塘，成立于1949年9月，下辖株洲、郴州、衡阳、永州4个生产地区，管辖湘潭东、耒阳、许家洞、祁阳北4个机务调车点。设有行政办公室、党委办公室、工会、团委、人劳科、财务科、计划统计科、职工教育科、技术科、运用科、安全科、质量检查科、材料科、信息技术科、离退休管理办公室，及武装保卫科16个科室及计量室、化验室2个生产辅助机构，设株洲运用车间、株洲客运车间、衡阳运用车间、郴州运用车间、永州运用车间、株洲调小车间、株洲检修车间、衡阳检修车间、株洲整备车间、衡阳整备车间、衡北整备车间、郴州整备车间、株洲设备车间，及株洲救援车间14个车间。2016年年末在册职工5356人，其中管理人员389人，工人4967人，固定资产总值663777.88万元。至2016年末，全段共配属SS6B、HXD1C、HXD1、HXN5B、DF4、DF4K、DF4C、DF5、DF7C、DF7G，及DF12等11种型号机车433台，其中电力机车325台、内燃机车108台；共有机械动力设备447台，固资原值17562.16万元；主要担当京广线、沪昆线、湘桂线、石长线、资许线、广深线，及赣韶线机车牵引任务，牵引总里程4518公里（其中客运机车牵引里程1472公里、乘务里程1472公里，货运机车牵引里程3046公里、乘务里程1180公里），担任图定客车牵引任务65对、图定货车牵引任务170对、调车作业任务48台日；承担HXD1、HXD1C、HXN5B型258台机车C1–C3修程，SS6B、DF4B、DF4C、DF7C、DF7G、DF12型96台机车小辅修任务。全年累计完成图定客车牵引21873对、货车42312对，临客6322对、路用列车927趟，军特运列车250列；完成牵引总重537.284万万吨公里，机车总走行457.04万公里；完成机车大中修送修113台，和谐型机车C1–C3修1165台，既有机型小辅修383台。

（魏文翔）

【安全管理】 2016年，株洲机务段从抓管理落责促职工落标和提升管理认同入手，强化逐级自主管理，建立健全系列机制，切实加强机务重点工作、机车专检范围的风险管控，持续开展职工恶意违章和惯性作业陋习的整治，使职工作业标准明显得到提升，安全基础得到有效加强。全年发生安全红线35件、比上年减少8件，发生安全质量苗头16件、比上年减少12件；发生A类问题750件、比上年下降273件，安全形势持续向好转变，职工考核件数、总额明显下降。

（魏文翔）

【更新改造和建设项目】 2016年完成更新改造项目30个、大修项目14个、整治项目7个，累计投入资金881.3657万元；利用段成本，安排零小基建项目77个，累计投入资金156.4686万元。积极推进职工生产生活设施的更新改造、大修、整治，建成建好安优线建设项目，对各地备班室进行彻底整治、推行宾馆化管理，职工的工作条件、环境进一步提质改善。

（魏文翔）

【职工培训与技能竞赛】 2016年，全段通过铁总机车司机理论晋级考试203人，通过集团实作考试179人。

在集团机务系统年度职业技能竞赛中，株洲机务段33名选手参赛，取得41个单项名次，荣膺团体冠军；在集团机务系统青工大学生技术比武中，株洲机务段22名选手参赛，取得17个单项名次，荣列团体第二；在铁总机务系统年度职业技能竞赛（检修类）和维修电工职业技能竞赛中，株洲机务段3名选手代表集团参赛，取得1个全能第二、1个全能第三，以及2个单项名次。（魏文翔）

公 路

公路管理

【概况】 截至2016年年底，全市普通公路总里程为13360公里，桥梁2082座，隧道2座。其中：国道508公里，省道1606公里，县道2951公里，乡道2134公里，村道6374公里；一级公路91公里，二级公路1090公里，三级公路125公里，四级公路11834公里，等外路221公里。

株洲市公路管理局是负责全市国、省干线建设、养护、管理和全市农村公路监督指导的正处级事业单位，担负着株洲市境内1条国道（277公里）、23条省道（2454公里）的建设养护管理任务和11000余公里县乡公路的监管任务。2016年9月，全市公路管理体制改革后，下设市公路路政管理处、市城郊公路养护中心、市公路路网监测中心、市公路应急物资储备中心4个直属机构，有干部职工399人，是连续四届的“全国文明单位”。

2016年，株洲市公路管理局促改革，抓项目，管队伍，获2016年度全省公路系统目标管理考核一等奖、全市交通运输目标管理考核一等奖、全市企业帮扶先进单位等多项殊荣。（姚　洁）

【公路管理体制改革】 2016年9月，全面启动公路管理体制改革，将株洲县、醴陵市、攸县、茶陵县、炎陵县5个县市公路管理系统人权、事权、财权及确认的固定资产和债权债务一并成建制移交所在县市人民政府管理。城市区仍由市公路管理局统一管理，并负责指导、协调、监督全市干线公路的建设、养护和管理。涉及近1700人和14个机构调整的改革工作顺利完成。通过改革，市、县两级公路部门实现人、财、物、事的合理划分，国省干线、农村公路的管理权责得到理顺，干支线的建设养护管理办法列入政府议事日程。（姚　洁）

【公路建设】 2016年，S345攸县段完工通车，S339网酒段取得省发改委立项批复，委托代建的攸县东城新区环湖路、紫云路、茶陵东环线、S339攸县柏市至东塘公路建成通车，攸县滨江南路风光带工程、网岭大道和旭日大道工程、攸县香山路、紫云北路、茶陵西环线项目按计划推进，为助力县域交通发展升级做出了贡献，干线公路建设项目全省排名第二。

（姚　洁）

【公路养护】 2016年，株洲市以交通运输部公路安全示范工程为龙头，在G106和S315实施公路安全生命防护工程351公里，在G106醴陵段实施大中修26.8公里、危桥改造5座、小修保养539公里；在株雷路等12条线上实施安保工程179公里。全市国省干线公路优良率达90%以上，干线公路养护考核排名全省第一。（姚　洁）

【货车超限超载治理】 2016年，联合交警、运管、公安、城管等部门，集中开展货车非法改拼装专项整治、货运源头专项整治等5个专项整治行动，并运用市县两级治超信息平台，增强科技治超力度。全年查处超限超载货运车辆1888台次，卸载超限超载货物10801吨，站点平均超限率为0.09%，年末超限率考核全省排名第三。（姚　洁）

【农村公路监管】 以“四好农村公路”活动为载体，着力提升农村公路通行品质，全年新改建200公里、窄路加宽430公里、改造危桥98座。定期开展农村公路建设质量巡检，一次抽检总体合格率和关键指标合格率达100%，农村公路优良率稳定在86%左右。

（姚　洁）

【公路灾害应急】 2016年，与气象等部门实现资源整合、信息共享，建立预警信息快速通报、联动响应和重大信息联合发布机制。有效应对雨雪冰冻、山洪、泥石流等公路灾害100余次，确保受阻路段第一时间抢通。4月18日G106国道炎陵水口镇大风垅路段发生特大严重山体滑坡事件，株洲市公路局克服现场施工面狭窄、随时可能再次滑坡等不利因素，抢修路段，于9月26日恢复通车。（姚　洁）

高速公路管理

【概况】 湖南省高速公路管理局株洲管理处成立于2012年底，正式组建于2013年底，辖区包括莲易、醴茶、垄茶、浏醴（株洲段）、炎汝（株洲段）、衡炎（株洲段）、炎陵炎睦、醴潭，及潭耒9条（段）高速公路，管辖里程615公里，其中还贷性路段375公里，经营性路段240公里。全处下设50个基层单位，其中收费站24个，路政中队12个，Ⅰ类治超站3个（其中1个Ⅱ类治超站已撤销），桥隧管理所5个，养护应急队3个，养护所2个，管辖服务区（停车区）14对。

2016年，株洲管理处全体干部职工，增强依法行政能力，提升文明优质服务水平，道路保持“畅、洁、美”，全力建设人民满意交通。管理处获“2016年度全省高速公路运营管理工作目标管理优胜单位”称号。全年株洲高速公路通行费收入同比上涨19.79%，创历史新高。

文明优质服务。开展半个月一次的定点业务技能学习，举办收费站负责人、收费班长和票证、出纳培训班，开展站部间的交叉稽查和实地操练，促进征费工作的稳步推进。开展为期一周的全员封闭训练和百日技能比武劳动竞赛活动。举办收费稽查知识竞赛，进行相互交叉评比，通过以赛促学、以赛促训，全处征费系统业务能力大幅提升。酒埠江、炎陵西收费站获市级“青年文明号”，炎帝陵收费站成功申报“芙蓉标兵岗”。

路域环境治理。分县区设立4个征费环境整治片区，实行责任分片包干。定期召开路警联席会议，分片区召开路警、路地座谈会，建立信息共享、联勤联动的工作机制。下发打击偷逃费奖励办法，加大对逃费车辆的打击力度，路域环境持续保持良好。

依法行政。开展路政执法队伍集中教育整顿活动、全处路政队伍封闭训练，提升路政执法队伍的“精气神”，并在全省路政业务知识竞赛暨业务技能比武中荣获综合优胜奖。落实路政巡查新要求，提高“上路率”和“见车率”。落实车辆救援服务制度，开展车辆救援服务专项检查13次，下达整改通知书85份，约谈车辆救援公司3次，对多次整改不到位的单位责令重组和清退，保障株洲高速公路安全畅通。

养护护路。不断提升养路护路水平，实行养护作业、养护验收全过程的电子化管理。落实联合巡查和月巡查制度，改“一周三巡”为“一天一巡”，增加步巡和专业检测机构对重点高危边坡的跟踪观测，每天巡逻不少于3个小时，确保道路“畅洁美”；在全年三个周期养护考核中被评为优秀。

应急安全管理。施行领导干部24小时轮班值守制。开展安全应急演练和培训，举办大型综合演练和应急管理培训各两次。在全省率先使用信息化平台管理路网路况，实现了通过手机APP随时查看路况，通过高德地图实时监控路面堵点，科学精准地预研预判，有力有效地疏堵保畅。开展形式多样的安全应急知识宣传活动，悬挂宣传标语47幅，制作宣传展板47块，发放宣传资料1万多册。安全培训246人，安全检查1397次，扶正标识标牌522块，下发整改通知书47份，停工通知书25份，确保全年未发生一起安全生产责任事故。（陈　英）

道路运输管理

【概况】2016年，株洲市经营性运输汽车28760万辆，其中载客汽车1836辆，载货汽车25153辆。从事道路运输及相关业务的经营户20812户，其中从事货运经营19423户，客户经营361户，道路运输站（场）经营70户，机动车维修经营674户，机动车驾驶员培训经营54户，其他相关业务237户。道路运输及相关业务从业人员6.0191万，其中从事旅客运输7888人，运输站(场)经营854人，机动车维修0.5283万人，机动车驾驶员培训2809人，其他1273人。全年全市完成道路运输客运量0.6782亿人、客运周转量33.5865亿人公里、货运量1.5139亿吨、货运周转量164.7159亿吨公里；完成城市出租车客运量8867.12万人次。完成农村站场建设投资550万元，建成农村客运招呼站220个；成功创建全省群众满意站7个；建制村客运班车通车率达97.5%；新增及更新中高级客车109台；新增甩挂运输车辆23台；在重型普货车辆上推广安装北斗车载终端系统4225台；驾校培训学员12万人，新增驾培模拟器173台；新增新能源出租车100台，置换双燃料出租车164台，累计更新双燃料出租车1831台，双燃料出租车保有率达到93.65%；受理行政许可业务3064件；审验营运车辆9564台；机动车检验站开展营运车辆等级评定1万余台次。

“十一”黄金周和“春运”期间，全市道路运输市场日均投放客车1945台、客位48676座，核发春运证143张、加班牌430张、包车牌448张，运送旅客1030.8万人次，同比增长1.1%，未发生旅客滞留现象，无安全生产责任事故和重大服务质量投诉。

严格按照交通运输部、财政部联合制定的《城乡道路客运成品油价格补助专项资金管理暂行办法》规定，全年完成株洲市区2015年农村道路客运燃油补助申报20369座位数，落实燃油补助资金2632万元；完成株洲市区2015年出租汽车燃油补助申报1912.48系数标台，落实燃油补助资金3817万元。（钱鹏熙）

【道路运输执法】2016年，全市运管机构共出动执法人员4000余人次、执法车辆1500余台次，处理群众举报案件300余起，查扣违规道路营运车辆500余台、牌证2000余本，实现了运政执法“零投诉、零案件”目标；先后开展“三不进站、六不出站”、危货运输市场、武广西站客运秩序等一系列专项整治行动，有效净化了道路运输市场秩序，加大源头治超工作力度，继续对重点源头监管企业开展驻点和定期巡查，全市源头超限超载率控制在0.1%以下。深入开展安全生产大排查大管控大整治行动和“两客一危”车辆驾驶员违法违规行为、汽车客运站安全管理两个专项整治“百日行动”；全面建立隐患排查“四个清单”，全力推行安全监管分级分片包干责任制，每月由分管领导带队到各县（市）、道路运输企业开展安全生产专项督查，共组织各类安全检查400余次，排查安全隐患100余处，下达整改通知书20份，部门监管责任和企业主体责任进一步落实。进一步强化重点营运车辆联网联控动态管理，抽调专门人员对“两客一危”车辆GPS数据进行清理规范，逐步整合GPS平台资源，实现了重点营运车辆的集中高效动态监管。深入开展道路运输从业人员继续教育，举办培训班62期，培训客、货驾驶员9000余人次；组织出租车驾驶员在岗培训12轮、192场次，培训学员38000余人次，参学率达91%。开展质量信誉考核，评选出3A企业48家，其中客运企业8家、客运站9家、货运企业6家、维修企业10家、出租汽车企业15家。

（钱鹏熙）

【推进运输行业转型升级】综合客运枢纽站建设有力推进，武广西客运枢纽站完成三通一平工程，中心客运枢纽站启动项目规划，汽车南站完成搬迁改造任务，江南汽车站和泰山西路临时客运站完成改造升级。以创建“绿色交通城市”为契机，加快推进一批绿色低碳道路运输项目的建设和应用，醴陵建成农村客运智能调度管理系统；湘运集团建成智能客运管理信息系统；千金物流、安讯物流、商砼物流通过自主研发建成物流公共信息平台，提高了货运集约化、规模化水平，推进了传统货运业向现代物流业的有效转型；新能源汽车、清洁能源汽车在道路运输领域的推广应用进一步加快，客运车辆、出租车、驾校教练车中新能源、清洁能源车辆的比例不断攀升，道路运输行业节能减排成效突出。“互联网+道路运输”发展迅速，配合省运管局完成“道路运输管理三级协同管理与服务信息系统”二期项目建设，实现了省市县三级信息资源共享和数据交互的全覆盖；扎实推进驾校先培训后付费模式，全市50%的驾校建成“先学后付”系统，走在全省前列；主动对接携程旅游网等企业，完善全省客运联网售票系统功能，全面实现省市县三级联网售票，为旅客订、购、退票提供了方便快捷的服务。

（钱鹏熙）

【推动运输行业平稳改革】积极畅通驾驶员利益诉求渠道，累计接访驾驶员1000余人次，先后50余次组织有关部门、各出租车公司和驾驶员进行座谈，鼓励、支持和引导出租车企业、行业协会和驾驶员平等协商，或通过司法途径解决有关矛盾问题；成立14个工作组，深入各出租车公司协助做好稳定工作；先后对“滴滴”“优步”“神州”等网约车平台公司进行约谈；按照国家部委、省、市有关文件和会议精神，完成全市深化出租汽车行业改革3个规范性文件起草工作，通过市政府办、市法制办文件合规性、合法性审查，出具社会风险评估报告；于2016年底启动出租车行业经营权有偿使用金清退工作，并实行运管、银行、出租汽车企业三方共同管控的方式，确保资金清退到位。通过一系列措施，确保全市出租汽车行业营运秩序良好，维稳形势整体可控。同时，按照株洲市行政事业单位机构改革工作要求，完成原运管处和客运管理处的职能、机构和人员整合工作，“三定”方案已上报待批。

（钱鹏熙）

水 路

【概况】2016年，株洲市地方海事局对湘江、渌江、洣江等10条通航河流，558公里航道（其中省管航道88公里、市管航道470公里），8道渡口（学生渡口7道、汽车渡口1道），4座有船水库（大京、官庄、酒埠江、东阳湖），773艘各类船舶（18.2万总吨），115座各类码头，7915米可利用岸线，21家各类水运企业，7家港口经营企业实施行业管理和安全监督。全年全市水路客运量5.08万人，客运周转量27.88万人公里，货运量739.45万吨，货物周转量19.07亿吨公里。年内，株洲海事局文明建设工作再上一个新台阶，获2014—2015年度全国交通运输行业文明单位，被评为全省水运系统目标考核先进单位、安全生产先进单位，全市交通运输系统目标考核先进单位、安全生产先进单位。株洲市水运管理工作经验在全省交通运输系统推广。

（周　蓉）

【水运建设】2016年，重点推进5个水运项目建设。渌江梯级开发已进入工可编制招投标阶段，规划整治姜湾枢纽至渌水河口500吨级航道52公里，改建船闸3座。株洲港港口总体规划修编工作完成。湘江2000吨级航道建设二期工程完成投资3.5亿元。完成渡口码头改造19处，投资1938万元。新置换标准客渡船97艘，投资2115万元。

（周　蓉）

【水运安全监管】2016年，保持辖区水上交通安全“零”事故“零”伤亡记录。隐患治理。集中整治官庄水库旅游船舶非法营运，实现库区游船公司化经营，全市省交通运输厅督办的三大水上交通安全隐患全部整治到位。安全监管。明确安全监管责任，推进水上交通安全监管督导联系责任片区制度，开展水上交通安全明察暗访。坚持巡航安全检查机制，掌控重点水域、监控重点船舶、应对重点时段。汛期和枯水期安全保卫。开展水情信息发布、险情排查、应急救援、安全维护值守等工作，确保水上人民生命财产安全。水上应急。新增6台执法执勤用车，新建的海巡艇“海巡16002”具备消防、救援于一体，为辖区水上交通应急救援提供有力支撑。全年，及时救助12艘搁浅船舶，4艘走锚船舶，挽回经济损失约900万元，无人员伤亡和油污事件发生。

（周　蓉）

【智能海事监管系统】推进株洲市智慧海事建设，市地方海事局就“依托信息化升级海事管理”参加全省经验交流。以建设“一系统（船舶动态监控），两平台（业务协同和综合服务）”为目标，与大连海事大学合作开发建设“智慧海事”。截至2016年12月31日，株洲市VHF、CCTV等现代化海事监管系统相继建成，市县两级安全监控中心正常运转；水运数字管理网络框架基本形成，局、处、船公司可互连互通；辖区16个AIS基站全部建成，重点水域AIS监控网络全覆盖，船舶动态监控平台研发成功投入运行；辖区16艘30客位以上客船已安装移动视频监控，配合省局采集临河设施、枢纽、港口、码头、渡口电子江图要素信息。运用综合监管平台，多次实现快速救援坠江人员和车辆，在湖南经视、都市频道等主流媒体报道。（周　蓉）

【水运行业管理】 水运成本大幅降低。船舶通行费、货物港务费等下调50%，船舶检验费下调30%，为企业减负300万元，促进水运行业转型升级。规范运输管理。开展运输船舶和港航企业的年度资质核查，强化危险品运输安全监管。重点推进企业安全生产标准化建设，12家运输企业全部通过考评发证。加强源头管理。有序开展106件船员适任证书换发工作；举办一期76名船员培训及考核；进一步规范船员违法记分工作；开展船舶配员和船员任解职专项检查，严厉打击内河船舶配员不足、人证不符等违法行为。取消船舶签证，办理船舶登记业务478件，进一步推进船舶2.0系统的应用。强化船检技术支持，全年共检验船舶475艘，12.9万总吨，查处非法改造船舶13艘。加强株洲市航道养护。实行航道分片管理制度，确保航道畅通、安全，航标维护正常率达90%。（周　蓉）

【水上污染防治】 2016年，根据市政府《湘江株洲段综合整治工作方案》要求，强化船舶污染防治。通过政府购买服务的形式，组建1家水上服务公司，对辖区内所有运输船舶污油水及生活垃圾回收上岸处理，为港口、码头、经营企业配备400个垃圾回收装置，有效控制船舶污油水及生活垃圾污染直排湘江的现象。投入约100万元购置PVC围油栏、吸油毡、喷洒装置等船舶防污应急物资设备。与公安、环保等部门联合整治，成功取缔辖区水上人家3艘、钓鱼平台18座、餐饮船6艘、非法改装的吸砂船42艘等水上顽疾。在空洲岛、古桑洲分别设置监控点，驱离在城区段卸砂的运砂船176艘次，巩固了城区段取缔砂场不再经营的成果。建立湘江株洲水域船舶污染防治长效机制，起草《湘江水域防止船舶污染管理规定》，报审《湘江库区船舶防污管理规定》《湘江库区船舶停泊管理规定》。（周　蓉）

运输企业选介

湘运集团有限责任公司

【概况】 湘运集团有限责任公司，是以道路客运为主，集房地开发、汽车维修、汽配销售、住宿餐饮、保险代理、户外及车身广告、房屋及场地租赁为辅的多元化经营的企业集团。是被交通部首批确定的二级道路客运企业。下辖11个分（子）公司和6个汽车修理厂及11个正规汽车客运站，开行省内外客运班线300余条，幅射全国15个省（市、区），日均运送旅客3万多人次。公司现有从业人员6180多人，资产总额近10亿元，拥有各类营运车辆1123台。2016年，公司完成营业总收入23530万元，上交国家税金2878万元，上缴社保医保金1700多万元。

公司致力拓展市场空间。全年办理车辆更新48台，办理延续经营手续51台，投资188万元对司属车站进行提质改造，进一步扩大网络售票和小件快运业务，为企业转型升级拓展发展空间。同时，深入开展争创满意客运站活动，促进提升车站“三优、三化”管理水平，巩固车站信誉质量等级考核评定成效。并将株洲至醴陵、株洲至长沙、攸县至株洲等班线车辆经营权全部收归公司实行公车公营管理，使经营效益稳步上升。坚决贯彻“安全第一，预防为主，综合治理”的安全生产方针，严格落实一岗双责，实行科学管理，全面实施科技创安工程，不断加大安全管理投入，完善建立GPS等电子监控设施，对司属营运车辆普及安装车载视频监控装置，并与行业监控平台联网联控对接，实行24小时动态有效监控，遏制超速、超员、疲劳驾驶等违法违规行为，有效确保了单位生产安全。2016年，公司消防、综治、工业生产安全无事故，行车安全四项考核指标均控制在上级规定的控制指数之内。（陈瑞阳）

【站务管理提质升级】 提升客运站优质服务水平。组织开展全省客运站站务技能竞赛活动，据此选派优秀选手参加全国站务技能竞赛。公司于2016年8月在醴陵汽车中心站组织比赛，并据比赛成绩抽调6名优秀选手代表株洲参加全省比赛，取得了可喜成绩。通过技能竞赛，有效促使员工站务各岗位的规范操作，提高了客运站服务水平。开展汽车站信誉质量考核工作，争创满意客运站。2016年公司所有等级车站都通过省局信誉质量考核工作，根据考核成绩，公司醴陵汽车中心站由二丙升为二甲，株洲县客运中心站由二乙升为二甲。（陈瑞阳）

【客运站建设】 湘运合泰汽车南站过渡站工程于2016年7月11日正式动工，占地面积2公顷，建筑面积2931平方米，投入资金2600多万元，于同年7月竣工开业；株洲武广汽车西站于2016年12月24日正式奠基开工，已完成前期投入7000万元，预计总投资达2亿元；湘运茶陵中心汽车站的筹建工作进展顺利，规划用地6.67公顷，一期土地2.52公顷已于2016年7月成功摘牌，公司已投入944万元，正在进行该站规划和建筑方案设计工作。为助推农村客运公交化改造，进一步加大农村客运站场建设投资力度，已经完成攸县丫江桥车站征地0.95公顷，投入到位资金372.8万元，基本完成了土方平整及挡土墙等基础工程。（陈瑞阳）

邮 政

【概况】 截至2016年年底，中国邮政集团公司株洲市分公司建成邮政局(所)132个(含空白乡镇41个)、综合便民服务平台站点1911个，其中:市本部357个，株洲县255个，醴陵市440个，攸县388个，茶陵县316个，炎陵县155个。基本实现全市城区主要小区，乡、镇、行政村全覆盖。从业人员1427人(其中从业人员1149人，劳务承揽人员278人)。通过邮政社区服务站、三农服务站、报刊零售亭，帮助社会解决下岗、待业人员2000余人的就业问题。全年全市邮政累计实现业务收入3.5亿元，同比增长6633万元，增幅为23.37%。 (何 芳)

【农村电商服务】 2016年，中国邮政集团株洲市分公司以邮政综合便民服务平台为基础，加大建设力度，创新构建市、县、乡三级农村电商服务体系。在市本部构建5000平方米大型物流配送、仓储服务中心，为县域提供便利的物流配送，为市级电商提供仓储服务。在县域范围内，以县级电商公共服务中心为枢纽，多个乡、村服务站点为载体，融合线上线下功能，不断延伸拓展，提供各项邮政服务。县级电子商务公共服务中心通过整合与电子商务有关的政务、产品、运营、服务、培训、物流、仓储、金融，及行业协会等资源，为县域农村电子商务企业、个人提供全方位的服务，带动农村电子商务的发展。乡、村级电子商务公共服务站点以邮政服务、政务服务、便民服务、电商服务、“三农”服务、金融服务等六大类服务为主，叠加近30项业务种类，成为“工业品下乡”与“农产品进城”的主要渠道。利用邮政具有的实物流、资金流、信息流“三流合一”的独特优势，通过建设城市社区服务站、报刊亭和农村便民服务站等实体渠道，构建功能日趋完备的综合性便民服务平台，为广大城乡居民提供“普遍服务、政务服务、三农服务、金融服务、电商服务、便民服务”等六大类服务；在农村地区全力构建“五个不出村”，即“购物不出村、销售不出村、金融不出村、生活不出村、创业不出村”，截至2016年，全市邮政已建成各类电商公共服务站点800个，站点累计年交易额突破亿元。分公司结合中央和地方政府对精准扶贫的需求，以株洲市邮政农村电商发展模式为基础，着力发展农村电商。依托现有的农村电商“县、乡、村”三级渠道体系，为贫困地区提供精准扶贫整体解决方案。以农产品进城为重点，助力“产业扶贫”。通过开设O2O产品展销扶贫专区、开展设立贫困地区特色馆、筹划众筹活动等电商项目，为贫困地区打造一批特色项目的农产品品牌。对接省妇联等公益组织，开展爱心捐赠、彩虹邮包、公益助学等一系列扶贫公益专项行动。依托贫困地区文化旅游资源，建立“主题邮局”、设计开发旅游地区明信片等系列文化产品，将贫困地区优质农产品和旅游资源在全省乃至全国进行推广。2016年，通过自有“邮三湘”平台先后上线200多种县(市)特色农产品，成功运作炎陵黄桃、茶陵脆枣、醴陵瓷器、醴陵红薯干、攸县香干等多个项目，实现农产品返城销售额400余万元。 (何 芳)

【邮件快递业务】 2016年，分公司升级改造邮运干线能力和邮运组织模式。全新升级株洲邮区中心局自动化流水线作业，中心局日均邮件处理能力由3万件提升到10万件；优化邮路组织，在原有4趟邮车的基础上增至7趟，并加密县乡邮路；推出省内快递邮件“次日递”服务，确保省内县城以上的快递邮件次日送到用户手中。依托品牌信誉、运营网络、安全保障等优势，配合各级政府部门、企事业单位推出一系列为民、便民、利民服务。开展身份证、社保和医保卡、法律文书、公证书、环保通知书、税票、驾驶证、港澳证加签、出入境证件、录取通知书、体检报告、交通票证等多项电子政务寄递服务，使居民办证、领证减少了往返奔波之苦，深受广大群众欢迎。加大邮政通信网络和基础设施建设，加快邮件传递速度，大力开展优质服务工作，确保邮政普遍服务和特殊服务水平的稳步提升，获得“2015年度全国邮政用户满意企业”称号。全市城市投递实行周七班，每天投递两个频次；农村投递乡镇府所在地每周不低于周五班，一般行政村为周三班，偏远和交通落后的地方实行周二班投递。同时，做到村村通邮，确保农村的信报邮件妥投到户，通邮率100%。扎实做好机要通信服务工作，2016年安全传递机要邮件6万余件(袋)质量全红，机要通信服务满意率达100%。 (何 芳)

【邮政金融服务】 株洲邮政初步探索出一条大型商业银行“普惠金融”商业可持续发展之路，真正做到“信送到哪里，邮政金融就服务到哪里”，构建满足客户需求的“金融便民服务圈”，成为城乡居民家门口的金融服务“好帮手”。从2012年起，株洲分公司组织开展“客户大走访活动”，把业务宣传送到老百姓身边，把优质服务送到百姓家里，逐步发展成为全市“拾遗补阙”“不可或缺”的金融生力军。中邮保险公司着力于打造政府满意、监管放心、百姓欢迎的新型高效商业化保险公司。截至2016年底，全市金融总资产达159.37亿元，新增资产34.12亿元，增幅为25.5%。邮储余额达146.95亿元，年新增余额25.95亿元，年增幅21.45%，进度列全省第2位，增幅列全省第4位。代理保险业务快速增长，累计实现保费5.96亿元，点均产能655.9万元，列全省第2位，在全市银行代理保险渠道中，业务量稳居第一。 (何 芳)

【服务地方文化产业建设】 深入挖掘传统文化和集邮文化素材，通过邮票的发行和地方特色邮品的开发，提升株洲的知名度和美誉度，展示地方文化特色，促进地方经济发展。同时，利用数据库营销，创新发展日常封片卡业务，挖掘封片卡在文化推介、旅游推介、商品推介、服务推介、政务民生等领域的功能和作用。大力推广以“把美丽湖南寄出去”、记得住乡愁的“村志”为代表的主题项目，2016年累计开发村志68单。在炎陵炎帝陵游客中心建设主题祈福邮局，叠加电商体验功能，以明信片、邮资封、集邮产品等形式展示炎陵文化，受到政府的充分肯定。 （何　芳）

通　信

无线电管理

【概况】 株洲市经济和信息化委员会下属无线电管理科（加挂湖南省无线电管理委员会办公室株洲市管理处的牌子），行使辖区内无线电管理职能；市经信委下属事业单位无线电监测站，负责辖区内无线电信号的监测和部分无线电发射设备的检测。

合理配置无线电频率资源，服务经济社会发展。及时审核、批准、发放和换发无线电台执照。开展为期2个多月的审查、实地检测、与设备生产厂家求证、到国家备案网站上查询等工作，录入数据47万多个，完成全市各通信运营商LTE/第四代数字蜂窝移动通信系统无线电台站执照办理相关工作。2016年共发放执照5113个，其中TD-LTE执照3008个，LTE FDD执照2105个；审核、批准和新发放其他电台执照29个；清理和换发到期无线电台执照5161个，检查核实台站数据库中数据，更正错误数据。

依法行政，维护正常电波秩序。2016年，联合文体广新、公安部门对全市非法设置“黑广播”“伪基站”的行为进行专项打击治理。同时结合株洲市客运秩序联合集中整治行动，对火车站、武广西站、中心城区利用非法途径发送非法营运信息的行为进行整治。全年共查处非法设置“黑广播”案件9起（其中3起确定发射源不在株洲境内），非法设置“伪基站”案件7起，有效地遏制了非法设置“黑广播”“伪基站”的违法犯罪行为，维护了正常电波秩序以及社会的安定。

重点无线电安全保障工作。发挥技术优势，开展重要活动、重要时期的无线电监测和干扰查处工作，做好无线电安全保障。在“元旦”“春节”“两会”期间对重点频段、重要业务进行24小时监测值班。加强各类考试的无线电安全保障工作。2016年完成湖南省录用公务员、全国二级建造师、高考等各类考试无线电保障18次，累计出动人员239人次、车辆80台次、设备133台（套），共查获作弊设备5台，防范了考试高科技作弊，维护考试的公平公正。 （张　成）

电　信

【概况】 2016年，中国电信株洲分公司紧扣企业发展重点、深化划小承包、夯实基础建设、改善服务质量，不断提升企业的管理、经营、建设、服务等方面能力。2016年，株洲分公司完成收入7.4亿元。全年移动新增26万多户，宽带新增9万多户，ITV新增12万多户。 （谭毓琦）

【网络互联网化】 2016年，株洲分公司完成14.6万AD宽带的迁移，14.1万传统电话的平移和迁转，FTTH用户由2014年底的11万户增加到35万户（有效）；完成273个模块局、8个市话端局的全部退网，完成2121万元的退铜效益，光网宽带由2014年的38.7%提升到98%，实现全光本地网的基本目标。积极开展LTE800M建设，全年新建LTE800M站点470个，全面完成农村800M建设任务。强化装维服务规范化动作标准，突出产品功能演示，提升客户感知。承接并推出城区宽带“六项服务承诺”工作，各项装维服务指标稳步提升：IVR客户满意度从2015年底的92.73%提升至94.03%，投诉处理及时率98.86、投诉处理满意率92.53%、城区宽带8小时装机及时率达到88%，城区宽带8小时修障及时率达到95%。全年“装维精品窗口”在全省排名第一。成立专项行动办公室及工作组，开展本地网的关于防范和打击通讯信息诈骗犯罪专项行动工作。 （谭毓琦）

【打造株洲电信宽带服务品牌】 为推进株洲光纤宽带网络的发展，2016年8月4日，公司举行株洲城区宽带“六项服务承诺”启动暨装维誓师大会。从2016年8月1日起，公司推出光网宽带和ITV“六项服务承诺”，这是中国电信在行业率先推出的新的宽带服务标准，对净化宽带市场，提升宽带服务质量，贯彻国家光网政策，推动中国光网宽带进一步普及具有里程碑意义。 （谭毓琦）

【助推地方经济发展】 2016年，为了助力炎陵特产黄桃的销售，株洲电信炎陵分公司在平乐棉楹、乐富等盛产黄桃的偏远村开通光网，并成立光网团队，向种植黄桃的村民进行光网知识培训，教他们网上卖黄桃，为炎陵广大黄桃种植户开辟网上销售渠道，有力地促进了炎陵的经济发展。 （谭毓琦）

移　动

【概况】 2016年，中国移动通信集团湖南有限公司株洲分公司落实“宽带中国”“提速降费”“信息惠民”等国家战略，构筑网络领先优势，推动市场业务发展，加快万物互联时代信息化布局，改善客户服务质量，推进了企业持续、健康发展。全年，公司实现收入14.94亿元、上缴利税1.7

亿元。截至2016年年底，株洲移动通话客户达213.37万户，期末市场份额61%。其中4G客户数达112万户。
（李淑成）

【网络能力建设】 2016年，株洲移动不断完善4G网络的覆盖，促进2G用户向4G网络迁移，已建成4G基站4600个，城区4G网络覆盖达100%。全年投资约7200万元，完成31个贫困村新建移动通信网络和无线宽带网络、24个贫困村新建移动有线宽带网络、69个贫困村补强移动信号网络和无线宽带网络。至此，株洲移动4G网络行政村覆盖率达96%，行政贫困村覆盖率达88%。已实现城市、县城和乡镇的连续覆盖以及农村热点区域的有效覆盖。株洲移动自2014年以来全面推进“光纤到户”建设，并积极开展老旧小区光纤改造，落实光纤到户国家标准，打造“全光网城市”，依托高品质网络推出家庭百兆宽带为统领的极光宽带，让客户体验到更宽、更快、更精彩的互联网+服务。截至2016年底，已建成“光纤到户”小区2400个，实现家庭宽带覆盖用户数100余万户，且均具备接入100M带宽的能力，已有移动宽带用户15万多户。
（李淑成）

【市场发展】 2016年，株洲移动持续开展渠道业务发展竞赛，灵活调整资费政策，稳步提升用户规模，全年净增通话客户20.02万户，期末客户份额达61%。探索流量经营新模式，破冰政企行业单位，持续增强经营创收能力，全年通信服务收入达14.94亿元，较2015年底增长6.22%，高于行业收入增幅1.29%。聚焦营销资源，定向迁转2/3G客户，强化4G套餐推广，4G客户规模达到112万户，4G客户渗透率达50.17%，同比提升18%。搭建直销模式，拓展营销触点，加强宽带业务精细营销，全年净增宽带客户5.2万户，宽带净增份额达53.06%。
（李淑成）

【改善服务水平】 2016年，株洲移动从客户角度出发规范营销行为，做好营销推广、套餐适配，开展“我满意，我推荐”和“心服务、新体验”等服务主题互动活动，确保客户感知和业务可持续发展。重点提升“流量业务”与“家庭宽带”两类业务的服务支撑能力，做好流量使用和套餐升档的关怀提醒，面向用户普及宽带自助排障知识，完善网格化快速维护机制，提升重点业务客户满意度。关注客户投诉问题的一次解决和升级投诉预防，及时响应客户合理诉求，准确把握客户期望值，强调业务规定标准化解释，及时为客户排忧解难。截至2016年年底，株洲移动客户满意度领先值为9.6，移动客户整体NPS领先值为40.52，网络感知满意度领先值为9.57。其中，移动网络投诉处理满意度达92.47%，较2015年底提升7.95%；网络全量投诉率达万分比3.5的挑战值，较2015年底下降29.75%。
（李淑成）

【助推城市信息化发展】 2016年，株洲移动立足集团单位信息化需求，强化集客业务能力支撑，借助专线+工作手机+云MAS+OA通用办公系统等多业务融合营销，打造信息化整体解决方案，助推城市信息化发展。以“金税通”智能办公系统项目为标杆，实现智能化无纸化办公，助力“智慧政府”建设；以南车时代机车定位系统为切入，探索轨道“智能交通”新模式。全年拓展行业信息化大单20余单，市委“马上就办”、电子政务内外网、国税及地税系统“金税通”、环保局“智慧环保”、南车时代机车定位系统、市政府整体信息化合作等项目取得明显成效和进展；全年完成通信及信息化收入1.008亿元，完成集客重点业务收入2676万元。
（李淑成）

【签订“十三五”战略合作协议】 11月3日，中国移动通信集团湖南有限公司与株洲市人民政府在株洲签署“十三五”战略合作协议，携手推进株洲“十三五”信息化建设。未来5年，湖南移动将在株洲投入70亿元，积极推进“宽带株洲”“智慧株洲”、数据中心建设，加大“互联网+”精准扶贫力度，积极主动融入株洲经济社会发展大局，全力助推株洲信息产业发展，为株洲加快建成“一谷三区”做出贡献。
（李淑成）

【移动数据中心建设】 中国移动（湖南株洲）数据中心位于云龙示范区，是湖南移动互联网和云计算的重大战略性和基础性项目，总投资40亿元，规划总用地面积23.34公顷，总建筑面积18万平方米。项目建成后将吸引大批需要云计算服务的企业入驻株洲，加速形成高科技信息产业集群，大力提升全市的互联网发展水平，对株洲产业布局调整、产业结构升级、云计算和信息产业的发展起到促进作用。为顺利推进中国移动（湖南株洲）数据中心项目建设，8月31日，中国移动通信集团湖南有限公司与株洲市委市政府召开项目推进调度会议，加快解决项目建设中遇到的问题和困难，督办配套设施建设进度，开辟项目审批绿色通道。目前该项目已于2016年上半年开工，并力争2017年底完成项目一期工程。
（李淑成）

联 通

【概况】 2016年，中国联合网络通信有限公司株洲市分公司贯彻落实“宽带中国”“提速降费”“信息惠民”等国家战略，构建稳健营销体系，推进光网建设，创新业务发展，提升服务，实现了公司经营水平稳健提升。全年公司主营收入同比增长3.94%，居南十四档地市中收入增幅第一；实现收入利润率9.3%，同比提升8.74%，居全省第一；EBITDA率33.47%，同比提升8%，同比提升全省排名第一，高于市州平均水平5.19个百分点；集团客户专业经营绩效考评排名全省第三，创新业务收入同比增长156.4%；

互联网渠道完成率142.67%，全省排名第一；自营渠道全网完成收入同比提升32%；服务质量显著提高，NPS提升改善排名全省第二。全年新建4G基站980个，4G城区覆盖率由2015年的90.63%提升到96%；完成宽带端口建设11.2万个，新增覆盖了475个小区共计45.1万户用户；完成114个乡镇的宽带到达覆盖，乡镇宽带到达率100%。

构建营销体系。打造有规模、有效益的三大渠道体系，聚焦4G、宽带创新业务，提升软、硬两项渠道实力。

实体渠道围绕“下货、销售、管控”三项核心动作，在终端操盘板块取得一定的成绩。全市截止12月，4G终端持有用户占出账用户比56.6%，占出账用户比定比提升29个百分点。全市截止12月，4G登网用户占出账用户比44.5%，4G登网率较去上定比提升28个百分点。市公司深化与OPPO、VIVO、金立等品牌合作，开展数场专题订货会。同比增长77.25%。

集客渠道收入预算完成率95.49%，收入同比增长4.29%。十户联防工作发展近15个标杆乡镇、50余个示范村，在乡村平安网络建设中发挥了重要作用；教育信息化取得新突破，石峰区、芦淞区、茶陵县、炎陵县共计签约18所学校，成功组织两批交流团至威科姆基地考察，获得教育部门领导的肯定。

互联网渠道推行线上引流、线下营销双管齐下的营销策略，加速扩大收入规模。线上引流：通过与本地自媒体合作、整合资源优势，开展有株洲特色的线上活动，达到本地引流的效果，同时利用公司与滴滴、腾讯的合作契机，进一步挖掘用户群体，提升销量。线下营销：扩大电话营销队伍，由原来的市一级，扩展到各县一级的营销体系，统一对异网用户进行电话营销，由各区县承接上门办理。

围绕用户感知为核心，提升网络能力、服务能力、品牌影响力三大能力。

网络能力。2016年LTE（4G网络）建设期内，4G投诉持续下降，从原来2月份的416起下降到9月份的186起，下降55%；通过3G打薄的实施，7月份开始3G投诉也呈明显下降趋势。建设期内，移网NPS（用户净推荐值）持续上升，改善明显。移网强化执行3个标准化流程，实现多部门闭环管控，快速解决客户网络问题，提升移网NPS。通过网络优化、参数调整、站点打薄、新建资源、用户迁移等多种方式解决客户与网络问题。

服务能力。以服务产品为抓手，以渠道服务质量为聚焦点，以大服务体系运营为保障，推进客户感知的提升。制定《固网装维服务标准化手册》，开展装维标准化资格认证；按周督办“热点网络区域信号优化”；推进“热点固网项目走访”；组织实施“全渠道NPS服务广告宣传”；以客户口碑为驱动，开展“岁末特惠、一片匠心、十分满意”三个版块的企业口碑线上宣传，实现客户感知全面提升。

（肖　曦）

财政·税务

财 政

【概况】 2016年，株洲市财政运行平稳有序。全年全市一般公共预算收入突破300亿元大关，达312.8亿元，比上年增长7.7%，总量继续保持全省第3，增速与经济发展基本同步，高于全省平均水平1.7个百分点。全市地方财政收入突破200亿元，达218.2亿元，增长14%，总量由上年的全省第3跃居到第2，增幅高于全省平均水平6.7个百分点。全市一般公共预算支出完成397.8亿元，增长12.9%。其中：一般公共服务等8项支出增幅高达29.7%，支撑GDP增速0.7个百分点。

发展动能不断增强。充分发挥财税政策和财政资金的引导撬动作用，抓住重点，精准发力，服务产业发展，服务转型升级，服务创新创业，服务供给侧结构性改革，服务项目攻坚年、企业帮扶年“两个年”活动，推动全市经济平稳健康发展。落实国家“营改增”和扶持中小微企业、高新技术企业等系列税收优惠政策，取消、停征和免征一批行政事业性收费和政府性基金，共减轻企业和社会税费负担20亿元以上。支持化解房地产库存，严格执行房地产交易环节契税营业税优惠政策，出台房地产博览会期间购房补贴政策，共发放购房人补贴资金1637万元。设立清水塘老工业区搬迁改造资金5000万元，推动化解过剩产能。投入产业发展专项资金5亿元，重点支持园区建设、现代服务业和中小微企业发展。安排全民创新创业专项资金5000万元，并设立首期2亿元的青年创业引导投资基金，助推大众创业、万众创新。加大PPP项目策划和推进力度，棚改、东环北路二期、市属三所职业院校新校区建设等项目顺利实施，北环路C段项目开工建设，轨道科技城路网工程二期、铁东路北段、北环路D段等3个PPP项目即将进入招标程序。

民生投入持续加力。继续加大民生投入，着力保基本、兜底线，支持实施“民生100”工程。2016年，全市用于民生领域的支出达到289亿元，增长14.5%，占一般公共预算支出的比重为72.6%，比上年提高1个百分点，高出全省平均水平2.6个百分点。促进教育事业优先发展，完成教育支出54亿元，增长22.2%。支持构筑社会保障网，完成社保和就业支出50亿元，增长9.1%。大力支持医疗卫生事业，完成医疗卫生与计划生育支出30.6亿元，增长12.6%。支持文化体育事业加快发展，完成文化体育与传媒支出10.8亿元，增长138.5%，全市人均公共文化财政支出达到262元，比上年增加151元，增幅排全省第1位，超额完成全面小康指标任务。支持打好脱贫攻坚战，加大强农惠农力度，完成农林水支出35.5亿元，增长15.7%。城乡社区、节能环保支出分别完成67.8亿元、10.1亿元，重点支持新型城镇化、城乡环境治理、园林绿化、节能减排和“两型”社会建设，促进了人居环境不断改善。

财税改革继续深化。坚持以问题为导向，深入开展“改革深化年”活动，推动财税改革迈向纵深、落到实处。全面推开“营改增”试点，税制转换平稳过渡，行业总体税负实现只减不增。完善全口径政府预算管理，新增5项政府性基金转列一般公共预算，加大国有资本经营预算调入一般公共预算的比例，行政事业性收费、罚没收入、国有资产（资源）处置收入实行收支脱钩。出台《关于2016—2018年推进市本级财政资金统筹使用的实施意见》，大力推进政府性基金、专项收入、收费和资产处置收入、专项资金、产业资金、财政沉淀资金盘活等“十大统筹”，此项改革做法在全省财政工作会议上予以肯定和推介。全面实施预决算公开，将预决算公开的要求量化、具体化，市本级除3家涉密部门外，其他一级预算单位全部公开部门预决算及“三公”经费预决算。建立健全政府投融资和政府债务预算编制机制，将政府性债务纳入预算管理范畴，实行规模控制和余额限额管理。基本完成全市党政机关公务用车制度改革，并建立健全长效机制，走在全省前列。

理财水平有效提升。加强财政财务管理制度建设，落实“纠‘四风’、治陋习”专项整治和“雁过拔毛”式腐败问题专项治理工作，组织开展医保两项基金、预决算公开、机关运转经费、财政支出进度、非税收入等专项检查，维护财经秩序，保障资金安全。完善预算绩效管理，市本级将500万元以上的专项资金全部列入绩效监控范围，重点评价项目由往年的10个左右扩增到24个。严格公务支出管理，推进厉行节约，“三公”经费支出继续下降。政府购买服务不断规范，棚改资金管理成效明显。完善政府集中采购目录及政府采购限额标准，全面实施政府采购电子化改革，全市完成采购金额71.4亿元，节约采购资金4.9亿元，节约率为6.2%。前移投资评审关口，市财政投资评审审减金额6.4亿元，审减率为15.1%，在全省财政投资评审工作量化目标综合考评中连续6年位居第一。全面开展行政事业单位国有资产清查，摸清全市的资产“家底”。严格落实惠农补贴“一卡通”发放政策，规范农村集体资金资产资源管理，乡镇财政基础明显加强。加大政府存量债务置换和化解力度，在省财政金融与债务管理综合考评中，市本级获得一等奖。大力推进协税护税、信息管税，综合治税平台手机APP正式上线。以非税收入收缴电子化改革为抓手，进一步规范非税收入管理。深化国库集中支付改革，市本级建立健全部门预算项目支出“分期付款”监管机制，乡镇国库集中支付制度改革覆盖所有县市区。探索搭建财政部门内控制度体系，稳步推进行政事业单位内控制度建设。加强会计领军人才培养，强化会计行业监管和注册会计师行业自律管理。财政法治建设深入推进，市财政局获评全国财政“六五”法治宣传教育先进单位。在全省财政管理绩效综合考评中，株洲成为获评“AA级”的2个市州之一。（唐　淼）

【深化财税改革】 为加快推进财税体制改革和供给侧结构性改革，株洲市财政局出台《“改革深化年”活动实施方案》，提出2016年重点推进10项改革，并细化改革时间表，做到以时点倒逼改革进度。通过重点突破、建立联动机制、强化督查考核，“营改增”试点全面推开，预决算公开扎实细化，财政资金“十大统筹”全省领先，公车改革走在全省前列，政府债务管理获评省一等奖，市委深改组明确由财政部门单独牵头的13项改革，除因上级文件未出台或政策未明确的暂缓改革事项外，其他改革基本实现了预期目标。2016年株洲财税体制改革工作得到了市委书记、市长、省财政厅厅长批示肯定。（唐　淼）

【获评省财政管理绩效综合考评“AA级”】 省财政厅从2016年起实行市县财政管理绩效综合评价，设定实施透明预算、规范预算编制、优化收支结构、盘活存量资金、加强债务管理、控制财政供养人员增长、严肃财经纪律等7个方面20项指标，依据各市县综合评价得分情况，株洲市本级被评为“AA级”，全省只有株洲和长沙2个市获评AA级，这也是全省财政综合管理的“最高荣誉”。（唐　淼）

【财政资金“十大统筹”】 2016年7月20日，中共株洲市委办公室、株洲市人民政府办公室印发《关于2016—2018年推进市本级财政资金统筹使用的实施意见》（株办发〔2016〕9号），简称“十大统筹”，即政府性基金统筹使用，国有资本经营预算统筹协调，收费（罚没）和资产处置收入统筹安排，专项收入统筹使用，政府债务纳入预算统筹管理，专项资金统筹管理，跨部门资金统筹使用，产业资金统筹安排及产业投资基金市场化运作，财政沉淀资金盘活统筹使用，预算执行年中评估和动态调整统筹运用。该项工作在湖南省财政工作会议上予以肯定推介。（陈柱华）

【“营改增”试点】 从5月1日起，建筑业、房地产业、金融业、生活服务业4个行业全面实施营改增，自此，现行营业税纳税人全部改征增值税。其中，建筑业和房地产业适用11%税率，金融业和生活服务业适用6%税率。此外，本次改革明确将所有企业新增不动产所含增值税纳入抵扣范围，无论是制造业、商业等原增值税纳税人，还是营改增试点纳税人，都可抵扣新增不动产所含增值税。2016年，全市营改增直接减轻企业税收达9亿元。（戴　军）

【争农业开发项目】 2016年，株洲市农业综合开发部门以项目建设为载体，以服务三农为主线，积极争取资金项目，有力促进农村经济发展。全年株洲农业开发共投入财政资金1.07亿元。其中：土地治理高标准农田建设项目投入上级财政资金8264万元，比上年增长8.34%；建设3886.67公顷高标准农田；扶持农业产业化项目25个，包括6个龙头企业和19个农民专业合作社，争取上级财政补助资金1433万元，企业自筹资金1870.29万；产业化中央财政贷款贴息项目争取贴息金额30万元。与林业、农业等部门联合申请的部门项目3个，共投入上级财政资金980万元，共同助推全市农业发展。（贺　娟）

【财政惠农资金助推农业农村建设】 2016年，完成“一事一议”财政奖补项目764个，项目总投资22383万元。其中：村民筹资筹劳2281万元，村集体投入2958万元，社会捐赠2823万元，整合财政其他支农资金6044万元，财政奖补资金8277万元。推动完成村组内道路硬化515公里，新建水渠155千米，维修被覆水塘74万立方米，村内安全饮水线11千米，村容美化亮化路灯2158盏、植树2599株等。同时，通过“一卡通”全年累计发放惠农补贴8.08亿元，推动了农村危房改造、农村最低生活保障、耕地地力保护等工作。（邹兰香）

【市直党政机关公车改革】 2016年，按照中央、省和市车改领导小组的部署，研究起草《株洲市公务用车制度改革总体方案》，积极稳妥推进车辆编制核定、取消车辆拍卖、司勤人员安置、公务交通补贴发放、公务用车标识喷涂等各项工作，全市党政机关公务用车制度改革全面完成。同时，探索搭建公务出行保障平台，先后出台《株洲市市直单位公务用车管理暂行办法》《株洲市市直单位租赁公务用车管理暂行规定》等文件，指导组建株洲市交通公务用车服务有限责任公司，初步建立公务出行保障长效机制。 （丁卫星）

【国库集中支付监管】 2016年，株洲市国库集中支付工作严格审核“三公”支出，全年国库集中支付单位“三公”经费总额同比下降23%。其中：公务接待费同比下降32.2%。加强部门预算项目资金的支付监督和管理，创新推出项目资金“分期付款”的监管机制。通过事前确定支付资金的总额和用途，事中审核资金的使用情况，及时跟踪预算项目的资金支付状况和项目资金支付的整体情况，实现财政预算项目资金使用管理由事后监督向全过程监督的转变，为规范预算执行管理、提高预算绩效水平和财政资金使用效益打下了坚实的基础。 （廖蓓薇）

【融资与债务管理】 建立健全政府投融资和政府债务的预算编制机制，实行政府投融资项目决策会审制度，细化融资、投资、建设、管理等各个环节责任，有效规范平台公司融资行为。加强政府债务统计分析和监管，每月更新债务系统，对政府综合债务率、偿债率等指标进行综合风险评估和预警监测。将政府性债务纳入预算管理范畴，实行规模控制和余额限额管理。随着财政可偿债财力增加和存量债务化解力度加大，市本级政府综合债务率下降到100%以内，有效防范了政府债务风险。争取省财政支持，加大政府存量债务置换力度，全市置换存量债务210.9亿元，其中市本级85.5亿元，切实减轻了债务利息负担，优化了债务结构。2016年，在省财政金融与债务管理综合考评中，株洲市本级获得一等奖。 （潘桂芝）

国家税务

【概况】 株洲市国家税务局1994年成立，位于天元区株洲大道89号，管理17个内设科室、4个直属局、9个基层局、19个征收分局，管辖纳税人10.77万户。2016年，株洲市累计入库各项国税收入112.95亿元，其中完成株洲地方财政收入103.02亿元（含地税代征国税收入），车购税入库5.67亿元。 （林毕成）

【“营改增”试点工作运行】 2016年，先后完成户籍交接、信息核查和录入、增值税发票新系统推行和税控机转换、政策辅导宣传等工作，接收试点营改增纳税人28145户，纳入征管系统正常管理的有18110户。5月1日顺利实现纳税人自开、窗口代开和二手房交易开票。6月1日全市42户试点纳税人成功实现申报缴税。7月，采取措施在数据分析、后续管理、风险防控等方面积极应对，得到省局、市委市政府、社会各界和纳税人的肯定好评。茶陵县局以“营改增”试点为契机，培植劳务输出、建筑业等新的税源增长点，摆脱了困扰多年的矿贸企业征管风险，组织收入步入良性循环。醴陵市局及时做好政策宣传辅导、舆情引导、税负分析和后续管理。攸县局积极探索“源泉三环控管”模式，有效促进了房地产行业税收的规范管理。 （林毕成）

【税收征管共治】 国地税合作。全市联合办理税务登记，联合开展纳税人业务培训，联合开展信誉等级评定。协同实施企业所得税优惠事项备案管理，协同管理非正常户，协同开展定期定额核定。共享涉税信息，联合采集第三方涉税信息，补缴税款1800余万元，共享6350条外出经营建筑企业信息，补缴税款4975万元。芦淞区局依托社会综合治税平台，加强国、地税合作，联合建立巡查巡管和阳光定税机制，完善芦淞市场群的税收管理，促进纳税人主动遵从、自主申报率的提高，受到区委区政府的肯定。加强税收风险管理。全年风险应对完成924户，共入库税款2.47亿元，其中通过税务稽查入库税款10900.37万元，纳税评估4066.45万元，大企业税务审计9478.84万元，其他核查292.51万元，调减留抵税额1601.4万元，调减亏损金额6598.69万元。荷塘区局依托专家团队建立和运用所得税风险管理模型，促进所得税收入增长。推进税收信息化建设。完成营改增纳税人增值税发票新系统推行16592户，占应推行户数的75.4%。落实“互联网+税务”行动计划，税务通项目上线运行，网络信息安全顺利通过总局、省局评测验收，经验被总局刊发。 （林毕成）

【纳税便民服务】 推进国地税服务融合。确定石峰区局、株洲县局作为试点单位，先行先试；采取互设窗口、互派人员的方式开展合作；还在石峰区局试点“一人一窗办税系统”，为2017年全市系统全面铺开打下了良好基础。9个县市区局全部实行互派互设，联合办税模式在营改增中发挥了积极作用。6—12月，营改增四大行业纳税人入库增值税12.13亿元，比上年同期营业税收入减收7.14亿元，下降37.05%，实现税负“只减不增”的目标。落实各项税收优惠政策。全年有277594户次企业和个体户享受增值税税收优惠，减免增值税14121.16万元；共有3731户小微企业享受所得税税收优惠，受惠面100%，减免企业所得税1092万元。办理出口退税8.83亿元，支持外向型经济发展。办理高新技术企业、软件企业、残疾人就业、再就业扶持等其他减免18.34亿元。“便民办税春风行动”持续深化。落实小规模纳税人简并申报政策，4万多户纳税人的申报期限由按月改为按季，减轻纳税人的负担。开展“需求大征集、服务大走访”活动，广泛征集意见和建议，及时帮助纳税人解决一些财务税收管理方面的难题。规范纳税服务。落实《纳税服务规范》，办税服务厅的现场管理得到加强，促进了纳税服务措施的落实。在湖南省国税系统2016年纳税人满意度调查中综合评价得分93.8分，比2015年增长2.9分，全省排8名。株洲县局进入全省前10名。石峰区局推行“微信办税”设立预审岗，把业务审核和办理分离开来，纳税人更好地享受网上办税的便利，受到广大纳税人的好评。

（林毕成）

【税收执法规范化】 完善重大税务案件审理办法，推进国地税执法合作，协同管理非正常户、协同开展风险应对，深化“放管服”改革，加强对简化审批后事中事后的后续管理，促进了税收执法行为进一步规范。株洲市国税局被中宣部、司法部评为全国法治宣传教育先进单位，石峰区局被评为全省“六五”普法依法治理先进单位；在市政府法制办组织开展的行政执法案卷评查工作中，1个处罚案卷被评为优秀案卷，受到通报表扬。税收公职律师制度稳步推进。率先在全省系统推行税收法律顾问和公职律师制度，在有效化解矛盾、提升干部法律意识和执法水平、重大案件审理、防范执法风险等方面取得成效。税务稽查进一步加强。重点查处虚开增值税专用发票、骗取出口退（免）税和偷逃税案件，开展重点行业专项检查、重点检查和区域专项整治。全年稽查部门共查补入库各项税收14569.5万元，同比增加3306.07万元，增长29.35%。其中：查处“5·18”系列虚开专用发票案件，打掉6个团伙，涉案金额120亿元，抓获犯罪嫌疑人80人，移诉犯罪嫌疑人61人。在查处骗取出口退税和虚开增值税专用发票、打击发票违法犯罪、查处“营改增”后建筑行业虚开案等方面取得了明显成效。

（林毕成）

地方税务

【概况】 株洲市地方税务局内设17个科室（中心），下辖2个直属单位、4个城区局和5个县市局，基层局下设33个税务分局，负责全市85729户纳税户（其中企业23060户、个体60363户、其他2306户）12个地方税种和“5费2金”的征管工作。截至2016年年底，在职干部职工1014人，其中注册会计师6人，注册税务师50人，律师4人。2016年，面对宏观经济调整、营改增全面实施、结构性减税力度加大、国税收入大幅下滑等减收因素影响，全市地税干部，积极开展营业税清零和欠税清理，推动征管转型，落实风险管理，深化纳税评估，强化税务稽查，实现地税收入逆势增长。全年入库各项收入106.2亿元，同比增收10.28亿元，增长10.72%。获得“全省地税系统绩效考核先进单位”“文化建设工作先进单位”和“全市绩效考核一等单位”等荣誉，整体工作步入全省地税系统先进行列。

（郭　星）

【税收征管转型】 全面落实营改增，向国税移交纳税人信息2.54万户，清理营业税欠税3.6亿元。紧抓土地增值税、土地使用税、耕地占用税和契税等土地税收管理，入库42.1亿元。全面推行存量房纳税评估，承接全省非住宅存量房试点，得到省局肯定。精细税种管理，探索征管转型：个体税收扩面68.72%以上，入库税收6.9亿元；行政事业单位税收征管进一步规范，税收增长近1倍；股权交易税收管控机制日益完善，入库税款2663万元；全市涉税信息共享平台进一步升级，交换涉税数据1.63万条，入库税款2859万元；风险管理落实有力，完成风险推送任务8.58万条，入库税款2038万元；评估和稽查的作用有效发挥，评估入库农商行、烟花鞭炮、平台公司等税款2亿元，立案稽查366户，同比增加2倍，查补税款2.6亿元。

（郭　星）

【办税便民服务】 大力推进国地税合作，全年互派人员37名，跨部门办理业务2.4万笔，初步实现“进一家门，办两家事”。石峰区局国地税合作先行先试，成效明显。深入开展便民办税春风行动，推行办税服务“一次性告知二维码”，办理“五证合一”“两证整合”等登记3.08万户。芦淞区局优化二手房交易办税流程，方便了纳税人。加强信用体系建设，对216户“守合同重信用”申报企业、663名党代表、人大代表、政协委员、工商联执委候选人进行纳税信用审核，89名纳税人因纳税信用低未通过税务审核，曝光失信和欠税纳税人48户。加强银税互动，推广“税易贷”，帮助812户纳税人贷款约9亿元，解决部分小微企业融资难问题。抓好各类税收优惠落实落地，减免小微企业税收、高新技术企业所得税、困难企业土地使用税和房产税等近2亿元，加计扣除研发费用1.98亿元。落实“企业帮扶年”活动，深入企业问需问计，获评全市“企业帮扶年活动先进单位”。联合国税开展税收宣传月活动，升级地税微信公众号，打造“两网一刊一微信”综合宣传平台，在省、市党报专题宣传26期，提升了地税形象。

（郭　星）

金　融

金融工作

【概况】 近年来，株洲市坚持“引建”并举，金融服务体系日臻完善，株洲市已形成国有和全国性股份制金融机构为主体、地方金融机构为骨干，新型金融和金融服务机构为补充的金融服务体系。至2016年底，驻株洲银行机构达27家（其中：新组建4家农商行，4家村镇银行），保险公司43家，证券营业部31家，期货公司1家，17家小额贷款公司，14家融资性担保公司，5家私募股权投资公司，1家股交所，1家产交所，金融机构数量居全省第二。其中，2016年北京银行株洲分行、茶陵农商行、攸县村镇银行、湖南股权交易所株洲分所、恒大人寿保险公司、九州证券等5家证券公司、小微金融协会相继成功组建并开业。金融支撑作用持续增强，2016年底全市存贷款余额分别达2827.9亿元和1335.4亿元，较年初新增416亿元、101.3亿元，增幅分别达17.25%和8.21%，存贷款规模分别居全省第三、第四名。全年金融业增加值57亿元，增长8%。全市金融业税收达12.27亿元，在第三产业中排房地产和批发零售业之后居第三位。全年全市社会融资495.2亿元，位居全省第二，直接融资创历史新高。2016年全市新增直接融资393.9亿元，占融资规模的比重达83%，位居全省第二。其中城发集团发行3亿美元债券，系湖南省内国有企业首次在境外发行债券。全年实现保费收入66.48亿元，同比增长34.2%，赔款与给付支出20.00亿元，同比增长39.1%。全年实现股票基金交易额3541.26亿元，实现期货交易额799.6亿元，新增开户数408户。企业上市、挂牌卓有成效。2016年累计争取省、市企业上市引导资金382.5万元。开通全省第一家市州股权交易分所，筛选了100家重点拟上市后备企业进行重点培育（其中：新增7家入选省重点上市后备企业，15家进入市拟上市及拟挂牌后备企业资源库，12家入选新三板）。截至2016年年底，全市有10家上市公司、16家新三板挂牌企业、258家四板挂牌企业，企业上市数量居全省第二。全市金融生态环境持续优化。加强非法集资防范和打击，规范发展小额贷款公司和融资性担保公司，协调开展全市国家公职人员拖欠银行贷款清理工作，集中力量深入开展逃废银行债务专项行动，继续推进省、市级金融安全区创建和巩固工作，着力创建“湖南省金融生态良好城市”。（傅霞林）

【金融改革】 2016年，全面推进“一县两行”建设，完成炎陵、茶陵、醴陵、攸县4家县域农商行组建工作，株洲市农商行即将开业，株洲县信用联社改制筹建农商行工作正在申报批筹；组建3家村镇银行，其中，攸县潭农商村镇银行即将开业，炎陵村镇银行正在联系主发起银行。创新小微金融服务发展。建立小微企业“信贷风险四方分担机制”，筛选186家企业列入园区小微企业扶持名录予以重点信贷扶持，累计为园区企业提供信贷资金3.5亿元；积极推进企业过桥“续力贷”，为400余户中小微企业提供信贷资金13.9亿元，为企业减负发挥了积极作用；创新开展“供应链和产业链融资”，为中车、航空、航发和农业产业化龙头企业提供信贷资金82亿元。（傅霞林）

【出台《“十三五”金融业发展规划》】 为充分发挥好金融对经济社会发展的支撑和保障作用，努力将全市金融业打造为湖南省金融业次中心，编制《“十三五”金融业发展规划》，规划期限到2020年。《“十三五”金融业发展规划》包括三个部分，一部分是“十二五”全市金融业发展情况，二部分是当前金融业发展面临的机遇和挑战，三部分是“十三五”金融业发展总体思路、发展目标、工作举措和保障措施。该规划明确“十三五”金融业发展目标任务，确保全市金融业健康快速发展。（傅霞林）

【出台《关于加快金融业发展的实施意见》】 为加快推进金融改革创新，增强金融服务支撑能力，把金融服务业培育发展成株洲市支柱产业，结合株洲市实际，制定《中共株洲市委 株洲市人民政府关于加快金融改革发展的实施意见》。主要内容包括：一是推进金融集聚区建设；二是规范专项资金使用；三是鼓励新设和引进金融机构；四是发展地方法人金融及金融服务机构；五是加大信贷投放政策引导；六是建立信贷风险补偿机制；七是鼓励企业多渠道直接融资；八是做强融资性担保机构；九是扶持小额贷款公司发展；十是设立产业、城市

发展引导基金；十一是引进和培养金融人才；十二是优化金融业发展环境。（傅霞林）

【全省第一家市州股权交易分所开通】6月28日，湖南股权交易所株洲分所交易系统正式开通，这是湖南股权交易所开通的第一家市州分所。当天，涉及移动互联网、装备制造、农业等行业的株洲市60家企业登陆株洲分所，开始挂牌交易。

湖南股权交易所是湖南省目前唯一的非上市企业股权登记托管、股权融资和股权交易一体化平台。株洲分所作为湖南股权交易所开办的第一家市州分所，集产交中心、知识产权交易中心、技术产权交易中心于一体，聚集了一批优秀培训、咨询、投资机构以及会计事务所、律师事务所、银行、担保公司、评估机构等，可为中小微企业提供多方面的综合服务。首批在株洲所挂牌的60家企业，涉及移动互联网、装备制造、农业等多个行业这些企业集体挂牌，开启了株洲企业向市场直接融资的大门，对推进普惠金融建设、缓解企业融资难、激活企业内部活力具有重要意义。（傅霞林）

【金融扶贫】 创新推动金融扶贫工作，整合小额信贷，以“分贷统还”的模式发展产业扶贫。2016年，全市农信社、农商行系统累计发放小额扶贫贷款2.43亿元，占省扶贫办分配任务的131.8%。积极争取政策性、商业性金融支持，满足贫困地区多样化融资需求，累计发放扶贫项目贷款58亿元。（傅霞林）

【银企合作】 推进多元化的政银企合作，组织市政府与17家商业银行省分行签订全面战略合作协议，全年共组织银企对接活动5场，与国开行签订500亿元战略合作协议，有效保障了全市重点产业、重点项目和中小实体经济的融资需求。针对“项目攻坚年”活动100个重点项目精心组织专项对接，达成意向合作金额820.9亿元，完成授信382.56亿元；围绕“企业帮扶年”活动，以推进供给侧结构性改革为动力，进一步完善金融服务体系，拓宽融资渠道，切实解决帮扶企业融资难、融资贵问题。（傅霞林）

【发展小额贷款公司和政策性融资担保公司】2016年，切实加强市、县（区）两级日常监管，对现场检查和非现场检查中存在的问题进行认真督导整改。完成小额贷款公司分类监管评级工作，全市小额贷款公司A级有5家，B级9家、C级2家。已开业17家小额贷款公司注册资本金12.76亿元，全年贷款余额11.89亿元，较年初新增0.42亿元。全年投放贷款4.21亿元，金融补充作用显现。进一步规范融资性担保行业，着力推动担保行业快速发展。2016年全市融资性担保公司注册资本总计达到28亿元，在保余额27.6亿元，其中株洲丰叶担保公司为株洲新芦淞产业发展集团发行企业债融资提供再担保责任10亿元，较好地发挥了融资桥梁作用。（傅霞林）

【防范和处置非法集资综治考评排名全省第一】 2016年，株洲市防范、打击和处置非法集资工作，坚持以问题为导向，强化机制建设、教育引导、专项整治、案件处置、维稳疏导等工作。全年共受理电话举报、市长热线、信访投诉52件（次），接访1086人次，下发督办交办函16件；立案12起，比上年同期（36起）下降67%，涉案金额7.2亿元。在2016年度全省防范和处置非法集资综治考评中排名第一。（傅霞林）

银行管理

【概况】 截至2016年末，全市各项存款本外币并表余额2827.9亿元，同比增长17.2%，较年初增加415.9亿元，增速提高0.5个百分点；各项贷款本外币并表余额1335.4亿元，同比增长8.2%，较年初增加101.4亿元，增速下降2.5个百分点。

加大实体经济金融支持。灵活运用多种货币政策工具，累计发放支农再贷款10.42亿元，扶贫再贷款3.45亿元，办理再贴现6.43亿元。工业支持力度加强。推动“供应链金融”扩面增量，创新“续力贷”项目，拓宽企业融资渠道，累计为全市高端制造企业融资近300亿元，海外融资15亿美元，节约利息支出近5000万元。株洲金融支持高端制造业相关做法被中央主要新闻媒体“2025中国制造”调研行采访报道。相关经验材料被总行、工业和信息化部内刊采用，上报中办、国办，并在《金融时报》等主流媒体上予以推介。金融精准扶贫成效明显。构建“1+N”金融扶贫工作机制，创建扶贫再贷款示范点，引导金融机构累计发放各项扶贫贷款11.6亿元，带动652户贫困户户均产业增收2200元。推动金融扶贫服务站建设，成功探索“攸县模式”，建成129个金融扶贫服务站。特色统计监测推进。推进三线城市房地产金融指数编制试点，召开新闻通气会和成果发布会，编印《株洲市房地产行业统计监测月报》36期，相关做法推广至省内6个地市，成为全省人民银行系统的又一特色监测品牌。

坚守金融安全风险底线。金融市场业务规范发展。开展防范电信网络诈骗专项行动，成功堵截电信诈骗资金4起，挽回资金损失12.26万元。加强反洗钱监管，开展“可疑交易报告质量提升年”活动，推动公安机关立案4条，遏制洗钱犯罪成效显著。金融风险监测强化。创推“点、线、面”风险预警新模式，结合重点领域，累计对110家重点行业企业、550多家互联网金融个体及23家金融机构开展风险监测，实现风险预警全覆盖。相关做法在全省金融稳定工作会议上做交流推广，《株洲市2016年金融稳定报告》获评长沙中支一等奖，金融稳定科被评为“中国人民银行金融稳定工作先进集体”。信用体系建设。加速推进炎陵农村信用体系建设，采集更新近4万户农户信用数据，建档立卡7177户贫困户，实现贫困户评级面100%，授信面88.06%。推广中征应收账款融资服务平台应用，成功注册用户136家，发布应收账款融资近30笔，成交金额50多亿元。

探索优质高效服务体系。支付结算服务优化。全面规范业务操作，全年共处理ACS业务12773笔，会计核算质量处于全省领先地位。加强账户管理工作，做好个人可疑账户核实清理工作，开展个人银行结算账户检查暗访，有效维护辖区经济金融秩序。国库经理水平提高。实现财库行横向联网系统国密应用，牢筑国库资金安全，此项工作被中央办公厅机要局《机要工作》刊用。实现代理国库TBS服务器集中管理，推进现代化服务型国库建设。全省首创人大预算执行联合监督机制，强化国库监督制衡的职能与效果，相关做法得到长沙中支和株洲市人大领导肯定，并被上级行内刊采用。货币发行基础夯实。实现发行库“五化”管理，现金供应管理水平得到提升。开展“让货币流通更顺畅，让国家名片更亮丽”活动，提高流通中人民币整洁度。开展“人民币净化工程”专项检查，着力推进硬币自循环和全额清分及冠字号码查询，提升现金流通服务质量。　　（段晨曦）

外汇管理

【概况】 2016年株洲市外汇交易主体增加，服务贸易与跨境人民币交易主体增加较快，全年外贸名录登记企业767家，增加89家；实际发生进出口业务的企业433家，增加99家；登记在册的外商直接投资企业205家，增加3家；对外投资企业23家，增加1家，外债企业17家，减少1家，办理了对外担保业务的企业4家，增加1家；有境外放款业务的9家，增加1家；有经营外汇业务资格的银行16家，实际发生业务的16家。办理服务贸易外汇业务的有162家，增加90家；办理跨境人民币业务的企业有91家，增加70家；办理个人外汇业务的有3781人，减少1300人。

跨境资金净流入显著增长，跨境资金流动总量持续下降。2016年株洲市涉外收支总额228497万美元，同比下降14.48%，收支顺差41851万美元，同比上升71.02%。其中涉外收入总额为135174万美元，同比下降7.31%，涉外支出总额为93323万美元，同比下降23.09%。经常项目顺差26100万美元，同比下降21.3%。其中：货物贸易收入98983万美元，同比下降26.97%，支出53453万美元，同比下降35.49%；服务贸易逆差15380万美元，同比下降12 %，其中：服务贸易收入2940万美元，同比下降27.26%，支出18320万美元，同比增加0.88%；收益逆差3519万美元，同比下降0.09 %，收益跨境收支总量7523万美元，同比下降9.7%；经常转移逆差531万美元，同比下降66%，经常转移跨境收支总量2211万美元，同比下降33%。资本和金融项目跨境收支总量45067万美元，其中，收入30409万美元，同比增长910.6%，支出14658万美元，同比增长25.49%。资本和金融项目顺差15751万美元，与上年同比，由逆转顺。其中直接投资逆差14281万美元；证券投资顺差29583万美元，同比增长67.57倍，主要原因在于株洲市城发集团香港成功发债融资3亿美元到位。

银行代客结售汇逆差下降，本外币汇兑总量小幅减少。2016年株洲市银行代客结售汇总额162202万美元，同比下降2.45%。其中结汇77426亿美元，同比减少2.02%，售汇87105万美元，同比减少2.67%。2016年株洲市结售汇差额逆差7350万美元，同比下降7.38%。其中经常项目下结售汇由上年的逆差2775万美元转为顺差1622万美元，而资本与金融项目下的结售汇逆差由上年的5161万美元扩大到8972万美元，是造成结售汇逆差的主要原因。直接投资结售汇逆差由上年的3400万美元增长到13372万美元，占资本项目逆差149.04%，同比扩大43.16个百分点，其中直接投资结汇由上年的1029万美元下降至69万美元，购汇13441万美元，而上年同期该项购汇仅为4429万美元。结售汇逆差和汇兑总量下降，主要原因系美联储加息、人民币贬值预期、跨境外汇收支总量下降、企业对外投资力度加大等因素的影响，导致市场主体结汇意愿下降，购汇意愿增强，购付汇增多。

人民币跨境结算大幅下降，经常项目占主导地位。2016年，株洲市跨境人民币收支总额12357万美元，同比下降72.8%。其中跨境人民币收入7419万美元，同比下降74.1%，跨境人民币支出4938万美元，同比下降70.57%。从跨境人民币的交易项目来看，跨境人民币结算经常项目占主导地位，共11623万美元，占比94.06%，增长近13个百分点。2016年资本与金融项目下跨境人民币结算仅734万美元，占比仅5.94%，与上年同期占比18.52%，下降近13个百分点。经常项目跨境人民币结算量比例的提高主要是货物贸易跨境人民币结算量提高，反映了企业利用离岸人民币价差和人民币汇率变化的财务运作方式。　　（李日新）

【外汇改革】 外币资金池营运试点范围扩大。一方面，巩固试点成果。对2015年进入试点阶段的时代新材公司，加强业务指导和管理监控，开展对时代新材公司及其主办行汇丰银行长沙分行、中国银行株洲分行的现场核查，并支持时代新材公司续批省分局3000万短期外债指标。另一方面，扩大试点范围。对有试点意愿的中车株洲电力机车公司、中车时代电气股份公司，推动其积极申报试点材料，协调中信银行、中国银行、招商银行省、市两级行作好与企业的技术对接，配合省分局对企业开展现场可行性调研，实施对企业的业务培训，成功推动两家企业获批总局试点。时代电气和中车株机公司共获得外债30.6亿美元额度和对外放款8.7亿美元额度，为市内企业充分利用境外资金市场创造便利。积极落实跨境融资宏观审慎管理政策，推动中资企业借外债，促成株洲市城发集团香港发债募集外资3亿美元。（李日新）

【外汇监管】 围绕货物及服务贸易、个人收支、资本金融项下跨境流动展开全面的非现场监测分析、现场核查、约谈、风险警示、案件查处等工作，有效防范和打击违规行为。截至10月底，非现场核查740多家银企主体、3000多个人主体，现场核(调)查企业44家，核查大额及异常付汇线索100多条，约谈各类主体13次，开展3期外汇业务合规性专项检(核)查。对一家违规企业处以罚款5万元；将4家有问题企业降级；针对辖内资本项下单笔大额购付汇实现事前报告制度，对重点购付汇大户开展约谈，对个别特殊情况购付汇加强与省分局专题沟通协调，促使企业分期分批或以跨境人民币形式有序流出，并帮助企业降低汇率损失，缓解全辖外汇资金集中流出的风险。对1996年以来的历年资本项目档案进行清理，将以往的主体管理模式调整为业务条线管理模式。完成国际收支统计申报非现场核查3.67万笔，金额逾20亿美元；开展对辖内4家外汇指定银行的国际收支统计工作现场核查，针对问题逐一责令整改，并跟踪核查；对银行国际收支统计和结售汇统计核查情况定期通报，提升全辖国际收支申报质量。（李日新）

【外汇服务】 涉外经济发展水平继续领居前列。加强金融机构对支持株洲市开放型经济发展的指导，注重宏观形势分析和政策传导。召开外汇管理与服务工作会议15次，及时传导政策，通报形势，部署工作，不定期地向“株洲外汇”“株洲外汇局企业自主管理”微信群发送外汇管理信息，引导社会舆论，便利企业办事。强化涉汇银企从业人员业务培训与指导。全年组织12批次各类业务培训，参训人员达500多人次。反馈“控流出、扩流入”等工作信息，服务领导决策。完成上报专报信息28期，上挂分局外网工作信息14期，上报总局网站内网信息200多条，按时上报各项监测核查周报、检查工作专报。参与省分局“一带一路”外汇金融支持课题调研及东南亚个体工商户资金回流问题研讨，参与省分局编译工作，上报并被采纳多篇编译信息。全市外汇收支总额、收支量、市场主体参与数量等指标均居全省第二。（李日新）

银行监督

【概况】 截止2016年末，株洲银监分局有在职工作人员50人，内设办公室(党委办、宣传部)、银行监管一科(负责国有大型银行监管)、银行监管二科(负责政策性银行、股份制银行、城市商业银行、邮储银行监管)、合作金融机构非现场监管科(负责农村法人银行机构非现场监管)、合作金融机构现场检查科(负责农村法人银行机构现场检查)、统计信息科、人事科(组织部)、监察科(纪委)、财务会计科9个部门。

2016年，株洲银监分局履行监管职责，围绕“强服务、防风险、促改革、严管理”，推动株洲银行业稳健运行。至年末，株洲银行业资产、负债总额均突破2900亿元，各项存、贷款余额保持稳定增长。银行业全年未发生案件、重大突发事件和重大负面舆情，守住了风险底线。

银行业务规模稳步扩大。至2016年末，株洲银行业资产、负债总额均突破2900亿元大关，分别达3020.83亿元和2949.3亿元，同比增速达17.57%、17.15%。各项存、贷款分别达2751.00亿元和1335.44亿元，同比增长17.69%和8.22%。银行机构体系稳步扩大。至年末，株洲银行业金融机构总数30家，网点数630个。全年新增银行机构11个，其中村镇银行1家、中小商业银行支行6家、社区支行3家、小微支行1家。（黄 怡）

【风险防控】 2016年，株洲银行业未发生重大突发事件和重大负面舆情，连续6年零发案，守住了不发生区域性系统性风险的底线。重点机构、业务和领域风险得到较好控制，法人机构股权结构指标、流动性指标逐步优化；银行业计提贷款损失准备金34.63亿元，同比增加2.1亿元，拨备覆盖率达143.9%，同比提高26.01%，风险抵补能力持续增强；加大不良贷款核销力度，为处置不良资产腾出空间。（黄 怡）

【银行机构改革】 法人银行机构“一县两行”建设有新成果，攸县潭农商行村行正式开业，辖内村行覆盖率达80%；株洲农商行获银监会批筹，进入开业筹备阶段；株洲县农信社股改清产核资工作完成验收。银行分支机构服务架构进一步优化，邮储银行等机构通过内部改革，建立效率更高的服务架构。（黄 怡）

【金融服务】 重点领域金融需求有效保障，融资平台公司在建项目后续融资问题妥善处理，未发现盲目抽贷、压贷、停贷现象。支持新型城镇化建设和轨道交通装备产业发展重点突出，贷款余额占比较高。薄弱环节金融支持不断增强，小微企业贷款余额达389.13亿元，涉农贷款余额达458.15亿元。扶贫工作取得新进展，辖内县市对贫困户的评级面达100%，做到“应评尽评”，推动金融精准扶贫。银行基础服务水平不断进步。各机构基层网点服务持续改进，对客户投诉反应速度加快，处理效率提高，持续开展金融宣传，践行普惠金融要求。（黄 怡）

【银行监管】 深入推进依法监管，严格执行行政许可、现场检查、行政处罚等法律法规及操作流程，确保监管依法合规，没有引发行政复议或行政诉讼。建立银行监管统计数据质量双线考核问责机制，开展数据质量整治。加大违法惩戒力度，检查处理、行政处罚力度达历年之最，监管效能、监管权威和廉洁自律同步增强，促进银行业依法合规经营意识显著提高。（黄 怡）

银行选介

中国农业发展银行株洲市分行

【概况】 2016年，中国农业发展银行株洲市分行下辖4个县级支行，1个市分行营业部，1个业务组（为炎陵业务组，实际并入茶陵县支行运行），全辖员工175人，其中在岗141人。全年累放各类贷款68.79亿元，各项贷款127.74亿元，比年初净增33.08亿元，增长35%；累放农发重点项目建设基金2批，项目19个，金额14.4亿元。各项存款89.84亿元，比年初增加43.05亿元，增长92%；实现中间业务收入1143万元；营销非贷客户国际业务结算量956.52万美元，同比增加418.52万美元，增长77.8%；实现账面利润29024万元，同比增加12035万元，增长70.8%。不良贷款连续6年保持为零。全行贷款存量整体风险可控，全年各类案件和责任事故实现零目标。（何敬阳）

【支持粮食购销】 积极支持托市粮和市场粮收购，全力服务国家粮食安全。全年累放粮食贷款35518万元，支持企业收购粮食13.02万吨。其中：托市粮贷款30318万元，收购托市粮10.97万吨，发放市场粮食贷款5200万元，收购市场粮2.05万吨。实现了农户、收储企业、农发行、政府“四满意”的目标。积极支持粮食“去库存”工作，稳妥消化2014年最低价稻谷库存，做好库存消化后的贷款本息收回工作，销售粮食20.47万吨，收回贷款55884万元。（何敬阳）

【支持地方发展】 全力服务城乡发展一体化。按照“优势优先”和“先试先行”的营销策略，以新型城镇化“两区同建”“城乡一体化”和“人的城镇化”项目为切入点，营销上报新型城镇化项目8个，涉及贷款80.5亿元。全力服务脱贫攻坚。充分发挥农业政策金融作用，助力脱贫攻坚战，主动对接，审批易地扶贫搬迁贷款8.8亿元，发放贷款4.9亿元。全力服务区域发展。按照“一县一区一项目”营销策略，营销项目29个，金额203.1亿元，其中已审批项目11个，金额71.8亿元，已投放23.6亿元。（何敬阳）

【严控信贷风险】 注重操作风险、财会风险、系统风险、声誉风险和道德风险的全面风险管理，坚守“各类贷款不逾期、不欠息、决不新增不良”的信贷风险防控底线，有效化解4家企业隐性风险问题，稳妥退出风险贷款企业3家，收回风险贷款5200万元。2015年度市场粮食收购贷款按期清场结零；中长期约期还款按时点清收到位，收回率达100%；各类财补资金利息到账尽收，其他各类贷款利息100%收回，综合利息收回率98.61%。（何敬阳）

中国银行股份有限公司株洲分行

【概况】 截至2016年12月31日，中国银行株洲分行资产总额为245.03亿元，较年初增加19.59亿元，增幅8.69%；负债总额为243.25亿元，较年初增加20.12亿元，增幅9.02%。全行共有36个营业网点、10个离行式自助银行。有在岗员工632人，其中营业网点人员452人。全行本外币存款余额238.82亿元，较年初增加19.90亿元。其中：人民币各项存款余额226.40亿元，较年初增加13.79亿元。人民币存款中，公司存款余额83.14亿元，较年初增加4.79亿元；储蓄存款余额141.82亿元，较年初增加8.63亿元；金融机构存款余额1.44亿元，较年初增加0.37亿元。外币存款余额17,894万美元，较年初增加8186万美元，市场份额71.98%。本外币贷款余额122.85亿元，规模居省辖各地市行首位，较年初增加9.81亿元。其中人民币贷款余额120.39亿元，增长8.64亿元。人民币贷款中，公司贷款余额44.61亿元，较年初增加0.32亿元；票据融资余额3.70亿元，较年初增加1.69亿元；贸易融资余额8.86亿元，较年初增加1.40亿元；零售贷款余额59.63亿元(含微型企业贷款)，较年初增加6.04亿元；银行卡透支余额3.59亿元，较年初减少0.81亿元。外币贷款余额2453万美元，较年初增加627万美元。

全行实现净收入65,348万元。其中：净利息收入53,762万元，中间业务收入11,586万元。实现拨备前利润44,718万元，实现净利润21,259万元。不良贷款余额为20,053万元，贷款不良率为1.63%。（方可平）

【支持地方经济发展】 2016年，在总行和省行授信指引下，中国银行株洲分行成立以公司业务部、个人金融部、风险管理部和相关机构负责人组成的项目营销推动小组，实行联席会议制度，建立客户经理考核机制，狠抓授信项目的营销和储备，支持地方经济建设。2016年累计储备公司项目30个，合计金额38.8亿元；储备按揭楼盘项目143个，批复授信额度200亿元。与中车系、中航系、北汽系客户建立授信关系，授信总量达246亿元。全年重点布局政府购买、PPP等政府新兴业务，营销龙母河防洪治理政府购买服务类项目15亿元。发放株洲市高科集团政府购买服务项目6亿元，这是中国银行总行批复的全国第一笔例外准入政府购买项目业务。截止12月末，全行累计投放各类贷款达到40多亿元。其中公司贷款累计投放金额28亿元，个人贷款累计投放15.48亿元，新增6.04亿元。（方可平）

【参加“2016湖南·非洲国际产能合作暨工商企业跨境撮合对接会”】 6月27日，由中国银行和湖南省人民政府共同主办的“2016湖南·非洲国际产能合作暨工商企业跨境撮合对接会”在长沙举行。这是中国银行首次以中资企业对外投资为主题的跨境撮合活动。来自非洲21个国家的部长级官员、驻华大使，世界银行等国际组织代表出席开幕式，中非企业家及各界人士代表总计超过1000人参加活动。市中行与株洲18家企业参加对接会，与来自埃及、埃塞俄比亚、津巴布韦、肯尼亚等国家的政府部门和企业开展一对一洽谈对接。中车株洲电力机车有限公司、株洲金韦硬质合金有限公司、湖南中普防雷股份有限公司等多家企业与对方达成合作意向，签订了现场洽谈备忘录，协议后期进行合作，促进双方业务发展。（方可平）

【开展“运营管理标杆网点创建”活动】 2016年四季度，中国银行株洲分行按照集中授权零拒绝、零督办和柜台操作零违规、零操作风险事件的“四零”标准，在全行36个营业机构开展“运营管理标杆网点创建”活动。运用省行运营控制部、支付清算部、法律与合规部对机构的各类考核和视频查看，通过市分行各部门现场非现场检查，对全行网点进行综合评价，打造一批内控预防的星级网点，培养一批合规的优秀基层员工典型，收到明显成效。全行机构运营督办较上年同期下降19.24%，视频查看柜台操作违规问题同比下降30%，涌现零拒绝机构18家，成功创建“运营管理标杆网点”5家，涌现出零差错柜员118人，涌现出省行合规代言人8人。在湖南分行2016年“营业网点运营风险综合评价”中，中行株洲分行被评为“优秀”，是全省22家分支机构中仅有的3家之一。在全省396个网点运营管理条线考核排名中，株洲分行进入前3名的有2家，进入前20名的有9家。滨江支行创建为全国银行业“文明规范服务千佳示范单位”。（方可平）

【举办“放飞梦想相约中行”留学移民金融展活动】 为进一步拓展出国金融业务市场，维护挖掘跨境客户群，强化中国银行一站式跨境金融服务品牌银行形象，8月13日，中国银行株洲分行联合新东方前途出国、澳星移民两家公司，举办2016年“放飞梦想相约中行”大型留学移民金融展活动。活动共吸引287个家庭，335位客户到会，客户现签约留学协议10人，咨询留学贷款及办信用卡等业务100多人次。（方可平）

中国建设银行株洲市分行

【概况】 中国建设银行股份有限公司株洲市分行下辖42个支行、1个营业部，共计43个网点、12个分行本部内设机构，在册职工727人。

截至2016年12月31日，全行一般性存款日均余额358.62亿元，同业占比33.28%；一般性存款日均新增43.34亿元，创历史最好成绩。贷款日均余额154.15亿元，因受地方债务置换、资产证券化影响，贷款余额比年初新增1.8亿元；投资资管当年融资额24亿元；信用卡分期10.34亿元。实现账面利润6.93亿元。中间业务收入3.05亿元。不良贷款0.68亿元，不良率0.46%。（易伟仁）

【业务转型创新】 融资实现转型创新，获批总行首笔政府购买服务贷款14.5亿元，办理省行首笔超短期融资券10亿元、首笔城市防洪综合治理项目贷款17亿元。布局网络、系统、卡，“财政国库支付电子化”成为市本级和多个区县财政支付唯一代理行。诊疗卡、健康卡、校园卡不断扩容增能，推出省行第二家、当地首家互联网医院。打造金融生态圈，51个项目通过省行立项，已成功上线27个。“财政国库支付电子化”和定点医院社保卡应用项目创省行样板。推广新型产品，成功办理省行首笔员工持股计划理财业务、出口双保理业务、跨境受托代付业务和智能跨行收款业务。智慧柜员机快速上岗，可替代16大类柜面业务，业务迁移率达69.14%。善融商务加速发展，有效商户、有效会员总量居省行前列，有效会员新增、累计交易额获得新突破。悦生活全覆盖，市区县均已破零，交易量突破百万笔。龙支付再造支付结算新优势，签约破万户。（易伟仁）

【服务地方经济】 对接重点项目和优质企业，提供“融资+融智”服务，将全市301个重点项目分户到行，责任到人。加大授信力度，为优质企业一户一策做方案，获批授信263亿元，新增160亿元，为历年之最。拓宽渠道，投行资管融资24亿元，债券新增注册、储备项目多。与各级政府合作搭建助保贷平台，新增贷款2818万元；与税务部门合作搭建“税易贷”平台，新增贷款3947万元；定制“湘商单位结算卡”，已服务494家企业。个贷业务全年投放19.79亿元，解决了1.67万客户的融资需求；个贷余额净增4.85亿元。信用卡分期交易额突破10亿元。信用卡透支15.81亿元，净增2.29亿元。（易伟仁）

华融湘江银行株洲分行

【概况】 华融湘江银行株洲分行是华融湘江银行14家分行之一，内设部门13个，下辖31家网点，覆盖“5区4县”（除炎陵县），在岗员工547人。

2016 年，分行全力支持株洲的基础设施建设、民生行业、重点项目和中小微企业，不断提升综合金融服务水平，各项业务指标一直稳居全行和金融同业前列。截至 2016 年末，一般性存款余额达 242.7 亿元，较年初增长 34.9 亿元，增幅 16.8%，在本地市场份额排名前移 1 位；各项贷款达 133.5 亿元，较年初增长 10.9 亿元，增幅 8.9%；实现净利润 5 亿元，上缴税收 1.67 亿元，居全市金融机构第一位，全市纳税单位第六位。年内获评株洲市“银行业综合办公及声誉风险管理先进单位（一等奖）”“会计核算清算业务和对账工作先进单位”“社会管理综合治理先进单位”等多项荣誉。（罗 希）

【服务重点项目建设】 2016 年，分行助推地方经济转型升级发展，积极响应市委、市政府重大战略部署和重要发展决策，发挥带头作用，为全市 30 多家政府融资平台“两供两治”项目提供有力支持。截至 12 月末，分行表内外信用总量余额为 174.22 亿元。年内累计投放信贷资金 127.09 亿元（仅包括公司客户信贷投放数据）。重点支持天易创新创业园、株洲市洗水企业集中整治、天元区土地储备、荷塘区土地储备、云龙奥悦冰雪世界、云龙水世界二期、云龙示范区加油站、株洲县南洲新区 01、03 号道路新建工程、攸县污水处理厂建设、渌江产业中心项目、茶陵县洣水河前农保护圈防洪工程项目、攸县湘东农副产品贸易城建设、大京风景区旅游基础设施建设项目，及株洲何家坳小学枫溪分校项目等项目。（罗 希）

【助推地方企业成长】 2016 年，株洲分行一如既往地保持与地方企业良性互动，把握企业需求，利用自身产品和服务优势加以对接，构建互利共赢的合作局面。分行持续为南车、千金药业、株洲旗滨、时代新材、唐人神、株冶，及株硬等上市公司和大型央企提供优质全面的综合金融服务，累计授信超过 100 亿元。同时，落实相关监管制度和鼓励政策措施，公平对待民营企业，规范服务收费行为，加大信贷倾斜力度，利用“给力贷”总品牌下的银担贷、税联贷、多抵贷、快抵贷，及信义贷等一揽子特色产品，为小微企业提供全周期、全产业链的金融服务，着力解决“融资难”、“融资贵”的问题，全年新增贷款的 40% 以上投向小微企业。2016 年，株洲分行小微企业贷款增速高出各项贷款增速的 17.59%，户数超过上年同期户数 257 户。同时，与人社局、财政局加强对接，加入市小额创业担保贷款合作银行，成功开通创业担保贷款业务，为株洲的创业者们提供资金支持和金融服务。（罗 希）

湖南省农村信用社联合社株洲办事处（农商银行）

【概况】 湖南省农村信用社联合社株洲办事处，下辖城郊、天元区、株洲县 3 家农村信用合作联社和醴陵、攸县、茶陵、炎陵 4 家农村商业银行。至 2016 年底，全市农村信用社共有员工 2349 名，营业网点 208 个，遍布株洲所有乡镇。

2016 年，全辖各项存款余额年末达 467.39 亿元，增幅 20.2%、同比增加 4 个百分点；各项贷款余额 204.9 亿元，较年初增加 2.92 亿元，实际增加 12.46 亿元、增长 6.17%。实现总收入、经营利润分别为 36.46 亿元、16.7 亿元，同比增加 4.54 亿元、2.64 亿元，分别增长 14.22%、18.78%。其中资金业务收入占总收入的比重达 49.46%，年净收益率 6.77%，资产多样化、收入多元化已达到同行业先进水平。全年新发行福祥系列卡 53.35 万张，累计发卡 298.5 万张；新开通手机银行 87832 户，累计开户达 25.46 万户；新开通网上银行 30673 户，累计开户达 10.99 万户；新增社保 IC 卡 20.05 万张，累计发卡 110.12 万张，社保卡激活率 79.59%；新布放 ATM 机两台、GPS 机 65 台，累计已布放 ATM 机 142 台、GPS 机 246 台；新建助农金融服务站 69 个，累计达 102 个；新建金融扶贫服务站 90 个、农村电子商务服务站 56 个。全辖电子银行业务替代率达 55.88%。表内不良贷款余额和占比分别为 7.68 亿元和 3.75%，较年初分别下降 2.06 亿元、1.07 个百分点，全年清收表外不良贷款 1.72 亿元。新标准资本充足率 12.19%，比上年提高 2.88 个百分点；损失准备充足率和拨备覆盖率分别为 274% 和 155.38%，比上年提高 141 个百分点和 44 个百分点；到期贷款收回率 97.92%，较上年提高 0.56 个百分点。经营等级有天元、城郊 2 家联社同比上升 1 级（分别为三级、四级），炎陵农商银行继续保持在一级水平。绩效考核有攸县、炎陵、天元、醴陵 4 家行社在 A 级以上，进入全省前 31 强，其中攸县、炎陵两行绩效考核分别排名全省第七和第九。办事处综合考核在全省排名第三。

服务效能增强。通过开展“两扫五进”、组织存款竞赛、“金融产业扶贫”“两小贷款”评级授信等市场营销拓展工作，确保存、贷款总量继续稳居全市第一。全年交纳各项税费近 5 亿元，同比增加近 1.5 亿元，增幅达 43%。农村金融的主力作用、区域经济的支柱作用、联系农民的纽带作用日益稳固。支农支小力度加大。全年累放各项贷款 146.58 亿元，其中累放涉农贷款 117.98 亿元，占比 80.48%。全年对 69.43 万户农户和 3.14 万户商户开展评级授信，授信额分别为 185.86 亿元、45.25 亿元，年末用信额达 26.58 亿元、9.53 亿元。产业扶贫落实有力。积极与各级政府沟通协调，落实金融产业扶贫工作要求，全年对建档立卡贫困农户 55035 户开展评级授信，评级面 100%，授信面 84.86%，授信金额 12.43 亿元，用信金额达 2.44 亿元。服务创新成效显著。炎陵农商银行农村电子商务服务站的创建，攸县农商银行绩效考核大数据管理系统的建立，天元区联社“科技银行”的授牌，全市社保IC卡零星办卡业务资格的取得，居民健康卡业务的开办，微信银行、网购支付等电子渠道的开通，服务能力已大幅提升。

产权改革有效推进。天元、城郊两联社组建株洲农商银行已于11月23日获得银监会的筹建批复，创立开业、总部建设、对外宣传等前期工作已基本完成。株洲县联社改革引进战略投资者广州农商银行，得到省政府的高度关注、充分肯定，申筹资料银监部门已经签收。已改制的农商银行炎陵、醴陵、攸县、茶陵服务地方经济的能力、自身持续发展的能力有效提升，行业影响越来越大。（易 新）

中国农业银行股份有限公司株洲分行

【概况】 截至2016年12月31日，农业银行株洲分行各项存款277亿元，较年初净增36.8亿元，同比多增18亿元，其中：储蓄存款201.3亿元，较年初净增19亿元，同比多增6.1亿元，对公存款余额74.25亿元，较年初增长16.67亿元。各项贷款113.76亿元，较年初净增15.08亿元，同比多增22.07亿元，其中：本外币对公贷款余额67.61亿元，较年初增长11.76亿元，实体贷款余额63.12亿元，较年初增长13.51亿元，小微企业贷款余额27.68亿元，较年初净增4.33亿元。实现中间业务收入（不含委托）18537万元，同比多收4672万元。不良贷款余额2.66亿元，较年初下降736万元，不良率2.34%，较年初下降0.43%。实现拨备前利润4.42亿元，同比增加0.23亿元，实现拨备后利润4.04亿元，同比增加1.62亿元。（李照斌）

【支持地方经济发展】 2016年，农行株洲分行以政府购买服务和PPP为重点信贷产品，加强与政府部门的对接合作，成功营销全省首笔政府购买服务“龙母河”12亿项目贷款，全年上报审批“高科汽博园”、莲株高速、职教城、攸县城投防洪水利项目、“铁东路”等21个政府购买服务项目和2个PPP项目，审批金额88亿元，年内已投放25亿元。密切与中心医院、中医院等一批优质机构客户的合作。年末，农行株洲分行对公贷款63.1亿元，净增13.5亿元，增幅27.2%，同比多增15亿元，增量四行排名第一。（李照斌）

【助力楼市“去库存”】 2016年，株洲农行积极推进“农民安家贷”新产品落地实施，打通住房供需通道，满足农民进城购房金融需求。为助推“农民安家贷”业务快速拓展，株洲农行对农民购房贷款实行优先受理、优先调查、优先审查、优先审批的“四优先”信贷服务模式。自年初“农民安家贷”推广以来，株洲农行累计发放农民购房贷款3.5亿元，帮助近千户农民实现了城里安家的梦想，也为株洲房地产业“去库存”提供有力支撑。积极与株洲市房产管理局对接，共同举办了株洲市房地产业“企业帮扶年”暨农行支持农民进城购房新闻发布会。向受邀参会的107家房地产开发商推介农民进城购房这款特色产品，让农民购房者享受到农行快捷与优惠的金融服务，从源头上落实国家宏观政策。（李照斌）

【农行第一笔国内订单融资业务】 2016年6月，农行株洲分行成功为株洲市某实业有限公司办理1700万元的国内订单融资业务。这是株洲农行办理的第一笔国内订单融资业务。株洲某实业有限公司是中车集团株洲电力机车有限公司的A类供应商，本笔订单融资业务就是给中车株机提供产品所需补充的流动资金。该笔业务的成功办理，为农行湖南省分行与中车集团进一步合作提供了有力的产品支撑。（李照斌）

【发放全省首笔农信担保油茶贷款】 5月10日，株洲农行对油茶林种植大户荣某成功发放50万元油茶保贷通贷款，这是全省农行财银担三方合作首笔由省农信担保公司担保的油茶林贷款，同时也标志株洲农行在农户贷款创新模式继保证保险模式后的又一个重大突破。

2016年，农行省分行与省农信担保公司签订合作协议，重点支持油茶产业发展。建立油茶农户贷款营销对象档案库。与当地林业部门联系，对全市的油茶种植户进行了摸底，收集建档油茶种植户93户资料，并逐户进行了解，筛选出符合要求的客户进行精准营销。加强与农信担保公司的对接。该行主管行长与三农金融部人员多次与省农信担保公司负责人及省农信驻地办事处人员进行对接，就油茶产业的发展和信贷支持进行探讨，采取“农行+农信+农户”的财银担合作模式，发展农户油茶贷款业务。双线同步进行贷前调查。对银担双方锁定的油茶担保贷款营销对象，与担保公司人员一道对油茶种植情况进行实地调查，双线同时操作，加快贷款流程，大大提高了工作效率。（李照斌）

小额贷款

【概况】 2016年，株洲市的小额贷款行业总体保持有序、稳健和规范发展的良好态势，机构数量、实收资本、贷款余额和经营利润都有新的突破。株洲市小额贷款公司从2009年12月首家开业，经历6年多的时间，已发展到19家，开业的17家，2家在筹建，2012年已实现了小额贷款公司全覆盖。全市19小额贷款公司为株洲市天元区银丰小额贷款有限责任公司、株洲市天元区鸿金小额贷款有限责任公司、株洲市天元区中融小额贷款有限责任公司、株洲市荷塘区日升小额贷款有限公司、株洲市荷塘区金汇通小额贷款有限责任公司、株洲市芦淞区华中小额贷款有限公司、株洲市芦淞区鑫汇小额贷款有限公司、株洲石峰区远大小额贷款有限公司、株洲市云龙金丰小额贷款有限责任公司、株洲县惠通小额贷款有限责任公司、醴陵市方银小额贷款有限责任公司、醴陵银隆小额贷款有限责任公司、攸县国泰小额贷款有限责任公司、茶陵县龙华小额贷款有限公司、茶陵县乐源小额贷款有限公司、炎陵县银太小额贷款股份有限公司、株洲市天元区国信财富小额贷款有限责任公司、株洲石峰区永乐小额贷款有限公司（筹建），及攸县正泰小额贷款有限责任公司（筹建）。

2016年，全市17家小额贷款公司全年贷款余额11.89亿元，较上年增长6.7%；全年发放贷款4.21亿元，累计发放贷款51.5亿元，累计上缴税金0.62亿元；从业人员423人。（傅霞林）

融资性担保

【概况】 2016年，株洲市融资性担保行业不断规范发展，为中小企业提供担保服务，有效发挥融资桥梁作用。全市共有14家融资性担保公司：株洲丰叶担保有限责任公司、株洲南车时代高新投资担保有限责任公司、湖南兆富投资担保有限公司、炎陵县信用担保有限责任公司、株洲鑫鼎投资担保有限公司、湖南大农担保有限公司、湖南典金投资担保有限公司、湖南一路歌担保投资有限公司、湖南恒信投资担保有限公司、湖南子民融资担保股份有限公司、湖南省国信财富融资担保有限责任公司、湖南东泰融资担保有限责任公司、湖南华友融资担保有限责任公司，及湖南攸洲中小企业融资担保有限公司；其中，湖南东泰融资担保有限责任公司、湖南华友融资担保有限责任公司、湖南攸洲中小企业融资担保有限公司在发展过程中因不正当经营已上报省办拟取消其融资性担保资格；南车时代高新投资担保有限责任公司经营许可证已经到期不再从事融资性担保业务；湖南恒信投资担保有限公司长期未开展融资性担保业务已上报省办拟取消其融资性担保资格。

2016年，株洲市融资性担保公司注册资本金28亿元，从业人员243人，累计为5778户在保企业提供担保100.16亿元，较年初增长30.12%，在保余额27.6亿元，较年初增长40.6%，融资担保收入1.06亿元，其中株洲丰叶担保公司为株洲新芦淞产业发展集团发行企业债融资提供再担保责任10亿元。（傅霞林）

证 券

【概况】 2016年末，全市共有证券公司营业部31家，上市公司11家。全年证券营业部累计代理交易余额219.7亿元，同比下降40%；全年新增开户数23177户，同比下降75.8%；3家期货营业部累计代理交易余额120亿元，同比下降30%，全年新增开户数32户，同比下降92.5%。企业证券市场融资356.1亿元，证券交易额3541.3亿元，期货公司成交金额693亿元。（段晨曦）

上市公司选介

株洲中车时代电气股份有限公司

【概况】 株洲中车时代电气股份有限公司是中国中车旗下股份制企业，于2006年12月在香港上市，其母公司为中车株洲电力机车研究所有限公司。公司拥有员工7900余名，设13个职能部门、7个资源中心、9个事业部及26个下属参股或控股公司，3个分公司，6个境外子公司。2016年，公司实现营业收入超140亿元。

中车时代电气致力于被誉为列车“心脏”和“大脑”的牵引传动和控制系统研发及产业化，是国内唯一自主掌握核心技术并大批量应用的高端装备企业。公司拥有4个“国字号”技术创新和工程研究中心，并在牵引传动系统、列车控制信息、智能化系统等5大领域具备核心技术优势。产业涉及高铁、机车、城轨、轨道工程机械、通信信号、大功率半导体、传感器、海工装备，及环保等多个领域，业务遍及全球20多个国家和地区。轨道交通电气系统国内市场占有率逾60%，是综合实力最强、产品谱系最完整的核心系统供应商。近年来，公司谋求海外市场的开拓，使之成为公司新的增长点。其中以功率半导体产业的发展为典型，打造功率半导体“芯片—器件—装置—系统”的完整产业链。2008年成功并购Dynex（丹尼克斯）公司，并在英国成立半导体研发中心，加速人才交流和技术发展，进一步推广公司的国际化品牌。2015年成功并购世界领先的水下机器人制造商——SMD公司，为进军海工装备领域打开大门。

2016年，公司依托核心变流技术，做强轨道交通和轨外变流及新兴产业，跨产业的协同效应逐步显现。在城轨、工程机械、信号等产业板块市场业绩稳步提升，城轨自主牵引系统连续5年领跑国内市场，自主8英寸芯片线产出的IGBT模块首次走出国门，批量出口印度。公司获批国家企业技术中心，完成中国标准动车八大系统的开发和考核，国内首列永磁地铁综合节能高达30%，持续技术引领。荣登中国电子信息百强企业名单，位列第46名，成就湖南“五连冠”王者地位。（冯 亮）

【中车时代电气问鼎中国质量最高奖】 2016年3月29日，第二届中国质量奖颁奖大会在北京举行，中车时代电气荣膺中国质量奖，这是湖南省唯一、全国轨道交通行业唯一获此殊荣的企业。中国质量奖评审委员会认为，中车时代电气独创的“追求双高双效的高速牵引管理模式”有完整的理论体系，并体现了轨道交通装备制造业的特点，树立了标杆，具有极强的推广意义。（冯　亮）

【举办国际铁路技术培训班】 2016年5月，来自巴西、阿根廷、哥伦比亚等10个国家，共41位当地交通部、地铁公司等单位的官员和技术工程师到中车时代电气参加铁路技术培训班，学习中国高铁先进技术。此次培训班是由商务部赞助，中车时代电气承办。该铁路培训班的举办，拉近了中国与其他发展中国家的距离，为后续进行更多合作奠定了基础。（冯　亮）

【打造国内最强深海机器人】 2016年7月，中车时代电气旗下英国SMD公司，击败国际知名ROV（水下机器人）生产厂商，成功中标上海救捞局6000米ROV项目。当前，中国能够下潜到6000米水深等级的，仅有“蛟龙号”载人深潜科考设备，而且只是观察级，并不是作业级，这是中国首个6000米级深度工作级ROV案例。（冯　亮）

【助力中国高铁实现世界最高相对时速840公里会车】 2016年7月16日，中国自行设计研制、全面拥有自主知识产权的两列中国标准动车组“金凤凰”和“蓝海豚”，以超过420公里的时速在郑徐线上交会而过，相对时速超过840公里，创世界纪录。其中“蓝海豚”的“心脏”等核心子系统，由中车时代电气提供。（冯　亮）

【中国首列“永磁地铁”实现商业化运营】 2016年8月11日，由中车时代电气、中车株洲电力机车有限公司和长沙市轨道交通集团联合研发的中国首列“永磁地铁”，在长沙地铁1号线正式投入载客运营。这是中国首列具备载客运营资质的自主化“永磁地铁”，开启了中国城市轨道交通的“永磁时代”，其综合节能率高达3成以上。（冯　亮）

【长沙磁浮线正式载客试运营】 2016年5月6日，中国首条具有完全自主知识产权的中低速磁悬浮商业运营示范线——长沙磁浮快线开通试运营。该线路全长18.55公里，最高时速100公里，每列车最大载客量363人，是世界上最长的中低速磁浮运营线。中车时代电气提供牵引等核心子系统。（冯　亮）

【中国“机芯”首获海外订单】 2016年11月，由公司自主研发的8英寸IGBT产品，成功中标印度机车市场，将用于该国电力货运重载机车改造升级项目。这是有中国“机芯”之称的IGBT产品首次出口海外，获得批量市场订单。此次在印度市场的突破，为中国铁路高端核心器件实现海外拓展起到示范作用。（冯　亮）

【中国首条按照“工业4.0”标准建设的轨道交通智能生产线在公司投入试生产】 2016年4月21日，公司响应“中国制造2025”的要求，启动智能工厂的建设。2016年10月，中国首条按照“工业4.0”标准建设的轨道交通生产线在中车时代电气投入试生产。未来，这一样板线将通过批量化定制生产，实现传统作业无法实现的目标。（冯　亮）

株洲千金药业股份有限公司

【概况】 株洲千金药业股份有限公司（以下简称千金药业）创建于1966年，1993年进行股份制改造，2004年在上海证券交易所上市（股票代码600479），2005年“千金”商标被评为中国驰名商标。公司系湖南省制药行业的龙头企业，中国制药百强企业，国家技术创新示范企业，农业产业化国家重点龙头企业。

公司旗下共有13家控股子公司，员工6000余人。经营范围涵盖中成药、化学药、医疗器械、中药衍生品（养生保健）的研制和销售，医药批发及零售，中药材种植和加工等领域。母公司千金药业现有片剂、颗粒剂、胶囊剂等8个剂型，13条生产线，产能达15亿元。主要产品有妇科千金片（胶囊）、补血益母丸（颗粒）、椿乳凝胶等14个独家品种，拥有200多项专利，50多个生产批文。其中：妇科千金片（胶囊）是“国家秘密技术项目”、中药保护品种、《国家基本药物》《国家医保目录甲类品种》《中国药典》收载品种；连续十余年保持妇科口服类中成药第一品牌的地位。公司产品销往全国，与36000余家医疗机构、3000余家连锁药店企业、390000余家药店进行产品营销和品牌营销合作，并在全国拥有50余家一级战略商业合作伙伴。

2016年，集团实现合并经营规模33.5亿元，实现利税4.62亿元。销售规模、实缴税收均位居湖南省制药行业前列。（卢诗婕）

【妇科千金胶囊“国家中药保护品种”成功延保】 2016年初，千金药业成功获得妇科千金胶囊“国家中药保护品种”证书及审批件，保护期延长至2021年3月22日。国家中药保护品种系国家为提高中药品种质量，保护中药生产企业合法权益，对质量稳定、疗效确切的中药品种实行分级保护。妇科千金胶囊属于对特定疾病有特殊疗效或显著疗效的品种，被列入二级保护，保护期内其他企业不得进行仿制或研究生产，公司将继续拥有本品独家生产的优势地位，为提升本品核心竞争力增添一块金字招牌。（卢诗婕）

【湘江药业一项发明专利获第十七届中国专利优秀奖】 2016年初，湘江药业的发明专利——拉米夫定非对映选择合成方法（ZL200910043203.8）获国家知识产权局授予的第十七届中国专利优秀奖。

湘江药业于2003年启动拉米夫定原料和片剂的国产化研究，针对拉米夫定原料和片剂生产中的关键技术进行研究攻关，发明新的具有自主知识产权的制备技术，拥有3项发明专利（包括本次获第十七届中国专利优秀奖的发明专利），并实现拉米夫定片国内首仿。产品于2011年5月1日如期上市，降低了国内9300万慢性乙肝患者的医疗费用，减轻了国家的医疗支出。（卢诗婕）

【湘江药业拉米夫定专利获湖南专利奖一等奖】 2月26日，在湖南省科学技术奖励大会上，千金湘江药业发明专利——拉米夫定非对映选择合成方法（ZL200910043203.8）获湖南专利奖一等奖。

自2011年上市以来，千金湘江拉米夫定片销售额逐年递增，累计完成销售4.1亿元，实现了良好经济效益。同时，产品为国内首仿，实现了拉米夫定国产药替代进口药，社会效益显著。“拉米夫定非对映选择合成方法”先后获得2014年株洲市首届政府专利奖一等奖、2015年第十七届中国专利优秀奖。依托该专利技术成果形成的“国产拉米夫定原料和片剂的研制及产业化”项目获2014年湖南科学技术进步奖一等奖，并被评为2014年度湖南省产业技术创新十大标志性成果。（卢诗婕）

【妇科千金片获批湖南省科技重大专项】 3月1日，由千金药业作为课题负责单位的“湖南典型中药大品种二次开发与关键药材研究与示范”项目成功获得湖南省科技重大专项立项支持，千金药业获得项目总经费210万元，分3年划拨。本专项以典型中药大品种妇科千金片及相应中药材资源的研究为主要内容，开展药材资源、药效物质基础、质量标准提升、上市后临床再评价和新制剂开发等研究。同时针对关键药材千斤拔进行种质筛选、野生变家种栽培技术及质量提升研究，在保障原药材优质资源的同时打造全国知名的湘产品牌道地药材，推动中药大品种妇科千金片进一步做大做强。该项目的成功获批，彰显了妇科千金片作为治疗妇科炎症首选药物的科技含量；由此取得的重大成果，将全面提高妇科千金片的产品质量，确保临床用药质量可控、均一、安全。（卢诗婕）

【千金瑰秘酒业公司成立】 10月9日，千金药业集团旗下新成员——株洲千金瑰秘酒业股份有限公司（以下简称酒业公司）正式成立。江端预担任酒业公司董事长，孟君担任总经理。酒业公司的成立，是千金药业推进中药衍生产业跨界发展的重要一步。酒业公司主要产品为“瑰秘”牌女性酒饮，该产品是由千金药业衍生产品开发部历时3年精心打造而成的。公司致力于打造中国女性酒饮第一品牌，成为中国女性酒饮标杆企业。（卢诗婕）

【妇科千金片/胶囊标准化项目获中央财政专项经费支持】 7月19日，在国家中药标准化项目推进会上，妇科千金片/胶囊标准化项目获得500万元中央财政专项经费支持，项目分3年完成，第一年100万元专项经费已下发到省发改委。

千金药业从2015年已经开始与北京大学、中国人民解放军第三0二医院等科研机构就标准化项目进行深度的产学研合作，以期建立妇科千金片/胶囊全过程质量控制标准及先进产品标准，确保产品安全有效，质量可控及可持续性发展。（卢诗婕）

【千金药业中药六类新药萹菊尿炎颗粒获临床批件】 4月，千金药业自主研发的新药萹菊尿炎颗粒，获得国家食品药品监督管理总局颁发的《药物临床试验批件》。

萹菊尿炎颗粒主要由萹蓄、野菊花、石韦等几味药材组方而成，具有清热解毒、利湿通淋的功效，主要用于治疗下尿路感染，属中药六类新药，这是公司近7年获得的唯一一个创新中药复方制剂临床批件。千金药业拥有该品种的自主知识产权，并申请了国家发明专利。

2015年3月，千金药业萹菊尿炎颗粒项目组按照《药品注册管理办法》及有关技术指导原则要求，对其进行系的药学、药理毒理研究。经向CFDA提出新药临床申请，2016年1月通过国家药品审评中心针对该项目的审评咨询会。（卢诗婕）

唐人神集团

【概况】 唐人神集团是一个以品种改良、安全饲料、健康养殖、肉品加工、价值服务五大产业一体化经营的首批农业产业化国家重点龙头企业。集团销售收入过100亿元，有员工5000余人，其中具有大专以上文化程度的专业技术人员占员工总数的35%以上。集团在全国15个省市拥有60余家子公司，年饲料生产能力达800多万吨，肉制品加工能力也达10万吨，年生猪屠宰能力100万头。“骆驼”牌饲料、“唐人神”肉品先后荣获中国驰名商标，唐人神品牌价值23.59亿元。“美神”种猪通过美国NSR认证，达到美国同步育种水平，同时获得“国家生猪核心育种场”荣誉称号。

2011年3月25日，公司首次发行A股在深圳证券交易所成功上市，成为国内生猪全产业链经营第一股的上市公司。集团已跨入全国饲料行业前十强企业、全国肉类行业前十强企业。公司主要从事猪禽鱼饲料的研发、生产、销售，种猪遗传育种研发、生猪养殖与销售，肉品研发、加工与销售以及担保贷款、猪场智慧管理系统开发等价值服务，进一步完善了生猪养殖、饲料、肉品、并购投资等四大板块业务，美神种猪、骆驼饲料、唐人神肉品在业内享有美誉。饲料板块通过收购深圳比利美英伟营养饲料有限公司，建立高档教槽料技术优势，成功切入大型规模猪场；肉品板块确定中式风味、猪血豆腐肉肠、品牌生鲜、湘菜预制菜、湘品礼包五大产品方向；养猪板块推进年出栏30万头肥猪的湖南龙华农牧发展有限公司并购重组项目，加快母猪产能提升，继续扩大“公司+家庭农场”规模，各产业独立发展能力增强，协同发展效应凸显，生猪全产业链核心竞争优势明显提升。

2016年，公司坚持生猪生态产业链平台发展战略，加快各板块内延与外延式发展，尤其加快饲料产业的并购发展，生猪产业母猪产能提升与布局发展，肉品产业的产品创新与渠道拓展，实现了销量的大幅度增长，极大地提升了盈利能力，进一步打造了生猪产业链核心竞争优势。2016年，集团公司实现销售收入约110亿元，比上年增长17%，实现利润2亿多元，比上年增长147%，上缴税金8122万元。

2016年，生猪产业链布局实现纵深发展，核心竞争优势凸显。公司在强化饲料、养猪、肉品三大产业板块独立发展能力的同时，持续加强产业的协同发展，减少产业间的交易成本，进一步构建产品品质保障，有效规避行业周期风险，确保企业持续稳定发展，真正打造不可逾越的竞争屏障。年内，公司收购国内知名猪关键营养高科技饲料企业——深圳比利美英伟生物技术股份有限公司51%股权，构建中高档全系列的饲料产品体系，成功切入超大型规模猪场，饲料研发能力、发展规模、品牌影响力显著提升。养猪板块全面推进猪场改造，使母猪产能扩大1倍，顺利推进30万头生猪规模的龙华农牧的并购重组项目，养猪产业初具规模。肉品板块确定中式风味、品牌生鲜、猪血豆腐肉肠、湘菜预制菜、湘品礼包5大产品方向，组建并购专业团队，有效推进产业并购基金运行。创新产业运营模式，实现快速发展。针对市场及消费特征的变化，及时调整产品定位与营销策略，加大市场网络开发与终端投入，创新商业模式，有效完善公司、经销商、顾客三者价值链设计，形成多方共赢的良性发展局面。加快人才引进步伐，完善激励机制，激发组织活力。集团与饲料、养猪、肉品等各业务板块大胆引进生产、营销、技术、审计、产业并购、管理等优秀精英与团队，淘汰无效人员，建立内部人才梯队。养猪板块组建一支80后养猪队伍，适应组织转型与发展。（办公室）

【召开生猪产业发展规划研讨会】 5月6日，集团召开600万头生猪产业发展规划研讨会，确定集团生猪产业“3510”发展规划，即集团投资90亿元，通过自繁自养发展模式、公司+家庭农场发展模式，公司+轻资产猪场发展模式和合作与并购4大发展模式、运用8项行业领先技术，打造1+10成本竞争力，实现3年内年出栏生猪100万头，5年内年出栏生猪200万头，10年内年出栏生猪600万头的目标。印遇龙院士等30多名学者、养猪专家和媒体记者出席会议。（办公室）

【唐人神入围全国“民企制造业500强”】 8月25日，由全国工商联主办，工业和信息化部、国家工商总局支持的2016中国民营企业500强发布会在京召开，会上发布中国民营企业500强、中国民营企业制造业500强和中国民营企业服务业100强榜单，湖南10家企业入围“民企制造业500强”，唐人神集团位列该榜单306位，成为株洲唯一跻身榜单企业。（办公室）

【卢展工率全国政协专题调研组到集团调研】 9月9日，全国政协副主席卢展工率全国政协专题调研组，就“加快食品安全监管体系建设”专题到集团调研。卢展工一行参观唐人神产品展区、国家级技术中心产品质量检测中心、文化展区和兽医远程诊断中心，并进行座谈。座谈会上集团董事长陶一山重点汇报集团通过全产业链经营和运用世界首创的“三维溯源”体系来保障食品安全，得到全国政协副主席卢展工的高度肯定。（办公室）

【陶一山当选中国饲料工业协会常务副会长】 12月9日，中国饲料工业协会第七次会员代表大会在北京召开。农业部副部长于康震，原副部长、中国饲料工业协会第六届理事会会长高鸿宾等作讲话。会上表彰一批中国饲料工业协会先进集体和先进工作者，唐人神集团荣获2016年全国十大领军饲料企业。集团创始人兼首席执行官陶一山先生当选为常务副会长。（办公室）

株洲天桥起重机股份有限公司

【概况】 株洲天桥起重机股份有限公司成立于1999年，是国内专业从事高端智能装备制造的上市企业，于2010年在上海证卷所上市，注册资本84323.8572万元，拥有天桥配件、舜臣煤机、优瑞科、杭州华新机电、天桥利亨5家控股子公司。公司成为业务范围涵盖物料搬运装备、有色冶炼智能装备、选煤机械、立体停车业务等于一体的企业集团。公司拥有湖南省冶金物料搬运装备工程技术研究中心、湖南省级认定企业技术中心、院士工作站等科研平台，并致力为客户提供物料搬运装备、有色冶炼智能装备、选煤机械、立体停车库研发、设计、制造、销售、维保等整体解决方案。公司产品的销售市场和工业服务范围覆盖亚洲、欧洲、美洲和非洲等多个国家和地区。2016年，公司在先后切入风能发电和新能源电动汽车领域后再次向立体停车领域进发，逐步实现公司业务的横向拓展和产业的升级转型，为公司发展注入了新活力。

2016年公司合并主营业务收入12.39亿元，同比增长35.14%，合并净利润1.07亿元，同比增长30.91%，其中母公司天桥起重完成订货7.01亿元，回款5.62亿元，营业收入5.2亿元；

净利润5759万元，订货回款超额完成年度计划。（陈 学）

【新产品开发】 全年公司完成10T、20T、25T、25+25T减量化桥式起重机；200T+200T大吨位起重机、QY80T绝缘吊、MG32T双梁门吊等新产品的设计开发和验证；完成机器人剥片及洗涤机组、残极洗涤机组、阳极准备机组、双18模圆盘浇注机等新产品试制和安装调试；铜电解起重机自动运行研发项目已完成样机试制并交付使用；启动光伏支架、自动化车库、进口天车改造等新产品技术调研和设计开发工作。完成2015-CTM048铜电解搬运机组的自动化程序开发，实现全自动化作业，车间安全管理、信息管理等功能达到进口车水平；完成新疆希望第一批远程监控维护系统的安装、调试。（陈 学）

【科研与技术开发合作】 充分利用“院士工作站”和“省级工程技术研究中心”研发平台优势，加强与各科研院所、业务伙伴的项目合作，开展科技攻关和课题研究。院士工作站全年启动项目2项，省工程中心完成项目4项，启动项目4项，同时与厦门矩时、株洲嘉诚、广东恒鑫、北起所、云铝集团，及沈阳院开展技术合作项目6项。全年获得专利授权6项，专利受理3项，论文发表3项。公司成功获得省市各类政策补助奖励资金近600万元。（陈 学）

【产品认证】 2016年，公司通过质量体系再认证审核，风电塔筒PCCC产品认证，压力容器取证已通过湖南省质监局评审，扩大了公司制造许可范围。（陈 学）

【战略转型】 2016年，按照公司转型升级要求，加大投资并购力度，完成两项对外投资，共认缴投资8000万元，实际投资6200万元。发起成立广州怡珀新能源产业股权投资产业基金；用超募资金与3位发起人共同发起成立湖南天桥利亨停车装备有限公司；完成3个项目的尽职调查和投资可行性研究。（陈 学）

保 险

【概况】 2016年，株洲市保险行业继续呈现出规模增长，质量提高，活力增强，环境优化，影响扩大的良好态势。据统计，全市有保险行业社团组织1个，即株洲市保险行业协会；有45家地市级保险主体，其中19家经营财产险业务，分别为：中国人民财产保险股份有限公司株洲市分公司、中国平安财产保险股份有限公司株洲中心支公司、中国太平洋财产保险股份有限公司株洲中心支公司、中华联合财产保险股份有限公司株洲中心支公司、华安财产保险股份有限公司株洲中心支公司、天安财产保险股份有限公司株洲中心支公司、中国大地财产保险股份有限公司株洲中心支公司、太平财产保险有限公司株洲中心支公司、安邦财产保险股份有限公司株洲中心支公司、阳光财产保险股份有限公司株洲中心支公司、都邦财产保险股份有限公司株洲中心支公司、中国人寿财产保险股份有限公司株洲市中心支公司、中银保险有限公司株洲中心支公司、长安责任保险股份有限公司株洲中心支公司、永诚财产保险股份有限公司株洲中心支公司、亚太财产保险有限公司株洲中心支公司、英大泰和财产保险股份有限公司株洲中心支公司、华泰财产保险有限公司株洲中心支公司，及紫金财产保险股份有限公司株洲营业部，23家经营人身险业务，分别为：中国人寿保险股份有限公司株洲分公司、中国平安人寿保险股份有限公司株洲中心支公司、新华人寿保险股份有限公司株洲中心支公司、中国太平洋人寿保险股份有限公司株洲中心支公司、泰康人寿保险股份有限公司株洲中心支公司、农银人寿保险股份有限公司株洲中心支公司、中国人民人寿保险股份有限公司株洲中心支公司、合众人寿保险股份有限公司株洲中心支公司、中英人寿保险有限公司湖南分公司株洲营销服务部、富德生命人寿保险股份有限公司株洲中心支公司、民生人寿保险股份有限公司株洲中心支公司、中国人民健康保险股份有限公司株洲中心支公司、阳光人寿保险股份有限公司株洲中心支公司、平安养老保险股份有限公司株洲中心支公司、华泰人寿保险股份有限公司株洲中心支公司、太平人寿保险有限公司株洲中心支公司、幸福人寿保险股份有限公司株洲中心支公司、长城人寿保险股份有限公司株洲中心支公司、光大永明人寿保险有限公司湖南分公司株洲营业部、吉祥人寿保险股份有限公司株洲中心支公司、华夏人寿保险股份有限公司株洲中心支公司、安邦人寿保险股份有限公司湖南分公司株洲营业部，及恒大人寿保险有限公司湖南分公司株洲营业部，3家经营保险中介代理业务，分别为：湖南泛华保险代理有限公司株洲分公司、北京联合保险经纪有限公司株洲市营业部，及国泰诚信（湖南）保险代理有限公司。保险四级机构（支公司、营销服务部）扩展到110家。

2016年，株洲市共实现保费收入664794万元，同比增长34.37%；财产险保费收入178452万元，同比增长9.03%，占全市总保费的26.85%。其中，机动车辆保费收入134009万元、企财险保费收入6134万元、农业保险8984万元；财产保险共赔付97760万元，同比增长18.45%，全市财产保险业务呈稳步增长趋势。人身险保费收入486342万元，同比增长46.89%，占全市总保费的73.15%；人身险赔付和给付共计102399万元，同比增长67.22%，人身保险业务呈稳步增长趋势。以2016年株洲全市GDP 2512.5亿元，人口401.62万计算，全市保险密度为1655元/人，保险深度为2.65%。

全年上缴税收22669万元，代收代缴车船税11431万元，同比增长5.04%，安置就业人员22580人，同比增长42.31%，有效缓解了社会就业压力。

（粟冬红）

保险企业选介

中国人民财产保险股份公司株洲分公司

【概况】 中国人民财产保险股份有限公司株洲分公司在各区县设有15个四级分支机构、在各区县的中心乡镇（街道）设有14个五级机构（营销服务部）；有员工390余人，持证营销员达700多人，每年安置大学生就业70余人。

2016年，人保财险株洲分公司累计实现保费收入5.62亿元，承担风险保额2840亿元。2016年，公司累计支付赔款2.84亿元，其中株洲市出租车交通事故支付赔款827万元，赔付湖南电力系统554万元，茶陵新农合保险赔付817万元，芦淞区、天元区、茶陵县、炎陵县水稻、烟草等农作物因疾病及水灾造成损失支付502万元，芦淞区、天元区以及各县区白鹅、母猪、育肥猪等家禽因疾病造成损失支付赔款835万元，天元区、茶陵县、炎陵县森林因火灾等原因造成损失支付赔款82万元。全年缴纳税收8567万元，缴纳税额在全市所有保险公司中多年来连续排名第一。年内，市分公司总经理李先良当选为第十五届株洲市人大代表，茶陵支公司副经理尹红艳当选为茶陵县人大代表。（朱高平）

【农业保险保障有力】 全力服务社会主义新农村建设。截至2016年年底，全市已建成开业14家“三农”营销服务部，76个“三农”保险服务站，240个“三农”服务点。拓展财政保费补贴型农业保险业务。在依法合规经营基础上，全年有75616农户参保，共承保1930笔，累计实现签单保费2650万元。其中，承保64955户农户水稻保险，全部签单到农户，实现依法合规经营。2015—2016年开发特色农业保险三项，一是茶陵支公司的烟叶保险，有1210户农户参保，累计签单保费214万元，截至2016年12月31日，支付赔款80万元；二是茶陵支公司的茶树保险，累计签单保费105万元；三是炎陵支公司的白鹅保险，累计签单保费103万元。

（朱高平）

【与市政府签订保险扶贫合作协议】 2016年10月17日，人保财险株洲市分公司作为保险机构的唯一代表，与市扶贫开发领导小组办公室成功签订保险扶贫合作协议，为公司加强与政府合作，发展贫困县城、乡村的农业保险、民生保险、农村金融等业务奠定了基础，有力地支持了株洲市脱贫攻坚行动的顺利、有效开展。

（朱高平）

【提升理赔服务质量】 持续提升车险、非车险、人伤、减损、数据等五大板块的专业管理；升级理赔服务计划，创新理赔服务手段和工具平台应用，大力推进小案快处，简化审核、简化链条，强调理赔的一站式完成，通过互碰快赔、一切交给我、到家的理赔、人伤电话导航、全程代理为用户提供极致理赔服务体验，确保服务领先。全面启动以“满意在人保”（“服务标准月”及“标准月回头看”）为主题活动的2016年客户节，推动覆盖全岗位全流程的服务界面标准化培训，率先推广全市系统柜面一体化服务，通过全市网点常态化的检查督导，强化基础界面员工的服务质量监控，规范理顺投诉管理“统一管理，归口承办，依责解决”机制，落实有效投诉责任人的处罚兑现；对典型客户投诉问题进行督导跟踪，完成服务界面人员的客户投诉驻点培训，客户投诉工作流程进一步优化。（朱高平）

中国人寿保险股份有限公司株洲分公司

【概况】 2016年，中国人寿保险股份有限公司株洲分公司强化公司综合实力、提高质量效益、优化客户服务，实现公司全面进步。公司年度经营绩效考核排名全省系统第二，再次跻身AAA公司，荣获总公司“模范集体”，全省系统“先进分公司”“价值贡献奖”“创新成果奖”“互动业务先进集体”。

至2016年年末，公司营销员队伍规模达9455人，新增持证人力3565人。个险渠道，持证人力同比增长60%；季均有效人力年均增长率为65.6%。银保渠道，保险规划师规模较年初净增561人。团险渠道，销售队伍同比增长160.81%。2016年，公司累计实现总保费15.1亿元，同比增长31.25%。其中，首年期交同比增长达77.22%，10年期及以上期交同比增长达68.56%，长险新单、首年标保、短期险同比增长分别45.64%、35.82%、17.71%。个险渠道，实现长险首年标保15078.93万元，同比增长32.21%；实现首年期交32285.58万元，同比增长79.43%；实现10年期及以上期交21469.24万元，同比增长64.15%；实现短期险2751.85万元，同比增长24.41%。银保渠道，实现长险首年标保1725.21万元，同比增长77.47%；实现首年保费25347.76万元，同比增长18.4%；实现首年期交6787.02万元，同比增长67.28%。团险渠道，实现短期险6948.49万元，同比增长10.85%。全年，公司累计支付各类给（赔）付6.33亿元；缴纳各项税收3100万元。

牢固树立“以客户为中心”的大服务理念，不断强化服务意识、丰富服务举措，提升服务技能和创新特色附加值服务，全力塑造企业品牌形象。

（姚迎迎）

【创新保险特色服务】 积极推进“服务电子化、流程简捷化、柜面综合化”，全面推广国寿e门店、e商城、e创宝、e服务、e宝账、e查询、微回执，及微回访，为客户提供方便快捷的服务支持平台。在全市5个区域中心设立移动柜面，彻底结束农村保险网点只有销售职能，没有服务职能的历史，开创了株洲寿险行业农村服务的先河。抓住株洲市城乡居民大病保险等政策性业务发展机遇，持续强化服务手段，着力提升服务品质，得到了政府部门充分肯定。（姚迎迎）

【签约株洲市城乡居民大病保险服务协议】 9月30日，株洲市城乡居民大病保险启动工作暨签约仪式在株洲市人社局成功举行，公司党委书记、总经理李仁松代表中国人寿保险股份有限公司株洲分公司分别与株洲市医保处、株洲市卫计委签署《株洲市城乡居民大病保险服务协议》。根据协议内容，分公司将秉承“便民服务”原则，按照《株洲市城乡居民大病保险实施方案》和相关文件要求，全力承办株洲市城乡居民大病保险，竭诚为株洲市城乡居民服务。（姚迎迎）

【助力2016环中国自行车赛】 9月22日，2016环中国自行车赛湖南第二赛段比赛在株洲醴陵举办，中国人寿作为主要赞助商之一，全程为活动提供服务，助力国际赛事。（姚迎迎）

城乡建设

城乡规划

【概况】 2016年，株洲市规划局积极推进清水塘老工业区搬迁改造战略规划。先后召开成果汇报会、市规委会执委会，对《清水塘老工业区搬迁改造战略规划》进行审议，形成定位准确、功能布局科学合理、规划实施时序安排恰当、操作性较强的规划方案，已完成《株洲市清水塘生态科技新城控制性详细规划调整》编制工作，为相关项目落地提供法定依据和具体实施方案。科学规划园区，推动重点产业园区发展。做好轨道交通城、通用航空城、新能源汽车城等工业园区的规划服务工作，围绕“两机重大专项”落地，制定《株洲市航空产业城总体规划（修编）》，对株洲航空产业城总体规划进行全面优化提升，通过强化交通联系、优化生态环境、完善设施配套，打造用地充足、环境优美、吸引力强的航空产业园区。完善城市轨道交通规划。在长株潭一体化发展的大背景下，结合株洲实际，着眼于解决国铁、高铁和城铁之间的换乘问题、城铁客流吸纳导入问题、城市内部交通拥堵问题，提出科学合理、具备可操作性的轨道交通制式和近期建设建议方案。制定专项规划，助推现代服务业发展。聚焦九大现代服务业集聚区、沿平汝高速旅游带、神农谷旅游区等现代服务业重点发展区域，组织编制相关区域专项规划和城市设计，从空间要素、交通网络、设施配套等多个方面保障和加快现代服务业发展。

启动“多规合一”工作试点。2016年，市政府组织召开“多规合一”工作部署会，成立市“多规合一”工作领导小组，出台《株洲市“多规合一”试点工作实施方案（试行）》，制定《株洲市“多规合一”工作规则（试行）》《株洲市“多规合一”技术标准（试行）》。按照试点工作实施方案要求，在全市“一区一县九镇”（云龙示范区、炎陵县、三门镇、仙庾镇、白关镇、白兔潭镇、左权镇、网岭镇、酒埠江镇、高垅镇、朱亭镇）开展“多规合一”试点工作。在“多规合一”规划模板和编制指南的指导下，云龙示范区和9个镇均已完成“多规合一”规划方案初步成果的编制。

加快镇（乡）和村庄规划。召开全市村镇规划编制工作推进会，考虑乡镇区域调整、新型城镇化试点、“多规合一”试点等多种因素，制定下发《株洲市全面完成村镇规划编制工作方案》，以各县（市）区为责任主体，加快推进全市乡镇、村庄规划编制工作，确保2017年6月底前全面完成全市乡镇、村庄规划编制任务。加快推进控制性详细规划和城市设计编制工作。编制完成控制性详规枫溪片区05、06、07单元控规修改、水竹湖片区控规修改、河西中心片区09单元（三十三区）控规修改、6个城市重点区域的城市设计，株洲高铁西客站交通枢纽规划方案、株洲市重要交通干道及交通节点规划研究等11项指令性规划编制任务全部完成。

推进规划审批机制改革。2016年不断优化规划项目审查机制，重点加强对规划条件通知单的审查，通过前期打牢基础工作、明确规划要点，避免后期在方案设计阶段出现反复修改，影响审批效率；重点强化重要区域和节点的建筑方案审查，通过建立高水平设计单位名录、一次性提出方案设计要点，具体落实“适用、经济、绿色、美观”的建筑方针，同步提升方案质量和审批效能；实行技术审查和行政审批相分离，行政审批时间大为减少，核发建设用地规划许可证优化为3个工作日，建设工程规划许可办理总时限由实际操作的22个工作日（法定25个工作日）减少为10个工作日。全年全市发放出让地块规划条件通知书120件，用地面积739.5万平方米；建设用地规划许可证107件，用地面积519.29万平方米；建设工程规划许可证142件，建筑面积717.03万平方米。（陈　慧）

【控违治违】 2016年，株洲市规划局配合市考评办加强对控违治违工作的考核，坚持每季度在《株洲日报》上公布考核排名。加强与市国土、城管部门以及城市5区政府的联系与协同，经市考评办认定，2016年城市5区共拆除违法建设520栋、面积13.8万平方米，控制违法建设285处、11.8万平方米，服务重大建设项目拆迁拆违1211栋、81.4万平方米。会同市国土、城管部门和城市5区政府，对市本级的违法建设进行全面摸底调查，查实中心城区违法建设面积461万平方米，城市建成区违法建设面积137万平方米。在掌握一手数据和专题调研的基础上，向市委、市政府报送《拆违控违专项行动调研报告》和《违法建设专项治理三年行动工作方案》。
（陈　慧）

规划设计

【概况】 株洲市规划设计院，行政归口株洲市规划局管理，资产受株洲市国资委监管，下设规划分院、测绘分院、湖南智谋规划工程设计咨询有限责任公司（包括市政工程院、建筑工程院、勘察工程院、景观工程设计研究中心、创作设计中心、造价与咨询中心、规划建设总承包公司、云龙分院、醴陵分院，及重庆分院）等机构。拥有城乡规划编制、建筑行业（建筑工程）、市政行业（道路工程）、工程勘察、测绘工程（地理信息系统工程、工程测量、不动产测绘），及工程咨询（城市规划、市政交通、建筑）6个甲级资质和风景园林工程专项、市政行业（桥梁工程）、市政行业（给水工程）、市政行业（排水工程）、土地规划机构，及工程咨询（给排水）6个乙级资质。全院有在职职工435人，其中高级工程师75人，工程师150人，一级注册建筑师4人，二级注册建筑师6人，一级注册结构工程师4人，二级注册结构工程师6人；注册岩土工程师4人，注册城市规划师28人，注册测绘师10人，注册造价工程师3人，注册咨询师15人，注册公用设备工程师8人。2016年度全院共签订合同600余份，合同总金额约1.58亿元，实现营业收入1.356亿元，上缴各类税金2265万元。

2016年，市规划设计院继续做好“服务政府、服务规划”工作，完成多项市内、市外重点项目。重要规划项目：株洲市区加油加气站布点规划修编（2015—2020）、市政廊道控制规划、航空服饰城竖向研究、株洲市“十三五”城镇建设规划、河西核心区控规、多规合一工作规则、扎囊县城控规、株洲市湘天桥控规、桂花片区控规、新马EBD控规、荷塘旧城控规、河东中心区控规、天易北片区控规、株洲市东进南进发展规划、湘江新城段控规，及高科段控规等。交通项目：《停车设施布点规划》《充电设施布点规划》《综合交通体系规划》《“十三五”道路建设规划》和《畅通工程三年行动计划》等。市政项目：新文化路、建宁港路、升龙路、万丰湖片区市政道路、排水项目设计、北环线C段施工图设计、机场大道、天易集团自主创业科技园市政道路、排水专项规划、管线综合、醴陵“一江两岸”方案设计和小街小巷改造、株洲县段机场大道、南洲新区规划道路、茶陵西环线，及炎陵康乐大道等。景观项目：枫溪生态城湘江东岸、枫溪山体公园概念规划及景观方案、天易自主创业园温泉湖公园一期景观工程、醴陵东互通景观工程、醴陵“一江两岸”改造工程、天池公园概念规划，及天池湖公园景观方案及初步设计等项目。得志公园总体规划、植物园选址规划等项目。测绘项目：做好规划基础数据动态更新测量、完成株洲县规划局基础地理空间数据整理建库。完成市项目竣工测量、定位测量等项目。
（李　麟）

【争创设计精品】 积极开展项目设计创优、评先和参与论文竞赛活动。年内，项目创新创优获奖25项，国家级获奖5项：株洲市辖区1：500地形图未覆盖区测绘获全国优秀测绘工程金奖、株洲县渌江两岸农村土地整治开发项目渌江风光带一期工程获全国优秀工程勘察设计三等奖、株洲市中心医院获全国优秀工程勘察设计三等奖、茶陵县渡里村村庄规划获全国优秀城乡规划设计三等奖、株洲市城市排水（雨水）防涝综合规划（2014—2020）获2015年度全国优秀城乡规划设计表扬奖。省级获奖8项：湖南省优秀工程勘察项目获奖3项，其中二等奖1项、三等奖2项。湖南省优秀工程咨询项目获奖4项，其中二等奖1项、三等奖3项。上海市优秀工程咨询项目获二等奖1项。市级获奖12项，其中一等奖7项，二等奖3项，三等奖2项。发表论文59篇，其中参加湖南省2016年度优秀城乡规划论文竞赛获奖28篇：一等奖1篇，二等奖4篇，三等奖8篇，表扬奖15篇。（李　麟）

城镇建设

【概况】 2016年，全市资质内总承包和专业承包建筑企业201家，其中一级资质建筑企业23家（一级总包企业17家，一级专包企业6家），二级资质建筑企业85家，三级及其他资质建筑企业93家，分别占全市建筑企业个数的11.4%、42.3%、46.3%。

全年全市建筑业实现总产值589.23亿元，全省排名第二，同比增长13.16%，对全市经济发展的贡献率明显提升。全年重点竣工项目完成投资263亿元，方特梦幻王国等63个项目竣工。市政基础设施建设完成投资115.19亿元，同比增长81.3%，首次突破100亿元，湘江六桥等55个项目竣工。制定出台《关于进一步加强和改进城市规划建设管理工作的实施意见》以及《株洲市城市交通畅通行动路网工程实施方案》。“企业帮扶年”工作被评为全市先进单位。组建建筑企业服务中心和技术服务中心，办结市企业帮扶办交办问题155个，办结率达100%；完成初步设计联合审查项目90个，合并验收项目101个。

行业发展新成效。城市绿荫行动全面推进，10个小游园完成绿化提升改造。城区绿量大幅提升。精品景观不断涌现，城区生态环境质量不断提升，市民幸福指数显著提高。至2016年年底，全市有绿地面积5627.4公顷，公园绿地面积1485.5公顷，绿化覆盖面积5926.52公顷，建成区绿地率达39.76%，绿化覆盖率41.88%，人均公共绿地面积11.98平方米，推进“两供两治”，超额完成供水管网、市政燃气管网、新增城镇管输天然气用户等一系列“民生100”任务。在全省绩效考核中，天然气新增户数及县以上城镇供水管网等工作位居全省前列。全年新增供水管网55.46公里，燃气管网155.57公里，新增城镇管输天然气用户54751户。至2016年底，全市燃气管网1590.59公里，天然气用户34万户。完成污水处理总量18646万吨，污水处理率达到95.32%。扎实推进光纤到户工作，在全省考核中荣获第一名。全面推进攸县湖南省新型城镇化试点县、白兔潭镇省级新型城镇化试点示范镇、白关镇国家建制镇试点示范及三门镇等16个特色镇试点工作。出台全市首部实体法《株洲市农村村庄规划建设管理条例》。农村危房改造全年开工9285户，竣工8979户，在全省绩效考核中荣获先进单位。行政审批制度改革成效显著，得到新华社等中央媒体的充分肯定和推介。

强化建筑行业管理。制定出台《市人民政府关于推进建筑业发展和改革的若干意见》。完成开标项目284个，总招标控制价64亿元，总中标价60.69亿元，节约3.31亿元。突出行业监管。建设工程质量安全形势平稳可控，整体监管能力和水平稳居全省前列。攸县政务中心成为全市第三个获得中国建设工程质量最高奖“鲁班奖”的项目，栗雨城·香山美境21栋、市第二中学新校区图书馆艺术馆、神农太阳城写字楼荣获2015—2016年度中国建筑工程装饰奖。造价管理工作蝉联全省第一。“工程质量治理两年行动”向纵深推进，安全生产成果丰硕，市住房和城市建设局被评为“2012—2016年度全省安全生产先进集体”。城建档案管理扎实有效，地下管线普查工作得到住房城乡建设部等5部委领导和专家的高度认可，省级媒体予以专题报道。加快绿色建筑发展。全年完成建筑节能备案项目87个、280万平方米，实现既有居住建筑节能改造35万平方米，“大汉·希尔顿”等项目获批二星级绿色建筑。制定出台《株洲市绿色建筑行动实施方案》《株洲市公共机构节能管理办法》。荣获省“十二五”建筑节能与绿色建筑工作先进集体称号。（袁思师）

【小城镇建设】 2016年，全市危房改造工作充分发挥住建系统政策、行业和技术优势，创新工作方法，形成以醴陵官庄乡、天元区三门镇南江村为代表的危房改造工作株洲特色经验。全市完成8979户农村危房改造，启动50个试点村庄整村推进工作，超额完成省住建厅下达任务。实现危改农户网上信息录入率达100%。

建制镇污水处理设施建设稳步推进，全市已建或在建集镇生活污水处理设施项目共13个，其中2016年新建2个项目，分别是株洲县朱亭镇、古岳峰镇污水处理厂。攸县酒埠江镇、醴陵市白兔潭镇即将动工建设集镇污水处理厂，其他建制镇已启动污水处理设施建设前期工作，正着手编制供排水等专项规划设计。攸县湖南省新型城镇化试点县、白兔潭镇省级新型城镇化试点示范镇、白关镇国家建制镇试点示范及三门镇等16个特色镇试点工作有序推进。省十二届人大常委会第26次会议审议通过《株洲市农村村庄规划建设管理条例》，成为全市首部实体法。（李 骏）

【造价管理】 全年共完成160个项目施工合同备案工作，合同备案金额79.88亿元，其中国有投资项目施工合同备案率达100%，纠正了合同签定当中的违规现象，为维护建设市场秩序和抑制工程结算纠纷起到了较大的作用。全年共审核107个项目安全文明施工措施费，核增457.06万元，全年办理竣工结算备案项目92个。造价咨询行业企业和专业人员队伍不断壮大，业务范围逐步从工程预结算编审向工程建设全过程造价控制领域拓展。2016年，市建设工程造价管理工作不断提升，在年度考核中蝉联全省第一名，荣获“株洲市文明窗口”等称号。（万 军）

【施工图审查和勘察设计】 2016年，全市勘察设计和施工图审查水平不断提高。全年完成施工图审查备案145项，其中市政17个，里程19008.96米；房建128个，面积4501334.23平方米。全市有工程勘察设计单位35家（不包含两个审图单位），其中：甲级资质单位8家，乙级资质单位17家，丙级资质单位10家；全市有施工图审查机构2家。截至2016年第三季度，全市共有勘察设计从业人员2465人，注册人员329人。全年行业产值达1.4亿元，人数达1980人，营业收入达4.3亿。新注册27人，续注册40人。加强勘察设计质量检查，对勘察设计单位资质和注册人员实行动态管理，强化勘察设计市场监管，组织开展技术人员注册继续教育及有关业务知识培训学习。编制完成《株洲市“十三五”智慧城市建设规划》及《株洲市“十三五”城镇建设规划》，制定“十三五”期间基础设施建设项目库。出版《株洲市勘察设计》，勘察设计信息全部录入《湖南省建设工程监督管理信息平台》。（王晓瑜）

建设工程质量安全监督

【概况】 2016年，株州市建设工程质量安全水平获得新提升。全市共创建“鲁班奖”1项、国家市政金杯奖1项、省优质工程14项、芙蓉奖3项、省质量观摩工程4个、省质量标准化项目130个、市神农奖48个；创“AAA”安全文明工地3个、市标准化工地88项。

2016年，株洲市建设工程质量安全监督管理处开展工地扬尘治理、围档美化、文明施工管理等工作，推动株洲城市文明建设；优化环境，简化手续，主动服务企业，助推株洲经济快速发展。年内，株洲市建设工程质量安全监督管理处和株洲市建设工程质量研究检测中心先后被评为全国建设工程质量监督机构、全国建设工程质量检测行业先进单位；检测中心被评为株洲市唯一一家省级建设工程质量检测机构信用等级“AA”试验室。

推进监管工作。严格考评，落实企业主体责任，推进安全标准化。全年进行项目安全考评448项次（其中，174项次考评为优良、14个项目考评不合格），基本实现全覆盖、全数量、全过程，向企业传递压力，压实安全生产责任；将项目安全考评与安责险浮动费率、企业安全生产许可证考核挂勾，促使建筑企业开展安全标准化项目创建，提升全市安全标准化工作水平。严格执法，落实隐患整改，推进市场秩序规范。2016年，全市先后开展安全生产第一轮排查暨“两节”“两会”、节前停工摸底排查，安全生产第二轮排查暨节后复工专项排查，汛期雨季安全生产专项排查，高考期间静音排查、秋季消防安全排查、冬季安全排查、建筑起重机械安全生产隐患排查、建设工程质量安全季度督查，及“大整治、大管控、大排查”安全生产大排查等15项专项检查。全年监督全面检查4000余项次，集中督查300余项次。全年下发整改通知书670份、不良行为告知书54份，上报行政处罚书21份，共纠正违法发包23个、转包27个、违法分包22个、挂靠15个，做到发现一起查处一起，规范建筑市场秩序。

提升监管工作效能。创新建筑起重设备监管。市建设工程质量安全监督管理处率先通过购买服务的方式，引进第三方专业机构辅助监督机构对起重设备进行专业评价、安全检查、专项检查，提高安全生产管理工作的专业化水平。全年，第三方专业机构共对城市4区517台（占总设备量的79.3%）建筑起重设备进行监督抽测。已有3个县市监督机构也沿用这一做法，聘请第三方专业机构对建筑起重设备进行全面排查。该项工作以“株洲模式”在全省推广。创新质量标准化建设。做好质量标准化创建计划，主动与建筑企业对接，对拟开展质量标准化项目进行摸底，帮助企业建立创建台帐，做到计划在先、任务在前；在建设过程中指导项目建立质量常见问题治理样板示范，把质量问题早抓、早治；项目建成后，帮助企业把项目推上去，创优争先。2016年，市本级申报省级标准化示范项目111个，占项目总数的56.3%；按面积统计达758万平方米，占67.3%；省级质量观摩示范项目有4项。创建质安监管“互联网+”运用体系。借助“互联网+”，砼芯片植入得到全面推广和应用，并以此加快工程质量检测数据智能采集自动传输工作，基本实现了数据自动生成、自动采集、自动传输、全市联网。

（聂卫华　颜小坤）

建筑设计

【概况】株洲市建筑设计院有限公司是株洲市规模较大、技术力量较强的建筑设计公司，具有甲级建筑设计资质、乙级市政道路及工程建设咨询资质，同时可从事相应的建设工程总承包业务及项目管理和相关的技术与管理服务。公司设计的北师大附属学校、栗雨学校、天元中小学，高科•总部壹号、磐龙生态社区、云龙发展中心、中瑞•曼哈顿、亿都•铂金中心、移动生产调度大楼、枫溪小学等建筑，为株洲打造了一张张名片。

2016年，公司有员工61人，具有中、高级职称40余人，其中国家一级注册建筑师3人，二级注册建筑师2人，国家一级注册结构师7人，国家注册设备师3人，注册咨询工程师5人。公司为客户提供涵盖规划、建筑、结构、机电、景观等全方位的设计，可为客户提供方案、扩初、施工图及施工配合等全程的服务。全年，公司完成各类建筑设计、市政道路设计、工程咨询1500多项。

公司以杰出、实用和经济为设计原则，加强设计创新和技术更新，秉承“精心设计创精品为用户着想，优质服务讲信誉使顾客满意，科学管理求发展保持续改进”的质量方针，视质量为“企业生命线”。

2016年，公司设计的“云龙发展中心”“高科•总部壹号”两个项目荣获株洲市优秀工程勘察设计一等奖，“新马工业园新马北路新建道路工程设计项目”荣获株洲市优秀工程勘察设计二等奖；“高科•总部壹号”项目被推荐至湖南省参评，荣获湖南省优秀工程勘察设计三等奖。（邱　维）

城市管理

【概况】2016年，株洲市拥有市容环卫专用车辆142辆，道路清扫保洁面积1824.83万平方米，清运生活垃圾量42.79万吨，生活垃圾无害化处理量42.79万吨。

全年全市城管系统努力提升城市管理水平，城市面貌发生巨大变化。

落实大城管格局。推进城管立法，起草《株洲市城市综合管理条例》。首次进行市直部门考评，制定考评办法和考评标准，按照“突出重点、逐步推进”的原则，启动对10个市直部门城市管理工作考评。推进网格化管理，拟定《株洲市实施城市管理网格化新模式的意见》。落实环卫工人权益保障。有536名环卫工人获得住房保障资格，2016年起，环卫工人每人每年增加450元冬季防寒保暖费。全年开展两次集中救助工作，共救助环卫工人103人，发放救助金98.5万元。推进项目建设。启动南郊垃圾填埋场封场和固体废物填埋场项目，完成了前期准备工作。餐厨废弃物处理项目完成项目招商和核准、安评、环评等前期工作。生活垃圾焚烧发电项目完成一期扫尾建设，由试运行转入正常运行，制定运营监管办法，将考核结果与每月的垃圾处理服务费挂钩。在株洲西站外株洲南站外等地段新建10座移动公厕，有效解决了公交始末站和繁华地段如厕难问题。

提升管理水平。落实精细作业要

求，加强环境卫生管理，在做好日常清扫保洁和道路清洗的基础上，加强垃圾清运监管，确保在垃圾运输过程中无滴洒漏现象发生。规范市容秩序，组织开展牛皮癣、摊贩、牌匾、行道违停、校园周边环境等专项整治。加强户外广告监管，确保户外广告规范设置，拆除、提质广告牌9519平方米，发布公益广告面积66698平方米。依托数字城管平台，提高网格化管理水平，全年共受理各类问题670600件，处置661618条，结案661388件，处置率99.17%，结案率99.44%，按期结案率96.39%。加大灯饰设施管养力度，路灯养护推行劳务内包，亮化维护推行劳务外包，养护效率进一步提高，确保设施完好、正常运转。组织开展"两节两会"市容环境卫生百日集中整治行动，彻底解决一批城市管理重难点问题，确保城市环境干净整洁。

加强执法队伍管理。严格文明执法，规范执法行为。建立城市管理行政执法案例指导制度，实行行政执法文书网上公开发布，着力推进城管执法队伍正规化、专业化、职业化，努力做到"四统一"。统一编制。督促各区清理在编不在岗的城管队员，建立协管员招聘、管理、奖惩、退出等机制。统一管理。按照执法人员的标准和要求打造城管队伍，统一制式服装、标志标识，执法执勤用车和装备配备。统一培训。加强城管执法人员业务培训和考试，严格实行执法人员持证上岗和资格管理制度，依托市委党校，举办第三期城管执法培训班，对全市城管执法骨干进行封闭式集中培训。统一考核，实行每日考评、每周反馈、每月通报的城管队伍考评机制，对办事处城管队伍进行全面整顿，执法队伍素质进一步提升。

改善城市面貌。坚持严格考评，充分发挥考评"指挥棒"作用，实施城市管理工作微信实时动态考评，督促指导城市各区对照工作标准，落实管理责任。天元区、荷塘区、芦淞区坚持整治难题，祥云农贸市场、合泰涵洞、芦淞市场群等热点区域变化显著；云龙区华强方特、职教城等重点部位周边环境更加整洁；石峰区率先开展城管志愿服务活动，初显成效。同时，坚持把城区的好经验、好做法推向县城，定期组织对5县（市）城管工作进行检查考核，加强服务指导，推进全域覆盖，各县城管理水平显著提高。攸县大力推广"一线工作法"，管理更加精细；醴陵市顺利完成第二轮环卫作业市场化改革；炎陵县规范摊点管理，专门设置黄桃市场；茶陵县顺利通过国家卫生县城复审、省级文明县城复检；株洲县提质改造城乡环卫硬件设施，西山岭老垃圾场封场效果明显。（黄俊锋）

【市城管委第二次全会召开】 6月2日，市委副书记、市长、市城管委主任阳卫国主持召开市城市管理委员会第二次全体会议，研究加强和创新城市管理有关工作，议定城管立法、市直部门考评、网格化管理、环卫工人权益保障、城管执法体制改革等城市管理重点难点问题。（黄俊锋）

【生活垃圾焚烧发电厂规范运营】 生活垃圾焚烧发电厂规范运营，全年焚烧生活垃圾37.5万吨，发电1.3亿千瓦时，按每户每年用电2000千瓦时的标准，可解决6.5万户家庭的年用电需求。（周　磊）

【市容环境卫生百日集中整治行动】 市城管局从2016年12月1日起组织开展"两节两会"市容环境卫生百日集中整治行动。城市各区的城管部门和市城管局的市容科、环卫科、市政科、灯饰管理处、城管行政执法支队、城管监督指挥中心、户外广告资源管理处等7个部门（科室）为整治行动的执行主体，根据自身情况制定行动方案。市城管局的局领导和其他机关干部为整治行动的督查主体，根据执行主体的行动方案开展密集的督导检查。经过整治，芦淞市场群、钟鼓岭、合泰涵洞、湘天桥等难点部位市容市貌大为改观，私设地锁、绿化带积尘厚、乱摆摊点多、清洗保洁不到位等问题得到缓解。（黄俊锋）

市政管理

【概况】 株洲市市政工程维护处是归口市住房和城乡建设局领导和管理的副处级差额拨款事业单位，其前身是始建于1953年的市政府建设科土石方工程队；1983年1月，根据城市建设、养护和发展的需要，按照市城建局[1982]第37号文件要求，市政工程维护管理处从市政工程公司中剥离出来，单独设立；1994年1月，将市政工程维护管理处路灯排渍站分离出来单独成立株洲市灯饰管理处；2005年8月，市政工程维护管理处升格为副县级事业单位；2007年4月，市政工程维护管理处更名为市市政工程管理处；2015年3月，市市政工程管理处承担的行政职能划入市住房和城乡建设局，更名为市市政工程维护处，为市住房和城乡建设局所属副处级事业单位。株洲市市政工程维护处负责占用挖掘城市道路、桥梁和新、扩建下水道的现场勘察及收费，并对违反市政工程和市政设施管理的行为进行巡查；承担城区内56条主次干道、快速环线、窗口路段（总长度为129.76公里、总面积为339.32万平方米）、55条主次干道污水、雨水管道及6条下水专线，排水管道总长381.57公里；70座桥梁（其中跨江大桥5座，特大桥及大桥20座、立交桥5座、中桥25座，小桥6座，人行天桥9座）、7座涵洞、3座地下通道、10条主排干渠，及其附属设施的管理养护、维修和市政设施应急工作，以及负责对天元区的武广西站、炎帝大道、王家坪立交等大型、主要节点市政设施进行管理与养护等。处机关内设办公室、政工劳资科、财务审计科、工程技术科、路政管理科、道路排水管理科和桥梁通道管理科7

个科室。下设株洲市市政工程维修养护中心。

2016年，株编办【2016】84号文件正式明确市政处三定方案，原路桥征费维护管理处撤销，其职责职能人员并入市政处。

2016年，株洲市政工程维护处全面推行专业化全方位精细管养，努力打造“五好”市政（即道路平整通行好、管网排水功能好、桥梁运行状态好、路政管理服务好、维修养护质量好）。全年精细化完成人行道维修13909平方米，沥青砼路面维修39163平方米，沥青灌缝8245米，掏挖检查井34070座/次，掏挖泄水井40085座/次，冲洗管道22930延米，新建排水管道398米。年内，单位先后获2015-2016年度“全国青年文明号”、全市抗洪抢险先进单位等多项荣誉称号。

（马怡娜）

【路政管理】 强化市政设施管理，对市政设施进行24小时不停巡查并建立台账，实施全方位动态管理。着力解决民生诉求。与市民工作生活息息相关的问题，主动与服务对象联系，反馈情况。2016年共处理市长热线（信箱）485起，市政应急专线“28220110”400余起，数字城管共处理300余次。对水、电、气、通信等管线单位的产权井病害主动进行巡查监管，并协助产权方共同搞好井盖平整度维修和安全达标。与排水管网接入方联系，防止发生私接乱挖对市政设施造成的次生灾害。依法有序管理各类占破道工地，对破占道严格依法依规依程序办理，出台《株洲市城区破占道管理办法》（株政办发【2016】33号），让株洲城区道路占破道管理有法可依，更加规范有序。

（马怡娜）

【路政应急处置】 根据往年城市道路防汛和株洲气候情况，制定冰雪、暴雨应急和系列治理积水的方案，对城区内易积水路段进行统计，摸排出建设北路铁路桥下、石峰大桥桥头、麻园社区附近、响石路等19处易积水点，有计划地安排积水点改造，对管道小的进行管道扩容，加速暴雨来临时排水。2016年6月14日，株洲市气象部门发布特大暴雨预警，市政处立即启动防汛三级应急预案，路政队员24小时在城区不间断巡查。凌晨4点多钟，市政处100多名应急队员全员上路，第一时间奔赴城区各个路段进行暴雨应急处置，将低洼路段、易涝点的泄水井提前打开加速排水，并派专人值守。15日，株洲市城区遭遇历史最强暴雨，当天市区降雨量达255.8毫米，城市地下排水系统超负荷运行。由于市政应急队员安全、及时、高效排抽积水，有效保障了城市交通顺畅和市政设施的正常运转，得到广大市民和多家新闻媒体的一致好评。全年防汛应急处置9次，出动137人次，出动车辆37台次。市政应急处置成为全市应急工作的品牌。

（马怡娜）

【市政设施养护】 坚持推行“专业化全方位精细养护”模式，全面提升市政设施养护标准，主干道市政设施完好率达98%，次干道市政设施完好率达95%。全面提升主次干道、人行道完好率。年初全面摸排市政设施的运行情况，制定日常养护计划，并按照计划控制进度节点，针对动态养护情况增排生产任务，路面养护水平得以大幅度提升。保障下水管网畅通无阻。避开城区交通拥堵时间段，利用夜间段对检查井、泄水井等排水设施进行维护清淤；对其他依附在道路上的各管线单位的下沉、松动井等问题及时下达整改通知函并督促落实，确保全市排水管道通畅率达95%以上。确保桥梁通道状态良好。安排专业技术人员定期对全市65座桥梁、7座涵洞进行巡查，及时、高效做好裂缝修补等日常维护工作。全年完成桥梁通道日常养护伸缩缝清理14270延米，桥梁泄水孔清理2650个，波形护栏维修354米等。

（马怡娜）

园林绿化管理

【概况】 2016年，株洲市全力推进绿色发展，新建绿地面积244万平方米，创建园林式单位（小区）28个（申报省级2家，市级26家），其中市级通过21家。截至2016年12月底，全市建成区绿地率达39.79%，绿化覆盖率达41.9%，人均公共绿地面积12.58平方米，分别比2015年增长0.56%、0.54%和0.99平方米，国家园林城市创建成果得到进一步巩固和提升。

规范绿化配套审核。全年累计完成各类城市绿化行政许可事项73件，其中：36个申报园林报建的新、改、扩建设项目，现状绿地项目37个，核定项目绿地面积52.88万平方米，办结率均100%。

规范园林企业资质。全年新批准三级企业8家，审查上报二级资质延续资料6家，晋升2家；三级资质延续资料第一批16家，第二批5家；参与市住建局联合验收33项。同时，对全市395家省、市级园林式单位（小区）进行全面复查核实

（文志明）

【林荫停车场建设】 2016年，林荫停车场建设项目全面完成规划、选址工作、计划13个项目地点，车位1078个，总面积47110平方米。

（文志明）

【园林绿化重点项目】 2016年，市财政投资5个重点项目，完成投资0.42亿元。其中京珠高速西入口（大石桥）、石峰公园樱花园及枫香林、沪昆高速东入口3个项目完工；迎宾大道、泰山西路北侧项目正在加快建设。融资平台投资6个重点项目，完成投资24亿元，其中铜霞路三期、向阳北路项目建设全线竣工；在建项目4个，湘江风光带东岸综合治理项目完成投资20.5亿元，北段一、二标基本扫尾，新建白石港路通车，彩虹桥、反修桥，中心段、南段项目进展顺利；枫溪港

综合一期项目完成投资 0.55 亿元；万丰湖（生态水系）完成投资 0.3735 亿元；机场大道（南华路——千亿大道）完成投资 0.57 亿元。（文志明）

【屋顶绿化建设】 2016 年，屋顶绿化建设试点项目 7 个，完成银天国际、领秀香江、丽景滨江项目建设，完成投资 0.027 亿元。（文志明）

【小游园建设】 2016 年，10 个小游园已全部完工开放。其中：荷塘区 3 个，位于铁四院，德政路与桂花路交叉口以及文化路交叉口；石峰区 3 个，位于怡馨花园，田心高科园和株冶生活区；芦淞区 2 个，为白石园小游园和七新小区小游园；天元区 2 个，海天路小游园和老年公寓小游园。建设面积 20900 平方米，完成投资 0.177 亿元。在选址、建设过程中，力求观赏性与实用性相结合，为城市再添新景，为附近居民提供散步休闲、享受绿荫的好去处。（文志明）

【绿化养护考评】 2016 年，市财政投入 500 万元用于城市绿化养护考评。从 4 月份起，公园养护考评纳入养护考评体系，并启动城市 5 区主干道绿化中小修提质工作。每月进行明检、暗检各一次，及时发现、解决养护过程中的难点问题，予以全市通报，奖惩兑现。不断完善考评细则，形成完整的城市园林绿化养护监督考核体系，有效提高园林绿化管养水平。（文志明）

【开展义务植树活动】 2016 年，3 月 12—18 日，在全市组织开展"绿荫行动，从我做起"义务植树活动，重点开展市直机关植树、市民及社会团体植树、城市公园绿地树木认养认建、园林科普宣传、创建园林式单位（小区）五项活动，积极引导广大市民参加植绿、护绿、爱绿活动，广泛传播绿色文明。在泰山西路、万丰湖、红旗立交桥、九郎山、华强路、河西湘江风光带、石子湖公园、天鹅湖公园、白关镇白关村 9 个植树点，共有 2 万多人参加植树活动，植树 12000 多株，新增绿地面积 23000 平方米。同时，在天元广场及中心广场设置咨询服务台，向市民发放宣传册，自制花肥，并邀请园林专家现场解答市民园林知识问题。（文志明）

【节日氛围园林营造】 2016 年，全市投入资金 611.79 万元，完成"春节""五一"、国庆节节日气氛营造工作，共摆放各类扎景和鲜花组合小品 91 万盆，绿雕、扎景设计简洁大气，造型端庄优雅，展现了株洲新城人文、环保、绿色的城市格调，丰富市民节日生活。（文志明）

【城市绿荫三年行动正式启动】 3 月 17 日，在湖南工业大学正门西侧义务植树活动现场，市委书记贺安杰宣布株洲"城市绿荫三年行动"正式启动。市委副书记、市长毛腾飞发表讲话。根据《株洲市城市绿荫三年行动计划》，株洲将投入 100 亿元，重点实施"六大工程"，即城市林荫道路建设、公园和广场林荫景观建设、单位庭院小区绿化建设、林荫停车场建设、立体绿化建设、山体和水系生态修复建设工程。力争到 2018 年年底，城市建成区林荫道路的比例超过 88%，林荫广场和停车场的比例超过 75%，林荫小区和庭院的比例超过 57%，立体绿化、山体和水系生态修复保护全面推进，真正让市民享受"推窗见绿、出门赏景、起步闻香、湘水鹭影"的生活。株洲城市绿荫三年行动计划建设项目 135 个，包括公园、广场（小游园）13 个（提质改造 2 个，新建 11 个），道路 32 条，园林式小区（单位）52 个，林荫停车场 20 个，屋顶绿化 7 个，以及一江四港五大滨水景观建设等 11 个。2016 年重点开工项目 23 个（完工 11 个，在建 12 个），计划投入资金 25.3 亿元，实际累计完成投资 25.7 亿元。（文志明）

灯饰管理

【灯饰设施日常维护】 2016 年，株洲市灯饰管理处积极推行路灯养护劳务内包、亮化维护劳务外包的养护模式，大幅提高灯饰设施养护工作效率和效果。全年移交接管路灯 3379 火，路灯总数增加到 45096 火；维修路灯 9025 火，箱变表箱检修 361 起，处理线路故障 319 起，巡查检修路灯各类设施 980 起，处理市民投诉共 937 起，路灯亮灯率达 99%，市民满意率 100%；新增工程质量监管亮化楼栋 85 栋，总栋数达 996 栋；督促各维护标段累计处理亮化楼栋故障近 600 次，督促各业主单位维修亮化楼栋 60 余次，全市亮化楼栋亮化率达 97%，设施完好率达 98%。确保了创文复检、湘台经贸洽谈会等重大活动和重要节日期间路灯设施高效运行和市民安全出行。（刘琴红）

【灯饰安全生产与考评督查】 创新考评方式方法。增设季度评比，开展全方位巡查。全年开展考评巡查 234 次，查灯近 19 万火，检查施工现场 75 处，楼栋亮化 17 次，路灯设施 395 处，检查车辆安全 40 次，材料使用 29 次，工作着装 51 次。加强用电监控管理。全年监控故障点 1202 处，准确率 100%，处理率 98%；制定《广场舞管理制度》，加强外接电源督查管理，全年开展用电督查 273 次，查处违章违规接电 91 次，挽回电费损失 16.4 万元，全年抄付电费 3485.46 万元。强化安全生产红线。完善安全生产检查制度，加大对作业现场劳动纪律和安全隐患整改的检查力度，全年共开展安全生产检查近 200 次，查处安全生产隐患 158 处，下发整改通知 130 份，所有安全隐患在规定时间按要求整改到位。（刘琴红）

城市户外广告资源管理

【概况】 2016年，株洲市城市户外广告资源管理处围绕户外广告牌的整治提质、安全维护和管理、公益广告的宣传发布、资源费的收缴等开展工作，改善了城市环境，提升了城市文化品位 。

广告牌的整治提质。2016年，共拆除、提质广告牌1万平方米，其中，拆除陈旧及存在安全隐患广告1000平方米、更换破损广告画面6000平方米、提质改造3000平方米。按照市容市貌及户外广告品质规划的整体要求，督促广告业主整改破损画面、留白等不规范广告画面约7500平方米。

广告牌的安全监管。对政府资源24个高立柱广告牌开展安全维护，排除了安全隐患；对非政府资源20家广告公司的大型户外广告设施开展安全督查，督促广告公司整改70处。

公益广告宣传。2016年，在全市发布“两节、两会”“党代会公益宣传”“应急知识宣传”“文明城市复检”“禁毒宣传日”“政治口号宣传”“社会主义核心价值观”“学雷锋”“关心未成年人”等主题户外公益广告宣传，发布面积达6.7万平方米，其中，喷绘面积3.3万平方米，LED面积3.4万平方米。（姜　安）

【开展节日市容整治】 2016年12月15—31日，对城区户外广告进行集中整治，督促广告公司拆除和修复破损、老旧广告画面81处；整改占道宣传、道旗和气球气模广告122处，做到“发现一处整改一处”。（姜　安）

【落实广告设置专家评审制度】 为美化城市，科学规范户外广告宣传，按照“减量提质、专业决策”的原则，2016年，制定《新设大型户外广告位专家评审办法》，从市建筑行业，规划设计行业，城管广告行业，安全、消防和交通行业聘请业务水平较高的人才建立广告评审专家库，根据评审制度程序，组织开展大型户外广告位专家评审会，进行专家评审，并形成专家评审报告，进行专业决策。

（姜　安）

【贺新年公益广告】 2016年，为弘扬中国节日文化，提升株洲文化品味，特设计制作有创意、有年位、接地气的公益广告49块，为株洲城市营造了浓郁的节日氛围。（姜　安）

城市管理行政执法

【概况】 株洲市城市管理行政执法支队组建于2006年10月，为参照公务员管理的事业单位，人员定编47人，内部机构设一大队、二大队、三大队、四大队、督查处罚科、综合科、财务科等7个部门。

2016年，坚持以日常执法为中心，按照职能任务落实工作。进一步完善每日考评、每周反馈、每月通报的队伍考评机制，全年未发生影响不良的不文明执法事件和群众投诉举报。规范全市街道办事处城管队伍的管理，各区办事处城管队伍基本实现了培训统一、着装统一、管理统一。加强队伍培训，11月份在市委党校举办城管体制改革研讨班，队伍综合素养进一步提升。不断深化为民服务举措，3月份在全市开展“为民服务月”活动，设立城管志愿服务站点11个，为市民做好事3500余起，为民服务工作进一步常态化、制度化，《湖南日报》《法制周报》分别以“一个窗口的亮度”“服务型执法，让城市更美丽”对支队为民服务工作进行宣传推介。强化日常执法。坚持日常巡查与联合执法相结合、群众举报与媒体曝光相结合，不断完善执法联动机制，加大对毁绿占绿、违规破占道、违法广告的查处力度，全年共查处违规案件130余起。严格渣土管理。坚持落实24小时全天候巡查监管制度，发现和处理路面渣土污染834处，有效控制道路扬尘污染。完善“每日考评、每月通报”的考评机制，考评渣土企业违规运输行为155起。加强渣土企业超速超载的宣传教育，在工地出入口设立治超宣传标语。推进渣土车升级工作。积极适应全市治超工作的要求，逐步引进和推广新型环保渣土车，实现渣土全密闭化运输。（张水玲）

【助力“创文”】 2016年，按照上级统一部署认真抓好创建全国文明城市工作。开展户外广告整治。联合户外广告处加大对户外广告设置的巡查和执法力度，拆除违法广告94处约3700余平方米。组织对中心广场华仁广告牌、自行车棚广告进行拆除和整改，消除主干道两侧的违法广告和横条幅。开展渣土专项整治。按照“统一组织、分区实施”的方式，组织城市5区重点对渣土工地洗车设备不完备、社会车辆带泥上路、散装货运车辆滴洒等进行专项整治，全力维护城区道路干净整洁。牵头组织市容市貌整治。充分发挥综合考评和协调指导职能，先后组织城市各区开展3次市容市貌整治，对占道经营、乱停乱放、夜宵摊点和招店牌等脏乱差现象进行集中整治，并加强督促日常监管，保持了城市市容秩序，为创文复审创造了良好的城市环境。（张水玲）

【推进城管法治】 推进城管立法工作。主动与人大、法制办衔接，5月份启动城管立法工作。在深入调研的基础上，会同师大法学院专家团队完成《株洲市城市综合管理条例》起草工作，并报市政府常务会审议。

（张水玲）

城市公用事业

供　电

【概况】 株洲地区共拥有35千伏及以上变电站117座，35千伏及以上输电线路276条，总长3272公里，资产总额83.95亿元。

至2016年年底，国网株洲供电公司担负着城区及所辖5县（市）的供电任务，供电区域面积11262平方公里，供电区域人口395.8万人。2016年，有在册员工1817人，农电员工1663人；下设株洲县、醴陵市、攸县、茶陵县、炎陵县5个县级供电公司。

2016年，公司完成售电量98.53亿千瓦时，同比增加6.02亿千瓦时，增幅6.51%；售电总量排名全省第3，位列长沙、衡阳之后。全年实现销售收入71.05亿元，同比增加2.93亿元，增幅4.3%。贡献税收2.8亿元，同比增加1100万元。（程　钺）

【电网建设】 2016年，公司加快电网建设步伐，积极服务地方经济社会发展，全年完成电网投资约7.79亿元。湘潭—古亭500千伏特高压入湘ⅠⅡ回线路工程全面竣工，投产线路90.88公里，2017年将通过特高压把西北、西南清洁能源送入株洲；投产七斗冲城铁牵引站调试电源，为服务长株潭城际轻轨运行提供可靠供电保障。加速“三供一业”工作进程，启动22家需供电分离改造企业的相关工作，430、电研、昊华、株机已完成1.15万户改造。与各县（市）区政府签订电网建设和运营供电合作框架协议及小城镇（中心村）电网改造升级工程合作协议，建立与地方政府的常态沟通协调机制。（程　钺）

【供电优质服务】 加强与各级客户之间的沟通交流，坚持“你用电，我用心”的服务理念，为客户排忧解难。进一步优化电力工程建设内部流程，缩短用户接电报装时间，确保金山工业园、航空服饰城等园区及项目提前投产送电。稳步推进农村地区低压用户集抄改造，完成52万户改造任务，农村居民用电管理逐步实现智能化。

（程　钺）

【安全生产持续稳定】 2016年，开展“精益安全年”活动，严格实施生产计划管控、生产现场管控和人身、电网及设备隐患风险管控，确保良好的安全生产秩序。完成电网防冻融冰、春节、两会等时段重大节假日保电任务，确保“6·15”特大强降雨等突发灾情的电网安全和可靠供电。截至2016年12月31日，公司实现人身安全6725天、电网安全5986天、设备安全4584天，创历史最长纪录。

（程　钺）

【光伏扶贫】 2016年，国网株洲供电公司认真履行职责，开展光伏扶贫工作。加强与各级政府沟通，促使地方政府同意在基础条件较好的村优先实施光伏扶贫计划。主动与扶贫项目的村委会联系，掌握光伏扶贫项目计划，为用户的光伏设备安装场地选址提供技术指导。落实光伏接入的需求及调整建设规模，在满足光伏扶贫要求的同时，保证光伏扶贫项目快速实施，便捷并网。优化光伏并网服务流程，开设绿色通道，全程跟踪，提高服务质量，缩短服务时限。提前配备充足的光伏专用计量表计，确保光伏项目验收合格当天并网发电。修订光伏扶贫项目接入系统标准模板，既节约了用户投资成本，缩短电网配套工程建设时间；又方便光伏设备的后期运行维护和安全稳定运行。全年公司完成光伏扶贫项目36个，接入容量2436千瓦。（程　钺）

供　水

【概况】 2016年，株洲市供水日综合生产能力103万平方米，供水管道总长度2648.697公里，比上年增长9.69%。市区用水量138.6.95万立方米，同比上升1.26%。其中，市区工业用水总量3676.09万立方米，同比下降5.59%；市区生活用水总量10130.86万立方米，同比上升4%。市区用水人口105.66万人，市区人均用水131立方米。全年株洲地区国家级水质监测站水质检测能力达9大类、24个产品标准、224个不重复项，实现从源头到水龙头的全过程监控。

2016年，株洲市自来水有限责任公司完成售水量1.42余亿立方米（包含株洲县售水量790.69万立方米），实现合并营业总收入5.56亿元，合并利润总额2674.39万元，上缴税费1930.28万元，财政代收费用1.39亿元。截止2016年年底，合并资产总额14.65亿元，净资产5亿元，国有资产保值增值率117.65%。年内，公司获得“全国市政金杯示范工程”“全国设备管理创新成果二等奖”“国家级职工书屋”“全国‘互联网+’时代企业文化创新优秀单位”“湖南省青年文明号”“第二届株洲市市长质量奖”。（徐昌云）

【优质安全供水】 不断提升安全生产能力，优化城市供水结构，全年综合水质合格率99.96%、管网压力合格率99.95%、管网抢修及时率99.98%，切实保障全市安全优质供水。践行领导干部带队检查制度，开展重点场所安全评价，引入TPM设备管理，实现安全生产治理“动、静”结合。全年共排查识别重大安全隐患50处、自查自纠隐患130处，无一例安全责任事故。河东沿江风光带一水厂段内项目安全施工，实施二水厂取水泵房、三水厂送水泵房、110kV变电站等7项水厂技改项目；有效开展“水厂工艺段特征污染物处理”“四水厂加氯异常”等水质研究，妥善处理7起水质异常事件。全年投资1.34亿元，敷设供水管线55.46公里，庐山路、枫溪大桥、湘江大道等81项给水工程启动或完工，延伸城市供水脉络；完成红港路、庐山路、白石港等重要供水管线阀门群更换，全面调整供水模式与结构布局。（徐昌云）

【供水惠民服务】 2016年，公司大力推行便捷化、精细化、公开化服务，努力做实做优做强供水服务。顺应“互联网+”趋势，热线系统、营销客服综合管理平台全新升级上线，推动供水服务数字化。省内第一家推出“供水APP”，注册用户近4万户，具备停水通知、水费查询、网上缴费、业务办理、网上报修等功能，实现“掌上”便民服务。开展“水厂开放日”活动19次，搭建互动渠道。充分利用自媒体，及时解答百姓关心的用水焦点、难点问题，全面提升服务质量与企业形象。点对点大客户走访，开通业务办理绿色通道，为重点项目、园区、企业提供用水服务保障。打造“供水工匠服务队”，组织“供水服务进社区”125次，是往年的10倍，面对面听民意，一对一解难题。联合市住建局整治违规取水，在全市开展“跑冒漏和偷盗水”有奖举报，受理市民举报355起，有效维护公共用水权益。全年收集用户信息33万余条，累计低保水费优惠近167.86万元，第三方服务满意度测评达88分，市长热线转交办结率100%，长期位列公共服务企业排名A类。（徐昌云）

【供水一户一表建设】 全年供水一户一表新建3.09万户，改造1.59万户。中车集团、中国航发、省建工集团等单位“三供一业”水改分离取得重大突破，有效减轻企业负担，让更多市民享受到专业化供水终端服务。（徐昌云）

【加速城乡供排水一体化进程】 按照市委市政府的统一部署，配合制定市水务集团组建方案、集团章程，完成株洲县自来水公司资产、市场、人员整体并入市自来水公司，及株洲县污水处理厂委托运营，实现管理制度、服务标准、文化理念上对接及融合，标志着株洲市供排水一体、城乡区域一体改革迈出实质性步伐。（徐昌云）

供　气

【概况】 株洲新奥燃气有限公司是新奥（中国）燃气投资有限公司和株洲城发集团（株洲市煤气公司实物资产）共同出资成立的中外合资企业，成立于2003年11月，注册资金1.35亿元，是株洲市政府和株洲县政府分别授予管道燃气30年“特许经营权”的燃气运营商。旗下公司有：株洲新奥神农城能源服务有限公司、株洲新奥职教城能源服务有限公司、株洲新奥燃气有限公司渌江分公司、醴陵新奥燃气有限公司、株洲新奥云龙燃气有限公司、株洲新奥燃气有限公司炎陵子公司。公司下设9部1室，有员工530人，其中专业技术人员占50%。燃气管网东沿长株高速至兴隆化工厂内，与茶马大道管网相接覆盖整个云龙新区；南沿1815线至株洲县渌口镇；西沿天易大道至湘潭县交接处；北至湘潭县黄茅冲，管网覆盖整个株洲城区。截至2016年底，公司总投资11.2亿元，已敷设管网1549公里，建有门站2座，储备站1座，中压调压站6座，区域调压站22座，CNG加气站3座，LNG加气站1座，L-CNG加气站1座，分布式能源站2座，自营服务网点6个，必拓代收网点29个，邮政代收网点135个。有天然气居民用户40.3万户，工商户3180户，加气车辆3000台。全年公司实现销售收入7.32亿元，销售气量2.1亿立方米，发展工商户气量228288方/日，发展小型工商户1047户，发展民用户25249户，开发车辆543台，上缴税收4863万元。（易佳星）

【供气安全管理】 2016年，公司总投入1710万元资金用于安全生产工作。对全市所有调压设施完成12次以上的周期巡检，巡视检测管网13.2万公里；安检民用户381010次，安检工商户19559次。累计整改热水器无烟道隐患4201户，安装户内胶管管卡5087处，协调处理违章占压36处，改造老旧管网约7千米。开展安全宣传192次，开展应急演练81次，成功承办株洲市首次城市供气应急演练。公司还通过管道建设、改造、区域管网升压等措施，实现了一、二门站的对置供气，确保全市安全稳定供气。（易佳星）

【供气服务提升】 2016年，公司精简服务流程、将小型工商户施工工期由1个月缩短至15天，施工速度由原来44户/月增长至254户/月；将e城e家、e车e站手机客户端升级上线，增加蓝牙智能卡缴费等服务功能，使用户获得服务新体验。（易佳星）

【场站、能源站建设】 2016年完成醴陵门站建设，并具备接送气条件，标志着公司在南四县的首个管道气源正式建成；改装厂成功搬迁至戴家岭加气站，成为株洲市唯一一家取得合法经营手续的改装厂。在分布式能源方面，神农城能源站新增对悦湖国际及休闲街的供能，面积60000平方米，做好大剧院地源热泵项目托管工作，获“湖南省两型示范基地”称号；职教城能源站与株洲市教资集团、湖南化工职业技术学院、株洲市云龙华力商业管理有限公司签订供能协议，职教城能源站还获2016年度省技术改造节能创新专项资金项目奖励20万元，获世行补贴资金33.77万元。（易佳星）

【株洲市首次城市供气安全应急演练】 6月21日上午9时20分至9时50分，由株洲市人民政府主办，株洲市住建局、安监局、株洲新奥承办的株洲市首次城市供气安全应急演练举行。演练地点在湘芸路旁一处工地上，工程施工方在燃气管道保护范围内进行机械开挖，未通知株洲新奥对燃气管线位置进行技术交底，也未作现场专业监护，导致埋地燃气管道被破坏，出现天然气泄漏事故。根据现场情况，株洲新奥启动公司一级应急预案，并按《株洲市突发公共事件总体应急预案》上报，株洲市政府立即启动城市供气事故三级响应。市供气应急指挥部迅速组织开展事故应急救援工作，立即成立事故现场指挥部，由市住建局负责现场指挥。同时，株洲市应急办通知指挥部成员单位迅速到达事故现场。在所有参与方的密切配合下，

半小时后，株洲新奥完成了受损天然气管道抢修工作，天元区的气源恢复供应，演习圆满结束。（易佳星）

【炎陵圣火燃气股权转让】 9月27日，炎陵圣火燃气股权转让签约仪式在株洲新奥二楼会议室举行。株洲新奥总经理张发龙和炎陵圣火燃气有限责任公司股东抄文旭分别在股权转让协议上签字。根据协议，株洲新奥燃气对炎陵圣火燃气进行股权收购，新奥燃气收购炎陵圣火燃气93.41%股权；保留现有股东抄文旭的6.59%股权，与株洲新奥组成新的炎陵新奥燃气有限公司。（易佳星）

【燃气管道成功跨越渌江】 10月6日，株洲新奥燃气管道成功跨越渌江。10月8日400多米的过江管道、5公里的南洲大道中压管道、1.6公里的省道燃气管道全线拉通。燃气管道跨桥建设，优化过江管道施工方案，采用在桥梁上打孔的支架下挂过江的施工设计，荣获新奥能源控股卓越运营项目一等奖。（易佳星）

公共交通

【概况】 株洲市公共交通有限责任公司成立于1958年，属公益类国有独资企业、城市公共交通服务商。公司下辖公交巴士、公交发展两家控股公交运营企业，健宁自行车、物资供应、物业管理、站场建设开发、广告文化传媒、公务用车6家全资子公司，及湖南北汽银建巴士汽车服务有限公司、普天新能源（株洲）有限公司两家参股子公司。至2016年年底，公司开通运营线路73条、总长度为1015公里，其中2016年新增线路7条；拥有运营车辆1140台，其中新能源公交车1035台，城区公交车电动化率达100%，居全国第一。

2016年，公司完成客运量2.1亿人次，行驶里程6530万公里公司安全形势稳定，交通事故4项指标均较上年有所下降，治安消防和后方安全生产实现零事故，并通过ISO9001安全标准化管理年度复审。T60路被授予“全国工人先锋号”称号，T17路被授予“湖南省青年文明号”称号。（罗 艳）

【打造民生公交】 优化线网布局，科学配置运力，通过GPS调度灵活调整发车间距、延长运营时间、推行单班运营等方式，提高公交运行效率。2016年，公司新开T75、T80、T83、T88、T89及D169、D136等7条线路，优化调整T60、T18、T33、T23、T50等5条线路，新增站点70个，有效延伸线网，提高公交覆盖面，为市民出行提供便捷。新增100台纯电动新能源公交车、100台纯电动出租车补充运力；建设完成7个充电站共109个充电桩，基本满足现有纯电动公交车充电需求；自行车租赁系统更新车辆2000台，新建、调整站点30个，完成改造站点500个，系统综合保障水平不断提高。

细分市场，开通定制公交、社区微公交、穿梭巴士、旅游公交，满足乘客多样化需求。开展站亭、站牌路务设施专项整治，更新88座主干道站亭，对100座站亭实施灯光改造。升级公交IC卡系统，淘汰M1卡，实现长株潭三市公交一卡通，完善提升掌上公交软件，加强推广应用，积极开展商业运作。积极参加行风评议，多渠道征集乘客意见和建议，全年办理市长信箱、“12345”市长热线、“12315”热线、微信、网络投诉、建议、咨询等共计922起，接听乘客来电共计18952起，做到及时回复，积极主动解决乘客疑问，及时化解各种矛盾纠纷，群众满意率达98%。（罗 艳）

【长株潭三市公交卡“一卡通”】 2016年1月1日开始试行长株潭公交IC卡互联互通刷卡消费，办理长株潭3市发行的公交IC卡的市民都可以在3市范围内乘坐公交、出租车，这将促进长株潭公交一体化，实现了不同城市间公众出行一卡通用，让市民出行更便捷。截至2016年12月30日，公司共发卡72万余张，其中住建部密钥CPU卡30592张，异地卡消费61517次。（罗 艳）

【新能源汽车持续投入运营】 继2014年按照《株洲市新能源汽车推广应用实施方案》要求新增增程插电式纯电驱动公交车100辆、2015年110台插电式新能源车和120台纯电动新能源车投入运营，2016年，公司再次新购10.5米纯电动新能源公交车100台，全力提升公交车电动化率，使电动车辆在营运公交车辆中占有量超90%，城区公交车电动化率达100%，居全国第一。（罗 艳）

【公交站场建设】 2016年，公司稳步推进公交站场建设，金山基地修理厂、加油站主体完工，栗雨基地充电设施完工，正式投入使用；职教城综合枢纽、天池路首末站、栗塘综合枢纽土地报批工作进展顺利；工业大学站场、三桥西首末站、六桥下首末站、汇通金港站场正在积极筹建中，缓解了公交站场面积不足的局面。（罗 艳）

2016年株洲市新增公交线路

表24

线路	首末站及走向	线长	票价	车型	首末班时间
T75路	中心医院—衡山路—恒大名都	2.6千米	1元	空调中客	6:20 ~ 19:00
T80路	清石基地—清石广场—清水塘—水泥厂—815油库	4.5千米	1元	空调中客	6:00 ~ 19:00

续表 24

线路	首末站及走向	线长	票价	车型	首末班时间
T83 路	神农城北—珠江路—泰山路—黄河南路—枫溪大桥—太子路—大美物流	11.5 千米	1 元	空调中客	6:30 ~ 19:30
T88 路	汽博园—栗雨公交基地—五桥—红港路—城铁大丰站	17.6 千米	1 元	空调大客	6:00 ~ 21:00
T89 路	清石基地—煤气生活区—二水泥管厂—城铁九郎山站	6 千米	1 元	空调中客	6:00 ~ 19:00
D169 路	裕丰广场—石宋路—石宋大桥—芦淞路—株醴路—白关镇—白关服饰产业园	15 千米	1 元	空调中客	6:50 ~ 21:30
D136	兴隆山公租房—职教城	4 千米	1 元	空调大客	7:00 ~ 9:00 16:30 ~ 18:30

（罗　艳）

建筑企业选介

湖南中天建设集团股份有限公司

【概况】 湖南中天建设集团股份有限公司溯源于 1979 年株洲市 3 家地方建筑企业合并组建的株洲市住宅建筑公司，1984 年更名为株洲市第二建筑工程公司，2004 年改制为非公企业，2016 年进行股份制改造，更名为湖南中天建设集团股份有限公司。公司总部坐落在株洲市，在长沙、衡阳、岳阳、常德、怀化及海南、湖北、福建、浙江，及广东等地设有分公司和承接有施工项目。公司注册资金 11870 万元，具有建筑一级、市政一级、钢结构一级、装饰装修一级、地基基础一级及公路、水利水电、机电、建筑幕墙，及环保工程施工等资质。公司现有专业技术人员 296 人，其中高级工程师 28 人、高级经济师 4 人、高级会计师 3 人，注册一级建造师 52 人、二级建造师 75 人；具有大型施工机械 219 台（套），质量检测设备 78 台（套）；具备年竣工 300 万平方米的施工生产能力。

2016 年，公司实施深化改革，稳健开展经营，推进管理升级，狠抓项目安全与质量标准化示范工地创建，各项工作全面推进。全年公司完成施工产值 10.46 亿元，签约合同总金额约 20 亿元；创建省优工程 2 项、上半年省级质量标准化示范工地 4 项、“神农奖”5 项；无安全重大伤亡事故。公司荣获“湖南省守合同重信用企业”“纳税信用 A 级单位”“株洲市建筑业 AAA 诚信企业”等称号。

（谭文军）

【股份制改革】 为推动股改与挂牌，公司优化和重建内控制度和管控体系，出台《公司管理规范》和《项目管理规范》。从 3 月起，相关会计师事务所、律师事务所、评估公司等相继入场开展股改及挂牌准备工作。12 月 27 日，国融证券股份有限公司对会所、律所、评估所出具的报告进行核查审核，出具公开转让说明书，并上报全国中小企业股份转让系统有限责任公司。12 月 30 日，全国中小企业股份转让系统有限责任公司出具同意受理意见，“新三板”申报迈出了历史性的一步。

（谭文军）

【力推经营转型】 2016 年，公司优选项目负责人、优选项目，在总量以房建为主的基础上，大力拓展市政和其他类项目。年内中标市政和其他类项目造价达到当年总量的 40%，其中三亚市三环路抱坡段工程项目造价 2 亿元、海南医学院附属医院门急诊大楼项目室内装饰装修工程造价超过 6000 万元。公司力推自营。10 月重点推出《项目股份制实施办法（试行）》，由公司占大股，项目关键岗位人员按一定比例入股，并在春藤小镇二期项目首次试点。（谭文军）

【创建优质项目】 公司推动施工现场安全标准化与施工质量标准化，创优良，树典范，提升企业核心竞争力。2016 年，春藤小镇 1~9# 栋工程、天杰商业城市广场、亿都·铂金时代二期 4# 栋及地下室、千金湘江药业化学原料药及高端药物制剂研发产业基地项目获评 2016 年上半年“湖南省建筑施工质量标准化示范工地”；汇美国际、莱茵小镇 21、22 栋等 5 项目获评“神农奖”；莱茵小镇 28 栋、海南八所港保障住房项目和千金湘江药业化工原料及高端药物制剂研发产业基地、株洲市机动车驾驶人考试中心房建工程分别获评湖南省 2015—2016 年第一、第二批优质工程。（谭文军）

湖南省第五工程有限公司

【概况】 湖南省第五工程有限公司创建于 1953 年，系省属国有大型一级建筑施工企业，隶属湖南建工集团。注册资本金 10 亿元。公司有员工 7035 人，各类专业技术人员 2000 余人，其中高级职称 200 余人，中级职称 1000 余人，一级建造师 180 余人，二级建造师 240 余人。拥有各类大、中型施工设备 1200 多台（套），年施工生产能力 200 亿元以上；具有 3 项施工总承包一级资质（房屋建筑工程、市政公用工程、机电安装工程）、2 项总承包二级资质（公路工程、水利水电工程）、1 项总承包三级资质（电力建设工程）、4 项专业承包一级资质（地基与基础、装修装饰、钢结构、环保工程），及2项专业承包三级资质（园林绿化、城市与道路照明工程）。拥有湖南天禹设备安装有限公司、湖南艺光装饰装潢有限责任公司、湖南龙架施工设备有限责任公司、株洲天鹤建筑劳务有限责任公司、长沙华宇建筑施工有限公司、岳阳天湖建筑施工有限公司，及湖南省五建房地产开发公司7家子公司；下设电力建设、安装、路桥、设备租赁等专业单位和教育培训中心、职工医院等附属单位。施工遍及北京、广东、浙江、江苏、福建、江西、湖北、四川、陕西、新疆等20多个省份。

2016年，公司围绕“经营转型、管理提升、改革改制、办公楼建设”四大任务，强化管理，促进了公司持续健康快速发展。全年公司承接施工任务113.1亿元，同比增长11.05%。实现营业收入76.54亿元，同比增长62%；实收工程款55.63亿元，同比增长16.67%；实现可支配收入2.71亿元，同比增长35.75%。年度融资授信规模达到20亿元。全年上交国家税费3.37亿元，解决就业岗位3万余人。质安形势稳定。公司先后荣获中国建筑业成长性200强企业、全国建筑业AAA级信用企业、全国“安康杯”竞赛优胜单位、湖南省“守合同、重信用”单位、长沙市建筑业AAA级信用企业、株洲市建筑业AAA级信用企业，及湖南建工集团文明单位。（颜　渊）

【经营转型稳步推进】 2016年，公司推进“六大战略合作”，承接PPP、EPC投资项目16个，总造价49.45亿元；承接造价1亿元以上项目28个，工程量74.37亿元，占总量的65.75%；政府、财政、国有资金项目量94.4亿元，占总量的83.47%；民营资金项目量18.9亿元，占总量的16.53%。深耕省内经营，承接省内工程87.48亿元，同比增长9.39%。推进省外经营本土化战略，承接省外工程25.62亿元，同比增长17.09%。（颜　渊）

【注重创优工作】 2016年，公司获评鲁班奖3项、国家优质工程奖1项、全国建筑工程装饰奖2项、全国市政金杯示范工程1项、湖南省芙蓉奖工程3项、广东省建设工程金匠奖1项、湖南省优质工程14项、广东省优质工程1项，及全国“AAA”安全文明标准化工地1个。（颜　渊）

【科技创新成果显著】 年内，公司获评国家实用新型专利4项、全国绿色施工示范工程1项、湖南省绿色施工示范工程3项、湖南省新技术示范工程2项、全国建筑业优秀质量管理小组2项，及通过省级工法评审8项。加快推广BIM技术，在全国、湖南省以及集团BIM技术大赛上屡获佳绩。五建产业中心项目为株洲市首个省级BIM应用示范工程。（颜　渊）

2016年公司优秀工程

表25

奖项名称	工程名称	备注
中国建设工程鲁班奖	南岳生物制药有限公司血液制品产业园项目建安工程（一期）	五公司承建，湖南天禹、湖南艺光参建
国家优质工程奖	华能湖南苏宝项风电（15兆瓦）新建工程	
全国市政金杯示范工程	向阳北路（升龙路—新塘路）新建工程	
全国建筑工程装饰奖	栗雨城·香山美境21号栋酒店装修装饰工程	湖南艺光
全国建筑工程装饰奖	株洲市第二中学新校区图书馆、艺术馆装修工程	湖南艺光
全国AAA级安全文明标准化工地	湖南省警察学院教学楼工程	
湖南省建设工程芙蓉奖	静园办案点一期对象楼、值班楼、陪护楼、食堂及连廊建安工程	
湖南省建设工程芙蓉奖	湖南中医药高等专科学校附属第一医院中医药大楼	
湖南省建设工程芙蓉奖	广东中山丽城乐意居29#、30#、32#、33#、35#幢及地下车库工程	
广东省建设工程金匠奖	中山市档案信息中心工程	湖南天禹参建
湖南省优质工程	静园办案点一期对象楼、值班楼、陪护楼、食堂及连廊建安工程	
湖南省优质工程	湖南中医药高等专科学校附属第一医院中医药大楼	
湖南省优质工程	向阳北路（升龙路—新塘路）新建工程	
湖南省优质工程	国安厅“1254”工程	
湖南省优质工程	湖南省地质中学食堂体育馆改扩建工程项目	

续表 25

奖项名称	工程名称	备注
湖南省优质工程	广东中山丽城乐意居 29#、30#、32#、33#、35# 幢及地下车库工程	
湖南省优质工程	长燃·新奥佳园二标段 3# 栋	
湖南省优质工程	中央时代广场	
湖南省优质工程	衡阳市卷烟物流配送中心	
湖南省优质工程	邵阳市社会儿童福利院综合服务大楼	
湖南省优质工程	娄底市交通局第七单位办公业务用房	
湖南省优质工程	华容县人民医院迁建工程（住院楼）	
湖南省优质工程	湖南师范大学生物技术综合实验大楼	
湖南省优质工程	湖北潜江盛世东城 1#、2#、3#、5# 楼	
广东省优质工程	中山市档案信息中心工程	湖南天禹参建

（颜　渊）

湖南省工业设备安装有限公司

【概况】 湖南省工业设备安装有限公司前身为湖南省工业设备安装公司，创建于 1958 年，国有独资公司，注册资本 10 亿元，是国有大型综合施工企业，隶属于湖南省建筑工程集团总公司。公司具有机电工程安装工程、建筑工程、市政公用工程、石油化工工程 4 项施工总承包壹级资质；冶金工程、电力工程施工总承包贰级资质；建筑机电安装工程、消防设施工程、钢结构工程施工 3 项施工专业承包一级资质；具有 GA1 乙级 +GB 类 +GC1 级 +GD1 级压力管道安装资质；锅炉安装维修一级资质；B 级起重机械安装维修资质；承装（修、试）电力设施二级资质。公司下辖 19 家分公司，分布于湖南省内、上海、苏州、深圳、广州、石家庄，及厦门等地；6 家全资或控股子公司——湖南省第一工程有限公司、株洲市中旺置业有限责任公司、湖南省工业设备安装公司劳务中心、株洲科宏工程检测有限公司、湖南湘安新能源科技有限公司、长沙中旺置业有限公司；参股株洲市湘建房地产开发有限责任公司、湖南建工混凝土有限公司；间接参股株洲市湘安物业管理有限责任公司。

2016 年，公司承接任务 81.2 亿元，完成产值 57.31 亿元，回收工程款 57.51 亿元，实现可支配收入 3.32 亿元。年内，公司获评 2015 年度全国优秀施工企业；获鲁班奖 1 项，国家优质工程奖 2 项，中国电力优质工程奖 2 项，湖南省优质工程 1 项、芙蓉奖 1 项；获中国建设工程 BIM 大赛一等奖、首届“安装之星”全国 BIM 大赛工业安装工程 BIM 应用一等奖；集中采购电商平台荣获第二届全国建筑企业信息化建设特优案例；被工商总局评为守合同重信用企业；完成发明专利 3 项、省级工法 1 项、新工艺研发 2 项。

2016 年，公司经营转型、改革改制、管理升级等方面工作成效显著。经济总量增长，经营转型稳步实施。积极跟踪 PPP 项目，探索积累由单一施工主业向投资开发和施工、投资运营和施工的行业转型经验。积极探索混合所有制经济，湖南湘安新能源科技有限公司成功挂牌，轨道公司股份合作制模式运作平稳顺利，实现公司产业模式更新。改革改制有序推进。签订水改协议 5 份，涉及湘潭、常德、岳阳、衡阳及株洲地区 11 个生活小区 3396 户；签订电改协议 3 份，涉及湘潭、常德、衡阳及株洲地区 10 个生活小区 2614 户。管理升级持续加快。通过信息化管理手段，优化基础管理流程，建立健全公司安全生产标准化信息化系统、电商集采平台，以及视频会议系统，信息化建设已成为管理规范化、精细化的有力工具。（邹　丽）

住宅与房地产

住房保障与房产管理

【概况】 2016年，市房产局围绕房地产"去库存"工作，出台《关于房地产市场调结构扩需求稳增长的实施意见》，继续引导房地产产业升级、棚户区改造，支持农民工进城买房，给予购买门面、写字楼每户10000元补贴等优惠政策；举办2016房地产博览会，5天成交面积38万平方米、实现销售额19亿元，超越前两年房交会的总和。全年商品房销售面积迈上700万平方米台阶，增长14%；完成房地产开发投资270亿元。

围绕市政府"民生100"工程，全市棚户区改造开工20490户；发放低收入住房困难家庭租赁补贴9500户；高效使用房屋维修资金维修12个商品住宅小区；解决房屋登记发证遗留问题5286户；全市棚户区改造获批棚改政策性贷款62亿元，到位资金18亿元，获批总额是2015年的1.3倍；开工建设公租房3276套，新增分配入住各类保障房4225套。

深入开展"企业帮扶年"活动，全年帮扶解决企业困难问题170个，企业综合满意率在110%以上；着力开展房地产开发项目"促投资、促开工"活动，指导帮助203个房地产开发项目开工建设，计划投资总额达200亿元；率先在全省开展"农民安家贷"工作，累计发放贷款3.6亿元；强力实施房屋征收"清零行动"和"攻坚行动"，房屋征收面积突破60万平方米大关，达到67万平方米，其中市本级完成60万平方米，有力地推动了清水塘搬迁改造、枫溪生态城等25个重点项目建设。

探索"互联网+物业管理"新模式，完成27个老旧小区物业管理全覆盖。积极开展老楼危楼排查工作，排查面积29万平方米，实施行政排危拆除8万平方米，完成白蚁预防施工面积538万平方米，归集维修资金2.8亿元，有效保障了人民群众生命财产安全。

（陈 琪）

住房保障

【概况】 2016年，株洲市保障性安居工程工作任务为18485套，截至当年11月底，全市公共租赁住房已开工3276套，基本建成7456套，新增分配入住4225套，发放低收入住房困难家庭租赁补贴8852户，超额完成省下达全市公共租赁住房项目3276套，基本建成5896套，分配入住2180户，发放租赁补贴6928户和市"民生100"工程发放租赁补贴5000户的目标任务。

创新制度。2016年，株洲市出台《株洲市公共租赁住房保障管理办法》（株政办发〔2016〕32号）、《关于加强公共租赁住房管理的通知》（株房〔2016〕29号）两个规范性文件，进一步健全全市的住房保障政策体系。截止2016年底，全市共出台住房保障建设管理规范性文件30多个，基本构建了全市住房保障政策体系。

搭建平台，强化管理。截至2016年底，市住房保障信息系统平台已投入使用2年，市本级两万余条保障对象和保障性住房项目信息数据录入了系统平台，做到房源信息清楚、保障对象情况清晰，实现了对保障性住房分配管理的动态监管和信息化管理。同时通过市房产、人社、住房公积金、车管等多部门联合搭建住房保障对象准入和分配信息系统监督平台，实现快速查阅比对保障对象信息进行动态化管理，有效监控权力运行。

（李汉平）

【城区保障性住房配租摇号】 6月16日，组织市城区保障性住房实物配租轮候排序单独批次（新增54户家庭）摇号仪式，委托株洲市国信公证处电脑公开摇号，摇号结果予以现场和网上公示。（李汉平）

【金彩明天公租房分配】 市房产局6月20日在《株洲日报》和《株洲晚报》上分别公示《2016年"金彩明天"保障房项目实物配租方案》，方案明确房源概况、配租范围、租金标准和意向登记等内容；6月25—26日，分别在城市4区组织开展"金彩明天"保障房实物配租意向登记工作，8月份完成分配工作。（李汉平）

棚户区改造

【概况】 2016年，省政府下达株洲全市棚改计划任务为20490户，改造面积329平方米。其中城区棚户区改造10825户，城中村4379户。截至11月底，全市开工20490户，开工率为100%，实现基本建成20872户。全年重点推进清水塘老工业区棚改，为

清水塘变成现代生态新城奠定基础。重点推进南岳岭、上月塘片区棚改，为铁东路及城铁株洲站建设腾出空间。（贾　涛）

【推进政府购买棚改服务】　出台《株洲市政府购买棚改服务管理暂行办法》（株政办发〔2016〕6号）及《关于加快棚户区（城中村）改造项目融资贷款工作的通知》（株保组办〔2016〕4号）等文件，完善政府购买棚改服务流程，指导县市快速有序地开展政府购买棚改服务工作。（贾　涛）

【张高丽考察南岳岭、上月塘棚户区】3月31日，中共中央政治局常委、国务院副总理张高丽到株洲调研，现场考察株洲南岳岭、上月塘棚户区改造项目，并给予肯定的评价。（贾　涛）

房地产开发管理

【概况】　2016年，全市（不含茶陵县）参加房地产开发企业资质年检的企业共395家，年检合格企业283家，其中初审合格的一级企业5家、初审合格的二级企业22家、年检合格的三级企业152家、年检合格的四级企业53家、年检合格的暂定资质企业51家；年检不合格企业112家，其中初审降级的二级企业1家，降级的三级企业1家，警示的三级企业32家，警示的四级企业12家，警示的暂定资质企业6家、限制开发新项目的企业15家、注销资质的企业45家。（李银芳）

【出台"株十四条"】　为认真贯彻落实中央经济工作会议精神，进一步改善房地产供需结构，推动住房消费，3月25日，以市政府名义出台《株洲市人民政府关于房地产市场调结构扩需求稳增长的实施意见》（株政发〔2016〕5号），即"株十四条"，分别从支持农民进城购房、提高棚户区改造货币安置比例、减轻房地产开发企业负担等方面，进一步促进全市地产市场平稳健康发展。（李银芳）

【2016房地产博览会】　11月23—27日，2016株洲房地产博览会在株洲神农艺术中心举行。本届房博会以"创新、协调、绿色、开放、共享"为主题，共有参展企业57家、参展楼盘73个、楼盘面积260万平方米。房博会期间，共成交新建商品房3377套、面积38万平方米，实现销售额19亿元，预计带动房产业税收2亿元，无论是参展规模，布展水平，成交数据均为历届房交会之最。（李银芳）

【开展"银企对接"活动】　为解决房企融资困难，推动银行与房地产开发企业之间深度合作，6月24日、10月10日，先后两次组织召开交通银行及中国银行株洲分行与52家房地产开发企业银企对接会，为房地产开发企业搭建银企对接平台，全年共解决房地产开发企业贷款10亿元。（李银芳）

物业管理

【概况】　2016年，全市新增物业项目27个，面积437.9万平方米，新建物业项目前期招投标标率达100%，至2016年年底，全市共有物业项目997个，面积6235万平方米，物业覆盖率为79.2%。全年全市新批三级暂定企业22家，年内二级升一级资质1家，三级升二级3家。至此，全市共有物业企业315家，其中一级资质15家，二级资质32家，三级及暂定资质268家。物业管理类型从单一的住宅管理扩展到政府办公楼、工业园区、写字楼、商场、医院、学校，及市政公共物业。（胡　佳）

【强化物业项目管理】　2016年，认真落实《关于加强新建物业承接查验工作的实施意见》，强化工作流程，明确开发企业、物业企业、区物业办、专家在承查工作中的职责，对"锦绣华都""昆仑首府"等项目进行分期承接查验，确保开发商与物业设施设备的顺利移交，保障了业主利益。同时，对"荷塘星城""美的城""湘江名都"等20个新建项目进行综合验收，对物业管理用房的配套进行把关。（胡　佳）

【建立老旧小区物业管理长效机制】多次赴天元区、芦淞区、荷塘区、石峰区、云龙示范区进行老旧小区物业管理全覆盖工作调研，并重点联系天元区嵩山办事处、芦淞区贺家土办事处、荷塘区桂花办事处、石峰区田心办事处及云龙示范区学林办三冲社区，督促5个单位充分发挥社区的作用，调动社区的积极性，加快老旧小区改造，全年共完成35个老旧小区物业管理全覆盖。（胡　佳）

国有土地上房屋征收

【概况】　2016年纳入全市年度征收计划项目为25个，征收面积45.83万平方米，其中城区清零项目2个，面积5.27万平方米；城区新征项目16个，面积33.88万平方米；县域征收项目7个，征收面积6.68万平方米。截至12月31日，全市完成国有土地房屋征收项目25个，完成面积66.68万平方米。完成大干一百天促投资项目1个，面积80331平方米。下达征收补偿决定141份，依法申请司法执行4户(实施1户)，为全市经济社会发展和民生改善提供重要保障。（张　红）

【规范国有土地上房屋征收】　相继出台《株洲市城区国有土地上房屋征收货币补偿〈购房补助卡〉发放使用须知》《株洲市国有土地上房屋征收工作操作规程》等规范性文件，进一步规范政策执行。在鼓励货币补偿的基础上，创新补偿方式，即在合理的范围内允许购房补助卡在市场流通，进一步解决征收户的后顾之忧，有力地促进全市房地产市场的繁荣。（张　红）

【深化“阳光征收”】 2016年，株洲市在前几年推广“阳光征收”的基础上，进一步提出“三自主，三公示，三把关”的工作要求，进一步深化“阳光征收”。“三自主”即让群众自主选择评估机构、自主申请集中签约、自主查阅补偿明细。“三公示”即政策、过程、结果全公示，使政策法规家喻户晓，操作过程公开透明，补偿结果公平公正，让每一个环节都能接受群众检验。“三把关”即坚持把好项目部、征收组、政策会审小组3道关，真正做到集体研究、集体决策，确保政策执行的零差错。通过实施“阳光征收”，征收工作开展顺利，成效明显。清水塘棚改项目一、二期启动以来，开展集中签约活动20余次，签约约900余户。5月25日，市清水塘片区棚改项目一期A地块集中签约，签约206户，创株洲房屋征收史上单日签约最多记录，大规模集中签约在全市棚改征收中尚属首次。（张 红）

住房公积金管理

【概况】 株洲市住房公积金管理中心是直属市人民政府的正处级事业单位，承担行政区域内住房公积金的归集、使用和核算，内设办公室等9个科室及机关党委，下辖天元、石峰、荷塘3个城区管理部和株洲县、醴陵市、攸县、茶陵县、炎陵县5个县（市）管理部。截至2016年年底，中心在编人员80人。

全市住房公积金事业发展取得新突破。截至2016年年底，全市共有住房公积金实缴单位3124家，实缴职工24.65万人。缴存单位中，国家机关和事业单位占48.40%，国有企业占14.37%，城镇集体企业占0.7%，外商投资企业占1.25%，城镇私营企业及其他城镇企业占30.67%，民办非企业单位和社会团体占3.23%，其他占1.38%。缴存职工中，国家机关和事业单位占40.76%，国有企业占38.82%，城镇集体企业占0.22%，外商投资企业占1.33%，城镇私营企业及其他城镇企业占17.70%，民办非企业单位和社会团体占1.02%，其他占0.15%；缴存职工中，低收入群体占54.71%，中等收入群体占43.8%，高收入群体占1.49%。

归集进账大幅增长，确保年归集额继续保持高位增长。提高县域职工缴存基数比例，全市归集资金35.47亿元，同比增长14.26%。建制扩面成效明显。全市新增缴存职工20265人，同比增长4.5%；全年新增建制单位中，非公企业占73.68%，职工合法权益得到充分保障。全市提取住房公积金22.46亿元，同比增长5.87%，提取资金中八成为住房消费类提取。发放住房公积金贷款24.24亿元，同比增长18.62%，占全市同期个人住房贷款总量的40%，成为职工贷款购房主渠道。个贷率为87.35%，贷款逾期率为0。资金运行安全规范。实现增值收益1.77亿元。为缴存职工结计利息1.34亿元，比上年增长2100万元，住房公积金增值收益实现最大限度返还缴存职工。

截至2016年底，全市住房公积金归集总额219亿元，归集余额105.5亿元，提取总额113亿元，贷款总额155亿元，贷款余额92亿元，累计实现增值收益12亿元，株洲市住房公积金综合业务规模、效益稳居全省第二，获评全省住房公积金业务管理优秀单位。（戴 枞）

【公积金便民服务措施】 精简办事程序，压缩办事时限。2016年，中心积极协调受托银行、担保公司优化服务流程，提高办事效率，在全国许多地方发放公积金贷款需要3~6个月的情况下，出台《贷款业务办理时限规定》，压缩贷款时间三分之一，将三方完成贷款业务全流程的时限由原来的30个工作日缩短至14个工作日。为配合不动产登记制度改革，中心引入房产抵押网签备案系统，并抽调2名业务骨干，到不动产登记中心驻点协助办理预告预抵，加快办事效率。

取消二手房评估费，发放贷款贴息。2016年9月起，职工购买二手房申请住房贷款的，由担保公司进行评估价值认定，不需支付评估服务费，每户可节约开支1200元左右。2016年，中心向38户已办理住房公积金个人住房贷款的城市低收入职工家庭或因重大疾病、重大灾害致贫的家庭发放贷款贴息21.68万元，平均每户家庭获得贴息资金5700元。

为缴存企业减负，2016年，中心先后走访调研南航工业有限公司、中车株洲电力机车研究所等6家重点企业，工、农、中、建、交、邮储等6家业务受托银行，以及华晨、美的等7家大型房地产开发企业，围绕改进住房公积金服务工作全方位听取意见。同意大龄人员占比高的企业缓交住房公积金，经营困难的企业适当降低缴交比例或基数。年内，同意株冶等6家困难企业降比或缓缴，为企业节约成本1966万元。

升级服务软件，优化服务条件。2016年，中心启动信息系统整体升级工程，开发新一代更便捷、更安全、更高效的住房公积金综合业务管理系统，新系统将于2017年1月正式上线，实现了银企直联和住房公积金最新基础数据贯标。（戴 枞）

【公积金贷款担保全覆盖】 为防范资金风险，根据《条例》第二十七条“申请人申请住房公积金贷款的，应当提供担保”的法律要求，2016年中心针对5个县市管理部和城区现房贷款没有纳入担保范围的现状，公开招标，引入富有业内担保经验、具有雄厚经济实力的国有长银 担保公司，实行新、老担保公司的竞争性服务，实现对县（市）管理部贷款业务担保全覆盖。目前，贷款逾期率控制为0，确保资金运行安全高效。（戴 枞）

国土·环保

国土管理

【概况】 2016年，株洲市土地面积1124755.47公顷，其中：耕地208738.01公顷，占地面积18.56%；园地7307.29公顷，占0.65%；林地684651.95公顷，占60.87%；草地27170.39公顷，占2.42%；城镇村及工矿用地93849.94公顷，占8.34%；交通运输用地20992.44公顷，占1.87%；水域及水利设施用地59184.81公顷，占5.26%；其他土地22860.64公顷，占2.03%。

2016年，全市上报用地计划1280公顷，其中市本级648公顷；全市批回土地1533.33公顷，其中市本级712.87公顷，充分保障了东城大道、汽车工程职业学院等一大批产业、基础设施及民生工程项目用地。市本级招拍挂成交土地71宗，成交面积310.70公顷，成交总价款46.77亿元，实现土地出让收入49.21亿元。 （陈 岱）

【耕地保护】 开展永久基本农田划定。株洲市城市周边永久基本农田划定论证审核已完成，审查结论为通过。株洲市永久基本农田划定方案编制完成，已上报两部审核。5县（市）均完成划定任务论证审核，永久基本农田划定方案已通过审核。推进高标准农田建设。实施高标准农田建设5720公顷，完成工程施工、复核。完成2016年度33个高标准农田建设项目（总投资6065.75万元，建设规模4.75万亩）的施工单位、监理单位招投标工作，即将全面开工。落实耕地占补平衡。经市政府同意，3次参加全省耕地补充指标竞价交易，竞得旱改水指标88公顷；完成耕地补充636.07公顷，市本级储备补充耕地指标8467.67公顷；全市第二批水田开发项目（33.33公顷水田和33.33公顷旱地）已完成立项审批。积极开展土地动态巡查。全年开展动态巡查1200余次，发现并制止土地违法行为152宗，面积77.27公顷，立案查处各类土地违法案件139件，涉及土地面积76.33公顷，结案141件，涉及土地面积86.53公顷，共收缴罚没款612.63万元。 （陈 岱）

【矿产资源监管】 强化矿产资源监管。严格落实季度井下检查及采矿权年检制度；继续开展勘查找矿战略行动，新设立3个勘查项目；完成新一轮矿产资源总体规划的评审、修改完善工作；矿产资源监管“一张图”应用系统建设不断完善；继续推动矿产资源整合，完成醴陵市正冲金矿整合，矿区面积达2.96平方公里，生产规模达6万吨/年。开展矿山集中整治行动8次，出动执法人员320人次，封闭、炸毁、填埋非法井硐3座，拆除工棚17个，切断电缆线600余米，捣毁机械设备4台套，遣散非法开采人员34余人，有效遏制了非法开采矿产资源行为。 （陈 岱）

【矿山地质环境保护】 推进矿山地质环境保护。全年收存市级发证矿山地质环境恢复治理备用金83万元；完成5个矿山地质环境综合方案审查；严格矿山地质环境保护和恢复治理验收程序，共有65个矿山企业（含省、市两级发证）通过恢复治理分期验收。 （陈 岱）

【地质灾害防治】 开展汛前地灾隐患排查，总巡查里程达3500千米，重点检查市级以上及新发生的地质灾害隐患点38个汛后重点建设地质灾害综合防治体系；争取各级财政资金6480余万元，实施重大地质灾害治理项目5个、中小型地质灾害治理项目23个、应急补助项目110个，搬迁避让居民99户。 （陈 岱）

【国土资源领域改革】 提升节约集约用地水平。实行年度用地计划指标分配与土地节约集约利用水平相挂钩，对4区、5县（市）和11个开发园区进行评价考核；全面推进闲置土地清理处置，督促开工建设或完工土地211宗，面积130公顷。稳步推进不动产统一登记工作。完成不动产统一登记职能机构整合、人员划转、场所建设等工作，推进业务培训、流程再造及平台数据整合，建立业务会商制度、精简业务审批环节。全市累计发放不动产权证书15131本，发放不动产登记证明32883本。全面开展房地一体调查工作。与市规划、房产部门沟通协调，报市政府审定后，以国土、规划、房产三部门联合出台《株洲市区集体土地上房地一体调查工作实施方案》，有效促进工作顺利开展。全年已完成天元区、石峰区、云龙示范区的外业调查工作，正在进行内业建库；荷塘区和芦淞区已完成农房调查的招投标工作。推进城乡建设用地增减挂钩工作。成功争取增减挂钩项目局部变更审批权由省下放到市的政策支持，以市政府名义出台《关于开展城乡建设用地增减挂钩助推新型城镇化建设的实施意见》，完善市级层面的政策性、操作性文件。（陈　岱）

【测绘管理】 加大基础测绘力度。2016年，完成数字株洲公共服务平台（政务版）升级，实现了系统间的数据互联；完成城镇土地使用税地理信息系统建设，系统建成够新增税源约4亿元；完成主城区1∶2000航空摄影和影像成果制作及株洲地图挂图编制，编制出版了《株洲市地图》《株洲市区地图》。《株洲市辖区1∶500地形图未覆盖区测绘项目》荣获全国优秀测绘工程金奖，这是湖南省2016年唯一获得金奖的项目，在株洲市测绘历史上也是首次。项目实现了株洲市辖区范围内等级控制点和1:500数字化地形图全覆盖。（陈　岱）

【商住用地供给侧改革】 为进一步激活土地市场，打造“乐居株洲”，结合国家供给侧结构性改革要求、中央“去库存”政策，积极推进商住用地供给侧改革。经市场调查、与房地产开发企业交流等方式，市国土局报市土地管理委员会审议通过并于9月出台《株洲市商住用地供给侧改革的实施意见》，提出严控土地供应规模、提升出让地块质量、探索低密度住宅等提振土地市场等8个做法。文件实施已初见成效，至2016年10月，市本级共出让4宗住宅用地，面积22.48公顷，成交价款8.68亿元。（陈　岱）

环境保护

【概况】 2016年，株洲市区空气质量优良天数达283天，优良率为77.7%，较上年增加1个百分点。PM10、PM2.5年均浓度较上年分别下降2.3%、7.3%。二氧化硫排放量38992吨，比上年下降4.9%；氮氧化物排放量34680吨，比上年下降4.63%，氨氮排放量8119吨，比上年下降3.69%；化学需氧量排放量59.39吨，比上年下降8.69%。炎陵、攸县、茶陵、醴陵、株洲县空气优良天数分别为346天、318天、282天、277天、266天，优良率分别为96.6%、93.0%、84.9%、81.2%、74.9%。全市主要地表水体水质保持国家Ⅲ类标准以上。全年未发生重大环境污染事故，全市环境安全得到有效保障，人民群众对环境质量改善的获得感越来越明显。

污染防治有效推进。全面推进《大气污染防治行动计划》，大力开展脱硫脱硝治理，完成华新水泥、中材水泥、远大水泥脱硝治理工程，投资1.7亿元完成大唐华银燃煤电厂超低排放和节能改造工程。完成市区100余家大中型餐饮店的油烟治理。加大清洁能源推广力度，淘汰20蒸吨/小时以下燃煤锅炉11台，市区56.3%的出租车实现燃气化改造。加快挥发性有机物治理，完成北汽、时代新材等13家企业治理。全面启动湘江保护和治理“第二个三年行动计划”，建宁港、枫溪港、西湖等5个黑臭水体治理项目全面推进，全市9个省级工业园区集中式污水处理厂大部分启动建设，河西（二期）、枫溪污水处理厂建设全面推进，新建流域水质检测站4处，完成水污染防治项目42个。土壤污染防治计划全面展开，完成清水塘工业废渣、老霞湾港重金属污染治理、醴陵金矿尾砂坝治理等项目7个，成功申报土壤污染防治项目2个，争取项目资金5000余万元。通过强化大气、水、土壤污染综合治理，污染存量进一步减少，环境质量稳步向好。

减排治理全力推进。全力推进工程减排，全年共完成减排治理项目60个。深入实施结构减排，关闭洗水、小水泥、屠宰场等企业50余家；在全省率先出台《黄标车提前淘汰财政补贴实施办法》，全省第一个提前并超额完成黄标车年度淘汰任务，淘汰黄标车13502辆，超出任务4101辆。做好管理减排，加强现有排污单位环保设施运行的现场监管，严厉打击不正常使用环保设施的行为，确保现有环保设施发挥减排作用。推进企业清洁生产，降低能耗物耗，严格新建项目排污权指标交易，实行总量控制。全年完成化学需氧量、氨氮、二氧化硫、氮氧化物减排分别达2183吨、327吨、2017吨、1666吨。

违法行为有效遏制。深入实施全市环境行政执法和网格化管理，基本形成“全覆盖”的环境执法网络。全力推进环保违规建设项目清理整治，完成1545个违法违规建设项目清理整治任务。充分发挥公安、环保联动执法平台作用，关停芦淞区天旺、荷塘区添丰屠宰场、城区37家洗水企业及建成区周边违法建设的沥青搅拌站，查处涉及三省多市的“茶陵县非法倾倒填埋危险废物案”。全年环保立案、行政拘留、刑事追责、罚款分别较上年增加3.5倍、21倍、2倍和6倍，15个环保执法案卷代表湖南省参评全国环保优秀案卷。

环境安全得到保障。严把项目环境准入关，全市审批新、改、扩建项目564个，否决不符合城市发展定位、环境规划要求项目35个，建设项目环境影响评价和环保“三同时”执行率100%，有效遏制了污染增量。完善监测网络，加强环境监测，累计建成空气、水质、土壤监测、声环境监测等各类监测站点（平台）380个，基本形成全覆盖、立体化的监测体系，全年共获得监测数据30余万个，及时掌握了全市环境质量变化情况及企业的排污状况。落实辐射安全许可证制度，严格辐射安全监管，未发生辐射安全事故。积极加强危险废物管理，全年安全转移处置危险废物达35万余吨，固废管理和辐射管理工作双双排名全省第一。强化清水塘老工业区搬迁改造期间的环境监管，建立24小时巡查制度，避免环境事故的发生，充分发挥环保杠杆“倒逼”企业转型升级的积极作用，促进了湖南经仕实业有限公司、华安钢铁公司等14家企业的关停。

农村环境稳步向好。基本完成全市生态红线划定工作。完成农村环境综合治理年度任务，综合整治建制村300个，攸县和天元、荷塘、云龙等绿心地区农村环境综合整治工作全面完成。开展重金属污染耕地修复和种植结构调整试点4.36万公顷，累计减少重点污染区耕地面积37.43平方公里。全面完成畜禽养殖禁养区划定工作，完成4家畜禽养殖场标准化改造和28家畜禽养殖企业污染治理项目。株洲县、攸县、茶陵和炎陵建立“村清扫、镇清运、县处理”的农村生活垃圾处理模式，农村环境治理长效机制加速形成。茶陵建成建制镇生活污水处理厂3个，攸县、株洲县建制镇生活污水处理厂建设工作有序推进，农村生态环境稳步改善。

齐抓共管环保格局形成。严格落实《株洲市环境保护工作职责规定》和《株洲市环境问题（事件）责任追究办法》，出台《株洲市环境问题（事件）调查工作方案》和《株洲市环境保护网格化监管实施方案》，起草《株洲市环境保护委员会工作规则》《株洲市环境保护委员会成员单位考核办法》，持续推进“党政同责、一岗双责”落到实处，初步形成多方联动、各负其责的环境保护监督管理体系：经信部门关闭淘汰一大批“五小”企业和落后生产线；发改部门严把项目审批环评关，争取上级环保项目资金数亿元；创建、水务部门深入实施湘江保护与治理“一号工程”，全年完成涉水项目十大类213个；公安部门在环保局设立联络室，查办多起环境犯罪案件；交警部门积极采取黄标车限行、电子抓拍、强制环检等过硬举措倒逼黄标车淘汰；畜牧部门大范围禁退湘江沿岸畜禽养殖企业，并积极推进城区屠宰场关停、整合工作；财政部门加大对环境保护的投入力度，环保基础设施不断完善；法院、检察院、住建、城管等部门丰富执法方式和手段，保持对环境违法行为高压严管的态势。

（崔　林）

环境质量

【水环境】 湘江株洲段朱亭、枫溪、白石、霞湾断面水质达到Ⅲ类水质标准要求，渌江、洣水水质达Ⅱ类水质标准要求，达标率为100%。（胡　卉）

【饮用水水源质量】 全年市区饮用水源地监测12次，市四水厂（枫溪），一水厂、二水厂、三水厂（白石）3个饮用水水源地水质年均值和月均值均达到《地表水环境质量标准》（GB 3838–2002）Ⅲ类水质标准，市区集中式饮用水源水质达标率为100%，饮用水源经自来水厂净化处理后，能满足市民饮用水水质要求。（胡　卉）

【声环境】 2016年，市区环境噪声平均等效声级为54.6dB(A)，达到GB3096–2008《声环境质量标准》声环境功能区类别2类区昼间（60 dB(A)）要求，区域环境噪声平均等效声级较上年相比下降0.2dB(A)。2016年交通干线噪声加权平均等效声级为64.9dB(A)，低于GB3096–2008《声环境质量标准》4a类标准4.9dB(A)，较上年下降0.2dB(A)，平均车流量为2215辆/小时，超过70dB(A)路长7.621公里占道路总长9.7%。（胡　卉）

【酸雨】 全年共对市区110场、对照点23场及醴陵市103场降水进行监测分析，获得降水样品330个。降水酸度，市区pH值范围在3.71～5.50之间，pH年均值为4.21，酸雨出现频率93.5%；醴陵市区pH年均值为5.96，酸雨出现频率为5.9%。（胡　卉）

环境监测

【监测业务工作】 2016年，积极开展湘江水、饮用水源、环境空气、降水、噪声、井塘港、土壤、植物等例行监测、污染源监测等工作，共获取环境监测数据30万余个，出具各类监测报告800余份。污染源监测方面，对全市企业的218个排污口和109套环保设施进行废水现场监控；对126台套锅（窑）炉进行烟尘、二氧化硫等废气监测；对22家国控，省控重点污染源实施每季度一次的监测，对城考的五家污水处理厂和1家垃圾填埋场进行每月一次的监测。全年完成各类监视性监测超过300家，采集各类监测数据约2万余个，提交各类监视性监测报告近200份。编制废水总量减排项目监测报告116份，完成50多次在线对比监测工作。应急监测工作方面，开展中成化工起火事故、特大暴雨地表水和废水加密监测、荷塘区鱼塘死鱼事件、茶陵秩塘村废液倾倒等10余次应急监测工作。（胡　卉）

【环境空气质量监测事权上收】 2016年9月，按照环保部要求，与省环境监测中心站对接，全面完成市区7个环境空气自动监测站的事权上收工作。加强与气象局的对口衔接，做好城区环境空气预警预报工作，让公众迅速、直观的了解环境空气情况，做好健康防护。（胡　卉）

【提升环境监测能力】 对市区7个环境空气自动站相关设施进行维修、改造，确保稳定运行。建设全市空气质量实时发布系统，完成空气重金属自动监测站新址选点工作。新购置离子色谱仪、气相分子光谱仪、测油仪、全自动测汞仪、定硫仪、灰分仪等多台大型仪器设备。建立和完善仪器设备档案，实现规范化管理。全面完成县级环境空气质量自动监测站与省监测站数据平台联网工作；完善地表水质断面点位设置，全市共设置25个地表水水质监测断面和10个饮用水水质监测断面，形成“十三”水质监测网络体系；推动交界断面水质自动站建设工作，2016年新开工建设株洲县与醴陵市渌江交界、攸县与茶陵县洣水交界断面2个水质自动站；出台《株洲市环境质量监测考评办法》，建立环境质量监测考评制度，每月对各县市区环境空气质量和地表水环境质量进行考核排名，强化各县市区政府环境保护职责。（胡　卉）

【《株洲市“十二五”环境质量报告书》】 2016年，编制《株洲市“十二五”环境质量报告书（2011—2015）》，重点关注“十二五”期间全市环境保护工作的新变化、新特点，深度分析“十二五”期间全市环境保护工作取得的成效、环境质量状况存在的问题，为全市制订经济发展和环境保护规划提供依据。（胡　卉）

环境管理

【环保行政审批服务】 2016年，市环保局共办理行政审批事项319件（环评审批87件、危险废物转移许可232件）、受理500余台黄标车提前淘汰申请，实现了行政审批“两集中、两到位”，按照市政府“特事特办、立马就办”要求，缩短审批工作时限，在法定审批时限上缩短了50%，提升了行政审批服务质效。

（郑　芳　文　利）

【排污权管理】 联合市公共资源交易中心出台《株洲市主要污染物排污权交易规程》，12月底将排污权交易工作移交市公共资源交易中心。全年征缴初始排污权有偿使用费580万元。完成70吨二氧化硫省级指标收储和38.5吨二氧化硫指标的县级指标有偿储备；将未认购的2015年度的减排认定的28家排污单位扣减削减任务后剩余的146.7吨二氧化硫、208.6吨氮氧化物、164.9吨化学需氧量、497吨氨氮作为政府无偿储备，纳入指标库。全年开展69笔新、改、扩项目排污权交易。其中14笔为企业之间点对点交易，交易金额13.4万元；55笔交易为政府储备库指标出让，出让指标收入276万元。（包晓风）

【企业环境行为信用评价】 完成年度企业环境行为信用评价工作，评出环境诚信企业11家，环境合格企业203家，环境风险企业14家，环境不良企业10家。督促环境风险和不良企业对存在的问题进行整改，并及时申请调整升级。（刘清岸）

污染防治

【水污染治理】 全面落实国务院《水污染防治行动计划》《湖南省湘江保护和治理第二个“三年行动计划”实施方案》有关要求，强化水污染综合治理工作力度。编制《株洲市水污染防治实施方案（2016—2020）》《株洲市2016年度水污染防治实施方案》，从推进工业污染治理、环保基础设施建设、农业面源污染治理、历史遗留污染治理等方面，通过实施67个项目落实水污染防治实施方案和第二个“三年行动计划”的各项工作任务。2016年湘江株洲段水质年均值保持Ⅱ类，市区集中式饮用水源水质达标率100%；未发生重大环境污染事故，水环境安全得到保障。（刘清岸）

【清水塘地区环境整治和重金属污染防治】 全力推进清水塘地区搬迁和升级改造，强化过渡期的环境监管和风险防控，加强区域环境治理力度，完成霞湾港重金属污染治理二期工程（老霞湾港治理工程）、霞湾新桥低排渠重金属污染治理工程、株冶外渣场环境综合整治工程，及醴陵市洪源金矿金明矿区重金属污染综合治理工程等重金属污染治理项目8个，对重金属污染物减排和区域环境质量改善起到积极作用。（刘清岸）

【饮用水源保护】 加强集中式饮用水水源地环境保护工作，加大对饮用水源保护区的执法巡查力度，严厉打击各类威胁饮水安全的环境违法行为。完成县级以上集中式饮用水水源保护区划分工作，组织开展农村1000人万吨集中式饮用水源保护区划分工作。完成2015年度饮用水水源环境状况评估工作。（刘清岸）

【大气污染防治】 市人民政府出台《关于划定市区禁止使用高污染燃料范围的通知》（株政办发〔2016〕20号），禁燃区范围覆盖石峰区、荷塘区和云龙示范区全部区域，白关镇、姚家坝乡、大京乡除外的芦淞区，三门镇、群丰镇、雷打石镇除外的天元区，明确了高污染燃料种类。实施大唐华银株洲发电有限公司2台31万千瓦机组超低排放工程，烟尘、二氧化硫、氮氧化物排放限值分别达5、35、50毫克/立方米以下限值。湖南柳化桂成有限公司3#75蒸吨、4#60蒸吨、5#75蒸吨和6#90蒸吨燃煤循环流化床锅炉淘汰退出，拆除原煤仓库、渣场、发电设施等，年减少用煤量15万吨，减排效益显著。开展挥发性机物的调查和治理工程，完成13个重点行业挥发性机物基数调查；开展对市区100余家大中型餐饮店的油烟治理，实现城区95%以上居民、98%以上的服务行业使用清洁能源，城区56.3%的出租车完成燃气化改造，市区20蒸吨/小时以下燃煤锅炉基本淘汰。（汤　炼）

【机动车污染防治】 规范环检机构监管。出台《株洲市机动车环保检验机构监督管理办法（试行）》《株洲市机动车环保检验机构考核实施方案》，进一步规范机动车环保检验机构管理。严格执行机动车排放检验制度。完成环保检测报告单核查系统建设，实现未经机动车排气排放检验合格的机动车，公安交管部门不予核发安全技术

检验合格标志。加强机动车环境管理能力建设。年内，购置机动车排气污染遥感监测车1台，提升机动车排气检测水平。（帅　武）

【黄标车淘汰】 市人民政府出台《〈株洲市黄标车提前淘汰财政补贴实施办法〉的通知》（株政办发〔2016〕29号）。全年淘汰黄标车及老旧车13502辆，超额完成4101辆。（帅　武）

生态环境保护

【农村环境综合整治】 2016年，继续开展农村环境综合整治整县推进工作。天元区、石峰区、荷塘区、芦淞区、醴陵市被列入全省2016年农村环境综合整治项目。争取上级农村环境整治资金5500万元。（胡湘许）

【生态保护红线区划】 启动全市生态保护红线区划工作。通过多次核实调查，全市初步划定的生态保护红线总面积为4797.76平方公里，国土面积占比为42.6%，一类管控区面积为1032.75平方公里，二类管控区总面积为3765.01平方公里。（胡湘许）

【土壤污染防治】 根据湖南省土壤污染防治工作方案，开展系列相关工作。醴陵市潘家冲铅锌矿重金属污染场地治理与修复工程，获得2016年土壤污染治理专项资金2150万元；石峰区金盆岭区域土壤污染治理工程与攸县酒埠江特钢有限公司及周边污染土壤治理工程，分别获得2017年土壤污染治理专项资金2239万元、1000万元。开展全市土壤污染重点行业企业空间位置遥感核实工作及土壤污染源、污染地块调查，为土壤污染调查奠定技术基础。（胡湘许）

废物处置与辐射监管

【危险废物规范化管理】 为提高涉危单位规范化管理水平，编印下发《株洲市危险废物规范化管理资料汇编》，严格按照“工业危险废物产生单位规范化管理指标及抽查表”“危险废物（含医疗废物）经营单位规范化管理指标及抽查表”要求进行规范化管理；加强危险废物转移、贮存、处置的有效监管。2016年，共审批216批次，转移35.22万吨，并执行危险废物转移联单制度；严格执行危险废物申报登记制度，全市“工业固体废物申报表”“危险废物申报表”“危险废物管理计划”按要求备案。（廖伟庚）

【医疗废物处置】 2016年，医疗废物收集处置已覆盖全市所有乡镇和诊所，全市共处置医疗废物2500余吨。（廖伟庚）

【废弃电器电子产品拆解监管工作】 根据电器电子产品拆解要求，做好现场检查，不定时的实行驻厂监管，每个季度组织相关部门对废弃电器电子产品拆解处理情况进行审核，并写出审核报告。2016年共拆解800727台套废弃电器电子产品，其中电视机402863台，电脑296501套，电冰箱40314台，洗衣机60029台，空调1020台。（廖伟庚）

【辐射监管】 全面落实辐射安全许可证制度，切实加强辐射安全与防护监管。2016年，全市辐射工作单位195家，全年延续换证9家，2家单位办理注销手续，新增5家；现场检查辐射工作单位120余家；及时更新《全国核技术利用辐射安全监管系统》；处理移动、电信、联通基站建设及变电站建设电磁辐射污染投诉共计40余次；发放宣传资料万余份，消除不安定因素、普及电磁辐射污染环境相关科普知识。（廖伟庚）

环境宣传

【世界环境日宣传活动】 6月5日，全市组织环保微电影和公益广告片评选活动，开展环保毅行“环保一起行动”主题活动、江漂流大型环保宣传活动；开展环保开放日，组织市民走进污水厂、小记者走进环保局；中小学校讲授1000堂“生命之水”青少年环境科普课；举行网友见面会，成功举办环保嘉年华大型公益宣传活动，营造浓厚环保宣传氛围。（文红武）

【开拓环境宣传新阵地】 开通“双微”，市环保局官方微博发布信息1800余条，拥有粉丝8万余人。聘请微信运营公司打造“株洲环保”微信。全年发布环境信息800余条，拥有粉丝2万余人。在《湖南日报》《株洲日报》《株洲晚报》电视台广播电台、网站、微信等省市媒体宣传环境保护工作，共计发表435条，《人民日报》《光明日报》《中国环境报》等12次对全市的环保工作进行报道。（文红武）

【环保志愿活动】 组织全市绿色卫士开展保护湘江母亲河行动，组织开展环保活动近70次；开展守望湘江行动，对全市22个守望点进行日常巡查，共发现并举报污染问题200多起，有力推动了株洲市314条河港的良好改变，两名队员获2016年度湖南省环保志愿者保护湘江行动绿色卫士之星，何长顺获湖南省环保志愿者保护湘江第一个三年行动计划绿色卫士优秀组织工作者奖，市绿色卫士联合办公室获湖南省环保志愿者保护湘江第一个三年行动计划绿色卫士优秀组织工作奖。（文红武）

环境监察

【环境执法】 2016年，市本级完成排污收费1950余万元，其中建筑施工噪声排污收费76万余元；立案处罚25起，处罚到位金额110万元。全市以大气污染防治专项整治和饮用水源保护为重点，开展9项全市性的环保专项行动，对城市4港和建筑工地进行24小时巡查，对辖区内重点区域、重点行业和敏感时期重点进行检查，加强环境保护事中事后监管。查处隆科肥业大气污染防治设施运行不正常，周边异味强烈，粉尘超标排放案，下达26万元的行政处罚，并责令企业立即整改；对株冶集团4号、5号挥发窑污染物超标排放的环境违法行为进行立案处罚，罚款到位金额30万元；对茶陵王友峰、谭建文等人非法倾倒填埋危险废物一案进行查处，并移送公安机关追究刑事责任。（梁　军）

【实施随机抽查制度】 根据环境保护部和省环保厅有关文件的精神，出台《株洲市污染源日常环境监管随机抽查实施方案》，用日常监管随机抽查取代“国家重点监控企业每月检查一次，一般污染源每季一次”频次式监管方法，建立随机抽查人员库和企业库。全年市环境监察支队共组织开展了34次随机抽查，抽查企业235家。（梁　军）

【环保违规建设项目清理】 2016年，出台《株洲市清理整治环保违规建设项目分类处理指导意见》，组织3次专题培训、4次全市清违工作调度会、1次专题视频会议。市政府组织两个工作组，先后4次对各县市区清理整治工作开展情况进行指导督查。全市共检查企业3000余家，发现环保违法违规建设项目1545个，其中未批先建1118家，批建不符12家，未验先投448家（其中33家符合两项）。查出的违规建设项目中淘汰关闭124家，整顿规范598个（补办环评、环保验收、停产整治共计598个项目），完善备案823个，共计1545个项目；立案处罚21个项目，罚款到位136.34万元，清理整治方案和清理结果已在市政府网站上公示，清理整治任务全面完成。（梁　军）

【环保网格化监管】 2016年，株洲市以环委会名义印发《株洲市环境保护网格化监管实施办法》。全市划分1个一级网格，18个二级网格（含特殊网格），94个三级网格（含特殊网格）。全市10个县市区印发区域网格化环境保护监管实施方案。政府组织实施、环保部门统一协调、相关部门各负其责、社会各界广泛参与，“属地管理、分级负责、全面覆盖、责任到人”的网格化环保监管体系初步形成。（梁　军）

【环保督查督办】 督促整改兴隆新材、飞鹿新材、中成化工和经仕集团4家企业环境问题。兴隆新材、中成化工和经仕集团3家企业完成整改工作，并在市局网上进行公示；飞鹿新材因整改工程量较大，仍在整改过程中。（梁　军）

【垃圾填埋场交叉执法专项检查】 2016年，积极组织县市区环保局执法人员，对全市8个新老垃圾填埋场开展交叉执法专项检查。对存在的问题，以市环委会的名义分别向荷塘区、醴陵市、攸县、茶陵县、炎陵县政府发文，督促严肃查处，加强监管，确保环境安全。（梁　军）

【“三考”特护期专项行动】 根据市政府的统一部署，会同市教育局组织为期20天的“三考”特护期专项行动。印发高考期间禁噪《通知》，公布环保举报热线。组织环境执法人员开展夜间突击检查，排除噪声污染隐患，出动环境执法人员300余人次，查处3起违法施工的工地；高考期间，执法人员在8个考场周围进行值守，巡查处理考点噪声污染，给学生营造了一个安静的学习和考试环境。（梁　军）

【环境应急管理】 实行24小时值班，确保一有事故苗头，能迅速出动，及时妥善处置。全年总巡查数达2320人次，立案数7起，27家重点企业完成应急预案的编制和备案工作。12月中旬，组织全市性的应急事故处置网上推演。通过推演，修正完善全市应对环境突发事件的组织指挥体系及职责分工、预警、应急响应、组织指挥，及应急保障等工作机制，落实突发环境应急事件物资储备单位和责任人，调整株洲市突发环境事件应急指挥专家库名单。（梁　军）

科学技术

科技工作

【概况】 株洲市科技局是市人民政府工作部门，主要负责贯彻执行国家、省关于科技工作的法律法规和方针政策，负责全市科学技术进步工作。有在编在岗职工52人，内设13个职能科室，归口管理地震局、科技创新服务中心、电子办3个事业单位。

2016年，株洲科技工作坚持将创新驱动发展作为首要战略，以自主创新示范区建设为引领工程，着力提升自主创新能力，加快培育增长新动能，取得了显著成效。年内，株洲市获评2015年度湖南省知识产权工作先进市（州），天元区、石峰区、芦淞区获评2015年度湖南省知识产权工作先进县区。

全年市本级科技计划项目共四批次450项、资金5800万元；实施知识产权战略推进专项704万元。中车株洲电力机车研究所有限公司刘可安入选中青年科技创新领军人才，株洲中车时代电气股份有限公司刘国友率领的IGBT技术研发与产业化创新团队入选重点领域创新团队，中车株洲电力机车研究所有限公司入选创新人才培养示范基地。此次，湖南省共有4个团队（基地）入选，株洲市占2席，居全省前列。株洲市樊运新入选科技创新领军人才，彭澎入选科技创业领军人才。株洲市608所黄生勤和湖南工业大学陈一成功入选2016年“湖湘青年英才”支持计划。入选部省人才计划5席，评选2016年市领军人才23名。在全省率先推行发放“科技创新券”，启动开展专利质押贷款6笔共计6280万元，逐步完善了投融资、人才、财税等科技政策体系，极大地改善了科技发展软环境，在全市营造了重视科技、尊重人才、鼓励创新的良好氛围。

提升创新能力。全年新增2家省级重点实验室，2家省级工程技术研究中心，1个国家级、3个省级科技企业孵化器，株洲高新技术开发区动力谷科技创新服务中心、株洲新芦淞玉成置业有限公司、株洲方元资产经营管理有限公司，2家院士工作站，12家市级工程技术研究中心，市中心医院获批省“肝胆胰疾病临床医疗技术示范基地”，实现医卫平台零的突破。至此，全市省级重点实验室总数达11家，省级工程技术研究中心总数达25家，省级以上科技企业孵化器达6家（其中国家级2家、省级4家），院士工作站达6家。全市有市级工程技术研究中心50家、技术创新平台159家，其中国家级24家、省级82家。全社会研发投入占GDP的比重达2.1%，自主创新能力显著提升。

高新产业加速发展。全年共争取部省科技计划项目189项，资金5.83亿元。省战略性新兴产业项目获批12项，获得立项资金2700万元，立项数和资金数占全省59个立项和1.3亿元总投资金的五分之一。立项数创株洲市历史新高。申报高新技术企业81家，75家企业通过评审，全市高新技术企业总数增长19%，达到213家。全年共完成高新技术产业总产值2107.3亿元，同比增长16.6%，完成高新产业增加值623.6亿元，同比增长17.3%，全省排名第二。高新技术产业增加值占GDP的比重在23%以上。

知识产权成绩凸显。获批国家级优势企业6家；获得第十八届中国专利金奖2项，占全国总数的1/10；获批全国首批专利保险示范地区。每万人口发明专利拥有量达8.08件；PCT国际专利申请超过39件；全年专利申请7595件，同比增长26%，其中发明专利2739件，同比增长46%；发明专利授权836件，同比增长6%。全年共完成查处假冒专利案件立案200起，调处专利侵权案件立案32起，结案29起，受理知识产权维权援助案件共26起，知识产权工作水平有效提升。

创新创业不断升温。建成众创空间17家，获批国家级众创空间5家，省级6家；获批国家级“星创天地”2家，省级6家。以“炎创中心”为载体，建设“5+1”公共服务平台，形成全链条、多层次的科技创新服务体系。至2016年年底，全市众创空间入驻创业团队211个，初创型小微企业251家，创业人员约3004人，吸纳就业及再就业人员4219人，支持实体经济转型升级已经初见成效。先后举办各类创新创业活动442场次，开展各类创业教育培训2212场次。参加第五届中国创新创业大赛（湖南赛区）暨第三届湖南省创新创业，株洲市选派的轨道交通测控设备开发团队荣获团队组三等奖，株洲壹星科技股份有限公司获得最具人气奖，中普防雷、千阳插画创意社、勇前不弃等9家企业和团队喜获企业优秀奖、团队优秀奖，株洲市科学技术局荣获优秀组织奖。（黄　谷）

【“妇科千金片”获批省科技重大专项】 3月份，由千金药业作为课题负责单位的“湖南典型重要大品种二次开发与关键药材研究与示范”项目，获得湖南省科技重大专项立项支持，千金药业获项目总经费210万元，分3年划拨。这也是省内药学领域唯一的获批项目。（黄　谷）

【株洲高新区获批国家第二批科技服务业区域试点】 3月份，科技部启动第二批科技服务业区域试点的评审工作，株洲市高新区成功获批，暨北京中关村、上海张江、天津滨海之后，“并肩”成为国家65家试点区域之一。株洲高新区入选试点区域，将有利于全市汇聚科技服务资源，培育科技服务新业态，进一步提升全市科技创新和产业发展水平。（黄　谷）

【株洲成为全国首批专利保险示范城市】 8月，国家知识产权局批复株洲市为首批国家专利保险示范城市，示范时间自2016年8月至2019年8月，为期3年。株洲成为9个入围全国首批示范城市(区)名单的城市之一，是湖南省唯一获此殊荣城市。

从2010年起，株洲市知识产权局开始探索专利投保模式，并与承保企业人保财险株洲分公司联合成立工作领导小组，通过制定并实施《株洲市专利保险试点工作实施方案》和《株洲市专利保险补贴资金管理办法》，建立专利保险服务体系，明确投保流程、相关手续和优惠政策，对企业维权事项进行指导。“十二五”规划期间，株洲市先后有37家企业的100多件核心发明专利投保，总保额上千万元。这些有效地推动了企业知识产权与金融资源有机融合，促进了企业自主知识产权价值实现。（黄　谷）

【“省院士专家工作站”落户株洲电机】 9月，中车株洲电机有限公司“湖南省院士专家工作站”获得授牌。这意味着，该公司产学研合作将开启新篇章，为其创建世界级轨道交通装备制造基地提供强大的技术支持和人才保障。“湖南省院士专家工作站”是以企事业单位为依托，鼓励院士专家参与社会实践的一种活动平台。依托单位可采用多种形式与院士及专家团队进行合作。（黄　谷）

【炎帝创客中心等入围国家第三批众创空间公示名单】 9月12日，株洲市炎帝创客中心、新动力众创空间、湖南微软创新中心众创空间、株洲市声色艺术工厂4家众创空间入围第三批“国家级众创空间”备案公示名单。株洲炎帝创客中心、宏达创客空间、湖南微软创新中心众创空间、株洲市声色艺术工厂、新动力众创空间、株洲高新区天台金谷创业苗圃6家众创空间被湖南省科技厅拟认定为第一批“省级众创空间”。（黄　谷）

【率先开展大型科学仪器设施共享试点】 10月份，株洲市启动大型科学仪器设施开放共享服务试点工作，湖南工业大学等10家单位率先开放。10家试点单位，有9家仪器管理单位，分别是湖南工业大学、湖南化工职业技术学院、中国化工株洲橡胶研究设计院有限公司、市农业科学研究所、株洲时代橡塑元件开发有限责任公司（中车株洲电力机车研究所有限公司新材料检测中心）、中车株洲电力机车有限公司、株洲硬质合金集团有限公司科协科技咨询服务部、湖南千金湘江药业股份有限公司、唐人神集团股份有限公司；另有1家管理平台运营机构，即市生产力促进中心。10家试点单位将根据开放共享服务要求，建立健全单位的大型仪器开放共享制度，并实现“线上信息与线下服务紧密结合”，为推动全市大型仪器设施开放共享提供经验依据。（黄　谷）

【中车株洲所两项专利获国际金银奖】 中车株洲电力机车研究所有限公司发明的“一种太阳能变频空调系统”和“一种永磁同步电机传动系统的直轴电流保护方法及装置”两项专利，参加第68届德国纽伦堡国际发明展，分获金奖和银奖。（黄　谷）

【株洲市两家“星创天地”入选国家队】 11月，株洲县“渌湘智慧”星创天地、炎陵县“黄桃之乡”星创天地获批科技部第一批“星创天地”。茶陵县犀城现代农业星创天地、荷塘区绿缘仙踪星创天地、醴陵市油茶基地科技推广与网络平台、攸县“丁老根农家”星创天地等6家获首批湖南省农业“星创天地”立项。（黄　谷）

【株洲二中获评第二批全国中小学知识产权教育试点学校】 11月，国家知识产权局办公室、教育部办公厅联合发文确定“第二批全国中小学知识产权教育试点学校”名单，株洲市第二中学名列其中，试点时间自2016年12月至2018年12月。（黄　谷）

【株洲市政府与武汉3校（院）签订战略合作协议】 12月9日，株洲市人民政府与武汉大学、中国科学院武汉分院、中铁第四勘察设计院集团有限公司在武汉分别签订战略合作协议，将在产学研等方面开展深度合作，推进创新发展。（黄　谷）

【株洲两项发明专利获中国专利金奖】 12月26日，中车株洲电力机车有限公司的“轻轨车辆及其铰接式转向架”和中车株洲电机有限公司“一种电机端盖和一种电机”两项发明专利获第十八届中国专利奖金奖。全国还授予了568项优秀奖，株洲市占9项，株洲市企业获奖数量在全省排名第一。其中，株洲千金药业股份有限公司的“一种妇科千金胶囊”，在568项专利优秀奖获奖项目中排名第一。（黄　谷）

【株洲市首届创新创业大赛举办】 12月28日，“青春创客·赢在株洲”2016株洲市创新创业大赛在市职教城落下帷幕。大赛历时半年，共征集各类创新创业项目279项，经过初赛、复赛、半决赛层层选拔，有10支团队和6家企业组进入最后总决赛。最终，斯凯航空公司的视觉导航无人机项目和青年创业者协会的“创告天下”公益平台分别拔得企业组和团队组的头筹。本次大赛获奖项目不仅能获得奖金，还能免费入驻包括炎帝创客中心在内的众创空间、孵化器，获得株洲市生产力促进中心提供创业导师辅导等全方位服务，以及由创投和银行提供的金融支持。（黄　谷）

2016年度株洲市获第十八届中国专利奖情况

表26

获奖名称	获奖项目	单　位
金奖	轻轨车辆及其铰接式转向架	中车株洲电力机车有限公司
金奖	一种电机端盖和一种电机	中车株洲电机有限公司
优秀奖	一种妇科千金胶囊	株洲千金药业股份有限公司
优秀奖	网状结构硬质合金及其制备方法	株洲硬质合金集团有限公司
优秀奖	组合式液压预紧锁紧装置及硬质合金复合轧辊	株洲硬质合金集团有限公司
优秀奖	一种太阳能变频空调系统	中车株洲电力机车研究所有限公司
优秀奖	铁路铺轨机的导轨自动化回送系统	中铁重工有限公司
优秀奖	一种重载变流器	株洲中车时代电气股份有限公司
优秀奖	大型复合材料风电叶片及其制备方法	株洲时代新材料科技股份有限公司
优秀奖	纯电动巴士	湖南南车时代电动汽车股份有限公司
优秀奖	餐具套件(餐桌上的美好时光)	湖南华联瓷业股份有限公司

（黄　谷）

2016年度株洲市获第六届湖南省专利奖情况

表27

获奖名称	获奖项目	单　位
特别奖	轻轨车辆及其铰接式转向架	中车株洲电力机车有限公司
一等奖	一种电机端盖和一种电机	中车株洲电机有限公司
一等奖	一种太阳能变频空调系统	中车株洲电力机车研究所有限公司
二等奖	钻削加工刀具	株洲钻石切削刀具股份有限公司
二等奖	大型复合材料风电叶片及其制备方法	株洲时代新材料科技股份有限公司
三等奖	纯电动巴士	湖南南车时代电动汽车股份有限公司
三等奖	一种大型方形物件的吊运方法及其起重机	株洲天桥起重机股份有限公司
三等奖	涡桨型航空发动机的功率提升方法	中国南方航空工业（集团）有限公司
三等奖	机车冷却塔振动测试系统	株洲联诚集团有限责任公司

（黄　谷）

2016年度株洲市获湖南省科技奖励项目

表28

等级	类别	项目名称	获奖单位　获奖人	完成人员
	光召奖		冯江华	
二	进步奖	微纳尺度生物医学材料可控制备及生物医学应用研究	湖南工业大学	何农跃　邓燕等
二	进步奖	混合动态系统的稳定性及脉冲同步控制研究	湖南工业大学	刘　斌

续表 28

等级	类别	项目名称	获奖单位 获奖人	完成人员
二	进步奖	复合供电超高效中央空调永磁变频技术研究及应用	中车株洲电力机车研究所有限公司	尚 敬 胡家喜等
二	进步奖	120km/h 速度等级 A 型地铁车辆	中车株洲电力机车有限公司	柳晓峰 周 利等
二	进步奖	高速动车组悬挂系统减震降噪制品研制及产业化	株洲时代新材料科技股份有限公司	程海涛 冯万盛等
二	进步奖	OLED 电极用关键材料制备技术研发与产业化	株洲科能新材料有限责任公司	赵科湘 金智宏等
二	发明奖	地铁牵引系统平台关键技术及应用	湖南工业大学，株洲中车时代电气股份有限公司	何 静 陈超录等
三	进步奖	东方百合育种技术及抗茎腐病新品种选育	株洲市农业科学研究所 贵州省园艺研究所 云南农业大学	郑思乡 刘飞虎等
三	进步奖	高性能硬质合金关键原材料及盾构刀具产业化技术研究	株洲硬质合金集团有限公司，株洲钻石钻掘工具有限公司	贺 军 马绍宏等
三	进步奖	基于高速永磁技术的高速列车牵引电机关键技术研究	中车株洲电机有限公司	江有名 何云风等
三	进步奖	电网平衡供电与电能品质综合提升关键技术及应用	株洲变流技术国家工程研究中心有限公司	罗仁俊 吕顺凯等
三	进步奖	南非货运电力机车双流制电气系统研制	株洲中车时代电气股份有限公司	刘海涛 高首聪等
三	进步奖	轴类零件小直径深孔加工工艺	中国南方航空工业（集团）有限公司	陈志锋 黄 如等
三	进步奖	高精度智能化环保水墨印刷机关键技术与成套装备研发及产业化	株洲三新包装技术有限公司，湖南工业大学	姚齐水 刘为成等
三	进步奖	南方煤矿复杂煤层绿色开采成套装备	湖南科技大学，湘煤立达矿山装备股份有限公司，湖南恒安矿山装备科技有限公司	唐果宁 张 浩等

（黄 谷）

2016 年度株洲市获湖南省首届创新奖情况

表 29

获奖名称	项目名称	获奖单位
科技创新奖	中小航空发动机研发与产业化	中国航发湖南动力机械研究所 中国航发南方工业有限公司 西北工业大学
科技创新奖	永磁牵引系统技术研究与产业化	中车株洲电力机车研究所有限公司 湖南工业大学
产品创新奖	3300V/1500A 高功率密度 IGBT	株洲中车时代电气股份有限公司
文化创新奖	醴陵·世界陶瓷艺术城	醴陵·世界陶瓷艺术城
管理创新奖	荷塘区“一门式”服务平台创新	株洲市荷塘区委
管理创新奖	株洲建设领域投资审批管理创新	中共株洲市委员会

（黄 谷）

科学普及

【概况】 至2016年年底，全市拥有县(市)区科协9个，市级学(协、研究)会53个，企业、高校科协19个，基本形成了纵通横联、覆盖城乡的科学普及、学术交流、科技咨询服务等为一体的组织网络。

株洲市科学技术协会下设办公室、科普部、学会部3个部门，下辖市科技活动指导中心、市企业科技创新服务中心、市老年科技工作者协会办公室3个事业单位，有在职人员24人。

2016年，株洲市科协深入贯彻全国“科技三会”、全省“科技两会”精神和市委、市政府重大决策部署，团结带领全市广大科技工作者，开拓创新，为服务全市科技创新和经济社会发展做出积极贡献。全年全市科协系统荣获省级荣誉105项、全国荣誉15项。 （陈刘传）

【科普工作】 扎实推进《科学素质纲要》实施。充分发挥株洲市全民科学素质领导小组办公室的组织协调作用，进一步强化全民科学素质工作共建机制。完善政府科普门户网和科普专栏，城区街道（乡镇）、社区科普场所覆盖率达100%。以大型主题科普活动为平台，充分利用微信公众号、移动互联网终端、网络、电视、广播、科普橱窗等载体，广泛开展科普宣传。组织开展“2016年‘中国流动科技馆’醴陵市巡展活动”，并逐步扩大到其他4个县市。深入实施株洲市科技传播工程，全市公民科学素质不断提升。广泛开展主题科普活动。组织开展“三下乡”“防灾减灾日”“全国科普日”等系列科普宣传活动，发放科普宣传资料40多万册，举办科普报告和放映宣传片500多场次，利用微信公众号、移动互联网终端推送科普知识60余万条，受益群众达200多万人次。推进科普信息化。新增全媒体网络科普阅览屏21台，累计32台，开通“科普株洲”微信公众号，科普服务更加便捷、高效。深入实施“基层科普行动计划”。荣获国家科普项目6个、省级项目8个，奖补资金180万元。广泛开展科技培训，面向广大农民，以种植业、养殖业、林果业为重点，引进新品种、推广新技术，培养了大批新型农民，群众科技致富成效更加显著。（陈刘传）

【科技学术交流】 2016年，株洲成功举办株洲市生态文明发展论坛。论坛由刘友梅院士主持，4位专家作主旨演讲，150余名专家学者共同参与探讨，为株洲生态文明和两型社会建设献智出力。成功举办“智能感知技术高峰论坛”。谭铁牛院士等6位专家作精彩学术讲座，分享智能感知、计算机视觉、人工智能、模式识别等领域的研究成果、创新思想和最新研究进展，研讨发展战略，促进相关领域理论、技术及应用的发展，得到聆听讲座的600多位与会者的一致好评。组织开展“喜迎党代会 共谋新发展”献智献策活动。刘友梅、丁荣军两位院士提出《以“绿色智能”推进轨道交通产业集群创新》《组建轨道交通产业联盟，推动企业抱团发展》等有价值的意见建议，获得市委主要领导的充分肯定，要求相关部门认真研究、落实。（陈刘传）

【科技创新服务】 聚力创新驱动，积极进军经济建设主战场，持续推进“院士专家工作站”建设。2016年，新建株洲电机、湖南工大2家院士专家工作站，全市院士专家工作站累计达9家，10名院士和100多名专家进站工作，帮助企业解决了一批技术难题。中车株所工作站荣获全国示范型院士工作站。积极搭建“海智计划”服务平台。通过加强与高新区自主创新园“海智计划”工作基地的联系，有效搭建海外科技人员信息沟通平台，多次组织开展海外人才和项目的对接、推介服务，为推动园区创新创业发挥了积极作用。市老年科协深入开展科技服务民营企业行动，帮助民企引进新技术，开展专利申请、技术创新，产生了良好的社会效益和经济效益。（陈刘传）

【青少年科技创新教育】 2016年3月4日，株洲市举办第36届青少年科技创新大赛。大赛共收到各个县市区选送的作品422件，经初评和终评两个阶段，最终评出优秀项目奖118项、优秀实践活动奖20项、科学幻想绘画作品奖89幅、优秀科技教师6名、优秀组织奖单位6个。联合市教育局举办株洲市第三届机器人大赛。来自全市22所学校的94支代表队、217名选手参加竞赛。通过展示、竞赛等程序，共决出一等奖16个、二等奖25个、三等奖29个，评选出优秀指导老师8名、优秀组织奖5个。成功承办第九届湖南省青少年机器人大赛，市科协等3个单位荣获全省优秀组织奖。积极推选参加全省和全国的赛事，获得省级奖项81项、国家奖项5项。同时，组织开展中国科协“大手拉小手——科普报告希望行”、全国青少年高校科学营、株洲市首届青少年公益科技体验等活动，通过系列活动，有效激发了青少年朋友的创新思维，培养了动手能力。（陈刘传）

【服务科技工作者】 2016年，市科协密切联系服务科技工作者。充分发挥党委政府联系广大科技工作者的桥梁和纽带作用，扎实推进“四联”工作机制，广泛开展建家交友活动，党组成员带头开展“下基层、大走访”活动，看望慰问科技工作者200余人，帮助解决实际困难40多个。积极搭建学习交流活动平台。组织开展株洲市第十四届自然科学学术论文评选，举办1期县市区科协主席和新进人员培训，组织企业科协负责人外出学习交流，选派参加省科协“科普+互联网”培训等，均取得了很好的效果。大力宣传表彰优秀科技人才。成功推荐3人荣获“湖南省优秀科技工作者”荣誉称号，1人荣获第十届“湖南省青年科技奖”。广泛宣传先进典型，营造“尊重知识、尊重人才、尊重劳动、尊重创造”的良好氛围。（陈刘传）

科研院所选介

中车株洲电力机车研究所有限公司

【概况】 截至2016年年底，中车株洲电力机车研究所有限公司拥有“电气传动与自动化、高分子复合材料应用、新能源装备、电力电子（基础）器件”四大产业板块、十大业务主体、3家上市公司、9个国家级科技创新平台，及2个企业博士后科研工作站，并在美国、英国、澳大利亚、德国等地设有5个海外技术研发中心，共有员工17800多人，其中境外员工4500余名。2016年，株洲所上下精益协同提效率，降本节支增效益，实现销售收入318亿元，净利润稳步增长，运营状态总体安全可控。（吴昌云）

【科技创新】2016年，株洲所前沿科技项目成果丰硕。ART样车成功下线，无轨导向控制技术获得实践应用；8月11日，公司参与研发的中国首列“永磁地铁”正式载客运营，综合节能率达30%，空轨、低地板和电力机车永磁系统填补国内空白；新一代传动和网络控制平台基本定型，高压电力电子变压器、智能集成功率组件、微秒级实时以太网和IGBT寿命预测等前沿技术均实现重大突破。产品应用创新多点开花。中国标准动车组、动力集中动车组、双动力打磨车等项目顺利推进；长沙中低速磁浮线和长株潭城际铁路正式运营；自主城轨信号系统完成线路测试并获得CBTC SIL4级安全认证；多款新型IGBT通过应用考核；11月，公司自主研发的8英寸IGBT产品成功中标印度机车配套订单，实现中国IGBT产品的首次出口；聚酰亚胺和芳纶项目快速推进；电动汽车整车与系统平台持续升级；叶片智能打磨机器人现场运用。11月17日，大型风电叶片机器人磨抛系统新产品（样机）鉴定会在公司举行；多个军工项目完成产品调试。光伏米柜、低成本风机成功开发；船舶海工产品形成谱系化平台；电机工艺技术能力持续提升。（吴昌云）

【市场开拓】轨道交通主业担当中流砥柱。2016年，国铁市场获得201台机车、203列动车组订单；地铁市场再创新高，收获17个项目33亿元牵引系统订单，新线中标率70%；轨道工程机械市场放量突破，销售规模达18亿元；空簧、扣件、扭杆、橡胶件等铁路高分子产品业绩稳定。海外市场成功获得洛杉矶地铁、墨尔本地铁、拉合尔地铁、肯尼亚机车等项目订单，代尔克公司规模利润持续高速增长。路外市场捷报频传：电动汽车全年产销整车4200多台，外销电驱动系统近8000套，销售规模突破38亿元，乘用车电驱动系统获得4.9万台批量订单；汽车橡塑产业完成销售收入57亿元；8月，公司中标国内某主流车企新能源汽车电机控制器订单，实现乘用车电驱动系统市场首单突破；风电市场奋起直追，全年获得风资源200万千瓦，中标青海都兰、华电诸葛等整机订单，叶片销售规模达27亿元；船舶海工产业逆势求进，远洋渔船、海工船和特种平台船领域相继奏凯，SMD获得两个国内订单。积极开展商业模式创新，成功中标城轨和环保市场PPP项目；大力开拓工程机械设备租赁、再制造业务，推进双创基地项目。（吴昌云）

【海外企业】时代艾森迪智能装备有限公司（简称SMD或艾森迪），是一家注册在英国纽卡斯尔的工作级深海机器人和海底工程装备制造商，主要从事深海工程装备设计、生产和服务，包括海底管线敷设机械、水下工作级机器人、海底采矿等设备。2015年4月，株洲所旗下时代电气收购其100%股权。2016年，SMD加大新产品和新技术的研发及市场开拓力度，全年完成营业收入2300万英镑。产品研发方面，重点投入开发ROV2.0、陆地观测机器人Sensabot以及ROV仿真模拟操作器Sentio产品。在新市场开发领域，成功获得上海救捞局6000米工作级ROV、中海油重型挖沟犁和中英海缆挖沟犁订单各1台。2016年，SMD顺利完成全球首套商业深海采矿机的研制和出厂试验，成功交付给鹦鹉螺矿业公司。SMD被美国《机器人商业评论》评为世界TOP 50机器人企业第40名。

丹尼克斯半导体有限公司位于英国林肯市，是加拿大上市公司丹尼克斯电力电子股份有限公司的唯一运营实体，主要产品包括大功率IGBT芯片及其模块、双极器件、功率组件等，产品广泛应用于轨道交通、电力传输、航空航天、船舶驱动，及新能源领域。2016年，丹尼克斯实现营业收入2272万英镑。

代尔克铁路有限公司（简称代尔克），是一家在悉尼注册的以设计、销售轨道线路产品为主要业务的公司。2011年，时代新材公司收购其100%股权，代尔克成为时代新材轨道交通产品海外市场开拓的桥头堡，在轨道减振器、扣件系统等零部件的海外销售中扮演着重要角色。2016年，代尔克实现营业收入1.5亿元人民币，同比上年增长95%，净利润同比增长237%。

博戈公司是株洲所旗下时代新材2013年并购的德国ZF集团旗下的橡胶与塑料业务，主要提供乘用车、卡车NVH技术全方位服务，主营液压衬套、可切换发动机主动悬置、轻量化组件、脚踏板、齿轮箱横梁等。2016年销售收入57.89亿元，除去并购PPA影响，息税前利润相较2015年增长14.9%。（吴昌云）

中国航发湖南动力机械研究所

【概况】中国航发湖南动力机械研究所成立于1968年，是国内唯一集型号研制与预先研究于一体的中小型航空发动机及直升机传动系统研究、发展基地。研究所占地66.67公顷，总资产约33亿元，在职职工2400余人，拥有一支包括1名中国工程院院士、60余名国家和省部级突出贡献专家、1000余名硕士博士在内的科技人才队伍。研究所设有博士后科研工作站、湖南省院士工作站，是国家博士和硕士学位培养授权单位。

2016年，研究所以集团战略为引领，以重大专项实施为契机，坚持任务与能力两手抓，创新驱动、乘势前行，较好地完成了科研生产等各项任务，在集团年度经营业绩考核中被评为“优秀”。

科研生产取得重要进展。通过颁发责任令、强化计划考核、召开月度协调例会、合理调配资源等措施，全力推进重点型号研制，集团下达的科研生产任务节点完成率98.2%，研究所科研生产综合计划节点完成率99.2%。实现“5机鉴定”“2机首飞”“4机转段”“6机达标”等目标。非标设备设计制造在试验设备领域实现重要突破，中低速磁悬浮列车传感器生产450支。全年申请专利113项。

研保体系建设扎实推进。全年条件建设国拨资金预算执行率92.8%，完成“5个项目国家验收”“3个项目立项申报”等工作。

经济运行实现提质增效。提质增效工作，取得明显成效。持续清理非主业和低效投资，完成株洲航飞翔公司股权转让。剥离办社会职能，启动“三供一业”分离移交并制定初步改造方案。调整组织机构，职能部门从22个减至18个。开展清产核资，提升资产质量。强化人工成本管控，按“两低于”原则加强工资总额预算管理，对子公司及经营性单位实行工资总额增长与效益联动，落实工资年度预算和月度、季度分析制度。积极压降“两金”，加强合同管理，“两金”占营业收入比率同比下降。

队伍结构优化。立足于多岗位锻炼培养既懂技术又懂管理的复合型干部，结合机构变动对部分中层干部进行岗位调整，促进各类部门管理经验交流和管理理念融合。完成中层领导班子和干部换届工作，优化基层班子的配置和中层干部队伍的结构。全年引进各类人才109名，其中博士5名、硕士56名，占引进专业技术人员总数的68%。加强校所合作，与北航、西工大、南航、上海交大、湖大等高校签订人才培养战略合作协议，为航空发动机主专业、高学历人才引进提供支撑。加大人力资源培训开发力度，全年投入培训经费360余万元，组织专家讲学102期、员工所内培训2.3万人次、技术骨干外部培训426人次，选送21名青年骨干赴国外深造。

年内，研究所先后获中共中央、国务院“高技术装备发展建设工程突出贡献奖”，中国航发“四好”领导班子、“安全生产先进单位”，航空工业“‘十二五’档案工作突出贡献单位”，株洲市2016年度“先进基层党组织”等荣誉称号；获省部级以上科技成果奖10项，其中1项获国防科技进步一等奖；1项目获首届中国军民两用技术创新应用大赛铜奖，是湖南省参赛企业获得的最高奖项，也是株洲市唯一获奖单位；1人获“湖南省三八红旗手”“全国五一劳动奖章”。（石东要）

中国化工株洲橡胶研究设计院有限公司

【概况】中国化工株洲橡胶研究设计院有限公司隶属于中国化工集团公司，前身为化工部乳胶工业研究所。1964年创建于广州，1965年迁建于云南省晋宁县，1988年整体搬迁至湖南省株洲市，2014年5月改制为国有独资公司。

公司主要从事以气象气球为主的乳胶制品、特种橡胶制品、高分子合成材料的研制、开发、生产与检测；有中高级专业技术人员100多人，其中享受政府特殊津贴人员和教授级高工20多人；拥有授权专利30多件。

2016年，公司实现营业收入8289万元，比上年增长14.7%，资产负债率9.38%，职工收入比上年略有增长。（罗碧霞）

【产品出口稳步上升】2016年，全力以赴抢占市场。气象气球出口利用探空仪与气象气球的捆绑投标，参加西班牙马德里召开的2016世界气象技术展会，提升气球产品在国际气象器材行业的美誉度和知名度。全年实现出口收入903万元，比上年增加338万元，同比增幅达60%，创公司年度出口收入历史新高。其中，自营出口比例占93%。（罗碧霞）

【科技成果持续增加】2016年，公司以项目申报为重点，以课题研究为载体，加快科研开发，促进成果产出。全年共组织开展14项科研课题，获得7项专利授权。1项目获评湖南省国防科学技术进步奖三等奖；“水性聚氨酯超薄避孕套的研发与产业化项目”获评中国化工集团公司科学技术二等奖；“乳胶气象气球及其制作方法”发明专利成果获得中国化工专利优秀奖；公司获评为2015年度“中国化工专利工作先进企业”。（罗碧霞）

【制定气象气球国际标准】2016年，公司完成国际标准《气象气球规范》的制定工作，提交两项国际标准新工作项目提案，实现了标委会制定国际标准工作“零”的突破。（罗碧霞）

教　育

综　述

【概况】 至2016年年底，株洲市有各级各类学校1638所，比上年增加109所。其中，幼儿园1085所，义务教育阶段学校510所，教学点270个，特殊教育学校4所，普通高中学校39所，中等职业学校22所，高等教育机构13所。全市在校基础教育学校学生57.5851万人，中等职业学校学生3.1641万人，高等教育学生8.7842万人。全市基础教育教职工4.4356万人，基础教育专任教师3.3529万人。

2016年，株洲教育系统实施“教育强市攻坚”工程，坚持立德树人，提升质量，着力构建教育公共服务体系，全省率先实现所辖县市区全部通过教育强县市区评估验收、全部通过国家义务教育发展基本均衡县市评估验收。株洲教育事业总体发展水平进入全省前列。全年获得省级以上奖励60项。其中参加湖南省职业院校技能竞赛，获得一等奖8个、二等奖18个、三等奖26个，团队总分位居全省前列；12名选手参加全国技能竞赛获得9个国家级奖项；参加全国中等职业学校“文明风采”竞赛活动，获全国一等奖1个，二等奖4个，三等奖10个。市统筹城乡义务教育一体化经验被国家教育部推介，区域推进信息化典型经验被编入国家《新型智慧城市发展报告2015—2016》。（石固宁）

【德育综合改革在全省率先启动】 在全省率先推进德育综合改革，出台《株洲市中小学德育综合改革行动计划（2016—2020）》，在242所学校启动德育综合改革项目。率先出台未成年人文明礼仪养成规范，“六礼三仪”行为习惯养成教育入选教育部“培育和践行社会主义核心价值观”优秀案例。注重学生创新精神和实践能力的培养，认定校外综合实践基地33所，将学生实践历程纳入综合素质评价。投资1.5亿元的市示范性综合实践基地建设项目进展顺利。（石固宁）

【基础教育质量整体提升】 区域整体推进课堂教学改革，“十二五”规划期间建成150个课改基地校、55个省市课改样板校、5个市级课改推广中心、建设中小学60个课程基地；成立覆盖全市城乡的中小学新课程改革合作联盟，每年举办全市小学、初中的课改现场会，引领全市课堂教育质量建设。始终坚持“多元导向，目标管理，分类评价”原则，对普通高中学校增值性办学水平进行评价和奖励。每年召开全市普通高中质量建设研讨会；高考总平均分连续6年位居全省前三，二本以上上线率超过50%。普通高中学考合格率从2010年的94.81%提升到2016年的97.49%，连续6年保持全省领先水平。（石固宁）

【体艺项目全面推广】 在全市实施“体艺2+1”项目，确保每个学生参与2项体育活动，具备1项艺术特长。将体育和艺术纳入中考学业评价。近三年累计投入资金6000多万元，做到每个学校都有达标的运动场。实施《学生健康体质提升计划》，建立健全学生体质健康监测评价、学校体育工作评估和年度报告制度；建立市县两级学生体质健康监测站，一个学生每年一张体质监测报告。实施《学校艺术教育普及计划》，开展学校艺术教育专项督导评估；发挥校园春天阳光艺术团和艺术文化名师工作室的示范引领作用，拓宽艺术教育通道。（石固宁）

【中小学心理健康教育】 2016年出台《株洲市中小学心理健康教育三年行动计划》，召开全市心理健康教育工作会议，培养400名心理咨询师，基本实现“每一所学校有一名专业心理辅导教师”的目标。组织100名学科教师参加“轻松教与学”培训、1000人次参加林文采博士报告会。株洲市区域推进心理健康教育工作经验在全省心理健康教育工作会议上推介并做典型发言。（石固宁）

【校长教师轮岗交流试点】 2016年，在天元区开展区域内义务教育学校校长教师交流轮岗工作改革试点，指导建立完善与交流轮岗制度相适应的编制、人事管理和激励机制。年底，天元区校长交流实现了全区中小学全覆盖，教师交流面达到10%以上。全省全面深化改革片区讲评会充分肯定了这项工作。（石固宁）

【教师职称制度改革】 建立统一的中小学教师职务制度，对现有在岗中小学教师职称系列人员实行全员过渡。探索建立职称评审机制和中小学教师跨校评聘机制。在全省深化中小学教师职称制度改革工作部署会上，市教

育局作为唯一的教育部门做试点经验发言。（石固宁）

【师资建设】严格教师准入制度。建立完善全市新进教师统一公开招聘制度，按照每年不低于自然减员80%的比例公开招聘教师。开辟绿色通道，重点引进特级教师和学科带头人。提升教师专业素养。全面推进教师队伍建设“十百千万”工程，实施10个教师发展支持计划，加大教师培训力度。建设23个“四名”工作室，20个学科基地，搭建教师专业成长平台。加强骨干教师梯队建设，全市有59名特级教师和225名市级学科带头人。实施教师关爱工程。在全省率先出台《株洲市乡村教师支持计划（2015-2020年）实施细则》，把乡村教师关爱工程纳入县区政府考核指标。（石固宁）

【教育投入稳步增长】落实教育经费依法增长的保障机制，2013—2016年，全市公共财政预算安排的教育经费分别为37.32亿元、40.25亿元、43.89亿元、44.14亿元，年均增长5.86%。全市义务教育学校的生均公用经费标准提高到小学生均600元/年、初中生均800元/年。（石固宁）

【推进教育信息化工作】出台《株洲市全面深入推进教育信息化工作五年计动计划（2016—2020年）》，株洲市《“互联网+教育”助力智慧城市》入选由国家信息中心主编的《新型智慧城市发展报告2015—2016》。株洲市工业学校、株洲市天元区银海学校、株洲市枫叶中学、株洲市第七中学被教育部确定为国家《网络学习空间专项培训》基地校；2016年株洲市代表省教育厅迎接国务院督导委员会的教育信息化工作专项督导，得到督导组专家的一致好评。（石固宁）

【教研工作转型突破】全市两项教育科研规划课题获国家级立项，获得湖南省基础教育教学成果奖一等奖1项、二等奖1项、三等奖4项；获得湖南省教育学会“十二五”课题成果评奖一等奖9项、二等奖17项、三等奖23项；省级十三五立项课题78项，其中重点课题8项。（石固宁）

【学校安全管理】出台《株洲市校车安全管理实施细则》和《株洲市教育系统重大决策风险评估工作意见》。8个县市区通过省“平安校园建设先进县市区”立项，立项数量居全省第二。认真组织中小学安全教育日、全民禁毒宣传月等主题宣传教育活动和应急疏散演练，会同相关部门开展校园食品安全系列整治行动，确保教育系统安全稳定。（石固宁）

【重点项目建设如期完成】2016年，株洲市特殊教育学校新校建设主体全部完成，室外工程完成50%，完成投资3080万元。市示范性综合实践基地建设。现址建设全部完成并开学，完成投资3140万元。（石固宁）

【教育扶贫】全市共资助99636人，资助金额8406.778万元。筹措资金446万元，资助建档立卡贫困家庭大学新生892人。全面启动普通高中建档立卡贫困家庭学生免学费工作。落实国家面向贫困地区高校招生计划276人。开展“阳光雨露”行动，为22683名贫困家庭未成年子女建档立卡。依托职业院校与职业技能培训机构，全面完成6338名贫困对象免费职业技能培训。实施村小资源普惠工程，系统制作、遴选和购买覆盖村小学学情的各年级各学科的系统资源3000多条，村小资源应用能力培训教师300名，利用资源开课率达50%，教师应用资源进行教学达60%。（石固宁）

【教育惠民服务】实施教育考试招生“阳光工程”，普通高中实施网上填报志愿、网上录取公示、按计划审批注册学籍、取消择校生、促进学生多样性发展的录取方式等政策；实施进城务工人员子女就读小学、初中无差别政策，零门槛入学。2016年年末，全市共有5万余名进城务工人员随迁子女在父母务工地入学。构筑贫困学生全覆盖资助体系，确保了没有一名学生因贫失学。坚持“阳光服务”理念，建成省级文明单位。教育阳光服务平台建设模式，作为省教育厅群众路线实践成果在全省推广。（石固宁）

【特殊教育】实施特殊教育提升计划，率先在全省建设14个义务教育阶段学校特殊教育资源教室；推进随班就读与送教上门工作。2016年6月15—17日，“湖南省特殊教育随班就读与送教上门工作研讨会”在株洲市召开，与会代表对这项工作给予了充分肯定。组织开展随班就读点（校）优质课评比活动。全市三类残疾儿童少年义务教育入学率90.16%，高于全省平均水平4个百分点。（石固宁）

【终身教育体系健全】构建以株洲市社区大学为龙头、9个县市区社区学院为骨干、142个社区学校和533个社区学习中心为支撑的终身学习骨干体系。株洲社区大学被确定为首批“全国社区教育实验基地”。（石固宁）

【2016年教育工作会议召开】2016年1月24日，株洲市教育工作会议召开。会议总结株洲市2015年和“十二五”时期教育工作，明确“十三五”时期教育发展目标，着力补短板、促转型、提质量，力争率先在全省建成教育强市。副市长毛朝晖出席会议并讲话，强调要加强县市区教育督导，教育统筹，提升教育质量，办好公办初中，强化以德树人，创新管理的实效性，提高教师积极性，加大教师培养、培训力度，促进教育公平，让每个家庭小孩有获取教育机会。

（石固宁）

【市教育界纪念红军长征胜利80周年座谈会】为纪念中国工农红军长征胜利80周年，株洲市教育局于2016年9月6日，在醴陵市将军外交官红军学校召开座谈会。会议由株洲市教育局党委书记、局长钟燕主持。6所红军学校的校长分别介绍各校“纪念中国工农红军长征胜利80周年”主题活动的开展情况，包括参观红军将领故居和红色遗存、祭扫烈士墓地、聆听红军故事，编辑红色校本教材，把红色文化纳入教学计划、融入课程教学中等。座谈会上，株洲日报社余意明主任、各县市区教育局党团组织负责人及部分少先队辅导员畅谈了认识和建议。（石固宁）

【2016年湖南省全民终身学习与社区教育活动周总开幕式暨株洲市启动仪式】 2016年10月25日，2016年湖南省全民终身学习与社区教育活动周总开幕式暨株洲市启动仪式在醴陵举行。开幕式上颁发全国“终身学习品牌项目”、全国“百姓学习之星”、全国社区教育示范区、全国社区教育实验区等多个奖项，醴陵市获评全国社区教育试验区。（石固宁）

【湖南省音乐学科教研成果展示与交流活动】 2016年12月14—17日，湖南省音乐学科教研成果展示与交流活动暨株洲市音乐学科基地研训、株洲市“动力乐歌”音乐大讲堂成果展在株洲市二中举行。近年来，株洲市教科院、株洲市音乐教学专业委员会在深化音乐课堂教学改革方面做了大量有实效探索、研究工作，形成了音乐学科“动力乐歌”系列教育教研品牌活动，为株洲中小学音乐课堂教学工作提供展示平台，推介优秀教学、教研成果，成为湖南省音乐学科基础教育改革“十百千”典型培植项目首个先进单位，其经验成果将面向全省14个地州市和部分外省业界人士推广。此次六大音乐活动全方位涵盖了株洲市中小学音乐学科教育教学近十年的工作轨迹与成果。（石固宁）

【株洲市首届中小学“六礼三仪”文明风采大赛】 12月23日，株洲市首届中小学“六礼三仪”文明风采大赛在市七中举行，14所学校的学生现场PK文明礼仪风采，经过颁奖礼仪展示、“六礼三仪”微展示、知识问答三轮激烈角逐，10个代表队获得“十佳礼仪队”称号。（石固宁）

【开展“株洲最美乡村教师”表彰活动】 12月27日，株洲市召开第四届“株洲最美乡村教师”表彰大会，炎陵县策源乡学校余春霞等10名老师成为株洲市最美乡村教师。据统计，株洲市有乡村教师1万多人，其中坚持在乡村学校工作10至20年的占30%。这些年，教育基金会举行“最美乡村教师”评选就是为了鼓励这种甘为孺子牛的先进教师群体。（石固宁）

学前教育

【概况】 2016年，株洲市有幼儿教育机构1020个，入园幼儿55369人，在园幼儿146553人，班数5123个。其中社会力量办幼儿教育机构906个，入园人数37486人，在园幼儿115192人。教职工14601人，园长1026人，专任教师7154人，保健员3730人。其中社会力量办幼儿教育机构教职工12633人，园长913人，专任教师6132人，保健员3273人。（石固宁）

【公益普惠幼儿园】 在每个乡镇（街道）建成1所公办幼儿园，进度全省领先。至2016年底，全市建成乡镇（街道）公办幼儿园141所。全市认定普惠性民办幼儿园473所，达到民办幼儿园总数的55.6%。2016年，市县区财政共投入2625万元，购买普惠性民办幼儿园服务，有效缓解了“入园难、入园贵”问题。“普惠性民办幼儿园的认定与管理”获第三届全国教育改革创新特别奖。（石固宁）

【习惯养成教育】 以“5+1”模式（5代表五大领域的综合主题课程，1指开发的“我有好习惯”特色课程）为引领，开展送教下乡、普惠园园长跟班学习、致全市家长一封信等活动，扎实推进科学保教工作。项目获得湖南省教育厅2016年年度创新奖。（石固宁）

【建立幼儿园观察员制度】 构建学前教育社会监管机制，建立幼儿园观察员制度，对所有幼儿园实行分类定级、管办评分离。委托“株洲在线”作为第三方机构，面向社会招聘观察员（第三方机构）监督评价城区幼儿园“规范办园、科学保教、安全发展、诚信经营”行为，利用株洲在线网络平台受理市民举报，在网络公开幼儿园相关信息。发挥了政府监管部门发挥不了的作用，实现了对幼儿园的全方位监管，有力地促进了幼儿园的健康发展。（石固宁）

【开展送幼教下乡活动】 2016年5月中下旬，结合“幼小协同、科学衔接”宣传主题，由株洲市幼儿园和芦淞教育幼稚园组成的幼教专家团队对5县（市）开展送教下乡活动。5月18日在银海小学，聘请长沙师范学院崔红英教授、湖南省名幼师吕奕老师就幼小衔接，对城区300多位幼儿园园长和幼师进行集中培训。11月底，开展第二次送教下乡活动。送教内容、送教方式、送教时间由各县市根据自身的需求申报，送教单位（株洲市幼儿园、芦淞教育幼稚园）与县市充分协商后进行送教，1000多名农村幼师得到培训。（石固宁）

义务教育

【概况】 2016年，株洲市有小学332所，教学点294个，教学班6405个，在校学生253117人，教职工11396人，专任教师10947；社会力量办小学2所，在校学生13696人；全市小学学校占地面积5199952平方米，校舍建筑面积1817705平方米。全市初中157所，其中九年一贯制学校52所，教学班2286个，在校学生104368人；社会力量办初中学校12所，在校学生22510人；全市初中教职工11384人，专任教师8474人；全市初中学校占地面积5098983平方米，校舍建筑面积1727029平方米。（石国宁）

【启动义务教育标准化学校建设】2016年，启动义务教育标准化学校建设。荷塘区文化路小学、天元区天元中学、芦淞区株洲市七中、石峰区曙光学校、云龙示范区云田中学完成标准化学校建设。（石国宁）

【“全面改薄”工作全省居前】株洲市全面改善农村贫困地区义务教育薄弱学校基本办学条件（简称“全面改薄”）工作进展顺利。截至2016年11月，累计投入资金7.07亿元，覆盖小学184所，教学点47个，初中106所。醴陵市、芦淞区、株洲县、攸县在湖南省教育厅对各地“全面改薄”工作的绩效考核评估中排位靠前，分别获得省奖励资金150万元、100万元、100万元、50万元。全市所获奖金占到全省奖金总额的13.33%，高出省平均6.2个百分点。（石国宁）

【推动基础教育集团办学】2016年，株洲市政府出台《关于推进基础教育集团办学的实施意见》，城区全面启动义务教育学区化办学实践探索。开展初高中集团办学，探索区域内初高中学校“一对一”协同办学试点，形成了9对初高中盟校。（石国宁）

【开展“百校结对帮扶”】以城带乡、以强带弱，促进均衡发展。全市有60%以上的义务教育阶段学校参与，结成233对结盟学校。各县市区形成了整体推进义务教育均衡发展的特色经验。《坚持规划引领，推进机制创新，让城乡学生共享公平优质的教育》的株洲做法被教育部作为典型经验在全国义务教育城乡一体化改革发展会上推介。（石国宁）

【基础教育课程改革】推进课改样板校建设，建成省级课改样板校4所，市级课改样板校56所。推进课程基地建设，出台课程基地建设实施方案，建成普通高中阶段课程基地29个，义务教育阶段课程基地30个。成立株洲市中小学课改联盟，形成课改联盟活动章程。（石国宁）

【开展全市中小学教育质量监测】组建专家团队，成立5个专家工作组。研究制订株洲特色的指标体系。开展质量测评，与中国基础教育质量监测协同创新中心合作，组织全市小初高共250多学校、64000多学生和家长、5000多教师、500多校长参加测查。参加第三届全国数据驱动教学改进研讨会，全市19个单位获得表彰，市教育局作典型发言。（石国宁）

【中考制度改革】出台《株洲市2016年初中毕业学业考试实施方案》，将体育考试科目纳入文体综合评价维度。文体综合包括政治、历史、地理、体育等学科，总分350分，体育占50分。要求凡在株洲市参加中考的学生都要参加市体育测试。加强对“审美与表现能力”维度的考核，加强对艺术技能的测试。（石国宁）

【株洲市2016年中小学招生新政策发布会召开】2016年3月3日，株洲市召开2016年中小学考试招生政策新闻发布会，发布2016年义务教育阶段招生与中考、中招系列方案。2016年全市各学段学位充足，中考和高中招生主体政策保持稳定。中考和高中招生有变化的是：语数外学科分值增加；体育首次纳入学业评价维度，艺术科目首次采用考试方式进行考核；自主招生学校，由上年的6所增加为7所，新增学校为醴陵市四中；公办初高中衔接教育对口直升生比例、特招特长生招生比例上浮。（石国宁）

【推动科技创新与学生实践教育】与市科协联手合作，依托株洲市示范性综合实践基地，开展丰富多彩的科技实践活动。积极组织中小学生参加全市首届青少年科技创意设计大赛、“第三十六届株洲市青少年科技创新大赛”“第三届株洲市青少年机器人大赛”等活动。（石国宁）

普通高中教育

【概况】2016年，株洲市有高中学校38所，其中：完全中学8所，十二年一贯制7所；教学班1145个，在校学生55422人，教职工5830人，专任教师4347人；社会力量办学高中10所，在校学生10026人。全市高中学校占地面积2791647平方米，校舍建筑面积1461900平方米。（石国宁）

【普通高中特色发展】在省内率先开展“普通高中多样化发展改革试点”，鼓励学校特色发展，为各类学生提供合适的教育。建设30个普通高中课程基地，将学校特色落实在国家课程校本化上。举办3届全市学校特色教育建设研讨会。各高中学校纷纷创建成“快乐德育”示范校、课改样板校、科技创新示范校等，“一校一品一特色”格局基本形成。株洲市十八中和醴陵市四中分别以美术、艺体特色获评湖南省特色实验学校；株洲市八中的舞蹈获新加坡第九届世界“金狮奖”，男子篮球获得全国中学篮球联赛（南区）冠军；株洲市一中入选首批教育部评选的心理健康特色校。（石国宁）

【学考成绩全省领先】学考继续领先全省。2016年学考，全科一次性合格率达95%，人平总分783.39分，两项指标都位列全省第一；省级示范性普通高中全科合格率99.01%，位居全省第一；南方中学学考合格率连续7年100%。市三中、攸县长鸿实验学校合格率100%。（石固宁）

【高考成绩高位提质】 2016年，全市高考总上线率达98.93%，本科上线率实现6年增长。全市一本上线率18.02%，增长2.08%；全市二本以上上线率50.45%，突破50%大关，增长0.61%；高分学生人数（600分以上）在全省比上年减少了498人情况下，株洲较上年增加22人，达到352人；全市文理科一、二本上线率保持全省领先水平；全市文理科总平均分、各单科平均分保持全省领先水平。全市一本上线人数大幅度增加406人，接近3000人，且600分以上高分学生增加；二本以上录取率过半，达到9184人。这是株洲市高考成绩的重大突破。（石固宁）

【启动高考改革试点项目】 2016年，出台《株洲市普通高中高品质学校建设计划》，确定株洲市二中、株洲市十三中、醴陵市四中3所学校为试点单位。在试点学校探索课程设置、学生选课、分层走班、学生管理、教师队伍建设、教学管理、质量评价、导师制、现代技术支撑等方面的实践研究，初步形成学校应对高考改革的经验，为全市高中学校提供样板和引领示范作用。出台《株洲市非省示范普通高中质量提升计划》，分类指导县域高中、农村高中和民办高中等薄弱高中实现最大限度的发展。

（石固宁）

【全省率先实现普通高中招生网上录取】 2016年，完善普通高中招生录取系统，学生志愿填报、指标生志愿填报、学生抛档、学校录取等过程全部在网络系统中完成，在全省率先实现普通高中招生网上录取，确保了招生过程的阳光公正。（石固宁）

职业教育

【概况】 2016年，株洲市有中职教育机构22个，在校学生39490人，教职工2246人，专任教师1692人。全市中职学校产权建筑面积640455平方米，新增16635平方米。（石固宁）

【建设现代职业院校】 2016年，湖南汽车工程职业学院、株洲工业学校和株洲市幼儿师范学校等3所市属院校新校区在湖南（株洲）职业教育科技园破土动工，标志着职教园10所签约学校中的最后一批学校正式进入建设阶段。3所院校新校区总投资20.78亿元，总建筑面积43.5万平方米，建成后办学规模可达2.3万人，成为湖南省一流的现代化职业院校。（石固宁）

【中职招生经验在全省推广】 2016年建立"志愿填报、网上录取"的中职招生制度。招生成本全面下降，招生规模稳定上升，基本实现普职分流1:1。株洲市做法在2016年全省高中阶段招生工作电视电话会议上作为典型经验向全省推介。（石固宁）

【农村职业教育】 2016年，醴陵市通过国家级农村职业教育和成人教育示范县创建验收。醴陵市陶瓷烟花职业技术学校通过国家中等职业教育改革发展示范学校创建验收。株洲县职业中专和攸县职业中专通过省级示范性中职学校创建验收。攸县职业中专成为株洲市卓越中等职业学校建设学校，学校正投入2.5亿元进行改扩建。

（石固宁）

【省卓越职业院校项目建设】 2016年，全市立项建设18个市级重点建设项目，株洲市幼儿师范学校、湖南省商业职业中等专业学校成功立项为省卓越职业院校。至此，株洲市共有8所在建省级卓越职业院校，其中高职4所，中职4所，立项建设数居全省第一。（石固宁）

【普职融通改革】 在全省率先启动普职融通协同发展改革试点，以株洲市工业学校与株洲市第十三中学为结对试点学校，探索形成普通教育与职业教育融合衔接、多元立交、合作共赢的人才培养机制。《科教新报》专题报道株洲市普职融通改革经验做法。

（石固宁）

【中小学开展职业体验教育活动】 2016年5月8—14日，组织中小学开展职业体验教育活动，制定2016年株洲市"职业教育活动周"实施方案。组织500余人次的中小学生分别体验湖南铁道职院工业机器人，株洲幼师学校的化妆鸡尾酒，湖南中医药高专的生命科学馆等10多个项目。

（石固宁）

【株洲市职业教育协会成立】 2016年12月12日，株洲市职业教育协会（产教融合联盟）成立大会暨第一次会员代表大会在湖南铁路科技职业技术学院召开。市职业教育协会（产教融合联盟）是由湖南铁路科技职业技术学院发起，株洲地区职业院校（含有关普通高等院校）、企业自愿加入形成的协作、合作组织。在该协会的组织下，会员单位将通过校校合作，实现行业自律；通过校企合作，实现产教融合。协会将为会员单位提供各种咨询与服务，助推企业转型升级、院校全方位发展。截至11月底，首批加入协会的成员单位有64家。（石固宁）

民办教育

【概况】 2016年，株洲市有民办中小学23所，占中小学总数的4.46%；在校学生48778人，占全市在校学生总数的11.3%。民办中等职业学校6所，在校学生4238人，占全市中职在校学生总数10%。民办幼儿园1042所，在园幼儿12.4万人，占全市在园幼儿总数的90%。民办培训机构274所，年培训约13万人次。全市各级各类民办学校固定资产投入约40亿元。教育总消费每年约为20亿元。其中学费消费15亿元，服务性消费约5亿元。

（石固宁）

【民办教育规范办学】 全面落实国家促进民办教育发展政策，优化办学环境。市、县两级教育行政部门不断加强日常监管，督促民办学校依法依规办学，维护师生合法权益，大力整治民办培训机构无证办学、违规办学行为，依法取缔和整治非法办学民办培训机构20多所。依法依程序查处九方双语学校违规招生、收费行为，责令该校限期全额退还违规收取的建校费，给予该校停止招生一年的行政处罚。对年度办学水平评估和年检不合格的5所市直民办学校，责令停止招生，限期整改。2016年，株洲市13所民办学校、幼儿园获得省规范民办学校建设奖。创建省骨干民办学校3所，立项1所；创建省骨干民办幼儿园11所，立项5所，均在全省排名第一。民办教育健康稳步发展，基本满足了人民群众选择教育资源需求。

（石固宁）

【民办教育优质资源建设】 2016年，湖南省教育厅评选民办学校优质资源建设奖16个，株洲市北师大株洲附属学校、景炎学校、景弘中学、世纪星实验学校等4所民办学校获此奖励，占全省获奖学校总数的25%，排名全省第一。（石固宁）

【省骨干民办学校、幼儿园建设】 2016年，湖南省教育厅评估验收挂牌省骨干民办中小学（中职学校）13所，株洲市北师大株洲附属学校、世纪星实验学校挂牌省骨干民办学校，全省排名第一。省教育厅评估验收挂牌省骨干民办幼儿园43所，其中株洲市占6所，遥遥领先其他市州。省骨干民办学校、幼儿园评估验收通过率均为100%，全省排名第一。（石固宁）

学校选介

湖南工业大学

【概况】 湖南工业大学有2个校区，总占地面积225.87公顷。图书馆新馆面积3.6万平方米，馆藏图书260余万册；教学科研仪器设备总值18,603万元，教学用计算机6278台。学校有22个教学院（部）和1个独立学院，建立以工为主，工、理、管、文、经、法、教育、艺术等协调发展的学科体系；1个“服务国家特殊需求博士人才培养项目”，12个硕士学位一级学科硕士学位点，涵盖50个二级学科硕士学位点，17个硕士研究生专业学位的授权领域；68个本科专业。拥有国家级特色专业4个，省级特色专业12个，省级重点专业8个，国家级精品课程3门、省级精品课程19门、国家级教学团队1个、省级教学团队4个、国家级实验教学示范中心1个，省级基础课示范实验室实践教学示范中心6个。有全日制学生38000余人，其中，博士研究生10人，硕士研究生1444人，并第一次招收来自“一带一路”国家留学生36名。有教职员工2497人，专任教师1870人；享受“国务院政府特殊津贴”人员8人，湖南省优秀专家1人，全国优秀教师5人，省优秀教师4人。

学校坚持开放办学，与美国密执根州立大学、德国斯图加特应用科技大学、法国兰斯大学、韩国延世大学、香港城市大学、香港理工大学等国内外知名大学建立广泛的科研合作和学术交流关系；并与国内东南大学、中南大学等10多所高校联合培养博士研究生。（邱亿成）

【教育教学】 实施教学质量提高工程。“产品设计”“自动化”“计算机科学与技术”和“体育教育”4个专业被确定为湖南省高校“十三五”综合改革试点专业，组织并申报目录外新专业“包装设计”。《单片机原理与应用》等3门课程入选第一批“国家级精品共享课”。新增1个省级虚拟仿真实验教学中心，2个省级创新创业基地、1个省级校地合作项目。9项教学成果获省级教学成果奖，其中一等奖2项。

创新创业教育有序推进。成立创新创业学院，学校获评2016年湖南省高校大学生创新创业孵化示范基地；42项大学生研究性学习和创新型实验计划项目获省级立项；1万多人次学生参加各级各类双创竞赛，共获得省部级以上奖励277项。

硕士研究生培养水平不断提高。“新材料应用研究研究生培养创新基地”和“体育教学与训练研究生培养创新基地”获批湖南省研究生培养创新实践基地，至此，学校省级研究生培养创新实践基地达9个。（邱亿成）

【学科建设】 包装教育办学特色进一步强化。完成工业和信息化部、商务部联合制定的《关于加快我国包装产业转型发展的指导意见》的编制工作，该《意见》已于2016年12月19日正式颁布。组织开展“第二届中国绿色环保包装与安全设计创意大赛”活动，推动绿色包装人才的培养。全面加强“绿色包装与安全”博士人才培养项目建设力度，启动博士学位授权点单位建设，遴选6个学科进行博士单位建设点的建设。

学科建设不断加强。1个硕士一级点、3个硕士专业类别9个领域参加专项评估，全部合格。新增列数学为一级学科硕士授权点；原财经学院工程硕士项目管理领域调整为会计硕士，商学院工程硕士工业工程领域调整为公共管理硕士，艺术硕士中新增广播电视领域。截至2016年年底，学校一级硕士点共有12个，硕士专业学位授权类别共有6种，涵盖17个培养领域。5个“十二五”省级重点学科通过验收，土木工程为优秀。（邱亿成）

【科研创新】 科研平台建设取得突破。“电传动控制与智能装备”和“先进包装材料与技术”获批湖南省科技厅重点实验室，“非金属类包装废弃物资源化利用关键技术”获批湖南省发改委工程实验室，先进包装材料与技术湖南省高等学校“2011协同创新中心”由培育转为认定。中国科学院副院长谭铁牛院士与学校合作建立“智能感知与信息处理”湖南省院士专家工作站。

科研项目申报取得较大进步。获批国家自然科学基金项目20项，其他纵向项目105项，横向合作项目98项，总到账经费3309.172（不含中央财政支持地方高等学校发展专项资金2100万元）万元。社会科学方面，获批教育部人文社科项目5项，省社科基金项目23项。

科研成果取得突破。获4项中包科技进步奖，4项成果获湖南省科技奖励，其中省自然科学奖二等奖2项，省科技进步奖二等奖、三等奖各1项。3项成果通过省社科成果鉴定。2016年度发表SCI检索论文65篇；EI检索论文131篇；CPCI-S检索论文3篇，在一级学会及中科院主办期刊发表论文8篇。共授权申请发明专利42项，实用新型专利220项，外观专利15项，软件专利5项。（邱亿成）

【服务地方经济社会发展】 与醴陵市人民政府签订战略合作框架协议，共同筹建湖南工业大学醴陵陶瓷学院；与南京市高淳区政府签署“区校”全面战略合作框架协议，成立南京包装研究院；与株洲硬质合金集团、大三湘茶油股份有限公司、日望科技集团、北京千人智库科技有限责任公司等签订校企战略合作框架协议，助推企业发展。（邱亿成）

湖南铁道职业技术学院

【概况】 2016年，湖南铁道职业技术学院设有铁道牵引与动力学院、铁道供电与电气学院、铁道车辆与机械学院、铁道通信与信号学院、铁道运营与管理学院5个二级学院；开办高职专业35个，其中轨道交通类专业占比达70%；全日制高职在校生10000余人；年培训规模7000人次。学院是全国首批28所国家示范性高等职业院校之一，湖南省首批卓越高职院校建设单位。学院占地约19.08公顷，由南院、东院和校办产业（天一公司）组成。学院拥有轨道牵引实训中心等8大实训中心共146间实训车间（室），其中国家级42间、省级42间。学院拥有国家教学资源库1个，国家精品专业1个，国家教改试点专业2个，湖南省精品专业7个，湖南省示范性特色专业3个，湖南省示范性特色专业群1个，湖南省特色专业2个，湖南省教改试点专业6个，湖南省生产性实习实训（教师认证培训）基地2个；国家精品课程12门，省级精品课程23门；国家级资源共享课12门。学院拥有国家级教学团队2个、省级教学团队5个；拥有国务院、湖南省政府特殊津贴人才1名，二级教授1名；国家级和省级专家或名师42人。学院实训基地是中南五省唯一的国家高职高专先进制造技术学生实训（师资培训）基地，学院是首批国家高技能人才培训基地，全国重点建设师资培养培训基地；是中国中车“三高”人才培养基地、行业企业的技能人才输送基地和员工培训基地，是“湖南示范性省轨道交通装备制造职业教育集团”牵头单位。学院与全国各铁路局、各地铁公司、中国中车公司及下属企业、北汽集团、格力集团、深圳华为、三一重工等320余家单位建立了长期人才供需关系，开展广泛的校企合作。

技能竞赛再创佳绩。2016年，在各项竞赛中，学院获国家、省、市级奖项共100多项。学生职业技能比赛，获全国高校移动互联网应用开发创新大赛一等奖1项，全国职业院校技能大赛二等奖3项、三等奖1项，省级一等奖7项、二等奖6项、三等奖7项，市级一等奖1项、二等奖1项、三等奖6项；学生创新创业大赛，获2016年“挑战杯——彩虹人生”全国职业学校创新创效创业大赛三等奖1项，省级一等奖1项、二等奖2项、三等奖1项，市级二等奖1项；学生体育比赛，获2016年全国高职乒乓球比赛第一名和第五名，省级53项，其中第一名11项、第二名19项；教师获湖南省第二届微课大赛奖项9项，其中一等奖5项排名全省第一，获省信息化教学大赛奖项8项，段树华老师获湖南“十行状元、百优工匠”竞赛维修电工项目第七名。

科研取得新成果。2016年，立项市级及以上课题50项（其中省级及以上28项），首次立项教育部2016年度高校示范马克思主义学院和优秀教学科研团队建设项目（重点选题）1项，取得历史性突破；主编、参编、编著教材33本；发表论文457篇，核心期刊上发表论文28篇；授权专利44项；横向课题结题8项。获得株洲市第二届优秀社会科学专家与优秀青年社会科学专家称号各1名，获株洲市第十二届哲学社会科学优秀成果奖二等奖、三等奖各一项。

招生就业取得新成绩。2016年，在全国28个省市招生，招生计划3721人，实际录取3596人，新生到校3275人。2016届毕业生共计3511人，截止至2016年10月1日，共3366人已就业，整体就业率为95.87%。毕业生派遣率达70.2%，在全省同类院校中名列前茅。获得“2016年湖南省普通高等学校就业创业工作‘一把手工程’督查”示范校称号。

国际化办学取得新进展。2016年，

与俄罗斯圣彼得堡国立交通大学重签机械设计与制造专业、城市轨道交通车辆技术专业、铁道机车专业3个专科教育项目的《合作办学协议》，并完成该3个专业人才培养方案修订工作；选送6名教师赴德国访学培训；有序推进与企业合作开发高速动车组检修技术、工业机器人技术专业国际化高职专业教学标准。（杨文治）

【院长姚和芳获批享受国务院特殊津贴】 2016年，《人力资源社会保障部关于公布2016年享受政府特殊津贴人员名单通知》（人社部发〔2016〕136号），公布2016年享受国务院政府特殊津贴人员名单，湖南铁道职业技术学院院长姚和芳榜上有名。此前，姚和芳还获得湖南省政府特殊津贴。姚和芳在企业工作7年，从事职业教育工作19年，长期致力于电子信息类和轨道交通类人才培养和教育教学改革，主持国家级重点（重大）项目4项，获得国家级教学成果奖2项，省级教学成果4项，先后获得中国南车集团公司第二届有突出贡献中青年专家和拔尖人才、湖南省第六届徐特立教育奖、湖南省第三届黄炎培杰出校长奖等荣誉称号。（杨文治）

湖南铁路科技职业技术学院

【概况】 2016年，湖南铁路科技职业技术学院设有铁道机车车辆和铁道交通运营管理2个二级学院，信息技术系、电子电气系2个专业系，基础课部、体育课部、思想政治课部3个教学部，开设22个专业，在校生10478人，全体师生已全部入驻株洲职教园新校区。新校区占地41公顷，建筑面积24万多平方米，总投资10亿多元，其中仪器设备总价值2亿多元。学院是全国铁路高技能人才培养基地、湖南省企业人才培训示范基地、株洲市中小企业人才培养基地，设有国家级技能鉴定站和铁路特有工种技能鉴定站，年均技能鉴定人数4000余人，与轨道交通、装备制造和信息与现代服务三大产业群的150余家企业开展校企合作，建立校外实习实训基地105个。学院是湖南省示范性（骨干）高职院校、国家首批数字校园建设实验校、湖南省首批教育信息化创新应用示范校，学院与微软创新中心共同建设的创客空间是国家级众创空间、湖南省首批众创空间。学院信息化建设突出，获得联合国教科文组织哈马德国王提名奖，被遴选为教育部“网络学习空间人人通”培训基地，并被选举成为湖南省高职信息化工作委员会主任单位。

2016年学院面向23个省市录取全日制大专生3338人，实际报到人数3119人，报到率93.44%。学院2016届毕业生总数为3405人，毕业生就业率达95.5%，专业对口率93.1%，企业满意度达到96%，毕业生平均月收入4900元，各项指标远高于国内同类院校水平。学院成功创建为首批湖南省普通高校毕业生就业创业工作“一把手工程”优秀示范校（全省仅5家高职院校获此殊荣）。

校企合作获新成果。学院继续深化“南方铁路运输职业教育集团”校企合作平台运行，与广州铁路（集团）公司建立“全面、全力、全方位支持，零障碍通道”的“三全一零”产教融合关系。启动与广铁集团、西南交大共建“物联网和高铁运行安全保障工程技术研究中心”、与广铁集团共建“训考基地”等项目，就合作育人、员工培训、产学研结合等方面开展深度对接与合作。牵头成立株洲市职业教育协会（产教联盟），学院作为执行会长单位组织全市100余家职业院校和企业，合作探索“共建、共管、共用、共享”的“四共”产教融合新模式。在中国中车株洲电力机车研究所有限公司执行董事丁荣军院士的倡导下设立“火车头奖学金”，用于表彰奖励立志服务国家轨道交通产业发展，在校学习期间表现优秀、成绩优异的学生。

国际化办学新突破。以国家“一带一路”和“高铁走出去”战略为契机，学院开拓国际市场。2016年5月，学院与肯尼亚铁路技术培训学校共建“东非（肯尼亚）铁道交通高技能人才培养基地”正式挂牌，首批选派的专家教师赴肯尼亚完成4个多月的培训任务，优质的师资队伍、高质量的教学水平赢得了肯尼亚政府好评，被媒体誉为“中国铁路职业培训海外第一单”，肯尼亚方面已将培训协议延长至7年。以中车株洲电力机车有限公司装备输出为契机，学院与马来西亚铁路局合作共建“东盟轨道交通人才培训中心”。2016年9—12月，马来西亚首批轨道交通师资培训班在学院进行3个月的专业培训。（丛　府）

【学院入围湖南省卓越高职院校建设单位】 学院于2014年开始开展湖南省卓越高职院校建设单位创建工作。两年来，全院师生全力以赴，立足各自岗位，艰辛努力，于2016年12月底，成功入围省卓越高职院校建设单位名单。这是学院获得继教育部高职高专人才培养工作水平评估优秀学校和湖南省示范性（骨干）高职院校项目之后的又一重大项目，为争创国家优质学校奠定了坚实的基础。（丛　府）

【协办2016中国“株洲”轨道交通产业国际峰会】 学院凭借在轨道交通产业的人才培养优势和影响力，被市政府确定为2016中国“株洲”轨道交通产业国际峰会协办单位，承接包括中国铁道科学研究院原首席专家钱立新在内的与会嘉宾参观学院，牵头承办“轨道交通发展与人才培养”特别专题论坛，邀请到长沙市轨道交通集团有限公司总经理周晓明、马来西亚吉隆坡大学产品设计与制造大师Mohd Firdaus Hassan等专家发言。峰会期间，学院充分展示轨道交通产业人才培养这一特殊产品。（丛　府）

湖南工贸技师学院

【概况】 湖南工贸技师学院是一所以培养高技能人才为主要目标的高等职业院校，是国家综合职业培训基地、国家职业教育改革发展示范学校、国家示范职业技能鉴定所、全国高技能人才培训基地、全国职工职业（工种）技能实训基地、湖南省技师培训鉴定点、湖南省高技能人才培训基地、湖南省职业技能竞赛基地、湖南省创业培训基地。学院占地20.13公顷，建筑面积138675平方米。

2016年，学院新生注册总人数1862人，开办订单班8个，电大招收411人，均创历史新高。全年组织29场次专场招聘会，除自主择业者外，600多名应届毕业生均实现优质就业，其中476人进入世界500强企业。装饰工程系毕业生专场推介会吸引30多家装饰公司前来招聘，毕业生一抢而空。培训鉴定逆势而上。全年完成各类培训鉴定5300人次，组织8次大型考试，参考人员17000多人次，承办4次企业职工技能竞赛。校企合作深入推进。原有合作渠道更加稳固，新对接7家大型企业，合作广度与深度进一步加大。

2016年，学院先后承办第44届世界技能大赛湖南省选拔赛、湖南省“十行状元、百优工匠”竞赛、株洲市“技能天下”职业技能大赛等重要赛事，成功举办全省技工院校校长座谈会、全省技工院校首届3D打印专业骨干教师培训班、湖南省山东商会捐赠仪式、技能大师基层行等重大主题活动。年内，学院获评湖南省第四届黄炎培“优秀学校奖”。

全年学院完成4个国家级、省级教育项目验收和专项资金检查工作。立项国家级、省级课题各1个，市级课题2个，1个省级课题顺利结题。出版统编教材4本，开展各类学术交流和讲座23次。成功开发出DIY高保真音箱等多个创客孵化产品，获得4项无人机创新科研成果。成立数控、模具专业世赛班，室内设计专业成为全市率先尝试现代学徒制重点专业。

竞赛成绩优异。在湖南省2016年“十行状元、百优工匠”竞赛活动中，学院张志摘得全省“电工状元”桂冠，宋安宁、周全华、李良、刘冠庆、周明刚入选湖南省“百优工匠”，贺红妮获评湖南省黄炎培“杰出教师奖”，领跑全省职业院校。第44届世界技能大赛湖南省选拔赛，学院获得3个第一、1个第二，5名学生代表湖南参加全国选拔赛，创造了全省职业院校最好成绩。第三届株洲市“技能天下”职业技能大赛，学院获得4个单项第一、1个第二、1个第三并蝉联团体冠军。全省数控技能大赛暨第七届全国数控技能大赛湖南选拔赛，学院选手获得1个一等奖、3个二等奖、3个三等奖，力助株洲代表队荣获团体一等奖。在株洲市职业院校学生技能竞赛中，学院获得7个一等奖、12个二等奖、28个三等奖，荣获团体第一名和组织奖。 （黄智勇）

湖南汽车工程职业学院

【概况】 湖南汽车工程职业学院是湖南省首批卓越高职院校建设单位、湖南省首批与本科大学联合培养免费师范生的试点院校、湖南省四所中国人民解放军定向培养直招士官生院校之一、全国职业教育先进单位。学院位于株洲市云龙示范区，占地52.27公顷，建有7个实训中心、89个实训室和102个校外实训基地，固定资产3.6亿元。2016年，学院全日制在校学生1万余人，在职教职工650人，专任教师400余人，副高以上职称教师达40%，硕士以上学历（学位）教师达50%。学院下设车辆工程学院、车辆运用学院、机电工程学院、信息工程学院、经济管理学院、士官教育学院和基础教育学院7个二级学院；另有成教和继续教育中心、机动车驾驶员培训中心。学院开办汽车运用与维修、汽车电子技术、汽车技术服务与营销、机电一体化技术、会计电算化、移动互联应用技术等25个专业。学院是中央财政支持的职业教育实训基地、国家技能型紧缺人才示范性培养培训基地、湖南省示范性（骨干）高职院校、湖南省汽车制造业高技能人才培养培训基地、国家级汽车专业教师顶岗实习培训基地、湖南省汽车运用技术专业教师技能水平认证培训基地，以及宝马BEST项目、保时捷PEAP项目、沃尔沃英才培训项目等项目教学中心和汽车人才培养基地。

竞赛成绩骄人。2016年，在全国职业院校信息化教学大赛中，学院教师团队获一等奖、三等奖各1项，成为全省唯一获得此项竞赛一等奖的高职院校。学生在全省职业院校技能竞赛中，获得高职组一等奖2个、二等奖6个、三等奖14个，并获得团体总分二等奖（第四名）；在全国职业院校技能大赛中，取得2金1铜的佳绩。商务英语、汽车服务与营销两个专业参加全省高职院校专业技能抽查，合格率均为100%。

教研水平稳步提高。全年学院完成市级以上课题立项52项，其中省级课题28项，市级课题24项，立项院级课题33项。全年教师公开发表论文295篇，成功申报专利30项，有11项成果获株洲市第十二届哲学社会科学成果奖，获奖数名列全市前茅；在省级论文评选中获一等奖5项、二等奖8项。学院成为全省首批6所“湖南省教育科学研究基地成果丛书”参编单位之一。 （王伟力）

【省卓越校项目建设】 根据省卓越校建设要求，2016年学院开展新能源与智能汽车专业群建设，启动新能源汽车技术专业教学资源库建设，成功入围国家教学资源备选库。学院成功立项为“湖南省企业人才培训示范基地”和“湖南省职业院校专业（群）带头人教学能力培训基地”。实施大部制改革，将学校中层管理部门整合为8

个大部门，各系院整合成7个二级学院。进一步深化校企合作办学，在做好宝马、保时捷、上汽通用、上汽大众、福特、北汽、安卓等企业深度合作的基础上，新增特斯拉和沃尔沃两个国际知名汽车品牌的深度合作。在全省工作会议上作主题为“强化双一流意识，高标准推进卓越校建设”的阶段性成果总结汇报和典型发言。

（王伟力）

湖南有色金属职业技术学院

【概况】 湖南有色金属职业技术学院是经湖南省人民政府批准、湖南省有色金属管理局主管的全日制普通高等学校，是中国有色金属工业协会与湖南省人民政府共建的高等院校。学院为中国有色金属工业高技能人才培养基地，全国职工职业技能实训基地，全国有色金属行业职工继续教育基地，湖南省高技能人才培养基地，湖南省专业技术人员继续教育培训基地和湖南省教育科学职业教育行业办学研究基地。

学院位于湖南（株洲）职业教育大学城，占地20.27公顷，总建筑面积22万多平方米。学院开办矿山地质、冶金技术、机电一体化等25个专业及专业方向，设有资源环境系、冶金材料系、机电工程系、建工管理系、基础课部（体艺部）和具有50多个工种职业技能等级鉴定资质的国家职业技能鉴定站。开设的金属矿开采、地质、测量、选矿、冶金、金属材料与热处理技术等专业，在全国高职院校中独树一帜；是全国首个开设稀土工程技术专业的高职院校。2016年，学院在校生规7300余人，教职工400余名。

学院积极实施走出去战略，与省内3所本科院校进行“专升本无缝对接”，29名学生进入本科学校学习，派送1名学生到德国学习。参加2016年省教育厅组织的毕业设计抽查，获得毕业设计成果合格率100%，综合排名全省第四的成绩。积极组织学生参加专业技能竞赛，获得省级二等奖2项、三等奖13项。全年，共组织8个批次、5个不同技能等级的鉴定，组织省有色金属行业专业技术人员继续教育、省有色冶金工会班组长、在校生SYB创业培训等23期培训。

科研能力和项目建设继续推进。全年，成功申报发展类项目2个，申报省教育厅特色专业群等重点建设项目4个，获批省科技厅等教科研项目13项，项目结题10项，院级课题立项22项。获得国家实用新型专利6项，全院教职工公开发表论文91篇，其中中文核心期刊3篇。（文 媛）

【创新校企合作】 适应国家“一带一路”战略部署，积极推动“走出去”办学工作，为企业提供职业教育人才，开辟崭新的校企合作形式。学院成为有色金属行业“走出去”办学试点单位之一，与中国有色集团签署《职业教育“走出去”试点合作框架协议书》。学院配合中国有色矿业集团公司，开展赴赞比亚调研、试点实施方案的细化完善、相关方案的规划设计等工作。2016年，学院刘福峰老师完成赞比亚选矿技术培训工作。学院“走出去”办学试点工作进入省职业教育年度质量报告案例。（文 媛）

【承办大型足球赛事】 7月12日，2016年全国青少年“未来之星”阳光体育大会湖南分会场启动仪式在学院田径运动场举行。国家体育总局、省、市有关领导出席启动仪式。7月24—31日，2016年全国青少年校园足球夏令营（第五营区初中组）在学院举行。来自湖南、湖北、广西、贵州四省的16支队伍、286名学生和70名教练员在学院开展8天的专业学习训练并进行竞技比赛。8月2—10日，2016年湖南省青少年校园足球夏令营在学院举行，湖南14个地州市的28支队伍、386名学生及教练员开展8天的专业学习训练并进行竞技比赛。学院有序的组织、优质的志愿者服务赢得了全体参赛队员、教练、领队和家长们的一致认可，中国教育电视台、红网、华声在线等多家媒体进行报道。

（文 媛）

湖南省商业技师学院

【概况】 湖南省商业技师学院（原湖南省商业技术学院）创建于1975年，是一所以培养现代服务业高素质技术技能人才为主要目标的国有公办性质的重点技术院校。学院位于株洲市云龙示范区职教大学城。占地面积14.64公顷，建筑面积9.9万平方米。2016年，招收全日制新生1974人，全日制在校生5417人。有教职员工264人。下设烹饪学院以及财经商贸、机电工程、公共课程3个系，开设中餐烹饪与营养膳食、高星级饭店运营与管理、旅游管理、会计、电子商务、机械制造、电子技术等15个专业。有实训中心5个，实训室100余个。校内设有国家级职业技能鉴定所，具备所有开办专业28个相关工种的鉴定资格。除开设全日制学历教育外，学院还积极拓展社会培训，是省、市高技能人才培训基地、省扶贫技能培训基地。全年短期培训2598人次，技能鉴定2039人次。

年内，学院获得湖南省直文明单位、湖南省职业教育培训教材建设先进单位、湘菜技师摇篮、湖南省职业院校技能竞赛（中职酒店服务）一等奖、汝城美食文化特别贡献奖等省级荣誉。新增1个国家级项目，即：“十三五”产教融合发展工程规划项目产教融合工程；2个市级项目立项，即：市级卓越校、市级现代学徒制试点；成功验收“吴平中餐烹饪与营养膳食专业名师工作室”市级项目和结题7个省级课题、1个市级课题。

师生踊跃参加校外竞赛，共获得220个奖项，其中国家级竞赛获得2个一等奖，5个二等奖，8个三等奖；省级竞赛获得12个一等奖、17个二等奖、13个三等奖，及2个优胜奖。其中：学生在全国职业院校技能大赛获得2个二等奖，4个三等奖，在湖南省职业院校技能竞赛中获3个一等奖、4个二等奖、4个三等奖；刘段老师在全国“创新杯”说课比赛中荣获一等奖；张艳老师在第六届全国饭店业职业技能总决赛中荣获金奖，并获全国“十佳面点师”荣誉称号；彭军炜老师在省“十行状元、百优工匠”竞赛中式烹调师总决赛中以总分第一名成绩名列榜首，并荣获“状元”称号。（程　文）

【开启国际合作与交流】　多年来，学院与日本、韩国、德国各地学校联系密切，积极探索国际化办学新模式。2016年，国际化办学迈开实质性的一步。11月28日，学院与日本IFC调理师专门学校签订校际合作协议，正式开展两校间的国际教育交流合作，双方挂牌为友好合作学校。（程　文）

【成立湖南首家烹饪学院】　12月28日，学院成功举办湖南株洲湘菜产业职业教育集团2016年会暨湖南省商业技师学院烹饪学院揭牌仪式。湖南首家烹饪学院和湘菜非物质文化传承和研究中心在学院正式挂牌成立，以特色铸品牌，集团化办学取得新突破。（程　文）

湖南化工职业技术学院

【概况】　湖南化工职业技术学院创建于1958年，前身为湖南省化学工业学院，先后与湖南省资江化工学院、湖南化工机械学院合并，2003年升格为专科层次的高等职业技术学院。2016年，学院以“优秀”成绩通过省示范性（骨干）高职院校建设验收，被湖南省教育厅授予“湖南省大学生就业创业优秀示范校”“湖南省高校大学生创新创业孵化示范基地”，刘望教授获评2016年株洲市领军人才、第三届优秀社会科学专家。

学院分为北、新两个校区办学，有固定资产总值4.2亿元，其中教学仪器设备总值近6200万元，馆藏图书180万册，实验、实训室99个，教学实习工厂2个，实习车间2个，校外实训基地122个。设有国家职业技能鉴定所、化工特种行业技能鉴定站（全省唯一）。有在职教职工600余人，其中，专任教师近400人，副高以上职称220余人。

学院以服务产业发展为己任，面向湖南石化产业办学。在全省较早牵头组建湖南化工职教集团，有成员单位近200家，覆盖了在湘的大中型石化企业；创建湖南省石化中小企业科技创新服务平台和株洲化工产业技术创新战略联盟，创立能源测试中心、分析检测中心、中小化工企业情报信息中心和员工技能鉴定与培训中心；与株洲职教城、九方焊接公司合作共建智谷焊接技术研发中心。

2016年，学院教师参加国家级、省市级大赛，成绩优异：获全国微课大赛一等奖1项，全国职业院校信息化教学大赛二等奖3项，获湖南省职业院校信息化大赛团体一等奖1项（全省唯一），获湖南省职业院校信息化大赛个人一等奖4项、二等奖7项、三等奖2项，参赛获奖面达100%。

学生参加各级各类技能竞赛，多次斩获重大奖项：工业分析检验（高职组）获全国一等奖1项，化工生产技术、工业机器人技术获全国二等奖2项，工业分析检验（中职组）获全国三等奖1项，大学生数学建模获全国一等奖1项、三等奖1项，并荣获全国最高荣誉“高教社杯”；工业产品快速成型、工业机器人技术和会计技能获省级二等奖3项，大学生数学建模获省级一、二、三等奖各1项；机械零件测绘与CAD成图获市级一等奖1项，三等奖2项，普通车工获三等奖3项，数控车项目获三等奖2项。参加创新创业大赛，获省级二等奖1项、三等奖5项。（刘三婷）

【承办各类大型竞赛与活动】　全年学院成功协办2016年湖南省职业院校信息化教学大赛暨信息化教学设计专题论坛、2016年湖南省职业院校技能竞赛中职职业英语赛项；承接株洲市人事局的“2016年全国职称外语考试”，两期湖南省中职教师信息化创新应用培训班、湖南省总工会技能竞赛计算机程序员竞赛项目；首次承接中央电教馆“网络学习空间人人通”国家级培训项目，共培训近500人，获得了中央电教馆和来自省外参培代表好评。（刘三婷）

【国际化合作办学】　2016年，学院推进和实施学院国际化办学战略，培养具有国际视野和国际竞争力的高素质人才。暑假期间，学院组织学生赴马来西亚英迪大学学习交流；11月15日，美国日内瓦学院、马来西亚英迪国际大学应邀到学院交流访问。10月17日，经过前期充分的沟通与交流，美国日内瓦学院院长卡尔文 L. 特鲁普和夫人艾米 L. 特鲁普、首席学术官梅琳达 R. 史蒂芬博士、主任杰弗里 S. 科尔博士、中国关系领域首席学术顾问约翰 . 刘博士、新航道国际教育集团上海分校张凡林院长一行来到学院实地考察，洽谈合作事宜，并签署了合作备忘录；10月31日，英国西苏格兰大学代表东亚区域主管陈君、助理经理庄财永到学院访问交流，双方就3+1专升本、3+1+1本硕连读、师资培养、课程体系建设等合作项目进行深入探讨。（刘三婷）

株洲市职工大学（工业学校）

【概况】　株洲市职工大学（工业学校）是首批国家重点、首批省级示范性职业学校，国家级职业技能鉴定所，首批国家中等职业教育改革发展示范性职业学校，首批湖南省卓越职业院校建设单位。学校占地面积8公顷，建筑面积71036.9平方米。2016年，学校有教职工203人，其中专任教师163人，副高以上职称53人，省、市级学科带头人26人；招收全日制学生1000人，在校学生5000人。完成职业技能鉴定1067人，毕业生就业率达97.2%。对口就业率81.2%。

师生参加各级各类竞赛成绩优异。李郭文获湖南省职业院校信息化教学大赛一等奖、“创新杯”说课大赛省赛一等奖、全国竞赛特等奖。学校文明风采大赛获全国优秀组织奖、株洲市优秀组织奖，3位老师获全国优秀指导老师奖。在2016年湖南省职业院校学生技能竞赛中，学校19名选手参加7个项目的比赛，获得一、二、三等奖，黄浪指导学生获全国技能竞赛三等奖。（余利霞）

【学校信息化特色建设】 信息化在学校教育教学管理方面全面运用，完成智能课堂管理系统的开发并投入应用，加强了微课建设，建立校园微信平台。11月，学校成为教育部全国职业院校骨干教师网络学习空间人人通培训基地。学校于12月13日承办两期全国人人通培训，来自全国21个省市自治区近400名学员参加培训。整个培训工作圆满成功，深受中央电教馆和省市专家的肯定，这标志着学校信息化建设工作在全国同行中起到示范辐射作用。（余利霞）

【首个普职融通改革试点班开班】 8月30日，学校和市十三中合作开办的全省首个普职融通改革试点班开班。首届普职融通班招收42名学生，第一年以普通高中文化课为主，由十三中的老师授课，同时开设专业课。一年后通过相关考试，部分优秀学生可转到十三中就读，其他学生确定专业方向后在职工大学对口升学。同样，市十三中的学生也可以申请转入市职工大学进行专业学习。（余利霞）

株洲广播电视大学

【概况】 株洲广播电视大学创办于1979年，是唯一一所采用现代教育技术手段进行远程教学、以职业人为主要培养对象的开放大学。由株洲市人民政府领导，归口株洲市教育局管理，接受湖南广播电视大学业务指导。

学校在全市共设有5个县市电大工作站、3个教学点。举办远程开放教育（含“农民大学生工程”）、网络教育等形式的学历教育，开设经济学、法学、教育学、管理学、文学、理学、工学、农学、医学9个学科17个本科专业和45个专科专业。

学校坚持学历教育与非学历教育并重，学校教育向社会教育延伸的办学定位。大力发展社区教育和干部在线学习，服务于株洲学习型社会建设。形成包括1所社区大学、9所社区学院、142所社区学校和533个社区学习中心在内的社区教育服务体系。

2016年，学校学历教育规模稳定发展。全年开放教育招生3260人。年内共25名学生获“2016年度湖南省电大奖学金”，学校获“2016年度优秀校外学习中心”“2016年度全国优秀考点”“2016年全省电大系统统考优秀考点”“2016年度试点高校网络教育部分公共基础课程统一考试考点”等荣誉称号。

终身教育工作。开展示范性社区学校和学习型社团创建活动。评选出10个“示范性社区学校”和5个“学习型社团”。协助市教育局组织开展“职业院校专业技能进社区”活动；与市教育局创建“你学习，我买单”品牌项目活动。配合完成了省教育厅教改项目验收工作。

农民大学生培养工作。通过2年的探索，“农民大学生培养计划”取得了广泛的社会反响。校本部和5个工作站共招收“一村一大”学生415人，其中涌现了一批在当地带头致富、精准扶贫的优秀典型。

教学管理。积极推行导师制，建立导师量化工作标准，制定《导学课约课制度》《导师制实施方案》《任课教师课酬发放标准》《辅导教师若干规定》，教学工作有了创新发展。制定《班级联系人制度》《招生有关规定》，进一步规范教学管理。

非学历继续教育培训工作。全年开展4个项目的非学历教育培训（考试）共8925人次。其中九大员考试共四批，93场次考试，累计正考3260人次；初中教师专业适岗培训5县3区参训学员237人，学员结业合格率为94%；全省执法人员考试共94场，3705人。（彭任任）

株洲市第二中学

【概况】 2016年，株洲市第二中学有高中教学班60个，在校学生2959名，在编在职教职工270名。高中在岗专任教师217人，其中特级教师7人，正高级教师1人，高级教师97人，硕士研究生42人，株洲市学术带头人2人、市级学科带头人及城区骨干教师63人。

2016年，学校坚持“建设学术性高中，培养创新型人才”发展战略新目标，落实立德树人根本任务，全面提升教育质量，二中优质教育品牌影响力不断增加。2016年，学校获湖南省较高水平足球运动队建设基地、湖南省第二批心理健康特色校、湖南省示范性普通高中督导评估年度奖、市直属高中教育质量建设先进单位等10余项省市级荣誉。

教育教学质量再创新高。2016年，学校纯文化一本上线率超过73%，总计一本上线率（含艺体类考生）超过80%。纯文化二本上线率超过90%。600分以上人数达124人，较去年大幅增长，创历史新高。地区前30名，继续保持优势。株洲地区文科前30名中，学校占16名；株洲地区理科前30名中，学校占8名。刘迪嘉、洪采菲、张苗3名同学分别被清华、北大录取。各科平均分继续保持全市第一。艺体高考方面，专业合格率86%，录取率75.3%。学校被市教育局评为“高中教育质量建设先进单位”。学校足球队勇夺第二届“市长杯”总冠军，并在湖南省青少年校园足球高中联赛中获得第三名，在湖南省青少年足球锦标赛中获得第五名，代表湖南参加在内蒙古举行的全国中学生足球挑战赛。学校被省教育厅授予“湖南省较高水平足球运动队建设基地”。田径、乒乓球、篮球、跳绳、网球、象棋、围棋等项目在省市各类体育比赛中获奖数十项。五大学科奥赛6人获全国一等奖，其中物理2人，生物1人，信息学3人。317人获数理化生信息奥赛省级以上奖励，13项学生发明获省内大奖。无论是获奖等级还是数量上均位居全省中学前列。（梁　梁）

【开创创新教育】 2016年，学校成功承办第九届湖南省青少年机器人竞赛、第三届株洲市青少年机器人竞赛、株洲市首届青少年创意设计大赛，获嘉奖。依托“创客”模式，建设众创空间，创建全国首个现代陶艺创客工作室，承办全国陶艺创客教育论坛，为提高学生的创新、设计和动手能力提供了很好的实践平台。（梁　梁）

【国际交流与合作】 2016年，学校开设株洲市第二中学国际理解特色校本课程，积极引进国际优质智力资源，继续与英国大使馆文化教育处合作，承办中英合作株洲市直属高中英语教师培训市级项目。深化国际姊妹学校的交流与合作。与加拿大一所中学结成国际友好姊妹学校，与美国洛杉矶太平洋阿罗约中学、波士顿剑桥文理中学缔结国际友好姊妹学校，派出10名学科骨干教师赴两所姊妹学校开展国际课程学习交流。并与香港循道中学签订姊妹学校合作协议，成功申报2016年国家留学基金委中学英语教师出国研修项目，学校5名英语教师获得赴英国雷丁大学访问学者资格。（梁　梁）

【启动集团化办学】 2016年，学校立足株洲教育的发展大局，启动建立株洲市二中教育集团，推进集团化办学，将形成优生集聚效应，打造二中优质教育品牌。（梁　梁）

【学校信息化建设】 2016年，学校《3A泛在学习模式研究》项目，成功入选全市高中唯一“2016年度教育信息化应用项目试点建设校”，被省教育厅作为督导创新典型在全省推介。学校被市教育局确定为“走班化”教学管理平台建设项目试点单位。（梁　梁）

株洲市南方中学

【概况】 株洲市南方中学是湖南省首批示范性高级中学，占地面积13.47公顷，绿化面积6,1340平方米，是省级“园林式单位”。2016年学校有教学班46个，在校学生1904人；教职员工230人，其中特级教师2人，全国优秀教师3人，全国中小学外国语教学名师4人，株洲市百优教师8人，国家、省级骨干培训教师8人，市级学科带头人及城区骨干教师25人。

教学成绩创历史新高。2016年，学校高考成绩创历史新高，本科一批上线211人，上线率47.85%，较上年增长7.93%；本科二批以上404人，上线率91.61%，较上年增长9.51%。600分以上20人，地区前30名5人。获市教育局颁发的教学质量优秀奖。学考成绩连续第7年实现参考学生一次性通过率100%，位居全省最前列。学科竞赛取得长足进步。2016届李杨名同学获数学奥赛全国一等奖；数、理、化、生学科奥赛23人获全国二等奖；22人获全国三等奖；近百人在学科奥赛中获得省级奖励。

学科教研。学校充分利用五个学科基地和数学课程基地的优势，加强校本研讨，发挥学科教研的职能作用；组织全体教师积极参加“十百千万”工程、“一师一优课，一课一名师”和“微课”比赛、年度教师业务考试等活动，开展文化课老师的课堂教学普听和骨干教师公开课活动周等工作。2016年，学校有163篇教学论文获奖，其中国家级获奖55篇；省级获奖65篇。论文发表共62篇，其中国家刊物28篇，省级刊物17篇。赛课获奖43人次，国家级14人，省级16人，市级一等奖9人次。在株洲市第六届教育教学改革研究优秀成果评审中荣获一等奖1项，二等奖1项，三等奖2项，获奖率和奖项水平均名列前茅。（李巧慧）

【国际化办学】 中俄、中美、中德互访交流常态化，全年有80多人次参加互访交流，增进理解，加深友谊，开阔视野。2016年暑假，学校学生代表湖南省参加第三届全国中学生模联大会；11月学校成功举办株洲市市直高中生第二届模联大会，获奖人数位列全市第一；4月，组织美国大学理事会“物理杯美国高中物理竞赛”及美国区域数学联赛，华中区域共30所名校近600名同学参赛，学校获得Division 1团体区域第10名和Division 2团体区域第6名的成绩，其中3人进入高二组个人前三十强，1人进入高一组个人前三十强，大大加强了国际理解教育，提升了学生跨文化认同感；德语课与歌德学院的青少年环保大使行动及教育项目(YEAAEP)结合，学校成功入选该项目组，开展环保行动研究。（李巧慧）

株洲市九方中学

【概况】 2016年，九方中学在校学生1436人，教职员工有135人，其中专任教师121人，湖南省特级教师4人，国家二级心理咨询师9人，教师中26人具有博士、硕士学位。学校继续与株洲市民政局福彩中心合作承办“福彩·宏志班”，在校宏志生有222人，学校宏志生培养项目2016年成为全国十大最有影响力公益项目之一。年内，学校获“株洲市推进‘六礼三仪’文明习惯养成教育先进单位”“2016年优秀国考考点”等荣誉称号。学校被市教育局确认为化学课程基地，学校被株洲市“两型”社会建设综合配套改革领导小组确认为株洲市2016年两型示范单位、学校被中国教育学会确定为中国青少年创客奥林匹克系列活动实验基地。

教学质量稳步提升。高考再创辉煌。全校参考学生本科上线率达94.3%，二本以上一次性上线率67.96%(不含外省艺术院校上线情况)，一本上线率25.35%，继续稳居株洲市区前三甲。其中“福彩·宏志班”二本上线率100%，一本上线率70%；600分以上有谭家凯、雷轩昂、谭霖浩等3人。2016届学考成绩，总合格率99.05%，优秀率34.44%。在2016年全国生物学联赛，学校学生肖雪菁、陈允文、刘田耘获得全国二等奖，喻斌、曾瑶卉、陈里泉获得全国三等奖；文雨馨、蔡宇涵获株洲市一等奖，袁顺、李雨霞获株洲市二等奖，刘璐获株洲市三等奖。在2016年第30届化学竞赛（初赛）中，学校刘璐、郑好获全国三等奖，周卓、杨博淇获湖南省一等奖，王梓骅、雷威扬获湖南省二等奖，继续保持在奥赛上领先优势。在2016年全国第十一届中国中学生作文大赛湖南赛区高中组获奖名单中，学校斩获2个全国二等奖，3个省级奖励。在2016年全国语文素养大赛中，获11个省一等奖，24个省二等奖，33个省三等奖。在2016年中国青少年英语能力大赛中，获1个省一等奖，5个省二等奖，24个省三等奖。在2016年中国青少年英语能力大赛中，6位同学获省二等奖，24位同学获省三等奖。

课题带动以研促教。学校自主申报成为国家社会科学基金“十二五”规划2015年度教育学一般课题《普通高中创新人才培养的实践研究》研究协作校（湖南省唯一）。部焕老师主持的湖南省规划课题《高中英语语法微课程开设与实施策略研究》成功开题，数学、生物、历史、化学、政治及学校申请立项的6项湖南省教育学会规划课题成功立项。校本教材开发荣获两项大奖。《物理导学案及高考一二轮复习资料》《数学创新人才培养课程》获株洲市首届中小学优秀校本教材评选一等奖（全地区仅10个），《人教版初高中生物衔接教学》《史学理论史学常识与解题策略》分获二、三等奖。段彩云执教《践行社会主义核心价值观之敬业》代表株洲市参赛获湖南省主题班会竞赛二等奖。在全市中小学“学科德育精品课程”征集展示活动中，学校李佳老师的《思想道德修养和科学文化修养》和段彩云老师的《北魏孝文帝的改革措施》荣获一等奖，并被评为省级“学科德育精品课程”；王长龙老师的《有机化合物的分类》、唐运怀的《短歌行》和钟娟老师的《非真实条件句》荣获二等奖。罗赛花获株洲市英语高考新题型专题复习教学比武大赛一等奖，郭芬兰老师在株洲市教科院举办的文化经典课例研讨竞赛中获得株洲市一等奖。华文彬老师参加湖南省高中数学教师解题大赛荣获省级三等奖。（谢冬云）

【数名学生获国家发明证书】11月底，经过国家知识产权局依照中华人民共和国专利法进行审查，刘潇洋的出水牙刷、张弘力农作物晾晒储藏装置、杨菁云的自行车立体车库的自动进车装置、王梓骅等发明喜获国家发明证书。此外，刘潇洋、陈允文、滕昶等发明创造喜获国家实用新型证书。（谢冬云）

【加强国际交流】3月，18名法国学生在老师MILON Frederic（枚龙）以及Sandrine Beraud（桑德琳娜）带领下，到学校开展为期一周的交流与学习。5月，“花儿与少年”团队在杨珑与王佼佼两位老师的带领下，从法国、比利时等欧洲国家交流归来。7—8月，学校赴德交流学习团队20人在周奇志与罗赛花老师的带领下，与德国埃尔兰根市爱兴多夫中学进行为期半个月的国际化交流；此次交流促成了株洲市与德国埃尔兰根市结为友好城市。（谢冬云）

株洲市第八中学

【概况】株洲市八中系湖南省首批示范性高级中学，创办于1969年。学校占地4.67公顷，总建筑面积56000平方米。2016年，学校有教学班38个，在校学生1400余人。在职教职工196人，其中：有专任教师156人，省特级教师2人，市学科带头人3人，市级骨干教师20人，市跨世纪学术技术带头人2人，国家级骨干教师培训班教师1人，国家级教学优秀指导教师5人，省级教学优秀指导教师3人。

教学质量攀高峰。2016年，学校475人参加高考，一本录取167人，录取率35.2%，二本以上一次性上线率82.7%，600分以上12人，高考成绩稳居株洲地区第一方阵。一大批学生录入香港中文大学、哈尔滨工业大学、北京师范大学、中南大学、北京理工大学等“985”“211”大学和专业类顶尖院校。其中，黄明远同学以675分夺得株洲地区理科状元，超过清华大学录取线，以全额奖学金被香港中文大学率先录取。在2016年度数、理、化、生奥赛中，有2人获国家级奖、11人获省一等奖、7人获省二等奖、11人获省三等奖，获奖总人数和奖项等级创下新高。在全国创新英语大赛和全国中小学语文素养大赛中，15人夺得全国大奖，并在“第四届全国中小学语文素养大赛”全国总决赛中夺得两金一银一铜的好成绩。2016年湖南省学业水平考试中，学校425人参考，九科一次性合格率99.8%，列全市第二名；九科人均优秀率100%，列全省第一名。学校连续7年获评全市“高中教育质量建设先进单位”和“高中学业水平考试先进单位”，教育质量稳步提升。

艺体教育铸品牌。2016年，学校舞蹈《我想对您说》《一根竹竿》双双斩获第四届“荷花·少年”全国（中学）校园舞蹈展演金奖，这是学校连续3年夺得金奖；10月，舞蹈《走雨》荣获“欢乐潇湘”全省总决赛金奖，学校荣获“优秀文艺团队（单位）”称号。学校黄明远、梁波同学在2016年全国中学生桥牌锦标赛高中组公开双人赛中夺得冠军，创造湖南省中学生桥牌在国家级赛事中的最好成绩。易泓利同学夺得2016年全国象棋少年锦标赛女子甲组第五名。2016年1月，学校梦航男篮夺得CAAU全国精英赛全国第六。11月，学校梦航男篮连续七届蝉联市“三好杯”冠军。学校男篮并再次跻身全省四强。

德育工作树典范。2016年，学校丰富和完善首创的“新三好”评价体系，创新学生评价模式，继续开展“我优秀，我为自己代言”评选活动，从学业表现、个人特长、科技创新、个人修养、社会活动等方面，对学生进行评价，452名学生榜上有名。评选活动打破以学生的学习成绩为标准的评价尺度，珍视每一位学生的独特之处，让学生更清楚地了解自己独有的优势并知晓怎样来充分发挥自己的优势，从而更好地“成为他自己”。2016年，学校继续实施“学长制”，选拔优秀的高年级学生通过“传、帮、带”低年级学生，提高学长的责任意识、综合能力和领袖气质，使学长在结对互助实践中“受教育、长才干、做贡献”。（办公室）

文化·体育

文 化

【概况】 至2016年年底，全市共有群众艺术馆和文化馆10个，公共图书馆7个，博物馆与纪念馆10个，乡镇（街道）文化站101个，村（社区）综合文化服务中心745个，智能书屋12个，农家书屋1561家，美术馆1个，文物主管部门11个，文物保护管理机构5个，艺术表演团体5个，业余文艺团队2407支。文化及相关产业机构1763个，从业人员15.54万人。

全市实现文化产业增加值178.38亿元，占全市GDP7.1%，增速持续走在全省前列。其中，电影市场持续繁荣，全年观影408万人次，实现总票房1.16亿元，增幅9.28%，稳居全省第二。

全年争取省级以上文化事业经费7174万元，较2015年增长1815万元，增长率为34%；争取省级以上文物保护经费3661万元，争取国家文化产业发展资金1520万元。全年全市一般公共预算收入3128100万元，较2015年同期比增幅为7.71%。文化体育与传媒支出预算107600万元，占全市一般公共预算支出的3.44%，比2015年同期增加138.4%。市级公共文化设施建设项目5个，竣工项目2个，面积5.1万平方米。

年内，在全省新闻出版广电（版权）工作目标管理考核中，株洲市文体广播新闻出版局荣获先进单位，排名全省第一；在全省文化工作年度考核中被评为先进单位、位列第一方阵，全市文物工作、宣传信息工作、文化志愿服务组织工作均被评为全省先进；市文化市场综合执法局被评为全国文化市场综合行政执法先进集体；中央电视台株洲转播台被评为全省安全播出先进单位；株洲“乡村大舞台”文化服务点通过国家验收，被文化部、财政部正式授予“国家公共文化服务体系示范项目”。（陈林锋）

【国家公共文化服务体系示范区创建】 2016年，国家公共文化服务体系示范区创建的势头很好，市县两级同部署、同实施、共推进，召开动员大会和创建工作推进会。市里建立了由市长任组长，各部门和县市区主要领导为成员的示范区创建工作领导小组。各县市区党委政府成立相应的示范区创建领导小组和实施机构，相继制定出台《株洲市人民政府关于印发〈株洲市创建国家公共文化服务体系示范区建设规划（2015—2017年）的通知〉》（株政办发〔2015〕103号）、《中共株洲市委办公室 株洲市人民政府办公室关于加快构建现代公共文化服务体系的实施意见》（株办发〔2016〕5号）和《株洲市人民政府办公室关于印发＜株洲市关于推进基层综合性文化服务中心建设实施方案＞的通知》（株政办发〔2016〕38号）等指导性文件，市财政安排创建工作经费3500万元，分3年下达，实现了公共文化资源跨地区、跨部门、跨领域、跨系统的整合和优化配置，形成了示范区创建的强大合力。（陈林锋）

【文化基础设施建设】 市级重点抓好四馆一中心（图书馆、博物馆、美术馆、文化馆、戏剧传录中心）建设。市博物馆、美术馆改造项目通过可研审查，启动装修施工，市群众艺术馆完成项目设计，市戏剧传承中心完成提质改造一期工程。神农大剧院委托保利剧院管理公司运营管理，全年已投入运营补贴362.5万元，共演出40多场，上座率75%以上。县市区着重加快三馆一中心提档升级，茶陵新图书馆建设正式启动、天元图书馆建设基本完成；全市有101个乡镇（街道）文化站，实现全覆盖；村（社区）综合文化服务中心，按照示范区创建要求进行建设，已建成745家，254个在建，已完成74%。创新载体，在全省率先推出两个数字平台。其中“韵动株洲”文体综合服务云，使用频次超1000万人次，成为名副其实的文体专业运营商；与市国投公司、新华社合作，打造的公共信息应急平台，全市规划布点100多个。（陈林锋）

【创新文化服务机制】 在全省率先建立多种服务模式。建立文化志愿服务区域联动模式，签订湘鄂文化志愿服务区域交流框架协议；建立“馆际联盟”模式，将全市公共图书馆、高校图书馆、机关企事业单位图书馆、民营图书馆等35家图书馆进行数字资源整合，初步形成图书借阅“身份证一卡通”的服务体系；茶陵率先建立图书馆总分馆体系，获评“湖南省公共图书馆服务成果二等奖”。培育文化特色品牌。炎陵的“订单式”老百姓大课堂、茶陵的文化大赶集、攸县的春节民俗文化节、醴陵的乡镇文化团年饭、株洲县文化月月乐·体育月月赛、天元的新区艺术节、芦淞的“新芦淞·最强音”、荷塘的乡村音乐节、石峰的社区“睦邻节”等品牌活动形式新、规模大、影响深。（陈林锋）

【艺术创作精品】 2016年，株洲市以首届艺术节为契机，集聚各方力量，发掘特色文化资源，推出大戏2台，小戏小品26个，美术书法摄影作品240件，舞蹈作品29个，声乐器乐作品84个，歌曲12首，繁荣了株洲艺术创作。其中攸县创排的大型现代花鼓戏《一辈传一辈》、炎陵大型音乐情景歌舞剧《炎帝》、茶陵湘剧小戏《小楼昨夜》、醴陵现代小戏《组织生活会》等深受观众喜爱，音乐作品《幸福苗寨》《圆圆的心儿圆圆的梦》被选送至文化部，作为主题歌曲推广。推荐小戏《试官》获得国家艺术基金扶持。大型原创音乐剧《天使合唱团》，作为10台“湘戏晋京”剧目之一晋京演出，这是株洲市阔别首都舞台13年后再次晋京演出，受到首都各界人士好评。该剧在全省巡演60余场。与省侨联共同组建侨心艺术团，创作一批具有浓浓湘味的艺术作品，赴韩国、加拿大交流演出，在两国侨胞中反响强烈。（陈林锋）

【文化惠民工程】 2016年，在全省率先录入安装直播卫星户户通41660户。地面无线数字电视公益覆盖工程，在全省率先实现试播，群众可免费收看20个频道。全年，城市免费放映公益电影500场，农村免费放映公益电影18900场，市县两级公益演出823场，超额完成151场，市文体广电新闻出版局被省委宣传部评为文化科技卫生“三下乡”先进集体，市戏剧传承中心被省文化厅评为送戏下乡先进单位，并获一等奖、攸县为二等奖。全年为市民举办艺术大课堂免费培训7800余人次，市图书馆神农大讲坛举办专题讲座42场，满足了老百姓读书看报、看戏看电影、听广播看电视的基本需求。增强群众的参与感、幸福感和获得感。（陈林锋）

【加强文物遗产保护】 加强文物保护。醴陵窑、渌江书院、茶陵古城墙、炎陵洣泉书院等保护规划在国家文物局立项。石峰区踢金岭汉墓原址保护展示工程和田心汉文化街正式对外开放，这是全省企业与文物部门携手保护文物的典范。挖掘文化遗产价值，规划特色文化旅游景点，在荷塘区规划孝文化主题公园，在天元区规划庆霞寺、杜甫草堂、怀杜岩的修复等，对地方经济转型升级发挥了积极的作用。联合市人大开展工业文化遗产保护地方立法前期调研，为推进地方立法奠定基础。重视非遗传承。2016年，新增炎陵瑶拳、醴陵花炮制作技艺为省级“非遗”项目。在神农城举行“非遗传承·魅力湘东”文化遗产日系列活动，集中展示全市30多个非遗项目的独特魅力。推进非遗文教结合，授予10所学校为市非遗保护项目传承基地，在全省率先推进戏曲进校园活动，与中等职业院校合作开办戏曲专业班，大力弘扬优秀传统文化，积极培育专业戏曲人才。（陈林锋）

【文化行业监管】 实施简政放权。全市文化行政审批事项由原来的33项减少到现在的13项，全部进驻政务中心管理，集中在“一个窗口”受理和办结，审批效率大为提高。创新监管机制。建立以综合行政执法、社会监督、行业自律、技术监控为主要内容的文化市场监管体系，确保文化导向正确。全面推行网吧分级管理，将全市网吧经综合考核评估后由高到低分为ABCD四个等级，取得很好的管控效果。加强专项整治。深入开展“清源”“护苗”“秋风”“净网”等专项行动，大力规范文化市场和行业秩序。加强“两节”“两会”国庆等重要特护时段安全播出工作，持续开展黑电台、小片网等专项整治，在全省率先启动县级广播电视台违规频道清理整顿，切实维护意识形态安全。（陈林锋）

【文化产业发展】 2016年，快速推进重大产业项目。华强二期梦幻王国项目、醴陵世界陶瓷艺术城一期工程、中国“湘瓷”文化创意示范基地一期工程、湘瓷大楼装修工程相继竣工，并投入使用。大力扶持特色产业项目。组织神农文化传承中心建设项目、中国‘湘瓷’文化创新示范基地成功申报国家文化产业发展专项资金1520万元。6个项目被列为全省重点文化产业项目，20家企业被列为全省特色文化企业，15个项目被列为全省特色文化产业项目。（陈林锋）

【“韵动株洲2.0”正式上线】 株洲公共文化体育服务平台“韵动株洲2.0”于2015年8月开始测试和试运行，2016年2月4日正式上线。平台包括韵动株洲”网站、APP、微信公众号、微网站等几个板块的展现形式，市民通过一个网站或手机应用，即可预定全市范围内的文体活动场馆，浏览全市文体咨询、加入文体协会、预约参与文体活动等。平台是湖南省第一个集文体信息发布、文体场馆预定、文体活动组织、网上文体培训教育等功能于一体的服务平台；整合了市图书馆、市群艺馆、市美术馆、市博物馆、市体育中心等公共文化体育场馆的资源，联合全市各大文化、体育协会和俱乐部，提供统一发布、统一检索、统一入口的服务，实现市、县、乡、村四级公共文体服务全面覆盖、互联互通，形成一个联系市民、场馆、协会和行政管理部门的文体服务生态圈。

至2016年年底，“韵动株洲”平台已将株洲市2个公共体育场、4个公共文化场馆、12个社会文体场馆纳入平台管理，50个文体社团、99位文体名师入驻平台，平台编制了株洲市公共文化体育电子地图，通过平台预定场地15万人次，发布文体活动信息4000多条，组织线下文体活动200多场次，通过平台参与活动10万人次，微信公众号的关注人数达到近12万人，累积阅读总量超500万人次，累计使用频次超1000万人次，累计信息反馈超50万人次，成为株洲市文体生活微信粉丝量最高的微信号，是株洲市名副其实的“文体生活专业运营商”。（陈林锋）

【株洲市第三届电影展映月】 10月17日，由市委宣传部、市文体广新局联合主办，由市电影管理服务中心具体承办的株洲市第三届电影展映月正式启动，启动仪式在中影国际影城举行。全市20家商业影院免费赠送影券12000张，千场经典影片惠及城乡。这既是首届株洲艺术节系列惠民活动的重要内容，也是推进株洲市电影市场繁荣发展的重要举措，活动的正式启动标志着老百姓为期1个月的电影嘉年华拉开了序幕。启动仪式上，颁奖嘉宾还为株洲原创微电影优秀作品评选推荐活动获奖者颁发荣誉证书。展映月活动主要分为两个部分：一是“万张影券赠市民”，通过开展“观众喜爱的电影院”评选、“文明驾驶员、文明得影券”“礼遇道德模范”等11项主题活动，免费赠送观影券给参与市民；二是“千场影片惠城乡”，按群众需求，送电影到养老院、儿童福利院、部队、社区、广场等，让公益电影深植民心，用文化温暖人心。（陈林锋）

【书香株洲·第九届全民阅读活动】 4月23日，“书香株洲·第九届全民阅读”活动在市政府礼堂启动。活动以“知识就是力量，读书改变人生”为主题，在市先锋小学的朗诵《少年中国说》中拉开帷幕；著名学者余秋雨，以《中国文脉》为题，进行第九届全民阅读活动首场专题演讲，用通俗易懂的语言解读了中国文化的演化过程。期间开展各类读书活动400多项，其中，主要活动29项、“七进”单位活动22项，县市区活动64项，市图书馆活动300余项。全民阅读活动深入基层，山塘书屋、读读书吧、韵动书屋、声色艺术工厂、我们读书吧等民间阅读组织，神农大讲坛、国学大讲坛、湘江边的旧书摊等活动品牌开展的经典读书活动热点不断，亮点纷呈。2016年株洲市城市阅读指数连续三年位居全省第二，得到国家、省市及社会各界的充分肯定。（陈林锋）

【大型交响合唱音乐会《长征组歌》】 11月4日晚上，由省文化艺术基金会、市委宣传部主办，市文体广新局、省艺术研究院、神农大剧院承办的株洲市纪念红军长征胜利80周年大型交响合唱音乐会《长征组歌》在神农大剧院倾情上演，并以公益演出的形式面向株洲广大市民开放。省人大常委会党组成员肖雅瑜，市委书记毛腾飞，市委副书记、市长阳卫国到场欣赏演出。音乐会现场，来自省艺术研究院知音合唱团、省爱乐乐团、省歌舞剧院歌剧团及市戏剧传承中心的艺术家们通过交响乐、合唱、独唱、朗诵等多种形式，再现了红军长征途中10个经典历史场景，讴歌了中国工农红军在党中央的领导下，不屈不挠、无私无畏的革命精神和英雄气概。（陈林锋）

【首届株洲艺术节】 为全面展示株洲文艺新成果，发掘培养株洲文艺新骨干，切实讲好株洲故事，树好株洲形象，扩大株洲影响，株洲决定举办艺术节，定为三年一届，2016年是首届。首届艺术节以“艺术的盛会、人民的节日”为主题，于7月1日开幕，12月23日闭幕，历时5个多月，涵盖专业类、群文类、美术书法摄影类、微电影类等四个板块。各县市区层层选拔、各艺术门类分类比赛，全市共举行初赛110多场，决赛专场和大型剧目展演17场，美术书法摄影作品展览1个月，“微电影”巡展12场，1.3万名选手参与艺术节，创作并推出原创作品近1000个，其中6台大型剧目、26个小戏小品、29个舞蹈作品、84个声乐器乐作品、38部微电影作品、240幅美术书法摄影作品脱颖而出，3000余名选手进入到决赛阶段。评选出艺术名家3个、艺术领域突出贡献奖（含正式奖、提名奖、入围奖）14个、最佳编剧导演表演奖等40个。（陈林锋）

【株洲神农大剧院对外营业】 株洲神农大剧院位于株洲神农城核心区西南角，是株洲市的标志性文化设施，是展示株洲文化的重要平台与窗口。大剧院于2011年5月7日开工建设，2016年6月底竣工并通过验收。剧院为甲等剧场建筑，主体工程总投资6.9亿元，总建筑面积45991平方米，由拥有1398个座位的剧院、353个座位的实验剧场及配套辅助用房组成。剧院委托北京保利剧院管理有限公司经营管理，于2016年10月19日正式对外营业。投入使用以来，全年举办各类文艺演出、文化活动、展览近百场，繁荣发展了株洲市文化事业，丰富了人民文化生活。（陈林锋）

2016年度株洲市文化系统特色文化企业

表30

序号	企业名称	注册资本（万元）	企业性质	企业地址
1	醴陵四德五彩国瓷有限公司	500	民营企业	醴陵市
2	湖南醴陵红玉红瓷陶瓷有限责任公司	1000	民营企业	醴陵市
3	醴陵金煌瓷艺有限公司	500	民营企业	醴陵市

续表 30

序号	企业名称	注册资本（万元）	企业性质	企业地址
4	醴陵市醴泉窑艺陶瓷有限公司	1000	民营企业	醴陵市
5	醴陵陶润实业发展有限公司	535	民营企业	醴陵市
6	湖南醴陵釉下五彩国瓷研究所有限公司	500	国有企业	醴陵市
7	湖南醴陵红官窑瓷业有限公司	2000	民营企业	醴陵市
8	湖南新世纪陶瓷有限公司	11000	民营企业	醴陵市
9	醴陵振美艺术陶瓷有限公司	300	民营企业	醴陵市

（陈林锋）

2016 年度株洲市文化系统特色文化项目

表 31

序号	项目类别	项目名称	申报单位	项目所在地	项目投资（万元）
1	工艺 美术	醴陵市陶瓷博物馆文创产品研发推广项目	醴陵四德五彩国瓷有限公司	醴陵市	1000
2	文化 旅游	醴陵国瓷馆陶瓷文化旅游综合建设项目	湖南港鹏实业有限公司	醴陵市	2616
3	工艺 美术	醴陵釉下五彩瓷烧制技艺传承中心	醴陵市红瓷典瓷业有限公司	醴陵市	900
4	工艺 美术	金煌瓷坊演示体验基地建设项目	醴陵金煌瓷艺有限公司	醴陵市	1100
5	文创产业融合	国家非物质文化遗产——釉下五彩瓷文化产品生产基地建设	湖南陶润会文化传播有限公司	醴陵市	7000
6	文化 旅游	星月人农耕文化体验馆	株洲星月人文化传播有限公司	湘乡市	500
7	文化 旅游	荷塘区孝文化园	荷塘区文化体育和旅游局	荷塘区	16000

（陈林锋）

2016 年度株洲市文化系统重点文化产业项目

表 32

序号	项目类别	项目名称	申报单位	项目所在地	项目投资额
1	文化旅游	中华茶祖文化产业园	茶陵县茶祖印象茶叶有限公司	茶陵县	20 亿
2	工艺美术	中国“湘瓷”文化创新示范基地	湖南醴陵红玉红瓷陶瓷有限责任公司	醴陵市	1.5 亿
3	工艺美术	釉下五彩国宴瓷研发生产项目	醴陵金煌瓷艺有限公司	醴陵市	0.5 亿
4	文化旅游	湖南华强文化科技产业基地	湖南华强文化科技有限公司	云龙示范区	30 亿
5	文化旅游	株洲神农文化传承中心建设项目	湖南天易集团有限公司	株洲市	15 亿
6	工艺美术	中国陶瓷艺术设计中心	湖南东方瓷典文化艺术有限公司	株洲市	9.2 亿

（陈林锋）

文化市场管理

【概况】 2016 年，株洲市文化市场经营单位有：网吧 315 家，印刷企业 121 家，歌舞娱乐场所 97 家，电子娱乐场所 24 家，电影院 22 家，零散书店、音像店、复印店等约 350 家。

2016 年，全市共出动执法人员 21300 人次，检查文化市场经营单位 6430 家次，立案查处案件 184 件，受理举报 155 起，无一例行政投诉、行政复议和行政诉讼案件，举报办理满意率达 100%。全市文化市场整体平稳有序，市文化市场综合执法局年度被评为全省文化市场综合执法工作先进单位、全省“扫黄打非”办案有功集体。

创新管理模式。改变“重管理、轻服务；重整治、轻繁荣”的监管理念，开创“服务、扶持、引导、查处”监管新思路，逐渐摒弃以罚款数量来衡量执法工作的旧方法，建立以终端质量为抓手的全新管理模式，注重服务与引导。组织印刷从业人员法律法规培训班，对 47 家大中型企业进行企业软件正版化培训，召集全市“小片网”负责人进行安全播出培训，开展全市歌舞娱乐场所经营业主法律法规培训，举办全国性艺术藏品交流会宣传新《艺术品经营管理办法》，培训文化市场经营单位近千家次，发放宣传资料2万多份。着力引导一些有条件的企业转型升级，主动适应市场。3月开始在全市全面推行网吧分级管理制度，对网吧实行分类监管、动态管理。分级管理有效激发了网吧业主的荣誉感，积极优化网吧环境，网吧脏乱差现象得到彻底性改变，全市有150余家网吧成功转型升级。网吧市场秩序明显好转，举报频率明显下降。

扫黄打非。2016年，会同市“扫黄打非”领导小组各成员单位，在强化出版物市场监管、防止政治性非法出版物传播、封堵互联网有害信息、打击淫秽色情出版物、查封取缔无证经营、查处盗版教材教辅、查堵非法出版物运输渠道以及查办大案要案等方面做了大量工作。开展“护苗”“清源”“秋风”“净网”等专项行动，共出动检查车辆3000余台次，执法人员10000余人次，检查印刷及出版物发行、邮政快递等各类市场12000余家次，查办各类案件45件，收缴侵权盗版及非法图书6000余册，收缴非法报纸杂志10万余册，收缴色情淫秽音像制品5000余张，取缔游商地摊40多个，取缔地下黑印刷窝点3个，有效净化了文化空间，维护了市场秩序。

拓宽执法领域。在巩固网吧、新闻出版、娱乐、游艺等传统文化市场监管的同时，强化新型文化市场的监管。强化网络内容监管。成立“剑网2016”专项行动领导小组，密切关注网络内容，先后检查网站400余家次，删除各类网民发帖传播侵权影片和歌曲链接50余条，协同市“扫黄打非”办成员单位删除网络淫秽色情等有害信息367条，查处株洲龙脉网络科技有限公司擅自从事网络游戏等6起网络文化案，其中醴陵市文化市场综合执法局查处的利用微信贩卖淫秽视频案成为省“扫黄打非”办挂牌案件。强化艺术品市场监管。以新修订的《艺术品经营管理办法》施行为切入点，着手加强对艺术品市场的日常管理，对艺术品经营活动进行事前、事中、事后全程监管；推行艺术品经营企业信用管理制度，督促艺术品经营单位落实明示担保和尽职调查制度，倡导诚信经营；推动全市艺术品鉴定委员会和行业协会的创建工作，促进艺术品市场依法经营。

严打黑电台。“黑电台”发布虚假广告，欺骗群众，甚至可能被国家敌对分子利用，潜在危险大。对于“黑电台”实行零容忍政策，发现一个，查处一个。全年打掉“黑电台”8个，查处伪基站3家。

办理举报。文化市场举报电话“12318”与市长热线“12345”整合，纳入市长热线统一管理。建立举报办理相关制度，落实举报办理，100%按时核查，100%及时回复。在市里相关考核中均被评为A。（杨小红）

【网吧管理新模式】针对全市网吧点多面广、情况复杂的实际问题，市文化执法局在全省率先探索网吧管理新模式，在全市网吧中全面推行分级管理制度，将网吧分为ABCD四个等级，对等级越低的巡查次数越多监管力度越大，对屡次违规的实施“黑名单”制度重点监管。（杨小红）

【全国文化移动执法试点】2016年，株洲被文化部列为全国第二批移动执法试点城市，文化执法人员配备移动执法平板、蓝牙打印机，实现了现场上传执法信息、固定证据的执法需要。随后又被列为全国第一批手机移动执法的试点，配备执法手机，执法人员在现场就可以将巡查数据录入全国办公平台，避免重复操作，实现实时管理需要。（杨小红）

文物工作

【概况】至2016年底，株洲市有文物机构26个，其中博物馆与纪念馆10个，文物主管部门11个，文物保护管理机构5个。全市共有全国重点文物保护单位8处，省级文物保护单位51处，省级历史文化名城名镇名村4处，市级文物保护单位243处，县级文物保护单位159处，一般不可移动文物点2351处，文物数量稳居全省第二。

株洲市文物局是株洲市文物行政管理部门，负责全市文物工作的管理、组织与协调，包括地上地下文物的保护、两建考古调查、勘探与发掘、流散文物及文物市场管理、文物旅游资源的开发利用、各类爱国主义教育基地建设及下属各县市文博机构的业务管理。2016年，全局有在职人员10人。

2016年，株洲市博物馆共完成展览策划及形式设计、布展工作7项，展览题材涉及市馆近年民俗文物征集成果、新馆建设宣传、社会热点等。炎陵县认真做好红军标语博物馆、纪念馆、叶家祠、周家祠、八担丘、万寿宫等红色旅游景区（点）的免费开放工作。全年有240余个团体到炎陵开展红色文化教育活动，全县各红色旅游景区（点）共免费接待参观61万余人次。茶陵县工农兵政府旧址作为县域的旅游名片，全年共接待省内外游客50万余人次，其中国庆七天小长假接待游客约7万人。全年全市博物馆、纪念馆接待免费参观人数逾200万人次。（沈晓）

【文物维修】2016年，全市各级文保单位向各级财政争取保护资金4500万元，完成渌江书院、关王庙、波兰专家楼、赵公亭、陈家大屋、阳升观、桥头江家等8项工程的维修。启动醴陵窑地面建筑保护修缮（一期）、芦淞区中共八叠支部旧址、茶陵古城墙一期、工农兵政府旧址客服中心、湘南起义旧址群——洣泉书院本体维修工程。完成全国重点文物保护单位醴陵窑、渌江书院、李立三故居的文物保护规划，启动李立三故居维修、炎帝陵白蚁防治项目等工程。完成省文物保护单位鲁班殿维修方案、中共八叠支部消防方案、攸县文明上塔维修方案、地执委消防工程方案以及月到岩、龙家牌坊维修方案的编制。株洲市博物馆的《湖南株洲茶陵晓塘战国墓竹木器保护方案》通过国家文物局审核批准，正在实施相关文物修复保护。《茶陵晓塘墓葬出土青铜文物保护修复方案》《株洲市博物馆醴陵窑瓷文化数字化再现与混合现实景观导览系统》及《株洲市博物馆馆藏文物预防性保护方案》已报国家文物局数据库。（沈　晓）

【挖掘文化遗产价值】 2016年，株洲市进一步挖掘文化遗产价值，打造特色文化旅游景点。在荷塘区规划孝文化主题公园，包括老莱子墓、老莱子祠、老莱子像、孝文化博物馆、八德广场、百善体验园等。在天元区规划庆霞寺、杜甫草堂、怀杜岩的修复，打造以纪念杜甫为主题的公园。在攸县网岭片区依托全国重点文物保护单位及枫树塘墓群的考古发掘，提出“全国重点文物保护单位（网岭墓群）+古墓群原址展陈+博物馆”的历史文化景区项目设想，联通东部的酒埠江风景区、酒埠江地质博物馆，形成区域“文化+自然+配套开发项目”旅游品牌，推动地方经济转型。（沈　晓）

【文物新发现】 2016年，株洲市新发现粤汉铁路渌口火车站旧址、株洲航空工业学校苏式建筑群、中南二四八技校苏式教学楼等重要文物点。通过考古勘探，在网岭新发现战国至汉晋时期的各类墓葬237座。（沈　晓）

【文物安全】 每季度对野外文物保护单位进行巡查，对博物馆、纪念馆进行安全和消防专项检查，对检查中发现的安全隐患责令限期整改，及时排除安全隐患。全年共组织人员对全市140个乡镇的300余处文物保护单位开展巡查700余次；对博物馆、纪念馆进行安全和消防专项检查30余次，下发整改意见书6份。成立由文物、消防等部门组成的文物古建筑消防安全专项治理领导小组，通过专项治理，使各县市区古建筑类、近现代重要史迹及代表性建筑类文物和传统村落消防安全排查摸底、登记造册率达100%，实体性火灾隐患全部进入整改程序并得到有效整治。加大打击文物盗掘力度，由市文物公安联合执法办公室协调，市县两级文物、公安部门对攸县网岭“9·26”盗墓案进行立案侦查。此案已列为国家公安部2017年重点督办案，案件正在侦破中。（沈　晓）

【文物宣传】 2016年，全市围绕“5•18国际博物馆日”和“中国文化遗产日”，除开展常规的文物法律法规、考古新发现、馆藏文物特展、第一次全国可移动文物普查等宣传活动外，还策划文化遗产宣传月系列活动，举办茶陵县、攸县、株洲县的“文化大赶集”、田心踢金岭汉墓原址保护暨展示工程竣工仪式、株洲市博物馆“湘东民俗文物展”和“文化遗产讲座进校园”等活动。通过《株洲日报》《株洲晚报》、株洲头条号、株洲发布、韵动株洲、文化株洲、方志株洲等媒体进行深入跟踪报道，更好地提宣传全市文化遗产。（沈　晓）

【开展“全国第一次可移动文物普查”】 按照国家“一普办”和省“一普办”的部署，全市组织开展“一普”工作。成立各级普查领导小组11个，建立19个部门组成的工作协调机制，组建17支专业普查队，成立由11人组成的文物认定专家确认组，担负全市4万余件文物信息的采集登录审核任务。此次普查，全市涉及到19个行业系统，6000余家国有单位，符合普查对象的国有单位有2246家，疑似文物共6万余件（套），最终确认为文物的有40980件（套）。完成采集录入审核报送率为100%，2016年8月通过省“一普办”专家组的审核验收，验收结果为优秀。（沈　晓）

【组织参加首届湖南文物价值研究与传播大赛】 为配合首届湖南文物价值解读与传播大赛的开展，积极联合《株洲日报》策划“讲株洲故事，知家乡历史”文物保护单位讲解词征集活动。活动吸引了社会各界人士的积极参与，共收到全国、省级、市级、县级文物保护单位解说词115篇。其中株洲市有32篇入围首届湖南文物价值解读与传播大赛，入围数量位居全省前列。在全省50篇优秀解说词评选中，株洲市2篇获一等奖，2篇获三等奖；全省17人被评为优秀讲解员，株洲市1人获评。（沈　晓）

图书馆工作

【概况】 株洲市图书馆筹建于1960年，1986年在文化园内（中基洲）建成新馆，占地面积3900平方米，馆舍面积5126平方米。至2016年年底，馆藏书刊70万多册，电子图书10万册。2016年，接待读者90多万人次，外借书籍60多万册次；新增注册读者近3万人，达83128人，比上年增加30%。全年收集地方文献500多种，643册，接受捐赠地方文献45种；修补加工图书956册。全年开展寒暑假“假日文化大餐”“公益课堂”“小豌豆”文化沙龙、书友会，“六一”节跳蚤市场、母亲节感恩母爱活动、父亲节“爸爸加油”等各类少儿活动103场，参与的小朋友和家长达5万多人次，“小豌豆”活动群人数已达2000多人。市图书馆常年为市民提供保存人类文化遗产、开发文献信息资源、开展社会教育、丰富市民文化生活的公益服务。（张　伟）

【组建图书馆联盟】 2016年，株洲市组建图书馆联盟。图书馆联盟由市图书馆、高校图书馆、县市区图书馆、机关企事业图书馆、民营图书馆等各类型共35家图书馆组成，下设5个分支，即总分馆联盟分支、公益讲座联盟分支、数字资源共建共享联盟分支、阅读推广联盟分支、展览联盟分支，每个联盟分支明确一个牵头单位。图书馆联盟构建了全市图书借阅“身份证通”的服务体系，有效推动了全民阅读。（张　伟）

【株洲市第三届“少儿故事大王”大奖赛】　为提高青少年儿童的综合素质，以活动促进阅读，营造全民阅读的良好氛围，11月3日，由市图书馆与株洲法制频道联合举办株洲市第三届“少儿故事大王”大奖赛活动覆盖5县4区，参与人数7000余人，历经海选、初赛、复赛、决赛四个阶段，海选、初赛分八个片区进行。决赛于12月31日在株洲传媒大厦演播厅举行，株洲法制频道现场直播。大赛分幼儿组和少年组，各评出一等奖1名、二等奖2名、三等奖3名。（张　伟）

【神农大讲坛】　2016年，神农大讲坛继续秉承“零门槛、全免费”的讲座宗旨，注重权威性、实用性，全年举办42场。借助“书香株洲”第九届株洲读书年系列活动的东风，成功邀请中国著名文化学者，理论家、文化史学家、散文家余秋雨到株洲开讲《中国文脉》，以“名人效应”影响讲坛。打造交流平台，促进跨界合作。与株洲市艺术界合作，共同举办7场书法、美术方面的讲座，与省直中医院、神农中医馆等单位合作，开展健康专题讲座，全年进行相关讲座5场，解答部分市民关心的健康问题。通过神农大讲坛这一平台，搭建了株洲市的专家学者和普通市民交流沟通的桥梁。与中共株洲市天元区宣传部联手，推进讲座“进社区”，先后走进嵩山路街道办事处、栗雨街道办事处凿石社区、泰山街道办事处湘银社区，把讲坛开到群众中去，大大提升了讲座的影响力。（张　伟）

【道德讲堂】　2016年，株洲市图书馆作为道德讲堂总堂，以“身边人讲身边事、身边人讲自己事、身边事教身边人”的形式向社会普及道德理念、宣讲道德故事、弘扬道德精神、展示道德力量。4月，召开全市市级以上文明单位示范培训课，各文明机关单位积极参与，市发改委、市规划局、云龙示范区、市公共资源交易中心等单位力邀总堂走进机关。全年道德讲堂开课41期，其中示范课堂2期，参与人员达4000多人次。（张　伟）

【E线送书活动】　2016年，市图书馆继续推出“E线送书”活动。读者可在当当网选择书籍，将选中的书籍相关信息通过电子邮件发送到图书馆指定邮箱，经图书馆审核通过后即为该书买单，并由当当网直接将书寄到读者手中。新颖、有趣的借书方式，迎合了年轻人的阅读习惯，互联网+图书馆的应用使读者足不出户便可借到心仪的图书，新书的流通率、利用率得到极大提高。全年办理该业务2100余册，金额达5万多元。（张　伟）

【24小时智能书屋及分馆建设】　经过几年努力，株洲已建成便捷的借阅网络，形成“总馆+分馆+24小时智能书屋”全市通借通还的服务体系。在原有市房产局、市财政局、市规划展览馆3个分馆的基础上，2016年新建市委、市政府、市科技局、市经信委、市老干所、袁家湾社区6个分馆，并提质改造王府井、华润万家2个24小时自助图书馆，新建331、沿江风光带（河西一桥下）2处24小时智能书屋，神农城广场24小时智能书屋在建设中，建成后株洲将有12座24小时智能书屋和9个分馆。（张　伟）

【文化志愿服务】　市图书馆探索新路径，引入社会力量推动图书工作，发挥文化志愿者的智慧及资源，引导志愿者参与活动组织、策划、阅读的推广、图书的整理、智能书屋管理、卫生清理等，用行动传递书香，用真情感动社会，提高服务质量和办馆效率，营造全社会良好氛围。2016年，市图书馆已组建10支文化志愿服务队，注册成员800多人。（张　伟）

【微信图书馆建设】　2016年，启动微信图书馆建设，并开通在线续借、每日签到、附近网点、馆藏搜索、云阅读、微刊、移动图书馆、公开课、热门图书馆等10多项功能。全年图书馆微信公众平台共发展用户达25000余人，共推送微信1016条，深受市民喜爱。（张　伟）

图书发行

【概况】　2016年，株洲市新华书店实现营业收入36127.74万元，上缴利税4800万元，销售中小学教材及各类读书2590万册。

教材供应。以服务为核心，依靠政策支撑，加大协调力度，确保课前到书、人手一册。教辅发行服务上门，尽量满足教学和市场需求。

图书发行凸显特色。借助“读书月”平台，以经营质量和销售目标为主攻方向，从“产品、服务、渠道、营销”四个方面着力提升销售比重，增强一般图书的市场竞争力。

重点产品供应。配合全党“两学一做”的学习教育热潮，想方设法保证《党章》《中国共产党廉洁自律准则》《中国共产党纪律处分条例》《习近平总书记系列重要讲话读本》《习近平谈治国理政》《胡锦涛文选》等理论学习用书的供应，为各大机关、企事业单位组织开展理论学习提供书源保障，全年销售各类政治理论书籍30余万册。

展现服务水准。为配合景炎中学的读书节活动和市文广体新局的“绿书签”活动，先后两次精选近千种适合中学生阅读的文学、艺术、社科和科普类优秀畅销读物送到学校，送到同学们身边。

加速渠道建设。加强校园书店建设，充分发挥校园书店为学校服务、为师生服务的职能，成为图书零售的优质渠道。2016年，市新华书店共签约校园书店20家，报批17家，批复16家，已建成开业13家，校园书店经营面积1200平方米。

丰富营销主题。开展名家进校园、专题书展等一系列文化交流活动，助力全民阅读的推广和城市文明的建设。4月23日“世界读书日”暨“书香株洲·第九届读书活动”启动之际，新华书店推出余秋雨作品专台和读书月推荐书展，读者反响热烈。央视少儿频道节目主持人芝麻哥哥的10场科普讲座，为孩子们打开了科学世界的神秘之窗。书店整合出版社资源，开展重点书、畅销书的码堆比赛，书花造型比赛、核心供应商的买赠活动以及春季品牌教辅联展竞销、青岛社“幸福丽人节”书展、法律图书联展、“粽情端午 传世国学”端午节百部经典国学展、少儿图书有奖竞销等活动，月月更新的营销主题为读者群体带来了不同侧重的阅读享受。（何　淳）

炎帝文化

【筹集炎帝陵建设资金】 2016年，湖南省炎帝陵基金会办公室不断创新理念，拓宽筹资渠道，全年共筹集炎帝陵建设资金1828万元。争取株洲市政府资金支持1608万元；落实兄弟市州捐助神农园盆景购置资金120万元，其中衡阳市90万元、益阳市30万元；丙申年市政府公祭大典上襄理主祭人捐资100万元，其中株洲千金药业股份公司捐赠50万元，湖南龙华农牧发展有限公司捐赠50万元。积极争取省政府的专项资金支持，争取省政府祭祖专项资金。制作神农园大型景观树、大型山水盆景及精品盆景的推介图册。拟定神农园项目捐建供养细则、褒扬办法，民间募集基金管理办法，完成“神农教耕”微缩雕像制作等，为认捐、认养、社会募捐做好准备。（殷自玲）

【组织丙申年炎帝陵祭祖典礼】 10月19日，成功组织丙申年炎帝陵祭祖典礼及祭文碑揭碑仪式。市委副书记、市长阳卫国主祭，市委常委、常务副市长何剑波主持典礼仪式，市领导杨玉芳、田卫军、毛朝晖、李晓葵、杨胜跃、谭可敏等出席。中国工程院院士刘友梅等全市社会各界人士代表近2000人参加祭祖典礼。（殷自玲）

【《炎黄子孙 不忘始祖——湖南省炎帝陵基金会炎帝陵建设回顾展》】 11月16—30日，在市规划展览馆成功举办《炎黄子孙 不忘始祖—湖南省炎帝陵基金会炎帝陵建设回顾展》。回顾展共分9个篇幅，18幅展板，图片160张，全面介绍和回顾20多年来湖南省炎帝陵基金会主持炎帝陵公祭区建设历程和成果，《湖南日报》《株洲日报》《株洲晚报》、株洲电视台、株洲新闻网先后进行报道，全国人大常委会副委员长万鄂湘观展后予以高度评价。（殷自玲）

【提升炎帝文化内涵】 2016年，加大炎帝文化宣传和研究力度，弘扬传统文化，深化文化认同，增强中华民族的凝聚力，努力把炎帝陵打造成寻根谒祖的精神家园，全力打造全球华人寻根祭祖之地。炎帝文化宣传和研究不断深入向外推广。开展“炎帝文化进校园”活动，继续在市委党校、湖南工业大学进行炎帝文化授课。6月21日、12月8日，株洲知名炎帝文化专家曹敬庄，主任朱建军等分别到市委党校向中青班、科干班学员讲授炎帝文化知识；组织株洲知名炎帝文化专家学者17余人撰写高质量论文10余篇，参加11月在安徽宣城举办的“第四届中部六省炎黄文化论坛”；编辑出版《根》第八期和第九期，累计对外投递近9000本，并在《品位》杂志分上、下两期，每期8个页面刊载宣传炎帝文化系列普及知识；以建设“神农园”项目为依托，集中宣传炎帝陵保护、开发、建设的成就，组织专业摄影团队对盆景园进行多次采风拍摄，并制作《盆景园图册》和“神农教耕”微缩模型；办好“炎帝陵网站”，及时更新炎帝陵建设、炎帝文化工作等最新进展情况以及与炎帝陵有关的新闻报道内容。（殷自玲）

文艺创作

【概况】 株洲市文学艺术界联合会成立于1963年2月，由株洲市各文学艺术家协会、各县（市）文联组成的一级正处级人民团体。1981年，市文联被市委调整为市直一级机构(正处级)，设党组。截至2016年年底，全市成立8个县级文联、1个行业文联（公安文联）和18个市属文艺家协会，国家级文艺家会员320人，省级文艺家会员1088人，市级文艺家会员8861人。2016年新发展国家级会员13人，省级会员107人，市级会员304人，文艺队伍不断壮大。

2016年，株洲市文联不断加大文艺创作扶持机制的探索和发展力度，力求通过深化改革，健全体制，创造有利于文艺创作的良好环境；着力培育壮大文艺人才队伍，精心组织文艺创作，用心打造文艺精品，积极举办各类文艺活动，广泛开展“深入生活，扎根人民”文艺志愿服务活动，丰富了群众文化生活，繁荣了株洲的文艺事业。（李登攀）

【全市繁荣和发展社会主义文艺推进会】 1月26日，株洲市召开繁荣和发展社会主义文艺推进会，各县市区文联负责人，市属文艺家协会主席、秘书长，部分文艺家代表参加会议，

文艺家代表们就贯彻落实中央、省文艺推进会精神和持续推动株洲文艺大发展、大繁荣提出了许多建设性意见和建议。 （李登攀）

【株洲市首届文艺创作重点扶持项目】 2016年，市委、市政府从公共文化示范区创建经费中腾出100万元，启动重点文艺创作项目扶持工作，市文联通过多家媒体发布《关于开展2016年度株洲市文艺创作扶持专项经费项目征集的通知》，组织专家评审，从公开申报的66个原创性项目中评选出包括文学、书法、美术等9个艺术门类的23个重点项目给予2万~8万元不等的资金扶持。并对入选项目进行跟踪服务和管理。截至12月底，除蒋冰的书法专著《孙过庭书谱技法考察》由于创作原因需要延期一年，22个重点项目均按照合同签订的内容完成。在扶持文艺创作出版方面，协助萧学菊的散文札记《偏信阅读能延寿》，管弦的散文集《药草芬芳》等申报省重点扶持项目。编辑出版株洲文艺名人传记丛书《颜元叔传》。 （李登攀）

【文艺报刊建设】 全年出版6期《文艺窗》杂志，6期《文艺窗》报纸。并推出“青春回眸”诗会专辑，株洲文艺界“重走长征路”采风主题专辑，纪念“杜甫客株洲”暨逝世1245周年专辑，株洲市首届少儿科幻绘画大赛作品专辑。同时配合醴陵市作协、攸县作协出版《文笔峰》以及《文艺窗》攸县版。办刊（报）注重思想性、文学性、大众性、可读性，发掘和推出了一批文学新秀，使刊物真正成为株洲文学爱好者的发表园地和舞台。

（李登攀）

【文艺活动】 2016年，市文联组织举办一系列丰富多彩的文艺活动。2016年春节，首次与电视媒体合作举办“又见春光好”•2016株洲市文艺家春节联欢晚会，通过荧屏向全市人民集中展示株洲文艺工作者近年来的创作成果和文艺志愿服务的精神风貌。5月27—29日，承办《诗刊》社2016“青春回眸·株洲诗会”。为期3天的诗会中，来自全国的50多位诗人深入株洲城乡采风创作，并与湖南、株洲诗人畅谈诗人情怀，交流创作体会。为庆祝建党95周年、纪念长征胜利80周年，市文联组织株洲文艺家分别赴广西兴安县、株洲炎陵县、茶陵县等革命根据地进行系列采风活动。通过聆听、感悟，艺术家们积累了丰富的创作素材，创作出一批优秀的文艺作品在省市刊物发表，并在《株洲日报》刊登专栏。6月14日，在市博物馆举办株洲市第四届“梦回故乡”书法作品展。活动共邀请著名书法家李铎等近20位株洲籍和曾经在株洲生活过的书法家，展出作品共160件。10月17日，由株洲市文联、株洲市老干局主办的纪念红军长征胜利80周年老干部书画展在市规划馆开展。市委常委、宣传部部长聂方红出席开幕式并讲话。10月28日，株洲市文联和焦作市文联在株洲神龙大剧院举办“纪念红军长征胜利80周年书画展”两地联展，共展出120幅书法精品，加强了两地书法艺术的相互交流。

（李登攀）

【文艺惠民】 组织全市知名文艺家深入基层，扎根人民，开展以书法、美术、摄影、音乐、文学等为主题的公益讲座、培训辅导、展览展示活动50余场次，活跃和丰富市民文化生活。春节前后，开展系列“我们的中国梦—文化进万家”文艺志愿送文化、送春联活动，组织楹联家创作百余幅春联，组织30余书法家分别赴时代电机、中心医院、天虹商场、醴陵王仙镇、炎陵龙渣乡等开展送春联活动，送出春联近2000幅，让老百姓欢度春节。开展文艺扶贫志愿服务活动。组织30余名文艺志愿者深入炎陵霞阳镇龙上村、茶陵县洣江街道渡里村、茶陵县石冲村3个市重点扶贫点，体验生活，参观精准扶贫项目和民心工程，艺术家们现场创作，挥毫泼墨，创作30余幅书画作品，装裱后赠予3个村部，助推村级文化建设。开展系列文艺讲座和培训。组织近20余名文艺志愿者，走进机关、企业、学校、医院、社区、乡村开展以书法、美术、摄影、文学等为主题的公益讲座和培训辅导20余次。举办首次文艺志愿者培训，系统学习文艺志愿者相关知识、文艺志愿精神、志愿服务的项目等内容；总结近3年来在开展文艺惠民和志愿服务方面所做的工作和取得的成绩；表彰11名优秀文艺志愿者。建设好童心飞扬公益艺术学校。在城市4区天元区小湖塘社区（花园一村社区）、石峰区步行街，荷塘区赵家冲社区、芦淞区白关镇设立分校，招收周边困难家庭儿童近200人，周六、周日开展美术、书法、器乐、剪纸、手工志愿讲学，全年共计志愿讲课120余场。举办“十年公益——一路童行”——关爱农村留守孩子书画作品展，“童心童画”公益美术书法摄影作品展。（李登攀）

党 史

【概况】 中共株洲市委党史工作办公室是财政全额拨款的正处级市委工作机构，有3个科室，在职人员11人，退休人员5人。各县（市）党史部门是党史、档案、地方志三家合一的单位，天元区、荷塘区、石峰区的党史部门设在区委办，芦淞区的党史部门和档案局合并。2016年，全市党史工作开创了新局面，取得了新成效，中共株洲市委党史工作办公室被评为全省党史工作先进单位。 （谭泽鑫）

【党史资政】 围绕市委中心工作，全局谋划党史工作，编纂出版《转型升级——中共株洲市第十一次代表大会以来的五年》、编辑《株洲党委工作纪事》2016年卷，受到社会各界好评。完成中央党研室、省委党研室下达株

洲若干课题的研究，发挥党史资政与促进发展作用。（谭泽鑫）

【党史研究】 编纂《中国共产党株洲历史》第三卷，已召开评审会，将于2017年公开出版。各县（市）的党史正本编写工作基本完成，天元区党史正本已公开出版，荷塘区、石峰区、芦淞区进展顺利。编辑《中国共产党株洲文献》第三辑，集中荟萃1966—1978年市委重要文献。全市党史系统撰写并在国家级、省市级刊物、研讨会上发表了10余篇有价值的党史研究论文。县市区党史部门编撰了质量较高的党史书籍。如茶陵县编撰的《茶陵籍开国将军画册》《辉煌历程》，攸县编撰的《攸县红色记忆》，醴陵市编撰了《醴陵——家风家规家训典范》，均获得了社会各界的好评。

（谭泽鑫）

【党史宣教】 2016年5月下旬开始，组织开展纪念中国共产党成立95周年系列纪念活动。主办“红色摇篮 动力株洲”——纪念中国共产党成立95周年株洲党史图片展（1921—2016），展出图片228幅、说明文字近万字，有200多家机关企事业单位近5万人次参观展览，反响热烈。与《株洲日报》联合推出宣传报道8个半版，与株洲电视台联合推出5期专栏报道，产生了较大影响。各县市区党史部门也深入开展各类党史主题活动：攸县利用党史的原始资料进行党史教育，取得了较好效果；茶陵县实施“党史人讲党史课”活动，在县内进行宣讲；炎陵县在地方电视台举办多期党史讲座；醴陵市开展党史进党校活动，安排专门的党史专家进行授课；株洲县开通微信公众号，以新兴方式进行宣教。

（谭泽鑫）

【举行纪念中国共产党成立95周年党史图片展】 6月30日，“红色摇篮 动力株洲”——纪念中国共产党成立95周年株洲党史图片展（1921—2016）在株洲市规划展览馆展出，图片展分红色摇篮、新城崛起、改革新篇、奋力圆梦、株洲人物五个部分，以228幅历史图片和图表，近万字的文字，浓缩了中国共产党和株洲地方党组织领导全市人民建设株洲走过的光辉历程。图片展持续至7月30日，全市200多家机关企事业单位近5万人次参观了展览。（谭泽鑫）

档　案

【概况】 株洲市档案局（馆）是主管全市档案工作的正处级事业单位，实行局、馆合一体制，参照公务员法管理，有在职人员25人。馆库建筑面积6600平方米，馆藏各门类档案资料224个全宗30余万卷（盒）。2012年，市档案馆晋升为国家一级档案馆。至2016年底，全市共有国家综合档案馆10家，其中国家一级档案馆1家，国家二级档案馆3家，省特级、一级机关企事业档案室（馆）77家；全市各级国家综合档案馆馆藏档案总量135.5万卷（盒），其中2016年新增馆藏档案8.2万卷（盒）。2016年，全市各级档案馆共接待查阅利用15万余人次，利用档案资料50696卷（盒）。

2016年，市档案局荣获国家档案局“档案与民生”征文活动组织奖、省档案工作先进单位、省档案信息宣传工作先进单位、省档案学会学术论文评选活动组织奖、市文明单位、等称号。（陈　华）

【档案资源建设】 2016年全市各级档案部门把档案资源建设向现实社会生活延伸，向重要工作、重大活动、重点工程、特色档案延伸，注重地方文化特色，全市档案资源结构得到了优化。市档案局在全省档案系统首开先河，面向全市开展对口援藏干部档案征集工作，5月，派出专人赴西藏扎囊县，对1995—2016年7批株洲对口援藏干部在西藏扎囊县的所有重点建设项目进行实地采拍，现场采录扎囊县干部和老百姓对株洲援藏干部的口述档案，共征集文字资料、珍贵照片、实物3200多件（张），采集照片1400余张，视频60余个，展现了株洲市对口援藏工作的巨大成果。为做好株洲文化的传承工作，开展了株洲作家作品征集工作，征集到郑玲、聂鑫森、叶之蓁、万宁等58位作家的作品500多部，建立了专室，12月9日，副市长杨胜跃为株洲作家作品档案专室揭牌，3月在对株工作过的省部级老领导曹伯纯开展口述档案采集工作，采集照片2445张、视频31个。茶陵县接收茶陵籍中国当代青年歌唱家陈小艺首张演唱专辑《蓝月亮》光盘、各姓族谱39本，接收县电视台1993年—2015年《茶陵新闻》《电视专题片》电子档案进馆。株洲县开展“你从哪里来”家谱档案征集活动，征集家谱12本。（陈　华）

【档案开发利用】 2016年，全市各级档案部门充分挖掘档案文化价值，打造出多种类型的档案文化精品。8月，市档案局完成《株洲历史上的今天》（2006-2015）续编工作，再现株洲发展的历史；开展市委书记及市长公务活动照片档案汇编工作。醴陵市档案史志局与该市纪委联合编印《家风家规家训典范》，炎陵县的《龙潭梦》《红色守望》、茶陵县的《辉煌历程》、攸县的《红色记忆》、荷塘区的《涅槃南岳岭》《激情绽放》等编研。2016年，把“死档案”变成了“活信息”、把“档案库”变成了“智慧库”的档案文化成果均受到了社会各界的一致好评。（陈　华）

【档案文献遗产保护】 全市开展国家重点档案普查工作，历经4个月，上报明清、民国、革命历史、建国后党和国家领导人到株洲视察共四类档案的案卷目录8000余条、卷内目录

12万余条，建立全市国家重点档案目录数据库。积极参加省档案局首届“湖南省档案文献遗产”评选活动，全市共申报项目21个，市档案馆申报二十四史、诗人郑玲档案文献项目，攸县申报了明清、民国契约文书项目，株洲县申报中华民国重要史料初编等项目。（陈 华）

【档案室规范化建设】 全市有5家单位档案室通过规范化建设评估验收，其中攸县检察院档案室成功晋升“省特级”，株洲市政公司、湖南天易集团及天元区雷打石镇、三门镇档案室成功晋升“省一级”。天元区在全省、全市率先成为所有乡镇、街道全部通过省一级规范化管理评估验收的地区。（陈 华）

【档案“信息化”建设】 数字档案馆建设被纳入十三五规划和智慧株洲建设。2016年，市档案局开展馆藏音视频档案的清理、鉴定、电子文件转化工作，形成视频文件352条1440G（千兆），音频文件199条51.3G（千兆）。攸县投入20多万元用于信息化建设，完成目录数字化和部分纸质档案信息化，实现了馆藏林权档案的全文扫描。芦淞区完成馆藏各门类档案电子目录著录的90%，数字化扫描12万页，达馆藏总量的35%。株洲硬质合金集团有限公司成为全市第一家通过规范化数字档案馆验收的企业。（陈 华）

【全市档案工作会议召开】 3月4日上午，全市档案工作会议召开，副市长毛朝晖在会上作书面讲话。毛朝晖对全市“十二五”期间档案工作给予高度肯定，要求各级档案部门要以更高的认识把学习贯彻习总书记讲话精神引向深入，促进档案工作更好服务大局。市档案局党组书记、局长莫大德强调，全市档案部门要主动适应新常态，以新理念谋划新发展，以新举措展示新作为，确保全市档案工作“十三五”良好开局。株洲市茶陵县档案史志局、株洲市人力资源社会保障局、中航工业动力机械研究所分别作档案工作经验交流发言。各县市区档案史志（区志）局、市直机关各单位、各人民团体、各企事业单位等220余人参加会议。（李 敏）

【开展档案工作示范创建活动】 2016年初，市档案局下发《关于在全市开展档案工作示范乡镇（街道）、村（社区）创建活动的通知》，启动创建活动。7月15日，市档案局组织召开了全市档案工作示范乡镇（街道）、村（社区）创建活动推进会，并多次调研创建情况，上门服务指导。10月，由市档案局、市财政局组成的创建活动验收组，对全市档案工作示范点进行验收。经测评，株洲县南洲镇等5个乡镇被授予“株洲市档案工作示范乡镇”，荷塘区茨菇塘街道六0一社区等5个社区被授予“株洲市档案工作示范社区”。至10月底，全市10个档案工作示范点全部通过验收，基层部门的档案管理水平、服务能力显著提升。（李 敏）

【档案业务在线网络教育率先开班】 2016年初，市档案局利用干部教育网络平台，在全省档案系统中率先建立互联网在线培训模式，初次网上报名人数达60余人次。10月31日，举办第二期全市档案业务网络教育学习培训班，两次在线培训共有200余人参加学习，课程点击达6000余人次。该项工作得到国家档案局、省档案局及市委组织部的充分肯定，受到了全市各级档案员的欢迎，收到了良好效果。（李 敏）

【建立株洲作家作品档案专室】为做好株洲文化的传承工作，自4月开始，市档案局正式启动了株洲作家作品征集工作，截至年底，共征集到郑玲、聂鑫森、叶之蓁、万宁等58位作家的作品500多部，收集部分作家的手稿、笔记、作品剪报、评论文章、获奖证书1000余件，相关作品悉数在株洲作家作品档案专室。12月9日，副市长杨胜跃为株洲作家作品档案专室揭牌。此举被中国作家网、中国文明网、《上海文汇报》、湖南日报华声论坛等媒体广泛报道。（李 敏）

地方志

【概况】 至2016年底，株洲市地方志编纂委员会办公室内设综合科、市志科、年鉴科和地方文献研究室（加挂市方志馆牌子）4个科室，有在职干部14人。2016年，全市地方志系统坚持依法治志，服务大局，地方志工作取得新成效。

修志方面：《株洲市志》修改、完善工作全部完成。《茶陵县志（1993～2010）》印刷出版。炎陵县第一轮志书和第二轮志书合修编写60%的初稿。《高新区、天元区志》完成80%的初稿编写。株洲电业局、株洲市水利局分别启动《国家电网株洲供电公司志》《株洲水利志》编纂工作。《湖南省志·炎帝陵志》启动编纂，完成70%的初稿编纂工作。《湖南乡镇简志·株洲卷》5县4区的乡镇简志分卷初稿撰写工作全部完成。《中国名镇志》株洲部分乡镇的撰写工作稳步推进。年鉴方面：《株洲年鉴（2016）》9月出版发行。县市区一年一鉴工作全面推进。株洲县、醴陵市、攸县、天元区如期实行一年一鉴；茶陵县由两年一鉴改为一年一鉴；荷塘区落实年鉴工作经费，启动编辑工作；石峰区、芦淞区做好年鉴编辑启动前的准备工作。在湖南省第四届年鉴评奖中，《株洲年鉴（2016）》《醴陵年鉴（2016）》《株洲高新区天元区年鉴（2015）》《株洲统计年鉴（2015）》获一等奖，《茶陵年鉴（2013－2014）》《攸县年鉴（2014）》《中车株洲电力机车有限公司年鉴（2016）》获二等奖，《株洲县年鉴（2012）》获三等奖。

地方志事业规划有突破。“大力发展修志编鉴”被写入株洲市“十三五”规划纲要。这是株洲市首次将地方志工作纳入国民经济和社会发展五年规划纲要，使“一纳人”得到真正落实。《株洲市地方志事业“十三五”发展规划》出台。3月，市政府印发《株洲市地方志事业“十三五”发展规划》（株政办函〔2016〕12号）。这是株洲市地方志工作的第一个规划，明确全市地方志工作科学发展的目标和任务，对确保全市地方志事业发展繁荣有着重要的意义。

地方志信息化建设。进一步加快地方志信息化建设，着力推动网站建设步伐，开通“方志株洲”微信公众号、加强市志办政府门户网站的维护与管理，让志书、年鉴、地情书中的内容真正活起来、用起来，让地方志成果惠及人民群众，更好地发挥地方志资源在公共文化服务体系建设中的重要作用。（郑德丽）

【全市地方志工作推进会议召开】 2016年8月24日，全市地方志工作推进会议在西苑宾馆召开。会议传达全省依法治志工作会议精神，总结交流工作经验，部署全市修志编鉴工作任务，推进全市地方志工作。各县市区史志局局长及市志办全体人员参加会议。

会上，市志办党组书记、主任李一平作题为《依法治志，真抓实干，努力开创全市地方志事业发展新局面》的讲话。各县市区史志局就修志编鉴工作经验及打算进行交流。（郑德丽）

【《地方志工作条例》颁布实施10周年纪念日活动】 2016年是国务院颁布《地方志工作条例》10周年，也是株洲市地方志工作机构成立30周年。市志办以此为契机，开展一系列宣传和纪念活动。5月18日，《株洲日报》刊登时任株洲市地方志编纂委员会副主任、市人民政府副市长毛朝晖的署名文章《依法推动全市地方志事业发展繁荣》，宣传《条例》，引起社会各界的广泛关注。编辑出版专题宣传册《漫漫修志路》。宣传册近10万字，收录27篇稿件，100多幅照片，以及市领导毛腾飞、阳卫国、毛朝晖关于地方志工作的重要讲话及文章，展示了株洲市地方志工作30年风雨历程和巨大成就。广泛开展志鉴成果推广活动。把志鉴成果和地情书籍赠送到市一中、四中等学校，向宾馆、酒店、车站、码头等公共场所发送年鉴，与市图书馆、规划展览馆加强合作，以阅览和展览等形式宣传推广地方志成果。（郑德丽）

【《湖南省志·炎帝陵志》篇目通过专家评审】 3月25日，市志办组织召开《湖南省志·炎帝陵志》的篇目评审会。省地方志编纂委员会党组成员、副主任李晓平，省地方志编纂委员会省志处处长黄俊军，原市博物馆馆长、文史专家曹敬庄，原炎陵县委副书记周新发等领导、专家及相关人员参加评审会。

评审会上，与会领导、专家对拟定的篇目认真讨论，一致认为：拟定篇目比较成熟，定位比较准确，既符合志书的体例要求，又兼顾了可读性；篇目内容全面、客观、系统地体现了炎帝陵所承载的文化传承；明确了炎帝陵是湖南的名片、炎黄子孙的立根之本的定位，突出了炎帝陵的文化特点。同时，会上对该志的章节设置、层次结构等提出了具体的修改意见。（吴夏）

【《茶陵县志（1993～2010）》公开出版】 2016年6月，《茶陵县志（1993—2010）》由方志出版社公开出版。这是继中华人民共和国成立后，茶陵县出版的第二部社会主义新方志。

《茶陵县志（1993—2010）》于2009年11月启动编纂工作，上限接第一部县志的下限（1992年），下限至2010年；以图文并茂的形式，真实、系统地展现了茶陵县1993—2010年的自然、政治、经济、文化和社会发展状况，重点记述了茶陵红色旅游、生态旅游、乡村旅游、历史文化名城以及茶陵敢为人先的创新精神。全书共设25篇118章472节，195张图片，另设总述、大事记、附录、人物、编后记及勘误表，共104.8万字。（吴夏）

【《株洲年鉴（2016）》获全省年鉴一等奖】 2016年9月底，由株洲市人民政府主办、株洲市地方志编纂委员会办公室承编的《株洲年鉴（2016）》由方志出版社公开出版。2016卷年鉴为创刊以来连续出版发行的第28卷，共设34个类目，110余万字，刊载彩色图片500多幅。它记述了2015年株洲市政治、经济、文化、社会和生态建设等方面的情况，反映了全市人民在市委、市政府的正确领导下，着力转型升级、改革创新、改善民生、固本强基的奋斗历程。2016卷年鉴，注重质量，加大创新，编排更加新颖，装帧更加精美，条目设置更加科学合理，内容更具地方特色和时代气息，整体质量得到提升，在全省第四届年鉴评奖中获一等奖。（肖玲）

【全省首家方志微信公众号开号】 为进一步传播株洲记忆、弘扬株洲精神、服务株洲发展，2016年9月26日，市志办率先在全省方志系统开通“方志株洲”微信公众号，借助新媒体服务大局大众。“方志株洲”微信公众号联通县区，纵贯古今，以鲜活的文字和生动的图片多角度展示株洲的历史足迹和城市变迁。“方志株洲”开号以来，在全市广大群众特别是全市广大方志爱好者中产生了极大的反响。截至2016年底，关注人数近1000人。（彭俭生）

体育

【概况】 2016年，株洲市积极完善全民健身体系，提升竞技体育水平，加快发展体育产业，体育事业全面发展。

加大投入，服务民生。全年发放全民健身路径40套。在市级公共体育场馆为市民量身定制培训项目，涉及羽毛球、太极拳、乒乓球、排舞、足球、攀岩、瑜伽等40个体育项目，累计举办体育免费培训12113人次，公共体育场馆免费开放285093人次，免费开展国民体质监测1万人次。

加强培训，规范建设，全民健身组织日趋完善。深化群体组织改革，大力推进体育社团科学化、规范化建设。制订并开展体育社团星级评定工作。全年新审批6个协会，市级体育协会数量达65个，新审批8个体育俱乐部，市级体育俱乐部数量达33个，株洲市体育社团会员超过60万人，株洲市本级的体育社团数量继续位居全省前茅。免费开办社会体育指导员培训班11期，培训社会体育指导员870人次，全市社会体育指导员人数达6670人。

体育产业加快发展。体育彩票销售稳步增长。2016年全市体育彩票销售额近3亿元，达2.976亿元，比上年增长45%，被省体育局授予体彩销售先进单位。加强政策扶持，重大体育项目进展顺利。以市政府名义出台《关于加快发展体育产业促进体育消费的落实意见》，扶持体育产业发展。AST奥悦株洲云龙冰雪世界项目稳步推进，预计2017年建成营业。攸县文体中心、醴陵市文体中心等重大体育项目正式启动。

以“政府引导、市场运作”方式成功举办国际赛事。成功承办十八届炎黄杯世界华人名人围棋邀请赛，来自日本、泰国、新加坡、澳大利亚等多个国家及国内150多名选手参加比赛，通过赛事带动消费，扩大影响；成功承办2016国际男子篮球四国赛，促进了体育消费，宣传了城市形象；醴陵市成功举办2016环中国自行车比赛，扩大了城市影响，提高了办赛水平。

（周潭清）

【国际男子篮球四国赛在株洲举行】 6月21—23日，由中国篮球协会、国家体育总局篮球运动管理中心、株洲市体育总会主办的2016国际男子篮球四国赛在株洲市体育中心举行。中国国奥篮球队和美国队、立陶宛队、马其顿国家队参加比赛。市政府副市长毛朝晖、市政协副主席张国浩观看比赛。

（周潭清）

【第十八届“炎黄杯”世界华人名人围棋邀请赛在株洲举行】 9月21—25日，由世界华人围棋联合会、湖南省体育局、株洲市政府主办的“健坤教育”第十八届炎黄杯世界华人名人围棋邀请赛在株洲举行。来自中国、泰国、新加坡、日本等60个国家和地区的150多位棋手展开一场民间国际棋艺竞技。棋圣聂卫平、世界华人围棋联合会会长蔡绪锋、中国围棋协会主席王汝南，市委副书记、市长阳卫国出席开幕式。赛事按选手所属行业领域，分为炎帝（政界人士）、黄帝（商界精英）、尧帝（文化名人）3个组别，进行7轮比赛。期间还举办“教育与围棋”高峰论坛、“城市开发与围棋”研讨会以及炎帝陵祭祖等活动。

（周潭清）

【2016环中国国际公路自行车赛瓷城站】 9月22日，2016环中国国际公路自行车赛醴陵站比赛顺利结束，这是该赛事自举办以来首次走进瓷城醴陵。来自世界各地的22支职业车队、120多名自行车运动员参加骑行角逐。本次醴陵赛段途经凤凰大道、国瓷路、醴泉路、江源大桥、S313、醴陵西连接线等地点，单圈赛程12.2公里，绕行10圈，总计赛程122公里。经过两个多小时的角逐。意大利选手里卡多·斯塔基奥蒂凭借在醴陵赛段的优异表现，总成绩攀升至第一，获得代表最高荣誉的黄色领骑衫；意大利选手尼古拉斯·马瑞尼获得代表冲刺速度第一的蓝色领骑衫；丹麦选手卢恩·阿尔明德索赢取象征爬坡王的圆点衫；中国选手王美银继续蝉联代表大中华第一的白色领骑衫。

“环中国”自2010年创办以来，已走过全国11个省、直辖市，共40余座城市，吸引了包括参加“环法”等国际赛事的著名车队及600余名职业车手参赛，已成为继环法、环西、环意三大赛之后竞赛天数世界第四、亚洲第一的国际公路自行车赛。

（周潭清）

群众体育

【概况】 2016年，株洲市群众体育活动红红火火。市排舞协会推荐的醴陵市五彩艺术团参加2016年“舞动中国—排舞联赛”总决赛，斩获单人项目第一、双人项目第一、规定项目第一、串烧项目第一以及常青组团体总分第一名的优异成绩。参加省第三届群众性龙舟赛，荣获200米、500米、总成绩3个冠军。组织市电子竞技协会参加全国高校电子竞技大赛，取得湖南省第一、全国第三的佳绩。结合株洲实际，紧贴群众需求，以协会为主题，持续打造品牌赛事。成功举办市第三届全民健身节，参与人数超过20万人，广泛调动了全市人民群众体育锻炼的积极性，在全市形成全民健身良好宣传效应。成功承办全国射箭邀请赛，全国500多名选手参赛，提升了株洲体育水平。成功举办2016“云龙杯”全国业余自行车公路邀请赛，全国200多名选手参赛，锻炼了队伍。

（周潭清）

【株洲第三届全民健身节】 以“全民健身促健康，同心共筑中国梦”主题，株洲市第三届全民健身节于8月8日即全国第八个全民健身日正式拉开大幕。本届全民健身节由市文体广新局主办，市体育总会、市全民健身服务中心、各单项体育协会承办，从5月陆续开展活动，一直持续到12月，为期6个多月，共开展全民健身系列活动，举办足球、篮球、乒乓球、羽毛球、气排球、网球、武术、射箭、马拉松、自行车、排舞、航模、徒步、围棋、桥牌等40多个项目、60多场次的赛事活动，参与人数超过20万人，激发了全民参与体育运动的积极性。

（周潭清）

【2016华晨杯株洲射箭邀请赛】 5月21—22日，2016华晨杯株洲射箭邀请赛暨APCC积分赛在株洲市体育中心举行。赛事是射箭赛事品牌“APCC”2016年系列赛的第3站，也是华中地区首次举办APCC赛事，APCC是射箭运动推广理事会的英文缩写。来自全国10余个省、市的36个射箭俱乐部和射箭社团共244名选手报名参赛。在两天的比赛中，选手分别在反曲弓、复合弓、有台光弓、无台传统弓等项目上展开角逐。株洲后翌氏包揽女子反曲团体冠亚军和男子反曲团体亚军。（周潭清）

竞技体育

【概况】 2016年，株洲市青少年竞技体育水平稳步提升。参加2016年省青少年体育比赛取得好成绩。获金牌95枚，团体3569.5分，金牌总数和团体总分均位居全省第二，体操、蹦床、柔道、皮划艇、赛艇等项目团体总分和金牌总数位居全省第一。高规格举办“未来之星”全国青少年阳光体育大会湖南分会场活动。活动热烈阳光、精彩纷呈，展示株洲市青少年体育和阳光体育发展的新成绩。

深化体教结合，合理布局业余训练项目。着力推进“一县一拼、一校一特色”业余训练网络建设，在茶陵县布局举重项目，在攸县三中布局皮划艇、赛艇项目，在醴陵市布局田径和游泳项目，在株洲县布局武术、摔跤、柔道项目，在芦淞区布局体操、蹦床项目。与株洲市重点高中株洲市二中、株洲市八中合作，将足球与篮球项目布局在学校，将球类项目作为这两所学校的体育特色品牌来打造，在2016年省级和全国中学生大赛上再创佳绩。

加大输送，市少儿体校被评定为国家高水平后备人才基地。株洲市输送体操新秀谭佳薪，作为中国女子体操队成员参加里约奥运会；为中国队夺得团体铜牌做出贡献。（周潭清）

【全国青少年阳光体育大会湖南分会场活动在株洲启动】 7月12日，2016年全国青少年“未来之星”阳光体育大会湖南分会场启动仪式在湖南有色金属职业技术学院举行。国家体育总局青少年体育司司长刘扶民，省体育局局长李舜，市委副书记、市长阳卫国等领导出席仪式。

全国青少年“未来之星”阳光体育大会，是全国最具影响力的青少年大型综合性体育活动，自2011年至今，已举办了5届夏季体育大会和两届冬季体育大会。

湖南分会场活动由省体育局、省教育厅、团省委共同主办。活动由体育竞赛、阳光体育活动展示等板块组成。其中体育竞赛设有足球锦标赛、篮球赛等项目；阳光体育活动展示包括具有时尚性、文化性和民族性的体育活动。全省14个市州的595名运动员在株洲参加各项目的角逐与体验。

（周潭清）

2016年株洲市体育运动员在全国、全省比赛成绩

表33

序号	比赛名称	项目名次	姓名
1	全国体操选拔赛	团体第一	谭佳薪
2	全国体操选拔赛	跳马第一	屈瑞阳
3	全国花样游泳锦标赛	托举第一	龚娅妮
4	“耐克杯”U16全国青少年网球排名赛武汉站	双打第一	穆紫霞
5	“梅赛德斯奔驰”全国网球赛北京站	第一	陈佳印
6	“梅赛德斯奔驰”全国网球赛天津站	第一	徐倩楠
7	全国传统项目田径联赛南方赛区	200米第一	晏喜欢
8	全国传统项目田径联赛南方赛区	400米第一	易 辉
9	湖南省青少年蹦床锦标赛	男子一级组团体第一	郭俊亚、邹俊文、彭宏吉、薛涵天、钟海波
10	湖南省青少年蹦床锦标赛	男子二级组网上第一	邓思文

续表 33

序号	比赛名称	项目名次	姓名
11	湖南省青少年蹦床锦标赛	男子三级组团体、网上第一	易皓轩
12	湖南省青少年蹦床锦标赛	男子三级组团体第一	陈晋瑞、曾京鹏、郭勇康、周奥胜
13	湖南省青少年蹦床锦标赛	女子三级组团体第一	钟雨彤、肖宇露、胡佳璇
14	湖南省青少年蹦床锦标赛	女子三级组团体、网上第一	胡佳璇
15	湖南省青少年蹦床锦标赛	女子三级组团体第一	陈思祺、刘镶玉、袁馨怡
16	湖南省青少年体操锦标赛	男子三级乙组全能第一	谢丛赟
17	湖南省青少年体操锦标赛	女子二级甲组团体、个人第一	刘紫萱
18	湖南省青少年体操锦标赛	女子一级组团体第一	张媛媛
19	湖南省青少年体操锦标赛	女子二级乙组团体第一	王莹莹、陈思妍、郭 钰、汤湘渝、陈诗颖
20	湖南省青少年体操锦标赛	女子三级甲组跳马第一	文妍钰
21	湖南省青少年体操锦标赛	女子三级乙组团体、跳马第一	郭依格
22	湖南省青少年体操锦标赛	女子三级乙组团体第一	彭婉晴、刘雅萱、贺雅萱
23	湖南省青少年体操锦标赛	女子三级乙组团体、全能第一	王玉婷
24	湖南省青少年游泳锦标赛	女子乙组 100m 蛙泳第一	赵芊芊
25	湖南省青少年游泳锦标赛	男子甲组 100m 蝶泳第一	吴明泽
26	湖南省青少年花样游泳锦标赛	女子甲组陆上柔韧组合团体第一	艾娟夷、胡可馨、户雯伊、黄妍宇、刘育彦、张杨瑛、肖雅婧、刘家伶、王 珂、刘许昕瑞
27	湖南省青少年跳水锦标赛	女子乙组 1m 板第一	黄子轩
28	湖南省青少年乒乓球锦标赛	男子丙组团体第一	姚耿博、杨志诚、李锦升、黄宇翔
29	湖南省青少年田径锦标赛	男子乙组 4x400 第一	张志豪、王洪亮
30	湖南省青少年田径锦标赛	女子甲组 4x400 第一	张 华、魏 滇、郭礼芳、晏喜欢
31	湖南省青少年田径锦标赛	女子甲组 100 米第一	汪嘉莉
32	湖南省青少年田径锦标赛	女子甲组 200 米第一	汪嘉莉
33	湖南省青少年田径锦标赛	女子甲组 4X100 米第一	汪嘉莉、黄思敏、黎千禧、晏喜欢
34	湖南省青少年田径锦标赛	男子乙组 800 米第一	龚卓轩
35	湖南省青少年田径锦标赛	女子甲组跳高第一	刘偲倩
36	湖南省青少年田径锦标赛	男子甲组 400 米第一	李浩
37	湖南省青少年网球锦标赛	女子乙组团体第一、单打第一	穆紫雯
38	湖南省青少年网球锦标赛	女子乙组团体第一	许梓昕
39	湖南省青少年田径锦标赛	男子甲组 4X400 米第一	易辉、易刚
40	湖南省青少年羽毛球锦标赛	男子乙组团体第一	叶舟洋、崔赫宸、曾思成、张立轩
41	湖南省青少年皮划艇、赛艇锦标赛	男子乙组轻量级 4000 米双人单桨赛艇第一	童文博、尹 洪
42	湖南省青少年皮划艇、赛艇锦标赛	男子甲组轻量级 4000 米单人双桨赛艇第一	陈红飞
43	湖南省青少年皮划艇、赛艇锦标赛	女子甲组公开级 4000 米单人双桨赛艇第一	刘 愫
44	湖南省青少年皮划艇、赛艇锦标赛	女子乙组轻量级 4000 米双人双桨赛艇第一	陈喜珠、曾 清
45	湖南省青少年皮划艇、赛艇锦标赛	男子乙组公开级 4000 米单人双桨赛艇第一	李天华

续表 33

序号	比赛名称	项目名次	姓名
46	湖南省青少年皮划艇、赛艇锦标赛	女子甲组轻量级 1000 米单人双桨第一	周向东
47	湖南省青少年皮划艇、赛艇锦标赛	女子甲组 4000 米单人双桨赛艇第一	周向东
48	湖南省青少年皮划艇、赛艇锦标赛	男子甲组轻量级 1000 米单人双桨赛艇第一	易思然
49	湖南省青少年皮划艇、赛艇锦标赛	女子甲组公开级 1000 米单人双桨赛艇第一	肖海凤
50	湖南省青少年皮划艇、赛艇锦标赛	男子乙组轻量级 1000 米双人单桨赛艇第一	薛 鹏、李唐杰
51	湖南省青少年皮划艇、赛艇锦标赛	男子甲组 1000 米双人皮艇第一	谭达胜、谭倚宇
52	湖南省青少年皮划艇、赛艇锦标赛	男子甲组 2000 米双人皮艇第一	谭达胜、谭倚宇
53	湖南省青少年皮划艇、赛艇锦标赛	男子乙组 1000 米双人皮艇第一 男子乙组 2000 米双人皮艇第一	陈洪群、陈 雨
54	湖南省青少年皮划艇、赛艇锦标赛	男子甲组 2000 米单人皮艇第一	李喜文
55	湖南省青少年皮划艇、赛艇锦标赛	男子甲组 2000 米单人划艇第一	陈晓阳
56	湖南省青少年射击锦标赛	男子甲组 50 米跪姿步枪第一	石 鑫
57	湖南省青少年射击锦标赛	男子甲组 10 米气步枪队赛第一	石 鑫
58	湖南省青少年射击锦标赛	男子甲组 50 米三种姿势步枪队赛第一	石 鑫
59	湖南省青少年射击锦标赛	女子乙组 50 米立姿步枪第一	龙思雨
60	湖南省青少年射击锦标赛	男子乙组卧射 60 发队赛步枪第一	罗麟羿、陈俊宏、陈佳瑶
61	湖南省青少年射击锦标赛	男子乙组 10 米气手枪队赛第一	刘杨攀、谢宇翔、马骏羽
62	湖南省青少年射击锦标赛	男子甲组 10 米气步枪队赛第一	杨 非
63	湖南省青少年射击锦标赛	男子甲组 50 米三种姿势步枪队赛第一	唐家俊
64	湖南省青少年射击锦标赛	男子甲组 10 米气步枪队赛	唐家俊
65	湖南省青少年射击锦标赛	男子甲组 50 米三种姿势步枪队赛第一	张玉炜
66	湖南省青少年武术锦标赛	女子乙组刀术、拳术第一	王 帆
67	湖南省青少年武术锦标赛	女子乙组剑术第一	文 彧
68	湖南省青少年武术锦标赛	男子乙组枪术第一	陈志东
69	湖南省青少年武术锦标赛	男子乙组南拳第一	谭英杰
70	湖南省青少年武术锦标赛	男子丙组刀术第一	阳 鹏
71	湖南省青少年武术锦标赛	女子甲组散打第一	易 微
72	湖南省青少年武术锦标赛	男子甲组棍术第一	龙灵保
73	湖南省青少年举重锦标赛	男子乙组 94+ 公斤级第一	廖夫鸣
74	湖南省青少年举重锦标赛	男子丙组 62 公斤级第一	谭蒋平
75	湖南省青少年柔道锦标赛	男子甲组柔道 81KG 级第一	唐凯峰
76	湖南省青少年柔道锦标赛	女子甲组柔道 48KG 级第一	谭清秀
77	湖南省青少年柔道锦标赛	女子甲组柔道 63KG 级第一	刘 晗
78	湖南省青少年柔道锦标赛	女子甲组柔道 78KG 级第一	高 杨
79	湖南省青少年跆拳道锦标赛	男子甲组跆拳道 63KG 级第一	宋双任
80	湖南省青少年跆拳道锦标赛	女子丙组跆拳道 42KG 级第一	余紫爔
81	湖南省青少年跆拳道锦标赛	女子甲组跆拳道 49K 级第一	曾 婷

续表 33

序号	比赛名称	项目名次	姓名
82	湖南省青少年摔跤锦标赛	女子乙组摔跤 58KG 级第一	李琴琴
83	湖南省青少年摔跤锦标赛	男子甲组古典式摔跤 96KG 级第一	龚雷涛
84	湖南省青少年摔跤锦标赛	女子甲组摔跤 48KG 级第一	戴雨欣
85	湖南省青少年摔跤锦标赛	男子丙组自由式摔跤 46KG 级第一	邹霆锋
86	湖南省青少年摔跤锦标赛	女子乙组摔跤 55KG 级第一	田海心
87	湖南省青少年摔跤锦标赛	男子甲组自由式摔跤 66KG 级第一	谢忠琪
88	湖南省青少年摔跤锦标赛	男子丙组自由式摔跤 58KG 级第一	龚江涛
89	湖南省青少年摔跤锦标赛	女子乙组摔跤 46KG 级第一	王玲婷

（周潭清）

出版·传媒

新闻出版

【概况】 2016年，株洲市共有印刷企业208家，其中，出版物印刷和内部资料印刷企业33家，专项印刷企业1家，包装装潢印刷品企业（含1家注册资本500万元以上企业）41家，其他印刷品132家。全市印刷企业资产总额13753.35万元，销售收入13431.53万元，共缴税金815.61万元，从业人员达1895人。全市有出版物发行单位370家，其中，新华书店（包含县区级网点）9家。县及县以上发行网点数量157个，乡镇及乡镇以下发行网点数量213个，从业人员606人。全市出版物销售总额22994.18万元，营业收入19912.4万元，资产总额21416.91万元，实现利润3294.42万元。 （彭　玲）

【新闻出版市场管理】 强化农家书屋管理。开展以“我的书屋，我的梦”为主题的读书征文活动，共选送71篇到省局参评，其中有6篇被推优到总局。加强印刷行业监管。开展“株洲市2015年印刷行业十佳企业”评选活动，挖掘典型，发挥示范引领作用。抓好出版物市场管理。召开实体书店相关人员座谈会，根据中央的政策、其他省市的优秀做法以及前期的调研结果，拟定《株洲市实体书店扶持奖励暂行办法》（征求意见稿）。扎实推进版权管理。政府机关软件正版化工作涉及6484台计算机（办公系统）实行场地授权，全部实现正版化，正版操作系统共有4226套。积极开展剑网行动。成立“株洲市打击网络侵权盗版专项治理工作领导小组”，召开2016年株洲市“剑网行动”工作会议，向全社会公布《2016年打击网络侵权盗版专项治理“剑网行动”实施方案》，同时积极配合市“双打办”开展相应工作，受到好评。 （彭　玲）

报　刊

【概况】 株洲日报社成立于1957年10月1日，是实行企业化管理的事业单位，有《株洲日报》《株洲晚报》、株洲新媒体中心3个新闻机构。新媒体中心辖有株洲新闻网、株洲网、移动互联i株洲、株洲发布4个媒体平台及微博微信矩阵。除新闻机构外，还有全资的新闻投资公司、报业文化公司，合资的品位传媒公司、健坤文化公司、新闻国际旅行社等。至2016年年底，报社有各类人员700余人，其中，在编人员84人，社聘154人，部聘161人，发行员180余人，退休人员91人，股份公司约60人。2016年两报平均期发10.1万份，《株洲日报》发行4万份，《株洲晚报》发行6万份。两报实现广告、发行收入7838万元，实现新媒体收入1000万元，其他经营收入（不含合资公司）990万元。

舆论引导。社属各媒体把导向要求体现在版面，自觉为“创新驱动、转型升级”总战略加油鼓劲，为建成“一谷三区”、两个走在前列助威呐喊。新闻报道立体化。项目攻坚、企业服务年连续报道紧跟株洲工作节拍，以舆论的力量推动经济发展；建党95周年、长征胜利80周年等专题专栏专版，深挖株洲红色文化资源，捧出乡土味浓的精神食粮；市委十二次党代会、全市“两会”的宣传报道，特别是“1142”指导思想系列述评，站位高、表达准、语言活，得到高度赞扬；“时代先锋”系列，事例鲜活、笔触生动，烘托了“两学一做”氛围，丰厚了共产党人形象。评论日常化。克服人才不足的瓶颈，成立评论部，开设“天台时评”等栏目，在关键节点上及时发声，在重大决策上持续鼓劲，在重点话题上集体呐喊。“湘东微语”栏目，短小精悍，针砭时事，讲求时效，株洲味浓，很受欢迎。推进副刊本土化。把副刊作为移动时代吸引读者的重要抓手，强化“株洲人写、写株洲”的理念，“株洲工业乡愁”系列、《株洲晚报》“慢株洲”，展示株洲个性、彰显株洲特色、厚植株洲品质，提升了报纸的品位，巩固了读者群。

转变报业格局。2016年，株洲日报社发展新媒体，引领株洲新媒体建设。完善全媒体平台。抓住微信、今日头条等发展的窗口期，发展23个各种形态的公众号、头条号、微博账户，新的传播矩阵完备。株洲新闻网、株洲网、“i株洲”错位发展，从依赖纸媒跨越到自力拓展。报社形成“以纸媒为基础，PC端、移动端为引领，户外端为延伸”的新格局。运用全媒体手段。整合采编力量，组建团队组合，打破一个人、一支笔躲写报道的方式，文字、图片、视频乃至直播同出击，视频、VR、H5制作齐上阵，文字记者也走入镜头，当上主持人，出现在视频中，省委宣传部《阅评简报》点名表扬《连城诀》，认为该报道视角多维，形式多样，是同类报道中的佼佼者。打破纸媒单一发布模式，采用纸媒、PC端、移动端、微博微信、今日头条等多种渠道推送，报道当天到达，用户及时阅看。展示全媒体气象。“株洲发布”累计阅读量达3229万人次，其新浪微博第三季度获第一名，稳居湖南十大党政新闻发布微博；政务头条号30多次居周榜单第一，多次跻身全国榜单前十，是全国“最具区域影响力政务头条号（市域）”，株洲新闻网微信公众号稳居全省媒体公众号前三，获评2016年湖南十佳媒体微信。株洲晚报微信公众号粉丝超20万，在湖南省纸质媒体微信公众号居前三位。株洲网荣获“全国媒体融合创新先锋品牌奖”。“i株洲”纳入智慧城市建设的重点推广项目。“炜哥工作室”“株洲红娘”“株洲妹陀”等特色鲜明的公众号，是株洲互联网细分市场的翘楚。（袁毅明）

【株洲市新媒体中心成立】 2016年1月18日，株洲市新媒体中心正式揭牌。株洲市新媒体中心是经中共株洲市委批准，市机构编制委员会办公室批复同意，株洲市唯一具有官方资质的新型权威信息发布平台，旗下设有红网株洲站（株洲新闻网）、i株洲、株洲网、株洲发布、六果子电商5大平台。株洲市新媒体中心主要职责是：承担宣传市委市政府重大决策、重要工作和建设成就、传播主流文化，引导社会舆论等工作；承担互联网信息传播与发布工作；承担新媒体统一口径对外宣传工作；承担新媒体技术服务与软件开发工作。（袁毅明）

【全国主流网络媒体看株洲两型活动成果】 2016年9月5—6日，“2016全国主流网络媒体看株洲两型社会建设成果”主题活动举行，来自人民网、新华网、凤凰网、光明网、中新网等全国40家中央、省主流网络媒体的负责人、记者、编辑等齐聚株洲，了解并推介株洲市两型社会建设经验。此次全国主流新媒体看株洲两型成果活动由市两型办、株洲日报社主办，株洲市新媒体中心、株洲新闻网承办。活动中，到株洲的全国主流新媒体参观采访株洲展览馆、株洲轨道交通和通航等两型产业，泰西社区等两型创建示范单位，并参观采访清水塘搬迁升级、醴陵陶瓷产业转型升级等两型建设经验。（袁毅明）

【华人名人围棋赛】 2016年9月21日，由世界华人围棋联合会、湖南省体育局、株洲市人民政府联合主办，《株洲晚报》承办的第十八届“炎黄杯”世界华人名人围棋邀请赛隆重举行，来自日本、新加坡、澳大利亚等多个国家的150名选手展开对弈。

“炎黄杯”世界华人名人围棋邀请赛是由中国棋圣聂卫平、文学巨匠金庸、台湾“清华大学”前校长沈君山和旅日围棋九段林海峰四人共同发起的围棋赛事，从1999年举办第一届以来，已经连续举办十七届，先后有70多个国家的棋手参赛。

赛事按选手所属行业领域，分为炎帝（政界人士）、黄帝（商界精英）、尧帝（文化名人）3个组别，进行7轮比赛。期间还举办了“教育与围棋”高峰论坛、“城市开发与围棋”研讨会以及炎帝陵祭祖、经贸交流拓展等活动。（袁毅明）

2015年度湖南省好新闻奖评选获奖作品目录

表34

编 号	标 题	等 级	作者 编辑
1	专职“预防腐败”，却没能“防”住自己	漫画二等奖	胡兴鑫

（袁毅明）

2015年度湖南省地市州好新闻奖获奖作品目录

表35

编号	体 载	标 题	作 者	编 辑
1	消 息	为避追捕，偷车贼跳江横渡却两度折回 面对良机，善泳民警为何放弃下水抓人	胡 乐	高 玲
2	通 讯	株洲县县委书记与习大大聊了些啥?	戴 凛	李曙光
3	通 讯	一场特殊的团购	伍靖雯	高 玲
4	通 讯	攸县92岁“信义老人”刘发生：“不把钱还上，我入土都不会心安”	邓石华	高 玲
5	消 息	莫言生平第一次画瓷献给醴陵	温 林	盛 荣
6	消 息	9名株洲驴友亲历尼泊尔大地震	邓石华	肖 捷

续表 35

编号	体载	标题	作者	编辑
7	通讯	清晨 5 点，女环卫工擦净垃圾桶内胆 路人感动发微博，全国近 4000 网友点赞	肖蓉	沈勇跃
8	通讯	高考后的远行，她选择去看守所"报喜"	李卉	高玲
9	通讯	惊心：3 岁女儿午夜坠落电梯井　动魄：父亲不顾生死纵身跳下救女	何春林	沈勇跃
10	通讯	险！短短 4 小时，同一地点 4 人溺水 幸！6 位市民施救，阻止悲剧发生	邓石华 徐滔	高玲
11	通讯	史上最年轻的哈佛华人正教授是一位 31 岁的株洲伢子	肖蓉	盛荣
12	通讯	习大大访英，中国梦拍成微电影英国展映 株洲美女赵珍《舞动梦想》独占一集	周游 李毅哲	戴萍
13	通讯	株洲人殷湘涛试飞国产大客机 C919	王娜	戴萍
14	通讯	男孩头天乘车没带钱 次日为补车费专等一小时	杨凌凌	高玲
15	系列	纪念抗日战争胜利 70 周年特别报道·株洲记忆	集体	
16	通讯	客车严重超载，司机被刑拘 成超载入刑后我省被查第一人	杨凌凌	盛荣
17	通讯	孕妇大笑几声，手机一抛朝江中走去 盯了她 1 小时的垂钓人狂奔过去将她救起	邓石华 徐滔	高玲
18	通讯	卧底桂林三日游	邱峰	盛荣
19	连续报道	两天内 20 多位市民银行卡遭盗刷	刘娟 肖蓉	盛荣
20	标题	2 家环境不良企业，整改等待从"良" 6 家环境风险企业，何时不再冒"险"？	蒋胜金	
21	标题	纽约封城 6000 万人受影响 6 州进入紧急状态 除了老天，谁敢？	盛荣	
22	标题	安倍晋三放学别走 全球 187 名史学家要给你"补补课"	邹家虎	

（袁毅明）

2015 年度省新闻工作者协会美术版面分会评选获奖作品目录

表 36

编号	版次	日期	等级	作者　编辑
1	A21 版	8 月 2 日	内版银奖	吴琦　邹家虎
2	T1–96 版	6 月 1 日	特刊银奖	胡兴鑫　匡志毅
3	A4 版	1 月 9 日	制图银奖	吴琦
4	A10–11 版	9 月 4 日	制图铜奖	胡兴鑫
5	A19 版	4 月 2 日	漫画银奖	胡兴鑫

（袁毅明）

湖南省市州报新闻摄影学会 2015 年度优秀作品评选结果

表 37

序号	作品名称	作者	获奖等级
1	最后的手工造纸人	汪成	一等奖
2	心灵之声	张媛	一等奖
3	酒后深夜骑车买酒溺亡	谢慧	二等奖

续表 37

序 号	作品名称	作 者	获奖等级
4	株洲非遗文化展会	谢 慧	三等奖
5	潘俐：苦难里飞出来的天使	汪 成	三等奖
6	火炉边的青春	张 媛	三等奖

（袁毅明）

2015 年度赵超构新闻奖（晚协好新闻）评选获奖作品目录

表 38

编 号	标 题	等 级	作 者 编 辑
1	攸县 92 岁“信义老人”刘发生：“不把钱还上，我入土都不会心安”	一等奖	邓石华 高 玲
2	莫言生平第一次画瓷献给醴陵	二等奖	温 琳 盛 荣
3	株洲县县委书记与习大大聊了些啥？	三等奖	戴 凛 李曙光
4	2015 年 9 月 4 日 A10–11 版	三等奖	胡兴鑫 王 鸿

（袁毅明）

广播电视

【概况】 2016 年，株洲市广播电视台本部在职职工总数为 454 人。全台有 6 个子媒体，分别为：广播新闻频道、交通频道，电视新闻综合频道、公共法制频道、长株潭 2 套，融媒体中心（株洲传媒网、中国网络电视台长株潭台）。台属媒体自办节目主要有：广播新闻频道的《观点》《株洲新闻》；广播交通频道的《马路新闻》《下班万岁》；电视新闻综合频道的《株洲新闻联播》《晚间报道》《株洲话》《清风株洲》；电视公共法制频道的《24 小时》《和事佬》《今晚看法》《株洲人物》等。台直属事业单位 2 个：市广播电视服务中心、市广播电视网络中心，均为正科级自收自支事业单位。台辖 2 个企业：一是湖南株洲广播电视产业集团有限公司，为台全资国有公司，现有控股或参股子公司 10 个，主要经营数字电视、影视剧、文化传播、房产、旅游等业务；二是湖南世纪天睿传媒文化有限责任公司，为台国有控股公司，主要经营和发展新媒体文化产业。2016 年，全台经济总量为 1.4341 亿元。（刘慧军）

【广播电视宣传】 突出宣传重点，凝聚发展正能量。坚持正确舆论导向，发挥优势，集中力量，致力构建“主旋律、正能量、大影响”新闻宣传大格局。紧扣市委、市政府工作重点，策划实施“项目攻坚”“企业帮扶”“精准扶贫”“稳增长、再发力”“两学一做”等宣传；策划报道市十二次党代会，以系列新闻述评的方式，深度解析和宣传市委总体思路。全年共播出各类主题策划报道 700 多篇，为全市社会经济发展提供强大舆论支持。创新外宣形式，讲好株洲故事，全年在央视发稿 26 条，央广 7 条，湖南卫视 157 条，湖南广播电台 109 条。完善市县通联机制，播发县（市）台稿件近 500 条。（刘慧军）

【整合电视频道】 结合自身实际，制定电视频道整合方案。2015 年下半年至 2016 年，先后关闭 4 个电视频道（通道）。6 月 30 日，关闭房产频道，11 月 3 日，按照省新闻出版广电局要求，关停法制频道；12 月 31 日，天睿传媒电视通道呼号停止使用。改革非常平稳。至 2016 年年底，株洲广电形成“1+2+3”媒体格局，即：1 个融媒体中心（株洲传媒网及微博、微信等新媒体平台），2 个广播媒体（新闻频道、交通频道），3 个电视媒体（新闻综合频道、公共法制频道和长株潭 2 套）。（刘慧军）

【提升广播电视节目质量】 明确各频道的节目定位，整合、改造、停办、新办一批节目。2 月 1 日，电视公共频道全新改版，以播放电视剧为主，彻底解决困扰多年的节目同质化问题。同时，建立台党委成员联系栏目、节目月评、节目栏目年考核 3 项制度，形成科学有效的节目评估体系。节目讲评实现月评常态化，全年共组织 12 场讲评；出刊《监听监看信息》24 期。进行高清升级。全年投入 800 多万元，采购高清设备，建设 120 演播厅、非编系统等。这些举措促进了节目质量的提高，全年实现安全播出零事故。年度节目创优在全省地州市继续名列前茅，23 件作品获“湖南广播电视奖”，其中一等奖 7 件；10 件作品获“湖南新闻奖”，其中一等奖 3 件。（刘慧军）

【推进媒体融合】 通过新媒体平台，拓展传统媒体传播途径，提供与听众观众互动的新手段，增强参与性，也为节目提质提供最前端的反馈。5月9日，株洲广电微商城开始试运行。株洲广电微商城由株洲广播电台与湖南壹扫购电子商务有限责任公司联合建设，是株洲广播电台探索发展媒体电商业务、推进传统媒体与新媒体融合的一个全新平台和重要载体。广播新闻频道开设直播室360手机直播平台，7月28日，首次利用网络视频直播技术对新闻事件进行直播，改变了传统电台只闻其声不见其人的传播模式，让传统广播变得声形并茂。广播交通频道听众通过手机下载APP参与“马路特拍员”等活动；电视新闻综合频道、公共法制频道应用新媒体平台进行节目和活动推广。10月，组建融媒体中心。中心由电视新闻综合频道、公共法制频道、广播新闻频道、交通频道、广告中心，及传媒网等6个新媒体矩阵构成。各频道、中心的新媒体部主要运营“两微一端”，即微博、微信、今日头条。微信公众号的粉丝量总计约60万人；微博粉丝量总计约100万人次；今日头条的累计阅读量近千万人次。（刘慧军）

【创新广告经营】 2016年，株洲市广播电视台经济总量实现1.4341亿元，同比增加1.51%。台直属媒体、中心现金收入达6640.24万元，同比增加2.64%。在继续推进春晚、爱心送考、快乐童声、技能天下、道德模范评选、房交会、红木展、皮草节等活动与经营项目的基础上，开发重阳节金婚大典、“向日葵”公益助学、茶陵油菜花节、倒车女王比赛等10余个新项目。产业集团承接国家水利部、国家防汛抗旱总指挥部的公益宣传片并在央视播出；积极开展新项目调研，较好实现稳中有进。天睿传媒重点打造教育、商贸、文化三大产业，互联网+广电+教育模式初步形成；DIG进口商品直销项目在长沙顺利开业；株洲市少儿春晚已经成为株洲品牌活动。

（刘慧军）

【助推经济发展广播电视报道】 为全面优化经济结构，帮助企业走出经济衰退的泥沼，株洲广播电视台组织一系列宣传报道，在经济下行压力下，鼓舞民心，提振士气，助推全市改革和经济发展。

2月22–26日，电视新闻综合频道和广播新闻频道推出“稳增长”系列报道。

3月1日，策划2016湖南·茶陵秩堂油菜花海观赏月活动在茶陵县秩堂镇启动，吸引来自省内外的近6万名游客观光赏花，激发了茶陵旅游活力，推进了旅游产业发展。

3月25日，株洲大型互动类电视求职节目——《“职”属于你》在电视公共频道开播。

3月2日，由市委、市政府主办，电视法制频道执行承办的“2016春风行动·百企万岗人才招聘暨就业创业新政策宣传月活动在云龙示范区职教城人力资源市场正式启动。活动着力搭建企业用工和劳动者求职供需对接平台，百家企业提供近万个岗位供求职者选择。

从4月30日起，电视新闻综合频道推出4集系列报道《破冰供给侧结构性改革》，突出报道全市供给侧结构性改革的重点及其实践与实效。

6月16日，第三季《技能天下》大型励志类职业技能电视大赛启动。节目展现全市各行各业精湛技能，以及具有时代特色的工匠精神。

从6月24日起，电视新闻综合频道推出系列报道《项目建设夏季攻势》，全方位、立体化展现全市攻坚克难促项目的典型事例，向全市人民展示项目建设“株洲模式”全景图。

7月29日，市委十一届十二次全会暨市委经济工作会议召开，电视新闻综合频道《株洲新闻联播》分会前、会中、会后三个阶段，采取后期“特技+字幕”的方式，从经济社会发展的各个方面以及上半年的成绩和具体工作全面解读全会报告。

11月11日、18日，策划2016茶陵第二届房地产交易展示会、醴陵第六届房地产交易展示会，活动成交金额分别突破5亿元和15亿元。

11月19—20日，第十二届湘台经贸交流会在株洲开幕，株洲广播电视台策划推出《台商在株洲》、1012随行广播特别节目为会议营造良好的舆论氛围。（刘慧军）

【弘扬道德风尚广播电视报道】 3月1日，“弘扬社会主义核心价值观——我们在行动”株洲市青少年教育系列图书捐赠公益活动举行。

3月7日，株洲广播电视台承办的“家·春·秋”株洲市纪念“三八”国际妇女节暨最美家庭表彰推介会在市委礼堂举办。

4月25日，启动“全市工人阶级宣传月”系列活动专题采访报道，讲好劳动故事，传承工匠精神。

5月22日，主题为“诵读中华经典，弘扬优秀文化”的2016年株洲中小学生经典诵读大赛颁奖典礼在传媒大厦2号演播厅举行。活动由市广播电视台、市教育局联合主办，广播交通频道等单位执行承办。

11月4日，株洲市第四届道德模范颁奖典礼在株洲传媒大厦演播厅举行。

12月14日，与中共株洲市纪委联合推出党风廉政建设专栏《清风株洲》广播专栏开播。（刘慧军）

【关注民生民情】 3月14日，与国家水利部合作拍摄制作的电视公益广告片《喝安全水，圆幸福梦》《点滴之水，可成江河》，在中央电视台多个频道滚动播出。

3月15日，电视法制频道在市中心广场开展3·15消费者维权大型户外活动，并推出特别节目。

3月17日，广播新闻频道执行承办的株洲市“城市绿荫行动”正式启动，在株洲市级领导、干部群众及志愿者纷纷自发前来植树。

4月17日起，电视新闻综合频道

推出5集系列报道《精准扶贫在行动》，对各县市区推进精准扶贫工作的举措和成效等进行报道。

6月6日，全市第12次爱心助考大型公益活动举行启动仪式。

8月17日开始，由市广播电视台台策划的国家防汛抗旱总指挥部电视公益宣传片《以防为主，生命至上》，在中央电视台《晚间报道》节目和9个频道滚动播出。

8月24日，“向日葵助学金”成立暨2016“向日葵助学计划”捐助仪式在传媒大厦演播厅举行。活动由广播新闻频道联手市红十字会、市教育局以及爱心企业共同发起。

10月9日，新闻综合频道播出重阳节特别活动——金婚大典。为配合活动，《晚间报道》栏目推出15期《金婚特别报道》，寻找走过五十年婚姻路程的夫妻，挖掘老百姓的感人故事。

10月13日，株洲湘江六桥——枫溪大桥通车，各媒体推出特色报道。

（刘慧军）

【庆祝建党95周年专题报道】 7月1日开始，为庆祝建党95周年，《株洲新闻联播》栏目推出4集特别节目《株洲党史故事》和《社会各界热议习总书记“七一”讲话精神 不忘初心 继续前进》专题报道；紧随其后又推出系列报道《时代先锋》，报道一批全国、全省优秀基层党组织书记的先进事迹。（刘慧军）

2016年度“湖南广播电视奖”获奖作品

表39

序号	体裁	参评单位	标题	主创人员	获奖等级
1	系列报道	株洲市广播电视台交通频道	发力供给侧改革：2016株洲稳增长攻坚备忘录	陈庆 邱浩 王颉 唐灿	一等奖
2	短消息	株洲市广播电视台	中车株洲电机有限公司：株洲“智造”让机车电机畅通“呼吸”	汤婷 张长江	一等奖
3	长消息	攸县广播电视台	攸县：工资银行代发 民工不再讨薪	彭亮霞 易宇 洪源	一等奖
4	社教专题	株洲市广播电视台	香草源·母与子	易增 曹理微 吴淑军 张引	一等奖
5	公益广告	株洲市广播电视台	喝安全水 圆幸福梦	高一歌 彭发荣 李羽辰	一等奖
6	现场直播	株洲市广播电视台新闻频道	开往春天的城铁	张谦 李佳 田健潇 王小庆 蔡琴 谭敏	一等奖
7	评论专题	株洲市广播电视台交通频道	隔江花开为何不一样	杨智 陈庆	二等奖
8	系列报道	株洲市广播电视台新闻综合频道	株洲·中国动力谷：全力打造中国制造产业新高地	付萱 曹理微 杜柳颖 李凌	二等奖
9	社教专题	炎陵县广播电视台	大山里的“石兰花”	集体	二等奖
10	广播文艺	攸县广播电视台	永远的长征	杨思敏 袁冰	二等奖
11	电视播音	株洲市广播电视台	株洲新闻联播	何湘	二等奖
12	公益广告	株洲市广播电视台交通频道	斑马线是安全通道	刘江	二等奖
13	长消息	株洲市广播电视台交通频道	株洲“智能创造” 轨道交通装备制造新标杆	邱浩 徐婵	三等奖
14	新闻专题	株洲市广播电视台新闻频道	“退二线”干部 下乡当“村官”	张谦 李佳 蔡琴 胡杰锋	三等奖
15	社教专题	炎陵县广播电视台	梨树洲不变的生态“底色”	集体	三等奖
16	短消息	株洲市广播电视台新闻综合频道	国内首款五座私人飞机下线 释放低空开放信号	陈思 宋超	三等奖
17	短消息	茶陵县广播电视台	严塘镇285名村民喜领分红	陈媛媛 谭志芳	三等奖
18	长消息	株洲市广播电视台新闻综合频道	清水塘棚改户张罗“睦邻餐”谢党恩	黄滔 樊菁 李凌	三等奖

（黄 滔）

医疗卫生

卫 生

【概述】 2016年，株洲市人口自然增长率6.85‰，出生人口性别比108.87，符合政策生育率96.36%。全市有医疗卫生机构2985个，其中医院79所，三级综合医院（含中医院）7个（三级甲等医院3个），二级综合医院（含中医院）22个；疾病预防控制机构10个；卫生监督机构6个；基层医疗卫生机构2828个，其中社区卫生服务中心26个，乡镇卫生院111个，医务室和诊所871个，村卫生室1820个。有卫生人员31358人，其中卫生技术人员24997人，包括执业（助理）医师为9969人、注册护士10920人、药师（士）为1304人、技师（士）1320人；每千人口卫生技术人员6.17人，每千人口执业（助理）医师数2.46人，每千人注册护士数2.69人，医护比为1∶1.09。有医疗机构病床24941张，每千人口床位数为6.15张，其中医院18521张，每千人口医院床位数为4.57张，基层医疗卫生机构5610张，千人口基层医疗卫生机构床位数1.39张。医疗机构全年诊疗病患1353.77万人次，其中医院诊疗6444.99万人次；住院81.56万人，其中医院住院52.8万人，病床周转次数31次，使用率86.65%；出院者平均住院10日。公办非营利性医院人均医疗费220.24元，出院者人均住院医疗费6465.51元。

2016年全市卫生计生财政拨款12.66亿元，其中：社会保障就业0.14亿元，公立医院2.86亿元，基层医疗机构3.15亿元，疾病预防控制0.98亿元，卫生监督0.18亿元，妇幼保健0.53亿元，基本公共卫生服务1.15亿元，重大公共卫生0.12亿元，医疗保障0.05亿元，中医药0.03亿元，人口与计划生育服务1.57亿元。

年内，全市卫生计生系统以“提高人民健康水平、促进人口均衡发展”为目标，推进健康株洲建设，各项工作成效明显。市卫生计生委首次获评“全国三八红旗集体”；株洲市连续8次获得“全国无偿献血先进城市”；公立医院改革在国务院医改办对全国34个城市综合改革考核复评中排名第7，国务院拟表彰的全国40个“公立医院综合改革真抓实干地方成效明显”城市，株洲作为湖南省唯一地市入选；在基层卫生岗位练兵和技能竞赛中株洲市获省第一名，代表湖南在全国获团体三等奖；公立医院改革、中医药事业发展工作经验分别在省委、省政府召开的全省大会上作典型介绍；全国健康扶贫论坛、全省无偿献血工作经验交流会在株洲市召开；全市计划生育工作实现“保优进位”目标，市本级和7个县市区跻身“省优单位”行列；荷塘区、芦淞区和醴陵市获“新国优单位”称号；市本级和芦淞区获“全省计划生育服务管理创新奖”一等奖，醴陵市获二等奖。

公卫服务能力稳步提升，2016年，全市城乡居民建档率为85.34%，0～6岁儿童保健覆盖率为90.93%，65岁及以上老年人健康管理率为87.94%。相继开展国家、省级慢病项目达12个。全市无重大职业病危害事故发生，职业病防治实施责任目标管理经验在全国职防武汉会议上做典型介绍。重大疾病防控与卫生应急及时到位。顺利通过省级消除疟疾考核，达到消除疟疾目标的国家标准，麻疹发病率控制在全省最低水平，血吸虫病防治达到“四无”目标，株洲市在全省率先整市达国家传播阻断标准。疾控工作扎实有效，成功处置H7N9禽流感疫情，全市无重大传染病暴发。卫生应急处置有序，在湖南省第一届急诊技能竞赛中，株洲市获第二名。无偿献血工作成效明显。全市共采集全血达14.16吨，年采血总量达历史最高水平；街头自愿无偿献血率持续稳居全省第一。爱国卫生工作扎实开展。结合省“灭蚊灭蟑C级达标市”复查和创建灭蝇达标市工作，在全市开展以“清洁家园、除害防病”为主题的爱国卫生月活动和春季除害活动，顺利通过全国卫生城市省级验收。

医疗服务能力不断加强。推进卫生人才建设工程，参与援藏援外及科技特派员工作，组织医师资格考试、护士资格考试、初中级职称考试，6100余人参加考试；举办执业医师、卫生专技人员培训班，1628人参加培训。加强重点专科建设。落实《株洲市临床医学重点专科建设三年行动计划》，进一步提升全市重点专科建设水平，部分新技术项目达国内先进水平，疑难病症救治解决能力进一步加强。加强科研立项管理。3项科研成果获市科技进步奖二等奖，三等奖7项；获批省卫生科技基金项目9个，市科技项目27项，指导性计划28项；申报国家级继续教育项目4项，省级项目

31 项。同时，在省科技厅自然科学基金成功申请增设“湖南省自然科学株洲市联合基金医卫专项”，这是全省卫生计生系统唯一。全年卫生计生系统经初审报省科技厅自然科学基金项目达 26 项。

执法监督不断规范。健全监管体系。市县两级新组建卫生计生综合监督执法局，各乡镇街道组建卫生计生办，做到了卫生计生综合监督执法有机构、有专人负责。规范行政审批。全年办理卫生行政审批事项共 1011 件，按时办结率、服务对象满意率均为 100%。市卫生执法监督处，天元区、醴陵市卫生计生局被湖南省法治湖南建设领导小组授予“全省依法办事示范窗口”。开展专项整治。以“打击非法行医”“开展整治虚假违法医疗广告专项行动”“开展全市医疗机构监督检查”等为重点，加强医疗卫生、食品安全、学校卫生、公共场所等执法监督监测，严厉打击各类医疗违法案件。全年共查处各类案件共计 83 件，全系统未发生行政败诉案件，获湖南省整治“两非”工作先进单位。

（文　魁）

【卫生计生民生实事】 2016 年，实施重性精神病救治救助工程，救治救助 696 名，株洲市项目办（市三医院）荣获湖南省重精神障碍管理治疗工作先进集体。开展农村适龄妇女“两癌”免费检查，完成 9.47 万人。提升临床医学重点专科建设，5 个专科门急诊抢救成功率均超过 85%，市外转诊率逐年下降 10%。开展居民健康疾病谱调查，完成慢性病基线调查 3.5 万人，并精准绘制疾病谱图谱，填补了省内同类型调查研究的空白。推进全面小康社会建设，截至 2016 年年底，千人执业医生数达 2.49‰、农村卫生厕所普及率达 75.57%。

（文　魁）

【医疗扶贫】 2016 年，在基础建设项目上优先向贫困地区倾斜。扶助炎陵县中医院住院楼改扩建项目 2000 万元，炎陵县妇幼保健院业务用房新建工程项目 540 万元，茶陵县疾病预防控制中心业务用房建设项目 470 万元。各县市自筹资金结合新农村建设对村卫生室进行改造，全年全市 166 个贫困村中 113 个完成村卫生室建设。在公共卫生项目上优先向贫困人群倾斜。在茶陵、炎陵县开展国家免费儿童营养改善项目、新生儿疾病免费筛查工作。两个贫困县全年免费发放儿童营养包 95653 盒，免费筛查新生儿疾病 10070 例，筛查率 95.65%；听力筛查 10085 例，贫困地区听筛率 95.79%，较 2015 年同期增长 28.11 个百分点；救助农村贫困、高危孕产妇 173 人，救助金额 48.966 万元；为贫困人口新建健康档案 77583 人，完成健康体检 64723 人次。在医保报销政策上给予贫困人口倾斜。2016 年全市建档立卡贫困人口参合 179310 人，参合率为 99.57%。提高贫困人口住院报销比例，参加新型农村合作医疗的贫困人口就医费用报销比例提高 10%；低保困难群众大病保险报销起付线降低 50%，为符合政策的低保困难群众进行大病保险追补，共补偿 2321 人次，补偿金额 900 万元。采取住院信息比对、入户调查、健康体检等方式，对因病致贫因病返贫人员进行核实，对贫困人口患病情况进行分类评估，疾病救治情况进行现场评估。全年对因病致贫人员分类评估Ⅰ类 3605 人，Ⅱ类 3312 人，Ⅲ类 20393 人，无法分类 2131 人。茶陵县代表全省在全国健康扶贫论坛培训班上作精准救助经验介绍。

（文　魁）

【医疗改革】 强化管理监测。2016 年，各公立医院门诊、住院、社会综合平均满意度较 2015 年同期相比，分别上升 3.64%、2.78%、6.09%。全面推进分级诊疗。出台分级诊疗、双向转诊的指导意见和实施办法，推广家庭医生签约服务和全科医生团队服务制度，探索医联体建设，引导优质医疗资源走向基层。提升信息化建设水平。截至 2016 年年底，全市居民健康卡可制卡人数为 341.9 万人，占常住人口比例为 91.18%。积极推进基层中医服务能力建设，100% 的社区卫生服务中心、71% 的乡镇卫生院建成了标准化中医馆。全市中医医院诊疗量占全市总诊疗量的比例上升到 43.39%。强化医疗安全监管。医疗纠纷的发生率较 2015 年明显下降，全市协调医疗纠纷 70 起，依法受理医疗纠纷案件 72 起。

（文　魁）

【在全省率先构建妇幼健康和计划生育服务融合机制】 针对出生缺陷偏高，全面两孩实施后高危产妇增加问题，株洲探索构建新形势下妇幼健康和计划生育服务融合机制。市委办、市政府办联合下发《关于组建株洲市妇幼健康计划生育服务联合体的指导意见》，通过组建联合体、规范基层网络建设，把卫生医疗技术资源与计生行政推动力的两大优势资源有机整合，真正形成“政府主导、卫计统筹、妇幼主唱、四级联动”的工作机制，提升了全市妇幼健康计划生育服务机构和基层医疗机构服务能力。该项目获 2016 年“全省计划生育服务管理创新奖”一等奖。

（文　魁）

【计生服务管理】 将计划生育综治考核结果直接应用到对市直部门绩效考核，完善年度县乡考核方案，推行“预否决制度”，强化日常监控调度，开展一系列的专项调度与督查。出台《关于建立健全基层卫生计生服务网络建设的指导意见》，对基层卫生计生机构的功能定位、人员配备、宣传阵地等进行规范。流动人口管理服务更优。全省流动人口基本公共卫生计生服务均等化示范街道（乡镇）创建工作调度会在株洲召开，芦淞区获全省流动人口管理服务创新奖。构建新形势下妇幼健康计划生育服务融合机制，下发《关于组建株洲市妇幼健康计划生育服务联合体的指导意见》。2016 年，全市孕产妇死亡率 12.01/10 万、5 岁以下儿童死亡率5.48‰，稳定控制在规定范围内；出生缺陷发生率126.08/万，较上年同期下降30.41%，被评为“湖南省出生缺陷防治工作先进单位”。全年全市农村奖励对象34372人，计划生育特别扶助对象3051人，手术并发症868人，城镇独生子女父母奖励发放11.5万余人，发放奖励金3.15亿元。在全省率先出台《株洲市计划生育特殊困难家庭扶助关怀工作实施细则》，进一步加大对计生特殊家庭扶持、关怀力度，《中国人口报》头版进行报道。开展“失独家庭慰问”“5·29宣传”等活动，募集资金203.81万元，受惠人群1.4万人。（文　魁）

【株洲市通过湖南省消除疟疾考核验收】 8月10—13日，湖南省消除疟疾考核专家组对株洲天元区、攸县与市本级的疟疾防治工作开展现场考核验收。专家组听取3个地方关于消除疟疾工作的情况汇报，查阅各级部门工作相关资料，对市、县、乡三级医疗机构的临床医生和检验人员进行疟疾诊治知识与镜检能力考核，对其疟防工作开展情况进行评估。通过现场考核，专家组认为全市各级卫生计生行政部门、疾控机构和医疗单位规范了疟疾监测、病例管理、健康教育、专项培训、督导检查、疫点处理等疟疾防治工作，完善全市三级公共卫生网络，建立长效防控机制，连续10年没有发生本地感染的疟疾病例，各项指标均达到国家《疟疾控制和消除标准》的要求，通过省级消除疟疾考核验收。（文　魁）

【株洲成为湖南省首个达到血吸虫病传播阻断标准的成建制地级市】 12月23日，株洲整市达血吸虫病传播阻断标准通过省专家组的评估验收，成为湖南省第一个达到血吸虫病传播阻断标准的成建制地级市。2004年，株洲市实施传染源防控及有螺环境改造为主的防控，通过努力株洲市荷塘、芦淞、石峰、云龙4个血吸虫病辖区于2015年前全部达到传播阻断标准。至2016年，株洲市已连续6年未发现当地感染的病人、病畜，连续6年未查获感染性钉螺；已建立和健全敏感、有效的血吸虫病监测体系。对照国家《血吸虫病控制和消除（GB15976-2015）》标准中传播阻断标准，全市已达到血吸虫病传播阻断标准，从发现至阻断用了18年（文　魁）

2016年度全市出生人口情况

表40

地区名称	2016年度出生人数									
		一孩出生			二孩出生			多孩出生		
	合计	小计	男	女	小计	男	女	小计	男	女
株洲市	52126	23925	12059	11866	26308	13678	12630	1893	1111	782
荷塘区	2208	1222	631	591	950	478	472	36	22	14
芦淞区	3236	1912	942	970	1249	685	564	75	45	30
石峰区	3323	1874	957	917	1415	744	671	34	15	19
天元区	3345	1767	858	909	1504	803	701	74	46	28
株洲县	4581	2195	1118	1077	2196	1163	1033	190	108	82
攸县	10191	4318	2172	2146	5431	2821	2610	442	268	174
茶陵县	8948	3581	1829	1752	4928	2509	2419	439	250	189
炎陵县	2567	1126	559	567	1346	707	639	95	62	33
醴陵市	13727	5930	2993	2937	7289	3768	3521	508	295	213

（文　魁）

公立医院管理

【概况】 至2016年年底，全市有公立医院23家，其中省管医院2家，市直公立医院7家，县级公立医院14家。株洲市公立医院管理处是隶属株洲市卫生和计划生育委员会领导和管理的副处级全额拨款事业单位，设编10人，2016年在编9人，内设综合科、业务管理科、规划财务科3个职能科室。

2016年，株洲市公立医院管理处把深化公立医院综合改革作为保障和改善民生的重要举措，突出重点，积极推进，改革工作不断深入，为建设健康株洲做出了积极贡献。年内，国务院医改办复评组对全国34个公立医院改革试点城市现场复评，株洲市排名第7；株洲市在全省深化医改工作会议暨医改培训班上做城市公立医院综合改革经验介绍；《湖南日报》连续3天专题报道株洲市公立医院综合改革做法与成效。（谭小艳）

【推进分级诊疗】 将分级诊疗工作

作为2016年公立医院综合改革工作重点，全面推进。召开推进会议，制定《株洲市城市医院分级诊疗和双向转诊实施办法》《株洲市推进家庭医师签约服务实施方案》等文件。通过与国内顶尖医院形成专科联盟、城市三级公立医院与区域内医疗机构形成医联体、启动县域城乡医疗机构分工协作和家庭医生签约服务制度等措施，全市医疗服务的协调性、连贯性、整体性和共享性得到提高，县级病源回流明显，基层医疗机构就诊人次同比增长5.76%，各县的县域就诊率平均上升10%以上。（谭小艳）

【社会办医】 在总结株洲恺德微创医院两次改制和市三三一医院引入社会资本组建“株洲爱尔眼科医院”成功经验的基础上，2016年在市三三一医院和市二医院探索引入社会资本进行股份制改革和股份制合作试点。牵头协调市相关部门对《株洲市二医院股份制改革试点实施方案》和《株洲市三三一医院关于引进社会资本合作成立股份制护理医院的合作方案》反复进行修改和完善。（谭小艳）

【调整公立医院医疗服务价格】 全年对城市公立医院医疗服务价格进行调整：4月，对市中心医院住院大楼床位费用进行调整；10月，完成醴陵市湘东医院医疗服务价格调整；10月，对8家市区公立医院第一次医疗服务价格调整后运行情况开展调研并实行第二次调价。（谭小艳）

【完善公立医院考核细则】 根据最新公立医院改革要求，修订完善公立医院绩效考核细则，重点突出公立医院在功能定位、职责履行、费用控制、运行绩效、财务管理、成本控制和社会满意度等方面的考核指标。考核结果显示，公立医院服务效率进一步提升，内部管理逐步规范，病历优良率从2015年同期的68.57%提高到2016年的86.43%，城区公立医院医疗纠纷从2011年的187起减少到2016年的98起。（谭小艳）

【医院精细化管理培训】 6月30日和9月24—25日，举办公立医院精益管理和精细化管理培训班，邀请来自意大利锡耶纳大学的专家和上海的知名高级会计师授课。培训增强了新形势下公立医院管理者在会计核算、预算管理、成本核算、资产管理与内部控制等方面的新理念、新思路和新方法，促进公立医院精细化管理水平得到提升。（谭小艳）

【加强公立医院监测】 2016年，不定期到全市公立医院开展取消以药补医改革监测工作。各家医院政策落实情况较好，运行总体平稳，成效逐步显现，公立医院“以技补医”运行新机制基本建立，医务人员劳务价值不断体现。2016年，8家市区公立医院药占比、住院次均药费分别为31.07%、2945元，与取消药品加成前相比，分别下降6.88%、9.10%。（谭小艳）

【改善公立医院医疗服务】 按照《进一步改善医疗服务行动计划》要求，进一步改善公立医院医疗服务，继续实施服务流程优化、优质护理服务、同级公立医院检验检查结果互认、预约诊疗、分时段诊疗等一系列措施，促使老百姓看病就医更加便捷。患者对市区公立医院的综合满意率从2012年的86.38%上升到2016年的92.35%。（谭小艳）

【县级公立医院综合改革】 督导推进县级公立医院综合改革持续深入，县级公立医院在软硬件建设、运行机制创新、人事分配制度改革、医院内部管理规范等方面进一步加强，县域医疗服务能力显著提升。一方面，加大硬件建设，改善就医环境，如茶陵县中医院、株洲县第一人民医院已实现整体搬迁；茶陵县妇幼保健院已完成改扩建。另一方面，加强软件建设，激发内在活力，如在株洲县试点实行乡镇卫生院院长年薪制，出台《株洲县卫生院院长绩效分配方案》《卫生院院长绩效考核指标》；茶陵县出台《茶陵县卫生系统高学历、高职称人才待遇的暂行规定》；攸县专门为研究生建设“专家楼”供其免费居住；炎陵县制订《炎陵县卫生人才发展办法》。在省医改办组织对全省87个县进行2016年度县级公立医院综合改革效果评价现场交叉考核，炎陵县排名第1。（谭小艳）

妇幼保健

【概况】 2016年，医院面对全面二孩政策的实施，成立株洲市“二孩”专项工作研究小组，以保障母婴安全、降低出生缺陷为目标开展工作；挂牌国家级PAC优质服务医院，PAC健教覆盖率100%，并派专家在市区高校开展“青少年生殖健康讲座”。牵头成立株洲市妇幼健康计划生育服务联合体，组建以市妇幼保健院为龙头、区县级妇幼保健机构为平台、乡镇卫生院和社区卫生服务中心以及开设妇、产、儿科的医疗机构为补充的妇幼健康服务网络体系。医院当选联合体理事长单位，督促和指导各县妇幼保健机构在辖区内开展妇女“两癌”筛查，惠及全市妇女万余名；组织专家筛查团队到各社区卫生服务中心和乡镇卫生院开展高危孕产妇集中筛查和健康宣教，并对高危对象进行“一对一”后续追踪管理。自启动高危孕妇筛查以来，株洲市连续半年未发生孕产妇死亡。加强出生缺陷防控服务体系和专业队伍建设，扎实推进出生缺陷防控工作。2016年全市出生缺陷发生率126.49/万，较2015年大幅度降低。派出专家技术支援炎陵县妇幼、茶陵县妇幼，有效提升了基层妇幼健康服务能力。在城区妇幼保健机构、社区卫生服务中心相继开展专家“点对点”支援活动，为推动全市妇幼健康“家庭医生”签约服务奠定了良好基础。依托上海红房子妇产医院技术指导单位的优势，全力组织全市基层医务人员参加省级继教班、专家讲座、业务查房，有效带动基层医疗技术水平的提升。派出专家赴各区开展健康教育宣传及现场带教，大力协助基层开展健康教育活动。（贺　芬）

献血供血

【概况】2016年，株洲市招募无偿献血者42818人次，采集血液14.64吨，采量同比增长25.5%，年采血总量达历史最高水平。其中，街头自愿无偿献血率80.16%，连续两年稳居全省第一。全年临床供应红细胞类产品69061.5单位，血浆类产品81727单位，浓缩血小板5855单位，单采血小板2376.5单位。完成常规检测42774人次，阳性率为2.39%，完成核酸检测41750人次，阳性率为1.7‰。报告传染病疫情612例，报告艾滋病反应性标本90例，确认10例。参加部、省两级室间质评成绩100%合格。年内，株洲市荣获“2014—2015年度全国无偿献血先进市”称号；株洲市红十字无偿献血志愿服务大队获“2016湖南省学雷锋志愿服务百强社团”荣誉称号；无偿献血志愿者田颖当选为第五届“感动株洲十大人物”，获得株洲市第四届道德模范助人为乐奖、“湖南好人”称号。（刘　娟）

【采血科研成果】“运用自配质控物比对校准干式生化仪ALT临界值的研究”历经两年的实践、总结及推广，于2016年6月顺利通过市科技成果鉴定。项目的开展既减少了血液报废，又有效避免了既有误判导致的献血者流失。成果已在国内部分血站试点应用。（刘　娟）

【无偿献血宣传】2016年，株洲市将“世界献血者日”“我为祖国献热血”“我们在一起”“无偿献血社区行”品牌活动及“血站好声音”“热血英雄大Party”“关爱空巢老人”特色活动贯穿于全年的无偿献血宣传中，起到了很好的宣传效果。从2016年3月起，无偿献血健康讲师团走入党校、大学、中小学，宣传无偿献血健康教育知识，开启了无偿献血知识全面常态化普及。（刘　娟）

【临床用血服务】举办市卫生人才135工程重点培训项目“孕产妇及危急重症输血培训班”，对全市320位临床输血骨干进行培训，将质量管理延伸至临床，提高了全市临床输血治疗整体水平。全年帮助临床处理疑难配血45例、输血咨询229例，确认RH(D)阴性184例。2016年8月启动无偿献血者临床用血费用“医院直报”工作，至年末已有10家二级以上医院开展直报工作。（刘　娟）

【无偿献血志愿服务】至2016年年底，株洲市有无偿献血志愿者587人。2016年开设各类志愿者培训8期，培训延伸到县区、高校，志愿者网络逐渐扩大并完善。无偿献血志愿者服务大队自主策划活动30场，特别是“公益态度 点亮株洲”活动效果好，影响广，已成功吸引247家爱心单位及店铺参与。全年志愿服务9213人次，累计工时43720小时。（刘　娟）

卫生执法监督

【概况】至2016年底，株洲市有市级卫生监督机构1家，县（市）区级卫生计生综合监督执法机构9家。截至2016年底，县（市）区全部完成卫生和计生执法队伍的整合，成立卫生计生综合监督执法局；市级还未完成整合和单位名称变更。全市共有卫生管理相对单位8900家（市直管224家），其中医疗机构3495家（市直管48家）、公共场所及生活饮用水单位3638家（市直管77家）、学校及托幼机构1584家（市直管29家）、餐饮具集中消毒单位17家（市直管3家）、放射诊疗单位153家（市直管54家）；市直管职业健康检查机构11家，职业病诊断机构1家，职业病鉴定机构1家。

2016年，全市公共场所卫生稳步提升。全年市卫生执法监督处组织对城区公共场所卫生和饮用水卫生开展两次创文工作督查，共计抽查公共场所单位和二次供水单位112家、抽查从业人员355人。全面推行公共场所量化分级管理，对3638家公共场所及生活饮用水单位进行卫生监督量化分级评审，覆盖率100%。批准评定公共场所卫生信誉度等级的3232家，其中A级145家，B级765家，C级2322家。审查未定级406家，其中市直管77家公共场所经营单位中，A级单位14家，B级单位62家，C级单位1家。评审结果在市直管单位和城区张贴公示牌；张贴公示牌253块。（唐卉瑜）

【生活饮用水卫生督查】2016年，对全市市政供水单位、二次供水单位和农村饮用水安全工程开展多次检查，监督覆盖率100%，共检查生活饮用水单位439家次，其中市政供水单位45家次，农村饮水安全工程单位182家次，二次供水单位212家次。检查发现，全市市政供水单位管理机构、卫生制度健全，水源防护落实到位，水处理工艺合理，水质合格率高。农村饮用水卫生管理水平逐年提高。针对全市千吨万人以上农村饮水安全工程中存在水质合格率偏低的问题，开展专项检查督导，检查千吨万人以上农村饮水安全工程23家次，其中株洲县2家次，醴陵市8家次，攸县6家次，茶陵县4家次，炎陵县3家次。通过专项督导行动，完成实验室改造项目5个，新办理卫生许可证单位3家。至此，全市千吨万人以上农村饮水安全工程53家，有48家单位水质合格，办理卫生许可证，5家处于未完工或验收过程中。（唐卉瑜）

【医疗服务市场整治】2016年，加强对医疗服务市场整治，重点打击非法行医、无证行医等违法行为。从8月开始对全市677家医疗机构进行监督检查，查处各类案件83件，其中对74家医疗机构罚款24.03万元，没收非法所得8.6476万元，并对32家医疗机构予以警告；取缔未取得“医疗机构执业许可证”擅自开展诊疗活动的“黑诊所”4家，罚款1.8万元，查处一起使用伪造“医师资格证书”行医的案件，罚款7万元；抽查各类医疗机构医务人员2458人，其中有53人未取得相应资质开展医疗卫生工作，对使用非卫生技术人员执业的53家医疗机构予以行政处罚。把好行政许可前置关，参与医疗机构设置、执业许可、变更、校验等行政许可前置审查，对行政许可项目进行审查，新设、搬迁的医疗机构实行公告制，2家新设置的医疗机构经公告被市民举报后另行选址，13家医疗机构因校验不合格予以注销。开展打击“两非”专项行动，全年办理“两非”案件41起。组织开展对医疗机构向外承包、将非医疗技术临床应用用于临床治疗或违规使用医疗技术临床应用情况的检查，督查二、三类临床医疗技术临床应用备案情况等，全市没有发现未经批准擅自临床技术的违法行为和医疗机构对外出租承包的情况。开展医疗广告专项整治行动，对各医疗机构在新闻媒体、户外、公交车站等处发布医疗广告进行清理、规范和整顿。拆除10家医疗机构违规医疗广告及虚假医疗信息广告130张，对5家违规医疗广告的医疗机构予以警告，对4家违规医疗广告的医院负责人进行约谈，移送市工商行政管理局4家。开展精麻药品专项执法检查，对全市28家医疗机构的第一类精神药品和麻醉药品进行检查。对10余家未安装报警设施和监控设施的医疗机构责令整改，并在限期内全部安装好报警设施和监控设施。（唐卉瑜）

【学校卫生监督】 2016年，加强与教育行政部门和疾控等机构的联动机制，开展联合检查。各级卫生监督机构加大执法力度，各级疾控机构开展学生饮用水监测，建立协调与合作机制，关注学校卫生安全。市县两级卫生计生综合监督机构对全市各级各类学校开展拉网式监督检查，重点对学校饮用水进行监督，建立各级各类学校传染病防控和饮用水基本情况一览表，向县区卫生监督机构和部分学校免费发放《株洲市学校卫生工作管理台账》450本，指导学校做好卫生工作记录。全年检查各级各类学校587所1164户次，出具卫生监督意见书1177份，责令限期整改学校118所、完成整改学校109所，学校饮用水监测544个样、合格323个样，合格率为59.4%，监测率为65.5%；给予卫生行政处罚学校10所，罚款金额1.5万元。（唐卉瑜）

【传染病防治】 加强传染病防治工作，加大对基层医疗机构传染病防控、消毒隔离的监督管理。2016年，全市监督抽检开展内镜诊疗的二级以上医院18家、消毒供应室（中心）9家和586家基层医疗机构[社区卫生服务中心（站）、诊所、乡镇卫生院、村卫生室等]的注射室，以及47家医院、疾控中心的50个二级病原微生物实验室生物安全管理。全市医疗机构均做到“一人一用一消毒或灭菌”，传染病人与特殊感染患者所使用后的器械专门处理；无过期消毒产品；内镜清洗消毒登记内容完整；使用的消毒剂浓度每日定时监测并做好记录。但部分医院还存在内镜室布局流程不规范、清洗消毒设备老化、储存设备不合要求，医疗废物处置时间超过48小时等问题。（唐卉瑜）

【开展第二类疫苗预防接种专项监督检查】 为贯彻《疫苗流通和预防接种管理条例》，进一步规范和加强全市第二类疫苗管理工作，5月23日—6月8日，对市、县、区疾控中心和18家疫苗接种单位开展二类疫苗预防接种专项监督检查。共计出动卫生监督员112人次监督车辆28车次，出具卫生监督意见书28份，对接种单位和人员的资质情况，第二类疫苗公示及接种告知情况，疫苗的接收、购进、分发、供应、使用登记和报告情况，预防接种异常反应或疑似预防接种异常反应的处理和报告情况等进行监督检查。检查中发现，开展预防接种的医疗机构均配备自动冷链系统，严格按照规范实时监控冷藏温度，杜绝发生因人为因素引起的预防接种不良反应，未发现从其他非法渠道和途径购进疫苗的情形，但部分接种单位运输记录资料管理不到位、运输记录不全、疫苗购进索取证明文件（批签发）不及时、接种告知不规范等现象，检查组都下达整改意见书，督促完善疫苗接种工作。（唐卉瑜）

【职业卫生监督】 开展《职业病防治法》等法律法规落实情况监督检查，对11家职业健康检查机构、1家职业病诊断机构和1家职业病鉴定机构任务指标逐项检查，基本掌握了全市职业健康检查机构、职业病诊断机构、职业病鉴定机构的基本情况和现状。开展职业病诊断鉴定工作和宣传工作，组织学习，探索职业病诊断与鉴定新的工作模式与运行机制，为实现职业病诊断与鉴定科学化、法制化、规范化奠定了基础。（唐卉瑜）

【放射卫生监督】 加大日常监督力度，全年共完成9家放射诊疗单位新发证工作，45家放射诊疗单位核换证工作。对辖区内的放射诊疗机构全面加强监督检查。全年对54家市直管放射诊疗单位放射诊疗工作开展专项检查。通过监督检查，完善放射诊疗安全防护和质量保证措施，加强放射工作人员职业健康管理，切实保证公众、受检者和放射工作人员的健康权益和工作安全。对5县市卫生监督机构放射卫生监督管理工作加强督查和指导，提升县级卫生监督员放射卫生监督综合管理能力。（唐卉瑜）

【消毒卫生督查】 开展消毒产品专项监督检查。为严厉打击“卫消证字”的产品、违法宣传治疗疾病等违法行为，保护人民群众健康，在全市开展专项整治消毒产品违法宣传疗效的行动。重点检查7家大型连锁药店旗下经营单位35家，检查抗抑菌制剂等消毒产品50余种，对专营“扈氏膏”销售的1家违法经营门店给予行政处罚，罚款1000元；移送1起涉嫌存在假冒卫生许可证号和夸大宣传疾病治疗效果消毒产品案至长沙市卫计委。开展消毒餐具专项检查。加强对全市餐饮具集中消毒单位的监督管理，督促企业改善生产条件、完善卫生设施。对市区3家餐饮具集中消毒单位重新进行卫生审查，对4家餐饮具消毒单位生产的餐饮具进行抽检，共抽检80个样品，并委托市疾病预防控制中心对样品进行检测，合格率100%。对于部分存在卫生安全隐患的单位，监督员下达监督意见书督促其落实整改。开展卫生用品生产企业专项监督检查工作。对全市卫生用品企业的生产各个环节开展监督检查，共检查卫生用品生产企业7家，发现5家生产企业存在擅自改变更衣室等功能间用途、原材料和成品存放不符合卫生规范、生产车间卫生设施不完善、产品标识不规范等问题，对其5家企业下发《卫生监督意见书》，责令其限期整改。

（唐卉瑜）

疾病预防控制

【概况】 2016年，全市5县（市）、4区共报告法定传染病25种，发病数25809例，死亡31例，报告发病率、死亡率、病死率分别为645/10万、0.77/10万、0.12%。

全市无甲类传染病报告。全年全市共报告乙类传染病19种，计8249例，死亡29例，无传染性非典型肺炎、脊髓灰质炎、人感染高致病性禽流感、炭疽、流脑、白喉、新生儿破伤风病例报告。乙类传染病发病率、死亡率、病死率分别为206/10万、0.72/10万、0.35%；发病数居前三位的乙类传染病为肺结核、乙肝、梅毒。全市共报告丙类传染病6种，计17560例，死亡2例，发病率、死亡率、病死率分别为439/10万、0.05/10万、0.01%；发病数居前三位的丙类传染病为手足口病、其他感染性腹泻病、流行性腮腺炎。

至2016年年底，株洲市设有10家疾控中心，分别是：株洲市疾病预防控制中心、芦淞区疾病预防控制中心、荷塘区疾病预防控制中心、石峰区疾病预防控制中心、天元区疾病预防控制中心、株洲县疾病预防控制中心、醴陵市疾病预防控制中心、攸县疾病预防控制中心、茶陵县疾病预防控制中心、炎陵县疾病预防控制中心。2016年攸县疾控中心、醴陵市疾病预防控制中心被评为“湖南省县级甲级疾控中心”，茶陵县疾控中心、株洲县疾病预防控制中心被评为“湖南省县级乙级疾控中心”。10家疾控中心仅攸县疾控中心为差额拨款单位，其余均为全额拨款单位。截止2016年12月31日，全市疾控系统共有编制数477，在编人员425人，其中高级职称48人，中级职称150人，硕士研究生18人，本科168人。

2016年，全市的疾病预防控制工作取得显著成绩。免疫规划全省树立了典型，信息化建设稳步推进，已建成7家数字化接种门诊，有5家正在建设中，麻疹、百日咳等疫苗针对性传染病发病率控制在较低水平；突发事件应急处置能力不断提升，有效处置H5N6、H7N9禽流感等疫情；成功应对埃博拉出血热、中东呼吸综合征等新发传染病；艾滋病各项人群干预取得实效；疟疾防控通过省级评估，株洲市达到消除疟疾目标的国家标准；实验室检测能力显著提升，已具备饮用水102项检测能力；生活饮用水监测任务全面完成；食安风险监测体系日趋完善。（张　峻）

【突发公共卫生事件】 2016年，全市无甲类传染病暴发疫情，通过“突发公共卫生事件报告管理信息系统”共报告事件12起，6起事件级别为一般，6起事件未分级。12起事件共计发病（伤人）256人，死亡1例（人感染H7N9禽流感），波及人群8720人。对该12起事件控制措施有力，将事件危害控制在最小的范围内，未产生不良的影响。（张　峻）

【H7N9禽流感防控应急演练】 为有效应对人感染H7N9禽流感疫情，进一步规范人感染H7N9禽流感防控工作，2月3日，株洲市疾病预防控制中心组织H7N9禽流感防控知识培训与演练。9个县（市区）疾控中心分管应急的领导及技术骨干，市疾控中心全体应急机动队员、春节期间坐班值班人员及单位新进专业技术人员共100余人参加培训与演练。

（张　峻）

【“疾病谱调查和贫困人口疾病筛查项目”专家评审会】 11月1日，株洲市疾病谱和贫困人口疾病筛查项目评审会在市卫计委调查召开，出席评审会的专家有中南大学公共卫生学院院长谭红专、书记杨土保，省卫生和计划生育委员会疾控处处长陈焱、副处长李孝君，省疾病预防控制中心主任李俊华、党委书记黄跃龙、副主任陈曦、慢病科科长陈碧云，株洲市卫生和计划生育委员会主任张纯良、副主任刘建军，株洲市疾病预防控制中心主任龙术国及疾病谱项目工作人员参会。专家们认为，该项目的完成，为株洲市制定卫生资源配置及相关政策，确定疾病防控重点，采取针对性的防控措施提供了可靠的基础数据和充分的依据。为株洲市贫困人口中因病致贫人群的精准扶贫工作打下了坚实的基础，也为今后防止因病致贫返贫现象的出现提供了依据。同时，该项目在省内填补了同类调查研究的空白，在全省具有示范作用。（张　峻）

【2016年接种率调查及新入托入学儿童接种证查验】 10月10—27日，在全市开展1～6岁儿童预防接种情况调查，并对8所小学及托幼机构、4家乡镇卫生院（社区卫生服务中心）及4家县级疾控中心2016年新入托入学儿童接种证查验工作开展现场查看。现场调查结果：全市适龄儿童建证建卡率均达100%，1岁内儿童“六苗”全程接种覆盖率为97.13%，11种疫苗单苗基础全程接种覆盖率及加强接种覆盖率在96.99%～100%之间，调查的209名1～6岁适龄儿童中，按照免疫程序完成的疫苗全程接种率为94.74%。 （张 峻）

【肠道病毒EV71型灭活疫苗使用技术媒体沟通会】 为介绍肠道病毒EV71型灭活疫苗使用技术及相关知识，正确指导群众预防手足口病，7月25日，株洲市疾控中心在二楼会议室召开株洲市肠道病毒EV71型灭活疫苗使用技术媒体沟通会。株洲日报、株洲晚报、法制频道、新闻综合频道等8家媒体参加了会议。 （张 峻）

【2016年全省新发传染病防治知识培训班】 8月22—27日，株洲市疾控中心依托国家现场流行病学项目平台，举办一场国家级继续医学教育项目——2016年新发传染病防治知识培训班。全省各市州、县（市）区疾控机构的领导专家、专业技术骨干及湖南省现场流行病培训班学员们共150余人参加培训。会上，中国疾控中心卫生应急中心应急办主任向妮娟介绍全球新发传染病流行概况和防控现状，并结合具体案例讲解传染病监测技术研究进展和工作新思路；主任金连梅针对国内新发传染病防控中薄弱的环节，讲授了风险评估概述、方法、组织与实施；湖南省疾控中心流病科主任胡世雄和检验科主任张红分别从省内新发传染病流行特点、检验检测技术等方面为大家进行了系统全面的解读，极大地开拓了大家的工作思路与方法。本次培训提升了新发传染病防控水平。 （张 峻）

医院选介

株洲市中心医院

【概况】 株洲市中心医院（原株洲市一医院）是一所集医疗、科研、教学、预防保健于一体的三级甲等综合性医院，为中南大学湘雅医学院附属株洲医院（湖南省市州级医院唯一），中南大学临床医学博士、硕士培养单位。2016年，医院有编制床位1776张，设有临床科室40个、医技科室10个，临床研究所2个，临床实验室6个，外聘教授工作室1个（湘雅名医舒畅教授工作室），医疗中心12个。株洲市心脏中心、株洲市肝胆胰中心、株洲市脑血管病中心、株洲市血液病中心、生殖中心均落户医院。医院有在职职工3230人，其中高级职称493人、医学博士后2人、医学博士16人、硕士研究生330人，中南大学博士研究生导师2名和硕士研究生导师20名，中南大学兼职教师70名，中南大学临床医学技能考核专家30名，中南大学教学督导2名。有消化内科、血液科2个国家级临床重点专科建设项目，省级重点专科3个，省级重点专科建设项目5个，市级重点学科、特色专科12个，市州级临床重点专科建设项目6个。全年，年度服务住院病人76819人次；完成手术50830台次；年度服务门急诊病人148.5万人次。

2016年，医院引进全市首个医学博士后徐勇。与炎陵县政府签订医疗合作战略协议，并与县域内各公立医院开展全方位合作对接。顺利通过“医院等级评审首轮不定期重点评价、医疗大巡查工作及医疗机构校验”检查。全市首家移动互联网掌上医院在医院正式上线。国际应急管理学会医学专业委员会（简称TEMC）与医院正式签订战略合作协议，医院成为湖南省首家牵手“TEMC”的医院。 （李 萌）

【医院学科建设】 医院生殖中心开展的试管婴儿项目各项数据指标均已达到或超过国家标准，12月经国家卫计委专家组审查后，同意该项目正式运行。自此，医院生殖中心成为全市唯一有资质开展该项目的机构。肝胆胰外科成为湖南省肝胆胰疾病临床医疗技术示范基地。医院荣获中国卒中中心联盟颁发的2016年度“卒中中心”荣誉授牌。“三个学科中心”（株洲市心脏中心、株洲市脑血管病中心、株洲市肝胆胰中心）通过市临床医学重点专科建设领导小组的三年评估检查。全年肝胆胰中心、心脏中心、脑血管病中心客座教授合计65人次，安排各中心客座教授进行门诊咨询451人次、指导手术47台次、讲课31次、查房及疑难病例讨论64例。 （李 萌）

【医院科研教学】 科研提升。医院科教大楼竣工并投入使用；全年医院获湖南省医学科技奖1项、株洲市科技进步奖3项，发表SCI论文3篇，发表中文核心期刊论文40篇。神经内科成果获湖南省医学科技奖三等奖。血液内科完成省科技厅项目结题1项。心胸外科、临床检验中心和神经内科的成果获株洲市科技进步奖。肝胆胰外科、风湿免疫科、泌尿二科均发表SCI论文1篇。感染内科发表中文核心期刊7篇。肾内科、消化内科、神经内科、脊柱外科、普外一科获湖南省卫计委2017年度科研计划课题，共获批经费3.6万元。消化内科、关节外科、肝胆胰外科、风湿免疫科获株洲市2016年度科技计划5项，共获批经费30万。个人申请实用新型专利3个。6个项目获批开展药物临床试验（内分泌科、风湿免疫科各2个，心内科、肾内科各1个）。教学提升，8月，通过国家卫生计生委组织的住院医师规范化培训基地现场评审；成功承办中南大学第六届大学生临床技能竞赛，完成命题工作和相关组织工作；完成导师资格认定工作，为招收中南大学医学研究生、博士生做好准备。加强继续教育，全年共计组织继续教育41场，其中13次外请讲座，累计4985名医、技人员参加学习。（李　萌）

【株洲地区首家“掌上医院”在株洲市中心医院上线运行】 为进一步方便患者就医，减少患者往返医院的次数和候诊时间，简化就诊流程，2016年6月6日，株洲市中心医院联手中国建设银行、招行开发的“掌上医院”正式开通运行。这是株洲地区首家“掌上医院”。“掌上医院”是由市中心医院微信公众号、APP、支付宝服务窗口、趣医网、就医160等共同组合而成，已开通预约挂号缴费、诊间支付、查询报告、智能导诊、查询医院信息等功能。“掌上医院”是指医生、患者等人员通过手机以客户端的方式与医院实现信息互动。患者可通过信息查询系统随时随地了解医院动态及专家坐诊信息，实时查询费用、检验和检查结果等。就诊时，不必到人工交费窗口交费，只需手机就可轻松完成各种付费，极大地改善了患者的就医体验。（李　萌）

湖南中医药高等专科学校附属第一医院

【概况】 湖南中医药高等专科学校附属第一医院（湖南省直中医医院）占地2.5万平方米。2016年，医院有编制床位1200张，临床及医技科室48个，专科门诊55个。医院职工1754人，其中医生583人（含医技人员），护士937人，药剂102人；博士3人，硕士238人；引进学科带头人1人。医院有国家卫生计生委临床重点专科1个、国家中医药管理局重点中医专科5个、省级重点中医专科1个。全年门诊诊疗人次92万人次（不含体检人次），出院病人4.934万人，手术1.9万例。

年内，医院获批湖南省中医药学会、湖南省针灸学会副会长单位，“全国健康管理示范基地”“省博士后流动站协作研发中心及科研创新实践基地”“麻醉学科全凭吸入麻醉技术培训省级示范基地”“神农养生康复保健示范基地”创建单位，荣获“2015年中国中医医院——竞争力排行榜百强医院”“全国PAC优质服务医院”“第一届湖南省灾害医学突出贡献奖”等称号。健康管理中心获“湖南省青年文明号”。开展7项护理新技术新项目，其中伤口造口组专科汇报获得株洲市二等奖。（张　霞）

【科研教学】 “名中医石琴大传承工作室”通过国家中医药管理局验收评估。恢复成为湖南中医药大学第三附属医院，两位青年教师参加湖南中医药大学教学比武，分别荣获二、三等奖。全院在研课题45项，院内青年基金课题15项。2016年新申报课题立项9项。《芍药苷对胃癌干细胞5-Fu耐药性影响的实验研究》获株洲市科技进步二等奖，课题《多腔T型管在胆道镜下液电碎石术中的应用研究》成果鉴定为“国内领先”。《呼衰合剂对慢性阻塞性肺疾病急性加重期患者降钙素原及细胞因子的影响》被评为株洲市第14届自然科学优秀学术论文一等奖。（张　霞）

【新技术新项目】 骨五科开展微创椎间孔镜技术、首例腕关节镜手术、首例髋关节镜手术。普外一科开展婴儿“骶前巨大肿瘤切除术”。心胸外科开展省内首例“经颈内静脉食道超声引导下房间隔缺损封堵术”、胸腔镜下肺大疱切除并肺减容术、低体重儿经颈内静脉微创房缺封堵术。内科ICU开展“经皮扩张气管切开术”、重症超声技术短时间成功救治急性大面积肺栓塞患者。肝胆外科开展肝胆外科行EST+内镜下肝总管取石术、ERCP（内镜逆行胰胆管造影）下取胆管结石术、ENBD术（内镜下胆汁内引流术）、ERCP胆管支架置入术、腹腔镜右肝后叶肝癌根治术。放射科完成株洲市首例CT引导下高难度肝Ca介入微波消融术、株洲市首例（国内少见）“介入+外科手术的新二步切肝法”之第一步经皮穿刺肝门静脉栓塞介入术。骨一科开展双髋、双膝关节同台置换术。产科开展株洲首例“腹主动脉球囊阻断”剖宫产手术。眼二科开展首例微创玻璃体切除术。乳腺科开展首例乳腺微创旋切手术。（张　霞）

株洲市三三一医院

【概况】 至2016年年底，株洲市三三一医院有职工824人，其中卫计人员749人，株洲市核心专家2人，株洲市卫生系统“135”人才工程学科带头人2人、学科骨干12人，正高职称27人。拥有1.5T光纤磁共振、64排128层螺旋CT、进口医用直线加速器、全数字X光照片机、C型臂X光机、超声诊断系统加激光治疗系统、全数字高清胃肠镜影像系统、法国GE全数字化平板乳腺机、德国西门子医用直线加速器、四维彩超、进口生化仪及各种进口内窥镜等高档设备。

2016年，医院狠抓服务质量，以医疗安全为抓手，创新管理模式，调整收入结构，提高管理效率。本部：全年实现总收入约2.35亿元，比上年增长9.5%；其中医疗收入2.09亿元，比上年增长10.2%。2016年出院19174人次，比上年增长10.7%；手术4366人次，比上年增长11.9%。眼科分院：全年实现总收入6327万元，比上年增长11.4%；税后净利润约1635万元，比上年增长3.1%。2016年出院

5369人次，比上年增长29%；门急诊83833人次，比上年增长8.4%；手术5605人次，比上年增长12.5%。

（文子千）

【医疗联合体工作】 2016年，医院立足于打造芦淞区区域医疗中心，着力推进医疗联合体工作，远联姚家坝中心卫生院，近交白关镇卫生院，与乡镇卫生院建立了密切、稳定的医疗技术帮扶关系，形成了基层首诊、分级诊疗、定点指导的医疗技术帮扶模式。医院率先在株洲地区建立区域心电网络信息系统。系统除院内17个点，还有院外4个点，分别为白关卫生院、姚家坝卫生院、五里墩卫生院及董家段社区服务中心，为株洲市第一家上线医院心电网络系统和区域心电系统的公立医院。构建区域消毒供应中心，已承担株洲市妇幼保健院、株洲市三医院、恺德医院等12家医院的消毒供应工作，对12家医院的医疗器械进行清洗、灭菌。（文子千）

【医技科研创新】 2016年，医院申报各级各类科研课题19项；已获批省级科研课题1项及2016年市卫生人才135工程重点科研项目资助计划2项。科研结题鉴定2项，其中脊柱外科的鉴定为国内领先，颈胸外科的鉴定为国内先进。脊柱外科科研项目获得株洲市科学技术进步奖二等奖，护理部科研项目获得市三等奖。（文子千）

株洲市妇幼保健院

【概况】 2016年，株洲市妇幼保健院有编制床位260张，开设专科门诊11个，有医院职工670人，其中医生195人，护士283人，药剂25人。全年完成门诊23万余人次，出院13万余人次，大中型手术3629台，分娩2330人次，实现业务总收入（不含财政补助）1.37亿元，其中医疗收入1.22亿元，同比增长5.75%。医院急危重症抢救成功率99.9%，出入院诊断符合率99.04%，医疗纠纷同比下降30%。全年实现业务总收入（不含财政补助）1.37亿元，其中医疗收入1.22亿元，同比增长5.75%。在全国率先成立妇幼健康计划生育服务联合体，荣获“全省计划生育服务创新奖”一等奖，妇幼保健工作指标省内领先。

（贺　芬）

【医学专科建设】 妇科率先在株洲开展腹腔镜下宫颈癌根治术+盆腔淋巴结清扫术，宫腔镜手术量稳居全市第一；产科开设助产士门诊、孕产期营养门诊、糖尿病门诊、多胎妊娠门诊，及再生育门诊；妇保科授牌成立“中国妇女盆底功能障碍防治项目防治中心”；产前诊断中心启动多学科会诊制度，成功为数名出生缺陷儿提供科学指导建议；儿童健康中心成立呼吸、哮喘、中医儿科、儿童消化，及儿童肾脏专科门诊；新生儿科成功救治一例罕见先天性皮肤缺失新生儿，成功救治胎龄仅26周，体重不到1000克的极低体重儿；综合内科成立心血管、甲状腺、糖尿病专科门诊；超声科成立“湘雅名医周启昌教授超声工作室”，在周边地区形成较好辐射效应。

（贺　芬）

【医学科研教学工作】 医院成为国家自然科学基金项目依托单位，全年院内科研立项9项，新技术新项目5项，科研能力不断提高。其中：《脐静脉血流率与脐动脉搏动指数（VAI）筛选与评宋兵文估高危胎儿的临床研究》获省卫计委科研立项，《臀高侧卧位纠正胎位异常临床效果观察的研究》经鉴定达国内先进水平，1项双球囊式技术获实用新型专利。（贺　芬）

县 市 区

天元区

中共天元区委书记		周建光
副书记	董　巍	张见平
区委常委、纪委书记		许剑鸣
区委常委、组织部部长		刘铁华
区委常委、宣传部部长		谢维红
区委常委、常务副区长		李征兵
区委常委、统战部部长		周玉智
区委常委、区委办主任		杨　宇
区委常委、政法委书记		何登科
区委常委、人武部部长		文忠于
区人大常委会主任		程　燕
副主任	王太培	黄白玉
		谭红德
		李海泉（兼）
		董运喜
区人民政府区长		董　巍
副区长	李征兵	蒋　智
	黄　芳	文树忠
	刘建南	施金晨
	包　剑	周天浩
天元区政协主席		谈志明
副主席	曾天青	郭　飞
		李　铭（兼）
		彭　炯（兼）
		谈培蕾（兼）
区人民法院院长		杨瑞斌
区人民检察院检察长		刘仕明

【概况】 天元区位于株洲市河西，湖南省东部中段。总面积328平方千米，辖群丰、雷打石、三门3个镇，泰山路、嵩山路、栗雨3个街道办事处；45个行政村，67个社区居委会，1个管理处。2016年年末全区常住人口8.8万户，常住人口29.25万人。

2016年，天元区区生产总值300.9亿元，增长10.8%。第一产业增加值10.9亿元，增长3.1%；第二产业增加值145.8亿元，增长11.3%，其中工业增加值133亿元，增长11.8%；第三产业增加值144.2亿元，增长10.8%。三次产业比由上年的3.7 ∶ 49.3 ∶ 47.0调整为3.6 ∶ 48.5 ∶ 47.9。一般公共预算收入突破70亿元，达70.06亿元，同比增长9.6%。全年完成一般公共预算支出43.3亿元，增长55.1%，其中教育、卫计、社保等民生支出29亿元，高新技术产品增加值114.1亿元，增长20.8%。

全年全区实现农林牧渔业总产值14.5亿元，增长3.2%，全粮食总产量8.9万吨，肉猪出栏13.31万头，羊出栏1.61万头，家禽出笼132.51万羽，水产品产量0.51万吨。全区完成固定资产投资427.2亿元，增长13.6%。完成社会消费品零售总额134.5亿元，比上年增长10.0%。

全年实现工业增加值133亿元，增长11.8%。其中实现规模工业增加值128.0亿元，增长12.9%；完成规模工业总产值414亿元，增长23.7%。全区共有规模以上企业121家，其中年主营业务收入100亿元以上企业1家，80~100亿企业1家，10~50亿元企业6家，5~10亿元企业4家，1~5亿元企业21家。全年规模以上工业企业实现销售产值406.4亿元，增长19.1%。全年新增高新技术企业20家，实现高新技术产品增加值114.1亿元，增长20.8%。申请专利1918件，增长24%；授权专利978件，增长26%，其中发明专利217件，千金药业的《一种妇科千金药囊》获得2016年度中国专利优秀奖。组织认定园区第三批瞪羚企业9家，为园区企业争取上级各类科技计划项目资金支持1.9亿元。新增株洲高科企业孵化器公司等5个国家级创新创业平台。

转型升级加速推进。随着国务院发展研究中心的课题研究，全国政协的大力呼吁，以及央视媒体的全方位报道，株洲·中国动力谷的建设已进入国家高层视野，影响力明显增强。2016年，共有6位院士设立工作站，29位千人计划专家、高层次人才担任中国动力谷专家顾问委员会委员。自主创新园签约入驻72家创新企业和众创团队、10家金融机构、14家科技中介服务机构，超过1000人的高端创新人才队伍常驻园区发展。突出科技引领，高新区成为国家首批高端装备（轨道交通装备）制造业标准化试点和第二批科技服务业区域试点。新增7个国家级科技创新平台，湖南省轨道交通自动化技术与装备协同创新中心等三大协同创新研究院建设稳步推进。新增18家规模工业企业、20家高新技术企业，新增过100亿元、30亿元、10亿元企业各1家，过5亿元企业2家，过亿元企业8家。三大动力及其配套产业快速发展，北汽一工厂年产能达20万辆，全年汽车产业主营业务收入突破200亿元，以北京汽车、中车时代电动等企业为核心的新能源汽车产业集群加速形成。

加快项目建设。积极参加“央企对接会”“沪洽周”“湘台会”等招商活动，签约引进亿元以上项目16个，引进新能源汽车检测中心、华品轨道、松和装备等一批科技含量高、带动能力强的企业，到位内资53.8亿元、外资3.1亿美元，总量排名均为全市第一。在动力谷项目签约会上，29个重大项目签约，总投资超过180亿元。深入开展“项目攻坚年”活动，完成重点项目投资156亿元。北汽二工厂、汽车交易中心完成主体封顶。首鹏汇隆汽车板材加工配送及车身制造项目全面开工，长城电脑整机下线。万丰湖生态公园建成开园。武广高铁连接线、湘芸路、规划150路、151路等道路竣工通车。园区“146”工程标准厂房近两年累计建成178万平方米，引进企业400余家，厂房租售率达到80%。开辟项目融资新渠道，3家区级平台公司融资150亿元。

城乡品质持续提升。围绕交通畅通三年行动计划，启动15条小街小巷改造，提升城市道路通行效率。加快乡村路网建设，完成村道硬化及窄路加宽60公里、农村公路提质改造26公里。完成中央财政小型农田水利建设重点县项目投资3800万元。构建大城管格局，试点网格化管理，建立城乡统一的城市管理工作模式，在全市率先实现城乡生活垃圾处理一体化，城市管理考评荣获全市第一。精心打造惠民宜居工程，新启动25个老旧小区物业改造，完成23个小区基础设施提质。全力做好水资源保护和水土保持工作，水质达标率提高到95%以上。坚决打击违法采砂洗砂行为，拆除违规砂石码头和非法砂场。持续推进“点亮天元”工程建设。大力加强美丽乡村建设，雷打石镇砖桥村、三门镇响水村被评为“湖南省美丽乡村示范村”。加快保障性住房建设，建成安置房1280套，彻底解决了历史遗留下来的安置问题。完成棚户区和农村危房改造，新建7个五保危房集中联建点。

民生得到改善。围绕全面小康社会质量再提升，实施“民生100”工程，民生支出占比公共预算总支出的69%。城乡居民人均可支配收入达4.5万元、2.3万元，创建“湖南省创新创业带动就业示范区”，进一步完善就业保障机制。实施机关事业单位养老保险制度改革，健全城乡居民大病保险制度，基本实现社会保障制度全覆盖。完善特困人员特殊救助政策，对175名特困人员发放救助金375万元，被列为国家民政部社会救助创新试点项目。建设26个农村幸福院，建成雷打石镇敬老院，改扩建三门镇敬老院，累计建成17个省级居家养老示范点，初步探索出分散供养五保老人和社区留守老人的养老新途径。加大教育基础投入，新马学校主体建成，白鹤小学尚格分校启动建设，争取北京王府国际学校、清远盛兴中英文学校等民办学校入区。新农合参保率99%。全面建成基层医疗单位公卫楼和中医馆，连续第三年开展国医启蒙教育，以校办课程和兴趣课的形式实现城区学校全覆盖，持续开展青少年近视预防和慢性病研究。积极推进全面两孩政策，荣获“省计划生育工作优秀单位”。以创建“文化强区”为引领，新建成一批文化体育设施，神农大剧院投入使用，区文化馆、区图书馆免费开放，文化体育活动丰富多彩。神农城、万丰湖等景点成为株洲城市名片，特色旅游品牌初步形成。安全生产和食品药品监管稳步加强，有效遏制重大安全生产事故发生。深入推进“法治天元”“平安天元”建设，调处重大矛盾纠纷，严厉打击违法犯罪，被评为“全省六五普法先进县市区”“全省社会管理综合治理先进县市区”，连续8年保持省平安区称号。

困难和问题：一是经济发展压力较大。部分经济指标增速不快，工业投资占整体投资比重较低，民间投资增长乏力，大型项目储备不足，财政收入受减税政策影响较大，来自长沙、湘潭产业园区的竞争日趋激烈。二是社会治理任务繁重。安全生产、环境保护、信访维稳、食品药品监管等领域的挑战不容忽视，同时教育、医疗、交通、黄赌毒等社会问题需要积极应对。三是干部作风建设有待加强。

（周高林）

【国内首款量产纯电动汽车SUV-EX200下线】 3月30日，国内首款量产纯电动SUV—EX200在北汽株洲基地下线。它标志着北京汽车在新能源市场再次开拓全新的细分领域，同时更是北京汽车在技术、生产、品质上的一次重大提升，是北京汽车全面创新转型的标志。副市长何剑波，高新区工委书记、天元区委书记谢高进，高新区管委会主任李智，北京汽车常务副总裁李继凯，北京汽车执行副总裁邬学斌参加下线仪式。（周高林）

【万丰湖公园开园迎客】 2016年5月16日，万丰湖公园开园迎客。万丰湖公园位于新马创新城中心地带的万丰港流域，南起京港澳高速，北至湘江，东临万丰路，西靠新丰路，是一个生态景观工程。项目总投资约12亿元，占地面积约133.33公顷，其中水体面积约60公顷，山体面积9.73公顷，南北长约5公里，共设有53个景点。万丰湖是继神农湖、栗雨休闲谷之后，天元区生态文明建设的又一力作。

（周高林）

【国家新能源机动车质量监督检测中心株洲分中心在天元区落户】 2016年7月29日，国家新能源机动车质量监督检测中心株洲分中心落户天元区汽车博览园。项目总投资约7.9亿元，分两期建设。项目建成后，可以为湖南及周边贵州、湖北、江西、广西等省份汽车整车及零部件企业的发展提供良好的公共检测服务平台，可以开展委托业务、3C认证、公告业务、国家强制试验检测业务等。（周高林）

【中共株洲市天元区第五次代表大会】 2016年9月20—22日，中共天元区第五次代表大会召开。天元区委书记周建光代表中共天元区第四届委员会向大会作题为《凝聚中国动力 建设幸福天元 为率先实现基本现代化而努力奋斗》的工作报告，天元区区长董巍主持会议。大会代表共248名，实到248名。会议选举产生新一届区委领导班子和区纪委领导班子，周建光等11人当选为中共天元区第五届委员会委员。（周高林）

【产业招商和投资促进工作新机制】2016年12月16日，天元区召开中国动力谷产业招商和投资促进工作动员大会，正式实施招商引资、项目引进新机制，开通招商信息管理系统，打造招商新局面，促进株洲·中国动力谷产业发展。成立株洲高新区(天元区)招商工作领导小组并设立汽车及新能源汽车产业促进工作组、轨道交通及通用航空产业促进工作组、电子信息产业促进工作组、新材料产业促进工作组、新能源产业促进工作组和现代服务产业促进工作6个产业招商组。（周高林）

【封存公务用车】2016年12月23日，全区各镇、街道，区直机关各单位参与改革的112台公务用车全部按要求封存。天元区参改单位实有车辆173台，根据《株洲市天元区党政机关公务用车制度改革实施方案》，拟保留61台一般执法执勤、行政执法、机要通信、应急用车等。（周高林）

芦淞区

中共芦淞区委书记		王建勇
区委副书记、区长		杨晓江
区委副书记		蒋　峰
区委常委、常务副区长		粮水云
区委常委、组织部部长		李　斌
区委常委、统战部部长		冯湘玲
区委常委、宣传部部长		喻华军
区委常委、纪委书记		邹建平
区委常委、人武部部长		杨人杰
区委常委、政法委书记		文定国
区委常委、区委办主任		林　坚
区人大常委会主任		肖支前
副主任	陈　刚	尹自力
	曹运社	余四丰
		罗　晖
区人民政府区长		杨晓江
副区长	粮水云	樊　伟
	段可文	姚　艺
	肖立志	杜　益
		林　涛
区政协主席		陈光国
副主席	汤福金	王　波
	廖文聪	徐治江
区人民法院院长		高建明
区人民检察院院长		贺武夷

【概况】2016年，芦淞区辖贺家土、建设、建宁、董家塅、龙泉、庆云、枫溪7个街道办事处，白关1个镇，拥有株洲国家高新区董家塅高科技工业园1个，省级经济开发区建宁开发区1个，大京风景区管理委员会1个，总面积216.8平方公里，耕地面积4227公顷，年末常住人口29.8万人。年内气温最高38.8℃、最低－5.1℃；年降水量1709.4毫米。

全年全区实现生产总值337.7亿元，比上年增长8.4%。其中一、二、三产业分别实现增加值6.3亿元、132.9亿元、198.5亿元，分别增长3.3%、7.3%、9.3%；财政总收入13.5亿元，增长9.1%，其中一般预算收入8.6亿元，增长3%。

全年完成农业增加值9.35亿元，增长3.4%。粮食作物播种面积5233.33公顷；粮食总产量3.46万吨，蔬菜种植面积2893.33公顷；全年肉类总产量9751吨。农村土地承包经营权流转有序推进，现代农业发展加快，汉唐农业成为省级农业龙头企业，百园嘴入选省级休闲农业示范园，并与华亿农庄、农家壹号一同获评省五星级休闲农庄。“农田水利三年攻坚计划”顺利完成，成功申报中央财政小农水重点县。

全年完成工业增加值76.5亿元，增长7.4%。从主要行业看，航空产业（不含南方公司）产值12.6亿元，增长24.8%，服饰产业25.7亿元，增长0.5%，汽车及零部件业22.5亿元，增长6.8%，摩托车制造业6.6亿元，增长－24.5%，有色金属业5.8亿元，增长4.5%。完成规模工业增加值52.4亿元，增长7.6%。高新产业不断壮大，中航通发、中航精密铸造、欧科亿合金等高新企业保持较好发展速度。航空产业跻身省级战略层面，省政府出台《加快航空制造业发展的若干政策措施》，“两机重大专项”正式落户，株洲通用机场竣工在即，山河SA160五座机亮相珠海航展并成功下线，入选国家首批通航产业综合示范区；西迪打破国外技术壁垒，成为中国制造新名片，被央视新闻联播专题推介。服饰产业厚植基础优势，“四园一中心”（白关服饰产业园、大美物流园、洗水工业园、电商工业园和“小巨蛋”品牌发布中心）建设扎实推进，洗水工业园建成投产，白关服饰产业园获评省级科技企业孵化器、全国纺织产业特色名城。

全年实现社会消费品零售总额245亿元，增长11.7%。其中批发零售业224.3亿元，增长11.6%，住宿餐饮业20.7亿元，增长12.3%。限额以上零售企业的主要商品销售呈现三极分化趋势，书报杂志和汽车类商品销售额增长较快，分别增长149.1%和31.3%；粮油、食品，服装、鞋帽、针纺织品类商品增长稳定，分别增长3.1%和4.2%；金银珠宝类、日用品类商品分别增长－24%和－15.7%。成功举办天猫首次湖南招商大会、湖南（株洲）第三届电商峰会、首届芦淞消费节，苏宁易购中华特色株洲馆正式上线，“创业90”电商孵化基地不断壮大，阿里巴巴·株洲产业带综合排名保持全国前十。大汉·悦中心成为青年创业者乐园，涌现温泉影吧、特色酒吧、个性服装体验馆等一批时尚消费热点。

全年完成固定资产投资总额319.4

亿元，增长14.1%。扎实开展“项目攻坚年”活动，铺排重点项目70个，实现项目开工26个、竣工10个，完成重点项目投资110亿元。完成257.33公顷集体土地征拆和9万平方米国有房屋征收。航空城、服饰城“生命通道”基本成型，部分路段建成通车，城际铁路株洲南站正式运营，枫溪大桥竣工通车，“外成环、内成网”的路网格局正加速形成，湘江风光带河东段建设加快推进，完成泉中路、庆云山路等5条小街小巷提质，完成棚户区改造1044户，依法关停洗水企业33家，湘江保护和治理工作成效显著，中心城区品味大幅提升。

深入实施“民生”工程，民生支出占公共财政支出73%。对口帮扶5个贫困村有3个村如期脱贫。城乡居民社会养老保险和医疗保险实现全覆盖，新增企业养老保险参保3000人。开通就业创业服务“智慧人社”APP公众平台，新增城镇就业9700人，失业人员再就业2933人，创业带动就业22089人，获中小城市创新创业百强区。教育工作获国家义务教育质量监测实施县级优秀组织单位，“全面改薄”获全省先进。科技工作获全省知识产权先进区。计生工作顺利通过“新国优”创建考评验收。建立居民电子健康档案24.8万份，建档率84.3%。推行家庭医生签约服务，签约居民3400余户。国家公共文化服务体系示范区创建有序推进，举办“欢乐潇湘”“镇村大舞台”等群众文化活动100余场。完成贺家土街道办公场所整体搬迁，提质改造社区便民服务中心26个。学堂冲社区成功创建国家级综合减灾示范社区。人防工作获全省先进。连续10年保持省“平安县市区”称号。温州商会调委会获全省安全生产工作先进县市区。

存在的困难和不足：工业支撑作用不强，转型升级任重道远；基础设施和功能配套仍然滞后，承载能力还有待加强；财政刚性支出逐年增加，收支平衡压力较大；民间投资意愿不强，重大项目储备不足；群众利益诉求日趋多元，矛盾纠纷化解工作难度加大，安全生产形势不容乐观；少数干部工作作风有待改进，适应把握引领新常态的能力有待提升等。

（赵　飞）

【入选国家首批航空产业综合示范区】2016年底芦淞区获批为全国首批26个先期开展通用航空产业综合试点示范区之一，是湖南省这次唯一入选城市。

株洲航空工业起步于20世纪50年代初期，经过60多年发展，已成为全国唯一的中小航空发动机特色产业基地，在中小航空发动机、燃气轮机、航空机械传动等领域处于国内领先地位，是全国集航空发动机设计研发、制造于一体的中小型航空产业体系最完整的地区。近年来，株洲依托中小型航空发动机研发和制造技术优势，积极向民用产业及通用航空产业领域拓展，将航空产业作为支柱产业培植。其核心项目株洲航空城规划面积57.6平方公里，2013年9月开工建设以来，已投入建设资金近70亿元，株洲通用机场即将建成。2016年株洲航空城有各类航空企业25家，航空产业创产值102亿元。（赵　飞）

【白关服饰产业园获评省科技企业孵化器】2016年8月，株洲新芦淞玉城置业有限公司旗下株洲白关玉城服饰产业园获批为“湖南省科技企业孵化器”。该产业园拥有用于企业生产研发及公共服务孵化场地4.5万平方米。近两年，株洲白关玉城服饰产业园通过为服饰企业提供政务服务、资金支持、投融资服务、技术支持、培训辅导、管理咨询等系列服务，助力服装机械、制服生产研发、面辅料研发、服饰设计研发等服饰企业发展，有力地推动了株洲服饰产业升级转型，促进服饰科技企业成果转化。（赵　飞）

【白关镇获全省首批产镇融合服饰小镇】2016年，芦淞区白关镇以“服饰小镇”被省发改委批准为全省第一批产镇融合示范镇，为全省13个第一批产镇融合示范镇之一。为在全省重点打造一批具有产业创新特色、产业功能提升、产镇融合发展的产镇融合示范镇，省发改委联合省国开行在预算内设立专项，对获评乡镇进行贷款贴息。芦淞区白关镇成功入选第一批产镇融合示范镇，将助力全镇经济转型升级和城乡统筹发展，推动示范镇做大做强经济，形成特色鲜明的产业，增加农民收入，改善群众生活。

（赵　飞）

荷塘区

中共荷塘区委书记		邬凌云
副书记	王利波	赖晓智
区委常委、统战部部长		王顺安
区委常委、政法委书记		崔家盛
区委常委、常务副区长		刘国梁
区委常委、人武部政委		欧阳权
区委常委、纪委书记		郑志富
区委常委、宣传部部长		陈三龙
区委常委、组织部部长		刘政凯
区委常委、区委办主任		文韶松
区人大常委会主任		陈友元
副主任	张赐华	刘湘林
	彭物明	喻秋良
		郭　莉
区人民政府区长		王利波
副区长	刘国梁	程铁辉
	王　冬	陈柏文
	成良池	刘必林
		余　鹏
政协荷塘区委员会主席		何恒仁
副主席		朱兴来
		廖　山（兼）
		肖宏琳（兼）
		冯　晓（兼）
		方　芳

区人民法院院长 黄玉丰
区人民检察院检察长 黄伟波

【概况】荷塘区总面积143平方公里。2016年，全区辖1镇、1个管委会、1个管理办公室、5个街道办事处和1个省级工业集中区。共有34个社区居委会、24个行政村，常住人口29.64万人。其中城镇常住人口28.18万人，农业常住人口1.46万人，总户数9.32万户，城镇化率95.07%。

全年实现地区生产总值(GDP)216.95亿元，同比增长8.4%。其中，第一产业增加值4.21亿元，第二产业增加值114.85亿元，第三产业增加值97.88亿元，分别增长3.5%、6.9%和10.6%。全区三次产业结构比由上年同期的1.89:55.97:42.14调整为1.93:52.95:45.12。完成公共财政预算总收入11.2亿元，增长9.2%；规模工业增加值68.6亿元，同比增长7.5%；社会固定资产投资187.1亿元，同比增长13.9%；社会消费品零售总额64.37亿元，同比增长12.3%；城乡居民收入分别达38893元和25547元，同比分别增长8.5%和8.3%。

全年实现农林牧渔业总产值7.38亿元，增加值4.25亿元，同比增长2.1%。2016年，全区粮食播种面积4.96千公倾，粮食产量3.47万吨，同比增长1.06%。油菜籽播种面积0.42千公倾，收获油菜籽0.08万吨。蔬菜种植面积2.77千公倾，收获产量11.91万吨，瓜果种植面积0.19千公倾，收获0.13万吨。全区出栏生猪8.2万头，出栏羊0.66万只，出笼家禽33.79万羽。肉类总产量0.69万吨，禽蛋产量为0.07万吨。水产品产量完成3660吨，实现产值3639.8万元，同比增长13%。

全年规模以上工业增加值68.6亿元，同比增长7.5%。新增规模工业企业13家。新增高新技术企业1家，打造科技创新平台4个，全区实现高新技术产品产值61.25亿元，增长26.8%。

全区接待旅游总人数649.61万人次，同比增长22.11%，完成旅游总收入67.05亿元，同比增长54.21%；启动龙山寺佛教文化园3A级旅游景区创建工作。全区利用外资到位1.16亿美元，同比增长8.82%。全年共有国家高新技术企业32家，国家级研发机构6家，省级研发机构14家。全区申请专利674件。

项目带动不断增强。2016年，荷塘区成功争取株洲地区唯一的省科技成果转移转化示范县建设项目。创设区项目办，对全区所有项目进行统筹、协调、督办。全年共实施市、区重点项目106个，完成市级重点项目投资86.54亿元。嘉德工业园一期、株浏公交基地等28个项目顺利竣工，荷塘大道延伸段、上月塘棚改等29个项目顺利推进，株洲市农副产品批发交易物流中心、公安系统“三所合一”等31个项目开工建设，中美医院、车辆段维修基地二期等18个项目前期工作有序开展。

产业特色逐步彰显。千金湘江药业高端药物制剂研发产业基地、亿和医药等医学健康产业项目建成投产，株洲春华实业碳酸锂、金泰硬质合金等新材料产业项目快速推进，时代电气与车辆厂电气轨道工程机械制造基地、科盟车辆配件生产基地等轨道交通装备配套产业项目顺利开工，医学健康、新材料、轨道交通装备配套三大主导产业规模逐步壮大。东部美的城一期、香槟小镇等房地产项目成功履约落地，恒大御景湾、逸都花园逸景一期等房地产项目进展顺利，亚和家居广场建成开业，百胜餐饮集团株洲分公司、万利隆食品株洲分公司、省建工集团五公司等区域总部落户荷塘，以房地产、商贸物流为代表的第三产业不断活跃。休闲农业经济实体增至140个，以观光、体验为主的瓜果、蔬菜、花木特色种植基地增至50个，油茶基地面积增至800公顷，形成以荷塘月色为中心的农业产业辐射区域，现代都市农业加快发展。

承载能力大幅提升。加速拓宽城乡发展骨架，东环北路二期、向阳北路、白云路、枫丹路、德政路等道路建成通车，金桥路、建宁港路、荷塘大道延伸段、桂花路延伸段等道路建设推进顺利，完成农村公路建设及提质25公里，建成农村客运招呼站6个，城乡交通更加便捷。高品质建成城市小游园3个，建设美丽乡村3个，完成病险水库除险加固6座，整修灌溉水渠10公里，整修山塘16口，新修“五小”水利工程80处，城乡基础设施更加完善。大力夯实园区发展平台，完成标准厂房建设24.4万平方米，入驻企业35家，招商中心、污水处理站等竣工运行，金城燃气茶园综合站、国联捷综合物流等5个过亿元项目实现落地，园区综合实力进一步增强。

改革创新不断深化。继续深入推进“互联网+政务服务”改革，全面建成区、街道、社区三级实体政务（便民）服务中心40个，纳入“一门式”综合窗口办理事项增至235个，45项服务办理时效提高50%，实时即办率超过70%，全省首个综合政务手机APP“智慧荷塘”正式上线，全省首个政务卡通形象“塘宝”顺利诞生，“一门式”政务服务改革取得阶段性成效。大力推进“自治家园”系统平台建设，包含20万居民18项基础信息的社区信息化平台全面建成，信息的社区信息化平台全面建成，与“一门式”政务服务系统实现数据共享互通，社区工作效率大幅提高。企业服务中心投入运营，梳理服务项目75项，为全区200多家企业提供惠企政策定点推送服务，为27个项目争取扶持资金4200万元，通过科技银行为20家中小微企业促成、对接贷款8000万元，“一中心、八平台”企业服务体系初步建成。创新和完善投融资公司运作模式，通过捆绑发行企业债和私募债、发行园区发展基金、争取政策性银行贷款等模式强化资金保障，加大政府存量债务置换力度，全区融资成本大幅下降。

社会事业全面发展。民生支出共

计9.39亿元，同比增长28.6%，持续完善社会保障，新增城镇就业10009人，城镇登记失业率控制在4.5%以内，城乡低保标准分别提高到470元、220元；完成煤田小区等老旧小区改扩翻及太阳村等城中村棚户区改造1789户，改造农村危房130户，群众住房条件得到有效改善。大力发展社会事业，启动美的荷塘小学新建、博雅小学改扩建等项目建设，完成十五中、十九中并校工作，教育资源分配更加均衡。全年全区小学招生人数4168人，同比增长0.87%，小学在校学生22788人，同比增长3.86%；普通初中招生人数3335人，同比增加23.29%，普通初中在校学生8786人，同比增长6.86%。适龄儿童小学入学率100%，小学升学率100%，普通初中生升学率99.96%；打造区域教育特色品牌，成功创建湖南省青少年校园足球试点县（区）、湖南省教育信息化创新应用示范区；完成农村公益电影放映516场，围绕“忠孝”文化组织开展各类大型文体活动和文艺志愿服务28次，参与群众4万人次，文化体育事业加快发展；完成社区卫生服务中心提质改造，为30326户居民提供家庭医生、乡村医生签约服务，城乡居民电子健康档案建档率达70%，公共卫生服务水平不断提升；积极稳妥实施全面两孩政策，成功创建新一轮全国计划生育优质服务先进单位。全面加强城市管理，重点抓好中南蔬菜市场、合泰、富家垅等人口密集区的市容环境整治，实行环卫作业市场化全域管理，市容环境持续改善；推进建宁港黑臭水体整治，关停洗水企业5家、畜禽养殖场所3家，生活垃圾处置率继续保持100%，环境治理水平不断提升。

存在的主要问题及困难：一是经济下行压力大，工业投资、民间投资增长乏力，发展动能不足；二是产业项目支撑不强，大项目数量偏少，尤其是工业项目相对薄弱，产业集聚效应仍不明显；三是财政收入质量不高，财税收入与结构难以平衡，财政稳定增长困难，财政收支平衡压力较大等。

（黄宇晖）

【成功申报湖南省科技成果转移转化示范县建设项目】 2016年，荷塘区成功申报湖南省科技成果转移转化示范县建设项目，连续3年争取省科技厅共1000万元的专项资金支持。全年组织辖区企业申报国家、省、市各类科技项目55个，争取项目资金1556万元。株洲硬质合金集团有限公司“Ni3Al强化粘结相的WC-Co-Ni-Al硬质合金制备关键技术及应用”项目获得中国有色金属工业协会科学技术二等奖；株洲硬质合金集团有限公司“碳化钨粉游离碳国家标准样品的研制”项目获得2016年度中国有色金属工业协会科学技术二等奖；株洲宏达电子股份有限公司“CAK55型可靠性指标的片式高分子固体电解质钽电容器”项目获省国防科技进步二等奖。中国化工株洲橡胶研究设计院有限公司“高弹性防水密封材料”项目荣获湖南省国防科学技术进步三等奖。（黄宇晖）

【全市首家“湖南省教育信息化创新应用示范区”】 2016年，荷塘区在全市率先创建为“湖南省教育信息化创新应用示范区”。全年全区累计投入近1000万元用于教育信息化建设，全面完成“三通两平台”工程。年内，全区以创新应用示范项目为抓手，推进信息技术在教育管理、教学应用以及课程改革等领域中的全面应用与深度融合，新增省、市级“数字校园”和教育信息化试点、示范学校4所，网络名师工作室8个。代表株洲市迎接国务院教育督导委员会教育信息化专项工作督查获好评，典型经验获湖南省教育信息化“荷塘模式”赞誉。

（黄宇晖）

【获全省全面建成小康社会达标单位、全面建成小康社会“十快进县”荣誉】 2016年，荷塘区委、区政府以全面建成小康社会为总揽，突出创新创业，加强民生保障，在经济发展、人民生活、社会发展等5大类指标中，有4类得分高于90分；在人均地区生产总值、人均财政总收入、居民收入水平等22项具体指标中，有14项得满分，总分92分，提前全面建成小康社会，获得全省全面建成小康社会达标单位、全面建成小康社会“十快进县”荣誉。

（黄宇晖）

石峰区

中共石峰区委书记		张建勇
副书记、区长		邓元连
副书记		李　红
区委常委、纪委书记		汤小红
区委常委、统战部部长		李立新
区委常委、常务副区长		兰　军
区委常委、宣传部部长		刘文星
区委常委、组织部部长		李　军
区委常委、区人武部部长		周　勇
区委常委、区委办主任		欧阳政
区委常委、政法委书记		钟水根
区人大常委会主任		屈邵阳
副主任	翁领先	阳　健
	周立君	罗　艳
		单湛君
区人民政府区长		邓元连
副区长	兰　军	张伟文
	朱　斌	贺建平
	欧　雷	言晓军
		屈　擎
区政协主席		颜曼文
副主席	王湘琳	曾　嵘
	娄　健	龙　峰
		谢　洁
区人民法院院长		刘新文
区人民检察院检察长		李云开

【概况】 石峰区因境内石峰山而得名。位于北纬27° 50' 58" ~ 28° 01' 56"，东经113° 01' 52" ~ 113° 28' 41″，地处株洲市北部，东与荷塘区接壤，南临湘江与天元区、芦淞区隔

江（港）相望，西与湘潭市岳塘区毗邻，北与长沙市天心区交界。总面积 91.3 平方公里，辖 5 个街道，9 个行政村，36 个社区，拥有株洲轨道科技城（田心高科园）、清水塘循环经济工业区两大国家级工业园区。2016 年末，全区常住人口为 26.2 万人，比上年末减少 0.2 万人。其中城镇人口 25.6 万人，城市化率 97.82%。常住人口出生率 10.5‰，死亡率 6.1‰，自然增长率 4.5‰。

全年全区实现地方生产总值（GDP）311.8 亿元，比上年增长 3.1%。其中，第一产业增加值 2.0 亿元，增长 3.2%；第二产业增加值 236.0 亿元，增长 2.0%；第三产业增加值 73.8 亿元，增长 9.7%。按常住人口计算，全区人均地区生产总值达到 11.9 万元。全区三次产业结构由 2015 年的 0.6 ∶ 84.3 ∶ 15.1 调整为 0.6 ∶ 75.7 ∶ 23.7。

全年完成公共财政预算收入 20.0 亿元，比上年增长 7.2%。其中地方财政收入 11.7 亿元，比上年增长 38.2%。税收收入完成 14.0 亿元，比上年下降 9.3%。全年公共财政预算支出 16.2 亿元，比上年增长 32.6%。其中一般公共服务支出 5.1 亿元，比上年增长 22.4%；教育支出 2.2 亿元，比上年下降 26.8%。社会保障和就业支出 1.0 亿元，比上年增长 24.4%；医疗卫生支出 0.6 亿元，比上年增长 0.5%；城乡社区支出 3.1 亿元，比上年增长 136.6%。

全区实现农林牧渔业增加值 2.1 亿元，比上年增长 3.3%。全年农作物播种面积 1.4 千公顷；粮食播种面积 0.7 千公顷；蔬菜种植面积 0.4 千公顷。全年主要农副产品产量保持基本稳定。全年实现工业增加值 227.3 亿元，比上年增长 1.9%，其中规模以上工业增加值 208.0 亿元，增长 1.9%，增速较上年下降 5.1 个百分点。全年 19 家大中型工业企业实现增加值 199.9 亿元，增长 2.0%。其中铁路、航舶、航空航天和其他运输设备制造业完成增加值 107.0 亿元，总量居各行业之首；电气机械和器材制造业增长 220.0%，增速居前十位行业之首。园区规模工业增加值 194.3 亿元，增长 2.8%，占规模以上工业增加值的比重为 93.4%，比上年提高 0.6 个百分点。规模工业新产品产值 334.5 亿元，下降 26.6%。万元规模工业增加值能耗比上年下降 2.1%。高新技术产业实现总产值 732.5 亿元，实现增加值 179.8 亿元，比上年增长 0.1%（现价），占规模以上工业增加值比重达到 86.4%，实现利税 83.0 亿元，下降 10.7%。

全年完成全社会固定资产投资总额 192.0 亿元，比上年增长 13.6%。其中，工业投资 108.1 亿元，增长 3.1%。全年亿元以上投资项目 41 个。全年重点工程项目 42 个，完成投资 111.7 亿元。稳步推进循环集团转型发展，全年融资到位 81.3 亿元，为全区项目建设快速推进提供了有力的要素支撑。铜塘湾保税物流中心（B 型）、智谷二期、环保大道等一批项目开工建设，中车大道、田心大道等一批项目加快推进，储能式有轨、无轨电车产业化等项目竣工投产。中车三大研究院、IGBT 产业化项目、转向架智能制造等项目加快推进；与德国福伊特、杭州蓝力电动科技等签订合作协议，引进一批产业配套项目，产业链条不断完善；中车株机海外市场不断拓展，在欧洲成立首家子公司，与捷克里奥快铁公司正式签约，成功打入欧盟市场；中车株所入围首批国家重点研发计划项目；联诚集团在全省民企百强榜排名 36，比 2015 年上升 29 个名次。清水塘老工业区做“减法”。五矿株冶、中盐株化、海利化工、昊华、柳化桂成等企业搬迁改造有序推进，37 家中小冶炼化工企业已关停 22 家、已启动搬迁 6 家、完成土地收储调查评估 15 家，与株洲钢厂、霞湾建材 2 家企业签订协议，收储土地 33.33 多公顷，搬迁改造工作取得阶段性进展。

时代大道南北辅道、田林路二期（石峰段）、铜霞路三期等一批城市主干道竣工通车；霞湾港（排污渠）重金属污染治理二期项目顺利竣工，环境污染第三方治理试点项目全面启动，污染存量继续下降；积极探索无人管理小区自治模式，湘氮、起重机小区、新兴家园等 10 个老旧小区提质改造全面完成；成功荣获省文明城区，顺利通过全国文明城市复检。

全年房地产开发业实现增加值 7.0 亿元，比上年增长 12.1%，占第三产业增加值比重为 9.5%。房地产开发完成投资 24.4 亿元，比上年下降 2.4%，占固定资产投资的比重为 12.7%。房地产开发施工面积 173.5 万平方米，下降 1.5%；竣工面积 29.0 万平方米，下降 20.6%。全年商品房销售面积 51.4 万平方米，增长 68.5%；实现商品房销售额 18.9 亿元，增长 66.8%。

全年批发零售业实现增加值 5.8 亿元，比上年增长 4.8%，住宿餐饮业实现增加值 3.0 亿元，比上年增长 6.2%。实现社会消费品零售总额 51.7 亿元，比上年增长 11.8%。其中城市消费品零售额 48.8 亿元，增长 11.9%；农村消费品零售额 2.9 亿元，增长 11.7%。市区居民消费价格总指数（CPI）为 101.8%，涨幅比上年上升 0.1 个百分点。

全年完成进出口总额 4741 万美元，同比增长 6.6%。实际利用外资 1.2 亿美元，增长 11.5%；实际引进境内省外资金 38.4 亿元，增长 14.9%。

全年城镇居民人均可支配性收入 39180 元，比上年增长 8.1%；农村居民人均纯收入 19208 元，比上年增长 7.3%。全年城镇新增就业人员 0.9 万人，比上年下降 18.5%，城镇登记失业率为 3.04%，比上年末增加 0.8 个百分点。

年末参加城镇基本养老、基本医疗、失业和生育保险人数分别为 4 万人、20.5 万人、1.5 万人和 7.6 万人。参加城乡居民养老保险人数为 0.6 万人。参加新型农村合作医疗的人数为 2.2 万人，参保率为 97.9%。

年末，共拥有 2 所九年一贯制学校、4 所初级中学、11 所小学。小学、初中在校生共 18384 人。全年小学适龄儿童入学率和毕业生升学率继续保持在100%，九年义务教育巩固率100%；教育经费占公共财政预算支出的比重达13.7%。全年救助贫困学生681人次。（以上只含九年制义务教育数据）

全年研究与试验发展（R&D）经费支出（规模工业）12.1亿元，相当于地区生产总值的3.9%。年末共有国家及省级企业重点实验室7个，国家及省级工程（技术）研究中心26个。专利申请量与授权量分别为1690件和976件，分别同比增长17.6%和持平，其中发明专利申请量与授权量分别为819件和353件，分别同比增长7.8%和3.5%。

全年有卫生机构130个，其中医院8个。有社区卫生服务中心（站）7个。拥有床位2200张。有各类专业卫生技术人员2854人，其中执业（助理）医师1137人。婴儿死亡率及5岁以下儿童死亡率分别为4.0‰、5.7‰。适龄儿童免疫规划疫苗接种率98.0%以上。

积极抢抓国家棚户区改造政策机遇，全省最大的国有土地房屋征收项目清水塘棚户区改造加快推进，完成签约4582户、面积25.3万平方米，刷新全市棚改记录。建成先锋三期、九郎山、霞湾新村一期等5个安置小区，积极稳妥推进分房工作，近千安置户喜获新居。提质改造花果山社区等6家社区服务场所，新建5个居家养老示范点；成功举办“蝶变清水塘—石峰区老工业区变迁”主题摄影图片展，区文化馆再次被评为国家二级馆；荣获全省知识产权强县、全省安全生产先进县市区、全省人口和计划生育工作良好单位。（何颖沙）

【石峰区保持省“文明城区（县城）”称号】 2012年，石峰区大力推进社会主义核心价值体系建设，广泛开展内容丰富、形式多样的群众性精神文明创建活动，取得丰硕的文明成果。被省委、省政府授予省“文明城区（县城）”称号。1998年，石峰区成为株洲市第一个“省级文明城区”。从2000年开始，省文明城区实行6年一届、2年一复查制度。2012年，石峰区第三次申报省文明城区并通过考核。2016年，株洲市成功通过国家复检测评，石峰区继续保持“省级文明城区”荣誉称号。截至2016年，石峰区保持省文明称号达19年。（何颖沙）

【株洲铜塘湾保税物流中心（B型）】 9月19日，株洲铜塘湾保税物流中心（B型）项目开工。市委副书记、市长阳卫国出席开工仪式，并宣布项目开工。株洲铜塘湾保税物流中心（B型）项目于2016年1月获海关总署等4部委批复建设，是2016年全市重点建设项目之一。项目选址清水塘循环经济工业园的核心区内，紧靠铜塘湾港，近邻株洲北站，规划用地11.3万平方米，总建筑面积7.6万平方米，总投资约7.7亿元。项目集保税仓储、国际物流配送、进出口贸易和转口贸易、简单加工和增值服务及出口退税五大核心功能于一体，将严格按照保税物流中心建设国家标准，建设保税仓库、监管仓库、堆场及停车服务区、综合大楼及配套用房、出入卡口、隔离围网等基础设施，计划于2017年封关运营。该项目的建设，整合了株洲北站铁路货运枢纽、黄花机场、铜塘湾码头及周边高速公路等物流基础资源，建成后将成为“链接长株潭、辐射中西部”的重要物流节点，可为企业提供保税仓储、运输、信息、配送、展示等服务，满足周边省市加工制造业对保税物流和快速通关的需求，进一步降低企业的物流营运成本，发展多式联运，促进株洲物流国际化和现代化，推动外向型经济发展和产业转型升级。（何颖沙）

【轨道智谷二期项目开工】 12月18日，石峰区轨道智谷二期项目正式开工。

轨道智谷二期项目是2016年度株洲市、石峰区重点建设项目。该项目以机车配套精密机加工产业为基础，重点培育发展轨道交通智能设备系统和生产性服务业，致力打造全省首个专业轨道交通科技中小型企业集聚地和轨道交通产业技术创新联盟总部。智谷二期占地18.33公顷，建筑面积19.6万平方米，包括研发中心、企业总部、创业工坊、轨道智能中心和蓝领公寓等，计划投资5.68亿元，预计2018年竣工验收，可满足100余家中小企业集聚创新发展需要。（何颖沙）

株洲县

中共株洲县委书记	罗绍昀
副书记、县长	刘克胤
副书记	朱江
县人大常委会主任	罗禧瑰
政协株洲县委员会主席	王亚男
县委常委、宣传部部长	刘美和
县委常委、纪委书记	谭伟生
县委常委、统战部部长	刘奇伟
县委常委、政法委书记	张德云
县委常委、人武部部长	易运华
县委常委、常务副县长	武挪强
县委常委、县委办主任	刘辉
县委常委、组织部部长	谭成华
县人大常委会副主任	郭兴龙 何沙 李桂香 张国雄 唐定文
县人民政府副县长	武挪强 晏永辉 于大平 黄团结 吴宏亮 漆帅花 刘行国
县政协副主席	李文亮 瞿梅（兼） 陈代陆（兼） 邓霞云 齐满珍
县人民法院院长	邓国平
县人民检察院检察长	凌辉

【概况】 2016年，株洲县辖8个镇，另设1个场。共有10个居民委员会、129个村民委员会，3189个村民小组。

土地总面积1053.6平方公里，其中耕地面积24584.22公顷。年末全县户籍总人口35.2万人，常住人口29.72万人，城镇化率44.01%。全县出生人口4110人，出生率为11.7‰，死亡人口1454人，死亡率4.1‰，人口自然增长率7.6‰。

全县地区生产总值127亿元，增长8.2%。其中，第一产业增加值21.4亿元，增长3.7%；第二产业增加值66.5亿元，增长7.5%；第三产业增加值39.1亿元，增长11.8%。三次产业结构由上年的16.8 ∶ 53.7 ∶ 29.5调整为16.8 ∶ 52.4 ∶ 30.8。一、二、三次产业对GDP增长的贡献率分别为7.8%、49.5%、42.7%，拉动GDP增长0.6、4.0、3.6个百分点。全县完成公共财政预算总收入13.1亿元，比上年增长10.5%。全县完成公共财政预算支出22.6亿元，增长8.1%。年末全县金融机构本外币各项存款余额148.8亿元，增长23.8%；居民储蓄存款102.4亿元，增长17.1%。本外币各项贷款余额62.5亿元，增长17.3%。全县全体居民人均可支配收入19476元，比上年增长9.0%。城镇居民人均可支配收入29089元，增长8.6%。农村居民人均可支配收入15982元，增长8.9%。全县城乡居民人均生活消费支出13018元，比上年增长11.5%。主要经济指标中，固定资产投资、城乡居民可支配收入等增幅居5县市之首，地区生产总值、一般公共财政预算收入、社会消费品零售总额等增幅居5县市第二。

全县实现农业总产值30.6亿元，比上年增长3.8%。粮食种植面积3.57万公顷，增长1.7%，粮食总产量24万吨，增长2.6%，保持产粮大县称号。稻谷种植面积3.41万公顷，增长1.5%，稻谷产量23.3万吨，增长2.2%；玉米种植面积566.67公顷，增长7.7%，玉米产量2776吨，增长8.7%；蔬菜种植面积增长4.2%，蔬菜产量25.2万吨，增长5.0%；水产品产量11673吨，增长2.2 %；禽蛋产量6569吨，增长2.6%；全年出栏肉猪54.8万头，增长0.7%。打造森龙、宏鑫、中联天地等3个高产油茶示范片，巩固油茶生产大县地位。成功创建省级生猪标准化养殖示范县。建成11个农产品标准化生产基地，新增湘春农业、明扬农牧等7家省市农产品加工龙头企业。完成水库除险加固、防洪保护圈等7大水利项目，投资建设“小农水”基础设施1500余处。完成农网改造项目42个284公里。全年完成农村通畅工程100公里、农村公路升级改造65公里、安保工程125公里、危桥改造35座、农村客运招呼站30个。完成水库除险加固、防洪保护圈等7大水利项目，建设“小农水”基础设施1500余处。完成农网改造项目42个284公里。全面划定生态保护红线，进一步加强环境保护和生态建设。打造8个“美丽乡村”，完成10个村的人居环境整治。完成湘江保护治理项目21个，取缔非法砂石场17家。龙潭镇成功创建小城镇建设市级重点镇，朱亭镇荣获“株洲市绿色乡镇”称号。

全县实现社会消费品零售额41.4亿元，比上年增长12.4%。全年进出口总额（海关口径）699万美元，比上年下降7.4%。全县引进内资项目91个，合同引进县外资金152.6亿元，实际到位县外资金36.9亿元，比上年增长9.2%。实际利用外资4582.3万美元，比上年增长11.8%。全年接待国内外游客83.5万人次，同比增长21.7%；实现旅游总收入5.02亿元，同比增长56.9%。

全县完成固定资产投资106.4亿元，比上年增长14%。实施项目投资“312”工程，5000万元以上项目达38个，55个市县重点项目进展顺利。东城大道、紫涵湖等10个项目按期开工，南洲新区骨干路网、标准厂房等8个项目实现竣工。引进项目91个，到位资金36.8亿元。四大平台公司累计融资62.3亿元，到位39.9亿元。开展征地拆迁“百日攻坚”行动，强势推进拆迁拆违控违工作，累计签订房屋征拆协议858户，拆除房屋451栋。改造老旧小区17个，建成渌江风光带二期景观工程。接通南洲新区燃气，启动建设污水处理厂。渌湘大道、和谐大道、杨塘大道建成通车，湘江七桥、渌水二桥、东城大道、二线船闸加速推进。

全年施工项目237个，其中新开工项目213个。实现规模工业总产值132.5亿元，增长10.2%。新增规模以上工业企业10家。全年全部工业增加值39.1亿元，增长8.0%。规模以上工业增加值37.4亿元，增长8.0%。规模以上工业企业实现主营业务收入130.3亿元，增长9.8%。全县建筑业实现增加值27.4亿元，增长7.6%。完成房屋施工面积561.9万平方米，增长16.5%；房屋竣工面积374.6万平方米，增长19.0%。全年全县实现高新技术产业总产值58.9亿元，增长30.7%；实现高新技术产业增加值17.4亿元，增长31.0%。完成园区技工贸总收入134.6亿元，增长18.1%。兆能电磁、时代芳纶、亚胺薄膜等一批产业项目加快实施。电商、物流、商贸业加快发展，大美物流入驻电商企业110家，中央时代广场、瑞和广场等一批商贸综合体相继完工并投入运营。

全县实现交通运输、仓储和邮政业增加值2亿元，增长3.1%。其中：邮政业务收入3400万元。年末拥有固定电话用户1.6万户，移动电话用户27.7万户，互联网宽带接入用户3.4万户。

全年承担重大开发（及转化）项目11项，全年完成专利申请164件，增长15.0%，其中发明专利16件。授权专利58件，其中发明专利16件。全县有农业科技示范户1278户，科技下乡2.5万人次。全县共有基础教育校（园）113个，其中幼儿园67所，小学23所（不含：教学点22个），初中学校19所，高中4所。全县基础教育共有在校学生32669人。其中：学前教育8636人，小学教育13589人，初中教育5515人，高中教育4910人。

2016年高考二本以上录取528人，录取率37.69%。全县在编在职教师2312人。全年共发放助学金777.6万元，资助贫困学生9033人。新建7间录播教室，实施37所学校“全面改簿”工程，建设10所学校教师周转房。年末，全县共有文化馆1个，公共图书馆1个，广播台1座，电视台1座，有线电视用户17327户。大力实施文化惠民工程，对县文化广场、“两管一所”进行升级改造，两管一所全年免费开放共接待8.5万人次。国家公共文化服务体系示范创建工作深入开展，“欢乐潇湘·幸福渌湘”等文体活动亮点纷呈。举办为期6个月欢乐潇湘活动，开展送戏下乡活动30场，完成农村数字电影放映3000场，完成6120台电视“户户通”录入和安装，聘请专业艺术老师对全县业余文艺骨干进行三期免费培训。全县体育设施总体达到531个。其中，室内体育设施12个，室外体育设施519个。总场地面积56.1万平方米，人均设施面积1.9平方米。协办省第九届老年人运动会钓鱼比赛。参加株洲市“三好杯”中小学生田径运动会，共获7块金牌、5块银牌、6块铜牌。全县现有医疗卫生计生单位18个，其中县直医疗卫生计生单位6个、乡镇卫生院12个，有村卫生室233个。全县现有医疗卫生人员1112人。其中有高级职称30人，中级职称216人，初级职称685人。全县平均每千人有卫生技术人员3人，开放床位1400张，每千人拥有床位4张。农村适龄妇女“两癌”免费筛查2295人。县一医院完成整体搬迁并投入运营，县中医院改扩建全面启动。

全面落实“民生十大实事”，全面完成“民生100”工程。各项民生支出累计达22.2亿元，占财政总支出的72%。社会保险进一步扩面，“五险”支付标准和城乡低保、农村五保救助水平稳步提高。创建两个市级创业基地，新增城镇就业2073人，新增农村劳动力转移就业1915人。建设创业保障平台2个，发放创业贷款606万元。养老保险、城乡低保、医疗保险持续提标。全年共发放城乡低保资金3453.7万元，城乡低保人均救助水平分别提高至320元和112元每月，农村五保人均补助提高至300元每月。新建、改扩建敬老院2所，新增养老服务床位186张。年末全县参加城乡居民基本养老保险人数18.4万人；参加城镇职工基本养老保险人数3.1万人；参加城镇职工基本医疗保险2.4万人；参加机关事业单位养老保险人数9753人；参加工伤保险人数2.3万人；参加生育保险人数1.4万人；参加失业保险人数1.1万人；参加新型农村合作医疗保险人数269950人，参保率为95.7%。改造农村危房1505户，改造棚户区559户，续建公租房260套。大力推进脱贫攻坚，完成预脱贫692户2021人，12个贫困村全部达到退出验收标准，朱亭镇长远、生田2个贫困村申报验收退出。完成农业普查前期工作，如期启动入户登记。

全县规模工业综合能源消费量19.2万吨标准煤，比上年增长20.4%。全年空气优良天数比例74.9%，县内4个省环保厅认可的水质环境监测点位饮用水源地水质达标率为100%，农村垃圾集中处理率93.4%。全年报批项目用地283.2公顷，荣获全国节约集约土地模范县称号。城镇化率44.0%，新增管输天燃气用户1321户，城镇化污水处理率91.0%，水质综合合格率99.0%，城区绿化覆盖率32.87%。完成湘江保护治理项目21个，取缔非法砂石场17家。建成平安城市二期工程，深入推进食品药品安全专项整治，有效保障食品药品安全。率先在全市实现烟花鞭炮生产企业全面退出。安全生产、计划生育、社会治安综合治理三项工作获省先进。

（文　汇）

【中国共产党株洲县第十次代表大会】 9月19—22日，中国共产党株洲县第十次代表大会在县会议中心召开。县委书记罗绍昀代表中共株洲县第九届委员会作题为《加速融城，加快发展，为打造繁荣宜居幸福文明的株洲城市副中心而努力奋斗》的工作报告。参加大会的代表应到253名，实到252名。大会选举了株洲县出席市第十二次党代会代表和十届县委委员、候补委员、县纪委委员。大会以举手表决的方式，一致通过《中国共产党株洲县第十次代表大会关于中国共产党株洲县第九届委员会工作报告的决议》和《中国共产党株洲县第十次代表大会关于中国共产党株洲县第九届纪律检查委员会工作报告的决议》。在随后分别召开的中共株洲县第十届委员会、纪律检查委员第一次全体会议上，选举产生了株洲县新一届县委常委、副书记、书记和纪律检查委员会常委、副书记、书记。罗绍昀当选为中共株洲县第十届委员会书记；刘克胤、朱江当选为中共株洲县十届委员会副书记；罗绍昀、刘克胤、朱江、刘美和、谭伟生、刘奇伟、张德云、易运华、武挪强、刘辉、谭成华当选为中共株洲县十届委员会常务委员会委员；谭伟生当选为县纪律检查委员会书记。（张恺鹏）

【“六五”普法获评全国先进县】 2016年5月20日，中宣部、司法部、全国普法办联合下发《关于表彰2011—2015年全国法制宣传教育先进集体和先进个人的决定》，株洲县获评“2011—2015年全国法治宣传教育先进县”。

“六五”普法开展以来，株洲县全面落实依法治国基本方略，围绕“十二五”时期全县经济社会发展的目标任务，宣传以《宪法》为重点的60余部法律法规，编印发放法律政策宣传资料达15万多册，全县30多万人接受普法教育，各类普法对象的普及率达100%。（张恺鹏）

【征地拆迁“百日攻坚”行动】 2016年10月9日，株洲县启动征地拆迁“百日攻坚”行动，将征地拆迁工作任务层层分解至全县76个单位和部门，实施“大征拆”、“大督查”、“大公开”，县委将征拆工作任务完成情况直接与干部的“面子”、“帽子”、“票子”挂钩，征拆工作考核结果纳入各责任单位的绩效考核和政绩考核内容，作为年度评先和干部提拔重用的依据，“四大家”领导带头深入拆迁项目第一线，与拆迁户面对面谈心，并不定期召开调度会，以“现场办公会”等方式，共谋解决良策，加快拆迁进度，在短短100天内，全县完成征地213.24公顷，签订房屋征拆协议858户，拆除房屋451栋。（张恺鹏）

【《中国共产党株洲县历史》出版发行】2016年6月，《中国共产党株洲县历史（1921—2008）》出版发行，该书共6篇21章83节，总计30万字，详细记述了1921—2008年株洲县人民在历届县委的领导下，在政治、经济、文化领域和改革开放后两个文明建设等方面取得的辉煌成就。（张恺鹏）

【渌湘企业成长学院】为进一步整合县内企业发展所需要的服务资源，帮助县域企业提升核心竞争力，株洲县于2016年6月20日成立“渌湘企业成长学院”，学院整合聚集企业发展阶段所需要的服务资源，为企业提供信息指导、融资担保、创业辅导、人才培训、技术支持、管理咨询、法律咨询、市场开拓等方面的服务，准确定位企业发展所需，强化企业发展要素保障，提升企业核心竞争力。年内，学院成功举办4期企业管理人员培训，培训人员达441人。并为15个企业提供创业辅导咨询。同时，建立企业帮扶和服务热线，设立经科微信服务公众号和短信推送平台，全年共发布各类信息850条。（张恺鹏）

【镇建制村合并】2016年2月，株洲县全面启动镇建制村合并工作，截至6月30日，全县8个镇1个场由原有的248个行政村合并成129个行政村，减幅率达48%。其中，南洲镇荣获“湖南省并村工作先进单位”荣誉称号。（张恺鹏）

醴陵市

中共醴陵市委书记	胡湘之
市委副书记、市长	康月林
市委副书记	邹展晖
市委常委、常务副市长	邹志超
市委常委、纪委书记	易文星
市委常委、市人武部部长	李云星
市委常委、宣传部部长	曾毅鹏
市委常委、组织部部长	刘华章
市委常委、统战部部长	刘海龙
市委常委、政法委书记	廖胜云
市委常委、市委办公室主任	王志强
醴陵市人大常委会主任	贺小玲
副主任	廖宏力 李亿平 李荣佳 唐青柏（兼） 翁菊清
醴陵市人民政府市长	康月林
副市长	邹志超 何忠明 石勇辉 谭艳 钟国建 陈佳 王吉祥
政协醴陵市委员会主席	江曙明
副主席	李忆湘 钟富强（兼） 程曙光 肖建辉 易召群（兼）
醴陵市人民法院院长	刘望鸣
醴陵市人民检察院检察长	黄晓军

【概况】2016年，醴陵市辖湖南醴陵经济开发区1个，城区管理委员会1个，长庆示范区1个，街道4个、镇19个，设51个居委会、214个村委会；土地总面积2156.5平方公里。年末，全市户籍人口为1048302人，其中农业人口676684人，非农业人口371618人。年末常住人口为97.07万人，其中城镇人口57.11万人，按常住人口比例计算，城镇化率58.83%。全市年平均气温18.7℃，高于常年平均值0.9℃；年降水量1491.8毫米，较常年偏少213.7毫米；日照时数为1487.8小时，较历年偏少48.9小时，年内平均气温高、光照少、降水不均匀，属于正常偏暖年。

2016年，醴陵市县域经济基本竞争力全国百强排名从82位跃升至73位，居“全国工业百强县市”第93位、“中国中小城市综合实力（科学发展）百强县市”第91位、“全国最具投资潜力中小城市百强县市”第72位、“中国中小城市创新创业百强县市”第54位。全年实现生产总值580.8亿元，比上年增长8.5%。第一产业实现增加值53.2亿元，增长3.7%；第二产业实现增加值363亿元，增长7.7%，其中工业增加值338.8亿元，增长7.9%；第三产业实现增加值164.6亿元，增长12.1%。三次产业结构由上年的9.1 ：64 ：26.9调整为9.2 ：62.5 ：28.3。全年完成一般公共预算收入50亿元，增长11.1%。其中上划收入7.9亿元，下降10.6%；地方一般预算收入40.1亿元，增长16.6%。完成税收收入24.2亿元，占财政总收入比重为48.4%。一般公共预算支出67.9亿元，增长14%，其中教育、文化体育与传媒、社会保障和就业、医疗卫生、农林水事务、住房保障等事务支出为8.8亿元、2.5亿元、7.8亿元、6.2亿元、6.9亿元、1.9亿元，分别增长14.2%、128.8%、2.3%、12.8%、15.4%和8.4%。

全市金融机构各项存款余额321.1亿元，比年初增加58.9亿元，增长22.4%，各项贷款余额137.8亿元，比年初增加6.4亿元，增长4.8%。

全年实现农林牧渔业总产值77.0亿元，增长3.8%。农作物播种面积为106.7千公顷，增长3.2%，其中：粮食作物种植72.5千公顷，增长0.3%。粮食总产量达51万吨，其中稻谷48.5万吨。蔬菜产量73.6万吨，增长4.3%；水果产量10.1万吨，增长0.4%。全市种粮大户（2公顷以上）、家庭农场、农民种植专业合作组织等规模经营主体共发展到5600多户（个），流转耕地22240公顷。肉类总产量10.9万吨，下降2.7%；水产品产量2.5万吨，增长0.8%。出栏肉猪114.74万头，下降2.5%；出栏羊36.8万头，增长1%；出笼家禽825.61万羽，同比增加6.8%。拥有农机总动力97.75万千瓦，比上年增加13.6万千瓦，农机综合化水平达到75.6%以上。全年完成农村公路建设65.3公里，新建改造危桥22座，完成滩下渡改桥建设，建成农村客运招呼站50个。完成小（2）型病险水库除险加固48座，建成农饮工程22处，解决7.9万农村人口饮水不安全问题。建设10个"美丽乡村"，获评全省美丽乡村建设先进县（市）。

全市完成工业总产值1124.7亿元，增长11.1%，实现工业增加值338.8亿元，增长7.9%。其中：规模以上工业企业540家，完成产值1000.5亿元，增长11.7 %。工业经济拉动GDP增长4.7个百分点，对经济增长贡献率达55.2%。工业增加值占地区生产总值比重为58.3%，下降1.4个百分点；园区规模工业增加值占全部规模工业增加值比重为70.1%；万元规模工业增加值能耗降低4.2%；高新技术产品增加值占工业增加值比重为36.2 %；工业固定资产投资总额164亿元，下降41%。陶瓷、花炮两大传统支柱产业产值分别达623.8亿元、195.4亿元，增长12.2%和3.5%。生产日用陶瓷98.5亿件，增长11.9%，工业陶瓷133.1万吨，增长11.6%，花炮5198万箱，增长3.7%。建筑业实现增加值24.5亿元，增长5.1%。具有资质等级的总承包和专业承包建筑企业27家、劳务分包企业13家，完成产值63.1亿元，增长7.4%；建筑房屋施工面积314.9万平方米，增长4.1%，房屋竣工面积217.6万平方米，下降2.4% 。全市拥有房地产开发企业44家，完成房地产开发投资25.3亿元，增长60.6%；商品房施工面积20.9万平方米，增长14.2%；竣工面积24.9万平方米，下降4.0%；销售面积61.6万平方米，增长11.5%；实现销售额24.6亿元，增长18.1%，其中住宅销售额20.5亿元，增长8.9%。

全市完成固定资产投资390.2亿元，增长13.4%。完成社会消费品零售总额183.7亿元，增长12.5%。城镇实现消费品零售额163.4亿元，增长12.1%；农村实现消费品零售额20.3亿元，增长15.1%。

全市新批进出口企业20家，年末拥有自营进出口权的企业265家。全市实现进出口业绩"破零"企业18家，"倍增"企业22家。全市完成外贸进出口总额3.3亿美元，同比下降0.8%。春秋两季广交会，成交1.29亿美元，同比增长8.5%。接待国内外游客453.17万人次，增长23.56%；实现旅游综合收入33.07亿元，增长24.01%。实际到位外资1.8亿美元，增长11.7%；内联引资42.2亿元，增长14.8%。

全年交通运输、仓储和邮政业实现增加值14.8亿元，增长1.9 %。客运量2891.7万人次，增长3%，货运量1806.5万吨，增长1.7%。旅客运周转量12.2亿人公里，增长4.5%；货运周转量21.2亿吨公里，增长2.7%。完成邮电业务总量9.61亿元，增长15.0%。年末固定电话用户12.1万户，下降10.5%。移动电话用户77.3万户，增长2.5%，互联网用户11.9万户，增长11.2%。

全年全市单位GDP能耗为0.624吨标准煤/万元，下降5.75%，万元规模工业增加值能耗下降4.2%。工业"三废"处理率100%；全年空气质量优良天数288天，优良率达78.8%。共发生各类生产安全事故24起，死亡10人，受伤46人，直接经济损失230.7万元，事故起数同比下降71.8%。其中：烟花爆竹企业发生伤亡事故3起，死亡1人，受伤2人。道路交通事故发生20起，死亡8人，受伤43人。

全年共申请专利1412件，其中发明申请63件。授权415件，其中发明授权28件。科技计划项目申请35项，科技计划项目立项21项，科学技术经费本级支出1075万元。年末拥有规模以上工业企业高新技术企业148家，完成高新技术产品产值286.7亿元，同比增长47.4%。有中、小学校267所，其中小学（含教学点）213所、初中44所（含九年一贯制学校）、高中9所（普高5所、中职4所）、特殊教育学校1所；有公、民办幼儿园309所（含小学附属学前班）。在校学生、在园幼儿共137130人，其中中学生（含中职学生）35540人、小学生62647人、在园幼儿38846人、特校学生97人。学校、幼儿园教职工共9497人。全市高考参考人数为2921人（不含职高对口升学类考生350人），上线人数为2891人，上线率为99.23%。其中，本科上线人数2250人。一本上线人数首次突破500人大关，达617人，比上年净增145人，一本上线率达20.92%，一本上线率首次跃居株洲各县第一名、株洲地区第二名。全市小学入学率为100%、辍学率为0、升学率为100%，初中辍学率为0.19%、升学率为97.21%，幼儿三年入园率为92.8%、一年入园率为100%。电视用户总数11.71万户，全市广播综合覆盖率为100%，电视综合覆盖率为100%。举办大型文化体育活动160场次，送戏下乡147场，送电影下乡4092场；结合乡镇综合文化站建设开展"一周一乐、半月一赛"系列活动84场次；市文化馆、图书馆、博物馆、纪念馆和乡镇综合文化站已经全部实现免费开放。拥有各级各类医疗卫生机构644个，其中，驻醴医疗卫生单位1个、市直医疗卫生单位6个、民营医疗卫生机构8个、乡镇卫生院19个、卫生院分院14个、街道社区卫生服务中心4个、村卫生室511个、诊所73个、厂矿和企事业单位医务室8个。有执业（助理）医师1880人，执业护士2185人，每千人口拥有医生1.7人、护士2.3人；有全科医生67人，村卫生室人员571人，有编制床位4450张，每千人口拥有4.6张。全市新型农村参合农民75.44万人，参合率95.10%；累计补助24.72万人次，补助金额3.77亿元，统筹地区政策范围内补偿率75.03%。

全市城乡居民人均可支配收入28236元，其中城镇居民人均可支配收入33744元，同比增加2651元，增长8.5%；农民人均可支配收入22419元，增加1687元，增长8.1%。民生领域支出475468万元，占公共财政支出的70.5%。全市新增城镇就业6828人，新增农村劳动力转移就业4512人，城镇人口登记失业率控制在3.2%以内。“五大保险”参保人数达95.42万人次，支付各类待遇16亿余元。新改扩建农村敬老院2所，农村“五保户”分散供养标准达3600元/年，农村“五保户”集中供养标准达5760元/年。完成农村危房改造1589户，开工建设公共租赁住房（含廉租住房）598套，发放住房困难租赁补贴1513户。实施精准扶贫，对贫困户实现结对帮扶全覆盖，通过建档立卡贫困户动态信息调整后，截至年底，全市共有贫困户11986户，贫困人口37929名，派出20个工作队到贫困村开展驻村帮扶，全年实现2417户7713名贫困人口“摘帽脱贫”。（陈　灏）

【整顿烟花鞭炮生产企业】 2016年9月，醴陵市出台《落后烟花爆竹生产企业退出工作实施方案》，对全市烟花爆竹企业进行全面整顿，依法关闭不具备安全生产条件的企业，鼓励和引导落后烟花爆竹企业自愿有序退出。截至2016年年底，醴陵市有63家烟花爆竹企业自愿退出。醴陵市为鼓励烟花爆竹企业退出，出台《落后烟花爆竹生产企业退出奖补资金管理办法》，爆竹、烟花、引火线、黑火药4类生产企业，2017年12月31日前自愿退出、按规定程序申报验收合格，省、市、县财政将严格按照标准给与奖补。同时生产以上4种产品类别中两种或以上产品的企业，其各产品类别奖补叠加为混合型企业奖补标准，奖补总额不超过260万元。2017年12月31日以后，符合烟花爆竹企业退出条件又不主动申请退出的，将依法强制关闭且不享受退出相关政策。（陈　灏）

【醴陵电子商务产业园启动运营】 2016年7月25日，醴陵电子商务产业园启动运营，产业园全面对接醴陵的陶瓷、烟花和农业产品等所有产业产品，塑造区域性的互联网产业品牌。醴陵电商产业园总建筑面积2万平方米，总投资3000万元，由醴陵经天纬地科技有限公司负责整体运营和管理，整合电商行业资源，形成产业集群，构建完整的电子商务生态链条。将建成集网商办公、人才培训、创客孵化、电商摄影、仓储物流、O2O展示营销六大基地于一体的综合性产业园区。园区引入电子商务平台运营、中小企业电商服务、网络技术开发、品牌运营与策划等方面的线上线下优质资源，在阿里巴巴、京东等电商平台设立醴陵特色产业专区，通过电子商务公共服务平台的方式，全面对接醴陵的陶瓷、农产品等当地特色产业和企业，打造“醴陵釉下五彩城”“醴陵国瓷馆”等品牌。（陈　灏）

【湖南工业大学醴陵陶瓷学院成立】 2016年12月13日，湖南工业大学与醴陵市人民政府战略合作框架协议签约，湖南工业大学醴陵陶瓷学院正式揭牌。项目于2016年8月开工，计划2017年主体封顶，2018年9月正式投入使用，形成在校全日制学生规模5000人、培训人数8000人以上。湖南工业大学醴陵陶瓷学院以湖南轻工高级技工学校（湖南陶瓷技师学院（筹））为依托，新校区选址于长庆示范区渌江新城核心区，占地面积305亩，总建筑面积10.6万平方米，总投资2.55亿元，形成陶瓷文化广场区、教学中心区、工学一体化实训区、职业培训区、体育运动区、生活服务区等六大功能区域，是一所现代化、智能化、园林式、生态型、陶瓷文化气息浓郁的新型校园。（陈　灏）

【醴陵陶瓷获第三批试点全国产业集群区域品牌建设】 2016年5月，醴陵陶瓷产业获得工信部批准，第三批全国产业集群区域品牌建设试点。产业集群区域品牌建设试点名单涵盖了开展区域品牌策划和设计、建立品牌相关评价制度、支持行业组织发挥作用、引导企业参与品牌建设、夯实品牌发展的基础、加强区域品牌信誉和风险管理、打造营销和宣传平台等7个方面的内容。（陈　灏）

【醴陵成功入选“国家全域旅游示范区”】 2016年11月7日，国家旅游局公布第二批“国家全域旅游示范区”创建名单，湖南省共有17个县（市、区）共18家单位入选，醴陵市位列其中。近年来，醴陵按照全域旅游发展理念，确立“打造成湘东赣西知名旅游目的地，把旅游业培育成新兴战略性支柱产业”的发展目标，突出抓规划、抓项目、抓宣传、转市场、抓管理，旅游业呈现又好又快的发展势头。紧紧围绕“中国醴陵·瓷彩天下”目标，着力打造了一批具有区域特色的“陶瓷文化游”景点，新世纪陶瓷艺术馆就是其中之一，其制售一体的“一站式”旅游服务模式，深受游客好评。有着“中国瓷谷”之称的醴陵·世界陶瓷艺术城就成为一张享誉国内的文化旅游名片，既能零距离欣赏美瓷，又能实地DIY体验，这样的“陶瓷文化游”使得前来观光游览的游客络绎不绝。（陈　灏）

【2016环中国国际公路自行车赛走进醴陵】 2016年9月22日，2016环中国国际公路自行车赛湖南醴陵赛段开赛，这是环中国赛事自举办以来首次走进醴陵。来自世界各地22支职业车队、120多名顶级自行车运动员以醴陵世界陶瓷艺术城为起始和终点，经凤凰大道、国瓷路、醴泉路、江源大桥、

S313、醴陵西连接线，总里程约122公里。最后澳大利亚艾梵蒂竞技车队的卢克·姆基维、意大利日波－维尼梵蒂尼车队的里卡多·斯塔基奥蒂和乌克兰科尔斯车队的亚历山大·波里沃达分别获得冠、亚、季军。（陈　灏）

【“湘雅乡情·专家醴陵行”】 2016年6月10日，醴陵市“湘雅乡情·专家醴陵行”活动正式启动，30多位醴籍湘雅专家正式回乡支持医疗卫生事业，全年举办20余场。湘雅醴籍专家分别来自湘雅医院感染控制中心、重症医学科、癌变机理与靶向治疗研究室、护理部、骨科、皮肤科、新生儿科等科室。其中，大部分专家为副教授、教授级别，部分专家为国家级或省级学科带头人。湘雅醴籍专家们与醴陵市湘东医院、中医院、妇幼保健计划生育服务中心等医疗机构建立长期合作，开展人才培训、科研项目合作、专家坐诊、远程诊疗和紧急会诊等活动，助推醴陵市引进优质医疗资源，进一步解决人民群众“看病难、看病贵”的实际问题。（陈　灏）

【醴陵市举办湖南省跆拳道大奖赛总决赛】 2016年10月3—5日，2016年全国大众跆拳道系列赛（湖南站）暨湖南省跆拳道大奖赛总决赛在醴陵市举行。参加比赛的1100多名运动员均为十二个分区赛的队员，大赛共设品势和竞技两个大项。长沙代表团、岳阳代表团、永州代表团名列团体品势总分前三，湘潭代表团、长沙代表团、株洲代表团夺得竞技团体总分前三，长沙代表团、湘潭代表团、永州代表团获得总团体总分前三名。（陈　灏）

【醴陵成为全国首个国家级出口日用陶瓷电瓷质量安全示范区】 2016年11月14日，醴陵成功创建全国首个国家级出口日用陶瓷电瓷质量安全示范区，湖南省实现出口工业品国家级质量安全示范区“零突破”。醴陵市于2013年开始创建出口陶瓷电瓷质量安全示范区，2014年建成湖南首个省级出口工业品质量安全示范区，区内38家陶瓷生产企业，全部获得ISO9000、ISO14000等国际认证。2016年，已形成以日用陶瓷、电瓷、釉下五彩艺术瓷为核心，集装备制造、新材料研发、陶瓷物流等配套产业于一体的完整产业链，拥有11项中国驰名商标，13项国际知名品牌，24项湖南省著名商标，产品畅销80多个国家和地区。醴陵出口日用陶瓷电瓷质量安全示范区内相关企业享受多项出口优惠政策，主要包括检验检疫检测平台免费技术咨询、部分检测费用减免、国外技术贸易措施免费培训、采信第三方机构检验结果、降低原产地证抽查比例等。（陈　灏）

【醴陵荣获全国森林防火工作先进单位】 2016年4月，醴陵市继获评“2010–2012年度全国森林防火工作先进单位”之后，再次荣获“2013–2015年度全国森林防火工作先进单位”称号，成为湖南省唯一连续获此殊荣的单位。近年来，醴陵市集中开展森林防火活动宣传，媒体开设防火专栏，组织学习培训，全面提高防火意识；建设森林消防、防火护林员队伍，实行GPS手机定位系统严管护林员，积极消除火灾隐患；制定《醴陵市森林防火责任追究暂行办法》和《森林防火目标管理考核办法》，严格奖惩，严厉督查，全力落实森林防火履职责任；实现了森林火灾次数、受害面积连续7年大幅下降。（陈　灏）

【醴陵市中医院成功创建国家三级甲等中医医院】 2016年12月7日，醴陵市中医院成功创建国家三级甲等中医医院，是湖南省第二家通过此项评审的县级中医医院，并获得第一名的好成绩。近年来，醴陵市中医院加强队伍建设，夯实发展基础，培育重点专科，打造特色品牌，创新药事管理，保障临床需求，开展中医护理，弘扬中医文化，推进“治未病”工作，狠抓医疗质量，确保医疗安全，打造人民群众满意的中医特色品牌，推动全市医疗卫生事业科学发展。（陈　灏）

攸　县

中共攸县县委书记		谭润洪
副书记、县长		苏　涛
副书记		唐卫湘
县委常委、常务副县长		李子善
县委常委、政法委书记		陈可勇
县委常委、武装部部长		曾富勇
县委常委、纪委书记		刘秀云
县委常委、县委办主任		陈运发
县委常委、宣传部部长		杨喜兰
县委常委、统战部部长		宋长征
县委常委、组织部部长		李易常
攸县人大常委会主任		尹诺昂
副　主　任	罗正初	唐晓明
	周志强	过风文
		刘凯平（兼）
县人民政府县长		苏　涛
副　县　长	李子善	周文安
	蒋芷境	罗　曼
	王卓文	易屹东
		唐军全
政协攸县委员会主席		吴爱清
副主席	李良俊	陈百忠
		刘艳舞（兼）
		文小凤（兼）
县人民法院院长		帅团结
县人民检察院检察长		陈卫华

【概况】 2016年，攸县辖13个乡级建制镇，即：鸾山镇、皇图岭镇、丫江桥镇、酒埠江镇、渌田镇、石羊塘镇、桃水镇、黄丰桥镇、网岭镇、新市镇、莲塘坳镇、菜花坪镇、宁家坪镇；4个街道办事处，即：江桥街道办事处、联星街道办事处、谭桥街道办事处和春联街道办事处。县人民政府驻东城新区春联街道。年末，全县户籍在册总人口82.49万人，比上年增加0.51万人。

全县土地总面积为2648平方公里；耕地总面积为55828公顷。年降水量1659.7毫米，比历年平均雨量偏多141.2毫米；年平均气温19℃，较历年平均值偏高0.9℃，极端最高气温37.8℃，极端最低气温-4.7℃。境内有大小河流102条。林地面积16.93万公顷，森林蓄积量为410万立方米，森林覆盖率为57.89%。

全县实现地区生产总值(GDP)373.10亿元，比上年增长8.1%。其中，第一产业增加值52.65亿元，比上年增长3.6%；第二产业增加值191.75亿元，增长7.3%；第三产业增加值128.70亿元，增长11.2%。三次产业结构比由上年的14.1 ∶ 52.9 ∶ 33调整为14.1 ∶ 51.4 ∶ 34.5；全县人均生产总值(GDP)52855元，增长8.3%；实现地方财政总收入24.01亿元，比上年下降9.5%。

农业（农、林、牧、渔及其服务业）总产值84.00亿元，比上年增长3.7%。全年实现农业增加值54.29亿元，增长3.7%。农作物种植面积10.10万公顷，其中粮食播种面积为69900公顷，比上年增加1020公顷；油菜播种面积11620公顷；蔬菜播种面积20080公顷；果用瓜播种面积2100公顷。主要农产品产量为：粮食48.36万吨，油料1.59万吨，蔬菜104.09万吨，果用瓜6.26万吨。完成人工造林2933公顷，封山育林13.34万公顷。出栏生猪121.11万头、栏牛2.36万头、羊6.03万只，肉类总产量9.39万吨，出笼家禽543.4万羽，禽蛋产量1.70万吨。全县共有种粮大户4041户，其中千亩以上的种植大户19户；有各类农民专业合作社451家，入社成员18620人，带动农户5.9万户，实现生产经营收入13500万元，实现利润2160万元。全县规模以上农产品加工企业37家，完成产值120亿元，较上年增长10%。全县拥有大型水库1座，中型水库2座，小Ⅰ型水库19座，小Ⅱ型水库277座，山塘22662口，陂坝978处，大中型灌区6个，干支渠道1939千米。农业机械9.77万台，总动力98.56万千瓦。培育了鸿华麻鸭、攸水桑草猪、奇瑞木业、仙竹米业等龙头企业，全县省级农业龙头企业6家，市级龙头企业25家；规模以上农产品加工企业37家，完成产值120亿元，比上年增长10%。

实现全部工业增加值179.06亿元，比上年增长6.31%。全县共有规模以上企业252家，年内新增16家；规模以上工业总产值521.46亿元，比上年增长4.1%；规模工业增加值173.58亿元，比上年增长6.04%。产原煤490.01万吨，比上年略有下降；产水泥53.4万吨，比上年增长3.3%；发电量20.74亿千瓦时，比上年增长266.1%。园区规模以上工业增加值63.47亿元，增长18.5%。全县有科技机构2家，县本级科技经费投入4102万元。高新技术产业增加值49.58亿元，同比增长22.6%；争取上级各类科技计划项目33项。民营科技企业总数43家，年实现总产值15.8亿元。全县经省级以上科技部门认定的高新技术企业13家，高新技术产品20多项，攸县联诚电子有限公司、攸县鸿华麻鸭业有限责任公司、湖南省酒江电线电缆有限公司进入全省战略性新兴产业行列，省级技术中心1家，工业企业中有中国驰名商标2项，湖南省著名商标18个，湖南省名牌产品10余个。全县完成专利申请367件（发明123件），专利授权112件。全县建筑业实现增加值13.28亿元，比上年增长7.6%。

全年固定资产投资完成302.08亿元，比上年增长13.2%。启动“一场两馆”，洣水三桥、四桥等重大项目，义乌国际商贸城建设、东城新区路网建设顺利推进。推进洣江南岸风光带等项目建设，实施特色小城镇建设，推进乡镇污水处理厂、乡镇生活垃圾中转站等项目。S345基本建成，启动S339网酒公路改造，改造危桥23座，完成80公里（县乡村道）加宽，完成农村公路提质改造402公里、安保工程120公里，建成农村公路错车道3268处，新建农村客运招呼站30个。推进农田重金属污染治理，建成高标准农田5.2万亩。投资1.81亿元，完成各类水利项目10项，包括：洣水治理（城南保护圈一期）、苏洲大型泵站更新改造、苏洲坝灌区节水配套改造、酒埠江大型灌区续建配套改造、苏洲水闸除险加固二期、19处农村饮水安全工程、农业水价综合改革试点项目、农村河道盘陂江酒埠江和新市项目区治理、66座水库除险加固以及9项移民后扶项目。启动共租赁住房项目17个（800套）建设，完成棚改改扩翻项目589户。

全县公路总里程7990公里，公路桥梁511座。吉衡铁路通过攸县，并建有攸县火车南站。道路客运班线108条、公交线路9条；实有公交车74台、客运班车349台、货运车辆6345台、出租车260台、渡船20艘；设有民间义渡渡口17处，客运站4个、农村客运站场20个、农村客运招呼站230个。全年公路客运量及旅客周转量分别为1812万人、15.02亿人公里，货运量及货物周转量分别为1304万吨、125.99亿吨公里，城市公交、出租车客运量分别为676.09万人次、699.75万人次。全县邮电业务收入0.6亿元，比上年增长23.6%；电信业务收入3.4亿元，比上年增长9.8%。移动公司移动电话用户32万户，业务收入2亿元；互联网用户4.98万户。

全县社会消费品零售总额124.80亿元，比上年增长12.2%；商品批发业实现销售收入12.40亿元，增长17.9%。全县有AAA级旅游景区2个——酒仙湖景区、白龙洞景区，国家级地质（森林、湿地）公园1家；实有各类旅行社5家、旅游星级宾馆3家；各景区接待游客380万人次，实现门票收入2300万元，综合收入17.5亿元。共签约引进18个项目，即：地博总部经济园、集中供热、小额信贷扶贫、爱爱幼儿园、光伏电站、机动车驾驶员攸县分考场、生物质发电、冰片和食用树脂生产、博世科网岭环保产业基地建设项目、博世科战略合作项目等。签约总额为38.4亿元。完成外资8495万美元，增长11.6%，内资41.6亿元，增长14.8%。完成外贸进出口总额106万美元，增长4.2%。

全年完成公共财政预算总收入24.01亿元，比上年下降9.5%；公共财政预算支出45.70亿元，增长3.7%。支出6.83亿元支持学校重点建设；医疗卫生支出5.42亿元（村卫生室基础设施建设补助资金，兑现村卫生室的基药补助，“新农合”及城镇居民医保补助）；县内11家金融机构年末各项存款余额248.06亿元，增长29.7%；各项贷款余额109.0亿元，增长17.3%。全县保险机构18家，实现保费收入46109.77万元，保险赔付款总额18052.45万元。

全县共有公立教育机构155所，其中小学（教学点）117所，初中24所，县属普通高中4所，职业中等专业学校1所，幼儿园9所，特殊学校1所；在职在编教职工5962人。有民办教育机构154所，其中12年一贯制学校3所、小学1所、初中1所，中等职业学校2所，幼儿园147所。全县中小学在校学生82008人，入园幼儿23797人。适龄儿童入学率100%，小学升初中升学率100%，初中升高中升学率97.1%，初中毕业生学业水平考试全科合格率96.6%。全县高考参考人数3931人，本科二批以上上线2013人，上线率50.25%，其中一本上线682人。二本以上万人上线率连续12年居株洲市排名第一。

全县有公共文化场、馆8个，其中文化馆1个，公共图书馆1所，博物馆1所，影剧院2所，历史纪念馆1所，书院1个（石山书院）、文化阁楼1个（文昌阁）；乡镇文化站17个，创建农家书屋304个所，青少年活动中心1所；综合档案馆1个，馆藏档案20万卷（册）。村级文体广场500余个，直播卫星“户户通”设备7260套。体育健身会所总面积91.8万平方米；共有单项体育协会18个、体育指导站（点）32个，新建农民体育健身工程60个。全年开展文化惠民送戏下乡251场，放映农村公益电影3161场、广场公益电影200场；举办全民“科学健身”系列活动、“我们的中国梦·文化进万家”文化志愿服务活动、“欢乐潇湘”“罗霄放歌”湘赣边界文化惠民联袂巡演等文体活动；“乡村大舞台”国家公共文化服务示范项目顺利通过文化部审核验收。全县有县级广播电台1座，国内广播节目1套，广播“村村响”工程全面开通，广播人口综合覆盖率100%；有县级电视台1座，电视发射台1座，电视人口综合覆盖率100%；有线电视用户13.6万户，数字电视用户14.3万户。

全县共有各类医疗卫生机构564个，其中县直医疗卫生单位5家（其中卫生计生综合监督执法局1个、疾病预防控制中心1个）、乡镇卫生院25家、社区卫生服务中心2家、村卫生室304家、民营医院10家、厂矿职工医院2家、个体诊所49家、学校医务室9家、医院医疗点卫生所37家、村卫生所104家、妇幼保健计生服务站17家；共开设病床3533张。全县共有在岗人员3628人，全年适龄儿童11苗全程接种率96.39%。五岁以下儿童死亡率5.3‰，孕产妇死亡率为0.0997‰，新型农村合作医疗参合人员65.48万人，新农合参保率达95.55%。年末实有总人口85.06万人；年内出生人口10228人，人口出生率12.06‰，出生婴儿性别比为106.88；人口自然增长率6.39‰。

全年新增城镇就业4341人，失业人员再就业2333人，贫困劳动力转移就业744人，实行农民工工资“银行代发”，累计代发工资3600多万元。各社保险种基金收入14.8亿元，基金支出13.6亿元。城乡居民养老保险参保49万人，城镇职工医疗保险参保4.36万人。城镇居民医疗保险参保8.02万人，基本养老保险覆盖率100%，基本医疗保险覆盖率100%，失业率保持3.61%。参加新型农村合作医疗人数为65.48万人，新农合参保率达95.55%。全年共救助城镇低保对象3701户、7084人，城镇低保资金2584.3万元（最低生活保障线为420元/月）；救助农村低保对象12591户、30909人，发放低保资金4531.4万元（农村最低生活保障标准为260元/月）。

城市空气环境质量达到Ⅱ级标准，全年空气优良318天；酒埠江水库和洣水灵龟峰断面水质符合国家地表水Ⅱ类水质标准。综合整治农村环境200个村，完成农村饮水保护262处；散户四格净化池11000户。持续开展城乡环境同治，深化农村垃圾“减量化、资源化、无害化”处理。完善农村垃圾分类基础设施，农村垃圾无害化处理率100%。建有国级生态示范园1个，自然保护区5个。加强湘江支流的保护和治理，严格杜绝向河面、江河岸边倾倒垃圾行为，杜绝养殖污水直排进入江河水系，整治农村养殖场污染152家，河道保洁工作经验向全省推介。开展全国文明城市、国家园林县城和国家生态文明建设示范县创建，顺利通过国家卫生县城周期性复查省级明检。

人民生活进一步改善。全县居民人均可支配收入27719元，增长8.5%；城镇居民人均可支配收入30540元，增长8.2%；农村居民人均纯收入22183元，增长8.0%。全县居民人均消费支出16157元。推进脱贫攻坚，实现2610户、6674人和10个贫困村脱贫摘帽。城镇新增就业4341人，城镇登记失业率控制在3%以内。“五大保险”扩面提标，城乡居民养老保险参保人数36.2万人，领取待遇人数12.4万人、金额1.2亿元，人均养老金待遇比上年增加60元；城乡居民医疗保险并轨运行。完成棚户区改造1724户、公租房分配499套，农村危房改造1627户。建成县社会福利中心一期工程，新建和改造乡镇敬老院2所。推进职业中专建设，实施农村义务教育学校改薄工程81所。启动攸州中心医院建设和妇幼保健院计生服务中心整体搬迁，网岭精神病医院主体楼基本建成。完成7260套直播卫星“户户通”和304个村级广播“村村响”安装工程。完成3个变电站双电源建设和122个农网改造工程。推进平安攸县建设，信访秩序持续好转，安全生产形势稳定，食品药品安全监管水平提高，社区矫正中心和公共法律服务中心相继建成，网格化管理试点运行，刑事发案率持续下降，综治民调位列全市第一。

存在的困难和问题是：经济结构不优，动能转换缓慢，项目支撑乏力，企业运转困难，转型升级任务艰巨。城乡发展不够协调，农村基础较为薄弱。安全生产基础有待加强，信访维稳、民间借贷等风险隐患依然较多。全面小康和脱贫攻坚任务十分繁重，民生改善与群众的期待还有一定差距。政府服务效能有待提高，发展环境有待优化。 （焦润泉）

【开展攸县城镇化建设工作】 2016年4月15日，攸县召开创建工作暨推进新型城镇化建设动员大会，对创建全国文明城市、国家园林县城、国家生态文明建设示范县等城市创建工作进行全面部署，下发《关于创建全国文明城市、国家生态文明建设示范县和国家园林县城的通知》。围绕创建工作，全县抽调专门人员组建创建工作班子，明确工作实施方案、时间表、路线图和责任人，将创建任务进行层层分解，形成一级抓一级，层层抓落实。通过工作督查、上街规劝、媒体宣传等形式，全县文明创建工作氛围和效果不断提升。湖南省文明办公布2016年度文明城市测评成绩，攸县排名全省第7，在6个提名城市（长沙县、浏阳市、宁乡县、韶山市、岳阳县）中排名第5。

同时，有序推进国家园林县城和国家生态文明建设示范县创建，制定《攸县创建国家园林县城工作方案》，大力开展“城市三年绿荫行动”“公园绿化提质行动”和“拆违透绿行动”。2016年，攸县以全省综合考核第一的成绩成功通过省级园林县城创建验收，顺利夺取省级园林县城桂冠并获“湖南省园林县城”授牌。 （易龙剑）

【吉炳轩到攸县开展水执法检查】 2016年5月19日，全国人大常委会副委员长吉炳轩等一行在省人大常委会副主任陈君文，市委书记毛腾飞，市委副书记、市长阳卫国的陪同下，到攸县开展水法贯彻实施情况执法检查。检查组一行现场查看苏洲水闸除险加固工程进展情况。苏洲水闸除险加固工程总投资6399万元，2016年已全面完工，新增灌溉面积666.67公顷。吉炳轩对攸县贯彻实施水法取得的成绩给予高度评价，同时勉励攸县要始终坚持依法治水，扎实推动县域经济社会稳健发展。 （文阳荣）

【攸县酒埠江镇列入湖南省首批产镇融合示范镇】 2016年5月27日，经省发改委评审、考核，确定攸县酒埠江镇为湖南省“第一批产镇融合示范镇”（本次共有13个镇），获得1000万元财政贴息扶持资金。攸县为适应旅游发展新趋势，计划投入19.54亿元，大力实施酒埠江生态新镇综合开发PPP项目，着力打造以“休闲度假，康体养生”为主题的综合型休闲旅游度假目的地。至2016年底，累计完成融资7.55亿元、完成投资4.2亿元，游客服务中心、景观大道、环湖游道、同心湖酒店等11个子项目和景区配套的酒仙湖拓展培训基地、花香里文化艺术村两个旅游招商项目正在加快推进。 （邓 凯）

【撤县设市】 2016年5月，攸县撤县设市正式纳入《株洲市国民经济和社会发展第十三个五年规划纲要》。2016年6月，根据国务院出台新的撤县设市标准，攸县按照国家民政部和省民政厅的要求，对有关数据、标准等材料进行补充说明。2016年12月，中共株洲市委十二届二次全会上审议通过《关于同意申报攸县撤县设市的决议（草案）》。2016年12月，湖南省政府办公厅发布《关于深入推进新型城镇化建设的实施意见》，明确支持攸县等地撤县设市。攸县撤县设市正在开展第二批启动申报的前期准备工作。 （易小革）

【实施投融资平台改革】 为进一步优化资源配置，强化资本运作，着力推动政企分离、政资分离，最大限度地激发平台活力，2016年攸县启动投融资平台改革工作。改革将原10个单位及平台，整合组建为1个中心和6个平台公司，即：攸县国有资产管理中心、湖南省攸州投资发展集团有限公司、攸县城市建设开发有限公司、攸县旅游开发投资有限公司、湖南省攸州国有资产投资集团有限公司、攸县市场建设有限公司、攸县产业发展投资有限公司。 （李 叶）

【煤电一体化项目正式投产运营】 2016年7月26日，大唐华银攸县能源有限公司1号发电机组顺利通过国家火力发电厂与电网对接标准168小时满负荷试运营后，正式投产发电。2016年11月18日2号机组正式投产发电，标志湖南省首个也是国内真正意义上的煤电一体化项目—攸县煤电一体化项目进入商业化运营。该项目建成2台630兆瓦超临界燃煤火电机组，每年能提供清洁电力约46亿千瓦时，年均上缴利税将达2亿多元，为改善区域电力供应，促进攸县经济发展注入新的活力。 （王 臣）

【全国第三十届中华诗词暨冯子振诗词曲研讨会】 2016年10月15—17日，全国第三十届中华诗词暨冯子振诗词曲研讨会在攸县召开。中华诗词学会会长、文化部原副部长、故宫博物院原院长郑欣淼，中华诗词学会常务副会长、解放军电视宣传中心原主任李文朝，中华诗词学会副会长、湖北省人大原副主任罗辉等中华诗词学会领导、常务理事、特邀专家、论文作者，省市诗词学会领导以及我县相关负责人等出席研讨会。研讨会既对冯子振的《梅花百咏》和《鹦鹉曲》等经典作品进行认真分析和客观评价，又对中华诗词的发展方向、艺术特征、表现手法和精品意识等展开讨论，并就如何进一步继承和发扬传统诗词艺术、反映现实生活、弘扬时代精神等方面进行深入交流探讨。攸县以此次研讨会为契机，结合新型城镇化建设和酒埠江生态旅游综合开发，在城区和景区打造一批诗词文化长廊，积极引导具备条件的乡镇成立基层诗社，开展形式多样的诗词活动，着力巩固“中华诗词之乡”的创建成果，扬诗词之帆，圆小康梦想。（贺再华）

【创立攸州互联网金融创新中心】2016年12月29日，攸县举办湖南攸州互联网金融创新中心启动仪式暨企业集中签约仪式，信融财富、绿能宝、丁丁贷等30家优质企业集中签约入驻，攸州互联网金融创新中心与攸县农商行、长沙银行、农业银行就P2P银行存管业务签订战略合作协议。为加快攸州互联网金融创新中心建设，攸县出台《关于支持互联网金融发展的若干规定》，投入3000余万元完成风险监管系统研发，先后在攸县和上海举办两场招商推介活动。（李 叶）

【攸县启动公车改革】2016年12月28日，攸县召开公务用车制度改革动员会议，下发《攸县公务用车改革实施方案》，明确全县党政机关公务用车制度改革于2016年12月30日前基本完成，适时启动其他事业单位、国有企业等公务用车制度改革。县车改办对全县77家参改单位的203台取消车辆现场办理移交手续，并进行集中封存。此次公车改革，全县涉及车辆412台，按规定保留公务用车209台，取消公务用车203台，全县各参改单位除县委、县政府各保留1台实物保障用车，以及按规定保留的执法执勤车辆、特种专用技术用车由单位管理外，其他所有保留车辆全部进入县公务用车管理平台集中管理。参改单位公务用车保障由县公车管理平台统一调度。（谭 立）

茶陵县

中共茶陵县委书记	彭新军
县委副书记、县长	江小忠
县委副书记	谢志军
县委常委、常务副县长	李鹏程
县委常委、宣传部部长	周 萍
县委常委、纪委书记	文广平
县委常委、组织部部长	肖锦霞
县委常委、副县长	毛 政（挂职）
县委常委、统战部部长	黄 勇
县委常委、人武部政委	马永章
县委常委、政法委书记	何文龙
县委常委、县委办主任	马文平
县人大常委会主任	姜衡湘
副主任	刘池生 肖 雄 陈小花 李爱斌 尹兰青
县人民政府县长	江小忠
副县长	李鹏程 毛 政 陈艳娟 杨定桃 周 胜 刘晓伟 刘新明 张征良
政协茶陵县委员会主席	王友文
副主席	李甜甜 刘福明 刘小琴 王福庚 吴国旗
县人民法院院长	杜 波
县人民检察院检察长	王亚波

【概况】茶陵县下辖12个乡镇、6个街道办事处，总面积2500平方公里，耕地总面积38350公顷。2016年末总人口643376人。人口出生率为13.82‰，人口自然增长率为7.6‰。全年平均气温19.0℃，较常年偏高0.8℃，其中8月异常偏高4.2℃。年最高39.7℃，出现在7月25日；最低-4.1℃，出现在1月25日。初霜出现在2月7日，无霜期318天。年日照时数1599.0小时，较常年偏少40.0小时。年降水总量1600.8毫米，较常年偏多138.9毫米。

县域经济平稳增长。全年完成GDP173.7亿元，增长8%；公共财政收入13.3亿元，增长10%；社会固定资产投资139.2亿元，增长13.2%；实现社会消费品零售总额65.6亿元，增长12.2%；城镇居民人均可支配收入达28567元，增长8.4%；农村居民人均可支配收入达7916元，增长8.9%；各项存款余额199.92亿元，贷款余额92.78亿元；全面建成小康社会总实现程度达93.8%，比上年增加3.9个百分点。

脱贫攻坚精准发力。全年脱贫3899户14445人，9个贫困村退出。整合并落实帮扶资金5.1亿元，安排贫困村帮扶资金50万元，非贫困村平均25万元。完成基础设施建设项目104个，新建幸福安居房537套，完成易地搬迁7个集中安置点的建设，搬迁585户2070人，新增保障性住房790户，农村危房改造2400套。投放贫困农户小额信贷资金1.29亿元，创新建立“分贷统还”金融扶贫和企业委托帮扶模式，引导4个龙头企业、27个非公经济组织、80个种养大户、68家合作社与上万名贫困户结成委托帮扶关系，帮助贫困户人平增收1760元。16个贫困村建成光伏电站并网发电；资助困难学生14456人次；劳动技能培训就业2406人，新增贫困劳动力就业1650人。

产业培育成效显著。三次产业结构比为19.7∶39.4∶40.9，结构进一步优化。实现农业总产值49.1亿元，增长2.7%；粮食种植面积48600公顷，“一叶三茶”、生猪、黄牛等特色产业不断壮大，省、市龙头企业分别增加到6家、19家；万樟园林荣获“国家林业重点龙头企业”，龙华农牧、红星盛康油脂、虎源生态、湘冠蔬菜等农业龙头企业特色更加明显。完成规模工业总产值167.8亿元，增长6.2%，规模工业增加值54.3亿元，增长7.8%；园区163个规模企业完成技工贸收入147亿元，增长9%；新投产4个、小升规6个、新增8个产值过亿元的工业企业，贵派电器、春程门业、康圣堂药业、强强陶瓷、雅派皮具、华榕木业、晶辉电子等企业稳步发展。完成第三产业增加值71亿元，增长11.2%；成功举办第二届房地产交易会，全年销售商品房4542套44.56万平方米，增长112.7%；基本完成赤松仙广场、洣水沿江风光带等旅游基础设施建设，成功举办第五届祖庵美食文化节、"醉美茶乡行"等活动，旅游人气和名气得到提升。

项目攻坚全力推进。全年向上申报项目126个，争取项目28个，签约引进重大项目18个，合同引资65亿元。重点开工项目58个，总投资52亿元，其中市重点开工项目27个，投资38.1亿元；5个平台公司融资32.69亿元。完成征地拆迁面积128.07公顷、国有房屋征收面积15504平方米，报批土地19宗175.8公倾。出台《茶陵县促进工业企业发展十条》，减轻企业税负716.6万元，解决企业问题166个。

科技创新加快推进。通过三年《茶陵县科技创新奖励办法》政策的实施，政策激励引导效应逐渐凸显。2016年，全县专利申请量达255件，同比增长71.1%；其中发明专利申请26件，同比增长136.4%，全市增速第一；万人有效发明专利拥有量增长率达到全省平均水平。在全省13个知识产权试点县验收考核中，综合得分排名第一，成功通过"省知识产权试点县"验收；被评为全省30个"省知识产权先进县"之一。2016年，新增5家高新技术产品企业，高新技术企业和产品增加值4.2亿元，同比增长33.5%，高于GDP增速25.5个百分点，占规模工业增加值的比重7.73%。贵派电器被认定为省级企业技术中心、市工程技术研究中心；湖南利邦生物的液压压料系统及其控制方法等14项发明专利转化为生产力。全县企业研发经费占销售收入的比重达0.64%，科技进步对经济增长的贡献率由2015年的45.6%上升到46.9%。

城乡发展统筹协调。启动数字城市、智慧城市建设，华晨世纪中心、湘赣汽贸城、朝阳商业购物广场、城西农贸市场等项目稳步实施；依法拆除"两违"建筑10660平方米；顺利通过国卫复审、全国平安畅通县考核验收。污水处理厂二期建成试运营；"湖口挽澜"大道、界首污水处理厂等12个集镇的基础设施建设全面启动；新建集中供水工程38处，扩建农村公路200余公里；美丽乡村和国家重点生态功能区建设有力推进，枣市洞头村被省政府授予美丽乡村建设示范村，万樟园林获评"国家五星级农业休闲农庄"。

改革创新取得实效。省直管县改革试点稳步推进。重点领域改革有序开展。农田水利综合改革试点、高标准农田建设综合改革、集体林权制度主体改革、国有林场改革全面推进；公车改革扎实推进，公立医院综合改革试点成效显著。政府机构改革和并村工作圆满完成。全面推进公共资源交易和发证工作，组建公共资源交易中心茶陵分中心、不动产登记中心；启动并村改革工作，将359个建制村合并为218个，共减少141个村，精简率为39%。

民生事业明显改善。民生投入持续加大。扎实开展"民生100"工程，全面完成省市为民办实事考核指标，民生支出占公共财政预算支出比重的77.9%。社会事业全面发展。成功举办第78期全国健康发展暨首期湖南省健康扶贫论坛，下东茶园村、虎踞水源村等12个村被列入全国乡村旅游扶贫重点村，县"十三五"医疗卫生计生服务体系规划被国家和省卫计委推荐为全国、全省唯一的县级示范模块。高考本科二批以上一次性上线925人，三本以上上线1270人，再创历史新高。社会大局和谐稳定。深入推进"平安茶陵""法治茶陵"创建，开展机关干部进社区联户大走访、领导干部"夜访恳谈"、政法机关"一村一警"联系走访等活动，有效化解矛盾纠纷，全国"两会"期间进京非访"零登记"；全面实施封山育林，推进"生态茶陵"建设；全县社会大局和安全生产形势总体平稳。

经济社会发展中存在的困难和问题：脱贫攻坚任务艰巨，农民增收基础还不牢固，村集体经济增收困难，产业扶贫力度还需加大。经济总量小，财政收支压力大，工业基础薄弱，农业产业化程度不高，旅游影响力和竞争力不强。政府效能有待进一步提升，干部作风有待进一步改进，发展环境还需进一步优化等等。（段晓连　罗军平）

【脱贫攻坚"八大工程"】构建脱贫攻坚政策体系。2016年，茶陵县出台脱贫攻坚"八大工程"等系列政策和实施方案，靶向施策，精准发力。实施农村基础设施改善提质工程。通过实施水、电、路、房、网、环境治理"六到农家"，农村面貌发生重大变化。实施农村幸福安居工程。重点聚焦农村因特贫没有住房、有危房因贫困而无力改建两种情况，实施农村幸福安居工程三年行动计划。至2016年底，全县完成幸福安居工程1302套，危旧土坯房改造1238户，易地扶贫搬迁585户2070人。实施农村产业培育和农民增收工程。引导10家龙头企业、80多个致富大户、68家合作社与上万名贫困农民建立委托帮扶机制，扎实推进产业精准扶贫。扶持光伏产业发展，已建成并网发电26个。消灭集体经济"空白村"31个，年收入4万元以上的村达67个。实施教育培训和劳动力就业工程。发放贫困学生救助资金2239万元，资助贫困学生27750人次，"贫困学生资助工作"被教育部作为经验交流推广。实施社会保障工程。完善临时救助、大病医疗救助和慈善救助制度，切实解决因病致贫、因病返贫和因残致贫的问题；全县5133名社会保障兜底对象从2016年10月起享受每月240元的生活保障金。实施金融扶贫和信息化工程。创新探索“分贷统还”金融扶贫新模式，2850户贫困农户小额信贷投放1.29亿元，实现电子商务服务点贫困村全覆盖。实施农村生态环境保护工程。242名建档立卡贫困对象担任生态护林员，每人每年补助1万元。325户农户领取到公益林补助金206万元。实施强基固本工程。加强村级班子建设，分批启动169个农村综合服务平台建设。（陈小荣）

【万樟园林被评为“湖南省先富带后富典型”】 湖南万樟园林集团有限公司，投资500万元注册茶陵县万樟园林苗木种植农民专业合作社，用公司+基地+农户的模式，发挥自身优势，实施产业扶贫，带领农民脱贫致富奔小康。其一，农民以自家土地自己种植苗木花卉，合作社为农户提供苗木种植所需的种籽、农药、化肥等生产资料，以及产品销售服务，与农户签订合同，对农户种植的苗木花卉包购包销，确保农户增收。至2016年底，以这种形式入社的成员有183户，其中，贫困户占55%以上。其二，农户以自家的土地入社，分享合作社盈余，承担合作社亏损。至2016年底，以这种形式入社的有22户。其三，无能力发展种养业的贫困农户，可将扶贫贴息贷款投入到万樟园林集团有限公司，每户年均可获得3000元以上的分红。其四，农户将自己的土地租给合作社，每年按时领取土地出租收入3000元；自己到合作社务工，领取劳务报酬。通过努力，至2016年底，已有7个村68个村民小组1000多个农户入社，其中，贫困户占38%，已有近200个贫困户有自己的产业，近500个贫困农民掌握了发展产业的生产技术。2016年，万樟园林有限公司董事长刘祖治被评为“湖南省先富带后富典型”。（陈小荣）

【湘江保护和治理】 污水污染治理积极推进。通过制作警示标牌、建设截污沟和保护护栏、拆除排污口等措施，切实保障饮水安全。在生活垃圾每天清扫每天清运的基础上，与桑德公司签订战略合作协议，对各村的垃圾进行分类收集，建设垃圾中转站，集中转运处理，实行清扫清运无害化处理一条龙。养殖污染治理项目完成80%以上。2016年湘江治理和保护的4户养殖场，已纳入2014年度国家生猪标准化规模养殖场建设项目对象，争取中央投资资金80万元。完成污水处理厂二期扩建工程，已进入运营阶段。着力加强洣水流域综合整治。从10月21日开始，对洣水河城区段乱采乱挖进行为期1个月的集中整治行动。投入资金30多万元，出动铲车、挖掘机、吊车等设备100余台次，取缔河砂乱挖乱采点7个，切割解体非法采砂船只22艘、选洗砂设备35件，拆除电杆、电线等电力设施12余处，拆除厂房（棚）8间，刑事拘留非法采沙场人员2名，处理非法买卖沙洲案件2起，洣水河城区段乱采乱挖现象得到有效遏制。强力治理“六乱”行为。采取全面巡查和依法重点打击相结合的方式，重拳整治洣水河域乱建、乱采、乱排、乱围、乱占、乱弃等“六乱”行为，开展整治活动50多次，取缔高陇、火田、腰陂、洣江、思聪、严塘、马江等7个乡镇（街道）乱采乱挖砂场47处、乱建1处、乱弃2处，确保河道水质安全。（曾　辉）

【茶陵县获“湖南省2016年度禁毒工作先进县”】 2016年，茶陵县把禁毒工作纳入法治茶陵、平安茶陵、和谐茶陵建设的重要内容，并纳入全县政绩考核。同时，围绕群众反映强烈的涉毒重点和热点问题，出重拳，下狠手，坚持源头治理、综合整治，禁毒工作取得良好实效，荣获“湖南省2016年度禁毒工作先进县”称号。强化组织领导。调整禁毒委成员，实现县禁毒办实体化办公；县委常委会、县政府常务会议专门听取禁毒工作情况汇报，研究、部署禁毒工作。强化缉毒执法。加强禁毒堵源截流，设立流动查缉站，构建覆盖出入县重要通道查缉体系。2016年出动警力200余人次，查缉各类车辆1千余车次。加强涉毒案件侦办，全年抓获75人，公诉64人，行政拘留455人，强戒69人，查处党员干部吸毒2人。强化宣传教育。组织开展“禁毒骑行宣传”“全民禁毒宣传月”“流动课堂”等禁毒主题宣传活动；把禁毒工作纳入“村村响”播放内容，直接面向群众，营造禁毒宣传的强大声势。强化查控管制。推行“逢嫌必检”措施，对进入执法办案区的重点违法犯罪嫌疑人进行尿检，最大限度将隐性吸毒人员排查出来；投资140万元在全县设立16个社区戒毒（康复）站，并在全市首先实行由政府出资购买社工服务配备社区戒毒（康复）工作人员20名，实现社区戒毒康复的全面运行。加强禁毒重点区域整治工作，规范易制毒化学品、精神药品和麻醉药品管理，加强重点单位禁毒监管。全年清查重点场所160余家，取缔关停违法宾馆26家。（谭小武）

【第78期全国健康发展暨首期湖南省健康扶贫论坛在茶陵举行】 12月23日，为推动湖南健康产业的发展，打造全省健康扶贫及健康湖南建设的县域示范典型，由中国初级卫生保健基金会、省卫生计生委、省扶贫办和北京健康扶贫基金会举办的第78期全国健康发展暨首期湖南省健康扶贫论坛在茶陵县举行。全省各地州市卫计委主任、扶贫办主任，国家级、省级51个贫困县（市）分管卫生计生的副县（市）长出席论坛。论坛开幕式上，省卫计委向茶陵县捐赠价值120万元移动公共卫生服务车一辆。北京健康扶贫基金会与茶陵县签署三年战略合作协议，并与湖南人人健康基金会共同资助茶陵县规模1.28亿元的基层卫生服务能力公益项目。

论坛围绕《健康中国2030规划纲要》

及国家卫生与健康发展新理念，进行政策解析；就医改、健康扶贫与医疗机构发展机遇分析，新形势下基层医疗卫生机构等话题展开讨论和交流。此次论坛开启了湖南省政府部门与社会公益组织联合举办健康扶贫论坛的先河，开创了湖南省政府部门与社会公益组织联合推进健康扶贫工作的新模式，也初步探索了湖南省政府部门与社会公益组织协作共赢的新途径，对“共推三湘健康、同创健康中国”具有历史性和现实性的意义。（谭小武）

【第二届房地产交易展示会】 11月11—13日，茶陵县在犀城广场举行第二届房地产交易展示会。海龙、金辉等24家房地产开发企业25个楼盘参展。为刺激消费，县委、县政府出台五大购房优惠政策，即：契税先征后奖，政府按购房所交契税的等额奖励给业主；房地产企业优惠不低于购房成交额的5%。购买写字楼每户奖励10000元，购买地下车位每位奖励8000元。办理《不动产登记证》所有收费按原标准的50%收取。购房送一年的物业服务费。农民进城购房，享受户口迁移、子女就近入学、养老保险、医疗保险等城区人口同等政策。展示会期间，共成交商品房1323套，成交金额7.84亿元，成交面积20.6万平方米，缴纳契税2299.43万元；车位销售282个，面积3577平方米，销售金额1561.2万元。（刘业昌）

炎陵县

中共炎陵县委书记 黄诗燕
县委副书记、县长 文专文
县委副书记 彭小中
县委常委、常务副县长 饶祥明
县委常委、县委办主任 黄建中
县委常委、政法委书记 谭新林
县委常委、纪委书记 文 斌
县委常委、人武部部长 吴文静
县委常委、统战部部长 彭 志
县委常委、组织部部长 刘继承
县委常委、宣传部部长 杨 慧
县人大常委会主任 戴诗平
副 主 任 廖子强 张金华（兼） 吴先德 曾宪昌 刘福贵
县人民政府县长 文专文
副 县 长 饶祥明 盘晓文 谭红波 姚成（挂职） 陈黎明 沈红星 杨红兵 贺春福
政协炎陵县委员会主席 欧阳鹏志
副 主 席 黄建林 谭芳林 刘留燕（兼） 唐瑜云（兼） 邱华丽（兼）
县人民法院院长 刘永初
县人民检察院检察长 唐厚雄

【概况】 2016年，炎陵县辖5个镇、5个乡（其中1个民族乡）、1个国有农场，120个行政村，9个居委会。土地总面积2030平方公里，耕地面积16126.8公顷。年末常住人口20.42万人，其中城镇人口9.34万人，城市化率45.7%。人口出生率12.8‰，人口自然增长率7.43‰。年平均气温18.1℃，年内气温最高39.4℃，最低-6.5℃；年日照时数1414.3小时，年降水量1786.3毫米。

地区生产总值67.3亿元，增长8%。其中第一产业增加值8.8亿元，增长3.6%；第二产业增加值33.6亿元，增长7.3%；第三产业增加值24.8亿元，增长10.6%。三次产业结构比13.1 ∶ 50 ∶ 36.9。固定资产投资105亿元，增长13.3%。公共财政预算收入9.9亿元，增长9.3%。社会消费品零售总额20.3亿元，增长12.4%。城镇居民人均可支配收入24607元，增长8.1%；农村居民人均可支配收入7362元，增长9.5%。年末全县金融机构各项存款余额、贷款余额分别为83.5亿元、51.9亿元，分别增长14.4%、3.5%；存贷比为62%，居全市第一。房地产开发投资8.1亿元。建筑业增加值3.7亿元，增长5.4%。邮政电信业务总量1.05亿元，增长10.8%。

项目建设有新成效。持续开展“项目攻坚年”活动，一批大项目、好项目相继开工或建成，推动经济发展取得实效。积极参加“沪洽周”“湘台会”等招商活动；成功引进欧科亿硬质合金、10万纱锭精梳紧密络纺和高档织面料、电子通讯线材产业园等项目；新签约招商项目64个，合同引资71.1亿元，其中亿元以上项目20个。开展“全县总动员、大干一百天、全力保投资”活动，争取各类项目资金6.14亿元，项目融资到位3.69亿元；48个重点项目开工建设、44个竣工投产，15个市重点项目完成投资33.47亿元；康乐大道、炎陵大道东段、金紫仙风电场开发、九龙湖景观工程、炎帝陵国家重点文物保护修缮工程，华厦广场、神农谷旅游服务区等一批重大项目加快推进，炎帝陵游客服务中心建成使用，诺忒高效节能量子灯一期、潭龙益友、宇邦磁材、金泰铋业、标卓合金材料等项目竣工投产。

产业发展有新提升。加快文化旅游、生态工业、绿色农业三大产业发展，以主导产业带动实体经济发展。文化旅游持续升温，全县接待游客人数和旅游综合收入分别增长22.5%、25%；炎帝陵创国家5A级旅游景区、红军标语博物馆创国家4A级旅游景区扎实推进；丙申年炎帝陵祭祖典礼、丙申年海峡两岸炎帝陵祭祖典礼、桃花节、“千人挑战艾米餜大世界基尼斯”等活动成功举办；入选“国家首批全域旅游示范区”创建县，获评“湖南省旅游产业发展十佳县”；炎帝陵获评省文化遗产保护利用“五好”园区，神农谷获评“湖南最佳避暑胜地”，红军标语博物馆获评“全国社会科学普及基地”、入选全国第二批红色旅游经典景区名录。生态工业加快发展，全县工业增加值30亿元，增长7.6%；规模工业总产值103.6亿元，增长9.3%；新增规模工业企业8家；规模工业增加值25.5亿元，增长7.9%；积极对接国家支持贫困地区企业优先上市政策，成功争取欧科亿硬质合金有限公司总部从株洲市区搬迁至炎陵县。绿色农业提质增效，农作物总播种面积22千公顷，粮食播种面积14千公顷，粮食总产量8.5万吨，油料产量3086吨。新扩特色水果792.67公顷、无公害蔬菜80公顷，水果总产量22500吨，蔬菜产量89811吨；白鹅132万羽，生猪出栏14.9万头，家禽出笼115.7万羽，水产品产量1156吨。全县农林牧渔业总产值13.9亿元，增长3.7%。成立省级农业科技园；在全市率先启动农产品质量安全溯源“满天星”计划，新增无公害产品、绿色食品、有机食品和地理标志产品等“三品一标”农产品认证6个，建成农产品标准化基地14个；农产品追溯系统1个；“炎陵黄桃”成功注册为国家地理标志证明商标，黄桃种植面积2120公顷，年产值1.5亿元，作为全市唯一农产品成功入选“湖南十大农业品牌”；平乐黄桃基地获评“省绿色食品示范基地”；炎陵茶叶品牌影响进一步扩大，获国家、省级茶叶评比金奖9个，大院龟龙窝生态茶园获评“湖南十大最美茶园”。国家电子商务进农村综合示范县建设成效明显，电商产业园建成开园，入驻电商企业53家，建成农村电商服务站100个，实现电商交易额2.8亿元，电商从业人员达5000余人。

全年减贫1248户4258人，17个贫困村退出，获评“中国老区建设减贫贡献奖”，龙上村获评“全省脱贫攻坚示范村”。新增农民合作社125家，农产品加工企业达226家，发展农家乐108家、休闲农庄16个，3个贫困村光伏发电站建成运营。发展炎陵黄桃产业，推进精准扶贫的做法获省委省政府充分肯定，“黄桃之乡”星创天地入选科技部第一批“星创天地”；推进易地扶贫搬迁，11个集中安置区主体工程完工，534户1778人搬入新居；新增农村贫困劳动力转移就业807人，积极开发公益性岗位帮助贫困群众就业，从建档立卡贫困人口中聘请生态护林员199人、乡村卫生保洁员212人；3852户10785人享受生态保护脱贫政策；4068户5289人纳入教育帮扶体系，发放教育资助金1959万元；贫困人口新农合参保率达到100%，3536人纳入医疗保险和救助范围；819户1719人享受保障兜底政策，农村最低生活保障标准提高到每人每月240元。茅坪至中村公路竣工，完成通畅工程53.2公里、窄路加宽138.3公里、危桥改造8座、农村招呼站20个；建成农村饮水安全工程25个，解决2.43万农村人口饮水不安全问题；改造农村危旧土坯房1729户；贫困村电网升级改造、综合文化服务中心建设全面完成，光纤通达率98.3%。加大扶贫投入，整合使用财政扶贫资金1.3亿元，建成金融扶贫服务站21个，发放贫困农户小额信用贷款3586万元。

城镇品位大幅提升，启动“多规合一”试点工作，加快编制县城控制性详细规划，控违拆违5万余平方米；石玉路、井冈东路提质改造、神农大道延伸段拓宽改造等项目开工建设，县城主次干道水泥路面改沥青路面工程全面完成，洣泉路、梅岗路提质改造完工；新增供水管网6.8公里，新建、改造市政燃气管网7公里，新增管输天然气用户3000户；霞阳镇入选全国重点镇，下村乡成功争取到省际边界口子镇建设项目。完成交通建设投资1.17亿元，十都至南流公路改造项目开工建设，106国道大风垄路段大型山体滑坡修复通车；11座水库除险加固工程、潘家保护圈一期工程、小农水重点县水口和中村片区项目完工；美丽乡村建设扎实推进，建设石子坝、长江、水西、梅岗4个美丽乡村示范村；龙渣村入选第二批“全国少数民族特色村寨”公示名单。生态建设力度加大，完成营造林11920公顷、道路绿化120公里，森林禁伐减伐2.52万公顷；湘江保护和治理第二个“三年行动计划”全面启动，实施减排项目2个；完成农村环境综合整治村75个；清理环保违规建设项目129个；生态保护红线划定工作基本完成；饮用水源水质达标率100%，环境质量综合指数稳居全省前列。

改革开放有新活力。供给侧结构性改革加快推进，烟花爆竹生产整体退出，全面取消非行政许可审批事项，事业单位分类改革扎实推进；乡镇区划调整改革全面完成，行政村由202个合并为120个；财税体制改革稳步推进，全口径预算有效实施；商事制度改革有力推进，新登记注册市场主体1290个，农村综合改革有序推进，农村土地承包经营权确权登记颁证工作基本完成；株洲市公共资源交易炎陵县分中心挂牌成立；率先在全市实施不动产统一登记工作。设立株洲市规划设计院炎陵分院；实际引进境内省外资金17.7亿元，增长9.8%；实际利用外资2403万美元，增长11.6%；外贸进出口总额1936万美元。

人民生活有新改善。民生支出持续增加，占一般公共预算支出的76.1%；67项省市为民办实事全面完成，新增创业主体1267户、城镇就业1400人、农村劳动力转移就业1736人；城乡居民基础养老金最低标准提高到每人每月80元；城乡居民大病保险和特困人员救助供养制度全面实施；城乡低保实现应保尽保；老年社会福利中心开工建设；完成城市棚户区改造301户，开工建设公租房144套。社会事业协调发展，9个薄弱学校改造项目完工，获评“株洲市高中学业水平考试先进县”，炎陵一中、垄溪乡学校获评“全国青少年校园足球特色学校”；炎陵客家方言列入全省第一批语言保护工程；省级现代公共文化服务体系示范区创建加快推进，“罗霄放歌”联袂巡演、“欢乐潇湘·美丽炎陵”群众文艺汇演、全民健身月、首届小学生汉字听写大赛、“我要上春晚”等活动成功举办，大型音乐舞蹈情景剧《炎帝》在株洲首演，炎陵广播电台正式开播，农村应急广播村村响工程完工，图书馆总分馆制试点工作取得成效，“瑶拳”获批省级非遗项目；与市中心医院开展医疗合作；率先在全省实施居民健康卡项目，新建16个村卫生室；县烈士陵园跻身“国家级烈士纪念设施”。强化食品药品安全监管，成为全省唯一景区食品安全“零投诉”县；顺利通过省文明创建考核测评，成功保持“省级文明县城”荣誉；平安炎陵建设扎实推进，深入开展“三打八创”、社会治安整治“百日会战”大行动，群众安全感民调排名全省前列，连续11年获评“省社会管理综合治理先进县”，连续12年保持“省平安县”称号。

存在的问题和困难：一是稳增长任务艰巨，经济总量不大，社会投资乏力，对外开放不够，财政收支矛盾突出；二是脱贫攻坚任务艰巨，贫困人口多，贫困程度深，脱贫难度大，脱贫时间紧，基础工作不够实；三是维护稳定任务艰巨，新情况、新问题不断出现，影响社会和谐稳定的不确定性因素仍然较多；四是推动工作落实见效任务艰巨，干部的思想、作风、能力、效率与新常态、新形势的要求仍有差距，等等。（刘文彦　余　杰）

【炎陵入选首批“国家全域旅游示范区”创建名单】 2016年2月1日，国家旅游局官网公布首批创建“国家全域旅游示范区”名单，全国有262个市县进入名单，湖南省有13家单位上榜，炎陵县是株洲市唯一入选的单位。

首批国家全域旅游示范区创建工作，原则上为2–3年时间。对于列入国家全域旅游示范区名录的市县，将优先纳入中央和地方预算内投资支持对象，优先支持旅游基础设施建设，优先纳入旅游投资优选项目名录，优先安排旅游外交、宣传推广重点活动，纳入国家旅游宣传推广重点支持范围，优先纳入国家旅游改革创新试点示范领域，优先支持A级景区等国家重点旅游品牌创建，优先安排旅游人才培训，优先列入国家旅游局重点联系区域。国家全域旅游示范区创建工作实行动态管理，对不能保持创建成果的，将及时退出。

炎陵县旅游资源丰富，拥有炎帝陵和神农谷两个国家AAAA级旅游景区。全域旅游是炎陵旅游的一大先天优势，炎陵创建国家全域旅游示范区，对旅游业的发展具有战略性、全局性意义。（刘文彦）

【首届“互联网+农业生态旅游”桃花节】 2016年3月16日，炎陵县在中村瑶族乡举办首届“互联网+农业生态旅游”桃花节，主要开展“桃花基地祈福仪式”“七仙女代言炎陵桃花”“美丽炎陵摄影大赛”“情定桃树求姻缘”等特色主题活动。

本届桃花节由炎陵搜农坊、炎陵县黄桃协会、炎陵县旅游协会主办，旨在推进乡村旅游，大力发展炎陵特色农业，创建国家全域旅游示范区；以“互联网+农业生态旅游”为主题，依托炎陵丰富的自然资源和民俗文化，通过加强农业种植与互联网合作共赢模式的运作，为炎陵桃花和炎陵黄桃插上互联网的“翅膀”。

山清水秀、生态优美是炎陵最宝贵的资源、最核心的品牌。近年来，炎陵县委、县政府实施绿色崛起发展战略，提升生态质量，发展生态农业和生态旅游，有力促进了县域经济发展，带动了炎陵人民脱贫致富。本次活动以花为媒、以农兴旅、以旅助农，对于提升炎陵旅游品牌，推进农业和旅游深度融合，推进精准扶贫具有重要意义。（刘文彦）

【“千人挑战艾米粿大世界基尼斯”】 2016年5月21日，炎陵县在炎帝陵景区举办“千人挑战艾米粿大世界基尼斯”暨炎陵县生态民俗美食文化节活动。省内外众多美食爱好者和休闲观光客齐聚炎陵，来自全县各地的1000余名师傅同“台”献艺，共同参与“千人挑战艾米粿大世界基尼斯”这一盛大活动。经现场公证员确认，参加制作艾米粿的挑战者为1173人，成功挑战大世界基尼斯。上海大世界基尼斯理事会理事查民华宣布活动挑战成功，并向活动主办方炎陵县鹿原镇颁发奖牌和证书。（刘延平）

【神农谷获评“湖南最佳避暑胜地”】 2016年6月22日，湖南省旅游协会公布“2016湖南最佳避暑胜地”名单，炎陵县神农谷国家森林公园位列其中，是株洲唯一上榜的景区。

神农谷国家森林公园位于株洲市炎陵县东北部，属中亚热带季风湿润气候区，年平均气温14.4℃，年平均空气相对湿度86%。区内日照少、气温低、云雾降水多、空气湿度大、风速小、气候垂直变化大、是典型的山地气候特征。主要景点有落水源瀑布、珠帘瀑布、树抱石、黑龙潭、桃花桥、石板滩、龙潭天河、万阳河峡谷风光、神农飞瀑等。近年来，神农谷国家森林公园先后获评湖南省首批生态旅游示范区、全国最美森林旅游景区、国家生态旅游示范区、中国森林氧吧、中国最具潜力景区品牌等。（刘延平）

【获评湖南省旅游产业发展“十佳县”】 2016年10月9日，炎陵县获评“2015年度湖南省旅游产业发展十佳县（市、区）”，是株洲市唯一获此殊荣的县。

近年来，炎陵县坚持“生态立县、旅游活县”发展战略，将旅游业作为重点支柱产业加以扶持，利用“古、红、绿”资源，大力发展生态旅游，以炎帝陵为重点的祭祖祈福游、红军标语博物馆为主的红色游、神农谷为中心的休闲游快速崛起，旅游品牌知名度大幅提升。炎陵县环境质量综合指数达99.8%，居湖南第一；城区空气优良天数达98%，先后获评中国十佳绿色城市、中国绿色名县、全国十大县域旅游之星、全国最美生态旅游示范县、美丽中国示范县、中国深呼吸小城十佳、中国最美文化生态旅游名县、中国最美休闲度假旅游名县、中国生态魅力县等荣誉称号。（刘延平）

【“炎陵黄桃”获国家地理标志证明商标】 2016年12月，国家工商总局商标局向炎陵县“炎陵黄桃”产业协会颁发商标注册证明，其申报的“炎陵黄桃”正式注册为国家地理标志证明商标。该商标的专有权有效期为2016年11月21日至2026年11月20日。

炎陵县属亚热带季风湿润气候区，冬季寒冷雨雪多，夏季炎热雨量大，其成土母质主要以花岗岩、板页岩为主，非常适合优质黄桃种植。炎陵黄桃以香、脆、甜而闻名。2011年，炎陵县被中国果蔬产业品牌论坛组委会授予“中国优质黄桃之乡”称号。2016年，全县黄桃种植面积达1733.33公顷，挂果面积593.33公顷，产值1.45亿元。（刘延平）

示　范　区

株洲云龙示范区

党工委书记	蔡周良
党工委副书记、管委会主任	付访华
党工委副书记、管委会副主任	谭跃飞
党工委委员、管委会副主任	黄继军
党工委委员、纪工委书记	欧阳真云
党工委委员、管委会副主任	刘曙红
	章定良　周小毛
管委会副主任	柳怀德
党工委委员	罗春风
党务工作部部长	文　毅
国土建设部部长	陈文元
招商合作部部长	李　浩
社会事业部部长	王海明
财政金融部部长	刘一卫
综合管理部部长	刘新华

【概况】　云龙示范区是国务院批复的长株潭城市群“两型”社会建设综合配套改革试验区五大示范区之一，至2016年年底，管辖面积97.9平方公里，辖1镇(云田)2街道(龙头铺、学林)、23个社区，户籍人口5.8万人，常住人口12万人。云龙示范区党工委、管委会成立于2009年，作为株洲市委、市政府派出机构，对辖区进行统一管理，下设综合管理、党务工作、发展规划、国土建设、招商合作、社会事业、财政金融7个职能部门，承担一级政府全部职能。另组建株洲市云龙发展投资控股集团有限公司，与株洲云龙土地储备中心、投融资管理中心合署办公。管委会机关有工作人员448人，其中编制人员175人。

2016年，云龙示范区经济社会呈现良好发展态势，全年实现GDP23.2亿元，增长8.1%；完成固定资产投资175.5亿元，增长13.5%；实现公共财政预算总收入9.21亿元，增长12.55%，增幅和进度排名全市第一，税收比重74.02%，排名全市第二；共融资到位122.03亿元；完成征拆项目65个，交地531.47公顷，总量全市第一。

产业布局日趋优化。升级完善总体规划、两型产业规划、服务业集聚区发展规划等，“三大集聚区”产业定位更加精准。北部文化旅游集聚区初具规模，被列为省级服务业示范集聚区；云峰湖旅游度假区成为首批3个全省旅游度假区之一；华强方特欢乐世界、云龙水上乐园分别成功创建国家AAAA、AAA级景区；华强方特梦幻王国盛大开园，方特东厢酒店同步开业；奥悦冰雪世界、云龙假日欢乐广场加快建设。中部总部经济信息产业集聚区有序推进，总部经济园一期全面建成，恒祥高科等20余家高新技术企业实现入驻；湖南移动数据中心启动建设；轨道交通城路网建设全面铺开；龙母河生态城项目融资和前期工作已启动。南部职教创新集聚区基本成型，职教科技园5所院校建成开学，另5所院校在加速推进；微软创新中心建成开放，创客中心成功入选第三批国家级众创空间，“零创空间”入驻无人机研发、3D打印等创新型企业52家；与中科院、中智集团、中能集团等大型企业达成战略合作，成功创建为省“双创”示范基地。

重点项目强势推进。大力开展“项目攻坚年”“大干一百天、全力保投资”活动，实施“六个一”“问题销号”“挂牌公示”等项目推进机制，全面提速项目建设。一批项目顺利竣工。方特梦幻王国、学府华庭、城铁大丰站及站前广场等项目建成投入使用；向阳北路、云水路、云海大道西段、玉龙路一期、田林路云龙段等道路竣工通车。一批项目加快推进。铁道职院、智慧东路、兴龙西路B段等42个项目实现新开工，北欧小镇二期、中医药高专、化工职院、中特物流、云龙大道“绿荫行动”及升龙路、云海大道高压杆线迁移等20个续建项目有序推进。一批项目签约落户。成功签约中国移动数据中心分布式能源站、生物医药多肽库研发和生产基地、湖南新九方总部、九华置业总部等项目，合同引进资金94亿元。

要素保障实现突破。全面打好征拆安置、治违拆违、环境整治“三大攻坚战”，积极筹措建设资金，着力破解项目建设制约瓶颈。征拆安置攻坚战。全年完成交地项目65个，交出净地531.47公顷。新开工建设安置房15.17万平方米，竣工11.7万平方米，完成分房10.16万平方米。治违拆违攻坚战。组织拆违行动65次，拆违124处，面积3.99万平方米，实现新增违法建设“零增长”。环境整治攻坚战。排查化解矛盾纠纷96件，妥善处置阻工147起。着力解决军海实业、明照水泥厂、云峰湖项目新增人口违规补偿等遗留问题。努力筹资融资。成功争取上级资金7320万元和国家专项建设基金9000万元；总额52.05亿元的5个中长期贷款项目，已到位16.17亿元；60 亿元的基础路网 PPP 项目已成功签约。

民生事业统筹发展。公共财政预算支出的 73% 以上用于民生事业，省、市 38 项民生实事指标任务全面完成。社会保障不断完善。发放失地农民养老金及基本生活费 7897 万元、新农合和新农保资金 1892 万元、民政低保及就业专项补助 1533 万元，救助特殊人群约 1.5 万人次；帮助农民工追回工资 2185 万元。改造农村危房 55 户，完成棚户区改造 401 户、城中村改造 1074 户，解决房屋登记办证遗留问题 220 户。社会事业加快发展。签约引进长郡中学合作办学，完成云田学校一期建设并投入使用；投入 500 万元为辖区中小学学生提供免费营养餐；云田卫生院、龙头铺卫生院提质改造全面完成；投入 1500 万元实施水利建设，其中冬修工程 51 处。社会大局和谐稳定。严打整治有力有效，排查各类矛盾纠纷 519 件，调处 514 件，接待来访群众 102 批 817 人次，化解问题矛盾 300 余件，成功应对“6•15”特大暴雨灾害。全年没有发生重大群体性事件和较大以上安全事故。

目前亟待解决的困难和问题：一是项目推进方面。部分重大项目受绿心准入、土地调规、用地指标等因素制约，无法落地实施或难以快速推进。水电气路等基础路网、管网仍然比较滞后；文化、教育、医疗、商业网点等配套建设不足，区内人气集聚不够。二是产业发展方面。投资大、能产生集聚效应的龙头项目不多，成长性好、能迅速带来经济效益的产业项目偏少，缺乏一批持续稳定增长的企业富税源，随着“营改增”税费制改革的推行，保持财政高增长的难度越来越大。三是影响力方面。文化旅游品牌效应还不强，区位优势和产业特色没有全方位、系统性推介，区域形象未得到充分展示，美誉度和知名度还不够响。

（何　帆）

【方特梦幻王国开园迎客】 8 月 18 日，株洲方特梦幻王国正式开园迎客，市委书记毛腾飞致辞并宣布开园。该项目总投资 30 亿元，占地约 66.67 公顷，主要由魔法城堡、华夏五千年、千古蝶恋、水漫金山等 36 个主题项目区组成，涉及主题、游乐、休闲及景观项目等 200 多个。项目以中国神话为背景，将现代时尚娱乐元素和中国传统文化结合，融合数字图像，影视技术等高科技技术，倾力打造的文化与科技结合的旅游体验新形式。

（何　帆）

【云龙示范区文化旅游产业发展座谈会】 8 月 18 日，市委书记毛腾飞组织召开云龙示范区文化旅游产业发展座谈会，要求以云龙示范区文化旅游产业发展为龙头，加快推进全市文化旅游产业发展，开启株洲全域旅游新时代。毛腾飞强调，要把握消费转型升级大势，全面升温旅游，全面提升旅游，加快推进株洲“全域旅游”建设，打造株洲新的经济增长点。推动旅游产业与炎帝文化、山水文化、红色文化、工业文化深度融合，形成“古、绿、红、蓝”四大文化旅游的特色“珍珠链”，让株洲文化旅游品牌享誉全国，吸引世界目光。（何　帆）

【株洲云龙水上乐园创建为国家 AAA 级旅游景区】 10 月 28 日，云龙水上乐园经过现场检查、游客满意度抽查、申报资料审核等环节，正式通过国家 AAA 级旅游景区评定。云龙水上乐园是集绿色生态回归、游园嬉水、休闲度假等于一体的长株潭地区最大的水上主题公园，总投资 2 亿元，占地 10 万平方米，一期有 10 个大型游乐设备组合，二期正在建设中，将新增“水上过山车”“大黄峰”等游乐设施，预计 2017 年 6 月可建成投入运营。2016 年，该景区接待游客 25 万人次，实现旅游收入近 4000 万元。（何　帆）

【云龙文化旅游集聚区入选“湖南省服务业示范集聚区”名单】 11 月 29 日，省发改委公布了第二批“湖南省服务业示范集聚区”名单，云龙文化旅游集聚区等 15 个集聚区入选，将在规划布局、项目申报、资金安排等方面得到重点指导和支持。云龙文化旅游集聚区依托云龙示范区原生态景观和区位交通优势，以及已建成和在建的湖南华强文化科技、云峰湖旅游度假、水上游乐、滑雪滑冰等旅游资源，占地面积约 1000 公顷，集主题娱乐、文化创意、动漫影视、旅游休闲、健康养老、商贸服务、总部会展、高端地产等多种业态为一体，打造国内知名的文化旅游高地，已成为带动全省产业转型升级、推动服务业加快发展的重要载体和支撑力量。（何　帆）

人　　物

中共株洲市第十二届委员会常务委员会委员

毛腾飞　男，汉族，1962年10月生，湖南武冈人，1983年7月参加工作，1991年11月加入中国共产党，研究生学历，管理学博士学位。

1979年9月—1983年7月，湖南师范学院数学系数学专业学习，获理学学士学位；1983年7月—1985年8月，武冈县二中教师；1985年8月—1987年7月，长沙铁道学院概率论与数理统计专业硕士研究生学习，获理学硕士学位；1987年7月—1991年4月，邵阳市计委干部；1991年4月—1992年10月，邵阳市计委综合科副科长；1992年10月—1993年3月，邵阳市计委综合科副科长兼市经济建设投资公司副经理（正科级）；1993年3月—1996年3月，省计委科技处主任科员；1996年3月—1998年12月，省计委财经处副处长（其间：1996年3月—1998年3月挂职任新晃县人民政府副县长）；1998年12月—2000年9月，省计委科技处副处长；2000年9月—2003年2月，省计委高技术产业发展处处长；2003年2月—2004年4月，省计委投资处处长；2004年4月—2005年11月，省发改委党组成员、总经济师；2005年11月—2007年11月，省发改委党组成员、副主任（其间：2001年9月—2006年7月中南大学商学院管理科学与工程专业博士研究生学习，获管理学博士学位；2006年10月—2007年4月参加湖南省第六期中青年领导干部赴美国培训团在加尼福尼亚州欧道明大学学习）；2007年11月—2010年11月，湘潭市委常委、市人民政府常务副市长；2010年11月—2013年3月，郴州市委副书记；2013年3月—2013年5月，株洲市委副书记、市长提名人选；2013年5月—2016年3月，株洲市委副书记、市人民政府市长；2016年3月——　株洲市委书记、湖南省长株潭“两型社会”试验区工委副书记（兼）。

中共湖南省第十次代表大会代表，湖南省第十二届人大代表，中共株洲市第十二次代表大会代表，株洲市第十四届人大代表。

2016年9月，当选为株洲市第十二届市委书记。

阳卫国　男，汉族，1967年7月生，湖南衡东人，1990年7月参加工作，1993年12月加入中国共产党，在职研究生学历，历史学硕士学位。

1986年9月—1990年7月，武汉大学中文系汉语言文学专业学习，获文学学士学位；1990年7月—1993年8月，省委办公厅综合调研室干部（其间：1991年12月—1992年12月省委办公厅驻桃江县天湾乡樊洲村社教工作队队员）；1993年8月—1995年10月，省委办公厅综合调研室副主任科员；1995年10月—1998年11月，省委办公厅综合调研室主任科员；1998年11月—2002年4月，省委办公厅秘书处副处级秘书；2002年4月—2002年7月，省委办公厅综合调研室正处级秘书；2002年7月—2003年2月，省委组织部干部一处副处长、正处级组织员；2003年2月—2006年8月，茶陵县委书记；2006年8月—2007年1月，株洲市委常委、宣传部部长，茶陵县委书记（其间：2002年9月—2006年12月湖南大学岳麓书院专门史专业硕士研究生学习，获历史学硕士学位）；2007年1月—2010年8月，株洲市委常委、宣传部部长；2010年8月—2011年5月，株洲市委副书记、宣传部部长；2011年5月—2014年10月，株洲市委副书记；2014年10月—2016年3月，株洲市委副书记、市委党校（行政学院）校（院）长；2016年3月—2016年5月，株洲市委副书记、市人民政府代市长；2016年5月——　株洲市委副书记、市人民政府市长。

中共湖南省第九次、十次代表大会代表，中共株洲市第十次、十一次、十二次代表大会代表，株洲市第十二届、十三届、十四届人大代表。

2016年9月，当选为株洲市第十二届市委副书记。

雷绍业 男，汉族，1968年10月生，湖南桂阳人，1992年6月参加工作，1990年5月加入中国共产党，在职研究生学历，哲学博士学位，副教授。

1988年9月—1992年6月，湖南师范大学化学系化学教育专业学习，获理学学士学位；1992年6月—1994年9月，湖南师范大学人事处干部；1994年9月—1997年1月，湖南师范大学人事处、学生工作处副主任科员；1997年1月—1997年10月，湖南师范大学学生工作处主任科员；1997年10月—2000年7月，湖南师范大学教务处素质教育办主任；2000年7月—2001年3月，湖南师范大学校长办公室副主任、附校委员会副主任、办公室主任；2001年3月—2002年6月，湖南师范大学新闻与传播学院副院长（其间：1998年9月—2001年6月湖南师范大学伦理学专业硕士研究生学习，获哲学硕士学位；2001年3月—2001年5月省高校工委党校第24期中青班学习）；2002年6月—2003年6月，湖南师范大学外国语学院党委副书记；2003年6月—2005年7月，湖南师范大学招生与就业指导服务中心主任（其间：2002年3月—2005年6月湖南师范大学伦理学研究所伦理学专业博士研究生学习，获哲学博士学位）；2005年7月—2008年11月，省安监局副局长、党组成员；2008年11月—2011年9月，娄底市委常委、市人民政府副市长；2011年9月—2014年8月，娄底市委常委、组织部部长、统战部部长；2014年8月—2016年9月，常德市委常委、组织部部长、统战部部长（其间：2015年11月参加省委组织部组织赴美国的“公共管理与社会治理创新”专题培训班学习）；2016年9月—— 株洲市委副书记。

中共湖南省第十次代表大会代表，湖南省第十一届政协委员，中共株洲市第十二次代表大会代表。

2016年9月，当选为株洲市第十二届市委副书记。

赖馨正 男，汉族，1970年7月生，湖南湘潭人，1993年7月参加工作，1991年6月加入中国共产党，在职研究生学历，管理学硕士学位。

1986年9月—1989年7月，湘潭师范学校学习；1989年9月—1993年7月，湖南师范大学中文系汉语言文学专业学习，获文学学士学位；1993年7月—1997年12月，省人民政府办公厅秘书一处干部（其间：1996年12月—1997年12月保靖县塘棚村建整扶贫工作队员）；1997年12月—2001年1月，省人民政府办公厅秘书一处、社会发展处副主任科员（其间：1998年9月—2000年6月湖南师范大学经济学专业研究生班学习）；2001年1月—2004年12月省人民政府办公厅社会发展处、秘书二处主任科员；2004年12月—2007年6月，省人民政府办公厅秘书二处副处级秘书；2007年6月—2007年8月，省人民政府办公厅秘书二处调研员；2007年8月—2009年3月，省纪委办公厅正处长级副主任（其间：2005年9月—2008年7月中南大学管理科学与工程专业硕士研究生学习，获管理学硕士学位）；2009年3月—2012年2月，团省委副书记、党组成员（其间：2011年5月—2011年7月省委党校厅干班学习）；2012年2月—2016年9月，怀化市委常委、市纪委书记；2016年9月—— 株洲市委常委、市纪委书记。

中共株洲市第十二次代表大会代表。

2016年9月，当选为株洲市第十二届市委常委、市纪委书记。

彭爱华 女，汉族，1963年10月生，湖南娄底人，1981年7月参加工作，1992年10月加入中国共产党，中央党校大学学历，高级审计师，注册会计师。

1978年9月—1981年7月，浙江冶金经济专科学校工业会计专业学习；1981年7月—1984年9月，宝山铜矿财务科会计；1984年9月—1988年12月，湘中针织厂会计、企业管理办副主任（其间：1985年4月—1988年7月湖南财经学院会计专业自考专科学习）；1988年12月—1990年12月，娄底地区审计局财金科副科长；1990年12月—1992年12月，冷水江市金竹乡人民政府副乡长；1992年12月—1994年7月，娄底地区审计局财金审计科副科长；1994年7月—1995年4月，娄底地区审计局行政事业审计科科长；1995年4月—2001年8月，娄底地区审计局党组成员、副局长（其间：1996年8月—1998年12月中央党校函授学院经济管理专业函授本科学习；1998年3月—1998年7月国防科技大学系统工程研究班学习）；2001年8月—2004年5月，娄底市审计局局长、党组书记（其间：2000年12月—2002年12月湖南师范大学经济管理学院进修班学习；2003年9月—2004年1月省委党校中青班学习）；2004年5月—2005年1月，双峰县委副书记、代县长；2005年1月—2009年1月，双峰县委副书记、县长；2009年1月—2009年3月，双峰县委书记、县长；2009年3月—2010年1月，双峰县委书记（其间：2009年9月—2010年1月省委党校中青班学习）；2010年1月—2011年9月，益阳市委常委、组织部部长；2011年

9月—2013年5月，益阳市委常委、组织部部长、统战部部长；2013年5月—2013年11月，株洲市委常委、组织部部长；2013年11月—2016年9月，株洲市委常委、组织部部长、统战部部长；2016年9月——株洲市委常委、组织部部长。

第十一届全国人大代表，中共湖南省第十次代表大会代表，湖南省第十一届政协委员，中共株洲市第十二次代表大会代表，株洲市第十四届人大代表，株洲市第八届政协委员。

2016年9月，当选为株洲市第十二届市委常委。

胡鹏飞　男，汉族，1963年5月生，湖南安化人，1981年10月参加工作，1985年3月加入中国共产党，在职大学学历。

1981年10月—1983年9月，湖南省郴州军分区警通连战士；1983年9月—1985年7月，郑州高炮学校学员；1985年7月—1985年11月，炮兵第七十师六二一团二营五连排长；1985年11月—1992年6月，四十一集团军高炮兵旅排长、组织科干事、指导员、宣传科正连职干事；1992年6月—1994年9月，四十一集团军高炮旅政治部宣传科副营职干事；1994年9月—1997年6月，四十一集团军高炮旅政治部宣传科科长、宣传处正营职干事；1997年6月—1998年6月，四十一集团军政治部宣传处副处长；1998年6月—2000年3月，四十一集团军舟桥团政治处主任；2000年3月—2002年6月，四十一集团军高炮旅副政治委员；2002年6月—2005年4月，四十一集团军工兵团政治委员；2005年4月—2010年10月，四十一集团军一二一师副政治委员（其间：2009年3月—2010年3月代理空军航空兵第九师副政治委员）；2010年10月—2012年8月，湖南省军区政治部副主任；2012年8月—2013年5月，株洲军分区政治委员；2013年5月——株洲市委常委、株洲军分区政委。

中共株洲市第十二次代表大会代表。

2016年9月，当选为株洲市第十二届市委常委。

杨玉芳　女，汉族，1962年1月生，湖南湘乡人，1983年7月参加工作，1990年6月加入中国共产党，大学学历，公共管理硕士学位，工程师。

1979年9月—1983年7月，湖南农业大学畜牧系学习，获农学学士学位；1983年7月—1984年2月，株洲市冷冻厂技术员；1984年2月—1989年3月，株洲市食品公司总经办主任、党办主任兼团委书记、工程师（其间：1985年上半年市委组织部派驻桃水煤矿推行第一届厂长经理负责制工作）；1989年3月—1994年12月，株洲市肉鸡场副场长、场长兼党总支书记（其间:1992年抽调参与社教工作一年）；1994年12月—1996年1月，株洲德天实业公司总经理、党总支书记（其间：1995年9月—1995年12月市委党校中青班学习）；1996年1月—1998年4月，株洲市二商业总公司、二商业局经贸科科长；1998年4月—2001年11月，株洲市二商业局党组成员、副局长，株洲市二商业总公司党委委员、副总经理、纪委书记（兼）（其间：1996年3月—1998年6月中山大学财政金融专业进修班学习）；2001年11月—2002年8月，株洲市妇联党组副书记、副主席；2002年8月—2006年12月，株洲市妇联党组书记、主席（其间：2004年2月—2004年7月省委党校中青班学习）；2006年12月—2009年1月，株洲市荷塘区委副书记、区人民政府区长（其间：2007年12月获国防科技大学公共管理专业公共管理硕士学位）；2009年1月—2010年12月，株洲市荷塘区委书记；2010年12月—2011年2月，株洲市人民政府副市长、荷塘区委书记；2011年2月—2014年10月，株洲市人民政府副市长；2014年10月—2016年9月，株洲市委常委、市人民政府副市长；2016年9月——株洲市委常委、政法委书记、市人民政府副市长。

中共湖南省第九次代表大会代表，湖南省第十一届人大代表，中共株洲市第十次、十一次、十二次代表大会代表，株洲市第十二届、十三届人大代表。

2016年年9月，当选为株洲市第十二届市委常委。

何剑波　男，汉族，1962年10月生，湖南宁乡人，1983年8月参加工作，1985年6月加入中国共产党，大学学历，工学学士学位，高级工程师。

1979年9月—1983年8月，中南矿冶学院有色冶金系有色冶炼专业学习，获工学学士学位；1983年8月—1984年12月，株洲冶炼厂三车间技术员；1984年12月—1990年9月，株洲冶炼厂一分厂技术员、助理工程师、车间副主任、调度员；1990年9月—1992年8月，株洲冶炼厂铅精炼分厂副厂长；1992年8月—1995年12月，株洲冶炼厂铅精炼分厂厂长、高级工程师；1995年12月—1996年4月，株洲市计委副主任、党组成员；1996年4月—1997年9月，株洲市计委副主任、党组成员、招商局副局长（其间：1997年3月—1997年7月省委党校中青班学习）；1997年9月—2000年11月，株洲市石峰区委常委、区人民政府常务副区长；2000年11月—

2001年2月，株洲市石峰区委副书记、区人民政府代区长；2001年2月—2002年10月，株洲市石峰区委副书记、区人民政府区长；2002年10月—2006年8月，株洲市石峰区委书记（其间:2003年2月—2003年4月省委党校中青班学习）；2006年8月—2006年12月，株洲高新区党工委副书记、管委会主任；2006年12月—2011年10月，株洲高新区党工委副书记、管委会主任，天元区委副书记、区人民政府代区长、区长；2011年10月—2012年1月，株洲市人民政府副市长，株洲高新区党工委副书记、管委会主任，天元区委副书记、区长；2012年1月—2016年9月，株洲市人民政府副市长；2016年9月——　株洲市委常委、市人民政府副市长。

中共湖南省第九次代表大会代表，湖南省第十届人大代表，中共株洲市第十次、十一次、十二次代表大会代表，株洲市第十二届、十三届人大代表。

2016年9月，当选为株洲市第十二届市委常委。

毛朝晖　男，汉族，1972年11月生，湖南岳阳县人，1996年7月参加工作，1995年12月加入中国共产党，大学学历，农业推广硕士学位。

1992年9月—1996年7月，湖南师范大学历史系历史专业学习，获历史学学士学位；1996年7月—1997年3月，湖南师范大学成教学院工作；1997年3月—2000年2月，省委党史委科员；2000年2月—2002年6月，省委党史委副主任科员；2002年6月—2003年1月，省委党史委主任科员；2003年1月—2005年8月，省委办公厅综合调研室主任科员；2005年8月—2008年4月，省委办公厅秘书处副处级秘书（其间：2004年6月—2005年12月湖南农业大学植物保护专业学习，获农业推广硕士学位）；2008年4月—2008年8月，省委办公厅秘书处调研员；2008年8月—2009年11月，株洲市人民政府市长助理、党组成员；2009年11月—2010年5月，株洲市人民政府市长助理、党组成员，茶陵县委副书记；2010年5月—2013年1月，茶陵县委书记；2013年1月—2013年5月，株洲市人民政府副市长、茶陵县委书记；2013年5月—2016年9月，株洲市人民政府副市长；2016年9月——　株洲市委常委、秘书长，市人民政府副市长。

中共湖南省第十次代表大会代表，湖南省第十一届人大代表，中共株洲市第十一次、十二次代表大会代表，株洲市第十三届人大代表。

2016年9月，当选为株洲市第十二届市委常委。

聂方红　男，汉族，1967年1月生，湖南衡阳县人，1990年7月参加工作，1992年12月加入中国共产党，研究生学历，经济学硕士学位，教授。

1983年9月—1987年7月，湘潭大学政治经济学专业学习；1987年7月—1990年7月，中国人民大学政治经济学专业硕士研究生学习，获经济学硕士学位；1990年7月—1992年10月，株洲市人民政府经济研究室干事（其间：1991年1月—1991年12月株洲市郊区五里墩乡社教工作队员）；1992年10月—1994年8月，株洲市政府经济研究室副科级研究员；1994年8月—1995年9月，株洲市政府经济研究室正科级研究员；1995年9月—1997年6月，株洲市政府常务会议秘书、督察室主任（其间：1996年3月—1996年12月市委党校中青班学习）；1997年6月—2000年8月，株洲市政府办副主任、党组成员（其间：2000年3月—2000年7月国防科技大学领导干部系统工程研究班学习）；2000年8月—2001年2月，株洲市政府副秘书长、政府办党组成员；2001年2月—2003年4月，炎陵县委副书记、县长；2003年4月—2005年7月，株洲市政府副秘书长，市政府办党组副书记、正处级督查员（其间：2003年12月—2004年6月湖南省选派赴美国巴尔的摩大学工商管理、公共管理专业学习）；2005年7月—2014年10月，株洲市委党校（行政学院）校（院）长；2014年10月—2016年9月，株洲市委党校（行政学院）常务副校（院）长；2016年9月——　株洲市委常委、宣传部部长，株洲市委党校（行政学院）常务副校（院）长。

中共株洲市第十次、十一次、十二次代表大会代表，株洲市第十二届、十三届、十四届人大代表。

2016年9月，当选为株洲市第十二届市委常委。

羊贵平　男，汉族，1965年3月生，湖南邵东人（出生地桂阳），1985年7月参加工作，1991年3月加入中国共产党，在职大学学历，经济师。

1982年9月—1985年7月，湖南商业专科学校商业经济专业学习；1985年7月—1987年2月，湖南商业专科学校团委副书记（主持工作）；1987年2月—1989年4月，省商业厅《商业经济论坛》杂志社编辑；1989年4月—1991年3月，省商业厅办公室干事；1991年3月—1992年11月，省商业厅办公室副主任科员；1992年11月—1993年3月，省委组织部青干处工作；1993年3月—1995年3月，省委组织部青干处主任科员（其间：1994年3月—1994年7月，省委党校第九期中青班学习）；1995年3月—1997年4月，省委组织部干部一处主任科员；1997年4月—1999年10月，省委组织部干部一处副处级组织员（其间:1996年9月—1999年7月中南政法学院法律专业函授本科学习）；1999年10月—2003年12月，省委组织部干部一处副处长（其间:2001年9月—2002年1月国防科技大学参加湖南省第二期中青年领导干部赴美英语强化班学习；2002年9月—2003年3月在美国俄亥俄州泽维尔大学学习）；2003年12月—2005年10月，省委组织部干部一处副处长、正处级组织员；2005年10月—2008年12月，省委组织部干部三处副处长、调研员；2008年12月—2013年8月，省委组织部干部三处处长；2013年8月—2014年12月，省委组织部干部一处处长；2014年12月—2016年9月，省委巡视第五组副组长；2016年9月—— 株洲市委常委，统战部部长。

中共株洲市第十二次代表大会代表。

2016年9月，当选为株洲市第十二届市委常委。

先进人物

邹宇锋 男，1978年生，中共党员，初中学历，株洲联诚集团株电气动公司不锈钢车间冷作钣金工、班长、冷作钣金工高级技师。

他勇于创新，借助“劳模、技能大师工作室”平台，积极推动联诚集团形成了百余人的轨道交通装备不锈钢部件产业技能队伍，实现不锈钢产业年产值突破1亿元。他致力创新，突破了不锈钢薄板表面无锤印且表面平面度1毫米的极限，折服了以严谨著称于世的德国西门子验收专家；他志存高远，实现了机车电气屏柜段焊缝成型的质量提升，得到中车株机公司、中车株洲所等众多用户的高度认可；他勇于攻坚，让不锈钢调平工艺平面度和美观度达到了世界先进水平，所制作的优质不锈钢产品被安装上世界最高时速的500公里试验高速列车。他领头试制的天津西门子单双辅逆柜体使企业顺利进军高铁产业，并为企业由部件反向产业拓展作出了重要贡献；他勤于思考，与中车株机公司技师协会完成《冷作钣金工》从初级工到高级技师的实际操作指南编撰；他积极引领员工开展技术攻关、技术革新、技能竞赛、合理化建议等群众性的经济技术创新活动和导师带徒等活动，自制60余套工装模具，不仅减轻了员工劳动强度，而且大大提高了制造质量和工作效率，为公司每年降低生产成本100余万元。

2016年，获全国五一劳动奖章。

李湘宁 男，1965年生，中共党员，中国南方航空工业（集团）有限公司装配中心转子平衡线线长，中航工业集团公司首席技能专家，株洲市第一批核心专家成员。

近年来，李湘宁带领转子动平衡团队，先后主持、参与公司第二代、第三代、第四代及第五代重点型号各型转子的研制，平衡航机转子多达130余种，攻克了其中90余种转子平衡关键技术难题，尤其首创“影响系数法”与“振型法”相结合的方法攻破了挠性转子高速平衡的难题，解决了中国自主设计定型的四代机关键技术，填补了国内航空发动机挠性转子高速平衡技术的空白，使之成为国内首创、国际先进的高速平衡技术，也是中国航发南方公司核心技术之一。他成为中小型航空发动机转子平衡这一特殊关键领域的技能领军人物。他在技艺传承“传、帮、带”方面非常注重言传身教，先后带徒10余名，培养了1名一级技能专家，两名青年技师，多名关键岗位高技能人才。所在班组率先晋升为装配中心唯一“精益型”铜牌级班组，获株洲市“工人先锋号”荣誉。2015年创建以“李湘宁”命名的市级劳模工作站。他曾获“2014年度株洲市劳动模范”、株洲市“最美班组长”等荣誉。

2016年，获全国五一劳动奖章。

王泽强 男，1960年生，大学本科。株洲市中心医院乳腺外科主任。

30多年来，他潜心学习钻研乳腺疾病，特别是乳腺癌的防治工作。他通过自己的努力，成为该专业的学科带头人。2007年3月，他创建了株洲市首家乳腺外科。他始终将病人的利益放在首位，换位思考，认真对待每一位病人。在治疗过程中，在保证诊疗质量、有效治疗前提下，尽可能选择低廉、低损伤、低度毒副作用的医疗药品，做到真正意义上的有效治疗和最少费用的有效治疗。他曾因手术到深夜在回家途中发生车祸，导致腰椎间盘突出，但一直带病坚持工作。他曾10次获得先进工作者，5次获得医德医风先进个人，立三等功1次、二等功1次。他2008年荣获株洲市劳动模范，2010年获株洲市首届十佳医师，2013年获株洲市135工程学科带头人，2014年获株洲市核心专家。他带领乳腺外科在短短的几年中，被评为先进科室2次，医德医风先进科室3次。

2016年获全国五一劳动奖章。

市党、政、军及各部门、单位负责人

中共株洲市委及其工作部门负责人

中共株洲市委

书　　记　毛腾飞
副书记　阳卫国　雷绍业
常　　委　赖馨正　彭爱华
　　　　　胡鹏飞　杨玉芳
　　　　　何剑波
　　　　　田卫军（挂职）
　　　　　毛朝晖　聂方红
　　　　　羊贵平
秘书长　毛朝晖
副秘书长　尹朝晖　尹光良
　　　　　彭建国　刘智勇
　　　　　周伟任　方　靖
　　　　　曹贤仁
巡察组长　李伟平

中共株洲市纪委（监察局）

书　　记　赖馨正
副书记、监察局局长、预防腐败局局长　朱胜辉
副书记　黄亮文　金　勇
常　　委　蒋羽翔
常委、监察局副局长　罗显明　言罗根
常　　委　颜文明　黄　慧
监察局副局长　谢一明　黄青松
预防腐败局副局长　罗伏林
办公室主任　罗　超
组织部部长　周　平
宣传部部长　陆　文
调研法规室主任　任吉钊
党风政风监督室主任　汪金庚
信访室主任　冯　杰
案管室主任　陈跃平
第一纪检监察室主任　邓　峰
第二纪检监察室主任　吴　明
第三纪检监察室主任　陈新苗
第四纪检监察室主任　程永江
第五纪检监察室主任　王　斌
审理室主任　曾治平
纪检监察干部监督室主任　粟　顺
预防腐败室主任　全林海

市委机要局

副局长　邹田彪　黄文涛

市委督查室

主　　任　陈中志

市国家保密局

局　　长　苏立群
副局长　凌　冰

市委组织部

部　　长　彭爱华
常务副部长　邓尚文
副部长　周雪辉　周　琪
　　　　朱志强
　　　　吴晓光（兼）
　　　　蒋湘晖（兼）
纪检组长　田　伟

市委宣传部

部　　长　聂方红
常务副部长　颜　峻
副部长　邓天日　汤建平
　　　　张　莉

副部长、市文明办主任 欧阳元初（兼）

市委统战部
部　　长 羊贵平
常务副部长 段晓茅
副 部 长 杨志华
纪检组长 苏静年

市委政法委员会（综治办）
书　　记 杨玉芳
常务副书记 何建红
副 书 记 曹跃良
委员、维稳办主任 陈国连
委　　员 李　大　刘鹏飞
委员、政治部主任 何冬祥
综治办副主任 倪正泉

市委政策研究室（市委全面深化改革领导小组办公室）
主任、市委改革办常务副主任 易湘东
副 主 任 颜三元
市委改革办副主任 徐江琪　付书地

市直机关工委
书　　记 颜国庆
副 书 记 李　辉　曾广新
赵大喜
纪工委书记 袁章孝
委　　员 胡铁男　庞　慧

市机构编制委员会办公室
党组书记、主任 欧阳瑞丰
党组成员、纪检组长 李　彦
党组成员、副主任 寻　锋
事业单位登记局局长 李景林

市委老干部局
局　　长 吴晓光
副 局 长 邓跃武　蒋　丹
王政文
副处级干部 颜　宇
副处级纪检员 李志君
市老干所主任 周立刚

市委台湾工作办公室
主　　任 蔡　平
副 主 任 禹雄根　聂小明
周　磊

市信访局
党组书记、局长 刘会才
党组成员、副处级纪检员 贺亚兵
党组成员、副局长 谭　辉　唐　杰
谭云祥　段和明

市委市政府接待处
党组书记、处长 李晓彤
党组成员、副处长 冯　辉
党组成员、纪检组长 廖景福

市委讲师团
主　　任 许志汉
副 主 任 丁建平

市委党史办
主　　任 段谭云
副 主 任 吴志平　肖思寒

市委党校、行政学院校（院）
校（院）长 雷绍业
副校（院）长 赖建明　周康波
纪检组长 宋定奇
副校（院）长 乔英镭
教 育 长 黄夏先

株洲市十四届人大常委会、市人大专门委员会、常委会工作机构负责人

市人大常委会
党组书记、主任 刘力量
党组副书记 刘光跃（排第一）
党组副书记、副主任 王建敏
副 主 任 鲁立彬　王建之
刘柏生　汤少云
王继恩　冯建湘
副厅级干部 曾侃融
秘 书 长 宾兴林
副秘书长 王龙才　易笑平
尹　舜

市人大常委会办公室
副 主 任 曾建佳

市人大内务司法委员会

主　　任　夏昌武

副主任委员　张胜全　刘　览

市人大财政经济委员会

主任委员　唐亚明

副主任委员　傅依全　喻正仁　刘利忠

市人大教育科学文化卫生（民族侨务外事）委员会

主任委员　李向军

副主任委员　张艾萍

市人大城乡建设环境资源保护委员会

主任委员　崔玉新

副主任委员　文中东　王　隽

市人大农业与农村委员会

主任委员　曾　仡

副主任委员　肖和贵　周　刚

市人大法制委员会

主任委员　李文波

副主任委员　赵卫民

市人大常委会代表选举任免代表联络工作委员会

主　　任　刘畅儿

副 主 任　言　鹏

市人大常委会研究室

主　　任　潘　庆

市人大常委会预算工作委员会

主　　任　傅依全

副 主 任　郭俭平

市人大常委会法制工作委员会

主　　任　李文波

副 主 任　赵卫民

市人大常委会机关

党委书记　钟学群

副 书 记　王文南

副处级纪检员　王　斌

株洲市人民政府及工作部门负责人

市人民政府

市　　长　阳卫国

副 市 长　杨玉芳

常务副市长　何剑波

副 市 长　田卫军　毛朝晖

党组成员　李　智　黄　芳

副 市 长　李晓葵　杨胜跃　谭可敏

党组成员　顾　峰　何朝晖

秘 书 长　龙志华

党组成员　朱胜辉

副秘书长　王事兴　董小平　周南洋　郑　剑　龙松林　李必农　潘才良　李余粮　刘会才

市人民政府办公室

党组副书记　向　平

副 主 任　盘淑芳　罗光明　尹亚平　夏胜利

纪检组长　谭韶峰

市优化环境领导小组办公室

主　　任　欧阳辉东

市人民政府创建工作领导小组办公室

主　　任　郑　剑

副 主 任　胡　旭　黄　萍　曾湘华

市政务服务中心

主　　任　郝建东

副 主 任　胡　灿　刘远见

市发展和改革委员会

党组书记、主任　龚红果

党组副书记、副主任　徐业伟　张　文

党组成员、副主任　张　勇　梁国荣　宋　宇

党组成员、总经济师　周述勇

党组成员　刘和球

党组成员、纪检组长 洪　伟
委　　员 陈朝阳

市经济和信息化委员会
党组书记、主任 刘海宾
党组副书记、副主任 刘日炎
党组成员、副主任 周文军 张熠云
万　晖
党组成员、总经济师 邹　毅
党组成员、纪检组长 张　华
党组成员、副主任 李　恒
委　　员 尹东林

市教育局
党委书记、局长 钟　燕
党委副书记、副局长 毛大训
纪委书记 唐海国
副局长 李建国
吴春雪
徐晓芳
党委委员 谢再荣
主任督学 夏立威
副主任督学 赵湘兵

市科技局
党组成员、副局长 杨　洁
党组成员、纪检组长 邓冬明
党组成员、副局长 朱　亿 龚道富
副局长 李黎明
地震局局长 万义民

市公安局
局长、督察长 李晓葵
副书记、副局长 黄进革 彭冬明
副局长 周祥会 高　军
凌　娅 贺建初
副局长、政治部主任 阴福安
副局长 肖国斌
纪委书记 傅晓峰
工会主席 徐远明

市公安局交通警察支队
党委书记、支队长 黄耀斌
党委副书记、政委 晏猛条
党委副书记、副支队长 李　阳
党委委员、副支队长 朱安琪 蒋沙阳

市民政局
党组书记、局长 马民杰
党组副书记、副局长 习志芳
党组成员、副局长 汤爱军 曾文飞
童举纲 卢仲良
工会主席 刘志红
党组成员、纪检组长 周艳玲
市民间组织管理处主任 黄童华
市慈善总会办公室主任 巫金桂
市老龄工作委员会办公室主任 陈　韬

市司法局
党组书记、局长 张格林
党组副书记、副局长 段桃庚
副局长 夏　剑
党组成员、副局长 刘文清 周运斌
党组成员、政治部主任 程建梓
党组成员、纪检组长 李桃阳

市财政局
党组书记、局长 李能斌
党组副书记、副局长 吴春泉
党组成员、副局长 邓小荣 杨光昊
肖建忠
党组成员、总会计师 陈方照
党组成员、纪检组长 朱建军
工会主席 刘桃珍
党组成员 周湘滨

市人力资源和社会保障局
党组书记、局长 蒋湘晖
党组成员、副局长 廖文辉 陈志鸿
田智思 柏国顺
党组成员、总会计师 周　峰
党组成员、纪检组长 莫旭亮
市机关事业社会保险处处长 熊超群
市社会劳动保险事业处处长 陈　勇
市劳动保障监察支队支队长 王　玉
市医疗保险处处长 程淼清
市工伤保险处处长 王如海
市劳动人事争议仲裁院院长 张　勇
市干部考试培训中心主任 张　奕

市国土资源局
党组书记、局长 何安国
党组副书记、副局长 谢洪富

党组成员、纪检组长　钟福林
党组成员、副局长　丁桂云　黄晓军
何若愚
党组成员、总工程师　熊永生
党组成员、总规划师　巫智敏
党组成员、执法支队支队长　王承才

市住房和城乡建设局
党组书记、局　长　蒋开建
党组成员、副局长　罗兵和　毛承义
党组成员、纪检组长　刘　翡
党组成员、总工程师　谭家利
党组成员、副局长　陈华仁　屈　纲
刘骏清

市园林局
党委书记、局长　彭　岚

市建设工程质量安全监督管理处
处　长　曾　靖
书　记　骆文玲

市城建档案馆处、市建设信息中心
馆长、书记　颜春成

市政工程维护处
处　长　傅晓红
书　记　陶文辉

市交通运输局
党组书记、局　长　刘正平
党组成员、副局长　江余生　朱文龙
崔旭艳　王永忠
党组成员、总工程师　胡志明
党组成员、纪检组长　邓序招

市道路运输管理处
处　长　赵智星

市地方海事局
局　长　刘家文
党委书记　谢跃飞

市交通行政执法监督处（市交通建设质量安全监督处）
处　长　朱卫全

市水务局
党组书记、局长　彭良平
党组成员、副局长　钟勇军　范柏春
谭建根
党组成员、纪检组长　汤水平
党组成员、副局长　罗海林
党组成员、总工程师　廖嫦娥
防汛抗旱指挥部办公室主任　邱运众
水库移民开发管理局局长　肖立光
酒埠江灌区管理局局长　邱铁勇
酒埠江灌区管理局党委书记　张秋良
官庄水库管理局局长　吴志兵
官庄水库管理局书记　王四海

市农业委员会（市委农村工作办公室）
党组书记、主任　费水牛
党组副书记、副主任　刘新宇
党组成员、副主任　陈汉林　王佑云
党组成员、总农艺师　罗细明
党组成员、副主任　胡湘生　肖学慧
党组成员、纪检组长　刘永东
党组成员、副主任　张智敏

市农业科学研究所（市蔬菜科学研究所）
党委书记、所长　漆本蛟
党委副书记、副所长　凌文彬
党委委员、副所长　吴龙云　罗智勇
总农艺师　龚建华
党委委员、工会主席　樊韶平
党委委员、纪委书记　王敏敬
党委委员、副所长　邹新建

市林业局
党组书记、局长　陈　诚
党组成员、副局长　言新明　沈建平
陈显军
党组成员、总工程师　苏　勇
党组成员、纪检组长　凌春华
总会计师　于　波

市商务和粮食局
党组书记、局长　袁生华
党组成员、副局长　张国民　杨夏鸣
黄克琦　李　迅
胡习军
党组成员、纪检组长　罗　云

市供销合作联合社
党组书记、理事会主任 郭敏祥
党组成员、监事会主任 贺定文
党组成员、理事会副主任 章湘玲
党组成员、纪检组长 苏泽建

市文体广电新闻出版局
党组书记、局长 杨小幼
党组副书记、副局长 邓斌贵 马建平
党组成员、副局长 王建志 陈建新
党组成员、文物局局长 席道合
党组成员、副局长 龙庆云
党组成员、纪检组长 董琦
党组成员、副局长、总工程师 谢春利
党组成员、副局长 彭喜雨

市卫生和计划生育委员会
党组书记、主任 张纯良
党组成员、医管处处长 龙国锋
党组成员、副主任 刘续跃 邓跃东
党组成员、纪检组长 朱鹏程
党组成员、副主任 刘飞 杜志强
姚智辉 李晓兵
刘世文 刘建军
党组成员 郭裕新
计生服务中心主任 刘亚南

市审计局
党组书记、局长 刘方
党组副书记、副局长 唐哲文
党组成员、副局长 邓海林 戴勇
王小琴
副局长 颜梦香
党组成员、市领导干部经责审计领导小组办公室副主任
刘运华
党组成员、总审计师 龚军军
党组成员、纪检组长 王翔

市工商行政管理局
党组书记、局长 吉振君
党组副书记、副局长 刘奔汉
党组成员、副局长 吴申华 李俊
陈文力 李学明
党组成员、纪检组长 姚晓

市质量技术监督局
局长 王艳雁
党组书记、副局长 刘伟
党组成员、副局长 汤岳庆 谭勇征
肖阳伟 李德胜
党组成员、纪检组长 朱悦先
党组成员、总工程师 潘文虎

市环境保护局
党组书记、局长 章文才
党组副书记、副局长 胡方林
党组成员、副局长、总工程师 何冰
党组成员、副局长 刘倩生 何长顺
毛亚文
党组成员、纪检组长 王定升

市环境监测中心站
站长 钟学才
党委书记 黄卫军

市环境监察支队
支队长 颜少龙

市环境保护研究院
院长 李小江
党委书记 刘国胜

市统计局
党组书记、局长 陈玉明
党组成员、副局长 信长华 姚应龙
谭祖德 刘慧龙
党组成员、纪检组长 杨陵安
工会主席 彭再强
党组成员、总统计师 庄云庭
调查中心主任 杨连平

市城市管理行政执法支队
党委书记、支队长 晏东方

市灯饰管理处
处长 肖极夫

市安全生产监督管理局
党组书记、局长 殷顺堂
党组副书记、副局长 周建新
党组成员、工会主席 刘元

党组成员、纪检组长 王海宁
党组成员、副局长 刘映雷 刘　永
董冬林 王中凡

市规划局
局　　长 边　宁
副 局 长 黄升阳 王亚军
工会主席 邱克俭
副 局 长 郭　敏
总规划师 曹　阳
纪检组长 黄　光
监察支队队长 熊敏华

市食品药品监督管理局
党组书记、局长、食药安委办主任 晏首先
党组成员、食品药品检验所所长 唐小鹏
党组成员、副局长 张　波 胡泽文
陈成钢
党组成员、副局长、食药安委办副主任 彭爱云
党组成员、纪检组长 李　红
党组成员、副局长 陈　凯 尹楚平

市人民防空办公室
党组书记、主 任 朱剑波
党组成员、副主任 刘国瑞 罗立新
朱新英
党组成员、纪检组长 谭焕藻
工会主席 周孔明
党组成员、副主任 唐　俊

市"两型"社会建设综合配套改革领导小组办公室
党组书记、主任 谭志勇
副 主 任 付深根
党组成员、副主任 刘湘元 彭朝晖

市行业办
党委书记、主　任 朱继明
党委委员、副 主 任 冷大潮 彭广焰
党委委员、纪委书记 曾　杰
党委委员、副 主 任 谭学扬 姚新明

市人民政府国有资产监督管理委员会
党委书记、主任 吴佳辉
党委副书记、副主任 李　葵
党委委员、副主任 欧阳光 刘建荣
党委委员、总经济师 付永东

党委委员、副主任 罗贵斌
党委委员、纪委书记 李　庆

市人民政府法制办公室
党组书记、主任 龙松林
党组成员、副主任 刘海英 马小勇
彭文骅
党组成员、纪检组长 李金华
党组成员、副主任 肖力钧

市档案局
党组书记、局长 莫大德
党组成员、副局长 田承文
党组成员、纪检组长 宁平花

市畜牧兽医水产局
党组书记、局长 丁石春
党组成员、副局长 吴飞鹏 董艳德
总工程师 刘正坤
党组成员、纪检组长 张　芳
市动物卫生监督所所长 李飞跃

市房产管理局
党委书记、局长 刘希山
党委副书记、副局长 杨晓斌
党委委员、副局长 游贵祥
总工程师 李跃纲
党委委员、纪委书记 傅铁桥
党委委员、副局长 刘　波 左　皓

市房地产开发管理办
主　　任 李　圣

市房地产权属与交易管理处
处　　长 罗旭光
党委书记 李　灿

市房地产经营管理处
党委书记 覃志东

市物业管理处
处　　长 陈　琪

市国有土地上房屋征收处
处　　长 殷钢梁

市旅游外事侨务局

党组书记、局长	黄上峰	
党组副书记、副局长	马建辉	
党组成员、副局长	成小兵	熊芳明
	汪正祥	刘玉光
党组成员、纪检组长	喻丽珍	

市农业机械化管理局

党组书记、局长	龙凡平
党组副书记、副局长	周　平
总工程师	杨志辉
党组成员、副局长	胡　念

市地方志编纂委员会办公室

党组书记、主任	李一平	
党组成员、副主任	金祖远	陈北宏
党组成员、纪检组长	吴　娜	

市公路管理局

党委书记、局长	邓锡华	
党委委员、总工程师	叶光华	
党委委员、纪委书记	刘展科	
党委委员、总会计师	刘晓贞	
党委委员、副局长	易树松	刘文元
党委委员、路政处处长	马意军	

市住房公积金管理中心

主任、党组副书记	徐冬生	
党组书记	唐耀辉	
党组成员、副主任	吴维申	唐建平
	吴桂云	
党组成员、纪检组长	王民钢	
总稽核师	戴韶湘	
党组成员、总会计师	袁　敏	

市人民政府经济研究和金融工作办公室

党组书记	向　平	
主任	唐　琪	
党组成员、副主任	万正春	崔静波
党组成员、纪检组长	陈宇奇	
副主任	张江华	
党组成员、副主任	田　灿	

市文化市场综合执法局

党组书记	彭　雁	
党组成员、副局长	刘吉余	胡　炯
	郑国桢	

市广播电视台

党委书记、台长、总编辑	吴安浩	
党委副书记、副台长	张耀刚	
党委委员、副台长	向小陶	宁光辉
党委委员、总工程师	谢刚祥	
党委委员、编委会副总编辑	欧　斌	李跃社
党委委员、纪委书记	陈永春	
党委委员、副台长	唐旻粲	
总会计师	王　频	
编委会副总编辑	袁　鹏	
编委会委员	唐声强	

湖南省炎帝陵基金会办公室

党组书记、主任	朱建军
党组成员、副主任	黄　毅
党组成员、纪检组长	张卓勇
党组成员、副主任	宋慧玲

政协株洲市八届委员会及机关负责人

主席	黄曙光	
党组副书记	蔡　溪（排第一）	
副主席	贺夏盛	张国浩
	余明刚	朱庸靖
	余群明	周　昶
	谢一明	邓尚文
	刘春生	
秘书长	朱振湘	
副秘书长	封向东	陈思龙
	孙　丹	

提案委员会

主任	王岿然
副主任	刘　昕

经济和科技委员会

主任	江　华
副主任	易正佳
专职委员	闫春杰

人口和资源环境委员会

主任	彭剑文

文教卫体委员会

主任	石慧彬	
副主任	胡家湘	唐　琳

社会法制和民族宗教委员会

主　　任　王安国

港澳台侨外事和文史学习委员会

主　　任　王　杨
副 主 任　蔡业海

研究室

主　　任　何全明
副 主 任　刘李波

机关纪检

副处级纪检员　李小东

信访办

主　　任　王　萍

株洲市人民法院、人民检察院负责人

市中级人民法院

党组书记、副院长　周凯军
党组副书记、副院长　吴秋林　刘君瑜
党组成员、副院长　蔡　怡　黄　文
党组成员、纪检组长　贺观连
副 院 长　戴晓辉
党组成员、政治部主任　马　丽
党组成员、审委会专职委员　欧阳曦
审委会专职委员　肖青松

市人民检察院

党组书记、检察长　胡　波
党组副书记、副检察长　湛晓丹
党组成员、副检察长　陈自力
副 检 察 长　袁满玖
党组成员、云龙地区人民检察院党组书记、检察长
丁子明
党组成员、副检察长　张　展
党组成员、纪检组长　龙年喜
党组成员、政治部主任　唐秉成
检察委员会专职委员　刘玮晴　谭益平

各民主党派、群众团体负责人

中国国民党革命委员会株洲市委员会

主 任 委 员　刘春生
副主任委员　汪迎伟
李忆湘（兼）
娄　健（兼）
文新宇（兼）

中国民主同盟株洲市委员会

主 任 委 员　柳怀德
副主任委员　尹剑峰
何　沙（兼）
汤建新（兼）
许峻峰（兼）

中国民主建国会株洲市委员会

主 任 委 员　周煦惠
副主任委员　李　昱
李跃纲（兼）
周石旺（兼）
肖云华（兼）

中国民主促进会株洲市委员会

主 任 委 员　郝建东
副主任委员　刘朝晖
邹艳君（兼）
卞　华（兼）

中国农工民主党株洲市委员会

主　　委　周　恕
副 主 委　肖长海
蔡安烈（兼）
袁仕炜（兼）
李秋平（兼）

中国致公党株洲市委员会

主 任 委 员　余群明
副主任委员　罗立宇
罗　曼（兼）
张季宝（兼）
郑　刚（兼）

九三学社株洲市委员会

主 任 委 员　金继承
副主任委员　肖运平
周红兵（兼）
周建明（兼）
袁满玖（兼）

市工商业联合会（总商会）

主　　席　杨胜跃

党组书记、副主席 王 坚
党组成员、副主席 石 强
党 组 成 员 王云娥
党组成员、副主席 周道平
党组成员、副处级纪检员 唐海明

市总工会
主 席 王建之
党组书记、副主席 谭鑫华
党组副书记、副主席 杨正文
副 主 席 周建明
党组成员、副主席 胡建明
党组成员、经审委主任 刘金伟
党组成员、副主席 袁建武
女工委主任 詹秀玲

共青团株洲市委员会
党组书记、书记 梁天琛
党组成员、副书记 袁 媛
党组成员、副处级纪检监察员 龚 珍
党组成员、副书记 汤 立

市妇女联合会
党组书记、主席 杨爱云
党 组 成 员 刘建湘
副 主 席 杨 琼 罗玉珍

市科学技术协会
党组书记、主席 周志辉
党组成员、副主席 张瑞琳
党 组 成 员 申光伟
党组成员、纪检组长 管 葵
党组成员、副主席 林 强

市文学艺术界联合会
党 组 书 记 黄 勇
主 席 周煦惠
党组成员、副处级纪检员 余章新
副 主 席 娄 雷

市残疾人联合会
党组书记、理事长 戴碧蓉
党 组 副 书 记 李克武
党组成员、副理事长 邓彬华 彭红宇
党 组 成 员 张琳君

市红十字会
会 长 毛朝晖
党组书记、常务副会长 顾晓芳
党组副书记、副会长 谭剑新
党组成员、副会长 田 璐
党组成员、副处级纪检员 高 兰

市社会科学界联合会（市社会科学院）
党组书记、主 席 周文杰
党组成员、副主席 郭 燕 刘合群

市保险行业协会
会 长 李仁松

株洲市消费者委员会
会 长 吉振君

株洲驻军、武警部队负责人

株洲军分区
政 治 委 员 胡鹏飞
参 谋 长 张龙慧
政治部主任 梅先清

中国人民武装警察部队株洲市支队
支 队 长 张 忠
第一政治委员 李晓葵
政 治 委 员 谢交军
副 支 队 长 陈邦俊 葛怀栋
副政治委员 肖余强
参 谋 长 武小军
政治处主任 李汉忠

市公安消防支队
支 队 长 刘 钧
政 治 委 员 黄立军
副 支 队 长 龙义坤 银卫华
副政治委员 严路明
司令部参谋长 邹联盟
政治处主任 蔡宏伟

湖南陆军预备役步兵师炮兵团
团 长 詹 睿

参　谋　长　　谭　伟
政治处主任　　李昊翔
后装处长　　彭昌吉

中央、省驻株洲机构负责人

市国税局
党组书记、局长　　傅森河
党组成员、副局长　　杨红叶　张一波　李文科
党组成员、纪检组长　　颜建民
党组成员、总经济师　　陈　陵

市地方税务局
党组书记、局长　　陈友谊
党组副书记、副局长　　邱旭辉
党组成员、副局长　　汪明毅　杨小兰
党组成员、纪检组长　　刘晋湘
党组成员、总经济师　　董　锋
党组成员、总会计师　　陈正跃
系统工会主任　　程　燕

株洲海关
关　长　　王晓晖
副关长　　秦长林　颜资桥

市气象局
党组书记、局长　　陈　媛
党组成员、副局长　　张克非　李仁鹏
党组成员、纪检组长　　曾树华

国网株洲供电公司
总经理、党委副书记　　蒋晏如
党委书记、副总经理　　张　民
党委委员、副总经理　　罗成明　李国雄
党委委员、纪委书记、工会主席　　凌志勇
党委委员、副总经理　　白又兵　侯继辉（挂职）
党委委员、总会计师　　周智勇

国家统计局株洲调查队
党组成员、副队长　　倪志华　楚　锂
党组成员、纪检组长　　谭耀文

湖南省轻工盐业集团有限公司株洲分公司（株洲市盐务管理局）、湖南盐业股份有限公司株洲市分公司
党委书记、总经理、局长　　宋　海
副总经理、副局长　　石振球

市烟草专卖局
党组书记、局长（经理）　　陈新田
党组成员、副经理　　肖跃华　张红兵
党组成员、副局长、纪检组长　　何江平
党组成员、副经理　　齐刚毅

株洲出入境检验检疫局
党组书记、局长　　洪　辉
党组成员、纪检组长、副局长　　刘建成
党组成员、副局长　　陈弼飞

中国电信株洲分公司
党委书记、总经理　　周　旭
纪委书记、工会主席、副总经理　　赵小明
副总经理　　易　葱　黎　明　刘　明

中国移动通信集团湖南有限公司株洲分公司
总经理、党委书记　　杨群林
副总经理　　唐　勇　李长林　胡芬献

中国联合网络通信有限公司株洲市分公司
党委委员、总经理　　肖　伟
党委委员、副总经理　　宾光兴　赵　华　唐友谊
党委委员、纪委书记　　蒋光锋

中国邮政集团公司株洲市分公司
党委书记、总经理　　黄青荣
副总经理　　姜正科
副总经理、纪委书记、工会主席　　周时兴
党委委员　　胡锦华

中国石化销售有限公司湖南株洲石油分公司
经　理　　王　毅
党委书记　　李小平
副经理　　龙　虎　高劲松

市水文局
党委书记、局长　　朱兆军
副局长、总工程师　　李林华

副局长　胡良贵
纪委书记、工会主席　周静
副局长　周文明

市新华书店
总经理　朱桂生
党委书记　梁虹

园区负责人

高新区
工委书记　谢高进
工委副书记、管委会主任　李智
工委委员、管委会副主任　董巍　马立恒　陈远瑞　姚永告　施金晨（挂职）　罗克俭
工委委员、纪工委书记　许剑鸣
工委委员　周建光　张见平　谢维红　李征兵　刘铁华　杨宇　何登科　周玉智
创业服务中心主任　谭茗
工委办主任　杨宇
招商合作局局长　聂敏林
开发建设局局长　刘卫军
劳动人事局局长　齐艳辉
财政局局长　陈文君

株洲金山科技工业园
党工委书记　丁国祥
管委会主任　易海平

醴陵经济开发区
党工委书记　黎平
党工委副书记、管委会主任　谢圣才
党工委委员、管委会副主任　林志祥
党工委委员、纪工委书记　刘高飞
党工委委员、管委会副主任　赖洪

湖南茶陵经济开发区管理委员会
党工委书记、管委会主任　郭渐雄
管委会主任　谭小勤

株洲市属事业单位负责人

株洲日报社
党组书记、社长　赵先辉
党组副书记、总编辑　颜青春
党组成员、副社长　刘白杨
党组成员、社委、副总编辑　于波　张绿林　翁少平
党组成员、社委、纪检组长　陈润儿
党组成员、副总编辑　谭秋茂
编委委员　陈汉秋　万宁　易军　刘珍龙

市规划设计院
院长　李良
党委书记　黄革平

市建筑设计院有限公司
院长　邹毅
副院长　宋建敏
总工程师　汤逢清
副院长　邓建珠　施海峰
工会主席　周永红

市公共交通有限责任公司
党委书记、总经理　肖长江
党委副书记　谭剑平
纪委书记　周红兵
常务副总经理　袁迎春
副总经理　宋太松
总会计师　刘杰军
副总经理　易莹　谢星
工会主席　彭蒙

市公立医院管理处
处长　龙国锋

市疾病预防控制中心
党委副书记、主任　龙术国

市中心血站
站长　刘昕晨

市地产发展中心（地产集团）

党委书记、主任	谢洪富	
党委副书记、副主任	王勇明	
党委委员、副主任	何应平	刘细兰
党委委员、财务总监	杨大明	
党委委员、副主任	蔡　勇	

中国国际贸易促进委员会株洲市支会（中国国际商会株洲商会）

党组成员、副会长	陈其云	
党组成员、副处级纪检员	高文明	

株洲市金融、保险机构各单位负责人

中国人民银行株洲市中心支行

行　　长	宋利亚	
副 行 长	胡坚强	郑桂华
	胡　国	
纪委书记	朱　论	
工会主席	刘文革	

国家外汇管理局株洲市中心支局

局　　长	宋利亚	
副 局 长	王　霞	

中国银行业监督管理委员会株洲监管分局

党委书记、局长	沈志锋	
党委委员、纪委书记	刘伟良	
党委委员、副局长	尹　立	张龙保

中国农业发展银行股份有限公司株洲市分行

党委书记、行长	张卫国	
党委副书记、纪委书记、副行长		谷鸽飞
党委委员、副行长	熊　征	

中国农业银行股份有限公司株洲分行

党委书记、行长	李凤云	
党委副书记、副行长	张湘江	
纪委书记、党委委员、副行长	周　斌	
党委委员、副行长	王岁松	罗　谞

中国银行股份有限公司株洲分行

党委书记、行长	彭旭华	
党委委员、副行长	谭文明	黄子立
纪委书记	杨杖藜	

中国建设银行株洲市分行

行　　长	贺　涛	
副 行 长	陈伟乔	江　波
	陈星亮	滕红斌
	陈花蓉	

华融湘江银行株洲分行

党委书记、行长	蒋　政	
党委委员、副行长、工会主席	郭海滨	
党委委员、副行长、纪委书记	周　燕	
党委委员、副行长	何瑞颖	

湖南省农村信用社联合社株洲办事处

党组书记、主任	王小洪	
党组成员、副主任、纪检组长	谭　勇	
党组成员、副主任	郭月平	

中国人民财产保险股份有限公司株洲分公司

党委书记、总经理	李先良	
纪委书记、副总经理	刘剑锋	
党委委员、副总经理	曹依乐	周维贵

中国人寿保险股份有限公司株洲分公司

党委书记、总经理	李仁松	
党委委员、副总经理	何　炜	易桂香
党委委员、总经理助理	邓晓明	
党委委员	裴硕果	

企业负责人

中车株洲电力机车有限公司

董 事 长	周清和	
总 经 理	傅成骏	
副总经理	罗崇甫	索建国
	何恩广	廖洪涛
	张力强	张旻宇
	单　勇	陈　成
	陈志新	
财务总监	张力强（兼）	
总工程师	索建国（兼）	
株机厂厂长	李铁生	
党委书记	周清和	
党委副书记	傅成骏	刘志平
纪委书记、工会主席	刘志平（兼）	

中车电力机车研究所有限公司

党委书记、董事长 丁荣军
总 经 理 李东林
副总经理 刘连根 冯江华 曾鸿平 范宝林 江 奕 熊锐华
财务总监 熊锐华
总工程师 冯江华（兼）
党委副书记 杨首一 李东林（兼）
监事会主席、纪委书记、工会主席 杨首一
团委书记 柴 多

中车株洲电机有限公司

董事长 、党委副书记 周军军
副董事长 、党委书记 李 瑾
董事、总经理、党委副书记 肖安华
董事 、副总经理 江有名 王小方 李敏良 胡雄辉 聂自强
副总经理 余 乐 晋 军
总工程师 江有名（兼）
财务总监 李敏良（兼）
党委副书记 、纪委书记、工会主席 余 斌

株洲硬质合金集团有限公司

董 事 长 李仲泽
总 经 理 谢康德
党委书记 王辉平
常务副总经理 毛善文
党委副书记、纪委书记、工会主席 韩 东
副总经理 蔡家发 胡启明 徐 涛

株洲冶炼集团股份有限公司

董 事 长 曹修运
总经理、党委书记 黄忠民
副总经理 王 辉
副总经理、总工程师 刘文德
副总经理 李雄姿 刘朗明
党委副书记、纪委书记 刘伟清
工会主席 何 茹
财务总监 何献忠

株洲千金药业股份有限公司

党委书记、董事长 江瑞预
总 裁 蹇 顺
监事会主席 沈健斌
党委副书记、工会主席 吕芳元
副 总 裁 李伏君 刘建武 谢爱维 陈智勇

株洲天桥起重机股份有限公司

董 事 长 肖建平
总 经 理 邓乐安
副总经理、总工程师 郑正国
董秘、副总经理 范洪泉
副总经理 楚星群
监事会主席 张兴仁
财务总监 范文生
工会主席、纪委书记 谭竹青

湖南中天建设集团股份有限公司

董事长、党委书记 杨中杰
副董事长、总经理 刘小红
监事会主席 杨海军
副总经理 谭学文 闵世雄 陈培润
财务总监 沈 强

湖南省第五工程有限工程公司

董事长、党委副书记 叶有泉
党委书记、副董事长 罗贵生
党委委员、董事、总经理 龙 兴
党委委员、董事、纪委书记、工会主席 李金玉
党委委员、董事、副总经理、总经济师 刘育奇
党委委员、副总经理 周松树
党委委员 陈光林
党委委员、副总经理 王文革 张晚生 董范君
党委委员、总会计师 刘飞跃

中国航发湖南动力机械研究所

所长、党委副书记 吴施志
党委书记、副所长 缪仲明
副 所 长 李概奇 艾克波
党委副书记、纪委书记、工会主席 吴 静
副所长、总会计师 严建华
副 所 长 高 洁 李荣华 陈国智 黄学怀 温 泉

大唐华银株洲发电有限公司

总经理　欧艳清
党委书记　郭景斌
副总经理　王飞　张宇
纪委书记　曾嘉湘
工会主席　汤世文
总工程师　文贻艳
总会计师　邹柳云

湖南省工业设备安装有限公司

董事长　周慧
党委书记　梁细华
总经理　杜运辉
常务副总经理　付江华
工会主席、纪委书记　尹帮军
副总经理　曾乐樵
党委副书记　周春林
总会计师　彭少林
总工程师　毛文祥
副总经理　苏东方　彭麒麟

中国化工株洲橡胶研究设计院有限公司

总经理、党委书记　孙建华
副总经理　谢引玉
党委副书记、纪委书记　梁勇
副总经理、工会主席　符剑喜

株洲中铁电气物资有限公司

执行董事、党委书记　李滨
总经理　李云辉
党委副书记、工会主席、纪委书记　张跃陵
总会计师　王晖
副总经理　周素承

市自来水有限责任公司

总经理　谢锦辉
党委书记、纪委书记　王洪安
副总经理　李民
副总经理、工会主席　胡恢利
总工程师　贺海生
总会计师　刘国宜
总经济师　陈趁
副总经理　罗武　汤峥嵘　於晓明

株洲醴陵旗滨玻璃集团股份有限公司

总经理　刘力武
副总经理　唐树生　杨斌　邓凌云

湖南千金湘江药业股份有限公司

董事长　王琼瑶
总经理、党委书记　刘若辉
副总经理　袁秀菊

株洲新奥燃气有限公司

董事长　文三忠
总经理　张发龙
副总经理　尹勇
党委书记　陈富初
副总经理、工会主席　肖雄兵
副总经理　彭志伟　罗毅
总会计师　程雅礼

湘运集团有限责任公司

董事长、总经理、党委副书记　朱远东
党委副书记　袁罗先
纪委书记、工会主席　黄余芳
党委委员、副总经理　胡卫国　姚钟达　刘平
监事会主席　刘金石
常务副总经理　刘洪波

湖南华联瓷业股份有限公司

董事长　许君奇
总裁　丁学文

株洲高科集团有限公司

董事长　巢亮
总经理　王洪宇
副总经理　刘倩
纪委书记　罗红群
副总经理　段新宇　何胜华

市国有资产投资控股集团有限公司

党委副书记、董事长　杨尚荣
党委书记　罗勇
党委委员、总经理　龙九文
党委委员、监事会主席　刘金鹏
党委委员、纪委书记　王志红

党委委员、财务总监　周富强
党委委员、副总经理　王洪平　罗太平
　钟海飚　张文澍
党委委员、工会主席　陈小玲

市城市建设发展集团有限公司
董事长、党委副书记　廖　晖
党委委员、总经理　李柏坚
党委委员、工会主席　邓树松
党委委员、副总经理　肖才胜　袁　斌
党委委员、财务总监　黄元政
党委委员、总工程师　李云华
党委委员、副总经理　谢锦辉
党　委　委　员　文三忠　肖和政

湖南天易集团有限公司
董事长、党委书记　陈大雄
党委副书记、总经理　吴　兵
党委副书记、副总经理、工会主席　贺文辉
党委委员、副总经理　肖　波　张水平
党委委员、纪委书记　赵　凯

市湘江建设集团有限公司
董　事　长　沈　平
党　委　书　记　贾先才
总　经　理　谭育喜
监事会主席　樊　圣
副　总　经　理　杨正明　何　武
　毛　烽

市云龙发展投资控股集团有限公司
党　委　书　记　谭跃飞
党委委员、总经理　罗　广
党委委员、副总经理　苏晓青　郭若波
党委委员、工会主席　周国平

株洲新芦淞产业发展集团有限公司
董　事　长　肖立志

市教育投资集团有限公司
董　事　长　柳怀德
党　委　书　记　张建兵
总　经　理　王宏杰
副　总　经　理　曹道忠

株洲中车时代电气股份有限公司
执行董事、总经理　刘可安
分党委书记、副总经理　杜劲松
副　总　经　理　陈　剑　刘大喜
行　政　总　监　谭永能
副　总　经　理　牛　杰
副总经理、董事会秘书　言　武
副　总　经　理　张　华　颜长奇
　喻　柳
副总经理、总工程师　尚　敬

南方新材料科技有限公司株洲运营中心
总　经　理　喻　溪
副　总　经　理　王晓波　李　勇

医院、学校负责人

市中心医院（中南大学湘雅医学院附属株洲医院）
院　长　蔡安烈
党　委　书　记　郭晓丹
党委副书记、副院长　蒋会平
副　院　长　李　璨　包正军
　何　毅
纪　委　书　记　陈典照
工　会　主　席　黄小云

湖南中医药高等专科学校附属第一医院
（湖南省直中医院）
院长、党委副书记　徐伟辉
党　委　书　记　陈建龙
工　会　主　席　罗　琼
纪　委　书　记　林　萍
副　院　长　夏建成　全　韩
　侯启龙
　伍世葵（援藏）
　李永仪（挂职）
党　委　委　员　袁通立

市三三一医院
院长、党委副书记　张志勇
党　委　书　记　李康华
党委委员、副院长　彭怀德
纪　委　书　记　何鹏云
党委委员、副院长　胡　良
党委委员、工会主席　卢玉霞
党委委员、总会计师　裴　艳
党委委员、副院长　彭俊敏

市妇幼保健院

院　　长　周春慧
党委书记　朱忠彪
副院长　文朝晖
纪检书记　李秋良
副院长　宋兵文　王季青
工会主席　周树林

湖南工业大学

党委书记　唐未兵
党委副书记、校长　谭益民
党委副书记　韩清波
党委委员、副校长　张昌凡　罗定提
副校长　金继承
党委委员、副校长　王利华
纪委书记　张亚东
党委委员、副校长　范晓阳　李可兴　李若梅
党委委员　吕志明

湖南工贸技师学院

党委书记　张格林
院　　长　陈洪星
副院长　肖　翔　唐　懿　皮步安　易辛育
纪委书记　余祖斌

湖南铁道职业技术学院

党委书记　钟建宁
院长、党委副书记　姚和芳
党委副书记　杨利军
党委委员、副院长　方全民　胡应平　肖耀南
党委委员、纪委书记　彭新宇
党委委员、副院长　首　珩　方明忠
工会主席　林克励

湖南铁路科技职业技术学院

党委书记　刘剑飞
院长、党委副书记　万友根
党委副书记、副院长　韩先满
党委委员、副院长　戴联华　陈　彬
党委委员、工会主席　梁　伟
党委委员、纪委书记　袁清武
党委委员、副院长　刘　蓉
副院长　石纪虎

湖南汽车工程职业学院

党委书记　颜莉芝
院　　长　邓志革

湖南省商业技师学院

党委书记　罗　莹
院　　长　陈建文
正处级督导员、纪委书记　谷金星
副院长　孙学玲　刘晓帆　吴　罡
工会主席　刘晓帆

市职工大学（工业学校）

校　　长　严建国
书　　记　陈进生
党委副书记、纪检书记　唐红敏
副校长　周京平　龙建安
工会主席　肖声忠

湖南化工职业技术学院

党委书记　刘　望
党委副书记、院长　王雄伟
党委副书记、副院长　石绍军
纪委书记　游大庆
副院长　刘　毅
副院长、工会主席　易卫国
副院长　隆　平　王　为

湖南有色金属职业技术学院

党委书记　许国强
党委副书记、院长　谭骁彧
党委副书记、纪委书记　何子明
党委委员、副院长　谷远志　谢光彩
党委委员、副院长、工会主席　谢剑龙
副院长　王小全　陈志勋
党委委员　席安明　林　靓

株洲广播电视大学

党委书记、校长　罗立林
党委委员、副校长　钟牛平　汤　毅
党委委员、纪委书记　张　敏
党委委员、副校长　张光明　向开文

市第二中学

校　　长　曾湘漳
党委书记　张　辉

党委委员、纪委书记　黄国雄
党委委员、工会主席　唐曦之
党委委员、副校长　李学红　赵振翔　陈捍东

市九方中学
校长、党委副书记　谢学宁
党委书记　林喜元
副校长　李久森　李平军　谭万新
纪委书记　邹学知

市第八中学
校长　贺葱茂
党委书记　谭志红
副校长　徐政良　刘亚巍　荣军辉　杨杰
纪委书记　谭文
工会主席　彭巧

株洲铁路各单位负责人

株洲车站
党委书记　金凌龙
站长　汪恒明
纪委书记　凌建华
副站长　吴建华　王湘琼　杨晖　刘勃恩
工会主席　罗心阳

株洲北站
站长　徐一平
党委书记　林建伟
党委副书记、纪委书记　彭武生
副站长　段克修　符益群　卢建平　汤勇
工会主席　孟梁
总工程师　陶玉石
副站长　刘广

株洲机务段
党委书记、副段长　李德贵
段长、党委副书记　陈恺
党委副书记、纪委书记　涂学革
党委副书记　李果南
工会主席　姜正斌
副段长　陈积俊　盛斌　汤武平　王健
总工程师　吴杰
总会计师　李庆山

文件选登

株洲市促进流通业发展若干政策措施

2016年9月18日

为贯彻落实国务院、省政府有关促进流通产业发展的文件精神和市委、市政府有关“企业帮扶年”行动的工作部署，进一步加大对流通企业的帮扶力度，促进流通产业的发展，制定如下政策措施。

一、积极营造良好的服务环境。简化行政审批许可程序，提高办事效率，严格执行各类政策性收费标准。建立对环境影响评价、节能评估、安全风险评估、消防设施检测等服务机构定期评价机制，通过公开招标的形式确定服务质量好、收费标准合理的服务机构向企业推荐。建立企业资产评估、检测等报告互认机制，符合资质要求的机构出具的评估报告全市通用，不得要求企业重复评估。

二、降低企业用工成本。企业工伤保险在平均费率基础上下降13%。缴纳的失业保险费率单位缴纳部分由2%降至1.3%，对不裁员或少裁员且不欠缴失业保险费的用人单位，按照用人单位上年度实际缴纳失业保险费总额的40%给予稳岗补贴。

三、降低流通环节费用。进一步落实国务院、省政府关于工商用水用电用气同价政策，采取有效措施积极解决峰谷电价造成零售企业成本负担加重的问题。流通企业自主投资建设停车场等公用配套设施的，在用地和容积率等方面给予政策优惠。落实好鲜活农产品运输“绿色通道”政策，确保所有整车合法装载运输鲜活农产品车辆全部免缴车辆通行费。

四、加大用地支持力度。按照土地利用总体规划和流通业建设项目用地标准，在土地利用年度计划和土地供应计划中统筹安排流通业各类用地，对农产品批发市场、农贸市场、物流配送中心等流通基础设施和重大流通项目用地优先予以保障。鼓励利用旧厂房、闲置仓库等建设符合规划的流通设施，涉及原划拨土地使用权转让的，应采取招拍挂方式供应。鼓励各地以租赁方式供应流通业用地。支持依法使用农村集体建设用地发展流通业。农产品批发市场用地应严格按照规划合理布局，土地招拍挂出让前，所在区域有商服用地交易地价的，可以参照商服用地市场地价水平、所在区域商服用地基准地价、当地社会经济发展情况等确定出让起始价，土地出让后，严禁改变用途从事其他商业及房地产开发。

五、加大金融支持力度。银行业金融机构及金融中介服务机构要创新服务方式，根据流通业的经营特点，开发适应流通业经营主体的金融产品和服务，向商贸流通企业提供方便快捷的流水贷、税贷通、商富贷、助保贷、联保贷、商贷通、商盟贷、商圈贷、续力贷、铺铺发等信贷产品；拓宽商贸流通企业贷款抵押范围，不断完善融资性担保公司贷款担保、市场方担保、商铺使用权担保和商户联保；进一步降低商贸企业贷款门槛、简化贷款审批手续，有效缓解商贸流通企业融资难、融资贵的问题。同时，组织对商贸流通企业开展信用等级评定，银行业金融机构根据企业信用等级确定贷款授信额度并给予利率优惠。

六、激发实体商业发展活力。鼓励零售企业转变经营方式，支持受线上模式冲击的实体店调整重组，提高自营商品比例，加大自主品牌、定制化商品比重。鼓励零售企业利用互联网技术推进实体店铺数字化改造，增强店面场景化、立体化、智能化展示功能，通过互联网展示、销售商品和服务，提升线下体验、配送和售后等服务，加强线上线下互动，促进线上线下融合，不断优化消费路径、打破场景限制、提高服务水平。鼓励大型实体店不断丰富消费体验，向智能化、多样化商业服务综合体转型，增加餐饮、休闲、娱乐、文化等设施，由商品销售为主转向“商品+服务”并重。鼓励中小实体店发挥靠近消费者优势，完善便利服务体系，增加快餐、缴费、网订店取、社区配送等附加便民服务功能。

七、培育流通产业经营主体。鼓励和支持有实力的流通企业利用参股、控股、联合、兼并、合资、合作等方式，做大做强，形成若干具有竞争力的大型零售商、批发商、物流服务商。加大对市内重点流通企业在上市融资、资金补助、用地安排、市场准入和税费减免等方面政策支持力度，进一步提升骨干流通企业竞争力；支持龙头企业向生产、物流配送、金融、网络信息领域拓展，加快产业融合，延长产业链条。进一步完善株洲市政府定点采购服务单位目录，同等条件下优先选择在本地注册的纳入社零统计的流通企业。鼓励商业网点“个转企”和商贸企业升级，对个体商业网点转为企业并纳入限额以上企业统计范围的，经认定，一次性给予企业经营者一定的奖励。

八、加快发展电子商务。推动电子商务产业园区、集聚区建设，培育电子商务经营主体，推动电子商务人才培训和宣传工作，进一步拓展网络消费领域，推广“网订店取”、“网订店送”等新型配送模式。支持电子商务企业向农村延伸业务，推动居民生活服务、休闲娱乐、旅游、金融等领域电子商务应用。对符合《株洲市人民政府办公室关于印发<加快电子商务发展的若干政策措施>的通知》(株政办发〔2014〕25号)文件要求的对象按文件规定给予支持。鼓励电子商务就业创业，经工商登记注册的网络商户从业人员，同等享受各项就业创业扶持政策。在网络平台实名注册、稳定经营且信誉良好的网络商户创业者，可按规定享受小额担保贷款及贴息政策。

九、加快发展物流配送。加强物流标准化建设，推进以托盘标准化为突破口的物流标准化试点工作，重点推进快递包裹、托盘、技术接口、运输车辆标准化，推进信息共享和互联互通，促进多式联运发展。加强物流信息化建设，打造跨区域物流综合信息服务平台，运用北斗导航、大数据、物联网等技术，构建智能化物流通道网络，建设智能化仓储体系、配送系统。推广统一配送、共同配送等模式，提高物流专业化水平，发挥互联网平台实时、高效、精准的优势，对线下运输车辆、仓储等资源进行合理调配、整合利用，提高物流资源使用效率。支持商贸物流园区、仓储企业转型升级，经认定为高新技术企业的第三方物流和物流信息平台企业，依法享受高新技术企业相关优惠政策。

十、大力发展连锁经营。引导流通企业大力发展连锁经营开拓市场，提升销售，以电子商务、信息化及物流配送为依托，推进发展直营连锁，规范发展特许连锁，引导发展自愿连锁。支持连锁经营企业建设直采基地和信息系统，提升自愿连锁服务机构联合采购、统一分销、共同配送能力。引导便利店等业态进社区、进农村，规范和拓展其代收费、代收货等便民服务功能。鼓励超市、便利店等相关场所依法依规发展便民餐点。

十一、积极发展会展经济。鼓励国内外知名会展企业在株洲设立分支机构、代理机构或合作机构，举办各类会展。积极引导建立各类会展公司、会务公司及中介服务机构，延长会展产业链，带动相关产业发展。加强会展业与交通、餐饮、酒店、旅游等相关行业的融合，延伸产业链，努力培育一批著名会展和知名会展企业。鼓励展览企业建设网上展示交易平台，鼓励线上企业服务实体展会，打造常态化交流对接平台，提高会展服务智能化、精细化水平。

十二、大力发展粮食流通业。支持粮食流通企业发展“放心粮油”网点和配送设施，对“放心粮油”网点数量多、社会影响好的龙头企业给予一定的奖励。积极引导企业开展粮食外销，推动粮食企业去库存、拓展销售渠道、搞活粮食流通。支持企业改造粮食加工设备设施，实施粮食仓储物流加工设施建设、粮油精深加工及副产品循环综合利用、特色粮油加工和主食产业化、粮油产业科技创新、质检能力建设、粮油全产业链等项目，支持市级以上涉粮农业产业化龙头企业申报中央“粮安工程”、省粮油千亿产业、农业综合开发等专项资金推进项目建设。

十三、推动生活性服务转型升级。以满足消费需求为向导，培育一批管理规范、运营良好、示范性强的餐饮、家政服务、美容美发、洗染等服务行业的品牌企业，有效扩大服务供给规模，提高服务质量。推进生活服务业便利化，推动吃住行及旅游、娱乐等生活服务业在线化，促进线上交易和线下服务相结合，提供个性化、便利化服务。鼓励餐饮企业发展在线订餐、团购、外卖配送等服务，支持家政、洗染、维修、美发等行业开展网上预约、上门服务等业务。支持发展家庭服务业，对各类家庭服务机构招用就业困难人员，签订劳动合同并缴纳社会保险费的，按规定给予社会保险补贴。积极培育和创建株洲湘菜品牌，弘扬湘菜文化，对在国家级餐饮烹饪评比(比赛)中获奖的湘菜品牌企业，给予一定支持。

关于推进清水塘老工业区企业关停搬迁工作若干政策措施

2016年4月22日

根据《全国老工业基地调整改造规划(2013–2022年)》和《国务院办公厅关于推进城区老工业区搬迁改造的指导意见》(国办〔2014〕9号)及《中共株洲市委、株洲市人民政府关于推进清水塘老工业区搬迁改造工作的指导意见》(株发〔2015〕18号)精神，为保护和改善湘江流域生态环境，推动清水塘老工业区核心区15.15平方公里内(东起石峰山西山边界线，西至规划的湘芸路，南起湘江，北至建设北路、清水路)的企业关停搬迁，制定如下政策措施：

一、按照分级负责和分头土地收储政策，中央、省属大型企业，由省统一收储，享受如下优惠政策：

(一)株洲市负责原厂区土地红线外主要配套基础设施建设；

（二）株洲市负责原厂区土地污染治理；

（三）支持中央、省属大型企业土地变性，企业原厂区土地开发建设容积率原则上不低于清水塘片区平均容积率。

二、污染严重或不符合安全生产条件或主要许可证照不全的中央、省属以外的企业，必须在2016年底以前依法关闭。经企业申请，土地可由石峰区土地储备中心收储后，委托政府平台公司负责管理和污染治理。如在规定期限内未完成关停搬迁的，厂区污染土地治理费用由企业承担。

三、两年未纳税实际上已处于停产状态的企业，经企业申请，土地可由石峰区土地储备中心收储后，委托政府平台公司负责管理，厂区污染土地治理由政府平台公司负责。

四、占地50亩以上，能达到环保和安全生产要求，产品未列入国家产品淘汰目录，产品市场前景好、有竞争力、且正常生产的企业，在2017年底前完成关停、搬迁，享受如下优惠政策：

（一）企业关停搬迁后，愿意自主开发原厂区土地的：市政府同意其按该片区城市规划要求进行土地变性，企业依程序申请，依法取得土地使用权，扣除政府相关提留后，土地收益全部返还企业。企业开发建设原址厂区内土地，应符合我市清水塘新城规划，如用地按新城规划全部或部分规划为公共绿地或其他公共事业用地的，按平均净用地率计算出可建设用地面积后，按规划由政府在企业土地附近或异地调整同等面积建设用地置换。

（二）企业关停搬迁后，不愿意自主开发原厂区土地的：

1. 搬迁至我市县市区园区的企业，迁入地政府按照土地迁出与迁入地面积1:1.2进行置换，原则上由迁入地政府负责企业新标准厂房建设。如企业自主建厂房的，由迁入地政府给予不少于50%的补贴，并负责厂区红线外主要配套基础设施建设。企业负责生产设备的搬迁、购置和安装。企业土地收储可采取两种方式：一是迁入地政府愿意处置企业土地的，企业的土地按照相关程序移交迁入地政府处置。二是迁入地政府不愿意处置企业土地的，迁入地政府可委托石峰区土地储备中心进行收储，再由政府平台公司根据土地收储协议的总价款扣除必要的有偿服务费用后，先期按照50%支付迁入地政府收储费用，待企业搬迁交地后，支付剩余50%收储费用。

2. 同时，也可由石峰区土地储备中心收储后，委托政府平台公司直接处置企业土地，并将收储费用直接支付给企业，先期按照30%支付企业收储费用，余下收储费用按企业搬迁进度支付。迁入地政府不进行土地置换，也不负责企业新标准厂房建设，只负责厂区红线外主要基础设施配套，并按照不低于工业基准地价提供土地。

（三）搬迁至我市县市区园区的企业，企业原厂区土地面积大于新建项目所需用地面积，多余部分按照土地收储政策给予企业收储费用补偿。企业在搬迁改造过程中需要更多土地，由企业和迁入地政府双方协商解决。

（四）搬迁市外的企业，石峰区土地储备中心对原企业土地进行收储后，委托政府平台公司进行管理。政府平台公司与企业签订关停退出及土地移交协议，平台公司先期按照30%支付收储费用，剩余收储费用根据企业搬迁进度支付。

（五）搬迁企业在市辖范围内新建的生产厂房以及园区承接清水塘搬迁改造企业新建标准厂房，按单层每平方米10元、多层每平方米20元给予建设补助。租赁市辖范围内园区标准厂房的企业，享受园区“146”工程补助资金标准。

五、占地面积50亩以下，能达到环保和安全生产要求，产品未列入国家产品淘汰目录，正常生产的企业，不允许企业进行原址土地开发。同时享受“支持企业搬迁优惠政策四”第（二）（三）（四）（五）项优惠政策。

六、没有土地的租赁企业，由于提前解除合同进行关停或搬迁的，给予以下优惠政策：一是企业在2017年底完成关停和2018年完成搬迁的，给予企业租赁地的土地使用者（土地实际用途须符合原批准的使用用途）适当补偿，再由土地使用者给予租赁企业适当补偿；二是企业在2017年底完成关停和2018年完成搬迁的，对搬迁费用给予适当补贴。

七、除中央、省属大型企业外，按照“谁收储谁治理”的原则，土地收储方按照重金属污染土壤修复规范和标准进行厂区环境污染治理，可优先申请国家、省级专项补助资金。

八、加大土地政策支持力度，年度新增用地计划指标向市内承接地倾斜，优先保障清水塘搬迁企业重建用地。

九、企业市内异地新建厂房及配套设施，所涉及的行政性规费（政府性基金），参照《关于促进产业园区发展升级的若干意见》（株发〔2013〕4号）文件执行。

十、搬迁至市外，总部留在株洲的企业，根据企业税收贡献率予以适当奖励。

十一、在2017年底前完成关停和2018年底前完成搬迁的企业，特别是搬迁至我市县市区相关园区的企业，按照规模以上企业、规模以下企业进行分档奖励，其中规模以上企业奖励标准为50万元—100万元，规模以下企业奖励标准为10万元—50万元。

十二、对积极主动承接清水塘老工业区企业，完成了市委、市政府招商任务，提供优质服务，帮助企业尽快开工建设的县市区政府给予200万元—500万元奖励。

十三、根据总体规划界定需保护的工业遗产，在土地收储过程中，可给予保留工业遗产方适当奖励。

十四、本政策自公布之日起施行，有效期限为3年。

关于促进旅游业发展的十条办法

2016年7月20日

为贯彻落实国务院、省政府关于促进旅游业改革发展的意见精神，推动我市旅游业迈上新台阶，支持鼓励旅游企业做大做强，加快培育我市旅游市场和释放旅游消费需求，夯实旅游业作为我市经济发展战略支撑基础，结合本市实际，特制定此办法。

一、加大政府主导力度，推进旅游业快速发展

1、落实扶持旅游业发展的相关政策。根据国家、省、市有关扶持旅游业发展的文件精神，相关职能部门要切实落实扶持旅游业发展文件中涉及到的旅游基础设施、旅游用地保障、旅游公共服务及各类税费的优惠政策。加大财政支持力度，保留市旅游发展专项资金，保持适当的额度并逐年增长。

2、进一步优化旅游业发展环境。各职能部门要加大对旅游业发展的指导和服务力度，积极为旅游业和旅游企业发展帮困解难，规范对旅游企业的检查，减少不必要的常规性检查；加强旅游市场监管，构建公平有序的旅游经营环境，为旅游业发展营造良好氛围。

3、加大地接奖励力度。做大、做热旅游市场，鼓励旅行社从市（域）外招揽游客来株洲旅游，对于组团或招徕游客来株年度总人数达到3000人以上的，给予一定的奖励。一次性组织1000人以上的特色大型旅游活动，给予一定的奖励。

4、加强旅游从业人员队伍建设。大力推进旅游经营管理人才、旅游专业技术人才和旅游服务人才建设，建立综合性旅游人才库。将旅游从业人员技能培训纳入职业培训计划和就业发展规划，落实好相关扶持政策。制定人才奖励制度，建立健全与工作业绩紧密联系、鼓励人才创新创造的激励机制。积极组织优秀导游、经营管理能手和旅游服务标兵评选活动，对获得国家级、省部级、市级荣誉的导游、经营管理能手和旅游服务标兵，以及对全市旅游业发展做出突出贡献的个人给予相应奖励。成立“株洲市旅游专家咨询团”，为政府实施旅游业发展战略提供决策参谋，为旅游业创意策划、经营管理提供咨询服务。

二、鼓励旅游企业做大做强做活，促进旅游业转型升级

5、鼓励支持旅游企业实施品牌创建工程。对旅游饭店成功创建国家高星级饭店、旅游景区成功创建国家高等级质量景区、旅游度假区成功创建国家（省）级度假区、旅行社成功创建高星级旅行社等给予不同等次的奖励，其中对企业成功创建5A级旅游等级区和5星级（含5星）以上旅游饭店的，报市政府另议，给予奖励。

6、加大旅游项目建设和引进的扶持力度。建设旅游产业园区、基地，旅游创意项目、优势项目、特色项目及对产业转型升级有拉动作用的项目及引进上述类项目，经申报评审后，采取项目补助、贷款贴息（费）等方式予以支持。

7、支持旅游企业实施“旅游+互联网”行动计划。培育企业新竞争力，顺应“旅游+”的大趋势，大力推进旅游产业与关联产业的融合，支持旅游企业进行在线旅游等开发。建设智慧旅游一体化平台，深化移动互联网在株洲旅游公共服务、管理、营销等方面的应用，重点开发移动终端应用，推进“线上线下”融合发展，不断完善产品预定、网上支付、信息查询、服务评价等功能，实现全过程、互动式的“旅游体验”，提升旅游企业配套服务效率和竞争能力。

8、大力支持旅游新业态开发建设。充分挖掘我市旅游资源，积极培育我市旅游新业态发展，丰富旅游产品，支持鼓励旅游企业开展以旅游供给侧结构性改革为导向的游轮、康体旅游、自驾车房车游、登山潜水、露营、研学游、低空游及文化体育旅游融合类体验项目等旅游新业态、旅游装备的开发建设，在政策、土地供给、财税金融上予以支持。

三、支持鼓励多元营销，提升株洲美誉度和影响力

9、支持鼓励县（市）区政府、旅游企业借助媒体推广本地旅游形象。在省级以上平面或影视媒体（含省级）、全国性主流门户网站等新媒体成功推广本市旅游形象，成效显著的，且单次宣传投入资金达50万元以上的，经评定为最佳形象奖的，给予一定的补贴。

10、支持鼓励县（市）区政府、旅游企业组织跨市（州）或跨省单独或联合客源目标地实施旅游营销宣传活动。活动成功举办使区域旅游品牌形象、知名度、美誉度明显提升，市场效应在活动之后取得显著成效的，且单次活动投入资金达50万元以上的，经评定为最佳活动奖的，给予一定的补贴。

本办法具体实施细则由市旅游外侨局、市财政局和相关责任单位另行制定，并由市旅游外事侨务局和市财政局组织实施。

株洲市黄标车提前淘汰财政补贴实施办法

2016 年 11 月 8 日

第一章 总 则

第一条 为加强机动车排气污染防治，鼓励黄标车提前淘汰，改善城市环境空气质量，根据《国务院关于印发大气污染防治行动计划的通知》（国发〔2013〕37 号）、《环境保护部发展改革委公安部财政部交通运输部商务部关于印发 <2014 年黄标车及老旧车淘汰工作实施方案 > 的通知》（环发〔2014〕130 号）、《湖南省人民政府办公厅关于印发 < 湖南省加快推进黄标车及老旧车淘汰工作方案 > 的通知》（湘政办发〔2014〕113 号）等文件要求，结合我市实际，制定本办法。

第二条 本办法所称黄标车，是指在本市行政区域内注册登记，排放水平低于国 I 排放标准的汽油车和国 III 排放标准的柴油车，不包括三轮汽车、摩托车、低速货车。

第三条 本办法所称使用年限是指《机动车强制报废标准规定》（商务部发展改革委公安部环境保护部令〔2012〕12 号）中规定的使用年限。使用年限计算的起始和终止日期分别为车辆初次登记日期和注销日期。

第四条 本办法所称黄标车提前淘汰，是指黄标车所有人将使用年限内的黄标车交售到正规的报废机动车回收拆解企业并提交该黄标车的机动车登记证书、号牌、行驶证。机动车回收企业确认机动车并解体，向机动车所有人出具《报废机动车回收证明单》，市公安局交警支队办理注销登记。

第五条 提前淘汰的黄标车归县市管辖的，由县市财政承担补贴的 50%；区管辖的，由区财政承担 35%；其余部分由市财政承担。

第二章 补贴范围

第六条 在 2016 年 1 月 1 日至 2017 年 12 月 31 日期间报废淘汰的黄标车，符合下列条件的，予以财政补贴：

（一）在本市注册登记的黄标车辆，所有人为个人、个体工商户、企业和其他非财政供养的社会组织；

（二）未到使用年限的且非因自然报废或交通事故等导致直接报废的黄标车辆。

第七条 属于下列条件之一的车辆淘汰，不享受本办法财政补贴：

（一）非株洲市登记注册的黄标车；

（二）财政供养的黄标车；

（三）机动车交通违法和交通事故未处理完毕的黄标车；

（四）因自然灾害、交通事故造成机动车灭失的黄标车；

（五）在检验有效期届满后连续 3 个机动车检验周期内未取得机动车检验合格标志的黄标车；

（六）达到或超过使用年限的黄标车。

第三章 补贴标准

第八条 黄标车提前淘汰财政补贴标准（基准）如下：

（一）报废重型载货车，每辆补贴人民币 10800 元；

（二）报废中型载货车，每辆补贴人民币 7200 元；

（三）报废轻型载货车，每辆补贴人民币 5400 元；

（四）报废微型载货车，每辆补贴人民币 2700 元；

（五）报废大型载客车，每辆补贴人民币 10000 元；

（六）报废中型载客车，每辆补贴人民币 6300 元；

（七）报废小型载客车（不含轿车），每辆补贴人民币 2700 元；

（八）报废微型载客车（不含轿车），每辆补贴人民币 2000 元；

（九）报废 1.6 升及以上排量轿车，每辆补贴人民币 3150 元；

（十）报废 1.6 升（不含 1.6 升）及以下排量轿车及专项作业车，每辆补贴人民币 2250 元。

第九条 申请淘汰的黄标车根据车型、使用年限和申请报废淘汰时间等条件按递减标准给予差别化补贴，即：

第一阶段（2016 年 1 月 1 日— 2016 年 12 月 31 日）期间申请淘汰的车辆，享受基准标准的 100%；

第二阶段（2017 年 1 月 1 日— 2017 年 6 月 30 日）期间申请淘汰的车辆，享受基准标准的 80%；

第三阶段（2017 年 7 月 1 日— 2017 年 12 月 31 日）期间申请淘汰的车辆，享受基准标准的 60%；

黄标车的淘汰日期，以报废机动车回收拆解企业核发的《报废汽车回收证明单》上签注的交车时间为准。

第四章 补贴资金申请、审核和发放

第十条 申请补贴资金可采取线上或线下的方式进行。线上申报进入市环保局官方网站（黄标车淘汰补贴信息管理系统），进行补贴资金申请、审核；线下在市政务服务中心和各县市区政务服务中心的环保服务窗口进行补贴资金的申请、审核。

第十一条 申请补贴资金应当提交以下资料：

（一）株洲市黄标车淘汰财政补贴申请表（以下简称“申请表”）。

（二）机动车回收企业出具的《报废汽车回收证明单》，市公安局交警支队办理的《机动车注销证明书》（营运黄标车还需交通部门出具注销《道路运输证》的相关证明材料）。

（三）有效身份证明原件及复印件。机动车所有人为个人的，需提供所有人身份证原件及复印件；机动车所有人为单位的，需提供单位书面委托书和《组织机构代码证》复印件。

（四）与机动车所有人同名的个人银行储蓄存折（复印件）；与车辆注册单位同名的单位基本账户原件及复印件。

（五）凡委托办理的，还需提交机动车所有人（单位法人）的书面委托书，以及被委托人的身份证复印件。

第十二条 淘汰黄标车补贴按照下列程序办理：

（一）身份认定。黄标车所有人携带相关资料将车辆交售至有资质的报废机动车回收拆解企业办理报废手续时，由环保部门现场审核该车辆是否为“黄标车”；符合条件的黄标车所有人填报申请表，由市环保部门认可签章。在本办法实施前已提前办理报废拆解等相关手续的黄标车，可在株洲市环保局网站的黄标车淘汰补贴信息管理系统进行网上申报，填报申请表。

（二）淘汰认定。商务部门按照职责，负责对淘汰黄标车回收拆解工作进行监督管理，对申请报废的车辆使用年限进行审核，对回收企业出具的《报废汽车回收证明单》签章认可。

公安部门按照职责，核定车辆类型、办理注销登记、出具《机动车注销证明书》。对填写申请表并已办理注销报废的，予以审核认可签章。

如属营运车辆的，由交通部门出具注销《道路运输证》的相关证明材料。

（三）补贴认定。黄标车所有人到服务窗口提交申请表及第十一条要求的申请材料，环保部门受理后7个工作日内，核实申请材料，分批送财政部门进行复查。

（四）补贴审核。财政部门在收到分批资料后10个工作日内，完成合规性复审。

（五）补贴发放。财政部门在完成合规性复审后15个工作日内，依据申请表信息将补贴资金发放给审核合格且符合补贴条件的黄标车所有人的银行账户。

第五章 职责分工

第十三条 环保部门负责审核申请车辆是否属于黄标车；商务部门负责对淘汰黄标车回收拆解工作进行监督管理，建立拆解车辆台账，对回收企业出具的《报废汽车回收证明单》签章认可；公安交警部门负责核定车辆类型，办理已报废黄标车的注销登记，出具《机动车注销证明书》；交通部门负责办理营运黄标车道路运营证的注销手续；财政部门负责补贴资金的预算、审核、发放和监督管理，并对补贴资金的使用情况进行抽查和评估；审计部门负责补贴资金发放的审计监督。

第六章 监督管理

第十四条 黄标车淘汰补贴资金的管理和使用遵循公开透明、专款专用的原则，实行“一车一档”方式建立档案。

第十五条 黄标车所有人对提交的申请黄标车淘汰补贴材料的真实性负责，对采取虚假、冒领等手段、骗取补贴资金的，按照有关法律法规处理。构成犯罪的，移送司法机关处理。

第十六条 对有关部门工作人员徇私舞弊，不认真履行职责，违反规定违规发放补贴的，依法进行行政追责；构成犯罪的，移送司法机关处理。

第七章 附 则

第十七条 本办法自公布之日起施行，有效期至2017年12月31日，逾期不再受理。

2016年株洲市人民政府调整一批行政审批事项

（2016年6月16日）

取消的行政审批事项目录（22项）

表41

序号	项目名称	审批部门	设定依据
1	教育网站和网校审批	市、县级教育行政部门	《国务院对确需保留的行政审批项目设定行政许可的决定》(国务院令第412号) 《互联网信息服务管理办法》（国务院令第292号） 《教育部关于加强对教育网站和网校进行管理的公告》（教技〔2000〕4号） 《教育网站和网校暂行管理办法》（教技〔2000〕5号）
2	特种印刷品准印许可	县级公安机关	《印刷业管理条例》（国务院令第315号）
3	参照国家公务员医疗补助实施范围审批	市、县级人力资源社会保障部门、财政部门	《国务院办公厅关于保留部分非行政许可审批项目的通知》（国办发〔2004〕62号）
4	基本医疗保险定点零售药店资格审查	市、县级人力资源社会保障行政主管部门	《国务院办公厅关于保留部分非行政许可审批项目的通知》（国办发〔2004〕62号）

续表 41

序号	项目名称	审批部门	设定依据
5	危险化学品生产使用环境管理登记证核发	市级环境保护行政主管部门	《危险化学品安全管理条例》（国务院令第 591 号） 《危险化学品环境管理登记办法（试行）》（环境保护部令 2012 年第 22 号）
6	污染场地环境恢复方案审批	市、县级环境保护行政主管部门	《废弃危险化学品污染环境防治办法》（环保总局令 2005 年第 27 号）
7	建设项目试生产审批	市、县级环境保护行政主管部门	《建设项目竣工环境保护验收管理办法》（环境保护总局令第 13 号）
8	机动车维修技术人员从业资格证件颁发	设区的市级道路运输管理机构	《道路运输从业人员管理规定》（交通部令 2006 年第 9 号）
9	开垦荒坡地防止水土流失措施审批	县级水行政主管部门	《中华人民共和国水土保持法实施条例》（国务院令第 120 号，2011 年 1 月 8 日予以修改）
10	设立水利旅游项目审批	市、县级水行政主管部门	《国务院办公厅关于保留部分非行政许可审批项目的通知》（国办发〔2004〕62 号） 《水利风景区管理办法》（水综合〔2004〕143 号） 《水利旅游项目管理办法》（水综合〔2006〕102 号）
11	设立旧机动车鉴定评估机构审批	设区的市级商务主管部门	《国务院对确需保留的行政审批项目设定行政许可的决定》(国务院令第 412 号) 《国务院关于第四批取消和调整行政审批项目的决定》（国发〔2007〕33 号） 《国务院关于第六批取消和调整行政审批项目的决定》(国发〔2012〕52 号)
12	纺织品临时出口许可证核发	市级商务主管部门	《中华人民共和国对外贸易法》 《中华人民共和国货物进出口管理条例》（国务院令第 332 号） 《纺织品出口管理办法（暂行）》（商务部令 2006 年第 21 号）
13	市区饲养家畜家禽审批	市、县级市容环境卫生行政主管部门	《城市市容和环境卫生管理条例》（国务院令第 101 号，2011 年 1 月 8 日予以修改）
14	医疗卫生机构承担预防性健康检查审批	市、县级卫生计生行政主管部门	《预防性健康检查管理办法》（卫生部令第 41 号）
15	外商投资广告企业项目审批	市、县级工商行政管理部门	《国务院对确需保留的行政审批项目设定行政许可的决定》(国务院令第 412 号) 《国务院关于第六批取消和调整行政审批项目的决定》（国发〔2012〕52 号）
16	户外广告登记	市、县级工商行政管理部门	《国务院对确需保留的行政审批项目设定行政许可的决定》(国务院令第 412 号) 《国务院关于第六批取消和调整行政审批项目的决定》（国发〔2012〕52 号）
17	改建、拆除电影院和放映设施审批	市、县级新闻出版广电行政部门	《电影管理条例》（国务院令第 342 号）
18	电影放映单位变更业务范围或者兼并、合并、分立审批	县级新闻出版广电行政部门	《电影管理条例》（国务院令第 342 号） 《国务院关于第六批取消和调整行政审批项目的决定》（国发〔2012〕52 号）
19	中型及以下单建人防工程、防空地下室施工图设计文件审批	市、县级人民防空主管部门	《人民防空工程施工图设计文件审查管理办法》（国人防办字〔2009〕282 号） 《国家人民防空办公室关于调整人民防空建设审批事项的通知》（国人防〔2014〕235 号）
20	文物保护单位拍摄许可	市、县级文物行政主管部门	《国务院对确需保留的行政审批项目设定行政许可的决定》(国务院令第 412 号) 《国务院关于第四批取消和调整行政审批项目的决定》（国发〔2007〕33 号） 《国务院关于第五批取消和下放管理层级行政审批项目的决定》（国发〔2009〕21 号）

续表 41

序号	项目名称	审批部门	设定依据
21	馆藏文物拍摄许可	市级文物行政主管部门	《中华人民共和国文物保护法实施条例》（国务院令第 377 号，2013 年 12 月 7 日予以修改）
22	占用城市道路作为集贸市场审批	市、县人民政府	《城市道路管理条例》（国务院令第 198 号）

增加的行政审批事项目录（1 项）

表 42

序号	项目名称	设定依据	实施机关
1	船舶油污损害民事责任保险证书或者财务保证证书核发	《防治船舶污染海洋环境管理条例》（国务院令第 561 号）	市地方海事局

附 录

株洲市旅行社名录

表43

序号	单位名称	经营范围	注册地址	电话
1	株洲中联国际旅行社有限责任公司	国内游、入境游、出境游	株洲市天元区天台路市政府大门左侧	28823877
2	株洲市环球国际旅行社有限责任公司	国内游、入境游、出境游	株洲市天元区泰山路88号	22211966
3	湖南完美假日国际旅行社有限责任公司	国内游、入境游、出境游	株洲市天元区天平路花园一村1栋304号	28307878
4	湖南旅游国际旅行社有限责任公司	国内游、入境游、出境游	株洲市庐山恋综合楼21楼	22336001
5	湖南新闻国际旅行社有限公司	入境游、境内游、出境游	株洲市新芦淞区七一路口中旺锦安城406、407号	28250008
6	株洲教育国际旅行社有限责任公司	国内游、入境游	株洲市天元区和平路126号欣花园15栋19号	28833111
7	株洲南方商旅国际旅行社有限公司	国内游、入境游	株洲市芦淞区新华西路1138号福鑫大厦1307室	28243303
8	株洲妇女国际旅行社	国内游、入境游	株洲市河西桥头北侧太阳宫	28686841
9	炎陵县炎帝旅行社有限责任公司	国内游、入境游	株洲市炎陵县井冈东路22号	26220618
10	株洲湘运旅行社有限责任公司	国内游、入境游	株洲市红旗广场汽车中心站6楼	22775855
11	株洲假日国际旅行社有限公司	国内游、入境游	株洲市家润多A栋1707	28225278
12	株洲市亲和力旅游国际旅行社有限公司	国内游、入境游	株洲市天元区庐山路323号明峰银座1栋1304-1307号	22668685
13	株洲春秋国际旅行社有限责任公司	国内游、入境游	株洲市长江北路联谊新村9-16号	27581222
14	株洲市交通旅行社有限责任公司	国内游、入境游	株洲市天元区长江北路花园三村106号11号门面	28216563
15	株洲市巴士旅行社有限公司	国内游、入境游	株洲市天元区长江北路117号	22820197
16	湖南铁路国际旅行社有限公司	国内游、入境游	株洲市芦淞区建设中路388号文化园三期1.2栋720号门面	28234111
17	湖南省醴陵市中信国际旅行社有限公司	国内游、入境游	株洲市醴陵市解放路东段车站西村1号	23239958
18	株洲钻石国际旅行社有限责任公司	国内游、入境游	株洲市荷塘区钻石路26-10号	25265800 28265808
19	株洲长乐国际旅行社有限责任	国内游、入境游	株洲市荷塘区郭家祠散户56号附5号	28308100
20	株洲兴科国际旅行社有限公司	国内游、入境游	株洲市天元区天台横路市国土局院内综合楼906	28831199
21	株洲九方旅行社有限责任公司	国内游、入境游	株洲石峰区田心小东门1号（九方宾馆内）	22440999
22	株洲市鸿飞国际旅行社有限公司	国内游、入境游	株洲市长江北路耀华大厦B座1004室	28231999 28345670
23	株洲市飞燕国际旅行社有限公司	国内游、入境游	株洲市天元超市一楼正大门右侧专柜	22665000

续表 43

序号	单位名称	经营范围	注册地址	电话
24	株洲新天地国际旅行社有限公司	国内游、入境游	株洲市天元区长江北路保利大厦1127号	22496222
25	湖南云龙国际旅行社有限责任公司	国内游、入境游	株洲市云龙示范区云龙大道88号管委会5楼	22737744
26	株洲联华国际旅行社有限公司	国内游、入境游	株洲市芦淞区建设南路345-1号	28474666 28412555
27	株洲市攸县阳光旅行社有限公司	国内游、入境游	株洲市城关镇望云宾馆内	24230667
28	株洲市茶陵县霞客旅行社有限责任公司	国内游、入境游	茶陵县炎帝中路18号	25228268
29	攸县中侨旅行社有限责任公司	国内游、入境游	攸县城关镇交通路53号（信用宾馆内）	24227643
30	株洲市华夏职工旅行社有限责任公司	国内游、入境游	株洲市天伦路2号	28824224
31	株洲山水国际旅行社有限责任公司	国内游、入境游	株洲市天元区长江南路9号天健华庭西座405号	28823126
32	株洲通达国际旅行社有限公司	国内游、入境游	株洲市攸县城关镇望云东路中天大厦620号	24216818
33	株洲市佳程旅行社有限责任公司	国内游、入境游	株洲市天元区府前路商业步行街东二街211号	28892288
34	株洲铁青国际旅行社有限公司	国内游、入境游	株洲市醴陵市解放路77号	23234489 28234488
35	株洲海悦旅行社有限公司	国内游、入境游	株洲市攸县城关文化路海悦国际酒店	24326488
36	株洲市神农国际旅行社有限责任公司	国内游、入境游	株洲市文化园三期1栋1单元1303	28838282
37	株洲市中航国际旅行社有限公司	国内游、入境游	株洲市新华东路1107号	28425333
38	株洲景华国际旅行社有限责任公司	国内游、入境游	株洲市建设南路325号405号	28360111
39	湖南添胜国际旅行社有限责任公司	国内游、入境游	株洲市天元区马家河镇仙岭村毛家坝组	28167000
40	湖南海外旅游株洲国际旅行社有限公司	国内游、入境游	新华西路999号王府井中央商务中心A座2308号	22162555
41	株洲远征国际旅行社有限公司	国内游、入境游	株洲市荷塘区（国家）汽车城B区8栋9-12号	22892828
42	株洲市火车头旅行社有限责任公司	国内游、入境游	株洲市芦淞区建设南路108号家润多广场2座1130室	22331123
43	株洲百事通旅行社有限公司	国内游、入境游	株洲市芦淞区新华路999号中央商业广场A座2105室	22887403 22887413
44	株洲乐途国际旅行社有限责任公司	国内游、入境游	株洲市天元区黄河路口天虹百货一楼1011A	28895948
45	株洲县双麟旅行社有限责任公司	国内游、入境游	株洲县渌口镇漉浦路32号	27616111
46	攸县华天国际旅行社有限责任公司	国内游、入境游	株洲市攸县望云西路182号二楼	24238555
47	醴陵金之泉旅行社有限责任公司	国内游、入境游	醴陵市左权路新融楼12号门面	23281638
48	中国旅行社总社株洲有限公司	国内游、入境游	株洲市荷塘区钻石路6-4号	22130000
49	湖南华天国旅株洲旅行社有限公司	国内游、入境游	株洲市天元区长江北路保利大厦1508号	22168815
50	湖南宝贝出发吧国际旅行社有限公司	国内游、入境游	株洲市天元区长江北路联谊新村8栋903室	22201651
51	株洲服装人国际旅行社有限公司	国内游、入境游	株洲市芦淞区太子路1726号锦绣江山8栋	28217156
52	炎陵县中顺宇捷旅行社有限公司	境内游、入境游	炎陵县霞阳镇霞阳路正泰新城C区13号	26220040
53	茶陵县南浦文化旅游产业发展有限公司	境内游、入境游	茶陵县洣水社区铁牛潭古城区南浦铁犀旁	25254999
54	湖南漫悠游国际旅行社有限公司	境内游、入境游	株洲市天元区庐山路323号明峰银座1栋2407室	22761765
55	湖南中侨旅游国际旅行社有限责任公司	境内游、入境游	株洲市天元区庐山路庐山恋综合楼2119室	22336009

（陈　冰）

株洲市旅游星级酒店名录

表 44

序号	旅游星级酒店名称	星级	联系电话
1	株洲华天大酒店	五	28819999
2	株洲国宾酒店有限公司	四	28268888
3	株洲九方大酒店	四	28441111
4	醴陵东风大酒店	四	23219999
5	株洲福尔莱大酒店	四	28666666
6	株洲金龙大酒店	三	28271002
7	株洲西苑宾馆	三	28890668
8	株洲天伦商务酒店	三	22999999
9	株洲银城大酒店	三	28896261
10	株洲大中华酒店	三	28837999
11	株洲金锦海悦酒店	三	28571111
12	株洲东都大酒店	三	28476333
13	株洲华地宾馆	三	22639999
14	株洲明峰宾馆	三	22628888
15	攸县坤龙大酒店	三	24326277
16	攸县海悦国际酒店	三	24216880
17	攸县东风大酒店	三	24319168
18	茶陵格兰春天大酒店	三	25269955
19	醴陵新外贸大酒店	三	23337777
20	茶陵紫荆花大酒店	三	25236666
21	炎陵龙井大酒店	三	26239990
22	炎陵邮缘宾馆	三	26228628
23	醴陵天伦大酒店	二	23223588
24	株洲县箭台宾馆	二	27619528
25	株洲县金丰宾馆	二	27688299
26	炎陵酃峰宾馆	二	26228168
27	炎陵大华宾馆	二	26228888
28	炎陵华苑宾馆	二	26228788
29	炎陵芙蓉宾馆	二	26238088
30	炎陵神农宾馆（莫林风尚）	二	26238888
31	炎陵五洲大酒店	二	22979666
32	炎陵龙泉宾馆	二	
33	炎陵华宇宾馆	二	26281668
34	炎陵顺昌商务宾馆	二	26283388

（陈 冰）

马德里国际商标株洲企业名单

表 45

序号	商标注册人名称	图 样
1	湖南高峰陶瓷制造有限公司	GoldFine
2	湖南华联瓷业股份有限公司	华联
3	湖南华升株洲雪松有限公司	雪松+图形
4	湖南青藏绒服饰有限公司	青藏绒
5	湖南省醴陵楚华陶瓷实业有限公司	图形
6	湖南省醴陵市吉利鞭炮烟花有限公司	图形
7	湖南省天博瓷业有限公司	tibo
8	湖南泰鑫瓷业有限公司	taisun
9	湖南仙凤瓷业有限公司	仙凤+拼音
10	醴陵彩丰烟花有限公司	吉祥花
11	醴陵佳盈贸易有限公司	#NAME?
12	醴陵市精陶瓷业有限公司	JINGTAOCERAMICJ+图形
13	醴陵市泉湖企业总公司	QUAN HU
14	醴陵市三塘瓷业有限公司	三塘瓷业+图形
15	醴陵市天鑫瓷业有限公司	鑫
16	醴陵市阳东电瓷电器有限公司	CLD+图形
17	醴陵陶润实业发展有限公司	陶润+TAO RUN+黑底方形背景及图
18	醴陵陶润实业发展有限公司	TAO RUN
19	曾建东 430104196210011057	AMALLOY+彩色图形
20	株洲达越特箱包有限公司	SATELLITE
21	株洲千金药业股份有限公司	QIAN JIN
22	株洲千金药业股份有限公司	QIAN JIN
23	株洲千金药业股份有限公司	图形
24	株洲时代新材料科技股份有限公司	zztmt+图形
25	株洲时代新材料科技股份有限公司	TMT+图形
26	株洲冶炼集团股份有限公司	图形
27	株洲冶炼集团股份有限公司	TORCH
28	株洲硬质合金集团有限公司	ZCC.CT+图形
29	株洲硬质合金集团有限公司	图形
30	株洲市微朗科技有限公司	BO
31	邓红亮	波梵森
32	湖南泉湘陶瓷有限公司	泉湘
33	湖南中普防雷股份有限公司	中普盛德

（江广念）

地理标志证明商标株洲企业名单

表 46

序号	商标注册人名称	商 标	注册时间	商标类别	核定使用商品
1	攸县养鸭协会	攸县麻鸭	2010.03.28	31类	麻鸭（活家禽）
2	攸县豆腐行业协会	攸县豆腐	2011.03.28	29类	豆腐、豆腐制品
3	湖南省茶陵县大蒜生姜协会	茶陵大蒜	2011.03.28	31类	大蒜
4	茶陵县黄牛养殖协会	茶陵黄牛	2011.03.28	31类	黄牛
5	醴陵市烟花鞭炮总商会	醴陵鞭炮	2011.07.28	13类	烟花、鞭炮、烟火、爆竹
6	醴陵市烟花鞭炮总商会	醴陵花炮	2011.07.28	13类	烟花、鞭炮、烟火、爆竹
7	醴陵市烟花鞭炮总商会	醴陵烟花	2011.07.28	13类	烟花、鞭炮、烟火、爆竹
8	醴陵市陶瓷协会	醴陵红瓷	2011.10.21	21类	瓷器、陶器、日用瓷器、日用陶器、瓷器装饰品
9	醴陵市陶瓷协会	醴陵陶瓷	2011.10.21	21类	瓷器、陶器、日用瓷器、日用陶器、瓷器装饰品
10	醴陵市陶瓷协会	醴陵釉下五彩瓷	2011.10.21	21类	瓷器、陶器、日用瓷器、日用陶器、瓷器装饰品
11	攸县食品行业协会	攸县米粉	2014.8.28	30类	米粉
12	攸县食品行业协会	攸县茶油	2015.10.28	29类	茶油
13	炎陵县炎陵黄桃产业协会	炎陵黄桃	2016.11.21	31类	黄桃

（江广念）

中国驰名商标株洲企业名单

表 47

序号	企业名称	商 标	认定时间	商标类别	主要商品
1	株洲硬质合金集团有限公司	钻石	1999年	6类	硬质合金
2	唐人神集团股份有限公司	唐人神	2004.2	29类	香肠、腌腊肉
3	唐人神集团有限公司	骆驼	2009.4	31类	饲料
4	株洲千金药业股份有限公司	千金	2005.6	5类	中成药
5	株洲冶炼集团股份有限公司	火炬	2006.6	6类	锌、电解铅
6	湖南太子奶集团生物科技有限责任公司	太子	2007.9	29类	乳业
7	湖南太子奶集团生物科技有限责任公司	日出	2005.8	29类	乳业
8	湖南华联瓷业有限责任公司	华联	2007.8	21类	日用陶瓷
9	株洲兴隆化工实业有限公司	中强	2009.4	1类	白炭黑
10	株洲南方阀门股份有限公司	图形	2009.4	7类	阀门
11	株洲联诚集团有限公司	联诚+Lince及图形	2010.1	9类	气动元件、减震器
12	株洲南方阀门股份有限公司	珠华及图	2010.10	7类	液压阀、压力阀
13	湖南省韶峰服饰有限公司	韶峰及图	2010.10	25类	制服、西服、工作服
14	湖南华升株洲雪松有限公司	雪松及图	2010.10	24类	苎麻布、苎麻混纺布、苎麻交织布
15	贵派电器股份有限公司	贵派及图	2010.10	9类	电开关、断路器、插头、插座及其他接触器商品

续表47

序号	企业名称	商 标	认定时间	商标类别	主要商品
16	株洲时代新材料科技股份有限公司	时代新材	2011.11	12类	车辆减震器、铁路车辆缓冲器
17	湖南华联瓷业股份有限公司	红官窑	2011.11	21类	瓷器、陶器、日用瓷器
18	株洲市三星电线电缆有限公司	洣水河及图	2011.11	9类	电源材料(电线、电缆)
19	湖南生命伟业科技有限责任公司	生命伟业及图	2011.11	11类	水软化设备和装置、水净化装置、饮水过滤器
20	湖南华联火炬电瓷电器有限公司	图形	2011.11	17类	高低压电瓷、高压电瓷套管、高低压避雷器
21	株洲天桥起重机股份有限公司	天桥起重TIANQIAO及图	2012.4	7类	起重机，石油开采、石油精炼工业用机器设备
22	中材株洲虹波有限公司	虹波	2012.4	19类	纤维水泥波瓦
23	株洲市好棒美食品有限公司	好棒美及图	2012.4	29类	非活家禽、鱼制食品、蛋
24	湖南湘东化工机械有限公司	XHJ及图	2012.4	7类	石油化工设备、化肥设备
25	醴陵市华鑫电瓷电器有限公司	PK及图	2012.4	17类	高低压绝缘子
26	湖南港鹏实业有限公司	港鹏KIC KARPERY及图	2012.4	21类	日用瓷器、日用陶器、瓷器装饰品
27	湖南电力公司电瓷电器厂	第3674626号 图形	2012.4	9类	互感器
28	株洲松本林化有限公司	雪峰牌及图	2012.4	5类	冰片
29	株洲湘江电焊条有限公司	湘江及图	2012.12	6类	电焊条
30	醴陵陶润实业发展有限公司	陶润	2012.12	21类	日用陶器
31	湖南新世纪陶瓷有限公司	第5098447号图形	2012.12	21类	瓶；家庭用陶瓷制品；瓷、赤陶或玻璃艺术品、饮用器皿
32	醴陵市阳东电瓷电器有限公司	CLD及图	2012.12	17类	绝缘电瓷、绝缘体、绝缘材料
33	湖南青藏绒服饰有限公司	青藏绒QIZARO	2012.12	25类	服装、围巾、袜
34	株洲湘瑞塑料建材有限公司	湘瑞及图	2013.12	19类	非金属门、非金属窗、非金属窗柜、塑料板、塑料管、塑料杆、塑料条
35	湖南株洲湘运集团有限责任公司	湘运及图	2014.9	39类	运输、旅客运输
36	伟大集团股份有限公司	伟大	2015.6	第42类	建设项目的开发、建筑咨询、工程服务
37	湖南鸿远高压阀门有限公司	鸿远HNHY及图	2015.6	第7类	阀（机器零件）、瓣阀（机器配件）、压力阀（机器部件）
38	湖南省醴陵市吉利鞭炮烟花有限公司	传奇及图	2015.6	第13类	焰火、信号烟火
39	湖南省科富花炮实业有限公司	科富KEFU及图	2015.6	第13类	爆竹，烟花
40	湖南耐渗塑胶工程材料有限公司	NAISSANT	2015.6	第19类	防水卷材：树脂合成板
41	湖南泰鑫瓷业有限公司	Taisun及图	2015.6	第21类	陶器、瓷器、日用瓷器

（江广念）

湖南省著名商标株洲企业名单

表 48

序号	企业名称	商标名称	注册时间	注册号	类别	使用商品
1	湖南省醴陵市鑫荷化工填料有限公司	图形	2002	1901610	1	瓷土、用作过滤介质的颗粒状陶瓷材料制技术陶瓷用合成物
2	株洲江海环保实业有限公司	图形	2004	3448586	1	氯化铵系列、水处理药剂系列等
3	株洲飞鹿高新材料技术股份有限公司	飞鹿+字母	2013.11	11110160	2	油漆；清漆；沥青油漆；木材涂料（油漆）
4	湖南千金协力药业有限公司	协力甘宝	2007	4257117	5	针剂、片剂、膏剂、水剂、原料药、中药、胶丸、补药
5	湖南威克尔生物科技有限公司	神农王	2002.12	3010708	5	兽医用制剂、兽医用化学制剂
6	攸县网酒铸钢厂	金磨+字母+图形	2010	6023620	6	合金钢、铸钢等
7	株洲市振湘实业有限责任公司	振湘+图形	2005.4	3681642	6	普通金属合金等
8	株洲市飞宇电器设备有限公司	飞宙+字母+图形	2006	4184483	6	金属门、金属棚、金属箱等
9	株洲精工硬质合金有限公司	字母+图形	2005.7	3720889	6	普通金属合金、钨粉、粉末冶金等
10	株洲特种电焊条有限公司	转轮+图形	1992	614975	6	电焊条
11	湖南汉唐农业有限责任公司	汉唐隆业+字母	2007.10	7508915	6	金属格子；金属格栅；金属蓬
12	湖南海联粮油科学技术有限公司	海联+字母+图形	1999	1309203	7	饲料粉碎机、制食品用电动机械
13	株洲精钻硬质合金销售有限公司	金伯仕+字母	2010.11	7600267	7	地质勘探、采矿选矿用机器设备
14	株洲硬质合金集团有限公司	字母+图形	2008	4776781	7	刀具（机器零件）、切削工具（包括机械刀片）
15	湖南天鹰钻机制造有限公司	图形	2007	4358357	8	钻头、钎具，节削工具
16	株洲市赛富自动门有限责任公司	赛富	2003	3274203	9	金属门、金属窗、金属门装置等
17	株洲凯丰实业有限公司	字母+图形	2010	7128072	9	电线接线器、电线连接物、电器连接器
18	株洲天一焊接切割有限公司	图形	2008.4	4728370	9	电焊电极、电焊接器。电焊设备
19	株洲中达特种电子科技有限公司	中达特种	2011	8863428	9	材料检验仪器和机器、测量装置
20	株洲中达特种电子科技有限公司	字母	2011	8863399	9	材料检验仪器和机器、测量装置
21	株洲宏达电子有限公司	湘江+字母+图形	2008.5	4642555	9	电容器；光电开关（电器）
22	株洲日望电子科技股份有限公司	日望+字母	2011	7940368	9	电容器
23	湖南神通光电科技有限责任公司	神通光电+字母+图形	2010.8	6333691	9	电线；电缆；电话线；同轴电缆
24	醴陵市佳兴金属有限公司	佳兴+图形	2005.3	3664478	11	炉子、厨房有抽油烟机、燃气炉
25	湖南神话传奇烟花有限公司	富贵神+图形	2010	6820606	13	火药、引火物、鞭炮、炮竹
26	醴陵市五环出口花炮厂	神话传奇+图形	2010.7	6820605	13	火药、引火物、焰火、炮竹、烟花
27	醴陵市富里塘坊出口花炮厂	莲蓬+图形	2002.6	1792149	13	爆竹、烟花

续表 48

序号	企业名称	商标名称	注册时间	注册号	类别	使用商品
28	醴陵恒达烟花有限公司	炫牌烟花+图形	2008.12	5057944	13	烟花、鞭炮、焰火
29	湖南省醴陵市天府出口花炮厂	紫星+字母+图形	2009.3	5302384	13	炸药导火索、鞭炮、烟火产品
30	醴陵市东方电瓷电器有限公司	字母+图形	2013.3	10411891	17	石棉、绝缘材料、电容器纸
31	湖南耐渗塑胶工程材料有限公司	字母	2010	7161467	19	树脂复合板、防水卷材
32	湖南神舟防水有限公司	神舟登月+图形	2005	3686579	19	油膏，防水卷材等
33	株洲市芦淞区福岭木业行	福岭	2005.1	3475594	19	木材、拼花地板条、胶合板、贴面板
34	炎陵县江陵木业有限公司	湘帝	2011	7955858	19	木地板，木材，半成品木材
35	株洲市健峰木业有限公司	健香	2008	4746683	19	纤维板、石料、石膏板、木地板等
36	湖南省醴陵市马恋耐火泥有限公司	字母	2013.6	10740258	19	木材、建筑石料、石膏、水泥
37	株洲市君泰皇床垫厂	君泰皇+字母+图形	2011	7929819	20	床垫、沙发、家具、枕头
38	株洲市石峰区圣德西床垫厂	圣德西+图形	2000	1416766	20	沙发、床垫、办公家具
39	株洲市柳村家具厂	柳村+图形	1997	1098511	20	家具、床、弹簧床垫等
40	湖南丰德利瓷业有限公司	燧人氏+图形	2010	7210846	21	日用瓷器、日用陶瓷
41	湖南高峰陶瓷制造有限公司	字母+图形	2010.2	7913128	21	日用陶瓷
42	株洲市芦淞区美胸皇后营销中心	字母+图形	2014.1	9063991	25	内衣、紧身胸衣
43	株洲市芦淞区凯翔服饰辅料行	凯翔鸟+字母+图形	2009.4	4892885	25	服装、鞋、帽、袜、婴儿全套衣
44	株洲市蜻依莲服饰有限公司	蜻依莲	2010.2	5935259	25	服装、裤子、上衣、裙子
45	湖南湘弘服饰有限公司	湘弘	2013.4	10561322	25	服装、工作服、制服
46	湖南新姿服饰有限公司	图形	2011.1	6991389	25	西服、衬衣、鞋帽等
47	湖南众博标志服饰有限公司	天一众博+字母+图形	2014.7	12133006	25	工作服，衬衣，服装
48	湖南亚西欧服饰有限公司	亚西欧	2004.8	3361518	25	工作服、衬衣等
49	湖南省南洋服饰有限公司	楚天舒+图形	2011.11	8572079	25	服装；工作服；衬衣；套服；成品衣；裤子；大衣
50	株洲市芦淞区凯达隆威服装辅料行	凯达隆威+字母+图形	2010	5864979	26	胸针、服装扣、挂钩、纽扣
51	醴陵市均楚镇新立红薯种植农民专业合作社	旺侬+字母+图形	2010	6572493	29	油炸薯片、萝卜干、脱水菜
52	株洲湘江生态实业有限公司	黄三爷+字母+图形	2009.5	5510131	29	肉、鱼，家禽和野味，果酱
53	醴陵金桥生态林农实业有限公司	湘醴+图形	2013.10	11072144	29	食用油脂、食用菜籽油、食用猪油
54	湖南康琪壹佰生物科技有限公司	康琪100+字母+图形	2010.4	8178964	30	保健食品及食品
55	湖南株洲姚氏蜂业有限责任公司	琼园+字母+图形	2001.5	1575283	30	蜂蜜、食用蜂胶、医用蜂王浆等
56	株洲世纪红调味食品有限责任公司	世纪红+图形	2001	1753485	30	食用面筋、调味品
57	株洲湘渌米业有限责任公司	字母+图形	2001.6	1594970	30	谷类制品、麦片
58	株洲市湘泰粮油有限公司	帝肴+图形	2011.5	8290050	30	谷类制品

续表 48

序号	企业名称	商标名称	注册时间	注册号	类别	使用商品
59	株洲市炎涞神糙米科研有限公司	炎涞神+图形	2004	3446322	30	玉米、面粉、米粉、食用淀粉产品
60	株洲市湘圆蔬菜种植农民专业合作社	鑫湘京	2011	8127930	31	食用植物根、活家禽、鲜食用菌
61	攸县锦程农业发展有限公司	锦南+字母+图形	2011.3	7991413	31	坚果（水果）、西瓜、蔬菜等
62	攸县酒仙湖饮料有限公司	酒仙湖	2004	3333690	32	矿泉水、果汁饮料
63	株洲市正翔医药有限公司	正翔医药+字母+图形	2014.8	12037216	35	药品零售或批发服务
64	湖南省浦建房产开发有限公司	图形	2009.5	4958695	36	商品房销售服务、不动产出租不动产代理
65	湖南株洲跃达建筑工程有限责任公司	跃达+字母+图形	2001	6265356	37	建筑施工监督、建筑设备出租
66	湖南酒埠江旅游开发投资有限公司	酒仙湖	2005	3562931	39	商品包装、礼品包装

（江广念）

索　　引

说明：

一、本索引把年鉴的专稿、条目（特载，大事记，市党、政、军及部门、单位负责人，单位选介，县市区，示范区，文件选登，附录，表格，彩页除外）用主题分析的方法，按汉语拼音字母顺序排列。

二、类目、专稿标题和地名用黑体字标明。

三、索引名称后的阿拉伯数字标示内容所在的页码，英文字母（a、b、c）表示栏别（从左至右分 1、2、3 栏）。

A

B

C

D

E

F

G

K

L

R

S

T

W

X